中华人民共和国
海关法规汇编

2019年版

（下册）

《中华人民共和国海关法规汇编》编委会 编

ZHONGHUA RENMIN GONGHEGUO
HAIGUAN FAGUI HUIBIAN

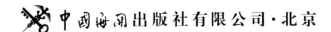
中国海关出版社有限公司·北京

海关总署规章

HAIGUAN ZONGSHU GUIZHANG

综 合 类

中华人民共和国海关立法工作管理规定

（2009 年 1 月 4 日海关总署令第 180 号公布，

自 2009 年 3 月 1 日起施行）

第一章 总 则

第一条 为了加强对海关规章和规范性文件制定工作（以下统称海关立法工作）的管理，根据《中华人民共和国立法法》（以下简称《立法法》）、《规章制定程序条例》等法律、行政法规的规定，结合海关工作实际，制定本规定。

第二条 海关规章、海关总署规范性文件的立项、起草、审查、决定、公布、备案、解释、修订、废止等，适用本规定。

海关总署与国务院有关部门联合制定、公布规章和规范性文件，适用本规定。

直属海关在其职权范围内制定、发布直属海关规范性文件，依照本规定执行。

第三条 本规定所称海关规章，是指海关总署按照《立法法》、《规章制定程序条例》及本规定制定、公布的规章。

本规定所称海关总署规范性文件，是指海关总署制定并以海关总署公告形式对外发布的涉及行政相对人权利、义务，具有普遍约束力的文件。

本规定所称直属海关规范性文件，是指直属海关制定并以直属海关公告形式发布的涉及行政相对人权利、义务，在本直属海关辖区内具有普遍约束力的文件。

第四条 海关立法应当遵循《立法法》确立的立法原则，并根据海关工作实际坚持以下原则：

（一）符合宪法、法律、行政法规和其他上位法的规定；

（二）科学立法、民主立法，不断提高立法质量；

（三）公开透明，鼓励和方便行政相对人和社会公众参与海关立法；

（四）结合实际，突出海关工作特点，原则上不重复上位法规定；

（五）制定与清理并重，维护海关执法依据和谐、统一。

第五条 海关规章、海关总署规范性文件及直属海关规范性文件应当结构严谨、内容完备、形式规范、条理清楚、用词准确、文字简洁，并符合海关立法技术规范要求。

海关立法技术规范由海关总署法制部门另行制定。

第六条 海关总署法制部门负责对全国海关立法工作进行指导、监督，并具体承担以下工作：

（一）拟订海关总署中长期立法规划和年度立法计划，并督促实施；

（二）起草或者组织起草海关总署负责代拟的法律、行政法规代拟稿和综合性海关规章；

（三）审查海关总署业务主管部门起草的专业性规章送审稿、海关总署规范性文件和海关国际合作条约文本；

（四）其他法律、行政法规和海关总署规定由海关总署法制部门承担的立法工作。

广东分署法制部门负责协助海关总署法制部门指导、协调广东地区直属海关的立法工作，根据海关总署的授权行使立法监督职能。

直属海关法制部门负责本关区规范性文件的组织起草、审查、协调、备案等工作，负责组织在本关区内对总署下发的法律、行政法规、规章及规范性文件的草案征求意见，并向总署反馈，负责了解收集基层执法情况，提出立法建议。

第二章　海关规章

第一节　一般规定

第七条 完整、全面规范某一类海关行政管理关系，并涉及行政相对人权利义务的，应当由海关总署制定海关规章。

第八条 海关规章内容涉及国务院其他部门职权范围的，应当由海关总署会同国务院有关部门制定联合规章。

第九条 由海关总署主办并与国务院其他部门联合制定的规章，列入海关总署令序列的，应当在草案经署务会讨论原则通过后，按照公文办理程序送联合制定的部门进行会签。经会签无意见的，应当报署领导签署后以海关总署令形式公布。

由国务院其他部门主办并与海关总署联合制定的规章，不列入海关总署令序列的，经海关总署法制部门会同海关总署业务主管部门提出意见后，由海关总署法制部门提交署务会审议通过后再予会签。特殊情况下，经署长批准，由主管署领导签发。

第二节 立 项

第十条 海关总署实行立法年度制度，每年的3月1日至次年2月最后一日为一个立法年度，按照立法年度制定年度立法计划，确定需要制定、修订的海关规章立法项目。

第十一条 海关总署法制部门负责年度立法计划的拟定、报审、督促检查工作。

第十二条 海关总署业务主管部门认为需要制定、修订海关规章的，应当在新的立法年度开始前提出立项申请，报海关总署法制部门。

有关项目涉及海关总署多个部门或者国务院其他部门业务的，立项申请部门在拟定立项申请时应当征求相关部门的意见。

第十三条 报送制定、修订海关规章的立项申请，应当包括必要性、可行性、拟解决的主要问题、拟确立的主要制度以及起草单位项目负责人、经办人、拟完成起草的时间等内容的说明。

第十四条 海关总署法制部门拟定年度立法计划时应当征求广东分署、直属海关及行政相对人的立法建议。

广东分署和直属海关在向海关总署法制部门提出本年度的立法建议前应当征求所辖海关、关区内企业及其他行政相对人的立法建议；向总署法制部门报送本年度立法建议时，应当同时抄报海关总署业务主管部门。

广东分署和直属海关按照本条第二款规定报送立法建议时，应当就建议内容的必要性、可行性、拟解决的主要问题、拟确立的主要制度等事项进行说明。

第十五条 行政相对人认为需要制定、修订海关规章的，可以在新的立法年度开始前向海关总署法制部门或者直属海关法制部门提出立法建议。

海关总署法制部门和直属海关法制部门对行政相对人提出的立法建议应当及时研究处理，并以适当方式向其反馈处理结果。

第十六条 海关总署法制部门应当对制定、修订海关规章的立项申请及立法建议进行汇总、协调，并拟定海关总署的年度立法计划，经署务会审议通过后执行。

对未采纳的立项申请，海关总署法制部门应当及时向立项申请部门进行说明。

第十七条 海关总署法制部门应当根据年度立法计划，协调业务主管部门，制定立法计划实施方案，内容包括项目名称、起草部门、项目负责人、联系人、拟完成时间和各阶段时间安排等。

第十八条 年度立法计划应当严格按照立法计划实施方案执行。海关总署法制部门负责对年度立法计划执行情况进行督促、检查，并定期通报计划执行的情况。

署务会审议新的年度立法计划以前，海关总署法制部门应当就上一年度立法计划的执行情况进行汇报；未按照立法计划实施方案完成当年立法项目的，起草部门应当在署务会议上就未完成的原因及下一步计划等情况作出说明。

第十九条 有以下情形之一的，海关总署业务主管部门可以申请对立法项目进行调整：

（一）未列入年度立法计划，但由于情况紧急，需要立即制定、公布海关规章的；

（二）客观情况发生重大变化，已列入年度立法计划的项目不能按照原定计划完成的。

第二十条 需要调整立法项目的，按照以下程序办理：

（一）海关总署业务主管部门向海关总署法制部门提出需要增加立法项目或者立法项目需要延期完成的书面申请；

（二）海关总署法制部门对调整申请进行复核，认为确属本规定第十九条规定情形的，起草关于变更立法计划的签报，报署领导审批；

（三）署领导批准对立法计划进行调整的，由海关总署法制部门重新编制立法计划实施方案。

第三节 起 草

第二十一条 综合性规章由海关总署法制部门负责起草或者组织起草，其他专业性规章由海关总署业务主管部门负责起草。

起草部门可以根据情况委托直属海关开展具体的起草工作。必要时，可以邀请有关单位、社会团体、专家学者参与起草工作。

第二十二条 负责起草的部门应当确定一名行政领导为项目负责人，并至少确定一名既熟悉海关业务，同时又熟悉法律知识的人员具体负责起草工作。

起草的规章涉及多个部门时，由主要起草部门负责牵头组织，有关部门共同派人组成联合起草小组。

第二十三条 起草海关规章应当根据情况进行立法调研，了解执法现状及存在的问题，研究国内外的先进经验，提出完整、可行的起草建议，并完成调研报告。

第二十四条 海关规章应当根据情形明确规定下列内容：

（一）制定的目的和依据；

（二）适用范围；

（三）主管机关或者部门；

（四）管理原则；

（五）具体管理措施和办事程序；

（六）海关的职权和职责、行政相对人的权利和义务；

（七）法律责任；

（八）施行日期；

（九）需要废止的文件；

（十）其他需要规定的内容。

第二十五条 海关规章的层次结构依次为条、款、项、目。内容复杂的规章可分章、节。

规章在起草时应当归纳条文的主要内容并在每一条的条文前标注条标。

第二十六条 起草的规章根据下列情形区分稿次：

（一）起草部门起草完成拟征求各方面意见的，称为"××司征求意见稿"；

（二）起草部门修改完成送海关总署法制部门审查的，称为"送审稿"；

（三）海关总署法制部门对送审稿进行修改后征求各方面意见的，称为"政策法规司征求意见稿"；

（四）海关总署法制部门送海关总署有关部门进行立法复核的，称为"立法复核稿"；

（五）海关总署法制部门拟提交署务会审议的，称为"草案"。

第二十七条 海关规章起草完毕后，应当征求有关单位、海关总署有关部门、直属海关及行政相对人意见。征求意见可以采取书面征求意见、座谈会、论证会、听证会等多种形式。

　　第二十八条　规章内容涉及行政相对人重大利益或者征求意见时存在重大分歧的，起草部门可以举行立法听证会。

　　听证会应当公开举行，并按照下列程序组织：

　　（一）举行听证会的 30 日前应当公布听证会的时间、地点和内容；

　　（二）根据情况通过社会公开报名、邀请等形式确定参加听证会的有关机关、组织和公民代表；

　　（三）向参加听证会的代表就起草的规章进行解释和说明；

　　（四）参加听证会的代表对起草的规章，有权提问和发表意见；

　　（五）听证会应当制作笔录，如实记录发言人的主要观点和理由；

　　（六）起草部门应当认真研究听证会反映的各种意见。

　　起草部门应当将听证会意见采纳情况以适当方式告知听证会参与人。

　　第二十九条　起草海关规章的同时应当撰写起草说明。起草说明应当包括下列内容：

　　（一）立法的必要性；

　　（二）立法的主要依据；

　　（三）立法调研情况；

　　（四）拟采取的管理措施及可行性分析；

　　（五）起草过程；

　　（六）征求意见情况及采纳、协调情况；

　　（七）现行有关规章和规范性文件的清理意见；

　　（八）需要说明的其他问题。

　　有不同意见经协商不能达成一致的，起草部门应当在起草说明中注明；向社会公开征求意见的，应当说明公众反馈意见处理情况及理由；举行听证会的，还应当说明对听证会意见的处理情况及其理由。

第四节　审　查

　　第三十条　报送审查的海关规章送审稿及起草说明应当由起草部门负责人签署后报海关总署法制部门审查。

　　几个部门共同起草的海关规章送审稿及起草说明，应当由起草部门负责人共同签署后报海关总署法制部门审查。

　　第三十一条　海关总署法制部门可以要求起草部门将下列材料与海关规章

送审稿、起草说明一并报送法制部门审查：

（一）与起草海关规章内容有关的规范性文件；

（二）各方意见的原始材料及关于采纳情况的说明；

（三）国内外有关立法的背景材料；

（四）听证会笔录；

（五）立法调研报告；

（六）拟进行清理的规范性文件目录；

（七）其他需要报送的材料。

第三十二条 海关总署法制部门应当从以下方面对送审稿进行审查：

（一）是否符合宪法、法律、行政法规和其他上位法的规定；

（二）是否符合法定权限和程序；

（三）是否与其他规章相协调、衔接；

（四）是否已对有关不同意见进行协调；

（五）是否具有法律可行性；

（六）是否符合立法技术要求；

（七）是否提出了规章和规范性文件的清理意见；

（八）需要审查的其他内容。

第三十三条 海关总署法制部门在审查过程中应当与起草部门充分进行沟通，了解起草的意图、背景、业务流程、要解决的主要问题。起草部门应当主动配合海关总署法制部门的审查工作，介绍有关情况，提供有关资料。

海关总署法制部门审查过程中提出重大修改意见的，应当与起草部门协商。

第三十四条 海关总署法制部门在审查过程中应当征求海关总署有关部门意见，必要时可以征求直属海关、行政相对人意见，也可以通过直属海关代为征求基层海关、行政相对人意见。

征求意见可以以实地调研、书面方式、网络方式及座谈会等方式进行。

除涉及国家秘密、国家安全外，海关总署法制部门还应当在海关互联网站上公开征求公众意见。

第三十五条 海关规章送审稿有下列情形之一的，海关总署法制部门可以退回起草部门：

（一）制定规章的基本条件尚不成熟的；

（二）起草单位未与海关总署有关部门进行协商的；

（三）海关总署有关部门对送审稿的内容有较大争议且理由较为充分的；

（四）送审稿所附材料不齐全的；

（五）未提出清理意见的；

（六）未按规定程序办理的；

（七）其他不宜提交署务会审议的情况。

起草部门按照要求对被退回的海关规章送审稿进行改正，符合报审条件的，可以按照规定程序重新报送海关总署法制部门审查。

第三十六条 海关总署法制部门应当在提请署务会审议前，将海关规章立法复核稿送海关总署有关部门复核。海关总署有关部门无不同意见的，该部门主要负责人应当在立法复核单上签名。

有重大修改意见的，应当另行出具书面意见，并由该部门主要负责人签名。

第三十七条 海关总署法制部门完成对海关规章立法复核稿的审查修改工作后，形成拟提交署务会审议的海关规章草案和说明，申请召开署务会予以审议。

第五节 审议与公布

第三十八条 海关规章应当经海关总署署务会审议决定。

第三十九条 署务会审议海关规章草案时，海关总署法制部门负责人对海关规章草案作起草说明，起草部门负责人可以就具体问题进行补充说明。

第四十条 海关规章草案经署务会审议并原则通过后，海关总署法制部门应当根据审议中提出的修改意见会同起草部门对草案进行修改，按照立法技术规范进行删除条标等文字处理，并起草署令，按照公文办理程序以海关总署令形式予以公布。

除特殊情况外，海关规章应当在署务会审议通过后30日内公布。

对审议中存在重大原则性分歧意见未予通过的草案，由海关总署法制部门根据署务会要求，会同起草部门、有关业务部门与有分歧意见的部门再次协调、讨论，提出修改稿，提交署务会再次审议。

第四十一条 海关总署令应当载明序号、规章名称、署务会审议通过日期、有关规定的废止情况、施行日期、署长署名、公布日期等内容。

海关总署与国务院其他部门联合公布的规章由署长及联合制定部门的首长共同署名公布，使用主办机关的命令序号。

第四十二条 除特殊情况外，海关规章应当自公布之日起至少30日后施行。

第四十三条 海关规章公布后30日内，由海关总署法制部门按照有关行政法规规定的程序和要求办理规章备案手续。

第四十四条 海关规章签署公布后应当在《海关总署文告》上刊登。

海关规章的文本以《海关总署文告》刊登的文本为标准文本。

海关应当及时通过海关互联网站、海关公告栏等途径公开海关规章。

第四十五条 海关规章的外文正式译本，应当由海关总署法制部门组织翻译，或者进行审定。

海关规章外文正式译本应当及时在海关互联网站等载体上对外公开。

第六节 解 释

第四十六条 海关规章的解释权归海关总署。

海关总署各部门、直属海关、隶属海关均不得以自己名义制发文件对海关规章进行立法解释。

第四十七条 海关规章有下列情形之一的，可以进行解释：

（一）海关规章的规定需要进一步明确具体含义的；

（二）海关规章制定后出现新的情况，需要明确适用海关规章依据的。

第四十八条 海关总署应当加强对海关规章的立法解释工作。广东分署、直属海关也可以向海关总署提出对海关规章进行解释的请示。

第四十九条 海关规章解释可以由规章的原起草部门起草，也可由海关总署法制部门起草。海关规章解释起草完毕后应当连同起草说明一并报海关总署法制部门进行审查。海关总署法制部门审查同意的，报请署领导批准后公布。

第五十条 海关总署对海关规章作出的解释与海关规章具有同等效力。

第五十一条 法律、行政法规授权海关总署进行解释的，比照本节规定的程序办理。

涉及海关行政管理的法律、行政法规的有关条文、规定不够具体，立法机关又没有作出解释的，海关总署可以进行行政解释。行政解释比照本节规定的程序办理，并与海关规章具有同等效力。

第七节 修改与废止

第五十二条 遇有下列情形之一的，海关规章应当及时修改：

（一）因有关法律、行政法规的修改或者废止，需要作相应修改的；

（二）因实际情况发生变化，需要增减或者改变内容的；

（三）其他应当予以修改的情况。

第五十三条 规章修改的篇幅较小，未改变条文顺序和结构的，可以由起草部门起草修改规章的决定，比照制定规章的程序，经法制部门审查并提交署务会审议后，以署令形式公布，同时重新公布修改后的规章全文。

规章修改的篇幅较大或者对条文顺序和结构有重大修改的，应当按照制定规章的程序重新公布新的规章。原规章应当明文废止。

第五十四条 遇有下列情形之一的，海关规章应当及时废止：

（一）因有关法律、行政法规废止或者修改，失去制定依据或者没有必要继续执行的；

（二）因规定的事项已执行完毕或者因实际情况变化，没有必要继续执行的；

（三）新的海关规章已取代了旧的海关规章的；

（四）其他应当予以废止的情况。

第五十五条 海关总署业务主管部门应当定期或者不定期对本部门负责实施的海关规章进行清理，发现需要修改或者废止的，应当及时向海关总署法制部门提出申请。需要列入海关总署年度立法计划的，还应当一并提出立项申请。

海关总署法制部门可以对海关规章实施情况进行检查，发现需要修改或者废止的，应当及时向海关总署业务主管部门提出清理建议。

海关总署有关部门认为海关规章需要修改或者废止的，可以向负责实施该海关规章的海关总署业务主管部门提出清理建议，也可以向海关总署法制部门提出清理建议。

广东分署、直属海关、行政相对人认为需要修改或者废止海关规章的，可以向海关总署业务主管部门或者海关总署法制部门提出清理建议。

第五十六条 对需要废止或者已经失效的海关规章由海关总署明文废止或者宣布失效。

对新制定的海关规章可以替代旧的海关规章的，应当在新的海关规章中列出详细目录，明文废止被替代的海关规章。

第三章　海关规范性文件

第一节　海关总署规范性文件

第五十七条 海关总署可以按照本规定对涉及行政相对人权利义务的具体事项制定海关总署规范性文件，以海关总署公告形式对外发布，但不得设定对行政相对人的行政处罚。

第五十八条 以海关总署公告形式发布的规范性文件应当按照公文程序办理并送海关总署法制部门审查。

第五十九条 海关总署法制部门在对海关总署规范性文件草案进行审查时

应当注意审查以下方面：

（一）合法性，是否有与法律、行政法规、规章相抵触的内容，是否符合规定的程序，是否超越法定权限；

（二）公开性，对外公告内容是否与对内通知分开；

（三）规范性，发文形式、用语等方面是否规范；

（四）协调性，与其他规范性文件是否协调、衔接；

（五）其他应当审查的方面。

第六十条 海关总署法制部门在审查中对海关总署规范性文件草案有不同意见的，应当与起草部门协商。

第六十一条 以公告形式发布的规范性文件需要修改的，应当以公告形式发布修改内容；需要废止的，应当以公告形式宣布废止，不得以制发其他公文形式予以代替。

第二节 直属海关规范性文件

第六十二条 直属海关可以依照本规定对本关区内涉及行政相对人权利义务的事项制定直属海关规范性文件，以直属海关公告形式对外发布。

直属海关制定的关于本关区某一方面行政管理关系的涉及行政相对人权利义务的规范，应当以公告形式对外发布，有关的管理规范可作为公告的附件。直属海关制发的公文中有涉及行政相对人权利义务内容的，应当就有关内容以公告形式对外发布。

第六十三条 直属海关依照本规定制发直属海关规范性文件应当限于下列情形：

（一）本关区特有的情况；

（二）根据海关总署规范性文件制定的涉及行政相对人权利、义务的具体操作规程。

第六十四条 直属海关依照本规定制定的规范性文件与法律、行政法规、海关规章及其他上位法抵触的，该规范性文件自发布之日起无效。

隶属海关不得制定并对外公布涉及行政相对人权利义务、具有普遍约束力的文件。

第六十五条 直属海关规范性文件可以由本关法制部门或者业务部门起草。起草部门在起草过程中应当听取本关区有关部门、隶属海关、有关单位及行政相对人的意见。听取意见可以采取书面征求意见、座谈会、论证会等多种形式。

第六十六条 直属海关业务部门起草的规范性文件在起草完毕后应当将规

范性文件文稿连同起草说明一并送该关法制部门审查。

直属海关法制部门审查业务部门起草的规范性文件参照海关总署法制部门审查规范性文件的要求办理，必要时可以再次征求本关区有关部门、隶属海关、有关单位及行政相对人的意见。

第六十七条　直属海关规范性文件的内容属于重要事项的，应当经关务会或者关长办公会议审议决定。

第六十八条　直属海关规范性文件应当自发布之日起15日内报送海关总署备案。

第六十九条　报送备案的直属海关应当以关发文形式将备案报告及直属海关规范性文件径送海关总署法制部门，并按规定报送电子文本，同时抄报海关总署业务主管部门。

第七十条　直属海关法制部门负责本关直属海关规范性文件的报送备案工作。海关总署法制部门对备案工作进行检查监督。

第七十一条　对于报送备案的直属海关规范性文件，符合形式要求的，海关总署法制部门予以备案登记，不符合规定的，不予备案登记，并可以要求报送海关重新报送。

第七十二条　经备案登记的直属海关规范性文件由海关总署法制部门定期公布目录。

第七十三条　海关总署法制部门对报送备案的直属海关规范性文件，就下列事项进行审查：

（一）是否超越权限；

（二）是否违反上位法的规定；

（三）其他应当审查的内容。

第七十四条　海关总署法制部门可以请求与报送备案的直属海关规范性文件内容相关的海关总署业务主管部门协助提出审核意见，海关总署业务主管部门应当予以协助。

第七十五条　经审查，报送备案的直属海关规范性文件超越权限、违反上位法的规定或者有其他重大法律问题的，由海关总署法制部门建议直属海关自行纠正，或者由海关总署法制部门提出撤销意见，报署领导决定后予以撤销。

第四章　立法后评估

第七十六条　海关规章、海关总署规范性文件实施后，海关总署法制部门可以组织海关总署业务主管部门、直属海关对实施情况进行立法后评估，必要时也可以邀请专家学者、社会团体、行政相对人参加立法后评估。

立法后评估可以采用问卷调查、座谈会、调研等方式进行。

第七十七条 海关总署法制部门决定对海关规章、海关总署规范性文件进行立法后评估的，应当制定立法后评估工作方案，报主管署领导批准后实施。

第七十八条 立法后评估方案应当包括以下内容：

（一）立法后评估对象、实施部门、公布时间；

（二）立法后评估的组织部门、评估时间；

（三）立法后评估的目的及工作方式；

（四）立法后评估的重点内容，包括制度设计是否合理、内容是否明确、是否与上位法冲突、可操作性评价、实施效果等；

（五）立法后评估的程序；

（六）其他应当明确的事项。

第七十九条 对进行立法后评估的海关规章、海关总署规范性文件，负责实施该规章或者规范性文件的海关总署业务主管部门应当进行自我评估，并按照立法后评估方案规定的期限向海关总署法制部门提交自我评估报告。

第八十条 海关总署法制部门应当在立法后评估结束后起草评估报告，对立法后评估对象提出保留、修改或者废止的建议，报署领导审定。

立法后评估邀请专家学者、社会团体或者行政相对人参加的，评估报告应当以适当方式反馈参加人。

第八十一条 立法后评估报告建议修改或者废止评估对象的，负责实施该评估对象的海关总署业务主管部门应当及时提出立项申请，或者适时申请纳入年度立法计划。

第八十二条 直属海关规范性文件后评估比照本章规定办理。

第五章　附　则

第八十三条 海关立法应当加强信息化管理。海关规章、海关总署规范性文件制定后，应当及时修改《海关业务标准化规范》及海关通关系统参数库。

第八十四条 海关规章、海关总署规范性文件和直属海关规范性文件公布、发布后应当通过海关互联网站、海关公告栏等途径向社会公开。

第八十五条 海关总署代为起草法律、行政法规草案的，比照本规定所规定的程序办理。

第八十六条 本规定由海关总署负责解释。

第八十七条 本规定自 2009 年 3 月 1 日起施行。2005 年 10 月 24 日海关总署令第 131 号公布的《中华人民共和国海关立法工作管理规定》同时废止。

中华人民共和国海关关徽使用管理办法

（1997 年 5 月 27 日海关总署令第 64 号发布，自 1997 年 7 月 1 日起施行，2000 年 11 月 7 日根据《海关总署关于修改〈中华人民共和国海关关徽使用管理办法〉附件的通知》修改）

第一条　为了保证中华人民共和国海关关徽（以下简称关徽）的正确使用，维护关徽的尊严，特制定本办法。

第二条　关徽是中华人民共和国海关的专用标志。

关徽由商神手杖与金色钥匙交叉组成。商神手杖代表国际贸易，钥匙象征海关为祖国把关。关徽寓意着中国海关依法实施进出境监督管理，维护国家的主权和利益，促进对外经济贸易发展和科技文化交往，保障社会主义现代化建设。

第三条　海关及其工作人员应当尊重、爱护并依本办法正确使用关徽及其图案。

非海关单位和非海关工作人员不得使用本办法所指之关徽。

第四条　下列场所可以悬挂关徽：

（一）各级海关的办公场所；

（二）进出境口岸的海关监管场所；

（三）海关举行重要会议和活动的场所；

（四）海关院校；

（五）海关总署认为应当悬挂关徽的其他场所。

第五条　关徽应当端正地悬挂在海关办公地点正门上方的正中处、会场主席台上方的正中处或者其他显著位置，其背景应为庄重的纯色。

不得悬挂破损、污损或者不符合规格的关徽。

关徽悬挂后应予以适当的维护。

第六条　下列物品可以使用关徽图案：

（一）海关制发的业务单证、封志、标记；

（二）海关人员的执法或者身份证件，如调查证、稽查证、工作证等；

（三）海关制服上的标志和配饰；

（四）海关车辆、船艇和专用设备；

（五）海关在公务活动中使用的物品，如证书、奖状、奖品、信封、信笺、图片、名片、礼品等；

（六）以海关的名义出版、拍摄、印刷的书籍、报纸、杂志、音像制品等作品；

（七）海关总署认为可以使用关徽图案的其他物品。

第七条 关徽及其图案不得用于：

（一）商标、广告、商品的装饰和标志；

（二）日常生活陈设、用品和装饰（海关在公务活动中制作的礼品除外）及其他非海关用品；

（三）以个人名义出版、印刷或制作的出版物、印刷品和音像制品等作品；

（四）海关总署规定不得使用关徽图案的其他物品。

第八条 经海关总署决定或批准，海关可使用关徽图案与其他图案组合而成的徽记、标志或图案。

第九条 关徽及其图案由海关指定的单位按照本办法所附的《中华人民共和国海关关徽制作说明》规定的标准制作。

第十条 海关对关徽的使用有权利和义务实施监督检查。

海关或海关工作人员不按本规定使用关徽及其图案的，由上级海关或本级海关责令其限期改正；对逾期拒不改正的，由海关对有关责任人予以行政处分。

非海关单位和非海关工作人员使用本规定所称之海关关徽的，由该单位所在地海关责令限期改正；对逾期拒不改正的，由海关提请有关部门依法处理。

第十一条 本办法自 1997 年 7 月 1 日起施行。

附件：中华人民共和国海关关徽制作说明

附件

中华人民共和国海关关徽制作说明

一、中华人民共和国海关关徽方格墨线图（略）。

二、制作的关徽及其图案，可以根据方格墨线图的比例放大或者缩小；用于海关制服肩章的关徽，可以对称使用。

三、关徽必须为金黄色，关徽图案可以使用金黄色或者其他庄重、鲜明的纯色。

中华人民共和国海关实施《中华人民共和国行政许可法》办法

（2004年6月18日海关总署令第117号公布，根据2014年3月13日海关总署令第218号《海关总署关于修改部分规章的决定》修改）

第一章　总　则

第一条　为了规范海关行政许可，保护公民、法人和其他组织的合法权益，维护公共利益和社会秩序，保障和监督海关有效实施行政管理，根据《中华人民共和国行政许可法》（以下简称《行政许可法》）、《中华人民共和国海关法》（以下简称《海关法》）以及有关法律、行政法规的规定，制定本办法。

第二条　本办法所称的海关行政许可，是指海关根据公民、法人或者其他组织（以下简称申请人）的申请，经依法审查，准予其从事与海关进出关境监督管理相关的特定活动的行为。

第三条　海关行政许可的规定、管理、实施、监督检查，适用本办法。

上级海关对下级海关的人事、财务、外事等事项的审批，海关对其他机关或者对其直接管理的事业单位的人事、财务、外事等事项的审批，不适用本办法。

第四条　海关实施行政许可，应当遵循公开、公平、公正、便民的原则。

海关有关行政许可的规定应当公开。海关行政许可的实施和结果，除涉及国家秘密、商业秘密或者个人隐私的外，应当公开。

第五条　海关实施行政许可应当在法律、行政法规、国务院决定和海关总署规章规定的范围内进行。

第二章　海关行政许可的规定

第六条　海关在实施法律、行政法规和国务院决定设定的海关行政许可过程中需要对实施的程序、条件、期限等进行具体规定的，由海关总署依法制定海关总署规章作出规定。

海关总署、直属海关在实施海关行政许可过程中可以根据法律、行政法规、国务院决定和海关总署规章以规范性文件的形式对有关执行中的具体问题进行明确。

第七条 海关总署制定的海关总署规章和其他规范性文件以及各直属海关制定的规范性文件不得设定海关行政许可。

第八条 直属海关认为需要增设新的海关行政许可或者认为海关行政许可的设定、规定不合理、需要修改或者废止的，可以向海关总署提出立法建议。

海关总署认为需要增设新的海关行政许可或者认为海关行政许可的设定、规定不合理、需要修改或者废止的，可以适时向国务院法制部门提出立法建议，或者根据立法计划在代为起草法律、行政法规草案时纳入有关条文。

第九条 直属海关在实施海关行政许可时应当及时收集海关工作人员、公民、法人或者其他组织对于海关行政许可的反映，并且根据海关总署的要求对海关行政许可的实施作出评价，报告海关总署。

海关总署根据直属海关的报告适时提出海关行政许可实施评价报告，按照规定程序上报国务院或者全国人大常委会。

第三章　海关行政许可的管理

第十条 海关行政许可的归口管理部门是海关法制部门。

第十一条 海关总署法制部门是海关总署关于海关行政许可的归口管理部门，具体承办下列事项：

（一）对海关行政许可项目进行审查、登记、评估；

（二）根据法律、行政法规、海关总署规章的规定，收集、汇总、处理关于海关行政许可的立法建议；

（三）受理、核实公民、法人、其他组织关于海关行政许可的申诉、举报、意见建议，解答咨询；

（四）承办公民、法人、其他组织关于海关总署行政许可的行政复议、行政应诉案件，指导各级海关有关海关行政许可的行政复议、行政应诉事宜；

（五）对各级海关实施海关行政许可的情况进行监督检查；

（六）指导、协调各级海关实施海关行政许可的工作；

（七）法律、行政法规、海关总署规章规定的其他应由海关总署负责的海关行政许可综合管理事项。

第十二条 各直属海关法制部门是各级海关关于海关行政许可的归口管理部门，具体承办下列事项：

（一）根据法律、行政法规、海关总署规章的规定，承办收集、汇总、上报关于海关行政许可的立法建议、本关区关于海关行政许可的实施情况等事宜；

（二）受理、核实公民、法人、其他组织关于本关区实施海关行政许可的申诉、举报、意见建议，解答咨询；

（三）受理公民、法人、其他组织关于隶属海关实施海关行政许可的行政复议；

（四）承办或指导公民、法人、其他组织关于本关区实施海关行政许可的行政应诉事宜；

（五）对本关区实施海关行政许可的情况进行监督检查；

（六）组织本关区关于海关行政许可的听证事宜；

（七）指导、协调本关区海关行政许可的实施工作；

（八）法律、行政法规、海关总署规章规定的其他应由直属海关负责的海关行政许可综合管理事项。

第十三条 海关总署法制部门对规范性文件进行日常审查时或在办理行政复议案件过程中对规范性文件进行审查时，发现有下列情形之一的应当及时纠正：

（一）擅自设定海关行政许可的；

（二）对海关行政许可作出规定时超出上位法设定的海关行政许可的范围的；

（三）规定了超出上位法设定的海关行政许可条件的；

（四）其他违反行政许可法规定的。

第十四条 直属海关法制部门在对本关制定的规范性文件进行审查过程中，发现规范性文件有违法规定海关行政许可内容的，应当提出纠正的建议。

第十五条 海关总署法制部门发现直属海关报送备案的规范性文件中有违反行政许可法规定，擅自设定、规定海关行政许可内容的，应当责令直属海关自行纠正。

第十六条 公民、法人或者其他组织发现海关总署规章及其他规范性文件有违反行政许可法规定的，可以向海关总署或各级海关反映；对规章以外的有关海关行政许可的规范性文件有异议的，在对不服海关行政许可具体行政行为申请复议时，可以一并申请审查。

第四章 海关行政许可的实施

第一节 海关行政许可的实施机关

第十七条 海关应当在法定权限内，以本海关的名义统一实施海关行政许可。

海关内设机构和海关派出机构不得以自己的名义实施海关行政许可。

海关根据法律、行政法规和海关总署规章的规定，可以委托其他海关或者其他行政机关实施海关行政许可。委托海关应当将受委托海关或者其他行政机关以及受委托实施海关行政许可的内容予以公告。委托海关对委托行为的后果依法承担法律责任。受委托海关或者其他行政机关不得转委托。

第十八条 需要海关内设的多个机构办理的海关行政许可事项，该海关应当确定一个机构以海关的名义统一受理海关行政许可申请，统一送达海关行政许可决定。

第二节 申请与受理

第十九条 公民、法人或者其他组织从事与海关进出境监督管理相关的特定活动，依法需要取得海关行政许可的，应当向海关提出申请。

第二十条 申请海关行政许可应当以书面形式提出。申请书需要采用格式文本的，海关应当向申请人提供海关行政许可申请书格式文本，并且将示范文本和填制说明在办公场所公示。申请书格式文本中不得包含与申请海关行政许可事项没有直接关系的内容。

第二十一条 海关行政许可申请可以由申请人到海关办公场所提出，也可以通过信函、电报、电传、传真、电子数据交换和电子邮件等方式提出。

海关行政许可申请以电报、电传、传真、电子数据交换和电子邮件等方式提出的，申请人应当提供能够证明其申请文件效力的材料。

第二十二条 申请人可以委托代理人提出海关行政许可申请。但是，依据法律、行政法规的规定，应当由申请人到海关办公场所提出海关行政许可申请的除外。

申请人委托代理人代为提出海关行政许可申请的，应当出具授权委托书。授权委托书应当具体载明下列事项，由委托人签章并且注明委托日期：

（一）委托人及代理人的简要情况。委托人或代理人是法人或其他组织的，应载明名称、地址、电话、邮政编码、法定代表人或负责人的姓名、职务；委托人或代理人是自然人的，应载明姓名、性别、年龄、职业、地址、电话及邮政编码。

（二）代为提出海关行政许可申请、递交证据材料、收受法律文书等委托事项及权限。

（三）委托代理起止日期。

（四）法律、行政法规及海关总署规章规定应当载明的其他事项。

第二十三条　申请人申请海关行政许可，应当按照法律、行政法规、海关总署规章规定向海关提交有关材料，并且对申请材料内容的真实性负责。

海关不得要求申请人提交与其申请的海关行政许可事项无关的技术资料和其他材料。

第二十四条　对申请人提出的海关行政许可申请，应当根据下列情况分别作出处理：

（一）申请事项依法不需要取得海关行政许可的，应当即时告知申请人；

（二）申请事项依法不属于本海关职权范围的，应当即时作出不予受理的决定，并且告知申请人向其他海关或者有关行政机关申请；

（三）申请人不具备海关行政许可申请资格的，应当作出不予受理的决定；

（四）申请材料不齐全或者不符合法定形式的，应当当场或者在签收申请材料后5日内一次告知申请人需要补正的全部内容，逾期不告知的，自收到申请材料之日起即为受理；

（五）申请材料仅存在文字性、技术性或者装订等可以当场更正的错误的，应当允许申请人当场更正，并且由申请人对更正内容予以签章确认；

（六）申请事项属于本海关职权范围，申请材料齐全、符合法定形式，或者申请人按照本海关的要求提交全部补正申请材料的，应当受理海关行政许可申请。

依据前款第（一）、（四）项规定作出告知，以及决定受理或者不予受理海关行政许可申请的，应当制发相应的《海关行政许可申请告知书》（样式见附件1）、《海关行政许可申请受理决定书》（样式见附件2）、《海关行政许可申请不予受理决定书》（样式见附件3），并且加盖本海关行政许可专用印章，注明日期。

对有数量限制的海关行政许可事项，应当在《海关行政许可申请受理决定书》中注明受理的先后顺序。

第二十五条　海关负责海关行政许可事项的机构或者依照本办法第十八条规定负责统一受理海关行政许可申请的机构收到海关行政许可申请之日，即为海关受理海关行政许可申请之日；以信函申请的，海关收到信函之日为申请之日；以电报、电传、传真、电子数据交换和电子邮件等方式提出申请的，海关收到有证明效力材料之日为申请之日。

第二十六条　海关在申请人全部补正申请材料后受理海关行政许可申请的，收到全部补正申请材料之日为受理海关行政许可申请之日。

第二十七条 依法作出不予受理海关行政许可申请决定的，应当说明理由，并且告知申请人享有依法申请行政复议或者提起行政诉讼的权利。

第三节 审查与决定

第二十八条 海关受理海关行政许可申请后，应当对申请人提交的申请材料进行审查。

根据法律、行政法规、海关总署规章规定的条件和程序，需要对申请材料的实质内容进行核实，或者需要对申请人是否具备准予海关行政许可的其他条件进行实际核查的，海关可以就有关内容进一步进行核查。

对海关行政许可申请进行核查的，海关应当指派两名以上工作人员共同进行。核查人员应当根据核查的情况制作核查记录，并且由核查人员与被核查方共同签字确认。被核查方拒绝签字的，核查人员应予注明。

第二十九条 申请人提交的申请材料齐全、符合法定形式，能够当场作出决定的，应当当场作出书面的海关行政许可决定。

当场作出海关行政许可决定的，应当当场制发决定书，并且加盖本海关印章，注明日期，同时不再制发《海关行政许可申请受理决定书》。

第三十条 海关对行政许可申请进行审查时，发现行政许可事项直接关系他人重大利益的，应当告知申请人、利害关系人，申请人、利害关系人有权进行陈述和申辩。

能够确定具体利害关系人的，应当直接向有关利害关系人制发加盖本海关行政许可专用印章的《海关行政许可利害关系人告知书》（样式见附件4），利害关系人为不确定多数人的，可以公告告知。

告知利害关系人，应当同时随附申请人的申请书及申请材料，涉及国家秘密、商业秘密或者个人隐私的材料除外。海关应当听取申请人、利害关系人的意见。申请人、利害关系人的陈述和申辩意见应当纳入海关行政许可审查范围。

第三十一条 法律、行政法规、海关总署规章规定实施海关行政许可应当听证的事项，或者海关认为需要听证的涉及公共利益的其他重大海关行政许可事项，海关应当向社会公告，并且举行听证。

海关行政许可直接涉及申请人与他人之间重大利益关系的，海关在作出海关行政许可决定前，应当告知申请人、利害关系人享有要求听证的权利。

海关应当根据听证笔录作出海关行政许可决定。

海关行政许可听证的具体办法由海关总署另行制定。

第三十二条 除当场作出海关行政许可决定的外，海关应当自受理海关行政许可申请之日起 20 日内作出决定。20 日内不能作出决定的，经本海关负责人批准，可以延长 10 日，并且应当制发《延长海关行政许可审查期限通知书》（样式见附件 5），将延长期限的理由告知申请人。

法律、行政法规另有规定的，依照其规定。

第三十三条 依法应当先经下级海关审查后报上级海关决定的海关行政许可，下级海关应当根据法定条件和程序进行全面审查，并且于受理海关行政许可申请之日起 20 日内审查完毕，将审查意见和全部申请材料直接报送上级海关。上级海关应当自收到下级海关报送的审查意见之日起 20 日内作出决定。法律、行政法规另有规定的，依照其规定。

第三十四条 申请人的申请符合法定条件、标准的，应当依法作出准予海关行政许可的决定；申请人的申请不符合法定条件、标准的，应当依法作出不予海关行政许可的决定。作出准予或者不予海关行政许可的决定，应当制发相应的决定书，并且加盖本海关印章，注明日期。

依法作出不予海关行政许可决定的，应当说明理由，并且告知申请人享有依法申请行政复议或者提起行政诉讼的权利。

第三十五条 申请人在海关作出海关行政许可决定之前，可以向海关书面申请撤回海关行政许可申请。

第三十六条 海关作出准予海关行政许可的决定，需要颁发海关行政许可证件的，应当自作出决定之日起 10 日内向申请人颁发加盖本海关印章的下列海关行政许可证件：

（一）许可证、执照或者其他许可证书；

（二）资格证、资质证或者其他合格证书；

（三）准予海关行政许可的批准文件或者证明文件；

（四）法律、行政法规规定的其他海关行政许可证件。

第三十七条 海关行政许可的适用范围没有地域限制的，申请人取得的海关行政许可在全关境范围内有效；海关行政许可的适用范围有地域限制的，海关作出的准予海关行政许可决定应当注明。

海关行政许可的适用有期限限制的，海关在作出准予海关行政许可的决定时，应当注明其有效期限。

第四节　变更、延续与撤回

第三十八条 被许可人在取得海关行政许可后，因为拟从事活动的部分内容超过准予海关行政许可决定或者海关行政许可证件规定的活动范围，或者是发生其他变化需要改变海关行政许可的有关内容的，可以向作出准予海关行政许可决定的海关申请变更原海关行政许可。

海关应当将有关海关行政许可的变更条件、变更程序予以公布，便于被许可人依法办理变更手续。

第三十九条 被许可人要求变更海关行政许可的，应当在该行政许可的有效期内，以书面形式向作出准予海关行政许可决定的海关提出申请，并且按规定提交有关材料。

第四十条 对被许可人提出的要求变更海关行政许可事项的申请，作出准予海关行政许可决定的海关应当依法进行审查，对符合法定条件、标准的，应当准予变更，并且依法办理变更手续。

海关对变更申请进行审查，并且作出是否准予变更决定的，应当及时、准确，最长不得超过作出海关行政许可决定的法定期限。

第四十一条 申请变更的事项如属于另一海关行政许可的，申请人应当依法重新申请海关行政许可，海关不得以变更海关行政许可的形式办理。

第四十二条 被许可人需要延续依法取得的海关行政许可的有效期的，应当在该行政许可有效期届满30日前向作出海关行政许可决定的海关提出书面申请，并且说明理由。但是，法律、行政法规、海关总署规章另有规定的，依照其规定。

第四十三条 对被许可人提出的要求延续海关行政许可有效期的申请，作出准予海关行政许可决定的海关应当依法进行审查，对仍符合取得海关行政许可的条件，并且符合法律、行政法规、海关总署规章规定的延续海关行政许可应当具备的其他条件的，应当依法作出准予延续的决定；对不再具备取得海关行政许可的条件，或者不符合法律、行政法规、海关总署规章规定的延续海关行政许可应当具备的其他条件的，应当依法作出不予延续的决定。

第四十四条 海关应当在海关行政许可有效期届满前作出是否准予延续的决定；逾期未作决定的，视为准予延续。

第四十五条 海关不得擅自改变已生效的海关行政许可。

海关行政许可所依据的法律、行政法规、海关总署规章修改或者废止，或者准予海关行政许可所依据的客观情况发生重大变化，为了公共利益的需要，海关依法变更或者撤回已经生效的海关行政许可，由此给公民、法人或者其他组织造成财产损失的，应当依法给予补偿。

补偿程序和补偿金额由海关总署根据国家有关规定另行制定。

第四十六条 海关依法不予办理海关行政许可变更手续、不予延续海关行政许可的有效期或者依法变更、撤回已经生效的海关行政许可的，应当制发加盖本海关印章的决定书，注明日期，并且说明具体理由，告知申请人享有依法申请行政复议或者提起行政诉讼的权利。

第五节　特别程序

第四十七条　海关行政许可的实施，本节有规定的，适用本节规定；本节没有规定的，适用本章其他有关规定。

第四十八条　对在进出境活动中提供公众服务并且直接关系公共利益的行业，赋予法人或者其他组织从事与进出境活动有关的特定活动的资格、资质的，应当根据对申请人的专业人员构成、技术条件、经营业绩和管理水平等的考核、审查、评定结果，作出海关行政许可决定。

法律、行政法规另有规定的，依照其规定。

第六节　回　避

第四十九条　办理海关行政许可事项的海关工作人员是申请人、利害关系人的近亲属，或者与申请人、利害关系人有其他关系可能影响公正办理海关行政许可的，应当申请回避。

申请人认为办理海关行政许可事项的海关工作人员是海关行政许可事项的利害关系人或者是利害关系人的近亲属，或者与利害关系人有其他关系可能影响公正办理海关行政许可的，有权申请其回避。

利害关系人认为办理海关行政许可事项的海关工作人员是申请人的近亲属，或者与申请人有其他关系可能影响公正办理海关行政许可的，有权申请其回避。

第五十条　办理海关行政许可事项的海关工作人员的回避由海关行政许可审批机构负责人决定，海关行政许可审批机构负责人的回避由海关行政许可审批机关负责人决定。

第五章　监督检查

第五十一条　上级海关应当加强对下级海关实施海关行政许可的监督检查，及时纠正海关行政许可实施中的违法行为。

海关法制、监察、督察部门负责对违法实施海关行政许可的行为进行监督检查。

第五十二条　海关应当建立健全监督检查制度，通过核查反映被许可人从事海关行政许可事项活动情况的有关材料，履行监督检查责任。

海关可以对被许可人生产经营场所依法进行实地检查。检查时，海关可以依法查阅或者要求被许可人报送有关材料，被许可人应当如实提供有关情况和材料。

海关依法对被许可人从事海关行政许可事项的活动进行监督检查时，应当将监督检查的情况和处理结果予以记录，由监督检查人员签字，并且归档。

公众有权查阅海关的监督检查记录，但是涉及国家秘密、商业秘密和海关工作秘密的除外。

第五十三条 海关实施监督检查，不得妨碍被许可人正常的生产经营活动，不得索取或者收受被许可人的财物，不得谋取其他利益。

第五十四条 被许可人在作出海关行政许可决定的海关管辖区域外违法从事海关行政许可事项活动的，违法行为发生地的海关应当依法将被许可人的违法事实、处理结果抄告作出海关行政许可决定的海关。

第五十五条 公民、法人和其他组织发现违法从事海关行政许可事项的活动，有权向海关举报，海关应当及时核实、处理。

第五十六条 有下列情形之一的，作出海关行政许可决定的海关或者其上级海关，根据利害关系人的请求或者依据职权，可以撤销海关行政许可：

（一）海关工作人员滥用职权、玩忽职守作出准予海关行政许可决定的；

（二）超越法定职权作出准予海关行政许可决定的；

（三）违反法定程序作出准予海关行政许可决定的；

（四）对不具备申请资格或者不符合法定条件的申请人准予海关行政许可的；

（五）依法可以撤销海关行政许可的其他情形。

被许可人以欺骗、贿赂等不正当手段取得海关行政许可的，应当予以撤销。

依照前两款的规定撤销海关行政许可，可能对公共利益造成重大损害的，不予撤销。

第五十七条 被许可人取得海关行政许可后从事违法活动，依法需要吊销其取得的海关行政许可证件的，海关应当依法吊销其海关行政许可证件。

第五十八条 撤销海关行政许可、吊销海关行政许可证件应当依据法律、行政法规或者海关总署规章规定的程序办理。

第五十九条 海关依照行政许可法及本办法第五十六条第一款规定撤销海关行政许可，致使被许可人的合法权益受到损害的，海关应当依法对其直接损失给予赔偿。

依照本办法第五十六条第二款的规定撤销海关行政许可的，被许可人基于海关行政许可取得的利益不受保护。

第六十条 有下列情形之一的，海关应当依法办理有关海关行政许可的注销手续：

（一）海关行政许可有效期届满未延续的；

（二）赋予公民特定资格的行政许可，该公民死亡或者丧失行为能力的；

（三）法人或者其他组织依法终止的；

（四）海关行政许可依法被撤销、撤回，或者海关行政许可证件依法被吊销的；

（五）因不可抗力导致海关行政许可事项无法实施的；

（六）法律、行政法规规定的应当注销海关行政许可的其他情形。

第六章 法律责任

第六十一条 海关及海关工作人员违反有关规定的，按照行政许可法第七章的有关规定处理。

第六十二条 被许可人违反行政许可法及有关法律、行政法规、海关总署规章规定的，海关依照有关法律、行政法规规定给予行政处罚；构成犯罪的，依法追究刑事责任。

第六十三条 海关工作人员违反有关规定依法应当给予行政处分的，由所在海关单位的人事、监察部门提出处理意见，报所在单位负责人做出处理决定并且向上级主管部门报告。对依法应当追究刑事责任的移交有关机关处理。

第七章 附 则

第六十四条 海关提供海关行政许可申请书格式文本，不得收费。

海关实施海关行政许可和对海关行政许可事项进行监督检查，不得收取任何费用。法律、行政法规另有规定的除外。

海关实施海关行政许可所需经费应当列入海关预算，由财政予以保障，按照批准的预算使用经费。

第六十五条 海关实施海关行政许可，依照法律、行政法规收取费用的，应当按照公布的法定项目和标准收费；所收取的费用必须全部上缴国库，不得以任何形式截留、挪用、私分或者变相私分。

第六十六条 本办法规定的海关实施海关行政许可的期限以工作日计算，不含法定节假日。

第六十七条 本办法由海关总署负责解释。

第六十八条 本办法自 2004 年 7 月 1 日起施行。

附件：1.《中华人民共和国海关行政许可申请告知书》样式
　　　2.《中华人民共和国海关行政许可申请受理决定书》样式
　　　3.《中华人民共和国海关行政许可申请不予受理决定书》样式
　　　4.《中华人民共和国海关行政许可利害关系人告知书》样式
　　　5.《中华人民共和国延长海关行政许可审查期限通知书》样式

附件1

中华人民共和国＿＿＿＿海关
行政许可申请告知书

海关许可（　）号

＿＿＿＿＿＿：

你（单位）关于的行政许可申请，我关于　年　月　日收悉。经审查，有下列第　项情形，

（1）申请事项依法不需要取得海关行政许可

（2）申请材料不齐全

（3）申请材料不符合法定形式

根据《中华人民共和国行政许可法》和《中华人民共和国海关实施〈中华人民共和国行政许可法〉办法》的规定，

（具体告知事项）

特此告知。

（印）
年　月　日

附件2

中华人民共和国＿＿＿＿海关
行政许可申请受理决定书

海关许可（　）号

＿＿＿＿＿：

你（单位）关于　　　　　　　的行政许可申请，我关于　　年　　月　　日收悉。经审查，根据《中华人民共和国行政许可法》和《中华人民共和国海关实施〈中华人民共和国行政许可法〉办法》的规定，我关予以受理。

特此通知。

注：行政许可申请受理序号为　　　号。

（印）
年　　月　　日

附件3

中华人民共和国＿＿＿＿海关
行政许可申请不予受理决定书

海关许可（　）号

＿＿＿＿＿：

你（单位）关于　　　　　　　的行政许可申请，我关于　　年　　月　　日收悉。经审查，

（此处写明属于哪种不应受理的情形）

根据《中华人民共和国行政许可法》和《中华人民共和国海关实施〈中华人民共和国行政许可法〉办法》的规定，我关决定不予受理。

你（单位）对本决定不服，可以自收到本《不予受理决定书》之日起六十日内向　　海关（海关总署）申请行政复议，也可以自知道海关作出不予行政许可决定之日起3个月内向　　中级人民法院起诉。

（印）
年　　月　　日

附件 4

中华人民共和国_____海关
行政许可利害关系人告知书

海关许可（ ） 号

_____：

我关在审查　　（单位）关于　　　　　　　　的行政许可申请过程中，发现该申请事项与　　　有直接重大利益关系，根据《中华人民共和国行政许可法》和《中华人民共和国海关实施〈中华人民共和国行政许可法〉办法》的规定，（具体告知事项）

特此告知。

附：申请书及申请材料

（印）
年　月　日

附件 5

中华人民共和国_____海关
延长海关行政许可审查期限通知书

海关许可（ ） 号

_____：

你（单位）关于　　　　　　　的行政许可申请，我关已于　　年　　月　　日受理。由于以下原因（说明延长期限的理由）

根据《中华人民共和国行政许可法》和《中华人民共和国海关实施〈中华人民共和国行政许可法〉办法》的规定，经我关　　　负责人批准，延长审查期限　　日，并将于　　年　　月　　日前作出决定。

特此通知。

（印）
年　月　日

中华人民共和国海关行政裁定
管理暂行办法

（2001 年 12 月 24 日海关总署令第 92 号发布，
自 2002 年 1 月 1 日起施行）

第一条 为便利对外贸易经营者办理海关手续，方便合法进出口，提高通关效率，根据《中华人民共和国海关法》的有关规定，特制定本办法。

第二条 海关行政裁定是指海关在货物实际进出口前，应对外贸易经营者的申请，依据有关海关法律、行政法规和规章，对与实际进出口活动有关的海关事务作出的具有普遍约束力的决定。

行政裁定由海关总署或总署授权机构作出，由海关总署统一对外公布。

行政裁定具有海关规章的同等效力。

第三条 本办法适用于以下海关事务：

（一）进出口商品的归类；

（二）进出口货物原产地的确定；

（三）禁止进出口措施和许可证件的适用；

（四）海关总署决定适用本办法的其他海关事务。

第四条 海关行政裁定的申请人应当是在海关注册登记的进出口货物经营单位。

申请人可以自行向海关提出申请，也可以委托他人向海关提出申请。

第五条 除特殊情况外，海关行政裁定的申请人，应当在货物拟作进口或出口的 3 个月前向海关总署或者直属海关提交书面申请。

一份申请只应包含一项海关事务。申请人对多项海关事务申请行政裁定的，应当逐项提出。

申请人不得就同一项海关事务向两个或者两个以上海关提交行政裁定申请。

第六条 申请人应当按照海关要求填写行政裁定申请书（格式见附件），主要包括下列内容：

（一）申请人的基本情况；

（二）申请行政裁定的事项；

（三）申请行政裁定的货物的具体情况；

（四）预计进出口日期及进出口口岸；

（五）海关认为需要说明的其他情况。

第七条 申请人应当按照海关要求提供足以说明申请事项的资料，包括进出口合同或意向书的复印件、图片、说明书、分析报告等。

申请书所附文件如为外文，申请人应同时提供外文原件及中文译文。

申请书应当加盖申请人印章，所提供文件与申请书应当加盖骑缝章。

申请人委托他人申请的，应当提供授权委托书及代理人的身份证明。

第八条 海关认为必要时，可要求申请人提供货物样品。

第九条 申请人为申请行政裁定向海关提供的资料，如果涉及商业秘密，可以要求海关予以保密。除司法程序要求提供的以外，未经申请人同意，海关不应泄露。

申请人对所提供资料的保密要求，应当书面向海关提出，并具体列明需要保密的内容。

第十条 收到申请的直属海关应当按照本办法第六、七、八条规定对申请资料进行初审。对符合规定的申请，自接受申请之日起 3 个工作日内移送海关总署或总署授权机构。

申请资料不符合有关规定的，海关应当书面通知申请人在 10 个工作日内补正。申请人逾期不补正的，视为撤回申请。

第十一条 海关总署或授权机构应当自收到申请书之日起 15 个工作日内，审核决定是否受理该申请，并书面告知申请人。对不予受理的应当说明理由。

第十二条 有下列情形之一的，海关不予受理：

（一）申请不符合本办法第三、四、五条规定的；

（二）申请与实际进出口活动无关的；

（三）就相同海关事务，海关已经作出有效行政裁定或者其他明确规定的；

（四）经海关认定不予受理的其他情形。

第十三条 海关在受理申请后，作出行政裁定以前，可以要求申请人补充提供相关资料或货物样品。

申请人在规定期限内未能提供有效、完整的资料或样品，影响海关作出行政裁定的，海关可以终止审查。

申请人主动向海关提供新的资料或样品作为补充的，应当说明原因。海关审查决定是否采用。

海关接受补充材料的，根据补充的事实和资料为依据重新审查，作出行政裁定的期限自收到申请人补充材料之日起重新计算。

第十四条　申请人可以在海关作出行政裁定前以书面形式向海关申明撤回其申请。

第十五条　海关对申请人申请的海关事务应当根据有关事实和材料，依据有关法律、行政法规、规章进行审查并作出行政裁定。

审查过程中，海关可以征求申请人以及其他利害关系人的意见。

第十六条　海关应当自受理申请之日起 60 日内作出行政裁定。

海关作出的行政裁定应当书面通知申请人，并对外公布。

第十七条　海关作出的行政裁定自公布之日起在中华人民共和国关境内统一适用。

进口或者出口相同情形的货物，应当适用相同的行政裁定。

对于裁定生效前已经办理完毕裁定事项有关手续的进出口货物，不适用该裁定。

第十八条　海关作出行政裁定所依据的法律、行政法规及规章中的相关规定发生变化，影响行政裁定效力的，原行政裁定自动失效。

海关总署应当定期公布自动失效的行政裁定。

第十九条　有下列情形之一的，由海关总署撤销原行政裁定：

（一）原行政裁定错误的；

（二）因申请人提供的申请文件不准确或者不全面，造成原行政裁定需要撤销的；

（三）其他需要撤销的情形。

海关撤销行政裁定的，应当书面通知原申请人，并对外公布。撤销行政裁定的决定，自公布之日起生效。

经海关总署撤销的行政裁定对已经发生的进出口活动无溯及力。

第二十条　进出口活动的当事人对于海关作出的具体行政行为不服，并对该具体行政行为依据的行政裁定持有异议的，可以在对具体行政行为申请复议的同时一并提出对行政裁定的审查申请。复议海关受理该复议申请后应将其中对于行政裁定的审查申请移送海关总署，由总署作出审查决定。

第二十一条　行政裁定的申请人应对申请内容及所提供资料的真实性、完整性负责。向海关隐瞒真实情况或提供虚假材料的，应当承担相应的法律责任。

第二十二条　本办法由海关总署负责解释。

第二十三条　本办法自 2002 年 1 月 1 日起实施。

附件：中华人民共和国海关行政裁定申请书（格式 1、2、3）

附件（格式1）

中华人民共和国海关行政裁定申请书
（商品归类）

申请人：			
海关报关注册登记代码：			
通讯地址：			
联系人及联系电话：			
申请行政裁定事项：			
商品名称：		中文	
		英文	
		其他名称	
商品价格、数量/重量：			
商品详细描述： （规格、型号、结构原理、性能指标、功能、用途、成分、加工方法、分析方法、化验结论等）			
进出口计划（进出口日期、口岸、数量等）：			
随附资料清单：			
需要保护的商业秘密：			
其他补充说明：			
申请人声明： 以上情况资料真实无讹。 申请人（印章）： 日期： 提交人：		海关受理部门（印章）： 接受日期：　　年　　月　　日 签收人： 申请书编号： 　关〔　　〕第　　号	

注：1. 申请行政裁定应遵守《中华人民共和国海关行政裁定管理暂行办法》的有关规定。

2. 本申请书一式两份（随附资料两套），申请人和海关各一份。

3. 本申请书由申请人和海关签章方为有效。

附件（格式2）

中华人民共和国海关行政裁定申请书
（原产地确定）

申请人：			
海关报关注册登记代码：			
通讯地址：			
联系人及联系电话：			
申请行政裁定事项：			
商品名称：	中文		
	英文		
	其他名称		
商品价格、数量/重量：			
海关商品编码：			
商品描述（规格、型号、结构原理、功能、成分、制造加工工序等）：			
商品中所含进口原材料或零部件的名称、税号及原产地：			
进出口计划（进出口日期、口岸、数量等）：			
随附资料清单：			
需要保护的商业秘密：			
其他补充说明：			
申请人声明： 以上情况资料真实无讹。 申请人（印章）： 日期： 提交人：	海关受理部门（印章）： 接受日期：　　年　　月　　日 签收人： 申请书编号： 　　关〔　　〕第　　号		

注：1. 申请行政裁定应遵守《中华人民共和国海关行政裁定管理暂行办法》的有关规定。

2. 本申请书一式两份（随附资料两套），申请人和海关各一份。

3. 本申请书由申请人和海关签章方为有效。

附件（格式3）

中华人民共和国海关行政裁定申请书
（禁止进出口措施和许可证件的适用）

申请人：		
海关报关注册登记代码：		
通讯地址：		
联系人及联系电话：		
申请行政裁定事项：		
商品名称：	中文	
	英文	
	其他名称	
商品价格、数量/重量：		
海关商品编码：		
商品描述（规格、型号、成分、状态、功能、用途、原产国/地区等）：		
商品在国家有关主管部门登记、备案情况：		
进出口计划（进出口日期、口岸、数量等）：		
随附资料清单：		
需要保护的商业秘密：		
其他补充说明：		
申请人声明： 以上情况资料真实无讹。 申请人（印章）： 日期： 提交人：	海关受理部门（印章）： 接受日期：　　年　　月　　日 签收人： 申请书编号： 　　关〔　　〕第　　号	

注：1. 申请行政裁定应遵守《中华人民共和国海关行政裁定管理暂行办法》的有关规定。

2. 本申请书一式两份（随附资料两套），申请人和海关各一份。

3. 本申请书由申请人和海关签章方为有效。

中华人民共和国海关预裁定
管理暂行办法

（2017 年 12 月 26 日海关总署令第 236 号公布，
自 2018 年 2 月 1 日起施行）

    第一条   为了促进贸易安全与便利，优化营商环境，增强企业对进出口贸易活动的可预期性，根据《中华人民共和国海关法》以及有关法律、行政法规和我国政府缔结或者加入的有关国际条约、协定的规定，制定本办法。

    第二条   在货物实际进出口前，海关应申请人的申请，对其与实际进出口活动有关的海关事务作出预裁定，适用本办法。

    第三条   在货物实际进出口前，申请人可以就下列海关事务申请预裁定：

    （一）进出口货物的商品归类；

    （二）进出口货物的原产地或者原产资格；

    （三）进口货物完税价格相关要素、估价方法；

    （四）海关总署规定的其他海关事务。

    前款所称"完税价格相关要素"，包括特许权使用费、佣金、运保费、特殊关系，以及其他与审定完税价格有关的要素。

    第四条   预裁定的申请人应当是与实际进出口活动有关，并且在海关注册登记的对外贸易经营者。

    第五条   申请人申请预裁定的，应当提交《中华人民共和国海关预裁定申请书》（以下简称《预裁定申请书》）以及海关要求的有关材料。材料为外文的，申请人应当同时提交符合海关要求的中文译本。

    申请人应当对提交材料的真实性、准确性、完整性、规范性承担法律责任。

    第六条   申请人需要海关为其保守商业秘密的，应当以书面方式向海关提出要求，并且列明具体内容。海关按照国家有关规定承担保密义务。

    第七条   申请人应当在货物拟进出口 3 个月之前向其注册地直属海关提出预裁定申请。

    特殊情况下，申请人确有正当理由的，可以在货物拟进出口前 3 个月内提出预裁定申请。

    一份《预裁定申请书》应当仅包含一类海关事务。

第八条 海关应当自收到《预裁定申请书》以及相关材料之日起10日内审核决定是否受理该申请，制发《中华人民共和国海关预裁定申请受理决定书》或者《中华人民共和国海关预裁定申请不予受理决定书》。

申请材料不符合有关规定的，海关应当在决定是否受理前一次性告知申请人在规定期限内进行补正，制发《中华人民共和国海关预裁定申请补正通知书》。补正申请材料的期间，不计入本条第一款规定的期限内。

申请人未在规定期限内提交材料进行补正的，视为未提出预裁定申请。

海关自收到《预裁定申请书》以及相关材料之日起10日内未作出是否受理的决定，也没有一次性告知申请人进行补正的，自收到材料之日起即为受理。

第九条 有下列情形之一的，海关应当作出不予受理决定，并且说明理由：

（一）申请不符合本办法第三条、第四条、第五条或者第七条规定的；

（二）海关规章、海关总署公告已经对申请预裁定的海关事务有明确规定的；

（三）申请人就同一事项已经提出预裁定申请并且被受理的。

第十条 海关对申请人申请预裁定的海关事务应当依据有关法律、行政法规、海关规章以及海关总署公告作出预裁定决定，制发《中华人民共和国海关预裁定决定书》（以下简称《预裁定决定书》）。

作出预裁定决定过程中，海关可以要求申请人在规定期限内提交与申请海关事务有关的材料或者样品；申请人也可以向海关补充提交有关材料。

第十一条 海关应当自受理之日起60日内制发《预裁定决定书》。

《预裁定决定书》应当送达申请人，并且自送达之日起生效。

需要通过化验、检测、鉴定、专家论证或者其他方式确定有关情况的，所需时间不计入本条第一款规定的期限内。

第十二条 有下列情形之一的，海关可以终止预裁定，并且制发《中华人民共和国海关终止预裁定决定书》：

（一）申请人在预裁定决定作出前以书面方式向海关申明撤回其申请，海关同意撤回的；

（二）申请人未按照海关要求提供有关材料或者样品的；

（三）由于申请人原因致使预裁定决定未能在第十一条第一款规定的期限内作出的。

第十三条 预裁定决定有效期为3年。

预裁定决定所依据的法律、行政法规、海关规章以及海关总署公告相关规定发生变化，影响其效力的，预裁定决定自动失效。

申请人就海关对其作出的预裁定决定所涉及的事项，在有效期内不得再次申请预裁定。

第十四条 预裁定决定对于其生效前已经实际进出口的货物没有溯及力。

第十五条 申请人在预裁定决定有效期内进出口与预裁定决定列明情形相同的货物，应当按照预裁定决定申报，海关予以认可。

第十六条 已生效的预裁定决定有下列情形之一的，由海关予以撤销，并且通知申请人：

（一）因申请人提供的材料不真实、不准确、不完整，造成预裁定决定需要撤销的；

（二）预裁定决定错误的；

（三）其他需要撤销的情形。

撤销决定自作出之日起生效。依照前款第（一）项的规定撤销预裁定决定的，经撤销的预裁定决定自始无效。

第十七条 除涉及商业秘密的外，海关可以对外公开预裁定决定的内容。

第十八条 申请人对预裁定决定不服的，可以向海关总署申请行政复议；对复议决定不服的，可以依法向人民法院提起行政诉讼。

第十九条 申请人提供虚假材料或者隐瞒相关情况的，海关给予警告，可以处1万元以下罚款。

第二十条 本办法列明的法律文书，由海关总署另行制定格式文本并且发布。

本办法关于期限规定的"日"是指自然日。

第二十一条 本办法由海关总署负责解释。

第二十二条 本办法自2018年2月1日起施行。

中华人民共和国海关行政处罚
听证办法

（2006年1月26日海关总署令第145号公布，根据2014年3月13日海关总署令第218号《海关总署关于修改部分规章的决定》修改）

第一章 总 则

第一条 为了规范海关行政处罚听证程序，保护公民、法人和其他组织的合法权益，根据《中华人民共和国行政处罚法》、《中华人民共和国海关行政处罚实施条例》以及其他有关法律、行政法规的规定，制定本办法。

第二条 海关作出行政处罚决定前，当事人申请举行听证的，适用本办法。

第三条 海关作出暂停从事有关业务，撤销海关注册登记，对公民处1万元以上罚款，对法人或者其他组织处10万元以上罚款，没收有关货物、物品、走私运输工具等行政处罚决定之前，应当告知当事人有要求举行听证的权利；当事人要求听证的，海关应当组织听证。

第四条 海关行政处罚听证应当遵循公开、公平、公正、便民的原则。海关行政处罚听证应当公开举行，但涉及国家秘密、商业秘密或者个人隐私的除外。

第二章　组织听证的机构、人员

第五条 海关行政处罚案件的听证由海关行政处罚案件审理部门负责组织。涉及知识产权处罚案件的听证，由海关法制部门负责组织；涉及资格罚案件的听证，由海关作出资格罚处罚决定的部门负责组织。

第六条 组织听证应当指定1名听证主持人和1名记录员，必要时可以另外指定1至4名听证员协助听证主持人组织听证。

涉及海关专业知识的听证案件，听证组织机构可以邀请海关有关业务专家担任听证员。

第七条 听证主持人履行下列职权：

（一）决定延期、中止听证；

（二）就案件的事实、拟作出行政处罚的依据与理由进行提问；

（三）要求听证参加人提供或者补充证据；

（四）主持听证程序并维持听证秩序，对违反听证纪律的行为予以制止；

（五）决定有关证人、鉴定人是否参加听证。

第八条 听证主持人、听证员、记录员有下列情形之一的，应当自行回避，当事人及其代理人也有权申请其回避：

（一）是本案调查人员；

（二）是当事人、本案调查人员的近亲属；

（三）担任过本案的证人、鉴定人；

（四）与本案的处理结果有利害关系。

前款规定，适用于翻译人员、鉴定人。

听证员、记录员、翻译人员、鉴定人的回避，由听证主持人决定；听证主持人的回避，由听证组织机构负责人决定，听证主持人为听证组织机构负责人的，其回避由举行听证海关的负责人决定。

第三章　听证参加人及其他人员的权利、义务

第九条　听证参加人包括当事人及其代理人、第三人及其代理人、案件调查人员；其他人员包括证人、翻译人员、鉴定人。

第十条　当事人享有下列权利：

（一）使用本民族的语言文字参加听证；

（二）申请或者放弃听证；

（三）申请不公开听证；

（四）委托律师或者其他人员为听证代理人；

（五）进行陈述、申辩、举证和质证；

（六）查阅听证笔录，并进行修改和签字确认。

第十一条　与案件处理结果有直接利害关系的公民、法人或其他组织要求参加听证的，可以作为第三人参加听证。

第十二条　当事人、第三人可以委托 1 至 2 名代理人参加听证。代理人在代理权限内享有与委托人同等的权利，并且履行同等的义务。

第十三条　当事人、第三人委托代理人参加听证的，应当在举行听证前向海关提交授权委托书，授权委托书应当列明下列事项：

（一）委托人及其代理人的简要情况；

（二）代理人的代理权限；

（三）代理权的起止日期；

（四）委托日期及委托人签章。

委托人提前解除委托的，应当书面告知听证组织机构。

第十四条　案件调查人员是指海关承担行政处罚案件调查取证并且参加听证的工作人员。

在听证过程中，案件调查人员陈述当事人违法的事实、证据、拟作出的行政处罚决定及其法律依据，并且同当事人进行质证、辩论。

第十五条　经听证主持人同意，案件调查人员、当事人和第三人可以要求证人参加听证，并在举行听证的 1 日以前提供证人的基本情况。

第十六条　对不通晓当地语言文字的听证参加人及其他人员，海关应当为其聘请翻译人员。

涉及专业技术问题需要鉴定的，海关应当将其交由海关化验鉴定机构或者委托国家认可的其他机构进行鉴定。经听证主持人同意，当事人及其代理人、

第三人及其代理人、案件调查人员可以要求鉴定人参加听证。

第十七条 当事人及其代理人、第三人及其代理人、案件调查人员、证人、翻译人员、鉴定人应当按时参加听证，遵守听证纪律，如实回答听证主持人的提问。

第四章 听证的申请和决定

第十八条 当事人应当在海关告知其听证权利之日起 3 日以内，以书面形式向海关提出听证申请。以邮寄方式提出申请的，以寄出的邮戳日期为申请日期。

当事人因不可抗力或者其他特殊情况不能在规定期限内提出听证申请的，经海关同意，可以在障碍消除后 3 日以内提出听证申请。

第十九条 海关决定组织听证的，应当自收到听证申请之日起 30 日以内举行听证，并在举行听证的 7 日以前将《海关行政处罚听证通知书》（见附件 1）送达当事人。

《海关行政处罚听证通知书》应当列明当事人姓名或者名称、听证案件的名称以及举行听证的时间、地点，加盖海关行政案件专用章，并可以列明下列事项：

（一）是否公开举行听证，不公开听证的，应当说明理由；

（二）听证主持人、听证员、记录员的姓名；

（三）要求当事人报送参加听证的人员名单、身份证明以及准备有关证据材料、通知证人等事项；

（四）当事人及其代理人的权利、义务；

（五）其他有关事项。

第二十条 有下列情形之一的，海关应当作出不举行听证的决定：

（一）申请人不是本案当事人或者其代理人；

（二）未在本办法第十八条规定的期限内提出听证申请的；

（三）不属于本办法第三条规定范围的。

决定不予听证的，海关应当在收到听证申请之日起 5 日以内制作《海关行政处罚不予听证通知书》（见附件 2），并且及时送达申请人。

第二十一条 两个以上当事人分别对同一行政案件提出听证申请的，可以合并举行听证。

案件有两个以上当事人，其中部分当事人提出听证申请的，海关可以通知其他当事人参加听证。

只有部分当事人参加听证的，可以只对涉及该部分当事人的案件事实、证据、法律适用举行听证，但海关应当在听证后一并作出处罚决定。

第五章 听证的举行

第二十二条 在听证过程中，听证参加人及其他人员应当遵守以下听证纪律：

（一）听证参加人及其他人员应当遵守听证秩序，经听证主持人同意后，才能进行陈述和辩论；

（二）旁听人员不得影响听证的正常进行；

（三）准备进行录音、录像、摄影和采访的，应当事先报经听证主持人批准。

第二十三条 听证应当按照下列程序进行：

（一）听证主持人核对当事人及其代理人、第三人及其代理人、案件调查人员的身份；

（二）听证主持人宣布听证参加人、翻译人员、鉴定人员名单，询问当事人及其代理人、第三人及其代理人、案件调查人员是否申请回避；

（三）宣布听证纪律；

（四）听证主持人宣布听证开始并介绍案由；

（五）案件调查人员陈述当事人违法事实，出示相关证据，提出拟作出的行政处罚决定和依据；

（六）当事人及其代理人陈述、申辩，提出意见和主张；

（七）第三人及其代理人陈述，提出意见和主张；

（八）听证主持人就案件事实、证据、处罚依据进行提问；

（九）当事人及其代理人、第三人及其代理人、案件调查人员相互质证、辩论；

（十）当事人及其代理人、第三人及其代理人、案件调查人员作最后陈述；

（十一）宣布听证结束。

第二十四条 当事人及其代理人、第三人及其代理人、案件调查人员应当围绕证据的合法性、真实性和关联性，针对证据有无证明效力以及证明效力大小进行质证。

经听证主持人同意，当事人及其代理人、第三人及其代理人、案件调查人员可以就证据问题相互发问，也可以向证人、鉴定人发问；发问不得采用引诱、威胁、侮辱等语言或者方式，发问的内容应当与案件事实有关联。

第二十五条 对书证、物证和视听资料进行质证时，当事人及其代理人、第三人及其代理人、案件调查人员应当出示证据的原件或者原物；有下列情形之一的，可以不出示原件或者原物：

（一）出示原件或者原物确有困难，经听证主持人同意可以出示复制件或者复制品的；

（二）原件或者原物已经不存在，但能够证明复制件、复制品与原件、原物一致的。

视听资料应当在听证会上播放或者显示，并且进行质证后认定。

第二十六条 有下列情形之一的，应当延期举行听证：

（一）当事人或者其代理人因不可抗力或者有其他正当理由无法到场的；

（二）临时决定听证主持人、听证员或者记录员回避，不能当场确定更换人选的；

（三）作为当事人的法人或者其他组织有合并、分立或者其他资产重组情形，需要等待权利义务承受人的；

（四）其他依法应当延期举行听证的情形。

延期听证的原因消除后，由听证主持人重新确定举行听证的时间，并且书面告知听证参加人及其他人员。

第二十七条 有下列情形之一的，应当中止举行听证：

（一）需要通知新的证人到场或者需要重新鉴定、补充证据的；

（二）当事人因不可抗力或者有其他正当理由暂时无法继续参加听证的；

（三）听证参加人及其他人员不遵守听证纪律，造成会场秩序混乱的；

（四）其他依法应当中止举行听证的情形。

中止听证的原因消除后，由听证主持人确定恢复举行听证的时间，并且书面告知听证参加人及其他人员。

第二十八条 有下列情形之一的，应当终止举行听证：

（一）当事人撤回听证申请的；

（二）当事人无正当理由未按时参加听证的；

（三）当事人无正当理由中途退场的；

（四）当事人死亡或者作为当事人的法人、其他组织终止，没有权利义务承受人的；

（五）其他依法应当终止听证的情形。

第二十九条 听证应当制作笔录。听证笔录应当列明下列事项：

（一）案由；

（二）听证参加人及其他人员的姓名或者名称；

（三）听证主持人、听证员、记录员的姓名；

（四）举行听证的时间、地点和方式；

（五）案件调查人员提出的本案的事实、证据和拟作出的行政处罚决定及其依据；

（六）陈述、申辩和质证的内容；

（七）证人证言；

（八）按规定应当列明的其他事项。

第三十条　听证笔录应当由听证参加人及其他人员确认无误后逐页进行签字或者盖章。对记录内容有异议的可以当场更正后签字或者盖章确认。

听证参加人及其他人员拒绝签字或者盖章的，由记录员在听证笔录上注明。

第六章　附　则

第三十一条　听证主持人、听证员、记录员违反本办法的有关规定，情节严重的，由所在单位按照有关规定依法给予行政处分。

第三十二条　本办法所规定的法律文书的送达，参照《中华人民共和国民事诉讼法》的规定执行。

第三十三条　本办法所称"日"指工作日，"以上"、"以内"及"以前"等均包含本数。

第三十四条　组织海关行政处罚听证的费用由海关承担。

第三十五条　本办法由海关总署负责解释。

第三十六条　本办法自 2006 年 3 月 1 日起施行。1996 年 11 月 12 日海关总署发布的《中华人民共和国海关行政处罚听证暂行办法》同时废止。

附件：1. 中华人民共和国海关行政处罚听证通知书
　　　2. 中华人民共和国海关行政处罚不予听证通知书

附件1

中华人民共和国　　　海关
行政处罚听证通知书

关　　字〔　　〕号

_____：

经审查，你（单位）提出的听证申请符合《中华人民共和国行政处罚法》

第四十二条以及《中华人民共和国海关行政处罚实施条例》第四十九条的规定，我关决定就_____一案举行听证，请你（单位）于　　年　月　日　时到　　参加听证。

特此通知。

（印章）

年　　月　　日

附件2

中华人民共和国　　海关
行政处罚不予听证通知书

关　字〔　　〕号

_____：

经审查，你（单位）提出的听证申请属于以下第_____项情形：

（一）申请人不是本案当事人或者其代理人；

（二）未在规定期限内提出听证申请；

（三）不属于依法应当听证的范围。

（四）_____。

根据《中华人民共和国行政处罚法》第四十二条、《中华人民共和国海关行政处罚实施条例》第四十九条的规定，我关决定不予听证。

特此通知。

（印章）

年　　月　　日

中华人民共和国海关行政复议办法

（2007年9月25日海关总署令第166号公布，根据2014年3月13日海关总署令第218号《海关总署关于修改部分规章的决定》修改）

第一章 总 则

第一条 为了规范海关行政复议，发挥行政复议制度在解决行政争议、建设法治海关、构建社会主义和谐社会中的作用，根据《中华人民共和国行政复议法》（以下简称行政复议法）、《中华人民共和国海关法》（以下简称海关法）和《中华人民共和国行政复议法实施条例》（以下简称行政复议法实施条例）的规定，制定本办法。

第二条 公民、法人或者其他组织认为海关具体行政行为侵犯其合法权益向海关提出行政复议申请，海关办理行政复议事项，适用本办法。

第三条 各级海关行政复议机关应当认真履行行政复议职责，领导并且支持本海关负责法制工作的机构（以下简称海关行政复议机构）依法办理行政复议事项，依照有关规定配备、充实、调剂专职行政复议人员，为行政复议工作提供财政保障，保证海关行政复议机构的办案能力与工作任务相适应。

第四条 海关行政复议机构履行下列职责：

（一）受理行政复议申请；

（二）向有关组织和人员调查取证，查阅文件和资料，组织行政复议听证；

（三）审查被申请行政复议的具体行政行为是否合法与适当，拟定行政复议决定，主持行政复议调解，审查和准许行政复议和解；

（四）办理海关行政赔偿事项；

（五）依照行政复议法第三十三条的规定，办理海关行政复议决定的依法强制执行或者申请人民法院强制执行事项；

（六）处理或者转送申请人依照本办法第三十一条提出的对有关规定的审查申请；

（七）指导、监督下级海关的行政复议工作，依照规定提出复议意见；

（八）对下级海关及其部门和工作人员违反行政复议法、行政复议法实施条例和本办法规定的行为依照规定的权限和程序提出处理建议；

（九）办理或者组织办理不服海关具体行政行为提起行政诉讼的应诉事项；

（十）办理行政复议、行政应诉、行政赔偿案件统计和备案事项；

（十一）研究行政复议过程中发现的问题，及时向有关机关和部门提出建议，重大问题及时向行政复议机关报告；

（十二）其他与行政复议工作有关的事项。

第五条 专职从事海关行政复议工作的人员（以下简称行政复议人员）应当具备下列条件：

（一）具有国家公务员身份；

（二）有良好的政治、业务素质；

（三）高等院校法律专业毕业或者高等院校非法律专业毕业具有法律专业知识；

（四）从事海关工作 2 年以上；

（五）经考试考核合格取得海关总署颁发的调查证。

各级海关行政复议机关应当支持并且鼓励行政复议人员参加国家司法考试；取得律师资格或者法律职业资格的海关工作人员可以优先成为行政复议人员。

第六条 行政复议人员享有下列权利：

（一）依法履行行政复议职责的行为受法律保护；

（二）获得履行职责应当具有的工作条件；

（三）对行政复议工作提出建议；

（四）参加培训；

（五）法律、行政法规和海关规章规定的其他权利。

行政复议人员应当履行下列义务：

（一）严格遵守宪法和法律；

（二）以事实为根据，以法律为准绳审理行政复议案件；

（三）忠于职守，尽职尽责，清正廉洁，秉公执法；

（四）依法保障行政复议参加人的合法权益；

（五）保守国家秘密、商业秘密、海关工作秘密和个人隐私；

（六）维护国家利益、社会公共利益，维护公民、法人或者其他组织的合法权益；

（七）法律、行政法规和海关规章规定的其他义务。

第七条 海关行政复议机关履行行政复议职责，应当遵循合法、公正、公开、及时、便民的原则，坚持依法行政、有错必纠，保障法律、行政法规和海关规章的正确实施。

第八条　海关行政复议机关应当通过宣传栏、公告栏、海关门户网站等方便查阅的形式，公布本海关管辖的行政复议案件受案范围、受理条件、行政复议申请书样式、行政复议案件审理程序和行政复议决定执行程序等事项。

海关行政复议机关应当建立和公布行政复议案件办理情况查询机制，方便申请人、第三人及时了解与其行政复议权利、义务相关的信息。

海关行政复议机构应当对申请人、第三人就有关行政复议受理条件、审理方式和期限、作出行政复议处理决定的理由和依据、行政复议决定的执行等行政复议事项提出的疑问予以解释说明。

第二章　海关行政复议范围

第九条　有下列情形之一的，公民、法人或者其他组织可以向海关申请行政复议：

（一）对海关作出的警告，罚款，没收货物、物品、运输工具和特制设备，追缴无法没收的货物、物品、运输工具的等值价款，没收违法所得，暂停从事有关业务，撤销注册登记及其他行政处罚决定不服的；

（二）对海关作出的收缴有关货物、物品、违法所得、运输工具、特制设备决定不服的；

（三）对海关作出的限制人身自由的行政强制措施不服的；

（四）对海关作出的扣留有关货物、物品、运输工具、账册、单证或者其他财产，封存有关进出口货物、账簿、单证等行政强制措施不服的；

（五）对海关收取担保的具体行政行为不服的；

（六）对海关采取的强制执行措施不服的；

（七）对海关确定纳税义务人、确定完税价格、商品归类、确定原产地、适用税率或者汇率、减征或者免征税款、补税、退税、征收滞纳金、确定计征方式以及确定纳税地点等其他涉及税款征收的具体行政行为有异议的（以下简称纳税争议）；

（八）认为符合法定条件，申请海关办理行政许可事项或者行政审批事项，海关未依法办理的；

（九）对海关检查运输工具和场所，查验货物、物品或者采取其他监管措施不服的；

（十）对海关作出的责令退运、不予放行、责令改正、责令拆毁和变卖等行政决定不服的；

（十一）对海关稽查决定或者其他稽查具体行政行为不服的；

（十二）对海关作出的企业分类决定以及按照该分类决定进行管理的措施不服的；

（十三）认为海关未依法采取知识产权保护措施，或者对海关采取的知识产权保护措施不服的；

（十四）认为海关未依法办理接受报关、放行等海关手续的；

（十五）认为海关违法收取滞报金或者其他费用，违法要求履行其他义务的；

（十六）认为海关没有依法履行保护人身权利、财产权利的法定职责的；

（十七）认为海关在政府信息公开工作中的具体行政行为侵犯其合法权益的；

（十八）认为海关的其他具体行政行为侵犯其合法权益的。

前款第（七）项规定的纳税争议事项，公民、法人或者其他组织应当依据海关法的规定先向海关行政复议机关申请行政复议，对海关行政复议决定不服的，再向人民法院提起行政诉讼。

第十条　海关工作人员不服海关作出的处分或者其他人事处理决定，依照有关法律、行政法规的规定提出申诉的，不适用本办法。

第三章　海关行政复议申请

第一节　申请人和第三人

第十一条　依照本办法规定申请行政复议的公民、法人或者其他组织是海关行政复议申请人。

第十二条　有权申请行政复议的公民死亡的，其近亲属可以申请行政复议。

第十三条　有权申请行政复议的法人或者其他组织终止的，承受其权利的公民、法人或者其他组织可以申请行政复议。

法人或者其他组织实施违反海关法的行为后，有合并、分立或者其他资产重组情形，海关以原法人、组织作为当事人予以行政处罚并且以承受其权利义务的法人、组织作为被执行人的，被执行人可以以自己的名义申请行政复议。

第十四条　行政复议期间，海关行政复议机构认为申请人以外的公民、法人或者其他组织与被审查的具体行政行为有利害关系的，应当通知其作为第三人参加行政复议。

行政复议期间，申请人以外的公民、法人或者其他组织认为与被审查的海关具体行政行为有利害关系的，可以向海关行政复议机构申请作为第三人参加行政复议。申请作为第三人参加行政复议的，应当对其与被审查的海关具体行政行为有利害关系负举证责任。

通知或者同意第三人参加行政复议的，应当制作《第三人参加行政复议通知书》，送达第三人。

第三人不参加行政复议，不影响行政复议案件的审理。

第十五条 申请人、第三人可以委托1至2名代理人参加行政复议。

委托代理人参加行政复议的，应当向海关行政复议机构提交授权委托书。授权委托书应当载明下列事项：

（一）委托人姓名或者名称，委托人为法人或者其他组织的，还应当载明法定代表人或者主要负责人的姓名、职务；

（二）代理人姓名、性别、年龄、职业、地址及邮政编码；

（三）委托事项和代理期间；

（四）代理人代为提起、变更、撤回行政复议申请、参加行政复议调解、达成行政复议和解、参加行政复议听证、递交证据材料、收受行政复议法律文书等代理权限；

（五）委托日期及委托人签章。

公民在特殊情况下无法书面委托的，可以口头委托。公民口头委托的，海关行政复议机构应当核实并且记录在卷。

申请人、第三人解除或者变更委托的，应当书面报告海关行政复议机构。

第二节　被申请人和行政复议机关

第十六条 公民、法人或者其他组织对海关作出的具体行政行为不服，依照本办法规定申请行政复议的，作出该具体行政行为的海关是被申请人。

第十七条 对海关具体行政行为不服的，向作出该具体行政行为的海关的上一级海关提出行政复议申请。

对海关总署作出的具体行政行为不服的，向海关总署提出行政复议申请。

第十八条 两个以上海关以共同的名义作出具体行政行为的，以作出具体行政行为的海关为共同被申请人，向其共同的上一级海关申请行政复议。

第十九条 海关与其他行政机关以共同的名义作出具体行政行为的，海关和其他行政机关为共同被申请人，向海关和其他行政机关的共同上一级行政机关申请行政复议。

申请人对海关总署与国务院其他部门共同作出的具体行政行为不服，向海关总署或者国务院其他部门提出行政复议申请，由海关总署、国务院其他部门共同作出处理决定。

第二十条 依照法律、行政法规或者海关规章的规定，下级海关经上级海关批准后以自己的名义作出具体行政行为的，以作出批准的上级海关为被申请人。

根据海关法和有关行政法规、海关规章的规定，经直属海关关长或者其授权的隶属海关关长批准后作出的具体行政行为，以直属海关为被申请人。

第二十一条 海关设立的派出机构、内设机构或者其他组织，未经法律、行政法规授权，对外以自己名义作出具体行政行为的，以该海关为被申请人，向该海关的上一级海关申请行政复议。

第三节 行政复议申请期限

第二十二条 海关对公民、法人或者其他组织作出具体行政行为，应当告知其申请行政复议的权利、行政复议机关和行政复议申请期限。

对于依照法律、行政法规或者海关规章的规定，下级海关经上级海关批准后以自己的名义作出的具体行政行为，应当告知以作出批准的上级海关为被申请人以及相应的行政复议机关。

第二十三条 公民、法人或者其他组织认为海关具体行政行为侵犯其合法权益的，可以自知道该具体行政行为之日起60日内提出行政复议申请。

前款规定的行政复议申请期限依照下列规定计算：

（一）当场作出具体行政行为的，自具体行政行为作出之日起计算；

（二）载明具体行政行为的法律文书直接送达的，自受送达人签收之日起计算；

（三）载明具体行政行为的法律文书依法留置送达的，自送达人和见证人在送达回证上签注的留置送达之日起计算；

（四）载明具体行政行为的法律文书邮寄送达的，自受送达人在邮政签收单上签收之日起计算；没有邮政签收单的，自受送达人在送达回执上签名之日起计算；

（五）具体行政行为依法通过公告形式告知受送达人的，自公告规定的期限届满之日起计算；

（六）被申请人作出具体行政行为时未告知有关公民、法人或者其他组织，事后补充告知的，自公民、法人或者其他组织收到补充告知的通知之日起计算；

（七）被申请人作出具体行政行为时未告知有关公民、法人或者其他组织，但是有证据材料能够证明有关公民、法人或者其他组织知道该具体行政行为的，自证据材料证明其知道具体行政行为之日起计算。

具体行政行为具有持续状态的，自该具体行政行为终了之日起计算。

海关作出具体行政行为，依法应当向有关公民、法人或者其他组织送达法律文书而未送达的，视为该有关公民、法人或者其他组织不知道该具体行政行为。

申请人因不可抗力或者其他正当理由耽误法定申请期限的，申请期限自障碍消除之日起继续计算。

第二十四条　公民、法人或者其他组织认为海关未依法履行法定职责，依照本办法第九条第一款第（八）项、第（十六）项的规定申请行政复议的，行政复议申请期限依照下列规定计算：

（一）履行职责的期限有法律、行政法规或者海关规章的明确规定的，自规定的履行期限届满之日起计算；

（二）履行职责的期限没有明确规定的，自海关收到公民、法人或者其他组织要求履行职责的申请满 60 日起计算。

公民、法人或者其他组织在紧急情况下请求海关履行保护人身权、财产权的法定职责，海关不及时履行的，行政复议申请期限不受前款规定的限制。

第二十五条　本办法第九条第一款第（七）项规定的纳税争议事项，申请人未经行政复议直接向人民法院提起行政诉讼的，人民法院依法驳回后申请人再向海关申请行政复议的，从申请人起诉之日起至人民法院驳回的法律文书生效之日止的期间不计算在申请行政复议的期限内，但是海关作出有关具体行政行为时已经告知申请人应当先经海关行政复议的除外。

第四节　行政复议申请的提出

第二十六条　申请人书面申请行政复议的，可以采取当面递交、邮寄、传真、电子邮件等方式递交行政复议申请书。

海关行政复议机关应当通过海关公告栏、互联网门户网站公开接受行政复议申请书的地址、传真号码、互联网邮箱地址等，方便申请人选择不同的书面申请方式。

第二十七条　申请人书面申请行政复议的，应当在行政复议申请书中载明下列内容：

（一）申请人基本情况，包括：公民的姓名、性别、年龄、工作单位、住所、身份证号码、邮政编码，法人或者其他组织的名称、住所、邮政编码和法定代表人或者主要负责人的姓名、职务；

（二）被申请人的名称；

（三）行政复议请求、申请行政复议的主要事实和理由；

（四）申请人签名或者盖章；

（五）申请行政复议的日期。

第二十八条 申请人口头申请行政复议的，海关行政复议机构应当依照本办法第二十七条规定的内容，当场制作《行政复议申请笔录》交申请人核对或者向申请人宣读，并且由其签字确认。

第二十九条 有下列情形之一的，申请人应当提供相应的证明材料：

（一）认为被申请人不履行法定职责的，提供曾经申请被申请人履行法定职责的证明材料；

（二）申请行政复议时一并提出行政赔偿申请的，提供受具体行政行为侵害而造成损害的证明材料；

（三）属于本办法第二十三条第五款情形的，提供发生不可抗力或者有其他正当理由的证明材料；

（四）法律、行政法规规定需要申请人提供证据材料的其他情形。

第三十条 申请人提出行政复议申请时错列被申请人的，海关行政复议机构应当告知申请人变更被申请人。

申请人变更被申请人的期间不计入行政复议审理期限。

第三十一条 申请人认为海关的具体行政行为所依据的规定不合法，可以依据行政复议法第七条的规定，在对具体行政行为申请行政复议时一并提出对该规定的审查申请。

申请人在对具体行政行为提起行政复议申请时尚不知道该具体行政行为所依据的规定的，可以在海关行政复议机关作出行政复议决定前提出。

第四章 海关行政复议受理

第三十二条 海关行政复议机关收到行政复议申请后，应当在5日内进行审查。行政复议申请符合下列规定的，应当予以受理：

（一）有明确的申请人和符合规定的被申请人；

（二）申请人与具体行政行为有利害关系；

（三）有具体的行政复议请求和理由；

（四）在法定申请期限内提出；

（五）属于本办法第九条第一款规定的行政复议范围；

（六）属于收到行政复议申请的海关行政复议机构的职责范围；

（七）其他行政复议机关尚未受理同一行政复议申请，人民法院尚未受理同一主体就同一事实提起的行政诉讼。

对符合前款规定决定受理行政复议申请的，应当制作《行政复议申请受理通知书》和《行政复议答复通知书》分别送达申请人和被申请人。《行政复议申请受理通知书》应当载明受理日期、合议人员或者案件审理人员，告知申请人申请回避和申请举行听证的权利。《行政复议答复通知书》应当载明受理日期、提交答复的要求和合议人员或者案件审理人员，告知被申请人申请回避的权利。

对不符合本条第一款规定决定不予受理的，应当制作《行政复议申请不予受理决定书》，并且送达申请人。《行政复议申请不予受理决定书》应当载明不予受理的理由和法律依据，告知申请人主张权利的其他途径。

第三十三条 行政复议申请材料不齐全或者表述不清楚的，海关行政复议机构可以自收到该行政复议申请之日起5日内书面通知申请人补正。补正通知应当载明以下事项：

（一）行政复议申请书中需要修改、补充的具体内容；

（二）需要补正的有关证明材料的具体类型及其证明对象；

（三）补正期限。

申请人应当在收到补正通知之日起10日内向海关行政复议机构提交需要补正的材料。补正申请材料所用时间不计入行政复议审理期限。

申请人无正当理由逾期不补正的，视为其放弃行政复议申请。申请人有权在本办法第二十三条规定的期限内重新提出行政复议申请。

第三十四条 申请人以传真、电子邮件方式递交行政复议申请书、证明材料的，海关行政复议机构不得以其未递交原件为由拒绝受理。

海关行政复议机构受理申请人以传真、电子邮件方式提出的行政复议申请后，应当告知申请人自收到《行政复议申请受理通知书》之日起10日内提交有关材料的原件。

第三十五条 对符合本办法规定，且属于本海关受理的行政复议申请，自海关行政复议机构收到之日起即为受理。

海关行政复议机构收到行政复议申请的日期，属于申请人当面递交的，由海关行政复议机构经办人在申请书上注明收到日期，并且由递交人签字确认；属于直接从邮递渠道收取或者其他单位、部门转来的，由海关行政复议机构签收确认；属于申请人以传真或者电子邮件方式提交的，以海关行政复议机构接收传真之日或者海关互联网电子邮件系统记载的收件日期为准。

第三十六条 对符合本办法规定，但是不属于本海关管辖的行政复议申请，应当在审查期限内转送有管辖权的海关行政复议机关，并且告知申请人。口头告知的，应当记录告知的有关内容，并且当场交由申请人签字或者盖章确认；书面告知的，应当制作《行政复议告知书》，并且送达申请人。

第三十七条 申请人就同一事项向两个或者两个以上有权受理的海关申请行政复议的，由最先收到行政复议申请的海关受理；同时收到行政复议申请的，由收到行政复议申请的海关在10日内协商确定；协商不成的，由其共同上一级海关在10日内指定受理海关。协商确定或者指定受理海关所用时间不计入行政复议审理期限。

第三十八条 申请人依法提出行政复议申请，海关行政复议机关无正当理由不予受理的，上一级海关可以根据申请人的申请或者依职权先行督促其受理；经督促仍不受理的，应当责令其限期受理，并且制作《责令受理行政复议申请通知书》；必要时，上一级海关也可以直接受理，并且制作《直接受理行政复议申请通知书》，送达申请人和原海关行政复议机关。上一级海关经审查认为海关行政复议机关不予受理行政复议申请的决定符合本办法规定的，应当向申请人做好说明解释工作。

第三十九条 下列情形不视为申请行政复议，海关行政复议机关应当给予答复，或者转由其他机关处理并且告知申请人：

（一）对海关工作人员的个人违法违纪行为进行举报、控告或者对海关工作人员的态度作风提出异议的；

（二）对海关的业务政策、作业制度、作业方式和程序提出异议的；

（三）对海关工作效率提出异议的；

（四）对行政处罚认定的事实、适用的法律及处罚决定没有异议，仅因经济上不能承受而请求减免处罚的；

（五）不涉及海关具体行政行为，只对海关规章或者其他规范性文件有异议的；

（六）请求解答法律、行政法规、规章的。

第四十条 行政复议期间海关具体行政行为不停止执行；但是有行政复议法第二十一条规定情形之一的，可以停止执行。决定停止执行的，应当制作《具体行政行为停止执行决定书》，并且送达申请人、被申请人和第三人。

第四十一条 有下列情形之一的，海关行政复议机关可以决定合并审理，并且以后一个申请行政复议的日期为正式受理的日期：

（一）两个以上的申请人对同一海关具体行政行为分别向海关行政复议机关申请行政复议的；

（二）同一申请人对同一海关的数个相同类型或者具有关联性的具体行政行为分别向海关行政复议机关申请行政复议的。

第五章　海关行政复议审理与决定

第一节　行政复议答复

第四十二条　海关行政复议机构应当自受理行政复议申请之日起 7 日内，将行政复议申请书副本或者行政复议申请笔录复印件以及申请人提交的证据、有关材料的副本发送被申请人。

第四十三条　被申请人应当自收到申请书副本或者行政复议申请笔录复印件之日起 10 日内，向海关行政复议机构提交《行政复议答复书》，并且提交当初作出具体行政行为的证据、依据和其他有关材料。

《行政复议答复书》应当载明下列内容：

（一）被申请人名称、地址、法定代表人姓名及职务；

（二）被申请人作出具体行政行为的事实、证据、理由及法律依据；

（三）对申请人的行政复议申请要求、事实、理由逐条进行答辩和必要的举证；

（四）对有关具体行政行为建议维持、变更、撤销或者确认违法，建议驳回行政复议申请，进行行政复议调解等答复意见；

（五）作出答复的时间。

《行政复议答复书》应当加盖被申请人印章。

被申请人提交的有关证据、依据和其他有关材料应当按照规定装订成卷。

第四十四条　海关行政复议机构应当在收到被申请人提交的《行政复议答复书》之日起 7 日内，将《行政复议答复书》副本发送申请人。

第四十五条　行政复议案件的答复工作由被申请人负责法制工作的机构具体负责。

对海关总署作出的具体行政行为不服向海关总署申请行政复议的，由原承办具体行政行为有关事项的部门或者机构具体负责提出书面答复，并且提交当初作出具体行政行为的证据、依据和其他有关材料。

第二节　行政复议审理

第四十六条　海关行政复议案件实行合议制审理。合议人员为不得少于 3 人的单数。合议人员由海关行政复议机构负责人指定的行政复议人员或者海关行政复议机构聘任或者特邀的其他具有专业知识的人员担任。

被申请人所属人员不得担任合议人员。对海关总署作出的具体行政行为不服向海关总署申请行政复议的，原具体行政行为经办部门的人员不得担任合议人员。

对于事实清楚、案情简单、争议不大的海关行政复议案件，也可以不适用合议制，但是应当由 2 名以上行政复议人员参加审理。

第四十七条 海关行政复议机构负责人应当指定一名行政复议人员担任主审，具体负责对行政复议案件事实的审查，并且对所认定案件事实的真实性和适用法律的准确性承担主要责任。

合议人员应当根据复议查明的事实，依据有关法律、行政法规和海关规章的规定，提出合议意见，并且对提出的合议意见的正确性负责。

第四十八条 申请人、被申请人或者第三人认为合议人员或者案件审理人员与本案有利害关系或者有其他关系可能影响公正审理行政复议案件的，可以申请合议人员或者案件审理人员回避，同时应当说明理由。

合议人员或者案件审理人员认为自己与本案有利害关系或者有其他关系的，应当主动申请回避。海关行政复议机构负责人也可以指令合议人员或者案件审理人员回避。

行政复议人员的回避由海关行政复议机构负责人决定。海关行政复议机构负责人的回避由海关行政复议机关负责人决定。

第四十九条 海关行政复议机构审理行政复议案件应当向有关组织和人员调查情况，听取申请人、被申请人和第三人的意见；海关行政复议机构认为必要时可以实地调查核实证据；对于事实清楚、案情简单、争议不大的案件，可以采取书面审查的方式进行审理。

第五十条 海关行政复议机构向有关组织和人员调查取证时，可以查阅、复制、调取有关文件和资料，向有关人员进行询问。

调查取证时，行政复议人员不得少于 2 人，并且应当主动向有关人员出示调查证。被调查单位和人员应当配合行政复议人员的工作，不得拒绝或者阻挠。

调查情况、听取意见应当制作笔录，由被调查人员和行政复议人员共同签字确认。

第五十一条 行政复议期间涉及专门事项需要鉴定的，申请人、第三人可以自行委托鉴定机构进行鉴定，也可以申请行政复议机构委托鉴定机构进行鉴定。鉴定费用由申请人、第三人承担。鉴定所用时间不计入行政复议审理期限。

海关行政复议机构认为必要时也可以委托鉴定机构进行鉴定。

鉴定应当委托国家认可的鉴定机构进行。

第五十二条 需要现场勘验的，现场勘验所用时间不计入行政复议审理期限。

第五十三条 申请人、第三人可以查阅被申请人提出的书面答复、提交的作出具体行政行为的证据、依据和其他有关材料，除涉及国家秘密、商业秘密、海关工作秘密或者个人隐私外，海关行政复议机关不得拒绝，并且应当为申请人、第三人查阅有关材料提供必要条件。

有条件的海关行政复议机关应当设立专门的行政复议接待室或者案卷查阅室，配备相应的监控设备。

第五十四条 申请人、第三人查阅有关材料依照下列规定办理：

（一）申请人、第三人向海关行政复议机构提出阅卷要求；

（二）海关行政复议机构确定查阅时间后提前通知申请人或者第三人；

（三）查阅时，申请人、第三人应当出示身份证件；

（四）查阅时，海关行政复议机构工作人员应当在场；

（五）申请人、第三人可以摘抄查阅材料的内容；

（六）申请人、第三人不得涂改、毁损、拆换、取走、增添查阅的材料。

第五十五条 行政复议期间有下列情形之一，影响行政复议案件审理的，行政复议中止，海关行政复议机构应当制作《行政复议中止决定书》，并且送达申请人、被申请人和第三人：

（一）作为申请人的自然人死亡，其近亲属尚未确定是否参加行政复议的；

（二）作为申请人的自然人丧失参加行政复议的能力，尚未确定法定代理人参加行政复议的；

（三）作为申请人的法人或者其他组织终止，尚未确定权利义务承受人的；

（四）作为申请人的自然人下落不明或者被宣告失踪的；

（五）申请人、被申请人因不可抗力，不能参加行政复议的；

（六）案件涉及法律适用问题，需要有权机关作出解释或者确认的；

（七）案件审理需要以其他案件的审理结果为依据，而其他案件尚未审结的；

（八）申请人依照本办法第三十一条提出对有关规定的审查申请，有权处理的海关、行政机关正在依法处理期间的；

（九）其他需要中止行政复议的情形。

行政复议中止的原因消除后，海关行政复议机构应当及时恢复行政复议案件的审理，制作《行政复议恢复审理通知书》，并且送达申请人、被申请人和第三人。

第三节 行政复议听证

第五十六条 有下列情形之一的，海关行政复议机构可以采取听证的方式审理：

（一）申请人提出听证要求的；

（二）申请人、被申请人对事实争议较大的；

（三）申请人对具体行政行为适用依据有异议的；

（四）案件重大、复杂或者争议的标的价值较大的；

（五）海关行政复议机构认为有必要听证的其他情形。

第五十七条 海关行政复议机构决定举行听证的，应当制发《行政复议听证通知书》，将举行听证的时间、地点、具体要求等事项事先通知申请人、被申请人和第三人。

第三人不参加听证的，不影响听证的举行。

第五十八条 听证可以在海关行政复议机构所在地举行，也可以在被申请人或者申请人所在地举行。

第五十九条 行政复议听证应当公开举行，涉及国家秘密、商业秘密、海关工作秘密或者个人隐私的除外。

公开举行的行政复议听证，因听证场所等原因需要限制旁听人员数量的，海关行政复议机构应当作出说明。

对人民群众广泛关注、有较大社会影响或者有利于法制宣传教育的行政复议案件的公开听证，海关行政复议机构可以有计划地组织群众旁听，也可以邀请有关立法机关、司法机关、监察部门、审计部门、新闻单位以及其他有关单位的人员参加旁听。

第六十条 行政复议听证人员为不得少于3人的单数，由海关行政复议机构负责人确定，并且指定其中一人为听证主持人。听证可以另指定专人为记录员。

第六十一条 行政复议听证应当按照以下程序进行：

（一）由主持人宣布听证开始、核对听证参加人身份、告知听证参加人的权利和义务；

（二）询问听证参加人是否申请听证人员以及记录员回避，申请回避的，按照本办法第四十八条的规定办理；

（三）申请人宣读复议申请并且阐述主要理由；

（四）被申请人针对行政复议申请进行答辩，就作出原具体行政行为依据的事实、理由和法律依据进行阐述，并且进行举证；

（五）第三人可以阐述意见；

（六）申请人、第三人对被申请人的举证可以进行质证或者举证反驳，被申请人对申请人、第三人的反证也可以进行质证和举证反驳；

（七）要求证人到场作证的，应当事先经海关行政复议机构同意并且提供证人身份等基本情况；

（八）听证主持人和其他听证人员进行询问；

（九）申请人、被申请人和第三人没有异议的证据和证明的事实，由主持人当场予以认定；有异议的并且与案件处理结果有关的事实和证据，由主持人当场或者事后经合议予以认定；

（十）申请人、被申请人和第三人可以对案件事实、证据、适用法律等进行辩论；

（十一）申请人、被申请人和第三人进行最后陈述；

（十二）由申请人、被申请人和第三人对听证笔录内容进行确认，并且当场签名或者盖章；对听证笔录内容有异议的，可以当场更正并且签名或者盖章。

行政复议听证笔录和听证认定的事实应当作为海关行政复议机关作出行政复议决定的依据。

第六十二条 行政复议参加人无法在举行听证时当场提交有关证据的，由主持人根据具体情况限定时间事后提交并且另行进行调查、质证或者再次进行听证；行政复议参加人提出的证据无法当场质证的，由主持人当场宣布事后进行调查、质证或者再次进行听证。

行政复议参加人在听证后的举证未经质证或者未经海关行政复议机构重新调查认可的，不得作为作出行政复议决定的证据。

第四节　行政复议附带抽象行政行为审查

第六十三条 申请人依照本办法第三十一条提出对有关规定的审查申请的，海关行政复议机关对该规定有权处理的，应当在 30 日内依照下列程序处理：

（一）依法确认该规定是否与法律、行政法规、规章相抵触；

（二）依法确认该规定能否作为被申请人作出具体行政行为的依据；

（三）书面告知申请人对该规定的审查结果。

海关行政复议机关应当制作《抽象行政行为审查告知书》，并且送达申请人、被申请人。

第六十四条 海关行政复议机关对申请人申请审查的有关规定无权处理的，

应当在 7 日内按照下列程序转送有权处理的上级海关或者其他行政机关依法处理：

（一）转送有权处理的上级海关的，应当报告行政复议有关情况、执行该规定的有关情况、对该规定适用的意见；

（二）转送有权处理的其他行政机关的，在转送函中应当说明行政复议的有关情况、请求确认该规定是否合法。

第六十五条 有权处理的上级海关应当在 60 日内依照下列程序处理：

（一）依法确认该规定是否合法、有效；

（二）依法确认该规定能否作为被申请人作出具体行政行为的依据；

（三）制作《抽象行政行为审查告知书》，并且送达海关行政复议机关、申请人和被申请人。

第六十六条 海关行政复议机关在对被申请人作出的具体行政行为进行审查时，认为需对该具体行政行为所依据的有关规定进行审查的，依照本办法第六十三条、第六十四条、第六十五条的规定办理。

第五节　行政复议决定

第六十七条 海关行政复议机构提出案件处理意见，经海关行政复议机关负责人审查批准后，作出行政复议决定。

第六十八条 海关行政复议机关应当自受理申请之日起 60 日内作出行政复议决定。但是有下列情况之一的，经海关行政复议机关负责人批准，可以延长 30 日：

（一）行政复议案件案情重大、复杂、疑难的；

（二）决定举行行政复议听证的；

（三）经申请人同意的；

（四）有第三人参加行政复议的；

（五）申请人、第三人提出新的事实或者证据需进一步调查的。

海关行政复议机关延长复议期限，应当制作《延长行政复议审查期限通知书》，并且送达申请人、被申请人和第三人。

第六十九条 具体行政行为认定事实清楚，证据确凿，适用依据正确，程序合法，内容适当的，海关行政复议机关应当决定维持。

第七十条 被申请人不履行法定职责的，海关行政复议机关应当决定其在一定期限内履行法定职责。

第七十一条 具体行政行为有下列情形之一的，海关行政复议机关应当决定撤销、变更或者确认该具体行政行为违法：

（一）主要事实不清、证据不足的；

（二）适用依据错误的；

（三）违反法定程序的；

（四）超越或者滥用职权的；

（五）具体行政行为明显不当的。

第七十二条 海关行政复议机关决定撤销或者确认具体行政行为违法的，可以责令被申请人在一定期限内重新作出具体行政行为。

被申请人应当在法律、行政法规、海关规章规定的期限内重新作出具体行政行为；法律、行政法规、海关规章未规定期限的，重新作出具体行政行为的期限为 60 日。

公民、法人或者其他组织对被申请人重新作出的具体行政行为不服，可以依法申请行政复议或者提起行政诉讼。

第七十三条 被申请人未按照本办法第四十三条的规定提出书面答复、提交当初作出具体行政行为的证据、依据和其他有关材料的，视为该具体行政行为没有证据、依据，海关行政复议机关应当决定撤销该具体行政行为。

第七十四条 具体行政行为有下列情形之一，海关行政复议机关可以决定变更：

（一）认定事实清楚，证据确凿，程序合法，但是明显不当或者适用依据错误的；

（二）认定事实不清，证据不足，但是经海关行政复议机关审理查明事实清楚，证据确凿的。

第七十五条 海关行政复议机关在申请人的行政复议请求范围内，不得作出对申请人更为不利的行政复议决定。

第七十六条 海关行政复议机关依据本办法第七十二条规定责令被申请人重新作出具体行政行为的，除以下情形外，被申请人不得作出对申请人更为不利的具体行政行为：

（一）不作出对申请人更为不利的具体行政行为将损害国家利益、社会公共利益或者他人合法权益的；

（二）原具体行政行为适用法律依据错误，适用正确的法律依据需要依法作出对申请人更为不利的具体行政行为的；

（三）被申请人查明新的事实，根据新的事实和有关法律、行政法规、海关规章的强制性规定，需要作出对申请人更为不利的具体行政行为的；

（四）其他依照法律、行政法规或者海关规章规定应当作出对申请人更为不利的具体行政行为的。

第七十七条 海关行政复议机关作出行政复议决定，应当制作《行政复议决定书》，送达申请人、被申请人和第三人。

《行政复议决定书》应当载明下列内容：

（一）申请人姓名、性别、年龄、职业、住址（法人或者其他组织的名称、地址、法定代表人或者主要负责人的姓名、职务）；

（二）第三人姓名、性别、年龄、职业、住址（法人或者其他组织的名称、地址、法定代表人或者主要负责人的姓名、职务）；

（三）被申请人名称、地址、法定代表人姓名；

（四）申请人申请复议的请求、事实和理由；

（五）被申请人答复的事实、理由、证据和依据；

（六）行政复议认定的事实和相应的证据；

（七）作出行政复议决定的具体理由和法律依据；

（八）行政复议决定的具体内容；

（九）不服行政复议决定向人民法院起诉的期限和具体管辖法院；

（十）作出行政复议决定的日期。

《行政复议决定书》应当加盖海关行政复议机关的印章。

《行政复议决定书》一经送达，即发生法律效力。

《行政复议决定书》直接送达的，行政复议人员应当就行政复议认定的事实、证据、作出行政复议决定的理由、依据向申请人、被申请人和第三人作出说明；申请人、被申请人和第三人对《行政复议决定书》提出异议的，除告知其向人民法院起诉的权利外，应当就有关异议作出解答。《行政复议决定书》以其他方式送达的，申请人、被申请人和第三人就《行政复议决定书》有关内容向海关行政复议机构提出异议的，行政复议人员应当向申请人、被申请人和第三人作出说明。

经申请人和第三人同意，海关行政复议机关可以通过出版物、海关门户网站、海关公告栏等方式公布生效的行政复议法律文书。

第七十八条 《行政复议决定书》送达申请人、被申请人和第三人后，海关行政复议机关发现《行政复议决定书》有需要补充、更正的内容，但是不影响行政复议决定的实质内容的，应当制发《行政复议决定补正通知书》，并且送达申请人、被申请人和第三人。

第七十九条 有下列情形之一的，海关行政复议机关应当决定驳回行政复议申请：

（一）申请人认为海关不履行法定职责申请行政复议，海关行政复议机关受理后发现被申请人没有相应法定职责或者被申请人在海关行政复议机关受理该行政复议申请之前已经履行法定职责的；

（二）海关行政复议机关受理行政复议申请后，发现该行政复议申请不符合受理条件的。

海关行政复议机关的上一级海关认为该行政复议机关驳回行政复议申请的理由不成立的，应当责令其恢复审理。

第八十条　申请人在行政复议决定作出前自愿撤回行政复议申请的，经海关行政复议机构同意，可以撤回。

申请人撤回行政复议申请的，不得再以同一事实和理由提出行政复议申请。但是，申请人能够证明撤回行政复议申请违背其真实意思表示的除外。

第八十一条　行政复议期间被申请人改变原具体行政行为，但是申请人未依法撤回行政复议申请的，不影响行政复议案件的审理。

第八十二条　行政复议期间有下列情形之一的，行政复议终止：

（一）申请人要求撤回行政复议申请，海关行政复议机构准予撤回的；

（二）作为申请人的自然人死亡，没有近亲属或者其近亲属放弃行政复议权利的；

（三）作为申请人的法人或者其他组织终止，其权利义务的承受人放弃行政复议权利的；

（四）申请人与被申请人达成和解，并且经海关行政复议机构准许的；

（五）申请人对海关限制人身自由的行政强制措施不服申请行政复议后，因申请人同一违法行为涉嫌犯罪，该限制人身自由的行政强制措施变更为刑事拘留的，或者申请人对海关扣留财产的行政强制措施不服申请行政复议后，因申请人同一违法行为涉嫌犯罪，该扣留财产的行政强制措施变更为刑事扣押的；

（六）依照本办法第五十五条第一款第（一）项、第（二）项、第（三）项规定中止行政复议，满60日行政复议中止的原因仍未消除的；

（七）申请人以传真、电子邮件形式递交行政复议申请书后未在规定期限内提交有关材料的原件的。

行政复议终止，海关行政复议机关应当制作《行政复议终止决定书》，并且送达申请人、被申请人和第三人。

第六节　行政复议和解和调解

第八十三条　公民、法人或者其他组织对海关行使法律、行政法规或者海关规章规定的自由裁量权作出的具体行政行为不服申请行政复议，在海关行政复议机关作出行政复议决定之前，申请人和被申请人可以在自愿、合法基础上达成和解。

第八十四条　申请人和被申请人达成和解的，应当向海关行政复议机构提交书面和解协议。和解协议应当载明行政复议请求、事实、理由和达成和解的结果，并且由申请人和被申请人签字或者盖章。

第八十五条　海关行政复议机构应当对申请人和被申请人提交的和解协议进行审查，和解确属申请人和被申请人的真实意思表示，和解内容不违反法律、行政法规或者海关规章的强制性规定，不损害国家利益、社会公共利益和他人合法权益的，应当准许和解，并且终止行政复议案件的审理。

准许和解并且终止行政复议的，应当在《行政复议终止决定书》中载明和解的内容。

第八十六条　经海关行政复议机关准许和解的，申请人和被申请人应当履行和解协议。

第八十七条　经海关行政复议机关准许和解并且终止行政复议的，申请人以同一事实和理由再次申请行政复议的，不予受理。但是，申请人提出证据证明和解违反自愿原则或者和解内容违反法律、行政法规或者海关规章的强制性规定的除外。

第八十八条　有下列情形之一的，海关行政复议机关可以按照自愿、合法的原则进行调解：

（一）公民、法人或者其他组织对海关行使法律、行政法规或者海关规章规定的自由裁量权作出的具体行政行为不服申请行政复议的；

（二）行政赔偿、查验赔偿或者行政补偿纠纷。

第八十九条　海关行政复议机关主持调解应当符合以下要求：

（一）调解应当在查明案件事实的基础上进行；

（二）海关行政复议机关应当充分尊重申请人和被申请人的意愿；

（三）组织调解应当遵循公正、合理原则；

（四）调解结果应当符合有关法律、行政法规和海关规章的规定，不得违背法律精神和原则；

（五）调解结果不得损害国家利益、社会公共利益或者他人合法权益。

第九十条　海关行政复议机关主持调解应当按照下列程序进行：

（一）征求申请人和被申请人是否同意进行调解的意愿；

（二）经申请人和被申请人同意后开始调解；

（三）听取申请人和被申请人的意见；

（四）提出调解方案；

（五）达成调解协议。

调解期间申请人或者被申请人明确提出不进行调解的，应当终止调解。终止调解后，申请人、被申请人再次请求海关行政复议机关主持调解的，应当准许。

第九十一条 申请人和被申请人经调解达成协议的，海关行政复议机关应当制作《行政复议调解书》。《行政复议调解书》应当载明下列内容：

（一）申请人姓名、性别、年龄、职业、住址（法人或者其他组织的名称、地址、法定代表人或者主要负责人的姓名、职务）；

（二）被申请人名称、地址、法定代表人姓名；

（三）申请人申请行政复议的请求、事实和理由；

（四）被申请人答复的事实、理由、证据和依据；

（五）行政复议认定的事实和相应的证据；

（六）进行调解的基本情况；

（七）调解结果；

（八）申请人、被申请人履行调解书的义务；

（九）日期。

《行政复议调解书》应当加盖海关行政复议机关的印章。《行政复议调解书》经申请人、被申请人签字或者盖章，即具有法律效力。

第九十二条 申请人和被申请人提交书面和解协议，并且要求海关行政复议机关按照和解协议内容制作《行政复议调解书》的，行政复议机关应当进行审查，申请人和被申请人达成的和解协议符合本办法第八十九条第（四）项、第（五）项规定的，海关行政复议机关可以根据和解协议的内容按照本办法第九十一条的规定制作《行政复议调解书》。

第九十三条 调解未达成协议或者行政复议调解书生效前一方反悔的，海关行政复议机关应当及时作出行政复议决定。

第七节 行政复议决定的执行

第九十四条 申请人认为被申请人不履行或者无正当理由拖延履行行政复议决定书、行政复议调解书的，可以申请海关行政复议机关责令被申请人履行。

海关行政复议机关发现被申请人不履行或者无正当理由拖延履行行政复议决定书、行政复议调解书的，应当责令其限期履行，并且制作《责令限期履行行政复议决定通知书》，送达被申请人。

第九十五条 申请人在法定期限内未提起行政诉讼又不履行海关行政复议决定的，按照下列规定分别处理：

（一）维持具体行政行为的海关行政复议决定，由作出具体行政行为的海关依法强制执行或者申请人民法院强制执行；

（二）变更具体行政行为的海关行政复议决定，由海关行政复议机关依法强制执行或者申请人民法院强制执行。海关行政复议机关也可以指定作出具体行政行为的海关依法强制执行，被指定的海关应当及时将执行情况上报海关行政复议机关。

第九十六条 申请人不履行行政复议调解书的，由作出具体行政行为的海关依法强制执行或者申请人民法院强制执行。

第六章　海关行政复议指导和监督

第九十七条 海关行政复议机关应当加强对行政复议工作的领导。

海关行政复议机构按照职责权限对行政复议工作进行督促、指导。

第九十八条 上级海关应当加强对下级海关履行行政复议职责的监督，通过定期检查、抽查等方式，对下级海关的行政复议工作进行检查，并且及时反馈检查结果。

海关发现本海关或者下级海关作出的行政复议决定有错误的，应当予以纠正。

第九十九条 海关行政复议机关在行政复议期间发现被申请人的具体行政行为违法或者需要做好善后工作的，可以制作《行政复议意见书》，对被申请人纠正执法行为、改进执法工作提出具体意见。

被申请人应当自收到《行政复议意见书》之日起60日内将纠正相关行政违法行为或者做好善后工作的情况报告海关行政复议机构。

第一百条 海关行政复议机构在行政复议期间发现法律、行政法规、规章的实施中带有普遍性的问题，可以向有关机关提出完善立法的建议。

海关行政复议机构在行政复议期间发现海关执法中存在的普遍性问题，可以制作《行政复议建议书》，向本海关有关业务部门提出改进执法的建议；对于可能对本海关行政决策产生重大影响的问题，海关行政复议机构应当将《行政复议建议书》报送本级海关行政首长；属于上一级海关处理权限的问题，海关行政复议机关可以向上一级海关提出完善制度和改进执法的建议。

第一百零一条 各级海关行政复议机关办理的行政复议案件中，申请人与被申请人达成和解协议后海关行政复议机关终止行政复议，或者申请人与被申请人经调解达成协议，海关行政复议机关制作行政复议调解书的，应当向海关总署行政复议机构报告，并且将有关法律文书报该部门备案。

第一百零二条　海关行政复议机构在办理行政复议案件的过程中，应当及时将制发的有关法律文书在海关行政复议信息系统中备案。

第一百零三条　海关行政复议机构应当每半年向本海关和上一级海关行政复议机构提交行政复议工作状况分析报告。

第一百零四条　海关总署行政复议机构应当每半年组织一次对行政复议人员的业务培训，提高行政复议人员的专业素质。

其他海关行政复议机构可以根据工作需要定期组织对本海关行政复议人员的培训。

第一百零五条　海关行政复议机关对于在办理行政复议案件中依法保障国家利益，维护公民、法人或者其他组织的合法权益，促进海关依法行政和社会和谐、成绩显著的单位和人员，应当依照《海关系统奖励规定》给予表彰和奖励。

海关行政复议机关应当定期总结行政复议工作，对在行政复议工作中做出显著成绩的单位和个人，应当依照《海关系统奖励规定》给予表彰和奖励。

第七章　法律责任

第一百零六条　海关行政复议机关、海关行政复议机构、行政复议人员有行政复议法第三十四条，第三十五条，行政复议法实施条例第六十四条规定情形的，依照行政复议法、行政复议法实施条例的有关规定处理。

第一百零七条　被申请人有行政复议法第三十六条、第三十七条，行政复议法实施条例第六十二条规定情形的，依照行政复议法、行政复议法实施条例的有关规定处理。

第一百零八条　上级海关发现下级海关及有关工作人员有违反行政复议法、行政复议法实施条例和本办法规定的，应当制作《处理违法行为建议书》，向有关海关提出建议，该海关应当依照行政复议法和有关法律、行政法规的规定作出处理，并且将处理结果报告上级海关。

海关行政复议机构发现有关海关及其工作人员有违反行政复议法、行政复议法实施条例和本办法规定的，应当制作《处理违法行为建议书》，向人事、监察部门提出对有关责任人员的处分建议，也可以将有关人员违法的事实材料直接转送人事、监察部门处理；接受转送的人事、监察部门应当依法处理，并且将处理结果通报转送的海关行政复议机构。

第八章　附　则

第一百零九条　海关行政复议期间的计算和行政复议法律文书的送达，依照民事诉讼法关于期间、送达的规定执行。

本办法关于行政复议期间有关"5日""7日"的规定是指工作日，不含节假日。

第一百一十条　海关行政复议机关受理行政复议申请，不得向申请人收取任何费用。

海关行政复议活动所需经费、办公用房以及交通、通讯、监控等设备由各级海关予以保障。

第一百一十一条　外国人、无国籍人、外国组织在中华人民共和国境内向海关申请行政复议，适用本办法。

第一百一十二条　海关行政复议机关可以使用行政复议专用章。在海关行政复议活动中，行政复议专用章和行政复议机关的印章具有同等法律效力。

第一百一十三条　海关行政复议机关办理行政复议案件、海关作为被申请人参加行政复议活动，该海关行政复议机构应当对有关案件材料进行整理，按照规定立卷归档。

第一百一十四条　本办法由海关总署负责解释。

第一百一十五条　本办法自 2007 年 11 月 1 日起施行。1999 年 8 月 30 日海关总署令第 78 号发布的《中华人民共和国海关实施〈行政复议法〉办法》同时废止。

中华人民共和国海关行政赔偿办法

（2003 年 3 月 24 日海关总署令第 101 号发布，自 2003 年 5 月 1 日起施行）

第一章　总　则

第一条　为保护公民、法人和其他组织依法取得行政赔偿的权利，促进海关及其工作人员依法行使职权，保证各级海关依法、正确、及时处理行政赔偿案件，根据《中华人民共和国国家赔偿法》（以下简称《国家赔偿法》）、《中华人民共和国海关法》（以下简称《海关法》）以及有关法律、行政法规，制定本办法。

第二条　各级海关办理行政赔偿案件，包括因海关及其工作人员违法行使行政职权导致的行政赔偿和依法对进出境货物、物品实施查验而发生的查验赔偿，适用本办法。

第三条　海关负责法制工作的机构是海关行政赔偿主管部门，履行下列职责：

（一）受理行政赔偿申请；

（二）审理行政赔偿案件，提出赔偿意见；

（三）拟定行政赔偿决定书等有关法律文书；

（四）办理行政复议附带行政赔偿案件、行政赔偿复议案件；

（五）执行生效的行政赔偿法律文书；

（六）对追偿提出处理意见；

（七）办理行政赔偿诉讼的应诉事项；

（八）办理与行政赔偿案件有关的其他事项。

第四条　办理赔偿案件应当遵循合法、公正、公开、及时的原则，坚持有错必纠。

第二章　赔偿范围

第一节　行政赔偿

第五条　海关及其工作人员有下列违法行使行政职权，侵犯公民人身权情形之一的，受害人有取得赔偿的权利：

（一）违法扣留公民的，具体包括：

1. 对没有走私犯罪嫌疑的公民予以扣留的；

2. 未经直属海关关长或者其授权的隶属海关关长批准实施扣留的；

3. 扣留时间超过法律规定期限的；

4. 有其他违法情形的。

（二）违法采取其他限制公民人身自由的行政强制措施的。

（三）非法拘禁或者以其他方法非法剥夺公民人身自由的。

（四）以殴打等暴力行为或者唆使他人以殴打等暴力行为造成公民身体伤害或者死亡的。

（五）违法使用武器、警械造成公民身体伤害或者死亡的。

（六）造成公民身体伤害或者死亡的其他违法行为。

第六条 海关及其工作人员有下列违法行使行政职权，侵犯公民、法人或者其他组织财产权情形之一的，受害人有取得赔偿的权利：

（一）违法实施罚款，没收货物、物品、运输工具或其他财产，追缴无法没收的货物、物品、运输工具的等值价款，暂停或者撤销企业从事有关海关业务资格及其他行政处罚的；

（二）违法对生产设备、货物、物品、运输工具等财产采取扣留、封存等行政强制措施的；

（三）违法收取保证金、风险担保金、抵押物、质押物的；

（四）违法收取滞报金、监管手续费等费用的；

（五）违法采取税收强制措施和税收保全措施的；

（六）擅自使用扣留的货物、物品、运输工具或者其他财产，造成损失的；

（七）对扣留的货物、物品、运输工具或者其他财产不履行保管职责，严重不负责任，造成财物毁损、灭失的，但依法交由有关单位负责保管的情形除外；

（八）违法拒绝接受报关、核销等请求，拖延监管，故意刁难，或不履行其他法定义务，给公民、法人或者其他组织造成财产损失的；

（九）变卖财产应当拍卖而未依法拍卖，或者有其他违法处理情形造成直接损失的；

（十）造成财产损害的其他违法行为。

第七条 属于下列情形之一的，海关不承担行政赔偿责任：

（一）海关工作人员与行使职权无关的个人行为；

（二）因公民、法人和其他组织自己的行为致使损害发生的；

（三）因不可抗力造成损害后果的；

（四）法律规定的其他情形。

因公民、法人和其他组织的过错致使损失扩大的，对扩大部分海关不承担赔偿责任。

第二节 查验赔偿

第八条 根据《海关法》第九十四条的规定，海关在依法查验进出境货物、物品时，损坏被查验的货物、物品的，应当赔偿当事人的实际损失。

第九条 有下列情形之一的，海关不承担赔偿责任：

（一）属于本办法第七条规定的情形的；

（二）由于当事人或其委托的人搬移、开拆、重封包装或保管不善造成的损失；

（三）易腐、易失效货物、物品在海关正常工作程序所需要时间内（含代保管期间）所发生的变质或失效，当事人事先未向海关声明或者海关已采取了适当的措施仍不能避免的；

（四）海关正常检查产生的不可避免的磨损和其他损失；

（五）在海关查验之前所发生的损坏和海关查验之后发生的损坏；

（六）海关为化验、取证等目的而提取的货样。

第三章　赔偿请求人和赔偿义务机关

第十条　受害的公民、法人和其他组织有权要求赔偿。

受害的公民死亡，其继承人和其他有扶养关系的亲属以及死者生前扶养的无劳动能力的人有权要求赔偿。

受害的法人或者其他组织终止，承受其权利的法人或者其他组织有权要求赔偿。

第十一条　赔偿请求人为无民事行为能力人或者限制民事行为能力人的，由其法定代理人或指定代理人代为要求赔偿。

第十二条　海关及其工作人员违法行使行政职权侵犯公民、法人和其他组织的合法权益造成损害的，该海关为赔偿义务机关。

两个以上海关共同行使行政职权时侵犯公民、法人和其他组织的合法权益造成损害的，共同行使行政职权的海关为共同赔偿义务机关。

海关依法设立的派出机构行使行政职权侵犯公民、法人和其他组织的合法权益造成损害的，设立该派出机构的海关为赔偿义务机关。

受海关委托的组织或者个人在行使受委托的行政权力时侵犯公民、法人和其他组织的合法权益造成损害的，委托的海关为赔偿义务机关。

第十三条　海关查验进出境货物、物品时，损坏被查验的货物、物品的，实施查验的海关为赔偿义务机关。

第十四条　赔偿义务机关被撤销的，继续行使其职权的海关为赔偿义务机关；没有继续行使其职权的海关的，该海关的上一级海关为赔偿义务机关。

第十五条　经行政复议机关复议的，最初造成侵权行为的海关为赔偿义务机关，但复议机关的复议决定加重损害的，复议机关对加重的部分履行赔偿义务。

第四章　赔偿程序

第一节　行政赔偿程序

第十六条　赔偿义务机关对依法确认有本办法第五条、第六条规定的情形之一，侵犯公民、法人或者其他组织合法权益的，应当给予赔偿。

第十七条　赔偿请求人要求行政赔偿应当先向赔偿义务机关提出，也可以在申请行政复议和提起行政诉讼时一并提出。

赔偿请求人可以向共同赔偿义务机关中的任何一个赔偿义务机关要求赔偿，该赔偿义务机关应当先予赔偿。

赔偿请求人根据受到的不同损害，可以同时提出数项赔偿要求。

第十八条　赔偿请求人要求赔偿应当递交申请书，申请书应当载明下列事项：

（一）赔偿请求人的姓名、性别、年龄、工作单位和住所，赔偿请求人为法人或者其他组织的，应当写明法人或者其他组织的名称、住所和法定代表人或者主要负责人的姓名、职务；

（二）具体的要求、事实根据和理由；

（三）申请的年、月、日。

赔偿请求人书写申请书确有困难的，可以委托他人代书；赔偿请求人也可以口头申请。口头申请的，赔偿义务机关应当制作《行政赔偿口头申请记录》，并当场交由赔偿请求人签章确认。

第十九条　赔偿请求人委托代理人代为参加赔偿案件处理的，应当向海关出具委托书，委托书应当具体载明下列事项：

（一）委托人姓名（法人或者其他组织的名称，法定代表人的姓名、职务）、代理人姓名、性别、年龄、职业、地址及邮政编码；

（二）代理人代为提起、变更、撤回赔偿请求、递交证据材料、收受法律文书等代理权限；

（三）代理人参加赔偿案件处理的期间；

（四）委托日期及委托人、代理人签章。

第二十条　同赔偿案件处理结果有利害关系的其他公民、法人或者其他组织，可以作为第三人参加赔偿案件处理。

申请以第三人身份参加赔偿案件处理的，应当以书面形式提出，并对其与赔偿案件处理结果有利害关系负举证责任。赔偿义务机关认为必要时，也可以通知第三人参加。

第三人参加赔偿案件处理的，赔偿义务机关应当制作《第三人参加行政赔偿案件处理通知书》，并送达第三人、赔偿请求人。

第二十一条 赔偿请求人要求赔偿时，应当提供符合受理条件的相应的证据材料。

本办法第十条第二款规定的赔偿请求人要求赔偿的，还应当提供公民死亡的证明及赔偿请求人与死亡公民之间的关系证明；本办法第十条第三款规定的赔偿请求人要求赔偿的，还应当提供原法人或者其他组织终止的证明，以及承受其权利的证明。

第二十二条 赔偿义务机关收到赔偿申请后，应当在五个工作日内进行审查，分别作出以下处理：

（一）对不符合本办法规定，有下列情形之一的，决定不予受理，制作行政赔偿申请不予受理决定书，并送达赔偿请求人：

1. 赔偿请求人不是本办法第十条规定的有权要求赔偿的公民、法人和其他组织；

2. 不属于本办法第五条、第六条规定的行政赔偿范围；

3. 超过法定请求赔偿的期限，且无本办法第六十一条第二款规定情形的；

4. 已向复议机关申请复议或者已向人民法院提起行政诉讼，复议机关或人民法院已经依法受理的；

5. 以海关制定发布的行政规章或者具有普遍约束力的规定、决定侵犯其合法权益造成损害为由，请求赔偿的。

（二）对未经依法确认违法的具体行政行为请求赔偿的，如该具体行政行为尚在法定的复议、诉讼期限内，应当书面告知申请人有权依法向上一级海关申请行政复议或者向人民法院提起行政诉讼，并可以一并提出赔偿请求；经告知后，申请人要求赔偿义务机关直接对侵权行为的违法性予以确认并作出赔偿决定的，赔偿义务机关应当予以受理。如该具体行政行为已超过法定的复议、诉讼期限，应当作为申诉案件处理，并书面通知当事人，原具体行政行为经申诉确认违法后，可以依法请求赔偿。

（三）对材料不齐备的，应当在审查期限内书面告知赔偿请求人补正材料。

（四）对符合本办法规定，但是本海关不是赔偿义务机关的，应当在审查期限内书面告知申请人向赔偿义务机关提出。

（五）对符合本办法有关规定且属于本海关受理的赔偿申请，决定受理，制作《行政赔偿申请受理决定书》并送达赔偿请求人。

决定受理的，赔偿主管部门收到申请之日即为受理之日；经赔偿请求人补正材料后决定受理的，赔偿主管部门收到补正材料之日为受理之日。

第二十三条 两个以上赔偿请求人对赔偿义务机关的同一行为分别提出赔偿申请的，赔偿义务机关可以并案审理，并以收到后一个申请的日期为正式受理的日期。

第二十四条 对赔偿请求人依法提出的赔偿申请，赔偿义务机关无正当理由不予受理的，上一级海关应当责令其受理，并制作《责令受理行政赔偿申请通知书》。

第二十五条 赔偿案件审理原则上采用书面审查的办法。赔偿请求人提出要求或者赔偿主管部门认为有必要时，可以向有关组织和人员调查情况，听取赔偿请求人、第三人的意见。

第二十六条 审理赔偿案件实行合议制。

实行合议制参照《中华人民共和国海关实施〈行政复议法〉办法》以及海关审理行政复议案件实行合议制的有关规定执行。

第二十七条 合议人员与赔偿案件有利害关系或者有其他关系可能影响案件公正处理的，应当回避。

有前款所述情形的，合议人员应当申请回避，赔偿请求人、第三人及其代理人也有权申请合议人员回避。

赔偿义务机关合议人员的回避由赔偿主管部门的负责人决定，赔偿主管部门负责人的回避由赔偿义务机关负责人决定。

第二十八条 赔偿请求人向赔偿义务机关提出行政赔偿请求的，如海关及其工作人员行使职权的行为已经依法确认违法或者不违法的，赔偿义务机关应当根据已经确认的结果依法作出赔偿或者不予赔偿的决定；如未经依法确认的，赔偿义务机关应当先对海关及其工作人员行使职权的行为是否违法予以确认，再依法作出赔偿或者不予赔偿的决定。

第二十九条 有下列生效法律文书或证明材料的，应当视为被请求赔偿的海关及其工作人员行使行政职权的行为已被依法确认违法：

（一）赔偿义务机关对本海关及其工作人员行使行政职权的行为认定为违法的文书；

（二）赔偿义务机关以本海关及其工作人员行使行政职权的行为违法为由决定予以撤销、变更的文书；

（三）复议机关确认原具体行政行为违法或者以原具体行政行为违法为由予以撤销、变更的复议决定书；

（四）上级海关确认原具体行政行为违法或者以原具体行政行为违法为由予以撤销、变更的其他法律文书；

（五）人民法院确认原具体行政行为违法或者以原具体行政行为违法为由予以撤销、变更的行政判决书、裁定书。

第三十条　赔偿请求人对其主张及造成财产损失和人身损害的事实负有举证责任，应当提供相应的证据。

第三十一条　在赔偿义务机关受理赔偿申请之后，赔偿决定作出之前，有下列情形之一的，应当终止赔偿案件审理，制作《行政赔偿案件终止决定书》，并送达赔偿请求人、第三人：

（一）赔偿请求人申请撤回赔偿申请的；

（二）发现在受理赔偿申请之前赔偿请求人已向复议机关申请复议或者已向人民法院提起行政诉讼，并且复议机关或人民法院已经依法受理的；

（三）有其他应当终止的情形的。

第三十二条　海关行政赔偿主管部门应当对行政赔偿案件进行审查，提出处理意见。处理意见经赔偿义务机关负责人同意或者经赔偿义务机关案件审理委员会讨论通过后，按照下列规定作出决定：

（一）有下列情形之一的，依法作出不予赔偿的决定：

1. 海关及其工作人员行使行政职权的行为是依法作出，没有违法情形的；

2. 海关及其工作人员行使职权的行为虽然已被依法确认为违法，但未造成公民、法人或其他组织直接财产损失或公民人身损害的；

3. 已经确认违法的行为与公民、法人或其他组织受到的财产损失或公民人身损害没有直接因果关系的；

4. 属于本办法第七条第一款规定的情形之一的。

（二）对已被确认为违法的海关及其工作人员行使行政职权的行为直接造成了公民、法人或其他组织财产损失或公民人身损害的，依法作出赔偿的决定。

赔偿义务机关依据以上规定作出赔偿或者不予赔偿决定，应当分别制作《行政赔偿决定书》或者《不予行政赔偿决定书》，并送达赔偿请求人和第三人。

第三十三条　赔偿请求人向共同赔偿义务机关要求赔偿的，最先收到赔偿申请的赔偿义务机关为赔偿案件的办理机关。

办理机关收到赔偿申请后，应当将赔偿申请书副本送达其他赔偿义务机关，经与其他赔偿义务机关取得一致意见后，依法作出赔偿或者不予赔偿决定，并制作决定书。决定赔偿的，同时开具赔偿金额分割单。决定书和赔偿金额分割单应当由共同赔偿义务机关签章确认。共同赔偿义务机关不能取得一致意见的，由共同赔偿义务机关报请它们的共同上级海关作出决定。

第三十四条 侵权行为已经确认违法的，赔偿义务机关也可以在合法、自愿的前提下，就赔偿范围、赔偿方式和赔偿数额与赔偿请求人进行协商，协商成立的，应当制作《行政赔偿协议书》，并由双方签章确认。

达成赔偿协议后，赔偿请求人以同一事实和理由再次请求赔偿的，不予受理。

第三十五条 赔偿义务机关应当自受理赔偿申请之日起两个月内依法作出赔偿或者不予赔偿的决定。但有下列情形之一的，期间中止，从中止期间的原因消除之日起，赔偿义务机关作出决定的期间继续计算：

（一）赔偿请求人死亡，需要等待其继承人或其他有扶养关系的亲属以及死者生前扶养的无劳动能力的人表明是否参加赔偿案件处理的；

（二）作为赔偿请求人的法人或者其他组织终止，需要等待其权利承受人的确定以及其权利承受人表明是否参加赔偿案件处理的；

（三）赔偿请求人丧失行为能力，尚未确定其法定代理人或指定代理人的；

（四）赔偿请求人因不可抗拒的事由，不能参加赔偿案件处理的；

（五）需要依据司法机关，其他行政机关、组织的决定或者结论作出决定的；

（六）其他应当中止的情形。

赔偿义务机关违反上述规定逾期不作出决定的，赔偿请求人可以自期间届满之日起六十日内向赔偿义务机关的上一级海关申请行政复议，赔偿请求人对不予赔偿的决定或对赔偿数额、赔偿方式等有异议的，可以自收到决定书之日起六十日内向赔偿义务机关的上一级海关申请行政复议；赔偿请求人也可以自期间届满之日或者收到决定书之日起三个月内向人民法院提起诉讼。

第三十六条 申请人在申请行政复议时一并提出赔偿请求的，复议机关应当根据《中华人民共和国行政复议法》、《中华人民共和国海关实施〈行政复议法〉办法》的有关规定办理。

复议机关对原具体行政行为确认违法或者合法的，应当依据本办法的有关规定在行政复议决定书中一并作出赔偿或者不予赔偿的决定。

申请人对复议决定不服的，可以在收到复议决定书之日起十五日内向人民法院提起诉讼；复议机关逾期不作决定的，申请人可以在复议期满之日起十五日内向人民法院提起诉讼。

第三十七条 赔偿义务机关应当履行行政赔偿决定、行政赔偿协议、行政复议决定以及发生法律效力的行政赔偿判决、裁定或调解书。

赔偿义务机关不履行或者无正当理由拖延履行的，上一级海关应当责令其限期履行。

第二节 查验赔偿程序

第三十八条 海关关员在查验货物、物品时损坏被查验货物、物品的，应当如实填写《中华人民共和国海关查验货物、物品损坏报告书》（以下简称《海关查验货物、物品损坏报告书》）一式两份，由查验关员和当事人双方签字，一份交当事人，一份留海关存查。

海关依法径行开验、复验或者提取货样时，应当会同有关货物、物品保管人员共同进行。如造成货物、物品损坏，查验关员应当请在场的保管人员作为见证人在《海关查验货物、物品损坏报告书》上签字，并及时通知当事人。

第三十九条 实施查验的海关应当自损坏被查验的货物、物品之日起两个月内确定赔偿金额，并填制《海关损坏货物、物品赔偿通知单》（以下简称《通知单》）送达当事人。

第四十条 当事人应当自收到通知单之日起三个月内凭《通知单》向海关领取赔款，或将银行账号通知海关划拨。逾期无正当理由不向海关领取赔款、不将银行账号通知海关划拨的，不再赔偿。

第四十一条 当事人对赔偿有异议的，可以在收到《通知单》之日起六十日内向作出赔偿决定的海关的上一级海关申请行政复议，对复议决定不服的，可以在收到复议决定之日起十五日内向人民法院提起诉讼；也可以自收到《通知单》之日起三个月内直接向人民法院提起诉讼。

第五章 赔偿方式和计算标准

第四十二条 有本办法第六条规定情形，侵犯公民、法人和其他组织的财产权造成损害的，按照以下规定予以赔偿：

（一）能够返还财产或者恢复原状的，予以返还财产或者恢复原状；

（二）造成财产损坏的，赔偿修复所需费用或者按照损害程度予以赔偿；

（三）造成财产灭失的，按违法行为发生时当地市场价格予以赔偿，灭失的财产属于尚未缴纳税款的进境货物、物品的，按海关依法审定的完税价格予以赔偿；

（四）财产已依法拍卖或者变卖的，给付拍卖或者变卖所得的价款；

（五）扣留的财产因海关保管不当或不依法拍卖、变卖造成损失的，对直接损失部分予以赔偿；

（六）导致仓储费、运费等费用增加的，对增加部分予以赔偿；

（七）造成停产停业的，赔偿停产停业期间的职工工资、税金、水电费等必要的经常性费用；

（八）对财产造成其他损害的，按照直接损失确定赔偿金额。

第四十三条 侵害公民人身权利的，依照《国家赔偿法》第四章的有关规定，确定赔偿方式及赔偿金额。

第四十四条 海关依法查验进出境货物、物品时，损坏被查验的货物、物品的，应当在货物、物品受损程度确定后，以海关依法审定的完税价格为基数，确定赔偿金额。

赔偿的金额，应当根据被损坏的货物、物品或其部件受损耗程度或修理费用确定，必要时，可以凭公证机构出具的鉴定证明确定。

第六章　赔偿费用

第四十五条 依据生效的赔偿决定或者其他法律文书，需要返还财产的，依照下列规定返还：

（一）尚未上交财政的财产，由赔偿义务机关负责返还；

（二）已经上交财政的款项，由赔偿义务机关逐级向海关总署财务主管部门上报，由海关总署向国家财政部门申请返还。

第四十六条 需要支付赔偿金的，由赔偿义务机关先从本单位缉私办案费中垫支，并向海关总署财务主管部门作专项申请，由海关总署向国家财政部门申请核拨国家赔偿费用。

第四十七条 申请核拨国家赔偿费用或者申请返还已经上交财政的财产，应当根据具体情况，提供下列有关文件或者文件副本：

（一）赔偿请求人请求赔偿的申请书；

（二）赔偿义务机关作出的赔偿决定书或者赔偿协议书；

（三）复议机关的复议决定书；

（四）人民法院的判决书、裁定书或者行政赔偿调解书；

（五）赔偿义务机关对有故意或者重大过失的责任者依法进行行政处分和实施追偿的意见或者决定；

（六）财产已经上交财政的有关凭据；

（七）国家财政部门要求提供的其他文件或者文件副本。

第四十八条 赔偿义务机关向赔偿请求人支付国家赔偿费用或者返还财产，赔偿请求人应当出具合法收据或者其他有效凭证，收据或者其他凭证的副本应当报送国家财政部门备案。

第四十九条　海关依法查验进出境货物、物品时，损坏被查验的货物、物品而发生的查验赔偿，其赔偿费用由各海关从缉私办案费中支付。

第七章　责任追究与追偿

第一节　责任追究

第五十条　对有本办法第五条、第六条所列行为导致国家赔偿的有故意或者重大过失的责任人员，由有关部门依法给予行政处分；有违法所得的，依法没收违法所得；构成犯罪的，依法追究刑事责任。

第二节　追　偿

第五十一条　行政赔偿义务机关赔偿损失后，应当责令有故意或者重大过失的工作人员或者受委托的组织、个人承担部分或者全部赔偿费用。

第五十二条　对责任人员实施追偿时，应当根据其责任大小和造成的损害程度确定追偿的金额。

追偿的金额一般应当在其月基本工资的1~10倍之间。特殊情况下作相应调整。

第五十三条　赔偿义务机关应当在赔偿决定、复议决定作出或者行政赔偿判决、裁定、行政赔偿调解书等法律文书发生法律效力之日起两个月内作出追偿的决定。

第五十四条　国家赔偿费用由国家财政部门核拨的，赔偿义务机关向责任者追偿的国家赔偿费用应当上缴国家财政部门。

第五十五条　有关责任人员对追偿有申辩的权利。

第八章　法律责任

第五十六条　赔偿义务机关违反本办法规定，无正当理由不予受理赔偿申请、经责令受理仍不受理或者不按照规定期限作出赔偿决定的，由有关部门对直接负责的主管人员和其他直接责任人员依法给予行政处分。

第五十七条　赔偿义务机关工作人员在办理赔偿案件中，有徇私舞弊或者其他渎职、失职行为的，由有关主管部门依法给予行政处分；构成犯罪的，依法追究刑事责任。

第五十八条　赔偿义务机关不履行或者无正当理由拖延履行赔偿决定，以及经责令限期履行仍不履行的，由有关部门对直接负责的主管人员和其他直接责任人员依法给予行政处分。

第五十九条 复议机关及其工作人员在行政复议活动中的法律责任适用《中华人民共和国行政复议法》的有关规定。

第九章 附 则

第六十条 对造成受害人名誉权、荣誉权损害的，应当在侵权行为影响的范围内，为受害人消除影响，恢复名誉，赔礼道歉。

第六十一条 赔偿请求人请求国家赔偿的时效为两年，自海关及其工作人员行使职权的行为被依法确认为违法之日起计算，但被羁押期间不计算在内。

赔偿请求人在赔偿请求时效的最后六个月内，因不可抗力或者其他障碍不能行使请求权的，时效中止。从中止时效的原因消除之日起，赔偿请求时效期间继续计算。

第六十二条 赔偿请求人要求赔偿的，赔偿义务机关和复议机关不得向赔偿请求人收取任何费用。

第六十三条 各海关受理行政赔偿申请，受理对赔偿决定不服的复议申请或者一并请求行政赔偿的复议申请，作出赔偿或者不予赔偿的决定或者复议决定，达成行政赔偿协议，决定给予查验赔偿，以及发生行政赔偿诉讼的，应当及时逐级向海关总署行政赔偿主管部门报告，并将有关法律文书报该部门备案。

第六十四条 本办法由中华人民共和国海关总署负责解释。

第六十五条 本办法所称海关包括海关总署。

第六十六条 本办法自 2003 年 5 月 1 日起施行，《中华人民共和国海关关于查验货物、物品造成损坏的赔偿办法》（〔87〕署货字 650 号）、《海关总署关于转发〈国务院办公厅关于实施中华人民共和国国家赔偿法的通知〉的通知》（署法〔1995〕57 号）同时废止。

中华人民共和国海关办理申诉案件
暂行规定

（2004 年 11 月 30 日海关总署令第 120 号公布，根据 2010 年 11 月 26 日
海关总署令第 198 号《海关总署关于修改部分规章的决定》修改）

第一条 为了规范海关申诉案件的办理，保护公民、法人或者其他组织的合法权益，保障和监督海关依法行使职权，依据《中华人民共和国海关法》、《中华人民共和国行政处罚法》及其他有关法律、行政法规，制定本规定。

第二条 公民、法人或者其他组织不服海关作出的具体行政行为但在法定期限内未申请行政复议或提起行政诉讼，或者是不服海关行政复议决定但在法定期限内未提起行政诉讼的，可以向海关提出申诉。

申诉人提出申诉，海关受理申诉、作出处理决定，适用本规定。

第三条 海关办理申诉案件，应当遵循合法、公正、公开、及时、便民原则，坚持实事求是，有错必纠。

第四条 申诉人可以向作出原具体行政行为或者复议决定的海关提出申诉，也可以向其上一级海关提出申诉。

对海关总署作出的具体行政行为或者复议决定不服的，应当向海关总署提出申诉。

第五条 对海关缉私部门经办的具体行政行为不服的申诉案件由缉私部门具体负责办理；对其他海关具体行政行为和复议决定不服的申诉案件由负责法制工作的机构具体负责办理。

上述具体负责办理申诉案件的部门以下简称申诉审查部门。

第六条 海关总署认为必要时，可以将不服广东省内直属海关作出的具体行政行为或者行政复议决定向海关总署提出申诉的案件，交由广东分署办理。

第七条 海关有关部门接到的信访、投诉，如涉及海关具体行政行为或者行政复议决定的合法性问题，并符合本规定第八条规定的申诉要求的，应当转送申诉审查部门作为申诉案件办理。

第八条 申诉人提出申诉应当递交书面申诉材料，申诉材料中应写明申诉人的基本情况，明确要求撤销或者变更海关原具体行政行为的申诉请求、具体事实和理由。

第九条 海关申诉审查部门收到申诉人的书面申诉材料后，应当在 5 个工作日内进行审查，分别作出以下处理：

（一）对符合本规定要求的，决定予以受理，并制发《受理申诉决定书》。

（二）对不符合本规定，有下列情形之一的，决定不予受理，并书面告知申诉人不予受理的理由：

1. 申诉针对的具体行政行为或者复议决定不是海关作出的；

2. 申诉事项已经人民法院或者行政复议机关受理，正在审查处理中的；

3. 申诉事项已经人民法院作出判决的；

4. 申诉事项已经其他海关作为申诉案件受理或者处理的；

5. 申诉事项已经海关申诉程序处理，申诉人重复申诉的；

6. 仅对海关制定发布的行政规章或者具有普遍约束力的规定、决定提出不服的；

7. 请求事项已超过法律、行政法规规定的办理时限的；

8. 其他依法不应受理的情形。

（三）具体行政行为尚在行政复议、诉讼期限内，或者行政复议决定尚在行政诉讼期限内的，应当及时告知申诉人有权依法申请行政复议或者向人民法院提起行政诉讼。

（四）符合本规定，但需要转送其他海关处理的，应当将申诉材料转送相应海关，同时书面通知申诉人；接受转送的海关应当按照本条其他规定办理。

第十条 决定受理申诉的，海关申诉审查部门收到书面申诉材料之日为受理之日。

第十一条 海关在受理申诉之后，作出处理决定之前，发现有本规定第九条第（二）项所列情形的，应当撤销申诉案件，并书面告知申诉人。

第十二条 申诉审查部门应当对原具体行政行为、行政复议决定是否合法进行审查。

申诉案件的审查原则上采取书面审查的办法。申诉人提出要求或者申诉审查部门认为有必要时，可以向有关组织和人员调查情况，听取申诉人、与申诉案件有利害关系的第三人的意见，听取作出原具体行政行为或者复议决定的海关或者原经办部门的意见。

调查情况、听取意见必要时可以采用听证的方式。

第十三条 申诉审查部门认为需要向作出原具体行政行为或者复议决定的海关或者原经办部门了解情况的，可以在受理申诉之日起 7 个工作日内，将申诉材料副本发送该海关或者经办部门，该海关或者经办部门应当自收到申诉材料副本之日起 10 日内，书面说明有关情况，并提交当初作出具体行政行为或者复议决定的有关证据材料。

第十四条　原具体行政行为、复议决定的经办人员不得担任申诉案件的审理人员。

申诉人认为申诉案件的审理人员与本案有利害关系或者有其他关系可能影响公正审理的，有权申请该审理人员回避。审理人员认为自己与本案有利害关系或者有其他关系的，应当申请回避。

审理人员的回避由申诉审查部门负责人决定；申诉审查部门负责人的回避由其所属海关负责人决定。

第十五条　申诉案件处理决定作出前，申诉人可以撤回申诉，撤回申诉应当以书面形式提出。

申诉人撤回申诉的，应当终止申诉案件的审查。

第十六条　海关应当在受理申诉之日起 60 日内作出处理决定，情况复杂的案件，经申诉审查部门负责人批准，可以适当延长，但延长期限最多不超过 30 日。

延长审查期限应当书面通知申诉人。

第十七条　海关经对申诉案件进行审查，应当分下列情况作出处理决定：

（一）原具体行政行为、复议决定认定事实清楚，证据确实充分，适用依据正确，程序合法，内容适当的，决定维持，驳回申诉人的申诉请求。

（二）海关有不履行法定职责情形的，决定在一定期限内履行或者责令下级海关在一定期限内履行。

（三）原具体行政行为有下列情形之一的，决定撤销、变更或者确认违法；需要重新作出具体行政行为的，由原作出具体行政行为的海关重新作出：

1. 主要事实不清，证据不足的；

2. 适用依据错误的；

3. 违反法定程序，可能影响公正处理的；

4. 超越或者滥用职权的；

5. 具体行政行为明显不当的。

（四）原复议决定有第（三）项所列情形之一的，决定撤销，由原复议机关重新作出复议决定。

第十八条　申诉审查部门应当对申诉案件提出处理意见，经所属海关负责人批准，按照本规定第十七条的规定作出处理决定。重大、复杂案件应当经案件审理委员会讨论通过。

对原经上级海关审批作出的具体行政行为或复议决定，下级海关办理申诉案件应当提出处理意见，逐级报原审批的上级海关批准，作出处理决定。

第十九条 对申诉案件作出处理决定应当制发法律文书，加盖海关行政印章，并在 7 个工作日内将法律文书送达申诉人。

上级海关办理的对下级海关的具体行政行为或者复议决定不服的申诉案件，处理决定应当同时送达下级海关。

第二十条 由海关内部其他部门转送的申诉案件，应当将处理决定副本抄送该部门。

由其他机关转送的申诉案件，应当将处理决定副本抄送该机关。

第二十一条 申诉人对经申诉程序改变后的具体行政行为或者重新作出的具体行政行为仍不服的，可以依法申请行政复议、提起行政诉讼。

第二十二条 海关办理申诉案件，不得向申诉人收取任何费用。

第二十三条 审结的申诉案件，应当立申诉卷归档。

第二十四条 本规定由海关总署负责解释。

第二十五条 本规定自 2005 年 1 月 1 日起施行。

中华人民共和国海关关于《中华人民共和国知识产权海关保护条例》的实施办法

（2009 年 3 月 3 日海关总署第 183 号令公布，根据 2018 年 5 月 29 日海关总署令第 240 号《海关总署关于修改部分规章的决定》修正）

第一章 总 则

第一条 为了有效实施《中华人民共和国知识产权海关保护条例》（以下简称《条例》），根据《中华人民共和国海关法》以及其他法律、行政法规，制定本办法。

第二条 知识产权权利人请求海关采取知识产权保护措施或者向海关总署办理知识产权海关保护备案的，境内知识产权权利人可以直接或者委托境内代理人提出申请，境外知识产权权利人应当由其在境内设立的办事机构或者委托境内代理人提出申请。

知识产权权利人按照前款规定委托境内代理人提出申请的，应当出具规定格式的授权委托书。

第三条 知识产权权利人及其代理人（以下统称知识产权权利人）请求海关扣留即将进出口的侵权嫌疑货物的，应当根据本办法的有关规定向海关提出扣留侵权嫌疑货物的申请。

第四条 进出口货物的收发货人或者其代理人（以下统称收发货人）应当在合理的范围内了解其进出口货物的知识产权状况。海关要求申报进出口货物知识产权状况的，收发货人应当在海关规定的期限内向海关如实申报并提交有关证明文件。

第五条 知识产权权利人或者收发货人向海关提交的有关文件或者证据涉及商业秘密的，知识产权权利人或者收发货人应当向海关书面说明。

海关实施知识产权保护，应当保守有关当事人的商业秘密，但海关应当依法公开的信息除外。

第二章　知识产权备案

第六条 知识产权权利人向海关总署申请知识产权海关保护备案的，应当向海关总署提交申请书。申请书应当包括以下内容：

（一）知识产权权利人的名称或者姓名、注册地或者国籍、通信地址、联系人姓名、电话和传真号码、电子邮箱地址等。

（二）注册商标的名称，核定使用商品的类别和商品名称，商标图形，注册有效期，注册商标的转让、变更、续展情况等；作品的名称、创作完成的时间、作品的类别、作品图片、作品转让、变更情况等；专利权的名称、类型、申请日期，专利权转让、变更情况等。

（三）被许可人的名称、许可使用商品、许可期限等。

（四）知识产权权利人合法行使知识产权的货物的名称、产地、进出境地海关、进出口商、主要特征、价格等。

（五）已知的侵犯知识产权货物的制造商、进出口商、进出境地海关、主要特征、价格等。

知识产权权利人应当就其申请备案的每一项知识产权单独提交一份申请书。知识产权权利人申请国际注册商标备案的，应当就其申请的每一类商品单独提交一份申请书。

第七条 知识产权权利人向海关总署提交备案申请书，应当随附以下文件、证据：

（一）知识产权权利人的身份证明文件。

（二）国务院工商行政管理部门签发的《商标注册证》的复印件。申请人经核准变更商标注册事项、续展商标注册、转让注册商标或者申请国际注册商标备案的，还应当提交国务院工商行政管理部门出具的有关商标注册的证明；著作权登记部门签发的著作权自愿登记证明的复印件和经著作权登记部门认证的作品照片。申请人未进行著作权自愿登记的，提交可以证明申请人为著作权人的作品样品以及其他有关著作权的证据；国务院专利行政部门签发的专利证书的复印件。专利授权自公告之日起超过1年的，还应当提交国务院专利行政部门在申请人提出备案申请前6个月内出具的专利登记簿副本；申请实用新型专利或者外观设计专利备案的，还应当提交由国务院专利行政部门作出的专利权评价报告。

（三）知识产权权利人许可他人使用注册商标、作品或者实施专利，签订许可合同的，提供许可合同的复印件；未签订许可合同的，提交有关被许可人、许可范围和许可期间等情况的书面说明。

（四）知识产权权利人合法行使知识产权的货物及其包装的照片。

（五）已知的侵权货物进出口的证据。知识产权权利人与他人之间的侵权纠纷已经人民法院或者知识产权主管部门处理的，还应当提交有关法律文书的复印件。

知识产权权利人根据前款规定向海关总署提交的文件和证据应当齐全、真实和有效。有关文件和证据为外文的，应当另附中文译本。海关总署认为必要时，可以要求知识产权权利人提交有关文件或者证据的公证、认证文书。

第八条　知识产权权利人向海关总署申请办理知识产权海关保护备案或者在备案失效后重新向海关总署申请备案的，应当缴纳备案费。知识产权权利人应当将备案费通过银行汇至海关总署指定账号。海关总署收取备案费的，应当出具收据。备案费的收取标准由海关总署会同国家有关部门另行制定并予以公布。

知识产权权利人申请备案续展或者变更的，无须再缴纳备案费。

知识产权权利人在海关总署核准前撤回备案申请或者其备案申请被驳回的，海关总署应当退还备案费。已经海关总署核准的备案被海关总署注销、撤销或者因其他原因失效的，已缴纳的备案费不予退还。

第九条　知识产权海关保护备案自海关总署核准备案之日起生效，有效期为10年。自备案生效之日起知识产权的有效期不足10年的，备案的有效期以知识产权的有效期为准。

《条例》施行前经海关总署核准的备案或者核准续展的备案的有效期仍按原有效期计算。

第十条 在知识产权海关保护备案有效期届满前 6 个月内，知识产权权利人可以向海关总署提出续展备案的书面申请并随附有关文件。海关总署应当自收到全部续展申请文件之日起 10 个工作日内作出是否准予续展的决定，并书面通知知识产权权利人；不予续展的，应当说明理由。

续展备案的有效期自上一届备案有效期满次日起算，有效期为 10 年。知识产权的有效期自上一届备案有效期满次日起不足 10 年的，续展备案的有效期以知识产权的有效期为准。

第十一条 知识产权海关保护备案经海关总署核准后，按照本办法第六条向海关提交的申请书内容发生改变的，知识产权权利人应当自发生改变之日起 30 个工作日内向海关总署提出变更备案的申请并随附有关文件。

第十二条 知识产权在备案有效期届满前不再受法律、行政法规保护或者备案的知识产权发生转让的，原知识产权权利人应当自备案的知识产权不再受法律、行政法规保护或者转让生效之日起 30 个工作日内向海关总署提出注销知识产权海关保护备案的申请并随附有关文件。知识产权权利人在备案有效期内放弃备案的，可以向海关总署申请注销备案。

未依据本办法第十一条和本条前款规定向海关总署申请变更或者注销备案，给他人合法进出口造成严重影响的，海关总署可以主动或者根据有关利害关系人的申请注销有关知识产权的备案。

海关总署注销备案，应当书面通知有关知识产权权利人，知识产权海关保护备案自海关总署注销之日起失效。

第十三条 海关总署根据《条例》第九条的规定撤销知识产权海关保护备案的，应当书面通知知识产权权利人。

海关总署撤销备案的，知识产权权利人自备案被撤销之日起 1 年内就被撤销备案的知识产权再次申请备案的，海关总署可以不予受理。

第三章 依申请扣留

第十四条 知识产权权利人发现侵权嫌疑货物即将进出口并要求海关予以扣留的，应当根据《条例》第十三条的规定向货物进出境地海关提交申请书。有关知识产权未在海关总署备案的，知识产权权利人还应当随附本办法第七条第一款第（一）、（二）项规定的文件、证据。

知识产权权利人请求海关扣留侵权嫌疑货物，还应当向海关提交足以证明侵权事实明显存在的证据。知识产权权利人提交的证据，应当能够证明以下事实：

（一）请求海关扣留的货物即将进出口；

（二）在货物上未经许可使用了侵犯其商标专用权的商标标志、作品或者实施了其专利。

第十五条 知识产权权利人请求海关扣留侵权嫌疑货物，应当在海关规定的期限内向海关提供相当于货物价值的担保。

第十六条 知识产权权利人提出的申请不符合本办法第十四条的规定或者未按照本办法第十五条的规定提供担保的，海关应当驳回其申请并书面通知知识产权权利人。

第十七条 海关扣留侵权嫌疑货物的，应当将货物的名称、数量、价值，收发货人名称，申报进出口日期，海关扣留日期等情况书面通知知识产权权利人。

经海关同意，知识产权权利人可以查看海关扣留的货物。

第十八条 海关自扣留侵权嫌疑货物之日起20个工作日内，收到人民法院协助扣押有关货物书面通知的，应当予以协助；未收到人民法院协助扣押通知或者知识产权权利人要求海关放行有关货物的，海关应当放行货物。

第十九条 海关扣留侵权嫌疑货物的，应当将扣留侵权嫌疑货物的扣留凭单送达收发货人。

经海关同意，收发货人可以查看海关扣留的货物。

第二十条 收发货人根据《条例》第十九条的规定请求放行其被海关扣留的涉嫌侵犯专利权货物的，应当向海关提出书面申请并提供与货物等值的担保金。

收发货人请求海关放行涉嫌侵犯专利权货物，符合前款规定的，海关应当放行货物并书面通知知识产权权利人。

知识产权权利人就有关专利侵权纠纷向人民法院起诉的，应当在前款规定的海关书面通知送达之日起30个工作日内向海关提交人民法院受理案件通知书的复印件。

第四章　依职权调查处理

第二十一条 海关对进出口货物实施监管，发现进出口货物涉及在海关总署备案的知识产权且进出口商或者制造商使用有关知识产权的情况未在海关总署备案的，可以要求收发货人在规定期限内申报货物的知识产权状况和提交相关证明文件。

收发货人未按照前款规定申报货物知识产权状况、提交相关证明文件或者海关有理由认为货物涉嫌侵犯在海关总署备案的知识产权的，海关应当中止放行货物并书面通知知识产权权利人。

第二十二条 知识产权权利人应当在本办法第二十一条规定的海关书面通知送达之日起3个工作日内按照下列规定予以回复：

（一）认为有关货物侵犯其在海关总署备案的知识产权并要求海关予以扣留的，向海关提出扣留侵权嫌疑货物的书面申请并按照本办法第二十三条或者第二十四条的规定提供担保；

（二）认为有关货物未侵犯其在海关总署备案的知识产权或者不要求海关扣留侵权嫌疑货物的，向海关书面说明理由。

经海关同意，知识产权权利人可以查看有关货物。

第二十三条 知识产权权利人根据本办法第二十二条第一款第（一）项的规定请求海关扣留侵权嫌疑货物的，应当按照以下规定向海关提供担保：

（一）货物价值不足人民币2万元的，提供相当于货物价值的担保；

（二）货物价值为人民币2万至20万元的，提供相当于货物价值50%的担保，但担保金额不得少于人民币2万元；

（三）货物价值超过人民币20万元的，提供人民币10万元的担保。

知识产权权利人根据本办法第二十二条第一款第（一）项的规定请求海关扣留涉嫌侵犯商标专用权货物的，可以依据本办法第二十四条的规定向海关总署提供总担保。

第二十四条 在海关总署备案的商标专用权的知识产权权利人，经海关总署核准可以向海关总署提交银行或者非银行金融机构出具的保函，为其向海关申请商标专用权海关保护措施提供总担保。

总担保的担保金额应当相当于知识产权权利人上一年度向海关申请扣留侵权嫌疑货物后发生的仓储、保管和处置等费用之和；知识产权权利人上一年度未向海关申请扣留侵权嫌疑货物或者仓储、保管和处置等费用不足人民币20万元的，总担保的担保金额为人民币20万元。

自海关总署核准其使用总担保之日至当年12月31日，知识产权权利人根据《条例》第十六条的规定请求海关扣留涉嫌侵犯其已在海关总署备案的商标专用权的进出口货物的，无须另行提供担保，但知识产权权利人未按照《条例》第二十五条的规定支付有关费用或者未按照《条例》第二十九条的规定承担赔偿责任，海关总署向担保人发出履行担保责任通知的除外。

第二十五条 知识产权权利人根据本办法第二十二条第一款第（一）项的规定提出申请并根据本办法第二十三条、第二十四条的规定提供担保的，海关应当扣留侵权嫌疑货物并书面通知知识产权权利人；知识产权权利人未提出申请或者未提供担保的，海关应当放行货物。

第二十六条 海关扣留侵权嫌疑货物的，应当将扣留侵权嫌疑货物的扣留凭单送达收发货人。

经海关同意，收发货人可以查看海关扣留的货物。

第二十七条 海关扣留侵权嫌疑货物后，应当依法对侵权嫌疑货物以及其他有关情况进行调查。收发货人和知识产权权利人应当对海关调查予以配合，如实提供有关情况和证据。

海关对侵权嫌疑货物进行调查，可以请求有关知识产权主管部门提供咨询意见。

知识产权权利人与收发货人就海关扣留的侵权嫌疑货物达成协议，向海关提出书面申请并随附相关协议，要求海关解除扣留侵权嫌疑货物的，海关除认为涉嫌构成犯罪外，可以终止调查。

第二十八条 海关对扣留的侵权嫌疑货物进行调查，不能认定货物是否侵犯有关知识产权的，应当自扣留侵权嫌疑货物之日起 30 个工作日内书面通知知识产权权利人和收发货人。

海关不能认定货物是否侵犯有关专利权的，收发货人向海关提供相当于货物价值的担保后，可以请求海关放行货物。海关同意放行货物的，按照本办法第二十条第二款和第三款的规定办理。

第二十九条 对海关不能认定有关货物是否侵犯其知识产权的，知识产权权利人可以根据《条例》第二十三条的规定向人民法院申请采取责令停止侵权行为或者财产保全的措施。

海关自扣留侵权嫌疑货物之日起 50 个工作日内收到人民法院协助扣押有关货物书面通知的，应当予以协助；未收到人民法院协助扣押通知或者知识产权权利人要求海关放行有关货物的，海关应当放行货物。

第三十条 海关作出没收侵权货物决定的，应当将下列已知的情况书面通知知识产权权利人：

（一）侵权货物的名称和数量；

（二）收发货人名称；

（三）侵权货物申报进出口日期、海关扣留日期和处罚决定生效日期；

（四）侵权货物的启运地和指运地；

（五）海关可以提供的其他与侵权货物有关的情况。

人民法院或者知识产权主管部门处理有关当事人之间的侵权纠纷，需要海关协助调取与进出口货物有关的证据的，海关应当予以协助。

第三十一条 海关发现个人携带或者邮寄进出境的物品，涉嫌侵犯《条例》第二条规定的知识产权并超出自用、合理数量的，应当予以扣留，但旅客或者收寄件人向海关声明放弃并经海关同意的除外。

海关对侵权物品进行调查，知识产权权利人应当予以协助。进出境旅客或者进出境邮件的收寄件人认为海关扣留的物品未侵犯有关知识产权或者属于自用的，可以向海关书面说明有关情况并提供相关证据。

第三十二条 进出口货物或者进出境物品经海关调查认定侵犯知识产权，根据《条例》第二十七条第一款和第二十八条的规定应当由海关予以没收，但当事人无法查清的，自海关制发有关公告之日起满3个月后可由海关予以收缴。

进出口侵权行为有犯罪嫌疑的，海关应当依法移送公安机关。

第五章　货物处置和费用

第三十三条 对没收的侵权货物，海关应当按照下列规定处置：

（一）有关货物可以直接用于社会公益事业或者知识产权权利人有收购意愿的，将货物转交给有关公益机构用于社会公益事业或者有偿转让给知识产权权利人。

（二）有关货物不能按照第（一）项的规定处置且侵权特征能够消除的，在消除侵权特征后依法拍卖。拍卖货物所得款项上交国库。

（三）有关货物不能按照第（一）、（二）项规定处置的，应当予以销毁。

海关拍卖侵权货物，应当事先征求有关知识产权权利人的意见。海关销毁侵权货物，知识产权权利人应当提供必要的协助。有关公益机构将海关没收的侵权货物用于社会公益事业以及知识产权权利人接受海关委托销毁侵权货物的，海关应当进行必要的监督。

第三十四条 海关协助人民法院扣押侵权嫌疑货物或者放行被扣留货物的，知识产权权利人应当支付货物在海关扣留期间的仓储、保管和处置等费用。

海关没收侵权货物的，知识产权权利人应当按照货物在海关扣留后的实际存储时间支付仓储、保管和处置等费用。但海关自没收侵权货物的决定送达收发货人之日起3个月内不能完成货物处置，且非因收发货人申请行政复议、提起行政诉讼或者货物处置方面的其他特殊原因导致的，知识产权权利人不需支付3个月后的有关费用。

海关按照本办法第三十三条第一款第（二）项的规定拍卖侵权货物的，拍卖费用的支出按照有关规定办理。

第三十五条 知识产权权利人未按照本办法第三十四条的规定支付有关费用的，海关可以从知识产权权利人提交的担保金中扣除有关费用或者要求担保人履行担保义务。

海关没收侵权货物的，应当在货物处置完毕并结清有关费用后向知识产权权利人退还担保金或者解除担保人的担保责任。

海关协助人民法院扣押侵权嫌疑货物或者根据《条例》第二十四条第（一）、（二）、（四）项的规定放行被扣留货物的，收发货人可以就知识产权权利人提供的担保向人民法院申请财产保全。海关自协助人民法院扣押侵权嫌疑货物或者放行货物之日起20个工作日内，未收到人民法院就知识产权权利人提供的担保采取财产保全措施的协助执行通知的，海关应当向知识产权权利人退还担保金或者解除担保人的担保责任；收到人民法院协助执行通知的，海关应当协助执行。

第三十六条 海关根据《条例》第十九条的规定放行被扣留的涉嫌侵犯专利权的货物后，知识产权权利人按照本办法第二十条第三款的规定向海关提交人民法院受理案件通知书复印件的，海关应当根据人民法院的判决结果处理收发货人提交的担保金；知识产权权利人未提交人民法院受理案件通知书复印件的，海关应当退还收发货人提交的担保金。对知识产权权利人向海关提供的担保，收发货人可以向人民法院申请财产保全，海关未收到人民法院对知识产权权利人提供的担保采取财产保全措施的协助执行通知的，应当自处理收发货人提交的担保金之日起20个工作日后，向知识产权权利人退还担保金或者解除担保人的担保责任；收到人民法院协助执行通知的，海关应当协助执行。

第六章　附　则

第三十七条 海关参照本办法对奥林匹克标志和世界博览会标志实施保护。

第三十八条 在本办法中，"担保"指担保金、银行或者非银行金融机构保函。

第三十九条 本办法中货物的价值由海关以该货物的成交价格为基础审查确定。成交价格不能确定的，货物价值由海关依法估定。

第四十条 本办法第十七条、二十一条、二十八条规定的海关书面通知可以采取直接、邮寄、传真或者其他方式送达。

第四十一条 本办法第二十条第三款和第二十二条第一款规定的期限自海关书面通知送达之日的次日起计算。期限的截止按照以下规定确定：

（一）知识产权权利人通过邮局或者银行向海关提交文件或者提供担保的，

以期限到期日 24 时止；

（二）知识产权权利人当面向海关提交文件或者提供担保的，以期限到期日海关正常工作时间结束止。

第四十二条 知识产权权利人和收发货人根据本办法向海关提交有关文件复印件的，应当将复印件与文件原件进行核对。经核对无误后，应当在复印件上加注"与原件核对无误"字样并予以签章确认。

第四十三条 本办法自 2009 年 7 月 1 日起施行。2004 年 5 月 25 日海关总署令第 114 号公布的《中华人民共和国海关关于〈中华人民共和国知识产权海关保护条例〉的实施办法》同时废止。

中华人民共和国海关关于进出口货物申请担保的管理办法

（1987 年 6 月 30 日〔1987〕署货字第 667 号发布，
自 1987 年 7 月 1 日起施行）

第一条 为促进对外经济贸易和科技文化交流，严密海关监管制度，保证国家税收，方便货物合法进出，根据《中华人民共和国海关法》，制定本办法。

第二条 本办法中下列用语的含义：

担保——以向海关缴纳保证金或提交保证函的方式，保证在一定期限内履行其承诺的义务的法律行为。

担保人——对货物的进出口或税款的缴纳承担法律责任的法人。

保证金——由担保人向海关缴纳现金的一种担保方式。

销案——在规定期限内履行了事先规定的义务后，海关退还担保人已缴纳的保证金或注销已提交的保证函，以终止所承担的义务的海关手续。

第三条 在下列情况下，经海关审核同意，可接受担保申请：

（一）暂时进出口货物；

（二）国家限制进出口货物，已领取了进出口许可证件，因故不能及时提供的；

（三）进出口货物不能在报关时交验有关单证（如发票、合同、装箱清单等），而货物已运抵口岸，亟待提取或发运，要求海关先放行货物，后补交有关单证的；

（四）正在向海关申请办理减免税手续，而货物已运抵口岸，亟待提取或发运，要求海关缓办进出口纳税手续的；

（五）经海关同意，将海关未放行的货物暂时存放海关监管区之外的场所的；

（六）因特殊情况经海关总署批准的。

第四条 对下列情况，海关不接受担保：

（一）进出口国家限制进出口的货物，未领到进出口货物许可证件的；

（二）进出口金银、濒危动植物、文物、中西药品、食品、体育及狩猎用枪支弹药和民用爆破器材、无线电器材、保密机等受国家有关规定管理的进出口货物，不能向海关交验有关主管部门批准文件或证明的。

第五条 担保人应向办理有关货物进出口手续的海关申请担保，并在该关办理销案手续。

第六条 担保方式分缴纳保证金和提交保证函两种。

出具保证函的担保人必须是中国法人。

对暂时进口货物报关人申请出具保证函担保的，按照《中华人民共和国海关对暂时进口货物监管办法》的有关规定办理。

第七条 对要求减免税的进口货物在未办结有关海关手续前，报关人申请担保要求先期放行货物，应支付保证金，保证金的金额应相当于有关货物的进口税费之和。

在担保期限内要求办理有关货物的进口手续的，经海关同意，可将保证金抵作税费，并向报关人补征不足部分或退还多余部分。

海关收取保证金后向报关人出具中华人民共和国海关保证金收据，报关人凭以在销案时向海关办理退还保证金手续。

对于应纳税货物，如要求用保证函缓缴税款，应由缓税单位的上级机构或开户银行担保。

第八条 凡采用保证函方式申请担保的，担保人应按照海关规定的格式填写保证函一式两份，并加盖印章，一份留海关备案，另一份交由报关人留存，凭以办理销案手续。

第九条 报关人必须于担保期满时向海关办理销案手续。

对未能在担保期限内向海关办理销案手续的，海关可区分不同情况，按下列规定处理：

（一）将保证金抵作税款，责令报关人按规定补办进出口手续，并处以罚款；

（二）责令担保人缴纳税款或通知银行扣缴税款，并处以罚款；

（三）暂停或取消报关人的报关资格。

第十条 进出境物品所有人申请提供担保的，可比照本办法办理有关手续。

第十一条 本办法自 1987 年 7 月 1 日起实行。

中华人民共和国海关行业标准管理办法（试行）

（2005 年 12 月 29 日海关总署令第 140 号公布，自 2006 年 2 月 1 日
起施行，根据 2017 年 12 月 20 日海关总署令第 235 号
《海关总署关于修改部分规章的决定》修改）

第一章 总 则

第一条 为了加强海关行业标准的管理，建立科学、完整的海关标准体系，根据《中华人民共和国海关法》、《中华人民共和国标准化法》以及其他有关法律、行政法规的规定，制定本办法。

第二条 海关行业标准是在海关行业范围内，对需要进行统一规范的业务和信息技术要求所制定的标准。

第三条 海关行业标准分为海关业务标准和海关信息技术标准。

海关业务标准指海关各项业务工作所涉及的规范性操作程序、定量管理方法以及为此而采取的技术手段和要求，主要包括单证格式与代码标准、化验指标、业务规范等标准。

海关信息技术标准是指海关各项信息资源使用及管理规范，主要包括信息与网络技术、通信技术、信息系统安全等标准。

第四条 海关行业标准的编号由海关行业标准代号、年代号及标准顺序号组成。海关行业标准代号为 HS。

第五条 海关行业标准的制定应当依据国家有关海关工作和标准工作的法律、行政法规，符合科学、合理、可行的原则，不得与强制性国家标准不一致。

第二章 标准的管理

第六条 海关总署标准化管理委员会是海关行业标准的最高决策管理机构，承担下列职责：

（一）审批海关行业标准化工作的中长期发展规划；

（二）审批具有基础性、全局性的海关行业标准；

（三）协调解决海关行业标准工作中出现的重大问题。

第七条 海关总署法制部门是海关行业标准的主管部门，负责统一管理海关行业标准，承担下列职责：

（一）制定并组织实施海关行业标准管理办法和相关管理制度；

（二）组织制定海关行业标准化工作的规划和年度计划，建立和完善海关行业标准体系；

（三）组织审查海关行业标准；

（四）审批、发布海关行业标准并报国家标准化主管部门备案；

（五）组织海关行业标准的实施并对实施情况进行指导、监督和检查，协调处理标准化工作的有关问题；

（六）组织海关行业标准的复审；

（七）组织海关标准化工作的培训、宣传和对外交流。

海关总署科技部门负责海关行业标准中海关信息技术标准的制定、审查、实施、培训等工作。

第八条 海关总署各部门承担下列职责：

（一）提出本部门业务范围内海关行业标准的立项申请；

（二）起草本部门业务范围内海关行业标准；

（三）在本部门业务范围内负责海关行业标准的具体实施及监督检查。

第九条 直属海关承担下列职责：

（一）提出制定海关行业标准的需求；

（二）根据海关总署委托，参与海关行业标准的制定；

（三）在本关区内负责海关行业标准的实施和监督检查。

第三章 海关行业标准的立项

第十条 海关行业标准工作实行年度立项制度，每年的 3 月 1 日起至次年 2 月最后一日为一个标准化工作年度。

海关总署各部门应当于新的工作年度开始前向海关总署法制部门报送制定或者修订海关行业标准的立项申请。

立项申请应当包括拟确立的标准内容、项目负责人、经办人、拟完成起草的时间等内容的说明。

第十一条 海关总署法制部门负责组织对上报的海关行业标准立项申请进

行审核，确定本年度的海关行业标准项目以及负责起草的部门，拟定海关总署的标准项目年度计划，经海关总署标准化管理委员会审议通过后，于每年 3 月公布标准的工作年度计划。

在确定年度工作计划过程中，海关总署法制部门应当与海关行业标准立项申请部门进行充分沟通和协调。

第十二条 申请立项制定、修订的海关行业标准应当符合以下条件：

（一）海关实际工作需要；

（二）无符合相应需求的国家标准或者行业标准，或者现行的行业标准应当予以修改；

（三）属于海关行业标准体系管理的范围。

第十三条 海关行业标准年度计划应当严格执行。

确有特殊原因需要在年中补充立项的，经海关总署法制部门审查合格并报分管署领导批准，可以补充列入标准项目年度计划。

第十四条 列入标准项目年度计划的海关行业标准，起草部门应当在年度内完成海关行业标准的报批稿，并送海关总署法制部门审批。

因特殊原因不能在年度内完成的标准项目，可以向海关总署法制部门书面申请转入下一工作年度。

第四章 海关行业标准的制定、修订、发布与实施

第十五条 根据标准项目年度计划的安排，海关总署各部门负责组织海关行业标准制定与修订的起草工作。

第十六条 海关行业标准应当按照国家标准 GB/T1《标准化工作导则》的有关规定编写。

第十七条 负责海关行业标准起草工作的部门应当成立标准起草小组。起草小组成员应当具备相应的法律、业务、技术和标准化等专业知识。

起草小组负责标准的草拟、提出标准征求意见稿和标准编制或者修订说明。

起草部门负责将标准征求意见稿送相关部门和单位征求意见，同时编制意见汇总表。标准中有涉及海关管理相对人权利义务事项的，起草过程中应当以适当方式征求有关管理相对人的意见。

第十八条 起草部门完成起草工作后，应当将标准送审稿、标准编制或者修订说明、标准审查会议纪要、意见汇总表和其他有关附件及时报送审查。

第十九条 海关行业标准送审稿由海关总署法制部门组织审查小组进行审查。

海关行业标准审查小组的成员应当包括相关的法律专家、业务专家、具有高级技术职称的技术人员和熟悉标准化工作的管理人员。

第二十条 对海关行业标准的审查应当采用审查会议的方式进行，出席审查会议的成员不得少于 7 人。

审查会议应当进行充分讨论，需要表决时，应当有不少于出席会议成员人数的四分之三同意为通过。

审查会议的结果应当编写会议纪要，如实反映各方面的意见。

第二十一条 起草部门应当将经审查小组审查的海关行业标准整理成报批稿，并连同审查会议纪要及时报送海关总署法制部门。

第二十二条 海关行业标准由海关总署法制部门负责审批。具有基础性、全局性的核心标准由海关总署法制部门审核后报海关总署标准化管理委员会批准。

海关总署法制部门在审核中认为需要作重大修改或者有重要意见分歧的，应当退起草部门再次征求意见并予修改。

第二十三条 海关行业标准在制定过程中应当充分发挥行业协会、科研机构和学术团体的作用，并充分听取各方意见。

第二十四条 经审核批准的海关行业标准应当由海关总署法制部门统一编号，并以海关总署公告的形式对外发布。

第二十五条 海关总署法制部门应当在海关行业标准发布后 30 日内，将已发布的海关行业标准及编制或者修订说明连同发布文件送国家标准化主管部门备案。

第二十六条 海关行业标准发布后，应当严格执行。

海关总署各部门和各直属海关对在标准实施过程中发现的问题应当及时报告海关总署法制部门和标准起草部门。

第五章　附　则

第二十七条 海关行业标准实施后，海关总署法制部门应当根据业务的变化和科学技术的发展适时组织起草部门进行复审，复审周期一般不超过 5 年。

第二十八条 出现下列情况时，相关的海关行业标准应当废止：

（一）标准的适用环境或者条件已不复存在；

（二）相应的国家标准或者新的行业标准已经发布；

（三）与新发布的法律、法规、制度相违背；

（四）其他应当修改和废止的情况。

第二十九条　本办法由海关总署负责解释。

第三十条　本办法自2006年2月1日起施行。

中华人民共和国海关政府信息公开办法

（2014年2月26日海关总署令第215号公布，

自2014年4月1日起施行）

第一章　总　则

第一条　为了保障公民、法人和其他组织的知情权、参与权和监督权，提高海关工作透明度和公信力，促进依法行政，充分发挥海关政府信息对人民群众生产、生活和经济社会活动的服务作用，根据《中华人民共和国海关法》、《中华人民共和国政府信息公开条例》以及其他法律、行政法规的规定，制定本办法。

第二条　本办法所称的海关政府信息，是指海关在履行职责过程中制作或者获取的，以一定形式记录、保存的信息。

第三条　海关政府信息公开应当遵循公正、公平、便民的原则。

第四条　海关应当加强对海关政府信息公开工作的组织领导。

海关总署办公厅是全国海关政府信息公开工作的主管部门，负责推进、指导、协调、监督全国海关政府信息公开工作。直属海关、隶属海关和各派出机构办公室或者承担办公室职能的其他部门是海关政府信息公开工作主管部门，负责推进、指导、协调、监督本关区海关政府信息公开工作。

海关政府信息公开工作主管部门的主要职责是：

（一）组织制定海关政府信息公开的规章制度、工作规则，研究制定海关政府信息公开方案，确定海关政府信息公开的具体范围、形式、程序等事宜；

（二）组织编制海关政府信息公开指南、海关政府信息公开目录和海关政府信息公开工作年度报告；

（三）组织维护和更新应当主动公开的海关政府信息；

（四）受理向海关提出的政府信息公开申请；

（五）组织对拟公开的海关政府信息进行保密审查；

（六）与海关政府信息公开有关的其他职责。

第五条　海关制作的海关政府信息，由制作该海关政府信息的海关负责公开。

海关从公民、法人或者其他组织获取的海关政府信息，由保存该海关政府信息的海关负责公开。

第六条　海关应当建立健全海关政府信息发布保密审查机制，明确审查的程序和责任。

海关在公开海关政府信息前，应当依照《中华人民共和国保守国家秘密法》以及其他法律、行政法规和国家有关规定对拟公开的海关政府信息进行审查。

海关对海关政府信息不能确定是否可以公开时，应当依照法律、行政法规和国家有关规定报有关主管部门或者同级保密工作部门确定。

第七条　海关应当建立健全海关政府信息公开协调机制。海关发布的海关政府信息涉及其他行政机关的，应当与有关行政机关进行沟通、确认，保证海关政府信息准确发布。

海关发布的海关政府信息依照国家有关规定需要批准的，未经批准不得发布。

第八条　海关应当及时、准确地公开海关政府信息。海关发现影响或者可能影响社会稳定、扰乱社会管理秩序的虚假或者不完整信息的，应当在其职责范围内发布准确的海关政府信息予以澄清。

第九条　海关公开海关政府信息，不得危及国家安全、公共安全、经济安全和社会稳定。

第二章　公开的范围

第十条　海关应当主动公开以下海关政府信息：

（一）海关规章以及以海关总署公告、直属海关公告形式发布的其他规范性文件；

（二）关于海关重大政策、重要海关规章和海关总署公告的解读信息；

（三）《党政机关厉行节约反对浪费条例》第五十四条规定予以公开的内容；

（四）海关行政许可的事项、依据、条件、数量、程序、期限以及申请行政许可需要提交的全部材料目录及办理情况；

（五）海关的机构设置、职责权限以及办公地点、办公时间和联系电话；

（六）业务现场海关人员的姓名、工号、职务、职责等相关信息；

（七）涉及进出口货物贸易的海关综合统计资料；

（八）海关行政事业性收费的项目、依据、标准；

（九）海关罚没财物公开拍卖信息；

（十）其他涉及公民、法人或者其他组织切身利益、需要社会公众广泛知晓或者参与以及法律、行政法规、海关总署规定应当主动公开的事项。

我国加入或者接受的国际公约、协定对海关政府信息公开有规定的，应当按照规定予以公开。

第十一条　除本办法第十条规定的应当主动公开的海关政府信息外，公民、法人或者其他组织还可以根据自身生产、生活、科研等特殊需要，向海关申请获取相关海关政府信息。

第十二条　海关政府信息有下列情形之一的，不予公开：

（一）涉及国家秘密、商业秘密、个人隐私的；

（二）属于海关在日常工作中制作或者获取的内部管理信息以及处于讨论、研究或者审查中的过程性信息；

（三）法律、行政法规明确规定不予公开的其他海关政府信息。

申请公开的海关政府信息涉及商业秘密和个人隐私，经权利人同意公开或者海关认为不公开可能对公共利益造成重大影响的，可以予以公开。

第三章　公开的方式和程序

第十三条　海关应当将主动公开的海关政府信息，通过海关门户网站、全国海关"12360"统一服务热线、新闻发布会以及报刊、广播、电视等便于公众知晓的方式公开。

以海关总署令形式公布的海关规章以及以海关总署公告形式发布的其他海关规范性文件还应当在《海关总署文告》上刊登。

海关可以根据需要，在海关业务现场等办公地点设立海关政府信息公开资料提供点、信息公告栏、电子信息屏等设施，公开海关政府信息。

第十四条　属于主动公开范围的海关政府信息，应当自该海关政府信息形成、变更或获取之日起20个工作日内予以公开。

第十五条　海关应当编制、公布海关政府信息公开指南和海关政府信息公开目录，并及时更新。

海关政府信息公开指南，应当包括海关政府信息的分类、编排体系、获取方式，海关政府信息公开工作主管部门的名称、办公地址、办公时间、联系电话、传真号码、电子邮箱等内容。

海关政府信息公开目录，应当包括海关政府信息的索引、名称、生成日期等内容。

第十六条　公民、法人或者其他组织依照本办法第十三条规定申请获取海关政府信息的，应当填制《海关政府信息公开申请表》（格式见附件）或者以其他书面形式（包括数据电文形式）向海关提出申请。采用书面形式确有困难的，申请人可以口头提出申请，由受理该申请的海关代为填写《海关政府信息公开申请表》，并交申请人核对或者向其宣读后，由申请人签字或者盖章确认。

海关政府信息公开申请应当包括下列内容：

（一）申请人的姓名或者名称、联系方式；

（二）申请公开的海关政府信息的内容描述；

（三）申请公开的海关政府信息的形式要求。

公民、法人或者其他组织向海关申请公开海关政府信息的，海关可以要求申请人提供相关证明材料，用以说明申请获取海关政府信息与其自身生产、生活、科研等特殊需要相关。

第十七条　公民、法人或者其他组织递交的海关政府信息公开申请只能对应一个申请事项。对于需要对递交申请进行拆分处理后才能答复的申请，海关可要求申请人对所提申请作适当拆分处理并分别提出申请。

第十八条　对申请公开的海关政府信息，海关根据下列情况以书面形式（包括数据电文形式）分别作出答复：

（一）属于公开范围的，应当告知申请人获取该海关政府信息的方式和途径；

（二）属于不予公开范围的，应当告知申请人并说明理由；

（三）不属于本办法规定的海关政府信息范围的，应当告知申请人并说明理由；

（四）所申请的海关政府信息依法不属于收到申请海关公开的，应当告知申请人，对能够确定该政府信息的公开机关的，应当告知申请人该行政机关的名称、联系方式；

（五）所申请的海关政府信息不存在，或者需要经过汇总、加工或者重新制作（作区分处理的除外）的，应当告知申请人并说明理由；

（六）申请公开的海关政府信息中含有不应当公开的内容，但是能够作区分处理的，应当向申请人提供可以公开的海关政府信息内容；

（七）申请内容不明确，不符合本办法第十六条第二款规定的，应当告知申请人作出更改、补正，申请人逾期未作更改、补正的，视为放弃申请；

（八）同一申请人无正当理由，重复向同一海关申请公开同一海关政府信息，海关已经作出答复的，可以告知申请人不再重复处理；

（九）申请内容应当通过业务咨询、投诉举报、信访、统计咨询等其他途径办理的，应当指引申请人通过其他途径办理。

第十九条 收到海关政府信息公开申请，能够当场答复的，海关应当当场予以答复。

不能当场答复的，海关应当自收到申请之日起 15 个工作日内予以答复；如需延长答复期限的，应当经海关政府信息公开工作主管部门负责人同意，并告知申请人，延长答复的期限最长不得超过 15 个工作日。

申请公开的海关政府信息涉及第三方权益的，海关征求第三方意见所需时间不计算在本条第二款规定的期限内。

第二十条 公民、法人或者其他组织向海关申请提供与其自身相关的海关政府信息的，应当出示有效身份证件或者证明文件。

公民、法人或者其他组织有证据证明海关提供的与其自身相关的海关政府信息记录不准确的，有权要求海关予以更正。该海关无权更正的，应当转送有权更正的海关处理，并告知申请人。

第二十一条 海关依申请公开海关政府信息，应当按照申请人要求的形式予以提供；无法按照申请人要求的形式提供的，可以通过安排申请人查阅相关资料、提供复制件或者其他适当形式提供。

申请公开海关政府信息的公民存在阅读困难或者视听障碍的，海关应当为其提供必要的帮助。

第二十二条 海关依申请提供海关政府信息，除可以收取检索、复制、邮寄等成本费用外，不得收取其他费用。海关不得通过其他组织、个人以有偿服务方式提供海关政府信息。

海关收取检索、复制、邮寄等成本费用的标准，按照国务院价格主管部门会同国务院财政部门制定的标准执行。

第二十三条 申请公开海关政府信息的公民确有经济困难的，经本人申请、海关政府信息公开工作主管部门负责人审核同意，可以减免相关费用。

第四章　监督和保障

第二十四条 海关应当建立健全海关政府信息公开工作考核制度、社会评议制度和责任追究制度，定期对海关政府信息公开工作进行考核、评议。

第二十五条 海关应当加强对海关政府信息公开工作的监督和检查。

海关总署办公厅和监察部驻海关总署监察局是全国海关政府信息公开工作的监督部门，负责对全国海关政府信息公开的实施情况进行监督检查。

直属海关、隶属海关和各派出机构的海关政府信息公开工作主管部门和监察部门，负责对本关区海关政府信息公开的实施情况进行监督检查。

第二十六条 海关应当在每年 3 月 31 日前公布本单位上一年度的海关政府信息公开工作年度报告。

海关政府信息公开工作年度报告应当包括下列内容：

（一）海关主动公开海关政府信息的情况；

（二）海关依申请公开海关政府信息和不予公开海关政府信息的情况；

（三）海关政府信息公开的收费及减免情况；

（四）因海关政府信息公开申请行政复议、提起行政诉讼的情况；

（五）海关政府信息公开工作存在的主要问题及改进情况；

（六）其他需要报告的事项。

第二十七条 公民、法人或者其他组织认为海关不依法履行海关政府信息公开义务的，可以向海关监察部门、海关政府信息公开工作主管部门或者上一级海关举报。收到举报的海关或者部门应当予以调查处理。

公民、法人或者其他组织认为海关在海关政府信息公开工作中的具体行政行为侵犯其合法权益的，可以依法申请行政复议或者提起行政诉讼。

第二十八条 海关及其工作人员违反本办法的规定，有下列情形之一的，由海关监察部门或者上一级海关责令改正；情节严重的，对海关直接负责的主管人员和其他直接责任人员依法给予处分；构成犯罪的，依法追究刑事责任：

（一）不依法履行海关政府信息公开义务的；

（二）不及时更新公开的海关政府信息内容、海关政府信息公开指南和海关政府信息公开目录的；

（三）违反规定收取费用的；

（四）通过其他组织、个人以有偿服务方式提供海关政府信息的；

（五）公开不应当公开的海关政府信息的；

（六）违反本办法规定的其他行为。

第五章　附　则

第二十九条 海关缉私部门适用本办法。本办法没有明确的，适用警务公开的有关规定。

海关院校参照本办法执行。

第三十条 本办法由海关总署负责解释。

第三十一条 本办法自 2014 年 4 月 1 日起施行。2007 年 9 月 5 日海关总署令第 165 号发布的《中华人民共和国海关关务公开办法》同时废止。

附件：海关政府信息公开申请表

附件

海关政府信息公开申请表

<table>
<tr><td rowspan="12">申请人信息</td><td rowspan="5">公民</td><td>姓名</td><td></td><td>工作单位</td><td></td></tr>
<tr><td>证件名称</td><td></td><td>证件号码</td><td></td></tr>
<tr><td>联系地址</td><td></td><td>邮政编码</td><td></td></tr>
<tr><td>联系电话</td><td></td><td>传真</td><td></td></tr>
<tr><td>电子邮箱</td><td colspan="3"></td></tr>
<tr><td rowspan="5">法人或其他组织</td><td>名称</td><td></td><td>组织机构代码</td><td></td></tr>
<tr><td>法人代表</td><td></td><td>联系人姓名</td><td></td></tr>
<tr><td>联系人电话</td><td></td><td>传真</td><td></td></tr>
<tr><td>联系地址</td><td colspan="3"></td></tr>
<tr><td>电子邮箱</td><td colspan="3"></td></tr>
<tr><td colspan="2">申请时间</td><td colspan="3"></td></tr>
<tr><td colspan="2">申请人签名或者盖章</td><td colspan="3"></td></tr>
<tr><td rowspan="5">所需信息情况</td><td colspan="2">所需信息的内容描述</td><td colspan="3"></td></tr>
<tr><td colspan="2">所需信息的用途</td><td colspan="3"></td></tr>
<tr><td colspan="3">所需信息的形式要求（可选可填）</td><td colspan="2">获取信息的方式
（可选可填）</td></tr>
<tr><td colspan="3">□纸本
□电子文本
□</td><td colspan="2">□邮寄
□电子邮件
□传真
□自行领取
□</td></tr>
</table>

中华人民共和国海关行政许可听证办法

（2005 年 12 月 15 日海关总署令第 136 号公布，根据 2018 年 5 月 29 日海关总署令第 240 号《海关总署关于修改部分规章的决定》修正）

第一章　总　则

第一条　为了规范海关实施行政许可活动，保护公民、法人和其他组织的合法权益，根据《中华人民共和国行政许可法》的有关规定，制定本办法。

第二条　海关在依法作出行政许可决定前举行听证的，适用本办法。

第三条　法律、行政法规、海关总署规章规定海关实施行政许可应当听证的，海关应当举行听证。

对直接关系公共资源配置、提供公共服务等涉及公共利益的重大行政许可事项，海关认为需要举行听证的，可以举行听证。

海关根据前两款规定举行听证的，应当在听证前向社会公告。

第四条　海关行政许可直接涉及行政许可申请人与他人之间重大利益关系，行政许可申请人、利害关系人依法提出听证申请的，海关应当举行听证。

第五条　海关行政许可听证应当遵循公开、公平、公正、便民的原则。

第六条　具体办理海关行政许可事项的部门负责实施海关行政许可听证活动。

海关法制部门负责海关行政许可听证活动的指导、协调等工作。

第七条　听证应当在便利海关管理相对人和社会公众参加的海关办公地点举行。

第八条　除涉及国家秘密、商业秘密或者海关工作秘密外，听证应当公开举行。

第九条　海关应当根据听证笔录中认定的事实作出海关行政许可决定。

第二章　海关公告后举行的听证

第十条　海关按照本办法第三条的规定在听证前向社会进行公告的，公告应当载明下列内容：

（一）海关行政许可事项名称；

（二）行政许可申请人基本情况；

（三）行政许可申请的主要内容；

（四）申请参加海关行政许可听证的申请人应当具备的条件；

（五）提出申请的方式；

（六）其他需要在公告中列明的事项。

第十一条 举行听证的公告期一般为 30 日。

举行听证的海关行政许可事项有特殊时间要求的，其听证公告期按照有关规定确定。

第十二条 申请参加海关经公告举行的听证活动的人员应当符合下列条件：

（一）具有完全民事行为能力；

（二）未被依法剥夺或者限制政治权利。

举行听证的海关行政许可事项对参加听证的人员有特殊要求的，应当在听证公告中列明。

第十三条 申请参加海关经公告举行的听证活动的，应当在听证公告期届满之前向海关提交下列相应材料：

（一）海关行政许可听证参加申请书；

（二）法人或者其他组织的注册登记证件复印件；

（三）参加人员的有效身份证件复印件。

第十四条 海关应当根据拟进行听证的海关行政许可事项的内容、性质及其他客观条件，合理确定参加听证的人员。

经海关确定参加听证的人员（以下简称听证参加人）应当能够保证听证的广泛性和代表性。

第十五条 海关应当在听证公告期届满之日起 20 日内组织听证。

第三章 依申请举行的听证

第十六条 对本办法第四条所规定的行政许可事项，海关在作出行政许可决定之前应当告知海关行政许可申请人、利害关系人享有要求听证的权利。

第十七条 告知海关行政许可申请人、利害关系人享有听证权利的，海关应当向行政许可申请人、利害关系人制发《海关行政许可听证告知书》（以下简称《听证告知书》），并加盖海关行政许可专用印章。

《听证告知书》应当载明下列内容：

（一）有关海关行政许可事项及其设定依据；

（二）海关行政许可申请人及行政许可申请的主要内容；

（三）海关行政许可申请人、利害关系人的听证权利及提出听证要求的期限。

第十八条 海关行政许可申请人、利害关系人要求听证的，应当在收到《听证告知书》之日起 5 日内向海关提交《海关行政许可听证申请书》（以下简称《听证申请书》），列明听证要求和理由，并予以签字或者盖章。

第十九条 海关行政许可申请人、利害关系人逾期未提出听证要求的，视为放弃听证的权利。

行政许可申请人、利害关系人明确放弃听证权利的，海关应当将可以表明行政许可申请人或者利害关系人已经明确放弃听证权利的证明材料归入有关行政许可档案，或者在有关行政许可档案中进行书面记载。

第二十条 海关行政许可申请人或者利害关系人依照本办法第十八条规定提出听证申请的，海关应当在收到《听证申请书》之日起 20 日内组织听证。

第二十一条 海关行政许可申请人或者利害关系人无正当理由超过本办法第十八条规定的期限提出听证申请，或者海关行政许可申请人、利害关系人以外的公民、法人或者其他组织提出听证申请的，海关可以不组织听证。

不组织听证应当制发《海关行政许可不予听证通知书》，载明理由，并加盖海关行政许可专用印章。

第二十二条 申请听证的利害关系人人数众多的，由利害关系人推选代表或者通过抽签等方式确定参加听证会的代表。

第四章　听证程序

第二十三条 海关应当于举行听证的 7 日前将下列事项通知海关行政许可申请人、利害关系人或者听证参加人：

（一）听证事由；

（二）举行听证的时间、地点；

（三）听证主持人、听证人员及记录员的姓名、身份；

（四）有关委托代理人、申请回避等程序权利。

海关通知上述事项应当制发《海关行政许可听证通知书》，并加盖海关行政许可专用印章，必要时予以公告。

第二十四条 海关行政许可申请人、利害关系人或者听证参加人应当按照海关通知的时间、地点参加听证。

第二十五条 海关行政许可申请人、利害关系人或者听证参加人可以委托 1 至 2 名代理人代为参加听证，但是资格授予、资质审查等行政许可事项不得委托他人代为参加听证。

第二十六条　委托代理人代为参加听证的，应当在举行听证之前向海关提交授权委托书。

授权委托书应当具体载明下列事项：

（一）委托人及代理人的简要情况。委托人或者代理人是法人或者其他组织的，应当载明名称、地址、电话、邮政编码、法定代表或者负责人的姓名、职务，委托人或者代理人是自然人的，应当载明姓名、性别、年龄、职业、地址、电话以及邮政编码。

（二）代理人代为提出听证申请、递交证据材料、参加听证、撤回听证申请、收受法律文书等权限。

（三）委托的起止日期。

（四）委托日期和委托人签章。

第二十七条　海关行政许可申请人、利害关系人或者听证参加人无正当理由未按照海关告知的时间、地点参加听证，经海关通知仍不参加的，视为放弃听证权利，海关应当在有关行政许可档案中进行书面记载。

第二十八条　海关行政许可听证实施部门应当指定1名听证主持人，负责组织听证活动。

听证主持人可以根据需要指定1至2名听证人员协助工作，并指定专人为记录员。

第二十九条　听证主持人、听证人员及记录员应当在审查该行政许可申请的人员以外的工作人员中指定。

听证主持人、听证人员及记录员与行政许可事项有利害关系的，应当申请回避；海关行政许可申请人、利害关系人或者听证参加人及其代理人也可以申请其回避。

第三十条　听证主持人的回避由海关行政许可听证实施部门负责人决定，听证主持人为听证实施部门负责人的，其回避由举行听证的海关负责人决定。

听证人员和记录员的回避由听证主持人决定。

第三十一条　有下列情形之一的，海关可以决定延期举行听证：

（一）因不可抗力或者其他客观原因导致听证无法按期举行的；

（二）海关行政许可申请人、利害关系人申请延期举行听证，有正当理由的；

（三）临时决定听证主持人、听证人员或者记录员回避，当场不能确定更换人选的。

延期举行听证的，海关应当书面通知海关行政许可申请人、利害关系人或者听证参加人，并说明理由。

海关应当在延期听证的原因消除之日起 5 日内举行听证，并书面通知海关行政许可申请人、利害关系人或者听证参加人。

第三十二条 听证按照下列程序进行：

（一）听证主持人宣布听证开始，并宣布听证事由。

（二）听证主持人介绍本人、听证人员、记录员的身份、职务。

（三）听证主持人宣布海关行政许可申请人、利害关系人或者听证参加人，并核对其身份。

（四）告知海关行政许可申请人、利害关系人或者听证参加人有关的听证权利和义务。

（五）海关行政许可申请人、利害关系人或者听证参加人申请听证主持人回避的，听证主持人应当宣布暂停听证，报请有关负责人决定；申请听证人员、记录员回避的，由听证主持人当场决定。

（六）宣布听证秩序。

（七）审查海关行政许可申请的工作人员陈述审查意见和依据、理由，并提供相应的证据。

（八）海关行政许可申请人、利害关系人或者听证参加人可以陈述自己的观点，提出证据，可以进行申辩和质证。

（九）听证主持人可以对审查海关行政许可申请的工作人员、海关行政许可申请人、利害关系人或者听证参加人进行询问。

（十）审查海关行政许可申请的工作人员、海关行政许可申请人、利害关系人或者听证参加人可以进行总结性陈述。

（十一）听证主持人宣布听证结束。

第三十三条 在听证过程中，因不可抗力或者其他客观原因不能继续举行听证，听证主持人应当决定中止听证。

中止听证的，海关应当在听证笔录中作书面记载。

海关应当在中止听证的原因消除之日起 5 日内恢复听证，并书面通知海关行政许可申请人、利害关系人或者听证参加人。

第三十四条 在听证过程中，海关行政许可申请人、利害关系人未经听证主持人同意中途退出听证会场的，海关应当终止听证。

第三十五条 经公告举行的听证，具有下列情形之一，但不影响听证参加人广泛性、代表性的，听证不予延期、中止或者终止：

（一）部分听证参加人申请延期；

（二）部分听证参加人无正当理由未按照公告规定的时间、地点参加听证；

（三）部分听证参加人未经听证主持人同意，中途退出听证会场的。

第三十六条 听证应当制作笔录。

听证笔录应当记载下列事项：

（一）听证事由；

（二）举行听证的时间、地点；

（三）海关行政许可申请人、利害关系人或者听证参加人的姓名或者名称；

（四）听证主持人、听证人员、记录员和审查海关行政许可申请的工作人员的姓名；

（五）申请回避的情况；

（六）审查海关行政许可申请的工作人员的审查意见、依据、理由及相应的证据；

（七）海关行政许可申请人、利害关系人陈述、申辩和质证的内容；

（八）其他需要记载的事项。

听证笔录应当由海关行政许可申请人、利害关系人或者听证参加人确认无误后签字或者盖章。对记录内容有异议的可以当场更正后签字或者盖章确认。

海关行政许可申请人、利害关系人或者听证参加人无正当理由拒绝签字或者盖章的，由听证主持人在听证笔录上注明。

第五章 附 则

第三十七条 依照本办法的规定进行公告的，应当将有关文书的正本张贴在海关公告栏内，并在报纸上刊登公告。

第三十八条 组织听证的时间不计入海关作出行政许可决定的期限内。

第三十九条 组织海关行政许可听证的费用由海关承担。

海关行政许可申请人、利害关系人或者听证参加人不承担组织听证的费用。

第四十条 本办法规定的"5日""7日""20日"以工作日计算。

第四十一条 本办法所规定的文书由海关总署另行制定并且发布。

第四十二条 本办法由海关总署负责解释。

第四十三条 本办法自 2006 年 2 月 1 日起施行。

进出境运输工具监管类

中华人民共和国海关进出境运输工具监管办法

(2010 年 11 月 1 日海关总署第 196 号令公布，根据 2018 年 5 月 29 日海关总署令第 240 号《海关总署关于修改部分规章的决定》修正)

第一章　总　则

第一条　为了规范海关对进出境运输工具的监管，保障进出境运输工具负责人和进出境运输工具服务企业的合法权益，根据《中华人民共和国海关法》，制定本办法。

第二条　本办法所称进出境运输工具是指用于载运人员、货物、物品进出境的各种船舶、航空器、铁路列车、公路车辆和驮畜。

第三条　海关对经营性进出境运输工具的监管适用本办法，对非经营性进出境运输工具的监管比照本办法管理。

第四条　除经国务院或者国务院授权的机关批准外，进出境运输工具应当通过设立海关的地点进境或者出境，在海关监管场所停靠、装卸货物、物品和上下人员。

由于不可抗力原因，进出境运输工具被迫在未设立海关的地点或者在非海关监管场所停靠、降落或者抛掷、起卸货物、物品以及上下人员的，进出境运输工具负责人应当立即报告附近海关。附近海关应当对运输工具及其所载的货物、物品实施监管。

第五条　进境运输工具在进境以后向海关申报以前，出境运输工具在办结海关手续以后出境以前，应当按照交通运输主管机关规定的路线行进；交通运输主管机关没有规定的，由海关指定。

进境运输工具在进境申报以后出境以前，应当按照海关认可的路线行进。

第六条　进出境运输工具到达或者驶离设立海关的地点时，进出境运输工具负责人应当采用申报单形式向海关申报。

第七条　进境的境外运输工具和出境的境内运输工具，未向海关办理手续并缴纳关税，不得转让或者移作他用。

运输工具作为货物以租赁或其他贸易方式进出口的，除按照本办法办理进出境运输工具进境或者出境手续外，还应当按照有关规定办理进出境运输工具进出口报关手续。

第二章　备案管理

第八条　进出境运输工具、进出境运输工具负责人和进出境运输工具服务企业应当在经营业务所在地的直属海关或者经直属海关授权的隶属海关备案。

海关对进出境运输工具、进出境运输工具负责人以及进出境运输工具服务企业的备案实行全国海关联网管理。

第九条　进出境运输工具、进出境运输工具负责人和进出境运输工具服务企业在海关办理备案的，应当按不同运输方式分别提交《进出境国际航行船舶备案表》《进出境航空器备案表》《进出境铁路列车备案表》《进出境公路车辆备案表》《运输工具负责人备案表》《运输工具服务企业备案表》，并同时提交上述备案表随附单证栏中列明的材料。

运输工具服务企业相关管理办法，由海关总署另行制定。

第十条　《运输工具备案表》《运输工具负责人备案表》和《运输工具服务企业备案表》的内容发生变更的，进出境运输工具负责人、进出境运输工具服务企业应当在海关规定的时限内凭《备案变更表》和有关文件向备案海关办理备案变更手续。

进出境运输工具负责人、进出境运输工具服务企业可以主动申请撤销备案，海关也可以依法撤销备案。

第十一条　海关对在海关备案的进出境运输工具服务企业和进出境运输工具所有企业、经营企业实施分类管理，具体办法由海关总署另行制定。

第三章 运输工具管理

第一节 进境监管

第十二条 进境运输工具负责人应当在规定时限将运输工具预计抵达境内目的港和预计抵达时间以电子数据形式通知海关。

因客观条件限制，经海关批准，公路车辆负责人可以采用电话、传真等方式通知海关。

进境运输工具抵达设立海关的地点以前，运输工具负责人应当将进境时间、抵达目的港的时间和停靠位置通知海关。

第十三条 进境运输工具抵达设立海关的地点时，运输工具负责人应当按不同运输方式向海关申报，分别提交《中华人民共和国海关船舶进境（港）申报单》《中华人民共和国海关航空器进境（港）申报单》《中华人民共和国海关铁路列车进境申报单》《中华人民共和国海关公路车辆进境（港）申报单》，以及上述申报单中列明应当交验的其他单证。

进境运输工具负责人也可以在运输工具进境前提前向海关办理申报手续。

第十四条 进境运输工具抵达监管场所时，监管场所经营人应当通知海关。

第十五条 海关接受进境运输工具申报时，应当审核申报单证。

进境运输工具在向海关申报以前，未经海关同意，不得装卸货物、物品，除引航员、口岸检查机关工作人员外不得上下人员。

第二节 停留监管

第十六条 进出境运输工具到达设立海关的地点时，应当接受海关监管和检查。

海关检查进出境运输工具时，运输工具负责人应当到场，并根据海关的要求开启舱室、房间、车门；有走私嫌疑的，并应当开拆可能藏匿走私货物、物品的部位，搬移货物、物料。

海关认为必要时，可以要求进出境运输工具工作人员进行集中，配合海关实施检查。

海关检查完毕后，应当按规定制作《检查记录》。

第十七条 海关认为必要的，可以派员对进出境运输工具值守，进出境运输工具负责人应当为海关人员提供方便。

海关派员对进出境运输工具值守的，进出境运输工具装卸货物、物品以及上下人员应当征得值守海关人员同意。

第十八条　进出境运输工具负责人应当在进出境运输工具装卸货物的 1 小时以前通知海关；航程或者路程不足 1 小时的，可以在装卸货物以前通知海关。

海关可以对进出境运输工具装卸货物实施监装监卸。

进出境运输工具装卸货物、物品完毕后，进出境运输工具负责人应当向海关递交反映实际装卸情况的交接单据和记录。

第十九条　进出境运输工具在海关监管场所停靠期间更换停靠地点的，进出境运输工具负责人应当事先通知海关。

第三节　境内续驶监管

第二十条　进出境运输工具在境内从一个设立海关的地点驶往另一个设立海关的地点的，进出境运输工具负责人应当按照本章第四节的有关规定办理驶离手续。

第二十一条　进出境运输工具在境内从一个设立海关的地点驶往另一个设立海关的地点的，应当符合海关监管要求，驶离地海关应当制发关封。进出境运输工具负责人应当妥善保管关封，抵达另一设立海关的地点时提交目的地海关。

未经驶离地海关同意，进出境运输工具不得改驶其他目的地；未办结海关手续的，不得改驶境外。

第二十二条　进出境运输工具在境内从一个设立海关的地点驶往另一个设立海关的地点时，海关可以派员随运输工具实施监管，进出境运输工具负责人应当为海关人员提供方便。

第二十三条　进出境运输工具在境内从一个设立海关的地点驶往另一个设立海关的地点抵达目的地以后，应当按照本章第一节的有关规定办理抵达手续。

第四节　出境监管

第二十四条　出境运输工具离开设立海关的地点驶往境外的 2 小时以前，运输工具负责人应当将驶离时间以电子数据形式通知海关。对临时出境的运输工具，运输工具负责人可以在其驶离设立海关的地点以前将驶离时间通知海关。

因客观条件限制，经海关批准，公路车辆负责人可以在车辆出境前采用电话、传真等方式通知海关。

第二十五条　运输工具出境时，运输工具负责人应当按不同运输方式向海关申报，分别提交《中华人民共和国海关船舶出境（港）申报单》《中华人民共和国海关航空器出境（港）申报单》《中华人民共和国海关铁路列车出境申报单》《中华人民共和国海关公路车辆出境（港）申报单》，以及上述申报单中列明应当交验的其他单证。

第二十六条　出境运输工具负责人在货物、物品装载完毕或者旅客全部登机（船、车）以后，应当向海关提交结关申请。海关审核无误的，制发《结关通知书》。

海关制发《结关通知书》以后，非经海关同意，出境运输工具不得装卸货物、上下旅客。

第二十七条　出境运输工具驶离海关监管场所时，监管场所经营人应当通知海关。

第二十八条　进出境运输工具在办结海关出境或者续驶手续后的 24 小时未能驶离的，运输工具负责人应当重新办理有关手续。

第四章　物料管理

第二十九条　经运输工具负责人申请，海关核准后，进出境运输工具可以添加、起卸、调拨下列物料：

（一）保障进出境运输工具行驶、航行的轻油、重油等燃料；

（二）供应进出境运输工具工作人员和旅客的日常生活用品、食品；

（三）保障进出境运输工具及所载货物运输安全的备件、垫舱物料和加固、苫盖用的绳索、篷布、苫网等；

（四）海关核准的其他物品。

第三十条　进出境运输工具需要添加、起卸物料的，物料添加单位或者接受物料起卸单位应当向海关申报，并提交以下单证：

（一）《中华人民共和国海关运输工具起卸/添加物料申报单》；

（二）添加、起卸物料明细单以及合同、发票等相关单证。

境外运输工具在我国境内添加、起卸物料的，应当列入海关统计。

第三十一条　进出境运输工具之间调拨物料的，接受物料的进出境运输工具负责人应当在物料调拨完毕后向海关提交运输工具物料调拨清单。

第三十二条　进出境运输工具添加、起卸、调拨物料的，应当接受海关监管。

第三十三条　进出境运输工具添加、起卸、调拨的物料，运输工具负责人免予提交许可证件，海关予以免税放行；添加、起卸国家限制进出境或者涉及国计民生的物料超出自用合理数量范围的，应当按照进出口货物的有关规定办理海关手续。

第三十四条 除下列情况外，进出境运输工具使用过的废弃物料应当复运出境：

（一）运输工具负责人声明废弃的物料属于《自动进口类可用作原料的废物目录》和《限制进口类可用作原料的废物目录》列明，且接收单位已经办理进口手续的。

（二）不属于《自动进口类可用作原料的废物目录》和《限制进口类可用作原料废物目录》目录范围内的供应物料，以及进出境运输工具产生的清舱污油水、垃圾等，且运输工具负责人或者接受单位能够自卸下进出境运输工具之日起 30 天内依法作无害化处理的。

前款第（一）、（二）项所列物项未办理合法手续或者未在规定时限内依法作无害化处理的，海关可以责令退运。

第三十五条 进出境运输工具负责人应当将进口货物全部交付收货人。经海关核准，同时符合下列条件的扫舱地脚，可以免税放行：

（一）进口货物为散装货物；

（二）进口货物的收货人确认运输工具已经卸空；

（三）数量不足 1 吨，且不足进口货物重量的 0.1%。

前款规定的扫舱地脚涉及许可证件管理的，进出境运输工具负责人免予提交许可证件。

第五章　运输工具工作人员携带物品管理

第三十六条 进出境运输工具工作人员携带物品进出境的，应当向海关申报并接受海关监管。

第三十七条 进出境运输工具工作人员携带的物品，应当以服务期间必需和自用合理数量为限。

运输工具工作人员不得为其他人员托带物品进境或者出境。

第三十八条 进出境运输工具工作人员需携带物品进入境内使用的，应当向海关办理手续，海关按照有关规定验放。

第六章　附　则

第三十九条 违反本办法，构成走私行为、违反海关监管规定行为或者其他违反海关法行为的，由海关依照《海关法》和《中华人民共和国海关行政处罚实施条例》的有关规定予以处理；构成犯罪的，依法追究刑事责任。

第四十条 本办法下列用语的含义是：

运输工具负责人，是指进出境运输工具的所有企业、经营企业，船长、机长、汽车驾驶员、列车长，以及上述企业或者人员授权的代理人。

运输工具服务企业，是指为进出境运输工具提供本办法第二十九条规定的物料或者接受运输工具（包括工作人员及所载旅客）消耗产生的废、旧物品的企业。

扫舱地脚，是指经进口货物收货人确认进出境运输工具已经卸空，但因装卸技术等原因装卸完毕后，清扫进出境运输工具剩余的进口货物。

运输工具工作人员，是指在进出境运输工具上从事驾驶、服务，且具有相关资格证书的人员以及实习生。

第四十一条 经海关总署批准只使用运输工具电子数据通关的，申报单位应当将纸质单证至少保存 3 年。

第四十二条 海关对驮畜的监管办法另行制定。

海关对来往香港、澳门小型船舶和公路车辆的监管，另按照有关规定执行。

第四十三条 本办法所列文书格式由海关总署另行制定公告。

第四十四条 本办法由海关总署负责解释。

第四十五条 本办法自 2011 年 1 月 1 日起施行。1974 年 9 月 10 日外贸部"〔1974〕贸关货 233 号"发布的《中华人民共和国海关对国际民航机监管办法》、1990 年 3 月 15 日海关总署令第 11 号发布的《中华人民共和国海关对国际铁路联运进出境列车和所载货物、物品监管办法》、1991 年 8 月 23 日海关总署令第 24 号发布的《中华人民共和国海关对进出境国际航行船舶及其所载货物、物品监管办法》同时废止。

中华人民共和国海关对国际航行船舶船员自用和船舶备用烟、酒的管理规定

(1988 年 10 月 27 日海关总署令第 2 号发布，

自 1988 年 12 月 1 日起施行)

第一条 为加强海关对进出境国际航行船舶船员自用和船舶备用烟、酒的管理，照顾船员和船舶的合理需要，根据《中华人民共和国海关法》，制定本规定。

第二条 国际航行船舶（以下简称船舶）进境时，船舶负责人应在《船员自用和船舶备用物品、货币、金银清单》（见附件1）中如实填写烟、酒的类别、数量，向海关申报。

第三条 船舶每航次挂港期间，从进境之日起，在港停留每十天准予船舶外留备用香烟三千支、酒五瓶；准予每一外籍船员外留自用香烟四百支、酒一瓶（不含啤酒类饮料）。外籍船员携带上岸的烟、酒每次不得超过香烟四十支、酒一瓶，累计总数不得超出上述本人外留数量。中国籍船员按照《海关对我国际运输工具服务人员进出境行李物品的管理规定》规定的限量予以外留，并必须经海关办理征免税手续后，方准携带上岸。

第四条 不属本规定第三条核准外留的烟、酒，应全部集中储存，由船舶负责人在《船员自用和船舶备用烟、酒加封清单》（见附件2）上列明，向海关申报。海关在清单上签注，并对烟、酒实施加封。船舶负责人有责任为海关加封烟、酒提供方便。

第五条 因特殊原因，船员、船舶外留的烟、酒不敷实际需要的，可由船舶负责人向海关提出书面申请，经海关审核批准后，在海关监管下启封及重封，并在《船员自用和船舶备用烟、酒加封清单》上相应变更封存烟、酒的数量。

第六条 船舶之间互相调拨的烟、酒，应当由船舶负责人或其代理人开列清单，报经海关核准后，在海关监管下办理调拨及重封手续，海关在《船员自用和船舶备用烟、酒加封清单》上签注。

第七条 船舶在我港口免税店购买的烟、酒，应在送货上船前由船舶负责人持免税店发票清单向海关申报，办理加封手续。海关变更《船员自用和船舶备用烟、酒加封清单》中关于烟、酒的封存数量。

第八条 开往我境内下一个岸口的船舶，其加封的烟、酒不得擅自启封，由本口岸海关将《船员自用和船舶备用烟、酒加封清单》作关封由船舶负责人负责带交下一口岸海关。由下一口岸海关依照本规定继续监管。直驶境外港口的船舶，结关离境后可自行启封。

第九条 对我兼营国际运输的船舶，在经营国际航运期间，海关按本规定对烟、酒加封留存；在改营国内运输期间，海关按《中华人民共和国海关对我国兼营国内运输船舶的监管规定》办理。

第十条 对违反本规定的行为，海关依据《中华人民共和国海关法》及有关法规进行处理。

第十一条 本规定自一九八八年十二月一日起实施。

附件：1. 船员自用和船舶备用物品、货币、金银清单（略）
2. 船员自用和船舶备用烟、酒加封清单（略）

中华人民共和国海关关于境内公路承运海关监管货物的运输企业及其车辆的管理办法

（2001 年 9 月 27 日海关总署令第 88 号发布，根据 2004 年 11 月 30 日海关总署令第 121 号公布的《海关总署关于修改〈中华人民共和国海关关于境内公路承运海关监管货物的运输企业及其车辆、驾驶员的管理办法〉的决定》第一次修正，根据 2015 年 4 月 28 日海关总署令第 227 号《海关总署关于修改部分规章的决定》第二次修正，根据 2017 年 12 月 20 日海关总署令第 235 号公布的《海关总署关于修改部分规章的决定》第三次修正，根据 2018 年 5 月 29 日海关总署令第 240 号《海关总署关于修改部分规章的决定》第四次修正）

第一章　总　则

第一条　为加强对承运海关监管货物的境内运输企业及其车辆的管理，根据《中华人民共和国海关法》（以下简称《海关法》）及其他相关法规，制定本办法。

第二条　本办法所指的境内运输企业、车辆，是指依据本办法经海关注册登记，在境内从事海关监管货物运输的企业、车辆。

第三条　运输企业、车辆应当向主管地的直属海关或者隶属海关（以下简称主管海关）申请办理注册登记手续。

第四条　海关对运输企业、车辆的注册登记资料实行计算机联网管理。

第二章　注册登记

第五条　承运海关监管货物的运输企业，应当具备以下资格条件：

（一）具有企业法人资格；

（二）取得与运输企业经营范围相一致的工商核准登记。

第六条　运输企业办理注册登记时，应当向海关提交《承运海关监管货物境内运输企业注册登记申请表》。

第七条 海关对运输企业的资格条件及递交的有关证件进行审核，合格的，颁发《境内公路运输企业载运海关监管货物注册登记证书》（以下简称注册登记证书）。

注册登记证书有效期为其营业执照上注明的营业期限。

第八条 承运海关监管货物的车辆应为厢式货车或集装箱拖头车，经海关批准也可以为散装货车。上述车辆应当具备以下条件：

（一）用于承运海关监管货物的车辆，必须为运输企业的自有车辆，其机动车辆行驶证的车主列名必须与所属运输企业名称一致。

（二）厢式货车的厢体必须与车架固定一体，无暗格，无隔断，具有施封条件，车厢连接的螺丝均须焊死，车厢两车门之间须以钢板相卡，保证施封后无法开启；

有特殊需要，需加开侧门的，须经海关批准，并符合海关监管要求。

（三）集装箱拖头车必须承运符合国际标准的集装箱。

（四）散装货车只能承运不具备加封条件的大宗散装货物，如矿砂、粮食及超大型机械设备等。

第九条 办理车辆注册登记时，应当向海关提交下列文件：

（一）《承运海关监管货物境内运输车辆注册登记申请表》；

（二）公安交通管理部门核发的《机动车行驶证》复印件；

（三）车辆彩色照片（要求：前方左侧面45°，能清楚显示车牌号码，车头及车厢侧面喷写企业名称）。

主管海关可以通过网络共享获取前款规定材料的，无须另行提交。

第十条 海关对车辆监管条件及相关文件进行审核，合格的，颁发《中华人民共和国海关境内汽车载运海关监管货物载货登记簿》（以下简称《汽车载货登记簿》）。

车辆注册有效期为其机动车行驶证上注明的强制报废期。

第十一条 《注册登记证书》《汽车载货登记簿》等相关证件需更新的，可凭原件向注册地海关申请换发新证、簿；如上述证、簿损毁、遗失或被盗的，经注册地海关审核情况属实的，予以补发。

第十二条 运输企业、车辆不再从事海关监管货物运输业务的，应向注册地海关交回《注册登记证书》《汽车载货登记簿》等相关证件，办理手续。

第十三条 车辆更换（包括更换车辆、更换发动机、更换车辆牌照号码）、改装车体等，应按本办法规定重新办理注册登记手续。

第三章 海关监管

第十四条 运输企业在从事海关监管货物运输时，应如实填报交验汽车载货登记簿；货物运抵目的地后，必须向目的地海关办理汽车载货登记簿的核销手续。

第十五条 运输企业应将承运的海关监管货物完整、及时地运抵指定的海关监管作业场所，并确保海关封志完好无损，未经海关许可，不得开拆。

第十六条 汽车载货登记簿由车辆固定使用。

第十七条 实施卫星定位管理的车辆，卫星定位管理系统配套使用的身份证（IC）卡与汽车载货登记簿具有同等效力。

第十八条 运输企业应妥善保管海关核发的有关证、簿，不得转借、涂改、故意损毁。

第十九条 承运海关监管货物的车辆应按海关指定的路线和要求行驶，并在海关规定的时限内运抵目的地海关。不得擅自改变路线、在中途停留并装卸货物。

第二十条 遇特殊情况，车辆在运输途中出现故障，需换装其他运输工具时，应立即通知附近海关，在海关监管下换装，附近海关负责及时将换装情况通知货物出发地和目的地海关。

第二十一条 海关监管货物在运输途中发生丢失、短少或损坏等情事的，除不可抗力外，运输企业应当承担相应的纳税义务及其他法律责任。

第四章 法律责任

第二十二条 运输企业发生走私违规情事的，由海关按《中华人民共和国海关法》和《中华人民共和国海关行政处罚实施条例》的有关规定进行处罚。构成犯罪的，依法追究刑事责任。

第二十三条 运输企业有下列情形之一的，由海关责令改正，可以给予警告：

（一）承运海关监管货物的车辆不按照海关指定的路线或范围行进的；

（二）承运海关监管货物的车辆到达或者驶离设立海关的地点，未按照规定向海关如实填报交验汽车载货登记簿或者办理核销手续的；

（三）承运海关监管货物的车辆在运输途中出现故障，不能继续行驶，需换装其他运输工具时，不向附近海关或货物主管海关报明情况而无正当理由的；

（四）不按照规定接受海关对车辆及其所载货物进行查验的；

（五）遗失、损毁、涂改、转借海关核发的载货登记簿等相关证件，妨碍海关监管工作或者影响办理海关有关手续的；

（六）未经海关许可，擅自更换车辆（车辆发动机、车牌号码），改装车厢、车体的；

（七）运输企业出让其名义供他人承运海关监管货物的。

第二十四条 运输企业有下列情形之一的，可以给予警告、暂停其 6 个月以内从事有关业务：

（一）有走私行为的；

（二）1 年内有 3 次以上重大违反海关监管规定行为的；

（三）管理不善致使保管的海关监管货物多次发生损坏或者丢失的；

（四）未经海关许可，擅自开启或损毁海关加施于车辆的封志的；

（五）未经海关许可，对所承运的海关监管货物进行开拆、调换、改装、留置、转让、更换标志、移作他用或进行其他处理的；

（六）有其他需要暂停从事有关业务情形的。

第二十五条 运输企业有下列情形之一的，海关可以撤销其注册登记或者停止其从事有关业务：

（一）构成走私犯罪被司法机关依法处理的；

（二）1 年内有 2 次以上走私行为的；

（三）因违反规定被海关暂停从事有关业务，恢复从事有关业务后 1 年内再次发生违反本办法规定的暂停从事有关业务情形的；

（四）其他需要撤销其注册登记或者停止从事有关业务的情形。

第二十六条 运输企业注册有效期届满未延续的，海关应当依照有关规定办理注销手续。

第二十七条 运输企业被工商行政管理部门吊销营业执照或被交通运输管理部门取消道路货物运输资格的，海关注销其承运海关监管货物运输资格。

第五章 附 则

第二十八条 生产型企业自有车辆，需承运本企业海关监管货物的，按照本办法管理。

第二十九条 承运过境货物境内段公路运输的境内运输企业及其车辆，比照本办法管理。

第三十条 本办法所规定的文书由海关总署另行制定并且发布。

第三十一条 本办法由海关总署负责解释。

第三十二条　本办法自 2005 年 1 月 1 日起实施。原《中华人民共和国海关关于在广东地区载运海关监管货物的境内汽车运输企业及其车辆的管理办法》（署监〔2001〕19 号）、《中华人民共和国海关对境内汽车载运海关监管货物的管理办法》（〔1989〕署货字第 950 号）、《中华人民共和国海关总署关于对〈中华人民共和国海关对境内汽车载运海关监管货物的管理办法〉适用范围问题的批复》（署监一〔1990〕958 号）和《关于转发〈来往港澳货运汽车分流管理工作会议纪要〉的通知》（〔1990〕署监一第 345 号）同时废止。

中华人民共和国海关对用于装载海关监管货物的集装箱和集装箱式货车车厢的监管办法

（2004 年 1 月 29 日海关总署令第 110 号公布，根据 2010 年 11 月 26 日海关总署令第 198 号《海关总署关于修改部分规章的决定》第一次修正，根据 2018 年 5 月 29 日海关总署令第 240 号《海关总署关于修改部分规章的决定》第二次修正)

第一章　总　则

第一条　为规范海关对用于装载海关监管货物的集装箱和集装箱式货车车厢的监管，根据《中华人民共和国海关法》第三十九条规定，制定本办法。

第二条　用于装载海关监管货物的集装箱和集装箱式货车车厢（以下简称"集装箱和集装箱式货车车厢"），应当按照海关总署规定的要求和标准制造、改装和维修，并在集装箱和集装箱式货车车厢指定位置上安装海关批准牌照。

第三条　本办法下列用语的含义：

"营运人"是指对集装箱和集装箱式货车车厢实际控制使用者，不论其是否为该集装箱或者集装箱式货车车厢的所有人。

"承运人"是指承载集装箱和集装箱式货车车厢进出境的运输工具的负责人。

"申请人"是指申请办理海关批准牌照的制造或者维修集装箱和集装箱式货车车厢的工厂。

第四条　集装箱和集装箱式货车车厢应当接受海关监管。不符合海关总署规定标准或者未安装海关批准牌照的集装箱和集装箱式货车车厢，不得用于装载海关监管货物。

境内制造、改装和维修集装箱和集装箱式货车车厢的工厂，应当接受海关检查。

第五条 承载集装箱或者集装箱式货车车厢的运输工具在进出境时，承运人、营运人或者其代理人应当向海关如实申报并递交载货清单（舱单）。载货清单（舱单）上应当列明运输工具名称、航（班）次号或者集装箱式货车车牌号、国籍、卸货港口，集装箱箱号或者集装箱式货车车厢号、尺寸、总重、自重，以及箱（厢）体内装载货物的商品名称、件数、重量，经营人、收发货人、提（运）单或者装货单号等有关内容。

第六条 营运人或者其代理人应当按照海关规定向海关传输相关载货清单（舱单）的电子数据。

第七条 经国务院交通主管部门批准，国际集装箱班轮公司可以在境内沿海港口之间调运其周转空箱及租用空箱。国际集装箱班轮公司或者其代理人凭交通主管部门的批准文件和自制的集装箱调运清单，向调出地和调入地海关申报。调运清单内容应当包括：承运集装箱原进境船舶名称、航（班）次号、日期，承运调运空箱的船舶名称、航（班）次号、集装箱箱号、尺寸、目的口岸、箱体数量等，并向调出地和调入地海关传输相关的电子数据。

其他运输方式在境内调拨或者运输的空集装箱，不需再办理海关手续。

第八条 用于承运装载海关监管货物的厢体与车辆不可分隔的厢式货车，其营运人或者承运人应按照《中华人民共和国海关关于境内公路承运海关监管货物的运输企业及其车辆的管理办法》的有关规定办理海关手续。

第九条 未经海关许可，任何人不得擅自开启或者损毁集装箱和集装箱式货车车厢上的海关封志、更改、涂抹箱（厢）号、取出或者装入货物、将集装箱或者集装箱式货车车厢及其所载货物移离海关监管场所。

第二章　集装箱制造核准

第十条 境内制造的集装箱可以申请我国海关批准牌照，也可以向加入联合国《一九七二年集装箱关务公约》的境外有关国家当局申请外国海关的批准牌照。

境外制造的集装箱，可以申请我国海关的批准牌照。

第十一条 海关总署授权中国船级社统一办理集装箱我国海关批准牌照。

第十二条 中国船级社应当按照本办法的要求签发批准证明书。

（一）境内制造的集装箱的所有人申请我国海关批准牌照的，中国船级社按照海关总署规定的标准，对集装箱图纸进行审查，并按照规定进行实体检验，检验合格的，核发《按定型设计批准证明书》或者《按制成以后批准证明书》。

（二）境外制造的集装箱的所有人申请我国海关批准牌照的，制造厂或者所有人应当提交集装箱有关图纸，经中国船级社审查并现场确认后核发《按制成以后批准证明书》。

第十三条 集装箱的海关批准牌照申请人在取得《按定型设计批准证明书》或者《按制成以后批准证明书》后，应当在经批准的集装箱上按照本办法规定安装中国船级社核发的海关批准牌照，并在箱体外部规定位置标示序列号。

第十四条 海关对中国船级社检验的集装箱有权进行复验，并可以随时对中国船级社办理海关批准牌照的情况进行核查。发现签发批准牌照管理不善的，海关将视情决定是否停止授权其签发海关批准牌照。

第三章　集装箱式货车车厢的制造或者改装

第十五条 海关总署授权中国船级社统一办理在境内装载海关监管货物的集装箱式货车车厢的海关批准牌照。

中国船级社按照海关总署规定的标准，对申请海关批准牌照的集装箱式货车车厢的图纸进行审查，并按照规定对集装箱式货车车厢进行实体检验，检验合格的，核发《集装箱式货车车厢批准证明书》。

第十六条 集装箱式货车车厢的海关批准牌照申请人在取得《集装箱式货车车厢批准证明书》后，应当在经批准的集装箱式货车车厢上按照本办法规定安装中国船级社核发的海关批准牌照，并在厢体外部规定位置标示序列号。

第四章　集装箱和集装箱式货车车厢的维修

第十七条 未经海关许可，任何人不得擅自改变集装箱和集装箱式货车车厢的结构。维修后的集装箱和集装箱式货车车厢结构应保持原状，如发生箱（厢）体特征变更的，集装箱和集装箱式货车车厢的所有人或者申请人必须拆除海关批准牌照，同时应当向中国船级社提出书面检验申请，并重新办理海关批准牌照。

第十八条 海关可以随时对维修工厂维修的安装海关批准牌照的集装箱和集装箱式货车车厢进行核查。

第五章　对集装箱和集装箱式货车车厢的监管

第十九条 集装箱和集装箱式货车车厢投入运营时，应当安装海关批准牌照。集装箱和集装箱式货车车厢外部标示的序列号应当与安装的海关批准牌照所标记的序列号一致。

第二十条 集装箱和集装箱式货车车厢序列号变更的，应当重新申请检验并办理海关批准牌照。序列号模糊不清以及破损的集装箱和集装箱式货车车厢，不得装载海关监管货物。

第二十一条 集装箱和集装箱式货车车厢作为货物进出口时，无论其是否装载货物，有关收发货人或者其代理人应当按照进出口货物向海关办理报关手续。

第二十二条 境内生产的集装箱及我国营运人购买进口的集装箱在投入国际运输前，营运人应当向其所在地海关办理登记手续。

境内生产的集装箱已经办理出口及国内环节税出口退税手续的，不在海关登记；已经登记的，予以注销。

第二十三条 承运海关监管货物的运输企业在集装箱式货车车厢获得《集装箱式货车车厢批准证明书》后，应当按照《中华人民共和国海关关于境内公路承运海关监管货物的运输企业及其车辆的管理办法》的规定向其所在地海关申请办理车辆注册。

第二十四条 本办法第二十二条第一款和第二十三条所述集装箱和集装箱式货车车厢报废时，营运人凭登记或者注册资料向所在地海关办理注销手续。

第二十五条 符合本办法规定的集装箱和集装箱式货车车厢，无论其是否装载货物，海关准予暂时进境和异地出境，营运人或者其代理人无须对箱（厢）体单独向海关办理报关手续。

第二十六条 暂时进境的集装箱和集装箱式货车车厢应于入境之日起6个月内复运出境。如因特殊情况不能按期复运出境的，营运人应当向暂时进境地海关提出延期申请，经海关核准后可以延期，但延长期最长不得超过3个月，逾期应按规定向海关办理进口及纳税手续。

对于已经按本办法第二十二条第一款规定在海关登记的集装箱，进出境时不受前款规定的期限限制。

第六章 附 则

第二十七条 违反本办法规定，构成走私或者违反海关监管规定行为的，由海关依照《中华人民共和国海关法》和《中华人民共和国海关行政处罚实施条例》的有关规定予以处理；构成犯罪的，依法追究刑事责任。

第二十八条 本办法所规定的文书由海关总署另行制定并且发布。

第二十九条　本办法由海关总署负责解释。

第三十条　本办法施行后向海关申请注册登记的运输企业，其承运海关监管货物的集装箱式货车车厢应符合海关总署规定标准。

本办法施行前在海关注册登记的运输企业，其承运海关监管货物的集装箱式货车车厢应于2008年5月运输企业年审时起符合海关总署规定标准。

第三十一条　本办法自2004年3月1日起施行。1984年1月1日施行的《中华人民共和国海关对进出口集装箱和所载货物监管办法》（〔83〕署货字第699号）、1986年7月22日施行的《中华人民共和国海关对用于运输海关加封货物的国际集装箱核发批准牌照的管理办法》（〔86〕署货字第566号）同时废止。

中华人民共和国海关关于来往香港、澳门小型船舶及所载货物、物品管理办法

（2004年2月6日海关总署令第112号发布，根据2017年12月20日海关总署令第235号公布的《海关总署关于修改部分规章的决定》第一次修正，根据2018年5月29日海关总署令第240号《海关总署关于修改部分规章的决定》第二次修正）

第一章　总　则

第一条　为规范海关对来往香港、澳门小型船舶（以下简称小型船舶）及所载货物、物品的监管，根据《中华人民共和国海关法》及其他有关法律、行政法规，制定本办法。

第二条　本办法下列用语的含义：

（一）来往香港、澳门小型船舶，是指经交通部或者其授权部门批准，专门来往于内地和香港、澳门之间，在境内注册从事货物运输的机动或者非机动船舶。

（二）小型船舶海关中途监管站（以下简称中途监管站），是指海关设在珠江口大铲岛、珠海湾仔、珠江口外桂山岛、香港以东大三门岛负责监管小型船舶及所载货物、物品，并办理进出境小型船舶海关舱单确认和关封制作手续的海关监管机构。

（三）通航指令，是指中途监管站对小型船舶发出的直航通过中途监管站、停航办理手续等电子指令。

（四）海关指定区域，是指以中途监管站为中心，一定范围内的航行区域。具体区域范围由有关直属海关对外公布。

第三条 小型船舶应当在设有海关的口岸或者经海关批准的可临时派出海关人员实施监管的监管点进出、停泊、装卸货物、物品或者上下人员，并办理相关手续。

第四条 下列小型船舶进出境时，应当向指定的小型船舶中途监管站办理舱单确认和关封制作手续：

（一）来往于香港与珠江水域的小型船舶向大铲岛中途监管站办理；

（二）来往于香港、澳门与磨刀门水道的小型船舶向湾仔中途监管站办理；

（三）来往于香港、澳门与珠江口、磨刀门水道以西，广东、广西、海南沿海各港口的小型船舶向桂山岛中途监管站办理；

（四）来往于香港、澳门与珠江口以东，广东、福建及以北沿海各港口的小型船舶向大三门岛中途监管站办理。

来往于香港与深圳赤湾、蛇口、妈湾、盐田港的小型船舶，直接在口岸海关办理进出境申报手续。

第五条 小型船舶经海关备案后，可以从事进出境货物运输。

小型船舶应当由所属的船舶运输企业（以下简称运输企业）向运输企业工商注册所在地的直属海关或者其授权的隶属海关办理备案手续；海关对小型船舶实行联网备案管理，数据资料共享。

第六条 小型船舶应当安装海关认可的船载收发信装置，特殊情况不安装的须经海关同意。

小型船舶不得设置暗格、夹层等可以藏匿货物、物品的处所，船体结构经国家船检部门审定后不得擅自改动。

第二章 备案管理

第七条 小型船舶申请备案时，运输企业应当向海关提交下列文件：

（一）来往港澳小型船舶登记备案表；

（二）交通主管部门的批准文件复印件；

（三）船舶国籍证书复印件；

（四）船舶正面和可以显示船舶名称侧面彩色照片。

第八条 海关予以备案的，应当在收到备案文件之日起 5 个工作日内签发

《来往港澳小型船舶登记备案证书》（以下简称备案证书）、《来往港澳小型船舶进出境（港）海关监管簿》（以下简称海关监管簿）。

海关经审核决定不予备案的，应当在收到运输企业提交的备案文件之日起3个工作日内制发《来往港澳小型船舶不予备案通知书》。

第九条　运输企业需要延续备案的，应当在有效期届满30日前向备案海关提交下列文件，办理小型船舶延续手续：

（一）《来往港澳小型船舶延续申请书》；

（二）《备案证书》。

有效期届满未延续的，海关应当依照有关规定办理注销手续。

第十条　在海关备案的小型船舶名称、船体结构、经营航线、法定代表人、地址、企业性质等内容发生变更的，运输企业应当凭书面申请和有关批准文件向备案海关办理变更手续。

第三章　海关监管

第十一条　小型船舶进境前，船舶负责人或者其代理人可以自行或者委托舱单录入单位，通过与海关联网的公共数据信息平台向海关发送舱单电子数据。

小型船舶出境前，船舶负责人或者其代理人应当向起运港海关递交海关监管簿等有关单据、簿册，同时通过与海关联网的公共数据信息平台向海关发送舱单电子数据。

第十二条　舱单电子数据应当包括以下内容：运输工具名称、运输工具编号、航次号、国籍、装货港、指运港、提（运）单号、收货人或者发货人、货物名称、货物件数和重量、集装箱号、集装箱尺寸等。

第十三条　船舶负责人在小型船舶进境或者出境起航时，通过船载收发信装置对舱单电子数据进行确认申报。

进境小型船舶经中途监管站办理舱单确认和关封制作手续后，所载进口货物所有人或者其代理人可以提前向海关申报。

第十四条　已经海关确认的舱单电子数据如需修改，船舶负责人或者其代理人应当向海关提出申请，经海关同意后，可以修改。

第十五条　海关对舱单电子数据和船舶航迹数据的保存期限为确认小型船舶舱单申报之日起3年。

第十六条　小型船舶进境或者出境起航后，应当进入海关指定区域接收并确认通航指令，并按照指令直航通过中途监管站或者停靠中途监管站办理手续。

第十七条　小型船舶接到停航办理手续指令时，应当航行至中途监管站指定的锚地停泊。

小型船舶进境时，应当经中途监管站签批《海关监管簿》，并办理舱单确认和关封制作手续后，继续驶往境内目的港。

小型船舶出境时，应当将起运港海关签章的舱单等单据递交中途监管站确认，经中途监管站签注《海关监管簿》后，继续驶往境外目的港。

第十八条 小型船舶进境到达目的港后，船舶负责人或者其代理人应当向海关递交《海关监管簿》等单据办理手续。

在中途监管站停航办理手续的小型船舶应当递交关封。

第十九条 进出境小型船舶负责人应当妥善保管经海关确认的关封等单据。

第二十条 小型船舶装卸进出境货物时，船舶负责人或者其代理人应当按照舱单核对货物，如果发现溢短装（卸）、误装（卸）、残损或者其他差错的，应当做好记录，并按照本办法第十四条的规定办理。

第二十一条 小型船舶公用、船员自用物品进出境，应当如实填写《来往港澳小型船舶进/出境公用物品申报单》及《来往港澳小型船舶船员进/出境自用物品申报单》向海关申报，海关按照规定办理验放手续。

第二十二条 小型船舶在香港、澳门装配机器零件或者添装船用燃料、物料和公用物品，应当填写《来往港澳小型船舶境外添装燃料物料申报单》，向海关申报并交验有关购买单据或者发票，办理进口手续。

第二十三条 小型船舶不得同船装载进出口货物与非进出口货物。

第二十四条 经交通部门批准，小型船舶可以兼营境内运输。

小型船舶每次由境外运输变更为境内运输或者由境内运输变更为境外运输前，均应当报告备案海关，由海关在《海关监管簿》上进行签注并办理有关手续。

第二十五条 进境小型船舶自进境后至办结海关手续前，出境小型船舶自起运港办理海关手续后至出境前，未经海关批准，不得中途停泊、装卸货物、物品或者上下人员。

第二十六条 小型船舶在规定的时间或者地点以外停泊、装卸货物、物品或者上下人员的，应当经海关批准；需海关派员执行监管任务的，应当按照规定缴纳规费。

第二十七条 小型船舶由于不可抗力的原因，被迫在未设立海关的地点停泊、抛掷、起卸货物、物品或者上下人员，船舶负责人应当立即报告附近海关。

小型船舶因遇到风浪，致使无法在海关中途监管站停泊办理进出境手续的，经海关中途监管站许可，可以直接驶往目的港。

第二十八条　中途监管站可以对进境小型船舶所载货物、舱室施加封志，必要时可以派员随小型船舶监管至目的港，船舶负责人或者其代理人应当提供便利。

第二十九条　海关检查小型船舶时，船舶负责人或者其代理人应当到场，并按照海关要求开启有关处所、集装箱或者货物包装，搬移货物、物料等。海关认为必要时，可以径行开验、复验或者提取货样。

海关检查船员行李物品时，有关船员应当到场，并且开启行李包件和储存物品的处所。

第四章　　法律责任

第三十条　违反《中华人民共和国海关法》及本办法规定，构成走私或者违反海关监管规定行为的，由海关依照《中华人民共和国海关法》、《中华人民共和国海关行政处罚实施条例》等有关法律、行政法规的规定予以处理；构成犯罪的，依法追究刑事责任。

第五章　　附　　则

第三十一条　本办法所规定的文书由海关总署另行制定并且发布。

第三十二条　本办法由海关总署负责解释。

第三十三条　本办法自 2004 年 3 月 15 日起施行。1998 年 10 月 17 日海关总署发布的《中华人民共和国海关关于来往香港、澳门小型船舶及所载货物、物品监管规定》和《中华人民共和国海关关于来往香港、澳门小型船舶登记备案管理办法》同时废止。

中华人民共和国海关关于来往香港、澳门公路货运企业及其车辆的管理办法

（2004年8月27日海关总署令第118号公布，根据2010年11月26日海关总署令第198号《海关总署关于修改部分规章的决定》第一次修正，根据2018年5月29日海关总署令第240号《海关总署关于修改部分规章的决定》第二次修正）

第一章　总　则

第一条　为规范对来往港澳公路货运企业及其车辆的管理，根据《中华人民共和国海关法》及其他相关法律、行政法规，制定本办法。

第二条　本办法下列用语的含义是：

（一）来往港澳公路货运企业（以下简称货运企业），是指依照本办法规定在海关备案的从事来往港澳公路货物运输业务的企业，包括专业运输企业和生产型企业；

（二）来往港澳公路货运车辆（以下简称货运车辆），是指依照本办法规定在海关备案的来往港澳公路货运车辆，包括专业运输企业的车辆和生产型企业的自用车辆。

第三条　海关对货运企业、车辆实行联网备案管理。

货运企业、车辆的备案、变更备案、注销备案、年审等业务以及相关后续管理工作，由进出境地的直属海关或者其授权的隶属海关按照本办法的规定办理。

第二章　备案管理

第四条　货运企业备案时，应当向进出境地的直属海关或者其授权的隶属海关提交下列文件：

（一）《来往香港/澳门货运企业备案申请表》；

（二）政府主管部门的批准文件。

第五条　车辆备案时，应当向进出境地的直属海关或者其授权的隶属海关提交下列文件：

（一）《来往香港/澳门货运车辆备案登记表》；

（二）《来往香港/澳门货运车辆海关验车记录表》（以下简称验车记录表）或者公安交通车检部门出具的验车报告；

（三）公安交通车管部门核发的《车辆及驾驶人员进出境批准通知书》海关联；

（四）公安交通车管部门核发的《机动车辆行驶证》（以下简称《行驶证》）复印件；

（五）符合海关要求的车辆彩色照片（包括车辆左前侧面45度角拍摄并可明显看见油箱和粤港/澳两地车牌以及后侧面45度角拍摄并可明显看见粤港/澳两地车牌）。

在香港/澳门地区办理车辆登记证明文件的进出境车辆（以下简称港/澳籍车辆），应当同时提交境外有关政府管理机构签发的车辆登记文件复印件；在内地办理车辆登记证明文件的进出境车辆（以下简称内地籍车辆），应当同时提交《机动车辆登记证书》复印件。

港/澳籍车辆，应当同时提交《来往香港/澳门车辆备案临时进境验车申报表》（以下简称《临时进境验车申报表》）。

第六条　货运车辆应当为集装箱式货车或者集装箱牵引车，并应当符合下列条件：

（一）车辆的类型、牌名、车身颜色、发动机号码、车身号码、车辆牌号等应当与公安交通车管部门核发的证件所列内容相符；

（二）集装箱式货车的车厢监管标准应当按照海关总署的有关规定执行；如有特殊需要加开侧门的，应当经海关批准，并符合海关监管要求；

（三）车辆的油箱和备用轮胎等装备以原车出厂时的标准配置为准，不得擅自改装或者加装。

第七条　经海关批准，散装货车可以作为来往香港/澳门的货运车辆，用于承运不具备施封条件的超大型机械设备或者鲜活水产品等散装货物。

第八条　经海关备案的货运企业，海关核发《来往香港/澳门货运企业备案登记证》（以下简称《货运企业备案登记证》）。

经海关备案的货运车辆，海关核发《来往香港/澳门车辆进出境签证簿》（以下简称《签证簿》）和用于证明载运进出境货物实际情况的通关证件。

第九条　《货运企业备案登记证》《签证簿》和通关证件需要更新的，可以凭原件向备案海关申请换发；发生损毁或者灭失的，应当及时向海关报告，经备案海关审核情况属实的，予以补发。

第十条　海关对货运企业、车辆实行年审制度。年审时，海关应当重点审核企业当年度的守法状况。

第十一条　货运企业年审时需提交下列文件：

（一）《来往香港/澳门货运企业年检报告书》；

（二）《货运企业备案登记证》；

（三）政府主管部门批准企业成立或者延期的批准文件。

第十二条　货运车辆年审时需提交下列文件：

（一）《来往香港/澳门车辆年检报告书》；

（二）《签证簿》；

（三）公安交通车管部门核发准予延期的《批准通知书》海关联。

第十三条　车辆需进行车体、厢体改装的，应当向备案海关申请，经海关同意，按照本办法第六条和《中华人民共和国海关对装载海关监管货物的集装箱及集装箱式货车车厢的监管办法》的规定办理。

改装后的车辆经备案海关重新检验认可后，海关收回原车辆的《签证簿》和通关证件，注销原车辆的备案资料，按照本办法第五条的规定重新予以核准备案，签发新的《签证簿》和通关证件。

第十四条　货运企业出现变更企业名称、通行口岸或者更换车辆等情况的，应当持政府有关主管部门的批准文件及相关资料，到备案海关办理变更备案手续。

第十五条　货运企业、车辆在备案有效期内暂停或者停止进出境营运业务的，应当向海关报告，海关收回《签证簿》和通关证件，对有关备案资料作暂停或者注销处理。

港/澳籍车辆在办结海关手续并已出境后，海关予以办理暂停或者注销手续。

第三章　海关监管

第十六条　货运车辆应当按照海关指定的路线和规定的时限，将所承运的货物完整地运抵指定的监管场所，并确保承运车辆、海关封志、海关监控设备及装载货物的箱（厢）体完好无损。

第十七条　货运车辆进出境时，企业应当按照海关规定如实申报，交验单证，并接受海关监管和检查。

承运海关监管货物的车辆从一个设立海关地点驶往另一个设立海关地点的，企业应当按照海关监管要求，办理转关手续。

第十八条　海关检查进出境车辆及查验所载货物时，驾驶员应当到场，并根据海关的要求开启车门，搬移货物，开拆和重封货物包装。

第十九条　港/澳籍进出境车辆进境后，应当在 3 个月内复出境；特殊情况下，经海关同意，可以在车辆备案有效期内予以适当延期。

第二十条　已进境的港/澳籍车辆，包括集装箱牵引架、集装箱箱体，未经海关同意并办结报关纳税手续，不得在境内转让或者移作他用。

第二十一条　进出境车辆的备用物料和驾驶员携带的物品，应当限于旅途自用合理数量部分；超出自用合理数量，应当向海关如实申报。

第二十二条　未经海关许可，任何人不得拆装运输工具上的海关监控设备，包括海关电子关锁、车载收发信装置等。特殊情况需要拆装的，应当报经备案海关同意；监控设备拆装后，应当报请备案海关验核。

第二十三条　货运企业应当妥善保管《签证簿》和通关证件，不得转借或者转让他人，不得涂改或者故意损坏。

第二十四条　集装箱牵引车承运的集装箱应当符合海关总署规定的标准要求。

第二十五条　因特殊原因，车辆在境内运输海关监管货物途中需要更换的，货运企业应当立即报告附近海关，在海关监管下更换。附近海关应当及时将更换情况通知货物进境地和指运地海关或者启运地和出境地海关。

第二十六条　海关监管货物在境内运输途中，发生损坏或者灭失的，货运企业应当立即向附近海关报告。除不可抗力外，货运企业应当承担相应的税款及其他法律责任。

第四章　法律责任

第二十七条　违反本办法规定，构成走私或者违反海关监管规定行为的，由海关依照《中华人民共和国海关法》《中华人民共和国海关行政处罚实施条例》等有关法律、行政法规的规定予以处理；构成犯罪的，依法追究刑事责任。

第五章　附　则

第二十八条　驻港、澳部队的车辆的管理按照国家有关规定办理。

第二十九条　本办法所规定的文书由海关总署另行制定并且发布。

第三十条　本办法由海关总署负责解释。

第三十一条　本办法自 2004 年 10 月 1 日起施行。《中华人民共和国海关对来往香港、澳门汽车及所载货物监管办法》（〔1988〕署货字第 6 号）同时废止。

海关对长江驳运船舶转运进出口货物的管理规定

(1985年1月10日海关总署〔1984〕署货字1089号文发布，自1985年2月1日起施行)

第一条 为适应开发和利用长江，发展外贸运输的需要，加强海关对长江驳运船舶（以下简称驳运船舶）转运进出口货物的管理，根据《中华人民共和国海关对国际航行船舶及其所载货物监管办法》，结合长江沿岸有关口岸实际情况，特制定本规定。

第二条 本规定所称的长江驳运船舶是指航行长江驳运进出口转运货物的机动和非机动船舶。

第三条 长江驳运船舶必须具备加封条件的货舱，符合海关监管条件，并由船方或其代理人向船籍港海关申请登记，经批准后方准在海关同意的港口码头从事转运进出口货物运输。

船方必须保证将转运货物及时运至指定港口，并向海关申报。

第四条 长江驳运船舶装、卸进出口转运货物，必须由船方或其代理人向海关预报并经海关核准后进行。驳运船舶在装、卸货物及承载海关监管货物期间应接受海关监督和检查。船方或其代理人不得擅自开启经海关加封的货舱，不得自行装卸、拆包、改装或顶替；非经海关核准，不得自行将转运货物交付收（发）货人或其代理人。

第五条 长江驳运船舶装载的出口货物，应由货物所有人或其代理人填写出口货物报关单一式三份，向启运地海关办理申报纳税手续，由海关在出口货物报关单上和船方装货单据上签盖验证章后，按监管货物监管至出境地海关核查放行。必要时出境地海关对有关出口货物可以进行复验。有关出口货物经出境地海关在装货单上盖印放行后，港务部门、货物所有人（或其代理人）和船方才可换装运输工具。

第六条 长江驳运船舶所载出口货物的货主或其代理人如果需要在出境地办理补货、调货时，应及时向出境地海关报告并按规定办理有关手续。如有应税出口货物退关，货主或其代理人可凭出境地海关签核的退关证明和原货的关税缴款书，在启运地海关办理退税。

第七条　长江驳运船舶装载的进口货物，应由货物所有人或其代理人填写外国货物转运准单一式三份，向入境地海关申请办理货物转运手续。经海关审查符合转运监管条件的，准予按转运货物监管至到达地海关完成海关手续。进口货物运抵到达地后，应即向海关办理报关纳税手续。有关进口货物经海关在提货单上盖印放行后，港务部门、货物所有人或其代理人才可分别交付和提取货物。

第八条　长江驳运船舶于出口货物装毕后，进口货物换装后，由船长分别向海关递交载货清单一式二份，海关在核对清单无讹后，一份留存，一份连同上述第五、七条的有关单证一并封入关封，并对货舱施加海关封志。船长应负责保护海关封志的完整并将海关关封带交出境地或到达地海关。

第九条　长江驳运船舶装载的进口货物，如在运输途中灭失，船方应向到达地海关提出书面报告，由海关查明情况按有关规定进行处理。

第十条　海关派员驻停港驳运船舶监管或随船监管时，运输部门和有关驳运船舶应提供必要的办公条件和工作食宿方便。

第十一条　如有违反本规定的情事，由海关按照《中华人民共和国暂行海关法》和有关规定进行处理。

第十二条　本规定自 1985 年 2 月 1 日起实施。

《海关对长江驳运船舶转运进出口货物的管理规定》实施细则

(1985 年 12 月 13 日海关总署〔1985〕署货字第 1097 号文发布，自 1986 年 2 月 1 日起施行，根据 2018 年 11 月 23 日海关总署令第 243 号《海关总署关于修改部分规章的决定》修正)

第一条　为加强对长江驳运船舶（以下简称"驳船"）进出口货物的监管，方便对外贸易运输，特根据《海关对长江驳运船舶转运进出口货物的管理规定》和其他有关规定制定本实施细则。

第二条　经营进出口货物转运业务的驳船，必须具备海关加封条件的货仓，符合海关监管条件，并由船方或其代理人向船籍港海关申请登记。不符合海关监管条件的，海关不予批准。

第三条　驳船的负责人要经海关培训并考试。未经培训或虽培训但考试不合格的，海关不予批准。

第四条 经海关审核批准并签发注册登记证书后，驳船方可在海关同意的港口码头从事转运进出口货物运输业务。船方要保证将转运货物（即"海关监管货物"）及时、完整地运到指定港口，并向海关申报。

第五条 船籍港海关应将经批准准予注册登记的驳船名单抄告有关海关。

第六条 驳船在航行、停泊期间，必须携带注册登记证书，以备海关核查。

第七条 驳船在口岸过驳前，应将其注册登记证书、关封和有关单证交口岸海关审验，经海关核准后方可装卸货物。除散装大宗等货物并经海关特准的外，如驳船无加封设施口岸海关不准予转运。其货物应由货物所有人或其代理人（以下简称"货主"）在进出境地办理报关纳税手续。

第八条 驳船装载的出口货物，应由货物所有人或其代理人向启运地海关交验出口货物报关单。经海关在装货单据上加盖"验讫章"后，驳船方可装船。货物运抵出境地经海关开拆封志并在装货单上盖印放行后，驳船、货主方可换装运输工具。

出口货物报关单一式三份，一份交起运地海关留存；两份由驳船随货带交出境地海关。转运出口货物由出境地海关统计上报。

第九条 转运出口货物在换装过程中发生溢短卸时，货主应在24小时内向出境地海关交验一式三份更正通知单办理补报或退关手续。更正通知单两份出境地海关留存，一份寄交启运地海关，如属退出口税的，应在该份更正通知单上签证后退交货主凭以向启运地海关办理退税。

第十条 出口转运货物，出境地海关认为必要时可对有关出口货物进行复验，货主应根据海关要求，负责搬移货物、开拆和重封货物的包装。

第十一条 进口货物应由货主填写外国货物运转准单一式三份向进境地海关申请转运，经海关审核同意可转运到达地海关完成进口手续。转运准单一份由进境地海关留存，一份邮寄到达地海关，一份封入关封内交驳船负责人带交到达地海关。进口货物在换装运输工具时，如发生溢、短、残损等情况，进境地海关应在封入关封内的有关单证上批注说明。

进口货物运达目的地后，驳船负责人应即将关封递交到达地海关，经海关审核同意并开拆封志后方可卸货。有关进口货物经货主办理进口手续，海关在提货单上加盖"放行章"放行后，港务部门、货主才可分别交付和提取。

第十二条 转运货物属于国家限制进口商品的，货主应当取得进口许可证件。海关对有关进口许可证件电子数据进行系统自动比对验核。没有取得进口许可证件的，不得转运，由进境地海关依法进行处理。

第十三条 进口货物，如需转运到未设关地区的，货主应事前报经有关分管海关同意，进境地海关验凭分管海关同意转运的函电办理转运手续。

第十四条 驳船于出口货物装毕后，进口货物换装后，驳船负责人应分别向海关递交载货清单一式二份，海关在核对无讹后，一份留存，一份连同报关单或外国货物转运准单等单证封入关封交驳船负责人签收，并对货舱施加海关封志。在办清上述结关手续后，驳船方可驶离港口。驳船负责人应负责保护海关封志的完整，并将海关关封完整无损地带交出境地或到达地海关。

第十五条 驳船在同一航次中，未经海关同意，不得将"海关监管货物"与非监管货物同舱混装。

驳船在承载海关监管货物期间，未经海关同意，不得在未设海关港口加载、装卸货物。

第十六条 进出口货物转运后，到达地海关应每半年向进出境地海关核对关封编号。

第十七条 驳船装载的进出口货物，在运输途中如遇水损或发生意外事故，船方应向到达地海关书面报告。海关在查明情况后，按有关规定处理。

第十八条 驳船及其工作人员不得为国际航行船舶船员运带未经海关放行的个人物品。

第十九条 海关派员驻驳船或随船监管时，运输部门和有关驳船负责人应提供必要的办公条件和食宿方便。

第二十条 如有违反《海关对长江驳运船舶转运进出口货物的管理规定》和本实施细则的，由海关依法进行处理。

第二十一条 本实施细则自 1986 年 2 月 1 日起实施。

中华人民共和国海关对我国兼营国际
国内运输船舶的监管规定

(1986 年 7 月 3 日海关总署〔1986〕署货字第 671 号
文发布，自 1986 年 9 月 1 日起施行)

第一条 为了加强对我国船舶进出境的管理，便利兼营船舶的运输，特制定本规定。

第二条 本规定所称"兼营船舶"系指：我国经营国际运输兼营国内运输

的船舶和我国经营国内运输兼营国际运输的船舶。

第三条 我国兼营船舶的船方或其代理人应向船公司所在地海关书面申请并办理兼营船舶登记手续，经海关核准并签发海关监管签证簿（以下简称签证簿）后，才能兼营国际或国内运输。

第四条 兼营船舶的航行、停泊期间，必须随带签证簿以备海关核查。

第五条 兼营船舶在经营国际运输期间，海关按《中华人民共和国海关对国际航行船舶和所载货物监管办法》进行监管。

第六条 兼营船舶在经营国内运输期间，不得擅自驶往国外。

兼营船舶来往国内外，船方或其代理人应提前 24 小时通过港务机关向抵达港海关或驶离港海关预报和确报抵离港时间，未办清结关手续，不得擅自离港。

第七条 兼营船舶在卸完进口货物和办完船员携带进口自用物品验放手续后，才能申请改为经营国内运输，由海关在签证簿上批注签章。

兼营船舶在卸完国内运输货物后，才能申请改为经营国际运输，由海关在签证簿上批注签章。

第八条 兼营船舶在经营国内运输期间使用的进口船舶用物料、燃料、烟、酒，不得享受国际航行船舶的免税优惠。

船方或其代理人应在船舶申报改为经营国内运输的同时，在签证簿内向海关报明留存船上的进口船用物料、燃料、烟、酒的名称，如情况正常、数量合理，经海关核准可免税留船继续使用，对超出自用合理数量部分，海关予以征税，如需调拨或作价出售给其他非国际航行船舶，均应事前书面报经海关核准，并照章补征进口税。

第九条 经海关结关改为经营国内运输的船舶，如需再改航国外、经营国际运输时，船方或其代理人应在装出口货物或无货出口结关开航前 24 小时前向海关提出书面申请，并交验签证簿。

第十条 兼营船舶船员从国外携带进口的自用物品，按《海关对我国际运输工具服务人员进出境行李物品的管理规定》办理。

第十一条 兼营船舶连续经营国内运输满 1 年，即视作不再经营国际运输业务，船方或其代理人应在期满后 1 个月内将签证簿交原登记海关注销。

第十二条 海关对兼营船舶进行监管时，船方应予支持和配合。兼营船舶进出设关港口，海关认为必要时，得对其进行检查。

第十三条 兼营船及其船员有违反本办法及其他海关法规的行为，由海关依法进行处理。

第十四条 本办法自 1986 年 9 月 1 日起实施。

中华人民共和国海关进出境运输工具舱单
管理办法

(2008 年 3 月 28 日海关总署令第 172 号发布,根据 2017 年 12 月 20 日海关总署令第 235 号公布的《海关总署关于修改部分规章的决定》第一次修正,根据 2018 年 5 月 29 日海关总署令第 240 号《海关总署关于修改部分规章的决定》第二次修正)

第一章 总 则

第一条 为了规范海关对进出境运输工具舱单的管理,促进国际贸易便利,保障国际贸易安全,根据《中华人民共和国海关法》(以下简称《海关法》)以及有关法律、行政法规的规定,制定本办法。

第二条 本办法所称进出境运输工具舱单(以下简称舱单)是指反映进出境运输工具所载货物、物品及旅客信息的载体,包括原始舱单、预配舱单、装(乘)载舱单。

进出境运输工具载有货物、物品的,舱单内容应当包括总提(运)单及其项下的分提(运)单信息。

第三条 海关对进出境船舶、航空器、铁路列车以及公路车辆舱单的管理适用本办法。

第四条 进出境运输工具负责人、无船承运业务经营人、货运代理企业、船舶代理企业、邮政企业以及快件经营人等舱单电子数据传输义务人(以下统称"舱单传输人")应当按照海关备案的范围在规定时限向海关传输舱单电子数据。

海关监管作业场所经营人、理货部门、出口货物发货人等舱单相关电子数据传输义务人应当在规定时限向海关传输舱单相关电子数据。

对未按照本办法规定传输舱单及相关电子数据的,海关可以暂不予办理运输工具进出境申报手续。

因计算机故障等特殊情况无法向海关传输舱单及相关电子数据的,经海关同意,可以采用纸质形式在规定时限向海关递交有关单证。

第五条 海关以接受原始舱单主要数据传输的时间为进口舱单电子数据传

输时间；海关以接受预配舱单主要数据传输的时间为出口舱单电子数据传输的时间。

第六条　舱单传输人、海关监管作业场所经营人、理货部门、出口货物发货人应当向其经营业务所在地直属海关或者经授权的隶属海关备案，并提交《备案登记表》。

在海关备案的有关内容如果发生改变的，舱单传输人、海关监管作业场所经营人、理货部门、出口货物发货人应当凭书面申请和有关文件向海关办理备案变更手续。

第七条　舱单传输人可以书面向海关提出为其保守商业秘密的要求，并具体列明需要保密的内容。

海关应当按照国家有关规定承担保密义务，妥善保管舱单传输人及相关义务人提供的涉及商业秘密的资料。

第二章　进境舱单的管理

第八条　原始舱单电子数据传输以前，运输工具负责人应当将运输工具预计抵达境内目的港的时间通知海关。

运输工具抵港以前，运输工具负责人应当将运输工具确切的抵港时间通知海关。

运输工具抵达设立海关的地点时，运输工具负责人应当向海关进行运输工具抵港申报。

第九条　进境运输工具载有货物、物品的，舱单传输人应当在下列时限向海关传输原始舱单主要数据：

（一）集装箱船舶装船的24小时以前，非集装箱船舶抵达境内第一目的港的24小时以前；

（二）航程4小时以下的，航空器起飞前；航程超过4小时的，航空器抵达境内第一目的港的4小时以前；

（三）铁路列车抵达境内第一目的站的2小时以前；

（四）公路车辆抵达境内第一目的站的1小时以前。

舱单传输人应当在进境货物、物品运抵目的港以前向海关传输原始舱单其他数据。

海关接受原始舱单主要数据传输后，收货人、受委托报关企业方可向海关办理货物、物品的申报手续。

第十条　海关发现原始舱单中列有我国禁止进境的货物、物品，可以通知运输工具负责人不得装载进境。

第十一条 进境运输工具载有旅客的，舱单传输人应当在下列时限向海关传输原始舱单电子数据：

（一）船舶抵达境内第一目的港的 2 小时以前；

（二）航程在 1 小时以下的，航空器抵达境内第一目的港的 30 分钟以前；航程在 1 小时至 2 小时的，航空器抵达境内第一目的港的 1 小时以前；航程在 2 小时以上的，航空器抵达境内第一目的港的 2 小时以前；

（三）铁路列车抵达境内第一目的站的 2 小时以前；

（四）公路车辆抵达境内第一目的站的 1 小时以前。

第十二条 海关接受原始舱单主要数据传输后，对决定不准予卸载货物、物品或者下客的，应当以电子数据方式通知舱单传输人，并告知不准予卸载货物、物品或者下客的理由。

海关因故无法以电子数据方式通知的，应当派员实地办理本条第一款规定的相关手续。

第十三条 理货部门或者海关监管作业场所、旅客通关类、邮件类场所经营人应当在进境运输工具卸载货物、物品完毕后的 6 小时以内以电子数据方式向海关提交理货报告。

需要二次理货的，经海关同意，可以在进境运输工具卸载货物、物品完毕后的 24 小时以内以电子数据方式向海关提交理货报告。

第十四条 海关应当将原始舱单与理货报告进行核对，对二者不相符的，以电子数据方式通知运输工具负责人。运输工具负责人应当在卸载货物、物品完毕后的 48 小时以内向海关报告不相符的原因。

第十五条 原始舱单中未列名的进境货物、物品，海关可以责令原运输工具负责人直接退运。

第十六条 进境货物、物品需要分拨的，舱单传输人应当以电子数据方式向海关提出分拨货物、物品申请，经海关同意后方可分拨。

分拨货物、物品运抵海关监管作业场所、旅客通关类、邮件类场所时，相关场所经营人应当以电子数据方式向海关提交分拨货物、物品运抵报告。

在分拨货物、物品拆分完毕后的 2 小时以内，理货部门或者相关场所经营人应当以电子数据方式向海关提交分拨货物、物品理货报告。

第十七条 货物、物品需要疏港分流的，海关监管作业场所、旅客通关类、邮件类场所经营人应当以电子数据方式向海关提出疏港分流申请，经海关同意后方可疏港分流。

疏港分流完毕后，相关场所经营人应当以电子数据方式向海关提交疏港分流货物、物品运抵报告。

第十八条 疏港分流货物、物品提交运抵报告后，海关即可办理货物、物品的查验、放行手续。

第十九条 进境运输工具载有旅客的，运输工具负责人或者旅客通关类场所经营人应当在进境运输工具下客完毕后 3 小时以内向海关提交进境旅客及其行李物品结关申请，并提供实际下客人数、托运行李物品提取数量以及未运抵行李物品数量。经海关核对无误的，可以办理结关手续；原始舱单与结关申请不相符的，运输工具负责人或者旅客通关类场所经营人应当在进境运输工具下客完毕后 24 小时以内向海关报告不相符的原因。

运输工具负责人或者旅客通关类场所经营人应当将无人认领的托运行李物品转交海关处理。

第三章　出境舱单的管理

第二十条 以集装箱运输的货物、物品，出口货物发货人应当在货物、物品装箱以前向海关传输装箱清单电子数据。

第二十一条 出境运输工具预计载有货物、物品的，舱单传输人应当在办理货物、物品申报手续以前向海关传输预配舱单主要数据。

海关接受预配舱单主要数据传输后，舱单传输人应当在下列时限向海关传输预配舱单其他数据：

（一）集装箱船舶装船的 24 小时以前，非集装箱船舶在开始装载货物、物品 2 小时以前；

（二）航空器在开始装载货物、物品的 4 小时以前；

（三）铁路列车在开始装载货物、物品的 2 小时以前；

（四）公路车辆在开始装载货物、物品的 1 小时以前。

出境运输工具预计载有旅客的，舱单传输人应当在出境旅客开始办理登机（船、车）手续的 1 小时以前向海关传输预配舱单电子数据。

第二十二条 出境货物、物品运抵海关监管作业场所、旅客通关类、邮件类场所时，相关场所经营人应当以电子数据方式向海关提交运抵报告。

运抵报告提交后，海关即可办理货物、物品的查验、放行手续。

第二十三条 舱单传输人应当在运输工具开始装载货物、物品的 30 分钟以前向海关传输装载舱单电子数据。

装载舱单中所列货物、物品应当已经海关放行。

第二十四条　舱单传输人应当在旅客办理登机（船、车）手续后、运输工具上客以前向海关传输乘载舱单电子数据。

第二十五条　海关接受装（乘）载舱单电子数据传输后，对决定不准予装载货物、物品或者上客的，应当以电子数据方式通知舱单传输人，并告知不准予装载货物、物品或者上客的理由。

海关因故无法以电子数据方式通知的，应当派员实地办理本条第一款规定的相关手续。

第二十六条　运输工具负责人应当在运输工具驶离设立海关的地点的 2 小时以前将驶离时间通知海关。

对临时追加的运输工具，运输工具负责人应当在运输工具驶离设立海关的地点以前将驶离时间通知海关。

第二十七条　运输工具负责人应当在货物、物品装载完毕或者旅客全部登机（船、车）后向海关提交结关申请，经海关办结手续后，出境运输工具方可离境。

第二十八条　出境运输工具驶离装货港的 6 小时以内，海关监管作业场所经营人或者理货部门应当以电子数据方式向海关提交理货报告。

第二十九条　海关应当将装载舱单与理货报告进行核对，对二者不相符的，以电子数据方式通知运输工具负责人。运输工具负责人应当在装载货物、物品完毕后的 48 小时以内向海关报告不相符的原因。

海关应当将乘载舱单与结关申请进行核对，对二者不相符的，以电子数据方式通知运输工具负责人。运输工具负责人应当在出境运输工具结关完毕后的 24 小时以内向海关报告不相符的原因。

第四章　舱单变更的管理

第三十条　已经传输的舱单电子数据需要变更的，舱单传输人可以在原始舱单和预配舱单规定的传输时限以前直接予以变更，但是货物、物品所有人已经向海关办理货物、物品申报手续的除外。

舱单电子数据传输时间以海关接受舱单电子数据变更的时间为准。

第三十一条　在原始舱单和预配舱单规定的传输时限后，有下列情形之一的，舱单传输人可以向海关办理变更手续：

（一）货物、物品因不可抗力灭失、短损，造成舱单电子数据不准确的；

（二）装载舱单中所列的出境货物、物品，因装运、配载等原因造成部分或者全部货物、物品退关或者变更运输工具的；

（三）大宗散装货物、集装箱独立箱体内载运的散装货物的溢短装数量在规定范围以内的；

（四）其他客观原因造成传输错误的。

第三十二条　按照本办法第三十七条的规定处理后，需要变更舱单电子数据的，舱单传输人应当按照海关的要求予以变更。

第三十三条　舱单传输人向海关申请变更货物、物品舱单或者旅客舱单时，应当提交《舱单变更申请表》和加盖有舱单传输人公章的正确舱单。

第五章　附　则

第三十四条　本办法下列用语的含义是：

"原始舱单"，是指舱单传输人向海关传输的反映进境运输工具装载货物、物品或者乘载旅客信息的舱单。

"预配舱单"，是指反映出境运输工具预计装载货物、物品或者乘载旅客信息的舱单。

"装（乘）载舱单"，是指反映出境运输工具实际配载货物、物品或者载有旅客信息的舱单。

"提（运）单"，是指用以证明货物、物品运输合同和货物、物品已经由承运人接收或者装载，以及承运人保证据以交付货物、物品的单证。

"总提（运）单"，是指由运输工具负责人、船舶代理企业所签发的提（运）单。

"分提（运）单"，是指在总提（运）单项下，由无船承运业务经营人、货运代理人或者快件经营人等企业所签发的提（运）单。

"运抵报告"，是指进出境货物运抵海关监管作业场所时，海关监管作业场所经营人向海关提交的反映货物实际到货情况的记录，以及进出境物品运抵旅客通关类、邮件类场所时，相关场所经营人向海关提交的反映物品实际到货情况的记录。

"理货报告"，是指海关监管作业场所、旅客通关类、邮件类场所经营人或者理货部门对进出境运输工具所载货物、物品的实际装卸情况予以核对、确认的记录。

"疏港分流"，是指为防止货物、物品积压、阻塞港口，根据港口行政管理部门的决定，将相关货物、物品疏散到其他海关监管作业场所、旅客通关类、邮件类场所的行为。

"分拨"，是指海关监管作业场所、旅客通关类、邮件类场所经营人将进境货物、物品从一场所运至另一场所的行为。

"装箱清单"，是指反映以集装箱运输的出境货物、物品在装箱以前的实际装载信息的单据。

"以上""以下""以内"，均包括本数在内。

第三十五条 舱单中的提（运）单编号2年内不得重复。

自海关接受舱单等电子数据之日起3年内，舱单传输人、海关监管作业场所、旅客通关类、邮件类场所经营人、理货部门应当妥善保管纸质舱单、理货报告、运抵报告以及相关账册等资料。

第三十六条 本办法中下列舱单等电子数据的格式，由海关总署另行制定：

（一）原始舱单（包括主要数据和其他数据）；

（二）理货报告；

（三）分拨货物、物品申请；

（四）分拨货物、物品理货报告；

（五）疏港分流申请；

（六）疏港分流货物、物品运抵报告；

（七）装箱清单；

（八）预配舱单（包括主要数据和其他数据）；

（九）运抵报告；

（十）装（乘）载舱单。

第三十七条 违反本办法，构成走私行为、违反海关监管规定行为或者其他违反海关法行为的，由海关依照《海关法》和《中华人民共和国海关行政处罚实施条例》的有关规定予以处理；构成犯罪的，依法追究刑事责任。

第三十八条 本办法所规定的文书由海关总署另行制定并且发布。

第三十九条 本办法由海关总署负责解释。

第四十条 本办法自2009年1月1日起施行。1999年2月1日海关总署令第70号公布的《中华人民共和国海关舱单电子数据传输管理办法》同时废止。

进出口货物监管类

中华人民共和国海关进出口货物
申报管理规定

(2003 年 9 月 18 日海关总署令第 103 号发布，根据 2010 年 11 月 26 日海关总署令第 198 号《海关总署关于修改部分规章的决定》第一次修正，根据 2014 年 3 月 13 日海关总署令第 218 号《海关总署关于修改部分规章的决定》第二次修正，根据 2017 年 12 月 20 日海关总署令第 235 号公布的《海关总署关于修改部分规章的决定》第三次修正，根据 2018 年 4 月 28 日海关总署令第 238 号《海关总署关于修改部分规章的决定》第四次修正，根据 2018 年 5 月 29 日海关总署令第 240 号《海关总署关于修改部分规章的决定》第五次修正，根据 2018 年 11 月 23 日海关总署令第 243 号《海关总署关于修改部分规章的决定》第六次修正)

第一章 总 则

第一条 为了规范进出口货物的申报行为，依据《中华人民共和国海关法》（以下简称《海关法》）及国家进出口管理的有关法律、行政法规，制定本规定。

第二条 本规定中的"申报"是指进出口货物的收发货人、受委托的报关企业，依照《海关法》以及有关法律、行政法规和规章的要求，在规定的期限、地点，采用电子数据报关单或者纸质报关单形式，向海关报告实际进出口货物的情况，并且接受海关审核的行为。

第三条 除另有规定外，进出口货物的收发货人或者其委托的报关企业向海关办理各类进出口货物的申报手续，均适用本规定。

第四条 进出口货物的收发货人，可以自行向海关申报，也可以委托报关企业向海关申报。

向海关办理申报手续的进出口货物的收发货人、受委托的报关企业应当预先在海关依法办理登记注册。

第五条 申报采用电子数据报关单申报形式或者纸质报关单申报形式。电子数据报关单和纸质报关单均具有法律效力。

电子数据报关单申报形式是指进出口货物的收发货人、受委托的报关企业通过计算机系统按照《中华人民共和国海关进出口货物报关单填制规范》的要求向海关传送报关单电子数据并且备齐随附单证的申报方式。

纸质报关单申报形式是指进出口货物的收发货人、受委托的报关企业，按照海关的规定填制纸质报关单，备齐随附单证，向海关当面递交的申报方式。

进出口货物的收发货人、受委托的报关企业应当以电子数据报关单形式向海关申报，与随附单证一并递交的纸质报关单的内容应当与电子数据报关单一致；特殊情况下经海关同意，允许先采用纸质报关单形式申报，电子数据事后补报，补报的电子数据应当与纸质报关单内容一致。在向未使用海关信息化管理系统作业的海关申报时可以采用纸质报关单申报形式。

第六条 为进出口货物的收发货人、受委托的报关企业办理申报手续的人员，应当是在海关备案的报关人员。

第二章 申报要求

第七条 进出口货物的收发货人、受委托的报关企业应当依法如实向海关申报，对申报内容的真实性、准确性、完整性和规范性承担相应的法律责任。

第八条 进口货物的收货人、受委托的报关企业应当自运输工具申报进境之日起十四日内向海关申报。

进口转关运输货物的收货人、受委托的报关企业应当自运输工具申报进境之日起十四日内，向进境地海关办理转关运输手续，有关货物应当自运抵指运地之日起十四日内向指运地海关申报。

出口货物发货人、受委托的报关企业应当在货物运抵海关监管区后、装货的二十四小时以前向海关申报。

超过规定时限未向海关申报的，海关按照《中华人民共和国海关征收进口货物滞报金办法》征收滞报金。

第九条　本规定中的申报日期是指申报数据被海关接受的日期。不论以电子数据报关单方式申报或者以纸质报关单方式申报，海关以接受申报数据的日期为接受申报的日期。

以电子数据报关单方式申报的，申报日期为海关计算机系统接受申报数据时记录的日期，该日期将反馈给原数据发送单位，或者公布于海关业务现场，或者通过公共信息系统发布。

以纸质报关单方式申报的，申报日期为海关接受纸质报关单并且对报关单进行登记处理的日期。

第十条　电子数据报关单经过海关计算机检查被退回的，视为海关不接受申报，进出口货物收发货人、受委托的报关企业应当按照要求修改后重新申报，申报日期为海关接受重新申报的日期。

海关已接受申报的报关单电子数据，人工审核确认需要退回修改的，进出口货物收发货人、受委托的报关企业应当在10日内完成修改并且重新发送报关单电子数据，申报日期仍为海关接受原报关单电子数据的日期；超过10日的，原报关单无效，进出口货物收发货人、受委托的报关企业应当另行向海关申报，申报日期为海关再次接受申报的日期。

第十一条　进出口货物的收发货人以自己的名义，向海关申报的，报关单应当由进出口货物收发货人签名盖章，并且随附有关单证。

报关企业接受进出口货物的收发货人委托，以自己的名义或者以委托人的名义向海关申报的，应当向海关提交由委托人签署的授权委托书，并且按照委托书的授权范围办理有关海关手续。

第十二条　报关企业接受进出口货物收发货人委托办理报关手续的，应当与进出口货物收发货人签订有明确委托事项的委托协议，进出口货物收发货人应当向报关企业提供委托报关事项的真实情况。

报关企业接受进出口收发货人的委托，办理报关手续时，应当对委托人所提供情况的真实性、完整性进行合理审查，审查内容包括：

（一）证明进出口货物的实际情况的资料，包括进出口货物的品名、规格、用途、产地、贸易方式等；

（二）有关进出口货物的合同、发票、运输单据、装箱单等商业单据；

（三）进出口所需的许可证件及随附单证；

（四）海关总署规定的其他进出口单证。

报关企业未对进出口货物的收发货人提供情况的真实性、完整性履行合理审查义务或者违反海关规定申报的，应当承担相应的法律责任。

第十三条 进口货物的收货人，向海关申报前，因确定货物的品名、规格、型号、归类等原因，可以向海关提出查看货物或者提取货样的书面申请。海关审核同意的，派员到场实际监管。

查看货物或者提取货样时，海关开具取样记录和取样清单；提取货样的货物涉及动植物及产品以及其他须依法提供检疫证明的，应当在依法取得有关批准证明后提取。提取货样后，到场监管的海关关员与进口货物的收货人在取样记录和取样清单上签字确认。

第十四条 海关接受进出口货物的申报后，报关单证及其内容不得修改或者撤销；符合规定情形的，应当按照进出口货物报关单修改和撤销的相关规定办理。

第十五条 海关审核电子数据报关单时，需要进出口货物的收发货人、受委托的报关企业解释、说明情况或者补充材料的，收发货人、受委托的报关企业应当在接到海关通知后及时进行说明或者提供完备材料。

第十六条 海关审结电子数据报关单后，进出口货物的收发货人、受委托的报关企业应当自接到海关"现场交单"或者"放行交单"通知之日起 10 日内，持打印出的纸质报关单，备齐规定的随附单证并且签名盖章，到货物所在地海关递交书面单证并且办理相关海关手续。

确因节假日或者转关运输等其他特殊原因需要逾期向海关递交书面单证并且办理相关海关手续的，进出口货物的收发货人、受委托的报关企业应当事先向海关提出书面申请说明原因，经海关核准后在核准的期限内办理。其中，进出口货物收发货人自行报关的，由收发货人在申请书上签章；委托报关企业报关的，由报关企业和进出口货物收发货人双方共同在申请书上签章。

未在规定期限或者核准的期限内递交纸质报关单的，海关删除电子数据报关单，进出口货物的收发货人、受委托的报关企业应当重新申报。由此产生的滞报金按照《中华人民共和国海关征收进口货物滞报金办法》的规定办理。

现场交单审核时，进出口货物的收发货人、受委托的报关企业应当向海关递交与电子数据报关单内容一致的纸质报关单及随附单证。特殊情况下，个别内容不符的，经海关审核确认无违法情形的，由进出口货物收发货人、受委托的报关企业重新提供与报关单电子数据相符的随附单证或者提交有关说明的申请，电子数据报关单可以不予删除。其中，实际交验的进出口许可证件与申报内容不一致的，经海关认定无违反国家进出口贸易管制政策和海关有关规定的，可以重新向海关提交。

第十七条　企业可以通过计算机网络向海关进行联网实时申报。具体办法由海关总署另行制定。

第三章　特殊申报

第十八条　经海关批准，进出口货物的收发货人、受委托的报关企业可以在取得提（运）单或者载货清单（舱单）数据后，向海关提前申报。

在进出口货物的品名、规格、数量等已确定无误的情况下，经批准的企业可以在进口货物启运后、抵港前或者出口货物运入海关监管作业场所前3日内，提前向海关办理报关手续，并且按照海关的要求交验有关随附单证、进出口货物批准文件及其他需提供的证明文件。

验核提前申报的进出口货物许可证件有效期以海关接受申报之日为准。提前申报的进出口货物税率、汇率的适用，按照《中华人民共和国进出口关税条例》（以下简称《关税条例》）的有关规定办理。

第十九条　特殊情况下，经海关批准，进出口货物的收发货人、受委托的报关企业可以自装载货物的运输工具申报进境之日起1个月内向指定海关办理集中申报手续。

集中申报企业应当向海关提供有效担保，并且在每次货物进、出口时，按照要求向海关报告货物的进出口日期、运输工具名称、提（运）单号、税号、品名、规格型号、价格、原产地、数量、重量、收（发）货单位等海关监管所必需的信息，海关可以准许先予查验和提取货物。集中申报企业提取货物后，应当自装载货物的运输工具申报进境之日起1个月内向海关办理集中申报及征税、放行等海关手续。超过规定期限未向海关申报的，按照《中华人民共和国海关征收进口货物滞报金办法》征收滞报金。

集中申报采用向海关进行电子数据报关单申报的方式。

集中申报的进出口货物税率、汇率的适用，按照《关税条例》的有关规定办理。

第二十条　经电缆、管道、输送带或者其他特殊运输方式输送进出口的货物，经海关同意，可以定期向指定海关申报。

第二十一条　需要向海关申报知识产权状况的进出口货物，收发货人、受委托的报关企业应当按照海关要求向海关如实申报有关知识产权状况，并且提供能够证明申报内容真实的证明文件和相关单证。海关按规定实施保护措施。

第二十二条　海关对进出口货物申报价格、税则归类进行审查时，进出口货物的收发货人、受委托的报关企业应当按海关要求提交相关单证和材料。

第二十三条 需要进行补充申报的，进出口货物的收发货人、受委托的报关企业应当如实填写补充申报单，并且向海关递交。

第二十四条 转运、通运、过境货物及快件的申报规定，由海关总署另行制定。

第四章　申报单证

第二十五条 进出口货物的收发货人、受委托的报关企业应当取得国家实行进出口管理的许可证件，凭海关要求的有关单证办理报关纳税手续。海关对有关进出口许可证件电子数据进行系统自动比对验核。

前款规定的许可证件，海关与证件主管部门未实现联网核查，无法自动比对验核的，进出口货物收发货人、受委托的报关企业应当持有关许可证件办理海关手续。

第二十六条 向海关递交纸质报关单可以使用事先印制的规定格式报关单或者直接在 A4 型空白纸张上打印。

第二十七条 进、出口货物报关单应当随附的单证包括：

（一）合同；

（二）发票；

（三）装箱清单；

（四）载货清单（舱单）；

（五）提（运）单；

（六）代理报关授权委托协议；

（七）进出口许可证件；

（八）海关总署规定的其他进出口单证。

第二十八条 货物实际进出口前，海关已对该货物做出预归类决定的，进出口货物的收发货人、受委托的报关企业在货物实际进出口申报时应当向海关提交《预归类决定书》。

第五章　报关单证明联、核销联的签发和补签

第二十九条 根据国家外汇、税务、海关对加工贸易等管理的要求，进出口货物的收发货人、受委托的报关企业办结海关手续后，可以向海关申请签发下列报关单证明联：

（一）用于办理付汇的货物贸易外汇管理 B 类、C 类企业进口货物报关单证明联；

（二）用于办理收汇的货物贸易外汇管理 B 类、C 类企业出口货物报关单证明联；

（三）用于办理加工贸易核销的海关核销联。

海关签发报关单证明联应当在打印出的报关单证明联的右下角规定处加盖已在有关部门备案的"验讫章"。

进出口货物的收发货人、受委托的报关企业在申领报关单证明联、海关核销联时，应当提供海关要求的有效证明。

第三十条 海关已签发的报关单证明联、核销联因遗失、损毁等特殊情况需要补签的，进出口货物的收发货人、受委托的报关企业应当自原证明联签发之日起 1 年内向海关提出书面申请，并且随附有关证明材料，海关审核同意后，可以予以补签。海关在证明联、核销联上注明"补签"字样。

第六章　附　则

第三十一条 保税区、出口加工区进出口的货物及进出保税区、出口加工区货物，加工贸易后续管理环节的内销、余料结转、深加工结转等，除另有规定外，按照本规定的规定在主管海关办理申报手续。

第三十二条 采用转关运输方式的进出口货物，按照《中华人民共和国海关关于转关货物的监管办法》办理申报手续。

第三十三条 进出口货物的收发货人、受委托的报关企业、报关员违反本规定的，依照《海关法》及《中华人民共和国海关行政处罚实施条例》等有关规定处罚。

第三十四条 本规定由海关总署负责解释。

第三十五条 本规定自 2003 年 11 月 1 日起施行。

中华人民共和国海关关于转关货物监管办法

(2001 年 9 月 30 日海关总署令第 89 号发布，根据 2014 年 3 月 13 日海关总署令第 218 号《海关总署关于修改部分规章的决定》第一次修正，根据 2017 年 12 月 20 日海关总署令第 235 号公布的《海关总署关于修改部分规章的决定》第二次修正，根据 2018 年 5 月 29 日海关总署令第 240 号《海关总署关于修改部分规章的决定》第三次修正)

第一章 总 则

第一条 为了加强对转关货物的监管，方便收发货人办理海关手续，根据《中华人民共和国海关法》制定本办法。

第二条 转关货物是海关监管货物，海关对进出口转关货物施加海关封志。

对商业封志完好的内支线船舶和铁路承运的转关货物，海关可以不施加海关封志。

可以办理转关手续的进出口货物范围由海关总署另行确定并且发布。

第三条 转关货物应当由已经在海关注册登记的承运人承运。海关对转关限定路线范围，限定途中运输时间，承运人应当按海关要求将货物运抵指定的场所。

海关根据工作需要，可以派员押运转关货物，货物收发货人或者其代理人、承运人应当提供方便。

第四条 转关货物的指运地或启运地应当设有经海关批准的海关监管作业场所。转关货物的存放、装卸、查验应当在海关监管作业场所内进行。特殊情况需要在海关监管作业场所以外存放、装卸、查验货物的，应当向海关事先提出申请，海关按照规定监管。

第五条 海关对转关货物的查验，由指运地或者启运地海关实施。进、出境地海关认为必要时也可以查验或者复验。

第六条 转关货物未经海关许可，不得开拆、提取、交付、发运、调换、改装、抵押、质押、留置、转让、更换标记、移作他用或者进行其他处置。

第七条 转关货物的收发货人或者代理人，可以采取以下三种方式办理转关手续：

（一）在指运地或者启运地海关以提前报关方式办理；

（二）在进境地或者启运地海关以直接填报转关货物申报单的直转方式办理；

（三）以由境内承运人或者其代理人统一向进境地或者启运地海关申报的中转方式办理。

第八条　转关货物申报的电子数据与书面单证具有同等的法律效力。对确因填报或者传输错误的数据，符合进出口货物报关单修改和撤销管理相关规定的，可以进行修改或者撤销。对海关已经决定查验的转关货物，不再允许修改或者撤销申报内容。

广东省内公路运输的《进境汽车载货清单》或者《出境汽车载货清单》视同转关申报书面单证，具有法律效力。

第九条　转关货物运输途中因交通意外等原因需要更换运输工具或者驾驶员的，承运人或者驾驶员应当通知附近海关；附近海关核实同意后，监管换装并书面通知进境地、指运地海关或者出境地、启运地海关。

第十条　转关货物在国内储运中发生损坏、短少、灭失情事时，除不可抗力外，承运人、货物所有人、存放场所负责人应承担税赋责任。

第二章　进口转关货物的监管

第十一条　转关货物应当自运输工具申报进境之日起14天内向进境地海关办理转关手续，在海关限定期限内运抵指运地海关之日起14天内，向指运地海关办理报关手续。逾期按照规定征收滞报金。

第十二条　进口转关货物，按货物到达指运地海关之日的税率和汇率征税。提前报关的，其适用的税率和汇率是指运地海关接收到进境地海关传输的转关放行信息之日的税率和汇率。如果货物运输途中税率和汇率发生重大调整的，以转关货物运抵指运地海关之日的税率和汇率计算。

第十三条　提前报关的转关货物，进口货物收货人或者其代理人在进境地海关办理进口货物转关手续前，向指运地海关录入《进口货物报关单》电子数据，指运地海关提前受理电子申报，货物运抵指运地海关监管作业场所后，办理转关核销和接单验放等手续。

第十四条　提前报关的转关货物，其收货人或者代理人向指运地海关填报录入《进口货物报关单》后，计算机自动生成《进口转关货物申报单》并传输至进境地海关。

第十五条　提前报关的转关货物收货人或者代理人，应当向进境地海关提供《进口转关货物申报单》编号，并提交下列单证办理转关手续：

（一）《中华人民共和国海关境内汽车载运海关监管货物载货登记簿》（以下简称《汽车载货登记簿》）或《船舶监管簿》；

（二）提货单。

广东省内公路运输的，还应当交验《进境汽车载货清单》。

第十六条　提前报关的进口转关货物应当在电子数据申报之日起的 5 日内，向进境地海关办理转关手续。超过期限仍未到进境地海关办理转关手续的，指运地海关撤销提前报关的电子数据。

第十七条　直转的转关货物，货物收货人或者代理人在进境地录入转关申报数据，直接办理转关手续。

第十八条　直转的转关货物，货物收货人或者代理人应凭以下单证向进境地海关办理转关手续：

（一）《进口转关货物申报单》；广东省内公路运输的，交验《进境汽车载货清单》；

（二）《汽车载货登记簿》或者《船舶监管簿》。

第十九条　具有全程提运单、需换装境内运输工具的中转转关货物，收货人或者其代理人向指运地海关办理进口报关手续后，由境内承运人或者其代理人，批量办理货物转关手续。

第二十条　中转的转关货物，运输工具代理人应当凭以下单证向进境地海关办理转关手续：

（一）《进口转关货物申报单》；

（二）进口中转货物的按指运地目的港分列的舱单；

以空运方式进境的中转货物，提交联程运单。

第三章　出口转关货物的监管

第二十一条　出口提前报关的转关货物，由货物发货人或者其代理人在货物未运抵启运地海关监管作业场所前，向启运地海关填报录入《出口货物报关单》电子数据，启运地海关提前受理电子申报。货物应当于电子数据申报之日起 5 日内，运抵启运地海关监管作业场所，办理转关和验放等手续。超过期限的，启运地海关撤销提前报关的电子数据。

第二十二条　出口直转的转关货物，由货物发货人或者其代理人在货物运抵启运地海关监管作业场所后，向启运地海关填报录入《出口货物报关单》电子数据，启运地海关受理电子申报，办理转关和验放等手续。

第二十三条 提前报关和直转的出口转关货物，其发货人或者代理人应当在启运地填报录入《出口货物报关单》，在启运地海关办理出口通关手续后，计算机自动生成《出口转关货物申报单》数据，传送至出境地海关。

第二十四条 提前报关和直转的出口转关货物发货人或者代理人应当凭以下单证在启运地海关办理出口转关手续：

（一）《出口货物报关单》；

（二）《汽车载货登记簿》或者《船舶监管簿》；

（三）广东省内公路运输的，还应当递交《出境汽车载货清单》。

第二十五条 提前报关和直转的出口转关货物到达出境地后，发货人或者代理人应当凭《汽车载货登记簿》或者《船舶监管簿》和启运地海关签发的《出口货物报关单》和《出口转关货物申报单》或者《出境汽车载货清单》（广东省内公路运输），向出境地海关办理转关货物的出境手续。

第二十六条 具有全程提运单、需换装境内运输工具的出口中转货物，发货人向启运地海关办理出口报关手续后，由承运人或者其代理人按照出境运输工具分列舱单，批量办理货物转关手续。

第二十七条 出口中转货物，其发货人或者代理人向启运地海关办理出口通关手续后，运输工具代理人应当凭以下单证向启运地海关办理转关手续：

（一）《出口转关货物申报单》；

（二）按出境运输工具分列的舱单；

（三）《汽车载货登记簿》或者《船舶监管簿》。

经启运地海关核准后，签发《出口货物中转通知书》。出境地海关验核上述单证，办理中转货物的出境手续。

第二十八条 对需运抵出境地后才能确定出境运输工具，或者原定的运输工具名称、航班（次）、提单号发生变化的，可以在出境地补录或者修改相关数据，办理出境手续。

第四章 核 销

第二十九条 进口转关货物在运抵指运地海关监管作业场所后，指运地海关方可办理转关核销。

对于进口大宗散装转关货物分批运输的，在第一批货物运抵指运地海关监管作业场所后，指运地海关办理整批货物的转关核销手续，发货人或者代理人同时办理整批货物的进口报关手续。指运地海关按规定办理余下货物的验放。最后一批货物到齐后，指运地海关完成整批货物核销。

第三十条 出口转关货物在运抵出境地海关监管作业场所后，出境地海关方可办理转关核销。货物实际离境后，出境地海关核销清洁舱单并且反馈启运地海关，启运地海关凭以签发有关报关单证明联。

第三十一条 转关工具未办结转关核销的，不得再次承运转关货物。

第五章 附 则

第三十二条 本办法下列用语的含义是：

（一）转关货物系指：

1. 由进境地入境，向海关申请转关、运往另一设关地点办理进口海关手续的货物；

2. 在启运地已办理出口海关手续运往出境地，由出境地海关监管放行的货物。

（二）进境地：指货物进入关境的口岸。

（三）出境地：指货物离开关境的口岸。

（四）指运地：指进口转关货物运抵报关的地点。

（五）启运地：指出口转关货物报关发运的地点。

（六）承运人：指经海关核准，承运转关货物的企业。

第三十三条 本办法所规定的文书由海关总署另行制定并且发布。

第三十四条 本办法由海关总署负责解释。

第三十五条 本办法自 2001 年 10 月 15 日起实施。原《海关总署关于发布〈中华人民共和国海关广东地区陆路转关运输货物监管办法〉的通知》（署监〔2001〕21 号）、《海关总署关于发布〈中华人民共和国海关关于长江沿线进出口转关运输货物监管办法〉的通知》（署监〔2001〕22 号）、《关于发布〈中华人民共和国海关关于转关运输货物监管办法〉的通知》（署监一〔1992〕1377 号）同时废止。

中华人民共和国海关对过境货物监管办法

（1992年9月1日海关总署令第38号公布，自1992年12月1日起实施，根据2010年11月26日海关总署令第198号《海关总署关于修改部分规章的决定》第一次修正，根据2018年5月29日海关总署令第240号《海关总署关于修改部分规章的决定》第二次修正）

第一条　为维护国家的主权和利益，促进我国对外开放，加强海关对过境货物的监督管理，根据《中华人民共和国海关法》，特制定本办法。

第二条　本办法所称"过境货物"系指由境外启运，通过中国境内陆路继续运往境外的货物。

"经营人"指经国家经贸主管部门批准、认可具有国际货物运输代理业务经营权并拥有过境货物运输代理业务经营范围（国际多式联运）的企业。

"承运人"指经国家运输主管部门批准从事过境货物运输业务的企业。

第三条　对同我国签有过境货物协定的国家的过境货物，或属于同我国签有铁路联运协定国家收、发货的，按有关协定准予过境；对于同我国未签有上述协定国家的过境货物，应当经国家经贸、运输主管部门批准并向入境地海关备案后准予过境。

第四条　过境货物自进境起到出境止属海关监管货物，应当接受海关监管。未经海关许可，任何单位和个人不得开拆、提取、交付、发运、调换、改装、抵押、转让，或者更换标记。

第五条　装载过境货物的运输工具，应当具有海关认可的加封条件和装置。海关认为必要时，可以对过境货物及其装载装置加封。运输部门和经营人，应当负责保护海关封志的完整，任何人不得擅自开启或损毁。

第六条　经营人应当凭主管部门的批准文件，向海关申请办理报关注册登记手续。经海关核准后，才能负责办理报关事宜。

第七条　下列货物禁止过境：

（一）来自或运往我国停止或禁止贸易的国家和地区的货物。

（二）各种武器、弹药、爆炸物品及军需品（通过军事途径运输的除外）。

（三）各种烈性毒药、麻醉品和鸦片、吗啡、海洛因、可卡因等毒品。

（四）我国法律、法规禁止过境的其他货物、物品。

第八条 过境货物进境时，经营人应当向进境地海关如实申报，并递交下列单证：

（一）《中华人民共和国海关过境货物报关单》；

（二）过境货物运输单据（运单、装载清单、载货清单等）；

（三）海关需要的发票、装箱清单等其他单证。

第九条 海关认为必要时，可以查验过境货物。海关在查验过境货物时，经营人或承运人应当到场，按照海关的要求负责搬移货物，开拆和重封货物的包装，并在海关查验记录上签字。

第十条 过境货物经进境地海关审核无讹后，海关在运单上加盖"海关监管货物"戳记，并将两份《过境货物报关单》和过境货物清单制作关封后加盖"海关监管货物"专用章，连同上述运单一并交经营人。

经营人或承运人应当负责将进境地海关签发的关封完整及时地带交出境地海关。

第十一条 过境货物自进境之日起超过三个月未向海关申报的，海关视其为进口货物，按《中华人民共和国海关法》第三十条的有关规定处理。

第十二条 过境货物应当自进境之日起6个月内运输出境；在特殊情况下，经海关同意，可以延期，但延长期不得超过三个月。

过境货物在规定时间内不能出境的，海关按《中华人民共和国海关行政处罚实施条例》的有关规定处罚。

第十三条 过境货物在进境以后、出境之前，应当按照运输主管部门规定的路线运输，运输主管部门没有规定的，由海关指定。

根据实际情况，海关需要派员押运过境货物时，经营人或承运人应免费提供交通工具和执行监管任务的便利，并按照规定缴纳规费。

第十四条 过境货物进境后因换装运输工具等原因需卸地储存时，应当经海关批准并在海关监管下存入经海关指定或同意的仓库或场所。

第十五条 过境货物出境时，经营人应当向出境地海关申报，并交验进境地海关签发的关封和海关需要的其他单证。如货物有变动情况，经营人还应当提交书面证明。

第十六条 过境货物经出境地海关审核有关单证、关封或货物无讹后，由海关在运单上加盖放行章，在海关监管下出境。

第十七条 过境货物，由于不可抗力的原因，被迫在运输途中换装运输工具，起卸货物或遇有意外情况时，经营人或承运人应当立即报告所在地海关或附近海关，接受海关监管。

第十八条　过境货物在境内发生灭失和短少时（除不可抗力的原因外），应当由经营人负责向出境地海关补办进口纳税手续。

第十九条　对违反本办法有关规定情事的，海关依照《中华人民共和国海关法》和《中华人民共和国海关行政处罚实施条例》的有关规定处理。

第二十条　本办法由海关总署负责解释。

第二十一条　本办法自 1992 年 12 月 1 日起实施。

中华人民共和国海关关于超期未报关进口货物、误卸或者溢卸的进境货物和放弃进口货物的处理办法

（2001 年 12 月 20 日海关总署令第 91 号发布，根据 2010 年 11 月 26 日海关总署令第 198 号《海关总署关于修改部分规章的决定》第一次修改，根据 2014 年 3 月 13 日海关总署令第 218 号《海关总署关于修改部分规章的决定》第二次修改，根据 2018 年 4 月 28 日海关总署令第 238 号《海关总署关于修改部分规章的决定》第三次修正，根据 2018 年 11 月 23 日海关总署令第 243 号《海关总署关于修改部分规章的决定》第四次修正）

第一条　为了加强对超期未报关进口货物、误卸或者溢卸的进境货物和放弃进口货物的处理，根据《中华人民共和国海关法》的规定，制定本办法。

第二条　进口货物的收货人应当自运输工具申报进境之日起十四日内向海关申报。进口货物的收货人超过上述规定期限向海关申报的，由海关按照《中华人民共和国海关征收进口货物滞报金办法》的规定，征收滞报金；超过三个月未向海关申报的，其进口货物由海关提取依法变卖处理。

第三条　由进境运输工具载运进境并且因故卸至海关监管区或者其他经海关批准的场所，未列入进口载货清单、运单向海关申报进境的误卸或者溢卸的进境货物，经海关审定确实的，由载运该货物的原运输工具负责人，自该运输工具卸货之日起三个月内，向海关办理直接退运出境手续；或者由该货物的收发货人，自该运输工具卸货之日起三个月内，向海关办理退运或者申报进口手续。

前款所列货物，经载运该货物的原运输工具负责人，或者该货物的收发货

人申请，海关批准，可以延期三个月办理退运出境或者申报进口手续。

本条第一款所列货物，超过前两款规定的期限，未向海关办理退运出境或者申报进口手续的，由海关提取依法变卖处理。

第四条 进口货物的收货人或者其所有人声明放弃的进口货物，由海关提取依法变卖处理。

国家禁止或者限制进口的废物、对环境造成污染的货物不得声明放弃。除符合国家规定，并且办理申报进口手续，准予进口的外，由海关责令货物的收货人或者其所有人、载运该货物进境的运输工具负责人退运出境；无法退运的，由海关责令其在海关和有关主管部门监督下予以销毁或者进行其他妥善处理，销毁和处理的费用由收货人承担，收货人无法确认的，由相关运输工具负责人及承运人承担；违反国家有关法律法规的，由海关依法予以处罚，构成犯罪的，依法追究刑事责任。

第五条 保税货物、暂时进口货物超过规定的期限三个月，未向海关办理复运出境或者其他海关有关手续的；过境、转运和通运货物超过规定的期限三个月，未运输出境的，按照本办法第二条的规定处理。

第六条 超期未报关进口货物、误卸或者溢卸的进境货物和放弃进口货物属于海关实施检验检疫的进出境商品目录范围的，海关应当在变卖前进行检验、检疫，检验、检疫的费用与其他变卖处理实际支出的费用从变卖款中支付。

第七条 按照本办法第二条、第三条、第五条规定由海关提取依法变卖处理的超期未报、误卸或者溢卸等货物的所得价款，在优先拨付变卖处理实际支出的费用后，按照下列顺序扣除相关费用和税款：

（一）运输、装卸、储存等费用；

（二）进口关税；

（三）进口环节海关代征税；

（四）滞报金。

所得价款不足以支付同一顺序的相关费用的，按照比例支付。

扣除上述第（二）项进口关税的完税价格按照下列公式计算：

$$完税价格=\frac{变卖所得价款-变卖费用-运储费用}{\dfrac{1+关税率+增值税率+关税率\times增值税率}{1-消费税率}}$$

实行从量、复合或者其他方式计征税款的货物，按照有关征税的规定计算和扣除税款。

按照本条第一款规定扣除相关费用和税款后，尚有余款的，自货物依法变卖之日起一年内，经进口货物收货人申请，予以发还。其中属于国家限制进口的，应当提交许可证件而不能提供的，不予发还；不符合进口货物收货人资格、不能证明对进口货物享有权利的，申请不予受理。逾期无进口货物收货人申请、申请不予受理或者不予发还的，余款上缴国库。

第八条　按照本办法第四条规定由海关提取依法变卖处理的放弃进口货物的所得价款，优先拨付变卖处理实际支出的费用后，再扣除运输、装卸、储存等费用。

所得价款不足以支付上述运输、装卸、储存等费用的，按比例支付。

按照本条第一款规定扣除相关费用后尚有余款的，上缴国库。

第九条　按照本办法第七条规定申请发还余款的，申请人应当提供证明其为该进口货物收货人的相关资料。经海关审核同意后，申请人应当按照海关对进口货物的申报规定，取得有关进口许可证件，凭有关单证补办进口申报手续。海关对有关进口许可证件电子数据进行系统自动比对验核。申报时没有有效进口许可证件的，由海关按照《中华人民共和国海关行政处罚实施条例》的规定处理。

第十条　进口货物的收货人自运输工具申报进境之日起三个月后、海关决定提取依法变卖处理前申请退运或者进口超期未报进口货物的，应当经海关审核同意，并按照有关规定向海关申报。申报进口的，应当按照《中华人民共和国海关征收进口货物滞报金办法》的规定，缴纳滞报金（滞报期间的计算，自运输工具申报进境之日的第 15 日起至货物申报进口之日止）。

第十一条　本办法第二条、第三条、第五条所列货物属于危险品或者鲜活、易腐、易烂、易失效、易变质、易贬值等不宜长期保存的货物的，海关可以根据实际情况，提前提取依法变卖处理。所得价款按照本办法第七条、第九条的规定办理。

第十二条　"进口货物收货人"，指经对外经济贸易主管部门登记或者核准有货物进口经营资格，并经海关报关注册登记的中华人民共和国关境内法人、其他组织或者个人。

第十三条　进出境物品所有人声明放弃的物品，在海关规定期限内未办理海关手续或者无人认领的物品，以及无法投递又无法退回的进境邮递物品，由海关按照本办法第二条、第四条等有关规定处理。

第十四条　本办法由海关总署解释。

第十五条　本办法自 2001 年 12 月 20 日起实施。

中华人民共和国海关征收进口货物滞报金办法

（2005 年 3 月 3 日海关总署令第 128 号公布，根据 2014 年 3 月 13 日海关总署令第 218 号《海关总署关于修改部分规章的决定》第一次修正，根据 2018 年 5 月 29 日海关总署令第 240 号《海关总署关于修改部分规章的决定》第二次修正)

第一章 总 则

第一条 为了加强海关对进口货物的通关管理，加快口岸货物运输，促使进口货物收货人（包括受委托的报关企业，下同）及时申报，根据《中华人民共和国海关法》（以下简称《海关法》）以及有关法律、行政法规规定，制定本办法。

第二条 进口货物收货人超过规定期限向海关申报产生滞报，海关依法应当征收滞报金的，适用本办法。

第三条 滞报金应当由进口货物收货人于当次申报时缴清。进口货物收货人要求在缴清滞报金前先放行货物的，海关可以在其提供与应缴纳滞报金等额的保证金后放行。

第二章 滞报金的计算与征收

第四条 征收进口货物滞报金应当按日计征，以自运输工具申报进境之日起第十五日为起征日，以海关接受申报之日为截止日，起征日和截止日均计入滞报期间，另有规定的除外。

第五条 征收下列进口货物滞报金应当按照下列规定计算起征日：

（一）邮运进口货物应当以自邮政企业向海关驻邮局办事机构申报总包之日起第十五日为起征日；

（二）转关运输货物在进境地申报的，应当以自载运进口货物的运输工具申报进境之日起第十五日为起征日；在指运地申报的，应当以自货物运抵指运地之日起第十五日为起征日；

邮运进口转关运输货物在进境地申报的，应当以自运输工具申报进境之日起第十五日为起征日；在指运地申报的，应当以自邮政企业向海关驻邮局办事机构申报总包之日起第十五日为起征日。

第六条 进口货物收货人向海关传送报关单电子数据申报后，未按照海关总署规定递交报关单及随附单证，海关予以撤销报关单电子数据处理。进口货物收货人重新向海关申报，产生滞报的，按照本办法第四条规定计算滞报金起征日。

进口货物收货人申报后依法撤销原报关单电子数据重新申报的，以撤销原报关单之日起第十五日为起征日。

第七条 进口货物因收货人在运输工具申报进境之日起超过三个月未向海关申报，被海关提取作变卖处理后，收货人申请发还余款的，比照本办法第四条规定计征滞报金。滞报金的截止日为该三个月期限的最后一日。

第八条 进口货物因被行政扣留或者刑事扣押不能按期申报而产生滞报的，其扣留或者扣押期间不计算在滞报期间内。扣留或者扣押期间起止日根据决定行政扣留或者刑事扣押部门签发的有关文书确定。

第九条 滞报金的日征收金额为进口货物完税价格的千分之零点五，以人民币"元"为计征单位，不足人民币一元的部分免予计征。

征收滞报金的计算公式为：

进口货物完税价格 × 0.5‰ × 滞报期间

滞报金的起征点为人民币 50 元。

第十条 海关征收进口货物滞报金时，应当向收货人出具滞报金缴款通知书。海关收取滞报金后，应当向收货人出具财政部统一印（监）制的票据。

不属于本办法第十二条所列的减免滞报金情形的，海关可以直接向收货人出具财政部统一印（监）制的票据，收货人持票据到海关指定的部门或者开户银行缴款，海关凭指定部门或者银行加盖收讫章的票据予以核注。

属于本办法第十二条所列的减免滞报金情形的，进口货物收货人收到滞报金缴款通知书后，应当按照本办法第十三条规定向海关申请减免进口货物滞报金。经海关审核批准免予征收滞报金的，由现场关员凭有关批复在系统中予以核注；如经海关审核仍需征收部分或者全部滞报金的，海关向收货人出具财政部统一印（监）制的票据，收货人持票据到海关指定的部门或者开户银行缴款，海关凭指定部门或者银行加盖收讫章的票据予以核注。

若通过中国电子口岸"网上税费支付"系统缴纳滞报金的，按照"网上税费支付"的操作程序办理滞报金的征收手续。

第十一条 转关运输货物在进境地产生滞报的，由进境地海关征收滞报金；

在指运地产生滞报的，由指运地海关征收滞报金。

第三章　滞报金的减免

第十二条　有下列情形之一的，进口货物收货人可以向申报地海关申请减免滞报金：

（一）政府主管部门有关贸易管理规定变更，要求收货人补充办理有关手续或者政府主管部门延迟签发许可证件，导致进口货物产生滞报的；

（二）产生滞报的进口货物属于政府间或者国际组织无偿援助和捐赠用于救灾、社会公益福利等方面的进口物资或者其他特殊货物的；

（三）由于不可抗力导致收货人无法在规定期限内申报，从而产生滞报的；

（四）因海关及相关司法、行政执法部门工作原因致使收货人无法在规定期限内申报，从而产生滞报的；

（五）其他特殊情况经海关批准的。

第十三条　进口货物收货人申请减免滞报金的，应当自收到海关滞报金缴款通知书之日起 30 个工作日内，以书面形式向申报地海关提交申请书，申请书应当加盖公章。

进口货物收货人提交申请材料时，应当同时提供政府主管部门或者相关部门出具的相关证明材料。

收货人应当对申请书以及相关证明材料的真实性、合法性、有效性承担法律责任。

第十四条　有下列情形之一的，海关不予征收滞报金：

（一）收货人在运输工具申报进境之日起超过三个月未向海关申报，进口货物被依法变卖处理，余款按《海关法》第三十条规定上缴国库的；

（二）进口货物收货人在申报期限内，根据《海关法》有关规定向海关提供担保，并在担保期限内办理有关进口手续的；

（三）进口货物收货人申报后依法撤销原报关单电子数据重新申报，因删单重报产生滞报的；

（四）进口货物办理直接退运的；

（五）进口货物应征收滞报金金额不满人民币 50 元的。

第四章　附　则

第十五条　从境外进入保税区、出口加工区等海关特殊监管区域、以备案清单方式向海关申报的进口货物产生滞报的，参照本办法第九条计征滞报金。

第十六条　本办法规定的滞报金起征日遇有休息日或者法定节假日的，顺延至休息日或者法定节假日之后的第一个工作日。国务院临时调整休息日与工作日的，海关应当按照调整后的情况确定滞报金的起征日。

第十七条　本办法所指的进口货物完税价格是指《中华人民共和国进出口关税条例》第十八条规定的完税价格。

第十八条　本办法所规定的文书由海关总署另行制定并且发布。

第十九条　本办法由海关总署负责解释。

第二十条　本办法自2005年6月1日起施行。

中华人民共和国海关进口货物直接退运管理办法

（2014年3月12日海关总署令第217号公布，根据2018年4月28日海关总署令第238号《海关总署关于修改部分规章的决定》第一次修正，根据2018年5月29日海关总署令第240号《海关总署关于修改部分规章的决定》第二次修正）

第一条　为了加强对进口货物直接退运的管理，保护公民、法人或者其他组织的合法权益，根据《中华人民共和国海关法》（以下简称《海关法》）制定本办法。

第二条　货物进境后、办结海关放行手续前，进口货物收发货人、原运输工具负责人或者其代理人（以下统称当事人）将全部或者部分货物直接退运境外，以及海关根据国家有关规定责令直接退运的，适用本办法。

进口转关货物在进境地海关放行后，当事人办理退运手续的，不适用本办法，当事人应当按照一般退运手续办理。

第三条　货物进境后、办结海关放行手续前，有下列情形之一的，当事人可以向货物所在地海关办理直接退运手续：

（一）因为国家贸易管理政策调整，收货人无法提供相关证件的；

（二）属于错发、误卸或者溢卸货物，能够提供发货人或者承运人书面证明文书的；

（三）收发货人双方协商一致同意退运，能够提供双方同意退运的书面证明文书的；

（四）有关贸易发生纠纷，能够提供已生效的法院判决书、仲裁机构仲裁决定书或者无争议的有效货物所有权凭证的；

（五）货物残损或者检验检疫不合格，能够提供相关检验证明文书的。

第四条　办理直接退运手续的进口货物未向海关申报的，当事人应当向海关提交《进口货物直接退运表》以及证明进口实际情况的合同、发票、装箱清单、提运单或者载货清单等相关单证、证明文书，按照本办法第十条的规定填制报关单，办理直接退运的申报手续。

第五条　办理直接退运手续的进口货物已向海关申报的，当事人应当向海关提交《进口货物直接退运表》，先行办理报关单或者转关单删除手续。

本条第一款规定情形下，海关依法删除原报关单或者转关单数据的，当事人应当按照本办法第十条的规定填制报关单，办理直接退运的申报手续。

对海关已经确定布控、查验或者认为有走私违规嫌疑的货物，不予办理直接退运。布控、查验或者案件处理完毕后，按照海关有关规定处理。

第六条　货物进境后、办结海关放行手续前，有下列情形之一的，海关应当责令当事人将进口货物直接退运境外：

（一）货物属于国家禁止进口的货物，已经海关依法处理的；

（二）违反国家检验检疫政策法规，已经海关依法处理的；

（三）未经许可擅自进口属于限制进口的固体废物，已经海关依法处理的；

（四）违反国家有关法律、行政法规，应当责令直接退运的其他情形。

第七条　责令进口货物直接退运的，由海关根据相关政府行政主管部门出具的证明文书，向当事人制发《海关责令进口货物直接退运通知书》（以下简称《责令直接退运通知书》）。

第八条　当事人收到《责令直接退运通知书》之日起 30 日内，应当按照海关要求向货物所在地海关办理进口货物直接退运的申报手续。

第九条　当事人办理进口货物直接退运申报手续的，除另有规定外，应当先行填写出口报关单向海关申报，然后填写进口报关单办理直接退运申报手续，进口报关单应当在"关联报关单"栏填报出口报关单号。

第十条　进口货物直接退运的，除《中华人民共和国海关进出口货物报关单填制规范》外，还应当按照下列要求填制进出口货物报关单：

（一）"监管方式"栏均填写"直接退运"（代码"4500"）；

（二）"备注"栏填写《进口货物直接退运表》或者《责令直接退运通知书》编号。

第十一条　直接退运的货物，海关不验核进出口许可证或者其他监管证件，免予征收进出口环节税费及滞报金，不列入海关统计。

第十二条　由于承运人的责任造成货物错发、误卸或者溢卸的，当事人办理直接退运手续时可以免予填制报关单。

第十三条　进口货物直接退运应当从原进境地口岸退运出境。由于运输原因需要改变运输方式或者由另一口岸退运出境的，应当经由原进境地海关批准后，以转关运输方式出境。

第十四条　保税区、出口加工区以及其他海关特殊监管区域和保税监管场所进口货物的直接退运参照本办法有关规定办理。

第十五条　违反本办法，构成走私行为、违反海关监管规定行为或者其他违反《海关法》行为的，由海关依照《海关法》和《中华人民共和国海关行政处罚实施条例》的有关规定予以处理；构成犯罪的，依法追究刑事责任。

第十六条　《进口货物直接退运表》《海关责令进口货物直接退运通知书》等法律文书，由海关总署另行制发公告。

第十七条　本办法由海关总署负责解释。

第十八条　本办法自公布之日起施行。2007年2月2日以海关总署令第156号公布的《中华人民共和国海关进口货物直接退运管理办法》同时废止。

中华人民共和国海关暂时进出境货物管理办法

（2017年12月8日海关总署令第233号公布，
自2018年2月1日起施行）

第一章　总　则

第一条　为了规范海关对暂时进出境货物的监管，根据《中华人民共和国海关法》（以下简称《海关法》）、《中华人民共和国进出口关税条例》（以下简称《关税条例》）以及有关法律、行政法规的规定，制定本办法。

第二条　海关对暂时进境、暂时出境并且在规定的期限内复运出境、复运进境货物的管理适用本办法。

第三条　本办法所称暂时进出境货物包括：

（一）在展览会、交易会、会议以及类似活动中展示或者使用的货物；

（二）文化、体育交流活动中使用的表演、比赛用品；

（三）进行新闻报道或者摄制电影、电视节目使用的仪器、设备以及用品；

（四）开展科研、教学、医疗活动使用的仪器、设备和用品；

（五）在本款第（一）项至第（四）项所列活动中使用的交通工具以及特种车辆；

（六）货样；

（七）慈善活动使用的仪器、设备以及用品；

（八）供安装、调试、检测、修理设备时使用的仪器以及工具；

（九）盛装货物的包装材料；

（十）旅游用自驾交通工具及其用品；

（十一）工程施工中使用的设备、仪器以及用品；

（十二）测试用产品、设备、车辆；

（十三）海关总署规定的其他暂时进出境货物。

使用货物暂准进口单证册（以下称"ATA单证册"）暂时进境的货物限于我国加入的有关货物暂准进口的国际公约中规定的货物。

第四条 暂时进出境货物的税收征管依照《关税条例》的有关规定执行。

第五条 除我国缔结或者参加的国际条约、协定以及国家法律、行政法规和海关总署规章另有规定外，暂时进出境货物免予交验许可证件。

第六条 暂时进出境货物除因正常使用而产生的折旧或者损耗外，应当按照原状复运出境、复运进境。

第二章 暂时进出境货物的监管

第七条 ATA单证册持证人、非ATA单证册项下暂时进出境货物收发货人（以下简称"持证人、收发货人"）可以在申报前向主管地海关提交《暂时进出境货物确认申请书》，申请对有关货物是否属于暂时进出境货物进行审核确认，并且办理相关手续，也可以在申报环节直接向主管地海关办理暂时进出境货物的有关手续。

第八条 ATA单证册持证人应当向海关提交有效的ATA单证册以及相关商业单据或者证明材料。

第九条 ATA单证册项下暂时出境货物，由中国国际贸易促进委员会（中国国际商会）向海关总署提供总担保。

除另有规定外，非ATA单证册项下暂时进出境货物收发货人应当按照有关规定向主管地海关提供担保。

第十条 暂时进出境货物应当在进出境之日起 6 个月内复运出境或者复运进境。

因特殊情况需要延长期限的，持证人、收发货人应当向主管地海关办理延期手续，延期最多不超过 3 次，每次延长期限不超过 6 个月。延长期届满应当复运出境、复运进境或者办理进出口手续。

国家重点工程、国家科研项目使用的暂时进出境货物以及参加展期在 24 个月以上展览会的展览品，在前款所规定的延长期届满后仍需要延期的，由主管地直属海关批准。

第十一条 暂时进出境货物需要延长复运进境、复运出境期限的，持证人、收发货人应当在规定期限届满前向主管地海关办理延期手续，并且提交《货物暂时进/出境延期办理单》以及相关材料。

第十二条 暂时进出境货物可以异地复运出境、复运进境，由复运出境、复运进境地海关调取原暂时进出境货物报关单电子数据办理有关手续。

ATA 单证册持证人应当持 ATA 单证册向复运出境、复运进境地海关办理有关手续。

第十三条 暂时进出境货物需要进出口的，暂时进出境货物收发货人应当在货物复运出境、复运进境期限届满前向主管地海关办理进出口手续。

第十四条 暂时进出境货物收发货人在货物复运出境、复运进境后，应当向主管地海关办理结案手续。

第十五条 海关通过风险管理、信用管理等方式对暂时进出境业务实施监督管理。

第十六条 暂时进出境货物因不可抗力的原因受损，无法原状复运出境、复运进境的，持证人、收发货人应当及时向主管地海关报告，可以凭有关部门出具的证明材料办理复运出境、复运进境手续；因不可抗力的原因灭失的，经主管地海关核实后可以视为该货物已经复运出境、复运进境。

暂时进出境货物因不可抗力以外其他原因受损或者灭失的，持证人、收发货人应当按照货物进出口的有关规定办理海关手续。

第三章　暂时进出境展览品的监管

第十七条 境内展览会的办展人以及出境举办或者参加展览会的办展人、参展人（以下简称"办展人、参展人"）可以在展览品进境或者出境前向主管地海关报告，并且提交展览品清单和展览会证明材料，也可以在展览品进境或者出境时，向主管地海关提交上述材料，办理有关手续。

对于申请海关派员监管的境内展览会，办展人、参展人应当在展览品进境前向主管地海关提交有关材料，办理海关手续。

第十八条 展览会需要在我国境内两个或者两个以上关区内举办的，对于没有向海关提供全程担保的进境展览品应当按照规定办理转关手续。

第十九条 下列在境内展览会期间供消耗、散发的用品（以下简称"展览用品"），由海关根据展览会的性质、参展商的规模、观众人数等情况，对其数量和总值进行核定，在合理范围内的，按照有关规定免征进口关税和进口环节税：

（一）在展览活动中的小件样品，包括原装进口的或者在展览期间用进口的散装原料制成的食品或者饮料的样品；

（二）为展出的机器或者器件进行操作示范被消耗或者损坏的物料；

（三）布置、装饰临时展台消耗的低值货物；

（四）展览期间免费向观众散发的有关宣传品；

（五）供展览会使用的档案、表格以及其他文件。

前款第（一）项所列货物，应当符合以下条件：

（一）由参展人免费提供并且在展览期间专供免费分送给观众使用或者消费的；

（二）单价较低，作广告样品用的；

（三）不适用于商业用途，并且单位容量明显小于最小零售包装容量的；

（四）食品以及饮料的样品虽未按照本款第（三）项规定的包装分发，但是确实在活动中消耗掉的。

第二十条 展览用品中的酒精饮料、烟草制品以及燃料不适用有关免税的规定。

本办法第十九条第一款第（一）项所列展览用品超出限量进口的，超出部分应当依法征税；第一款第（二）项、第（三）项、第（四）项所列展览用品，未使用或者未被消耗完的，应当复运出境，不复运出境的，应当按照规定办理进口手续。

第二十一条 海关派员进驻展览场所的，经主管地海关同意，展览会办展人可以就参展的展览品免予向海关提交担保。

展览会办展人应当提供必要的办公条件，配合海关工作人员执行公务。

第二十二条 未向海关提供担保的进境展览品在非展出期间应当存放在海关监管作业场所。因特殊原因需要移出的，应当经主管地海关同意，并且提供相应担保。

第二十三条　为了举办交易会、会议或者类似活动而暂时进出境的货物，按照本办法对展览品监管的有关规定进行监管。

第四章　ATA 单证册的管理

第二十四条　中国国际贸易促进委员会（中国国际商会）是我国 ATA 单证册的出证和担保机构，负责签发出境 ATA 单证册，向海关报送所签发单证册的中文电子文本，协助海关确认 ATA 单证册的真伪，并且向海关承担 ATA 单证册持证人因违反暂时进出境规定而产生的相关税费、罚款。

第二十五条　海关总署设立 ATA 核销中心，履行以下职责：

（一）对 ATA 单证册进行核销、统计以及追索；

（二）应成员国担保人的要求，依据有关原始凭证，提供 ATA 单证册项下暂时进出境货物已经进境或者从我国复运出境的证明；

（三）对全国海关 ATA 单证册的有关核销业务进行协调和管理。

第二十六条　海关只接受用中文或者英文填写的 ATA 单证册。

第二十七条　ATA 单证册发生损坏、灭失等情况的，ATA 单证册持证人应当持原出证机构补发的 ATA 单证册到主管地海关进行确认。

补发的 ATA 单证册所填项目应当与原 ATA 单证册相同。

第二十八条　ATA 单证册项下暂时进出境货物在境内外停留期限超过 ATA 单证册有效期的，ATA 单证册持证人应当向原出证机构续签 ATA 单证册。续签的 ATA 单证册经主管地海关确认后可以替代原 ATA 单证册。

续签的 ATA 单证册只能变更单证册有效期限和单证册编号，其他项目应当与原单证册一致。续签的 ATA 单证册启用时，原 ATA 单证册失效。

第二十九条　ATA 单证册项下暂时进境货物未能按照规定复运出境或者过境的，ATA 核销中心应当向中国国际贸易促进委员会（中国国际商会）提出追索。自提出追索之日起 9 个月内，中国国际贸易促进委员会（中国国际商会）向海关提供货物已经在规定期限内复运出境或者已经办理进口手续证明的，ATA 核销中心可以撤销追索；9 个月期满后未能提供上述证明的，中国国际贸易促进委员会（中国国际商会）应当向海关支付税费和罚款。

第三十条　ATA 单证册项下暂时进境货物复运出境时，因故未经我国海关核销、签注的，ATA 核销中心凭由另一缔约国海关在 ATA 单证上签注的该批货物从该国进境或者复运进境的证明，或者我国海关认可的能够证明该批货物已经实际离开我国境内的其他文件，作为已经从我国复运出境的证明，对 ATA 单证册予以核销。

第五章　附　则

第三十一条　违反本办法，构成走私行为、违反海关监管规定行为或者其他违反海关法行为的，由海关依照《海关法》和《中华人民共和国海关行政处罚实施条例》的有关规定予以处理；构成犯罪的，依法追究刑事责任。

第三十二条　从境外暂时进境的货物转入海关特殊监管区域和保税监管场所的，不属于复运出境。

第三十三条　对用于装载海关监管货物的进出境集装箱的监管不适用本办法。

第三十四条　暂时进出境物品超出自用合理数量的，参照本办法监管。

第三十五条　本办法有关用语的含义：

展览会、交易会、会议以及类似活动是指：

（一）贸易、工业、农业、工艺展览会，以及交易会、博览会；

（二）因慈善目的而组织的展览会或者会议；

（三）为促进科技、教育、文化、体育交流，开展旅游活动或者民间友谊而组织的展览会或者会议；

（四）国际组织或者国际团体组织代表会议；

（五）政府举办的纪念性代表大会。

在商店或者其他营业场所以销售国外货物为目的而组织的非公共展览会不属于本办法所称展览会、交易会、会议以及类似活动。

展览品是指：

（一）展览会展示的货物；

（二）为了示范展览会展出机器或者器具所使用的货物；

（三）设置临时展台的建筑材料以及装饰材料；

（四）宣传展示货物的电影片、幻灯片、录像带、录音带、说明书、广告、光盘、显示器材等；

（五）其他用于展览会展示的货物。

包装材料，是指按原状用于包装、保护、装填或者分离货物的材料以及用于运输、装卸或者堆放的装置。

主管地海关，是指暂时进出境货物进出境地海关。境内展览会、交易会、会议以及类似活动的主管地海关为其活动所在地海关。

第三十六条　本办法所规定的文书由海关总署另行制定并且发布。

第三十七条　本办法由海关总署负责解释。

第三十八条　本办法自2018年2月1日起施行。2007年3月1日海关总署令第157号公布的《中华人民共和国海关暂时进出境货物管理办法》、2013年12月25日海关总署令第212号公布的《海关总署关于修改〈中华人民共和国海关暂时进出境货物管理办法〉的决定》同时废止。

中华人民共和国海关对免税商店及免税品监管办法

（2005年11月28日海关总署令第132号公布，根据2018年5月29日海关总署令第240号《海关总署关于修改部分规章的决定》修正）

第一章　总　则

第一条　为规范海关对免税商店及免税品的监管，根据《中华人民共和国海关法》及其他有关法律和行政法规的规定，制定本办法。

第二条　免税商店的设立、终止以及免税品的进口、销售（包括无偿提供）、核销等适用本办法。

第三条　免税品应当由免税商店的经营单位统一进口，并且办理相应的海关手续。

第四条　免税品的维修零配件、工具、展台、货架等，以及免税商店转入内销的库存积压免税品，应当由经营单位按照一般进口货物办理有关手续。

第五条　免税商店所在地的直属海关或者经直属海关授权的隶属海关（以下统称主管海关）应当派员对经营单位和免税商店进行核查，核查内容包括经营资质、免税品进出库记录、销售记录、库存记录等。经营单位及其免税商店应当提供必要的协助。

第六条　主管海关根据工作需要可以派员驻免税商店进行监管，免税商店应当提供必要的办公条件。

第二章　免税商店的设立和终止

第七条　经营单位设立免税商店，应当向海关总署提出书面申请，并且符合以下条件：

（一）具有独立法人资格；

（二）具备符合海关监管要求的免税品销售场所及免税品监管仓库；

（三）具备符合海关监管要求的计算机管理系统，能够向海关提供免税品出入库、销售等信息；

（四）具备一定的经营规模，其中申请设立口岸免税商店的，口岸免税商店所在的口岸年进出境人员应当不少于 5 万人次；

（五）具备包括合作协议、经营模式、法人代表等内容完备的企业章程和完备的内部财务管理制度；

（六）有关法律、行政法规、海关规章规定的其他条件。

第八条　海关总署按照《中华人民共和国行政许可法》及《中华人民共和国海关实施〈中华人民共和国行政许可法〉办法》规定的程序和期限办理免税商店的审批事项。

第九条　免税品销售场所的设立应当符合海关监管要求。口岸免税商店的销售场所应当设在口岸隔离区内；运输工具免税商店的销售场所应当设在从事国际运营的运输工具内；市内免税商店的销售提货点应当设在口岸出境隔离区内。

第十条　免税品监管仓库的设立应当符合以下条件和要求：

（一）具备符合海关监管要求的安全隔离设施；

（二）建立专门的仓库管理制度，编制月度进、出、存情况表，并且配备专职仓库管理员，报海关备案；

（三）只允许存放所属免税商店的免税品；

（四）符合国家有关法律、行政法规、海关规章规定的其他条件和要求。

第十一条　经批准设立的免税商店，应当在开展经营业务一个月前向主管海关提出验收申请。经主管海关验收合格后，向主管海关办理备案手续，并且提交下列材料：

（一）免税品经营场所和监管仓库平面图、面积和位置示意图；

（二）免税商店业务专用章印模。

上述材料所载内容发生变更的，应当自变更之日起 10 个工作日内到主管海关办理变更手续。

第十二条　经营单位申请暂停、终止或者恢复其免税商店经营需要报经海关总署批准。免税商店应当在经营单位提出暂停或者终止经营申请前办理库存免税品结案等相关海关手续。

经批准设立的免税商店，自批准之日起一年内无正当理由未对外营业的，或者暂停经营一年以上的，或者变更经营合作方的，应当按照本办法第七条规定重新办理有关申请手续。

第十三条　更改免税商店名称、免税品销售场所或者监管仓库地址或者面积，应当由经营单位报经海关总署批准。

第三章　免税品进口、入出库和调拨

第十四条　经营单位为免税商店进口免税品，应当填写《中华人民共和国海关进口货物报关单》，并且加盖经营单位在主管海关备案的报关专用章，向主管海关办理免税品进口手续。

免税品从异地进口的，经营单位应当按照《中华人民共和国海关对转关运输货物监管办法》的有关规定，将免税品转关运输至主管海关办理进口手续。

第十五条　免税品进入监管仓库，免税商店应当填写《免税品入/出监管仓库准单》，并且随附其他有关单证，向主管海关提出申请。主管海关经审核无误，监管免税品入库。

未经海关批准，免税品入库后不得进行加工或者组装。

第十六条　免税商店将免税品调出监管仓库进入经营场所销售前，应当填写《免税品入/出监管仓库准单》，向主管海关提出申请。主管海关经审核无误，监管有关免税品从监管仓库调出进入销售场所。

第十七条　免税商店之间调拨免税品的，调入地免税商店应当填写《免税品调拨准单》，向其主管海关提出申请。经批准后，调出地免税商店按照《中华人民共和国海关对转关货物监管办法》的规定，将免税品转关运输至调入地免税商店。

第四章　免税品销售

第十八条　免税商店销售的免税进口烟草制品和酒精饮料内、外包装的显著位置上均应当加印"中国关税未付（China Duty Not Paid）"中、英文字样。

免税商店应当按照海关要求制作免税品销售发货单据，其中口岸免税商店应当在免税品销售发货单据上填写进出境人员搭乘运输工具凭证或者其进出境有效证件信息等有关内容。

第十九条　口岸免税商店的销售对象限于已办结出境手续、即将前往境外的人员，以及尚未办理进境手续的人员。免税商店应当凭其搭乘运输工具的凭证或者其进出境的有效证件销售免税品。

第二十条　运输工具免税商店销售对象限于搭乘进出境运输工具的进出境

人员。免税商店销售免税品限运输工具在国际（地区）航行期间经营。免税商店应当向主管海关交验由运输工具负责人或者其代理人签字的《免税品销售明细单》。

第二十一条 市内免税商店的销售对象限于即将出境的境外人员，免税商店凭其出境有效证件及机（船、车）票销售免税品，并且应当在口岸隔离区内将免税品交付购买人员本人携带出境。

第二十二条 外交人员免税商店的销售对象限于外国驻华外交代表和领事机构及其外交人员和领事官员，以及其他享受外交特权和豁免的机构和人员，免税商店应当凭上述机构和人员所在地的直属海关或者经直属海关授权的隶属海关按照有关规定核准的限量、限值销售免税品。

第二十三条 供船免税商店的销售对象限于出境的国际（地区）航行船舶及船员。供船免税商店应当向主管海关提出供船申请，填写《免税品供船准单》，在海关监管下进行国际（地区）船舶的供船工作。

第五章　免税品报损和核销

第二十四条 免税品在办理入库手续期间发生溢卸或者短缺的，免税商店应当及时向主管海关书面报告。主管海关核实无误后出具查验记录，准予免税商店修改免税品入/出监管仓库准单相关数据内容。

第二十五条 免税品在储存或者销售期间发生损毁或者灭失的，免税商店应当及时向主管海关书面报告。如果由不可抗力造成的，免税商店应当填写《免税品报损准单》，主管海关核实无误后准予免税结案。

免税品在储存或者销售期间由于其他原因发生损毁或者灭失的，免税商店应当依法缴纳损毁或者灭失免税品的税款。

第二十六条 免税品如果发生过期不能使用或者变质的，免税商店应当向主管海关书面报告，并且填写《免税品报损准单》。主管海关查验核准后，准予退运或者在海关监督下销毁。

第二十七条 免税商店应当建立专门账册，并且在每季度第一个月 25 日前将上季度免税品入库、出库、销售、库存、调拨、损毁、灭失、过期等情况编制清单，填写《免税品明细账》，随附销售发货单、《免税品库存数量单》等有关单据，向主管海关办理免税品核销手续。主管海关认为必要时可以派员到免税品经营场所和监管仓库实地检查。

第六章　法律责任

第二十八条 经营单位或者免税商店有下列情形之一的，海关责令其改正，可以给予警告；情节严重的，可以按照《中华人民共和国海关行政处罚实施条例》第二十六条、第二十七条的规定进行处理：

（一）将免税品销售给规定范围以外对象的；

（二）超出海关核准的品种或规定的限量、限值销售免税品的；

（三）未在规定的区域销售免税品的；

（四）未按照规定办理免税品进口报关、入库、出库、销售、核销等手续的；

（五）出租、出让、转让免税商店经营权的。

第二十九条 经营单位或者免税商店违反本规定的其他违法行为，海关将按照《中华人民共和国海关法》、《中华人民共和国海关行政处罚实施条例》予以处理；构成犯罪的，依法追究刑事责任。

第七章 附　则

第三十条 本办法下列用语的含义：

"经营单位"是指经国务院或者其授权部门批准，具备开展免税品业务经营资格的企业。

"免税商店"是指经海关总署批准，由经营单位在中华人民共和国国务院或者其授权部门批准的地点设立符合海关监管要求的销售场所和存放免税品的监管仓库，向规定的对象销售免税品的企业。具体包括：口岸免税商店、运输工具免税商店、市内免税商店、外交人员免税商店和供船免税商店等。

"免税品"是指经营单位按照海关总署核准的经营品种，免税运进专供免税商店向规定的对象销售的进口商品，包括试用品及进口赠品。

"免税品销售场所"是指免税商店销售免税品的专用场所。

"免税品监管仓库"是指免税商店专门用来存放免税品的库房。

第三十一条 本办法所规定的文书由海关总署另行制定并且发布。

第三十二条 本办法由海关总署负责解释。

第三十三条 本办法自 2006 年 1 月 1 日起施行。

附件：废止文件清单（略）

中华人民共和国海关进出口货物报关单
修改和撤销管理办法

（2014 年 3 月 13 日海关总署令第 220 号公布，根据 2018 年 4 月 28 日海关总署令第 238 号《海关总署关于修改部分规章的决定》第一次修正，根据 2018 年 5 月 29 日海关总署令第 240 号《海关总署关于修改部分规章的决定》第二次修正，根据 2018 年 11 月 23 日海关总署令第 243 号《海关总署关于修改部分规章的决定》第三次修正）

第一条 为了加强对进出口货物报关单修改和撤销的管理，规范进出口货物收发货人或者其代理人的申报行为，保护其合法权益，根据《中华人民共和国海关法》（以下简称《海关法》）制定本办法。

第二条 进出口货物收发货人或者其代理人（以下统称当事人）修改或者撤销进出口货物报关单，以及海关要求对进出口货物报关单进行修改或者撤销的，适用本办法。

第三条 海关接受进出口货物申报后，报关单证及其内容不得修改或者撤销；符合规定情形的，可以修改或者撤销。

第四条 进出口货物报关单的修改或者撤销，应当遵循修改优先原则；确实不能修改的，予以撤销。

第五条 有以下情形之一的，当事人可以向原接受申报的海关办理进出口货物报关单修改或者撤销手续，海关另有规定的除外：

（一）出口货物放行后，由于装运、配载等原因造成原申报货物部分或者全部退关、变更运输工具的；

（二）进出口货物在装载、运输、存储过程中发生溢短装，或者由于不可抗力造成灭失、短损等，导致原申报数据与实际货物不符的；

（三）由于办理退补税、海关事务担保等其他海关手续而需要修改或者撤销报关单数据的；

（四）根据贸易惯例先行采用暂时价格成交、实际结算时按商检品质认定或者国际市场实际价格付款方式需要修改申报内容的；

（五）已申报进口货物办理直接退运手续，需要修改或者撤销原进口货物报关单的；

（六）由于计算机、网络系统等技术原因导致电子数据申报错误的。

第六条 符合本办法第五条规定的，当事人应当向海关提交《进出口货物报关单修改/撤销表》和下列材料：

（一）符合第五条第（一）项情形的，应当提交退关、变更运输工具证明材料；

（二）符合第五条第（二）项情形的，应当提交相关部门出具的证明材料；

（三）符合第五条第（三）项情形的，应当提交签注海关意见的相关材料；

（四）符合第五条第（四）项情形的，应当提交全面反映贸易实际状况的发票、合同、提单、装箱单等单证，并如实提供与货物买卖有关的支付凭证以及证明申报价格真实、准确的其他商业单证、书面资料；

（五）符合第五条第（五）项情形，当事人将全部或者部分货物直接退运境外的，应当提交《进口货物直接退运表》；

（六）符合第五条第（六）项情形的，应当提交计算机、网络系统运行管理方出具的说明材料。

当事人向海关提交材料符合本条第一款规定，并且齐全、有效的，海关应当及时进行修改或者撤销。

第七条 由于报关人员操作或者书写失误造成申报内容需要修改或者撤销的，当事人应当向海关提交《进出口货物报关单修改/撤销表》和下列材料：

（一）可以反映进出口货物实际情况的合同、发票、装箱单、提运单或者载货清单等相关单证；

（二）详细情况说明以及相关证明材料。

海关未发现报关人员存在逃避海关监管行为的，可以修改或者撤销报关单。不予修改或者撤销的，海关应当及时通知当事人，并且说明理由。

第八条 海关发现进出口货物报关单需要修改或者撤销，可以采取以下方式主动要求当事人修改或者撤销：

（一）将电子数据报关单退回，并详细说明修改的原因和要求，当事人应当按照海关要求进行修改后重新提交，不得对报关单其他内容进行变更；

（二）向当事人制发《进出口货物报关单修改/撤销确认书》，通知当事人要求修改或者撤销的内容，当事人应当在5日内对进出口货物报关单修改或者撤销的内容进行确认，确认后海关完成对报关单的修改或者撤销。

第九条 除不可抗力外，当事人有以下情形之一的，海关可以直接撤销相应的电子数据报关单：

（一）海关将电子数据报关单退回修改，当事人未在规定期限内重新发送的；

（二）海关审结电子数据报关单后，当事人未在规定期限内递交纸质报关单的；

（三）出口货物申报后未在规定期限内运抵海关监管场所的；

（四）海关总署规定的其他情形。

第十条 海关已经决定布控、查验以及涉嫌走私或者违反海关监管规定的进出口货物，在办结相关手续前不得修改或者撤销报关单及其电子数据。

第十一条 已签发报关单证明联的进出口货物，当事人办理报关单修改或者撤销手续时应当向海关交回报关单证明联。

第十二条 由于修改或者撤销进出口货物报关单导致需要变更、补办进出口许可证件的，当事人应当取得相应的进出口许可证件。海关对相应进出口许可证件电子数据进行系统自动比对验核。

第十三条 进出境备案清单的修改、撤销，参照本办法执行。

第十四条 违反本办法，构成走私行为、违反海关监管规定行为或者其他违反《海关法》行为的，由海关依照《海关法》和《中华人民共和国海关行政处罚实施条例》的有关规定予以处理；构成犯罪的，依法追究刑事责任。

第十五条 本办法由海关总署负责解释。

第十六条 本办法自公布之日起施行。2005 年 12 月 30 日以海关总署令第 143 号公布的《中华人民共和国海关进出口货物报关单修改和撤销管理办法》同时废止。

中华人民共和国海关进出口货物
查验管理办法

（2005 年 12 月 28 日海关总署令第 138 号公布，根据 2010 年 11 月 26 日海关总署令第 198 号公布的《海关总署关于修改部分规章的决定》修改）

第一条 为了规范海关对进出口货物的查验，依法核实进出口货物的状况，根据《中华人民共和国海关法》以及其他有关法律、行政法规的规定，制定本办法。

第二条 本办法所称进出口货物查验（以下简称查验），是指海关为确定进出口货物收发货人向海关申报的内容是否与进出口货物的真实情况相符，或者为确定商品的归类、价格、原产地等，依法对进出口货物进行实际核查的执法行为。

第三条 查验应当由 2 名以上海关查验人员共同实施。查验人员实施查验时，应当着海关制式服装。

第四条 查验应当在海关监管区内实施。

因货物易受温度、静电、粉尘等自然因素影响，不宜在海关监管区内实施查验，或者因其他特殊原因，需要在海关监管区外查验的，经进出口货物收发货人或者其代理人书面申请，海关可以派员到海关监管区外实施查验。

第五条 海关实施查验可以彻底查验，也可以抽查。按照操作方式，查验可以分为人工查验和机检查验，人工查验包括外形查验、开箱查验等方式。

海关可以根据货物情况以及实际执法需要，确定具体的查验方式。

第六条 海关在对进出口货物实施查验前，应当通知进出口货物收发货人或者其代理人到场。

第七条 查验货物时，进出口货物收发货人或者其代理人应当到场，负责按照海关要求搬移货物，开拆和重封货物的包装，并如实回答查验人员的询问以及提供必要的资料。

第八条 因进出口货物所具有的特殊属性，容易因开启、搬运不当等原因导致货物损毁，需要查验人员在查验过程中予以特别注意的，进出口货物收发货人或者其代理人应当在海关实施查验前声明。

第九条 实施查验时需要提取货样、化验，以进一步确定或者鉴别进出口货物的品名、规格等属性的，海关依照《中华人民共和国海关化验管理办法》等有关规定办理。

第十条 查验结束后，查验人员应当如实填写查验记录并签名。查验记录应当由在场的进出口货物收发货人或者其代理人签名确认。进出口货物收发货人或者其代理人拒不签名的，查验人员应当在查验记录中予以注明，并由货物所在监管场所的经营人签名证明。查验记录作为报关单的随附单证由海关保存。

第十一条 有下列情形之一的，海关可以对已查验货物进行复验：

（一）经初次查验未能查明货物的真实属性，需要对已查验货物的某些性状做进一步确认的；

（二）货物涉嫌走私违规，需要重新查验的；

（三）进出口货物收发货人对海关查验结论有异议，提出复验要求并经海关同意的；

（四）其他海关认为必要的情形。

复验按照本办法第六条至第十条的规定办理，查验人员在查验记录上应当注明"复验"字样。

已经参加过查验的查验人员不得参加对同一票货物的复验。

第十二条 有下列情形之一的，海关可以在进出口货物收发货人或者其代理人不在场的情况下，对进出口货物进行径行开验：

（一）进出口货物有违法嫌疑的；

（二）经海关通知查验，进出口货物收发货人或者其代理人届时未到场的。

海关径行开验时，存放货物的海关监管场所经营人、运输工具负责人应当到场协助，并在查验记录上签名确认。

第十三条 对于危险品或者鲜活、易腐、易烂、易失效、易变质等不宜长期保存的货物，以及因其他特殊情况需要紧急验放的货物，经进出口货物收发货人或者其代理人申请，海关可以优先安排查验。

第十四条 进出口货物收发货人或者其代理人违反本办法的，海关依照《中华人民共和国海关法》、《中华人民共和国海关行政处罚实施条例》等有关规定予以处理。

第十五条 海关在查验进出口货物时造成被查验货物损坏的，由海关按照《中华人民共和国海关法》、《中华人民共和国海关行政赔偿办法》的规定承担赔偿责任。

第十六条 查验人员在查验过程中，违反规定，利用职权为自己或者他人谋取私利，索取、收受贿赂，滥用职权，故意刁难，拖延查验的，按照有关规定处理。

第十七条 海关在监管区内实施查验不收取费用。对集装箱、货柜车或者其他货物加施海关封志的，按照规定收取封志工本费。

因查验而产生的进出口货物搬移、开拆或者重封包装等费用，由进出口货物收发货人承担。

在海关监管区外查验货物，进出口货物收发货人或者其代理人应当按照规定向海关交纳规费。

第十八条 本办法下列用语的含义：

外形查验，是指对外部特征直观、易于判断基本属性的货物的包装、唛头和外观等状况进行验核的查验方式。

开箱查验，是指将货物从集装箱、货柜车箱等箱体中取出并拆除外包装后，对货物实际状况进行验核的查验方式。

机检查验，是指以利用技术检查设备为主，对货物实际状况进行验核的查验方式。

抽查，是指按照一定比例有选择地对一票货物中的部分货物验核实际状况的查验方式。

彻底查验，是指逐件开拆包装、验核货物实际状况的查验方式。

第十九条 本办法由海关总署负责解释。

第二十条 本办法自 2006 年 2 月 1 日起施行。

中华人民共和国海关关于大嶝对台小额商品交易市场管理办法

(2007 年 8 月 31 日海关总署令第 163 号发布，根据 2013 年 12 月 31 日海关总署令第 214 号发布的《海关总署关于修改〈中华人民共和国海关关于大嶝对台小额商品交易市场管理办法〉的决定》第一次修改，根据 2017 年 12 月 20 日海关总署令第 235 号公布的《海关总署关于修改部分规章的决定》第二次修改)

第一条 为了加强大嶝对台小额商品交易市场（以下简称交易市场）的管理，维护交易市场的正常经营秩序，促进海峡两岸民间商品交流健康发展，根据《中华人民共和国海关法》（以下简称《海关法》）及其他有关法律、行政法规的规定制定本办法。

第二条 大嶝对台小额商品交易市场是经国家批准在厦门市翔安区大嶝岛内专门设立，用于开展对台民间小额商品交易活动，并且实行封闭管理的海关监管区。

第三条 对进出交易市场的货物、物品、运输工具，以及交易市场的有关场所，海关依法进行监督管理。

第四条 在交易市场内从事经营活动的法人和其他组织应当向海关办理备案登记手续。

第五条 台湾船舶及其人员运输或者携带进入交易市场的货物仅限原产于台湾的土特产品、生活日用小商品以及旅游商品，具体商品范围由海关总署另行确定并且发布。进入交易市场的台湾商品暂不征收进口关税和进口环节海关代征税。

国家限制进出口和实行许可证管理的商品，按照国家有关规定办理。从台湾进口到交易市场的台湾产卷烟，可以免予交验《自动进口许可证》。

国家禁止进出境的货物、物品不得进出交易市场。

第六条　进境运输工具负责人、进口货物收货人及其代理人应当如实向海关申报运进交易市场货物的品名、数量、价格等，并且按照海关要求交验有关单证。

第七条　进入交易市场的人员每日携带出交易市场的台湾商品总值在人民币 6000 元以下的，免征进口关税和进口环节海关代征税。超过人民币 6000 元的，超过部分按照一般贸易的管理规定办理进口手续。

仅限在规定数量内携带出交易市场的商品及数量限制由海关总署另行确定并且发布。超出规定数量的，应当按照一般贸易的管理规定办理进口手续。

第八条　从境外运入交易市场的货物和从交易市场运往境外的货物列入进、出口统计。从交易市场内运往市场外的货物，实施单项统计。

第九条　对台小额贸易公司从交易市场采购商品进口、台湾居民从交易市场采购商品出口以及进出交易市场专用码头的船舶，由海关按照原外经贸部、海关总署发布的《对台湾地区小额贸易的管理办法》进行管理。

第十条　在交易市场与专用码头之间运输台湾商品的运输工具，应当符合海关监管要求，并且办理有关手续。

第十一条　违反本办法，构成走私行为、违反海关监管规定行为或者其他违反《海关法》行为的，由海关依照《海关法》和《中华人民共和国海关行政处罚实施条例》的有关规定予以处理；构成犯罪的，依法追究刑事责任。

第十二条　本办法自 2007 年 10 月 1 日起施行。1999 年 3 月 3 日海关总署批准、1999 年 3 月 26 日厦门海关公布的《厦门海关对大嶝对台小额商品交易市场的监管办法》同时废止。

中华人民共和国海关进出口货物集中
申报管理办法

（2008年1月24日海关总署令第169号发布，根据2014年3月13日海关总署令第218号《海关总署关于修改部分规章的决定》第一次修改，根据2018年11月23日海关总署令第243号《海关总署关于修改部分规章的决定》第二次修改）

第一条 为了便利进出口货物收发货人办理申报手续，提高进出口货物通关效率，规范对进出口货物的申报管理，根据《中华人民共和国海关法》（简称《海关法》）的有关规定，制定本办法。

第二条 本办法所称的集中申报是指经海关备案，进出口货物收发货人（以下简称收发货人）在同一口岸多批次进出口本办法第三条规定范围内货物，可以先以《中华人民共和国海关进口货物集中申报清单》（见附件1）或者《中华人民共和国海关出口货物集中申报清单》（见附件2）（以下统称《集中申报清单》）申报货物进出口，再以报关单集中办理海关手续的特殊通关方式。

进出口货物收发货人可以委托B类以上管理类别（含B类）的报关企业办理集中申报有关手续。

第三条 经海关备案，下列进出口货物可以适用集中申报通关方式：

（一）图书、报纸、期刊类出版物等时效性较强的货物；

（二）危险品或者鲜活、易腐、易失效等不宜长期保存的货物；

（三）公路口岸进出境的保税货物。

第四条 收发货人应当在货物所在地海关办理集中申报备案手续，加工贸易企业应当在主管地海关办理集中申报备案手续。

第五条 收发货人申请办理集中申报备案手续的，应当向海关提交《适用集中申报通关方式备案表》（以下简称《备案表》，见附件3），同时提供符合海关要求的担保，担保有效期最短不得少于3个月。

海关应当对收发货人提交的《备案表》进行审核。经审核符合本办法有关规定的，核准其备案。

涉嫌走私或者违规，正在被海关立案调查的收发货人、因进出口侵犯知识产权货物被海关依法给予行政处罚的收发货人、适用C类或者D类管理类别的收发货人进出口本办法第三条所列货物的，不适用集中申报通关方式。

第六条　在备案有效期内，收发货人可以适用集中申报通关方式。备案有效期限按照收发货人提交的担保有效期核定。

申请适用集中申报通关方式的货物、担保情况等发生变更时，收发货人应当向原备案地海关书面申请变更。

备案有效期届满可以延续。收发货人需要继续适用集中申报方式办理通关手续的，应当在备案有效期届满10日前向原备案地海关书面申请延期。

第七条　收发货人有下列情形之一的，停止适用集中申报通关方式：

（一）担保情况发生变更，不能继续提供有效担保的；

（二）涉嫌走私或者违规，正在被海关立案调查的；

（三）进出口侵犯知识产权货物，被海关依法给予行政处罚的；

（四）海关分类管理类别被降为C类或者D类的。

收发货人可以在备案有效期内主动申请终止适用集中申报通关方式。

第八条　收发货人在备案有效期届满前未向原备案地海关申请延期的，《备案表》效力终止。收发货人需要继续按照集中申报方式办理通关手续的，应当重新申请备案。

第九条　依照本办法规定以集中申报通关方式办理海关手续的收发货人，应当在载运进口货物的运输工具申报进境之日起14日内，出口货物在运抵海关监管区后、装货的24小时前填制《集中申报清单》向海关申报。

收货人在运输工具申报进境之日起14日后向海关申报进口的，不适用集中申报通关方式。收货人应当以报关单向海关申报。

第十条　海关审核集中申报清单电子数据时，对保税货物核扣加工贸易手册（账册）或电子账册数据；对一般贸易货物核对集中申报备案数据。

经审核，海关发现集中申报清单电子数据与集中申报备案数据不一致的，应当予以退单。收发货人应当以报关单方式向海关申报。

第十一条　收发货人应当自海关审结《集中申报清单》电子数据之日起3日内，持《集中申报清单》及随附单证到货物所在地海关办理交单验放手续。属于许可证件管理的，收发货人还应当取得相应的许可证件，海关应当在相关证件上批注并留存复印件。

收发货人未在本条第一款规定期限办理相关海关手续的，海关删除集中申报清单电子数据，收发货人应当重新向海关申报。重新申报日期超过运输工具申报进境之日起14日的，应当以报关单申报。

第十二条　收发货人在清单申报后修改或者撤销集中申报清单的，参照进出口货物报关单修改和撤销的相关规定办理。

第十三条 收发货人应当对一个月内以《集中申报清单》申报的数据进行归并，填制进出口货物报关单，一般贸易货物在次月10日之前、保税货物在次月底之前到海关办理集中申报手续。

一般贸易货物集中申报手续不得跨年度办理。

第十四条 《集中申报清单》归并为同一份报关单的，各清单中的进出境口岸、经营单位、境内收发货人、贸易方式（监管方式）、启运国（地区）、装货港、运抵国（地区）、运输方式栏目以及适用的税率、汇率必须一致。

各清单中本条前款规定项目不一致的，收发货人应当分别归并为不同的报关单进行申报。对确实不能归并的，应当填写单独的报关单进行申报。

各清单归并为同一份报关单时，各清单中载明的商品项在商品编号、商品名称、规格型号、单位、原产国（地区）、单价和币制均一致的情况下可以进行数量和总价的合并。

第十五条 收发货人对《集中申报清单》申报的货物以报关单方式办理海关手续时，应当按照海关规定对涉税的货物办理税款缴纳手续。涉及许可证件管理的，应当取得相应许可证件。海关对相应许可证件电子数据进行系统自动比对验核。

第十六条 对适用集中申报通关方式的货物，海关按照接受清单申报之日实施的税率、汇率计征税费。

第十七条 收发货人办结集中申报海关手续后，海关按集中申报进出口货物报关单签发报关单证明联。"进出口日期"以海关接受报关单申报的日期为准。

第十八条 海关对集中申报的货物以报关单上的"进出口日期"为准列入海关统计。

第十九条 中华人民共和国境内其他地区进出海关特殊监管区域、保税监管场所的货物需要按照集中申报方式办理通关手续的，除海关另有规定以外，参照本办法办理。

第二十条 违反本办法，构成走私行为、违反海关监管规定行为或者其他违反海关法行为的，由海关依照海关法、《中华人民共和国海关行政处罚实施条例》等有关法律、行政法规的规定予以处理；构成犯罪的，依法追究刑事责任。

第二十一条 本办法由海关总署负责解释。

第二十二条 本办法自2008年5月1日起施行。

附件：1. 中华人民共和国海关进口货物集中申报清单（略）
　　　2. 中华人民共和国海关出口货物集中申报清单（略）
　　　3. 适用集中申报通关方式备案表（略）

中华人民共和国海关监管区管理暂行办法

（2017年8月8日海关总署令第232号公布，根据2018年
5月29日海关总署令第240号《海关总署关于修改
部分规章的决定》修正）

第一章 总 则

第一条 为了规范海关监管区的管理，根据《中华人民共和国海关法》以及其他有关法律、行政法规的规定，制定本办法。

第二条 本办法所称海关监管区，是指《中华人民共和国海关法》第一百条所规定的海关对进出境运输工具、货物、物品实施监督管理的场所和地点，包括海关特殊监管区域、保税监管场所、海关监管作业场所、免税商店以及其他有海关监管业务的场所和地点。

本办法所称海关监管作业场所，是指由企业负责经营管理，供进出境运输工具或者境内承运海关监管货物的运输工具进出、停靠，从事海关监管货物的进出、装卸、储存、集拼、暂时存放等有关经营活动，符合《海关监管作业场所设置规范》（以下简称《场所设置规范》），办理相关海关手续的场所。

《场所设置规范》由海关总署另行制定并公告。

第三条 本办法适用于海关对海关监管区的管理。

海关规章对海关特殊监管区域、保税监管场所、免税商店的管理另有规定的，从其规定。

第四条 公民、法人和其他组织在海关监管区内开展依法应当经过批准的业务的，应当按照相关主管部门的要求开展有关业务。

第五条 海关实施本办法的规定不妨碍其他部门履行其相应职责。

第二章 海关监管区的管理

第六条 海关监管区应当设置符合海关监管要求的基础设施、检查查验设

施以及相应的监管设备。

第七条 海关依照《中华人民共和国海关法》的规定，对海关监管区内进出境运输工具、货物、物品行使检查、查验等权力。

第八条 进出境运输工具、货物、物品，应当通过海关监管区进境或者出境。

第九条 进出境运输工具或者境内承运海关监管货物的运输工具应当在海关监管区停靠、装卸，并办理海关手续。

第十条 进出境货物应当在海关监管区的海关监管作业场所集中办理进出、装卸、储存、集拼、暂时存放等海关监管业务。

第十一条 进出境物品应当在海关监管区的旅客通关类场所、邮件类场所办理海关手续，海关总署另有规定的除外。

第十二条 在海关监管区内从事与进出境运输工具、货物、物品等有关的经营活动，应当接受海关监管。

第十三条 因救灾、临时减载、装运鲜活产品以及其他特殊情况，需要经过未设立海关的地点临时进境或者出境的，应当经国务院或者国务院授权的机关批准，并办理海关手续。

第三章 海关监管作业场所的管理

第十四条 申请经营海关监管作业场所的企业（以下称申请人）应当同时具备以下条件：

（一）具有独立企业法人资格；

（二）取得与海关监管作业场所经营范围相一致的工商核准登记；

（三）具有符合《场所设置规范》的场所。

由法人分支机构经营的，分支机构应当取得企业法人授权。

第十五条 申请人应当向主管地的直属海关或者隶属海关（以下简称主管海关）提出注册申请，并且提交以下材料：

（一）经营海关监管作业场所企业注册申请书；

（二）海关监管作业场所功能布局和监管设施示意图。

由法人分支机构经营的，申请人应当提交企业法人授权文书。

第十六条 主管海关依据《中华人民共和国行政许可法》和《中华人民共和国海关实施〈中华人民共和国行政许可法〉办法》的规定办理有关行政许可事项，具体办法由海关总署另行制定并公告。

第十七条 海关可以采取视频监控、联网核查、实地巡查、库存核对等方式，对海关监管作业场所实施监管。

第十八条 经营企业应当根据海关监管需要，在海关监管作业场所的出入通道设置卡口，配备与海关联网的卡口控制系统和设备。

第十九条 经营企业应当凭海关放行信息办理海关监管货物以及相关运输工具出入海关监管作业场所的手续。

第二十条 经营企业应当妥善保存货物进出以及存储等情况的电子数据或者纸质单证，保存时间不少于 3 年，海关可以进行查阅和复制。

第二十一条 经营企业应当在海关监管作业场所建立与海关联网的信息化管理系统、视频监控系统，并且根据海关监管需要建立全覆盖无线网络。

第二十二条 海关监管作业场所出现与《场所设置规范》不相符情形的，经营企业应当立即采取措施进行修复，并且报告海关。海关根据管理需要，可以采取相应的限制措施。

第二十三条 经营企业应当在海关监管作业场所装卸、储存、集拼、暂时存放海关监管货物。

装卸、储存、集拼、暂时存放非海关监管货物的，应当与海关监管货物分开，设立明显标识，并且不得妨碍海关对海关监管货物的监管。

经营企业应当根据海关需要，向海关传输非海关监管货物进出海关监管作业场所等信息。

第二十四条 经营企业应当将海关监管作业场所内存放超过 3 个月的海关监管货物情况向海关报告。海关可以对相应货物存放情况进行核查。

第二十五条 经营企业应当建立与相关海关监管业务有关的人员管理、单证管理、设备管理和值守等制度。

第二十六条 海关履行法定职责过程中，发现海关监管作业场所内海关监管货物存在安全生产隐患的，应当及时向主管部门通报。

第二十七条 经营企业有下列行为之一的，责令改正，给予警告，可以暂停其相应海关监管作业场所 6 个月以内从事有关业务：

（一）未凭海关放行信息办理出入海关监管作业场所手续的；

（二）未依照本办法规定保存货物进出以及存储等情况的电子数据或者纸质单证的；

（三）海关监管作业场所出现与《场所设置规范》不相符情形未及时修复，影响海关监管的；

（四）未依照本办法规定装卸、储存、集拼、暂时存放海关监管货物的；

（五）未依照本办法规定将海关监管作业场所内存放超过 3 个月的海关监管

货物情况向海关报告的。

因前款第三项原因被暂停业务的，如果海关监管作业场所经整改符合要求，可以提前恢复业务。

发生走私行为或者重大违反海关监管规定行为的，海关应当责令经营企业改正，并且暂停其相应海关监管作业场所 6 个月以内从事有关业务。

第四章 附 则

第二十八条 海关工作人员徇私舞弊、滥用职权、玩忽职守，未依法履行本办法规定职责的，依法给予处分。

第二十九条 本办法由海关总署负责解释。

第三十条 本办法自 2017 年 11 月 1 日起施行。2008 年 1 月 30 日海关总署令第 171 号发布的《中华人民共和国海关监管场所管理办法》、2015 年 4 月 27 日海关总署令第 227 号公布的《海关总署关于修改部分规章的决定》第六条同时废止。

中华人民共和国海关管道运输进口能源监管办法

(2011 年 10 月 24 日海关总署令第 204 号公布，根据 2018 年 5 月 29 日海关总署令第 240 号《海关总署关于修改部分规章的决定》第一次修正，根据 2018 年 11 月 23 日海关总署令第 243 号《海关总署关于修改部分规章的决定》第二次修正)

第一条 为了规范海关对管道运输进口能源的监管，依据《中华人民共和国海关法》（以下简称《海关法》）的规定，制定本办法。

第二条 管道运输进口能源跨境管道境内计量站（以下简称计量站）是海关监管场所，应当依照《中华人民共和国海关监管场所管理办法》接受海关监管。

第三条 管道经营单位应当依照国家有关规定经营计量站、计量管道运输数据、传输能源计量电子数据，并依法向海关申报，办理相关手续。

第四条 管道经营单位应当依照本办法规定向计量站所在地直属海关办理备案手续，并提交管道经营单位备案登记表。

不具备法人资格，但经法人授权的管道经营单位还应当提交法人授权文书。

管道经营单位委托代理人代为办理备案手续的，代理人应当向海关提交管道经营单位出具的授权委托书。

第五条 计量站的计量仪表、设备、软件等应当符合海关监管要求，并经国家主管部门或者法律法规授权的计量检定机构检定或者校准。

管道经营单位应当向计量站所在地直属海关或者经直属海关授权的隶属海关提交国家主管部门或者法律法规授权的计量检定机构出具的载明检定或者校准结论的有效文本。

第六条 管道经营单位应当在计量站运营前将与海关监管相关的管道计量参数报送海关备案。

经计量站所在地直属海关或者经直属海关授权的隶属海关审核同意后，管道计量参数可以根据需要进行调整。

应当备案的管道计量参数项目由海关总署另行公告。

第七条 海关可以对跨境管道的管线设施和计量设备的旁通出口、流量计、流量计算机柜以及其他关键部位施加封志。

管道经营单位需要开启海关施加的封志的，应当向海关提交书面申请，经审核同意的，由海关派员实施开启。开启原因消失后，由海关再次施加封志。

管道运营过程中发生可能影响国家安全和社会秩序的紧急情况，不立即处理将造成人员重大伤亡或者财产重大损失的，管道经营单位可以采取紧急处理措施先予处理，并采取适当方式报告海关。紧急情况消除后，管道经营单位应当立即书面向海关报告相关情况。

海关对计量站设施进行实地检查时，管道经营单位应当到场并提供必要的协助。

第八条 管道经营单位应当按照海关规定传输计量站计量电子数据，并向海关报送相应时段的入境计量报告。

由于计算机故障等特殊情形无法按照规定向海关传输计量电子数据的，管道经营单位应当立即向海关报告有关情况。经海关同意后，管道经营单位应当在海关规定的时限内向海关递交入境计量报告纸本，并于特殊情形消除后立即向海关补充传输计量电子数据。

应当向海关传输的电子数据项目、入境计量报告数据项目，由海关总署另行公告。

海关根据计量数据进行现场验核时，管道经营单位应当到场并提供必要的协助。

第九条 管道运输进口能源在办结申报、纳税及其他海关手续前，属于海关监管货物，未经海关许可，不得进行销售、抵押、质押或者进行其他处置。

管道经营单位应当在计量站运营前向海关报告用以开通管道的水、氮气等数量和处理方式，并按照海关规定定期向海关申报能源损耗和能源耗用相关情况，接受海关监管。

第十条 管道经营单位接收和复运出境清管器等设备的，应当按照暂时进出境货物相关管理规定办理海关手续，接受海关监管。

第十一条 经海关批准，管道运输进口能源的收货人应当在每月1日至14日期间向海关定期申报上月进口能源，并缴纳相应税款。

管道运输进口能源的收货人超过前款规定期限向海关申报的，海关依法征收滞报金。

收货人应当取得相应许可证件，凭进口货物报关单、管道经营单位出具的入境计量报告以及海关要求的其他单证办理申报手续，海关对相应许可证件电子数据进行系统自动比对验核。

第十二条 办理定期申报的收货人应当向海关提供有效担保。

经海关批准，办理定期申报的收货人也可以按照《中华人民共和国海关事务担保条例》的有关规定，向海关申请适用管道运输进口能源定期申报总担保。

管道运输进口能源定期申报总担保具体办法由海关总署另行制定。

第十三条 管道运输进口能源按照海关接受该货物申报进口之日适用的税率、汇率计征税款。

第十四条 不同国别的原产地混合运输的能源，收货人应当按照定期申报时间段内不同国别的原产地能源进口数量分别向海关申报。

海关在审核确定进口能源原产地时，可以要求收货人提交原产地证明或者其他足以证明能源原产地的材料，并予以审验。

第十五条 海关认为必要时，可以按照海关化验管理的有关规定提取管道运输的能源样品进行化验，管道经营单位应当提供必要的协助。

第十六条 因设备运行故障、检修等原因导致管道不能正常运输或者重新启动运输，管道经营单位应当立即向海关报告。

第十七条 管道运输进口能源的收货人、管道经营单位等有关企业、单位应当妥善保管会计账簿、会计凭证、报关单证以及其他有关资料，接受海关稽查。

第十八条 违反本办法规定，构成走私行为、违反海关监管规定行为或者其他违反《海关法》行为的，由海关依照《海关法》《中华人民共和国海关行政处罚实施条例》等有关法律、行政法规的规定予以处理；构成犯罪的，依法追究刑事责任。

第十九条 本办法下列用语的含义：

"能源"，是指通过管道运输方式进口的原油、天然气。

"能源损耗"，是指在管道运输过程中因流失、泄漏等损失或者排污、设备检修过程中放空以及因设备故障损失的能源。

"能源耗用"，是指为了维持管道运输，或者作为加压、加热的动力燃料以及维持加压站、加热站、计量站等管道配套设施运行需要，从管道中提取的能源。

第二十条 本办法所规定的文书由海关总署另行制定并且发布。

第二十一条 本办法由海关总署负责解释。

第二十二条 本办法自 2011 年 12 月 1 日起施行。

进出境物品监管类

《中华人民共和国禁止进出境物品表》和
《中华人民共和国限制进出境物品表》

(1993年2月26日海关总署令第43号发布，自1993年3月1日起施行)

中华人民共和国禁止进出境物品表

一、禁止进境物品

1. 各种武器、仿真武器、弹药及爆炸物品；

2. 伪造的货币及伪造的有价证券；

3. 对中国政治、经济、文化、道德有害的印刷品、胶卷、照片、唱片、影片、录音带、录像带、激光视盘、计算机存储介质及其他物品；

4. 各种烈性毒药；

5. 鸦片、吗啡、海洛因、大麻以及其他能使人成瘾的麻醉品、精神药物；

6. 带有危险性病菌、害虫及其他有害生物的动物、植物及其产品；

7. 有碍人畜健康的、来自疫区的以及其他能传播疾病的食品、药品或其他物品。

二、禁止出境物品

1. 列入禁止进境范围的所有物品；

2. 内容涉及国家秘密的手稿、印刷品、胶卷、照片、唱片、影片、录音带、录像带、激光视盘、计算机存储介质及其他物品；

3. 珍贵文物及其他禁止出境的文物；

4. 濒危的和珍贵的动物、植物（均含标本）及其种子和繁殖材料。

中华人民共和国限制进出境物品表

一、限制进境物品

1. 无线电收发信机、通信保密机；

2. 烟、酒；

3. 濒危的和珍贵的动物、植物（均含标本）及其种子和繁殖材料；

4. 国家货币；

5. 海关限制进境的其他物品。

二、限制出境物品

1. 金银等贵重金属及其制品；

2. 国家货币；

3. 外币及其有价证券；

4. 无线电收发信机、通信保密机；

5. 贵重中药材；

6. 一般文物；

7. 海关限制出境的其他物品。

中华人民共和国海关关于进出境旅客通关的规定

（1995 年 12 月 25 日海关总署令第 55 号发布，根据 2010 年 11 月 26 日海关总署令第 198 号《海关总署关于修改部分规章的决定》修改）

第一条 根据《中华人民共和国海关法》和其他有关法规、规定，制定本规定。

第二条 本规定所称"通关"系指进出境旅客向海关申报，海关依法查验行李物品并办理进出境物品征税或免税验放手续，或其他有关监管手续之总称。

本规定所称"申报"，系指进出境旅客为履行中华人民共和国海关法规规定的义务，对其携运进出境的行李物品实际情况依法向海关所作的书面申明。

第三条 按规定应向海关办理申报手续的进出境旅客通关时，应首先在申报台前向海关递交《中华人民共和国海关进出境旅客行李物品申报单》或海关规定的其他申报单证，如实申报其所携运进出境的行李物品。

进出境旅客对其携运的行李物品以上述以外的其他任何方式或在其他任何时间、地点所做出的申明，海关均不视为申报。

第四条 申报手续应由旅客本人填写申报单证向海关办理，如委托他人办理，应由本人在申报单证上签字。接受委托办理申报手续的代理人应当遵守本规定对其委托人的各项规定，并承担相应的法律责任。

第五条 旅客向海关申报时，应主动出示本人的有效进出境旅行证件和身份证件，并交验中华人民共和国有关主管部门签发的准许有关物品进出境的证明、商业单证及其他必备文件。

第六条 经海关办理手续并签章交由旅客收执的专用申报单证，在有效期内或在海关监管时限内，旅客应妥善保存，并在申请提取分离运输行李物品或购买征、免税外汇商品或办理其他有关手续时，主动向海关出示。

第七条 在海关监管场所，海关在通道内设置专用申报台供旅客办理有关进出境物品的申报手续。

经中华人民共和国海关总署批准实施双通道制的海关监管场所，海关设置"申报"通道（又称"红色通道"）和"无申报"通道（又称"绿色通道"）供进出境旅客依本规定选择。

第八条 下列进境旅客应向海关申报，并将申报单证交由海关办理物品进境手续：

（一）携带需经海关征税或限量免税的《旅客进出境行李物品分类表》第二、三类物品（不含免税限量内的烟酒）者；

（二）非居民旅客及持有前往国家（地区）再入境签证的居民旅客携带途中必需的旅行自用物品超出照相机、便携式收录音机、小型摄影机、手提式摄录机、手提式文字处理机每种一件范围者；

（三）携带人民币现钞6000元以上，或金银及其制品50克以上者；

（四）非居民旅客携带外币现钞折合5000美元以上者；

（五）居民旅客携带外币现钞折合1000美元以上者；

（六）携带货物、货样以及携带物品超出旅客个人自用行李物品范围者；

（七）携带中国检疫法规规定管制的动、植物及其产品以及其他须办理验放手续的物品者。

第九条 下列出境旅客应向海关申报，并将申报单证交由海关办理物品出境手续：

（一）携带需复带进境的照相机、便携式收录音机、小型摄影机、手提式摄录机、手提式文字处理机等旅行自用物品者；

（二）未将应复带出境物品原物带出或携带进境的暂时免税物品未办结海关手续者；

（三）携带外币、金银及其制品未取得有关出境许可证是或超出本次进境申报数额者；

（四）携带人民币现钞 6000 元以上者；

（五）携带文物者；

（六）携带货物、货样者；

（七）携带出境物品超出海关规定的限值、限量或其他限制规定范围的；

（八）携带中国检疫法规规定管制的动、植物及其产品以及其他须办理验放手续的物品者。

第十条　在实施双通道制的海关监管场所，本规定第八条、第九条所列旅客应当选择"申报"通道通关。

第十一条　不明海关规定或不知如何选择通道的旅客，应选择"申报"通道，向海关办理申报手续。

第十二条　本规定第八条、第九条、第十一条所列旅客以外的其他旅客可不向海关办理申报手续。在海关实施双通道制的监管场所，可选择"无申报"通道进境或出境。

第十三条　持有中华人民共和国政府主管部门给予外交、礼遇签证的进出境非居民旅客和海关给予免验礼遇的其他旅客，通关时应主动向海关出示本人护照（或其他有效进出境证件）和身份证件。

第十四条　旅客进出境时，应遵守本规定和中华人民共和国海关总署授权有关海关为实施本规定所制定并公布的其他补充规定。

第十五条　旅客携带物品、货物进出境未按规定向海关申报的，以及本规定第八条、第九条、第十一条所列旅客未按规定选择通道通关的，海关依据《中华人民共和国海关法》及《中华人民共和国海关行政处罚实施条例》的有关规定处理。

第十六条　本规定自一九九六年一月一日起实施。

中华人民共和国海关对进出境旅客
行李物品监管办法

(1989 年 11 月 1 日海关总署令第 9 号公布，根据 2010 年 11 月 26 日海关总署令第 198 号《海关总署关于修改部分规章的决定》修改，根据 2017 年 12 月 20 日海关总署令第 235 号《海关总署关于修改部分规章的决定》第二次修改)

第一章　总　则

第一条　依照《中华人民共和国海关法》，制定本办法。

第二条　进出境旅客行李物品，必须通过设立海关的地点进境或者出境。

第三条　进出境旅客必须将所带的全部行李物品交海关查验。在交验前，应填写"旅客行李申报单"或海关规定的其他申报单证向海关申报；或按海关规定的申报方式如实向海关申报。

旅客经由实施"红绿通道"验放制度的海关进出境，应按照海关公布的选择"红绿通道"的规定，选择通道，办理行李物品进境或出境手续。

第四条　查验进出境旅客行李物品的时间和场所，由海关指定。海关查验行李物品时，物品所有人应当到场并负责搬移物品，开拆和重封物品的包装。海关认为必要时，可以单独进行查验。海关对进出境行李物品加施的封志，任何人不得擅自开启或者损毁。

第五条　进出境旅客可以自行办理报关纳税手续，也可以委托他人办理报关纳税手续；接受委托办理报关纳税手续的代理人应当按照本办法对其委托人的各项规定办理海关手续，承担各项义务和责任。

第六条　旅客行李物品，应以自用合理数量为限，超出自用合理数量范围的，不准进境或出境。旅客行李物品，经海关审核，按本办法附件《旅客进出境行李物品分类表》（以下简称《分类表》）规定的范围验放。进出境物品的合理数量和准许各类旅客进出境物品的具体限值、限量及征免税规定，另行制定。

第七条　旅客携运《中华人民共和国禁止进出境物品表》所列的物品进出境，在海关检查以前主动报明的，分别予以没收或者责令退回，并可酌情处以罚款。藏匿不报的，按照《中华人民共和国海关法》第八十二条的规定处罚。

旅客携运《中华人民共和国限制进出境物品表》所列物品和中华人民共和国政府特别管制的物品进出境，海关按国家有关法规办理。

第八条 旅客以分离运输方式运进行李物品，应当在进境时向海关申报。经海关核准后，自旅客进境之日起六个月内（含六个月，下同）运进。海关办理验放手续时，连同已经放行的行李物品合并计算。

以分离运输方式运出的行李物品，应由物品所有人凭有效的出境证件在出境前办妥海关手续。

第九条 经海关核准暂时进出境的旅行自用物品，在旅客行李物品监管时限内，由旅客复带出境或进境。海关依照规定凭担保准予暂时免税放行的其他物品，应由旅客在规定期限内，办结进出境手续或将原物复带出境或进境。

第十条 进出境物品所有人声明放弃的物品和自运输工具申报进境之日起逾期三个月（易腐及易失效的物品可提前处理，下同）未办理海关手续的物品，以及在海关监管区内逾期三个月无人认领的物品，均由海关按照《中华人民共和国海关法》第五十一条的规定处理。

第十一条 旅客携运属下列情形的物品，海关不予放行，予以退运或由旅客存入海关指定的仓库。物品所有人应当在三个月内办理退运、结案手续。逾期不办的，由海关依照本办法第十条的规定处理：

（一）不属自用的；

（二）超出合理数量范围的；

（三）超出海关规定的物品品种、规格、限量、限值的；

（四）未办理海关手续的；

（五）未按章缴税的；

（六）根据规定不能放行的其他物品。

第十二条 旅客应在旅客行李物品监管时限内，依照本办法和根据本办法制定的其他管理规定，办结物品进出境的海关手续。

第十三条 海关依照本办法和根据本办法制定的其他管理规定免税放行的物品，自物品进境之日起两年内，出售、转让、出租或移作他用的，应向海关申请批准并按规定补税。

按规定免税或征税进境的汽车，不得出售、转让、出租或移作他用。在汽车运进使用两年后，因特殊原因需要转让的，必须报经海关批准；其中免税运进的，应按规定补税。

第十四条 进境旅客携带"境外售券、境内提货"单据进境，应向海关申报，海关办理物品验放手续时，连同其随身携带的实物合并计入有关征免税限量。

第十五条 涉及特定地区、特定旅客和特定物品进出境的管理规定，由中华人民共和国海关总署授权有关海关依照本办法的原则制定，经海关总署批准后，予以公告实施。

第十六条 进出境旅客未按本办法或根据本办法制定的其他管理规定办理进出境物品的报关、纳税以及其他有关手续的，有关物品不准进境或出境。对违反本办法并构成走私或违反海关监管规定行为的，海关依照《中华人民共和国海关法》和《中华人民共和国海关行政处罚实施条例》给予处罚。

第二章 短期旅客

第十七条 短期旅客携带进出境的行李物品应以旅行需用物品为限。

短期旅客中的居民和非居民中的中国籍人携带进境属于《分类表》第三类物品，海关按照规定的限值、限量予以征税或免税放行。

短期旅客中的其他非居民携带进境属于《分类表》第三类物品，海关按本办法第九条规定办理。

经常进出境的边境居民，边境邮政、运输机构工作人员和边境运输工具服务人员，以及其他经常进出境的人员，携带进出境的物品，除另有规定者外，应以旅途必须应用的物品为限。未经海关批准，不准带进属于《分类表》第三类物品。

凭特殊通行证件来往香港、澳门地区的短期旅客进出境行李物品的管理规定，海关依据本办法另行制定的规定办理。

第三章 长期旅客

第十八条 长期旅客中的非居民进境后，在规定期限内报运进境其居留期间自用物品或安家物品，海关凭中华人民共和国政府主管部门签发的长期居留证件（或常驻户口登记证件）、其他批准文件和身份证件，办理通关手续。

上述人员在办妥上述手续前进出境或在境内居留期间临时出、进境携带的物品，海关依照本办法第十七条规定办理。

第十九条 长期旅客中的居民进出境行李物品的管理规定，根据本办法另行制定。

第四章 定居旅客

第二十条 获准进境定居的旅客在规定期限内报运进境安家物品，应当依照有关规定向主管海关或者口岸海关提交中华人民共和国政府主管部门签发的定居证明或者批准文件。其在境外拥有并使用过的数量合理的自用物品，准予免税进境；自用小汽车准予每户征税进境一辆。

进境定居旅客自进境之日起，居留时间不满二年，再次出境定居的，其免税携运进境的安家物品应复运出境，或向海关补税。

第二十一条　获准出境定居的旅客携运出境的安家物品，除国家禁止或限制出境的物品需按有关规定办理外，均可予以放行。

第五章　过境旅客

第二十二条　过境旅客未经海关批准，不得将物品留在境内。

第二十三条　进境后不离开海关监管下的交通工具或海关监管区直接出境的旅客，海关一般不对其行李物品进行查验，但必要时，海关可以查验。

第二十四条　过境旅客获准离开海关监管区，转换交通工具出境的，海关依照本办法第十七条规定办理。

第六章　附　则

第二十五条　享有外交特权和豁免的人员携运进出境的行李物品，另按中华人民共和国海关总署制定的有关规定办理。

第二十六条　本办法的附件，由中华人民共和国海关总署根据具体情况修订发布实行。

第二十七条　本办法下列用语含义：

"非居民"指进境居留后仍回到境外其通常定居地者。

"居民"指出境居留后仍回到境内其通常定居地者。

"旅客"指进出境的居民或非居民。

"短期旅客"指获准进境或出境暂时居留不超过一年的旅客。

"长期旅客"指获准进境或出境连续居留时间在一年以上（含一年）的旅客。

"定居旅客"指取得中华人民共和国主管部门签发的进境或出境定居证明或批准文件，移居境内或境外的旅客。

"过境旅客"指凭有效过境签证，从境外某地，通过境内，前往境外另一地的旅客。

"行李物品"指旅客为其进出境旅行或者居留的需要而携运进出境的物品。

"自用"指旅客本人自用、馈赠亲友而非为出售或出租。

"合理数量"指海关根据旅客旅行目的和居留时间所规定的正常数量。

　　"旅客行李物品监管时限"指非居民本次进境之日始至最近一次出境之日止，或居民本次出境之日始至最近一次进境之日止的时间。

　　"分离运输行李"指旅客在其进境后或出境前的规定期限内以托运方式运进或运出的本人行李物品。

　　"征免税"指征收或减免进出口关税（即进口旅客行李物品和个人邮递物品税）。

　　"担保"指以向海关缴纳保证金或提交保证函的方式，保证在规定期限内履行其承诺的义务的法律行为。

　　第二十八条　本办法由中华人民共和国海关总署解释。

　　第二十九条　本办法自一九八九年十二月一日起实施。原对外贸易部 1958 年 9 月 29 日（58）关行林字第 985 号命令发布的《海关对进出境旅客行李物品监管办法》同时废止。

　　附件：旅客进出境行李物品分类表

附件

旅客进出境行李物品分类表

（中华人民共和国海关总署 1996 年 8 月 15 日修订）

第一类物品

衣料、衣着、鞋、帽、工艺美术品和价值人民币 1000 元以下（含 1000 元）的其他生活用品

第二类物品

烟草制品，酒精饮料

第三类物品

价值人民币 1000 元以上，5000 元以下（含 5000 元）的生活用品

　　注：1. 本表所称进境物品价值以海关审定的完税价格为准，出境物品价值以国内法定商业发票所列价格为准；

　　2. 准许各类旅客携运本表所列物品进出境的具体征、免税限量由中华人民共和国海关总署另行规定；

　　3. 本表第一、二类列名物品不再按值归类、除另有规定者外，超出本表所列最高限值的物品不视为旅客行李物品。

中华人民共和国海关对进出境旅客旅行自用物品的管理规定

（1992 年 10 月 15 日海关总署令第 35 号发布，根据 2010 年 11 月 26 日海关总署令第 198 号《海关总署关于修改部分规章的决定》修改）

第一条 为了照顾旅客在旅途中的实际需要，为其进出境提供必要的便利，根据《中华人民共和国海关法》和《中华人民共和国海关对进出境旅客行李物品监管办法》，制定本规定。

第二条 本规定所称"进出境旅客旅行自用物品"系指本次旅行途中海关准予旅客随身携带的暂时免税进境或者复带进境的在境内、外使用的自用物品。

第三条 进出境旅客旅行自用物品的范围：

（一）照相机、便携式收录音机、小型摄影机、手提式摄录机、手提式文字处理机；

（二）经海关审核批准的其他物品。

第四条 进境旅客（包括持有前往国家或地区签发的再入境签证的中国籍居民旅客）携带本规定第三条之物品，每种限一件。旅客应主动向海关申报，海关方可准予暂时免税放行。

第五条 海关准予暂时免税的本次进境物品，须由旅客在回程时复带出境。由于特殊原因不能在本次回程时复带出境的，应事先报请出境地海关办结有关手续。

第六条 中国籍居民、中国籍或外国籍非居民长期旅客携带本规定第三条之物品出境，如需复带进境，应在本次出境时，主动报请海关验核。复带进境时，海关验凭本次出境的有关单、证放行。

第七条 进出境旅客旅行自用物品的具体申报手续、适用单证及本规定未尽事项，按其他有关规定办理。

第八条 本规定不适用于当天或短期内多次往返的进出境旅客旅行自用物品。

第九条 进出境旅客违反本规定或者未将海关暂准免税放行物品复带出境的，海关依照《中华人民共和国海关行政处罚实施条例》第十九条规定处理。

第十条 本规定自 1992 年 10 月 15 日起实施。

中华人民共和国海关关于过境旅客
行李物品管理规定

（1991年9月2日海关总署令第25号公布，根据2010年11月26日
海关总署令第198号《海关总署关于修改部分规章的决定》修改）

第一条 根据《中华人民共和国海关法》和《中华人民共和国海关对进出
境旅客行李物品监管办法》，制定本规定。

第二条 本规定所称过境旅客系指持有效过境签证（与我互免签证国家的
旅客，凭其有效护照）从境外某地，通过境内，前往境外另一地的旅客；包括
进境后不离开海关监管区或海关监管下的交通工具，直接出境的旅客。

第三条 在进境口岸不离开海关监管区或海关监管下的交通工具的过境旅
客，可以免填"旅客行李申报单"，海关对其行李物品均准许过境，一般不予查
验，但是海关认为必要时除外。

第四条 在过境期限内离开海关监管区的过境旅客，携带的行李物品应以
旅行需用为限，海关依照对进出境非居民短期旅客行李物品的规定办理，其中
属于《旅客行李物品分类表》第三类的物品在规定范围内的，经海关核准可予
登记暂时免税放行，过境旅客出境时必须将原物复带出境。超出规定范围的，
除按本规定第五条办理外，均不准进境。

第五条 过境旅客携运物品超出本规定第四条所述准予放行范围的，由旅
客自行委托经海关批准或指定的报关运输公司代理承运，比照海关监管货物，
按有关规定办理手续，将监管过境物品运交有关海关监管出境；否则，海关不
准进境。

第六条 对于不准进境的物品，除经海关总署特准征税或者担保放行的以
外，应当自物品申报进境之日起3个月内由物品所有人或其代理人办理退运、
结案手续。逾期不办的，由海关按照《中华人民共和国海关法》第五十一条的
规定办理。

第七条 海关准予过境的物品及经海关登记暂时免税放行的旅行需用物品
未经海关批准，均不得擅自留在境内。因丢失、被盗或其他不可抗力的原因而
无法复带出境的，应提供公安部门的证明文件，向海关办理结案手续。不能提
供证明文件的，过境旅客应照章补税。

第八条　过境旅客不论其是否离开海关监管区，均不得携带《中华人民共和国禁止进出境的物品表》所列物品。

第九条　对过境旅客违反本规定有关条款的行为，海关将依照《中华人民共和国海关法》和《中华人民共和国海关行政处罚实施条例》的有关规定予以处罚。

第十条　本规定自 1991 年 9 月 10 日起实施。

中华人民共和国海关对中国籍旅客进出境
行李物品的管理规定

（1996 年 8 月 10 日海关总署令第 58 号公布，根据 2010 年 11 月 26 日海关总署令第 198 号《海关总署关于修改部分规章的决定》第一次修改，根据 2017 年 12 月 20 日海关总署令第 235 号《海关总署关于修改部分规章的决定》第二次修改）

第一条　根据《中华人民共和国海关法》及其他有关法规，制定本规定。

第二条　本规定适用于凭中华人民共和国护照等有效旅行证件出入境的旅客，包括公派出境工作、考察、访问、学习和因私出境探亲、访友、旅游、经商、学习等中国籍居民旅客和华侨、台湾同胞、港澳同胞等中国籍非居民旅客。

第三条　中国籍旅客携运进境的行李物品，在本规定所附《中国籍旅客带进物品限量表》（简称《限量表》，见附件 1）规定的征税或免税物品品种、限量范围内的，海关准予放行，并分别验凭旅客有效出入境旅行证件及其他有关证明文件办理物品验放手续。

对不满 16 周岁者，海关只放行其旅途需用的《限量表》第一类物品。

第四条　中国籍旅客携运进境物品，超出规定免税限量仍属自用的，经海关核准可征税放行。

第五条　中国籍旅客携带旅行自用物品进出境，按照《中华人民共和国海关对进出境旅客旅行自用物品的管理规定》办理验放手续。

第六条　获准进境定居的中国籍非居民旅客携运进境其在境外拥有并使用过的自用物品及车辆，应当在获准定居后六个月内凭中华人民共和国有关主管部门签发的定居证明，向海关办理通关手续。上述自用物品向定居地主管海关或者口岸海关申报，除《定居旅客应税自用及安家物品清单》（见附件 2）所列物品需征税外，经海关审核在合理数量范围内的准予免税进境。其中完税价格在人民币1000元以上，5000元以下（含5000元）的物品每种限1件。自用小汽车和摩托车向定居地主管海关申报，每户准予征税进境各1辆。

　　第七条　定居旅客自进境之日起，居留时间不满二年，再次出境定居的，其免税携运进境的自用物品应复运出境，或依照相关规定向海关补缴进口税。

　　再次出境定居的旅客，在外居留不满二年，重新进境定居者，海关对其携运进境的自用物品均按本规定第三条办理。

　　第八条　进境长期工作、学习的中国籍非居民旅客，在取得长期居留证件之前，海关按照本规定验放其携运进出境的行李物品；在取得长期居留证件之后，另按海关对非居民长期旅客和常驻机构进出境公、私用物品的规定办理。

　　第九条　对短期内多次来往香港、澳门地区的旅客和经常出入境人员以及边境地区居民，海关只放行其旅途必需物品。具体管理规定授权有关海关制定并报中华人民共和国海关总署批准后公布实施。

　　前款所述"短期内多次来往"和"经常出入境"指半个月（15日）内进境超过1次。

　　第十条　除国家禁止和限制出境的物品另按有关规定办理外，中国籍旅客携运出境的行李物品，经海关审核在自用合理数量范围内的，准予出境。

　　以分离运输方式运出的行李物品，应由本人凭有效的出境证件，在本人出境前向所在地海关办理海关手续。

　　第十一条　中国籍旅客进出境行李物品，超出自用合理数量及规定的限量、限值或品种范围的，除另有规定者外，海关不予放行。除本人声明放弃外，应在三个月内由本人或其代理人向海关办理退运手续；逾期不办的，由海关按《中华人民共和国海关法》第五十一条规定处理。

　　第十二条　旅客进出境时应遵守本规定和中华人民共和国海关总署授权有关海关为实施本规定所公告的其他补充规定。违者，海关将依照《中华人民共和国海关法》和《中华人民共和国海关行政处罚实施条例》的有关规定处理。

　　第十三条　本规定由中华人民共和国海关总署负责解释。

　　第十四条　本规定自1996年8月15日起实施。

　　附件：1. 中国籍旅客带进物品限量表
　　　　　2. 定居旅客应税自用物品及安家物品清单

附件 1

中国籍旅客带进物品限量表

（中华人民共和国海关总署 1996 年 8 月 15 日修订）

类别	品种	限量
第一类物品	衣料、衣着、鞋、帽、工艺美术品和价值人民币 1000 元以下（含 1000 元）的其他生活用品	自用合理数量范围内免税，其中价值人民币 800 元以上，1000 元以下的物品每种限一件
第二类物品	烟草制品 酒精饮料	(1) 香港、澳门地区居民及因私往来香港、澳门地区的内地居民，免税香烟 200 支，或雪茄 50 支，或烟丝 250 克；免税 12 度以上酒精饮料限 1 瓶（0.75 升以下） (2) 其他旅客，免税香烟 400 支，或雪茄 100 支，或烟丝 500 克；免税 12 度以上酒精饮料限 2 瓶（1.5 升以下）
第三类物品	价值人民币 1000 元以上，5000 元以下（含 5000 元）的生活用品	(1) 驻境外的外交机构人员、我出国留学人员和访问学者、赴外劳务人员和援外人员，连续在外每满 180 天（其中留学人员和访问学者物品验放时间从注册入学之日起算至毕业结业之日止），远洋船员在外每满 120 天任选其中 1 件免税 (2) 其他旅客每公历年度内进境可任选其中 1 件征税

注：1. 本表所称进境物品价值以海关审定的完税价格为准；

2. 超出本表所列最高限值的物品，另按有关规定办理；

3. 根据规定可免税带进的第三类物品，同一品种物品公历年度内不得重复；

4. 对不满 16 周岁者，海关只放行其旅途需用的第一类物品；

5. 本表不适用于短期内多次来往香港、澳门地区旅客和经常进出境人员以及边境地区居民。

附件 2

定居旅客应税自用及安家物品清单

1. 电视机
2. 摄像机
3. 录像机
4. 放像机
5. 音响设备
6. 空调器
7. 电冰箱电冰柜
8. 洗衣机
9. 照相机
10. 传真机
11. 打印机及文字处理机
12. 微型计算机及外设
13. 电话机
14. 家具
15. 灯具
16. 餐料（含饮料、酒）
17. 小汽车
18. 摩托车

中华人民共和国海关进出境印刷品及
音像制品监管办法

（2007 年 4 月 18 日海关总署令第 161 号公布，根据 2018 年 5 月 29 日海
关总署令第 240 号《海关总署关于修改部分规章的决定》第一次修正，
根据 2018 年 11 月 23 日海关总署令第 243 号《海关总署关于修改部分
规章的决定》第二次修正）

　　第一条　为了规范海关对进出境印刷品及音像制品的监管，根据《中华人
民共和国海关法》（以下简称《海关法》）及其他有关法律、行政法规的规定，

制定本办法。

第二条 本办法适用于海关对运输、携带、邮寄进出境的印刷品及音像制品的监管。

进出境摄影底片、纸型、绘画、剪贴、手稿、手抄本、复印件及其他含有文字、图像、符号等内容的货物、物品的，海关按照本办法有关进出境印刷品的监管规定进行监管。

进出境载有图文声像信息的磁、光、电存储介质的，海关按照本办法有关进出境音像制品的监管规定进行监管。

第三条 进出境印刷品及音像制品的收发货人、所有人及其代理人，应当依法如实向海关申报，并且接受海关监管。

第四条 载有下列内容之一的印刷品及音像制品，禁止进境：

（一）反对宪法确定的基本原则的；

（二）危害国家统一、主权和领土完整的；

（三）危害国家安全或者损害国家荣誉和利益的；

（四）攻击中国共产党，诋毁中华人民共和国政府的；

（五）煽动民族仇恨、民族歧视，破坏民族团结，或者侵害民族风俗、习惯的；

（六）宣扬邪教、迷信的；

（七）扰乱社会秩序，破坏社会稳定的；

（八）宣扬淫秽、赌博、暴力或者教唆犯罪的；

（九）侮辱或者诽谤他人，侵害他人合法权益的；

（十）危害社会公德或者民族优秀文化传统的；

（十一）国家主管部门认定禁止进境的；

（十二）法律、行政法规和国家规定禁止的其他内容。

第五条 载有下列内容之一的印刷品及音像制品，禁止出境：

（一）本办法第四条所列内容；

（二）涉及国家秘密的；

（三）国家主管部门认定禁止出境的。

第六条 印刷品及音像制品进出境，海关难以确定是否载有本办法第四条、第五条规定内容的，依据国务院有关行政主管部门或者其指定的专门机构的审查、鉴定结论予以处理。

第七条 个人自用进境印刷品及音像制品在下列规定数量以内的，海关予以免税验放：

（一）单行本发行的图书、报纸、期刊类出版物，每人每次 10 册（份）以下；

（二）单碟（盘）发行的音像制品，每人每次 20 盘以下；

（三）成套发行的图书类出版物，每人每次 3 套以下；

（四）成套发行的音像制品，每人每次 3 套以下。

第八条 超出本办法第七条规定的数量，但是仍在合理数量以内的个人自用进境印刷品及音像制品，不属于本办法第九条规定情形的，海关应当按照《中华人民共和国进出口关税条例》有关进境物品进口税的征收规定对超出规定数量的部分予以征税放行。

第九条 有下列情形之一的，海关对全部进境印刷品及音像制品按照进口货物依法办理相关手续：

（一）个人携带、邮寄单行本发行的图书、报纸、期刊类出版物进境，每人每次超过 50 册（份）的；

（二）个人携带、邮寄单碟（盘）发行的音像制品进境，每人每次超过 100 盘的；

（三）个人携带、邮寄成套发行的图书类出版物进境，每人每次超过 10 套的；

（四）个人携带、邮寄成套发行的音像制品进境，每人每次超过 10 套的；

（五）其他构成货物特征的。

有前款所列情形的，进境印刷品及音像制品的收发货人、所有人及其代理人可以依法申请退运其进境印刷品及音像制品。

第十条 个人携带、邮寄进境的宗教类印刷品及音像制品在自用、合理数量范围内的，准予进境。

超出个人自用、合理数量进境或者以其他方式进口的宗教类印刷品及音像制品，海关凭国家宗教事务局、其委托的省级政府宗教事务管理部门或者国务院其他行政主管部门出具的证明予以征税验放。无相关证明的，海关按照《中华人民共和国海关行政处罚实施条例》（以下简称《实施条例》）的有关规定予以处理。

散发性宗教类印刷品及音像制品，禁止进境。

第十一条 印刷品及音像制品的进口业务，由国务院有关行政主管部门批准或者指定经营。未经批准或者指定，任何单位或者个人不得经营印刷品及音像制品进口业务。

其他单位或者个人进口印刷品及音像制品，应当委托国务院相关行政主管部门指定的进口经营单位向海关办理进口手续。

第十二条 除国家另有规定外，进口报纸、期刊、图书类印刷品，经营单位应当凭国家新闻出版主管部门的进口批准文件、目录清单、有关报关单证以及其他需要提供的文件向海关办理进口手续。

第十三条 进口音像制品成品或者用于出版的音像制品母带（盘）、样带（盘），经营单位应当持《中华人民共和国文化部进口音像制品批准单》（以下简称《批准单》）、有关报关单证及其他需要提供的文件向海关办理进口手续。

第十四条 非经营音像制品性质的单位进口用于本单位宣传、培训及广告等目的的音像制品，应当按照海关的要求交验《批准单》、合同、有关报关单证及其他需要提供的文件；数量总计在 200 盘以下的，可以免领《批准单》。

第十五条 随机器设备同时进口，以及进口后随机器设备复出口的记录操作系统、设备说明、专用软件等内容的印刷品及音像制品进口时，进口单位应当按照海关的要求交验合同、发票、有关报关单证及其他需要提供的文件，但是可以免领《批准单》等批准文件。

第十六条 境外赠送进口的印刷品及音像制品，受赠单位应当向海关提交赠送方出具的赠送函和受赠单位的接受证明及有关清单。

接受境外赠送的印刷品超过 100 册或者音像制品超过 200 盘的，受赠单位除向海关提交上述单证外，还应当取得有关行政主管部门的批准文件。海关对有关行政主管部门的批准文件电子数据进行系统自动比对验核。

第十七条 出口印刷品及音像制品，相关单位应当依照有关法律、法规的规定，向海关办理出口手续。

第十八条 用于展览、展示的印刷品及音像制品进出境，主办或者参展单位应当按照国家有关规定向海关办理暂时进出境手续。

第十九条 运输、携带、邮寄国家禁止进出境的印刷品及音像制品进出境，如实向海关申报的，予以收缴，或者责令退回，或者在海关监管下予以销毁或者进行技术处理。

运输、携带、邮寄国家限制进出境的印刷品及音像制品进出境，如实向海关申报，但是不能提交许可证件的，予以退运。

第二十条 下列进出境印刷品及音像制品，由海关按照放弃货物、物品依法予以处理：

（一）收货人、货物所有人、进出境印刷品及音像制品所有人声明放弃的；

（二）在海关规定期限内未办理海关手续或者无人认领的；

（三）无法投递又无法退回的。

第二十一条　违反本办法，构成走私行为、违反海关监管规定行为或者其他违反《海关法》行为的，由海关依照《海关法》和《实施条例》的有关规定予以处理；构成犯罪的，依法追究刑事责任。

第二十二条　进入保税区、出口加工区及其他海关特殊监管区域和保税监管场所的印刷品及音像制品的通关手续，依照有关规定办理。

第二十三条　享有外交特权和豁免的外国驻中国使馆、领馆及人员，联合国及其专门机构以及其他与中国政府签有协议的国际组织驻中国代表机构及人员进出境印刷品及音像制品，依照有关规定办理。

第二十四条　各类境外企业或者组织在境内常设代表机构或者办事处（不包括外国人员子女学校）及各类非居民长期旅客、留学回国人员、短期多次往返旅客进出境公用或者自用印刷品及音像制品数量的核定和通关手续，依照有关规定办理。

第二十五条　本办法下列用语的含义：

印刷品，是指通过将图像或者文字原稿制为印版，在纸张或者其他常用材料上翻印的内容相同的复制品。

音像制品，是指载有内容的唱片、录音带、录像带、激光视盘、激光唱盘等。

散发性宗教类印刷品及音像制品，是指运输、携带、邮寄进境，不属于自用、合理数量范围并且具有明显传播特征，违反国家宗教事务法规及有关政策的印刷品及音像制品。

以下，包括本数在内。

第二十六条　本办法由海关总署负责解释。

第二十七条　本办法自 2007 年 6 月 1 日起施行。1991 年 6 月 11 日海关总署令第 21 号发布的《中华人民共和国海关对个人携带和邮寄印刷品及音像制品进出境管理规定》同时废止。

中华人民共和国海关对常驻机构进出境
公用物品监管办法

（2004 年 6 月 16 日海关总署令第 115 号发布，根据 2010 年 11 月 1 日海关总署令第 193 号《海关总署关于修改〈中华人民共和国海关对常驻机构进出境公用物品监管办法〉的决定》修改，根据 2010 年 11 月 26 日海关总署令第 198 号《海关总署关于修改部分规章的决定》第一次修正，根据 2017 年 12 月 20 日海关总署令第 235 号《海关总署关于修改部分规章的决定》第二次修正，根据 2018 年 5 月 29 日海关总署令第 240 号《海关总署关于修改部分规章的决定》第三次修正)

第一章　总　则

第一条　为规范海关对常驻机构进出境公用物品的管理，根据《中华人民共和国海关法》和其他有关法律、行政法规，制定本办法。

第二条　常驻机构进出境公用物品应当以本机构自用、合理数量为限。

常驻机构进出境公用物品，可以由本机构或者其委托的报关企业向主管海关或者口岸海关办理通关手续。常驻机构进出境公用车辆，向主管海关办理通关手续。

公用物品通关时，海关可以对相关物品进行查验，防止违禁物品进出境。

公用物品放行后，海关可以通过实地核查等方式对使用情况进行抽查。

第三条　对于常驻机构进境公用物品，海关按照《中华人民共和国进出口关税条例》的有关规定征收税款。

根据政府间协定免税进境的常驻机构公用物品，海关依法免征税款。

第二章　进境公用物品监管

第四条　常驻机构首次申报进境公用物品前，应当凭下列文件向主管海关办理备案手续：

（一）设立常驻机构审批机关的批准文件复印件；

（二）主管部门颁发的注册证明复印件（以下简称《注册证》）；

（三）常驻机构报关印章式样；

（四）常驻机构负责人签字式样、身份证件复印件；

（五）常驻机构中常驻人员名册，名册含常驻人员姓名、性别、国籍、有效进出境证件号码、长期居留证件号码、到任时间、任期、职务及在中国境内的住址等内容。

主管海关审核无误后，核发《中华人民共和国海关常驻机构备案证》（以下简称《海关备案证》）。《海关备案证》涉及的内容如有变更，应当自变更之日起10个工作日内到主管海关办理变更手续。

第五条 常驻机构申报进境公用物品时，应当填写《进口货物报关单》，并提交提（运）单、发票和装箱单等相关单证。

常驻机构申报进境机动车辆时，除提交前款规定的单证外，还应当提交本机构所有常驻人员的有效身份证件。

第六条 常驻机构进境机动车辆，海关按照该机构常驻人员的实际人数核定其进境车辆的总数：

（一）常驻人员在5人以下的，进境车辆总数1辆；

（二）常驻人员在6人以上10人以下的，进境车辆总数不超过2辆；

（三）常驻人员在11人以上20人以下的，进境车辆总数不超过3辆；

（四）常驻人员在21人以上30人以下的，进境车辆总数不超过4辆；

（五）常驻人员在31人以上的，进境车辆总数不超过6辆。

第七条 进境机动车辆因事故、不可抗力等原因遭受严重损毁或因损耗、超过使用年限等原因丧失使用价值，经报废处理后，常驻机构凭公安交通管理部门出具的机动车辆注销证明，经主管海关同意办理机动车辆结案手续后，可按结案数量重新申报进境机动车辆。

进境机动车辆有丢失、被盗、转让或出售给他人、超出监管期限等情形的，常驻机构不得重新申报进境机动车辆。

第八条 常驻机构进境机动车辆，应当自海关放行之日起10个工作日内，向主管海关申领《中华人民共和国海关监管车辆进/出境领/销牌照通知书》（以下简称《领/销牌照通知书》），办理机动车辆牌照申领手续。其中，免税进境的机动车辆，常驻机构还应当自取得《领/销牌照通知书》之日起10个工作日内，凭公安交通管理部门颁发的《机动车辆行驶证》向主管海关申领《中华人民共和国海关监管车辆登记证》（以下简称《监管车辆登记证》）。

第九条 常驻机构进境的货样、广告品及暂时进口货物，按照海关相关规定办理验放手续。

第三章　出境公用物品监管

第十条　常驻机构申报出境原进境公用物品时，应当填写《出口货物报关单》。

常驻机构申报出境原进境机动车辆的，海关开具《领/销牌照通知书》，常驻机构凭此向公安交通管理部门办理注销牌照手续。

第四章　进境免税机动车辆后续监管

第十一条　常驻机构依据本办法第三条第二款规定免税进境的机动车辆属于海关监管机动车辆，主管海关对其实施后续监管，监管期限为自海关放行之日起 6 年。

未经海关批准，进境机动车辆在海关监管期限内不得擅自转让、出售、出租、抵押、质押或者进行其他处置。

第十二条　海关对常驻机构进境监管机动车辆实行年审制度。常驻机构应当根据主管海关的公告，在规定时间内，将进境监管机动车辆驶至指定地点，凭《监管车辆登记证》《机动车辆行驶证》向主管海关办理机动车辆海关年审手续。年审合格后，主管海关在《监管车辆登记证》上加盖年审印章。

第十三条　常驻机构监管机动车辆自海关放行之日起超过 4 年的，经主管海关批准，可以按规定将监管机动车辆转让给其他常驻机构或者常驻人员，或者出售给特许经营单位。受让方机动车辆进境指标相应扣减。

机动车辆受让方同样享有免税进境机动车辆权利的，受让机动车辆予以免税，受让方主管海关在该机动车辆的剩余监管年限内实施后续监管。

第十四条　常驻机构转让进境监管机动车辆时，应当由受让方向主管海关提交经出、受让双方签章确认的《中华人民共和国海关公/自用车辆转让申请表》（以下简称《转让申请表》）及其他相关单证。受让方主管海关审核批注后，将《转让申请表》转至出让方主管海关。出让方凭其主管海关开具的《领/销牌照通知书》向公安交通管理部门办理机动车辆牌照注销手续；出让方主管海关办理机动车辆结案手续后，将机动车辆进境原始档案及《转让申请表》回执联转至受让方主管海关。受让方凭其主管海关出具的《领/销牌照通知书》向公安交通管理部门办理机动车辆牌照申领手续。应当补税的机动车辆由受让方向其主管海关依法补缴税款。

常驻机构将进境监管机动车辆出售给特许经营单位的，特许经营单位应当向常驻机构的主管海关提交经常驻机构盖章确认的《转让申请表》，参照前款规定办理结案手续，并依法向主管海关补缴税款。

第十五条　机动车辆海关监管期限届满的，常驻机构应当凭《中华人民共和国海关公/自用车辆解除监管申请表》《监管车辆登记证》《机动车辆行驶证》向主管海关申请解除监管。主管海关核准后，开具《中华人民共和国海关监管车辆解除监管证明书》，常驻机构凭此向公安交通管理部门办理有关手续。

第十六条　海关监管期限内的机动车辆因法院判决抵偿他人债务或者丢失、被盗的，机动车辆原所有人应当凭有关证明向海关申请办理机动车辆解除监管手续，并依法补缴税款。

第十七条　经批准撤销的常驻机构，应当向主管海关办理海关监管机动车辆结案和其他有关手续。

第五章　法律责任

第十八条　违反本办法，构成走私行为、违反海关监管规定行为或者其他违反海关法行为的，海关依照《中华人民共和国海关法》、《中华人民共和国海关行政处罚实施条例》予以处罚；构成犯罪的，依法追究刑事责任。

第六章　附　则

第十九条　本办法下列用语的含义：

"常驻机构"是指境外企业、新闻机构、经贸机构、文化团体及其他境外法人经中华人民共和国政府主管部门批准，在境内设立的常设机构。

"主管海关"是指常驻机构所在地的直属海关或者经直属海关授权的隶属海关。

"公用物品"是指常驻机构开展业务所必需的办公设备、办公用品及机动车辆。

"机动车辆"是指小轿车、越野车、9座及以下的小客车。

本办法第六条中的"以下"、"以上"，均包含本数在内。

第二十条　外国驻中国使馆、领馆，联合国及其专门机构，以及其他与中国政府签有协议的国际组织驻中国代表机构进出境物品，不适用本办法，另按有关法律、行政法规办理。

第二十一条　本办法所规定的文书由海关总署另行制定并且发布。

第二十二条　本办法由海关总署负责解释。

第二十三条　本办法自2004年8月1日起施行。本办法附件所列规范性文件同时废止。

附件：废止文件清单（略）

中华人民共和国海关对非居民长期旅客
进出境自用物品监管办法

（2004 年 6 月 16 日海关总署令第 116 号发布，根据 2010 年 11 月 1 日海关
总署令第 194 号公布的《海关总署关于修改〈中华人民共和国海关对非
居民长期旅客进出境自用物品监管办法〉的决定》第一次修正，根据
2010 年 11 月 26 日海关总署令第 198 号《海关总署关于修改部分规章的决
定》第二次修正，根据 2017 年 12 月 20 日海关总署令第 235 号公布的
《海关总署关于修改部分规章的决定》第三次修正，根据 2018 年 5 月 29 日
海关总署令第 240 号《海关总署关于修改部分规章的决定》第四次修正)

第一章 总 则

第一条 为规范海关对非居民长期旅客进出境自用物品的管理，根据《中
华人民共和国海关法》和其他有关法律、行政法规，制定本办法。

第二条 非居民长期旅客进出境自用物品应当符合《非居民长期旅客自用
物品目录》（以下简称《物品目录》），以个人自用、合理数量为限。《物品目
录》由海关总署另行制定并且发布。其中，常驻人员可以进境机动车辆，每人
限 1 辆，其他非居民长期旅客不得进境机动车辆。

非居民长期旅客进出境自用物品，可以由本人或者其委托的报关企业向主
管海关或者口岸海关办理通关手续。常驻人员进境机动车辆，向主管海关办理
通关手续。

自用物品通关时，海关可以对相关物品进行查验，防止违禁物品进出境。

自用物品放行后，海关可以通过实地核查等方式对使用情况进行抽查。

第三条 非居民长期旅客取得境内长期居留证件后方可申报进境自用物品，
首次申报进境的自用物品海关予以免税，但按照本规定准予进境的机动车辆和国
家规定应当征税的 20 种商品除外。再次申报进境的自用物品，一律予以征税。

对于应当征税的非居民长期旅客进境自用物品，海关按照《中华人民共和
国进出口关税条例》的有关规定征收税款。

根据政府间协定免税进境的非居民长期旅客自用物品，海关依法免征税款。

第二章　进境自用物品监管

第四条　非居民长期旅客申报进境自用物品时，应当填写《中华人民共和国海关进出境自用物品申报单》（以下简称《申报单》），并提交身份证件、长期居留证件、提（运）单和装箱单等相关单证。港澳台人员还需提供其居住地公安机关出具的居留证明。

常驻人员申报进境机动车辆时，应当填写《进口货物报关单》，并提交前款规定的单证。

第五条　进境机动车辆因事故、不可抗力等原因遭受严重损毁或因损耗、超过使用年限等原因丧失使用价值，经报废处理后，常驻人员凭公安交通管理部门出具的机动车辆注销证明，经主管海关同意办理机动车辆结案手续后，可重新申报进境机动车辆1辆。

进境机动车辆有丢失、被盗、转让或出售给他人、超出监管期限等情形的，常驻人员不得重新申报进境机动车辆。

第六条　常驻人员进境机动车辆，应当自海关放行之日起10个工作日内，向主管海关申领《中华人民共和国海关监管车辆进/出境领/销牌照通知书》（以下简称《领/销牌照通知书》），办理机动车辆牌照申领手续。其中，免税进境的机动车辆，常驻人员还应当自取得《领/销牌照通知书》之日起10个工作日内，凭公安交通管理部门颁发的《机动车辆行驶证》向主管海关申领《中华人民共和国海关监管车辆登记证》（以下简称《监管车辆登记证》）。

第三章　出境自用物品监管

第七条　非居民长期旅客申报出境原进境自用物品时，应当填写《申报单》，并提交身份证件、长期居留证件、提（运）单和装箱单等相关单证。

常驻人员申报出境原进境机动车辆的，海关开具《领/销牌照通知书》，常驻人员凭此向公安交通管理部门办理注销牌照手续。

第四章　进境免税机动车辆后续监管

第八条　常驻人员依据本办法第三条第三款规定免税进境的机动车辆属于海关监管机动车辆，主管海关对其实施后续监管，监管期限为自海关放行之日起6年。

未经海关批准，进境机动车辆在海关监管期限内不得擅自转让、出售、出租、抵押、质押或者进行其他处置。

第九条　海关对常驻人员进境监管机动车辆实行年审制度。常驻人员应当根据主管海关的公告，在规定时间内，将进境监管机动车辆驶至指定地点，凭本人身份证件、长期居留证件、《监管车辆登记证》、《机动车辆行驶证》向主管海关办理机动车辆海关年审手续。年审合格后，主管海关在《监管车辆登记证》上加盖年审印章。

第十条　常驻人员任期届满后，经主管海关批准，可以按规定将监管机动车辆转让给其他常驻人员或者常驻机构，或者出售给特许经营单位。受让方的机动车辆进境指标相应扣减。

机动车辆受让方同样享有免税进境机动车辆权利的，受让机动车辆予以免税，受让方主管海关在该机动车辆的剩余监管年限内实施后续监管。

第十一条　常驻人员转让进境监管机动车辆时，应当由受让方向主管海关提交经出、受让双方签章确认的《中华人民共和国海关公/自用车辆转让申请表》（以下简称《转让申请表》）及其他相关单证。受让方主管海关审核批注后，将《转让申请表》转至出让方主管海关。出让方凭其主管海关开具的《领/销牌照通知书》向公安交通管理部门办理机动车辆牌照注销手续；出让方主管海关办理机动车辆结案手续后，将机动车辆进境原始档案及《转让申请表》回执联转至受让方主管海关。受让方凭其主管海关出具的《领/销牌照通知书》向公安交通管理部门办理机动车辆牌照申领手续。应当补税的机动车辆由受让方向其主管海关依法补缴税款。

常驻人员进境监管机动车辆出售时，应当由特许经营单位向常驻人员的主管海关提交经常驻人员签字确认的《转让申请表》，主管海关审核无误后，由特许经营单位参照前款规定办理机动车辆注销牌照等结案手续，并依法向主管海关补缴税款。

第十二条　机动车辆海关监管期限届满的，常驻人员应当凭《中华人民共和国海关公/自用车辆解除监管申请表》《机动车辆行驶证》向主管海关申请解除监管。主管海关核准后，开具《中华人民共和国海关监管车辆解除监管证明书》，常驻人员凭此向公安交通管理部门办理有关手续。

第十三条　海关监管期限内的机动车辆因法院判决抵偿他人债务或者丢失、被盗的，机动车辆原所有人应当凭有关证明向海关申请办理机动车辆解除监管手续，并依法补缴税款。

第十四条　任期届满的常驻人员，应当在离境前向主管海关办理海关监管机动车辆的结案手续。

第五章　法律责任

第十五条　违反本办法，构成走私行为、违反海关监管规定行为或者其他违反海关法行为的，海关依照《中华人民共和国海关法》、《中华人民共和国海关行政处罚实施条例》予以处罚；构成犯罪的，依法追究刑事责任。

第六章　附　则

第十六条　本办法下列用语的含义：

"非居民长期旅客"是指经公安部门批准进境并在境内连续居留一年以上（含一年），期满后仍回到境外定居地的外国公民、港澳台地区人员、华侨。

"常驻人员"是指非居民长期旅客中的下列人员：

（一）境外企业、新闻机构、经贸机构、文化团体及其他境外法人经中华人民共和国政府主管部门批准，在境内设立的并在海关备案的常设机构内的工作人员；

（二）在海关注册登记的外商投资企业内的人员；

（三）入境长期工作的专家。

"身份证件"是指中华人民共和国主管部门颁发的《外国（地区）企业常驻代表机构工作证》、《中华人民共和国外国人工作许可证》等证件，以及进出境使用的护照、《港澳居民来往内地通行证》、《台湾居民往来大陆通行证》等。

"长期居留证件"是指有效期一年及以上的《中华人民共和国外国人居留许可》、《港澳居民来往内地通行证》、《台湾居民来往大陆通行证》等准予在境内长期居留的证件。

"主管海关"是指非居民长期旅客境内居留所在地的直属海关或者经直属海关授权的隶属海关。

"自用物品"是指非居民长期旅客在境内居留期间日常生活所需的《物品目录》范围内物品及机动车辆。

"机动车辆"是指摩托车、小轿车、越野车、9座及以下的小客车。

"20种商品"是指电视机、摄像机、录像机、放像机、音响设备、空调器、电冰箱（柜）、洗衣机、照相机、复印机、程控电话交换机、微型计算机、电话机、无线寻呼系统、传真机、电子计算器、打印机及文字处理机、家具、灯具和餐料。

第十七条　外国驻中国使馆、领馆人员，联合国及其专门机构以及其他与中国政府签有协议的国际组织驻中国代表机构人员进出境物品，不适用本办法，另按有关法律、行政法规办理。

第十八条 本办法所规定的文书由海关总署另行制定并且发布。

第十九条 本办法由海关总署负责解释。

第二十条 本办法自 2004 年 8 月 1 日起施行。本办法附件所列规范性文件同时废止。

附件：废止文件清单（略）

中华人民共和国海关对我出国人员进出境免验范围的规定

（1985 年 1 月 25 日海关总署〔1985〕署行字第 57 号文发布，
自 1985 年 2 月 25 日起施行）

第一条 党和国家领导人率领党、政代表团，或全国人民代表大会代表团所乘坐的专机、专车和公私用物品（包括随行人员和专机专车上的服务人员的行李物品），海关可分别根据外交部、中联部、全国人大常委会办公厅等部门的通知免予监管。

上述代表团乘坐的专机、专车内，载有上列人员以外的行李物品、货物时，有关组织出访的部门或者运输部门应当事先通知海关，由海关按照规定办理验放手续。

第二条 其他出访的代表团、组、人员进出境的行李物品，海关一律验凭其所持的外交护照免予查验。

第三条 我常驻国外代表机构中的下列人员进出境行李物品，海关验凭其护照所列职衔免予查验：

（一）我驻外大使馆、领事馆中参赞、武官、副总领事以上人员；

（二）我常驻联合国代表团正、副代表，参赞，军参团团长，陆、海、空军代表以及驻联合国日内瓦办事处，其他国际组织代表处和国际机构代表团正、副代表；

（三）我驻朝鲜军事停战委员会朝中方面中国人民志愿军委员，中国人民志愿军首席参谋；

（四）我驻新加坡商务代表处正、副代表；

（五）我驻香港签证处代表、副代表，新华社香港分社社长、副社长。

第四条 上列免予查验的人员应遵守海关对我出国人员进出境行李物品的有关规定。免予查验的人员行李中如有我国禁止进出口的物品，或者有代他人携带的物品，应当向海关口头申报。对免予查验的人员，海关有权根据情况对其进口的行李物品进行询问。对确有根据证明免验人员行李中有我国禁止进出口物品或有违反海关规定情事的，海关可以进行查验（查验时，行李物品所有人或者代理人必须在场）并做查验记录。

第五条 本规定自1985年2月25日起施行。

中华人民共和国海关关于境外登山团体和
个人进出境物品管理规定

（1992年3月10日海关总署令第30号公布，自1992年5月1日起施行，根据2010年11月26日海关总署令第198号《海关总署关于修改部分规章的决定》第一次修正，根据2018年5月29日海关总署令第240号《海关总署关于修改部分规章的决定》第二次修正）

第一条 为促进我国登山事业的发展，加强对境外登山团体和个人进出境物品管理，根据《中华人民共和国海关法》、《外国人来华登山管理办法》以及国家有关法规，特制定本规定。

第二条 境外登山团体和个人进境从事《外国人来华登山管理办法》所列的登山活动，经有关主管部门审核批准后，其进出境登山用物品，统一由中国登山协会（以下简称"中国登协"）归口管理，负责凭有关主管部门的批件向海关办理物品报关、担保、核销、结案等手续。

第三条 境外登山团体和个人运进、运出登山用物品，由登山活动所在地或临近地海关（即主管海关）负责审批验放管理。

第四条 境外登山团体和个人运进、运出登山用食品、急救药品、防寒衣物、高山专用技术设备、燃料、氧气设备、易损的汽车零配件等消耗性物品，属于"特准进口物品"范围，经主管海关审核在自用合理数量范围内的，予以特准免税放行。其中：各种食品每人每天共计限十公斤，防寒衣物及被褥每人每种限十套。

超出上述自用合理数量范围的物品，以及自用的烟酒，经海关核准后，予以征税放行。

第五条 境外登山团体和个人运进、运出登山用的通讯、摄影、摄像、录像、测绘器材和机动交通工具等非消耗性物品,属于"暂时进口物品"范围,由中国登协按规定向主管海关缴纳保证金后,暂准免税进境。其中运进无线电通讯设备和器材,需交验国家无线电管理委员会的批件;随同登山团体和个人进境的境外记者运进的摄影、摄像器材,需交验外交部新闻司或全国记协的批件。

第六条 境外登山团体和个人以及随行的境外记者随身携带进境的上述"暂时进口物品"(机动交通工具除外),由进境地海关凭有关主管部门的批件和中国登协缴纳的保证金暂予免税放行;或者验凭主管海关出具的联系单,作为转关运输货物,由中国登协负责转运至主管海关办理。

对上述人员携带进境的其他物品,进境地海关按照《中华人民共和国海关对进出境旅客行李物品监管办法》有关规定验放。

第七条 境外团体和个人登山时采集的标本、样品、化石和在境内拍摄的音像资料以及测绘成果,由中国登协负责报国家有关主管部门审查。出境时,海关凭中国登协出具的有关主管部门的审批件查核放行。

第八条 境外登山团体和个人一律不准运进运出中华人民共和国禁止进出境物品。

第九条 经海关核准暂时免税进境的登山物品,不得移作他用,并应在规定的期限内复运出境。如因特殊原因不能复运出境的,应由中国登协在规定暂准进境期限内,办妥正式进口手续,向海关结案。

第十条 登山活动结束后,境外登山团体和个人留赠给中方的登山用物品,由中国登协按本规定第九条办理有关手续。

第十一条 中外联合登山团体进出境登山用物品,海关根据有关主管部门提供的中外登山人员总数合并审批有关登山物品数量。具体手续参照本规定有关条款办理。

第十二条 对违反本规定的,海关将依照《中华人民共和国海关法》和《中华人民共和国海关行政处罚实施条例》规定予以处罚。

第十三条 本规定自 1992 年 5 月 1 日起施行。

中华人民共和国海关对旅客携带和个人邮寄
中药材、中成药出境的管理规定

（1990年6月26日海关总署令第12号发布，自1990年7月1日起施行）

第一条 为了加强对中药材、中成药出境的管理，根据《中华人民共和国海关法》特制定本规定。

第二条 旅客携带中药材、中成药出境，前往港澳地区的，总值限人民币一百五十元；前往国外的，限人民币三百元。

第三条 个人邮寄中药材、中成药出境，寄往港澳地区的，总值限人民币一百元；寄往国外的，限人民币二百元。

第四条 进境旅客出境时携带用外汇购买的、数量合理的自用中药材、中成药，海关验凭盖有国家外汇管理局统一制发的"外汇购买专用章"的发货票放行。超出自用合理数量范围的，不准带出。

第五条 麝香不准携带或邮寄出境。

第六条 本规定自一九九○年七月一日起执行。

中华人民共和国海关对旅客携运和
个人邮寄文物出口的管理规定

［1985年2月15日海关总署〔1985〕署行字第93号
文发布，根据监二（一）字〔1989〕167号文修改］

第一条 根据《中华人民共和国文物保护法》第二条、第二十七条和第二十八条的规定，制定本规定。

第二条 旅客携带、托运和个人邮寄文物（含已故现代著名书画家的作品）出口，必须向海关申报，海关凭文化行政管理部门钤盖的鉴定标志及文物外销发货票，或文化部指定的文化行政管理部门开具的许可出口证明查验放行。

第三条 携运、邮寄文物出口，不向海关申报的，不论是否藏匿，均属走私行为。海关根据有关法规处理。

第四条　已向海关申报，但不能交验文化行政管理部门开具的文物许可出口证明和钤盖的鉴定标志或文物外销发货票的，不准出口，应予退运。限 3 个月内（来往港澳地区的旅客限 1 个月内）由当事人或其代理人领回；过期不领，海关按有关规定处理。

第五条　本规定自 1985 年 2 月 15 日起实行。

中华人民共和国海关对进出境快件监管办法

（2003 年 11 月 18 日海关总署令第 104 号发布，根据 2006 年 3 月 28 日海关总署令第 147 号公布的《海关总署关于修改〈中华人民共和国海关对进出境快件监管办法〉的决定》第一次修正，根据 2010 年 11 月 26 日海关总署令第 198 号《海关总署关于修改部分规章的决定》第二次修正，根据 2018 年 5 月 29 日海关总署令第 240 号《海关总署关于修改部分规章的决定》第三次修正）

第一章　总　　则

第一条　为加强海关对进出境快件的监管，便利进出境快件通关，根据《中华人民共和国海关法》及其他有关法律、行政法规，制定本办法。

第二条　本办法所称进出境快件是指进出境快件运营人以向客户承诺的快速商业运作方式承揽、承运的进出境货物、物品。

第三条　本办法所称进出境快件运营人（以下简称运营人）是指在中华人民共和国境内依法注册，在海关登记备案的从事进出境快件运营业务的国际货物运输代理企业。

第四条　运营人不得承揽、承运《中华人民共和国禁止进出境物品表》所列物品，如有发现，不得擅作处理，应当立即通知海关并协助海关进行处理。

未经中华人民共和国邮政部门批准，运营人不得承揽、承运私人信件。

第五条　运营人不得以任何形式出租、出借、转让本企业的进出境快件报关权，不得代理非本企业承揽、承运的货物、物品的报关。

第六条　未经海关许可，未办结海关手续的进出境快件不得移出海关监管场所，不得进行装卸、开拆、重换包装、更换标记、提取、派送和发运等作业。

第二章　运营人登记

第七条　运营人申请办理进出境快件代理报关业务的，应当按照海关对国际货物运输代理企业的注册管理规定在所在地海关办理登记手续。

第八条　运营人在所在地海关办理登记手续应具备下列条件：

（一）内资国际货物运输代理企业及其分支机构已经获得国务院对外贸易主管部门或者其委托的备案机构办理的《国际货运代理企业备案表》；外商投资国际货物运输代理企业已经获得国务院对外贸易主管部门颁发的《外商投资企业批准证书》，获准经营进出境快件业务；外商投资国际货物运输代理企业分公司已经获得国务院对外贸易主管部门的批准文件，获准经营进出境快件业务。

（二）已经领取工商行政管理部门颁发的《企业法人营业执照》，准予或者核定其经营进出境快件业务。

（三）已经在海关办理报关企业注册登记手续。

（四）具有境内、外进出境快件运输网络和二个以上境外分支机构或代理人。

（五）具有本企业专用进出境快件标识、运单，运输车辆符合海关监管要求并经海关核准备案。

（六）具备实行电子数据交换方式报关的条件。

（七）快件的外包装上应标有符合海关自动化检查要求的条形码。

（八）与境外合作者（包括境内企业法人在境外设立的分支机构）的合作运输合同或协议。

第九条　进出境快件运营人不再具备本《办法》第八条所列条件之一或者在一年内没有从事进出境快件运营业务的，海关注销该运营人从事进出境快件报关的资格。

第三章　进出境快件分类

第十条　本办法将进出境快件分为文件类、个人物品类和货物类三类。

第十一条　文件类进出境快件是指法律、法规规定予以免税且无商业价值的文件、单证、票据及资料。

第十二条　个人物品类进出境快件是指海关法规规定自用、合理数量范围内的进出境的旅客分离运输行李物品、亲友间相互馈赠物品和其他个人物品。

第十三条　货物类进出境快件是指第十一条、第十二条规定以外的快件。

第四章　进出境快件监管

第十四条　进出境快件通关应当在经海关批准的专门监管场所内进行，如因特殊情况需要在专门监管场所以外进行的，需事先征得所在地海关同意。

运营人应当在海关对进出境快件的专门监管场所内设有符合海关监管要求的专用场地、仓库和设备。

对进出境快件专门监管场所的管理办法，由海关总署另行制定。

第十五条　进出境快件通关应当在海关正常办公时间内进行，如需在海关正常办公时间以外进行的，需事先征得所在地海关同意。

第十六条　进境快件自运输工具申报进境之日起十四日内，出境快件在运输工具离境 3 小时之前，应当向海关申报。

第十七条　运营人应向海关传输或递交进出境快件舱单或清单，海关确认无误后接受申报；运营人需提前报关的，应当提前将进出境快件运输和抵达情况书面通知海关，并向海关传输或递交舱单或清单，海关确认无误后接受预申报。

第十八条　海关查验进出境快件时，运营人应派员到场，并负责进出境快件的搬移、开拆和重封包装。

海关对进出境快件中的个人物品实施开拆查验时，运营人应通知进境快件的收件人或出境快件的发件人到场，收件人或发件人不能到场的，运营人应向海关提交其委托书，代理收/发件人的义务，并承担相应法律责任。

海关认为必要时，可对进出境快件予以径行开验、复验或者提取货样。

第十九条　除另有规定外，运营人办理进出境快件报关手续时，应当按本办法第十一条、第十二条、第十三条分类规定分别向海关提交有关报关单证并办理相应的报关、纳税手续。

第二十条　文件类进出境快件报关时，运营人应当向海关提交《中华人民共和国海关进出境快件 KJ1 报关单》、总运单（副本）和海关需要的其他单证。

第二十一条　个人物品类进出境快件报关时，运营人应当向海关提交《中华人民共和国海关进出境快件个人物品申报单》、每一进出境快件的分运单、进境快件收件人或出境快件发件人身份证件影印件和海关需要的其他单证。

第二十二条　货物类进境快件报关时，运营人应当按下列情形分别向海关提交报关单证：

对关税税额在《中华人民共和国进出口关税条例》规定的关税起征数额以下的货物和海关规定准予免税的货样、广告品，应提交《中华人民共和国海关进出境快件 KJ2 报关单》、每一进境快件的分运单、发票和海关需要的其他单证。

对应予征税的货样、广告品（法律、法规规定实行许可证件管理的、需进口付汇的除外），应提交《中华人民共和国海关进出境快件 KJ3 报关单》、每一进境快件的分运单、发票和海关需要的其他单证。

第二十三条　对第二十条、第二十一条、第二十二条规定以外的货物，按照海关对进口货物通关的规定办理。

第二十四条　货物类出境快件报关时，运营人应按下列情形分别向海关提交报关单证：

对货样、广告品（法律、法规规定实行许可证件管理的、应征出口关税的、需出口收汇的、需出口退税的除外），应提交《中华人民共和国海关进出境快件 KJ2 报关单》、每一出境快件的分运单、发票和海关需要的其他单证。

对上述以外的其他货物，按照海关对出口货物通关的规定办理。

第五章　进出境专差快件

第二十五条　进出境专差快件是指运营人以专差押运方式承运进出境的空运快件。

第二十六条　运营人从事进出境专差快件经营业务，除应当按本办法第二章有关规定办理登记手续外，还应当将进出境专差快件的进出境口岸、时间、路线、运输工具航班、专差本人的详细情况、标志等向所在地海关登记。如有变更，应当于变更前 5 个工作日向所在地海关登记。

对符合上述条件的，所在地海关核发《中华人民共和国海关进出境专差快件登记证书》。运营人凭以办理进出境专差快件报关业务。

第二十七条　进出境专差快件应按行李物品方式托运，使用专用包装，并在总包装的显著位置标注运营人名称和"进出境专差快件"字样。

第六章　法律责任

第二十八条　违反本办法有走私违法行为的，海关按照《中华人民共和国海关法》、《中华人民共和国海关行政处罚实施条例》等有关法律、行政法规进行处理；构成犯罪的，依法追究刑事责任。

第七章　附　则

第二十九条　本办法所规定的文书由海关总署另行制定并且发布。

第三十条　本办法由海关总署负责解释。

第三十一条　本办法自二○○四年一月一日起施行。

中华人民共和国海关对
进口遗物的管理规定

（1984 年 5 月 8 日海关总署〔1984〕署行字第 285 号
文发布，自 1984 年 6 月 1 日起施行）

一、从国外或香港、澳门地区进口的遗物，应由物主在国内的继承人向海关申请并交验物主的死亡证明书原件和国内公证机关出具的继承权公证书，经海关核准后，方可一次进口。这项申请，以物主死亡后 1 年为期，逾期不予受理。

二、遗物系指物主生前使用过的物品。日常生活用品在合理数量范围内，准予免税进口；耐用消费品（不包括汽车、录像机），由国外进口的，准予免税放行 4 件；由香港澳门地区进口的，准予免税放行 2 件。

三、不属于物主生前使用过的物品以及超出上述范围的遗物，予以退运。

四、本规定自 1984 年 6 月 1 日起实施。

中华人民共和国海关对高层次留学人才回国
和海外科技专家来华工作进出境物品管理办法

（2006 年 12 月 26 日海关总署令第 154 号发布，根据 2010 年 11 月 26 日
海关总署令第 198 号《海关总署关于修改部分规章的决定》修改）

第一条　为了鼓励高层次留学人才回国和海外科技专家来华工作，推动国家科学、技术进步，根据《中华人民共和国海关法》和国家有关法律、行政法规及其他有关规定，制定本办法。

第二条　由人事部、教育部或者其授权部门认定的高层次留学人才和海外科技专家（以下统称高层次人才），以随身携带、分离运输、邮递、快递等方式进出境科研、教学和自用物品，适用本办法。

第三条 回国定居或者来华工作连续 1 年以上（含 1 年，下同）的高层次人才进境本办法所附清单（见附件 1）范围内合理数量的科研、教学物品，海关依据有关规定予以免税验放。

第四条 回国定居或者来华工作连续 1 年以上的高层次人才进境本办法所附清单（见附件 2）范围内合理数量的自用物品，海关依据有关规定予以免税验放。

上述人员可以依据有关规定申请从境外运进自用机动车辆 1 辆（限小轿车、越野车、9 座及以下的小客车），海关依据有关规定予以征税验放。

第五条 高层次人才进境本办法第三条、第四条所列物品，除应当向海关提交人事部、教育部或者其授权部门出具的高层次人才身份证明外，还应当按照下列规定办理海关手续：

（一）以随身携带、分离运输方式进境科研、教学物品的，应当如实向海关书面申报，并提交本人有效入出境身份证件；

（二）以邮递、快递方式进境科研、教学用品的，应当如实向海关申报，并提交本人有效入出境身份证件；

（三）回国定居或者来华工作连续 1 年以上的高层次人才进境自用物品的，应当填写《中华人民共和国海关进出境自用物品申请表》，并提交本人有效入出境身份证件、境内长期居留证件或者《回国（来华）定居专家证》，由本人或者委托他人向主管海关提出书面申请。

经主管海关审核批准后，进境地海关凭主管海关的审批单证和其他相关单证对上述物品予以验放。

第六条 高层次人才回国、来华后，因工作需要从境外运进少量消耗性的试剂、原料、配件等，应当由其所在单位按照《科学研究和教学用品免征进口税收规定》办理有关手续。

上述人员因工作需要从境外临时运进少量非消耗性科研、教学物品的，可以由其所在单位向海关出具保函，海关按照暂时进境物品办理有关手续，并监管其按期复运出境。

第七条 已获人事部、教育部或者其授权部门批准回国定居或者来华工作连续 1 年以上，但尚未取得境内长期居留证件或者《回国（来华）定居专家证》的高层次人才，对其已经运抵口岸的自用物品，海关可以凭人事部、教育部或者其授权部门出具的书面说明文件先予放行。

上述高层次人才应当在物品进境之日起 6 个月内补办有关海关手续。

第八条 高层次人才依据有关规定从境外运进的自用机动车辆，属于海关监管车辆，依法接受海关监管。

自海关放行之日起1年后，高层次人才可以向主管海关申请解除监管。

对高层次人才进境自用机动车辆的其他监管事项，按照《中华人民共和国海关对非居民长期旅客进出境自用物品监管办法》有关规定办理。

第九条 高层次人才在华工作完毕返回境外时，以随身携带、分离运输、邮递、快递等方式出境原进境物品的，应当按照规定办理相关海关手续。

第十条 高层次人才因出境参加各种学术交流等活动需要，以随身携带、分离运输、邮递、快递等方式出境合理数量的科研、教学物品，除国家禁止出境的物品外，海关按照暂时出境物品办理有关手续。

第十一条 高层次人才进出境时，海关给予通关便利。对其随身携带的进出境物品，除特殊情况外，海关可以不予开箱查验。

海关在办理高层次人才进出境物品审批、验放等手续时，应当由指定的专门机构和专人及时办理。对在节假日或者非正常工作时间内以分离运输、邮递或者快递方式进出境的物品，有特殊情况需要及时验放的，海关可以预约加班，在约定的时间内为其办理物品通关手续。

第十二条 违反本办法，构成走私或者违反海关监管规定行为的，由海关依照《中华人民共和国海关法》和《中华人民共和国海关行政处罚实施条例》的有关规定予以处理；构成犯罪的，依法追究刑事责任。

第十三条 本办法由海关总署负责解释。

第十四条 本办法自2007年1月1日起施行。

附件1

免税科研、教学物品清单

一、科学研究、科学试验和教学用的少量的小型检测、分析、测量、检查、计量、观测、发生信号的仪器、仪表及其附件；

二、为科学研究和教学提供必要条件的少量的小型实验设备；

三、各种载体形式的图书、报刊、讲稿、计算机软件；

四、标本、模型；

五、教学用幻灯片；

六、实验用材料。

附件2

免税自用物品清单

一、首次进境的个人生活、工作自用的家用摄像机、照相机、便携式收录机、便携式激光唱机、便携式计算机每种1件；

二、日常生活用品（衣物、床上用品、厨房用品等）；

三、其他自用物品（国家规定应当征税的20种商品除外）。

中华人民共和国海关对外国驻中国使馆和使馆人员进出境物品监管办法

（2008年6月5日海关总署令第174号公布，根据2018年5月29日海关总署令第240号《海关总署关于修改部分规章的决定》修正）

第一章 总 则

第一条 为了规范海关对外国驻中国使馆（以下简称使馆）和使馆人员进出境公务用品和自用物品（以下简称公用、自用物品）的监管，根据《中华人民共和国海关法》（以下简称《海关法》）、《中华人民共和国外交特权与豁免条例》和《中华人民共和国海关总署关于外国驻中国使馆和使馆人员进出境物品的规定》制定本办法。

第二条 使馆和使馆人员进出境公用、自用物品适用本办法。

第三条 使馆和使馆人员进出境公用、自用物品应当以海关核准的直接需用数量为限。

第四条 使馆和使馆人员因特殊需要携运中国政府禁止或者限制进出境物品进出境的，应当事先得到中国政府有关主管部门的批准，并按照有关规定办理。

第五条 使馆和使馆人员首次进出境公用、自用物品前，应当凭下列资料向主管海关办理备案手续：

（一）中国政府主管部门出具的证明使馆设立的文件复印件；

（二）用于报关文件的使馆馆印印模、馆长或者馆长授权的外交代表的签字样式；

（三）外交邮袋的加封封志实物和外交信使证明书样式。

使馆如从主管海关关区以外发送或者接收外交邮袋，还应当向主管海关提出申请，并提供外交邮袋的加封封志实物和外交信使证明书样式，由主管海关制作关封，交由使馆人员向进出境地海关备案。

（四）使馆人员和与其共同生活的配偶及未成年子女的进出境有效证件、中国政府主管部门核发的身份证件复印件，以及使馆出具的证明上述人员职衔、到任时间、住址等情况的文件复印件。

以上备案内容如有变更，使馆或者使馆人员应当自变更之日起 10 个工作日内向海关办理备案变更手续。

第六条　使馆和使馆人员进出境公用、自用物品，应当按照海关规定以书面或者口头方式申报。其中以书面方式申报的，还应当向海关报送电子数据。

第七条　外交代表携运进出境自用物品，海关予以免验放行。海关有重大理由推定其中装有本办法规定免税范围以外的物品、中国政府禁止进出境或者检疫法规规定管制的物品的，有权查验。海关查验时，外交代表或者其授权人员应当在场。

第八条　有下列情形之一的，使馆和使馆人员的有关物品不准进出境：

（一）携运进境的物品超出海关核准的直接需用数量范围的；

（二）未依照本办法第五条、第六条的规定向海关办理有关备案、申报手续的；

（三）未经海关批准，擅自将已免税进境的物品进行转让、出售等处置后，再次申请进境同类物品的；

（四）携运中国政府禁止或者限制进出境物品进出境，应当提交有关许可证件而不能提供的；

（五）违反海关关于使馆和使馆人员进出境物品管理规定的其他情形。

使馆和使馆人员应当在海关禁止进出境之日起 3 个月内向海关办理相关物品的退运手续。逾期未退运的，由海关依照《海关法》第三十条规定处理。

第九条　使馆和使馆人员免税运进的公用、自用物品，未经主管海关批准，不得进行转让、出售等处置。经批准进行转让、出售等处置的物品，应当按照规定向海关办理纳税或者免税手续。

使馆和使馆人员转让、出售按照本办法第十条、第十一条规定免税进境的机动车辆以及接受转让的机动车辆的，按照本办法第五章有关规定办理。

第二章　进境物品监管

第十条　使馆运进（含在境内外交人员免税店购买以及依法接受转让）烟草制品、酒精饮料和机动车辆等公用物品，海关在规定数量范围内予以免税。

第十一条　外交代表运进（含在境内外交人员免税店购买以及依法接受转让）烟草制品、酒精饮料和机动车辆等自用物品，海关在规定数量范围内予以免税。

第十二条　使馆行政技术人员和服务人员，如果不是中国公民并且不在中国永久居留的，其到任后6个月内运进的安家物品，经主管海关审核在直接需用数量范围内的（其中自用小汽车每户限1辆），海关予以免税验放。超出规定时限运进的物品，经海关核准仍属自用的，按照《中华人民共和国海关对非居民长期旅客进出境自用物品监管办法》的规定办理。

第十三条　使馆和使馆人员运进公用、自用物品，应当填写《中华人民共和国海关外交公/自用物品进出境申报单》（以下简称《申报单》），向主管海关提出申请，并附提（运）单、发票、装箱单等有关单证材料。其中，运进机动车辆的，还应当递交使馆照会。

使馆运进由使馆主办或者参与的非商业性活动所需物品，应当递交使馆照会，并就物品的所有权、活动地点、日期、活动范围、活动的组织者和参加人、物品的最后处理向海关作出书面说明。活动在使馆以外场所举办的，还应当提供与主办地签订的合同。

海关应当自接受申报之日起10个工作日内作出是否准予进境的决定。

第十四条　经海关批准进境的物品，使馆和使馆人员可以委托报关企业到主管海关办理海关手续。

进境地不在主管海关关区的，使馆和使馆人员应当委托报关企业办理海关手续。受委托的报关企业应当按照海关对转关运输货物的规定，将有关物品转至主管海关办理海关手续。

第十五条　外交代表随身携带（含附载于同一运输工具上的）自用物品进境时，应当向海关口头申报，但外交代表每次随身携带进境的香烟超过400支、雪茄超过100支、烟丝超过500克、酒精含量12度及以上的酒精饮料超过2瓶（每瓶限750毫升）的，应当按照本办法第十三条的规定向海关提出书面申请，有关物品数量计入本办法第十一条规定的限额内。

第十六条　使馆和使馆人员进境机动车辆，应当自海关放行之日起10个工作日内，向海关申领《中华人民共和国海关监管车辆进/出境领/销牌照通知书》

（以下简称《领/销牌照通知书》），办理机动车辆牌照申领手续。

第三章　出境物品监管

第十七条　使馆和使馆人员运出公用、自用物品，应当填写《申报单》，并附提（运）单、发票、装箱单、身份证件复印件等有关单证材料，向主管海关提出申请。其中，运出机动车辆的，还应当递交使馆照会。

主管海关应当自接受申请之日起 10 个工作日内作出是否准予出境的决定。

第十八条　经海关批准出境的物品，使馆和使馆人员应当委托报关企业在出境地海关办理海关手续，如出境地不在主管海关关区，受委托企业应当按照海关对转关运输货物的规定，将有关物品转至出境地海关办理海关手续。

第十九条　外交代表随身携带（含附载于同一运输工具的）自用物品出境时，应当向海关口头申报。

第二十条　使馆和使馆人员申请将原进境机动车辆复运出境的，应当经主管海关审核批准。使馆和使馆人员凭海关开具的《领/销牌照通知书》向公安交通管理部门办理注销牌照手续。主管海关凭使馆和使馆人员交来的《领/销牌照通知书》回执联，办理结案手续。

拥有免税进境机动车辆的使馆人员因离任回国办理自用物品出境手续的，应当首先向主管海关办结自用车辆结案手续。

第四章　外交邮袋监管

第二十一条　使馆发送或者接收的外交邮袋，应当以装载外交文件或者公务用品为限，并符合中国政府关于外交邮袋重量、体积等的相关规定，同时施加使馆已在海关备案的封志。

第二十二条　外交信使携带（含附载于同一运输工具的）外交邮袋进出境时，必须凭派遣国主管机关出具的载明其身份和所携外交邮袋件数的信使证明书向海关办理有关手续。海关验核信使证明书无误后予以免验放行。

第二十三条　外交邮袋由商业飞机机长转递时，机长必须持有委托国的官方证明文件，注明所携带的外交邮袋的件数。使馆应当派使馆人员向机长交接外交邮袋。海关验核外交邮袋和使馆人员身份证件无误后予以免验放行。

第二十四条　使馆以本办法第二十二条、第二十三条规定以外的其他方式进出境外交邮袋的，应当将外交邮袋存入海关监管仓库，并由使馆人员提取或者发运。海关验核使馆人员身份证件无误后予以免验放行。

第五章　机动车辆后续监管

第二十五条　使馆和使馆人员按照本办法第十条、第十一条规定免税进境的机动车辆以及接受转让的机动车辆属于海关监管车辆，主管海关对其实施后续监管。公用机动车辆的监管年限为自海关放行之日起 6 年，自用进境机动车辆的监管年限为自海关放行之日起 3 年。

未经海关批准，上述机动车辆在海关监管年限内不得进行转让、出售。

第二十六条　除使馆人员提前离任外，使馆和使馆人员免税进境的机动车辆，自海关放行之日起 2 年内不准转让或者出售。

根据前款规定可以转让或者出售的免税进境机动车辆，在转让或者出售时，应当向主管海关提出申请，经批准后方可以按规定转让给其他国家驻中国使馆和使馆人员、常驻机构和常驻人员或者海关批准的特许经营单位。其中需要征税的，应当由受让方向海关办理补税手续。受让方为其他国家驻中国使馆和使馆人员的，其机动车辆进境指标相应扣减。

机动车辆受让方同样享有免税运进机动车辆权利的，受让机动车辆予以免税。受让方主管海关在该机动车辆的剩余监管年限内实施后续监管。

第二十七条　使馆和使馆人员免税进境的机动车辆海关监管期限届满后，可以向海关申请解除监管。

申请解除监管时，应当出具照会，并凭《中华人民共和国海关公/自用车辆解除监管申请表》《机动车辆行驶证》向主管海关申请办理解除监管手续。

主管海关核准后，使馆和使馆人员凭海关开的《中华人民共和国海关监管车辆解除监管证明书》（以下简称《解除监管证明书》）向公安交通管理部门办理有关手续。

第二十八条　免税进境的机动车辆在监管期限内因事故、不可抗力遭受严重损毁；或者因损耗、超过使用年限等原因丧失使用价值的，使馆和使馆人员可以向主管海关申请报废车辆。海关审核同意后，开具《领/销牌照通知书》和《解除监管证明书》，使馆和使馆人员凭此向公安交通管理部门办理机动车辆注销手续，并持《领/销牌照通知书》回执到主管海关办理机动车辆结案手续。

第二十九条　免税进境的机动车辆有下列情形的，使馆和使馆人员可以按照相同数量重新申请进境机动车辆：

（一）按照本办法第二十六条规定被依法转让、出售，并且已办理相关手续的；

（二）因事故、不可抗力原因遭受严重损毁；或者因损耗、超过使用年限等原因丧失使用价值，已办理结案手续的。

第六章　附　则

第三十条　本办法下列用语的含义：

公务用品，是指使馆执行职务直接需用的进出境物品，包括：

（一）使馆使用的办公用品、办公设备、车辆；

（二）使馆主办或者参与的非商业性活动所需物品；

（三）使馆使用的维修工具、设备；

（四）使馆的固定资产，包括建筑装修材料、家具、家用电器、装饰品等；

（五）使馆用于免费散发的印刷品（广告宣传品除外）；

（六）使馆使用的招待用品、礼品等。

自用物品，是指使馆人员和与其共同生活的配偶及未成年子女在中国居留期间生活必需用品，包括自用机动车辆（限摩托车、小轿车、越野车、9座以下的小客车）。

直接需用数量，是指经海关审核，使馆为执行职务需要使用的数量，以及使馆人员和与其共同生活的配偶及未成年子女在中国居留期间仅供使馆人员和与其共同生活的配偶及未成年子女自身使用的数量。

主管海关，是指使馆所在地的直属海关。

第三十一条　外国驻中国领事馆、联合国及其专门机构和其他国际组织驻中国代表机构及其人员进出境公用、自用物品，由海关按照《中华人民共和国领事特权与豁免条例》、中国已加入的国际公约以及中国与有关国家或者国际组织签订的协议办理。有关法规、公约、协议不明确的，海关参照本办法有关条款办理。

第三十二条　外国政府给予中国驻该国的使馆和使馆人员进出境物品的优惠和便利，低于中国政府给予该国驻中国的使馆和使馆人员进出境物品的优惠和便利的，中国海关可以根据对等原则，给予该国驻中国使馆和使馆人员进出境物品相应的待遇。

第三十三条　本办法所规定的文书由海关总署另行制定并且发布。

第三十四条　本办法由海关总署负责解释。

第三十五条　本办法自 2008 年 10 月 1 日起施行。1986 年 12 月 1 日海关总署发布的《外国驻中国使馆和使馆人员进出境物品报关办法》同时废止。

关税征收管理类

中华人民共和国海关进出口货物征税管理办法

（2005年1月4日海关总署令第124号发布，根据2010年11月26日海关总署令第198号《海关总署关于修改部分规章的决定》第一次修正，根据2014年3月13日海关总署令第218号《海关总署关于修改部分规章的决定》第二次修正，根据2017年12月20日海关总署令第235号公布的《海关总署关于修改部分规章的决定》第三次修正，根据2018年5月29日海关总署令第240号《海关总署关于修改部分规章的决定》第四次修正）

第一章　总　则

第一条　为了保证国家税收政策的贯彻实施，加强海关税收管理，确保依法征税，保障国家税收，维护纳税义务人的合法权益，根据《中华人民共和国海关法》（以下简称《海关法》）、《中华人民共和国进出口关税条例》（以下简称《关税条例》）以及其他有关法律、行政法规的规定，制定本办法。

第二条　海关征税工作，应当遵循准确归类、正确估价、依率计征、依法减免、严肃退补、及时入库的原则。

第三条　进出口关税、进口环节海关代征税的征收管理适用本办法。

进境物品进口税和船舶吨税的征收管理按照有关法律、行政法规和部门规章的规定执行，有关法律、行政法规、部门规章未作规定的，适用本办法。

第四条 海关应当按照国家有关规定承担保密义务，妥善保管纳税义务人提供的涉及商业秘密的资料，除法律、行政法规另有规定外，不得对外提供。

纳税义务人可以书面向海关提出为其保守商业秘密的要求，并且具体列明需要保密的内容，但不得以商业秘密为理由拒绝向海关提供有关资料。

第二章　进出口货物税款的征收

第一节　申报与审核

第五条 纳税义务人进出口货物时应当依法向海关办理申报手续，按照规定提交有关单证。海关认为必要时，纳税义务人还应当提供确定商品归类、完税价格、原产地等所需的相关资料。提供的资料为外文的，海关需要时，纳税义务人应当提供中文译文并且对译文内容负责。

进出口减免税货物的，纳税义务人还应当提交主管海关签发的《进出口货物征免税证明》（以下简称《征免税证明》），但本办法第七十条所列减免税货物除外。

第六条 纳税义务人应当按照法律、行政法规和海关规章关于商品归类、审定完税价格和原产地管理的有关规定，如实申报进出口货物的商品名称、税则号列（商品编号）、规格型号、价格、运保费及其他相关费用、原产地、数量等。

第七条 为审核确定进出口货物的商品归类、完税价格、原产地等，海关可以要求纳税义务人按照有关规定进行补充申报。纳税义务人认为必要时，也可以主动要求进行补充申报。

第八条 海关应当按照法律、行政法规和海关规章的规定，对纳税义务人申报的进出口货物商品名称、规格型号、税则号列、原产地、价格、成交条件、数量等进行审核。

海关可以根据口岸通关和货物进出口的具体情况，在货物通关环节仅对申报内容作程序性审核，在货物放行后再进行申报价格、商品归类、原产地等是否真实、正确的实质性核查。

第九条 海关为审核确定进出口货物的商品归类、完税价格及原产地等，可以对进出口货物进行查验，组织化验、检验或者对相关企业进行核查。

经审核，海关发现纳税义务人申报的进出口货物税则号列有误的，应当按照商品归类的有关规则和规定予以重新确定。

经审核，海关发现纳税义务人申报的进出口货物价格不符合成交价格条件，或者成交价格不能确定的，应当按照审定进出口货物完税价格的有关规定另行估价。

经审核，海关发现纳税义务人申报的进出口货物原产地有误的，应当通过审核纳税义务人提供的原产地证明、对货物进行实际查验或者审核其他相关单证等方法，按照海关原产地管理的有关规定予以确定。

经审核，海关发现纳税义务人提交的减免税申请或者所申报的内容不符合有关减免税规定的，应当按照规定计征税款。

纳税义务人违反海关规定，涉嫌伪报、瞒报的，应当按照规定移交海关调查或者缉私部门处理。

第十条 纳税义务人在货物实际进出口前，可以按照有关规定向海关申请对进出口货物进行商品预归类、价格预审核或者原产地预确定。海关审核确定后，应当书面通知纳税义务人，并且在货物实际进出口时予以认可。

第二节 税款的征收

第十一条 海关应当根据进出口货物的税则号列、完税价格、原产地、适用的税率和汇率计征税款。

第十二条 海关应当按照《关税条例》有关适用最惠国税率、协定税率、特惠税率、普通税率、出口税率、关税配额税率或者暂定税率，以及实施反倾销措施、反补贴措施、保障措施或者征收报复性关税等适用税率的规定，确定进出口货物适用的税率。

第十三条 进出口货物，应当适用海关接受该货物申报进口或者出口之日实施的税率。

进口货物到达前，经海关核准先行申报的，应当适用装载该货物的运输工具申报进境之日实施的税率。

进口转关运输货物，应当适用指运地海关接受该货物申报进口之日实施的税率；货物运抵指运地前，经海关核准先行申报的，应当适用装载该货物的运输工具抵达指运地之日实施的税率。

出口转关运输货物，应当适用启运地海关接受该货物申报出口之日实施的税率。

经海关批准，实行集中申报的进出口货物，应当适用每次货物进出口时海关接受该货物申报之日实施的税率。

因超过规定期限未申报而由海关依法变卖的进口货物，其税款计征应当适用装载该货物的运输工具申报进境之日实施的税率。

因纳税义务人违反规定需要追征税款的进出口货物,应当适用违反规定的行为发生之日实施的税率;行为发生之日不能确定的,适用海关发现该行为之日实施的税率。

第十四条 已申报进境并且放行的保税货物、减免税货物、租赁货物或者已申报进出境并且放行的暂时进出境货物,有下列情形之一需缴纳税款的,应当适用海关接受纳税义务人再次填写报关单申报办理纳税及有关手续之日实施的税率:

(一)保税货物经批准不复运出境的;

(二)保税仓储货物转入国内市场销售的;

(三)减免税货物经批准转让或者移作他用的;

(四)可以暂不缴纳税款的暂时进出境货物,不复运出境或者进境的;

(五)租赁进口货物,分期缴纳税款的。

第十五条 补征或者退还进出口货物税款,应当按照本办法第十三条和第十四条的规定确定适用的税率。

第十六条 进出口货物的价格及有关费用以外币计价的,海关按照该货物适用税率之日所适用的计征汇率折合为人民币计算完税价格。完税价格采用四舍五入法计算至分。

海关每月使用的计征汇率为上一个月第三个星期三(第三个星期三为法定节假日的,顺延采用第四个星期三)中国人民银行公布的外币对人民币的基准汇率;以基准汇率币种以外的外币计价的,采用同一时间中国银行公布的现汇买入价和现汇卖出价的中间值(人民币元后采用四舍五入法保留4位小数)。如果上述汇率发生重大波动,海关总署认为必要时,可以另行规定计征汇率,并且对外公布。

第十七条 海关应当按照《关税条例》的规定,以从价、从量或者国家规定的其他方式对进出口货物征收关税。

海关应当按照有关法律、行政法规规定的适用税种、税目、税率和计算公式对进口货物计征进口环节海关代征税。

除另有规定外,关税和进口环节海关代征税按照下述计算公式计征:

从价计征关税的计算公式为:应纳税额=完税价格×关税税率

从量计征关税的计算公式为:应纳税额=货物数量×单位关税税额

计征进口环节增值税的计算公式为:应纳税额=(完税价格+实征关税税额+实征消费税税额)×增值税税率

从价计征进口环节消费税的计算公式为:应纳税额=[(完税价格+实征关

税税额）／（1-消费税税率）］×消费税税率

从量计征进口环节消费税的计算公式为：应纳税额＝货物数量×单位消费税税额

第十八条 除另有规定外，海关应当在货物实际进境，并且完成海关现场接单审核工作之后及时填发税款缴款书。需要通过对货物进行查验确定商品归类、完税价格、原产地的，应当在查验核实之后填发或者更改税款缴款书。

纳税义务人收到税款缴款书后应当办理签收手续。

第十九条 海关税款缴款书一式六联，第一联（收据）由银行收款签章后交缴款单位或者纳税义务人；第二联（付款凭证）由缴款单位开户银行作为付出凭证；第三联（收款凭证）由收款国库作为收入凭证；第四联（回执）由国库盖章后退回海关财务部门；第五联（报查）国库收款后，关税专用缴款书退回海关，海关代征税专用缴款书送当地税务机关；第六联（存根）由填发单位存查。

第二十条 纳税义务人应当自海关填发税款缴款书之日起15日内向指定银行缴纳税款。逾期缴纳税款的，由海关自缴款期限届满之日起至缴清税款之日止，按日加收滞纳税款万分之五的滞纳金。纳税义务人应当自海关填发滞纳金缴款书之日起15日内向指定银行缴纳滞纳金。滞纳金缴款书的格式与税款缴款书相同。

缴款期限届满日遇星期六、星期日等休息日或者法定节假日的，应当顺延至休息日或者法定节假日之后的第一个工作日。国务院临时调整休息日与工作日的，海关应当按照调整后的情况计算缴款期限。

第二十一条 关税、进口环节海关代征税、滞纳金等，应当按人民币计征，采用四舍五入法计算至分。

滞纳金的起征点为50元。

第二十二条 银行收讫税款日为纳税义务人缴清税款之日。纳税义务人向银行缴纳税款后，应当及时将盖有证明银行已收讫税款的业务印章的税款缴款书送交填发海关验核，海关据此办理核注手续。

海关发现银行未按照规定及时将税款足额划转国库的，应当将有关情况通知国库。

第二十三条 纳税义务人缴纳税款前不慎遗失税款缴款书的，可以向填发海关提出补发税款缴款书的书面申请。海关应当自接到纳税义务人的申请之日起2个工作日内审核确认并且重新予以补发。海关补发的税款缴款书内容应当与原税款缴款书完全一致。

纳税义务人缴纳税款后遗失税款缴款书的，可以自缴纳税款之日起 1 年内向填发海关提出确认其已缴清税款的书面申请，海关经审查核实后，应当予以确认，但不再补发税款缴款书。

第二十四条 纳税义务人因不可抗力或者国家税收政策调整不能按期缴纳税款的，依法提供税款担保后，可以向海关办理延期缴纳税款手续。

第二十五条 散装进出口货物发生溢短装的，按照以下规定办理：

（一）溢装数量在合同、发票标明数量 3% 以内的，或者短装的，海关应当根据审定的货物单价，按照合同、发票标明数量计征税款。

（二）溢装数量超过合同、发票标明数量 3% 的，海关应当根据审定的货物单价，按照实际进出口数量计征税款。

第二十六条 纳税义务人、担保人自缴款期限届满之日起超过 3 个月仍未缴纳税款或者滞纳金的，海关可以按照《海关法》第六十条的规定采取强制措施。

纳税义务人在规定的缴纳税款期限内有明显的转移、藏匿其应税货物以及其他财产迹象的，海关可以责令纳税义务人向海关提供税款担保。纳税义务人不能提供税款担保的，海关可以按照《海关法》第六十一条的规定采取税收保全措施。

采取强制措施和税收保全措施的具体办法另行规定。

第三章 特殊进出口货物税款的征收

第一节 无代价抵偿货物

第二十七条 进口无代价抵偿货物，不征收进口关税和进口环节海关代征税；出口无代价抵偿货物，不征收出口关税。

前款所称无代价抵偿货物是指进出口货物在海关放行后，因残损、短少、品质不良或者规格不符原因，由进出口货物的发货人、承运人或者保险公司免费补偿或者更换的与原货物相同或者与合同规定相符的货物。

第二十八条 纳税义务人应当在原进出口合同规定的索赔期内且不超过原货物进出口之日起 3 年，向海关申报办理无代价抵偿货物的进出口手续。

第二十九条 纳税义务人申报进口无代价抵偿货物，应当提交买卖双方签订的索赔协议。

海关认为需要时，纳税义务人还应当提交具有资质的商品检验机构出具的原进口货物残损、短少、品质不良或者规格不符的检验证明书或者其他有关证明文件。

第三十条　纳税义务人申报出口无代价抵偿货物，应当提交买卖双方签订的索赔协议。

海关认为需要时，纳税义务人还应当提交具有资质的商品检验机构出具的原出口货物残损、短少、品质不良或者规格不符的检验证明书或者其他有关证明文件。

第三十一条　纳税义务人申报进出口的无代价抵偿货物，与退运出境或者退运进境的原货物不完全相同或者与合同规定不完全相符的，应当向海关说明原因。

海关经审核认为理由正当，且其税则号列未发生改变的，应当按照审定进出口货物完税价格的有关规定和原进出口货物适用的计征汇率、税率，审核确定其完税价格、计算应征税款。应征税款高于原进出口货物已征税款的，应当补征税款的差额部分。应征税款低于原进出口货物已征税款，且原进出口货物的发货人、承运人或者保险公司同时补偿货款的，海关应当退还补偿货款部分的相应税款；未补偿货款的，税款的差额部分不予退还。

纳税义务人申报进出口的免费补偿或者更换的货物，其税则号列与原货物的税则号列不一致的，不适用无代价抵偿货物的有关规定，海关应当按照一般进出口货物的有关规定征收税款。

第三十二条　纳税义务人申报进出口无代价抵偿货物，被更换的原进口货物不退运出境且不放弃交由海关处理的，或者被更换的原出口货物不退运进境的，海关应当按照接受无代价抵偿货物申报进出口之日适用的税率、计征汇率和有关规定对原进出口货物重新估价征税。

第三十三条　被更换的原进口货物退运出境时不征收出口关税。

被更换的原出口货物退运进境时不征收进口关税和进口环节海关代征税。

第二节　租赁进口货物

第三十四条　纳税义务人进口租赁货物，除另有规定外，应当向其所在地海关办理申报进口及申报纳税手续。

纳税义务人申报进口租赁货物，应当向海关提交租赁合同及其他有关文件。海关认为必要时，纳税义务人应当提供税款担保。

第三十五条　租赁进口货物自进境之日起至租赁结束办结海关手续之日止，应当接受海关监管。

一次性支付租金的，纳税义务人应当在申报租赁货物进口时办理纳税手续，缴纳税款。

分期支付租金的，纳税义务人应当在申报租赁货物进口时，按照第一期应当支付的租金办理纳税手续，缴纳相应税款；在其后分期支付租金时，纳税义务人向海关申报办理纳税手续应当不迟于每次支付租金后的第 15 日。纳税义务人未在规定期限内申报纳税的，海关按照纳税义务人每次支付租金后第 15 日该货物适用的税率、计征汇率征收相应税款，并且自本款规定的申报办理纳税手续期限届满之日起至纳税义务人申报纳税之日止按日加收应缴纳税款万分之五的滞纳金。

第三十六条　海关应当对租赁进口货物进行跟踪管理，督促纳税义务人按期向海关申报纳税，确保税款及时足额入库。

第三十七条　纳税义务人应当自租赁进口货物租期届满之日起 30 日内，向海关申请办结监管手续，将租赁进口货物复运出境。需留购、续租租赁进口货物的，纳税义务人向海关申报办理相关手续应当不迟于租赁进口货物租期届满后的第 30 日。

海关对留购的租赁进口货物，按照审定进口货物完税价格的有关规定和海关接受申报办理留购的相关手续之日该货物适用的计征汇率、税率，审核确定其完税价格、计征应缴纳的税款。

续租租赁进口货物的，纳税义务人应当向海关提交续租合同，并且按照本办法第三十四条和第三十五条的有关规定办理申报纳税手续。

第三十八条　纳税义务人未在本办法第三十七条第一款规定的期限内向海关申报办理留购租赁进口货物的相关手续的，海关除按照审定进口货物完税价格的有关规定和租期届满后第 30 日该货物适用的计征汇率、税率，审核确定其完税价格、计征应缴纳的税款外，还应当自租赁期限届满后 30 日起至纳税义务人申报纳税之日止按日加收应缴纳税款万分之五的滞纳金。

纳税义务人未在本办法第三十七条第一款规定的期限内向海关申报办理续租租赁进口货物的相关手续的，海关除按照本办法第三十五条的规定征收续租租赁进口货物应缴纳的税款外，还应当自租赁期限届满后 30 日起至纳税义务人申报纳税之日止按日加收应缴纳税款万分之五的滞纳金。

第三十九条　租赁进口货物租赁期未满终止租赁的，其租期届满之日为租赁终止日。

第三节　暂时进出境货物

第四十条　暂时进境或者暂时出境的货物，海关按照有关规定实施管理。

第四十一条 《关税条例》第四十二条第一款所列的暂时进出境货物，在海关规定期限内，可以暂不缴纳税款。

前款所述暂时进出境货物在规定期限届满后不再复运出境或者复运进境的，纳税义务人应当在规定期限届满前向海关申报办理进出口及纳税手续。海关按照有关规定征收税款。

第四十二条 《关税条例》第四十二条第一款所列范围以外的其他暂时进出境货物，海关按照审定进出口货物完税价格的有关规定和海关接受该货物申报进出境之日适用的计征汇率、税率，审核确定其完税价格、按月征收税款，或者在规定期限内货物复运出境或者复运进境时征收税款。

计征税款的期限为60个月。不足一个月但超过15天的，按一个月计征；不超过15天的，免予计征。计征税款的期限自货物放行之日起计算。

按月征收税款的计算公式为：

每月关税税额＝关税总额×（1/60）

每月进口环节代征税税额＝进口环节代征税总额×（1/60）

本条第一款所述暂时进出境货物在规定期限届满后不再复运出境或者复运进境的，纳税义务人应当在规定期限届满前向海关申报办理进出口及纳税手续，缴纳剩余税款。

第四十三条 暂时进出境货物未在规定期限内复运出境或者复运进境，且纳税义务人未在规定期限届满前向海关申报办理进出口及纳税手续的，海关除按照规定征收应缴纳的税款外，还应当自规定期限届满之日起至纳税义务人申报纳税之日止按日加收应缴纳税款万分之五的滞纳金。

第四十四条 本办法第四十一条至第四十三条中所称"规定期限"均包括暂时进出境货物延长复运出境或者复运进境的期限。

第四节 进出境修理货物和出境加工货物

第四十五条 纳税义务人在办理进境修理货物的进口申报手续时，应当向海关提交该货物的维修合同（或者含有保修条款的原出口合同），并且向海关提供进口税款担保或者由海关按照保税货物实施管理。进境修理货物应当在海关规定的期限内复运出境。

进境修理货物需要进口原材料、零部件的，纳税义务人在办理原材料、零部件进口申报手续时，应当向海关提供进口税款担保或者由海关按照保税货物实施管理。进口原材料、零部件只限用于进境修理货物的修理，修理剩余的原材料、零部件应当随进境修理货物一同复运出境。

第四十六条　进境修理货物及剩余进境原材料、零部件复运出境的，海关应当办理修理货物及原材料、零部件进境时纳税义务人提供的税款担保的退还手续；海关按照保税货物实施管理的，按照有关保税货物的管理规定办理。

因正当理由不能在海关规定期限内将进境修理货物复运出境的，纳税义务人应当在规定期限届满前向海关说明情况，申请延期复运出境。

第四十七条　进境修理货物未在海关允许期限（包括延长期，下同）内复运出境的，海关对其按照一般进出口货物的征税管理规定实施管理，将该货物进境时纳税义务人提供的税款担保转为税款。

第四十八条　纳税义务人在办理出境修理货物的出口申报手续时，应当向海关提交该货物的维修合同（或者含有保修条款的原进口合同）。出境修理货物应当在海关规定的期限内复运进境。

第四十九条　纳税义务人在办理出境修理货物复运进境的进口申报手续时，应当向海关提交该货物的维修发票等相关单证。

海关按照审定进口货物完税价格的有关规定和海关接受该货物申报复运进境之日适用的计征汇率、税率，审核确定其完税价格、计征进口税款。

因正当理由不能在海关规定期限内将出境修理货物复运进境的，纳税义务人应当在规定期限届满前向海关说明情况，申请延期复运进境。

第五十条　出境修理货物超过海关允许期限复运进境的，海关对其按照一般进口货物的征税管理规定征收进口税款。

第五十一条　纳税义务人在办理出境加工货物的出口申报手续时，应当向海关提交该货物的委托加工合同；出境加工货物属于征收出口关税的商品的，纳税义务人应当向海关提供出口税款担保。出境加工货物应当在海关规定的期限内复运进境。

第五十二条　纳税义务人在办理出境加工货物复运进境的进口申报手续时，应当向海关提交该货物的加工发票等相关单证。

海关按照审定进口货物完税价格的有关规定和海关接受该货物申报复运进境之日适用的计征汇率、税率，审核确定其完税价格、计征进口税款，同时办理解除该货物出境时纳税义务人提供税款担保的相关手续。

因正当理由不能在海关规定期限内将出境加工货物复运进境的，纳税义务人应当在规定期限届满前向海关说明情况，申请延期复运进境。

第五十三条　出境加工货物未在海关允许期限内复运进境的，海关对其按照一般进出口货物的征税管理规定实施管理，将该货物出境时纳税义务人提供的税款担保转为税款；出境加工货物复运进境时，海关按照一般进口货物的征税管理规定征收进口税款。

第五十四条　本办法第四十五条至第五十三条中所称"海关规定期限"和"海关允许期限"，由海关根据进出境修理货物、出境加工货物的有关合同规定以及具体实际情况予以确定。

第五节　退运货物

第五十五条　因品质或者规格原因，出口货物自出口放行之日起1年内原状退货复运进境的，纳税义务人在办理进口申报手续时，应当按照规定提交有关单证和证明文件。经海关确认后，对复运进境的原出口货物不予征收进口关税和进口环节海关代征税。

第五十六条　因品质或者规格原因，进口货物自进口放行之日起1年内原状退货复运出境的，纳税义务人在办理出口申报手续时，应当按照规定提交有关单证和证明文件。经海关确认后，对复运出境的原进口货物不予征收出口关税。

第四章　进出口货物税款的退还与补征

第五十七条　海关发现多征税款的，应当立即通知纳税义务人办理退税手续。纳税义务人应当自收到海关通知之日起3个月内办理有关退税手续。

第五十八条　纳税义务人发现多缴纳税款的，自缴纳税款之日起1年内，可以向海关申请退还多缴的税款并且加算银行同期活期存款利息。

纳税义务人向海关申请退还税款及利息时，应当提交下列材料：

（一）《退税申请书》；

（二）可以证明应予退税的材料。

第五十九条　已缴纳税款的进口货物，因品质或者规格原因原状退货复运出境的，纳税义务人自缴纳税款之日起1年内，可以向海关申请退税。

纳税义务人向海关申请退税时，应当提交下列材料：

（一）《退税申请书》；

（二）收发货人双方关于退货的协议。

第六十条　已缴纳出口关税的出口货物，因品质或者规格原因原状退货复运进境，并且已重新缴纳因出口而退还的国内环节有关税收的，纳税义务人自缴纳税款之日起1年内，可以向海关申请退税。

纳税义务人向海关申请退税时，应当提交下列材料：

（一）《退税申请书》；

（二）收发货人双方关于退货的协议和税务机关重新征收国内环节税的证明。

第六十一条 已缴纳出口关税的货物，因故未装运出口申报退关的，纳税义务人自缴纳税款之日起 1 年内，可以向海关申请退税，并提交《退税申请书》。

第六十二条 散装进出口货物发生短装并且已征税放行的，如果该货物的发货人、承运人或者保险公司已对短装部分退还或者赔偿相应货款，纳税义务人自缴纳税款之日起 1 年内，可以向海关申请退还进口或者出口短装部分的相应税款。

纳税义务人向海关申请退税时，应当提交下列材料：

（一）《退税申请书》；

（二）具有资质的商品检验机构出具的相关检验证明书；

（三）已经退款或者赔款的证明文件。

第六十三条 进出口货物因残损、品质不良、规格不符原因，或者发生本办法第六十二条规定以外的货物短少的情形，由进出口货物的发货人、承运人或者保险公司赔偿相应货款的，纳税义务人自缴纳税款之日起 1 年内，可以向海关申请退还赔偿货款部分的相应税款。

纳税义务人向海关申请退税时，应当提交下列材料：

（一）《退税申请书》；

（二）已经赔偿货款的证明文件。

第六十四条 海关收到纳税义务人的退税申请后应当进行审核。纳税义务人提交的申请材料齐全且符合规定形式的，海关应当予以受理，并且以海关收到申请材料之日作为受理之日；纳税义务人提交的申请材料不全或者不符合规定形式的，海关应当在收到申请材料之日起 5 个工作日内一次告知纳税义务人需要补正的全部内容，并且以海关收到全部补正申请材料之日为海关受理退税申请之日。

纳税义务人按照本办法第五十九条、第六十条或者第六十四条的规定申请退税的，海关认为需要时，可以要求纳税义务人提供具有资质的商品检验机构出具的原进口或者出口货物品质不良、规格不符或者残损、短少的检验证明书或者其他有关证明文件。

海关应当自受理退税申请之日起 30 日内查实并且通知纳税义务人办理退税手续或者不予退税的决定。纳税义务人应当自收到海关准予退税的通知之日起 3 个月内办理有关退税手续。

第六十五条 海关办理退税手续时，应当填发收入退还书，并且按照以下规定办理：

（一）按照本办法第五十八条规定应当同时退还多征税款部分所产生的利息的，应退利息按照海关填发收入退还书之日中国人民银行规定的活期储蓄存款利息率计算。计算应退利息的期限自纳税义务人缴纳税款之日起至海关填发收入退还书之日止。

（二）进口环节增值税已予抵扣的，该项增值税不予退还，但国家另有规定的除外。

（三）已征收的滞纳金不予退还。

退还税款、利息涉及从国库中退库的，按照法律、行政法规有关国库管理的规定以及有关规章规定的具体实施办法执行。

第六十六条 进出口货物放行后，海关发现少征税款的，应当自缴纳税款之日起1年内，向纳税义务人补征税款；海关发现漏征税款的，应当自货物放行之日起1年内，向纳税义务人补征税款。

第六十七条 因纳税义务人违反规定造成少征税款的，海关应当自缴纳税款之日起3年内追征税款；因纳税义务人违反规定造成漏征税款的，海关应当自货物放行之日起3年内追征税款。海关除依法追征税款外，还应当自缴纳税款或者货物放行之日起至海关发现违规行为之日止按日加收少征或者漏征税款万分之五的滞纳金。

因纳税义务人违反规定造成海关监管货物少征或者漏征税款的，海关应当自纳税义务人应缴纳税款之日起3年内追征税款，并且自应缴纳税款之日起至海关发现违规行为之日止按日加收少征或者漏征税款万分之五的滞纳金。

前款所称"应缴纳税款之日"是指纳税义务人违反规定的行为发生之日；该行为发生之日不能确定的，应当以海关发现该行为之日作为应缴纳税款之日。

第六十八条 海关补征或者追征税款，应当制发《海关补征税款告知书》。纳税义务人应当自收到《海关补征税款告知书》之日起15日内到海关办理补缴税款的手续。

纳税义务人未在前款规定期限内办理补税手续的，海关应当在规定期限届满之日填发税款缴款书。

第六十九条 根据本办法第三十五条、第三十八条、第四十三条、第六十七条的有关规定，因纳税义务人违反规定需在征收税款的同时加收滞纳金的，如果纳税义务人未在规定的15天缴款期限内缴纳税款，海关依照本办法第二十条的规定另行加收自缴款期限届满之日起至缴清税款之日止滞纳税款的滞纳金。

第五章　进出口货物税款的减征与免征

第七十条　纳税义务人进出口减免税货物，应当在货物进出口前，按照规定凭有关文件向海关办理减免税审核确认手续。下列减免税进出口货物无须办理减免税审核确认手续：

（一）关税、进口环节增值税或者消费税税额在人民币 50 元以下的一票货物；

（二）无商业价值的广告品和货样；

（三）在海关放行前遭受损坏或者损失的货物；

（四）进出境运输工具装载的途中必需的燃料、物料和饮食用品；

（五）其他无须办理减免税审核确认手续的减征或者免征税款的货物。

第七十一条　对于本办法第七十条第（三）项所列货物，纳税义务人应当在申报时或者自海关放行货物之日起 15 日内书面向海关说明情况，提供相关证明材料。海关认为需要时，可以要求纳税义务人提供具有资质的商品检验机构出具的货物受损程度的检验证明书。海关根据实际受损程度予以减征或者免征税款。

第七十二条　除另有规定外，纳税义务人应当向其主管海关申请办理减免税审核确认手续。海关按照有关规定予以审核，并且签发《征免税证明》。

第七十三条　特定地区、特定企业或者有特定用途的特定减免税进口货物，应当接受海关监管。

特定减免税进口货物的监管年限为：

（一）船舶、飞机：8 年；

（二）机动车辆：6 年；

（三）其他货物：3 年。

监管年限自货物进口放行之日起计算。

第七十四条　在特定减免税进口货物的监管年限内，纳税义务人应当自减免税货物放行之日起每年一次向主管海关报告减免税货物的状况；除经海关批准转让给其他享受同等税收优惠待遇的项目单位外，纳税义务人在补缴税款并且办理解除监管手续后，方可转让或者进行其他处置。

特定减免税进口货物监管年限届满时，自动解除海关监管。纳税义务人需要解除监管证明的，可以自监管年限届满之日起 1 年内，凭有关单证向海关申请领取解除监管证明。海关应当自接到纳税义务人的申请之日起 20 日内核实情况，并且填发解除监管证明。

第六章　进出口货物的税款担保

第七十五条　有下列情形之一，纳税义务人要求海关先放行货物的，应当按照海关初步确定的应缴税款向海关提供足额税款担保：

（一）海关尚未确定商品归类、完税价格、原产地等征税要件的；

（二）正在海关办理减免税审核确认手续的；

（三）正在海关办理延期缴纳税款手续的；

（四）暂时进出境的；

（五）进境修理和出境加工的，按保税货物实施管理的除外；

（六）因残损、品质不良或者规格不符，纳税义务人申报进口或者出口无代价抵偿货物时，原进口货物尚未退运出境或者尚未放弃交由海关处理的，或者原出口货物尚未退运进境的；

（七）其他按照有关规定需要提供税款担保的。

第七十六条　除另有规定外，税款担保期限一般不超过6个月，特殊情况需要延期的，应当经主管海关核准。

税款担保一般应当为保证金、银行或者非银行金融机构的保函，但另有规定的除外。

银行或者非银行金融机构的税款保函，其保证方式应当是连带责任保证。税款保函明确规定保证期间的，保证期间应当不短于海关批准的担保期限。

第七十七条　在海关批准的担保期限内，纳税义务人履行纳税义务的，海关应当自纳税义务人履行纳税义务之日起5个工作日内办结解除税款担保的相关手续。

在海关批准的担保期限内，纳税义务人未履行纳税义务，对收取税款保证金的，海关应当自担保期限届满之日起5个工作日内完成保证金转为税款的相关手续；对银行或者非银行金融机构提供税款保函的，海关应当自担保期限届满之日起6个月内或者在税款保函规定的保证期间内要求担保人履行相应的纳税义务。

第七章　附　则

第七十八条　纳税义务人、担保人对海关确定纳税义务人、确定完税价格、商品归类、确定原产地、适用税率或者计征汇率、减征或者免征税款、补税、退税、征收滞纳金、确定计征方式以及确定纳税地点有异议的，应当按照海关作出的相关行政决定依法缴纳税款，并且可以依照《中华人民共和国行政复议法》和《中华人民共和国海关实施〈行政复议法〉办法》向上一级海关申请复议。对复议决定不服的，可以依法向人民法院提起诉讼。

第七十九条 违反本办法规定，构成违反海关监管规定行为、走私行为的，按照《海关法》、《中华人民共和国海关行政处罚实施条例》和其他有关法律、行政法规的规定处罚。构成犯罪的，依法追究刑事责任。

第八十条 保税货物和进出保税区、出口加工区、保税仓库及类似的保税监管场所的货物的税收管理，按照本办法规定执行。本办法未作规定的，按照有关法律、行政法规和海关规章的规定执行。

第八十一条 通过电子数据交换方式申报纳税和缴纳税款的管理办法，另行制定。

第八十二条 本办法所规定的文书由海关总署另行制定并且发布。

第八十三条 本办法由海关总署负责解释。

第八十四条 本办法自2005年3月1日起施行。1986年9月30日由中华人民共和国海关总署发布的《海关征税管理办法》同时废止。

中华人民共和国海关关于《扶贫、慈善性捐赠物资免征进口税收暂行办法》的实施办法

（2001年12月13日海关总署令第90号发布，根据2010年11月26日海关总署令第198号《海关总署关于修改部分规章的决定》修改）

第一条 根据《中华人民共和国海关法》和《扶贫、慈善性捐赠物资免征进口税收暂行办法》（以下简称《暂行办法》，见附件1）及国家有关法律、法规的规定，特制定本实施办法。

第二条 《暂行办法》所称的受赠人，是指国务院有关部门和各省、自治区、直辖市人民政府，以及从事人道救助和发展扶贫、慈善事业为宗旨的全国性的社会团体，包括中国红十字会总会、全国妇女联合会、中国残疾人联合会、中华慈善总会、中国初级卫生保健基金会和宋庆龄基金会。

本实施办法所称的使用人（使用单位），是指捐赠物资的直接使用者或负责分配该捐赠物资的单位或个人。

第三条 《暂行办法》所称的"公共图书馆和公共博物馆"是指：

（一）经省级以上文化行政管理部门认定、向社会开放的县（市）级以上单位管理的公益性图书馆。

（二）经省级以上文物行政管理部门认定、向公众开放的县（市）级以上单位管理的各类公益性博物馆。

第四条 《暂行办法》第六条各项所列的用于扶贫、慈善公益性事业的捐赠物资可予免税，其中：

（一）"基本医疗药品"是指用于急救、治疗、防疫、消毒、抗菌等用途的药品和人体移植用的器官，但不包括保健药和营养药。

（二）"基本医疗器械"是指诊疗器械、手术器械、卫生检测器械、伤残修复器械、防疫防护器械、消毒灭菌器械。

（三）"教学仪器"是指《暂行办法》规定的学校、幼儿园专用于教学的检验、观察、计量、演示用的仪器和器具。

（四）"一般学习用品"是指《暂行办法》规定的学校、幼儿园教学和学生专用的文具、教具、婴幼儿玩具、标本、模型、切片、各类学习软件、实验室用器皿和试剂、学生服装（含鞋帽）和书包等。

（五）"直接用于环境保护的专用仪器"是指环保系统专用的空气质量与污染源废气监测仪器及治理设备、环境水质与污水监测仪器及治理设备、环境污染事故应急监测仪器、固体废物监测仪器及处置设备、辐射防护与电磁辐射监测仪器及设备、生态保护监测仪器及设备、噪声及振动监测仪器和实验室通用分析仪器及设备。

第五条 国际和外国医疗机构在我国从事慈善和人道医疗救助活动，供免费使用的医疗药品和器械及在治疗过程中使用的消耗性的医用卫生材料比照本规定办理。

第六条 扶贫、慈善捐赠进口物资由本规定第二条所述的受赠人接受捐赠并向海关出具接受捐赠物资进口证明申请免税。具体免税手续由最终使用人（使用单位）向项目所在地直属海关办理。国务院有关部门、本规定第二条所述的全国性的社会团体等受赠人接受境外捐赠的项目，由受赠人统一向北京海关申请免税。

第七条 扶贫、慈善捐赠进口物资的进口按以下规定办理免税手续：

（一）扶贫、慈善捐赠进口物资的使用人向其所在地直属海关申请免税时应当向海关提供如下单证：

1. 境外捐赠函正本；

2. 由受赠人出具的"政府部门或社会团体接受境外扶贫、慈善性捐赠物资

进口证明",并应随附"捐赠物资分配使用清单"(均为正本,详见附件2);

3. 属于国家规定限制进口商品应提交的有关许可证件(或其他单证)的复印件;

4. 海关规定应提交的其他单证。

(二)有关项目所在地直属海关凭前款所述的单证、对照《暂行办法》规定的免税物品范围进行审批后,办理扶贫、慈善性捐赠物资免税手续,出具"进出口货物征免税证明",对超出《暂行办法》免税物资范围的,应照章征税。

由北京海关统一办理捐赠物资免税手续的,应将项目审批情况书面通知使用人(使用单位)所在地直属海关。

(三)有关直属海关对上述免税审批工作要运用减免税管理系统进行,并与有关进口地海关加强联系,密切配合。

(四)海关对上述减免税审批工作,应在受理申请之日起10个工作日内办结。如提交的有关材料不齐全或不准确的,海关应在接到申请之日起5个工作日内通知受赠人或使用人补充有关材料后再予受理。

第八条 上述免税进口物资属海关监管货物,在海关监管期限内,未经海关许可,不得抵押、质押、转让、移作他用或者进行其他处置。有关项目所在地海关应按现行规定做好后续监管工作。对违反本办法的,海关将依照《中华人民共和国海关法》及国家有关法律、法规的规定予以处罚。

第九条 本办法由海关总署负责解释。

第十条 本办法自2002年1月1日起实施。

附件:1. 扶贫、慈善性捐赠物资免征进口税收暂行办法
    2. 政府部门或社会团体接受境外扶贫、慈善性捐赠物资进口证明

附件1

扶贫、慈善性捐赠物资免征进口税收暂行办法

(2001年1月15日经国务院批准,财政部、
国家税务总局、海关总署发布)

第一条 为促进公益事业的健康发展,规范对扶贫、慈善事业捐赠物资的进口管理,根据《中华人民共和国公益事业捐赠法》有关规定,制定本办法。

第二条 对境外捐赠人无偿向受赠人捐赠的直接用于扶贫、慈善事业的物

资，免征进口关税和进口环节增值税。

第三条　本办法所称扶贫、慈善事业是指非营利的扶贫济困、慈善救助等社会慈善和福利事业。

第四条　本办法所称境外捐赠人是指中华人民共和国关境外的自然人、法人或者其他组织。

第五条　本办法所称受赠人是指：

（一）经国务院主管部门依法批准成立的，以人道救助和发展扶贫、慈善事业为宗旨的社会团体。

（二）国务院有关部门和各省、自治区、直辖市人民政府。

第六条　本办法所称用于扶贫、慈善公益性事业的物资是指：

（一）新的衣服、被褥、鞋帽、帐篷、手套、睡袋、毛毯及其他维持基本生活的必需用品等；

（二）食品类及饮用水（调味品、水产品、水果、饮料、烟酒等除外）；

（三）医疗类包括直接用于治疗特困患者疾病或贫困地区治疗地方病及基本医疗卫生、公共环境卫生所需的基本医疗药品、基本医疗器械、医疗书籍和资料；

（四）直接用于公共图书馆、公共博物馆、各类职业学校、高中、初中、小学、幼儿园教育的教学仪器、器材、图书、资料和一般学习用品；

（五）直接用于环境保护的专用仪器；

（六）经国务院批准的其他直接用于扶贫、慈善事业的物资。

前款物资不包括国家明令停止减免进口税收的 20 种商品、汽车、生产性设备、生产性原材料及半成品等。捐赠物资应为新品，在捐赠物资内不得夹带有害环境、公共卫生和社会道德及政治渗透等违禁物品。

第七条　进口的捐赠物资，由受赠人向海关提出免税申请，海关按规定负责审批并进行后续管理。经批准免税进口的捐赠物资，由海关进行专项统计。

第八条　进口的捐赠物资按国家规定属配额、特定登记和进口许可证管理的商品，受赠人应向有关部门申请配额、登记证明和进口许可证，海关凭证验放。

第九条　经批准免税进口的捐赠物资，依照《中华人民共和国公益事业捐赠法》第三章有关条款进行使用和管理。

第十条　免税进口的扶贫、慈善性捐赠进口物资，不得以任何形式转让、出售、出租或移作他用。如有违反，按国家有关法律、法规处理。

第十一条　（一）外国政府、国际组织无偿捐赠的扶贫、慈善性物资按

《中华人民共和国海关法》第五十六条和《中华人民共和国增值税暂行条例》第十六条有关规定继续执行，不适用本办法。

（二）经国务院特别批准的免征进口税的捐赠物资，不适用本办法。

第十二条　本办法由财政部会同国家税务总局、海关总署解释。

第十三条　海关总署根据本办法制定具体实施办法。

第十四条　本办法自发布之日起施行。

附件2

受赠人（政府部门或社会团体）接受境外扶贫、慈善性捐赠物资进口证明

（第一联：海关留存）　　　　　　　　编号（　）字　　号

主管海关		物资到货口岸	
境外捐赠人名称			
捐赠物资品种（详见随附清单）			
物资数量		物资金额	
受赠人审批盖章			

经办人姓名：　　　　　　电话：　　　　　　　　年　　月　　日

备注：

1. 本证明由受赠人按样式自行印制，一次性使用，自审批之日起半年内有效，允许跨年度使用，并附盖有公章的物品清单。

2. 物资进口前，受赠单位或项目执行单位应持本证明正本向所在地直属海关申请办理免税手续。本证明内容不得更改，复印件无效。

3. 本证明一式两联，第一联由海关留存，第二联由出具本证明单位留存。

4. 受赠人为国务院有关部门和各省、自治区、直辖市人民政府的，由各有关部门和政府办公厅出具本证明；对受赠人为本《实施办法》所述的社会团体的，由该团体出具本证明。

捐赠物资分配使用清单

（第一联：海关留存）

序号	使用人（使用单位）名称	物资数量、捐赠物资品名	数量	金额	使用单位或使用人地址
备注： 　　本《捐赠物资分配使用清单》有关管理规定与《政府部门或社会团体接受境外扶贫、慈善性捐赠物资进口证明》管理规定一致。			受赠人（政府部门或社会团体）审批盖章 　　　　年　　月　　日		

中华人民共和国海关计核涉嫌走私的货物、物品偷逃税款暂行办法

（2002 年 10 月 20 日海关总署令第 97 号发布，根据 2010 年 11 月 26 日海关总署令第 198 号《海关总署关于修改部分规章的决定》第一次修改，根据 2018 年 4 月 28 日海关总署令第 238 号《海关总署关于修改部分规章的决定》第二次修正）

第一章　总　则

第一条　为加强海关对涉嫌走私的货物、物品偷逃税款的计核工作，保障计核工作的公正性、科学性和权威性，根据《中华人民共和国海关法》、《中华人民共和国进出口关税条例》及有关法律、行政法规，制定本办法。

第二条　海关办理走私案件，涉嫌走私的货物、物品偷逃税款的计核工作适用本办法。

第三条　走私毒品、武器、弹药、核材料、伪造的货币、国家禁止出口的文物，国家禁止进出口的珍贵动物及其制品、珍稀植物及其制品、淫秽物品，国家禁止进境的固体废物和危险性废物等不以偷逃税额作为定罪量刑及认定走私行为、作出行政处罚标准的货物、物品，不适用本办法。

第四条　中华人民共和国海关是负责涉嫌走私的货物、物品偷逃税款计核工作的法定主管机关，其授权计核税款的部门（以下简称"计核部门"）是负责计核工作的主管部门。

第五条　海关出具的计核结论，经海关走私犯罪侦查机关、人民检察院和人民法院审查确认，可以作为办案的依据和定罪量刑的证据。

第二章　计核程序

第六条　因办理走私案件需要计核偷逃税款的，海关相关部门（以下简称"送核单位"）应当持《涉嫌走私的货物、物品偷逃税款送核表》（以下简称《送核表》）送交其所在海关的计核部门。

《送核表》应当包括以下内容：

（一）走私案件的名称；

（二）走私方式；

（三）涉嫌走私的货物、物品已缴纳税款情况；

（四）涉嫌走私的货物、物品的品名、牌号、规格、型号、原产地、数量以及进出口日期等；

（五）查获的时间、地点；

（六）其他需要说明的情况。

第七条 送核单位送交《送核表》，应当根据计核部门的要求和案件的性质随附下列单据或材料：

（一）涉嫌走私的货物、物品的报关单、合同、商业发票、提（运）单、保险单、加工贸易备案登记手册、国内增值税发票以及其他商业单证；

（二）涉嫌走私的货物、物品的说明书及其他技术资料；

（三）涉嫌走私的货物、物品的使用、损坏程度的记录以及照片；

（四）涉嫌走私的货物、物品的价格、规格、市场行情等有关的材料；

（五）有关计核所需的其他单证或者材料。

对于上述所列的单据、材料，因故无法提供的，送核单位应当向计核部门作出书面说明。

第八条 海关计核部门接到送核单位送交的《送核表》及随附的单证、材料时，应当认真审核，对于填制不清楚或者随附的单证或者材料有遗漏的，可以要求送核单位补充。

第九条 海关计核部门在计核过程中，需要送核单位进行以下工作的，送核单位应当予以配合：

（一）对涉嫌走私的货物、物品进行查验取样；

（二）提供与计核工作有关的账册、文件等资料；

（三）提留货样送海关化验机构或者其他法定或者国家授权的专业部门，出具品名、成分、用途、质量、等级、新旧程度、价值等项的鉴定结论报告；

（四）委托国内有资质的价格鉴证机构等单位出具对涉嫌走私的货物、物品的国内市场批发价格、出厂价格的评估资料；

（五）需要送核单位进行的其他工作。

第十条 送核单位送交的《送核表》及随附单证、材料符合计核要求的，除第九条规定的情况以外，海关计核部门应当自接受计核之日起7个工作日内作出计核结论，向送核单位出具《涉嫌走私的货物、物品偷逃税款海关核定证明书》（以下简称《证明书》），加盖海关税款核定专用章，并随附《涉嫌走私的货物、物品偷逃税款计核资料清单》（以下简称《计核资料清单》）。

第十一条　《证明书》应当包括以下内容：

（一）计核事项；

（二）计核结论；

（三）计该依据和计核方法要述；

（四）计核人员签名。

《计核资料清单》应当包括涉案货物、物品的品名、原产地、规格、数量、税则号列、计税价格、税率、汇率等内容。

第十二条　海关相关部门、人民检察院、人民法院对海关出具的《证明书》有异议，或者因核定偷逃税额的事实发生变化，认为需要补充核定或者重新核定的，应由原送核单位向出具《证明书》的海关计核部门重新送交《送核表》并附书面说明。海关计核部门接到要求补充核定的《送核表》后，应当依照本办法第十条规定进行补充核定或者重新核定。

第十三条　走私犯罪嫌疑人、被告人或其辩护人对海关出具的《证明书》有异议的，应当向办案机关提出重新核定的申请，经海关走私犯罪侦查机关、人民检察院或者人民法院审查同意后，由原送核单位按照本办法第十二条规定的程序重新核定。

第十四条　海关进行补充核定或者重新核定的，应当另行指派计核人员进行。

第十五条　海关税款计核部门的计核人员，遇有下列情形之一的，应当回避：

（一）计核人员是计核案件当事人的近亲属；

（二）计核人员本人及其近亲属与计核案件当事人有利害关系的；

（三）与计核案件当事人有其他关系，可能影响计核工作的公正性的。

第三章　计核方法

第十六条　涉嫌走私的货物能够确定成交价格的，其计税价格应当以该货物的成交价格为基础审核确定。

第十七条　涉嫌走私的货物成交价格经审核不能确定的，其计税价格应当依次以下列价格为基础确定：

（一）海关所掌握的相同进口货物的正常成交价格；

（二）海关所掌握的类似进口货物的正常成交价格；

（三）海关所掌握的相同或者类似进口货物在国际市场的正常成交价格；

（四）国内有资质的价格签证机构评估的涉嫌走私货物的国内市场批发价格

减去进口关税和其他进口环节税以及进口后的利润和费用后的价格，其中进口后的各项费用和利润综合计算为计税价格的20%，其计算公式为：

$$计税价格=\frac{国内市场批发价格}{1+\frac{进口关税率+消费税率+增值税率+进口关税率×增值税率}{1-消费税率}+20\%}$$

（五）涉嫌走私的货物或者相同、类似货物在国内依法拍卖的价格减去拍卖费用后的价格；

（六）按其他合理方法确定的价格。

第十八条 对于已陈旧但尚有使用价值的涉嫌走私的货物，如不能按照本办法第十六条规定核定其计税价格且海关难以认定其新旧程度，应当根据具备资质的机构出具的新旧程度的鉴定结论报告按照本办法第十七条的规定核定其计税价格。

第十九条 涉嫌走私进口的黄金、白银和其他贵重金属及其制品、珠宝制品以及其他有价值的收藏品，应当按国家定价或者国家有关鉴定部门确定的价值核定其计税价格。

第二十条 对于无法确定成交价格的涉嫌走私的非淫秽音像制品，应当以固定的价格作为计税价格。具体价格由海关总署另行确定。

第二十一条 对于涉嫌走私的假冒品牌货物，其计税价格由海关总署另行确定。

第二十二条 涉嫌走私的国产品牌货物，应当以相同或者类似货物正常的出口价格核定其计税价格；出口价格不能确定的，其计税价格应当以相同或者类似货物在国内的正常的出厂价格（不含增值税）为基础核定。

第二十三条 擅自内销保税货物涉嫌走私的，能够确定原申报进口货物成交价格的，其计税价格应当以原申报进口货物的成交价格为基础核定；原申报进口货物的成交价格不能确定的，应当按照本办法第十七条的规定核定的原申报进口货物的价格作为计税价格。

第二十四条 擅自内销特定减免税货物涉嫌走私的，其计税价格应当以该货物原进口时的成交价格为基础核定，计算公式为：

$$计税价格=原进口时的海关完税价格×\left[1-\frac{擅自内销时已进口时间（月）}{监管年限×12}\right]$$

成交价格不能确定的，应当按照本办法第十七条的规定，并按上述公式计算计税价格。

第二十五条 涉嫌通过携带、托运和邮递方式走私的货物、物品，应当按本办法第十六条和第十七条的规定核定其计税价格。

第二十六条 在核定涉嫌走私的货物计税价格时，应当包括货物运抵境内的运费、保险费。

第二十七条 对于涉嫌走私的货物或者物品，应当按照《中华人民共和国进出口税则》规定的归类原则，归入合适的税则号列，并按照《中华人民共和国进出口关税条例》及其他有关税率适用的规定采用正确的税率确定偷逃税款。

第二十八条 在计核涉嫌走私的货物或者物品偷逃税款时，应当以走私行为案发时所适用的税则、税率、汇率和按照本办法第十六条至第二十五条的规定审定的计税价格计算。具体计算办法如下：

（一）有证据证明走私行为发生时间的，以走私行为发生之日计算。

（二）走私行为的发生呈连续状态的，以连续走私行为的最后终结之日计算。

（三）证据无法证明走私行为发生之日或者连续走私行为终结之日的，以走私案件的受案之日（包括刑事和行政受案之日）计算；同一案件因办案部门转换出现不同受案日期的，以最先受案的部门受案之日为准。

第二十九条 在计核涉嫌走私的货物偷逃税款时，应扣除海关按照走私犯罪嫌疑人的申报计算的应缴税款。

第三十条 违反海关监管规定的其他违法行为涉及税款计核的，如不能确定涉嫌违规的货物或者物品的接受申报进口之日的，可以比照本办法办理。

第四章 附 则

第三十一条 本办法由海关总署负责解释。

第三十二条 本办法自 2002 年 11 月 10 日起实施。

中华人民共和国海关计核违反海关监管规定案件货物、物品价值办法

（2009年1月22日海关总署令第182号公布，自2009年6月1日起施行）

第一章　总　则

第一条　为了准确计核违反海关监管规定案件的货物、物品价值，根据《中华人民共和国海关法》（以下简称《海关法》）、《中华人民共和国海关行政处罚实施条例》（以下简称《处罚条例》）、《中华人民共和国进出口关税条例》（以下简称《关税条例》）的规定，制定本办法。

第二条　计核违反海关监管规定案件货物、物品价值的，适用本办法。

第三条　海关应当在确定违法货物、物品及其完税价格，计核进出口关税、进口环节海关代征税或者进口税的基础上，根据违法货物、物品的完税价格和相应税款计核货物、物品价值。

第四条　海关计核违法货物、物品价值或者计核案件漏缴税款的，应当通过行政处罚告知书，将违法货物、物品价值或者漏缴税款数额告知当事人。

第二章　违法货物、物品的确定

第一节　违法货物的确定

第五条　违反国家进出口管理规定，进出口国家限制进出口货物，申报时不能向海关提交许可证件的，违法货物为不能提交许可证件的实际进出口货物。

第六条　货物进出口时应当申报的项目没有申报或者申报不实，影响国家许可证件管理的，违法货物为实际进出口货物。其中，仅数量申报不实的，违法货物为实际进出口货物数量超出许可证件进出口额度部分的货物；许可证件为"非一批一证"管理，且许可证件还有剩余额度的，违法货物为实际进出口货物数量超出申报数量部分的货物。

第七条　货物进出口时应当申报的项目没有申报或者申报不实，影响国家税款征收的，违法货物为实际进出口货物。其中，仅数量申报不实的，违法货物为实际进出口货物数量与申报数量差额部分的货物。

第八条 加工贸易货物进出口时应当申报的项目没有申报或者申报不实的，违法货物按以下方式确定：

（一）加工贸易货物进出口时应当申报的项目没有申报或者申报不实，影响国家许可证件管理的，违法货物按照本办法第六条确定。

（二）加工贸易货物进口时应当申报的项目没有申报或者申报不实，影响国家税款征收的，违法货物为实际进口货物；其中，仅数量申报不实的，违法货物为实际进口货物数量与申报数量差额部分的货物。

（三）加工贸易货物出口时应当申报的项目没有申报或者申报不实，影响国家税款征收的，违法货物为申报出口货物所耗用的保税料件。其中，仅数量申报不实，违法货物为申报出口货物数量与实际出口货物数量差额部分货物所耗用的保税料件。

第九条 未经海关许可，擅自将海关监管货物开拆、提取、交付、发运、调换、改装、抵押、质押、留置、转让、更换标记、移作他用或者进行其他处置的，违法货物为被开拆、提取、交付、发运、调换、改装、抵押、质押、留置、转让、更换标记、移作他用或者进行其他处置的海关监管货物。

第十条 未经海关许可，在海关监管区以外存放海关监管货物的，违法货物为在海关监管区以外存放的海关监管货物。

第十一条 海关监管货物在运输、储存、加工、装配、寄售、展示中灭失、数量短少，且不能提供正当理由的，违法货物为灭失、数量短少货物。

有关货物品名、规格记录不真实，不能提供正当理由的，违法货物为应当真实记录的实际货物；有关货物数量记录不真实，不能提供正当理由的，违法货物为应当真实记录的实际数量与记录数量差额部分的货物。

第十二条 经营保税货物运输、储存、加工、装配、寄售、展示等业务，没有依照规定办理收存、交付、结转等手续的，违法货物为没有依照规定办理收存、交付、结转等海关手续的保税货物。

第十三条 经营保税货物运输、储存、加工、装配、寄售、展示等业务，没有依照规定办理核销手续，或者中止、延长、变更、转让有关合同不依照规定办理海关手续的，违法货物为已实际进口但未依法出口、结转、征税内销或者未进行其他合法处置的保税货物。

第十四条 没有如实向海关申报加工贸易制成品单耗的，违法货物为申报单耗与实际单耗的差额与制成品数量的乘积所对应的货物，其计算公式为：

$$违法货物 = 制成品数量 × （申报单位耗料量 - 实际单位耗料量）$$

第十五条 未按照规定期限将过境、转运、通运货物运输出境，擅自留在境内的，违法货物为擅自留在境内的过境、转运、通运货物。

第十六条 未按照规定期限将暂时进出口货物复运出境或者复运进境，擅自留在境内或者境外的，违法货物为擅自留在境内或者境外的暂时进出口货物。

第十七条 有违反海关监管规定的其他行为，致使海关不能或者中断对进出口货物实施监管的，违法货物为海关不能或者中断实施监管的进出口货物。

第二节 违法物品的确定

第十八条 未经海关许可，擅自将海关尚未放行的进出境物品开拆、交付、投递、转移或者进行其他处置的，违法物品为被开拆、交付、投递、转移或者进行其他处置的物品。

第十九条 个人运输、携带、邮寄超过合理数量的自用物品进出境未向海关申报的，或者运输、携带、邮寄超过规定数量但仍属自用的国家限制进出境物品进出境，未向海关申报但没有以藏匿、伪装等方式逃避海关监管的，违法物品为实际进出境自用物品数量超过合理数量或者规定数量部分的物品。

第二十条 个人运输、携带、邮寄物品进出境品名申报不实的，违法物品为实际进出境物品。

个人运输、携带、邮寄物品进出境数量申报不实的，违法物品为实际进出境物品数量超过合理数量或者规定数量部分的物品；申报数量超过合理数量或者规定数量的，违法物品为实际进出境物品数量超过申报数量部分的物品。

第二十一条 经海关登记准予暂时免税进境或者暂时免税出境的物品，未按照规定复带出境或者复带进境的，违法物品为未复带出境或者未复带进境的物品。

第二十二条 未经海关批准，过境人员将其所带物品留在境内的，违法物品为过境人员留在境内的物品。

第三章 违法货物、物品税款的计核

第二十三条 计核违法货物、物品税款的，应当根据办案需要收集以下单证、材料：

（一）违法货物、物品的报关单、进出境备案清单、合同、商业发票、提（运）单、保险单、加工贸易手册、电子账册、电子化手册、原产地证明、国内增值税发票以及其他有关单证；

（二）证明违法货物、物品品名、规格、成分、功能、生产工艺、新旧程度等属性的材料；

（三）证明违法货物、物品税款缴纳情况的材料；

（四）证明违法行为发生时间或者被发现时间的材料；

（五）计核税款需要收集的其他单证、材料。

第二十四条 违法货物、物品的完税价格应当按照《关税条例》、《中华人民共和国海关审定进出口货物完税价格办法》、《中华人民共和国进境物品完税价格表》的规定予以审定。

计核违法货物、物品的税款，应当适用违法行为发生之日实施的税率和汇率。违法行为发生之日无法确定的，适用违法行为被发现之日实施的税率和汇率。

第二十五条 应当申报的项目未申报或者申报不实案件的漏缴税款为实际进出口货物的应缴税款与申报进出口货物的计核税款的差额。

第二十六条 未经海关许可，擅自将特定减免税货物抵押、质押、留置、转让、移作他用或者进行其他处置的，违法货物的完税价格为海关审定的该货物原进口时的价格扣除折旧部分价值。

未经海关许可，擅自将特定减免税货物转让的，案件的漏缴税款为违法货物的应缴税款；擅自将特定减免税货物抵押、质押、留置、移作他用的，案件的漏缴税款为违法行为持续时间占海关监管年限的比例所对应的税款。

未经海关许可，擅自将不作价设备抵押、质押、留置、转让、移作他用或者进行其他处置的，有关完税价格、漏缴税款等参照本条第一、二款进行计核。

第二十七条 加工贸易进出口货物申报不实，影响国家税款征收的，案件的漏缴税款按以下方式计核：

（一）加工贸易货物进口申报不实的，实际进口货物的税款与申报进口货物的税款差额为案件的漏缴税款。

（二）加工贸易货物出口申报不实的，申报出口货物耗用保税料件的税款与实际出口货物耗用保税料件的税款差额为案件的漏缴税款。

（三）加工贸易货物以一般贸易方式出口的，实际出口货物耗用保税料件的税款为案件的漏缴税款。

第二十八条 海关计核货物、物品税款的，应当制作《中华人民共和国海关办理违反海关监管规定案件货物、物品税款计核证明书》（以下简称《税款计核证明书》，见附件），加盖海关税款计核专用章，并随附《中华人民共和国海关办理违反海关监管规定案件货物、物品税款计核资料清单》（以下简称《税款计核资料清单》）。

《税款计核证明书》应当包括以下内容：

（一）计核事项；

（二）计核依据和计核方法；

（三）计核结论；

（四）计核部门和计核人员签章。

《税款计核资料清单》应当包括货物、物品的品名、规格、税则号列、数量、完税价格、原产地、税率、汇率、税款等内容。

第四章　违法货物、物品价值的计核

第二十九条　违法货物价值依据违法货物的完税价格、进出口关税、进口环节海关代征税之和进行计核；违法物品价值依据违法物品的完税价格和进口税之和进行计核。

第三十条　国务院关税税则委员会规定按货物征税的进境物品，按照本办法有关货物价值的规定计核价值。

第五章　附　则

第三十一条　下列情形不需要计核违法货物、物品价值：

（一）依据《处罚条例》第十五条第（一）、（二）项，第二十一条至第二十四条，第二十六条至第三十二条规定作出行政处罚的；

（二）涉及禁止进出境的货物、物品，无法计核货物、物品价值的；

（三）涉及其他特殊货物、物品，价值难以确定的。

第三十二条　本办法所称"违法货物、物品"，是指违反海关监管规定的行为所指向的特定货物、物品。

第三十三条　本办法由海关总署负责解释。

第三十四条　本办法自 2009 年 6 月 1 日起施行。

附件：税款计核证明书

附件

中华人民共和国海关办理违反海关监管规定
案件货物、物品税款计核证明书

×× 关计核字 20×× 年第 ×× 号

计核事项	计核涉案货物、物品税款
计核依据和计核方法	
计核结论	经核定，_____一案，涉案货物、物品完税（计税）价格共计人民币_____元；应纳税款共计人民币_____元；漏缴税款共计人民币_____元。

计核人员签名：_____　　　计核单位（部门）：_____

　　　　　　_____

　　　　　　　　　　　　　　　　　　　　（盖章）
　　　　　　　　　　　　　　　　　　年　　月　　日

备注：

中华人民共和国海关对外国政府、国际组织无偿赠送及我国履行国际条约规定进口物资减免税的审批和管理办法

(1999年8月5日海关总署令第77号发布，自1999年9月15日起施行)

第一条 根据《中华人民共和国海关法》和《中华人民共和国进出口关税条例》的有关规定，为加强海关对外国政府、国际组织无偿赠送及我国履行国际条约规定进口物资减免税的审批和管理工作，特制定本办法。

第二条 本办法下列用语的含义是：

外国政府是指外国国家的中央政府；

国际组织是指联合国各专门机构以及长期与我国有合作关系的其他国际组织（见附件1）；

国际条约是指依据《中华人民共和国缔结条约程序法》（见附件2）以"中华人民共和国"、"中华人民共和国政府"以及"中华人民共和国政府部门"名义同外国缔结协定或协议以及参加的国际条约。

第三条 外国政府、国际组织无偿赠送及我国履行国际条约规定进口物资的减免税范围包括：

（一）根据中国与外国政府、国际组织间的协定或协议，由外国政府、国际组织直接无偿赠送的物资或由其提供无偿赠款，由我国受赠单位按照协定或协议规定用途自行采购进口的物资；

（二）外国地方政府或民间组织受外国政府委托无偿赠送进口的物资；

（三）国际组织成员受国际组织委托无偿赠送进口的物资；

（四）我国履行国际条约规定减免税进口的物资。

第四条 外国政府、国际组织无偿赠送及我国履行国际条约规定进口物资减免税的审批单位：

（一）由受赠单位或项目执行单位向其所在地直属海关申请办理，经所在地直属海关审批。

（二）对于受赠单位或项目执行单位是多个且跨省、市、自治区的，可由我国政府主管部委统一向海关总署申请办理。经海关总署审批后，通知有关直属海关和进口地海关执行。

第五条 外国政府、国际组织无偿赠送及我国履行国际条约规定进口物资减免税的办理程序如下：

（一）受赠单位或项目执行单位应于首批物资进口前向所在地直属海关提交外国政府、国际组织的赠送函或含有减免税条款的协定、协议、国际条约的复印件备案。

（二）外国政府、国际组织临时无偿赠送进口的物资，如不能及时提交外国政府、国际组织的赠送函，也可提交外国驻我国大使馆、国际组织驻中国代表处的证明函。

（三）外国地方政府或民间组织受外国政府委托无偿赠送进口的物资，受赠单位或项目执行单位应向所在地直属海关提交外国政府的委托书，或外国驻我国大使馆的证明函。

（四）国际组织成员受国际组织委托无偿赠送进口的物资，受赠单位或项目执行单位应向所在地直属海关提交国际组织的委托书，或国际组织驻中国代表处的证明函。

（五）受赠单位或项目执行单位应于上述无偿赠送物资进口前，向所在地直属海关提出申请，除提交上述协定、协议和证明函外，应同时提交我国政府主管部委出具的《外国政府、国际组织无偿赠送及我国履行国际条约进口物资证明》（见附件3）和进口物资清单，经所在地直属海关审核无误后出具《进口货物征免税证明》，进口地海关凭以减免税验放。

第六条 海关对上述减免税审批工作，一般应在接到申请单位的申请之日起十个工作日内办结。如申请单位提交的有关材料不完整或不准确的，海关应在接到申请之日起五个工作日内通知申请单位补办。

第七条 上述减免税进口物资属海关监管货物，未经批准不得擅自转让、出售或移作他用。对违反本规定的，海关将依照《中华人民共和国海关法》及国家有关法律、法规的规定予以处罚。

第八条 本办法由海关总署负责解释。

第九条 本办法自一九九九年九月十五日起实施。

附件：1. 国际组织（部分）

2. 中华人民共和国缔结条约程序法（略）

3. 外国政府、国际组织无偿赠送及我国履行国际条约进口物资证明（略）

附件1

国际组织（部分）

一、联合国有关组织

1. 联合国开发计划署

（United Nations Development Programme，UNDP）

2. 联合国环境规划署

（United Nations Environment Programme，UNEP）

3. 联合国贸易和发展会议

（United Nations Conference on Trade and Development，UNCTAD）

4. 联合国人口基金

（United Nations Population Fund，UNFPA）

5. 联合国儿童基金会

（United Nations Children's Fund，UNICEF）

6. 联合国难民事务高级专员公署

（Office of the United Nations High Commissioner for Refugees，UNHCR）

7. 联合国欧洲经济委员会

（United Nation's Economic Commission for Europe，UN/ECE）

8. 世界粮食计划署

（World Food Programme，WFP）

9. 亚洲及太平洋经济社会委员会

（Economic and Social Commission for Asia and the Pacific，ESCAP）

10. 和平利用外层空间委员会

（The Committee on the Peaceful Uses of Outer Space，COPUOS）

二、同联合国建立关系的政府间机构

1. 国际劳工组织

（International Labour Organization，ILO）

2. 联合国粮食及农业组织

（Food and Agriculture Organization of the United Nations，FAO）

3. 联合国教育、科学及文化组织

（United Nations Educational，Scientific and Cultural Organization，UNESCO）

4. 世界卫生组织

（World Health Organization，WHO）

5. 国际货币基金组织

（International Monetary Fund，IMF）

6. 国际开发协会

（International Development Association，IDA）

7. 国际复兴开发银行（世界银行）

（International Bank for Reconstruction and Development，IBRD）（World Bank）

8. 国际金融公司

（International Finance Corporation，IFC）

9. 国际民用航空组织

（International Civil Aviation Organization，ICAO）

10. 万国邮政联盟

（Universal Postal Union，UPU）

11. 国际电信联盟

（International Telecommunication Union，ITU）

12. 世界气象组织

（World Meteorological Organization，WMO）

13. 国际海事组织

（International Maritime Organisation，IMO）

14. 世界知识产权组织

（World Intellectual Property Organization，WIPO）

15. 国际农业发展基金会

（International Fund for Agricultural Development，IFAD）

16. 联合国工业发展组织

（United Nations Industrial Development Organization，UNIDO）

17. 国际原子能机构

（International Atomic Energy Agency，IAEA）

18. 世界贸易组织

（World Trade Organization，WTO）

三、其他有关国际组织和金融机构

1. 红十字会与红新月会国际联合会（简称国际联合会）

（The International Federation of Red Cross and Red Crescent Societies，IFRCS）

2. 红十字国际委员会

（The International Committee of the Red Cross，ICRC）

　　3. 欧洲联盟

（European Union，EU）

　　4. 亚太经济合作组织

（Asia Pacific Economic Cooperation，APEC）

　　5. 亚洲开发银行

（Asia Development Bank，ADB）

　　6. 日本协力团

（Japan International Cooperation Agency，JICA）

　　7. 韩国协力团

（Korea International Cooperation Agency，KOICA）

　　8. 国际计生联组织

（International Planned Parenthood Federation，IPPF）

　　9. 国际移动卫星组织

（International Mobile Satellite Organization，INMARSAT）

　　10. 阿拉伯国家联盟

（League of Arab States，LAS）

国家限制进口机电产品进口零件、部件
构成整机主要特征的确定原则和审批、
征税的试行规定

（1987 年 6 月 1 日海关总署、国家经济委员会、对外经济贸易部
〔1987〕署税字 448 号文发布，自 1987 年 6 月 1 日起施行）

　　一、为有利于国家加强对进口机电产品的管理，防止盲目进口，鼓励和促进机电产品的国产化，特制定本规定。

　　二、对于电冰箱、洗衣机、照相机、摩托车、汽车、空调器、汽车起重机等 7 种国家限制进口的机电产品，如其进口的零件、部件中包括以下所列各个部分，因其已具有整机特征，即应视同整机。

　　（一）电冰箱的箱体、压缩机、蒸发器、冷凝器；

　　（二）洗衣机的内胆、外壳、电动机；

　　（三）照相机的机壳、快门、取景器、镜头；

（四）摩托车的动力部分、承载部分；

（五）汽车的发动机总成、驱动桥总成、驾驶室（车身）总成、前桥总成、变速箱总成、车架总成（进口其中四部分，即应视同整机）；

（六）空调器的压缩机、热交换器、电动机、风扇；

（七）汽车起重机的下车、上车。

三、进口第二项所列的7种机电产品，即使所列的零件、部件未全部进口，但进口的零件、部件每套价格总和达到同型号产品整机到岸价格的60%及以上的，也应视为已构成整机特征。

上款百分比的计算公式为：

进口每套零件、部件到岸价格的总和同型号产品整机到岸价格×100%

四、对于电子计算机、电视机、录音机、手表、电视机显像管、电子显微镜、复印机、电子分色机、X射线断层检查仪（CT装置）、气流纺纱机、录（放）像机和录音录像磁带复制设备等12种机电产品，如其进口零件、部件每套价格总和达到同型号产品整机到岸价格的60%及以上的，应视为构成整机特征。

上款百分比的计算公式与第三项的公式相同。

五、其他机电产品进口零件、部件构成整机主要特征的确定原则，参照第三项规定执行。

六、凡进口零件、部件已构成整机主要特征的，应按整机办理审批手续和申领进口许可证，海关凭经贸部核发的进口许可证放行，并按整机税率（订有成套散件税率的产品按成套散件税率）征收进口关税、增值税和进口调节税。

七、下列7种机电产品，进口所列部件之一者，虽构不成整机特征，应按国家限制进口机电产品的规定，办理审批手续，申领进口许可证，海关凭经贸部核发的许可证放行。

（一）电冰箱的压缩机；

（二）照相机的机身（包括机壳、快门、取景器三项）；

（三）摩托车的发动机、车架；

（四）汽车的发动机、驱动桥、驾驶室（或车身）；

（五）空调器的压缩机；

（六）汽车起重机的下车（包括底盘）；

（七）16位以下微型机的CPU板。

八、为便于审批单位和口岸海关执行本规定，进口单位在进口上述机电产品的零件、部件时，需向海关申报同型号产品的整机进口价格，对于未申报整机到岸价格的，审批单位和海关都可对照同类商品的进口到岸价格自行核定。

九、对于伪报价格或伪报、瞒报规格、品种，借以逃避国家审批或偷漏关税的，应由主管部门按《中华人民共和国海关法》或其他有关规定论处。

中华人民共和国海关审定
进出口货物完税价格办法

（2013年12月25日海关总署令第213号公布，自2014年2月1日起施行）

第一章 总 则

第一条 为了正确审查确定进出口货物的完税价格，根据《中华人民共和国海关法》（以下简称《海关法》）、《中华人民共和国进出口关税条例》的规定，制定本办法。

第二条 海关审查确定进出口货物的完税价格，应当遵循客观、公平、统一的原则。

第三条 海关审查确定进出口货物的完税价格，适用本办法。

内销保税货物完税价格的确定，准许进口的进境旅客行李物品、个人邮递物品以及其他个人自用物品的完税价格的确定，涉嫌走私的进出口货物、物品的计税价格的核定，不适用本办法。

第四条 海关应当按照国家有关规定，妥善保管纳税义务人提供的涉及商业秘密的资料，除法律、行政法规另有规定外，不得对外提供。

纳税义务人可以书面向海关提出为其保守商业秘密的要求，并且具体列明需要保密的内容，但是不得以商业秘密为理由拒绝向海关提供有关资料。

第二章 进口货物的完税价格

第一节 进口货物完税价格确定方法

第五条 进口货物的完税价格，由海关以该货物的成交价格为基础审查确定，并且应当包括货物运抵中华人民共和国境内输入地点起卸前的运输及其相关费用、保险费。

第六条 进口货物的成交价格不符合本章第二节规定的，或者成交价格不能确定的，海关经了解有关情况，并且与纳税义务人进行价格磋商后，依次以下列方法审查确定该货物的完税价格：

（一）相同货物成交价格估价方法；

（二）类似货物成交价格估价方法；

（三）倒扣价格估价方法；

（四）计算价格估价方法；

（五）合理方法。

纳税义务人向海关提供有关资料后，可以提出申请，颠倒前款第三项和第四项的适用次序。

第二节　成交价格估价方法

第七条　进口货物的成交价格，是指卖方向中华人民共和国境内销售该货物时买方为进口该货物向卖方实付、应付的，并且按照本章第三节的规定调整后的价款总额，包括直接支付的价款和间接支付的价款。

第八条　进口货物的成交价格应当符合下列条件：

（一）对买方处置或者使用进口货物不予限制，但是法律、行政法规规定实施的限制、对货物销售地域的限制和对货物价格无实质性影响的限制除外；

（二）进口货物的价格不得受到使该货物成交价格无法确定的条件或者因素的影响；

（三）卖方不得直接或者间接获得因买方销售、处置或者使用进口货物而产生的任何收益，或者虽然有收益但是能够按照本办法第十一条第一款第四项的规定做出调整；

（四）买卖双方之间没有特殊关系，或者虽然有特殊关系但是按照本办法第十七条、第十八条的规定未对成交价格产生影响。

第九条　有下列情形之一的，应当视为对买方处置或者使用进口货物进行了限制：

（一）进口货物只能用于展示或者免费赠送的；

（二）进口货物只能销售给指定第三方的；

（三）进口货物加工为成品后只能销售给卖方或者指定第三方的；

（四）其他经海关审查，认定买方对进口货物的处置或者使用受到限制的。

第十条　有下列情形之一的，应当视为进口货物的价格受到了使该货物成交价格无法确定的条件或者因素的影响：

（一）进口货物的价格是以买方向卖方购买一定数量的其他货物为条件而确

定的；

（二）进口货物的价格是以买方向卖方销售其他货物为条件而确定的；

（三）其他经海关审查，认定货物的价格受到使该货物成交价格无法确定的条件或者因素影响的。

第三节　成交价格的调整项目

第十一条　以成交价格为基础审查确定进口货物的完税价格时，未包括在该货物实付、应付价格中的下列费用或者价值应当计入完税价格：

（一）由买方负担的下列费用：

1. 除购货佣金以外的佣金和经纪费；

2. 与该货物视为一体的容器费用；

3. 包装材料费用和包装劳务费用。

（二）与进口货物的生产和向中华人民共和国境内销售有关的，由买方以免费或者以低于成本的方式提供，并且可以按适当比例分摊的下列货物或者服务的价值：

1. 进口货物包含的材料、部件、零件和类似货物；

2. 在生产进口货物过程中使用的工具、模具和类似货物；

3. 在生产进口货物过程中消耗的材料；

4. 在境外进行的为生产进口货物所需的工程设计、技术研发、工艺及制图等相关服务。

（三）买方需向卖方或者有关方直接或者间接支付的特许权使用费，但是符合下列情形之一的除外：

1. 特许权使用费与该货物无关；

2. 特许权使用费的支付不构成该货物向中华人民共和国境内销售的条件。

（四）卖方直接或者间接从买方对该货物进口后销售、处置或者使用所得中获得的收益。

纳税义务人应当向海关提供本条所述费用或者价值的客观量化数据资料。纳税义务人不能提供的，海关与纳税义务人进行价格磋商后，按照本办法第六条列明的方法审查确定完税价格。

第十二条　在根据本办法第十一条第一款第二项确定应当计入进口货物完税价格的货物价值时，应当按照下列方法计算有关费用：

（一）由买方从与其无特殊关系的第三方购买的，应当计入的价值为购入价格；

（二）由买方自行生产或者从有特殊关系的第三方获得的，应当计入的价值为生产成本；

（三）由买方租赁获得的，应当计入的价值为买方承担的租赁成本；

（四）生产进口货物过程中使用的工具、模具和类似货物的价值，应当包括其工程设计、技术研发、工艺及制图等费用。

如果货物在被提供给卖方前已经被买方使用过，应当计入的价值为根据国内公认的会计原则对其进行折旧后的价值。

第十三条　符合下列条件之一的特许权使用费，应当视为与进口货物有关：

（一）特许权使用费是用于支付专利权或者专有技术使用权，且进口货物属于下列情形之一的：

1. 含有专利或者专有技术的；

2. 用专利方法或者专有技术生产的；

3. 为实施专利或者专有技术而专门设计或者制造的。

（二）特许权使用费是用于支付商标权，且进口货物属于下列情形之一的：

1. 附有商标的；

2. 进口后附上商标直接可以销售的；

3. 进口时已含有商标权，经过轻度加工后附上商标即可以销售的。

（三）特许权使用费是用于支付著作权，且进口货物属于下列情形之一的：

1. 含有软件、文字、乐曲、图片、图像或者其他类似内容的进口货物，包括磁带、磁盘、光盘或者其他类似载体的形式；

2. 含有其他享有著作权内容的进口货物。

（四）特许权使用费是用于支付分销权、销售权或者其他类似权利，且进口货物属于下列情形之一的：

1. 进口后可以直接销售的；

2. 经过轻度加工即可以销售的。

第十四条　买方不支付特许权使用费则不能购得进口货物，或者买方不支付特许权使用费则该货物不能以合同议定的条件成交的，应当视为特许权使用费的支付构成进口货物向中华人民共和国境内销售的条件。

第十五条　进口货物的价款中单独列明的下列税收、费用，不计入该货物的完税价格：

（一）厂房、机械或者设备等货物进口后发生的建设、安装、装配、维修或者技术援助费用，但是保修费用除外；

（二）进口货物运抵中华人民共和国境内输入地点起卸后发生的运输及其相

关费用、保险费；

（三）进口关税、进口环节海关代征税及其他国内税；

（四）为在境内复制进口货物而支付的费用；

（五）境内外技术培训及境外考察费用。

同时符合下列条件的利息费用不计入完税价格：

（一）利息费用是买方为购买进口货物而融资所产生的；

（二）有书面的融资协议的；

（三）利息费用单独列明的；

（四）纳税义务人可以证明有关利率不高于在融资当时当地此类交易通常应当具有的利率水平，且没有融资安排的相同或者类似进口货物的价格与进口货物的实付、应付价格非常接近的。

第四节　特殊关系

第十六条　有下列情形之一的，应当认为买卖双方存在特殊关系：

（一）买卖双方为同一家族成员的；

（二）买卖双方互为商业上的高级职员或者董事的；

（三）一方直接或者间接地受另一方控制的；

（四）买卖双方都直接或者间接地受第三方控制的；

（五）买卖双方共同直接或者间接地控制第三方的；

（六）一方直接或者间接地拥有、控制或者持有对方5%以上（含5%）公开发行的有表决权的股票或者股份的；

（七）一方是另一方的雇员、高级职员或者董事的；

（八）买卖双方是同一合伙的成员的。

买卖双方在经营上相互有联系，一方是另一方的独家代理、独家经销或者独家受让人，如果符合前款的规定，也应当视为存在特殊关系。

第十七条　买卖双方之间存在特殊关系，但是纳税义务人能证明其成交价格与同时或者大约同时发生的下列任何一款价格相近的，应当视为特殊关系未对进口货物的成交价格产生影响：

（一）向境内无特殊关系的买方出售的相同或者类似进口货物的成交价格；

（二）按照本办法第二十三条的规定所确定的相同或者类似进口货物的完税价格；

（三）按照本办法第二十五条的规定所确定的相同或者类似进口货物的完税价格。

海关在使用上述价格进行比较时，应当考虑商业水平和进口数量的不同，以及买卖双方有无特殊关系造成的费用差异。

第十八条 海关经对与货物销售有关的情况进行审查，认为符合一般商业惯例的，可以确定特殊关系未对进口货物的成交价格产生影响。

第五节 除成交价格估价方法以外的其他估价方法

第十九条 相同货物成交价格估价方法，是指海关以与进口货物同时或者大约同时向中华人民共和国境内销售的相同货物的成交价格为基础，审查确定进口货物的完税价格的估价方法。

第二十条 类似货物成交价格估价方法，是指海关以与进口货物同时或者大约同时向中华人民共和国境内销售的类似货物的成交价格为基础，审查确定进口货物的完税价格的估价方法。

第二十一条 按照相同或者类似货物成交价格估价方法的规定审查确定进口货物的完税价格时，应当使用与该货物具有相同商业水平且进口数量基本一致的相同或者类似货物的成交价格。使用上述价格时，应当以客观量化的数据资料，对该货物与相同或者类似货物之间由于运输距离和运输方式不同而在成本和其他费用方面产生的差异进行调整。

在没有前款所述的相同或者类似货物的成交价格的情况下，可以使用不同商业水平或者不同进口数量的相同或者类似货物的成交价格。使用上述价格时，应当以客观量化的数据资料，对因商业水平、进口数量、运输距离和运输方式不同而在价格、成本和其他费用方面产生的差异做出调整。

第二十二条 按照相同或者类似货物成交价格估价方法审查确定进口货物的完税价格时，应当首先使用同一生产商生产的相同或者类似货物的成交价格。

没有同一生产商生产的相同或者类似货物的成交价格的，可以使用同一生产国或者地区其他生产商生产的相同或者类似货物的成交价格。

如果有多个相同或者类似货物的成交价格，应当以最低的成交价格为基础审查确定进口货物的完税价格。

第二十三条 倒扣价格估价方法，是指海关以进口货物、相同或者类似进口货物在境内的销售价格为基础，扣除境内发生的有关费用后，审查确定进口货物完税价格的估价方法。该销售价格应当同时符合下列条件：

（一）是在该货物进口的同时或者大约同时，将该货物、相同或者类似进口货物在境内销售的价格；

（二）是按照货物进口时的状态销售的价格；

（三）是在境内第一销售环节销售的价格；

（四）是向境内无特殊关系方销售的价格；

（五）按照该价格销售的货物合计销售总量最大。

第二十四条 按照倒扣价格估价方法审查确定进口货物完税价格的，下列各项应当扣除：

（一）同等级或者同种类货物在境内第一销售环节销售时，通常的利润和一般费用（包括直接费用和间接费用）以及通常支付的佣金；

（二）货物运抵境内输入地点起卸后的运输及其相关费用、保险费；

（三）进口关税、进口环节海关代征税及其他国内税。

如果该货物、相同或者类似货物没有按照进口时的状态在境内销售，应纳税义务人要求，可以在符合本办法第二十三条规定的其他条件的情形下，使用经进一步加工后的货物的销售价格审查确定完税价格，但是应当同时扣除加工增值额。

前款所述的加工增值额应当依据与加工成本有关的客观量化数据资料、该行业公认的标准、计算方法及其他的行业惯例计算。

按照本条的规定确定扣除的项目时，应当使用与国内公认的会计原则相一致的原则和方法。

第二十五条 计算价格估价方法，是指海关以下列各项的总和为基础，审查确定进口货物完税价格的估价方法：

（一）生产该货物所使用的料件成本和加工费用；

（二）向境内销售同等级或者同种类货物通常的利润和一般费用（包括直接费用和间接费用）；

（三）该货物运抵境内输入地点起卸前的运输及相关费用、保险费。

按照前款的规定审查确定进口货物的完税价格时，海关在征得境外生产商同意并且提前通知有关国家或者地区政府后，可以在境外核实该企业提供的有关资料。

按照本条第一款的规定确定有关价值或者费用时，应当使用与生产国或者地区公认的会计原则相一致的原则和方法。

第二十六条 合理方法，是指当海关不能根据成交价格估价方法、相同货物成交价格估价方法、类似货物成交价格估价方法、倒扣价格估价方法和计算价格估价方法确定完税价格时，海关根据本办法第二条规定的原则，以客观量化的数据资料为基础审查确定进口货物完税价格的估价方法。

第二十七条 海关在采用合理方法确定进口货物的完税价格时，不得使用以下价格：

（一）境内生产的货物在境内的销售价格；

（二）可供选择的价格中较高的价格；

（三）货物在出口地市场的销售价格；

（四）以本办法第二十五条规定之外的价值或者费用计算的相同或者类似货物的价格；

（五）出口到第三国或者地区的货物的销售价格；

（六）最低限价或者武断、虚构的价格。

第三章　特殊进口货物的完税价格

第二十八条　运往境外修理的机械器具、运输工具或者其他货物，出境时已向海关报明，并且在海关规定的期限内复运进境的，应当以境外修理费和料件费为基础审查确定完税价格。

出境修理货物复运进境超过海关规定期限的，由海关按照本办法第二章的规定审查确定完税价格。

第二十九条　运往境外加工的货物，出境时已向海关报明，并且在海关规定期限内复运进境的，应当以境外加工费和料件费以及该货物复运进境的运输及其相关费用、保险费为基础审查确定完税价格。

出境加工货物复运进境超过海关规定期限的，由海关按照本办法第二章的规定审查确定完税价格。

第三十条　经海关批准的暂时进境货物，应当缴纳税款的，由海关按照本办法第二章的规定审查确定完税价格。经海关批准留购的暂时进境货物，以海关审查确定的留购价格作为完税价格。

第三十一条　租赁方式进口的货物，按照下列方法审查确定完税价格：

（一）以租金方式对外支付的租赁货物，在租赁期间以海关审查确定的租金作为完税价格，利息应当予以计入；

（二）留购的租赁货物以海关审查确定的留购价格作为完税价格；

（三）纳税义务人申请一次性缴纳税款的，可以选择申请按照本办法第六条列明的方法确定完税价格，或者按照海关审查确定的租金总额作为完税价格。

第三十二条　减税或者免税进口的货物应当补税时，应当以海关审查确定的该货物原进口时的价格，扣除折旧部分价值作为完税价格，其计算公式如下：

$$完税价格=海关审查确定的该货物原进口时的价格×$$

$$\left[1-\frac{补税时实际已进口的时间（月）}{监管年限×12}\right]$$

上述计算公式中"补税时实际已进口的时间"按月计算，不足 1 个月但是超过 15 日的，按照 1 个月计算；不超过 15 日的，不予计算。

第三十三条　易货贸易、寄售、捐赠、赠送等不存在成交价格的进口货物，海关与纳税义务人进行价格磋商后，按照本办法第六条列明的方法审查确定完税价格。

第三十四条　进口载有专供数据处理设备用软件的介质，具有下列情形之一的，应当以介质本身的价值或者成本为基础审查确定完税价格：

（一）介质本身的价值或者成本与所载软件的价值分列；

（二）介质本身的价值或者成本与所载软件的价值虽未分列，但是纳税义务人能够提供介质本身的价值或者成本的证明文件，或者能提供所载软件价值的证明文件。

含有美术、摄影、声音、图像、影视、游戏、电子出版物的介质不适用前款规定。

第四章　进口货物完税价格中的运输及其相关费用、保险费的计算

第三十五条　进口货物的运输及其相关费用，应当按照由买方实际支付或者应当支付的费用计算。如果进口货物的运输及其相关费用无法确定的，海关应当按照该货物进口同期的正常运输成本审查确定。

运输工具作为进口货物，利用自身动力进境的，海关在审查确定完税价格时，不再另行计入运输及其相关费用。

第三十六条　进口货物的保险费，应当按照实际支付的费用计算。如果进口货物的保险费无法确定或者未实际发生，海关应当按照"货价加运费"两者总额的 3‰ 计算保险费，其计算公式如下：

保险费 =（货价+运费）×3‰

第三十七条　邮运进口的货物，应当以邮费作为运输及其相关费用、保险费。

第五章　出口货物的完税价格

第三十八条　出口货物的完税价格由海关以该货物的成交价格为基础审查

确定，并且应当包括货物运至中华人民共和国境内输出地点装载前的运输及其相关费用、保险费。

第三十九条 出口货物的成交价格，是指该货物出口销售时，卖方为出口该货物应当向买方直接收取和间接收取的价款总额。

第四十条 下列税收、费用不计入出口货物的完税价格：

（一）出口关税；

（二）在货物价款中单独列明的货物运至中华人民共和国境内输出地点装载后的运输及其相关费用、保险费。

第四十一条 出口货物的成交价格不能确定的，海关经了解有关情况，并且与纳税义务人进行价格磋商后，依次以下列价格审查确定该货物的完税价格：

（一）同时或者大约同时向同一国家或者地区出口的相同货物的成交价格；

（二）同时或者大约同时向同一国家或者地区出口的类似货物的成交价格；

（三）根据境内生产相同或者类似货物的成本、利润和一般费用（包括直接费用和间接费用）、境内发生的运输及其相关费用、保险费计算所得的价格；

（四）按照合理方法估定的价格。

第六章 完税价格的审查确定

第四十二条 纳税义务人向海关申报时，应当按照本办法的有关规定，如实向海关提供发票、合同、提单、装箱清单等单证。

根据海关要求，纳税义务人还应当如实提供与货物买卖有关的支付凭证以及证明申报价格真实、准确的其他商业单证、书面资料和电子数据。

货物买卖中发生本办法第二章第三节所列的价格调整项目的，或者发生本办法三十五条所列的运输及其相关费用的，纳税义务人应当如实向海关申报。

前款规定的价格调整项目或者运输及其相关费用如果需要分摊计算的，纳税义务人应当根据客观量化的标准进行分摊，并且同时向海关提供分摊的依据。

第四十三条 海关为审查申报价格的真实性、准确性，可以行使下列职权进行价格核查：

（一）查阅、复制与进出口货物有关的合同、发票、账册、结付汇凭证、单据、业务函电、录音录像制品和其他反映买卖双方关系及交易活动的商业单证、书面资料和电子数据；

（二）向进出口货物的纳税义务人及与其有资金往来或者有其他业务往来的公民、法人或者其他组织调查与进出口货物价格有关的问题；

（三）对进出口货物进行查验或者提取货样进行检验或者化验；

（四）进入纳税义务人的生产经营场所、货物存放场所，检查与进出口活动有关的货物和生产经营情况；

（五）经直属海关关长或者其授权的隶属海关关长批准，凭《中华人民共和国海关账户查询通知书》（见附件1）及有关海关工作人员的工作证件，可以查询纳税义务人在银行或者其他金融机构开立的单位账户的资金往来情况，并且向银行业监督管理机构通报有关情况；

（六）向税务部门查询了解与进出口货物有关的缴纳国内税情况。

海关在行使前款规定的各项职权时，纳税义务人及有关公民、法人或者其他组织应当如实反映情况，提供有关书面资料和电子数据，不得拒绝、拖延和隐瞒。

第四十四条 海关对申报价格的真实性、准确性有疑问时，或者认为买卖双方之间的特殊关系影响成交价格时，应当制发《中华人民共和国海关价格质疑通知书》（以下简称《价格质疑通知书》，见附件2），将质疑的理由书面告知纳税义务人或者其代理人，纳税义务人或者其代理人应当自收到《价格质疑通知书》之日起5个工作日内，以书面形式提供相关资料或者其他证据，证明其申报价格真实、准确或者双方之间的特殊关系未影响成交价格。

纳税义务人或者其代理人确有正当理由无法在规定时间内提供前款资料的，可以在规定期限届满前以书面形式向海关申请延期。

除特殊情况外，延期不得超过10个工作日。

第四十五条 海关制发《价格质疑通知书》后，有下列情形之一的，海关与纳税义务人进行价格磋商后，按照本办法第六条或者第四十一条列明的方法审查确定进出口货物的完税价格：

（一）纳税义务人或者其代理人在海关规定期限内，未能提供进一步说明的；

（二）纳税义务人或者其代理人提供有关资料、证据后，海关经审核其所提供的资料、证据，仍然有理由怀疑申报价格的真实性、准确性的；

（三）纳税义务人或者其代理人提供有关资料、证据后，海关经审核其所提供的资料、证据，仍然有理由认为买卖双方之间的特殊关系影响成交价格的。

第四十六条 海关经过审查认为进口货物无成交价格的，可以不进行价格质疑，经与纳税义务人进行价格磋商后，按照本办法第六条列明的方法审查确定完税价格。

海关经过审查认为出口货物无成交价格的，可以不进行价格质疑，经与纳税义务人进行价格磋商后，按照本办法第四十一条列明的方法审查确定完税价格。

第四十七条　按照本办法规定需要价格磋商的，海关应当依法向纳税义务人制发《中华人民共和国海关价格磋商通知书》（见附件3）。纳税义务人应当自收到通知之日起5个工作日内与海关进行价格磋商。纳税义务人在海关规定期限内与海关进行价格磋商的，海关应当制作《中华人民共和国海关价格磋商记录表》（见附件4）。

纳税义务人未在通知规定的时限内与海关进行磋商的，视为其放弃价格磋商的权利，海关可以直接使用本办法第六条或者第四十一条列明的方法审查确定进出口货物的完税价格。

第四十八条　对符合下列情形之一的，经纳税义务人书面申请，海关可以不进行价格质疑以及价格磋商，按照本办法第六条或者第四十一条列明的方法审查确定进出口货物的完税价格：

（一）同一合同项下分批进出口的货物，海关对其中一批货物已经实施估价的；

（二）进出口货物的完税价格在人民币10万元以下或者关税及进口环节海关代征税总额在人民币2万元以下的；

（三）进出口货物属于危险品、鲜活品、易腐品、易失效品、废品、旧品等的。

第四十九条　海关审查确定进出口货物的完税价格期间，纳税义务人可以在依法向海关提供担保后，先行提取货物。

第五十条　海关审查确定进出口货物的完税价格后，纳税义务人可以提出书面申请，要求海关就如何确定其进出口货物的完税价格做出书面说明。海关应当根据要求出具《中华人民共和国海关估价告知书》（见附件5）。

第七章　附　则

第五十一条　本办法中下列用语的含义：

境内，是指中华人民共和国海关关境内。

完税价格，是指海关在计征关税时使用的计税价格。

买方，是指通过履行付款义务，购入货物，并且为此承担风险，享有收益的自然人、法人或者其他组织。其中进口货物的买方是指向中华人民共和国境内购入进口货物的买方。

卖方，是指销售货物的自然人、法人或者其他组织。其中进口货物的卖方是指向中华人民共和国境内销售进口货物的卖方。

向中华人民共和国境内销售，是指将进口货物实际运入中华人民共和国境内，货物的所有权和风险由卖方转移给买方，买方为此向卖方支付价款的行为。

实付、应付价格，是指买方为购买进口货物而直接或者间接支付的价款总额，即作为卖方销售进口货物的条件，由买方向卖方或者为履行卖方义务向第三方已经支付或者将要支付的全部款项。

间接支付，是指买方根据卖方的要求，将货款全部或者部分支付给第三方，或者冲抵买卖双方之间的其他资金往来的付款方式。

购货佣金，是指买方为购买进口货物向自己的采购代理人支付的劳务费用。

经纪费，是指买方为购买进口货物向代表买卖双方利益的经纪人支付的劳务费用。

相同货物，是指与进口货物在同一国家或者地区生产的，在物理性质、质量和信誉等所有方面都相同的货物，但是表面的微小差异允许存在。

类似货物，是指与进口货物在同一国家或者地区生产的，虽然不是在所有方面都相同，但是却具有相似的特征，相似的组成材料，相同的功能，并且在商业中可以互换的货物。

大约同时，是指海关接受货物申报之日的大约同时，最长不应当超过前后45日。按照倒扣价格法审查确定进口货物的完税价格时，如果进口货物、相同或者类似货物没有在海关接受进口货物申报之日前后45日内在境内销售，可以将在境内销售的时间延长至接受货物申报之日前后90日内。

公认的会计原则，是指在有关国家或者地区会计核算工作中普遍遵循的原则性规范和会计核算业务的处理方法。包括对货物价值认定有关的权责发生制原则、配比原则、历史成本原则、划分收益性与资本性支出原则等。

特许权使用费，是指进口货物的买方为取得知识产权权利人及权利人有效授权人关于专利权、商标权、专有技术、著作权、分销权或者销售权的许可或者转让而支付的费用。

技术培训费用，是指基于卖方或者与卖方有关的第三方对买方派出的技术人员进行与进口货物有关的技术指导，进口货物的买方支付的培训师资及人员的教学、食宿、交通、医疗保险等其他费用。

软件，是指《计算机软件保护条例》规定的用于数据处理设备的程序和文档。

专有技术，是指以图纸、模型、技术资料和规范等形式体现的尚未公开的工艺流程、配方、产品设计、质量控制、检测以及营销管理等方面的知识、经验、方法和诀窍等。

轻度加工，是指稀释、混合、分类、简单装配、再包装或者其他类似加工。

同等级或者同种类货物，是指由特定产业或者产业部门生产的一组或者一系列货物中的货物，包括相同货物或者类似货物。

介质，是指磁带、磁盘、光盘。

价格核查，是指海关为确定进出口货物的完税价格，依法行使本办法第四十三条规定的职权，通过审查单证、核实数据、核对实物及相关账册等方法，对进出口货物申报成交价格的真实性、准确性以及买卖双方之间是否存在特殊关系影响成交价格进行的审查。

价格磋商，是指海关在使用除成交价格以外的估价方法时，在保守商业秘密的基础上，与纳税义务人交换彼此掌握的用于确定完税价格的数据资料的行为。

起卸前，是指货物起卸行为开始之前。

装载前，是指货物装载行为开始之前。

第五十二条　纳税义务人对海关确定完税价格有异议的，应当按照海关作出的相关行政决定依法缴纳税款，并且可以依法向上一级海关申请复议。对复议决定不服的，可以依法向人民法院提起行政诉讼。

第五十三条　违反本办法规定，构成走私行为、违反海关监管规定行为或者其他违反《海关法》行为的，由海关依照《海关法》和《中华人民共和国海关行政处罚实施条例》的有关规定予以处理；构成犯罪的，依法追究刑事责任。

第五十四条　本办法由海关总署负责解释。

第五十五条　本办法自2014年2月1日起施行。2006年3月28日海关总署令第148号发布的《中华人民共和国海关审定进出口货物完税价格办法》同时废止。

附件：1. 中华人民共和国海关账户查询通知书
　　　2. 中华人民共和国海关价格质疑通知书
　　　3. 中华人民共和国海关价格磋商通知书
　　　4. 中华人民共和国海关价格磋商记录表
　　　5. 中华人民共和国海关估价告知书（样式）

附件1

中华人民共和国
_____海关账户查询通知书

_____关账户查询〔20××〕　　号

_____银行：

　　因核查进口/出口货物申报价格的真实性和准确性的需要，现根据《中华人民共和国进出口关税条例》第三十三条之规定，特派我关核查人员_____前往你处查询_____（企业/当事人）的银行账户的资金往来情况，请予以协助。

（关印）

年　　月　　日

附件2

中华人民共和国
_____海关价格质疑通知书

_____关编号：_____

　　贵公司/单位于____年____月____日向海关申报的_____（报关单号_____），因有下列原因：

　　［　］货物的申报价格与海关掌握的价格存在差异；

　　［　］买卖双方存在特殊关系，并且可能对成交价格有影响；

　　［　］单证之间与价格有关的项目存在矛盾或者疑问；

　　［　］其他怀疑申报价格真实性或者准确性的理由。

详细

说明

按照《中华人民共和国进出口关税条例》第三十四条规定，海关需对成交情况进行核实。请自收到本通知之日起 5 个工作日内提供下列单证资料，并协助我关进一步了解与进/出口货物成交价格相关的信息。若明确不能提供、逾期不提供资料、所提供的资料不足以证明申报价格的真实性或者准确性以及不足以证明买卖双方间的特殊关系对成交价格没有造成影响的，海关将依法另行估价。

□有关成交的书面情况说明（如提供价格偏低的理由、价格构成情况、交易各方作用）

□中华人民共和国海关进口货物价格申报单

□合同、协议或者订单　　　　　　　　　□业务函电

□厂商发票　　　　　　　　　　　　　　□运费发票

□保险单　　　　　　　　　　　　　　　□信用证

□进口付汇核销单（付汇备案表）　　　　□结付汇凭证

□会计账册　　　　　　　　　　　　　　□国内销售单据

□商检证　　　　　　　　　　　　　　　□货物说明书

□其他有关单证：

关（处）盖章　　　　　　经办人（签字）：＿＿＿＿＿＿

　　　　　　　　　　　　　　　　　　＿＿＿年＿＿＿月＿＿＿日

受送达人（签字）：＿＿＿＿＿＿　　　＿＿＿年＿＿＿月＿＿＿日

第一联：企业留存

中华人民共和国
_____海关价格质疑通知书

_____关编号：_____

贵公司/单位于___年___月___日向海关申报的_____
（报关单号_____），因有下列原因：

[ ] 货物的申报价格与海关掌握的价格存在差异；

[ ] 买卖双方存在特殊关系，并且可能对成交价格有影响；

[ ] 单证之间与价格有关的项目存在矛盾或者疑问；

[ ] 其他怀疑申报价格真实性或者准确性的理由。

详细
说明

按照《中华人民共和国进出口关税条例》第三十四条规定，海关需对成交情况进行核实。请自收到本通知之日起5个工作日内提供下列单证资料，并协助我关进一步了解与进/出口货物成交价格相关的信息。若明确不能提供、逾期不提供资料、所提供的资料不足以证明申报价格的真实性或者准确性以及不足以证明买卖双方间的特殊关系对成交价格没有造成影响的，海关将依法另行估价。

□有关成交的书面情况说明（如提供价格偏低的理由、价格构成情况、交易各方作用）

□中华人民共和国海关进口货物价格申报单

□合同、协议或者订单　　　　　□业务函电

□厂商发票　　　　　　　　　　□运费发票

□保险单   □信用证

□进口付汇核销单（付汇备案表）   □结付汇凭证

□会计账册   □国内销售单据

□商检证   □货物说明书

□其他有关单证：

关（处）盖章   经办人（签字）：_____

                                    ___年___月___日

受送达人（签字）：_____   ___年___月___日

第二联：海关留存

附件3

中华人民共和国
_____海关价格磋商通知书

_____关编号：_____

_____公司/单位：

经审核，海关不接受你公司/单位于____年____月___日向海关申报的_____（报关单号_____）的申报价格，拟重新估价。为保障进出口货物纳税义务人的合法权益，根据《中华人民共和国进出口关税条例》第二十一条、第二十七条规定，海关依法与你公司/单位进行价格磋商，请自收到本通知书之日起5个工作日内至_____与海关进行磋商，磋商内容将成为海关的估价依据。如在规定期限内不与海关进行磋商的，海关将根据海关掌握的资料审查确定进出口货物的完税价格。

_____海关

受送达人（签字）：   年   月   日

第一联：企业留存

中华人民共和国
_____海关价格磋商通知书

_____关编号：_____

_____公司/单位：

经审核，海关不接受你公司/单位于____年____月___日向海关申报的__
_____（报关单号_____）的申报价格，拟重新估价。为保障进出
口货物纳税义务人的合法权益，根据《中华人民共和国进出口关税条例》第二
十一条、第二十七条规定，海关依法与你公司/单位进行价格磋商，请自收到本
通知书之日起 5 个工作日内至_____与海关进行磋商，磋商内容将成为海关
的估价依据。如在规定期限内不与海关进行磋商的，海关将根据海关掌握的资
料审查确定进出口货物的完税价格。

_____海关

受送达人（签字）：   年   月   日

第二联：海关留存

附件4

中华人民共和国
_____海关价格磋商记录表

_____关编号：_____

经审核，海关不接受申报价格，拟重新估价。为充分获取信息，依法审定货物的完税价格，保障进出口货物纳税义务人的合法权益，根据《中华人民共和国进出口关税条例》第二十一条、第二十七条规定，海关依法与你公司/单位进行价格磋商。磋商内容将成为海关的估价依据。如你公司/单位提供不实资料，将承担相应法律责任。

磋商地点		磋商时间	
报关单编号		进/出口日期	
商品名称			
纳税义务人情况			

姓名		性别		职务	
身份证号码			联系电话		

纳税义务人地址	
相同或者类似货物成交价格估价方法	纳税义务人能否提供该进/出口货物的相同或者类似货物的成交价格 能□　　　　　　　　　　　否□
倒扣价格估价方法	纳税义务人能否提供该进口货物或者相同/类似货物在境内第一销售环节销售的价格 能□　　　　　　　　　　　否□ 纳税义务人能否提供与该进口货物同等级或者同种类货物在境内销售时通常的利润和一般费用 能□　　　　　　　　　　　否□

续表

计算价格估价方法	纳税义务人能否提供该进/出口货物的生产成本 能□ 否□ 纳税义务人能否提供向境内销售与该进口货物同等级或者同种类货物通常的利润和一般费用或者在境内生产该出口货物的相同或者类似货物的利润和一般费用 能□ 否□
合理方法	纳税义务人能否提供进一步的信息 能□ 否□
纳税义务人提供的价格信息资料：	
海关所掌握的价格信息资料：	
价格磋商结果	

	海关经办人：（签名）	年 月 日
	纳税义务人授权人：（签名）	年 月 日

第一联：企业留存

中华人民共和国
_____ 海关价格磋商记录表

_____关编号：_____

经审核，海关不接受申报价格，拟重新估价。为充分获取信息，依法审定货物的完税价格，保障进出口货物纳税义务人的合法权益，根据《中华人民共和国进出口关税条例》第二十一条、第二十七条规定，海关依法与你公司/单位进行价格磋商。磋商内容将成为海关的估价依据。如你公司/单位提供不实资料，将承担相应法律责任。

磋商地点		磋商时间	
报关单编号		进/出口日期	
商品名称			
纳税义务人情况			
姓名		性别	职务
身份证号码		联系电话	
纳税义务人地址			
相同或者类似货物成交价格估价方法	纳税义务人能否提供该进/出口货物的相同或者类似货物的成交价格 能□ 否□		
倒扣价格估价方法	纳税义务人能否提供该进口货物或者相同/类似货物在境内第一销售环节销售的价格 能□ 否□ 纳税义务人能否提供与该进口货物同等级或者同种类货物在境内销售时通常的利润和一般费用 能□ 否□		

续表

计算价格估价方法	纳税义务人能否提供该进/出口货物的生产成本 能☐　　　　　　　　　　　　否☐ 纳税义务人能否提供向境内销售与该进口货物同等级或者同种类货物通常的利润和一般费用或者在境内生产该出口货物的相同或者类似货物的利润和一般费用 能☐　　　　　　　　　　　　否☐
合理方法	纳税义务人能否提供进一步的信息 能☐　　　　　　　　　　　　否☐

纳税义务人提供的价格信息资料：		
海关所掌握的价格信息资料：		
价格磋商结果		
	海关经办人：（签名）	年　　月　　日
	纳税义务人授权人：（签名）	年　　月　　日

第二联：海关留存

附件 5

中华人民共和国
_____ 海关估价告知书（样式）

经营单位：_____　_____关估价告知书编号：_____

进出口岸	海关编号	申报日期
商品名称	商品编号	贸易方式
规格型号	原产国（地区）	
申报单价	成交方式	数量及单位
收（发）货单位	合同协议号	

　　海关根据《中华人民共和国海关审定进出口货物完税价格办法》（以下简称《审价办法》）_____的规定，不接受进/出口货物的申报价格；同时根据《审价办法》_____的规定，对所进/出口货物按照_____进行估价。

年　　月　　日（盖章）

中华人民共和国海关审定内销
保税货物完税价格办法

(2013 年 12 月 25 日海关总署令第 211 号公布,
自 2014 年 2 月 1 日起施行)

第一条 为了正确审查确定内销保税货物的完税价格,根据《中华人民共和国海关法》、《中华人民共和国进出口关税条例》及其他有关法律、行政法规的规定,制定本办法。

第二条 海关审查确定内销保税货物完税价格,适用本办法。涉嫌走私的内销保税货物计税价格的核定,不适用本办法。

第三条 内销保税货物的完税价格,由海关以该货物的成交价格为基础审查确定。

第四条 进料加工进口料件或者其制成品(包括残次品)内销时,海关以料件原进口成交价格为基础审查确定完税价格。

属于料件分批进口,并且内销时不能确定料件原进口——对应批次的,海关可按照同项号、同品名和同税号的原则,以其合同有效期内或电子账册核销周期内已进口料件的成交价格计算所得的加权平均价为基础审查确定完税价格。

合同有效期内或电子账册核销周期内已进口料件的成交价格加权平均价难以计算或者难以确定的,海关以客观可量化的当期进口料件成交价格的加权平均价为基础审查确定完税价格。

第五条 来料加工进口料件或者其制成品(包括残次品)内销时,海关以接受内销申报的同时或者大约同时进口的与料件相同或者类似的保税货物的进口成交价格为基础审查确定完税价格。

第六条 加工企业内销的加工过程中产生的边角料或者副产品,以其内销价格为基础审查确定完税价格。

副产品并非全部使用保税料件生产所得的,海关以保税料件在投入成本核算中所占比重计算结果为基础审查确定完税价格。

按照规定需要以残留价值征税的受灾保税货物,海关以其内销价格为基础审查确定完税价格。按照规定应折算成料件征税的,海关以各项保税料件占构成制成品(包括残次品)全部料件的价值比重计算结果为基础审查确定完税价格。

边角料、副产品和按照规定需要以残留价值征税的受灾保税货物经海关允许采用拍卖方式内销时，海关以其拍卖价格为基础审查确定完税价格。

第七条 深加工结转货物内销时，海关以该结转货物的结转价格为基础审查确定完税价格。

第八条 保税区内企业内销的保税加工进口料件或者其制成品，海关以其内销价格为基础审查确定完税价格。

保税区内企业内销的保税加工制成品中，如果含有从境内采购的料件，海关以制成品所含从境外购入料件的原进口成交价格为基础审查确定完税价格。

保税区内企业内销的保税加工进口料件或者其制成品的完税价格依据本条前两款规定不能确定的，海关以接受内销申报的同时或者大约同时内销的相同或者类似的保税货物的内销价格为基础审查确定完税价格。

第九条 除保税区以外的海关特殊监管区域内企业内销的保税加工料件或者其制成品，以其内销价格为基础审查确定完税价格。

除保税区以外的海关特殊监管区域内企业内销的保税加工料件或者其制成品的内销价格不能确定的，海关以接受内销申报的同时或者大约同时内销的相同或者类似的保税货物的内销价格为基础审查确定完税价格。

除保税区以外的海关特殊监管区域内企业内销的保税加工制成品、相同或者类似的保税货物的内销价格不能确定的，海关以生产该货物的成本、利润和一般费用计算所得的价格为基础审查确定完税价格。

第十条 海关特殊监管区域内企业内销的保税加工过程中产生的边角料、废品、残次品和副产品，以其内销价格为基础审查确定完税价格。

海关特殊监管区域内企业经海关允许采用拍卖方式内销的边角料、废品、残次品和副产品，海关以其拍卖价格为基础审查确定完税价格。

第十一条 海关特殊监管区域、保税监管场所内企业内销的保税物流货物，海关以该货物运出海关特殊监管区域、保税监管场所时的内销价格为基础审查确定完税价格；该内销价格包含的能够单独列明的海关特殊监管区域、保税监管场所内发生的保险费、仓储费和运输及其相关费用，不计入完税价格。

第十二条 海关特殊监管区域内企业内销的研发货物，海关依据本办法第八条、第九条、第十条的规定审查确定完税价格。海关特殊监管区域内企业内销的检测、展示货物，海关依据本办法第十一条的规定审查确定完税价格。

第十三条 内销保税货物的完税价格不能依据本办法第四至十二条规定确定的，海关依次以下列价格估定该货物的完税价格：

（一）与该货物同时或者大约同时向中华人民共和国境内销售的相同货物的成交价格。

（二）与该货物同时或者大约同时向中华人民共和国境内销售的类似货物的成交价格。

（三）与该货物进口的同时或者大约同时，将该进口货物、相同或者类似进口货物在第一级销售环节销售给无特殊关系买方最大销售总量的单位价格，但应当扣除以下项目：

1. 同等级或者同种类货物在中华人民共和国境内第一级销售环节销售时通常的利润和一般费用以及通常支付的佣金；

2. 进口货物运抵境内输入地点起卸后的运输及其相关费用、保险费；

3. 进口关税及国内税收。

（四）按照下列各项总和计算的价格：生产该货物所使用的料件成本和加工费用，向中华人民共和国境内销售同等级或者同种类货物通常的利润和一般费用，该货物运抵境内输入地点起卸前的运输及其相关费用、保险费。

（五）以合理方法估定的价格。

纳税义务人向海关提供有关资料后，可以提出申请，颠倒前款第三项和第四项的适用次序。

第十四条　本办法中下列用语的含义：

内销保税货物，包括因故转为内销需要征税的加工贸易货物、海关特殊监管区域内货物、保税监管场所内货物和因其他原因需要按照内销征税办理的保税货物，但不包括以下项目：

（一）海关特殊监管区域、保税监管场所内生产性的基础设施建设项目所需的机器、设备和建设所需的基建物资；

（二）海关特殊监管区域、保税监管场所内企业开展生产或综合物流服务所需的机器、设备、模具及其维修用零配件；

（三）海关特殊监管区域、保税监管场所内企业和行政管理机构自用的办公用品、生活消费用品和交通运输工具。

内销价格，是指向国内企业销售保税货物时买卖双方订立的价格，是国内企业为购买保税货物而向卖方（保税企业）实际支付或者应当支付的全部价款，但不包括关税和进口环节海关代征税。

拍卖价格，是指国家注册的拍卖机构对海关核准参与交易的保税货物履行合法有效的拍卖程序，竞买人依拍卖规定获得拍卖标的物的价格。

结转价格，是指深加工结转企业间买卖加工贸易货物时双方订立的价格，是深加工结转转入企业为购买加工贸易货物而向深加工结转转出企业实际支付或者应当支付的全部价款。

第十五条 纳税义务人对海关确定完税价格有异议的，应当按照海关作出的相关行政决定缴纳税款，并可以依法向上一级海关申请复议。对复议决定不服的，可以依法向人民法院提起行政诉讼。

第十六条 违反本办法规定，构成走私或者违反海关监管规定行为的，由海关依照《中华人民共和国海关法》和《中华人民共和国海关行政处罚实施条例》的有关规定予以处理；构成犯罪的，依法追究刑事责任。

第十七条 本办法由海关总署负责解释。

第十八条 本办法自 2014 年 2 月 1 日起施行。

中华人民共和国海关进出口货物
商品归类管理规定

(2007 年 3 月 2 日海关总署令第 158 号公布，根据 2014 年 3 月 13 日海关总署令第 218 号《海关总署关于修改部分规章的决定》修改)

第一条 为了规范进出口货物的商品归类，保证商品归类结果的准确性和统一性，根据《中华人民共和国海关法》（以下简称《海关法》）、《中华人民共和国进出口关税条例》（以下简称《关税条例》）及其他有关法律、行政法规的规定，制定本规定。

第二条 本规定所称的商品归类是指在《商品名称及编码协调制度公约》商品分类目录体系下，以《中华人民共和国进出口税则》为基础，按照《进出口税则商品及品目注释》、《中华人民共和国进出口税则本国子目注释》以及海关总署发布的关于商品归类的行政裁定、商品归类决定的要求，确定进出口货物商品编码的活动。

第三条 进出口货物收发货人或者其代理人（以下简称收发货人或者其代理人）对进出口货物进行商品归类，以及海关依法审核确定商品归类，适用本规定。

第四条 进出口货物的商品归类应当遵循客观、准确、统一的原则。

第五条 进出口货物的商品归类应当按照收发货人或者其代理人向海关申报时货物的实际状态确定。以提前申报方式进出口的货物，商品归类应当按照货物运抵海关监管场所时的实际状态确定。法律、行政法规和海关总署规章另有规定的，按照有关规定办理。

第六条 收发货人或者其代理人应当按照法律、行政法规规定以及海关要求如实、准确申报其进出口货物的商品名称、规格型号等，并且对其申报的进出口货物进行商品归类，确定相应的商品编码。

第七条 由同一运输工具同时运抵同一口岸并且属于同一收货人、使用同一提单的多种进口货物，按照商品归类规则应当归入同一商品编码的，该收货人或者其代理人应当将有关商品一并归入该商品编码向海关申报。法律、行政法规和海关总署规章另有规定的，按照有关规定办理。

第八条 收发货人或者其代理人向海关提供的资料涉及商业秘密，要求海关予以保密的，应当事前向海关提出书面申请，并且具体列明需要保密的内容，海关应当依法为其保密。

收发货人或者其代理人不得以商业秘密为理由拒绝向海关提供有关资料。

第九条 海关应当依法对收发货人或者其代理人申报的进出口货物商品名称、规格型号、商品编码等进行审核。

第十条 海关在审核收发货人或者其代理人申报的商品归类事项时，可以依照《海关法》和《关税条例》的规定行使下列权力，收发货人或者其代理人应当予以配合：

（一）查阅、复制有关单证、资料；

（二）要求收发货人或者其代理人提供必要的样品及相关商品资料；

（三）组织对进出口货物实施化验、检验，并且根据海关认定的化验、检验结果进行商品归类。

第十一条 海关可以要求收发货人或者其代理人提供确定商品归类所需的资料，必要时可以要求收发货人或者其代理人补充申报。

收发货人或者其代理人隐瞒有关情况，或者拖延、拒绝提供有关单证、资料的，海关可以根据其申报的内容依法审核确定进出口货物的商品归类。

第十二条 海关经审核认为收发货人或者其代理人申报的商品编码不正确的，可以根据《中华人民共和国海关进出口货物征税管理办法》有关规定，按照商品归类的有关规则和规定予以重新确定，并且根据《中华人民共和国海关进出口货物报关单修改和撤销管理办法》等有关规定通知收发货人或者其代理人对报关单进行修改、删除。

第十三条 收发货人或者其代理人申报的商品编码需要修改的，应当按照进出口货物报关单修改和撤销的相关规定办理。

第十四条 海关对货物的商品归类审核完毕前，收发货人或者其代理人要求放行货物的，应当按照海关事务担保的有关规定提供担保。

国家对进出境货物有限制性规定，应当提供许可证件而不能提供的，以及法律、行政法规规定不得担保的其他情形，海关不得办理担保放行。

第十五条 在海关注册登记的进出口货物经营单位（以下简称申请人），可以在货物实际进出口的45日前，向直属海关申请就其拟进出口的货物预先进行商品归类（以下简称预归类）。

第十六条 申请人申请预归类的，应当填写并且提交《中华人民共和国海关商品预归类申请表》（格式文本见附件1）。

预归类申请应当向拟实际进出口货物所在地的直属海关提出。

第十七条 直属海关经审核认为申请预归类的商品归类事项属于《中华人民共和国进出口税则》、《进出口税则商品及品目注释》、《中华人民共和国进出口税则本国子目注释》以及海关总署发布的关于商品归类的行政裁定、商品归类决定有明确规定的，应当在接受申请之日起15个工作日内制发《中华人民共和国海关商品预归类决定书》（以下简称《预归类决定书》，格式文本见附件2），并且告知申请人。

第十八条 申请人在制发《预归类决定书》的直属海关所辖关区进出口《预归类决定书》所述商品时，应当主动向海关提交《预归类决定书》。

申请人实际进出口《预归类决定书》所述商品，并且按照《预归类决定书》申报的，海关按照《预归类决定书》所确定的归类意见审核放行。

第十九条 《预归类决定书》内容存在错误的，作出《预归类决定书》的直属海关应当立即制发《中华人民共和国海关商品预归类决定书撤销通知单》（以下简称《通知单》，格式文本见附件3），通知申请人停止使用该《预归类决定书》。

作出《预归类决定书》所依据的有关规定发生变化导致有关的《预归类决定书》不再适用的，作出《预归类决定书》的直属海关应当制发《通知单》，或者发布公告，通知申请人停止使用有关的《预归类决定书》。

第二十条 直属海关经审核认为申请预归类的商品归类事项属于《中华人民共和国进出口税则》、《进出口税则商品及品目注释》、《中华人民共和国进出口税则本国子目注释》以及海关总署发布的关于商品归类的行政裁定、商品归类决定没有明确规定的，应当在接受申请之日起7个工作日内告知申请人按照规定申请行政裁定。

第二十一条 海关总署可以依据有关法律、行政法规规定，对进出口货物作出具有普遍约束力的商品归类决定。

进出口相同货物，应当适用相同的商品归类决定。

第二十二条 商品归类决定由海关总署对外公布。

第二十三条 作出商品归类决定所依据的法律、行政法规以及其他相关规定发生变化的，商品归类决定同时失效。

商品归类决定失效的，应当由海关总署对外公布。

第二十四条 海关总署发现商品归类决定存在错误的，应当及时予以撤销。

撤销商品归类决定的，应当由海关总署对外公布。被撤销的商品归类决定自撤销之日起失效。

第二十五条 因商品归类引起退税或者补征、追征税款以及征收滞纳金的，按照有关法律、行政法规以及海关总署规章的规定办理。

第二十六条 违反本规定，构成走私行为、违反海关监管规定行为或者其他违反《海关法》行为的，由海关依照《海关法》和《中华人民共和国海关行政处罚实施条例》的有关规定予以处理；构成犯罪的，依法追究刑事责任。

第二十七条 本规定由海关总署负责解释。

第二十八条 本规定自 2007 年 5 月 1 日起施行。2000 年 2 月 24 日海关总署令第 80 号发布的《中华人民共和国海关进出口商品预归类暂行办法》同时废止。

附件：1. 中华人民共和国海关商品预归类申请表（略）
 2. 中华人民共和国海关商品预归类决定书（略）
 3. 中华人民共和国海关商品预归类决定书撤销通知单（略）

中华人民共和国海关化验管理办法

（2008 年 10 月 13 日海关总署令第 176 号公布，
自 2008 年 12 月 1 日起施行）

第一条 为了规范海关化验工作，保障行政相对人合法权益，根据《中华人民共和国海关法》和《中华人民共和国进出口关税条例》的有关规定，制定本办法。

第二条 本办法所称海关化验是指海关对进出口货物的属性、成分、含量、结构、品质、规格等进行检测分析，并根据《中华人民共和国进出口税则》、《进出口税则商品及品目注释》和《中华人民共和国进出口税则本国子目注释》等有关规定作出鉴定结论的活动。

第三条 海关对进出口货物进行化验，适用本办法。

第四条 海关化验工作应当遵循科学、公正、准确、及时的原则。

第五条 海关化验中心在海关总署指定区域内承担海关化验及相关工作。

海关委托的化验机构（以下简称委托化验机构）应当在授权范围内承担对进出口货物的化验工作。

第六条 海关化验人员是指在海关化验中心从事化验的海关工作人员。

海关化验人员应当取得海关化验从业资格。

第七条 海关化验中心应当按照《检测和校准实验室能力的通用要求》（GB/T 15481）进行质量体系管理。

第八条 海关对进出口货物的属性、成分、含量、结构、品质、规格等无法确认的，可以组织化验。

海关组织化验时，应当提取货物样品。

第九条 海关取样时，收发货人或者其代理人应当到场协助，负责搬移货物，开拆和重封货物的包装，并在《中华人民共和国海关进出口货物化验取样记录单》（以下简称《取样记录单》，格式文本见附件1）上签字确认。

第十条 收发货人或者其代理人拒不到场或者海关认为必要时，可以径行取样，存放货物的海关监管场所经营人、运输工具负责人应当到场协助，并在《取样记录单》上签字确认。

第十一条 海关应当按照有关操作规范取样，当场封存样品，同时填制《取样记录单》。样品一式两份，一份送抵海关化验中心或者委托化验机构，另一份留存海关备查。

第十二条 海关对进出口货物取样化验的，收发货人或者其代理人应当按照海关要求及时提供样品的相关单证和技术资料，并对其真实性和有效性负责。

第十三条 海关应当指派专人或者通过邮递等方式将所取样品送抵海关化验中心或者委托化验机构。

第十四条 除特殊情况外，海关化验中心和委托化验机构应当自收到送验样品之日起15日内作出鉴定结论，出具《中华人民共和国海关进出口货物化验鉴定书》（以下简称《鉴定书》，格式文本见附件2），并送达送验海关。

第十五条 除特殊情况外，海关化验中心应当在《鉴定书》签发次日，将《鉴定书》相关信息通过海关门户网站等途径对外公布。收发货人或者其代理人要求提供《鉴定书》纸本的，海关应当提供。

第十六条 海关化验中心和委托化验机构的鉴定结论是海关执法的依据。

其他化验机构作出的化验结果和鉴定结论与海关化验中心或者委托化验机构不一致的，以海关化验中心或者委托化验机构的化验结果和鉴定结论为准。

第十七条 收发货人或者其代理人对鉴定结论有异议的，可以自鉴定结论公布之日起 15 日内向送验海关提出复验申请，并说明理由。送验海关应当自收到复验申请之日起 3 日内通过"海关化验信息管理系统"将复验申请转送海关化验中心。送验海关对鉴定结论有异议的，可以自收到《鉴定书》之日起 15 日内向海关化验中心提出复验申请。

海关化验中心应当自收到复验申请之日起 15 日内对送验样品重新化验，出具《中华人民共和国海关进出口货物鉴定书（复验）》（格式文本见附件 3），并按照本办法第十五条的规定公布鉴定结论。

收发货人或者其代理人、送验海关对同一样品只能提出一次复验申请。

第十八条 除危险品或者鲜活、易腐、易失效等不宜长期保存的样品外，海关化验样品自海关化验中心或者委托化验机构出具《鉴定书》之日起保存六个月。

行政复议、行政诉讼以及尚未结案的走私、违反海关监管规定等违法案件涉及的海关化验样品，应当相应延长保存期限。

第十九条 海关对过境、转运、通运货物和进出境物品的化验比照本办法执行。

第二十条 本办法由海关总署负责解释。

第二十一条 本办法自 2008 年 12 月 1 日起施行。1993 年 9 月 20 日海关总署令第 46 号发布的《中华人民共和国海关对进出口货物实施化验鉴定的规定》同时废止。

附件：1. 中华人民共和国海关进出口货物化验取样记录单

2. 中华人民共和国海关进出口货物化验鉴定书

3. 中华人民共和国海关进出口货物化验鉴定书（复验）

附件1

中华人民共和国海关进出口货物化验取样记录单

申报货物名称			
报关单号（18位）		商品项号	
取样海关		取样时间	年　月　日　　时
货物包装描述： □散装　　□袋装　　□桶装　　□其他＿＿＿＿＿＿ 包装规格：＿＿＿＿＿＿＿＿＿＿			
货物外观描述（状态、形状、颜色等）：			
取样过程描述：			
备注（封条编号）：			
其他说明：			
取样关员工号与签名：			
兹申明，所取样品与申报货物一致，取样具有代表性。 □收发货人　　□代理人　　□取样见证人 签名： 联系电话：			

附件 2

中华人民共和国海关进出口货物化验鉴定书

鉴定书编号：_____　　　报关单号：_____

货物申报名称						
送验海关及部门		收样日期		完成日期		
样品特征及有关描述：						
化验项目及化验方法：						
化验结果：						
鉴定结论及说明：						
化验人				负责人（签字）：		
复核人				海关化验中心或者委托化验机构（章）：		
备注				签发日期：　　年　　月　　日		

　　注：本《鉴定书》仅适用于送验样品。

附件3

中华人民共和国海关进出口货物化验鉴定书（复验）

鉴定书编号：_____　　报关单号：_____

货物申报名称						
送验海关及部门		收样日期		完成日期		

样品特征及有关描述：

化验项目及化验方法：

化验结果：

鉴定结论及说明：

化验人		负责人（签字）：
复核人		海关化验中心或者委托化验机构（章）：
备注		签发日期：　　年　　月　　日

注：本《鉴定书》仅适用于送验样品。

中华人民共和国海关进出口货物减免税
管理办法

(2008 年 12 月 29 日海关总署令第 179 号公布，根据 2017 年 12 月 20 日
海关总署令第 235 号公布的《海关总署关于修改部分规章的决定》第一
次修正，根据 2018 年 5 月 29 日海关总署令第 240 号《海关总署关于修
改部分规章的决定》第二次修正)

第一章　总　　则

第一条　为了规范海关进出口货物减免税管理工作，保障行政相对人合法
权益，根据《中华人民共和国海关法》（以下简称《海关法》）、《中华人民共
和国进出口关税条例》（以下简称《关税条例》）及有关法律和行政法规的规
定，制定本办法。

第二条　进出口货物减征或者免征关税、进口环节海关代征税（以下简称
减免税）事务，除法律、行政法规另有规定外，海关依照本办法实施管理。

第三条　进出口货物减免税申请人（以下简称减免税申请人）应当向其所
在地海关申请办理减免税备案、审批手续，特殊情况除外。

投资项目所在地海关与减免税申请人所在地海关不是同一海关的，减免税
申请人应当向投资项目所在地海关申请办理减免税备案、审批手续。

投资项目所在地涉及多个海关的，减免税申请人可以向其所在地海关或者
有关海关的共同上级海关申请办理减免税备案、审批手续。有关海关的共同上
级海关可以指定相关海关办理减免税备案、审批手续。

投资项目由投资项目单位所属非法人分支机构具体实施的，在获得投资项
目单位的授权并经投资项目所在地海关审核同意后，该非法人分支机构可以向
投资项目所在地海关申请办理减免税备案、审批手续。

第四条　减免税申请人可以自行向海关申请办理减免税备案、审批、税款
担保和后续管理业务等相关手续，也可以委托他人办理前述手续。

委托他人办理的，应当由被委托人凭减免税申请人出具的《减免税手续办
理委托书》及其他相关材料向海关申请，海关审核同意后可准予被委托人办理
相关手续。

第五条 已经在海关办理注册登记并取得报关注册登记证书的报关企业或者进出口货物收发货人可以接受减免税申请人委托，代为办理减免税相关事宜。

第二章 减免税备案

第六条 减免税申请人按照有关进出口税收优惠政策的规定申请减免税进出口相关货物，海关需要事先对减免税申请人的资格或者投资项目等情况进行确认的，减免税申请人应当在申请办理减免税审批手续前，向主管海关申请办理减免税备案手续，并同时提交下列材料：

（一）《进出口货物减免税备案申请表》；

（二）事业单位法人证书、国家机关设立文件、社团登记证书、民办非企业单位登记证书、基金会登记证书等证明材料；

（三）相关政策规定的享受进出口税收优惠政策资格的证明材料。

第七条 海关收到减免税申请人的减免税备案申请后，应当审查确认所提交的申请材料是否齐全、有效，填报是否规范。

减免税申请人的申请材料符合规定的，海关应当予以受理，海关收到申请材料之日为受理之日；减免税申请人的申请材料不齐全或者不符合规定的，海关应当一次性告知减免税申请人需要补正的有关材料，海关收到全部补正的申请材料之日为受理之日。

不能按照规定向海关提交齐全、有效材料的，海关不予受理。

第八条 海关受理减免税申请人的备案申请后，应当对其主体资格、投资项目等情况进行审核。

经审核符合有关进出口税收优惠政策规定的，应当准予备案；经审核不予备案的，应当书面通知减免税申请人。

第九条 海关应当自受理之日起10个工作日内作出是否准予备案的决定。

因政策规定不明确或者涉及其他部门管理职责需与相关部门进一步协商、核实有关情况等原因在10个工作日内不能作出决定的，海关应当书面向减免税申请人说明理由。

有本条第二款规定情形的，海关应当自情形消除之日起15个工作日内作出是否准予备案的决定。

第十条 减免税申请人要求变更或者撤销减免税备案的，应当向主管海关递交申请。经审核符合相关规定的，海关应当予以办理。

变更或者撤销减免税备案应当由项目审批部门出具意见的，减免税申请人应当在申请变更或者撤销时一并提供。

第三章　减免税审批

第十一条　减免税申请人应当在货物申报进出口前，向主管海关申请办理进出口货物减免税审批手续，并同时提交下列材料：

（一）《进出口货物征免税申请表》；

（二）事业单位法人证书、国家机关设立文件、社团登记证书、民办非企业单位登记证书、基金会登记证书等证明材料；

（三）进出口合同、发票以及相关货物的产品情况资料；

（四）相关政策规定的享受进出口税收优惠政策资格的证明材料。

第十二条　海关收到减免税申请人的减免税审批申请后，应当审核确认所提交的申请材料是否齐全、有效，填报是否规范。对应当进行减免税备案的，还应当审核是否已经按照规定办理备案手续。

减免税申请人的申请材料符合规定的，海关应当予以受理，海关收到申请材料之日为受理之日；减免税申请人提交的申请材料不齐全或者不符合规定的，海关应当一次性告知减免税申请人需要补正的有关材料，海关收到全部补正的申请材料之日为受理之日。

不能按照规定向海关提交齐全、有效材料，或者未按照规定办理减免税备案手续的，海关不予受理。

第十三条　海关受理减免税申请人的减免税审批申请后，应当对进出口货物相关情况是否符合有关进出口税收优惠政策规定、进出口货物的金额、数量等是否在减免税额度内等情况进行审核。对应当进行减免税备案的，还需要对减免税申请人、进出口货物等是否符合备案情况进行审核。

经审核符合相关规定的，应当作出进出口货物征税、减税或者免税的决定，并签发《中华人民共和国海关进出口货物征免税证明》（以下简称《征免税证明》）。

第十四条　海关应当自受理减免税审批申请之日起 10 个工作日内作出是否准予减免税的决定。

有下列情形之一，不能在受理减免税审批申请之日起 10 个工作日内作出决定的，海关应当书面向减免税申请人说明理由：

（一）政策规定不明确或者涉及其他部门管理职责需要与相关部门进一步协商、核实有关情况的；

（二）需要对货物进行化验、鉴定以确定是否符合减免税政策规定的；

（三）因其他合理原因不能在本条第一款规定期限内作出决定的。

有本条第二款规定情形的，海关应当自情形消除之日起 15 个工作日内作出是否准予减免税的决定。

第十五条 减免税申请人申请变更或者撤销已签发的《征免税证明》的，应当在《征免税证明》有效期内向主管海关提出申请，说明理由，并提交相关材料。

经审核符合规定的，海关准予变更或者撤销。准予变更的，海关应当在变更完成后签发新的《征免税证明》，并收回原《征免税证明》。准予撤销的，海关应当收回原《征免税证明》。

第十六条 减免税申请人应当在《征免税证明》有效期内办理有关进出口货物通关手续。不能在有效期内办理，需要延期的，应当在《征免税证明》有效期内向海关提出延期申请。经海关审核同意，准予办理延长《征免税证明》有效期手续。

《征免税证明》可以延期一次，延期时间自有效期届满之日起算，延长期限不得超过 6 个月。海关总署批准的特殊情况除外。

《征免税证明》有效期限届满仍未使用的，该《征免税证明》效力终止。减免税申请人需要减免税进出口该《征免税证明》所列货物的，应当重新向海关申请办理。

第十七条 减免税申请人遗失《征免税证明》需要补办的，应当在《征免税证明》有效期内向主管海关提出申请。

经核实原《征免税证明》尚未使用的，主管海关应当重新签发《征免税证明》，原《征免税证明》同时作废。

原《征免税证明》已经使用的，不予补办。

第十八条 除国家政策调整等原因并经海关总署批准外，货物征税放行后，减免税申请人申请补办减免税审批手续的，海关不予受理。

第四章 减免税货物税款担保

第十九条 有下列情形之一的，减免税申请人可以向海关申请凭税款担保先予办理货物放行手续：

（一）主管海关按照规定已经受理减免税备案或者审批申请，尚未办理完毕的；

（二）有关进出口税收优惠政策已经国务院批准，具体实施措施尚未明确，海关总署已确认减免税申请人属于享受该政策范围的；

（三）其他经海关总署核准的情况。

第二十条　减免税申请人需要办理税款担保手续的，应当在货物申报进出口前向主管海关提出申请，并按照有关进出口税收优惠政策的规定向海关提交相关材料。

主管海关应当在受理申请之日起 7 个工作日内，作出是否准予担保的决定。准予担保的，应当出具《中华人民共和国海关准予办理减免税货物税款担保证明》（以下简称《准予担保证明》）；不准予担保的，应当出具《中华人民共和国海关不准予办理减免税货物税款担保决定》。

第二十一条　进出口地海关凭主管海关出具的《准予担保证明》，办理货物的税款担保和验放手续。

国家对进出口货物有限制性规定，应当提供许可证件而不能提供的，以及法律、行政法规规定不得担保的其他情形，进出口地海关不得办理减免税货物凭税款担保放行手续。

第二十二条　减免税货物税款担保期限不超过 6 个月，经主管海关核准可以予以延期，延期时间自税款担保期限届满之日起算，延长期限不超过 6 个月。

特殊情况仍需要延期的，应当经直属海关核准。

第二十三条　海关依照本办法规定延长减免税备案、审批手续办理时限的，减免税货物税款担保时限可以相应延长，主管海关应当及时通知减免税申请人向海关申请办理减免税货物税款担保延期的手续。

第二十四条　减免税申请人在减免税货物税款担保期限届满前未取得《征免税证明》，申请延长税款担保期限的，应当在《准予担保证明》规定期限届满的 10 个工作日以前向主管海关提出申请。主管海关应当在受理申请后 7 个工作日内，作出是否准予延长担保期限的决定。准予延长的，应当出具《中华人民共和国海关准予办理减免税货物税款担保延期证明》（以下简称《准予延期证明》）；不准予延长的，应当出具《中华人民共和国海关不准予办理减免税货物税款担保延期决定》。

减免税申请人按照海关要求申请延长减免税货物税款担保期限的，比照本条第一款规定办理。

进出口地海关凭《准予延期证明》办理减免税货物税款担保延期手续。

第二十五条　减免税申请人在减免税货物税款担保期限届满前取得《征免税证明》的，海关应当解除税款担保，办理征免税进出口手续。担保期限届满，减免税申请人未按照规定申请办理减免税货物税款担保延期手续的，海关应当要求担保人履行相应的担保责任或者将税款保证金转为税款。

第五章 减免税货物的处置

第二十六条 在进口减免税货物的海关监管年限内，未经海关许可，减免税申请人不得擅自将减免税货物转让、抵押、质押、移作他用或者进行其他处置。

第二十七条 按照国家有关规定在进口时免予提交许可证件的进口减免税货物，减免税申请人向海关申请进行转让、抵押、质押、移作他用或者其他处置时，按照规定需要补办许可证件的，应当补办有关许可证件。

第二十八条 在海关监管年限内，减免税申请人将进口减免税货物转让给进口同一货物享受同等减免税优惠待遇的其他单位的，应当按照下列规定办理减免税货物结转手续：

（一）减免税货物的转出申请人凭有关单证向转出地主管海关提出申请，转出地主管海关审核同意后，通知转入地主管海关。

（二）减免税货物的转入申请人向转入地主管海关申请办理减免税审批手续。转入地主管海关审核无误后签发《征免税证明》。

（三）转出、转入减免税货物的申请人应当分别向各自的主管海关申请办理减免税货物的出口、进口报关手续。转出地主管海关办理转出减免税货物的解除监管手续。结转减免税货物的监管年限应当连续计算。转入地主管海关在剩余监管年限内对结转减免税货物继续实施后续监管。

转入地海关和转出地海关为同一海关的，按照本条第一款规定办理。

第二十九条 在海关监管年限内，减免税申请人将进口减免税货物转让给不享受进口税收优惠政策或者进口同一货物不享受同等减免税优惠待遇的其他单位的，应当事先向减免税申请人主管海关申请办理减免税货物补缴税款和解除监管手续。

第三十条 在海关监管年限内，减免税申请人需要将减免税货物移作他用的，应当事先向主管海关提出申请。经海关批准，减免税申请人可以按照海关批准的使用地区、用途、企业将减免税货物移作他用。

本条第一款所称移作他用包括以下情形：

（一）将减免税货物交给减免税申请人以外的其他单位使用；

（二）未按照原定用途、地区使用减免税货物；

（三）未按照特定地区、特定企业或者特定用途使用减免税货物的其他情形。

除海关总署另有规定外，按照本条第一款规定将减免税货物移作他用的，减免税申请人还应当按照移作他用的时间补缴相应税款；移作他用时间不能确定的，应当提交相应的税款担保，税款担保不得低于剩余监管年限应补缴税款总额。

第三十一条 在海关监管年限内，减免税申请人要求以减免税货物向金融机构办理贷款抵押的，应当向主管海关提出书面申请。经审核符合有关规定的，主管海关可以批准其办理贷款抵押手续。

减免税申请人不得以减免税货物向金融机构以外的公民、法人或者其他组织办理贷款抵押。

第三十二条 减免税申请人以减免税货物向境内金融机构办理贷款抵押的，应当向海关提供下列形式的担保：

（一）与货物应缴税款等值的保证金；

（二）境内金融机构提供的相当于货物应缴税款的保函；

（三）减免税申请人、境内金融机构共同向海关提交《进口减免税货物贷款抵押承诺保证书》，书面承诺当减免税申请人抵押贷款无法清偿需要以抵押物抵偿时，抵押人或者抵押权人先补缴海关税款，或者从抵押物的折（变）价款中优先偿付海关税款。

减免税申请人以减免税货物向境外金融机构办理贷款抵押的，应当向海关提交本条第一款第（一）项或者第（二）项规定形式的担保。

第三十三条 海关在收到贷款抵押申请材料后，应当审核申请材料是否齐全、有效，必要时可以实地核查减免税货物情况，了解减免税申请人经营状况。

经审核同意的，主管海关应当出具《中华人民共和国海关准予进口减免税货物贷款抵押通知》。

第三十四条 海关同意以进口减免税货物办理贷款抵押的，减免税申请人应当于正式签订抵押合同、贷款合同之日起 30 日内将抵押合同、贷款合同正本或者复印件交海关备案。提交复印件备案的，减免税申请人应当在复印件上标注"与正本核实一致"，并予以签章。

抵押合同、贷款合同的签订日期不是同一日的，按照后签订的日期计算本条第一款规定的备案时限。

第三十五条 贷款抵押需要延期的，减免税申请人应当在贷款期限届满前 20 日内向主管海关申请办理贷款抵押的延期手续。

经审核同意的，主管海关签发准予延期通知，并出具《中华人民共和国海关准予办理进口减免税货物贷款抵押延期通知》。

第六章　减免税货物的管理

第三十六条　除海关总署另有规定外，在海关监管年限内，减免税申请人应当按照海关规定保管、使用进口减免税货物，并依法接受海关监管。

进口减免税货物的监管年限为：

（一）船舶、飞机：8年；

（二）机动车辆：6年；

（三）其他货物：3年。

监管年限自货物进口放行之日起计算。

第三十七条　在海关监管年限内，减免税申请人应当自进口减免税货物放行之日起，在每年的第1季度向主管海关递交《减免税货物使用状况报告书》，报告减免税货物使用状况。

减免税申请人未按照本条第一款规定向海关报告其减免税货物状况，向海关申请办理减免税备案、审批手续的，海关不予受理。

第三十八条　在海关监管年限内，减免税货物应当在主管海关核准的地点使用。需要变更使用地点的，减免税申请人应当向主管海关提出申请，说明理由，经海关批准后方可变更使用地点。

减免税货物需要移出主管海关管辖地使用的，减免税申请人应当事先凭有关单证以及需要异地使用的说明材料向主管海关申请办理异地监管手续，经主管海关审核同意并通知转入地海关后，减免税申请人可以将减免税货物运至转入地海关管辖地，转入地海关确认减免税货物情况后进行异地监管。

减免税货物在异地使用结束后，减免税申请人应当及时向转入地海关申请办结异地监管手续，经转入地海关审核同意并通知主管海关后，减免税申请人应当将减免税货物运回主管海关管辖地。

第三十九条　在海关监管年限内，减免税申请人发生分立、合并、股东变更、改制等变更情形的，权利义务承受人（以下简称承受人）应当自营业执照颁发之日起30日内，向原减免税申请人的主管海关报告主体变更情况及原减免税申请人进口减免税货物的情况。

经海关审核，需要补征税款的，承受人应当向原减免税申请人主管海关办理补税手续；可以继续享受减免税待遇的，承受人应当按照规定申请办理减免税备案变更或者减免税货物结转手续。

第四十条　在海关监管年限内，因破产、改制或者其他情形导致减免税申请人终止，没有承受人的，原减免税申请人或者其他依法应当承担关税及进口环节海关代征税缴纳义务的主体应当自资产清算之日起 30 日内向主管海关申请办理减免税货物的补缴税款和解除监管手续。

第四十一条 在海关监管年限内，减免税申请人要求将进口减免税货物退运出境或者出口的，应当报主管海关核准。

减免税货物退运出境或者出口后，减免税申请人应当凭出口报关单向主管海关办理原进口减免税货物的解除监管手续。

减免税货物退运出境或者出口的，海关不再对退运出境或者出口的减免税货物补征相关税款。

第四十二条 减免税货物海关监管年限届满的，自动解除监管。

在海关监管年限内的进口减免税货物，减免税申请人书面申请提前解除监管的，应当向主管海关申请办理补缴税款和解除监管手续。按照国家有关规定在进口时免予提交许可证件的进口减免税货物，减免税申请人还应当补交有关许可证件。

减免税申请人需要海关出具解除监管证明的，可以自办结补缴税款和解除监管等相关手续之日或者自海关监管年限届满之日起 1 年内，向主管海关申请领取解除监管证明。海关审核同意后出具《中华人民共和国海关进口减免税货物解除监管证明》。

第四十三条 在海关监管年限及其后 3 年内，海关依照《海关法》和《中华人民共和国海关稽查条例》有关规定对减免税申请人进口和使用减免税货物情况实施稽查。

第四十四条 减免税货物转让给进口同一货物享受同等减免税优惠待遇的其他单位的，不予恢复减免税货物转出申请人的减免税额度，减免税货物转入申请人的减免税额度按照海关审定的货物结转时的价格、数量或者应缴税款予以扣减。

减免税货物因品质或者规格原因原状退运出境，减免税申请人以无代价抵偿方式进口同一类型货物的，不予恢复其减免税额度；未以无代价抵偿方式进口同一类型货物的，减免税申请人在原减免税货物退运出境之日起 3 个月内向海关提出申请，经海关批准，可以恢复其减免税额度。

对于其他提前解除监管的情形，不予恢复减免税额度。

第四十五条 减免税货物因转让或者其他原因需要补征税款的，补税的完税价格以海关审定的货物原进口时的价格为基础，按照减免税货物已进口时间与监管年限的比例进行折旧，其计算公式如下：

$$补税的完税价格=海关审定的货物原进口时的价格 \times \left(1-\frac{减免税货物已进口时间}{监管年限 \times 12}\right)$$

减免税货物已进口时间自减免税货物的放行之日起按月计算。不足1个月但超过15日的按1个月计算；不超过15日的，不予计算。

第四十六条 按照本办法第四十五条规定计算减免税货物补征税款的，已进口时间的截止日期按以下规定确定：

（一）转让减免税货物的，应当以海关接受减免税申请人申请办理补税手续之日作为计算其已进口时间的截止之日；

（二）减免税申请人未经海关批准，擅自转让减免税货物的，应当以货物实际转让之日作为计算其已进口时间的截止之日；转让之日不能确定的，应当以海关发现之日作为截止之日；

（三）在海关监管年限内，减免税申请人发生破产、撤销、解散或者其他依法终止经营情形的，已进口时间的截止日期应当为减免税申请人破产清算之日或者被依法认定终止生产经营活动的日期。

第四十七条 减免税申请人将减免税货物移作他用，应当补缴税款的，税款的计算公式为：

$$补缴税款 = 海关审定的货物原进口时的价格 \times 税率 \times \left(\frac{需补缴税款的时间}{监管年限 \times 12 \times 30} \right)$$

上述计算公式中的税率，应当按照《关税条例》的有关规定，采用相应的适用税率；需补缴税款的时间是指减免税货物移作他用的实际时间，按日计算，每日实际生产不满8小时或者超过8小时的均按1日计算。

第四十八条 海关在办理减免税货物异地监管、结转、主体变更、退运出口、解除监管、贷款抵押等后续管理事务时，应当自受理申请之日起10个工作日内作出是否同意的决定。

因特殊情形不能在10个工作日内作出决定的，海关应当书面向申请人说明理由。

第四十九条 海关总署对重大减免税事项实施备案管理。

第七章 附 则

第五十条 违反本办法，构成走私行为、违反海关监管规定行为或者其他违反海关法行为的，由海关依照《海关法》和《中华人民共和国海关行政处罚实施条例》有关规定予以处理；构成犯罪的，依法追究刑事责任。

第五十一条 本办法下列用语的含义：

进出口货物减免税申请人，是指根据有关进出口税收优惠政策和有关法律法规的规定，可以享受进出口税收优惠，并依照本办法向海关申请办理减免税相关手续的具有独立法人资格的企事业单位、社会团体、国家机关；符合本办法第三条第四款规定的非法人分支机构；经海关总署审查确认的其他组织。

减免税申请人所在地海关，当减免税申请人为企业法人时，所在地海关是指其办理企业法人登记地的海关；当减免税申请人为国家机关、事业单位、社会团体等非企业法人组织时，所在地海关是指其住所地海关；当减免税申请人为符合本办法第三条第四款规定的非法人分支机构时，所在地海关是指该分支机构办理工商注册登记地的海关。

情形消除之日，是指因政策规定不明确等原因，海关总署或者直属海关发文明确之日。

减免税额度，是指根据有关进出口税收优惠政策规定确定的减免税申请人可以减税或者免税进出口货物的金额、数量，或者可以减征、免征的进出口关税及进口环节海关代征税的税款。

第五十二条 本办法所列文书格式由海关总署另行制定并公告。

第五十三条 本办法由海关总署负责解释。

第五十四条 本办法自 2009 年 2 月 1 日起施行。

中华人民共和国海关税收保全和
强制措施暂行办法

（2009 年 8 月 19 日海关总署令第 184 号公布，
自 2009 年 9 月 1 日起施行）

第一条 为了规范海关实施税收保全和强制措施，保障国家税收，维护纳税义务人的合法权益，根据《中华人民共和国海关法》、《中华人民共和国进出口关税条例》，制定本办法。

第二条 海关实施税收保全和强制措施，适用本办法。

第三条 进出口货物的纳税义务人在规定的纳税期限内有明显的转移、藏匿其应税货物以及其他财产迹象的，海关应当制发《中华人民共和国海关责令提供担保通知书》，要求纳税义务人在海关规定的期限内提供海关认可的担保。

纳税义务人不能在海关规定的期限内按照海关要求提供担保的，经直属海关关长或者其授权的隶属海关关长批准，海关应当采取税收保全措施。

第四条 依照本办法第三条规定采取税收保全措施的，海关应当书面通知纳税义务人开户银行或者其他金融机构（以下统称金融机构）暂停支付纳税义务人相当于应纳税款的存款。

因无法查明纳税义务人账户、存款数额等情形不能实施暂停支付措施的，应当扣留纳税义务人价值相当于应纳税款的货物或者其他财产。

纳税义务人的货物或者其他财产本身不可分割，又没有其他财产可以扣留的，被扣留货物或者其他财产的价值可以高于应纳税款。

第五条　海关通知金融机构暂停支付纳税义务人存款的，应当向金融机构制发《中华人民共和国海关暂停支付通知书》，列明暂停支付的款项和期限。

海关确认金融机构已暂停支付相应款项的，应当向纳税义务人制发《中华人民共和国海关暂停支付告知书》。

第六条　纳税义务人在规定的纳税期限内缴纳税款的，海关应当向金融机构制发《中华人民共和国海关暂停支付解除通知书》，解除对纳税义务人相应存款实施的暂停支付措施。

本条第一款规定情形下，海关还应当向纳税义务人制发《中华人民共和国海关暂停支付解除告知书》。

第七条　纳税义务人自海关填发税款缴款书之日起15内未缴纳税款的，经直属海关关长或者其授权的隶属海关关长批准，海关应当向金融机构制发《中华人民共和国海关扣缴税款通知书》，通知其从暂停支付的款项中扣缴相应税款。

海关确认金融机构已扣缴税款的，应当向纳税义务人制发《中华人民共和国海关扣缴税款告知书》。

第八条　海关根据本办法第四条规定扣留纳税义务人价值相当于应纳税款的货物或者其他财产的，应当向纳税义务人制发《中华人民共和国海关扣留通知书》，并随附扣留清单。

扣留清单应当列明被扣留货物或者其他财产的品名、规格、数量、重量等，品名、规格、数量、重量等当场无法确定的，应当尽可能完整地描述其外在特征。扣留清单应当由纳税义务人或者其代理人、保管人确认，并签字或者盖章。

第九条　纳税义务人自海关填发税款缴款书之日起15日内缴纳税款的，海关应当解除扣留措施，并向纳税义务人制发《中华人民共和国海关解除扣留通知书》，随附发还清单，将有关货物、财产发还纳税义务人。

发还清单应当由纳税义务人或者其代理人确认，并签字或者盖章。

第十条　纳税义务人自海关填发税款缴款书之日起15内未缴纳税款的，海关应当向纳税义务人制发《中华人民共和国海关抵缴税款通知书》，依法变卖被扣留的货物或者其他财产，并以变卖所得抵缴税款。

本条第一款规定情形下，变卖所得不足以抵缴税款的，海关应当继续采取强制措施抵缴税款的差额部分；变卖所得抵缴税款及扣除相关费用后仍有余款的，应当发还纳税义务人。

第十一条 进出口货物的纳税义务人、担保人自规定的纳税期限届满之日起超过 3 个月未缴纳税款的，经直属海关关长或者其授权的隶属海关关长批准，海关可以依次采取下列强制措施：

（一）书面通知金融机构从其存款中扣缴税款；

（二）将应税货物依法变卖，以变卖所得抵缴税款；

（三）扣留并依法变卖其价值相当于应纳税款的货物或者其他财产，以变卖所得抵缴税款。

第十二条 有本办法第十一条规定情形，海关通知金融机构扣缴税款的，应当向金融机构制发《中华人民共和国海关扣缴税款通知书》，通知其从纳税义务人、担保人的存款中扣缴相应税款。

金融机构扣缴税款的，海关应当向纳税义务人、担保人制发《中华人民共和国海关扣缴税款告知书》。

第十三条 有本办法第十一条规定情形的，滞纳金按照自规定的纳税期限届满之日起至扣缴税款之日计征，并同时扣缴。

第十四条 有本办法第十一条规定情形，海关决定以应税货物、被扣留的价值相当于应纳税款的货物或者其他财产变卖并抵缴税款的，应当向纳税义务人、担保人制发《中华人民共和国海关抵缴税款告知书》。

本条第一款规定情形下，变卖所得不足以抵缴税款的，海关应当继续采取强制措施抵缴税款的差额部分；变卖所得抵缴税款及扣除相关费用后仍有余款的，应当发还纳税义务人、担保人。

第十五条 依照本办法第八条、第十四条扣留货物或者其他财产的，海关应当妥善保管被扣留的货物或者其他财产，不得擅自使用或者损毁。

第十六条 无法采取税收保全措施、强制措施，或者依照本办法规定采取税收保全措施、强制措施仍无法足额征收税款的，海关应当依法向人民法院申请强制执行，并按照法院要求提交相关材料。

第十七条 依照本办法第八条、第十四条扣留货物或者其他财产的，实施扣留的海关工作人员不得少于 2 人，并且应当出示执法证件。

第十八条 纳税义务人、担保人对海关采取税收保全措施、强制措施不服的，可以依法申请行政复议或者提起行政诉讼。

第十九条　纳税义务人在规定的纳税期限内已缴纳税款，海关未解除税收保全措施，或者采取税收保全措施、强制措施不当，致使纳税义务人、担保人的合法权益受到损失的，海关应当承担赔偿责任。

第二十条　送达本办法所列法律文书，应当由纳税义务人或者其代理人、担保人、保管人等签字或者盖章；纳税义务人或者其代理人、担保人、保管人等拒绝签字、盖章的，海关工作人员应当在有关法律文书上注明，并且由见证人签字或者盖章。

第二十一条　海关工作人员未依法采取税收保全措施、强制措施，损害国家利益或者纳税义务人、担保人合法权益，造成严重后果的，依法给予处分。构成犯罪的，依法追究刑事责任。

第二十二条　纳税义务人、担保人抗拒、阻碍海关依法采取税收保全措施、强制措施的，移交地方公安机关依法处理。构成犯罪的，依法追究刑事责任。

第二十三条　本办法所列法律文书由海关总署另行制定并公布。

第二十四条　本办法由海关总署负责解释。

第二十五条　本办法自 2009 年 9 月 1 日起施行。

原产地规则类

中华人民共和国海关关于执行《内地与香港关于建立更紧密经贸关系的安排》项下《关于货物贸易的原产地规则》的规定

(2003 年 12 月 30 日海关总署令第 106 号公布，根据 2005 年 12 月 30 日海关总署令第 141 号《海关总署关于修改〈中华人民共和国海关关于执行《内地与香港关于建立更紧密经贸关系的安排》项下《关于货物贸易的原产地规则》的规定〉的决定》第一次修改，根据 2010 年 11 月 26 日海关总署令第 198 号《海关总署关于修改部分规章的决定》第二次修改，根据 2012 年 3 月 30 日海关总署令第 206 号《海关总署关于修改〈中华人民共和国海关关于执行《内地与香港关于建立更紧密经贸关系的安排》项下《关于货物贸易的原产地规则》的规定〉的决定》第三次修改)

第一条 为了促进内地与香港的经贸往来，正确确定《内地与香港关于建立更紧密经贸关系的安排》（以下简称《安排》）项下进口货物的原产地，根据《海关法》和《安排》，制定本规定。

第二条 本规定适用于从香港进口的《安排》项下货物（产品清单详见《中华人民共和国进出口税则》）。

第三条 对于直接从香港进口的《安排》项下货物，应当根据下列原则确定其原产地：

（一）完全在香港获得的货物，其原产地为香港；

（二）非完全在香港获得的货物，只有在香港进行了实质性加工的，其原产地才可以认定为香港。

第四条 本规定第三条第（一）项所称"完全在香港获得的货物"是指：

（一）在香港开采或者提取的矿产品；

（二）在香港收获或者采集的植物或者植物产品；

（三）在香港出生并饲养的活动物；

（四）在香港从本条第（三）项所述动物获得的产品；

（五）在香港狩猎或者捕捞所获得的产品；

（六）持香港牌照并悬挂香港特别行政区区旗的船只在公海捕捞获得的鱼类和其他海产品；

（七）在持香港牌照并悬挂香港特别行政区区旗的船只上加工本条第（六）项所述产品获得的产品；

（八）在香港收集的香港消费过程中产生的仅适于原材料回收的废旧物品；

（九）在香港加工制造过程中产生的仅适于原材料回收的废碎料；

（十）利用本条第（一）项至第（九）项所述产品在香港加工所获得的产品。

第五条 下列加工或者处理，无论是单独完成还是相互结合完成，均视为微小加工处理，在确定货物是否完全获得时应当不予考虑：

（一）为运输或者贮存货物而进行的加工或者处理；

（二）为便于货物装运而进行的加工或者处理；

（三）为货物销售而进行的包装、展示等加工或者处理。

第六条 本规定第三条第（二）项所称"实质性加工"，应当采用"制造或者加工工序"标准、"税号改变"标准、"从价百分比"标准、"其他标准"或者"混合标准"，在规定的情形下可以采用其他附加条件认定。具体按照《安排》项下《享受货物贸易优惠措施的香港货物原产地标准表》的规定执行。该表是本规定的组成部分，由海关总署另行公布。

"制造或者加工工序"是指赋予加工后所得货物基本特征的主要工序。在香港境内完成该工序的视为进行了实质性加工。

"税号改变"是指非香港原产材料在香港境内加工生产后，所得产品在《中华人民共和国进出口税则》中4位数级的税目归类发生了变化，并且该产品不再在香港以外的国家或者地区进行任何改变4位数级税目归类的生产、加工或者制造。

"从价百分比"是指香港原产的原料、组合零件的价格以及在香港产生的劳工价值和产品开发支出价格的合计与出口制成品船上交货价格（FOB）的比值。该比值大于或者等于30%，并且产品的最后制造或者加工工序在香港境内完成的，视为进行了实质性加工。用公式表示如下：

$$\frac{原料价格+组合零件价格+劳工价值+产品开发支出价格}{出口制成品的船上交货价格（FOB）}\times100\% \geqslant 30\%$$

公式中的"产品开发"是指在香港境内为生产或者加工有关出口制成品而实施的产品开发。产品开发支出价格应当与该出口制成品有关，包括生产加工者自行开发、委托香港境内的自然人或者法人开发以及购买香港境内的自然人或者法人拥有的设计、专利权、专有技术、商标权或者著作权而支付的费用。该价格应当能够依据公认的会计准则和《关于实施1994年关税与贸易总协定第7条的协定》的有关规定明确确定。

香港使用内地原产的原料或者组合零件在香港构成出口制成品组成部分的，在计算该出口制成品的从价百分比时，该内地原产原料或者组合零件应当视为原产于香港。该出口制成品的从价百分比应大于或者等于30%，且在不记入该内地原产的原料或者组合零件价格时的从价百分比应大于或者等于15%。

"从价百分比"的计算应当符合公认的会计准则和《关于实施1994年关税与贸易总协定第7条的协定》的有关规定。

"其他标准"是指除上述"制造或者加工工序"标准、"税号改变"标准和"从价百分比"标准之外，内地与香港主管部门一致同意采用的确定原产地的其他方法。

"混合标准"是指确定原产地时同时使用的上述两个或者两个以上的标准。

其他附加条件是指当上述"实质性加工"有关认定标准不足以确认原产地时，经内地与香港主管部门一致同意，可以采用品牌要求等附加条件。

第七条 简单的稀释、混合、包装、装瓶、干燥、装配、分类或者装饰不应当视为实质性加工。

以规避本规定为目的的加工或者定价措施不应当视为实质性加工。

第八条 货物制造过程中使用的能源、工厂、设备、机器、工具的产地，以及不构成货物组成成分或者组成部件的材料的产地，在确定货物原产地时不予考虑。

第九条 随货物一起报关进口，并在《中华人民共和国进出口税则》中与该货物一并归类的包装、包装材料、容器以及附件、备件、工具、介绍说明性材料，在确定货物原产地时应当忽略不计。

第十条 《安排》项下的进口货物应当从香港直接运输至内地口岸。

第十一条 《安排》项下的进口货物报关时，收货人应当主动向申报地海关申明该货物适用零关税，并提交符合《安排》项下《关于原产地证书的签发和核查程序》规定的有效原产地证书。原产地证书经海关联网核对无误的，海关准予按照零税率办理货物进口手续。经海关核对确认证书无效的，不适用零关税。

申报地海关因故无法进行联网核对，且收货人要求放行货物的，海关可以按照非《安排》项下该货物适用的税率征收相当于应缴税款的等值保证金后先予放行货物，并按规定办理进口手续，进行海关统计。申报地海关应当自该货物放行之日起 90 天内核定其原产地证书真实情况，根据核定结果办理退还保证金手续或者保证金转为进口关税手续，海关统计数据应当作相应修改。

第十二条 申报地海关对原产地证书内容的真实性产生怀疑时，可以经海关总署或者其授权的海关向香港海关提出协助核查的请求。在等待香港海关核查结果并确认有关原产地证书期间，申报地海关可以按照非《安排》项下该货物适用的税率征收相当于应缴税款的等值保证金后先予放行货物，并按规定办理进口手续，进行海关统计。香港海关核查完毕后，申报地海关应当根据核查结果，立即办理退还保证金手续或者保证金转为进口关税手续，海关统计数据应当作相应修改。

第十三条 海关对进口货物收货人提供的用于原产地证书核查的资料负有保密义务。未经收货人同意，海关不得泄露或者用于其他用途，但法律、行政法规及相关司法解释另有规定的除外。

第十四条 违反本规定的行为，海关按照《中华人民共和国海关法》和《中华人民共和国海关行政处罚实施条例》的规定处理；构成犯罪的，依法追究刑事责任。

第十五条 本规定由海关总署负责解释。

第十六条 本规定自 2004 年 1 月 1 日起施行。

中华人民共和国海关关于执行《内地与澳门关于建立更紧密经贸关系的安排》项下《关于货物贸易的原产地规则》的规定

(2003 年 12 月 30 日海关总署令第 107 号公布，根据 2005 年 12 月 30 日海关总署令第 142 号《海关总署关于修改〈中华人民共和国海关关于执行《内地与澳门关于建立更紧密经贸关系的安排》项下《关于货物贸易的原产地规则》的规定〉的决定》第一次修改，根据 2010 年 11 月 26 日海关总署令第 198 号《海关总署关于修改部分规章的决定》第二次修改，根据 2012 年 3 月 30 日海关总署令第 207 号《海关总署关于修改〈中华人民共和国海关关于执行《内地与澳门关于建立更紧密经贸关系的安排》项下《关于货物贸易的原产地规则》的规定〉的决定》第三次修改)

第一条 为了促进内地与澳门的经贸往来，正确确定《内地与澳门关于建立更紧密经贸关系的安排》（以下简称《安排》）项下进口货物的原产地，根据《海关法》和《安排》，制定本规定。

第二条 本规定适用于从澳门进口的《安排》项下货物（产品清单详见《中华人民共和国进出口税则》）。

第三条 对于直接从澳门进口的《安排》项下货物，应当根据下列原则确定其原产地：

（一）完全在澳门获得的货物，其原产地为澳门；

（二）非完全在澳门获得的货物，只有在澳门进行了实质性加工的，其原产地才可以认定为澳门。

第四条 本规定第三条第（一）项所称"完全在澳门获得的货物"是指：

（一）在澳门开采或者提取的矿产品；

（二）在澳门收获或者采集的植物或者植物产品；

（三）在澳门出生并饲养的活动物；

（四）在澳门从本条第（三）项所述动物获得的产品；

（五）在澳门狩猎或者捕捞所获得的产品；

（六）持澳门牌照并悬挂澳门特别行政区区旗的船只在公海捕捞获得的鱼类和其他海产品；

（七）在持澳门牌照并悬挂澳门特别行政区区旗的船只上加工本条第（六）项所述产品获得的产品；

（八）在澳门收集的澳门消费过程中产生的仅适于原材料回收的废旧物品；

（九）在澳门加工制造过程中产生的仅适于原材料回收的废碎料；

（十）利用本条第（一）项至第（九）项所述产品在澳门加工所得的产品。

第五条 下列加工或者处理，无论是单独完成还是相互结合完成，均视为微小加工处理，在确定货物是否完全获得时应当不予考虑：

（一）为运输或者贮存货物而进行的加工或者处理；

（二）为便于货物装运而进行的加工或者处理；

（三）为货物销售而进行的包装、展示等加工或者处理。

第六条 本规定第三条第（二）项所称"实质性加工"，应当采用"制造或者加工工序"标准、"税号改变"标准、"从价百分比"标准、"其他标准"或者"混合标准"认定，在规定的情形下可以采用其他附加条件认定。具体按照《安排》项下《享受货物贸易优惠措施的澳门货物原产地标准表》的规定执行。该表是本规定的组成部分，由海关总署另行公布。

"制造或者加工工序"是指赋予加工后所得货物基本特征的主要工序。在澳门境内完成该工序的视为进行了实质性加工。

"税号改变"是指非澳门原产材料在澳门境内加工生产后，所得产品在《中华人民共和国进出口税则》中4位数级的税目归类发生了变化，并且该产品不再在澳门以外的国家或者地区进行任何改变4位数级税目归类的生产、加工或者制造。

"从价百分比"是指澳门原产的原料、组合零件的价格以及在澳门产生的劳工价值和产品开发支出价格的合计与出口制成品船上交货价格（FOB）的比值。该比值大于或者等于30%，并且产品的最后制造或者加工工序在澳门境内完成的，视为进行了实质性加工。用公式表示如下：

$$\frac{原料价格+组合零件价格+劳工价值+产品开发支出价格}{出口制成品的船上交货价格（FOB）}\times100\%\geqslant30\%$$

公式中的"产品开发"是指在澳门境内为生产或者加工有关出口制成品而实施的产品开发。产品开发支出价格应当与该出口制成品有关，包括生产加工者自行开发、委托澳门境内的自然人或者法人开发以及购买该方境内的自然人或者法人拥有的设计、专利权、专有技术、商标权或者著作权而支付的费用。

该价格应当能够依据公认的会计准则和《关于实施 1994 年关税与贸易总协定第 7 条的协定》的有关规定明确确定。

澳门使用内地原产的原料或者组合零件在澳门构成出口制成品组成部分的，在计算该出口制成品的从价百分比时，该内地原产原料或者组合零件应当视为原产于澳门；该出口制成品的从价百分比应当大于或者等于 30%，且在不记入该内地原产的原料或者组合零件价格时的从价百分比应当大于或者等于 15%。

"从价百分比"的计算应当符合公认的会计准则和《关于实施 1994 年关税与贸易总协定第 7 条的协定》的有关规定。

"其他标准"是指除上述"制造或者加工工序"标准、"税号改变"标准和"从价百分比"标准之外，内地与澳门主管部门一致同意采用的确定原产地的其他方法。

"混合标准"是指确定原产地时同时使用的上述两个或者两个以上的标准。

其他附加条件是指当上述"实质性加工"有关认定标准不足以确认原产地时，经内地与澳门主管部门一致同意，可以采用品牌要求等附加条件。

第七条 简单的稀释、混合、包装、装瓶、干燥、装配、分类或者装饰不应当视为实质性加工。

以规避本规定为目的的加工或者定价措施不应当视为实质性加工。

第八条 货物制造过程中使用的能源、工厂、设备、机器、工具的产地，以及不构成货物组成成分或者组成部件的材料的产地，在确定货物原产地时不予考虑。

第九条 随货物一起报关进口，并在《中华人民共和国进出口税则》中与该货物一并归类的包装、包装材料、容器以及附件、备件、工具、介绍说明性材料，在确定货物原产地时应当忽略不计。

第十条 《安排》项下的进口货物应当从澳门直接运输至内地口岸。

进口货物从澳门经过香港运输至内地口岸，并且同时符合下列条件的，视为从澳门直接运输：

（一）仅是由于地理原因或者运输需要；

（二）未在香港进行贸易或者消费；

（三）除装卸或者保持货物处于良好状态所需的加工外，在香港未进行其他任何加工。

第十一条 《安排》项下的进口货物报关时，收货人应当主动向申报地海关申明该货物适用零关税，并提交符合《安排》项下《关于原产地证书的签发和核查程序》规定的有效原产地证书。

从澳门经过香港运输至内地口岸的进口货物，除符合前款规定外，收货人还应当向申报地海关补充提供下列单证：

（一）在澳门签发的联运提单；

（二）货物的原厂商发票；

（三）符合本规定第十条第二款规定的相关证明文件。

第十二条 原产地证书经海关联网核对无误的，海关准予按照零关税办理货物进口手续。经海关核对确认证书无效的，不适用零关税。

申报地海关因故无法进行联网核对，且收货人要求放行货物的，海关可以按照非《安排》项下该货物适用的税率征收相当于应缴税款的等值保证金后先予放行货物，并按规定办理进口手续，进行海关统计。申报地海关应当自该货物放行之日起90天内核定其原产地证书真实情况，根据核定结果办理退还保证金手续或者保证金转为进口关税手续，海关统计数据应当作相应修改。

第十三条 申报地海关对原产地证书内容的真实性产生怀疑时，可以通过海关总署或者其授权的海关向澳门海关或者澳门经济局提出协助核查的请求。在等待澳门海关或者澳门经济局核查结果并确认有关原产地证书期间，申报地海关可以按照非《安排》项下该货物适用的税率征收相当于应缴税款的等值保证金后先予放行货物，并按规定办理进口手续，进行海关统计。澳门海关或者澳门经济局核查完毕后，申报地海关应当根据核查结果，立即办理退还保证金手续或者保证金转为进口关税手续，海关统计数据应当作相应修改。

第十四条 海关对进口货物收货人提供的用于原产地证书核查的资料负有保密义务。未经收货人同意，海关不得泄露或者用于其他用途，但法律、行政法规及相关司法解释另有规定的除外。

第十五条 违反本规定的行为，海关按照《中华人民共和国海关法》和《中华人民共和国海关行政处罚实施条例》的规定处理；构成犯罪的，依法追究刑事责任。

第十六条 本规定由海关总署负责解释。

第十七条 本规定自2004年1月1日起施行。

中华人民共和国海关《海峡两岸经济合作框架协议》项下进出口货物原产地管理办法

(2010 年 12 月 29 日海关总署令第 200 号发布，
自 2011 年 1 月 1 日起施行)

第一条　为了正确确定《海峡两岸经济合作框架协议》（以下简称《协议》）项下进出口货物原产地，促进两岸的经贸往来，根据《中华人民共和国海关法》（以下简称《海关法》）、《中华人民共和国进出口货物原产地条例》、《协议》的规定，制定本办法。

第二条　本办法适用于大陆与台湾之间《协议》项下进出口货物的原产地管理。

第三条　从台湾直接运输进口的货物，符合下列条件之一的，其原产地为台湾，适用《中华人民共和国进出口税则》（以下简称《税则》）中的《协议》协定税率：

（一）在台湾完全获得的；

（二）在台湾仅由大陆或者台湾原产材料生产的；

（三）在台湾非完全获得，但符合《协议》项下产品特定原产地规则的。

该规则是本办法的组成部分，由海关总署另行公告。

第四条　本办法第三条第（一）项所述"在台湾完全获得"的货物是指：

（一）在台湾出生并饲养的活动物；

（二）在台湾从上述第（一）项所述活动物中获得的货物；

（三）在台湾收获、采摘或者采集的植物、植物产品；

（四）在台湾狩猎、诱捕、捕捞、耕种、采集或者捕获获得的货物；

（五）在台湾采掘的矿物；

（六）在台湾相关的水域、海床或者底土获得的货物；

（七）在台湾注册的加工船上，完全用上述第（六）项所述货物加工、制造的货物；

（八）在台湾加工过程中产生并且仅适用于原材料回收的废碎料，或者在台湾消费后所收集并且仅适用于原材料回收的废品；

（九）在台湾完全从上述第（一）项至第（八）项所述货物获得的货物。

第五条 《协议》项下进口货物在生产过程中使用了非台湾原产材料，非台湾原产材料的税则号列与进口货物的税则号列不同，但是从非台湾原产材料到进口货物的税则归类改变符合《协议》项下产品特定原产地规则中相应税则归类改变标准的，该进口货物应当视为原产于台湾的货物。

第六条 在台湾使用非台湾原产材料生产的货物，符合《协议》项下产品特定原产地规则中该货物所对应的区域价值成分标准的，应当视为原产于台湾的货物。

本条第一款中的区域价值成分应当按照下列公式计算：

$$区域价值成分 = \frac{货物船上交货价格（FOB）-非台湾原产材料价格}{货物船上交货价格（FOB）} \times 100\%$$

非台湾原产材料价格，是指非台湾原产材料的进口成本、运至目的港口或者地点的运费和保险费（CIF）。

货物船上交货价格（FOB）和非台湾原产材料价格应当依据《海关估价协定》及公认会计原则进行核定。

第七条 在台湾使用非台湾原产材料生产的货物，符合《协议》项下产品特定原产地规则中该货物对应的加工工序标准的，应当视为原产于台湾的货物。

第八条 原产于大陆的材料在台湾被用于生产另一货物，并构成另一货物组成部分的，在确定另一货物原产地时，该材料应当视为台湾原产材料。

第九条 下列微小加工或者处理不影响货物原产地确定：

（一）为确保货物在运输或者储藏期间处于良好状态而进行的处理，例如通风、干燥、冷藏、冷冻、上油、涂抹防锈漆、包覆保护层、加盐或者水溶液；

（二）为便利托运而对货物进行的拆解、组装；

（三）以销售或者展示为目的的包装、拆包或者重新包装等处理；

（四）动物屠宰、冷冻、分割、切片；

（五）过滤、筛选、挑选、分类、分级、匹配（包括成套物品的组合）、纵切、弯曲、卷绕、展开等作业；

（六）洗涤、清洁、除尘、去除氧化物、除油、去漆以及去除其他涂层；

（七）简单的上漆、磨光、削尖、研磨、切割、装配或者拆卸等作业；

（八）装瓶、装罐、装袋、装箱、装盒、固定于纸板或者木板及其他类似的包装工序；

（九）在产品或者其包装上粘贴或者印刷标志、标签、标志及其他类似的区别标记；

（十）稀释、溶解或者简单混合，未实质改变货物本质的；

（十一）除稻米以外的谷物的去壳、部分或者完全的漂白、抛光及上光；

（十二）食糖上色或者形成糖块的操作；

（十三）纺织品的熨烫或者压平；

（十四）水果、坚果及蔬菜的去皮、去核或者去壳。

第十条　适用《协议》项下产品特定原产地规则中税则改变标准确定原产地的货物，其生产过程中所使用的部分非台湾原产材料未能满足税则归类改变标准，但这部分非台湾原产材料依据本办法第六条计算的价格不超过货物船上交货价格10%，货物同时符合本办法所有其他适用规定的，该货物应当视为原产于台湾。

第十一条　在确定货物原产地时，对性质相同，为商业目的可互换的货物或者材料，仅靠视觉观察无法加以区分的，应当通过下列方法加以区分：

（一）货物的物理分离；

（二）出口方公认会计原则承认的库存管理方法。

依照本条第一款第（二）项规定使用库存管理方法的，应当在其整个会计年度内连续使用该方法对上述货物或者材料进行管理。

第十二条　在确定货物的原产地时，货物生产过程中使用，本身既不构成货物物质成分、也不成为货物组成部件的下列材料或者物品，其原产地不影响货物原产地的确定：

（一）燃料、能源、催化剂及溶剂；

（二）用于测试或者检验货物的设备、装置及相关用品；

（三）手套、眼镜、鞋靴、衣服、安全设备及用品；

（四）工具及模具；

（五）用于维护设备和建筑的备用零件及材料；

（六）在生产过程中使用的其他材料或者物品。

第十三条　属于协调制度归类总规则三规定的成套货品，其中全部货物均原产于台湾的，该成套货品即为原产于台湾；其中部分货物非原产于台湾，但是按照本办法第六条确定的价格不超过该成套货品船上交货价格10%的，该成套货品仍然应当视为原产于台湾。

第十四条　运输期间用于保护货物的包装材料及容器的原产地不影响货物原产地的确定。

适用《协议》项下产品特定原产地规则中税则归类改变标准确定原产地的货物，其零售用包装材料及容器与该货物在《税则》中一并归类的，该零售用包装材料及容器的原产地不影响货物原产地确定。

适用《协议》项下产品特定原产地规则中区域价值成分标准确定原产地的货物，其零售用包装材料及容器的价格应当纳入原产材料价格或者非台湾原产地材料价格予以计算。

第十五条 适用《协议》项下产品特定原产地规则中税则归类改变标准确定原产地的货物，与该货物一同申报进出口的配件、备用零件、工具、说明书及信息资料，在《税则》中与该货物一并归类，并且不单独开具发票的，其原产地不影响货物原产地确定。

适用《协议》项下产品特定原产地规则中区域价值成分标准确定原产地的货物，与该货物一同申报进出口的配件、备用零件、工具、说明书及信息资料，不单独开具发票的，在计算该货物的区域价值成分时，该配件、备用零件、工具、说明书及信息资料的价格应当纳入原产材料价格或者非台湾原产材料价格予以计算。

本条第一款与第二款所述配件、备用零件、工具、说明书及信息资料的数量与价格应当在合理范围之内。

第十六条 本办法第三条所称的"直接运输"是指《协议》项下进口货物从台湾直接运输至大陆，途中未经过大陆、台湾以外的其他第三方。

原产于台湾的货物经过大陆、台湾以外的一个或者多个第三方，不论是否在第三方转换运输工具或者临时储存，同时符合下列条件的，应当视为"直接运输"：

（一）由于地理原因或者运输需要；

（二）货物在该第三方未进行贸易或者消费；

（三）除装卸、重新包装或者使货物保持良好状态所必需的处理外，货物在该第三方未经其他处理；

（四）该货物在第三方作临时储存时，处于该第三方海关监管之下。

本条第二款规定情形下，货物进入第三方停留时间自运抵该方之日起不得超过 60 日。

第十七条 货物申报进口时，进口货物收货人或者其代理人应当按照海关的申报规定填制《中华人民共和国海关进口货物报关单》，申明适用《协议》协定税率，并同时提交下列单证：

（一）由台湾签证机构签发的有效原产地证书正本（见附件1）。

（二）货物的商业发票正本、装箱单以及相关运输单证。

货物经过大陆、台湾以外的第三方运输至大陆的，应当提交在台湾签发的联运提单、第三方海关出具的证明文件以及海关认可的其他证明文件。

货物申报进口时，进口货物收货人或者其代理人未提交有效原产地证书正本，也未就该进口货物是否具备台湾原产资格向海关进行补充申报，海关应当依法按照该货物适用的最惠国税率、普通税率或者其他税率计征关税及进口环节海关代征税，并按照规定办理进口手续、进行海关统计。收货人或者其代理人在货物征税放行后向海关提交原产地证书的，海关不予受理，已征税款不予调整。

第十八条 原产地申报为台湾的进口货物，收货人或者其代理人在申报进口时未提交原产地证书的，应当在办结海关手续前就该进口货物是否具备台湾原产资格向海关进行补充申报（见附件2）。

进口货物收货人或者其代理人依照本条第一款规定就进口货物具备台湾原产资格向海关进行补充申报的，海关可以根据进口货物收货人或者其代理人的申请，收取相当于应缴税款的等值保证金后放行货物，并按照规定办理进口手续，进行海关统计。依照法律、行政法规规定不得办理担保的情形除外。

第十九条 同时具备下列条件的，进口货物收货人或者其代理人可以自缴纳保证金之日起1年内，向海关申请退还：

（一）进口时已就进口货物具备台湾原产资格向海关进行补充申报，申明适用《协议》协定税率；

（二）提交有效原产地证书及海关要求提供的与货物进口相关的其他文件。

进口货物收货人或者其代理人未在缴纳保证金之日起1年内提出退还保证金申请的，海关应当立即办理保证金转为进口税款手续，海关统计数据同时作相应修改。

第二十条 原产地证书自签发之日起12个月内有效。

第二十一条 进口货物收货人或者其代理人向海关提交的原产地证书应当同时符合下列条件：

（一）由台湾签证机构在货物申报出口前签发；

（二）在有效期内；

（三）以附件1规定的格式正确填制、署名和盖章；

（四）仅有一份正本，并且具有单一证书编号；

（五）所列的货物为同一批次的进口货物，项数不超过20项；

（六）一份进口报关单上所列货物对应一份原产地证书。

第二十二条 具有下列情形之一的，出口商或者生产商可以自货物实际出口之日起90日内申请补发原产地证书：

（一）因不可抗力或者符合台湾规定的正当理由，未能在货物出口报关前申请签发原产地证书的；

（二）签证机构已签发原产地证书，但由于在填制或者签发证书时产生的技术性错误，出口商已申请注销在先原产地证书的；

（三）原产地证书遗失或者损毁，并且未经使用的。

补发的原产地证书应当注明"补发"字样，并自货物实际出口之日起12个月内有效。

本条第一款第（三）项情形下，原产地证书已使用的，补发的原产地证书无效。

第二十三条 海关对《协议》项下原产地证书的真实性，部分或者全部进口货物是否原产于台湾，或者是否符合本办法其他规定产生怀疑时，可以通过以下方式进行核实：

（一）要求进口货物的收货人或者其代理人在《协议》规定的期限内提供补充资料；

（二）通过台湾原产地核查联络机构书面要求出口商、生产商或者签证机构提供相关核查协助；

（三）与台湾海关商定的其他方式。

第二十四条 具有下列情形之一的，该进口货物不适用《协议》协定税率：

（一）进口货物的原产地不符合本办法第三条至第十六条规定的；

（二）货物申报进口时，进口货物收货人或者其代理人未向海关提交有效原产地证书正本，也未就进口货物具备台湾原产资格进行补充申报的；

（三）原产地证书未按照附件1规定的格式正确填制、署名和盖章的；

（四）原产地证书所列内容与实际进口货物不符的；

（五）在《协议》规定的期限内，海关未收到进口货物收货人或者其代理人、台湾有关部门答复结果，或者答复结果未包含足以确定原产地证书真实性、货物真实原产地信息的；

（六）原产地证书所列内容与其他申报单证不符的；

（七）原产地证书所列货物名称、8位级税则号列、数量、重量、包装唛头、编号、包装件数或者种类等内容与进口货物不符的；

（八）进口货物收货人或者其代理人存在其他不遵守本办法有关规定行为的。

第二十五条 出口货物申报时，出口货物发货人或者其代理人应当按照海关的申报规定填制《中华人民共和国海关出口货物报关单》，并向海关提交《协议》项下原产地证书电子数据或者原产地证书正本的复印件。

第二十六条　海关对依照本办法规定获得的商业秘密依法负有保密义务。未经进出口货物收发货人同意，海关不得泄露或者用于其他用途，但是法律、行政法规及相关司法解释另有规定的除外。

第二十七条　违反本办法，构成走私行为、违反海关监管规定行为或者其他违反《海关法》行为的，由海关依照《海关法》和《中华人民共和国海关行政处罚实施条例》的有关规定予以处理；构成犯罪的，依法追究刑事责任。

第二十八条　本办法下列用语的含义：

海关估价协定，是指作为《马拉喀什建立世界贸易组织协定》组成部分的《关于实施 1994 年关税与贸易总协定第七条的协定》；

非台湾原产材料，是指除依据本办法规定具备台湾原产资格的材料以外的其他材料；

生产，是指获得货物的方法，包括但不限于种植、饲养、开采、收获、捕捞、耕种、诱捕、狩猎、捕获、采集、收集、养殖、提取、制造、加工或者装配。

第二十九条　本办法由海关总署负责解释。

第三十条　本办法自 2011 年 1 月 1 日起施行。

附件：1. 大陆原产地证书格式
　　　2. 台湾原产地证明书格式
　　　3. 原产资格申明书

附件1
大陆原产地证书格式

海峡两岸经济合作框架协议原产地证书

正本

如有任何涂改、损毁或者填写不清均将导致本原产地证书失效

1. 出口商（名称、地址）： 电话：　　　　　　传真： 电子邮件：	编号： 签发日期： 有效期至：
2. 生产商（名称、地址）： 电话：　　　　　　传真： 电子邮件：	5. 受惠情况 □ 依据海峡两岸经济合作框架协议给予优惠关税待遇； □ 拒绝给予优惠关税待遇（请注明原因）
3. 进口商（名称、地址）： 电话：　　　　　　传真： 电子邮件：	_____ 进口方海关已获授权签字人签字
4. 运输工具及路线： 离港日期： 船舶/飞机编号等： 装货口岸： 到货口岸：	6. 备注：

7. 项目编号	8. HS编码	9. 货品名称、包装件数及种类	10. 毛重或者其他计量单位	11. 包装唛头或者编号	12. 原产地标准	13. 发票价格、编号及日期

续表

14. 出口商声明	15. 证明
——本人对于所填报原产地证书内容的真实性与正确性负责; ——本原产地证书所载货物,系原产自本协议一方或者双方,且货物属符合海峡两岸经济合作框架协议之原产货物。 _____ 出口商或者已获授权人签字 _____ 地点和日期	依据《海峡两岸经济合作框架协议》临时原产地规则规定,兹证明出口商所做申报正确无讹。 _____ 地点和日期,签字和签证机构印章 电话:　　　　　传真: 地址:

填写须知

第1栏:应填写海峡两岸经济合作框架协议下在双方注册登记的海峡两岸双方出口商详细名称、地址、电话、传真和电子邮件等联系方式。如无传真或者电子邮件,应填写"无"。

第2栏:应填写海峡两岸经济合作框架协议下在双方注册登记的海峡两岸双方生产商的详细名称、地址、电话、传真和电子邮件等联系方式。如无传真或者电子邮件,应填写"无"。如果证书包含一家以上生产商,应详细列出所有生产商的名称、地址,如果证书填写不下,可以随附生产商清单。如果生产商和出口商相同,应填写"同上"。若本栏资料属机密性资料时,请填写"签证机构或者相关机关要求时提供"。

第3栏:应填写海峡两岸经济合作框架协议下在双方注册登记的海峡两岸双方进口商的详细名称、地址、电话、传真和电子邮件等联系方式,如无传真或者电子邮件,应填写"无"。

第4栏:应填写运输方式及路线,详细说明离港日期、运输工具(船舶、飞机等)的编号、装货口岸和到货口岸。如离港日期未最终确定,可填写预计的离港日期,并注明"预计"字样。

第5栏:不论是否给予优惠关税待遇,进口方海关可在本栏标注(√)。如果不给予优惠关税待遇,请在该栏注明原因。该栏应由进口方海关已获授权签字人签字。

第6栏:如有需要,可填写订单号码、信用证号等。

第7栏:应填写项目编号,但不得超过20项。

第8栏：应对应第9栏中的每项货物填写《协调制度》编码，以进口方8位编码为准。

第9栏：应详细列明货品名称、包装件数及种类，以便于海关关员查验。货品名称可在中文名称外辅以英文，但不能仅以英文填写。货品名称应与出口商发票及《协调制度》上的商品描述相符。如果是散装货，应注明"散装"。当本栏货物信息填写完毕时，加上"＊＊＊"（三颗星）或者"＼"（结束斜线符号）。

第10栏：每种货物的数量可依照海峡两岸双方惯例采用的计量单位填写，但应同时填写以国际计量单位衡量的数量，如毛重（用千克衡量），容积（用公升衡量），体积（用立方米衡量）等，以精确地反映货物数量。

第11栏：应填写唛头或者包装号，以便于海关关员查验。

第12栏：若货物符合临时原产地规则，出口商必须按照下列表格中规定的格式，在本证书第12栏中标明其货物申报适用优惠关税待遇所根据的原产地标准。

本表格第9栏列名的货物生产或者制造的详情	填入第12栏
（a）出口方完全获得的货物	"WO"
（b）完全是在一方或者双方，仅由符合本附件的临时原产地规则的原产材料生产	"WP"
（c）符合产品特定原产地标准的货物	"PSR"

此外，如果货物适用的原产地标准依据"累积规则"条款、"微小含量"条款或者"可互换材料"条款，亦应于本栏相应填写"ACU"、"DMI"或者"FG"。

第13栏：应填写海峡两岸经济合作框架协议下海峡两岸双方出口商开具的商业发票所载明的货物实际成交价格、发票编号及发票日期。

第14栏：应由出口商或者已获授权人填写、签名，并应填写签名的地点及日期。

第15栏：应由签证机构的授权人员填写签证地点和日期，并签名、盖章。同时应提供签证机构的电话号码、传真及地址。

证书应以中文填写，必要时辅以英文，但不能仅以英文填写。所有栏目必须填写。证书如有续页，亦按照本须知填写，续页也应填写同一证书编码。同时请在证书下方填写"第X页，共X页"。如果证书仅有1页，亦应填写"第1页，共1页"。

原产地证书续页格式

正本续页

证书编号：

如有任何涂改、损毁或者填写不清均将导致本原产地证书失效

7. 项目编号	8. HS编码	9. 货品名称、包装件数及种类	10. 毛重或者其他计量单位	11. 包装唛头或者编号	12. 原产地标准	13. 发票价格、编号及日期

14. 出口商声明	15. 证明
—本人对于所填报原产地证书内容的真实性与正确性负责； —本原产地证书所载货物，系原产自本协议一方或者双方，且货物属符合海峡两岸经济合作框架协议之原产货物。 ——————————— 出口商或者已获授权人签字 ——————————— 地点和日期	依据《海峡两岸经济合作框架协议》临时原产地规则规定，兹证明出口商所做申报正确无讹。 ——————————— 地点和日期，签字和签证机构印章 电话：　　　　　　传真： 地址：

附件 2
台湾原產地證明書格式

海峽兩岸經濟合作架構協議原產地證明書

正本

如有任何塗改、損毀或填寫不清均將導致本原產地證明書失效

1. 出口商（名稱、地址）： 電話：　　　　傳真： 電子郵件：	編號： 簽發日期： 有效期至：
2. 生產商（名稱、地址）： 電話：　　　　傳真： 電子郵件：	5. 受惠情況 □ 依據海峽兩岸經濟合作架構協議給予優惠關稅待遇； □ 拒絕給予優惠關稅待遇（請註明原因）
3. 進口商（名稱、地址）： 電話：　　　　傳真： 電子郵件：	＿＿＿＿＿＿＿＿＿＿＿＿＿＿ 進口方海關已獲授權簽字人簽字
4. 運輸工具及路線： 離港日期： 船舶/飛機編號等： 裝貨口岸： 到貨口岸：	6. 備註：

7. 項目編號	8. HS編碼	9. 貨品名稱、包裝件數及種類	10. 毛重或其他計量單位	11. 包裝嘜頭或編號	12. 原產地標準	13. 發票價格、編號及日期

14. 出口商聲明	15. 證明
—本人對於所填報原產地證明書內容之真實性與正確性負責； —本原產地證明書所載貨物，係原產自本協議一方或雙方，且貨物屬符合海峽兩岸經濟合作架構協議之原產貨物。 ———————————— 出口商或已獲授權人簽字 ———————————— 地點和日期	依據「海峽兩岸經濟合作架構協議」臨時原產地規則規定，茲證明出口商所做申報正確無訛。 ———————————— 地點和日期，簽字和簽證機構印章 電話：　　　　　　傳真： 電子郵件：

第　頁，共　頁

填寫須知

第1欄：應填寫海峽兩岸經濟合作架構協議下在雙方註冊登記的海峽兩岸雙方出口商詳細名稱、地址、電話、傳真和電子郵件等聯繫方式。如無傳真或電子郵件，應填寫「無」。

第2欄：應填寫海峽兩岸經濟合作架構協議下在雙方註冊登記之海峽兩岸雙方生產商的詳細名稱、地址、電話、傳真和電子郵件等聯繫方式。如無傳真或電子郵件，應填寫「無」。如證明書包含一家以上生產商，應詳細列出所有生產商的名稱、地址，如證明書填寫不下，可以隨附生產商清單。如生產商和出口商相同，應填寫「同上」。若本欄資料屬機密性資料時，請填寫「簽證機構或相關機關要求時提供」。

第3欄：應填寫海峽兩岸經濟合作架構協議下在雙方註冊登記之海峽兩岸雙方進口商的詳細名稱、地址、電話、傳真和電子郵件等聯繫方式，如無傳真或電子郵件，應填寫「無」。

第4欄：應填寫運輸方式及路線，詳細說明離港日期、運輸工具（船舶、飛機等）的編號、裝貨口岸和到貨口岸。如離港日期未最終確定，得填寫預計的離港日期，並註明「預計」字樣。

第5欄：不論是否給予優惠關稅待遇，進口方海關可在本欄標註（√）。如果不給予優惠關稅待遇，請在該欄註明原因。該欄應由進口方海關已獲授權簽字人簽字。

第6欄：如有需要，得填寫訂單號碼、信用狀號碼等。

第7欄：應填寫項目編號，但不得超過20項。

第8欄：應對應第9欄中的每項貨物填寫「調和制度」編碼，以進口方8位碼為準。

第9欄：應詳細列明貨品名稱、包裝件數及種類，以便於海關關員查驗。貨品名稱可在中文名稱外輔以英文，但不能僅以英文填寫。貨品名稱應與出口商發票及「調和制度」上的商品描述相符。如果是散裝貨，應註明"散裝"。當本欄貨物資料填寫完畢時，加上"＊＊＊"（三顆星）或"＼"（結束斜線符號）。

第10欄：每種貨物的數量可依照海峽兩岸雙方慣例採用的計量單位填寫，但應同時填寫以國際計量單位衡量的數量，如毛重（用千克衡量），容積（用公升衡量），體積（用立方米衡量）等，以精確地反映貨物數量。

第11欄：應填寫嘜頭或包裝號，以便於海關關員查驗。

第 12 欄：若貨物符合臨時原產地規則，出口商必須按照下列表格中規定的格式，在本證明書第 12 欄中標明其貨物申報適用優惠關稅待遇所根據的原產地標準。

本表格第 9 欄列名的貨物生產或製造的詳情	填入第 12 欄
（a） 出口方完全獲得的貨物	"WO"
（b） 完全是在一方或雙方，僅由符合本附件的臨時原產地規則的原產材料生產	"WP"
（c） 符合產品特定原產地標準的貨物	"PSR"

此外，如果貨物適用的原產地標準依據「累積規則」條款、「微小含量」條款或「可互換材料」條款，亦應於本欄相應填寫 "ACU"、"DMI" 或 "FG"。

第 13 欄：應填寫海峽兩岸經濟合作架構協議下海峽兩岸雙方出口商開具的商業發票所載明的貨物實際成交價格、發票編號及發票日期。

第 14 欄：應由出口商或已獲授權人填寫、簽名，並應填寫簽名的地點及日期。

第 15 欄：應由簽證機構的授權人員填寫簽證地點和日期，並簽名、蓋章。同時應提供簽證機構的電話號碼、傳真及地址。

證明書應以中文填寫，必要時輔以英文，但不能僅以英文填寫。所有欄位必須填寫。證明書如有續頁，亦按照本須知填寫，續頁也應填寫同一證明書編號。同時請在證明書下方填寫「第 X 頁，共 X 頁」。如果證明書僅有 1 頁，亦應填寫「第 1 頁，共 1 頁」。

原產地證書續頁格式

正本續頁

證明書編號：

如有任何塗改、損毀或填寫不清均將導致本原產地證明書失效

7. 項目編號	8. HS編碼	9. 貨品名稱、包裝件數及種類	10. 毛重或其他計量單位	11. 包裝嘜頭或編號	12. 原產地標準	13. 發票價格、編號及日期

14. 出口商聲明	15. 證明
—本人對於所填報原產地證明書內容之真實性與正確性負責；	依據「海峽兩岸經濟合作架構協議」臨時原產地規則規定，茲證明出口商所做申報正確無訛。
—本原產地證明書所載貨物，係原產自本協議一方或雙方，且貨物屬符合海峽兩岸經濟合作架構協議之原產貨物。	
_____ 出口商或已獲授權人簽字	_____ 地點和日期，簽字和簽證機構印章
_____ 地點和日期	電話：　　　　　　　　　傳真： 地址：

第　頁，共　頁

附件 3

《海峡两岸经济合作框架协议》项下进口货物原产资格申明书

本人_____（姓名及职务）/本单位（单位名称及海关注册编码）为进口货物收货人（不适用的部分请划去），兹申明编号为_____的报关单所列第_____项货物原产台湾，且货物符合《海峡两岸经济合作框架协议》原产地规则的要求。

本人/本单位申请对上述货物适用《海峡两岸经济合作框架协议》协定税率，并申请缴纳保证金后放行货物。本人/本单位承诺自货物进口之日起 1 年内补交《海峡两岸经济合作框架协议》原产地证书。

签名：_____

日期：_____

中华人民共和国海关《中华人民共和国与东南亚国家联盟全面经济合作框架协议》项下进出口货物原产地管理办法

（2010年11月26日海关总署令第199号发布，
自2011年1月1日起施行）

第一条 为了正确确定《中华人民共和国与东南亚国家联盟全面经济合作框架协议》（以下简称《协议》）项下进出口货物原产地，促进我国与东盟成员国的经贸往来，根据《中华人民共和国海关法》（以下简称《海关法》）、《中华人民共和国进出口货物原产地条例》、《协议》的规定，制定本办法。

第二条 本办法适用于我国与东盟成员国之间的《协议》项下进出口货物的原产地管理。

第三条 从东盟成员国直接运输进口的货物，符合下列条件之一的，其原产国为东盟成员国，适用《中华人民共和国进出口税则》（以下简称《税则》）中的中国—东盟自由贸易区（以下简称"中国—东盟自贸区"）协定税率：

（一）完全在一个东盟成员国获得或者生产的；

（二）在东盟成员国非完全获得或者生产，但符合本办法第五条、第六条、第七条以及第八条规定的。

第四条 本办法第三条第（一）项所述"完全在一个东盟成员国获得或者生产"的货物是指：

（一）在该东盟成员国收获、采摘或者收集的植物和植物产品；

（二）在该东盟成员国出生并饲养的活动物；

（三）在该东盟成员国从上述第（二）项活动物中获得的产品；

（四）在该东盟成员国狩猎、诱捕、捕捞、水生养殖、采集或者捕获所得的产品；

（五）在该东盟成员国领土、领水、海床或者海床底土开采或者提取的除上述第（一）项至第（四）项产品以外的矿物质或者其他天然生成的物质；

（六）在该东盟成员国领水以外的水域、海床或者海床底土获得的产品，只要按照国际法规定该国有权开发上述水域、海床及海床底土；

（七）在该东盟成员国注册或者悬挂该成员国国旗的船只在公海捕捞获得的鱼类及其他海产品；

（八）在该东盟成员国注册或者悬挂该成员国国旗的加工船上加工、制造上述第（七）项产品获得的产品；

（九）在该东盟成员国收集的既不能用于原用途，也不能恢复或者修理，仅适于废弃或者原材料回收，或者仅适于再生用途的废旧物品；

（十）在该东盟成员国完全采用上述第（一）项至第（九）项产品获得或者生产的产品。

第五条 在东盟成员国非完全获得或者生产的货物，其生产过程中使用的非原产于中国—东盟自贸区的材料、零件或者产品的总价格不超过该货物船上交货价格（FOB）的60%，并且最后生产工序在东盟成员国境内完成的，应当视为原产于东盟成员国境内。

第六条 在东盟成员国非完全获得或者生产的货物，其生产过程中使用的原产于任一东盟成员国的中国—东盟自贸区成分不低于该货物船上交货价格（FOB）40%的，应当视为原产于东盟成员国境内。

本条第一款中的中国—东盟自贸区成分应当按照下列方法计算：

$$100\% - \frac{\text{非中国—东盟自贸区材料价格} + \text{不明原产地材料价格}}{\text{货物的船上交货价格（FOB）}} \times 100\% \geq 40\%$$

其中，非中国—东盟自贸区材料价格，是指非中国—东盟自贸区原产材料的进口成本、运至目的港口或者地点的运费和保险费（CIF）；不明原产地材料价格是指在生产或者加工货物的该成员国境内最早可以确定的为不明原产地材料所支付的价格。

第七条 除另有规定外，原产于中国的货物或者符合本办法第三条规定的东盟成员国原产货物在其他东盟成员国境内被用作制造、加工其他制成品，最终制成品的中国—东盟自贸区成分累积值不低于40%的，该货物应当视为原产于制造或者加工该最终制成品的东盟成员国境内。

第八条 在东盟成员国制造、加工的产品符合《中国—东盟自由贸易区原产地规则》项下产品特定原产地规则规定的，应当视为原产于东盟成员国的货物，制造、加工该产品的东盟成员国为其原产国。

《中国—东盟自由贸易区原产地规则》项下产品特定原产地规则是本办法的组成部分，由海关总署另行公告。

第九条 下列微小加工或者处理不影响货物原产地确定：

（一）为确保货物在运输或者贮存期间保持良好状态而进行的加工或者处理；

（二）为便于货物装运而进行的加工或者处理；

（三）为货物销售而进行的包装、展示等加工或者处理。

第十条 与货物一起申报进出口的包装、包装材料、容器以及附件、备件、工具、介绍说明性材料，在《税则》中与该货物一并归类的，其原产地不影响货物原产地确定。

第十一条 除另有规定外，下列材料或者物品的原产地不影响货物原产地确定：

（一）在货物制造过程中使用的动力及燃料、厂房及设备、机器及工具；

（二）未物化在货物内的材料；

（三）未构成货物组成部分的材料。

第十二条 本办法第三条所称"直接运输"是指《协议》项下的进口货物从东盟成员国直接运输至我国境内，途中没有经过中国—东盟自贸区成员国以外的其他国家或者地区（以下简称其他国家或者地区）。

原产于东盟成员国的货物，经过其他国家或者地区运输至我国，不论在运输中是否转换运输工具或者作临时储存，同时符合下列条件的，应当视为"直接运输"：

（一）该货物经过这些国家或者地区仅是由于地理原因或者运输需要；

（二）未进入这些国家或者地区进行贸易或者消费；

（三）该货物经过这些国家或者地区时，未做除装卸或者为使货物保持良好状态所必需处理以外的其他处理。

第十三条 货物申报进口时，进口货物收货人或者其代理人应当按照海关的申报规定填制《中华人民共和国海关进口货物报关单》，申明适用中国—东盟自贸区协定税率，并同时提交下列单证：

（一）由东盟成员国签证机构签发的有效原产地证书正本、有效流动证明正本（见附件1）。

本办法第十六条规定的免予提交原产地证书或者流动证明的情况除外。

（二）货物的商业发票正本、装箱单及其相关运输单证。

货物经过其他国家或者地区运输至我国境内的，应当提交在出口国境内签发的联运提单、货物的商业发票正本以及其他国家或者地区海关出具的证明文件，或者其他证明货物符合本办法第十二条第二款规定的相关文件。

货物申报进口时，进口货物收货人或者其代理人未提交东盟成员国签证机构签发的有效原产地证书正本或者有效流动证明正本，也未就该进口货物是否具备东盟成员国原产资格向海关进行补充申报的，其申报进口的货物不适用中国—东盟自贸区协定税率，海关应当依法按照该货物适用的最惠国税率、普通税率或者其他税率计征关税及进口环节海关代征税，并按照规定办理进口手续、进行海关统计。收货人或者其代理人在货物放行后向海关提交原产地证书或者流动证明的，已征税款不予调整。

本条规定的商业发票正本是否在东盟成员国境内签发，不影响货物原产地的确定，但进口货物收货人或者其代理人应当将第三方发票复印件随同原产地证书或者流动证明一并提交申报地海关。

第十四条 原产地申报为东盟成员国的进口货物，收货人或者其代理人在申报进口时未提交原产地证书或者流动证明的，应当在办结海关手续前就该进口货物是否具备东盟成员国原产资格向海关进行补充申报（见附件2）。

进口货物收货人或者其代理人依照本条第一款规定就进口货物具备东盟成员国原产资格向海关进行补充申报的，海关可以根据进口货物收货人或者其代理人的申请，收取相当于应缴税款的等值保证金后放行货物，并按照规定办理进口手续，进行海关统计。

第十五条 同时具备下列条件的，进口货物收货人或者其代理人可以自收取保证金之日起3个月内，向海关申请退还保证金：

（一）进口时已就进口货物具备东盟成员国原产资格向海关进行补充申报，申明适用中国—东盟自贸区协定税率；

（二）提交有效原产地证书正本或者有效流动证明正本以及海关要求提供的与货物进口相关的其他文件。

自收取保证金之日起3个月内或者经海关批准延长的期限内进口货物收货人或者其代理人未提出退还保证金申请的，海关应当立即办理保证金转为进口税款手续，海关统计数据同时作相应修改。

第十六条 原产于东盟成员国的进口货物，每批船上交货价格（FOB）不超过200美元的，免予提交原产地证书或者流动证明。进口货物收货人应当同时按照《协议》的要求就进口货物具备原产资格进行书面声明。

为规避本办法规定，一次或者多次进口货物的，不适用前款规定。

第十七条 具有下列情形之一的，该进口货物不适用中国—东盟自贸区协定税率：

（一）进口货物的原产地不符合本办法第三条至第十二条规定的；

（二）货物申报进口时，进口货物收货人或者其代理人没有向海关提交有效原产地证书正本或者流动证明正本，也未就进口货物具备原产资格进行补充申报的；

（三）东盟成员国未将相关签证机构的名称、使用的印章样本、签证人员签名样本或者上述信息的任何变化通知中国海关的；

（四）原产地证书或者流动证明所用的签发印章、签证人员签名与海关备案资料不一致的；

（五）原产地证书或者流动证明所列内容与实际进口货物不符的；

（六）自提出原产地核查请求之日起，海关没有在《协议》规定的期限内收到东盟成员国相关机构的核查反馈结果，或者反馈结果未包含足以确定原产地证书、流动证明真实性或者货物真实原产地信息的；

（七）进口货物收货人或者其代理人存在其他不遵守本办法有关规定行为的。

第十八条 进口货物收货人或者其代理人向海关提交的原产地证书、流动证明应当同时符合下列条件：

（一）由东盟成员国签证机构签发；

（二）符合本办法附件 1 所列格式，以英文填制并由出口商署名和盖章；

（三）原产地证书、流动证明的签证机构印章、签证人员签名与东盟成员国通知中国海关的签证机构印章、签证人员签名样本相符；

（四）所列的一项或者多项货物为同一批次的进口货物；

（五）仅有一份正本，并且具有不重复的原产地证书编号；

（六）注明确定货物具有原产资格的依据。

《协议》项下进口货物原产地证书应当由东盟成员国签证机构在货物装运前或者装运时签发；因不可抗力未能在货物装运前或者装运时签发的，可以在货物装运后 3 天内签发。

第十九条 原产于东盟成员国的货物经过我国关境运往中国—东盟自贸区其他成员国，同时符合下列条件的，可以向海关申请签发流动证明：

（一）该货物始终处于海关监管之下，除了装卸、搬运外，未作其他加工或者处理；

（二）申报该货物进入我国关境的收货人同时是申报该货物离开我国关境的发货人；

（三）申报该货物离开我国关境的发货人向海关提出书面签发申请。

依照本条第一款规定申请签发流动证明的，发货人应当向海关提交如下单证：

（一）中国—东盟自由贸易区流动证明申请书；

（二）原产国签发的有效原产地证书正本；

（三）过境货物的商业发票、合同、提单等证明文件；

（四）海关认为需要提供的其他证明文件。

流动证明签发办法由海关总署另行制定并公告。

第二十条 进口货物原产证书自签发之日起1年内有效。

进口货物流动证明的有效期与其据以签发的原产地证书的有效期相同。

第二十一条 因不可抗力不能在本办法第十八条第二款规定的期限内签发原产地证书的，可以由东盟成员国签证机构在货物装运之日起12个月内补发。

补发的原产地证书应当注明"补发"字样。

第二十二条 原产地证书被盗、遗失或者损毁，并且未经使用的，进口货物收货人或者其代理人可以要求进口货物的出口商或者制造商向东盟成员国签证机构书面申请在原证书正本的有效期内签发注明"经核准的真实副本"字样的原产地证书副本。

经核准的原产地证书副本向海关提交后，原产地证书正本失效。

原产地证书正本已经使用的，经核准的原产地证书副本无效。

第二十三条 海关对中国—东盟自贸区进口货物原产地证书的真实性，相关进口货物是否原产于东盟成员国，或者是否符合本办法其他规定产生怀疑的，可以按照《协议》规定向出口该货物的东盟成员国提出后续核查请求或者到该成员国进行核查访问。

海关对《协议》项下进口货物所附流动证明的真实性、流动证明涵盖的进口货物是否原产于东盟成员国或者是否符合本办法其他规定产生怀疑时，可以按照《协议》规定向签发流动证明的东盟成员国和出口该货物的东盟成员国同时提出核查请求。

在等待核查结果期间，依照进口货物收货人或者其代理人申请，海关可以依法选择按照该货物适用的最惠国税率、普通税率或者其他税率收取相当于应缴税款的等值保证金后放行货物，并且按照规定办理进口手续，进行海关统计。核查完毕后，海关应当根据核查结果，立即办理保证金退还手续或者保证金转为进口税款手续，海关统计数据应当作相应修改。

进口货物属于国家禁止或者限制进口货物，或者存在瞒骗嫌疑的，海关在原产地证书或者流动证明核实完毕前不得放行货物。

第二十四条 进口货物在向海关申报之后、放行之前，目的地发生变化需要运往其他国家的，进口货物的收货人或者其代理人应当向海关提出书面申请。

经审查确认的，海关应当在原产地证书正本加以签注并留存证书正本，同时将证书复印件提供给进口货物收货人或者其代理人。

第二十五条 出口货物申报时，出口货物发货人应当按照海关的申报规定填制《中华人民共和国海关出口货物报关单》，并向海关提交《协议》项下原产地证书或者流动证明的电子数据，或者原产地证书、流动证明正本的复印件。

第二十六条 《协议》项下进出口货物及其包装上标有原产地标记的，其原产地标记应当与依照本办法确定的货物原产地相一致。

第二十七条 原产于东盟成员国的货物，在其他东盟成员国或者我国境内展览并于展览期间或者展览结束后销售至我国境内，同时符合下列条件的，可以适用中国—东盟自贸区协定税率：

（一）该货物已经以送展时的状态在展览期间或者展览后立即发运至中国；

（二）该货物送展后，除用于展览会展示外，未作他用；

（三）该货物在展览期间处于展览所在国家或者地区的海关监管之下。

上述展览货物申报进口时，收货人或者其代理人应当向海关提交原产该货物的东盟成员国签证机构签发的原产地证书正本、展览举办国有关政府机构签发的注明展览会名称及地址的证明书，以及证明货物符合本办法第十二条第二款规定的相关文件。

第二十八条 海关对依照本办法规定获得的商业秘密依法负有保密义务。未经进出口货物收发货人同意，海关不得泄露或者用于其他用途，但是法律、行政法规及相关司法解释另有规定的除外。

第二十九条 违反本办法，构成走私行为、违反海关监管规定行为或者其他违反《海关法》行为的，由海关依照《海关法》和《中华人民共和国海关行政处罚实施条例》的有关规定予以处理；构成犯罪的，依法追究刑事责任。

第三十条 本办法下列用语的含义：

东盟成员国，是指与中国共同签订《协议》的东盟成员国，包括文莱达鲁萨兰国、柬埔寨王国、印度尼西亚共和国、老挝人民民主共和国、马来西亚、缅甸联邦、菲律宾共和国、新加坡共和国、泰王国和越南社会主义共和国；

材料，包括组成部分、零件、部件、半组装件、已实际上构成另一产品组成部分或者已用于另一产品生产过程的产品；

生产，是指获得产品的方法，包括产品的种植、开采、收获、饲养、繁殖、提取、收集、采集、捕获、捕捞、诱捕、狩猎、制造、生产、加工或者装配；

展览会，包括任何以销售外国产品为目的、展览期间货物处于海关监管之下的交易会、农业或者手工业展览会、展销会或者在商店或者商业场所举办的类似展览或者展示。

第三十一条 本办法由海关总署负责解释。

第三十二条 本办法自 2011 年 1 月 1 日起施行。2003 年 12 月 30 日海关总署令第 108 号发布的《中华人民共和国海关关于执行〈中华人民共和国与东南亚国家联盟全面经济合作框架协议〉项下〈中国—东盟自由贸易区原产地规则〉的规定》同时废止。

附件：1. 原产地证书（格式）
    2. 原产资格申明

附件1

ATTACHMENT C

Original（Duplicate/Triplicate）

1. Products consigned from（Exporter's business name, address, country）	Reference No.
	ASEAN–CHINA FREE TRADE AREA
	PREFERENTIAL TARIFF
	CERTIFICATE OF ORIGIN
	（Combined Declaration and Certificate）
2. Products consigned to（Consignee's name, address, country）	FORM E
	Issued in _____
	（Country）
	See Overleaf Notes
3. Means of transport and route（as far as known） Departure date Vessel's name/Aircraft etc. Port of Discharge	4. For Official Use ☐ Preferential Treatment Given _____ ☐ Preferential Treatment Not Given（Please state reason/s） _____ -- Signature of Authorised Signatory of the Importing Party

5. Item number	6. Marks and numbers on packages	7. Number and type of packages, description of products（including quantity where appropriate and HS number of the importing Party）	8. Origin criteria（see Overleaf Notes）	9. Gross weight or other quantity and value（FOB）	10. Number and date of invoices

续表

11. Declaration by the exporter	12. Certification
The undersigned hereby declares that the above details and statement are correct; that all the products were produced in -- (Country) and that they comply with the origin requirements specified for these products in the Rules of Origin for the ACFTA for the products exported to -- (Importing Country) -- Place and date, signature of authorised signatory	It is hereby certified, on the basis of control carried out, that the declaration by the exporter is correct. -- Place and date, signature and stamp of certifying authority
13. ☐ Issued Retroactively ☐ Exhibition ☐ Movement Certificate ☐ Third Party Invoicing	

OVERLEAF NOTES

1. Parties which accept this form for the purpose of preferential treatment under the ASEAN-CHINA Free Trade Area Preferential Tariff:

BRUNEI DARUSSALAM	CAMBODIA	CHINA
INDONESIA	LAOS	MALAYSIA
MYANMAR	PHILIPPINES	SINGAPORE
THAILAND	VIETNAM	

2. CONDITIONS: The main conditions for admission to the preferential treatment under the ACFTA Preferential Tariff are that products sent to any Parties listed above:
   (i) must fall within a description of products eligible for concessions in the country of destination;
   (ii) must comply with the consignment conditions that the products must be consigned directly from any ACFTA Party to the importing Party but transport that involves passing through one or more intermediate non-ACFTA Parties, is also accepted provided that any intermediate transit, transshipment or temporary storage arises only for geographic reasons or transportation requirements; and

（iii） must comply with the origin criteria given in the next paragraph.

3. ORIGIN CRITERIA: For exports to the above mentioned countries to be eligible for preferential treatment, the requirement is that either:

（i） The products wholly obtained in the exporting Party as defined in Rule 3 of the Rules of Origin for the ACFTA;

（ii） Subject to sub-paragraph （i） above, for the purpose of implementing the provisions of Rule 2 （b） of the Rules of Origin for the ACFTA, products worked on and processed as a result of which the total value of the materials, parts or produce originating from non-ACFTA Parties or of undetermined origin used does not exceed 60% of the FOB value of the product produced or obtained and the final process of the manufacture is performed within territory of the exporting Party;

（iii） Products which comply with origin requirements provided for in Rule 2 of the Rules of Origin for the ACFTA and which are used in a Party as inputs for a finished product eligible for preferential treatment in another Party/Parties shall be considered as a product originating in the Party where working or processing of the finished product has taken place provided that the aggregate ACFTA content of the final product is not less than 40%; or

（iv） Products which satisfy the Product Specific Rules provided for in Attachment B of the Rules of Origin for the ACFTA shall be considered as products to which sufficient transformation has been carried out in a Party.

If the products qualify under the above criteria, the exporter must indicate in Box 8 of this form the origin criteria on the basis of which he claims that his products qualify for preferential treatment, in the manner shown in the following table:

Circumstances of production or manufacture in the first country named in Box 11 of this form	Insert in Box 8
（a） Products wholly produced in the country of exportation ［see paragraph 3 （i） above］	"WO"
（b） Products worked upon but not wholly produced in the exporting Party which were produced in conformity with the provisions of paragraph 3 （ii） above	Percentage of single country content, example 40%
（c） Products worked upon but not wholly produced in the exporting Party which were produced in conformity with the provisions of paragraph 3 （iii） above	Percentage of ACFTA cumulative content, example 40%
（d） Products satisfied the Product Specific Rules （PSR）	"PSR"

4. EACH ARTICLE MUST QUALIFY: It should be noted that all the products in a consignment must qualify separately in their own right. This is of particular relevance when similar articles of different sizes or spare parts are sent.

5. DESCRIPTION OF PRODUCTS: The description of products must be sufficiently detailed to enable the products to be identified by the Customs Officers examining them. Name of manufacturer, any trade mark shall also be specified.

6. The Harmonized System number shall be that of the importing Party.

7. The term "Exporter" in Box 11 may include the manufacturer or the producer. In the case of MC the term "Exporter" also includes the exporter in the intermediate Party.

8. FOR OFFICIAL USE: The Customs Authority of the importing Party must indicate ($\vee$) in the relevant boxes in column 4 whether or not preferential treatment is accorded.

9. Movement Certificate: In cases of Movement Certificate, in accordance with Rule 12 of the Operational Certification Procedures, "Movement Certificate" in Box 13 should be ticked ($\vee$) . The name of original Issuing Authorities of the Party, date of the issuance and the reference number of the original Certificate of Origin (Form E) to be indicated in Box 13.

10. THIRD PARTY INVOICING: In cases where invoices are issued by a third country, "the Third Party Invoicing" in Box 13 shall be ticked ($\vee$) . The invoice number shall be indicated in Box 10. Information such as name and country of the company issuing the invoice shall be indicated in Box 7.

11. EXHIBITIONS: In cases where products are sent from the exporting Party for exhibition in another Party and sold during or after the exhibition for importation into a Party, in accordance with Rule 22 of Attachment A of the Rules of Origin for the ACFTA, the "Exhibitions" in Box 13 should be ticked ($\vee$) and the name and address of the exhibition indicated in Box 2.

12. ISSUED RETROACTIVELY: In exceptional cases, due to involuntary errors or omissions or other valid causes, the Certificate of Origin (Form E) may be issued retroactively in accordance with Rule 11 of Attachment A of the Rules of Origin for the ACFTA. The "Issued Retroactively" in Box 13 shall be ticked ($\vee$) .

正本（第二副本/第三副本）

1. 产品运自（出口商名称、地址、国家）：	编号： **中国—东盟自由贸易区** **优惠关税** **原产地证书** （申报与证书合一） 表格 E _____签发 （国家） 见背页说明
2. 产品运至（收货商名称、地址、国家）：	
3. 运输工具及路线（已知）： 离港日期： 船舶名称/飞机等： 卸货口岸：	4. 官方使用 □ 给予优惠待遇； □ 不给予优惠待遇（请注明原因） _____ 进口成员方有权签字人签字

5. 项目编号	6. 包装唛头及编号	7. 包装件数及种类；产品名称（包括相应数量及进口成员方 HS 编码）	8. 原产地标准（见背页说明）	9. 毛重或其他数量及价格（FOB）	10. 发票编号及日期

续表

11. 出口商声明 下列签字人声明上述资料及申报正确无讹，所有产品产自 ―――――――――――――― （国家） 且符合中国—东盟自由贸易区原产地规则所规定的原产地要求，该产品出口至 ―――――――――――――― （进口国） 地点和日期，有权签字人的签字	12. 证明 根据所实施的监管，兹证明出口商所做申报正确无讹。 ―――――――――――――― 地点和日期，签字和发证机构印章
13. ☐ 补发　　　　☐ 展览 ☐ 流动证明　　☐ 第三方发票	

背页说明

1. 为享受中国—东盟自由贸易区优惠关税协议下优惠待遇而接受本证书的缔约各方：文莱、柬埔寨、中国、印度尼西亚、老挝、马来西亚、缅甸、菲律宾、新加坡、泰国、越南。

2. 条件：出口至上述任一方的产品，享受中国—东盟自由贸易区优惠关税协议下优惠待遇的主要条件是：

必须是在目的国可享受关税减让的产品；

必须符合产品由中国东盟自由贸易区任一方直接运至进口方的运输条件，但如果过境运输、转换运输工具或临时储存仅是由于地理原因或仅出于运输需要的考虑，运输途中经过一个或多个中国—东盟自由贸易区非缔约方境内的运输亦可接受；以及

必须符合下述的原产地标准。

3. 原产地标准：出口到上述国家可享受优惠待遇的货物必须符合下列要求之一：

符合中国—东盟自由贸易区原产地规则三的规定，在出口成员方完全获得的产品；

除上述第（1）项的规定外，为实施中国—东盟自由贸易区原产地规则二（二）的规定，使用原产于中国—东盟自由贸易区非缔约方或无法确定原产地的材料、零件或产物生产和加工产品时，所用材料、零件或产物的总值不超过生产或获得产品船上交货价格的60%，且最后生产工序在出口方境内完成；

符合中国—东盟自由贸易区原产地规则二规定的原产地要求的产品，且该产品在一方用作生产在其他一个或多个缔约方可享受优惠待遇的最终产品的投入品，如最终产品中国—东盟自由贸易区成分总计不少于最终产品的40%，则该产品应视为原产于对最终产品进行生产或加工的一方；或

符合中国—东盟自由贸易区原产地规则附件二的产品特定原产地标准的产品应视为在一方进行了充分加工的货物。

若产品符合上述标准，出口商必须按照下列表格中规定的格式，在本证书第八栏中标明其产品申报享受优惠待遇所依据的原产地标准：

本表格第11栏列名的第一国生产或制造的详情	填入第8栏
（a）出口国完全生产的产品［见上述第3款（1）项］	"完全获得"

续表

（b）符合上述第 3 款（2）项的规定，在出口方加工但并非完全获得的产品	单一国家成分的百分比，例如 40%
（c）符合上述第 3 款（3）项的规定，在出口方加工但并非完全获得的产品	中国—东盟累计成分的百分比，例如 40%
（d）符合产品特定原产地标准（PSR）的产品	"PSR"

4. 每一项商品都必须符合规定：应注意一批货物中的所有产品都必须各自符合规定，尤其是不同规格的类似商品或备件。

5. 产品名称：产品名称必须详细，以使验货的海关官员可以识别。生产商的名称及任何商标也应列明。

6. 协调制度编码应为进口方的编码。

7. 第 11 栏"出口商"可包括制造商或生产商。作为流动证明时，"出口商"也包括中间方的出口商。

8. 官方使用：不论是否给予优惠待遇，进口方海关必须在第 4 栏作出相应的标注（√）。

9. 流动证明：作为流动证明时，按照签证操作程序规则十二条的规定，第 13 栏中的"流动证明"应予以标注（√）。成员方的原始签证机构名称、签发日期以及原始原产地证书（Form E）证书的编号也应在第 13 栏中注明。

10. 第三方发票：当发票是由第三国开具时，第 13 栏中的"第三方发票"应予以标注（√）。该发票号码应在第 10 栏中注明。开具发票的公司名称及所在国家等信息应在第 7 栏中注明。

11. 展览：当产品由出口方运至另一方展览并在展览期间或展览后销售给一方时，按照中国—东盟自由贸易区原产地规则 22 的规定，第 13 栏中的"展览"应予以标注（√）。展览的名称及地址应在第 2 栏中注明。

12. 补发：在特殊情况下，由于非主观故意的差错、疏忽或者其他合理原因，可按照中国—东盟自由贸易区原产地规则十一的规定补发原产地证书（Form E）。第 13 栏中的"补发"应予以标注（√）。

附件2

《中华人民共和国与东南亚国家联盟自由贸易协定》
项下进口货物原产资格申明

本人＿＿＿＿＿＿＿＿＿＿＿＿（姓名及职务）为进口货物收货人/进口货物收货人代理人（不适用的部分请划去），兹申明编号为＿＿＿＿＿的报关单所列第＿＿＿＿＿项货物原产自东盟成员国，且货物符合《中华人民共和国与东南亚国家联盟自由贸易协定》原产地规则的要求。

本人申请对上述货物适用《中华人民共和国与东南亚国家联盟自由贸易协定》协定税率，并申请缴纳保证金后放行货物。本人承诺自货物进口之日起1年内补交《中华人民共和国与东南亚国家联盟自由贸易协定》原产地证书。

签名：＿＿＿＿＿＿

日期：＿＿＿＿＿＿

中华人民共和国海关《亚太贸易协定》项下
进出口货物原产地管理办法

（2008年11月3日海关总署令第177号发布，根据2010年11月26日
海关总署令第198号《海关总署关于修改部分规章的决定》修改）

第一条 为了正确确定《亚太贸易协定》项下进出口货物原产地，促进我国与《亚太贸易协定》其他成员国的经贸往来，根据《中华人民共和国海关法》（以下简称《海关法》）、《中华人民共和国进出口货物原产地条例》、《亚太贸易协定》的规定，制定本办法。

第二条 本办法适用于我国与《亚太贸易协定》其他成员国（成员国名单见附件1）之间的《亚太贸易协定》项下进出口货物。

《亚太贸易协定》成员国发生变化的，由海关总署另行公告。

第三条 从《亚太贸易协定》成员国直接运输进口的货物，符合下列条件之一的，其原产地为该成员国，适用《中华人民共和国进出口税则》（以下简称《税则》）中的《亚太贸易协定》协定税率或者特惠税率：

（一）在该成员国完全获得或者生产的；

（二）该成员国非完全获得或者生产，但符合本办法第五条、第六条或者第七条规定的。

第四条 本办法第三条第（一）项所称"完全获得或者生产"的货物是指：

（一）在该成员国的领土、领水或者海床中开采或者提取的原材料或者矿产品；

（二）在该成员国收获的农产品；

（三）在该成员国出生并饲养的动物；

（四）在该成员国从上述第（三）项动物获得的产品；

（五）在该成员国狩猎或者捕捞所获得的产品；

（六）由该国船只在公海捕捞获得的渔产品和其他海产品；

（七）在该国的加工船上仅由上述第（六）项的产品加工制造所得的产品；

（八）在该成员国从既不能用于原用途，也不能再使用的旧物品上回收的零件或者原材料；

（九）在该成员国收集的既不能用于原用途，也不能恢复或者修理，仅适合弃置、用作回收零件或者原材料的旧物品；

（十）在该成员国境内生产加工过程中产生的废碎料；

（十一）在该成员国仅由上述第（一）项至第（十）项所列产品加工获得的产品。

第五条 某一成员国非原产材料成分不超过 55%，且最后生产工序在该国境内完成的货物，其原产地为该国。非原产材料包括在生产过程中所使用的进口非原产材料和不明原产地材料。

本条第一款非原产材料成分计算公式如下：

$$\frac{进口非原产材料价值 + 不明原产地材料价值}{船上交货价格（FOB）} \times 100\% \leqslant 55\%$$

其中，进口非原产材料价值是指能够证实的原材料、零件或者产物进口时的成本、运费和保险费（CIF 价格）；不明原产地材料价值是指在生产或者加工货物的该成员国境内最早可以确定的为不明原产地原材料、零件或者产物所支付的价格。

该成员国为最不发达国家的，非原产材料成分不超过 65%。

本条规定中非原产材料成分的计算应当符合公认的会计准则及《海关估价协定》。

第六条　在《亚太贸易协定》成员国加工、制造的货物，符合《亚太贸易协定》项下产品特定原产地标准的，应当视为原产于《亚太贸易协定》成员国。该标准是本办法的组成部分，由海关总署另行公告。

第七条　符合第三条要求的原产货物，在某一成员国境内用作生产享受关税减让优惠最终产品的原材料，如果各成员国材料的累计成分在该最终产品中不低于其船上交货价格的60%，则可视为制造或者加工该最终产品的成员国的原产货物。

符合第三条要求的原产货物，如果制造或者加工该最终产品的成员国为最不发达成员国，各成员国材料的累计成分在该最终产品中不低于其船上交货价格的50%，则可视为该最不发达成员国的原产货物。

第八条　下列微小加工或者处理不影响货物原产地确定：

（一）为使货物在运输或者贮存中保持良好状态而作的处理，包括通风、摊开、干燥、冷冻、盐渍、硫化或者其他水溶液处理、去除坏损部分等；

（二）除尘、筛选、分类、分级、搭配（包括部件的组拼）的简单处理，洗涤、油漆和切碎；

（三）改换包装、拆解和包裹；

（四）简单的切片、剪切和再包装，或者装瓶、装袋、装盒、固定于纸板或者木板等；

（五）在货物或者其包装上粘贴标志、标签或者其他类似的用于区别的标记；

（六）简单混合；

（七）将物品的各个部件简单组装成一个完整品；

（八）屠宰动物；

（九）去皮、皮革粒面处理、去骨；

（十）第（一）项至第（九）项中的两项或者多项加工或者处理的组合。

第九条　在确定货物的原产地时，包装与其所装货物应当视为一个整体。与货物一起申报进口的包装按照《税则》应当单独归类的，其原产地单独认定。

第十条　原产于《亚太贸易协定》成员国的货物，由一成员国运至另一成员国展览并在展览期间或者展览后销售的进口货物，同时满足下列条件的，可以享受《税则》中的《亚太贸易协定》协定税率或者特惠税率：

（一）该货物已经从成员国境内实际运送至展览所在成员国展出；

（二）该货物已经以送展时的状态在展览期间或者展览后立即出售给进口货物收货人；

（三）该货物在展览期间处于展览所在成员国海关监管之下。

上述展览货物进口时，进口货物收货人应当向海关提交原产地证书。

本条规定的展览包括展览会、交易会或者类似展览、展示。

第十一条 本办法第三条所称的"直接运输"是指：

（一）货物运输未经任何非成员国境内。

（二）货物运输途中经过非成员国，无论是否在这些国家或者地区转换运输工具或者作临时储存，但是同时符合下列条件：

1. 由于地理原因或者仅出于运输需要；

2. 货物未在这些国家或者地区进入贸易或者消费领域；

3. 货物在经过这些国家或者地区时，未做除装卸或者其他为使货物保持良好状态所必需处理以外的其他处理。

第十二条 货物申报进口时，进口货物收货人应当按照海关的申报规定填制《中华人民共和国海关进口货物报关单》，申明适用《亚太贸易协定》协定税率或者特惠税率，并同时提交下列单证：

（一）由《亚太贸易协定》成员国政府指定的机构在货物出口时签发或者货物装运后3个工作日内签发的原产地证书正本（格式见附件2）。

因不可抗力不能在原产地证书签发之日起1年内提交原产地证书的，进口货物收货人还应当一并提交证明材料。

（二）货物商业发票正本、装箱单及其相关运输单证。

货物经过其他国家或者地区运输至我国境内的，进口货物收货人应当提交在该成员国境内签发的联运提单、货物商业发票正本，以及证明符合本办法第十一条第（二）项规定的相关文件。

货物申报进口时，进口货物收货人未申明适用《亚太贸易协定》协定税率或者特惠税率，也未同时提交《亚太贸易协定》成员国政府指定机构签发的原产地证书正本的，其申报进口的货物不适用《亚太贸易协定》协定税率或者特惠税率，海关应当依法选择按照该货物适用的最惠国税率、普通税率或者其他税率计征关税及进口环节海关代征税。

第十三条 进口货物收货人向海关提交的《亚太贸易协定》成员国原产地证书应当同时符合下列条件：

（一）由该成员国政府指定机构以手工或者电子形式签发；

（二）符合本办法附件所列格式，用国际标准A4纸印制，所用文字为英文；

（三）证书印章与该成员国通知中国海关的印章印模相符。

原产地证书不得涂改和叠印。所有未填空白之处应当予以划去，以防事后填写。

第十四条 原产地证书自签发之日起 1 年内有效。

第十五条 原产地证书被盗、遗失或者毁坏的，进口货物收货人可以要求出口货物发货人向原签证机构书面申请在原证书正本有效期内签发经证实的原产地证书真实复制本。该复制本应当注明"经证实的真实复制本"，并注明原证书正本的签发日期。

第十六条 海关对《亚太贸易协定》原产地证书的真实性或者相关货物是否原产于《亚太贸易协定》成员国产生怀疑时，可以向《亚太贸易协定》成员国有关机构提出原产地核查请求。

在等待核查结果期间，海关可以依法选择按照该货物适用的最惠国税率、普通税率或者其他税率收取相当于应缴税款的等值保证金后放行货物，并且按照规定办理进口手续，进行海关统计。核查完毕后，海关应当根据核查结果，立即办理保证金退还手续或者保证金转为进口税款手续。

在提出核查请求之日起 4 个月内，海关没有收到《亚太贸易协定》成员国有关机构核查结果，或者答复结果未包含足以确定原产地证书真实性或者货物真实原产地信息的，有关货物不享受协定税率或者特惠税率，海关应当立即办理保证金转为进口税款手续。海关统计数据同时作相应修改。

进口货物属于国家限制进口的，或者有违法嫌疑的，在原产地证书核查完毕前海关不得放行货物。

第十七条 出口货物申报时，出口货物发货人应当向海关提交《亚太贸易协定》原产地证书电子格式，不能提交电子格式的，出口货物发货人应当向海关提交原产地证书正本的复印件。

第十八条 海关对依照本办法规定获得的商业秘密依法负有保密义务。未经进口货物收货人同意，海关不得泄露或者用于其他用途，但是法律、行政法规及相关司法解释另有规定的除外。

第十九条 违反本办法，构成走私行为、违反海关监管规定行为或者其他违反《海关法》行为的，由海关依照《海关法》和《中华人民共和国海关行政处罚实施条例》的有关规定予以处理；构成犯罪的，依法追究刑事责任。

第二十条 本办法下列用语的含义：

"矿产品"，包括矿物燃料、润滑剂和相关材料，以及矿砂和金属矿石；

"农产品"，包括林业产品；

"船只"，本办法第四条第（六）项所述"船只"是指从事商业捕捞作业的渔船，其在一成员国注册并由《亚太贸易协定》各成员国的一个或者多个公民政府部门经营，或者由在该成员国注册的合伙人、企业、社团经营。该成员国的公民政府部门应当至少拥有该船只 60% 的资产净值；或者亚太贸易协定各成员国的公民政府部门应当至少拥有该船只 75% 的资产净值。但是在成员国间按照双边协议租借船只分享捕捞产品时，从商业捕捞船只上获得的产品也应当享受关税减让优惠；

"加工船"，本办法第四条第（七）项所述"加工船"是指在船上仅对本办法第四条第（六）项中的产品进行加工生产的船只。由政府机构经营的船只或者加工船不受悬挂成员国国旗要求限制；

"海关估价协定"，是指作为《马拉喀什建立世贸组织协定》一部分的《关于实施 1994 年关税与贸易总协定第 7 条的协定》。

第二十一条　本办法由海关总署负责解释。

第二十二条　本办法自 2009 年 1 月 1 日起施行。2001 年 12 月 30 日海关总署令第 94 号公布的《中华人民共和国海关关于〈亚洲及太平洋经济和社会理事会发展中国家成员国关于贸易谈判的第一协定〉项下进口货物原产地的暂行规定》同时废止。

附件：1. 亚太协定成员国名单
　　　　2. 原产地证书样本

附件 1

亚太协定成员国名单

中国、韩国、印度、孟加拉、斯里兰卡和老挝
孟加拉和老挝为最不发达成员国

附件 2

SAMPLE CERTIFICATE OF ORIGIN

Asia-Pacific Trade Agreement

(Combined declaration and certificate)

1. Goods consigned from: (Exporter's business name, address, country)	Reference No. Issued in _____ (Country)
2. Goods consigned to: (Consignee's name, address, country)	3. For Official use
4. Means of transport and route:	

5. Tariff item number:	6. Marks and number of Packages:	7. Number and kind of packages/ description of goods:	8. Origin criterion (see notes overleaf)	9. Gross weight or other quantity:	10. Number and date of invoices:

11. Declaration by the exporter:	12. Certificate
The undersigned hereby declares that the above details and statements are correct: that all the goods were produced in --- (Country) and that they comply with the origin requirements specified for these goods in the Asia-Pacific Trade Agreement for goods exported to --- (Importing Country) --- Place and date, signature of authorized Signatory	It is hereby certified on the basis of control carried out, that the declaration by the exporter is correct. --- Place and date, signature and Stamp of Certifying Authority

Notes for completing Certificate of Origin

I. General Conditions:

To qualify for preference, products must:

a) fall within a description of products eligible for preference in the list of concessions of an Asia-Pacific Trade Agreement country of destination;

b) comply with Asia-Pacific Trade Agreement rules of origin. Each article in a consignment must qualify separately in its own right; and

c) comply with the consignment conditions specified by the Asia-Pacific Trade Agreement rules of origin. In general, products must be consigned directly within the meaning of Article 11 hereof from the country of exportation to the country of destination.

II. Entries to be made in the boxes

Box 1 Goods Consigned from

Type the name, address and country of the exporter. The name must be the same as the exporter described in the invoice.

Box 2 Goods Consigned to

Type the name, address and country of the importer. The name must be the same as the importer described in the invoice. For third party trade, the words "To Order" may be typed.

Box 3 For Official Use

Reserved for use by certifying authority.

Box 4 Means of Transport and Route

State in detail the means of transport and route for the products exported. If the L/C terms etc. do not require such details, type "By Air" or "By Sea". If the products are transported through a third country this can be indicated as follows: e. g. "By Air" "Laos to India via Bangkok"

Box 5 Tariff Item Number

Type the 4-digit HS heading of the individual items.

Box 6 Marks and Numbers of Packages

Type the marks and numbers of the packages covered by the Certificate. This information should be identical to the marks and numbers on the packages.

Box 7 Number and Kind of Packages; Description of Goods

Type clearly the description of the products exported. This should be identical to the description of the products contained in the invoice. An accurate description will help the Customs Authority of the country of destination to clear the products quickly.

Box 8 Origin Criterion

Preference products must be wholly produced or obtained in the exporting Participating State in accordance with Article 4 of this measures, or where not wholly produced or obtained in the exporting Participating State must be eligible under Article 5, Article 6 or Article 7.

a) Products wholly produced or obtained: enter the letter "A" in Box 8.

b) Products not wholly produced or obtained: the entry in Box 8 should be as follows:

1. Enter letter "B" in Box 8, for products which meet the origin criteria according to Article 5 paragraph 1. Entry of letter "B" would be followed by the sum of the value of materials, parts or produce originating from non-Participating States, or undetermined origin used, expressed as a percentage of the f. o. b. value of the products; (example "B" 50 per cent);

2. Enter letter "C" in Box 8 for products which meet the origin criteria according to Article 7 paragraph 1. Entry of letter "C" would be followed by the sum of the aggregate content originating in the territory of the exporting Participating State expressed as a percentage of the f. o. b. value of the exported product; (example "C" 60 per cent);

3. Enter letter "D" in Box 8 for products which meet the special origin criteria according to Article 5 paragraph 3 or Article 7 paragraph 2.

Box 9 Gross Weight or Other Quantity

Type the gross weight or other quantity (such as pieces, kg) of the products covered by the Certificate.

Box 10 Number and Date of Invoices

State number and date of the invoice in question. The date of the invoice attached to the Application should not be later than the date of approval on the Certificate.

Box 11 Declaration by the Exporter

The term "Exporter" refers to the shipper who can either be a trader or a manufacturer. Type the name of the producing country and the importing country and the place and date when the declaration is made. This box must be signed by the Company's authorized signatory.

Box 12 Certification

The certifying authority will certify in this Box.

原产地证书样本

亚太贸易协定（中文文本仅供参考）

（申报和证书合一）

1. 货物运自（出口人名称、地址、国家）：	编号： ------------------------------------签发 （国家）				
2. 货物运至（收货人名称、地址、国家）：	3. 官方使用				
4. 运输工具及路线					
5. 税则号列	6. 包装唛头及编号	7. 包装件数及种类；货物名称	8. 原产地标准（见背页说明）	9. 毛重或者其他数量	10. 发票编号及日期
11. 出口人声明 　下列签字人证明上述资料及申明正确无讹，所有货物产自 ------------------------------------- （国家） 且符合亚太贸易协定原产地规则的相关规定，该货物出口至 ------------------------------------- （进口国） ------------------------------------- 申报地点、日期及授权签字人的签字	12. 证明 　根据所实施的监管，兹证明上述出口商的申报正确 ------------------------------------- 地点和日期，签字和签证机构印章				

背页填制说明

一、总原则：

享受关税减让优惠的货物必须符合以下条件：

1. 属于《亚太贸易协定》进口成员国关税减让优惠产品清单的范围。

2. 符合《亚太贸易协定》原产地规则。同批货物中的每项商品均要符合该规则。

3. 符合《亚太贸易协定》原产地规则中的直接运输条款规定。一般情况下，货物必须按照本《办法》第十一条的规定从出口国直接运输到进口国。

二、表格各栏应填写的内容：

第1栏：货物出口人。注明出口人的全称、地址和国家。须与发票上的出口人名称一致。

第2栏：货物收货人。注明收货人的全称、地址和国家。该收货人名称必须与发票上的进口人名称一致。如果属于第三方贸易，应该注明"凭背书"字样。

第3栏：官方使用。由签发证书机构填写。

第4栏：运输工具和线路。详细注明出口货物的运输工具和路线。如果信用证等单证未详细列明时，应注明"空运"或者"海运"字样；如果货物运输途中经过第三国时，应当按照下列方式注明：

例如："空运""从老挝至印度途经曼谷"

第5栏：税则号列。注明各项商品的4位HS编码。

第6栏：包装唛头及编号。注明包装上的唛头及编号。应当与货物包装上的唛头及编号相一致。

第7栏：包装件数及种类；货物名称。注明出口货物名称。应当与发票上的名称相符。准确的货物名称有助于进口国海关快速清关。

第8栏：原产地标准。享受关税减让优惠的货物必须符合本《办法》第四条规定，是在出口成员国完全获得或者生产的；或者在出口成员国非完全获得或者生产的符合《本办法》第五条、第六条或者第七条规定的。

1. 完全获得或者生产的：在第8栏中填写字母"A"。

2. 非完全获得或者生产的：在第8栏中应当按照下列方式填写：

（1）如果符合本《办法》第五条第一款规定的原产地标准，则在第8栏中填写字母"B"。在字母"B"的后面填上使用非成员国原产或不明原产地的材料、零件或产物的总价值，以在出口货物船上交货价格（FOB价格）中所占的百分比表示（如"B"50%）；

（2）如果符合本《办法》第七条第一款规定的原产地标准，则在第8栏中填写字母"C"。在字母"C"的后面填上在出口成员国原产成分的累计总和，以在出口货物船上交货价格（FOB价格）中所占的百分比表示（如"C"60%）；

（3）如果符合原产地规则本《办法》第五条第三款或者第七条第二款规定的特殊比例标准，则第8栏中填写字母"D"。

第9栏：**毛重或者其他数量**。注明货物毛重或其他数量（如件数、公斤）。

第10栏：**发票编号及日期**。注明发票编号及日期。随附发票上的日期不应当迟于原产地证书格式正式启用的日期。

第11栏：**出口人声明**。"出口人"是指发货人，该发货人可以是贸易商也可以是制造商。声明中应当注明原产国、进口国、地址和日期。且该栏目应当由公司授权人员签名。

第12栏：**证明**。本栏目由签证机构签章确认。

海关总署关于非优惠原产地规则中实质性改变标准的规定

（2004年12月6日海关总署令第122号发布，根据2018年4月28日海关总署令第238号公布的《海关总署关于修改部分规章的决定》第一次修正）

第一条 为正确确定进出口货物的原产地，根据《中华人民共和国进出口货物原产地条例》的有关规定，制定本规定。

第二条 本规定适用于非优惠性贸易措施项下确定两个以上国家（地区）参与生产货物的原产地。

第三条 进出口货物实质性改变的确定标准，以税则归类改变为基本标准，税则归类改变不能反映实质性改变的，以从价百分比、制造或者加工工序等为补充标准。

第四条 "税则归类改变"标准，是指在某一国家（地区）对非该国（地区）原产材料进行制造、加工后，所得货物在《中华人民共和国进出口税则》中的四位数级税目归类发生了变化。

第五条 "制造、加工工序"标准，是指在某一国家（地区）进行的赋予制造、加工后所得货物基本特征的主要工序。

第六条 "从价百分比"标准，是指在某一国家（地区）对非该国（地区）原产材料进行制造、加工后的增值部分超过了所得货物价值的30%。用公式表示如下：

$$\frac{工厂交货价-非该国（地区）原产材料价值}{工厂交货价}\times100\%\geq30\%$$

"工厂交货价"是指支付给制造厂生产的成品的价格。

"非该国（地区）原产材料价值"是指直接用于制造或装配最终产品而进口原料、零部件的价值（含原产地不明的原料、零配件），以其进口"成本、保险费加运费"价格（CIF）计算。

上述"从价百分比"的计算应当符合公认的会计原则及《中华人民共和国进出口关税条例》。

第七条 以制造、加工工序和从价百分比为标准判定实质性改变的货物在《适用制造或者加工工序及从价百分比标准的货物清单》（见附件）中具体列明，并按列明的标准判定是否发生实质性改变。未列入《适用制造或者加工工序及从价百分比标准的货物清单》货物的实质性改变，应当适用税则归类改变标准。

第八条 《适用制造或者加工工序及从价百分比标准的货物清单》由海关总署会同商务部根据实施情况修订并公告。

第九条 本规定自2005年1月1日起施行。

附件：适用制造或者加工工序及从价百分比标准的货物清单（略）

中华人民共和国海关进出口货物优惠原产地管理规定

(2009年1月8日海关总署令第181号公布，自2009年3月1日起施行)

第一条 为了正确确定优惠贸易协定项下进出口货物的原产地，规范海关对优惠贸易协定项下进出口货物原产地管理，根据《中华人民共和国海关法》（以下简称《海关法》）、《中华人民共和国进出口关税条例》、《中华人民共和国进出口货物原产地条例》，制定本规定。

第二条　本规定适用于海关对优惠贸易协定项下进出口货物原产地管理。

第三条　从优惠贸易协定成员国或者地区（以下简称成员国或者地区）直接运输进口的货物，符合下列情形之一的，其原产地为该成员国或者地区，适用《中华人民共和国进出口税则》中相应优惠贸易协定对应的协定税率或者特惠税率（以下简称协定税率或者特惠税率）：

（一）完全在该成员国或者地区获得或者生产的；

（二）非完全在该成员国或者地区获得或者生产，但符合本规定第五条、第六条规定的。

第四条　本规定第三条第（一）项所称的"完全在该成员国或者地区获得或者生产"的货物是指：

（一）在该成员国或者地区境内收获、采摘或者采集的植物产品；

（二）在该成员国或者地区境内出生并饲养的活动物；

（三）在该成员国或者地区领土或者领海开采、提取的矿产品；

（四）其他符合相应优惠贸易协定项下完全获得标准的货物。

第五条　本规定第三条第（二）项中，"非完全在该成员国或者地区获得或者生产"的货物，按照相应优惠贸易协定规定的税则归类改变标准、区域价值成分标准、制造加工工序标准或者其他标准确定其原产地。

（一）税则归类改变标准，是指原产于非成员国或者地区的材料在出口成员国或者地区境内进行制造、加工后，所得货物在《商品名称及编码协调制度》中税则归类发生了变化。

（二）区域价值成分标准，是指出口货物船上交货价格（FOB）扣除该货物生产过程中该成员国或者地区非原产材料价格后，所余价款在出口货物船上交货价格（FOB）中所占的百分比。

（三）制造加工工序标准，是指赋予加工后所得货物基本特征的主要工序。

（四）其他标准，是指除上述标准之外，成员国或者地区一致同意采用的确定货物原产地的其他标准。

第六条　原产于优惠贸易协定某一成员国或者地区的货物或者材料在同一优惠贸易协定另一成员国或者地区境内用于生产另一货物，并构成另一货物组成部分的，该货物或者材料应当视为原产于另一成员国或者地区境内。

第七条　为便于装载、运输、储存、销售进行的加工、包装、展示等微小加工或者处理，不影响货物原产地确定。

第八条　运输期间用于保护货物的包装材料及容器不影响货物原产地确定。

第九条　在货物生产过程中使用，本身不构成货物物质成分，也不成为货物组成部件的材料或者物品，其原产地不影响货物原产地确定。

第十条 本规定第三条所称的"直接运输"是指优惠贸易协定项下进口货物从该协定成员国或者地区直接运输至中国境内，途中未经过该协定成员国或者地区以外的其他国家或者地区（以下简称其他国家或者地区）。

原产于优惠贸易协定成员国或者地区的货物，经过其他国家或者地区运输至中国境内，不论在运输途中是否转换运输工具或者作临时储存，同时符合下列条件的，应当视为"直接运输"：

（一）该货物在经过其他国家或者地区时，未做除使货物保持良好状态所必需处理以外的其他处理；

（二）该货物在其他国家或者地区停留的时间未超过相应优惠贸易协定规定的期限；

（三）该货物在其他国家或者地区作临时储存时，处于该国家或者地区海关监管之下。

第十一条 法律、行政法规规定的有权签发出口货物原产地证书的机构（以下简称签证机构）可以签发优惠贸易协定项下出口货物原产地证书。

第十二条 签证机构应依据本规定以及相应优惠贸易协定项下所确定的原产地规则签发出口货物原产地证书。

第十三条 海关总署应当对签证机构是否依照本规定第十二条规定签发优惠贸易协定项下出口货物原产地证书进行监督和检查。

签证机构应当定期向海关总署报送依据本规定第十二条规定签发优惠贸易协定项下出口货物原产地证书的有关情况。

第十四条 货物申报进口时，进口货物收货人或者其代理人应当按照海关的申报规定填《中华人民共和国海关进口货物报关单》，申明适用协定税率或者特惠税率，并同时提交下列单证：

（一）货物的有效原产地证书正本，或者相关优惠贸易协定规定的原产地声明文件；

（二）货物的商业发票正本、运输单证等其他商业单证。

货物经过其他国家或者地区运输至中国境内，应当提交证明符合本规定第十条第二款规定的联运提单等证明文件；在其他国家或者地区临时储存的，还应当提交该国家或者地区海关出具的证明符合本规定第十条第二款规定的其他文件。

第十五条 进口货物收货人或者其代理人向海关提交的原产地证书应当同时符合下列要求：

（一）符合相应优惠贸易协定关于证书格式、填制内容、签章、提交期限等规定；

（二）与商业发票、报关单等单证的内容相符。

第十六条　原产地申报为优惠贸易协定成员国或者地区的货物，进口货物收货人及其代理人未依照本规定第十四条规定提交原产地证书、原产地声明的，应当在申报进口时就进口货物是否具备相应优惠贸易协定成员国或者地区原产资格向海关进行补充申报（格式见附件）。

第十七条　进口货物收货人或者其代理人依照本规定第十六条规定进行补充申报的，海关可以根据进口货物收货人或者其代理人的申请，按照协定税率或者特惠税率收取等值保证金后放行货物，并按照规定办理进口手续，进行海关统计。

海关认为需要对进口货物收货人或者其代理人提交的原产地证书的真实性、货物是否原产于优惠贸易协定成员国或者地区进行核查的，应当按照该货物适用的最惠国税率、普通税率或者其他税率收取相当于应缴税款的等值保证金后放行货物，并按照规定办理进口手续，进行海关统计。

第十八条　出口货物申报时，出口货物发货人应当按照海关的申报规定填制《中华人民共和国海关出口货物报关单》，并向海关提交原产地证书电子数据或者原产地证书正本的复印件。

第十九条　为确定货物原产地是否与进出口货物收发货人提交的原产地证书及其他申报单证相符，海关可以对进出口货物进行查验，具体程序按照《中华人民共和国海关进出口货物查验管理办法》有关规定办理。

第二十条　优惠贸易协定项下进出口货物及其包装上标有原产地标记的，其原产地标记所标明的原产地应当与依照本规定确定的货物原产地一致。

第二十一条　有下列情形之一的，进口货物不适用协定税率或者特惠税率：

（一）进口货物收货人或者其代理人在货物申报进口时没有提交符合规定的原产地证书、原产地声明，也未就进口货物是否具备原产资格进行补充申报的；

（二）进口货物收货人或者其代理人未提供商业发票、运输单证等其他商业单证，也未提交其他证明符合本规定第十四条规定的文件的；

（三）经查验或者核查，确认货物原产地与申报内容不符，或者无法确定货物真实原产地的；

（四）其他不符合本规定及相应优惠贸易协定规定的情形。

第二十二条　海关认为必要时，可以请求出口成员国或者地区主管机构对优惠贸易协定项下进口货物原产地进行核查。

海关也可以依据相应优惠贸易协定的规定就货物原产地开展核查访问。

第二十三条 海关认为必要时，可以对优惠贸易协定项下出口货物原产地进行核查，以确定其原产地。

应优惠贸易协定成员国或者地区要求，海关可以对出口货物原产地证书或者原产地进行核查，并应当在相应优惠贸易协定规定的期限内反馈核查结果。

第二十四条 进出口货物收发货人可以依照《中华人民共和国海关行政裁定管理暂行办法》有关规定，向海关申请原产地行政裁定。

第二十五条 海关总署可以依据有关法律、行政法规、海关规章的规定，对进出口货物作出具有普遍约束力的原产地决定。

第二十六条 海关对依照本规定获得的商业秘密依法负有保密义务。未经进出口货物收发货人同意，海关不得泄露或者用于其他用途，但是法律、行政法规及相关司法解释另有规定的除外。

第二十七条 违反本规定，构成走私行为、违反海关监管规定行为或者其他违反《海关法》行为的，由海关依照《海关法》、《中华人民共和国海关行政处罚实施条例》的有关规定予以处罚；构成犯罪的，依法追究刑事责任。

第二十八条 本规定下列用语的含义：

"生产"，是指获得货物的方法，包括货物的种植、饲养、开采、收获、捕捞、耕种、诱捕、狩猎、捕获、采集、收集、养殖、提取、制造、加工或者装配；

"非原产材料"，是指用于货物生产中的非优惠贸易协定成员国或者地区原产的材料，以及不明原产地的材料。

第二十九条 海关保税监管转内销货物享受协定税率或者特惠税率的具体实施办法由海关总署另行规定。

第三十条 本规定由海关总署负责解释。

第三十一条 本规定自2009年3月1日起施行。

附件：《中华人民共和国海关进出口货物优惠原产地管理规定》进口货物原产资格申明

附件

《中华人民共和国海关进出口货物优惠原产地管理规定》
进口货物原产资格申明

本人_____（姓名及职务）为进口货物收货人/进口货物收货人代理人（不适用的部分请划去），兹声明编号为_____的报关单所列第_____项货物原产自_____，且货物符合《中华人民共和国海关进出口货物优惠原产地管理规定》以及相应优惠贸易协定项下所确定的原产地规则的要求。

本人特申请对上述货物适用相应优惠贸易协定项下协定税率/特惠税率（不适用的部分请划去），并申请缴纳保证金后放行货物。本人承诺自货物进口之日起1年内补交相应优惠贸易协定项下规定的原产地证书。

签名：_____

日期：_____

中华人民共和国海关最不发达国家特别优惠
关税待遇进口货物原产地管理办法

（2017年3月1日海关总署令第231号公布，自2017年4月1日起施行）

第一条 为了正确确定与我国建交的最不发达国家特别优惠关税待遇进口货物的原产地，促进我国与有关国家间的经贸往来，根据《中华人民共和国海关法》、《中华人民共和国进出口货物原产地条例》的有关规定，制定本办法。

第二条 本办法适用于从与我国建交的最不发达国家（以下称受惠国）进口并且享受特别优惠关税待遇货物的原产地管理。

第三条 进口货物符合下列条件之一的，其原产国为受惠国：

（一）完全在受惠国获得或者生产的；

（二）在受惠国境内全部使用符合本办法规定的原产材料生产的；

（三）在受惠国境内非完全获得或者生产，但是在该受惠国完成实质性改变的。

本条第一款第（三）项所称"实质性改变"，按照本办法第五条、第六条规定的标准予以确定。

原产于受惠国的货物，从受惠国直接运输至中国境内的，可以按照本办法规定申请适用《中华人民共和国进出口税则》（以下简称《税则》）中相应的特惠税率。

第四条 本办法第三条第一款第（一）项所称"完全在受惠国获得或者生产"的货物是指：

（一）在该受惠国出生并且饲养的活动物；

（二）在该受惠国从本条第（一）项所指的动物中获得的货物；

（三）在该受惠国收获、采摘或者采集的植物和植物产品；

（四）在该受惠国狩猎或者捕捞获得的货物；

（五）在该受惠国注册或者登记，并且合法悬挂该受惠国国旗的船只，在该受惠国根据符合其缔结的相关国际协定可以适用的国内法有权开发的境外水域得到的鱼类、甲壳类动物以及其他海洋生物；

（六）在该受惠国注册或者登记，并且合法悬挂该受惠国国旗的加工船上加工本条第（五）项所列货物获得的货物；

（七）在该受惠国开采或者提取的矿产品以及其他天然生成物质，或者从该受惠国根据符合其缔结的相关国际协定可以适用的国内法有权开采的境外水域、海床或者海床底土得到或者提取的除鱼类、甲壳类动物以及其他海洋生物以外的货物；

（八）在该受惠国消费过程中产生并且收集的仅适用于原材料回收的废旧物品；

（九）在该受惠国加工制造过程中产生的仅适用于原材料回收的废碎料；

（十）利用本条第（一）项至第（九）项所列货物在该受惠国加工所得的货物。

第五条 除《与我国建交的最不发达国家产品特定原产地规则》另有规定外，在受惠国境内使用非受惠国原产材料进行制造或者加工，所得货物在《税则》中的四位数级税则归类发生变化的，应当视为原产于该受惠国的货物。

使用非受惠国原产材料制造或者加工的货物，生产过程中所使用的非原产材料不符合本条第一款规定，但是按照《海关估价协定》确定的非原产材料成交价格不超过该货物价格的10%，并且符合本办法其他适用规定的，该货物仍然应当视为受惠国原产货物。

第六条 除《与我国建交的最不发达国家产品特定原产地规则》另有规定

外，在受惠国境内使用非受惠国原产材料生产的货物，其区域价值成分不低于所得货物价格40%的，应当视为原产于该受惠国的货物。

本条第一款所称货物的区域价值成分应当按照下列方法计算比例：

$$区域价值成分 = \frac{货物价格 - 非原产材料价格}{货物价格} \times 100\%$$

其中，"货物价格"是指按照《海关估价协定》，在船上交货价格（FOB）基础上调整的货物价格。"非原产材料价格"是指按照《海关估价协定》确定的非原产材料的进口成本、运至目的港口或者地点的运费和保险费（CIF），包括不明原产地材料的价格。非原产材料由生产商在受惠国境内获得时，按照《海关估价协定》确定的成交价格，不包括将该非原产材料从供应商仓库运抵生产商所在地过程中产生的运费、保险费、包装费以及其他任何费用。

第七条 原产于中国的货物或者材料在受惠国境内被用于生产另一货物的，该货物或者材料应当视为受惠国的原产货物或者材料。

受惠国是特定区域性集团成员国的，该集团内其他受惠国的原产货物或者材料在该受惠国用于生产另一货物时，所使用的其他受惠国的原产货物或者材料可以视为该受惠国的原产货物或者材料。

第八条 下列微小加工或者处理不影响货物原产地确定：

（一）为确保货物在运输或者储藏期间处于良好状态而进行的处理；

（二）把物品零部件装配成完整品，或者将产品拆成零部件的简单装配或者拆卸；

（三）更换包装、分拆、组合包装；

（四）洗涤、清洁、除尘、除去氧化物、除油、去漆以及去除其他涂层；

（五）纺织品的熨烫或者压平；

（六）简单的上漆以及磨光工序；

（七）谷物以及大米的去壳、部分或者完全的漂白、抛光以及上光；

（八）食糖上色或者加味，或者形成糖块的操作；部分或者全部将晶糖磨粉；

（九）水果、坚果以及蔬菜的去皮、去核以及去壳；

（十）削尖、简单研磨或者简单切割；

（十一）过滤、筛选、挑选、分类、分级、匹配（包括成套物品的组合）、纵切、弯曲、卷绕、展开；

（十二）简单装瓶、装罐、装壶、装袋、装箱或者装盒、固定于纸板或者木板以及其他简单的包装工序；

（十三）在产品或者其包装上粘贴或者印刷标志、标签、标识以及其他类似的区别标记；

（十四）同类或者不同类产品的简单混合，糖与其他材料的混合；

（十五）测试或者校准；

（十六）仅仅用水或者其他物质稀释，未实质改变货物的性质；

（十七）干燥、加盐（或者盐渍）、冷藏、冷冻；

（十八）动物屠宰；

（十九）第（一）项至第（十八）项中两项或者多项工序的组合。

第九条　属于《税则》归类总规则三所规定的成套货物，其中全部货物均原产于某一受惠国的，该成套货物即为原产于该受惠国；其中部分货物非原产于该受惠国，但是按照本办法第六条确定的比例未超过该成套货物价格15%的，该成套货物仍应当视为原产于该受惠国。

第十条　在确定货物的原产地时，货物生产过程中使用，本身不构成货物物质成分、也不成为货物组成部件的下列材料或者物品，其原产地不影响货物原产地的确定：

（一）燃料、能源、催化剂以及溶剂；

（二）用于测试或者检验货物的设备、装置以及用品；

（三）手套、眼镜、鞋靴、衣服、安全设备以及用品；

（四）工具、模具以及型模；

（五）用于维护设备和厂房建筑的备件以及材料；

（六）在生产中使用或者用于运行设备和维护厂房建筑的润滑剂、油（滑）脂、合成材料以及其他材料；

（七）在货物生产过程中使用，未构成该货物组成成分，但是能够合理表明其参与了该货物生产过程的任何其他货物。

第十一条　货物适用税则归类改变标准的，在确定货物的原产地时，与货物一起申报进口并在《税则》中与该货物一并归类的包装、包装材料和容器，以及正常配备的附件、备件、工具以及介绍说明性材料，不单独开具发票的，其原产地不影响货物原产地的确定。

货物适用区域价值成分标准的，在计算货物的区域价值成分时，与货物一起申报进口并在《税则》中与该货物一并归类的包装、包装材料和容器，以及正常配备的附件、备件、工具以及介绍说明性材料的价格应当予以计算。

第十二条　本办法所称直接运输，是指受惠国原产货物从该受惠国直接运输至我国境内，途中未经过中国和该受惠国以外的其他国家或者地区（以下简称"其他国家或者地区")。

受惠国原产货物经过其他国家或者地区运输至我国境内，不论在运输途中是否转换运输工具或者作临时储存，同时符合下列条件的，应当视为直接运输：

（一）未进入其他国家或者地区的贸易或者消费领域；

（二）该货物在经过其他国家或者地区时，未做除装卸或者其他为使货物保持良好状态所必需处理以外的其他处理；

（三）处于该国家或者地区海关的监管之下。

本条第二款规定情形下，相关货物进入其他国家或者地区停留时间最长不得超过6个月。

第十三条 海关有证据证明进口货物有规避本办法嫌疑的，该进口货物不得享受特别优惠关税待遇。

第十四条 进口货物收货人或者其代理人应当在运输工具申报进境之日起14日内按照海关的申报规定填制《中华人民共和国海关进口货物报关单》，申明适用特惠税率，并且同时提交下列单证，海关总署另有规定的除外：

（一）符合本办法规定，并且在有效期内的原产地证书（格式见附件1）或者原产地声明（格式见附件2）；

（二）货物的商业发票；

（三）货物的全程运输单证。

货物经过其他国家或者地区运输至中国境内的，还应当提交其他国家或者地区海关出具的证明文件或者海关认可的其他证明文件。

海关已经通过相关信息交换系统接收受惠国原产地证书、证明文件电子数据的，对于该受惠国的原产货物，进口货物收货人或者其代理人无须提交相应的纸本单证。

进口货物收货人或者其代理人提交的本条第一款第（三）项所述运输单证可以满足直接运输相关规定的，也无须提交本条第二款所述证明文件。

第十五条 除海关总署另有规定外，原产地申报为受惠国的进口货物，其进口货物收货人或者其代理人在申报进口时未提交有效原产地证书或者原产地声明，或者海关未接收到第十四条第三款所述电子数据的，应当在货物放行前就该进口货物是否具备受惠国原产资格向海关进行补充申报（格式见附件3）。

进口货物收货人或者其代理人依照前款规定就进口货物具备受惠国原产资格向海关进行补充申报并且依法提供相应税款担保的，海关按照规定办理进口手续，依照法律、行政法规规定不得办理担保的情形除外。由于提前放行等原因已经提交了与货物可能承担的最高税款总额相当的税款担保的，可以不再单独就货物是否具有原产资格提供担保。

进口货物收货人或者其代理人未按照有关规定向海关申报进口的，或者进口货物收货人或者其代理人在货物申报进口时未申明适用《税则》中的特惠税率，也未按照本条规定就该进口货物是否具备受惠国原产资格进行补充申报的，有关进口货物不适用《税则》中的特惠税率。

进口货物收货人或者其代理人在货物放行后向海关申请适用《税则》中特惠税率的，已征税款不予调整。

第十六条 进口货物收货人或者其代理人向海关提交的有效原产地证书应当同时符合下列条件：

（一）由受惠国政府指定的签证机构在货物不晚于出口后 5 个工作日内签发；

（二）符合本办法附件 1 所列格式，以英文填制；

（三）符合与受惠国通知中国海关的签证机构印章样本，以及海关或者口岸主管部门印章和签名相符等安全要求；

（四）所列的一项或者多项货物为同一批次的进口货物；

（五）具有不重复的有效原产地证书编号；

（六）注明确定货物具有原产资格的依据。

原产地证书自签发之日起 1 年内有效。

第十七条 海关已经应进口货物收货人或者其代理人申请依法作出原产地裁定，确认进口货物原产地为受惠国的，如果该裁定处于有效状态，据以作出该裁定的依据和事实也没有发生变化的，则该裁定项下货物进口时，进口货物收货人或者其代理人可以向海关提交原产地声明，申明适用《税则》中的特惠税率。

进口货物收货人或者其代理人向海关提交的原产地声明应当同时符合下列条件：

（一）符合本办法附件 2 所列格式，并且以中文填制；

（二）由进口货物收货人或者其代理人打印后填写并且正确署名；

（三）一份原产地声明只能对应一项裁定。

该声明自署名之日起 1 年内有效。

第十八条 海关对原产地证书的真实性、相关货物是否原产于相关受惠国或者是否符合本办法其他规定产生怀疑时，海关总署可以直接或者通过中国驻相关受惠国使领馆经济商务参赞处（室）向受惠国海关或者有效原产地证书签证机构提出核查要求，并且要求其自收到核查要求之日起 180 日内予以答复。

必要时，经受惠国相关主管部门同意，海关总署可以派员访问受惠国的出口商或者生产商所在地，对受惠国主管机构的核查程序进行实地考察。

海关对进口货物收货人或者其代理人提交的原产地声明有疑问的，可以对出具该原产地声明的进口货物收货人或者其代理人开展核查，被核查的进口货物收货人或者其代理人应当自收到核查要求之日起 180 日内向海关提交书面答复。

未能在上述期限内收到答复的，该货物不得适用特惠税率。

在等待受惠国原产地证书核查结果期间，依照进口货物收货人或者其代理人的申请，海关可以依法选择按照该货物适用的最惠国税率、普通税率或者其他税率收取等值保证金后放行货物，并按规定办理进口手续、进行海关统计。核查完毕后，海关应当根据核查结果，立即办理退还保证金手续或者办理保证金转为进口税款手续，海关统计数据应当作相应修改。

对国家限制进口或者有违法嫌疑的进口货物，海关在原产地证书核查完毕前不得放行。

第十九条 有下列情形之一的，自货物进口之日起 1 年内，进口货物收货人或者其代理人可以在海关批准的担保期限内向海关申请解除税款担保：

（一）进口货物收货人或者其代理人已经按照本办法规定向海关进行补充申报并且提交了本办法第十四条所述有效原产地证书、原产地声明或者证明文件的；

（二）海关收到本办法第十四条第一款第（一）项、第二款所述电子数据的。

第二十条 同一批次进口的受惠国原产货物，经海关依法审定的完税价格不超过 6000 元人民币的，免予提交有效原产地证书或者原产地声明。

为规避本办法规定，一次或者多次进口货物的，不适用前款规定。

第二十一条 原产地证书被盗、遗失或者损毁，并且未经使用的，进口货物收货人或者其代理人可以要求该进口货物的出口人向受惠国原签证机构申请在原证书有效期内签发经核准的原产地证书真实副本。该副本应当在备注栏以英文注明"原产地证书正本（编号日期）经核准的真实副本"字样。经核准的原产地证书真实副本向海关提交后，原产地证书正本失效。原产地证书正本已经使用的，经核准的原产地证书副本无效。

第二十二条 有下列情形之一的，原产地证书可以在货物出口之日起 1 年内予以补发：

（一）由于不可抗力没有在货物不晚于出口后 5 个工作日内签发原产地证书

的；

（二）授权机构确信已签发原产地证书，但由于不符合本办法第十六条规定，原产地证书未被海关接受的。

补发的原产地证书应当以英文注明"补发"字样。本条第一款第（一）项情形下，补发证书自货物实际出口之日起1年内有效；在第一款第（二）项情形下，补发证书的有效期应当与原原产地证书的有效期相一致。

第二十三条 具有下列情形之一的，进口货物不适用特惠税率：

（一）进口货物不具备受惠国原产资格；

（二）申报进口时，进口货物收货人或者其代理人没有按照本办法第十四条规定提交有效原产地证书或者原产地声明，也未就进口货物是否具备受惠国原产资格进行补充申报的；

（三）原产地证书或者原产地声明不符合本办法规定的；

（四）原产地证书所列货物与实际进口货物不符的；

（五）自受惠国海关或者签证机构收到原产地核查请求之日起180日内，海关没有收到受惠国海关或者签证机构答复结果，或者该答复结果未包含足以确定有效原产地证书真实性或者货物真实原产地信息的；

（六）自进口货物收货人或者其代理人收到原产地核查请求之日起180日内，海关没有收到进口货物收货人或者其代理人答复结果，或者该答复结果未包含足以确定有效原产地证书真实性或者货物真实原产地信息的；

（七）进口货物收货人或者其代理人存在其他不遵守本办法有关规定行为的。

第二十四条 海关对依照本办法规定获得的商业秘密依法负有保密义务。未经进口货物收货人同意，海关不得泄露或者用于其他用途，但是法律、行政法规及相关司法解释另有规定的除外。

第二十五条 违反本办法，构成走私行为、违反海关监管规定行为或者其他违反《中华人民共和国海关法》行为的，由海关依照《中华人民共和国海关法》和《中华人民共和国海关行政处罚实施条例》的有关规定予以处理；构成犯罪的，依法追究刑事责任。

第二十六条 本办法下列用语的含义：

受惠国，是指与中国签有对最不发达国家特别优惠关税待遇换文的国家或者地区；

材料，是指以物理形式构成另一货物的组成部分或者在生产另一货物的过程中所使用的货物，包括任何组件、零件、部件、成分或者原材料；

原产材料，是指根据本办法规定具备原产资格的材料；

生产，是指货物获得的方法，包括货物的种植、饲养、提取、采摘、采集、开采、收获、捕捞、诱捕、狩猎、制造、加工或者装配；

《海关估价协定》，是指作为《马拉喀什建立世贸组织协定》一部分的《关于履行 1994 年关税与贸易总协定第 7 条的协定》。

第二十七条 本办法中《与我国建交的最不发达国家产品特定原产地规则》和区域性集团名单由海关总署另行公告。

第二十八条 本办法由海关总署负责解释。

第二十九条 本办法自 2017 年 4 月 1 日起施行。2010 年 6 月 28 日海关总署令第 192 号公布的《中华人民共和国海关最不发达国家特别优惠关税待遇进口货物原产地管理办法》、2013 年 7 月 1 日海关总署令第 210 号公布的《海关总署关于修改〈中华人民共和国海关最不发达国家特别优惠关税待遇进口货物原产地管理办法〉的决定》同时废止。

附件：1. 原产地证书

2. 原产地声明

3. 《中华人民共和国海关进出口货物优惠原产地管理规定》进口货物原产资格申明

附件1

ORIGINAL

1. Exporter's name and address:	Certificate No. : CERTIFICATE OF ORIGIN Form for the Special Preference Treatment （Combination of Declaration and Certificate of Origin）
2. Producer's name and address:	
3. Consignee's name and address:	Issued in _____ （see Overleaf Instruction）
4. Means of transport and route Departure Date: Vessel /Flight/Train/Vehicle No. : Port of loading: Port of discharge:	Official use only: _____ 5. Remarks:

6. Item number	7. Marks and packages NO	8. Number and kind of packages; description of goods	9. HS code （Six-digit code）	10. Origin criterion	11. Net weight, quantity（Quantity Unit）or other measures（liters, m^3, etc.）	12. Number, date and value of invoice

13. Declaration by the Exporter:	14. Certification:	15. Verification of Customs or Port Competent Department:
The undersigned hereby declares that the above details and statements are correct, that all the goods were produced in	On the basis of control carried out, it is hereby certified that the declaration the exporter made is authentic.	It is certified that the goods declaring export are the same as described on the Certificate.
_____ (Country) and that they comply with the origin requirements specified in the Special Preference Treatment for the goods exported to China. _____ Place, date and signature of authorized person	_____ Place and date, stamp of authorized body	_____ Place and date, stamp or signature of the Customs or Port Competent Department of export country

Page 1 of

Overleaf Instruction

Certificate No. : Serial number of Certificate of Origin assigned by the authorized issuing body.

Box 1: State the full legal name and address (including country) of the exporter in a beneficiary country.

Box 2: State the full legal name and address (including country) of the producer in a beneficiary country. If goods from more than one producer are included in the certificate, list the additional producers, including their full legal name and address (including country). If the exporter or the producer wishes to maintain this information as confidential, it is acceptable to state "AVAILABLE UPON REQUEST." If the producer and the exporter are the same, please complete field with "SAME."

Box 3: State the full legal name and address of the consignee in the customs territoryof China.

Box 4: Complete the means of transport and route and specify the departure date, transport vehicle No. , port of loading, and port of discharge.

Box 5: State the order number, number of LC or other information.

Box 6: State the item number, 50 is the maximum.

Box 7: State the shipping marks and numbers on packages.

Box 8: The name of goods and the number and kind of packages shall be specified. If the goods are not packed, state "IN BULK". In the end of the description of goods, add " * * * " or " \ ".

Box 9: Identify the HS tariff classification to six-digit corresponding to the goods.

Box 10: If the goods satisfy the requirement of the Rules of Origin, the exporter shall indicate in Box10the origin criteria on the basis of which he claims that his goods qualify for the Special Preference Treatment , in the manner shown in the following table:

origin criteria	to be filled in box10
The goods are wholly obtained or produced in the territory of the beneficiary country as set out and defined in Article 4.	WO

续表

The goods are produced used entirely by the originating materials in the territory of the beneficiary country.	WP
When the goods are subject to RVC criteria, RVC40% or CTH.	CTH or RVC40%
When the goods are subject to a requirement stipulated in PSR, the specified criteria shall be indicated.	Criterion as specified in PSR.

Box 11: Net weight shall be shown in kilograms here. Quantity shall be shown in quantity unit. Volume may be filled in the unit of liters or m^3.

Box 12: Invoice number, date of invoices and invoiced value shall be shown here.

Box 13: The field shall be completed, signed and dated by the exporter of the beneficiary country.

Box 14: The field shall be completed with place, issuing date and stamped by the officer of the issuing body.

Box 15: The field shall be completed with place, issuing date by the officer of the customs or port competent authority in the beneficiary country. Meanwhile, the field shall be stamped or signed by the officers said above.

In case where there is not enough space on the first page of a Certificate of Origin for multiple lines of goods, additional pages can be used. The Certificate number will be the same as that shown on the first page. Box 6 to box 15 shall be presented in the additional pages, together with the stamp of issuing body and the stamp or signature of the customs or the port competent authority.

Certificate NO.

6. Item number	7. Marks and packages NO	8. Number and kind of packages; description of goods	9. HS code (Six－digit code)	10. Origin criterion	11. Net weight, quantity (Quantity Unit) or other measures (liters, m^3, etc.)	12. Number, date and value of invoice

13. Declaration by the Exporter: The undersigned hereby declares that the above details and statements are correct, that all the goods were produced in _____ (Country) and that they comply with the origin requirements specified in the Special Preference Treatment for the goods exported to China. _____ Place, date and signature of authorized person	14. Certification: On the basis of control carried out, it is hereby certified that the declaration the exporter made is authentic. _____ Place and date, stamp of authorized body	15. Verification of Customs or Port Competent Department: It is certified that the goods declaring export are the same as described on the Certificate. _____ Place and date, stamp or signature of the Customs or Port Competent Department of export country

Page 2 of

正本(中文参考)

1. 出口商的名称、地址:	证书编号: 中国给予特别优惠关税待遇原产地证书 (申报与证书合一) 签发国 _____ (填制方法详见证书背页说明)
2. 生产商的名称、地址:	
3. 收货人的名称、地址:	

4. 运输方式及路线 离港日期 船舶/飞机/火车/车辆编号 装货口岸 卸货口岸	供官方使用: _____ 5. 备注:

6. 项目号	7. 唛头及包装号;	8. 包装数量及种类;商品描述	9. HS 编码(6 位数编码)	10. 原产地标准	11. 净重、数量(数量单位)或其他计量单位(升、立方米等)	12. 发票号码、发票日期及发票价格

13. 出口商声明 下列签字人声明上述资料及申报正确无讹,所有货物产自 _____ (国家) 且符合出口至中国的特别优惠关税待遇货物所适用的原产地要求。 _____ 地点和日期,有权签字人的签字	14. 证明 根据所实施的监管,兹证明出口商所做申报正确无讹。 地点、日期和签证机构印章	15. 海关或者口岸主管部门验核 兹证明申报出口的货物与此证书之描述相符。 _____ 地点、时间和出口国海关或者口岸主管部门的印章或者签名

第 1 页(共　　页)

6. 项目号	7. 唛头及包装号；商品描述	8. 包装数量及种类；商品描述	9.HS 编码（6位数编码）	10. 原产地标准	11. 净重、数量（数量单位）或其他计量单位（升、立方米等）	12. 发票号码、发票日期及发票价格

13. 出口商声明	14. 证明	15. 海关或者口岸主管部门验核
下列签字人声明上述资料及申报正确无讹，所有货物产自	根据所实施的监管，兹证明出口商所做申报正确无讹。	兹证明申报出口的货物与此证书之描述相符。
_____ （国家）	_____ 地点、日期和签证机构印章	_____ 地点、时间和出口国海关或者口岸主管部门的印章或者签名
且符合出口至中国的特别优惠关税待遇货物所适用的原产地要求。		
_____ 地点和日期，有权签字人的签字		

第 2 页（共　　页）

背页填制说明

证书编号:授权签证机构签发原产地证书的序列号。

第1栏:填写受惠国出口商的名称、地址(包括国家)。

第2栏:填写受惠国生产商详细的依法登记的名称、地址(包括国家)。如果证书包含一家以上生产商的商品,应列出其他生产商详细的依法登记的名称、地址(包括国家)。如果出口商或生产商希望对信息予以保密,可以填写"应要求提供"。如果生产商和出口商相同,应填写"同上"

第3栏:填写中国关境收货人的名称、地址。

第4栏:填写运输方式及路线、离港日期、运输工具编号、装货港口和卸货港口。

第5栏:可以填写顾客订货单号码,信用证号码等其他信息。

第6栏:填写货物项目号,最多不能超过50项。

第7栏:填写唛头及包装号。

第8栏:填写货品名称、包装数量及种类。如果是散装货,应注明"散装"。在商品描述末尾加上"＊＊＊"(三颗星)或"\"(结束斜线符号)。

第9栏:填写货物对应的《协调制度》六位数编码。

第10栏:若货物符合原产地规则,出口商必须按照下表所示方式,在本证书第10栏中申明其货物享受特别优惠关税待遇所依据的原产地标准:

原产地标准	填入第10栏
该货物是根据第四条(完全获得货物)的相关规定,在受惠国境内完全获得或生产。	WO
该货物在受惠国境内完全由本规则确定的原产材料生产。	WP
货物适用区域价值成分40%或者四位数税号改变标准。	CTH or RVC 40%
货物适用产品特定原产地规则所规定的标准,应具体注明适用的标准。	Criterion as specified in PSR

第11栏:净重应填写"千克",数量应填写数量单位,体积可填写升或立方米

等。

第 12 栏：应填写发票号码、开发票日期以及发票价格。

第 13 栏：本栏目必须由出口商填写、签名并填写日期。

第 14 栏：本栏必须由授权签证机构的授权人员填写地点、签证日期并盖章。

第 15 栏：本栏必须由受惠国海关或者口岸主管部门当局的授权人员填写地点、签证日期并盖章或者签名。

当原产地证书一页填制不下多项商品时，可以附页填制。第二页应列出原产地证书第一页所列的第 6 至 15 栏内容，并标注原产地证书号码，该号码与第一页证书号码相同，同时必须有签证机构的印章和出口国海关或者口岸主管部门印章或者签名。

附件 2

原产地声明

谨代表

_____

（工整填写进口货物收货人或者其代理人名称和地址）

本人特此声明下述货物的原产地为_____（具体受惠国名称）

符合《中华人民共和国海关最不发达国家特别优惠关税待遇进口货物

原产地管理办法》关于货物原产地的相关规定。

本人对本声明内容的真实性承担法律责任。

商品项号	商品描述	HS 编码（6位）	发票（编号和日期）	预裁定（预确定）编号	原产地标准

签名：_____

日期：_____

注意事项：本声明必须工整填写，并作为一份独立文件与商业发票一并提交。

附件3

《中华人民共和国海关进出口货物优惠原产地管理规定》
进口货物原产资格申明

本人_____（姓名及职务）为进口货物收货人/进口货物收货人代理人（不适用的部分请划去），兹声明编号为_____的报关单所列第_____项货物原产自_____，且货物符合《中华人民共和国海关进出口货物优惠原产地管理规定》以及相应优惠贸易协定项下所确定的原产地规则的要求。

本人特申请对上述货物适用相应优惠贸易协定项下协定税率/特惠税率（不适用的部分请划去），并申请缴纳保证金后放行货物。本人承诺自货物进口之日起1年内补交相应优惠贸易协定项下规定的原产地证书。

签名：_____

日期：_____

中华人民共和国海关《中华人民共和国政府与巴基斯坦伊斯兰共和国政府自由贸易协定》项下进口货物原产地管理办法

（2007年5月30日海关总署令第162号公布，根据2010年11月26日海关总署令第198号《海关总署关于修改部分规章的决定》修改）

第一条 为正确确定《中华人民共和国政府与巴基斯坦伊斯兰共和国政府自由贸易协定》（以下简称《中巴自贸协定》）项下进口货物的原产地，促进双方的经贸往来，根据《中华人民共和国海关法》（以下简称《海关法》）、《中华人民共和国进出口货物原产地条例》、《中巴自贸协定》的规定，制定本办法。

第二条 本办法适用于从巴基斯坦进口的《中巴自贸协定》项下货物。

第三条 从巴基斯坦直接运输进口的货物，符合下列条件之一的，其原产地为巴基斯坦，适用《中华人民共和国进出口税则》（以下简称《税则》）中的《中巴自

贸协定》税率:

(一)在巴基斯坦完全获得或者生产的;

(二)符合本办法第五条、第六条或者第七条规定的在巴基斯坦非完全获得或者生产的。

第四条 本办法第三条第(一)项所称"在巴基斯坦完全获得或者生产"的货物是指:

(一)在巴基斯坦收获、采摘或者收集的植物及植物产品;

(二)在巴基斯坦出生和饲养的活动物;

(三)在巴基斯坦从本条第(二)项活动物获得的产品;

(四)在巴基斯坦狩猎、诱捕、捕捞、水生养殖、收集或者捕获所得的产品;

(五)从巴基斯坦领土、领水、海床或者海床底土开采、提取的除本条第(一)项至第(四)项以外的矿物质或者其他天然生成的物质;

(六)从巴基斯坦按照国际法规定有权开发的该国领水以外的水域、海床或者海床底土获得的产品;

(七)在巴基斯坦注册的船只或者合法悬挂该国国旗的船只在公海捕捞获得的鱼类及其他海产品;

(八)在巴基斯坦注册的加工船或者合法悬挂该国国旗的加工船上仅使用本条第(七)项产品加工、制造的产品;

(九)在巴基斯坦从既不能用于原用途也不能恢复或者修理的物品上回收的零件或者原材料;

(十)在巴基斯坦收集的既不能用于原用途也不能恢复或者修理,仅适合弃置或者用作部分原材料的回收,或者仅适合作再生用途的物品;

(十一)在巴基斯坦境内生产加工过程中产生的废碎料;

(十二)仅用本条第(一)项至第(十一)项所列产品在巴基斯坦加工获得的产品。

第五条 本办法第三条第(二)项所称"在巴基斯坦非完全获得或者生产的货物"是指,巴基斯坦原产成分的比例不低于40%的货物。

在计算原产成分时,应当适用下列公式:

$$\frac{货物的船上交货价格(FOB) - 非原产材料的价格}{货物的船上交货价格(FOB)} \times 100\% \geqslant 40\%$$

上述公式中,非原产材料的价格应当为下列两种价格之一:

(一)材料进口时的成本、保险费加运费价格(CIF);

（二）最早确定的在巴基斯坦境内为使用不明原产地材料进行制造或者加工支付的价格。

第六条 除另有规定外，在巴基斯坦境内使用符合本办法第三条的货物作为生产适用《中巴自贸协定》税率的制成品的材料，并且其制成品中原产于中国、巴基斯坦的成分累计不低于40%，则该制成品应当视为原产于巴基斯坦。

第七条 在巴基斯坦加工、制造的货物，符合《中国—巴基斯坦自由贸易区原产地规则》（以下简称《中巴原产地规则》）项下产品特定原产地标准的，应当视为原产于巴基斯坦。该标准是本办法的组成部分，由海关总署另行公告。

第八条 在按照本办法第三条确定货物原产地时，下列微小加工及处理不影响货物原产地的确定：

（一）为使货物在运输或者贮存中保持良好状态而进行的处理，例如干燥、冷冻、通风、晾晒、冷却，置于盐或者二氧化硫中、用盐水或其他水溶液保存，去除已毁坏部分等类似处理；

（二）除尘、筛选、分类、分级、搭配（即成套物品的组合），清洗、上漆和切割；

（三）为便于装运货物而进行的改换包装、分拆或装配；

（四）简单的切割、切片和再包装，或者装瓶、装袋、装箱、固定于硬纸板或者木板上，以及其他简单包装；

（五）在产品或者其包装上粘贴标志、标签或者其他类似的区别标记；

（六）对产品进行的简单混合，不论其是否为同类产品，但混合所用成分应当不属于本办法第三条规定的产品；

（七）将物品的零部件简单组装成完整品；

（八）完整品的拆解；

（九）屠宰动物；

（十）仅用水或者其他物质稀释而不改变货物的性质；

（十一）本条第（一）项到第（十）项中的两项或者多项加工、处理的组合。

第九条 本办法第三条所称"直接运输"是指《中巴自贸协定》项下的进口货物从巴基斯坦直接运输到我国。

进口货物运输至我国，并且符合下列条件之一的，视为从巴基斯坦直接运输：

（一）货物未经过任何中国和巴基斯坦之外的国家或者地区境内运输。

（二）货物运输途中经过一个或者多个中国和巴基斯坦之外的国家或者地区，在这些国家或者地区不论是否转换运输工具或者作临时储存，但是同时符合下列条件：

1. 仅由于地理原因或者运输需要；

2. 货物未在这些国家或者地区进入贸易或者消费领域；

3. 除装卸或者其他为使货物保持良好状态的处理外，货物在这些国家或者地区未经任何其他加工。

第十条 与货物一起申报进口并且按照《税则》应当与该货物一并归类的包装、包装材料、容器以及附件、备件、工具、介绍说明材料，其原产地不影响货物原产地的确定。

第十一条 除另有规定外，在确定货物的原产地时，货物生产过程中使用的、本身不构成货物物质成分、也不成为货物组成部件的下列材料，其原产地不影响货物原产地的确定：

（一）燃料与能源；

（二）工具、模具及铸模；

（三）用于维护设备及厂房的备件和材料；

（四）在生产中使用的，或者用于运行设备和厂房的润滑剂、润滑油、复合材料及其他材料；

（五）手套、眼镜、鞋、衣服、安全设备和用品；

（六）用于测试或者检验货物的设备、装置和用品；

（七）催化剂和溶剂；

（八）在货物生产过程中使用，虽然不构成该货物组成部分，但能合理地表明其参与了该货物生产过程的任何材料。

第十二条 货物申报进口时，进口货物收货人应当主动向海关提交由巴基斯坦指定的政府机构签发的原产地证书正本（格式见附件），并且按照海关的申报规定填制《中华人民共和国海关进口货物报关单》（以下简称《报关单》），申明适用《中巴自贸协定》税率。

进口货物收货人向海关提交的巴基斯坦原产地证书必须符合本办法附件所列格式，用国际标准 A4 纸印制，所用文字为英文。原产地证书不得涂改及叠印。

原产地证书上所列的一项或者多项货物应当为同一批次进口到中国的原产于巴基斯坦的货物，一份原产地证书应当对应一份《报关单》。

第十三条 进口货物经过一个或者多个中国和巴基斯坦以外的国家或者地区运输的，进口货物收货人应当向海关提交下列文件：

（一）在巴基斯坦签发的联运提单；

（二）巴基斯坦有关政府机构在货物出口前、出口时，或者在货物实际出口后15 日内签发的原产地证书；

（三）货物的商业发票正本；

（四）货物经过其他国家或者地区运输至我国境内的，进口货物收货人还应当按照海关的要求提交该国家或者地区海关出具的证明文件。

第十四条 在特殊情况下，由于非主观过错、过失或者其他合理原因，原产地证书未能按照本办法第十三条第（二）项规定的日期签发的，进口货物收货人可以向海关提交补发的原产地证书，但该补发的原产地证书应当是在货物装运之日起1年内签发的，并注明"补发"字样。

第十五条 原产地证书被盗、遗失或者毁坏的，进口货物收货人可以要求出口货物发货人向原签证机构申请在原证书签发之日起1年之内签发经证实的原产地证书真实复制本。该复制本应当注明"经证实的真实复制本"，并注明原证书正本的签发日期。

第十六条 除不可抗力外，原产地证书应当自签发之日起6个月之内向我国海关提交；符合本办法第九条第二款第（二）项规定，货物经过一个或者多个中国和巴基斯坦之外的国家或者地区运输的，其原产地证书提交期限延长至8个月。进口货物在本款规定期限内已经实际进口的，原产地证书的提交期限可以不受本款规定的限制。

货物申报进口时，进口货物收货人虽然申明适用《中巴自贸协定》税率，但是未能提交符合规定的原产地证书及相关文件或者提交的原产地证书及相关文件不符合本办法规定的，海关应当按照规定收取保证金后放行货物，并且按照规定办理进口手续、进行海关统计。

未按照本条第一款规定提交的原产地证书，海关不予接受。

第十七条 原产于巴基斯坦的进口货物，每批船上交货价格（FOB）不超过200美元的，免予提交原产地证书。

第十八条 海关对巴基斯坦原产地证书的真实性或者相关货物是否原产于巴基斯坦产生怀疑时，可以向巴基斯坦有关政府机构提出原产地核查请求。

在等待核查结果期间，海关可以依法选择按照该货物适用的最惠国税率、普通税率以及其他税率收取相当于应缴税款的等值保证金后放行货物，并且按照规定办理进口手续，进行海关统计。核查完毕后，海关应当根据核查结果，立即办理保证金退还手续或者保证金转为进口税款手续。

在提出核查请求之日起6个月内，海关未收到巴基斯坦有关政府机构核查结果，或者核查结果未包含足以确定原产地证书真实性或者货物真实原产地信息的，有关货物不享受关税优惠待遇，海关应当立即办理保证金转为进口税款手续。海关统计数据同时作相应修改。

进口货物属于国家限制进口的，或者有违法嫌疑的，在原产地证书核查完毕前海关不得放行货物。

第十九条 除海关进出口贸易统计数据外,海关应当对用于双方交流的原产地证书核查资料予以保密。

第二十条 从巴基斯坦进口适用《中巴自贸协定》税率的货物在向海关申报之后、海关放行之前,目的地发生变化需要运往其他国家的,进口货物收货人应当向海关提出书面申请。

海关将货物运输目的地变化情况在原产地证书上签注确认后,将原产地证书正本返还进口货物收货人。

第二十一条 原产于巴基斯坦的货物,在其他国家或者地区展览并且于展览期间或者展览后售往中国,同时满足下列条件的,在进口时可以享受《税则》中的《中巴自贸协定》税率:

(一)该货物已经从巴基斯坦实际运送到展览所在国家或者地区展出;

(二)该货物已经实际卖给或者转让给中国的进口货物收货人;

(三)该货物已经以送展时的状态在展览期间或者展览后由展览举办国立即发运至中国;

(四)该货物在展览期间处于展览所在国家或者地区海关的监管之下。

上述展览货物进口时,进口货物收货人应当向海关提交原产地证书,并且提供展览所在国家或者地区有关政府机构签发的注明展览会名称及地址的证明书,以及本办法第十三条第(四)项所列的证明文件。

本条中"展览"是指任何以出售外国产品为目的商贸、农业或者手工业展览会、交易会或者在商店或者商业场所举办的类似展览、展示。

第二十二条 违反本办法,构成走私行为、违反海关监管规定行为或者其他违反《海关法》行为的,由海关依照《海关法》和《中华人民共和国海关行政处罚实施条例》的有关规定予以处理;构成犯罪的,依法追究刑事责任。

第二十三条 本办法中,下列用语的定义是:

"成本、保险费加运费价格(CIF)",是指在进口港把货物从运输工具卸下后,实付或者应当付给出口货物发货人的价格。它包括货物的成本和将货物运至指定目的港所需的保险费和运费。

"船上交货价格(FOB)",是指在指定出口港把货物装上运输工具后,实付或者应当付给出口货物发货人的价格。它包括货物的成本和将货物运至运输工具上所需的所有成本。

"海关估价协议",是指WTO协议中《关于实施1994年关税与贸易总协定第7条的协定》。

"材料"，包括组成成分、零件、部件、组装件、已经实际上构成另一个货物部分或者已用于另一货物生产过程的货物。

"产品特定原产地标准"，是指规定材料已经发生税则归类改变或者特定制造或者加工工序，或者满足某一从价百分比标准，或者混合使用任何这些标准的规则。

"非原产材料"，是指用于货物生产中的非中国—巴基斯坦自贸区原产的材料，以及不明原产地的材料。

"生产"，是指获得货物的方法，包括制造、生产、装配、加工、饲养、种植、繁殖、开采、提取、收获、捕捞、诱捕、采集、收集、狩猎和捕获。

第二十四条　本办法由海关总署负责解释。

第二十五条　本办法自 2007 年 7 月 1 日起施行。2005 年 12 月 29 日海关总署令第 139 号公布的《中华人民共和国海关关于执行〈中国—巴基斯坦自由贸易区原产地规则〉的规定》同时废止。

附件：原产地证书格式

附件

Attachment: Certificate of Origin

1. Exporter's Name and Address, country	CERTIFICATE NO.
	CERTIFICATE OF ORIGIN
	CHINA-PAKISTAN FTA
2. Consignee's Name and Address, country	(Combined Declaration and Certificate)
	Issued in _____
3. Producer's Name and Address, country	(Country)
	See Instructions Overleaf
4. Means of transport and route (as far as known) Departure Date Vessel /Flight/Train/Vehicle No. Port of loading Port of discharge	5. For Official Use Only Preferential Treatment Given Under China-Pakistan FTA ☐ Free Trade Area Preferential Tariff _____ ☐ Preferential Treatment Not Given (Please state reason/s _____ ....Signature of Authorized Signatory of the Importing Country

6. Item number	7. Marks and numbers on packages; Number and kind of packages; description of goods; HS code of the importing country	8. Origin Criterion	9. Gross Weight, Quantity and FOB	10. Number and date of invoices	11. Remarks

12. Declaration by the exporter	13. Certification
The undersigned hereby declares that the above details and statement are correct; that all the products were produced in -- (Country) and that they comply with the origin requirements specified for these goods in the China—Pakistan Free Trade Area Preferential Tariff for the goods exported to -- (Importing Country) -- Place and date, signature of authorised signatory	It is hereby certified, on the basis of control carried out, that the declaration by the exporter is correct. -- Place and date, signature and stamp of certifying authority

Attachment: Certificate of Origin
China-Pakistan FTA Certificate of Origin Instructions

Box 1: State the full legal name, address (including country) of the exporter.

Box 2: State the full legal name, address (including country) of the consignee.

Box 3: State the full legal name, address (including country) of the producer. If more than one producer's good is included in the certificate, list the additional producers, including name, address (including country). If the exporter or the producer wishes the information to be confidential, it is acceptable to state "Available to Customs upon request". If the producer and the exporter are the same, complete field with "SAME".

Box 4: Complete the means of transport and route and specify the departure date, transport vehicle No., port of loading and discharge.

Box 5: The Customs Authority of the importing Party must indicate in the relevant boxes whether or not preferential treatment is accorded.

Box 6: State the item number.

Box 7: Provide a full description of each good. The description should be sufficiently detailed to enable the products to be identified by the Customs Officers examining them and relate it to the invoice description and to the HS description of the good. Shipping Marks and numbers on the packages, number and kind of package shall also be specified. For each good, identify the HS tariff classification to 6 digits, using the HS tariff classification of the country into whose territory the goods is imported.

Box 8: For exports from one Party to the other Party to be eligible for preferential treatment under China-Pakistan FTA, the requirement is that either: (to be adjusted according to the specific rules of origin)

  (i) The products wholly obtained in the exporting Party as defined in China-Pakistan FTA Rules of Origin;

  (ii) Subject to sub-paragraph (i) above, for the purpose of implementing the provisions of China-Pakistan FTA Rules of Origin, products worked on and processed as a result of which the total value of material originating from non-China-Pakistan FTA member states or of undetermined origin used is less than 60% of the FOB value of the product produced or obtained and the final process of the manufacture is performed within territory of the exporting Party;

(iii) Products which comply with origin requirements provided for in Article 16 of this Agreement and which are used in a Party as inputs for a finished product eligible for preferential treatment in the other Party shall be considered as a product originating in the Party where working or processing of the finished product has taken place provided that the aggregate China-Pakistan FTA content of the final product is not less than 40%; or

(iv) Products that satisfy the Product Specific Rules provided for in Attachment B of the China-Pakistan FTA Rules of Origin shall be considered as goods to which sufficient transformation has been carried out in a Party.

If the goods qualify under the above criteria, the exporter must indicate in Field 8 of this form the origin criteria on the basis of which he claims that his goods qualify for preferential treatment, in the manner shown in the following table:

Circumstances of production or manufacture in the first country named in Field 12 of this form	Insert in Field 8
(a) Products wholly produced in the country of exportation (see paragraph 8 (i) above)	"P"
(b) Products worked upon but not wholly produced in the exporting Party which were produced in conformity with the provisions of paragraph 8 (ii) above	Percentage of single country content, example 40%
(c) Products worked upon but not wholly produced in the exporting Party which were produced in conformity with the provisions of paragraph 8 (iii) above	Percentage of China-Pakistan FTA cumulative content, example 40%
(d) Products satisfied the Product Specific Rules	"PSR"

Box 9: Gross weight in Kilos should be shown here. Other units of measurement e. g. volume or number of items which would indicate exact quantities may be used when customary; the FOB value shall be the invoiced value declared by exporter to the issuing authority.

Box 10: Invoice number and date of invoices should be shown here.

Box 11: Customer's Order Number, Letter of Credit Number, and etc. may be included if required.

Box 12: The field must be completed, signed and dated by the exporter. Insert the place, date of signature.

Box 13: The field must be completed, signed, dated and stamped by the authorized person of the certifying authority.

中文文本仅供参考

原产地证书

1. 出口人名称、地址、国家：	编号：
	签发日期
	中国—巴基斯坦自由贸易区
2. 收货人名称、地址、国家：	原产地证书
	（申报与证书合一）
	签发在：
3. 生产商名称、地址、国家：	详见背页说明

4. 运输工具及路线（如已知）：	5. 官方使用
	根据中国—巴基斯坦自由贸易区项下优惠待遇
离港日期	
	□给予优惠待遇
船舶/飞机/火车/汽车 编号	
	□不给予优惠待遇（请注明原因）
装货口岸	
卸货口岸	进口国有权签字人签字

6. 项目编号	7. 包装唛头及编号；包装件数及种类；货物名称；进口国 HS 编码	8. 原产地标准	9. 毛重、数量、船上交货价格（FOB）	10. 发票编号及日期	11. 备注

续表

12. 出口人声明	13. 证明
下列签字人声明上述资料及申报正确无讹，所有产品产自 ———————— （国家） 且符合中国—巴基斯坦自由区优惠关税项下所规定的原产地要求，该货物出口至 ———————— （进口国）	根据所实施的监管，兹证明出口商所做申报正确无讹。
地点和日期，授权签字人的签字	地点和日期，签字和发证机构印章

中国—巴基斯坦自由贸易区原产地证书说明

第1栏：注明出口人的合法的全称、地址（包括国家）。

第2栏：注明收货人的合法的全称、地址（包括国家）。

第3栏：注明生产商的合法的全称、地址（包括国家）。如果证书上的货物生产商不止一个时，其他的生产商的全称、地址（包括国家）也必须列明。如果出口人或者生产商希望该信息保密时，也可以接受在该栏注明"应要求向海关提供"（Available to Customs upon request）。如果生产商与出口人相同时，该栏只须填写"相同"（SAME）。

第4栏：注明运输方式和路线，并详细说明离港日期、运输工具编号、装货港和卸货港。

第5栏：由进口成员方海关在该栏简要说明根据协议是否给予优惠待遇。

第6栏：注明项目编号。

第7栏：该栏的货品名称必须详细，以使验货的海关官员可以识别，并使其能与发票上的货名及HS编码的货名对应。包装上的运输唛头及编号、包装件数和种类也应当列明。每一项货物的HS编码应当为货物进口国的6位HS编码。

第8栏：从一成员方出口到另一成员方可享受优惠待遇的货物必须符合下列要求之一（根据特定原产地规则可做调整）：

1. 符合原产地规则规定，在出口成员方内完全获得的产品；

2. 为实施中国—巴基斯坦自由贸易区原产地规则的规定，使用非原产于中国、巴基斯坦或者无法确定原产地的原材料生产和加工产品时，所用这种原材料的总价值小于由此生产或者获得的产品的离岸价格的 60%，且最后生产工序在该出口成员方境内完成；

3. 符合中国—巴基斯坦自由贸易区协定第 16 条规定的产品，且该产品在一成员方被用于生产可享受另一成员方优惠待遇的最终产品时，如在最终产品中原产于中国、巴基斯坦成分总计不少于最终产品的 40%，则该产品应当视为原产于对最终产品进行生产或加工的成员方；或者

4. 符合原产地规则产品特定原产地标准的产品，应当视为在一成员方进行了充分加工的货物。

若货物符合上述标准，出口人必须按照下列表格中规定的格式，在本证书第 8 栏中标明其货物申报享受优惠待遇所根据的原产地标准：

本表格第 12 栏列名的原产国生产或制造的详情	填入第 8 栏
出口国完全生产的产品（见上述第 8 款 1 项）	"P"
符合上述第 8 款 2 项的规定，在出口成员方加工但并非完全生产的产品	单一国家成分的百分比，例如 40%
符合上述第 8 款 3 项的规定，在出口成员方加工但并非完全生产的产品	中国—巴基斯坦自由贸易区累计成分的百分比，例如 40%
符合产品特定原产地标准的产品	"PSR"

第 9 栏：该栏应当注明毛重的公斤数。其他的按惯例能准确表明数量的计量单位，如体积、件数也可用于该栏。离岸价格应该是出口人向签证机构申报的发票价格。

第 10 栏：该栏应当注明发票号和发票日期。

第 11 栏：如有要求，该栏可注明订单号、信用证号等。

第 12 栏：该栏必须由出口人填制、签名、签署日期和加盖印章。

第 13 栏：该栏必须由签证机构经授权的签证人员签名、签署日期和加盖签证印章。

中华人民共和国海关《中华人民共和国政府和新加坡共和国政府自由贸易协定》项下进出口货物原产地管理办法

（2008 年 12 月 26 日海关总署令第 178 号公布，根据 2011 年 10 月 19 日海关总署令第 203 号《海关总署关于修改〈中华人民共和国海关《中华人民共和国政府和新加坡共和国政府自由贸易协定》项下进出口货物原产地管理办法〉的决定》修改）

第一条 为了正确确定《中华人民共和国政府和新加坡共和国政府自由贸易协定》（以下简称《中国—新加坡自贸协定》）项下进出口货物原产地，促进我国与新加坡的经贸往来，根据《中华人民共和国海关法》（以下简称《海关法》）、《中华人民共和国进出口货物原产地条例》、《中国—新加坡自贸协定》的规定，制定本办法。

第二条 本办法适用于我国与新加坡之间的《中国—新加坡自贸协定》项下进出口货物的原产地管理。

第三条 从新加坡直接运输进口的货物，符合下列条件之一的，其原产国为新加坡，适用《中华人民共和国进出口税则》（以下简称《税则》）中的《中国—新加坡自贸协定》协定税率：

（一）在新加坡完全获得或者生产的；

（二）新加坡非完全获得或者生产，但符合本办法第五条、第六条或者第七条规定的。

第四条 本办法第三条第（一）项所称"在新加坡完全获得或者生产"的货物是指：

（一）在新加坡境内收获、采摘或者收集的植物及植物产品；

（二）在新加坡境内出生并饲养的活动物；

（三）在新加坡境内从上述第（二）项活动物中获得的产品；

（四）在新加坡境内狩猎、诱捕、捕捞、水产养殖、收集或者捕获所得的产品；

（五）从新加坡领土、领水、海床或者海床底土开采或者提取的除上述第（一）项至第（四）项以外的矿物或者其他天然生成物质；

（六）在新加坡领水以外的水域、海床或者海床底土获得的产品，只要按照国际法的规定，新加坡有权开发上述水域、海床及海床底土；

（七）在新加坡注册或者有权悬挂新加坡国旗的船只在公海捕捞获得的鱼类及其他海产品；

（八）在新加坡注册或者有权悬挂新加坡国旗的加工船上加工、制造上述第（七）项所述产品获得的产品；

（九）在新加坡收集的既不能用于原用途，也不能恢复或者修复，仅适于弃置或者回收部分原材料，或者仅适于再生用途的物品；

（十）在新加坡完全采用上述第（一）项至第（九）项所列产品获得或者生产的产品。

第五条　在新加坡经过实质性加工的货物，应当视为原产于新加坡。

本条第一款所称"在新加坡经过实质性加工"是指该货物符合《中国—新加坡自贸协定》项下产品特定原产地规则。该规则是本办法的组成部分，由海关总署另行公布。

第六条　除适用本办法第五条规定的货物外，新加坡非完全获得或者生产的货物，如果其区域价值成分不低于40%，应当视为原产于新加坡的货物。

本条第一款中的区域价值成分应当按照下列方法计算：

$$区域价值成分 = \frac{货物船上交货价格（FOB） - 非原产材料价格}{货物船上交货价格（FOB）} \times 100\%$$

其中：

非原产材料价格，是指非新加坡原产材料的进口成本、运至目的港口或者地点的运费和保险费（CIF），不包括在生产过程中为生产原产材料而使用的非原产材料价值；生产商在新加坡境内获得的非原产材料的价格不包括将该材料从供应商仓库运抵生产商所在地产生的运费、保险费、包装费或者任何其他费用。原产地不明的材料按照最早可以确定的在新加坡境内为该材料支付的价格计算。

本条规定中货物船上交货价格（FOB）和非原产材料价格的计算应当符合《海关估价协定》及公认会计原则。

第七条　原产于中国的货物或者材料在新加坡境内被用于生产另一货物，并构成另一货物组成部分的，该货物或者材料应当视为原产于新加坡境内。

第八条　适用《中国—新加坡自贸协定》项下产品特定原产地规则税则归类改变标准确定原产地的货物，其生产过程中所使用的部分非新加坡原产材料未能满足该税则归类改变标准，但是这部分非新加坡原产材料的价格未超过该货物船上交货价格 10%的，该货物的原产地应当为新加坡。

第九条 下列微小加工或者处理不影响货物原产地的确定：

（一）为确保货物在运输或者贮藏过程中完好无损而进行的处理；

（二）包装的拆解和组装；

（三）洗涤、清洁、除尘、除去氧化物、除油、除漆或者去除其他涂层；

（四）纺织品的熨烫或者压平；

（五）简单的上漆及磨光处理；

（六）谷物及大米的去壳、部分或者完全漂白、抛光及上光；

（七）食糖上色或者加工成糖块的工序；

（八）水果、坚果及蔬菜的去皮、去核及去壳；

（九）削尖、简单研磨或者简单切割；

（十）过滤、筛选、挑选、分类、分级、匹配（包括成套物品的组合）；

（十一）简单的装瓶、装罐、装袋、装箱、装盒、固定于纸板或者木板等简单包装处理；

（十二）在货物或者其包装上粘贴或者印刷标志、标签、标志等用于区别的标记；

（十三）对货物进行简单混合，无论其是否为不同种类的货物；

（十四）把货物零部件组装成完整品或者将产品拆解成零部件等简单操作；

（十五）仅为方便港口装卸所进行的处理；

（十六）屠宰动物；

（十七）第（一）项至第（十五）项中的两项以上处理的组合。

第十条 与货物一起申报进口的包装按照《税则》应当单独归类的，其原产地单独认定。

包装与其所装货物按照《税则》一并归类的，包装的原产地应当按照所装货物的原产地确定。

第十一条 与货物一起申报进出口的附件、备件、工具、说明书或者其他信息材料，在《税则》中与该货物一并归类，并且一并征收关税的，其原产地不影响货物原产地的确定。

第十二条 在确定货物原产地时，对性质相同，为商业目的可互换的货物或者材料，仅靠视觉观察无法加以区分的，应当通过下列方法加以区分：

（一）货物或材料的物理分离；

（二）出口方公认会计原则承认的库存管理方法。

第十三条 在确定货物的原产地时，下列材料或者物品的原产地不影响货物原产地确定，另有规定者除外：

（一）在货物制造过程中使用的动力及燃料、厂房及设备、机器及工具；

（二）未物化在货物内的材料；

（三）未构成货物组成部分的材料。

第十四条 本办法第三条所称的"直接运输"是指《中国—新加坡自贸协定》项下进口货物从新加坡直接运输至我国境内，途中未经过中国、新加坡以外的其他国家或者地区（以下简称其他国家或者地区）。

原产于新加坡的货物，经过其他国家或者地区运输至我国，不论在运输中是否转换运输工具或者作临时储存，同时符合下列条件的，应当视为"直接运输"：

（一）未进入这些国家或者地区进行贸易或者消费；

（二）该货物在经过这些国家或者地区时，未做除装卸或者其他为使货物保持良好状态所必需处理以外的其他处理；

（三）该货物经过这些国家或者地区仅是由于地理原因或者运输需要。

本条第二款规定情况下，相关货物进入其他国家或者地区停留时间最长不得超过3个月。

第十五条 货物申报进口时，进口货物收货人应当按照海关的申报规定填制《中华人民共和国海关进口货物报关单》，申明适用《中国—新加坡自贸协定》协定税率，并同时提交下列单证：

（一）由新加坡授权机构签发的有效原产地证书正本（格式见附件1），本办法第十八条规定的免予提交原产地证书的情况除外。

原产地申报为新加坡的进口货物，收货人或者其代理人未提交原产地证书的，应当就该进口货物是否具备新加坡原产资格向海关进行补充申报（格式见附件2）。

（二）货物的商业发票正本、装箱单及其相关运输单证。

货物经过其他国家或者地区运输至我国境内的，应当提交在新加坡境内签发的联运提单、货物的商业发票正本以及其他国家或者地区海关出具的证明文件，或者其他证明货物符合本办法第十四条第二款、第三款规定的相关文件。

货物申报进口时，进口货物收货人未提交新加坡授权机构签发的有效原产地证书正本，也未就该进口货物是否具备新加坡原产资格向海关进行补充申报的，其申报进口的货物不适用《中国—新加坡自贸协定》协定税率，海关应当依法按照该货物适用的最惠国税率、普通税率或者其他税率计征关税及进口环节海关代征税，或者收取相当于应缴税款的等值保证金，并按照规定办理进口手续，进行海关统计。

本条规定的商业发票正本是否在新加坡境内签发，不影响货物原产地确定。

第十六条　同时具备下列条件的，进口货物收货人或者其代理人可以自缴纳税款或者保证金之日起1年内，向海关申请退还已缴纳的关税及进口环节海关代征税或者等值保证金：

（一）进口时已就进口货物具备新加坡原产资格向海关进行补充申报，申明适用《中国—新加坡自贸协定》协定税率；

（二）提交有效原产地证书及海关要求提供的与货物进口相关的其他文件。

进口货物收货人或者其代理人未在缴纳保证金之日起1年内提出退还保证金申请的，海关应当立即办理保证金转为进口税款手续。海关统计数据同时作相应修改。

第十七条　出口货物申报时，出口货物发货人应当按照海关的申报规定填制《中华人民共和国海关出口货物报关单》，并向海关提交《中国—新加坡自贸协定》项下中国原产地证书（格式见附件3）电子数据或者原产地证书正本的复印件。

第十八条　原产于新加坡的进口货物，每批船上交货价格（FOB）不超过600美元的，免予提交原产地证书。进口货物收货人应当同时按照《中国—新加坡自贸协定》的要求就进口货物具备原产资格进行书面声明。

属于为规避本办法第十五条规定，一次或者多次进口货物的，不适用前款规定。

第十九条　具有下列情形之一的，该进口货物不适用《中国—新加坡自贸协定》协定税率：

（一）进口货物的原产地不符合本办法第三条至第十四条规定的；

（二）进口货物收货人或者其代理人提交的原产地证书未正确填写，进口货物是否具备新加坡原产资格的补充申报内容不完整，或者原产地证书所用的签发印章与海关备案资料不一致的；

（三）原产地证书所列内容与其他申报单证不符的；

（四）原产地证书所列货品名称、数量及重量、包装唛头及号码、包装件数及种类与进口货物不符的；

（五）自提出原产地核查请求之日起，海关没有在双方商定的期限内收到进口货物收货人或者其代理人、出口商或者生产商提交的符合第二十五条第一款第（一）项、第（二）项规定信息，或者新加坡主管机构答复结果未包含足以确定原产地证书真实性或者货物真实原产地信息的；

（六）新加坡未将相关授权机构的名称、授权机构使用的印章样本或者上述信息的任何变化通知中国海关的；

（七）进口货物收货人或者其代理人提交原产地证明有规避本办法有关原产地证书管理规定嫌疑的。

第二十条 《中国—新加坡自贸协定》项下进出口货物及其包装上标有原产地标记的，其原产地标记应当与依照本办法确定的货物原产地相一致。

第二十一条 进口货物收货人或者其代理人向海关提交的原产地证书应当同时符合下列条件：

（一）由新加坡授权机构在货物出口前、出口时或者货物装运后 3 天内签发；

（二）符合本办法附件 1 所列格式，以英文填制并由出口商署名和盖章；

（三）证书上的授权机构印章与新加坡通知中国海关的印章样本相符；

（四）所列的一项或者多项货物为同一批次的进口货物。

第二十二条 原产地证书自签发之日起 1 年内有效。

第二十三条 进出口货物收发货人因不可抗力不能在本办法第二十一条第（一）款规定的期限内申请签发原产地证书的，可以在货物装运之日起 1 年内申请补发。

补发的原产地证书应当注明"补发"字样。

第二十四条 原产地证书被盗、遗失或者损毁，并且未经使用的，进口货物收货人或者其代理人可以要求进口货物的出口商或者制造商向新加坡授权机构书面申请在原证书正本有效期内签发经核准的原产地证书副本。该副本应当注明"原产地证书正本（编号日期）经核准的真实副本"字样。经核准的原产地证书副本向海关提交后，原产地证书正本失效。

原产地证书正本已经使用的，经核准的原产地证书副本无效。

第二十五条 海关对《中国—新加坡自贸协定》项下原产地证书的真实性，相关进口货物是否原产于新加坡，或者是否符合本办法其他规定产生怀疑时，可以通过以下方式进行核实：

（一）书面要求进口货物的收货人或者其代理人提供补充信息；

（二）书面要求新加坡境内的出口商或者生产商提供补充信息；

（三）要求新加坡主管机构对货物原产地进行核查；

（四）与新加坡海关商定的其他程序。

第二十六条 进出口货物收发货人可以依照《中华人民共和国海关行政裁

定管理暂行办法》的规定，向海关申请《中国—新加坡自贸协定》项下进出口货物原产地行政裁定。

第二十七条　海关对依照本办法规定获得的商业秘密依法负有保密义务。未经进出口货物收发货人同意，海关不得泄露或者用于其他用途，但是法律、行政法规及相关司法解释另有规定的除外。

第二十八条　违反本办法，构成走私行为、违反海关监管规定行为或者其他违反《海关法》行为的，由海关依照《海关法》和《中华人民共和国海关行政处罚实施条例》的有关规定予以处理；构成犯罪的，依法追究刑事责任。

第二十九条　本办法下列用语的含义：

"材料"，是指组成成分、零件、部件、半组装件等实际上已构成另一货物一部分或者已用于另一货物生产过程的货物；

"非原产材料"，是指用于货物生产中的非新加坡原产的材料以及不明原产地的材料；

"生产"，是指获得货物的方法，包括货物的种植、开采、收获、饲养、养殖、提取、采集、收集、捕获、捕捞、诱捕、狩猎、制造、生产、加工或者装配；

"植物"，是指所有的植物，包括果实、花、蔬菜、树木、海藻、真菌及活植物；

"动物"，是指所有的动物，包括哺乳动物、鸟、鱼、甲壳动物、软体动物、爬行动物、细菌及病毒；

"《海关估价协定》"，是指作为《马拉喀什建立世贸组织协定》一部分的《关于实施1994年关税与贸易总协定第7条的协定》；

"公认会计原则"，是指有关记录收入、支出、成本、资产及负债、信息披露以及编制财务报表的会计原则，既包括普遍适用的广泛性指导原则，也包括详细的标准、惯例及程序；

"简单"，是指既不需要专门的技能也不需要专门生产或者装配的机械、仪器、设备。

第三十条　本办法由海关总署负责解释。

第三十一条　本办法自2009年1月1日起施行。

附件：1. 新加坡原产地证书（样本）

　　　2.《中华人民共和国政府和新加坡共和国政府自由贸易协定》项下进口货物原产资格申明

　　　3. 中国原产地证书格式（样本）

附件 1

新加坡原产地证书

（样本）

1. 出口商（名称及地址）	新加坡共和国 优惠原产地证书 证书号码： 未经授权不得对本证书内容进行增改
2. 收货人（名称、地址及国家）	

3. 启运日期	8. 出口商声明
	兹申明本证书上的内容及说明正确无误。
	
	    签名：
	
	    姓名：

4. 船舶名称/飞机航班号码	
5. 卸货口岸	
6. 最终目的地国	职称：
7. 货物原产国	日期： 签章

9．唛头及编号	10．包装号码及种类 商品描述 （必要时包括品牌）	11. 数量及单位

12. 主管机构证明

兹证明，上述资料足以证明上述货物原产于第 7 栏所述的国家。

新加坡签发优惠原产地证书的填制说明

序号	描述	所需信息
1	出口商	新加坡出口商的中央注册号、姓名和地址。中央注册号是新加坡海关向进出口企业签发的唯一编号。
2	收货人	中国收货人的姓名和地址。
3	启运日期	船舶或飞机的离港日期。
4	船舶名称/飞机航班号	船舶的名称或飞机的航班号码。
5	卸货口岸	货物卸载的最终目的港。如货物经过转运，航线的其他详细信息应在第10栏中列出，或作为本证书的附页。
6	最终目的国	中国应为货物的最终目的国。
7	货物的原产国	货物的原产国应为新加坡。
8	出口商声明	出口商应在此栏中签名。
9	唛头及编号	货物的唛头及编号，必要时可作为附页。
10	货物包装号码及种类；商品描述	应在此栏中报明以下信息： • 出口货物的商品描述，应和发票所列产品的商品描述相一致。准确的商品描述将有助于最终目的国海关加快货物通关。 • 每项货物的《协调制度》6位数子目。 • 每项货物的相应原产地标准。 • 发票的编号和日期。根据第五章（海关程序）第36条（第三方发票）的规定，由驻在非缔约方的公司或者在出口方为该公司代销的出口商开具。
11	数量及单位	货物的数量及其计量单位（如件、公斤等）。
12	主管机构证明	出口方授权机构的签章。
	证书编号	出口方授权机构对所签发的每一份证书的唯一编号。

Singapore's Certificate of Origin

1. Exporter（Name & Address）	REPUBLIC OF SINGAPORE PREFERENTIAL CERTIFICATE OF ORIGIN
2. Consignee（Name，Full Address & Country）	No. NO UNAUTHORISED ADDITION／ALTERATION MAY BE MADE TO THIS CERTIFICATE
3. Departure Date	8. DECLARATION BY THE EXPORTER We hereby declare that the details and statements provided in this Certificate are true and correct.
4. Vessel's Name/Fight No.	
5. Port of Discharge	
6. Country of Final Destination	Signature： Name：
7. Country of Origin of Goods	Designation： Date：　　　　　Stamp

9. Marks & Numbers	10. No. & Kind of Packages Description of Goods（include brand names if necessary）	11. Quantity & Unit

12. CERTIFICATION BY THE COMPETENT AUTHORITY

We hereby certify that evidence has been produced to satisfy us that the goods specified above originate in the country shown in box 7.

EXPLANATORY NOTES TO THE FORMAT OF PREFERENTIAL CERTIFICATE OF ORIGIN ISSUED BY SINGAPORE

Box No.	Description	Type of Information Required
1	Exporter	The Central Registration Number, name and address of the exporter in Singapore. The Central Registration Number is a unique number issued by Singapore Customs to companies which intend to import or export.
2	Consignee	The name and address of the importer in China.
3	Departure Date	The departure date when the vessel/aircraft left port/airport.
4	Vessel's Name/ Flight No.	The vessel's name or the aircraft flight number.
5	Port of Discharge	The final port in which the goods will be discharged. Where goods are transshipped, the additional details of the route may be declared in box 10 or in a separate attachment to this Certificate.
6	Country of Final Destination	The country of final destination will be China.
7	Country of Origin of Goods	The country of origin must be Singapore.
8	Declaration by the Exporter	The exporter will sign in this box.
9	Marks & Numbers	The marks and numbers of the goods, to be attached in separate sheet, where necessary.

10	Number & Kind of Packages; Description of Goods	The following information will be declared in this box: • The description of the products exported. This should be identical to the description of the products contained in the invoice. An accurate description will help the Customs Authority of the country of destination to clear your products quickly. • The 6-digit HS subheading for each product. • The relevant origin criterion for each product. • Number and date of invoices, issued either by a company located in a non-Party or by an exporter in the exporting Party for the account of the said company, as referred to in Article 36 (Third Party Invoicing) in Chapter 5 (Customs Procedures).
11	Quantity & Unit	The quantity and its unit of measurement (such as pieces, kg) of the goods.
12	Certification by the Competent Authority	Seal or stamp of the authorised body of the exporting Party.
	Certificate Reference Number	A unique number will be assigned to each Certificate issued by the authorised body of the exporting Party.

附件 2

《中华人民共和国政府和新加坡共和国政府自由贸易协定》
项下进口货物原产资格申明

本人_____（姓名及职务）为进口货物收货人/进口货物收货人代理人（不适用的部分请划去），兹声明编号为_____的报关单所列第_____项货物原产自新加坡，且货物符合《中华人民共和国政府和新加坡共和国政府自由贸易协定》原产地规则的要求。

本人申请对上述货物适用《中华人民共和国政府和新加坡共和国政府自由贸易协定》协定税率，并申请缴纳保证金后放行货物。本人承诺在自货物进口之日起 1 年内补交《中华人民共和国政府和新加坡共和国政府自由贸易协定》原产地证书。

签名：_____

日期：_____

附件3

中国原产地证书格式（样本）：正本

1. 货物启运自（出口商的名称、地址、国家）	证书号码： 中国—新加坡自由贸易区 优惠税率 原产地证书 （申请表格和证书合一） 签发国_____
2. 货物运输至（收货人的名称、地址、国家）	（填制方法详见证书背面说明）
3. 运输方式及路线（就所知而言） 离港日期 船舶/飞机等的名称 卸货口岸	4. 供官方使用 □ 可享受中国—新加坡自贸区优惠关税待遇 □ 不能享受优惠待遇（须说明理由）： _____ 进口国官方机构的授权人签名

5. 项目号码	6. 唛头及包装号码	7. 包装数量及种类、商品描述（包括数量以及进口国的 HS 编码）	8. 原产地标准（详见背页说明）	9. 毛重或其他计量单位及 FOB 价格	10. 发票号码及日期

续表

11. 由出口商申报 　　兹申明上述填报资料及说明正确无误，所有货物产自 　　　　————————— 　　　　　　　（××国家） 且符合中国—新加坡自贸区原产地规则的相关规定，该货物出口至 　　　　————————— 　　　　　　（××进口国） 　　　　————————— 　　　　　地点、日期及签名	12. 证明 　　根据实际监管，兹证明出口商的申报正确。 　　地点、日期、签名及签证机构印章

背页说明

第一栏：应填写中国出口商的法人全称、地址（包括国家）。

第二栏：应填写新加坡收货人的法人全称、地址（包括国家）。

第三栏：应填写运输方式、路线，并详细说明离港日期、运输工具的编号及卸货口岸。

第四栏：不论是否给予优惠关税待遇，进口方海关必须在相应栏目标注（√）。

第五栏：应填写项目号码。

第六栏：应填写唛头及包装号码。

第七栏：应详细列明包装数量及种类。详细列明每种货物的商品描述，以便于海关关员查验时识别。商品描述应与发票所述及《协调制度》的商品描述相符。如果是散装货，应注明"散装"。在商品描述末尾加上"＊＊＊"（三颗星）或"＼"（斜杠结束号）。第七栏的每种货物应填写《协调制度》六位数编码。

第八栏：若货物符合原产地规则，出口商必须按照下列表格中规定的格式，在第八栏中标明其货物享受优惠关税待遇所依据的原产地标准：

出口商申明其货物享受优惠关税待遇所依据的原产地标准	填入第八栏
（1）中国—新加坡自贸区原产地规则规定在出口方完全获得的产品	"P"
（2）区域价值成分≥40％的产品	"RVC"
（3）符合产品特定原产地规则的产品	"PSR"

第九栏：毛重应填写"千克"。可依惯例填写其他计量单位，例如体积、数量等，以准确反映其数量。FOB价格应在此栏中注明。

第十栏：应填写发票号码及开发票的日期。

第十一栏：本栏必须由出口商填写、签名并填写日期。应填写签名的地点及日期。

第十二栏：本栏必须由签证机构的授权人员填写、签名、填写签证日期并盖章。

China's Certificate of Origin:

Original（Copies）

1. Goods consigned from（Exporter's business name, address, country）	Reference No.
	CHINA–SINGAPORE FREE TRADE AREA PREFERENTIAL TARIFF CERTIFICATE OF ORIGIN （Combined Declaration and Certificate）
2. Goods consigned to（Consignee's name, address, country）	
	Issued in_____ （Country） See Notes Overleaf
3. Means of transport and route（as far as known） Departure date Vessel's name/Aircraft etc. Port of Discharge	4. For Official Use ☐ Preferential Treatment Given Under CHINA– SINGAPORE Free Trade Area Preferential Tariff ☐ Preferential Treatment Not Given（Please state reason/s） Signature of Authorised Signatory of the Importing Country

5. Item number	6. Marks and numbers on packages	7. Number and type of packages, description of goods（including quantity where appropriate and HS number of the importing country）	8. Origin criterion（see Notes overleaf）	9. Gross weight or other quantity and value（FOB）	10. Number and date of invoices

11. Declaration by the exporter	12. Certification
The undersigned hereby declares that the above details and statement are correct; that all the goods were produced in ———————————— （Country） and that they comply with the origin require-ments specified for these goods in the China–Singapore Free Trade Area Preferential Tariff for the goods exported to ———————————— （Importing Country） ——————————————— Place and date, signature of authorised signa-tory	It is hereby certified, on the basis of control carried out, that the declaration by the exporter is correct. ——————————————— Place and date, signature of authorised signatory

OVERLEAF INSTRUCTION

Box 1: State the full legal name, address (including country) of the exporter in China.

Box 2: State the full legal name, address (including country) of the consignee in Singapore.

Box 3: Complete the means of transport and route and specify the departure date, transport vehicle, port of discharge.

Box 4: The customs authorities of the importing country must indicate (√) in the relevant boxes whether or not preferential tariff treatment is accorded.

Box 5: State the item number.

Box 6: State the shipping marks and numbers on the packages.

Box 7: Number and type of packages shall be specified. Provide a full description of each good. The description should be sufficiently detailed to enable the products to be identified by the Customs Officers examining them and relate it to the invoice de-scription and to the HS description of the good. If goods are not packed, state "in bulk". When the description of the goods is finished, add " * * * " (three stars) or " \ " (finishing slash). For each good described in Box 7, identify the HS tariff classification to six digits.

Box 8: If the goods qualify under the Rules of Origin, the exporter must indicate in Box 8 of this form the origin criteria on the basis of which he claims that his goods qualify for preferential tariff treatment, in the manner shown in the following table:

The origin criteria on the basis of which the exporter claims that his goods qualify for preferential tariff treatment	Insert in Box 8
(a) Products wholly obtained in the exporting Party as defined in China−Singapore FTA Rules of Origin	"P"
(b) Region value content≥40%	"RVC"
(c) Products satisfied the Products Specific Rules	"PSR"

Box 9: Gross weight in Kilos should be shown here. Other units of measurement e. g. volume or number of items which would indicate exact quantities may be used when customary; the FOB value shall be indicated here.

Box 10: Invoice number and date of invoices should be shown here.

Box 11: The field must be completed, signed and dated by the exporter. Insert the place, date of signature.

Box 12: The field must be completed, signed, dated and stamped by the authorised person of the certifying authority.

中华人民共和国海关《中华人民共和国与智利共和国政府自由贸易协定》项下进口货物原产地管理办法

（2006年8月30日海关总署令第151号公布，根据2010年11月26日海关总署令第198号《海关总署关于修改部分规章的决定》第一次修改，根据2014年9月30日海关总署令第224号《海关总署关于修改〈中华人民共和国海关《中华人民共和国与智利共和国政府自由贸易协定》项下进口货物原产地管理办法〉的决定》第二次修改)

第一条 为了正确确定《中华人民共和国与智利共和国政府自由贸易协定》（以下简称《中智自贸协定》）项下进口货物的原产地，促进我国与智利的经贸往来，根据《中华人民共和国海关法》、《中华人民共和国进出口货物原产地条例》、《中智自贸协定》有关原产地规则及有关法律法规的规定，制定本办法。

第二条 本办法适用于从智利进口的《中智自贸协定》项下货物。

第三条 从智利直接运输进口的货物，符合下列条件之一的，其原产地为智利，适用《中华人民共和国进出口税则》（以下简称《税则》）中的中智自贸协定税率：

（一）在智利完全获得或者生产的；

（二）在智利一方或者中国、智利双方的境内生产，并且全部使用符合本办法规定的原产材料的；

（三）在智利一方或者中国、智利双方的境内生产，使用了非原产材料，并且属于本办法附件1适用范围的货物，同时符合本办法第六条规定的产品特定原产地标准的；

（四）在智利一方或者中国、智利双方的境内生产，使用了非原产材料，并且不属于本办法附件1适用范围的货物，同时符合本办法第七条规定的区域价值成分标准的。

本办法附件1所列《中智自贸协定》项下产品特定原产地标准发生变化时，由海关总署另行公告。

第四条 本办法第三条所称的"直接运输"是指《中智自贸协定》项下的进口货物从智利直接运输至我国境内，途中未经过中国、智利以外的其他国家或者地区（以下简称"其他国家或者地区"）。

原产于智利的进口货物，经过其他国家或者地区运输至我国境内，同时符合下列条件的，应当视为"直接运输"：

（一）由于地理原因或者运输需要；

（二）该货物在经过其他国家或者地区时，未做除装卸和为使货物保持良好状态或者运输所必需处理以外的其他处理；

（三）未进入该国家或者地区进行贸易或者消费。

不论该货物是否换装运输工具，其进入所经过的其他国家或者地区停留时间最长不得超过3个月。

第五条 本办法第三条第（一）项所称"在智利完全获得或者生产"的货物是指：

（一）在智利领土或者海床采掘的矿产品；

（二）在智利收获的植物和植物产品；

（三）在智利出生并饲养的活动物；

（四）由在智利饲养的活动物获得的产品；

（五）在智利狩猎、诱捕或者在内陆水域捕捞所获得的产品；

（六）在智利的领海或者专属经济区捕捞获得的渔产品和其他产品，以及由悬挂智利国旗的船只在智利专属经济区海域捕捞获得的渔产品和其他产品；

（七）悬挂智利国旗的船只在智利专属经济区以外的海域捕捞获得的鱼类和其他产品；

（八）在悬挂智利国旗的加工船上仅由第（六）项和第（七）项的产品加工所得的产品；

（九）在智利收集的仅适于回收原材料的旧物品；

（十）在智利生产加工过程中产生并且仅适于回收原材料的废碎料；

（十一）在智利领海以外，智利独享开发权的海床或者海床底土提取的产品；

（十二）在智利仅由第（一）项至第（十一）项所列产品加工获得的产品。

第六条 从智利进口本办法附件1所列货物，符合"章改变标准"、"4位级税号改变标准"、"区域价值成分不少于50%标准"的，其原产地为智利。

"章改变标准"，是指在智利生产或者加工的货物所使用的非原产材料均为《税则》中该货物所在章之外的任何其他章所列的材料。

"4位级税号改变标准"，是指在智利生产或者加工的货物所使用的非原产材料均为《税则》中该货物所在4位级税号之外的任何其他税号所列的材料。

"区域价值成分不少于50%标准"，是指在智利生产或者加工的货物不仅符合本办法的相关条款规定，而且按照第八条规定计算的区域价值成分不少于50%。

第七条　除适用本办法第五条、第六条的货物外，货物的区域价值成分不得少于40%。

第八条　区域价值成分应当按照下列方法计算：

$$区域价值成分 = \frac{货物价格 - 非原产材料价格}{货物价格} \times 100\%$$

"货物价格"，是指该货物的船上交货价格，无论货物以何种方式运输，该价格为其在最终装运港口或者地点的价格。

"非原产材料的价格"，是指生产商所使用的非原产材料价格，包括其进口成本、运至目的港口或者地点的保险费和运费，不包括在生产过程中为生产原产材料而使用的非原产材料价值。如果非原产材料是由货物生产商在智利境内获得的，则该材料从供应商的仓库运到生产商厂址的过程中所产生的运费、保险费、包装费以及任何其他费用不包括在内。

本条规定中的区域价值成分的计算应符合公认的会计准则及《海关估价协定》。

第九条　原产于中国的货物或者材料，在智利境内用于生产另一货物，并构成另一货物组成部分的，应当视为原产于智利。

第十条　下列微小加工或者处理不影响货物原产地的确定：

（一）为运输或者贮存期间保存货物而作的加工或者处理；

（二）包装的拆解和包裹；

（三）洗涤、清洁、除尘，去除氧化物、油、漆以及其他涂层；

（四）纺织品的熨烫或者压平；

（五）简单的上漆及磨光工序；

（六）谷物及大米的去壳、部分或者完全的漂白、抛光及上光；

（七）食糖上色或者制成糖块的加工或者处理；

（八）水果、坚果及蔬菜的去皮、去核及去壳；

（九）削尖、简单研磨或者简单切割；

（十）过滤、筛选、挑选、分类、分级、匹配，包括成套物品的组合；

（十一）简单的装瓶、装罐、装袋、装箱、装盒，固定于纸板或者木板以及其他任何简单包装的加工或者处理；

（十二）在产品或者其包装上粘贴或者印刷标志、标签、标志及其他类似的用于区别的标记；

（十三）对产品进行的简单混合，无论其是否为不同种类的产品；

（十四）把物品零部件装配成完整品的简单装配或者将产品拆成零部件的简单拆卸；

（十五）仅为方便港口装卸所进行的加工或者处理；

（十六）第（一）项至第（十五）项中的两项或者多项加工或者处理的组合；

（十七）屠宰动物。

第十一条 在适用章改变、4 位级税号改变标准确定货物的原产地时，在生产过程中所使用的部分非原产材料虽然未能满足该标准的要求，但是按照本办法第八条确定的价值未超过该货物价值 8% 的，该货物的原产地仍应当视为智利。

第十二条 属于《税则》归类总规则三所规定的成套货品，其中全部货品均原产于智利的，该成套货品即为原产于智利；其中部分货品非原产于智利，但是按照本办法第八条确定的价值未超过该成套货品价值 15% 的，该成套货品仍应当视为原产于智利。

第十三条 在确定货物的原产地时，与货物一起申报进口的附件、备件或者工具，同时符合下列条件的，不影响货物原产地的确定：

（一）附件、备件或者工具在《税则》中与货物一并归类并且不单独开具发票；

（二）附件、备件或者工具的配备均在正常数量和价值之内。

第十四条 在确定本办法附件 1 所列应当适用章改变、4 位级税号改变标准的货物原产地时，零售用包装材料和容器与所包装的货物一并归类的，其原产地不影响货物原产地的确定。

在确定适用区域价值成分标准的货物原产地时，其零售用包装材料和容器的价值应当予以计算。

运输期间用于保护货物的包装材料和容器的原产地不影响货物原产地的确定。

第十五条 在确定货物的原产地时，货物生产过程中使用的本身不构成货物的物质成分、也不成为货物组成部件的下列材料，其原产地不影响货物原产地的确定：

（一）燃料、能源、催化剂和溶剂；

（二）用于测试或者检验货物的设备、装置和用品；

（三）手套、眼镜、鞋靴、衣服、安全设备和用品；

（四）工具、模具和模子；

（五）用于维护设备和厂房建筑的备件和材料；

（六）在生产中使用的，或者用于运行设备和厂房建筑的润滑剂、油脂、化合材料和其他材料；

（七）在货物生产过程中使用，虽然不构成该货物组成成分，但能合理地表明其参与了该货物生产过程的其他任何材料。

第十六条 原产于智利的货物，在其他国家或者地区展览并于展览后售往中国，并且同时满足下列条件的，在进口时可以享受《税则》中的中智自贸协定税率：

（一）该货物以送展时的状态已经在展览期间或者预定在展览后立即发运至中国；

（二）该货物送展后，除用于展览会展示外，未作他用；

（三）该货物在展览期间处于展览所在国家或者地区的海关监管之下。

在商店或者商业场所以出售外国产品为目的的展销活动不属于本条规定的展览范围。

第十七条 货物申报进口时，进口货物收货人应当主动向海关提交智利外交部国际经济关系总司签发的原产地证书正本（格式见附件2），并按照海关的申报规定填制《中华人民共和国海关进口货物报关单》（以下简称《报关单》），申明适用中智自贸协定税率。

进口货物收货人向海关提交的智利原产地证书必须符合本办法附件2所列格式，所用文字应当为英文，并且加盖有"正本（ORIGINAL）"字样的印章。

原产地证书上所列的一项或者多项货物应当为同一批次进口到中国的原产于智利的货物。一份原产地证书应当仅对应一份《报关单》。

第十八条 进口货物收货人在申明适用中智自贸协定税率时，应当向海关提交以下文件：

（一）货物出口前签发或者出口后30天内签发的原产地证书；

（二）由智利至我国的全程运输单证；

（三）进口货物的商业发票正本。

进口货物的商业发票由其他国家或者地区开具的，该货物原产地证书的"备注"栏内应当注明智利生产商的名称、地址。该原产地证书中的收货人应当为中国境内收货人。

货物经过其他国家或者地区运输至我国境内的，进口货物收货人还应当按照海关的要求提交该国家或者地区海关出具的证明文件，或者海关认可的其他证明文件。

申报货物为展览货物的，进口收货人应当在提交的原产地证书上注明展览的名称及地点，并且同时向海关提交与展览相关的证明文件。

第十九条 原产地证书自签发之日起一年内有效。进口货物收货人应当向海关提交在有效期内的原产地证书。

第二十条 货物申报进口时，进口货物收货人虽然申明适用中智自贸协定税率，但是未能提供本办法规定的原产地证书以及相关文件或者提供的原产地证书以及相关文件不符合本办法规定的，海关应当按照规定收取保证金后放行货物，并按规定办理进口手续、进行海关统计。海关可以应进口货物收货人的申请在保证金收取的期限内，根据进口货物收货人提供的下列材料退还保证金：

（一）原产地申报为智利的《报关单》；

（二）符合本办法第十七条规定的原产地证书；

（三）海关要求提供的与货物进口相关的其他文件。

在保证金收取的期限内，进口货物收货人未能提供上述材料的，海关应当立即办理保证金转为进口税款手续。

货物申报进口时，进口货物收货人未申明适用中智自贸协定税率的，海关不得按照该协定税率计征税款。

第二十一条 原产于智利的货物，价格不超过 600 美元的，免予提交原产地证书。

属于为规避本办法第十七条而实施或者安排的一次或者多次进口货物的，不适用前款规定。

第二十二条 海关对智利原产地证书的真实性和相关货物是否原产于智利产生怀疑时，可以向智利有关部门提出原产地核查请求。

在核查期间，海关可以按照该货物适用的其他种类税率征收相当于应缴税款的等值保证金后放行货物，并按规定办理进口手续、进行海关统计。核查结束后，海关应当根据核查结果，立即办理退还保证金手续或者办理保证金转为进口税款手续。

在提出核查请求之日起 6 个月内，海关未收到智利有关部门核查结果，或者核查结果未包含足以确定原产地证书真实性或者货物真实原产地信息的，有关货物不享受关税优惠待遇，海关应当立即办理保证金转为进口税款手续。海关统计数据同时作相应修改。

进口货物属于国家限制进口的，或者有违法嫌疑的，在原产地证书核查完毕前海关不得放行货物。

第二十三条 海关对依照本办法规定获得的商业秘密依法负有保密义务。未经收货人同意，海关不得泄露或者用于其他用途，但是法律、行政法规及相关司法解释另有规定的除外。

第二十四条 违反本办法，构成走私或者违反海关监管规定行为的，由海关依照《中华人民共和国海关法》和《中华人民共和国海关行政处罚实施条例》的有关规定予以处理；构成犯罪的，依法追究刑事责任。

第二十五条 本办法下列用语的含义：

"海关估价协定"，是指作为《马拉喀什建立世贸组织协定》一部分的《关于履行1994年关税与贸易总协定第7条的协定》。

"材料"，是指已实际上构成另一货物组成部分或者已用于另一货物生产过程的零件、部件、成分、半组装件等。

"非原产材料"，是指按照本办法规定，原产地不能确定为中国或者智利的材料或者货物。

"生产"，是指货物获得的方法，包括：种植、饲养、开采、收获、捕捞、诱捕、狩猎、制造、加工或者装配等。

第二十六条 本办法由海关总署负责解释。

第二十七条 本办法自2006年10月1日起施行。

附件：1. 产品特定原产地标准
　　　2. 原产地证书格式

附件 1

产品特定原产地标准

一、章改变标准的适用范围

《中华人民共和国进出口税则》第 1~16 章和第 22 章，其中第 3 章的原产地标准还包括"经过熏制工艺获得"。

二、4 位级税号改变标准的适用范围

《中华人民共和国进出口税则》第 17~19 章。

三、区域价值成分不少于 50%标准的适用范围

《中华人民共和国进出口税则》中下列章、4 位或者 6 位级税号。

第 20 章	29.05	39.04	40.12	69.11	83.02
第 21 章	29.08	39.05	4013.10	69.12	83.08
第 23 章	29.15	39.06	40.15	69.13	83.11
第 24 章	29.16	39.07	4016.93	69.14	84.18
第 25 章	29.17	39.08	4016.95	70.05	84.19
第 26 章	29.18	39.09	第 44 章	70.06	84.21
28.01	29.21	39.10	第 48 章	70.07	84.24
28.04	29.30	39.11	第 49 章	70.08	84.26
28.06	29.33	39.12	第 51 章	70.09	84.29
28.08	29.36	39.13	52.04	70.10	84.31
28.09	29.37	39.14	52.05	70.11	84.50
28.10	29.41	39.16	52.06	70.13	84.51
28.11	29.42	39.17	52.07	72.08	84.74
28.12	30.02	3920.10	52.08	72.09	84.81
28.15	30.03	3920.43	52.09	72.10	85.08
28.17	30.04	3920.59	52.10	72.13	85.09
28.18	30.05	3920.92	52.11	72.14	85.16
28.19	30.06	3921.12	52.12	72.16	85.44

28.20	31.02	3921.13	53.01	72.17	87.02
28.21	31.03	3921.90	53.06	72.28	87.04
28.22	31.04	39.22	53.09	72.29	87.07
28.25	31.05	3923.21	53.11	73.06	87.08
28.26	第32章	3923.29	第54章	73.12	87.12
28.27	33.02	3923.30	第55章	73.13	89.01
28.28	33.03	40.06	第56章	73.14	89.02
28.29	33.04	40.07	第57章	73.17	89.04
28.30	33.05	3920.20	第58章	73.18	92.01
28.33	33.06	40.08	第59章	73.20	92.02
28.34	33.07	4009.11	第60章	73.21	9205.90
28.35	第34章	4009.12	第61章	74.08	92.07
28.36	第35章	4009.22	第62章	74.09	第93章
28.39	36.01	4010.11	第63章	74.12	第94章
28.40	36.02	4010.12	第64章	74.13	95.03
28.41	36.03	4010.19	69.05	74.15	95.06
28.47	36.05	4010.31	69.07	74.19	96.19
28.48	39.01	4010.32	69.08	76.04	
28.52	39.02	4011.10	69.09	76.08	
29.01	39.03	4011.99	69.10	76.10	

附件 2

原产地证书格式

ORIGINAL

1. Exporter's name, address, country:	Certificate No. : CERTIFICATE OF ORIGIN Form F for China-Chile FTA
2. Producer's name and address, if known:	
3. Consignee's name, address, country:	Issued in _____ (see Instruction overleaf)
4. Means of transport and route (as far as known) Departure Date Vessel /Flight/Train/Vehicle No. Port of loading Port of discharge	5. For Official Use Only ☐ Preferential Tariff Treatment Given Under _____ ☐ Preferential Treatment Not Given (Please state reasons) -- Signature of Authorized Signatory of the Importing Country
	6. Remarks

7. Item number (Max 20)	8. Marks and numbers on packages	9. Number and kind of packages; description of goods	10. HS code (Six digit code)	11. Origin criterion	12. Gross weight, quantity (Quantity Unit) or other measures (liters, m^3, etc)	13. Number, date of invoice and invoiced value

14. Declaration by the exporter	15. Certification
The undersigned hereby declares that the above details and statement are correct, that all the goods were produced in _____ (Country) and that they comply with the origin requirements specified in the FTA for the goods exported to _____ (Importing country) _____ Place and date, signature of authorized signatory	It is hereby certified, on the basis of control carried out, that the declaration of the exporter is correct. Place and date*, signature and stamp of certifying authority Certifying authority Tel： Fax： Address：

* A Certificate of Origin under China-Chile Free Trade Agreement shall be valid for one year from the date of issue in the exporting country.

Overleaf Instruction

Box 1: State the full legal name, address (including country) of the exporter.

Box 2: State the full legal name, address (including country) of the producer. If more than one producer's good is included in the certificate, list the additional producers, including name, address (including country). If the exporter or the producer wishes the information to be confidential, it is acceptable to state "Available to the competent governmental authority upon request". If the producer and the exporter are the same, please complete field with "SAME". If the producer is unknown, it is acceptable to state "UNKNOWN".

Box 3: State the full legal name, address (including country) of the consignee.

Box 4: Complete the means of transport and route and specify the departure date, transport vehicle No., port of loading and discharge.

Box 5: The customs authorities of the importing country must indicate (√) in the relevant boxes whether or not preferential tariff treatment is accorded.

Box 6: Customer's Order Number, Letter of Credit Number, and etc. may be included if required. If the invoice is issued by a non-Party operator, the name, address of the producer in the originating Party shall be stated herein. State "Replaces C. O. No. …dated…." when the C. O. is reissued.

Box 7: State the item number, and item number should not exceed 20.

Box 8: State the shipping marks and numbers on the packages.

Box 9: Number and kind of package shall be specified. Provide a full description of each good. The description should be sufficiently detailed to enable the products to be identified by the Customs Officers examining them and relate it to the invoice description and to the HS description of the good. If goods are not packed, state "in bulk". When the description of the goods is finished, add " * * * " (three stars) or " \ " (finishing slash).

Box 10: For each good described in Box 9, identify the HS tariff classification to six digits.

Box 11: If the goods qualify under the Rules of Origin, the exporter must indicate in Box 11 of this form the origin criteria on the basis of which he claims that his goods qualify for preferential tariff treatment, in the manner shown in the following table:

The origin criteria on the basis of which the exporter claims that his goods qualify for preferential tariff treatment	Insert in Box 11
Goods wholly obtained	P
General rule as ≥ 40% regional value content	RVC
Products specific rules	PSR

Box 12: Gross weight in Kilos should be shown here. Other units of measurement e. g. volume or number of items which would indicate exact quantities may be used when customary.

Box 13: Invoice number, date of invoices and invoiced value should be shown here.

Box 14: The field must be completed, signed and dated by the exporter. Insert the place, date of signature.

Box 15: The field must be completed, signed, dated and stamped by the authorized person of the certifying authority. The telephone number, fax and address of the certifying authority shall be given.

中文文本仅供参考

正本

<table>
<tr>
<td colspan="4">1. 出口商的名称、地址、国家</td>
<td colspan="3">证书号：

原产地证书
中国—智利自贸区 FORM F
签发国_____
（填制方法详见证书背面注释）</td>
</tr>
<tr>
<td colspan="4">2. 生产商的名称、地址，在已知情况下</td>
</tr>
<tr>
<td colspan="4">3. 收货人的名称、地址、国家</td>
<td colspan="3">5. 供官方使用
□ 可享受_____自贸区优惠待遇
□ 不能享受_____自贸区优惠待遇
   理由：------------------------------

进口国官方机构的授权人手签</td>
</tr>
<tr>
<td colspan="4">4. 运输方式及路线（就所知而言）
离港日期
船只/飞机/火车/货车编号
装货口岸
到货口岸</td>
<td colspan="3">6. 备注：</td>
</tr>
<tr>
<td>7. 项目号（最多20项）</td>
<td>8. 唛头及包装号</td>
<td>9. 包装数量及种类，商品名称</td>
<td>10. HS编码（以六位编码为准）</td>
<td>11. 原产地标准</td>
<td>12. 毛重、数量（数量单位）或其他计量单位（升、立方米等）</td>
<td>13. 发票号、发票日期及发票价格</td>
</tr>
</table>

14. 出口商申明	15. 证明
下列签字人证明上述资料及申明正确无误，所有货物产自 　　———————————— 　　　　　　（××国家） 且符合自贸区原产地规则的相关规定，该货物出口至 　　———————————— 　　　　　　（××进口国） 　　———————————— 申报地点、日期及授权签字人的手签	根据所实施的监管，兹证明上述出口商的申报正确。 　　———————————— 　　地点、日期①、签字及签证机构印章 签证机构 电话　　　　　　　传真 地址

----

① 　中国—智利自贸区协定项下的原产地证书应在自出口方签发之日起一年内有效。

背面说明

第一栏：应填写出口商详细的依法登记的名称、地址（包括国家）。

第二栏：在已知的情况下填写生产商详细的依法登记的名称、地址（包括国家）。如果证书包含一个以上生产商的商品，应该列出其他生产商的详细名称、地址（包括国家）。如果出口商或生产商希望对信息予以保密，可以填写"应要求提供给签证机构（Available to competent governmental authority upon request）"。如果生产商和出口商相同，应填写"相同（SAME）"。如果不知道生产商，可填写"不知道（UNKNOWN）"。

第三栏：应填写收货人详细的依法登记的名称、地址（包括国家）。

第四栏：应据所知填写运输方式及路线、详细说明离港日期、运输交通工具的编号、装货口岸和到货口岸。

第五栏：不论是否给予优惠待遇，进口方海关必须在相应栏目标注（√）。

第六栏：如有要求可以填写顾客顺序号、信用证号等。如果发票是由非缔约方开出的，应在此栏标注原产国生产商的名称、地址和国家。如果该原产地证书为补发，需注明"替换的原产地证书（编号____日期____）"。

第七栏：应填写项目号，但不得超过20项。

第八栏：应填写唛头及包装号。

第九栏：应详细列明包装数量及种类。对每种货物提供详细的货物描述，以便于查验的海关关员可以识别。货物描述应与发票描述及货物的协调制度编码相符。如果是散装货，应注明"散装"。当货物描述结束时，加上"＊＊＊"（三颗星）或"＼"（结束斜线符号）。

第十栏：应对应第九栏中的每种货物填写协调制度编码，以六位编码为准。

第十一栏：若货物符合原产地规则，出口商必须按照下列表格中规定的格式，在本证书第十一栏中标明其货物申报享受优惠待遇所根据的原产地标准。

出口商申报其货物享受优惠待遇所根据的原产地标准	填入第11栏
（1）在出口方完全获得的产品	"P"
（2）符合基本标准，即区域价值成分大于等于40%的产品	"RVC"
（3）符合产品特定原产地规则的产品	"PSR"

461

第十二栏：毛重应填写"千克"，可依照惯例，使用其他计量单位例如体积、数量等来精确地反映量。

第十三栏：应填写发票号、发票日期及发票价。

第十四栏：本栏必须由出口商填写、签名并填写日期，且应该填写签名的地点及日期。

第十五栏：本栏必须由签证机构的授权人员填制、签名、填写签证日期并盖章，并应提供签证机构的电话号码、传真及地址。

中华人民共和国海关《中华人民共和国政府和秘鲁共和国政府自由贸易协定》项下进出口货物原产地管理办法

(2010年2月25日海关总署令第186号公布，自2010年3月1日起施行)

第一条 为了正确确定《中华人民共和国政府和秘鲁共和国政府自由贸易协定》（以下简称《中秘自贸协定》）项下进出口货物原产地，促进我国与秘鲁的经贸往来，根据《中华人民共和国海关法》（以下简称《海关法》）、《中华人民共和国进出口货物原产地条例》、《中秘自贸协定》的规定，制定本办法。

第二条 本办法适用于我国与秘鲁之间的《中秘自贸协定》项下进出口货物的原产地管理。

第三条 从秘鲁直接运输进口的货物，符合下列条件之一的，其原产国为秘鲁，适用《中华人民共和国进出口税则》（以下简称《税则》）中的《中秘自贸协定》协定税率：

（一）在秘鲁完全获得或者生产的；

（二）在秘鲁境内全部使用符合本办法规定的中国或者秘鲁原产材料生产的；

（三）在秘鲁境内非完全获得或者生产，但符合《中秘自贸协定》项下产品特定原产地规则（附件1）规定的税则归类改变、区域价值成分、工序等要求的。

附件1所列《中秘自贸协定》项下产品特定原产地规则发生变化时，由海关总署另行公告。

第四条 本办法第三条第（一）项所述"在秘鲁完全获得或者生产"的货

物是指:

（一）在秘鲁境内出生并饲养的活动物；

（二）从秘鲁境内饲养的活动物获得的货物；

（三）在秘鲁境内通过狩猎、诱捕、捕捞或者水产养殖获得的货物；

（四）在秘鲁注册或者登记，并依法悬挂秘鲁国旗的船只，在秘鲁境外的水域获得的鱼类、甲壳类动物及其他海洋生物；

（五）在秘鲁注册或者登记，并依法悬挂秘鲁国旗的加工船上，完全用上述第（四）项所述货物加工所得的货物；

（六）在秘鲁境内收获、采摘或者收集的植物及植物产品；

（七）从秘鲁的领土、领水、海床或者海床底土提取的矿物质及其他天然生成物质；

（八）从秘鲁境外的水域、海床或者海床底土得到或者提取的除鱼类、甲壳类动物及其他海洋生物以外的货物，只要秘鲁有权对上述水域、海床或者海床底土进行开采；

（九）在秘鲁境内制造过程中产生的或者在秘鲁境内收集旧货物获得，仅适用于原材料回收的废碎料；

（十）在秘鲁境内完全用上述第（一）项至第（九）项所列货物生产的货物。

第五条　《中秘自贸协定》项下进口货物在生产过程中使用了非原产材料，非原产材料税则号列与进口货物税则号列不同，但是从非原产材料到进口货物的税则归类改变符合《中秘自贸协定》项下产品特定原产地规则中相应税则归类改变标准的，该进口货物应当视为原产于秘鲁的货物。

第六条　在秘鲁境内，使用非秘鲁原产材料生产的货物，符合《中秘自贸协定》项下产品特定原产地规则中该货物所对应的区域价值成分标准的，应当视为原产于秘鲁的货物。

本条第一款中的区域价值成分应当按照下列方法计算：

$$区域价值成分 = \frac{货物船上交货价格（FOB） - 非原产材料价格}{货物船上交货价格（FOB）} \times 100\%$$

其中，"非原产材料价格"，是指非秘鲁原产材料的进口成本、运至目的港口或者地点的运费和保险费（CIF）。原产地不明的材料按照最早可以确定的在秘鲁境内为该材料实付或者应付的价格，计入非原产材料价格；该原产地不明材料由货物生产商在秘鲁境内获得时，从供应商仓库运抵生产商所在地的运费、保费、包装费及任何其他费用均不计入非原产材料价格。

本条规定中货物船上交货价格和非原产材料价格的计算应当符合《海关估价协定》。

第七条　原产于中国的货物或者材料在秘鲁境内被用于生产另一货物，并构成另一货物组成部分的，该货物或者材料应当视为原产于秘鲁境内。

第八条　适用《中秘自贸协定》项下产品特定原产地规则税则归类改变标准确定原产地的货物，其生产过程中所使用的部分非秘鲁原产材料未能满足该税则归类改变标准，但是这部分非秘鲁原产材料按照第六条规定确定的价格未超过该货物船上交货价格 10%，并且货物符合本办法所有其他适用规定的，应当视为原产于秘鲁的货物。

本条第一款所述货物同时适用区域价值成分标准的，在计算区域价值成分时，第一款所述未能满足税则归类改变标准的部分非秘鲁原产材料的价格仍然应当计入区域价值成分中的非原产材料价格。

第九条　下列微小加工或者处理不影响货物原产地确定：

（一）为确保货物在运输或者贮存期间保持良好状态而进行的操作；

（二）托运货物的拆解或者组装；

（三）以零售为目的的包装、拆包或者重新打包的操作；

（四）屠宰动物。

第十条　属于《税则》归类总规则三所规定的成套货物，其中全部货物均原产于秘鲁的，该成套货物即为原产于秘鲁；其中部分货物非原产于秘鲁，但是按照本办法第六条确定的价格未超过该成套货物价格 15%的，该成套货物仍应当视为原产于秘鲁。

第十一条　运输期间用于保护货物的包装材料及容器的原产地不影响货物原产地的确定。

适用《中秘自贸协定》项下产品特定原产地规则中税则归类改变标准或者符合本办法第三条第（一）项、第（二）项规定的货物，其零售用包装材料及容器与该货物在《税则》中一并归类的，该零售用包装材料及容器的原产地不影响货物原产地的确定。

适用《中秘自贸协定》项下产品特定原产地规则中区域价值成分标准确定原产地的货物，其零售用包装材料和容器的价格应当纳入原产材料价格或者非原产地材料价格予以计算。

第十二条　适用《中秘自贸协定》项下产品特定原产地规则中税则归类改变标准确定原产地的货物，与该货物一起申报进出口的附件、备件、工具、说明书或者信息材料，在《税则》中与该货物一并归类，并且不单独开具发票的，其原产地不影响货物原产地的确定。

适用《中秘自贸协定》项下产品特定原产地规则中区域价值成分标准确定原产地的货物，与该货物一起申报进出口的附件、备件、工具、说明书或者信息材料，在《税则》中与该货物一并归类，并且不单独开具发票的，在计算区域价值成分时，该附件、备件、工具、说明书或者信息材料的价格应当纳入原产材料价格或者非原产材料价格予以计算。

本条第一款与第二款所述附件、备件、工具、说明书或者信息材料的数量与价格应当在合理范围之内。

第十三条　在确定货物的原产地时，货物生产过程中使用，本身既不构成货物物质成分，也不成为货物组成部件的下列材料或者物品，其原产地不影响货物原产地的确定：

（一）燃料、能源、催化剂及溶剂；

（二）用于测试或者检验货物的设备、装置及用品；

（三）手套、眼镜、鞋靴、衣服、安全设备及用品；

（四）工具、模具及型模；

（五）用于维护设备和厂房建筑的备件及材料；

（六）在生产中使用或者用于运行设备和维护厂房建筑的润滑剂、油（滑）脂、合成材料及其他材料；

（七）在货物生产过程中使用，未构成该货物物质成分或者组成部件，但能够合理表明其参与了该货物生产过程的任何其他货物。

第十四条　在确定货物原产地时，可互换货物或者材料应当通过下列方法加以区分：

（一）货物或者材料的物理分离；

（二）出口方公认会计原则承认的库存管理方法，该库存管理方法应当在至少1个以上的完整财政年度内持续使用。

第十五条　本办法第三条所称的"直接运输"是指《中秘自贸协定》项下进口货物从秘鲁直接运输至我国境内，途中未经过中国、秘鲁以外的其他国家或者地区（以下简称其他国家或者地区）。

原产于秘鲁的货物，经过其他国家或者地区运输至我国，不论在运输中是否转换运输工具或者作临时储存，同时符合下列条件的，应当视为"直接运输"：

（一）未进入这些国家或者地区进行贸易或者消费；

（二）该货物在经过这些国家或者地区时，未做除装卸、重新包装或者其他为使货物保持良好状态所必需处理以外的其他处理；

本条第二款规定的情况下，相关货物进入其他国家或者地区停留时间最长不得超过3个月。

第十六条 原产于秘鲁的货物，在其他国家或者地区展览并于展览后售往中国，同时满足下列条件的，在进口时可以享受《税则》中的《中秘自贸协定》协定税率：

（一）该货物已经以送展时的状态在展览期间或者展览后立即发运至中国；

（二）该货物送展后，除用于展览会展示外，未作他用；

（三）该货物在展览期间处于展览所在国家或者地区的海关监管之下。

在商店或者商业场所以出售外国产品为目的的展销活动不属于本条规定的展览范围。

本条第一款规定情形下，进口货物收货人或者其代理人应当在货物申报进口时向海关提交注明展览名称及地点的原产地证书，并且同时向海关提交与展览相关的证明文件。

第十七条 货物申报进口时，进口货物收货人或者其代理人应当按照海关的申报规定填制《中华人民共和国海关进口货物报关单》（以下简称《进口报关单》），申明适用《中秘自贸协定》协定税率，并同时提交下列单证：

（一）由秘鲁授权机构签发的有效原产地证书正本（格式见附件2）。

符合本办法第二十条所列情形的，进口货物收货人或者其代理人应当向海关提交原产地声明（格式见附件3）。

原产地申报为秘鲁的进口货物，收货人或者其代理人未提交原产地证书或者原产地声明的，应当就该进口货物是否具备秘鲁原产资格向海关进行补充申报（格式见附件4）。

（二）货物的商业发票正本、装箱单及其相关运输单证。

货物经过其他国家或者地区运输至我国境内的，应当提交在秘鲁境内签发的联运提单、货物的商业发票正本以及其他国家或者地区海关出具的证明文件，或者其他证明货物符合本办法第十五条第二款、第三款规定的相关文件。

货物申报进口时，进口货物收货人或者其代理人未提交有效原产地证书正本、原产地声明，也未就该进口货物是否具备秘鲁原产资格向海关进行补充申报，海关依法按照该货物适用的最惠国税率、普通税率或者其他税率计征关税及进口环节海关代征税并放行货物后，收货人或者其代理人向海关提交有效原产地证书的，已征税款不予调整。

第十八条 进口货物收货人或者其代理人按照本办法第十七条规定就进口货物具备秘鲁原产资格向海关进行补充申报的，海关可以根据进口货物收货人或者其代理人的申请，收取相当于应缴税款的等值保证金后放行货物，并按照规定办理进口手续，进行海关统计。

第十九条 同时具备下列条件的，进口货物收货人或者其代理人可以自缴纳税款之日起 1 年内，向海关申请退还：

（一）进口时已就进口货物具备秘鲁原产资格向海关进行补充申报，申明适用《中秘自贸协定》协定税率；

（二）提交有效原产地证书、原产地声明及海关要求提供的与货物进口相关的其他文件。

进口时已就进口货物具备秘鲁原产资格向海关进行补充申报，申明适用《中秘自贸协定》协定税率，并经海关批准交纳保证金放行货物的，进口货物收货人或者其代理人可以自交纳保证金之日起 3 个月内向海关提交有效原产地证书、原产地声明及海关要求提供的与货物进口相关的其他文件，并向海关申请退还保证金。经海关批准，可以延长，但最长不得超过 1 年。

进口货物收货人或者其代理人未在自缴纳保证金之日起 3 个月内或者经海关批准延长的期限内提出退还保证金申请的，海关应当立即办理保证金转为进口税款手续，海关统计数据同时作相应修改。

第二十条 《中秘自贸协定》项下进口货物，经海关依法审定的完税价格总值不超过 600 美元的，进口货物收货人或者其代理人可以提交原产地声明。

一份进口报关单上所列货物应当对应一份原产地声明。

为规避本办法规定进口货物的，不适用前款规定。

第二十一条 具有下列情形之一的，该进口货物不适用《中秘自贸协定》协定税率：

（一）进口货物的原产地不符合本办法第三条至第十五条规定的；

（二）货物申报进口时，进口货物收货人或者其代理人没有向海关提交有效原产地证书正本或者原产地声明，也未就进口货物具备秘鲁原产资格进行补充申报的；

（三）原产地证书所用的安全特征与海关备案资料不一致的；

（四）原产地证书、原产地声明所列内容与实际进口货物不符的；

（五）自提出原产地核查请求之日起 90 天内，海关没有收到进口货物收货人或者其代理人、出口商或者生产商提交的符合第二十八条第一款第（一）项、第（二）项规定信息的；

（六）自提出原产地核查请求之日起150天内，海关没有收到秘鲁主管机构答复结果或者秘鲁主管机构答复结果未包含足以确定原产地证书真实性或者货物真实原产地信息的；

（七）进口货物收货人或者其代理人存在其他不遵守本办法有关规定行为的。

第二十二条 《中秘自贸协定》项下进出口货物及其包装上标有原产地标记的，其原产地标记应当与依照本办法确定的货物原产地相一致。

第二十三条 进口货物收货人或者其代理人向海关提交的原产地证书应当同时符合下列条件：

（一）由秘鲁授权机构在货物出口前或者出口时签发；

（二）符合本办法附件2所列格式，以英文填制；

（三）含有包括秘鲁通知中国海关的印章样本等内容的安全特征；

（四）所列的一项或者多项货物为同一批次的进口货物；

（五）仅有一份正本，并且具有不重复的原产地证书编号；

（六）注明确定货物具有原产资格的依据。

第二十四条 原产地证书及原产地声明自签发之日起1年内有效。

第二十五条 具有下列情形之一的，原产地证书可以在货物出口后予以补发：

（一）由于不可抗力没有在出口前或者出口时签发原产地证书的；

（二）秘鲁授权机构确信已签发原产地证书，但由于技术原因，原产地证书在进口时未被接受的。

本条第一款第（一）项情形下，补发证书自货物实际出口日起一年内有效；第一款第（二）项情形下，补发证书的有效期应当与原原产地证书的有效期一致。

第二十六条 原产地证书被盗、遗失或者损毁，并且未经使用的，进口货物收货人或者其代理人可以要求进口货物的出口商或者制造商向秘鲁授权机构书面申请在原证书正本有效期内签发经核准的原产地证书副本。该副本应当注明"原产地证书正本（编号日期）经核准的真实副本"字样。经核准的原产地证书副本向海关提交后，原产地证书正本失效。

原产地证书正本已经使用的，经核准的原产地证书副本无效。

第二十七条 出口货物申报时，出口货物发货人或者其代理人应当按照海关的申报规定填制《中华人民共和国海关出口货物报关单》，并向海关提交《中秘自贸协定》项下原产地证书电子数据或者原产地证书正本的复印件。

第二十八条　海关对《中秘自贸协定》项下原产地证书的真实性，相关进口货物是否原产于秘鲁，或者是否符合本办法其他规定产生怀疑时，可以通过以下方式进行核实：

（一）书面要求进口货物的收货人或者其代理人提供补充信息；

（二）通过秘鲁主管机构，书面要求秘鲁境内的出口商或者生产商提供补充信息；

（三）要求秘鲁主管机构协助对货物原产地进行核查；

（四）派员访问秘鲁出口商或者生产商所在地，对秘鲁主管机构的核查程序进行实地考察。

第二十九条　进出口货物收发货人可以依照《中华人民共和国海关行政裁定管理暂行办法》的规定，向海关申请《中秘自贸协定》项下进出口货物原产地行政裁定。

第三十条　海关对依照本办法规定获得的商业秘密依法负有保密义务。未经进出口货物收发货人同意，海关不得泄露或者用于其他用途，但是法律、行政法规及相关司法解释另有规定的除外。

第三十一条　违反本办法，构成走私行为、违反海关监管规定行为或者其他违反《海关法》行为的，由海关依照《海关法》和《中华人民共和国海关行政处罚实施条例》的有关规定予以处理；构成犯罪的，依法追究刑事责任。

第三十二条　本办法下列用语的含义：

"材料"，是指在生产另一货物的过程中所使用的任何物体或者物质，包括组件、成分、原材料、零件或者部件；

"生产"，是指货物的种植、饲养、提取、采摘、采集、开采、收获、捕捞、诱捕、狩猎、制造、加工或者装配；

"生产商"，是指从事货物的种植、饲养、提取、采摘、采集、开采、收获、捕捞、诱捕、狩猎、制造、加工或者装配的人；

"公认会计原则"是指在中国或者秘鲁境内有关记录收入、支出、成本、资产及负债、信息披露以及编制财务报表方面的公认的一致意见或者实质性权威支持。公认会计原则既包括普遍适用的概括性指导原则，也包括详细的标准、惯例及程序；

"可互换货物或材料"是指为商业目的可互换的、其性质实质相同的货物或者材料。

第三十三条　本办法由海关总署负责解释。

第三十四条　本办法自 2010 年 3 月 1 日起施行。

附件：1. 产品特定原产地规则（中文）（略）

2. 原产地证书

3. 原产地声明

4. 原产资格申明

附件2

Certificate of Origin

Original

1. Exporter's name, address：	Certificate No.：
2. Producer's name and address, if known：	CERTIFICATE OF ORIGIN Form for China-Peru FTA
3. Consignee's name and address：	Issued in _____ (see Overleaf Instruction)
4. Means of transport and route (as far as known)： Departure Date： Vessel /Flight/Train/Vehicle No. : Port of loading： Port of discharge：	For official use only _____ 5. Remarks：

6. Item number (Max 20)	7. Number and kind of packages；description of goods	8. HS code (Six digit code)	9. Origin criterion	10. Gross weight, quantity (Quantity Unit) or other measures (litres, m^3, etc)	11. Number and date of invoice	12. Invoiced value

续表

13. Declaration by the exporter: The undersigned hereby declares that the above details and statement are correct, that all the goods were produced in （Country） and that they comply with the origin requirements specified in the FTA for the goods exported to （Importing country） Place and date, signature of authorized signatory	14. Certification: On the basis of control carried out, it is hereby certified that the information herein is correct and that the goods described comply with the origin requirements specified in the China – Peru FTA. Place and date, signature and stamp of authorized body

OVERLEAF INSTRUCTION

Certificate No. : Serial number of Certificate of Origin assigned by the authorized body.

Box 1:State the full legal name and address (including country) of the exporter.

Box 2:State the full legal name and address (including country) of the producer. If goods from more than one producer are included in the certificate, list the additional producers, including their full legal name and address (including country). If the exporter or the producer wishes to maintain this information as confidential, it is acceptable to state "Available to the authorized body upon request". If the producer and the exporter are the same, please complete field with "SAME". If the producer is unknown, it is acceptable to state "UNKNOWN".

Box 3:State the full legal name and address (including country) of the consignee resident in China or Peru.

Box 4:Complete the means of transport and route and specify the departure date, transport vehicle No. , port of loading and port of discharge.

Box 5:Any additional information such as Customer's Order Number, Letter of Credit Number, etc. may be included. In the case where a good is invoiced by a non-Party operator, the full legal name of the non-Party operator and the producer of the goods shall be indicated in this box.

Box 6: State the item number, and the number of items should not exceed 20.

Box 7: The number and kind of packages shall be specified. Provide a full description of each good. The description should be sufficiently detailed to enable the goods to be identified by the Customs Officers examining them and relate it to the invoice description and to the HS description of the goods. If goods are not packed, state "In bulk". When the description of the goods is finished, add " * * * " (three stars) or " \ " (finishing slash).

Box 8: For each good described in Box 7, identify the HS tariff classification to six digits.

Box 9: The exporter must indicate in Box 9 the origin criteria on the basis of which he claims that the goods qualify for preferential tariff treatment, in the manner shown in the following table:

Origin Criteria	Insert in Box 9
The good is wholly obtained or produced in the territory of the Parties as set out and defined in Article 3 (Wholly Obtained Goods), including where required to be so under Annex 4 (Product Specific Rules of Origin).	WO
The good is produced entirely in the territory of the Parties, exclusively from materials whose origin conforms to the provisions of Section A (Rules of Origin) of Chapter 3 (Rules of Origin and Operational Procedures Related to Origin).	WP
The good is produced in the territory of the Parties, using non-originating materials that conform to a change in tariff classification, a regional value content, a process requirement or other requirements specified in Annex 4 (Product Specific Rules of Origin), and the good meets the other applicable provisions of Section A (Rules of Origin) of Chapter 3 (Rules of Origin and Operational Procedures Related to Origin).	PSR[①]

Box 10: Gross weight in kilos should be shown here. Other units of measurement e. g. volume or number of items which would indicate exact quantities may be used when customary.

Box 11: Invoice number and date of invoice should be shown here. In the case where a good is invoiced by a non-Party operator and the number and date of the commercial invoice is unknown, the number and date of the original commercial invoice, issued in the exporting Party, shall be indicated in this box.

Box 12: Invoiced value should be shown here. In the case where a good is invoiced by a non-Party operator and the invoiced value is unknown, the invoiced value of the

---

[①] When the good is subject to a regional value content (RVC) requirement stipulated in Annex 4 (Product Specific Rules of Origin), indicate the RVC percentage reached in the production of the good.

original commercial invoice shall be indicated in this box.

Box 13: This box shall be completed, signed and dated by the exporter.

Box 14: This box shall be completed, signed, dated and stamped by the authorized person of the authorized body.

中文样本仅供参考

原产地证书

正本

1. 出口商的名称、地址：	证书编号：
2. 生产商的名称、地址（在已知情况下）：	中华人民共和国政府和秘鲁 共和国政府自由贸易协定 原产地证书 签发国_____ （填制方法详见证书背页说明）
3. 收货人的名称、地址：	
4. 运输方式及路线（就所知而言） 离港日期 船舶/飞机/火车/车辆编号 装货口岸 卸货口岸	供官方使用： _____ 5. 备注：

6. 项目号（最多20项）	7. 包装数量及种类；商品描述	8. HS 编码（6位数编码）	9. 原产地标准	10. 毛重、数量（数量单位）或其他计量单位（升、立方米等）	11. 发票号码及发票日期	12. 发票价格

13. 出口商申明 下列签字人证明上述资料及申明正确无误，所有货物产自 _____（国家） 且符合自由贸易协定原产地规则的相关规定。 该货物出口至 _____（进口国） 地点、日期及授权人签名	14. 证明 根据所实施的监管，兹证明上述信息正确无误，且所述货物符合《中华人民共和国政府和秘鲁共和国政府自由贸易协定》原产地要求。 地点、日期、签名及授权机构印章

475

背页说明

证书编号：授权机构签发原产地证书的序列号。

第1栏：详细填写出口商依法登记的名称、地址（包括国家）。

第2栏：详细填写生产商依法登记的名称、地址（包括国家）。如果证书包含一家以上生产商的商品，应详细列出其他生产商依法登记的名称、地址（包括国家）。如果出口商或生产商希望对信息予以保密，可以填写"应要求提供给授权机构"。如果生产商和出口商相同，应填写"同上"。如果不知道生产商，可填写"不知道"。

第3栏：详细填写居住在中国或秘鲁的收货人依法登记的名称、地址（包括国家）。

第4栏：填写运输方式及路线，详细说明离港日期、运输工具编号、装货口岸和卸货口岸。

第5栏：可以填写顾客订货单号码、信用证号码等其他信息。如果发票是由非缔约方经营者开具的，则应在此栏详细注明非缔约方经营者和货物生产商依法登记的名称。

第6栏：填写项目号，但项目号不得超过20项。

第7栏：详细列明包装数量及种类。详列每种货物的货品名称，以便于海关关员查验时加以识别。货品名称应与发票及《协调制度》上的商品描述相符。如果是散装货，应注明"散装"。在商品描述末尾加上"＊＊＊"（三颗星）或"＼"（结束斜线符号）。

第8栏：对应第7栏中的每种货物填写《协调制度》六位数税则归类编码。

第9栏：若货物符合原产地规则，出口商必须按照下表所示方式，在本证书第9栏中申明其货物享受优惠待遇所依据的原产地标准：

原产地标准	填入第9栏
该货物是根据第三条（完全获得货物）及附件四（产品特定原产地规则）的相关规定，在缔约方境内完全获得或生产；	WO
该货物是在缔约方境内，完全由符合第三章（原产地规则及与原产地相关的操作程序）第一节（原产地规则）规定的原产材料生产的；	WP

续表

该货物是在缔约方境内，使用符合附件四（产品特定原产地规则）所规定的税则归类改变、区域价值成分、工序要求或其他要求的非原产材料生产的，同时该货物还满足第三章（原产地规则及与原产地相关的操作程序）第一节（原产地规则）的其他规定。	PSR①

第 10 栏：毛重应填写"千克"。可依照惯例，采用其他计量单位（例如体积、件数等）来精确地反映数量。

第 11 栏：应填写发票号码、开发票日期。如果发票是由非缔约方经营者开具且不知道该商业发票号码及开发票日期，则出口方签发的原始商业发票的号码及开发票日期应在本栏注明。

第 12 栏：应填写发票价格。如果发票是由非缔约方经营者开具且不知道该商业发票价格，则原始商业发票的价格应在本栏注明。

第 13 栏：本栏目必须由出口商填写、签名并填写日期。

第 14 栏：本栏必须由授权机构的授权人员填写、签名、填写签证日期并盖章。

---

① 如果货物适用附件四（产品特定原产地规则）所规定的区域价值成分（RVC）要求，应注明货物制造所达到的百分比。

附件 **3**

Declaration of Origin

I _____ being the

(print name, position, and legal name and address of enterprise)

exporter / producer / exporter and producer

(strike out those which do not apply)

hereby declare that the goods enumerated on this invoice _____

____ (insert invoice number) are originating from

CHINA / PERU

(strike out that which does not apply)

in that they comply with the rules of origin requirements of the China–Peru Free Trade Agreement.

Signed: _____

Date: _____

Exporter's Registration Number or Tax Identification Number: _____

Note: This declaration must be printed and presented as a separate document accompanying the commercial invoice mentioned above. The number of items covered by this declaration should not exceed 20.

中文样本仅供参考

原产地声明

本人为 _____
（打印姓名、职务及企业依法登记的名称、地址）

出口商/生产商/出口商及生产商

（不适用的部分请予勾销）

兹声明发票_____（填写发票号码）所列货物原产自

中国/秘鲁

（不适用的部分请予勾销）

且上述货物符合《中华人民共和国政府与秘鲁共和国政府自由贸易协定》原产地规则的要求。

签名：_____

日期：_____

出口商注册号码或纳税登记编号：_____

备注：该声明必须打印，并以上述商业发票随附的单独文件提交。本声明所涉货物不得超过20项。

附件4

《中华人民共和国政府和秘鲁共和国政府自由贸易协定》项下进口货物原产资格申明

本人＿＿＿＿＿＿（姓名及职务）为进口货物收货人/进口货物收货人代理人（不适用的部分请划去），兹声明编号为＿＿＿＿＿＿的报关单所列第＿＿＿＿＿＿项货物原产自秘鲁，且货物符合《中华人民共和国政府和秘鲁共和国政府自由贸易协定》原产地规则的要求。

本人申请对上述货物适用《中华人民共和国政府和秘鲁共和国政府自由贸易协定》协定税率，并申请缴纳保证金后放行货物。本人承诺自货物进口之日起1年内补交《中华人民共和国政府和秘鲁共和国政府自由贸易协定》原产地证书。

签名：＿＿＿＿＿＿

日期：＿＿＿＿＿＿

中华人民共和国海关《中华人民共和国政府和哥斯达黎加共和国政府自由贸易协定》项下进出口货物原产地管理办法

（2011年7月30日海关总署令第202号发布，自2011年8月1日起施行）

第一条 为了正确确定《中华人民共和国政府和哥斯达黎加共和国政府自由贸易协定》（以下简称《中哥自贸协定》）项下进出口货物原产地，促进我国与哥斯达黎加的经贸往来，根据《中华人民共和国海关法》（以下简称《海关法》）、《中华人民共和国进出口货物原产地条例》、《中哥自贸协定》的规定，制定本办法。

第二条 本办法适用于我国与哥斯达黎加之间的《中哥自贸协定》项下进出口货物的原产地管理。

第三条 从哥斯达黎加直接运输进口的货物，符合下列条件之一的，其原产国为哥斯达黎加，适用《中华人民共和国进出口税则》（以下简称《税则》）

中的《中哥自贸协定》协定税率：

（一）哥斯达黎加完全获得或者生产的；

（二）在哥斯达黎加境内全部使用符合本办法规定的中国或者哥斯达黎加原产材料生产的；

（三）在哥斯达黎加境内非完全获得或者生产，但符合《中哥自贸协定》项下产品特定原产地规则规定的税则归类改变、区域价值成分、特定加工工序等要求的。

《中哥自贸协定》项下产品特定原产地规则是本办法的组成部分，由海关总署另行公告。

第四条 本办法第三条第（一）项所述"在哥斯达黎加完全获得或者生产"的货物是指：

（一）在哥斯达黎加境内出生并饲养的活动物；

（二）在哥斯达黎加境内从活动物中获得的货物；

（三）在哥斯达黎加境内收获、采摘或者采集的植物及植物产品；

（四）在哥斯达黎加境内狩猎、诱捕、捕捞、水产养殖、耕种或者捕获获得的货物；

（五）从哥斯达黎加领土、领水、海床或者海床底土提取或者得到的矿物质，以及不包括在上述第（一）项至第（四）项内的其他天然资源；

（六）在哥斯达黎加领海以外的水域、海床或者海床底土提取的货物，只要哥斯达黎加根据符合其缔结的相关国际协定可适用的国内法，有权开发上述水域、海床或者海床底土；

（七）在哥斯达黎加的领海或者专属经济区捕捞获得的鱼类及其他产品；

（八）在哥斯达黎加注册或者登记，并悬挂其国旗的船舶在公海捕捞获得的鱼类及其他产品；

（九）在哥斯达黎加注册或者登记，并悬挂其国旗的加工船上，完全用上述第（七）项、第（八）项所述货物加工、制造的货物；

（十）在哥斯达黎加境内加工过程中产生的、仅适用于原材料回收的废碎料；或者在哥斯达黎加境内收集的、仅适用于原材料回收的废旧物品；

（十一）在哥斯达黎加境内完全从上述第（一）项至第（十）项所列货物获得或者生产的货物。

第五条 《中哥自贸协定》项下进口货物在生产过程中使用了非原产材料，非原产材料的税则号列与进口货物的税则号列不同，从非原产材料到进口货物的税则归类改变符合《中哥自贸协定》项下产品特定原产地规则中相应的税则归类改变标准的，该进口货物应当视为原产于哥斯达黎加的货物。

第六条 在哥斯达黎加境内，使用非哥斯达黎加原产材料生产的货物，符合《中哥自贸协定》项下产品特定原产地规则中该货物所对应的区域价值成分标准的，应当视为原产于哥斯达黎加的货物。

本条第一款中的区域价值成分应当按照下列方法计算：

$$区域价值成分 = \frac{货物价格 - 非原产材料价格}{货物价格} \times 100\%$$

其中，"货物价格"是指按照《海关估价协定》规定，在货物船上交货价格（FOB）基础上经过调整的价格。"非原产材料价格"是指非哥斯达黎加原产材料的进口成本、运至目的港口或者地点的运费和保险费（CIF），不包括在生产过程中为生产原产材料而使用的非原产材料的价值。原产地不明的材料按照最早可以确定的在哥斯达黎加境内为该材料实付或者应付的价格，计入非原产材料价格。非原产材料由货物生产商在哥斯达黎加境内获得的，从供应商仓库运抵生产商所在地的运费、保费、包装费及任何其他费用均不计入非原产材料价格。

本条规定中货物价格和非原产材料价格的计算应当符合《海关估价协定》。

第七条 在哥斯达黎加境内，使用非哥斯达黎加原产材料生产的货物，其制造、加工工序符合《中哥自贸协定》项下产品特定原产地规则中相应的特定加工工序标准的，应当视为原产于哥斯达黎加的货物。

第八条 原产于中国的货物或者材料在哥斯达黎加境内被用于生产另一货物，并构成另一货物的组成部分的，该货物或者材料应当视为原产于哥斯达黎加境内。

第九条 适用《中哥自贸协定》项下产品特定原产地规则税则归类改变标准确定原产地的货物，其生产过程中所使用的非哥斯达黎加原产材料未能满足该税则归类改变标准，但是上述非哥斯达黎加原产材料按照第六条规定确定的价格不超过该货物船上交货价格10%，并且货物符合本办法所有其他适用规定的，应当视为原产于哥斯达黎加的货物。

第十条 下列微小加工或者处理不影响货物原产地确定：

（一）为确保货物在运输或者贮存期间处于良好状态而进行的处理；

（二）货物的拆解和简单组装；

（三）以销售或者展示为目的的包装、拆包或者重新打包等处理；

（四）动物屠宰。

第十一条 属于《税则》归类总规则三所规定的成套货物，其中全部货物均原产于哥斯达黎加的，该成套货物即为原产于哥斯达黎加；其中部分货物非原产于哥斯达黎加，但是按照本办法第六条确定的价格不超过该成套货物价格15%的，该成套货物仍应视为原产于哥斯达黎加。

第十二条 运输期间用于保护货物的包装材料及容器的原产地不影响货物原产地的确定。

适用《中哥自贸协定》项下产品特定原产地规则中税则归类改变标准的货物，其零售用包装材料及容器与该货物一并归类的，该零售用包装材料及容器的原产地不影响货物原产地的确定。

适用《中哥自贸协定》项下产品特定原产地规则中区域价值成分标准确定原产地的货物，其零售用包装材料和容器的价格应当纳入原产材料价格或者非原产材料价格予以计算。

第十三条 适用《中哥自贸协定》项下产品特定原产地规则中税则归类改变标准确定原产地的货物，与该货物一起申报进口的附件、备件或者工具，在《税则》中与该货物一并归类，并且不单独开具发票的，其原产地不影响货物原产地的确定。

适用《中哥自贸协定》项下产品特定原产地规则中区域价值成分标准确定原产地的货物，在计算区域价值成分时，与该货物一起申报进口的附件、备件或者工具的价格应当纳入原产材料价格或者非原产材料价格予以计算。

本条第一款与第二款所述附件、备件或者工具的数量与价格应当在合理范围之内。

第十四条 在确定货物的原产地时，货物生产、测试或者检验过程中使用，但本身不构成货物物质成分的下列材料或者物品，其原产地不影响货物原产地的确定：

（一）燃料、能源、催化剂及溶剂；

（二）用于测试或者检验货物的设备、装置及用品；

（三）手套、眼镜、鞋靴、衣服、安全设备及用品；

（四）工具、模具及型模；

（五）用于维护设备和建筑的备件及材料；

（六）在生产中使用或者用于运行设备和维护厂房建筑的润滑油、油（滑）脂、合成材料及其他材料；

（七）在货物生产过程中使用，未构成该货物组成成分，但能够合理表明其参与了该货物生产过程的任何其他货物。

第十五条 在确定货物原产地时，对性质相同、在商业上可以互换的货物或者材料，应当通过下列方法加以区分：

（一）货物或者材料的物理分离；

（二）出口方公认会计原则承认的库存管理方法。该库存管理方法应当在整个财政年度内连续使用。

第十六条 本办法第三条所称的"直接运输"是指《中哥自贸协定》项下进口货物从哥斯达黎加直接运输至我国境内，途中未经过中国、哥斯达黎加以外的其他国家或者地区（以下简称"其他国家或者地区"）。

原产于哥斯达黎加的货物，经过其他国家或者地区运输至我国，不论在运输途中是否转换运输工具或者作临时储存，同时符合下列条件的，应当视为"直接运输"：

（一）该货物经过这些国家或者地区仅是由于地理原因或者运输需要；

（二）未进入这些国家或者地区进行贸易或者消费；

（三）该货物经过这些国家或者地区时，未做除装卸、重新包装或者其他为使货物保持良好状态所必需处理以外的其他处理；

（四）处于这些国家或者地区海关的监管之下。

本条第二款规定的情况下，相关货物进入其他国家或者地区停留时间最长不得超过3个月。

第十七条 货物申报进口时，进口货物收货人或者其代理人应当按照海关的申报规定填制《中华人民共和国海关进口货物报关单》（以下简称《进口报关单》），申明适用《中哥自贸协定》协定税率，并同时提交下列单证：

（一）由哥斯达黎加授权机构签发的有效原产地证书正本（格式见附件1）。

（二）货物的商业发票正本、装箱单及其相关运输单证。

货物经过其他国家或者地区运输至我国境内的，应当提交在哥斯达黎加境内签发的联运提单、货物的商业发票正本以及证明货物符合本办法第十六条第二款规定的相关文件；货物在其他国家或者地区境内临时储存的，还应提交该国家或者地区海关出具的证明文件。

货物申报进口时，进口货物收货人或者其代理人未提交有效原产地证书正本，也未就该进口货物是否具备哥斯达黎加原产资格向海关进行补充申报的，其申报进口的货物不适用《中哥自贸协定》协定税率，海关应当依法按照该货物适用的最惠国税率、普通税率或者其他税率计征关税及进口环节海关代征税，并按照规定办理进口手续、进行海关统计。收货人或者其代理人在货物征税放行后向海关提交原产地证书的，已征税款不予调整。

第十八条 原产地申报为哥斯达黎加的进口货物，收货人或者其代理人在申报进口时未提交原产地证书的，应当在办结海关手续前就该进口货物是否具备哥斯达黎加原产资格向海关进行补充申报（格式见附件2）。

进口货物收货人或者其代理人依照本条第一款规定就进口货物具备哥斯达黎加原产资格向海关进行补充申报的，海关可以根据进口货物收货人或者其代理人的申请，收取相当于应缴税款的等值保证金后放行货物，并按照规定办理进口手续，进行海关统计。

第十九条 同时具备下列条件的，进口货物收货人或者其代理人可以自收取保证金之日起3个月内，向海关申请退还保证金：

（一）进口时已就进口货物具备哥斯达黎加原产资格向海关进行补充申报，申明适用《中哥自贸协定》协定税率；

（二）提交有效原产地证书以及海关要求提供的与货物进口相关的其他文件。

经海关批准，本条第一款规定的担保期限可以延长，但最长不得超过1年。

自缴纳保证金之日起3个月内或者经海关批准延长的担保期限内，进口货物收货人或者其代理人未提出退还保证金申请的，海关应当立即办理保证金转为进口税款手续，海关统计数据同时作相应修改。

第二十条 原产于哥斯达黎加的进口货物，经海关依法审定的完税价格不超过600美元的，免予提交原产地证书。进口货物收货人应当同时按照《中哥自贸协定》的要求就进口货物具备原产资格进行书面声明。

为规避本办法规定，一次或者多次进口货物的，不适用前款规定。

第二十一条 具有下列情形之一的，该进口货物不适用《中哥自贸协定》协定税率：

（一）进口货物的原产地不符合本办法第三条至第十六条规定的；

（二）货物申报进口时，进口货物收货人或者其代理人没有向海关提交有效原产地证书正本，也未就进口货物具备哥斯达黎加原产资格进行补充申报的；

（三）哥斯达黎加未将授权机构名称、原产地证书安全特征或者上述信息的任何变化通知中国海关的；

（四）原产地证书未正确填写，或者原产地证书所使用的安全特征与海关备案资料不一致的；

（五）原产地证书所列内容与其他证明文件所列信息不符的；

（六）原产地证书所列内容与实际进口货物不符的；

（七）自提出原产地核查请求之日起，海关没有在《中哥自贸协定》规定的期限内收到进口货物收货人或者其代理人、哥斯达黎加出口商或者生产商就进口货物原产资格提供的补充信息的；

（八）自提出原产地核查请求之日起，海关没有在《中哥自贸协定》规定的期限内收到哥斯达黎加授权机构的核查反馈结果，或者反馈结果未包含足以确定原产地证书真实性或者货物真实原产地信息的；

（九）进口货物收货人或者其代理人存在其他不遵守本办法有关规定行为的。

第二十二条 进口货物收货人或者其代理人向海关提交的原产地证书应当同时符合下列条件：

（一）由哥斯达黎加授权机构在货物出口前或者出口时签发；

（二）符合本办法附件1所列格式，以英文填制并由出口商署名和盖章；

（三）含有包括哥斯达黎加通知中国海关的印章样本等内容的安全特征；

（四）所列的一项或者多项货物为同一批次的进口货物；

（五）仅有一份正本，并且具有不重复的原产地证书编号；

（六）注明确定货物具有原产资格的依据。

第二十三条 原产地证书自签发之日起12个月内有效。

第二十四条 具有下列情形之一的，原产地证书可以自货物出口之日起12个月内予以补发：

（一）由于不可抗力没有在出口前或者出口时签发原产地证书的；

（二）哥斯达黎加授权机构确信已签发原产地证书，但由于技术原因，原产地证书在进口时未被接受的。

补发的原产地证书应注明"补发"字样。本条第一款第（一）项情形下，补发证书自货物实际出口之日起12个月内有效；第一款第（二）项情形下，补发证书的有效期应当与原证书的有效期一致。

第二十五条 原产地证书被盗、遗失或者损毁，并且未经使用的，进口货物收货人或者其代理人可以要求进口货物的出口商或者制造商向哥斯达黎加授权机构书面申请在原证书正本有效期内签发注明"经核准的真实副本"字样的原产地证书副本。

经核准的原产地证书副本向海关提交后，原产地证书正本失效。

原产地证书正本已经使用的，经核准的原产地证书副本无效。

第二十六条 海关对《中哥自贸协定》项下原产地证书的真实性，相关进口货物是否原产于哥斯达黎加，或者是否符合本办法其他规定产生怀疑时，可以通过以下方式进行核实：

（一）书面要求进口货物的收货人或者其代理人提供补充信息；

（二） 书面要求哥斯达黎加境内的出口商或者生产商提供补充信息；

（三） 要求哥斯达黎加授权机构对货物原产地进行核查；

（四） 与哥斯达黎加海关商定的其他程序。

在等待核查结果期间，依照进口货物收货人或者其代理人申请，海关可以依法选择按照该货物适用的最惠国税率、普通税率或者其他税率收取相当于应缴税款的等值保证金后放行货物，并且按照规定办理进口手续、进行海关统计。核查完毕后，海关应当根据核查结果，立即办理保证金退还手续或者保证金转为进口税款手续，海关统计数据应当作相应修改。

进口货物属于国家禁止或者限制进口货物，或者存在瞒骗嫌疑的，海关在原产地证书核实完毕前不得放行货物。

第二十七条 出口货物申报时，出口货物发货人或者其代理人应当按照海关的申报规定填制"中华人民共和国海关出口货物报关单"，并向海关提交《中哥自贸协定》项下原产地证书电子数据或者原产地证书正本的复印件。

第二十八条 《中哥自贸协定》项下进出口货物及其包装上标有原产地标记的，其原产地标记应当与依照本办法确定的货物原产地相一致。

第二十九条 进出口货物收发货人可以依照《中华人民共和国海关行政裁定管理暂行办法》的规定，向海关申请《中哥自贸协定》项下进出口货物原产地行政裁定。

第三十条 海关对依照本办法规定获得的商业秘密依法负有保密义务。未经进出口货物收发货人同意，海关不得泄露或者用于其他用途，但是法律、行政法规及相关司法解释另有规定的除外。

第三十一条 违反本办法，构成走私行为、违反海关监管规定行为或者其他违反《海关法》行为的，由海关依照《海关法》和《中华人民共和国海关行政处罚实施条例》的有关规定予以处理；构成犯罪的，依法追究刑事责任。

第三十二条 本办法下列用语的含义：

"材料"，是指在生产另一货物过程中所使用的货物，包括任何组分、成分、组件、原材料、零件或者部件；

"生产"，是指获得货物的方法，包括但不限于货物的种植、饲养、开采、收获、捕捞、耕种、诱捕、狩猎、捕获、采集、收集、养殖、提取、制造、加工或者装配；

"公认的会计原则"，是指在中国或者哥斯达黎加境内有关记录收入、支出、成本、资产及负债、信息披露以及编制财务报表方面的公认的一致意见或者实质性权威支持。公认会计原则既包括普遍适用的概括性指导原则，也包括详细的标准、惯例以及程序；

"可互换材料或者货物"，是指为其性质实质相同、在商业上可以互换的货物或者材料。

第三十三条　本办法由海关总署负责解释。

第三十四条　本办法自 2011 年 8 月 1 日起施行。

附件：1. 原产地证书
　　　2. 原产资格申明

附件 1

原产地证书

1. 出口商的名称、地址、国家：				证书号：			
				中国—哥斯达黎加自由贸易协定 原产地证书 签发国_____ （填制方法详见证书背页说明）			
2. 生产商的名称、地址，在已知情况下：							
3. 进口商的名称、地址、国家：							
4. 运输方式及路线（就所知而言） 离港日期 船舶/飞机/火车/车辆编号 装货口岸 到货口岸				供官方使用 _____ 5. 备注：			
6. 项目号（最多20项）	7. 唛头及包装号	8. 包装数量及种类；商品描述	9. HS 编码（6 位数编码）	10. 原产地标准	11. 毛重或其他计量单位（如数量、升、立方米等）	12. 发票号码、开发票日期及发票价格	

续表

13. 出口商申明	14. 证明
下列签字人证明上述资料及申明正确无误，所有货物产自 　　＿＿＿＿＿＿＿＿＿＿ 　　　　　　　　　（国家） 且符合自由贸易协定原产地规则的相关规定。该货物出口至 　　＿＿＿＿＿＿＿＿＿＿ 　　　　　　　　　（进口国） 地点、日期及授权人签名	根据所实施的监管，兹证明上述信息正确无误，且所述货物符合《中国-哥斯达黎加自由贸易协定》的原产地要求。 地点、日期①、签名及授权机构印章 电话：　　　　　　传真： 地址：

———————

　　① 依照《中国—哥斯达黎加自由贸易协定》签发的原产地证书应当自出口方签发之日起一年内有效。

背页说明

第1栏：详细填写中国或哥斯达黎加的出口商依法登记的名称、地址。

第2栏：详细填写生产商依法登记的名称、地址（包括国家）。如果证书包含一家以上生产商的商品，应详细列出其他生产商依法登记的名称、地址（包括国家）。如果出口商或生产商希望对信息予以保密，可以填写"应要求提供给主管机构或授权机构"。如果生产商和出口商相同，应填写"同上"。如果不知道生产商，可填写"不知道"。

第3栏：详细填写中国或哥斯达黎加的进口商（收货人）依法登记的名称、地址。

第4栏：应据所知填写运输方式及路线，详细说明离港日期、运输工具编号、装货口岸和卸货口岸。

第5栏：可以填写顾客订货单号码，信用证号码等其他信息。如果发票是由非缔约方经营者开具的，则应在此栏详细注明货物原产国生产商依法登记的名称、地址和国家。

第6栏：填写项目号，项目号不得超过20项。

第7栏：应填写唛头及包装号。

第8栏：详细列明包装数量及种类。详列每种货物的货品名称，以便于海关关员查验时加以识别。货品名称应与发票及《协调制度》上的商品描述相符。如果是散装货，应注明"散装"。在商品描述末尾加上"＊＊＊"（三颗星）或"\"（结束斜线符号）。

第9栏：对应第8栏中的每种货物填写《协调制度》六位数税则归类编码。

第10栏：若第8栏中的货物符合原产地规则，出口商必须按照下表所示方式申明货物享受优惠待遇所依据的原产地标准。原产地标准在第四章"原产地规则及相关操作程序"和附件3"产品特定规则"中予以明确：

原产地标准	填入第10栏
该货物是根据第二十二条（完全获得货物）的相关规定，在缔约一方或双方境内完全获得或生产；	WO
该货物是在缔约一方或双方境内，完全由符合第四章（原产地规则及相关操作程序）规定的原产材料生产的；	WP

续表

该货物是在缔约一方或双方境内，使用符合第四章（原产地规则及相关操作程序）所规定的产品特定原产地规则及其他要求的非原产材料生产的。	PSR

第11栏：对第8栏中的每种货物应填写毛重（用"千克"衡量）或用其他计量单位衡量的数量。可依照惯例，采用其他计量单位（例如，体积、件数等）来精确地反映数量。

第12栏：应填写第8栏中货物所对应的发票号码、发票日期及发票价格。

第13栏：本栏目必须由出口商填写、签字并填写日期。应包括货物的生产国和进口国，以及授权签字人的签名。

第14栏：本栏必须由授权机构的授权人员填写、签名、填写签证日期并盖章，并应注明授权机构的电话、传真和地址。

Certificate of Origin

1. Exporter's name, address, country:	Certificate No. : CERTIFICATE OF ORIGIN Form for China−Costa Rica Free Trade Agreement
2. Producer's name and address, if known:	
3. Importer's name, address, country:	Issued in _____ (see Overleaf Instruction)

4. Means of transport and route (as far as known) Departure Date: Vessel /Flight/Train/Vehicle No. : Port of loading: Port of discharge:	For Official Use Only: _____ 5. Remarks:

6. Item number (Max. 20)	7. Marks and Numbers on packages	8. Number and kind of packages; Description of goods	9. HS code (6 digit code)	10. Origin criterion	11. Gross weight or other quantity (e. g. Quantity Unit, liters, m^3.)	12. Number, date of invoice and Invoiced value

续表

13. Declaration by the exporter	14. Certification
The undersigned hereby declares that the above stated information is correct, and that all the goods are produced in (Country) and that they comply with the origin requirements specified in the Free Trade Agreement for the goods exported to (Importing country) Place, date and signature of authorized person	On the basis of the carried out control, it is hereby certified that the information herein is correct and that the described goods comply with the origin requirements of the China – Costa Rica Free Trade Agreement. Place and date①, signature and stamp of the Authorized Body Tel:　　　　　　　Fax: Address:

----

　① A Certificate of Origin issued under China–Costa Rica Free Trade Agreement shall be valid for one year from the date of issuance in the exporting country.

Overleaf Instruction

Box 1: State the full legal name, address of the exporter in China or Costa Rica.

Box 2: State the full legal name, address (including country) of the producer. If more than one producer's good is included in the certificate, list the additional producers, including name, address (including country). If the exporter or the producer wish the information to be confidential, it is acceptable to state "Available to the competent authority or authorized body upon request". If the producer and the exporter are the same, please complete the box with "SAME". If the producer is unknown, it is acceptable to state "UNKNOWN".

Box 3: State the full legal name, address of the importer in China or Costa Rica.

Box 4: Complete the means of transport and route and specify the departure date, transport vehicle No., port of loading and discharge, as far as known.

Box 5: Customer's Order Number, Letter of Credit Number, among others, may be included if required. If the invoice is issued by a non-Party operator, the name, address of the producer in the originating Party shall be stated herein.

Box 6: State the item number, and item number should not exceed 20.

Box 7: State the shipping marks and numbers on packages, as applicable.

Box 8: Number and kind of packages shall be specified. Provide a full description of each good. The description should be sufficiently detailed to enable the products to be identified by the Customs Officers examining them and relate it to the invoice description and to the HS description of the good. If goods are not packed, state "in bulk". When the description of the goods is finished, add " * * * " (three stars) or " \ " (finishing slash).

Box 9: For each good described in Box 8, identify the HS tariff classification to 6 digit code.

Box 10: For each good described in Box 8, state which criterion is applicable, according to the following instructions. The rules of origin are contained in Chapter 4 "Rules of Origin and Related Operational Procedures" and Annex 3 "Product Specific Rules of Origin".

Origin Criterion	Insert in Box 10
The good is "wholly obtained" in the territory of one or both Parties, as referred to in Article 22 (Wholly Obtained Goods).	WO
The good is produced entirely in the territory of one or both Parties, exclusively from materials whose origin conforms to the provisions of Chapter 4 (Rules of Origin and Related Operational Procedures).	WP
The good is produced in the territory of one or both Parties, using non-originating materials that comply with the Product Specific Rules and other applicable provisions of Chapter 4 (Rules of Origin and Related Operational Procedures).	PSR

Box 11:State gross weight in kilos or other units of measurement for each good described in Box 8. Other units of measurement e. g. volume or number of items which would indicate exact quantities may be used when customary.

Box 12:Register the invoice number, date of invoice and the invoiced value, for each good described in Box 8.

Box 13:The box must be completed, signed and dated by the exporter. Insert the place (including the country where the goods are produced and imported), date and signature of authorized person.

Box 14:The box must be completed, signed, dated and stamped by the authorized person of the authorized body. The telephone number, fax and address of the authorized body should be given.

附件2

《中华人民共和国政府和哥斯达黎加共和国政府 自由贸易协定》项下进口货物原产资格申明

本人_____（姓名及职务）为进口货物收货人/进口货物收货人代理人（不适用的部分请划去），兹申明编号为_____的报关单所列第_____项货物原产自哥斯达黎加，且货物符合《中华人民共和国政府和哥斯达黎加共和国政府自由贸易协定》原产地规则的要求。

本人申请对上述货物适用《中华人民共和国政府和哥斯达黎加共和国政府自由贸易协定》协定税率，并申请缴纳保证金后放行货物。本人承诺自缴纳保证金之日起3个月内或者在海关批准延长的担保期限内补交《中华人民共和国政府和哥斯达黎加共和国政府自由贸易协定》原产地证书。

签名：_____

日期：_____

中华人民共和国海关《中华人民共和国政府和新西兰政府自由贸易协定》项下进出口货物原产地管理办法

（2008年9月28日海关总署令第175号发布，根据2010年11月26日海关总署令第198号《海关总署关于修改部分规章的决定》修改）

第一条 为了正确确定《中华人民共和国政府和新西兰政府自由贸易协定》（以下简称《中新自贸协定》）项下进出口货物原产地，促进我国与新西兰的经贸往来，根据《中华人民共和国海关法》（以下简称《海关法》）、《中华人民共和国进出口货物原产地条例》、《中新自贸协定》的规定，制定本办法。

第二条 本办法适用于我国与新西兰之间的《中新自贸协定》项下进出口货物的原产地管理。

第三条 从新西兰直接运输进口的货物，符合下列条件之一的，其原产国为新西兰，适用《中华人民共和国进出口税则》（以下简称《税则》）中的《中新自贸协定》协定税率：

（一）在新西兰完全获得或者生产的；

（二）在新西兰一方或者中国、新西兰双方境内生产，并且全部使用符合本办法规定的原产材料的；

（三）新西兰非完全获得或者生产，但符合《中新自贸协定》项下产品特定原产地规则（见附件1）规定的税则归类改变、区域价值成分、工序等要求的。

附件1所列《中新自贸协定》项下产品特定原产地规则发生变化时，由海关总署另行公告。

第四条 本办法第三条第（一）项所述"在新西兰完全获得或者生产"的货物是指：

（一）在新西兰境内收获、采摘或者采集的植物产品；

（二）在新西兰境内出生并饲养的活动物；

（三）从新西兰境内饲养的活动物获得的货物；

（四）在新西兰境内狩猎、诱捕、捕捞、耕种、采集或者捕获获得的货物；

（五）从新西兰领土、领水、海床或者海床底土提取或者得到的，未包括在上述第（一）项至第（四）项的矿物质及其他天然生成物质；

（六）新西兰的自然人或者法人从其领水以外的水域、海床或者海床底土提取或者得到的货物，提取或者得到该货物的水域、海床或者海床底土应当是新西兰根据符合其缔结的相关国际协定可适用的国内法，有权开发的水域、海床或者海床底土；

（七）在新西兰注册或者登记，并悬挂或者有权悬挂其国旗的船只，在新西兰根据符合其缔结的相关国际协定可适用的国内法确定的领水、领海外的专属经济区或者公海得到的货物（鱼类、甲壳类动物、植物及其他海洋生物）；

（八）在新西兰注册或者登记，并悬挂或者有权悬挂其国旗的加工船上，完全用上述第（七）项所述货物加工或者制造的货物；

（九）在新西兰境内加工过程中产生的，仅适用于原材料回收的废碎料，或者在新西兰境内收集的仅适用于原材料回收的旧货；

（十）在新西兰境内完全从上述第（一）项至第（九）项所指货物获得或者生产的货物。

第五条 在新西兰境内，使用非新西兰原产材料生产的货物，其非原产材料符合《中新自贸协定》项下产品特定原产地规则中该货物所对应的税则归类改变标准的，应当视为原产于新西兰的货物。

第六条 在新西兰境内，使用非新西兰原产材料生产的货物，符合《中新自贸协定》项下产品特定原产地规则中该货物所对应的区域价值成分的，应当视为原产于新西兰的货物。

本条第一款中的区域价值成分应当按照下列方法计算：

$$区域价值成分=\frac{货物船上交货价格（FOB）-非原产材料价格}{货物船上交货价格（FOB）}\times100\%$$

其中，"非原产材料价格"，是指非新西兰原产材料的进口成本、运至目的港口或者地点的运费和保险费（CIF）。原产地不明的材料按照最早可以确定的在新西兰境内为该材料实付或者应付的价格，计入非原产材料价格；该原产地不明材料由货物生产商在新西兰境内获得时，从供应商仓库运抵生产商所在地的运费、保费、包装费及任何其他费用均不计入非原产材料价格。

本条规定中货物船上交货价格和非原产材料价格的计算应当符合《海关估价协定》。

第七条 原产于中国的货物或者材料在新西兰境内被用于生产另一货物，并构成另一货物的组成部分的，该货物或者材料应当视为原产于新西兰境内。

第八条 适用《中新自贸协定》项下产品特定原产地规则税则归类改变标准确定原产地的货物，其生产过程中所使用的部分非新西兰原产材料未能满足该税则归类改变标准，但是这部分非新西兰原产材料按照第六条确定的价格未超过该货物船上交货价格10%的，该货物的原产地应当为新西兰。

第九条 下列微小加工或者处理不影响货物原产地确定：

（一）为确保货物在运输或者贮存期间保持良好状态而进行的操作，如干燥、冷冻、通风、冷却及类似操作；

（二）包括过滤、挑选、分级、筛选、分类、洗涤、切割、纵切、弯曲、卷绕或者展开在内的简单操作；

（三）托运货物的拆解和组装；

（四）包装、拆包或者重新打包的操作；

（五）简单的装瓶、装罐、入瓶、入袋、进箱、装盒以及固定于硬纸板或者木板上等简单包装操作；

（六）在产品或者其包装上粘贴或者印刷标志、标签、标志及其他类似的区别标记；

（七）仅用水或者其他物质稀释，未实质改变货物的性质；

（八）除大米外的谷物去壳、部分或者全部漂白、磨光及上光；

（九）食糖上色或者形成糖块的操作。

第十条 运输期间用于保护货物的包装材料及容器不影响货物原产地的确

定。

适用《中新自贸协定》项下产品特定原产地规则中税则归类改变标准确定原产地的货物，其零售用包装材料及容器与该货物在《税则》中一并归类的，该零售用包装材料及容器的原产地不影响货物原产地的确定。

适用《中新自贸协定》项下产品特定原产地规则中区域价值成分标准确定原产地的货物，其零售用包装材料和容器的价格应当作为原产材料或者非原产地材料予以计算。

第十一条 适用《中新自贸协定》项下产品特定原产地规则中税则归类改变标准确定原产地的货物，与该货物一起申报进出口的附件、备件、工具、说明书或者其他信息材料，在《税则》中与该货物一并归类，并且不单独开具发票的，其原产地不影响货物原产地的确定。

适用《中新自贸协定》项下产品特定原产地规则中区域价值成分标准确定原产地的货物，与该货物一起申报进出口的附件、备件、工具、说明书或者其他信息材料在正常数量和价格之内的，该附件、备件、工具、说明书或者其他信息材料的价格应当作为原产材料或者非原产地材料予以计算。

第十二条 在确定货物的原产地时，货物生产、测试或者检验过程中使用，本身不构成该货物物质成分的下列材料或者货品，其原产地不影响货物原产地的确定：

（一）燃料、能源、催化剂及溶剂；

（二）用于测试或者检验货物的设备、装置及用品；

（三）手套、眼镜、鞋靴、衣服、安全设备及用品；

（四）工具、模具及型模；

（五）用于维护设备和建筑的备件及材料；

（六）在生产中使用或者用于运行设备和维护厂房建筑的润滑剂、油（滑）脂、合成材料及其他材料；

（七）在货物生产过程中使用，未构成该货物物质成分，但能够合理表明其参与了该货物生产过程的任何其他货物。

第十三条 在确定货物原产地时，对性质相同，为商业目的可互换的货物或者材料，仅靠视觉观察无法加以区分的，应当通过下列方法加以区分：

（一）货物的物理分离；

（二）出口方公认会计原则承认的库存管理方法。

第十四条 本办法第三条所称的"直接运输"是指《中新自贸协定》项下进口货物从新西兰直接运输至我国境内，途中未经过中国、新西兰以外的其他国家或者地区（以下简称"其他国家或者地区"）。

原产于新西兰的货物，经过其他国家或者地区运输至我国，不论在运输中是否转换运输工具或者作临时储存，同时符合下列条件的，应当视为"直接运输"：

（一）未进入这些国家或者地区进行贸易或者消费；

（二）该货物在经过其他国家或者地区时，未做除装卸或者其他为使货物保持良好状态所必需处理以外的其他处理。

本条第二款规定情况下，相关货物进入其他国家或者地区停留时间最长不得超过 6 个月。

第十五条　货物申报进口时，进口货物收货人应当按照海关的申报规定填制《中华人民共和国海关进口货物报关单》（以下简称《进口报关单》），申明适用《中新自贸协定》协定税率，并同时提交下列单证：

（一）由新西兰授权机构签发的有效原产地证书正本（格式见附件 2）。

符合本办法第十七条所列情形的，进口货物收货人应当向海关提交原产地声明（格式见附件 3）。

原产地申报为新西兰的进口货物，收货人或者其代理人未提交原产地证书、原产地声明的，应当就该进口货物是否具备新西兰原产资格向海关进行补充申报（格式见附件 4）。

（二）货物的商业发票正本、装箱单及其相关运输单证。

货物经过其他国家或者地区运输至我国境内的，应当提交在新西兰境内签发的联运提单、货物的商业发票正本以及其他国家或者地区海关出具的证明文件，或者其他证明符合本办法第十四条第二款、第三款规定的相关文件。

货物申报进口时，进口货物收货人未提交新西兰授权机构签发的原产地证书正本、原产地声明或者其他原产地证明文件，也未就该进口货物是否具备新西兰原产资格向海关进行补充申报的，其申报进口的货物不适用《中新自贸协定》协定税率，海关应当依法选择按照该货物适用的最惠国税率、普通税率或者其他税率计征关税及进口环节海关代征税，或者收取相当于应缴税款的等值保证金。

第十六条　同时具备下列条件的，进口货物收货人或者其代理人可以自缴纳税款或者保证金之日起 1 年内，向海关申请退还已缴纳的关税及进口环节海关代征税或者等值保证金：

（一）进口时已就进口货物具备新西兰原产资格向海关进行补充申报，申明适用《中新自贸协定》协定税率；

（二）提交有效原产地证书、原产地声明、其他原产地证明文件及海关要求提供的与货物进口相关的其他文件。

进口货物收货人或者其代理人未在缴纳保证金之日起 1 年内提出退还保证金申请的，海关应当立即办理保证金转为进口税款手续。

本办法实施之日起 1 年内，进口货物收货人或者其代理人未在进口时就进口货物具备新西兰原产资格向海关进行补充申报的，也可以向海关提交有效原产地证书、原产地声明、其他原产地证明文件及海关要求提供的与货物进口相关的其他文件，申请退还已缴纳的关税及进口环节海关代征税或者等值保证金。

第十七条　符合下列条件之一的，进口货物收货人或者其代理人可以向海关提交原产地声明：

（一）经海关依法审定的货物完税价格总值不超过 1000 美元的；

（二）海关已经依法就相同货物作出原产地行政裁定，确认货物原产地为新西兰，该行政裁定尚未失效或者被撤销的。

第十八条　出口货物申报时，出口货物发货人应当按照海关的申报规定填制《中华人民共和国海关出口货物报关单》，并向海关提交《中新自贸协定》项下原产地证书电子格式，不能提交电子格式的，出口货物发货人应向海关提交原产地证书正本的复印件。

第十九条　具有下列情形之一的，该进口货物不适用《中新自贸协定》协定税率：

（一）进口货物的原产地不符合本办法第三条至第十四条规定的；

（二）进口货物收货人或者其代理人提交的原产地证书或者原产地声明未正确填写，或者原产地证书所用的安全特征与海关备案资料不一致的；

（三）原产地证书所列内容与其他申报单证不符的；

（四）原产地证书所列货品名称、数量及重量、包装唛头及号码、包装件数及种类与进口货物不相符的；

（五）自提出原产地核查请求之日起 6 个月内，海关没有收到进口商、制造商或者生产商提交的符合第二十六条第一款第（一）项、第（二）项规定信息的，或者新西兰海关答复结果未包含足以确定原产地证书真实性或者货物真实原产地信息的；

（六）新西兰未将相关授权机构的名称、授权机构使用的相关表格和文件所用的安全特征或者上述信息的任何变化通知中国海关的；

（七）进口货物收货人或者其代理人提交原产地证明有规避本办法有关原产地证书管理规定嫌疑的。

海关认定进口货物不适用《中新自贸协定》协定税率的，应当向进口货物收货人或者其代理人出具《进口货物不予适用协定税率告知书》（见附件5）。

第二十条 《中新自贸协定》项下进出口货物及其包装上标有原产地标记的，其原产地标记应当与依照本办法确定的货物原产地相一致。

第二十一条 进口货物收货人或者其代理人向海关提交的原产地证书应当同时符合下列条件：

（一）由新西兰授权机构签发，并加盖"正本"字样印章；

（二）符合本办法附件2所列格式，并以英文填制；

（三）含有包括新西兰通知中国海关的印章样本等内容的安全特征；

（四）具有不重复的原产地证书编号；

（五）所列的一项或者多项货物应当为同一批次的进口货物，并且仅对应一份《进口报关单》；

（六）注明确定货物具有原产资格的依据。

第二十二条 原产地证书被盗、遗失或者损毁，并且未经使用的，进口货物收货人或者其代理人可以要求进口货物的出口商或者制造商向原签证机构书面申请在原证书正本有效期内签发经核准的原产地证书副本。该副本应当注明"原产地证书正本（编号日期）经核准的真实副本"字样。经核准的原产地证书副本向海关提交后，原产地证书正本失效。

原产地证书正本已经使用的，经核准的原产地证书副本无效。

第二十三条 进口货物收货人或者其代理人向海关提交的原产地声明应当同时符合下列条件：

（一）由货物的制造商、生产商、供应商、出口商作出；

（二）符合本办法附件3所列格式，并以英文填制；

（三）在其有效期内；

（四）所列的一项或者多项货物应当为同一批次的进口货物，并且仅对应一份《进口报关单》。

第二十四条 原产地证书及原产地声明自签发之日起1年内有效。

第二十五条 原产地证书、原产地声明或者其他原产地证明文件不得涂改或者叠印。任何更正必须先将错误信息划去，然后做必要的增补，更正内容应当由更正人员加以签注。

原产地证书、原产地声明或者其他原产地证明文件未填写的空白处应予划去，以防发证后添加内容。

第二十六条 海关对《中新自贸协定》项下原产地证书的真实性，相关进口货物是否原产于新西兰，或者是否符合本办法其他规定产生怀疑时，可以通过以下方式进行核实：

（一）书面要求进口货物的收货人或者其代理人提供补充信息；

（二）书面要求新西兰境内的出口商或者生产商提供补充信息；

（三）要求新西兰海关对货物原产地进行核查；

（四）与新西兰海关商定的其他程序。

第二十七条　进出口货物收发货人可以依照《中华人民共和国海关行政裁定管理暂行办法》的规定，向海关申请《中新自贸协定》项下进出口货物原产地行政裁定。

《中新自贸协定》项下进口货物新西兰境内出口商以及与该进口货物有利害关系的其他主体也可以按照《中华人民共和国海关行政裁定管理暂行办法》规定的程序，向海关申请《中新自贸协定》项下进出口货物原产地行政裁定。

与该进口货物有利害关系的其他主体应当在向海关申请原产地行政裁定的同时，提交足以证明利害关系存在的证明材料，供海关审查。

《中新自贸协定》项下进出口货物原产地行政裁定应当自受理申请之日起90日内做出。

第二十八条　海关对依照本办法规定获得的商业秘密依法负有保密义务。未经进出口货物收发货人同意，海关不得泄露或者用于其他用途，但是法律、行政法规及相关司法解释另有规定的除外。

第二十九条　违反本办法，构成走私行为、违反海关监管规定行为或者其他违反《海关法》行为的，由海关依照《海关法》和《中华人民共和国海关行政处罚实施条例》的有关规定予以处理；构成犯罪的，依法追究刑事责任。

第三十条　本办法下列用语的含义：

"材料"，是指在生产或者转变为另一货物的过程中所使用的任何物体或者物质，包括零件或者成分；

"非原产材料"，是指用于货物生产中的非新西兰原产的材料，以及不明原产地的材料；

"生产"，是指获得货物的方法，包括货物的种植、饲养、开采、收获、捕捞、耕种、诱捕、狩猎、捕获、采集、收集、养殖、提取、制造、加工或者装配；

"简单"，是指不需要专门技能，也不需要专门生产或者安装专用机器、仪器或者设备，进行的加工或者处理；

"海关估价协定"，是指作为《马拉喀什建立世贸组织协定》一部分的《关于实施1994年关税与贸易总协定第7条的协定》；

"公认会计原则"，是指有关记录收入、支出、成本、资产及负债、信息披露以及编制财务报表的会计原则，既包括普遍适用的广泛性指导原则，也包括详细的标准、惯例及程序；

"其他原产地证明文件"，是指能充分证明货物原产地的其他文件。

第三十一条　本办法由海关总署负责解释。

第三十二条　本办法自2008年10月1日起施行。

附件：1. 产品特定原产地规则（略）

2. CERTIFICATE OF ORIGIN（原产地证书）

3. DECLARATION OF ORIGIN（原产地声明）

4.《中华人民共和国政府和新西兰政府自由贸易协定》项下进口货物申明

5. 进口货物不予适用协定税率告知书

附件 2

CERTIFICATE OF ORIGIN

ORIGINAL

1. Exporter's name, address, country:	Certificate No. :
	CERTIFICATE OF ORIGIN
2. Producer's name and address, if known:	Form for the Free Trade Agreement between the Government of the People's Republic of China and the Government of New Zealand
3. Consignee's name, address, country:	Issued in _____ (see Instruction overleaf)

4. Means of transport and route (as far as known) Departure date Vessel /Flight/Train/Vehicle No. Port of loading Port of discharge	5. For official use only ☐ Preferential Tariff Treatment Given Under ____ ☐ Preferential Treatment Not Given (Please state reasons) --- Signature of Authorized Signatory of the Importing Country 6. Remarks

7. Item number (Max 20)	8. Marks and numbers on packages	9. Number and kind of packages; description of goods	10. HS code (Six digit code)	11. Origin criterion	12. Gross weight, quantity (quantity unit) or other measures (litres, m^3, etc)	13. Number, date of invoice and invoiced value

14. Declaration by the exporter The undersigned hereby declares that the above details and statement are correct, that all the goods were produced in 　　　　　(Country) and that they comply with the origin requirements specified in the FTA for the goods exported to 　　　　(Importing country) Place and date, signature of authorized signatory	15. Certification On the basis of control carried out, it is hereby certified that the information herein is correct and that the goods described comply with the origin requirements specified in the Free Trade Agreement between the Government of the People's Republic of China and the Government of New Zealand. Place and date, signature and stamp of authorized body

Overleaf Instruction

Box 1: State the full legal name, address (including country) of the exporter.

Box 2: State the full legal name, address (including country) of the producer. If more than one producer's good is included in the certificate, list the additional producers, including name, address (including country). If the exporter or the producer wishes the information to be confidential, it is acceptable to state "Available to the authorized body upon request". If the producer and the exporter are the same, please complete field with "SAME". If the producer is unknown, it is acceptable to state "UNKNOWN".

Box 3: State the full legal name, address (including country) of the consignee.

Box 4: Complete the means of transport and route and specify the departure date, transport vehicle No. , port of loading and discharge.

Box 5: The customs administration of the importing country must indicate ($\sqrt{}$) in the relevant boxes whether or not preferential tariff treatment is accorded.

Box 6: Any additional information such as Customer's Order Number, Letter of Credit Number, etc. may be included.

Box 7: State the item number, and item number should not exceed 20.

Box 8: State the shipping marks and numbers on the packages.

Box 9: Number and kind of package shall be specified. Provide a full description of each good. The description should be sufficiently detailed to enable the products to be identified by the Customs Officers examining them and relate it to the invoice description and to the HS description of the good. If goods are not packed, state "in bulk" . When the description of the goods is finished, add " * * * " (three stars) or " \ " (finishing slash) .

Box 10: For each good described in Box 9, identify the HS tariff classification to six digits.

Box 11: If the goods qualify under the Rules of Origin, the exporter must indicate in Box 11 of this form the origin criteria on the basis of which he claims that his goods qualify for preferential tariff treatment, in the manner shown in the following table:

The origin criteria on the basis of which the exporter claims that his goods qualify for preferential tariff treatment	Insert in Box 11
The good is wholly obtained or produced in the territory of a Party as set out and defined in Article 20, including where required to be so under Annex 5.	WO
The good is produced entirely in the territory of one or both Parties, exclusively from materials whose origin conforms to the provisions of Section 1 of Chapter 4.	WP
The good is produced in the territory of one or both Parties, using non-originating materials that conform to a change in tariff classification, a regional value content, a process requirement or other requirements specified in Annex 5, and the good meets the other applicable provisions of Section 1 of Chapter 4.	PSR[1]

Box 12: Gross weight in kilograms should be shown here. Other units of measurement e. g. volume or number of items which would indicate exact quantities may be used when customary.

Box 13: Invoice number, date of invoices and invoiced value should be shown here.

Box 14: The field must be completed, signed and dated by the exporter for exports from China. It is not required for New Zealand exports to China. Insert the place, date of signature.

Box 15: The field must be completed, signed, dated and stamped by the authorized person of the authorized body.

---

[1] When the good is subject to a regional value content (RVC) requirement stipulated in Annex 5, indicate the percentage.

中文样本仅供参考

原产地证书

正本

<table>
<tr>
<td colspan="2">1. 出口商的名称、地址、国家：</td>
<td colspan="5">证书号：</td>
</tr>
<tr>
<td colspan="2" rowspan="2">2. 生产商的名称、地址，在已知情况下：</td>
<td colspan="5">中华人民共和国政府和新西兰政府自由
贸易协定原产地证书

签发国_____</td>
</tr>
<tr>
<td colspan="5" rowspan="2">（填制方法详见证书背页说明）</td>
</tr>
<tr>
<td colspan="2">3. 收货人的名称、地址、国家：</td>
</tr>
<tr>
<td colspan="2" rowspan="2">4. 运输方式及路线（就所知而言）
离港日期
船只/飞机/火车/货车编号
装货口岸
到货口岸</td>
<td colspan="5">5. 供官方使用
□ 可以享受_____自由贸易协定优惠待遇
□ 不能享受_____自由贸易协定优惠待遇
理由：----------------------------------
　　　进口国官方机构的授权人签字
_____</td>
</tr>
<tr>
<td colspan="5">6. 备注：</td>
</tr>
<tr>
<td>7. 项目号（最多20项）</td>
<td>8. 唛头及包装号</td>
<td>9. 包装数量及种类；商品名称</td>
<td>10. HS编码（以六位数编码为准）</td>
<td>11. 原产地标准</td>
<td>12. 毛重、数量（数量单位）或其他计量单位（升、立方米等）</td>
<td>13. 发票号、发票日期及发票价格</td>
</tr>
<tr>
<td colspan="3">14. 出口商申明
　　下列签字人证明上述资料及申明正确无误，所有货物产自
　　　　　（国家）
且符合自由贸易协定原产地规则的相关规定。该货物出口至
　　　　　（进口国）
申报地点、日期及授权签字人的签字</td>
<td colspan="4">15. 证明
　　根据所实施的监管，兹证明上述信息正确无误，且所述货物符合《中华人民共和国政府和新西兰政府自由贸易协定》原产地要求。

　　地点、日期、签字及授权机构印章</td>
</tr>
</table>

背页说明

第1栏：填写出口商详细的依法登记的名称、地址（包括国家）。

第2栏：填写生产商详细的依法登记的名称、地址（包括国家）。如果证书包含一家以上生产商的商品，应列出其他生产商的详细名称、地址（包括国家）。如果出口商或生产商希望对信息予以保密，可以填写"应要求提供给授权机构"。如果生产商和出口商相同，应填写"同上"。如果不知道生产商，可填写"不知道"。

第3栏：填写收货人详细的依法登记的名称、地址（包括国家）。

第4栏：填写运输方式及路线，详细说明离港日期、运输工具的编号、装货口岸和卸货口岸。

第5栏：不论是否给予优惠待遇，进口国海关当局必须在相应栏目标注（√）。

第6栏：可以填写顾客订货单号、信用证号等其他信息。

第7栏：填写项目号，但不得超过20项。

第8栏：填写唛头及包装号。

第9栏：详细列明包装数量及种类。详列每种货物的货品名称，以便于海关关员查验时加以识别。货品名称应与发票上的描述及货物的协调制度编码相符。如果是散装货，应注明"散装"。当商品描述结束时，加上"＊＊＊"（三颗星）或"＼"（结束斜线符号）。

第10栏：对应第9栏中的每种货物填写协调制度税则归类编码，以六位数编码为准。

第11栏：若货物符合原产地规则，出口商必须按照下表所示方式，在本证书第11栏中标明其货物申明享受优惠待遇所依据的原产地标准：

出口商申明其货物享受优惠待遇所根据的原产地标准	填入第11栏
该货物符合第二十条规定（包括附件五所列规定），在一方境内完全获得或生产。	WO
该货物是在一方或双方境内，完全由其原产地符合第四章第一节规定的材料生产。	WP

续表

该货物是在一方或双方境内生产，所使用的非原产材料满足附件五所规定的税则归类改变、区域价值成分、工序要求或其他要求，且该货物符合其所适用的第四章第一节的其他规定。	PSR①

第 12 栏：毛重应填写"千克"。可依照惯例，采用其他计量单位（例如体积、件数等）来精确地反映数量。

第 13 栏：应填写发票号、发票日期及发票价格。

第 14 栏：填写签字的地点及日期。对于中国出口的货物，本栏必须由货物出口商填写、签字并填写日期，对于新西兰出口至中国的货物，不必填写此栏。

第 15 栏：本栏必须由授权机构的授权人员填写、签字、填写签证日期并盖章。

---

① 如果货物适用附件 1 所规定的区域价值成分（RVC）要求，应注明百分比。

附件 3

DECLARATION OF ORIGIN

Free Trade Agreement between the Government of the People's Republic of China and the Government of New Zealand

I _____ being the

(print name and position)

EXPORTER / PRODUCER / EXPORTER AND PRODUCER

(strike out that which does not apply)

hereby declare that the goods enumerated on this invoice _____

_____ (insert invoice number) are originating from

CHINA / NEW ZEALAND

(strike out that which does not apply)

in that they comply with the rules of origin requirements of The Free Trade Agreement between the Government of the People's Republic of China and the Government of New Zealand.

If applicable:

These goods are covered by advance ruling _____ (insert reference number) that deems the goods to qualify as originating in accordance with the rules of origin under Free Trade Agreement between the Government of the People's Republic of China and the Government of New Zealand.

Signed: _____

Date: _____

Note: This declaration must be printed and presented as a separate document accompanying the commercial invoice. The maximum number of items covered by this declaration should not exceed 20.

中文样本仅供参考

原产地声明

中华人民共和国政府和新西兰政府自由贸易协定
原产地声明

本人＿＿＿＿＿＿＿＿＿＿＿＿＿＿＿＿＿＿＿＿＿＿ 为

（打印姓名及职务）

出口商/生产商/出口商及生产商

（不适用的部分请划去）

兹声明发票＿＿＿＿＿＿＿＿＿＿＿（填写发票号）所列货物原产自

中国/新西兰

（不适用的部分请划去）

且货物符合《中华人民共和国政府和新西兰政府自由贸易协定》原产地规则的要求。

如适用：

根据《中华人民共和国政府和新西兰政府自由贸易协定》原产地规则，上述货物经行政裁定＿＿＿＿＿＿＿＿＿＿（填写裁定编号）视为具备原产资格。

签名：＿＿＿＿＿＿＿＿＿＿＿＿＿＿＿＿＿＿＿＿＿＿

日期：＿＿＿＿＿＿＿＿＿＿＿＿＿＿＿＿＿＿＿＿＿＿

注：该声明必须打印，并以商业发票随附的单独文件提交。本声明所涉货物最多不得超过二十项。

附件4

《中华人民共和国政府和新西兰政府
自由贸易协定》项下进口货物申明

本人_____（姓名及职务）为进口货物收货人/进口货物收货人代理人（不适用的部分请划去），兹声明编号为_____的报关单所列第_____项货物原产自新西兰，且货物符合《中华人民共和国政府和新西兰政府自由贸易协定》原产地规则的要求。

本人申请对上述货物适用《中华人民共和国政府和新西兰政府自由贸易协定》协定税率，并申请缴纳保证金后放行货物。本人承诺在自货物进口之日起1年内补交《中华人民共和国政府和新西兰政府自由贸易协定》原产地证书。

签名：_____

日期：_____

附件 5

中华人民共和国_____海关
进口货物不予适用协定税率告知书

_____关编号：_____

公司/单位：

经审核，你公司/单位于____年____月____日向海关申报的编号为_____
_____的报关单所列第_____项货物，按照《中华人民共和国海
关〈中华人民共和国政府和新西兰政府自由贸易协定〉项下进出口货物原产地
管理办法》规定（第 175 号署令），因下列原因不适用《中华人民共和国政府和
新西兰政府自由贸易协定》协定税率：

[ ] 原产地证书或者原产地声明不符合第 175 号署令要求

[ ] 报关单、原产地证书或者原产地声明、合同、商业发票、提单、装箱单
等单证不相符

[ ] 报关单、原产地证书或者原产地声明、合同、商业发票、提单、装箱单
等单证与实际申报进口货物不相符

[ ] 不符合第 175 号署令规定的新西兰原产货物要求

[ ] 不符合第 175 号署令规定的直接运输要求

[ ] 不符合第 175 号署令其他规定

其他
说明

_____关（处）盖章　　经办人（签字）：_____

年　　月　　日

受送达人（签字）：_____

年　　月　　日

第一联：企业留存

中华人民共和国＿＿＿＿海关
进口货物不予适用协定税率告知书

＿＿＿＿关编号：＿＿＿＿

公司/单位：

经审核，你公司/单位于＿＿年＿＿月＿＿日向海关申报的编号为＿＿＿＿＿＿＿＿＿＿＿＿的报关单所列第＿＿＿＿项货物，按照《中华人民共和国海关〈中华人民共和国政府和新西兰政府自由贸易协定〉项下进出口货物原产地管理办法》规定（第175号署令），因下列原因不适用《中华人民共和国政府和新西兰政府自由贸易协定》协定税率：

[ ] 原产地证书或者原产地声明不符合第175号署令要求

[ ] 报关单、原产地证书或者原产地声明、合同、商业发票、提单、装箱单等单证不相符

[ ] 报关单、原产地证书或者原产地声明、合同、商业发票、提单、装箱单等单证与实际申报进口货物不相符

[ ] 不符合第175号署令规定的新西兰原产货物要求

[ ] 不符合第175号署令规定的直接运输要求

[ ] 不符合第175号署令其他规定

其他
说明

＿＿＿＿关（处）盖章　　经办人（签字）：＿＿＿＿＿＿

年　　月　　日

受送达人（签字）：＿＿＿＿＿

年　　月　　日

第二联：海关留存

中华人民共和国海关《中华人民共和国政府和冰岛政府自由贸易协定》项下进出口货物原产地管理办法

(2014 年 6 月 30 日海关总署令第 222 号公布，自 2014 年 7 月 1 日起施行)

第一条 为了正确确定《中华人民共和国政府和冰岛政府自由贸易协定》（以下简称《中冰自贸协定》）项下进出口货物原产地，促进我国与冰岛的经贸往来，根据《中华人民共和国海关法》（以下简称《海关法》）、《中华人民共和国进出口货物原产地条例》、《中冰自贸协定》的规定，制定本办法。

第二条 本办法适用于我国与冰岛之间的《中冰自贸协定》项下进出口货物的原产地管理。

第三条 进口货物符合下列条件之一的，其原产国为冰岛：

（一）在冰岛完全获得或者生产的；

（二）在冰岛境内全部使用符合本办法规定的中国或者冰岛原产材料生产的；

（三）在冰岛境内非完全获得或者生产，但是符合《中冰自贸协定》项下产品特定原产地规则规定的税则归类改变、区域价值成分、制造加工工序或者其他要求的；

《中冰自贸协定》项下产品特定原产地规则是本办法的组成部分，由海关总署另行公告。

原产于冰岛的货物，从冰岛直接运输至我国的，可以按照本办法规定申请，适用《中华人民共和国进出口税则》（以下简称《税则》）中的《中冰自贸协定》协定税率。

第四条 本办法第三条第（一）项所述"在冰岛完全获得或者生产"的货物是指：

（一）在冰岛境内的领土或者海床提取的矿产品；

（二）在冰岛收获的植物和植物产品；

（三）在冰岛出生并饲养的活动物；

（四）从上述第（三）项所述活动物中获得的产品；

（五）在冰岛狩猎、诱捕或者在冰岛内陆水域捕捞所获得的产品；

（六）在冰岛的领海捕捞获得的鱼类和其他产品；

（七）在冰岛登记注册并且悬挂冰岛国旗的船只在冰岛领海以外，包括在其专属经济区内，捕捞获得的鱼类及其他产品；

（八）在冰岛登记注册并且悬挂其国旗的加工船上，仅由本条第（六）项和第（七）项的产品加工所得的产品；

（九）在冰岛领海以外的海床或者海床底土提取的产品，只要冰岛根据符合其缔结的相关国际协定可适用的国内法对上述海床或者海床底土独享开发权；

（十）在冰岛收集的仅适用于原材料回收的旧货；

（十一）在冰岛生产加工过程中产生并且仅适用于原材料回收的废碎料；

（十二）在冰岛由本条第（一）项至第（十一）项所列产品加工获得的产品。

第五条 在冰岛境内，使用非冰岛原产材料生产的货物，符合《中冰自贸协定》项下产品特定原产地规则中该货物所对应的税则归类改变标准的，应当视为原产于冰岛的货物。

第六条 在冰岛境内，使用非冰岛原产材料生产的货物，符合《中冰自贸协定》项下产品特定原产地规则中该货物所对应的区域价值成分标准的，应当视为原产于冰岛的货物。

本条第一款中的区域价值成分应当按照下列方法计算：

$$区域价值成分 = \frac{货物价格 - 非原产材料价格}{货物价格} \times 100\%$$

其中，"货物价格"，是指在货物船上交货价格（FOB）基础上，按照《海关估价协定》调整的价格。"非原产材料价格"，是指非冰岛原产材料的进口成本、运至目的港口或者地点的运费和保险费（CIF），不包括在生产过程中为生产原产材料而使用的非原产材料的价值。

第七条 原产于中国的货物或者材料在冰岛境内被用于生产另一货物，并构成另一货物的组成部分的，该货物或者材料应当视为原产于冰岛境内。

第八条 适用《中冰自贸协定》项下税则归类改变标准确定原产地的货物，货物生产过程中所使用的非冰岛原产材料或者原产地不明的材料未能满足税则归类改变标准，但是上述非冰岛原产材料或者原产地不明的材料按照本办法第六条规定确定的非原产材料价格不超过该货物船上交货价格（FOB）的10%，并且货物符合本办法所有其他适用规定的，应当视为原产于冰岛的货物。

第九条 下列操作或者加工工序不影响货物原产确定：

（一）为确保货物在运输或者储存过程中完好无损而进行的保存工序；

（二）包装的拆解和组装；

（三）洗涤、清洁、除尘，去除氧化物、油、漆以及其他涂层；

（四）纺织品的熨烫或者压平；

（五）简单的上漆以及磨光工序；

（六）谷物以及大米的去壳、部分或者完全漂白、抛光以及上光；

（七）食糖上色或者加工成糖块的工序；

（八）水果、坚果以及蔬菜的去皮、去核及去壳；

（九）削尖、简单研磨或者简单切割；

（十）过滤、筛选、挑选、分类、分级、匹配，包括成套物品组合；

（十一）简单的装瓶、装罐、装袋、装箱、装盒，固定于纸板或者木板以及其他任何简单的包装工序；

（十二）在产品或者其包装上粘贴或者印刷标志、标签、标识以及其他类似的用于区别的标记；

（十三）对产品进行简单混合，无论是否为不同种类的产品；

（十四）把物品零部件装配成完整品或者将产品拆成零部件的简单装配或者拆卸；

（十五）仅为方便港口装卸所进行的工序；

（十六）屠宰动物；

（十七）第（一）至（十六）项中的两项或者多项工序的组合。

第十条 与进口货物一起申报进口的附件、备件或者工具，根据归类规则应当与该货物一并归类并且不单独开具发票，数量以及价值在正常范围之内的，其原产地不影响货物原产地的确定。

第十一条 运输期间用于保护货物的包装材料以及容器的原产地不影响货物原产地的确定。

适用《中冰自贸协定》项下产品特定原产地规则中税则归类改变标准的货物，其零售用包装材料以及容器与该货物一并归类的，该零售用包装材料以及容器的原产地不影响货物原产地的确定。

适用《中冰自贸协定》项下产品特定原产地规则中区域价值成分标准确定原产地的货物，其零售用包装材料以及容器的价格应当纳入原产材料价格或者非原产材料价格予以计算。

第十二条 在确定货物的原产地时，货物生产过程中使用，但是本身不构成货物物质成分的下列物品，其原产地不影响货物原产地的确定：

（一）燃料、能源、催化剂以及溶剂；

（二）用于测试或者检验货物的设备、装置以及用品；

（三）手套、眼镜、鞋靴、衣服、安全设备以及用品；

（四）工具、模具以及型模；

（五）用于维护设备和厂房建筑的备件以及材料；

（六）在生产中使用或者用于运行设备和维护厂房建筑的润滑油、油（滑）脂、合成材料以及其他材料；

（七）在货物生产过程中使用，未构成该货物组成成分，但是能够合理表明其参与了该货物生产过程的任何其他物品。

第十三条 本办法第三条所称的"直接运输"是指《中冰自贸协定》项下进口货物从冰岛直接运输至我国境内，途中未经过中国、冰岛以外的其他国家或者地区（以下简称"其他国家或者地区"）。

原产于冰岛的货物，经过其他国家或者地区运输至我国，不论在其他国家或者地区是否转换运输工具或者作临时储存，同时符合下列条件的，应当视为"直接运输"：

（一）货物经过这些国家或者地区仅是由于地理原因或者运输需要；

（二）未进入这些国家或者地区进行贸易或者消费；

（三）货物经过这些国家或者地区时，未做除装卸、物流分拆或者为使货物保持良好状态所必需处理以外的其他处理；

（四）处于这些国家或者地区海关的监管之下。

第十四条 货物申报进口时，进口货物收货人或者其代理人应当按照海关的申报规定填制《中华人民共和国海关进口货物报关单》（以下简称《进口报关单》），申明适用《中冰自贸协定》协定税率，并且同时提交下列单证：

（一）由冰岛授权机构签发的有效原产地证书正本（格式见附件1）或者冰岛经核准出口商填具的原产地声明正本（格式见附件2）。

（二）货物的商业发票及其相关运输单证。

货物经过其他国家或者地区运输至我国境内的，应当提交从冰岛至我国的全程运输单证，其他国家或者地区海关所出具的证明文件或者海关认可的其他证明文件。

第十五条 原产地申报为冰岛的进口货物，收货人或者其代理人在申报进口时未提交原产地证书或者原产地声明的，应当在办结海关手续前就该进口货物是否具备冰岛原产资格按照海关要求进行补充申报（格式见附件3）。

进口货物收货人或者其代理人依照本条第一款规定就进口货物具备冰岛原产资格向海关进行补充申报的，海关可以根据进口货物收货人或者其代理人的申请，收取相当于应缴税款的等值保证金后放行货物，并且按照规定办理进口手续，进行海关统计。依照法律、行政法规规定不得办理担保的情形除外。

进口货物收货人或者其代理人依照本条第一款规定进行补充申报，并且同时提交了银行或者非银行金融机构保函，保函符合《中华人民共和国海关进出口货物征税管理办法》相关规定的，海关也可以审查接受。

货物申报进口时，进口货物收货人或者其代理人未提交有效原产地证书正本或者原产地声明，也未就该进口货物是否具备冰岛原产资格向海关进行补充申报的，其申报进口的货物不适用《中冰自贸协定》协定税率，海关应当依法按照该货物适用的最惠国税率、普通税率或者其他税率计征关税及进口环节海关代征税，并按照规定办理进口手续、进行海关统计。收货人或者其代理人在货物征税放行后向海关提交原产地证书或者原产地声明的，已征税款不予调整。

第十六条 同时具备下列条件的，进口货物收货人或者其代理人可以自收取保证金之日起 6 个月内，向海关申请退还保证金：

（一）进口时已就货物具备冰岛原产资格向海关进行补充申报，申明适用《中冰自贸协定》协定税率；

（二）提交有效原产地证书或者原产地声明，以及海关要求提供的与货物进口相关的其他文件。

经海关审核，本条第一款规定的担保期限可以延长，但最长不得超过 1 年。

自缴纳保证金之日起 6 个月内或者经海关审核延长的担保期限内，进口货物收货人或者其代理人未提出退还保证金申请的，海关应当立即办理保证金转为进口税款手续，海关统计数据同时作相应修改。对提交银行或者非银行金融机构保函的，海关应当自担保期限届满之日起 6 个月内或者在税款保函规定的保证期间内要求担保人履行相应的纳税义务。

第十七条 原产于冰岛的进口货物，经海关依法审定的完税价格不超过 600 美元的，免予提交原产地证书或者原产地声明。

为规避本办法规定，一次或者多次进口货物的，不适用前款规定。

第十八条 进口货物收货人或者其代理人向海关提交的原产地证书应当同时符合下列条件：

（一）具有唯一的证书编号；

（二）列明同一批进口货物的一项或者多项货物；

（三）注明货物具有原产资格的依据；

（四）具有冰岛通知中国海关的签名或者印章样本等安全特征；

（五）以英文打印填制。

原产地证书应在货物出口前或者出口时签发，并自签发之日起 1 年内有效。

第十九条 因不可抗力导致原产地证书未在出口前或者出口时签发的，可以自货物装运之日起 1 年内补发。补发的原产地证书应当在原产地证书的"备注"栏注明"补发"字样。

原产地证书被盗、遗失或者损毁，并且未经使用的，进口货物收货人或者其代理人可在证书有效期内要求货物出口商或者制造商向冰岛授权机构申请签发原产地证书副本。该副本应当注明"原产地证书正本（编号日期）经核准的真实副本"字样，副本有效期与正本相同。

经核准的原产地证书副本向海关提交后，原产地证书正本失效。原产地证书正本已经使用的，经核准的原产地证书副本无效。

第二十条 进口货物收货人或者其代理人向海关提交的原产地声明应当同时符合下列条件：

（一）由冰岛的经核准出口商填具，并载有冰岛通知中国海关的该企业所使用的印章；

（二）标注填具原产地声明的经核准出口商授权号码；

（三）所列明的货物符合《中冰自贸协定》原产地规则；

（四）原产地声明应于货物进口前填具；

（五）原产地声明应自填具之日起 1 年内有效。

第二十一条 为确定原产地证书或者原产地声明的真实性和准确性、相关货物的原产资格或者货物是否满足本办法规定的其他要求，海关可以向冰岛有关机构提出核查请求，或者按照双方海关共同商定的其他程序进行核查。

在等待核查结果期间，依照进口货物收货人或者其代理人申请，海关可以依法选择按照该货物适用的最惠国税率、普通税率或者其他税率收取相当于应缴税款的等值保证金后放行货物，并且按照规定办理进口手续、进行海关统计。核查完毕后，海关应当根据核查结果，办理保证金退还手续或者保证金转为进口税款手续，海关统计数据应当作相应修改。

进口货物属于国家禁止或者限制进口货物，或者存在瞒骗嫌疑的，海关在原产地证书核实完毕前不得放行货物。

第二十二条 具有下列情形之一的，该进口货物不适用《中冰自贸协定》协定税率：

（一）进口货物不符合本办法的规定；

（二）进口货物收货人或者其代理人、出口商或者生产商未能遵守《中冰自贸协定》的规定；

（三）原产地证书或者原产地声明不符合本办法的规定；

（四）原产地证书上的授权机构名称、安全特征与海关备案资料不符的；

（五）原产地声明上的经核准出口商名称、授权号码或者印章样本与海关备案资料不符的；

（六）自提出原产地核查请求之日起，海关没有在《中冰自贸协定》规定的期限内收到核查反馈结果，或者反馈结果未包含足以确定原产地证书、原产地声明真实性或者货物真实原产地信息的。

第二十三条　出口货物申报时，出口货物发货人或者其代理人应当按照海关的申报规定填制《中华人民共和国海关出口货物报关单》，并且向海关提交《中冰自贸协定》项下原产地证书电子数据或者原产地证书正本的复印件。

第二十四条　《中冰自贸协定》项下进出口货物及其包装上标有原产地标记的，其原产地标记应当与依照本办法确定的货物原产地相一致。

第二十五条　海关对依照本办法规定获得的商业秘密依法负有保密义务。未经进出口货物收发货人同意，海关不得泄露或者用于其他用途，但是法律、行政法规以及相关司法解释另有规定的除外。

第二十六条　违反本办法，构成走私行为、违反海关监管规定行为或者其他违反《海关法》行为的，由海关依照《海关法》和《中华人民共和国海关行政处罚实施条例》的有关规定予以处理；构成犯罪的，依法追究刑事责任。

第二十七条　本办法下列用语的含义：

材料，是指用于生产或者转变成另一货物所使用的货物，包括零部件或者成分；

生产，是指货物的种植、饲养、开采、收获、捕捞、诱捕、狩猎、制造、加工或者装配；

生产者，是指种植、饲养、开采、收获、捕捞、诱捕、狩猎、制造、加工或者装配货物的人。

简单，是指既不需要专门的技能，也不需要专门生产或者装配机械、仪器或者装备的行为。

简单混合，不包括化学反应。

第二十八条　本办法由海关总署负责解释。

第二十九条　本办法自 2014 年 7 月 1 日起施行。

附件：1. 原产地证书

　　　2. 原产地声明

　　　3. 原产资格申明

附件1

CERTIFICATE OF ORIGIN

1. Exporter (Name, full address, country)	No. 000. 000.
	Certificate of Origin used in FTA between
2. Consignee (Name, full address, country)	CHINA and ICELAND
	See notes overleaf before completing this form
3. Transport details (as far as known) Departure Date Vessel / Flight/ Train/ Vehicle No. Port of loading Port of discharge	4. Remarks

5. Item number (Max 20)	6. Marks and numbers	7. Number and kind of packages; Description of goods	8. HS code (Six digit code)	9. Origin criterion	10. Gross mass (kg) or other measure (liters, m³, etc.)	11. Invoices (Number and date)

12. ENDORSEMENT BY THE AUTHORIZED BODY	13. DECLARATION BY THE EXPORTER
It is hereby certified, on the basis of control carried out, that the declaration of the exporter is correct	The undersigned hereby declares that the details and statement above are correct, that all the goods were produced in
	-------------------------- (country) and that they comply with the origin requirements specified in the FTA for the goods exported to -------------------------- (Importing country)
-- Place and date, signature and stamp of authorized body	-- Place and date, signature of authorized signatory

14. REQUEST FOR VERIFICATION, to:	15. RESULT OF VERIFICATION
Verification of the authenticity and accuracy of this certificate is requested. ------------------------------------ (Place and date) Stamp ------------------------------------ (Signature)	Verification carried out shows that this certificate⁽¹⁾ ☐ was issued by the authorized body indicated and that the information contained therein is accurate ☐ does not meet the requirements as to authenticity and accuracy (see remarks appended) ------------------------------------ (Place and date) Stamp ------------------------------------ (Signature) (1) Insert X in the appropriate box.

NOTES

1. Certificate must not contain erasures or words written over one another.

2. No spaces shall be left between the items entered on the certificate and each item shall be preceded by an item number. If the space of the box is not completely filled, " * " (stars) or " \ " (finishing slash) should be added after the description of the goods, or a horizontal line should be drawn below the last line of the description, and the empty space crossed through.

3. Goods must be described in accordance with commercial practice and with sufficient detail to enable them to be identified.

4. The number of items listed should not exceed 20.

5. This certificate should be issued in one original and two copies.

6. For each good described in Box 7, state which criterion is applicable, according to the following instructions. The rules of origin are contained in Chapter 3 (Rules of Origin) and Annex 4 (Product Specific Rules of Origin).

Origin Criterion	Insert in Box 9
The good is "wholly obtained" in the territory of a Party, as referred to in Article 23 (Wholly Obtained Goods) or the Product Specific Rules of Annex 4.	WO
The good is produced entirely in the territory of one or both Parties, exclusively from materials whose origin conform to the provisions of Chapter 3 (Rules of Origin).	WP
The good is produced in the territory of one or both Parties, using non-originating materials that conform to the Product Specific Rules and other applicable provisions of Chapter 3 (Rules of Origin).	PSR

原产地证书（中文样本供参考）

1. 出口商（名称，地址，国家）	No. 000. 000
	中国—冰岛自由贸易区原产地证书
2. 收货人（名称，地址，国家）	
	完成此表前请阅读背页的注意事项

3. 运输细节（就所知而言） 离港日期 船只／飞机／火车／运输工具编码 装货口岸 卸货口岸	4. 备注

5. 项目号（最多20项）	6. 唛头及编号	7. 包装数量及种类；商品描述	8. HS编码（6位）	9. 原产地标准	10. 毛重（公斤）或其他计量单位（公升、立方米等）	11. 发票（编号和日期）

12. 授权机构审核 根据实际监管，兹证明出口商的申报正确无误。	13. 出口商申明 兹申明上述填报资料及说明正确无误，所有货物产自
	------------------------- （国家） 上述货物符合中国—冰岛自贸区原产地规则的相关规定。该货物出口至 ------------------------- （进口国）
------------------------- 地点、日期、签名及授权机构印章	------------------------- 地点、日期及授权人签名

14. 核查请求：	15. 核查结果
	实际核查结果证明该证书[1]
	□ 确为授权机构所签发，且该证书上的相关信息准确无误
	□ 不符合真实性和准确性要求（见附注）
请求核查该份证书的真实性，以及证书上有关内容的准确性。	
	-- （地点和日期）
	印章
-- （地点和日期）	-- （签名）
印章	
-- （签名）	（1）在对应的方框内划"X"。

注意事项

1. 证书不得涂改及叠印。

2. 证书项目之间不得留空，每项内容之前必须有项目编号。商品描述完毕后应加"＊"（星号）或"＼"（斜杠），或者在商品描述的下一行划横线，将剩余的空白划掉。

3. 商品描述必须符合商业实际。该描述应包含足够的细节以助于识别商品。

4. 填写项目不得超过 20 项。

5. 本证书应签发一份原件和两份复印件。

6. 若第 7 栏中货物符合原产地规则，出口商必须按照下表所示方式申明货物享受优惠待遇所依据的原产地标准。原产地标准在第三章（原产地规则）和附件四（产品特定原产地规则）中予以规定：

原产地标准	填入第9栏
该货物是根据第二十三条（完全获得货物）或者附件四的产品特定规则的规定，在缔约一方完全获得；	WO
该货物是在缔约一方或双方境内，完全由符合第三章（原产地规则）规定的原产材料生产的；	WP
该货物是在缔约一方或双方境内，使用符合第三章（原产地规则）所规定的产品特定原产地规则及其他要求的非原产材料生产的。	PSR

附件 2

Declaration of Origin

Free Trade Agreement between China and Iceland
Serial number of Declaration_____

I _____ being the

(print name and position)

APPROVED EXPORTER (Registration number_____)
hereby declare that the goods listed in the invoice as attached to this declaration_____
_____ (insert invoice number) has complied with the Rules of Origin
of Free Trade Agreement between China and Iceland, being entitled to the preferential
tariff treatment under that Agreement.

Description of goods	HS code (Six digit code)	Gross mass (kg) or other measure (liters, m^3, etc.)

Signature and stamp: _____

Date: _____

Note: This declaration must be printed and presented as a separate document accompanying the commercial invoice. The maximum number of items covered by this declaration should not exceed 20.

原产地声明（中文样本仅供参考）

中国—冰岛自贸区

本声明的序列号＿＿＿＿＿＿＿＿

本人＿＿＿＿＿＿＿＿＿＿＿＿＿＿＿＿＿＿＿＿＿＿＿＿为

（打印姓名及职务）

经核准出口商（授权号码＿＿＿＿＿＿＿＿＿＿＿＿＿＿），特此声明随附发票

＿＿＿＿＿＿＿＿＿＿（填写发票号）中所述下列货物符合《中国—冰岛自贸协定》原产地规则，可享受该协定规定的优惠关税待遇。

商品描述	HS 编码（6 位）	毛重（公斤）或其他计量单位（公升、立方米等）

签名及签章：＿＿＿＿＿＿＿＿＿＿＿＿＿＿＿＿＿＿＿＿＿＿＿

日　　期：＿＿＿＿＿＿＿＿＿＿＿＿＿＿＿＿＿＿＿＿＿＿＿

注：本声明应打印后作为单独文件和商业发票一并提交，其所列货物不得超过 20 项。

附件3

<h1 style="text-align:center">《中华人民共和国政府和冰岛政府自由贸易协定》
项下进口货物原产资格申明</h1>

本人_____（姓名及职务）为进口货物收货人/进口货物收货人代理人（不适用的部分请划去，下同），兹申明（请在具体适用情形前打钩）：

□ 编号为_____的报关单所列第_____项货物原产自冰岛，并且货物符合《中华人民共和国政府和冰岛政府自由贸易协定》（以下简称《中冰自贸协定》）原产地规则的要求。本人申请对上述货物适用《中冰自贸协定》协定税率，并申请缴纳保证金后放行货物。本人承诺自缴纳保证金之日起6个月内或者在海关批准延长的担保期限内补交《中冰自贸协定》原产地证书或者冰岛经核准出口商填具的原产地声明。

□ 编号为_____的报关单所列第_____项货物原产自冰岛，本人不能提交《中冰自贸协定》原产地证书，也不能提交冰岛经核准出口商填具的原产地声明，声明放弃适用《中冰自贸协定》协定税率。

□ 编号为_____的报关单所列第_____项货物不具备《中冰自贸协定》规定的原产资格。

签名：_____

日期：_____

中华人民共和国海关《中华人民共和国和瑞士联邦自由贸易协定》项下进出口货物原产地管理办法

(2014 年 6 月 30 日海关总署令第 223 号公布，自 2014 年 7 月 1 日起施行)

第一条　为了正确确定《中华人民共和国和瑞士联邦自由贸易协定》（以下简称《中瑞自贸协定》）项下进出口货物原产地，促进我国与瑞士的经贸往来，根据《中华人民共和国海关法》（以下简称《海关法》）、《中华人民共和国进出口货物原产地条例》、《中瑞自贸协定》的规定，制定本办法。

第二条　本办法适用于我国与瑞士关境之间的《中瑞自贸协定》项下进出口货物的原产地管理。

瑞士联邦和列支敦士登公国之间的关税同盟条约生效期间，列支敦士登公国属于瑞士关境。

第三条　进口货物符合下列条件之一的，其原产国为瑞士：

（一）在瑞士关境完全获得或者生产的；

（二）在瑞士关境境内全部使用符合本办法规定的瑞士、中国原产材料生产的；

（三）在生产和加工该货物过程中使用的非原产材料在瑞士经过实质性改变，即符合《中瑞自贸协定》项下产品特定原产地规则规定的税则归类改变、非原产材料价值百分比、制造加工工序或者其他要求的。

《中瑞自贸协定》项下产品特定原产地规则是本办法的组成部分，由海关总署另行公告。

原产于瑞士的货物，从瑞士关境直接运输至我国的，可以按照本办法规定申请适用《中华人民共和国进出口税则》（以下简称《税则》）中的《中瑞自贸协定》协定税率。

第四条　本办法第三条第一款第（一）项所述"在瑞士关境完全获得或者生产"的货物是指：

（一）在瑞士关境的领土、内水提取的矿物产品或者其他无生命的天然生成物质；

（二）在瑞士关境收获、采摘或者采集的植物产品；

（三）在瑞士关境出生并且饲养的活动物及其产品；

（四）在瑞士关境狩猎、诱捕、捕捞、采集、捕获或者水产养殖获得的产品；

（五）在瑞士关境注册并且悬挂其国旗的船舶在公海捕捞获得的鱼类以及其他产品；

（六）在瑞士关境注册并且悬挂其国旗的加工船上，完全用上述第（五）项所述产品加工、制造的产品；

（七）在瑞士关境的海床或者底土提取的产品，只要瑞士关境依照其依据国际法制定的国内法对上述海床或者底土拥有开发权；

（八）在瑞士关境制造过程中产生的仅适用于原材料回收的废碎料；

（九）在瑞士关境收集的仅适于原材料回收的旧货；

（十）完全用上述第（一）至（九）项所列产品在瑞士关境加工获得的产品。

第五条 在瑞士关境境内，使用非瑞士原产材料生产的货物，符合《中瑞自贸协定》项下产品特定原产地规则中该货物所对应的非原产材料价值百分比标准的，应当视为原产于瑞士关境的货物。

本条第一款规定的非原产材料价值百分比是指允许使用的非瑞士原产材料价格占产品出厂价格的最大百分比，该百分比应当依据下列公式计算：

$$非原产材料百分比 = \frac{非原产材料价格}{产品出厂价格} \times 100\%$$

其中，非原产材料价格，是指非原产材料（包括原产地不明的材料）在瑞士进口时，海关按照《海关估价协定》审查确定的完税价格。进口时价格无法确定的，该价格应当按照在瑞士关境境内产品生产过程中最早确定的实付或者应付价格计算。

第六条 在瑞士关境境内使用非原产材料，按照《中瑞自贸协定》项下产品特定原产地规则，经实质性加工获得瑞士原产资格的产品，作为另一产品的生产材料进行进一步加工的，该产品中使用的非原产材料不影响另一产品的原产资格确定。

第七条 下列微小加工或者处理不构成实质性改变：

（一）为确保货物在运输或者储存过程中保持良好状态所进行的操作；

（二）冷冻或者解冻；

（三）包装和再包装；

（四）洗涤、清洁、除尘、除去氧化物、除油、去漆以及去除其他涂层；

（五）纺织产品的熨烫或者压平；

（六）简单的上漆以及磨光；

（七）谷物以及大米的去壳、部分或者完全的漂白、抛光以及上光；

（八）食糖上色或者加工成糖块；

（九）水果、坚果以及蔬菜的去皮、去核以及去壳；

（十）削尖、简单研磨或者简单切割；

（十一）过滤、筛选、挑选、分类、分级、匹配；

（十二）简单的装瓶，装罐，装袋，装箱，装盒，固定于纸板或木板以及其他简单的包装；

（十三）在产品或其包装上粘贴或者印刷标志、标签、标志以及其他类似的用于区别的标记；

（十四）对产品进行简单混合，无论是否为不同种类的产品；

（十五）把零部件装配成完整产品或者将产品拆成零部件的简单装配或者拆卸；

（十六）屠宰动物。

进口货物仅进行本条第一款所列微小加工或者处理的，不视为瑞士原产货物。

第八条　原产于中国的产品在瑞士关境境内用作生产另一产品的材料，在瑞士关境进行的最后加工工序超出本办法第七条第一款的范畴，该货物应当视为原产于瑞士关境。

原产于瑞士关境的货物进入中国关境后，进行的加工没有超出本办法第七条第一款所规定的范畴，该货物应当视为原产于瑞士关境。

第九条　在瑞士关境境内使用非瑞士原产材料生产的产品，非原产材料价格不超过产品出厂价格10%，该产品应当视为原产于瑞士关境。

按照《中瑞自贸协定》项下产品特定原产地规则应当适用非原产材料价值百分比标准的货物，不适用本条第一款规定。

第十条　根据《商品名称及编码协调制度公约》归类总规则应当归入同一个单一品目或者子目项下的成套货物，应当作为一个整体认定其原产资格。

由同一运输工具同时运抵同一口岸并且属于同一收货人、使用同一提单的同一批进口货物，包括根据《商品名称及编码协调制度公约》归类总规则应当归入同一个单一品目或者子目项下的多件相同货物的，应当逐一确定每件货物是否具备瑞士原产资格。

第十一条　根据《商品名称及编码协调制度公约》归类总规则应当与货物

一并归类的包装材料，应当作为货物的组成部分一并确定原产地。

适用《中瑞自贸协定》项下产品特定原产地规则中非原产材料价值百分比标准确定原产地的货物，其零售用包装材料的价格计入原产材料价格或者非原产材料价格予以计算。

用于在运输途中保护货物的包装材料以及容器不影响货物原产地确定。

第十二条 与进口货物一同报验、一并归类的附件、备件、工具、说明书或者其他信息材料，与货物一并开具发票，数量在正常范围之内的，应当作为货物的组成部分一并确定原产地。

适用《中瑞自贸协定》项下产品特定原产地规则中非原产材料价值百分比标准确定原产地的货物，其附件、备件、工具及说明书和其他信息材料价格计入原产材料价格或者非原产材料价格予以计算。

第十三条 在确定货物的原产地时，货物生产、测试或者检验过程中使用，但是本身不构成货物物质成分的下列物品，其原产地不影响货物原产地的确定：

（一）燃料、能源、催化剂以及溶剂；

（二）用于测试或者检验产品的设备、装置以及用品；

（三）手套、眼镜、鞋靴、衣服、安全设备以及用品；

（四）工具、模具以及型模；

（五）用于维护设备和建筑的备件以及材料；

（六）在生产中使用或用于运行设备和维护厂房建筑的润滑剂、油（滑）脂、合成材料以及其他材料；

（七）生产、测试或者检验过程中使用，不构成货物物质成分的其他物品。

第十四条 本办法第三条至第十三条规定应当在瑞士关境境内连续完成。

第十五条 货物生产或者加工过程中使用的可互换材料，同时包括瑞士原产材料和非瑞士原产材料的，可以依据瑞士关境的库存管理制度确定所使用的材料是否为原产材料。

第十六条 适用《中瑞自贸协定》协定税率的进口货物应当自瑞士关境直接运输至我国境内，途中未经过中国、瑞士关境以外的其他国家或者地区（以下简称"其他国家或者地区"）。

除通过管道运输至我国的瑞士原产货物外，原产于瑞士关境的其他货物经过其他国家或者地区运输至我国，同时符合下列条件的，应当视为"直接运输"：

（一）未做除装卸、物流拆分或者为使货物保持良好状态所必需处理以外的操作；

（二）处于其他国家或者地区海关的监管之下。

第十七条 原产于瑞士的货物申报进口时，进口货物收货人或者其代理人应当按照海关的申报规定填制《中华人民共和国海关进口货物报关单》（以下简称《进口报关单》），申明适用《中瑞自贸协定》协定税率，并且同时提交下列单证：

（一）由瑞士关境授权机构签发的有效原产地证书正本（格式见附件2）或者经核准出口商出具的原产地声明（格式见附件3）。

（二）货物商业发票、运输单证。

货物经过其他国家或者地区运输至我国境内的，应当提交从瑞士关境至我国的全程运输单证、其他国家或者地区海关所出具的证明文件或者海关认可的其他证明文件。

原产于瑞士关境的货物通过管道经过其他国家或者地区运输至我国境内的，应当提交相关证明文件。

第十八条 原产地申报为瑞士关境的进口货物，收货人或者其代理人在申报进口时未提交原产地证书或者原产地声明的，应当在办结海关手续前就该进口货物是否具备瑞士原产资格按照海关要求进行补充申报（格式见附件4）。

进口货物收货人或者其代理人依照本条第一款规定就进口货物具备瑞士原产资格向海关进行补充申报的，海关可以根据进口货物收货人或者其代理人的申请，收取相当于应缴税款的等值保证金后放行货物，并且按照规定办理进口手续，进行海关统计。依照法律、行政法规规定不得办理担保的情形除外。

进口货物收货人或者其代理人依照本条第一款规定进行补充申报，并且同时提交了银行或者非银行金融机构保函，保函符合《中华人民共和国海关进出口货物征税管理办法》相关规定的，海关也可以审查接受。

货物申报进口时，进口货物收货人或者其代理人未提交有效的原产地证书正本或者原产地声明，也未就该进口货物是否具备瑞士原产资格向海关进行补充申报的，其申报进口的货物不适用《中瑞自贸协定》协定税率，海关应当依法按照该货物适用的最惠国税率、普通税率或者其他税率计征关税及进口环节海关代征税，并按照规定办理进口手续、进行海关统计。收货人或者其代理人在货物征税放行后向海关提交原产地证书或者原产地声明的，已征税款不予调整。

第十九条 同时具备下列条件的，进口货物收货人或者其代理人可以自收取保证金之日起6个月内，向海关申请退还保证金：

（一）进口时已就货物具备瑞士原产资格向海关进行补充申报，申明适用

《中瑞自贸协定》协定税率；

（二）提交有效原产地证书或者原产地声明，以及海关要求提供的与货物进口相关的其他文件。

经海关审核，本条第一款规定的担保期限可以延长，但最长不得超过1年。

自缴纳保证金之日起6个月内或者经海关审核延长的担保期限内，进口货物收货人或者其代理人未提出退还保证金申请的，海关应当立即办理保证金转为进口税款手续，海关统计数据同时作相应修改。对提交银行或者非银行金融机构保函的，海关应当自担保期限届满之日起6个月内或者在税款保函规定的保证期间内要求担保人履行相应的纳税义务。

第二十条 原产于瑞士关境的同一批次进口货物，经海关依法审定的完税价格不超过600美元的，免予提交原产地证书或者原产地声明。

为规避本办法规定，一次或者多次进口货物的，不适用前款规定。

第二十一条 进口货物收货人或者其代理人向海关提交的原产地证书应当同时符合下列条件：

（一）由瑞士授权机构在货物出口前或者出口时签发；

（二）含有瑞士通知中国海关的印章样本等安全特征；

（三）以英文填制；

（四）自签发之日起12个月内有效。

第二十二条 因不可抗力、技术性原因等特殊情形导致未能在出口前或者出口时签发原产地证书的，可以补发原产地证书并注明"补发"字样。补发的原产地证书自签发之日起12个月内有效。

原产地证书正本被盗、遗失或者损毁，并且经核实未被使用的，出口商或者生产商可以向瑞士授权机构书面申请签发经核准的原产地证书副本。经核准的原产地证书副本上应当注明"原产地证书正本的经核准真实副本（编号日期）"或者加盖"副本"字样，并且注明之前的原产地证书正本编号以及签发日期。经核准的副本在原产地证书正本有效期内有效。

经核准的原产地证书副本向海关提交后，原产地证书正本失效。原产地证书正本已经使用的，经核准的原产地证书副本无效。

第二十三条 原产地声明应当由瑞士经核准出口商打印、加盖或者印刷在发票或者装箱单等商业单证上，并且同时符合下列条件：

（一）包含瑞士经核准出口商的注册号码和原产地声明序列号；

（二）自商业单证开具之日起12个月内有效。

第二十四条 为确定原产地证书或者原产地声明的真实性、所提供信息准确性、相关货物原产资格以及货物是否满足本办法规定的其他要求，海关可以在原产地证书签发或者原产地声明出具后 36 个月内向瑞士有关机构提出核查请求。

在等待核查结果期间，依照进口货物收货人或者其代理人申请，海关可以依法选择按照该货物适用的最惠国税率、普通税率或者其他税率收取相当于应缴税款的等值保证金后放行货物，并且按照规定办理进口手续、进行海关统计。核查完毕后，海关应当根据核查结果，办理保证金退还手续或者保证金转为进口税款手续，海关统计数据应当作相应修改。

第二十五条　进口货物具有下列情形之一的，不适用《中瑞自贸协定》协定税率：

（一）原产地证书或者原产地声明不符合本办法的规定；

（二）不符合本办法第十六条的规定；

（三）根据核查结果，原产地证书或者原产地声明不真实或者不准确；

（四）自提出原产地核查请求之日起，海关没有在 6 个月或者双方海关商定的期限内收到核查反馈结果，或者反馈结果未准确说明原产地证书或者原产地声明是否有效、产品是否具备原产资格等；

（五）不符合本办法的其他规定。

第二十六条　出口货物申报时，出口货物发货人或者其代理人应当按照海关的申报规定填制《中华人民共和国海关出口货物报关单》，并向海关提交《中瑞自贸协定》项下原产地证书或者原产地声明的电子数据或者正本复印件。

第二十七条　《中瑞自贸协定》生效之前已经从瑞士关境出口，尚未抵达我国的在途以及中转货物，符合本办法第十六条规定的，可以在《中瑞自贸协定》生效之日的 6 个月内补发原产地证书或者原产地声明。

第二十八条　《中瑞自贸协定》项下进出口货物及其包装上标有原产地标记的，其原产地标记应当与依照本办法确定的货物原产地相一致。

第二十九条　海关对依照本办法规定获得的商业秘密依法负有保密义务。未经进出口货物收发货人同意，海关不得泄露或者用于其他用途，但是法律、行政法规以及相关司法解释另有规定的除外。

第三十条　违反本办法，构成走私行为、违反海关监管规定行为或者其他违反《海关法》行为的，由海关依照《海关法》和《中华人民共和国海关行政处罚实施条例》的有关规定予以处理；构成犯罪的，依法追究刑事责任。

第三十一条　本办法下列用语的含义：

生产，是指获得产品的方法，包括但是不仅限于产品的种植、开采、收获、捕捞、诱捕、狩猎、制造、加工或者装配；

材料，包括组成成分、零件、部件、半组装件、以物理形式构成另一产品部分或者已经用于另一产品生产过程的产品；

实质性改变，是指在瑞士关境境内使用非瑞士关境原产材料生产的产品，符合《中瑞自贸协定》项下产品特定原产地规则中该产品所对应的标准；

非原产货物、非原产材料，是指根据本办法规定不具备原产资格的货物或者材料；

原产货物、原产材料，是指根据本办法规定具备原产资格的货物或者材料；

简单，是指既不需要专门的技能也不需要专门生产或者装配机械、仪器、装备的行为；

出厂价格，是指向对产品进行最后生产或者加工的生产商支付的出厂价格，包括使用的所有材料的价格、工资、其他花费以及减去出口退税的利润；

可互换材料，是指相同种类或者商业品质相同的可以互相替换的材料，这些材料在投入最终产品的生产后无法加以区分；

授权机构，是指经我国或者瑞士的国内法或者其政府机构指定签发原产地证书的任何机构。

第三十二条 本办法由海关总署负责解释。

第三十三条 本办法自 2014 年 7 月 1 日起施行。

附件：1. 中国原产地证书样本

2. 瑞士原产地证书样本

3. 原产地声明样本

4. 原产资格申明

附件1 中国原产地证书

CERTIFICATE OF ORIGIN

1. Exporter (Name, full address, country)	No. 000. 000. Certificate of Origin used in FTA between CHINA and SWITZERLAND See notes overleaf before completing this form
2. Consignee (Name, full address, country)	

3. Transport details (as far as known) Departure Date Vessel / Flight/ Train/ Vehicle No. Port of loading Port of discharge	4. Remarks

5. Item number (Max 20)	6. Marks and numbers	7. Number and kind of packages; Description of goods	8. HS code (Six digit code)	9. Origin criterion	10. Gross mass (kg) or other measure (liters, m^3, etc.)	11. Invoices (Number and date)

12. ENDORSEMENT BY THE AUTHORIZED BODY It is hereby certified, on the basis of control carried out, that the declaration of the exporter is correct --------------------------- Place and date, signature and stamp of authorized body	13. DECLARATION BY THE EXPORTER The undersigned hereby declares that the details and statement above are correct, that all the goods were produced in --------------------------- (country) and that they comply with the origin requirements specified in the FTA for the goods exported to --------------------------- (Importing country) --- Place and date, signature of authorized signatory

14. REQUEST FOR VERIFICATION, to:	15. RESULT OF VERIFICATION
	Verification carried out shows that this certificate[1] ☐ was issued by the authorized body indicated and that the information contained therein is accurate. ☐ does not meet the requirements as to authenticity and accuracy (see remarks appended)
Verification of the authenticity and accuracy of this certificate is requested. -- (Place and date) Stamp -- (Signature)	-- (Place and date) Stamp -- (Signature) _____ (1) Insert X in the appropriate box.

NOTES

1. Certificate must not contain erasures or words written over one another.

2. No spaces shall be left between the items entered on the certificate and each item shall be preceded by an item number. If the space of the box is not completely filled, " * " (stars) or " \ " (finishing slash) should be added after the description of the goods, or a horizontal line should be drawn below the last line of the description, and the empty space crossed through.

3. Goods must be described in accordance with commercial practice and with sufficient detail to enable them to be identified.

4. The number of items listed should not exceed 20.

5. This certificate should be issued in one original and two copies.

6. For each good described in box 7, state which criterion is applicable, according to the following instructions. The rules of origin are contained in Chapter 3 and Annex II.

Origin Criterion	Insert in Box 9
The product is "wholly obtained" in the territory of a Party, as referred to in Article 3.3 or the product specific rules of Annex II.	WO
The product was produced in a Party exclusively from materials originating from one or both Parties conforming to the provisions of Chapter 3.	WP
The product is produced in the territory of one or both Parties, using non-originating materials that conform to the Product Specific Rules and other applicable provisions of Chapter 3.	PSR

原产地证书（中文样本供参考）

1. 出口商（名称，地址，国家）	No. 000.000
	中国—瑞士自由贸易区原产地证书
2. 收货人（名称，地址，国家）	
	完成此表前请阅读背页的注意事项
3. 运输细节（就所知而言） 离港日期 船只／飞机／火车／运输工具编码 装货口岸 卸货口岸	4. 备注

5. 项目号（最多20项）	6. 唛头及编号	7. 包装数量及种类；商品描述	8. HS编码（6位）	9. 原产地标准	10. 毛重（公斤）或其他计量单位（公升、立方米等）	11. 发票（编号和日期）

| 12. 授权机构审核
根据实际监管，兹证明出口商的申报正确无误。

地点、日期、签名及授权机构印章 | 13. 出口商申明
兹申明上述填报资料及说明正确无误，所有货物产自

----------------------------------（国家）
上述货物符合中国—瑞士自贸区原产地规则的相关规定。该货物出口至

----------------------------------（进口国）
地点、日期及授权人签名 |

14. 核查要求至：	15. 核查结果
	实际核查结果证明该证书[1] □ 确为授权机构所签发，且该证书上的相关信息准确无误 □ 不符合真实性和准确性要求（见附注）
请求核查该份证书的真实性，以及证书上有关内容的准确性。 -- （地点和日期） 　　　　　　　　　　　　　印章 -- （签名）	-- （地点和日期） 　　　　　　　　　　　　　印章 -- （签名） _____ （1）在对应的方框内划"X"。

注意事项

1. 证书不得涂改及叠印。

2. 证书项目之间不得留空，每项内容之前必须有项目编号。商品描述完毕后应加"＊"（星号）或"＼"（斜杠），或者在商品描述的下一行划横线，将剩余的空白被划掉。

3. 商品描述必须符合商业实际。该描述应包含足够的细节以助于识别商品。

4. 填写项目不得超过20项。

5. 本证书应签发一份原件和两份复印件。

6. 若第7栏中货物符合原产地规则，出口商必须按照下表所示方式申明货物享受优惠待遇所依据的原产地标准。原产地规则在第三章和附件二中予以规定。

原产地标准	填入第9栏
该产品是根据第3.3条或者附件2的产品特定规则的规定，在一方完全获得；	WO
该产品是在一方境内，完全由符合第三章规定的一方或双方的原产材料生产的；	WP
该产品是在一方或双方境内，使用符合第三章所规定的产品特定原产地规则及其他要求的非原产材料生产的。	PSR

附件 **2**

MOVEMENT CERTIFICATE EUR. 1

1. Exporter (*Name, full address, country*)	EUR. 1　　N° A　　000. 000
	See notes overleaf before completing this form
	2. Certificate used in preferential trade between
3. Consignee (*Name, full address, country*) (*Optional*)	--- and --- (*insert appropriate countries, group of countries or territories*)

	4. Country, in which the goods are considered as originating	**5. Country of destination**

6. Transport details (*Optional*)	7. Remarks	

8. Item number; marks and numbers; number and kind of packages①; description of goods	9. Gross weight (kg) or other measure (1, m³, etc.)	10. Invoices (*Optional*)

_____

① If goods are not packed, indicate number of articles or state "in bulk" as appropriate.

11. CUSTOMS ENDORSEMENT	12. DECLARATION BY THE EXPORTER

Declaration certified
 	
Export document①
 	
Form _____ No. _____ Stamp
 	
From _____
 	
Customs Office _____
 	
Issuing country _____
 	
------------------------------------ 	
 	
Date _____
 	
------------------------------------ 	
 	
        (*Signature*)
	I, the undersigned, declare that the goods de-scribed above meet the conditions required for the issue of this certificate.
	
	Place and date：_____
	
	------------------ 	
	
	        (*Signature*)

----

   ①   Complete only where the regulations of the exporting country require.

NOTES

1. The movement certificate EUR. 1 must not contain erasures or words written over one another.

2. No spaces shall be left between the items entered on the movement certificate EUR. 1 and each item shall be preceded by an item number. If the space of the box is not completely filled, " * " (stars) or " \ " (finishing slash) should be added after the description of the goods, or a horizontal line should be drawn below the last line of the description, and the empty space crossed through.

3. Goods must be described in accordance with commercial practice and with sufficient detail to enable them to be identified.

4. The boxes 3 and 10 shall be filled in despite being marked "optional".

5. The box 6 shall be filled in as far as the information requested is known.

6. This movement certificate EUR. 1 should be issued in one original and two copies.

7. The number of items listed in box 8 should not exceed 20. For each product described therein, state the HS code (6-digit code) and the applicable origin criterion according to the following instructions. The rules of origin are contained in Chapter 3 and Annex II.

Origin Criterion	Insert in Box 8
The product is "wholly obtained" in the territory of a Party, as referred to in Article 3. 3 of the Agreement or the product specific rules in Annex II.	WO
The product was produced in a Party exclusively from materials originating from one or both Parties conforming to the provisions of Chapter 3.	WP
The product was produced in the territory of one or both Parties, using non-originating materials and fulfils the Product Specific Rules and other applicable provisions of Chapter 3.	PSR

欧洲 1 号流动证明（中文样本供参考）

1. 出口商（名称，详细地址，国家）	EUR.1 N° A 000.000
	完成此表前请阅读背页的注意事项
	2.
	....
	和
	....
2. 收货人（名称，详细地址，国家）（选填）	（填入适当的国家，国家或地区区域集团名称）
	优惠贸易使用的证书
	4. 原产国　　　　　　　　5. 目的国
6. 运输详细信息（选填）	7. 备注
8. 项目号；唛头及编号；包装数量及种类①；商品描述	9. 毛重（千克）或其他计量单位（升、立方米等）　　10. 发票（选填）
11. 海关监管 证实出口文件正确无误的申明② 表 .... No. .... 印章 从 .... 海关 .... 签发国 .... 日期 .... （签名）	12. 出口商申明 本人，下列签字人，申明上述商品符合本证明的签发要求。 地址和日期： .... （签名）

---

① 若货物未有包装，酌情注明货物件数或散装状态。

② 仅在出口国规定需要时填写。

注意事项

1. 欧洲 1 号流动证明不得涂改或叠印。

2. 流动证明项目之间不得留空，每项内容之前必须有项目编号。商品描述完毕后应加 "＊"（星号）或 "＼"（斜杠），或者在商品描述的下一行划横线，将剩余的空白被划掉。

3. 商品须按照贸易实际进行描述且能根据描述的充分细节予以识别。

4. 尽管标注 "选填"，第 3 栏和第 10 栏仍应填写。

5. 第 6 栏应就所知而言填写。

6. 欧洲 1 号流动证明应签发一份正本和两份副本。

7. 第 8 栏所列的项目数不得超过 20 个。其中所述每一货品，列明《协调制度》编码（六位数税则归类编码）且根据下表所示方式申明货物适用的原产地标准。原产地规则在第三章和附件二中予以规定。

原产地标准	填入第 9 栏
该产品是根据第 3.3 条或者附件二的产品特定规则的规定，在一方境内完全获得；	WO
该产品是在一方境内，完全由符合第三章规定的一方或双方的原产材料生产的；	WP
该产品是在一方或双方境内，使用符合第三章所规定的产品特定原产地规则及其他要求的非原产材料生产的。	PSR

附件3

ORIGIN DECLARATION

The origin declaration referred to in Article 3. 14 shall be completed in English and have the following wording (without the footnotes):

"Serial—No. ....

The exporter of the products covered by this document (registration No. ....) declares that, except where otherwise clearly indicated, these products are of ....① preferential origin according to the China—Switzerland FTA.

This exporter is legally responsible for the truthfulness and authenticity of what is declared above. "

(Place and date)

原产地声明（中文样本供参考）

第3. 14条中的原产地声明应使用英语填具，并包含以下文字（不需要脚注）。
"序列号 ....
本文件所载产品的出口商（注册号码 ....）声明：
除非另外明确注明，本文件所载产品根据中国—瑞士自贸协定具备 ....
........②优惠原产资格。
本出口商对以上声明内容的真实性和可靠性负法律责任。"

(地点和日期)

---

① The origin of the product must be indicated in this space (Chinese or Swiss), ISO—Alpha—2 codes are permitted (CN or CH). Reference may be made to a specific column of the invoice or other commercial documents, as deemed valid by the importing customs administration, in which the country of origin of each product is referred to.

② 此空白处应注明产品的原产地（中国或瑞士），允许使用国别简写（CN或CH）。对载有每项产品原产国的发票或进口方海关认可的其他商业单证上的每一栏产品都应做出指引。

附件 4

《中华人民共和国政府和瑞士政府自由贸易协定》
项下进口货物原产资格申明

本人_____（姓名及职务）为进口货物收货人/进口货物收货人代理人（不适用的部分请划去，下同），兹申明（请在具体适用情形前打钩）：

□ 编号为_____的报关单所列第_____项货物原产自瑞士/列支敦士登，并且货物符合《中华人民共和国政府和瑞士政府自由贸易协定》（以下简称《中瑞自贸协定》）原产地规则的要求，本人申请对上述货物适用《中瑞自贸协定》协定税率，并申请缴纳保证金后放行货物。本人承诺自缴纳保证金之日起 6 个月内或者在海关批准延长的担保期限内补交《中瑞自贸协定》原产地证书或者瑞士/列支敦士登经核准出口商签发的原产地声明。

□ 编号为_____的报关单所列第_____项货物原产自瑞士/列支敦士登，本人不能提交《中瑞自贸协定》原产地证书，也不能提交瑞士/列支敦士登经核准出口商签发的原产地声明，声明放弃适用《中瑞自贸协定》协定税率。

□ 编号为_____的报关单所列第_____项货物不具备《中瑞自贸协定》项下货物原产资格。

签名：_____

日期：_____

中华人民共和国海关《中华人民共和国政府和澳大利亚政府自由贸易协定》项下进出口货物原产地管理办法

(2015年12月18日海关总署令第228号公布，自2015年12月20日起施行)

第一条 为了正确确定《中华人民共和国政府和澳大利亚政府自由贸易协定》（以下简称《中澳自贸协定》）项下进出口货物原产地，促进我国与澳大利亚的经贸往来，根据《中华人民共和国海关法》（以下简称《海关法》）、《中华人民共和国进出口货物原产地条例》、《中澳自贸协定》的规定，制定本办法。

第二条 本办法适用于我国与澳大利亚之间的《中澳自贸协定》项下进出口货物的原产地管理。

第三条 进口货物符合下列条件之一的，其原产国为澳大利亚：

（一）在澳大利亚完全获得或者生产的；

（二）在澳大利亚境内全部使用符合本办法规定的原产材料生产的；

（三）在澳大利亚境内非完全获得或者生产，但是符合《中澳自贸协定》项下产品特定原产地规则规定的税则归类改变、区域价值成分、制造加工工序或其他要求的。

《中澳自贸协定》项下产品特定原产地规则是本办法的组成部分，由海关总署另行公告。

原产于澳大利亚的货物，从澳大利亚境内直接运输至中国境内的，可以按照本办法规定申请适用《中华人民共和国进出口税则》（以下简称《税则》）中的《中澳自贸协定》协定税率。

第四条 本办法第三条第一款第（一）项所述"在澳大利亚完全获得或者生产的"货物是指：

（一）在澳大利亚境内出生并且饲养的活动物；

（二）从本条第（一）项所述活动物中获得的货物；

（三）在澳大利亚境内通过狩猎、诱捕、捕捞、耕种、采集或者捕获直接获得的货物；

（四）在澳大利亚境内收获、采摘或者采集的植物和植物产品；

（五）在澳大利亚境内提取或者得到的未包括在本条第（一）项至第（四）项的矿物质以及其他天然生成物质；

（六）根据《中澳自贸协定》，在澳大利亚领海以外的水域、海床或者底土提取的产品，不包括鱼类、甲壳类动物、植物以及其他海洋生物；

（七）在澳大利亚注册并且悬挂澳大利亚国旗的船只在公海获得的鱼类、甲壳类动物、植物以及其他海洋生物；

（八）在澳大利亚注册并且悬挂澳大利亚国旗的加工船上从本条第（七）项的货物获得或者生产的货物；

（九）在澳大利亚境内加工过程中产生的废碎料或者在澳大利亚收集的仅适用于原材料回收的旧货；

（十）在澳大利亚境内完全从本条第（一）项至第（九）项的货物生产的货物。

第五条 本办法第三条第一款第（三）项规定的税则归类改变是指使用非原产材料在澳大利亚进行制造、加工后，在《税则》中的税则号列发生改变。

第六条 本办法第三条第一款第（三）项规定的区域价值成分应当按照下列公式计算：

$$区域价值成分 = \frac{货物价格 - 非原产材料价格}{货物价格} \times 100\%$$

其中，"货物价格"是指按照《海关估价协定》，在船上交货价格基础上调整的货物价格。"非原产材料价格"是指按照《海关估价协定》确定的非原产材料的进口成本、运至目的港口或者地点的运费和保险费，包括不明原产地材料的价格。非原产材料由生产商在澳大利亚境内获得时，按照《海关估价协定》确定的成交价格，不包括将该非原产材料从供应商仓库运抵生产商所在地过程中产生的运费、保险费、包装费以及其他任何费用。

根据本条第一款计算货物的区域价值成分，非原产材料价格不包括在生产过程中为生产原产材料而使用的非原产材料的价格。

第七条 原产于中国的材料在澳大利亚境内被用于生产另一货物的，该材料应当视为澳大利亚原产材料。

第八条 适用《中澳自贸协定》项下税则归类改变要求的货物，生产过程中所使用的非原产材料不满足税则归类改变要求，但上述非原产材料按照《海关估价协定》确定的成交价格不超过该货物船上交货价格的10%，并且货物符合本办法所有其他适用规定，该货物仍然应当视为原产货物。

第九条 货物仅仅经过下列一项或者多项微小加工或者处理，未作其他加工或者处理的，不能归入原产货物：

（一）为确保货物在运输或者储存期间处于良好状态而进行的加工或者处理；

（二）包装和重新包装；

（三）过滤、筛选、挑选、分类、分级、匹配（包括成套物品的组合）；

（四）装瓶、装罐、装袋、装箱、装盒、固定于纸板或者木板及其他简单的包装工序；

（五）在产品或者其包装上粘贴、印刷标志、标签、标识以及其他类似的用于区别的标记；

（六）货物的拆卸。

第十条 运输期间用于保护货物的包装材料以及容器不影响货物原产地的确定。

货物适用《中澳自贸协定》项下产品特定原产地规则中有关区域价值成分的要求确定原产地的，其零售用包装材料和容器的价格应当按照各自的原产地纳入原产材料或者非原产材料的价格予以计算。

货物适用《中澳自贸协定》项下产品特定原产地规则中除区域价值成分要求以外的其他要求确定原产地，并且其零售用包装材料以及容器与该货物一并归类的，该零售用包装材料以及容器的原产地不影响货物原产地的确定。

第十一条 适用《中澳自贸协定》项下产品特定原产地规则中有关区域价值成分要求的货物，在计算区域价值成分时，与该货物一并申报进口的附件、备件以及工具的价格应当纳入原产材料或者非原产地材料的价格予以计算。

货物适用《中澳自贸协定》项下产品特定原产地规则中除区域价值成分要求以外的其他要求确定原产地的，如果与该货物一并申报进口的附件、备件或者工具在《税则》中与该货物一并归类，并且其价格包含在该货物价格内，则该附件、备件或者工具的原产地不影响货物原产地的确定。

本条第一款与第二款所述附件、备件或者工具的数量与价格应当在合理范围之内。

第十二条 下列不构成货物组成成分的材料或者物品，其原产地不影响货物原产地的确定：

（一）用于货物生产的材料或者物品：

1. 燃料、能源；

2. 工具、模具以及型模；

3. 手套、眼镜、鞋靴、衣服、安全设备以及用品；

4. 催化剂以及溶液。

（二）用于维护设备、厂房建筑的材料或者物品：

1. 备件以及材料；

2. 润滑剂、油（滑）脂、合成材料以及其他材料。

（三）用于测试或者检验货物的设备、装置以及用品。

（四）在货物生产过程中使用，未构成该货物组成成分，但是能够合理表明其参与了该货物生产过程的任何其他货物。

第十三条 在确定货物原产地时，对于商业上可以互换，性质相同，依靠视觉观察无法加以区分的可互换材料，应当通过对每项材料进行物理分离或者运用出口方公认会计原则所承认的库存管理方法加以区分。

第十四条 本办法第三条所称的"直接运输"是指《中澳自贸协定》项下进口货物从澳大利亚直接运输至我国境内，途中未经过中国、澳大利亚以外的其他国家或者地区（以下简称"其他国家或者地区"）。

原产于澳大利亚的货物，经过其他国家或者地区运输至我国，不论在其他国家或者地区是否转换运输工具或者进行临时储存，同时符合下列条件的，应当视为"直接运输"：

（一）货物经过这些国家或者地区时，未做除装卸、物流拆分或者为使货物保持良好状态所必需处理以外的其他处理；

（二）在其他国家或者地区进行临时储存的，在这些国家或者地区停留时间不得超过12个月；

（三）处于这些国家或者地区海关的监管之下。

第十五条 除海关总署另有规定外，货物申报进口时，进口货物收货人或者其代理人应当按照海关的申报规定填制《中华人民共和国海关进口货物报关单》（以下简称《进口报关单》），申明适用《中澳自贸协定》协定税率，并且提交以下单证：

（一）由澳大利亚授权机构签发的有效原产地证书（格式见附件1）或者经生产商或者出口商填制并且签名的原产地声明（格式见附件2）；

（二）货物的商业发票以及全程运输单证。

货物经过其他国家或者地区运输至中国境内的，应当提交其他国家或者地区海关所出具的证明文件或者海关认可的其他证明文件。

第十六条 原产地申报为澳大利亚的进口货物，收货人或者其代理人在申报进口时未提交原产地证书或者原产地声明的，应当在征税前就该进口货物是否具备澳大利亚原产资格向海关进行补充申报（格式见附件3）。

进口货物收货人或者其代理人依照本条第一款规定就进口货物具备澳大利亚原产资格向海关进行补充申报并且提供税款担保的，海关应当依法办理进口手续。依照法律、行政法规规定不得办理担保的情形除外。因提前放行等原因已经提交了与货物可能承担的最高税款总额相当的税款担保的，视为符合本款关于提供税款担保的规定。

货物申报进口时，进口货物收货人或者其代理人未申明适用《中澳自贸协定》协定税率，也未按照本条规定就该进口货物是否具备澳大利亚原产资格进行补充申报的，其申报进口的货物不适用协定税率。收货人或者其代理人在货物征税后向海关申请适用《中澳自贸协定》协定税率的，已征税款不予调整。

第十七条 同一批次进口的澳大利亚原产货物，经海关依法审定的完税价格不超过6000元人民币的，免予提交原产地证书或者原产地声明。

为规避本办法规定，一次或者多次进口货物的，不适用前款规定。

第十八条 进口货物收货人或者其代理人提交的原产地证书应当同时符合下列条件：

（一）原产地证书应当由澳大利亚授权机构在货物出口前或者出口时签发；

（二）具有澳大利亚通知中国海关的印章样本等安全特征；

（三）以英文填制；

（四）自签发之日起12个月内有效。

第十九条 原产地证书未能在出口前或者出口时签发的，可以在货物装运之日起12个月内补发。补发的原产地证书应当注明"补发"字样，其有效期为货物装运之日起12个月。

原产地证书被盗、遗失或者损毁，并且未经使用的，进口货物收货人或者其代理人可以在该证书有效期内要求货物出口商或者生产商向澳大利亚授权机构申请签发原产地证书副本。新签发的原产地证书副本应当注明"原产地证书正本（编号日期）经核准的真实副本"字样，其有效期与正本相同。

经核准的原产地证书副本向海关提交后，原产地证书正本失效。原产地证书正本已经使用的，经核准的原产地证书副本无效。

第二十条 海关已经依法预先作出裁定，确认原产地为澳大利亚的进口货物，如果该裁定处于有效状态，据以作出该裁定的事实和情况也没有发生变化的，则该裁定项下货物进口时，进口货物的收货人或者其代理人可以向海关提交原产地声明，申明适用《中澳自贸协定》协定税率。

进口货物收货人或者其代理人向海关提交的原产地声明应当同时符合下列

条件：

（一）符合本办法附件 2 所列格式，并且以英文填制；

（二）由出口商或者生产商填写并且正确署名；

（三）所列的一项或者多项货物为同一批次的进口货物，并且仅仅对应一份《进口报关单》；

（四）自签发之日起 12 个月内有效。

第二十一条 原产地证书、原产地声明原则上不得涂改或者叠印。

特殊情形下必须更正的，应当首先将错误信息划去，再增补更正的内容。更正内容应当由更正人员加以签注。对于原产地证书，还应当经有权签发原产地证书的机构加以证实。

原产地证书、原产地声明上任何未填写的空白处应当划去或者另外注明。

第二十二条 为了确定原产地证书或者原产地声明的真实性和准确性、确定相关货物的原产资格，或者确定货物是否满足本办法规定的其他要求，海关可以开展原产地核查，核查应当依次通过以下方式进行：

（一）请求澳大利亚海关协助；

（二）书面要求澳大利亚出口商或者生产商提供信息；

（三）书面要求澳大利亚授权机构核查原产地证书的有效性。

使用本条第一款方式不足以确定的，可以与澳大利亚海关商定后对出口商或者生产商进行实地核查访问，也可以适用与澳大利亚海关共同商定的其他程序。

在等待核查结果期间，依照进口货物收货人或者其代理人申请，海关可以依法办理担保放行。

进口货物属于国家禁止或者限制进口货物的，海关在核查完毕前不得放行货物。

第二十三条 有下列情形之一的，自货物进口之日起 1 年内，进口货物收货人或者其代理人可以在海关批准的担保期限内向海关申请解除税款担保：

（一）已经按照本办法规定向海关进行补充申报并且提交了原产地证书或者原产地声明的；

（二）已经按照本办法规定完成原产地核查程序，核查结果足以认定货物真实原产地的。

第二十四条 具有下列情形之一的，进口货物不适用《中澳自贸协定》协定税率：

（一）进口货物收货人或者其代理人在货物申报进口时未申明适用协定税

率，也未按照本办法第十六条规定进行补充申报的；

（二）货物不具备澳大利亚原产资格的；

（三）原产地证书或者原产地声明不符合本办法规定的；

（四）自提出原产地核查请求之日起3个月内，海关没有收到出口商或者生产商提交的补充信息的，或者澳大利亚海关答复结果未包含足以确定原产地证书真实性或者货物真实原产地信息的；

（五）不符合本办法其他规定的。

按照本条第一款规定，海关认定进口货物不适用《中澳自贸协定》协定税率的，应当书面告知进口货物收货人或者其代理人（格式见附件4）。

第二十五条 出口货物申报时，出口货物发货人或者其代理人应当按照海关的申报规定填制《中华人民共和国海关出口货物报关单》，并且向海关提交《中澳自贸协定》项下原产地证书或者原产地声明的电子数据或者正本复印件。

第二十六条 《中澳自贸协定》项下进出口货物及其包装上标有原产地标记的，其原产地标记应当与依照本办法确定的货物原产地相一致。

第二十七条 海关对于依照本办法规定获得的商业秘密依法负有保密义务。未经进出口货物收发货人同意，海关不得泄露或者用于其他用途，但是法律、行政法规以及相关司法解释另有规定的除外。

第二十八条 违反本办法，构成走私行为、违反海关监管规定行为或者其他违反《海关法》行为的，由海关依照《海关法》和《中华人民共和国海关行政处罚实施条例》的有关规定予以处理；构成犯罪的，依法追究刑事责任。

第二十九条 本办法下列用语的含义：

原产地声明，是指货物的出口商或者生产商就货物原产地做出的声明，用以确认并且申明货物为原产货物。

公认会计原则，是指我国或者澳大利亚的国内法认可或者官方支持的，关于记录收入、支出、成本、资产以及负债、信息披露以及编制财务报表的会计原则，包括普遍适用的广泛性指导原则，也包括详细的标准、管理以及程序。

材料，是指在生产货物的过程中使用，并且以物理形式构成货物组成部分的物体或者物质。

原产材料，是指根据本办法规定具备原产资格的材料。

生产，是指获得产品的方法，包括但是不限于产品的种植、开采、收获、捕捞、诱捕、狩猎、制造、加工或者装配。

第三十条 本办法由海关总署负责解释。

第三十一条 本办法自2015年12月20日起施行。

附件：1. 原产地证书
　　　2. 原产地声明
　　　3. 原产资格申明
　　　4. 不予适用协定税率告知书

附件 1

原产地证书

1. Exporter's name, address, country:	Certificate No. ： CERTIFICATE OF ORIGIN Form for ChinAa-AustraliaFree Trade Agreement Issued in _____
2. Producer's name and address (if known)：	
3. Importer's name, address, country (if known)：	For Official Use Only：
4. Means of transport and route (if known) Departure Date： Vessel /Flight/Train/Vehicle No. ： Port of loading： Port of discharge：	5. Remarks：

6. Item number (Max. 20)	7. Marks and Numbers on packages (Optional)	8. Number and kind of packages; Description of goods	9. HS code (6 digit code)	10. Origin criterion	11. Gross or net weight or other quantity (e. g. Quantity Unit, litres, m^3.)	12. Number, date of invoices

13. Declaration by the exporter The undersigned hereby declares that the above stated information is correctand that the goods exported to _____ （Importing Party） comply with the origin requirements specified in the China-Australia Free Trade Agreement. _____ Place, date and signature of authorised person	14. Certification On the basis of the control carried out, it is hereby certified that the information herein is correct and that the described goods comply with the origin requirements of the China - Australia Free Trade Agreement. _____ Place and date, signature and stamp of the Authorised Body Tel： Fax： Address：

Overleaf Instruction

Box 1: State the full legal name and address of the exporter in Australia or China.

Box 2: State the full legal name, and address (including country) of the producer, if known. If more than one producer's good is included in the certificate, list the additional producers, including name, address (including country). If the exporter or the producer wish the information to be confidential, it is acceptable to state "Available to the competent authority or authorised body upon request". If the producer and the exporter are the same, please complete the box with "SAME". If the producer is unknown, it is acceptable to state "UNKNOWN".

Box 3: State the full legal name and address of the importer in Australia or China, if known.

Box 4: Complete the means of transport and route and specify the departure date, transport vehicle No. , port of loading and discharge, as far as known.

Box 5: Customer's Order Number, Letter of Credit Number, among others, may be included. If the invoice is issued by a non-Party operator, the information such as name, address and country of the operator issuing the invoiceshall be indicated herein.

Box 6: State the item number; item number shall not exceed 20.

Box 7: State the shipping marks and numbers on packages, when such marks and numbers exist.

Box 8: Number and kind of packages shall be specified. Provide a full description of each good. The description should be sufficiently detailed to enable the products to be identified by the Customs Officers examining them and relate it to the invoice description and to the HS description of the good. If goods are not packed, state "in bulk". When the description of the goods is finished, add " * * * " (three stars) or " \ " (finishing slash).

Box 9: For each good described in Box 8, identify the HS tariff classification to 6 digit code.

Box 10: For each good described in Box 8, state which criterion is applicable, according to the following instructions. The rules of origin are contained in Chapter X (Rules of Origin) and Annex X (Product Specific Rules of Origin).

Origin Criterion	Insert in Box 10
The good is "wholly obtained" in the territory of a Party, as referred to in Article X (Wholly Obtained Goods) or required so in Annex X (PSR).	WO
The good is produced entirely in the territory of a Party, exclusively from materials whose origin conforms to the provisions of Chapter X (Rules of Origin).	WP
The good is produced in the territory of one Party, using non-originating materials that comply with the Product Specific Rules and other applicable provisions of Chapter X (Rules of Origin).	PSR

Box 11:State gross or net weight in kilograms or other units of measurement for each good described in Box 8. Other units of measurement e. g. volume or number of items which would indicate exact quantities may be used when customary.

Box 12:The number and date of invoice should be shown here.

Box 13:The box must be completed by the exporter. Insert the place date and signature of authorised person.

Box 14:The box must be completed, signed, dated and stamped by the authorised person of the authorised body. The telephone number, fax and address of the authorised body should be given.

原产地证书（中文样本供参考）

1. 出口商的名称、地址、国家：	证书号 No.： 中国—澳大利亚自由贸易协定 原产地证书 签发于 _____
2. 生产商的名称、地址，在已知情况下：	
3. 进口商的名称、地址、国家（如已知）：	供官方使用： _____
4. 运输方式及路线（如已知） 离港日期： 船舶/飞机/火车/车辆编号： 装货口岸： 卸货口岸：	5. 备注：

6. 项目号（最多20项）	7. 包装上唛头及编号（可选）	8. 包装数量及种类；商品描述	9. HS 编码（6位）	10. 原产地标准	11. 毛重/净重或其他计量单位（如公升、立方米）	12. 发票编号及日期

13. 出口商或生产商申明	14. 证明
兹申明上述填报资料正确无误，该货物出口至 _____ （进口方） 符合中国—澳大利亚自由贸易协定原产地规则的相关规定 _____ 地点、日期及授权人签名	根据所实施的监管，兹证明所列信息正确无误，所述货物符合中国–澳大利亚自由贸易协定原产地规则的相关规定。 _____ 地点、日期、签名及授权机构印章 电话号码： 传真号码： 地址：

背页说明

第1栏：注明中国或澳大利亚出口商详细的依法登记的名称和地址。

第2栏：注明生产商（如已知）详细的依法登记的名称和地址（包括国家）。如证书中包含不止一个生产商的货物，应列出其他生产商的详细名称和地址（包括国家）。如出口商或生产商希望其信息保密，可注明"应主管部门或授权机构要求可提供"。如生产商即为出口商，请在栏中填写"同上"字样。如生产商未知，可在栏中注明"未知"。

第3栏：注明中国或澳大利亚进口商（如已知）详细的依法登记的名称和地址。

第4栏：填写运输方式及路线（如已知），详细说明离港日期、运输工具编号以及装货和卸货口岸。

第5栏：本栏可填写客户订单编号或者信用证编号，以及其他可能涉及的事项。如发票由非缔约方经营者开具，应在本栏注明开具发票的经营者名称、地址及国家等信息。

第6栏：注明商品项号，项号应不超过20项。

第7栏：如有唛头及编号，则注明包装上的唛头及编号。

第8栏：详细列明包装数量及种类。详列每种货物的货品名称，以便于海关关员查验时加以识别。货品名称应与发票上的描述及货物的协调制度描述相符。如果是散装货，应注明"散装"。当商品描述结束时，加上"＊＊＊"（三颗星）或"＼"（结束斜线符号）。

第9栏：对应第8栏中的每种货物，填写协调制度税则归类编码（6位）。

第10栏：对应第8栏中的每种货物，根据下表的指示填写其适用的原产地标准。有关原产地标准在《中华人民共和国政府和澳大利亚政府自由贸易协定》第三章（原产地规则和实施程序）及其附件二（产品特定原产地规则）中予以规定。

原产地标准	填入第10栏
该货物根据第三章三条（完全获得货物）在缔约一方"完全获得"。	WO
该货物完全在缔约一方或双方领土内由符合第三章（原产地规则和实施程序）规定的原产材料生产。	WP

续表

原产地标准	填入第 10 栏
该货物在缔约一方或双方领土内使用符合产品特定原产地规则及第三章（原产地规则和实施程序）其他有关要求的非原产材料生产。	PSR

第 11 栏：对应第 8 栏中的每种货物，以千克为单位或者以其他计量单位分别注明其毛重或净重。可依照惯例采用其他计量单位（例如体积、件数等）来精确地反映数量。

第 12 栏：本栏应填写发票的编号和日期。

第 13 栏：本栏必须由出口商或生产商填写，填写内容为地点、日期以及出口商或生产商授权人员的签名。

第 14 栏：本栏必须填写授权机构授权人员的签名、印章和日期。授权机构的电话、传真和地址应当注明。

续页
Continuation Sheet
Certificate of Origin – Form for China–Australia
Free Trade Agreement

Certificate No. : _____

6. Item number (Max. 20)	7. Marks and Numbers on packages (Optional)	8. Number and kind of packages; Description of goods	9. HS code (6 digit code)	10. Origin criterion	11. Gross or net weight or other quantity (e. g. Quantity Unit, litres, m^3.)	12. Number, date of invoices

13. Declaration by the exporter	14. Certification
The undersigned hereby declares that the above stated information is correctand that the goods exported to _____ (Importing Party) comply with the origin requirements specified in the China–Australia Free Trade Agreement. _____ Place, date and signature of authorised person	On the basis of the control carried out, it is hereby certified that the information herein is correct and that the described goods comply with the origin requirements of the China – Australia Free Trade Agreement. _____ Place and date, signature and stamp of the Authorised Body Tel： Fax： Address：

续页
原产地证书——中国—澳大利亚自由贸易协定
（中文样本供参考）

证书号码：＿＿＿＿＿＿

6. 项目号（最多20项）	7. 包装上唛头及编号（可选）	8. 包装数量及种类；商品描述	9. HS 编码（6位）	10. 原产地标准	11. 毛重/净重或其他计量单位（如公升、立方米）	12. 发票编号及日期

13. 出口商或生产商申明	14. 证明
兹申明上述填报资料正确无误，该货物出口至 ＿＿＿＿＿＿＿＿＿ （进口方） 符合中国—澳大利亚自由贸易协定原产地规则的相关规定 ＿＿＿＿＿＿＿＿＿ 地点、日期及授权人签名	根据所实施的监管，兹证明所列信息正确无误，所述货物符合中国–澳大利亚自由贸易协定原产地规则的相关规定。 ＿＿＿＿＿＿＿＿＿ 地点、日期、签名及授权机构印章 电话号码：　　　　传真号码： 地址：

附件 **2**

原产地声明
Declaration of Origin

China－Australia Free Trade Agreement

I _____

(print name, position and address)

being the

EXPORTER / PRODUCER / EXPORTER AND PRODUCER

(strike out that which does not apply)

hereby declare that the goods described below are originating from

AUSTRALIA/ CHINA

(strike out that which does not apply)

in that they comply with the rules of origin requirements of the

China－Australia Free Trade Agreement.

I am legally responsible for the truthfulness and authenticity of what is declared above.

Item No.	Description of goods	Harmonised system code six (6) digits	Number and date of invoice	Reference number of Advance ruling	Origin － conferring criteria

Signed: _____

Date: _____

Note: This declaration must be printed and presented as a separate document accompanying the commercial invoice. The maximum number of items covered by this declaration should not exceed 20.

原产地声明（中文样本供参考）
《中华人民共和国政府和澳大利亚政府自由贸易协定》

谨代表 _____

（工整填写出口商或生产商的名称和地址）

作为出口商/生产商/出口商兼生产商

（划去不适用选项）

本人特此声明下述货物的原产地为 澳大利亚/中国

（划去不适用选项）

符合《中华人民共和国政府和澳大利亚政府自由贸易协定》

关于货物原产地的相关规定。

本人对本声明内容的真实性承担法律责任。

商品项号	商品描述	HS 编码（6 位）	发票（编号和日期）	预裁定编号	原产地标准

签名：_____

姓名：_____

职位：_____

日期：_____

注意事项：本声明必须工整填写，并作为一份独立文件与商业发票一并提交。本声明涉及商品应不超过 20 项。

附件 3

《中华人民共和国政府和澳大利亚政府自由贸易协定》
项下进口货物原产资格申明

本人＿＿＿＿＿＿（姓名及职务）为进口货物收货人/进口货物收货人代理人（不适用的部分请划去，下同），兹申明（请在具体适用情形前打钩）：

□ 编号为＿＿＿＿＿＿的报关单所列第＿＿＿＿＿＿项货物原产自澳大利亚，并且货物符合《中华人民共和国政府和澳大利亚政府自由贸易协定》（以下简称《中澳自贸协定》）原产地规则的要求，本人申请对上述货物适用《中澳自贸协定》协定税率，并申请缴纳保证金后放行货物。本人承诺自缴纳保证金之日起 6 个月内或者在海关批准延长的担保期限内补交《中澳自贸协定》原产地证书或者澳大利亚生产商或者出口商作出的原产地声明。

□ 编号为＿＿＿＿＿＿的报关单所列第＿＿＿＿＿＿项货物原产自澳大利亚，本人不能提交《中澳自贸协定》原产地证书，也不能提交澳大利亚生产商或者出口商作出的原产地声明，声明放弃适用《中澳自贸协定》协定税率。

□ 编号为＿＿＿＿＿＿的报关单所列第＿＿＿＿＿＿项货物不具备《中澳自贸协定》项下货物原产资格。

签名：＿＿＿＿＿＿

日期：＿＿＿＿＿＿

附件4

中华人民共和国_____海关
进口货物不予适用协定税率告知书

_____关编号：_____

公司/单位：

经审核，你公司/单位于___年___月___日向海关申报的编号为_____
_____的报关单所列第_____项货物，按照《中华人民共和国海
关〈中华人民共和国政府和澳大利亚政府自由贸易协定〉项下进出口货物原产
地管理办法》规定（第×××号署令），因下列原因不适用《中华人民共和国政府
和澳大利亚政府自由贸易协定》协定税率：

[　] 进口货物收货人或者其代理人在货物申报进口时未申明适用协定税率，
也未按照第×××号署令规定进行补充申报；

[　] 货物不具备澳大利亚原产资格；

[　] 原产地证书或者原产地声明不符合第×××号署令规定；

[　] 不符合第×××号署令规定的直接运输要求；

[　] 不符合第×××号署令其他规定。

其他
说明

_____关（处）盖章　　　经办人（签字）：_____

年　　月　　日

受送达人（签字）：_____

年　　月　　日

第一联：企业留存

中华人民共和国海关《中华人民共和国政府和大韩民国政府自由贸易协定》项下进出口货物原产地管理办法

(2015年12月18日海关总署令229号公布，自2015年12月20日起施行)

第一条 为了正确确定《中华人民共和国政府和大韩民国政府自由贸易协定》（以下简称《中韩自贸协定》）项下进出口货物原产地，促进我国与韩国的经贸往来，根据《中华人民共和国海关法》（简称《海关法》）、《中华人民共和国进出口货物原产地条例》、《中韩自贸协定》的规定，制定本办法。

第二条 本办法适用于我国与韩国之间的《中韩自贸协定》项下进出口货物的原产地管理。

第三条 进口货物符合下列条件之一的，其原产国为韩国：

（一）在韩国完全获得或者生产的；

（二）在韩国境内全部使用符合本办法规定的原产材料生产的；

（三）在韩国境内非完全获得或者生产，但是符合《中韩自贸协定》项下产品特定原产地规则规定的税则归类改变、区域价值成分、制造加工工序或者其他要求的；

（四）《中韩自贸协定》签署前在朝鲜半岛上已运行的工业区（以下简称"已运行工业区"）生产的《特别货物清单》项下符合本办法第四条规定的。

《中韩自贸协定》项下产品特定原产地规则和《特别货物清单》是本办法的组成部分，由海关总署另行公告。

原产于韩国的货物，从韩国境内直接运输至中国境内的，可以按照本办法规定申请适用《中华人民共和国进出口税则》（以下简称《税则》）中的《中韩自贸协定》协定税率。

第四条 《特别货物清单》中同时符合下列条件的货物，应当视为韩国原产货物：

（一）使用韩国出口材料在已运行工业区完成加工后再复出口至韩国用于向中国出口；

（二）非韩国原产材料的价值不超过货物船上交货价格的40%；

（三）货物生产中使用的韩国原产材料价值不低于全部材料价值的60%。

第五条 本办法第三条第一款第（一）项规定的"在韩国完全获得或者生产的"货物是指：

（一）在韩国境内出生并且饲养的活动物；

（二）从上述第（一）项所述活动物中获得的货物；

（三）在韩国境内种植，并且收获、采摘或者采集的植物以及植物产品；

（四）在韩国陆地领土、内水、领海内狩猎、诱捕、捕捞、水产养殖、采集或者直接捕获而获得的货物；

（五）从韩国领土、领水、海床或者海床底土提取的，未包括在上述第（一）项至第（四）项的矿物质以及其他天然资源；

（六）根据《中韩自贸协定》，在韩国领海以外的水域、海床或者底土得到的货物，只要该方有权开发上述水域海床或者底土；

（七）由韩国注册或者登记并且悬挂其国旗的船舶在韩国领海以外的水域、海床或者底土捕捞获得的鱼类以及其他海洋产品；

（八）由韩国注册或者登记并且悬挂其国旗的加工船上，完全用上述第（七）项所述货物制造或者加工的货物；

（九）在韩国境内生产加工过程中产生并且仅用于原材料回收或者用做另一货物生产材料的废碎料；或者在韩国境内收集的仅用于原材料回收的旧货；

（十）在韩国完全从上述第（一）项至第（九）项所指货物获得或者生产的货物。

第六条 本办法第三条第一款第（三）项规定的税则归类改变是指使用非原产材料在韩国进行制造、加工后，在《税则》中的税则号列发生改变。

第七条 本办法第三条第一款第（三）项规定的区域价值成分应当按照下列公式计算：

$$区域价值成分 = \frac{货物价格 - 非原产材料价格}{货物价格} \times 100\%$$

其中，"货物价格"是指按照《海关估价协定》，在船上交货价格基础上调整的货物价格。"非原产材料价格"是指按照《海关估价协定》确定的非原产材料的进口成本、运至目的港口或者地点的运费和保险费，包括不明原产地材料的价格。非原产材料由生产商在韩国境内获得时，按照《海关估价协定》确定的成交价格，不包括将该非原产材料从供应商仓库运抵生产商所在地过程中产生的运费、保险费、包装费以及其他任何费用。

根据本条第一款计算货物的区域价值成分时，非原产材料价格不包括在生产过程中为生产原产材料而使用的非原产材料的价格。

第八条　原产于中国的货物或者材料在韩国境内被用于生产另一货物的，该货物或者材料应当视为韩国原产货物或者材料。

第九条　适用《中韩自贸协定》项下税则归类改变要求的货物，生产过程中所使用的非原产材料不满足税则归类改变要求，但是符合本办法所有其他适用规定且符合下列条件之一的，应当视为原产货物：

（一）《税则》第 15 章至第 24 章、第 50 章至第 63 章以外的货物，在货物生产中所使用的未发生规定税则归类改变的全部非原产材料按照本办法第七条确定的价格不超过该货物船上交货价格的 10%；

（二）《税则》第 15 章至第 24 章的货物，在货物生产中所使用的未发生规定税则归类改变的全部非原产材料按照本办法第七条确定的价格不超过该货物船上交货价格的 10%，并且所使用的上述非原产材料与最终货物不属于同一子目号；

（三）《税则》第 50 章至第 63 章的货物，在货物生产中使用了未发生规定税则归类改变的非原产材料，只要全部上述非原产材料的重量不超过该货物总重量的 10%，或者全部上述非原产材料按照本办法第七条确定的价格不超过该货物船上交货价格的 10%。

第十条　货物仅仅经过下列一项或者多项微小加工或者处理，未作其他加工或者处理的，不能归入原产货物：

（一）为确保货物在运输或者储藏期间处于良好状态而进行的处理；

（二）把物品零部件装配成完整品，或者将产品拆成零部件的简单装配或者拆卸；

（三）更换包装、分拆、组合包装；

（四）洗涤、清洁、除尘、除去氧化物、除油、去漆以及去除其他涂层；

（五）纺织品的熨烫或者压平；

（六）简单的上漆以及磨光工序；

（七）谷物以及大米的去壳、部分或者完全的漂白、抛光以及上光；

（八）食糖上色或者加味，或者形成糖块的操作；部分或者全部将晶糖磨粉；

（九）水果、坚果以及蔬菜的去皮、去核以及去壳；

（十）削尖、简单研磨或者简单切割；

（十一）过滤、筛选、挑选、分类、分级、匹配（包括成套物品的组合）、纵切、弯曲、卷绕、展开；

（十二）简单装瓶、装罐、装壶、装袋、装箱或者装盒、固定于纸板或者木板以及其他简单的包装工序；

（十三）在产品或者其包装上粘贴或者印刷标志、标签、标识以及其他类似的区别标记；

（十四）同类或者不同类产品的简单混合；糖与其他材料的混合；

（十五）测试或者校准；

（十六）仅仅用水或者其他物质稀释，未实质改变货物的性质；

（十七）干燥、加盐（或者盐渍）、冷藏、冷冻；

（十八）动物屠宰；

（十九）第（一）项至第（十八）项中两项或者多项工序的组合。

货物适用本条第一款规定确定其生产或者加工是否属于微小加工或者处理的，应当就其在韩国境内进行的所有加工、处理进行确定。

第十一条 属于《税则》归类总规则三所规定的成套货物，其中全部货物均原产于韩国的，该成套货物即为原产于韩国；其中部分货物非原产于韩国，但是按照本办法第七条确定的价格不超过该成套货物价格15%的，该成套货物仍然应当视为原产于韩国。

第十二条 运输期间用于保护货物的包装材料以及容器不影响货物原产地的确定。

货物适用《中韩自贸协定》项下产品特定原产地规则有关区域价值成分要求确定原产地的，其零售用包装材料以及容器的价格应当按照各自的原产地纳入原产材料或者非原产材料的价格予以计算。

货物适用《中韩自贸协定》项下产品特定原产地规则有关税则归类改变要求确定原产地，并且其零售用包装材料以及容器与该货物一并归类的，该零售用包装材料以及容器的原产地不影响货物原产地的确定。

第十三条 适用《中韩自贸协定》项下产品特定原产地规则有关区域价值成分要求的货物，在计算区域价值成分时，与该货物一起申报进口的附件、备件或者工具的价格应当纳入原产材料或者非原产材料的价格予以计算。

货物适用《中韩自贸协定》项下产品特定原产地规则中除区域价值成分要求以外的其他要求确定原产地的，如果与该货物一起申报进口的附件、备件或者工具，在《税则》中与该货物一并归类，并且不单独开具发票，则该附件、备件或者工具的原产地不影响货物原产地的确定。

本条第一款与第二款所述附件、备件或者工具的数量与价格应当在合理范围之内。

第十四条 下列不构成货物组成成分的材料或者物品，其原产地不影响货物原产地的确定：

（一）用于货物生产的材料或者物品：

1. 燃料、能源、催化剂以及溶剂；

2. 手套、眼镜、鞋靴、衣服、安全设备以及用品；

3. 工具、模具以及型模。

（二）用于维护设备、厂房建筑的材料或者物品：

1. 备件和材料；

2. 润滑剂、油（滑）脂、合成材料以及其他材料。

（三）用于测试或检验货物的设备、装置以及用品。

（四）在货物生产过程中使用，未构成该货物组成成分，但是能够合理表明为该货物生产过程一部分的其他货物。

第十五条 在确定货物原产地时，对于商业上可以互换，性质相同，依靠视觉观察无法加以区分的可互换材料，应当通过对材料进行物理分离或者运用出口方公认会计原则承认的库存管理方法加以区分。

如果根据本条第一款的规定，对于某一项可互换材料选用了一种库存管理方法，则该方法应当在一个财务年度内持续使用。

第十六条 本办法第三条所称的"直接运输"是指《中韩自贸协定》项下进口货物从韩国直接运输至我国境内，途中未经过中国、韩国以外的其他国家或者地区（以下简称"其他国家或者地区"）。

原产于韩国的货物，经过其他国家或者地区运输至我国，不论在其他国家或者地区是否转换运输工具或者进行临时储存，同时符合下列条件的，应当视为"直接运输"：

（一）货物经过这些国家或者地区仅仅是由于地理原因或者运输需要；

（二）未进入这些国家或者地区进行贸易或者消费；

（三）货物经过这些国家或者地区时，未做除装卸、因运输原因分装或者使货物保持良好状态所必需处理以外的其他处理。

依据本条规定在其他国家或者地区进行临时储存的，货物在储存期间必须处于其他国家或者地区海关监管之下。货物在其他国家或者地区停留时间应当少于3个月。由于不可抗力导致货物停留时间超过3个月的，其停留时间不得超过6个月。

第十七条 除海关总署另有规定外，货物申报进口时，进口货物收货人或者其代理人应当按照海关的申报规定填制《中华人民共和国海关进口货物报关单》（以下简称《进口报关单》），申明适用《中韩自贸协定》协定税率，并且应当提交以下单证：

（一）由韩国授权机构签发的有效原产地证书（格式见附件1）；

（二）货物的商业发票以及全程运输单证。

货物经过其他国家或者地区运输至中国境内的，应当提交其他国家或者地区海关出具的证明文件或者海关认可的其他证明文件。

第十八条 原产地申报为韩国的进口货物，收货人或者其代理人在申报进口时未提交原产地证书的，应当在征税前就该进口货物是否具备韩国原产资格向海关进行补充申报（格式见附件2）。

进口货物收货人或者其代理人依照本条第一款规定就进口货物具备韩国原产资格向海关进行补充申报并且提供税款担保的，海关按照规定办理进口手续。依照法律、行政法规规定不得办理担保的情形除外。因提前放行等原因已经提交了与货物可能承担的最高税款总额相当的税款担保的，视为符合本款关于提供税款担保的规定。

货物申报进口时，进口货物收货人或者其代理人未申明适用《中韩自贸协定》协定税率，也未按照本条规定就该进口货物是否具备韩国原产资格进行补充申报的，其申报进口的货物不适用协定税率。收货人或者其代理人在货物征税后向海关申请适用《中韩自贸协定》协定税率的，已征税款不予调整。

第十九条 同一批次进口的韩国原产货物，经海关依法审定的完税价格不超过700美元的，免予提交原产地证书。

为规避本办法规定，一次或者多次进口货物的，不适用前款规定。

第二十条 进口货物收货人或者其代理人提交的原产地证书应当同时符合下列条件：

（一）原产地证书应当由韩国授权机构在货物装运前、装运时或者装运后7个工作日内签发；

（二）具有签名以及印章等安全特征，并且印章应当与韩国通知中国海关的印章样本相符合；

（三）以英文填制；

（四）具有不重复的证书编号；

（五）注明货物具备原产地资格的依据；

（六）自签发之日起12个月内有效。

第二十一条 原产地证书未能在货物装运前、装运时或者装运后7个工作日内签发的，原产地证书可以在货物装船之日起12个月内补发。补发的原产地证书应当注明"补发"字样。

原产地证书被盗、遗失或者损毁，并且未经使用的，进口货物收货人或者其代理人可以在该证书有效期内要求货物出口商或者制造商向韩国授权机构申请签发原产地证书副本。新签发的原产地证书副本上应当注明"原产地证书正本（编号日期）经核准的真实副本"字样，其有效期与正本相同。

经核准的原产地证书副本向海关提交后，原产地证书正本失效。原产地证书正本已经使用的，经核准的原产地证书副本无效。

第二十二条　为了确定原产地证书的真实性和准确性、确定相关货物的原产资格，或者确定货物是否满足本办法规定的其他要求，海关可以开展原产地核查，核查应当依次通过以下方式进行：

（一）要求进口货物收货人或者其代理人提供进口货物原产地相关的信息；

（二）要求韩国海关核查货物的原产资格；

（三）向韩国海关提出对韩国的出口商或者生产商开展核查访问；

（四）与韩国海关共同商定的其他程序。

在等待核查结果期间，依照进口货物收货人或者其代理人申请，海关可以依法办理担保放行。

进口货物属于国家禁止或者限制进口货物，海关在核查完毕前不得放行货物。

第二十三条　有下列情形之一的，自货物进口之日起1年内，进口货物收货人或者其代理人可以在海关批准的担保期限内向海关申请解除税款担保：

（一）已经按照本办法规定向海关进行补充申报并且提交了原产地证书或者原产地声明的；

（二）已经按照本办法规定完成原产地核查程序，核查结果足以认定货物真实原产地的。

第二十四条　具有下列情形之一的，进口货物不适用《中韩自贸协定》协定税率：

（一）进口货物收货人或者其代理人在货物申报进口时未申明适用协定税率，也未按照本办法第十八条规定进行补充申报的；

（二）货物不具备韩国原产资格的；

（三）原产地证书不符合本办法规定的；

（四）自提出原产地核查请求之日起6个月内，海关没有收到韩国海关核查反馈结果的；或者自提出核查访问请求之日起30日内，海关没有收到韩国海关回复的；或者海关提出的核查访问要求被拒绝的；或者海关收到的核查反馈结果或者核查访问的结果未能包含确认有疑问的货物真实原产资格的必要信息的；

（五）不符合本办法的其他规定。

第二十五条　出口货物申报时，出口货物发货人或者其代理人应当按照海关的申报规定填制《中华人民共和国海关出口货物报关单》，并且按照海关要求提交《中韩自贸协定》项下原产地证书的电子数据或者正本复印件。

第二十六条　《中韩自贸协定》项下进出口货物及其包装上标有原产地标记的，其原产地标记应当与依照本办法确定的货物原产地相一致。

第二十七条　海关对于依照本办法规定获得的商业秘密依法负有保密义务。未经进出口货物收发货人同意，海关不得泄露或者用于其他用途，但是法律、行政法规以及相关司法解释另有规定的除外。

第二十八条　违反本办法，构成走私行为、违反海关监管规定行为或者其他违反《海关法》行为的，由海关依照《海关法》和《中华人民共和国海关行政处罚实施条例》的有关规定予以处理；构成犯罪的，依法追究刑事责任。

第二十九条　本办法下列用语的含义：

材料，是指组成成分、零件、部件、半组装件，以及以物理形式构成另一货物的组成部分或者用于生产另一货物的货物。

非原产材料，是指根据本办法规定不具备原产资格的材料，包括原产地不明的材料。

原产货物或者材料，是指根据本办法规定具备原产资格的货物或者材料。

生产，是指任意形式的作业或者加工，包括货物的种植、饲养、开采、收获、捕捞、水产养殖、耕种、诱捕、狩猎、捕获、采集、收集、养殖、提取、制造、装配。

公认的会计原则，是指中国或者韩国有关记录收入、支出、成本、资产以及负债、信息披露以及编制财务报表方面所认可的会计准则、共识，或者权威标准。上述准则既包括普遍适用的概括性指导原则，也包括详细的标准、惯例以及程序。

第三十条　本办法由海关总署负责解释。

第三十一条　本办法自 2015 年 12 月 20 日起施行。

附件：1. 原产地证明
　　　2. 原产资格申明

附件1

CERTIFICATE OF ORIGIN
ORIGINAL

1. Exporter's name, address, country:	Certificate No. : CERTIFICATE OF ORIGIN Form for China–Korea FTA
2. Producer's name and address, country:	Issued in _____ (see Overleaf Instruction)
3. Consignee's name and address, country:	
4. Means of transport and route (as far as known) Departure Date: Vessel /Flight/Train/Vehicle No. : Port of loading: Port of discharge:	5. Remarks:

6. Item number (Max. 20)	7. Marks and Numbers on packages	8. Number and kind of packages; Description of goods	9. HS code (6 digit code)	10. Origin criterion	11. Gross weight, quantity (Quantity Unit) or other measures (liters, m^3, etc.)	12. Number and date of invoice

13. Declaration by the exporter	14. Certification
The undersigned hereby declares that the above details and statement are correct, that all the goods are produced in (Country) and that they comply with the origin requirements specified in the FTA for the goods exported to (Importing country) Place and date, signature of authorized signatory	On the basis of control carried out, it is hereby certified that the information herein is correct and that the goods described comply with the origin requirements specified in the China-Korea FTA. Place and date, signature and stamp of authorized body

Overleaf Instruction

Certificate No. : Serial number of Certificate of Origin assigned by the authorized body.

Box 1: State the full legal name and address (including country) of the exporter in either China or Korea.

Box 2: State the full legal name and address (including country) of the producer. If goods from more than one producer are included in the certificate, list the additional producers, including their full legal name and address (including country). If the exporter or the producer wishes to maintain this information as confidential, it is acceptable to state "AVAILABLE UPON REQUEST. " If the producer and the exporter are the same, please complete field with "SAME. "

Box 3: State the full legal name and address (including country) of the consignee resident in either Korea or China.

Box 4: Complete the means of transport and route and specify the departure date, transport vehicle No. , port of loading, and port of discharge.

Box 5: In case where a good is invoiced by a non-Party operator, the full legal name, country of the non-Party operator shall be indicated in this box. In case of issuance of certificates retroactively, should bear the words "ISSUED RETROACTIVELY", and in case of a certified true copy, should bear the words "CERTIFIED TRUE COPY of the original Certificate of Origin number ___ dated ___".

Box 6: State the item number, and the number of items should not exceed 20.

Box 7: State the shipping marks and numbers on packages, when such marks and numbers exist, if the shipping marks are images or symbols, other than letter or numerical number, shall state "IMAGE OR SYMBOL (I/S)", otherwise shall state "NO MARKS AND NUMBERS(N/M)"

Box 8: The number and kind of packages shall be specified. Provide a full description of each good. The description should be sufficiently detailed to enable the goods to be identified by the Customs Officers examining them and relate them to the invoice description and to the HS description of the good. If the goods are not packed, state "IN BULK".

Box 9: For each good described in Box 8, identify the HS tariff classification to six-digit.

Box 10: The exporter must indicate in Box 10 the origin criteria on the basis of which he claims that the goods qualify for preferential tariff treatment, in the manner shown in the following table:

Origin Criterion	Insert in Box 10
The good is wholly obtained or produced entirely in a Party, as set out and defined in Article 3. 4 (Goods Wholly Obtained or Produced) or required so in Annex 3- A (Product Specific Rules of Origin).	WO
The good is produced entirely in a Party, exclusively from materials whose origin conforms to Chapter 3 (Rules of Origin and Origin Implementation Procedures).	WP
The good is produced in a Party, using non-originating materials that conform to a change in tariff classification, a regional value content, a process requirement or other requirements specified in Annex 3-A (Product Specific Rules of Origin).	PSR
The good is subject to Article 3. 3 (Treatment of Certain goods).	OP

Box 11: Gross weight in Kilos should be shown here. Other units of measurement e. g. volume or number of items which would indicate exact quantities may be used when customary.

Box 12: Invoice number and date of invoice should be shown here. In case where a good is invoiced by a non-Party operator and the number and date of the commercial invoice is unknown, the number and date of the original commercial invoice, issued in the exporting Party, shall be indicated in this box.

Box 13: This box shall be completed, signed and, dated by the exporter.

Box 14: This box shall be completed, signed, dated, and stamped by the authorized person of the authorized body.

原产地证书（中文样本供参考）
正本

	证书号：
1. 出口商的名称、地址、国家：	中国—韩国自由贸易协定 原产地证书
2. 生产商的名称、地址、国家：	签发国＿＿＿＿＿＿
3. 收货人的名称、地址、国家：	（填制方法详见证书背面说明）
4. 运输方式及路线（就所知而言）： 离港日期： 船舶/飞机/火车/车辆编号： 装货口岸： 到货口岸：	5. 备注：

6. 项目号（最多20项）	7. 唛头及包装号	8. 包装数量及种类；商品描述	9. HS编码（6位数编码）	10. 原产地标准	11. 毛重、数量（数量单位）或其他计量单位（升、立方米等）	12. 发票号和发票日期

13. 出口商申明：	14. 证明：
下列签字人证明上述资料及申明正确无误，所有货物产自 ＿＿＿＿＿＿＿＿＿＿＿＿ （国家） 且符合自由贸易协定原产地规则的相关规定。 该货物出口至 ＿＿＿＿＿＿＿＿＿＿＿＿ （进口国） 地点、日期及授权人签名	根据所实施的监管，兹证明上述信息正确无误，且所述货物符合中国—韩国自由贸易协定的原产地要求。 ＿＿＿＿＿＿＿＿＿＿＿＿ 地点、日期、签字及授权机构印章

背页填制说明

证书号：授权机构编制的原产地证书的序列号。

第1栏：填写中国或韩国出口商详细的依法登记的名称、地址（包括国家）。

第2栏：填写生产商详细的依法登记的名称、地址（包括国家）。如果证书包含一家以上生产商的商品，应列出其他生产商详细的依法登记的名称、地址（包括国家）。如果出口商或生产商希望对信息予以保密，可以填写"应要求提供"。如果生产商和出口商相同，应填写"同上"。

第3栏：填写常驻中国或韩国的收货人详细的依法登记的名称、地址（包括国家）。

第4栏：填写运输方式及路线，详细说明离港日期、运输工具的编号、装货口岸和到货口岸。

第5栏：如果发票是由非缔约方经营者开具的，则应在此栏详细注明非缔约方经营者依法登记的名称和所在国家。如果原产地证书是后补发的，则应注明"补发"字样。如果原产地证书是经核准的副本，则应注明"原产地证书正本（编号 日期）经核准的真实副本"字样。

第6栏：填写项目号，但不得超过20项。

第7栏：若存在唛头和包装号，填写唛头及包装号。如果唛头是图形或者符号而非字母或者数字，应填写"图形或符号（I/S）"。如果没有唛头及包装号，应填写"没有唛头及包装号"（N/M）。

第8栏：详细列明包装数量及种类。详列每种货物的货品名称，以便于海关关员查验时加以识别。货品名称应与发票上的描述及货物的协调制度编码相符。如果是散装货物，应注明"散装"。

第9栏：对应第8栏中的每种货物填写协调制度税则归类编码，以六位数编码为准。

第10栏：出口商必须按照下表所示方式，在第10栏中标明其货物申明享受优惠关税待遇所依据的原产地标准：

原产地标准	填入第 10 栏
该货物根据第 3.4 条（完全获得或生产的货物）或者附件 3-A（产品原产地特定规则）的规定，在一缔约方完全获得或生产。	WO
该货物完全由符合第 3 章（原产地规则和原产地实施程序）规定的原产材料在一缔约方生产。	WP
该货物在一缔约方生产，所使用的非原产材料符合附件 3-A（产品特定原产地规则）所规定的税则归类改变、区域价值成分、工序要求或其他要求。	PSR
该货物适用第 3.3 条（特定货物处理）的规定。	OP

第 11 栏：毛重应填写"千克"。可依照惯例，采用其他计量单位（例如体积、件数等）来精确地反映数量。

第 12 栏：应填写发票号码和发票日期。如果发票是由非缔约方经营者开具且该商业发票号码和发票日期均不知晓，则出口方签发的原始商业发票的号码和发票日期应在本栏注明。

第 13 栏：本栏应由出口商填写、签字并填写日期。

第 14 栏：本栏应由授权机构的授权人员填写、签字、注明签证日期并盖章。

附件 2

《中华人民共和国政府和大韩民国政府
自由贸易协定》项下进口货物原产资格申明

　　本人_____（姓名及职务）为进口货物收货人/进口货物收货人代理人（不适用的部分请划去，下同），兹申明（请在具体适用情形前打钩）：

　　□ 编号为_____的报关单所列第_____项货物原产自韩国，并且货物符合《中华人民共和国政府和大韩民国政府自由贸易协定》（以下简称《中韩自贸协定》）原产地规则的要求，本人申请对上述货物适用《中韩自贸协定》协定税率，并申请缴纳保证金后放行货物。本人承诺自缴纳保证金之日起 6 个月内或者在海关批准延长的担保期限内补交《中韩自贸协定》原产地证书。

　　□ 编号为_____的报关单所列第_____项货物原产自韩国，本人不能提交《中韩自贸协定》原产地证书，声明放弃适用《中韩自贸协定》协定税率。

　　□ 编号为_____的报关单所列第_____项货物不具备《中韩自贸协定》项下货物原产资格。

签名：_____

日期：_____

加工贸易保税监管类

中华人民共和国海关加工贸易货物监管办法

（2014 年 3 月 12 日海关总署令第 219 号公布，根据 2017 年 12 月 20 日海关总署令第 235 号公布的《海关总署关于修改部分规章的决定》第一次修正，根据 2018 年 5 月 29 日海关总署令第 240 号《海关总署关于修改部分规章的决定》第二次修正，根据 2018 年 11 月 23 日海关总署令第 243 号《海关总署关于修改部分规章的决定》第三次修正）

第一章　总　则

第一条　为了促进加工贸易健康发展，规范海关对加工贸易货物管理，根据《中华人民共和国海关法》（以下简称《海关法》）以及其他有关法律、行政法规，制定本办法。

第二条　本办法适用于办理加工贸易货物手册设立、进出口报关、加工、监管、核销手续。

加工贸易经营企业、加工企业、承揽者应当按照本办法规定接受海关监管。

第三条　本办法所称"加工贸易"是指经营企业进口全部或者部分原辅材料、零部件、元器件、包装物料（以下统称料件），经过加工或者装配后，将制成品复出口的经营活动，包括来料加工和进料加工。

第四条　除国家另有规定外，加工贸易进口料件属于国家对进口有限制性规定的，经营企业免于向海关提交进口许可证件。

加工贸易出口制成品属于国家对出口有限制性规定的，经营企业应当取得出口许可证件。海关对有关出口许可证件电子数据进行系统自动比对验核。

第五条 加工贸易项下进口料件实行保税监管的，加工成品出口后，海关根据核定的实际加工复出口的数量予以核销。

加工贸易项下进口料件按照规定在进口时先行征收税款的，加工成品出口后，海关根据核定的实际加工复出口的数量退还已征收的税款。

加工贸易项下的出口产品属于应当征收出口关税的，海关按照有关规定征收出口关税。

第六条 海关按照国家规定对加工贸易货物实行担保制度。

未经海关批准，加工贸易货物不得抵押。

第七条 海关对加工贸易实行分类监管，具体管理办法由海关总署另行制定。

第八条 海关可以对加工贸易企业进行核查，企业应当予以配合。

海关核查不得影响企业的正常经营活动。

第九条 加工贸易企业应当根据《中华人民共和国会计法》以及海关有关规定，设置符合海关监管要求的账簿、报表以及其他有关单证，记录与本企业加工贸易货物有关的进口、存储、转让、转移、销售、加工、使用、损耗和出口等情况，凭合法、有效凭证记账并且进行核算。

加工贸易企业应当将加工贸易货物与非加工贸易货物分开管理。加工贸易货物应当存放在经海关备案的场所，实行专料专放。企业变更加工贸易货物存放场所的，应当事先通知海关，并办理备案变更手续。

第二章　加工贸易货物手册设立

第十条 经营企业应当向加工企业所在地主管海关办理加工贸易货物的手册设立手续。

第十一条 除另有规定外，经营企业办理加工贸易货物的手册设立，应当向海关如实申报贸易方式、单耗、进出口口岸，以及进口料件和出口成品的商品名称、商品编号、规格型号、价格和原产地等情况，并且提交经营企业对外签订的合同。经营企业委托加工的，还应当提交与加工企业签订的委托加工合同。

经营企业自身有加工能力的，应当取得主管部门签发的《加工贸易加工企业生产能力证明》；经营企业委托加工的，应当取得主管部门签发的加工企业《加工贸易加工企业生产能力证明》。

第十二条 经营企业按照本办法第十一条、第十二条规定，提交齐全、有效的单证材料，申报设立手册的，海关应当自接受企业手册设立申报之日起5个工作日内完成加工贸易手册设立手续。

需要办理担保手续的，经营企业按照规定提供担保后，海关办理手册设立手续。

第十三条 有下列情形之一的，海关应当在经营企业提供相当于应缴税款金额的保证金或者银行、非银行金融机构保函后办理手册设立手续：

（一）涉嫌走私，已经被海关立案侦查，案件尚未审结的；

（二）由于管理混乱被海关要求整改，在整改期内的。

第十四条 有下列情形之一的，海关可以要求经营企业在办理手册设立手续时提供相当于应缴税款金额的保证金或者银行、非银行金融机构保函：

（一）租赁厂房或者设备的；

（二）首次开展加工贸易业务的；

（三）加工贸易手册延期两次（含两次）以上的；

（四）办理异地加工贸易手续的；

（五）涉嫌违规，已经被海关立案调查，案件尚未审结的。

第十五条 加工贸易企业有下列情形之一的，不得办理手册设立手续：

（一）进口料件或者出口成品属于国家禁止进出口的；

（二）加工产品属于国家禁止在我国境内加工生产的；

（三）进口料件不宜实行保税监管的；

（四）经营企业或者加工企业属于国家规定不允许开展加工贸易的；

（五）经营企业未在规定期限内向海关报核已到期的加工贸易手册，又重新申报设立手册的。

第十六条 经营企业办理加工贸易货物的手册设立，申报内容、提交单证与事实不符的，海关应当按照下列规定处理：

（一）货物尚未进口的，海关注销其手册；

（二）货物已进口的，责令企业将货物退运出境。

本条第一款第（二）项规定情形下，经营企业可以向海关申请提供相当于应缴税款金额的保证金或者银行、非银行金融机构保函，并且继续履行合同。

第十七条 已经办理加工贸易货物的手册设立手续的经营企业可以向海关领取加工贸易手册分册、续册。

第十八条 加工贸易货物手册设立内容发生变更的，经营企业应当在加工贸易手册有效期内办理变更手续。

第三章 加工贸易货物进出口、加工

第十九条 经营企业进口加工贸易货物，可以从境外或者海关特殊监管区域、保税监管场所进口，也可以通过深加工结转方式转入。

经营企业出口加工贸易货物，可以向境外或者海关特殊监管区域、保税监管场所出口，也可以通过深加工结转方式转出。

第二十条 经营企业以加工贸易方式进出口的货物，列入海关统计。

第二十一条 加工贸易企业开展深加工结转的，转入企业、转出企业应当向各自的主管海关申报，办理实际收发货以及报关手续。具体管理规定由海关总署另行制定并公布。

有下列情形之一的，加工贸易企业不得办理深加工结转手续：

（一）不符合海关监管要求，被海关责令限期整改，在整改期内的；

（二）有逾期未报核手册的；

（三）由于涉嫌走私已经被海关立案调查，尚未结案的。

加工贸易企业未按照海关规定进行收发货的，不得再次办理深加工结转手续。

第二十二条 经营企业开展外发加工业务，应当按照外发加工的相关管理规定自外发之日起 3 个工作日内向海关办理备案手续。

经营企业开展外发加工业务，不得将加工贸易货物转卖给承揽者；承揽者不得将加工贸易货物再次外发。

经营企业将全部工序外发加工的，应当在办理备案手续的同时向海关提供相当于外发加工货物应缴税款金额的保证金或者银行、非银行金融机构保函。

第二十三条 外发加工的成品、剩余料件以及生产过程中产生的边角料、残次品、副产品等加工贸易货物，经营企业向所在地主管海关办理相关手续后，可以不运回本企业。

第二十四条 海关对加工贸易货物实施监管的，经营企业和承揽者应当予以配合。

第二十五条 加工贸易货物应当专料专用。

经海关核准，经营企业可以在保税料件之间、保税料件与非保税料件之间进行串换，但是被串换的料件应当属于同一企业，并且应当遵循同品种、同规格、同数量、不牟利的原则。

来料加工保税进口料件不得串换。

第二十六条 由于加工工艺需要使用非保税料件的，经营企业应当事先向海关如实申报使用非保税料件的比例、品种、规格、型号、数量。

经营企业按照本条第一款规定向海关申报的，海关核销时应当在出口成品总耗用量中予以核扣。

第二十七条 经营企业进口料件由于质量存在瑕疵、规格型号与合同不符等原因，需要返还原供货商进行退换，以及由于加工贸易出口产品售后服务需要而出口未加工保税料件的，可以直接向口岸海关办理报关手续。

已经加工的保税进口料件不得进行退换。

第四章　加工贸易货物核销

第二十八条 经营企业应当在规定的期限内将进口料件加工复出口，并且自加工贸易手册项下最后一批成品出口或者加工贸易手册到期之日起30日内向海关报核。

经营企业对外签订的合同提前终止的，应当自合同终止之日起30日内向海关报核。

第二十九条 经营企业报核时应当向海关如实申报进口料件、出口成品、边角料、剩余料件、残次品、副产品以及单耗等情况，并且按照规定提交相关单证。

经营企业按照本条第一款规定向海关报核，单证齐全、有效的，海关应当受理报核。

第三十条 海关核销可以采取纸质单证核销、电子数据核销的方式，必要时可以下厂核查，企业应当予以配合。

海关应当自受理报核之日起30日内予以核销。特殊情况需要延长的，经直属海关关长或者其授权的隶属海关关长批准可以延长30日。

第三十一条 加工贸易保税进口料件或者成品内销的，海关对保税进口料件依法征收税款并且加征缓税利息，另有规定的除外。

进口料件属于国家对进口有限制性规定的，经营企业还应当向海关提交进口许可证件。

第三十二条 经营企业因故将加工贸易进口料件退运出境的，海关凭有关退运单证核销。

第三十三条 经营企业在生产过程中产生的边角料、剩余料件、残次品、副产品和受灾保税货物，按照海关对加工贸易边角料、剩余料件、残次品、副产品和受灾保税货物的管理规定办理，海关凭有关单证核销。

第三十四条 经营企业遗失加工贸易手册的，应当及时向海关报告。

海关按照有关规定处理后对遗失的加工贸易手册予以核销。

第三十五条 对经核销结案的加工贸易手册，海关向经营企业签发《核销结案通知书》。

第三十六条 经营企业已经办理担保的，海关在核销结案后按照规定解除担保。

第三十七条 加工贸易货物的手册设立和核销单证自加工贸易手册核销结案之日起留存 3 年。

第三十八条 加工贸易企业出现分立、合并、破产、解散或者其他停止正常生产经营活动情形的，应当及时向海关报告，并且办结海关手续。

加工贸易货物被人民法院或者有关行政执法部门封存的，加工贸易企业应当自加工贸易货物被封存之日起 5 个工作日内向海关报告。

第五章 附 则

第三十九条 违反本办法，构成走私行为、违反海关监管规定行为或者其他违反《海关法》行为的，由海关依照《海关法》和《中华人民共和国海关行政处罚实施条例》的有关规定予以处理；构成犯罪的，依法追究刑事责任。

第四十条 本办法中下列用语的含义：

来料加工，是指进口料件由境外企业提供，经营企业不需要付汇进口，按照境外企业的要求进行加工或者装配，只收取加工费，制成品由境外企业销售的经营活动。

进料加工，是指进口料件由经营企业付汇进口，制成品由经营企业外销出口的经营活动。

加工贸易货物，是指加工贸易项下的进口料件、加工成品以及加工过程中产生的边角料、残次品、副产品等。

加工贸易企业，包括经海关注册登记的经营企业和加工企业。

经营企业，是指负责对外签订加工贸易进出口合同的各类进出口企业和外商投资企业，以及经批准获得来料加工经营许可的对外加工装配服务公司。

加工企业，是指接受经营企业委托，负责对进口料件进行加工或者装配，并且具有法人资格的生产企业，以及由经营企业设立的虽不具有法人资格，但是实行相对独立核算并已经办理工商营业证（执照）的工厂。

单位耗料量，是指加工贸易企业在正常生产条件下加工生产单位出口成品所耗用的进口料件的数量，简称单耗。

深加工结转，是指加工贸易企业将保税进口料件加工的产品转至另一加工贸易企业进一步加工后复出口的经营活动。

承揽者，是指与经营企业签订加工合同，承接经营企业委托的外发加工业务的企业或者个人。

外发加工，是指经营企业委托承揽者对加工贸易货物进行加工，在规定期限内将加工后的产品最终复出口的行为。

核销，是指加工贸易经营企业加工复出口或者办理内销等海关手续后，凭规定单证向海关报核，海关按照规定进行核查以后办理解除监管手续的行为。

第四十一条 实施联网监管的加工贸易企业开展加工贸易业务，按照海关对加工贸易企业实施计算机联网监管的管理规定办理。

第四十二条 加工贸易企业在海关特殊监管区域内开展加工贸易业务，按照海关对海关特殊监管区域的相关管理规定办理。

第四十三条 单耗的申报与核定，按照海关对加工贸易单耗的管理规定办理。

第四十四条 海关对加工贸易货物进口时先征收税款出口后予以退税的管理规定另行制定。

第四十五条 本办法由海关总署负责解释。

第四十六条 本办法自公布之日起施行。2004 年 2 月 26 日以海关总署令第113 号发布，并经海关总署令第 168 号、195 号修正的《中华人民共和国海关对加工贸易货物监管办法》同时废止。

中华人民共和国海关对保税仓库及
所存货物的管理规定

(2003 年 12 月 5 日海关总署令第 105 号发布,根据 2010 年 11 月 26 日海关总署令第 198 号《海关总署关于修改部分规章的决定》第一次修正,根据 2015 年 4 月 28 日海关总署令第 227 号公布的《海关总署关于修改部分规章的决定》第二次修正,根据 2017 年 12 月 20 日海关总署令第 235 号公布的《海关总署关于修改部分规章的决定》第三次修正,根据 2018 年 5 月 29 日海关总署令第 240 号《海关总署关于修改部分规章的决定》第四次修正)

第一章 总 则

第一条 为了加强海关对保税仓库及所存货物的监管,规范保税仓库的经营管理行为,促进对外贸易和经济发展,根据《中华人民共和国海关法》和国家有关法律、行政法规,制定本规定。

第二条 本规定所称保税仓库,是指经海关批准设立的专门存放保税货物及其他未办结海关手续货物的仓库。

第三条 保税仓库按照使用对象不同分为公用型保税仓库、自用型保税仓库。

公用型保税仓库由主营仓储业务的中国境内独立企业法人经营,专门向社会提供保税仓储服务。

自用型保税仓库由特定的中国境内独立企业法人经营,仅存储供本企业自用的保税货物。

第四条 保税仓库中专门用来存储具有特定用途或特殊种类商品的称为专用型保税仓库。

专用型保税仓库包括液体保税仓库、备料保税仓库、寄售维修保税仓库和其他专用型保税仓库。

液体保税仓库,是指专门提供石油、成品油或者其他散装液体保税仓储服务的保税仓库。

备料保税仓库,是指加工贸易企业存储为加工复出口产品所进口的原材料、设备及其零部件的保税仓库，所存保税货物仅限于供应本企业。

寄售维修保税仓库，是指专门存储为维修外国产品所进口寄售零配件的保税仓库。

第五条 下列货物，经海关批准可以存入保税仓库：

（一）加工贸易进口货物；

（二）转口货物；

（三）供应国际航行船舶和航空器的油料、物料和维修用零部件；

（四）供维修外国产品所进口寄售的零配件；

（五）外商暂存货物；

（六）未办结海关手续的一般贸易货物；

（七）经海关批准的其他未办结海关手续的货物。

第六条 保税仓库不得存放国家禁止进境货物，不得存放未经批准的影响公共安全、公共卫生或健康、公共道德或秩序的国家限制进境货物以及其他不得存入保税仓库的货物。

第二章 保税仓库的设立

第七条 保税仓库应当设立在设有海关机构、便于海关监管的区域。

第八条 经营保税仓库的企业，应当具备下列条件：

（一）经工商行政管理部门注册登记，具有企业法人资格；

（二）具有专门存储保税货物的营业场所。

第九条 保税仓库应当具备下列条件：

（一）符合海关对保税仓库布局的要求；

（二）具备符合海关监管要求的隔离设施、监管设施和办理业务必需的其他设施；

（三）具备符合海关监管要求的保税仓库计算机管理系统并与海关联网；

（四）具备符合海关监管要求的保税仓库管理制度；

（五）公用保税仓库面积最低为2000平方米；

（六）液体保税仓库容积最低为5000立方米；

（七）寄售维修保税仓库面积最低为2000平方米。

第十条 企业申请设立保税仓库的，应当向仓库所在地主管海关提交以下书面材料：

（一）《保税仓库申请书》；

（二）申请设立的保税仓库位置图及平面图；

（三）对申请设立寄售维修型保税仓库的，还应当提交经营企业与外商的维修协议。

申请材料齐全有效的，主管海关予以受理。申请材料不齐全或者不符合法定形式的，主管海关应当在 5 个工作日内一次告知申请人需要补正的全部内容。主管海关应当自受理申请之日起 20 个工作日内提出初审意见并将有关材料报送直属海关审批。

直属海关应当自接到材料之日起 20 个工作日内审查完毕，对符合条件的，出具批准文件，批准文件的有效期为 1 年；对不符合条件的，应当书面告知申请人理由。

第十一条 申请设立保税仓库的企业应当自海关出具保税仓库批准文件 1 年内向海关申请保税仓库验收，由主管海关按照本规定第八条、第九条规定的条件进行审核验收。申请企业无正当理由逾期未申请验收或者保税仓库验收不合格的，该保税仓库的批准文件自动失效。

第十二条 保税仓库验收合格后，经海关注册登记并核发《保税仓库注册登记证书》，方可以开展有关业务。

《保税仓库注册登记证书》有效期为 3 年。

第三章　保税仓库的管理

第十三条 保税仓库不得转租、转借给他人经营，不得下设分库。

第十四条 海关对保税仓库实施计算机联网管理，并可以随时派员进入保税仓库检查货物的收、付、存情况及有关账册。海关认为必要时，可以会同保税仓库经营企业双方共同对保税仓库加锁或者直接派员驻库监管，保税仓库经营企业应当为海关提供办公场所和必要的办公条件。

第十五条 保税仓库经营企业负责人和保税仓库管理人员应当熟悉海关有关法律法规，遵守海关监管规定，接受海关培训。

第十六条 保税仓库经营企业应当如实填写有关单证、仓库账册，真实记录并全面反映其业务活动和财务状况，编制仓库月度收、付、存情况表，并定期报送主管海关。

第十七条 保税仓库经营企业需变更企业名称、组织形式、法定代表人等事项的，应当在变更前向直属海关提交书面报告，说明变更事项、事由和变更时间；变更后，海关按照本规定第八条的规定对其进行重新审核。

保税仓库需变更名称、地址、仓储面积（容积）等事项的，主管海关受理企业申请后，报直属海关审批。

第十八条 保税仓库终止保税仓储业务的，由保税仓库经营企业提出书面申请，经主管海关受理报直属海关审批后，交回《保税仓库注册登记证书》，并办理注销手续。

第四章 保税仓库所存货物的管理

第十九条 保税仓储货物入库时，收发货人或其代理人凭有关单证向海关办理货物报关入库手续，海关对报关入库货物的品种、数量、金额进行审核，并对入库货物进行核注登记。

第二十条 保税仓储货物可以进行包装、分级分类、加刷唛码、分拆、拼装等简单加工，不得进行实质性加工。

保税仓储货物，未经海关批准，不得擅自出售、转让、抵押、质押、留置、移作他用或者进行其他处置。

第二十一条 下列保税仓储货物出库时依法免征关税和进口环节代征税：

（一）用于在保修期限内免费维修有关外国产品并符合无代价抵偿货物有关规定的零部件；

（二）用于国际航行船舶和航空器的油料、物料；

（三）国家规定免税的其他货物。

第二十二条 保税仓储货物存储期限为 1 年。确有正当理由的，经海关同意可予以延期；除特殊情况外，延期不得超过 1 年。

第二十三条 下列情形的保税仓储货物，经海关批准可以办理出库手续，海关按照相应的规定进行管理和验放：

（一）运往境外的；

（二）运往境内保税区、出口加工区或者调拨到其他保税仓库继续实施保税监管的；

（三）转为加工贸易进口的；

（四）转入国内市场销售的；

（五）海关规定的其他情形。

第二十四条 保税仓储货物出库运往境内其他地方的，收发货人或其代理人应当填写进口报关单，并随附出库单据等相关单证向海关申报，保税仓库向海关办理出库手续并凭海关签印放行的报关单发运货物。

出库保税仓储货物批量少、批次频繁的，经海关批准可以办理集中报关手续。

第二十五条 保税仓储货物出库复运往境外的，发货人或其代理人应当填写出口报关单,并随附出库单据等相关单证向海关申报,保税仓库向海关办理出库手续并凭海关签印放行的报关单发运货物。

第五章   法律责任

第二十六条   保税仓储货物在存储期间发生损毁或者灭失的,除不可抗力外,保税仓库应当依法向海关缴纳损毁、灭失货物的税款,并承担相应的法律责任。

第二十七条   保税仓储货物在保税仓库内存储期满,未及时向海关申请延期或者延长期限届满后既不复运出境也不转为进口的,海关应当按照《中华人民共和国海关关于超期未报关进口货物、误卸或者溢卸的进境货物和放弃进口货物的处理办法》第五条的规定处理。

第二十八条   海关在保税仓库设立、变更、注销后,发现原申请材料不完整或者不准确的,应当责令经营企业限期补正,发现企业有隐瞒真实情况、提供虚假资料等违法情形的,依法予以处罚。

第二十九条   保税仓库经营企业有下列行为之一的,海关责令其改正,可以给予警告,或者处 1 万元以下的罚款;有违法所得的,处违法所得 3 倍以下的罚款,但最高不得超过 3 万元:

(一)未经海关批准,在保税仓库擅自存放非保税货物的;

(二)私自设立保税仓库分库的;

(三)保税货物管理混乱,账目不清的;

(四)经营事项发生变更,未按第十七条规定办理海关手续的。

第三十条   违反本规定的其他违法行为,海关依照《中华人民共和国海关法》、《中华人民共和国海关行政处罚实施条例》予以处罚。构成犯罪的,依法追究刑事责任。

第六章   附   则

第三十一条   本规定所规定的文书由海关总署另行制定并且发布。

第三十二条   本规定由海关总署负责解释。

第三十三条   本规定自 2004 年 2 月 1 日起施行。1988 年 5 月 1 日起实施的《中华人民共和国海关对保税仓库及所存货物的管理办法》同时废止。

中华人民共和国海关对出口监管仓库及所存货物的管理办法

（2005 年 11 月 28 日海关总署令第 133 号发布，根据 2015 年 4 月 28 日海关总署令第 227 号公布的《海关总署关于修改部分规章的决定》第一次修正，根据 2017 年 12 月 20 日海关总署令第 235 号公布的《海关总署关于修改部分规章的决定》第二次修正，根据 2018 年 5 月 29 日海关总署令第 240 号《海关总署关于修改部分规章的决定》第三次修正，根据 2018 年 11 月 23 日海关总署令第 243 号《海关总署关于修改部分规章的决定》第四次修正）

第一章 总 则

第一条 为规范海关对出口监管仓库及所存货物的管理，根据《中华人民共和国海关法》和其他有关法律、行政法规，制定本办法。

第二条 本办法所称出口监管仓库，是指经海关批准设立，对已办结海关出口手续的货物进行存储、保税物流配送、提供流通性增值服务的仓库。

第三条 出口监管仓库的设立、经营管理以及对出口监管仓库所存货物的管理适用本办法。

第四条 出口监管仓库分为出口配送型仓库和国内结转型仓库。

出口配送型仓库是指存储以实际离境为目的的出口货物的仓库。

国内结转型仓库是指存储用于国内结转的出口货物的仓库。

第五条 出口监管仓库的设立应当符合海关对出口监管仓库布局的要求。

第六条 出口监管仓库的设立，由出口监管仓库所在地主管海关受理，报直属海关审批。

第七条 经海关批准，出口监管仓库可以存入下列货物：

（一）一般贸易出口货物；

（二）加工贸易出口货物；

（三）从其他海关特殊监管区域、场所转入的出口货物；

（四）出口配送型仓库可以存放为拼装出口货物而进口的货物，以及为改换出口监管仓库货物包装而进口的包装物料；

（五）其他已办结海关出口手续的货物。

第八条　出口监管仓库不得存放下列货物：

（一）国家禁止进出境货物；

（二）未经批准的国家限制进出境货物；

（三）海关规定不得存放的其他货物。

第二章　出口监管仓库的设立

第九条　申请设立出口监管仓库的经营企业，应当具备下列条件：

（一）已经在工商行政管理部门注册登记，具有企业法人资格；

（二）具有进出口经营权和仓储经营权；

（三）具有专门存储货物的场所，其中出口配送型仓库的面积不得低于2000平方米，国内结转型仓库的面积不得低于1000平方米。

第十条　企业申请设立出口监管仓库，应当向仓库所在地主管海关递交以下加盖企业印章的书面材料：

（一）《出口监管仓库申请书》；

（二）仓库地理位置示意图及平面图。

第十一条　海关依据《中华人民共和国行政许可法》和《中华人民共和国海关实施〈中华人民共和国行政许可法〉办法》的规定，受理、审查设立出口监管仓库的申请。对于符合条件的，作出准予设立出口监管仓库的行政许可决定，并出具批准文件；对于不符合条件的，作出不予设立出口监管仓库的行政许可决定，并应当书面告知申请企业。

第十二条　申请设立出口监管仓库的企业应当自海关出具批准文件之日起1年内向海关申请验收出口监管仓库。

申请验收应当符合以下条件：

（一）符合本办法第九条第三项规定的条件；

（二）具有符合海关监管要求的隔离设施、监管设施和办理业务必需的其他设施；

（三）具有符合海关监管要求的计算机管理系统，并与海关联网；

（四）建立了出口监管仓库的章程、机构设置、仓储设施及账册管理等仓库管理制度。

企业无正当理由逾期未申请验收或者验收不合格的，该出口监管仓库的批准文件自动失效。

第十三条　出口监管仓库验收合格后，经海关注册登记并核发《出口监管仓库注册登记证书》，方可以开展有关业务。《出口监管仓库注册登记证书》有效期为3年。

第三章　出口监管仓库的管理

第十四条　出口监管仓库必须专库专用，不得转租、转借给他人经营，不得下设分库。

第十五条　海关对出口监管仓库实施计算机联网管理。

第十六条　海关可以随时派员进入出口监管仓库检查货物的进、出、转、存情况及有关账册、记录。

海关可以会同出口监管仓库经营企业共同对出口监管仓库加锁或者直接派员驻库监管。

第十七条　出口监管仓库经营企业负责人和出口监管仓库管理人员应当熟悉和遵守海关有关规定，并接受海关培训。

第十八条　出口监管仓库经营企业应当如实填写有关单证、仓库账册、真实记录并全面反映其业务活动和财务状况，编制仓库月度进、出、转、存情况表，并定期报送主管海关。

第十九条　出口监管仓库经营企业需变更企业名称、组织形式、法定代表人等事项的，应当在变更前向直属海关提交书面报告，说明变更事项、事由和变更时间。变更后，海关按照本办法第九条的规定对其进行重新审核。出口监管仓库变更类型的，按照本办法第二章出口监管仓库的设立的有关规定办理。

出口监管仓库需变更名称、地址、仓储面积等事项的，主管海关受理企业申请后，报直属海关审批。

第二十条　出口监管仓库有下列情形之一的，海关注销其注册登记，并收回《出口监管仓库注册登记证书》：

（一）无正当理由逾期未申请延期审查或者延期审查不合格的；

（二）仓库经营企业书面申请变更出口监管仓库类型的；

（三）仓库经营企业书面申请终止出口监管仓库仓储业务的；

（四）仓库经营企业，丧失本办法第九条规定的条件的；

（五）法律、法规规定的应当注销行政许可的其他情形。

第四章　出口监管仓库货物的管理

第二十一条　出口监管仓库所存货物存储期限为6个月。经主管海关同意可以延期，但延期不得超过6个月。

货物存储期满前，仓库经营企业应当通知发货人或者其代理人办理货物的出境或者进口手续。

第二十二条　存入出口监管仓库的货物不得进行实质性加工。

经主管海关同意，可以在仓库内进行品质检验、分级分类、分拣分装、加刷唛码、刷贴标志、打膜、改换包装等流通性增值服务。

第二十三条　对经批准享受入仓即予退税政策的出口监管仓库，海关在货物入仓结关后予以办理出口货物退税证明手续。

对不享受入仓即予退税政策的出口监管仓库，海关在货物实际离境后办理出口货物退税证明手续。

第二十四条　出口监管仓库与海关特殊监管区域、其他保税监管场所之间的货物流转应当符合海关监管要求并按照规定办理相关手续。

货物流转涉及出口退税的，按照国家有关规定办理。

第二十五条　存入出口监管仓库的出口货物，按照国家规定应当提交许可证件或者缴纳出口关税的，发货人或者其代理人应当取得许可证件或者缴纳税款。海关对有关许可证件电子数据进行系统自动比对验核。

第二十六条　出口货物存入出口监管仓库时，发货人或者其代理人应当按照规定办理海关手续。发货人或者其代理人除按照海关规定提交有关单证外，还应当提交仓库经营企业填制的《出口监管仓库货物入仓清单》。

海关对报关入仓货物的品种、数量、金额等进行审核、核注和登记。

经主管海关批准，对批量少、批次频繁的入仓货物，可以办理集中报关手续。

第二十七条　出仓货物出口时，仓库经营企业或者其代理人应当按照规定办理海关手续。仓库经营企业或者其代理人除按照海关规定提交有关单证外，还应当提交仓库经营企业填制的《出口监管仓库货物出仓清单》。

第二十八条　出口监管仓库货物转进口的，应当经海关批准，按照进口货物有关规定办理相关手续。

第二十九条　对已存入出口监管仓库因质量等原因要求更换的货物，经仓库所在地主管海关批准，可以更换货物。被更换货物出仓前，更换货物应当先行入仓，并应当与原货物的商品编码、品名、规格型号、数量和价值相同。

第三十条　出口监管仓库货物，因特殊原因确需退运、退仓，应当经海关批准，并按照有关规定办理相关手续。

第五章　法律责任

第三十一条　出口监管仓库所存货物在存储期间发生损毁或者灭失的，除不可抗力外，仓库应当依法向海关缴纳损毁、灭失货物的税款，并承担相应的法律责任。

第三十二条　企业以隐瞒真实情况、提供虚假资料等不正当手段取得设立出口监管仓库行政许可的，由海关依法予以撤销。

第三十三条　出口监管仓库经营企业有下列行为之一的，海关责令其改正，可以给予警告，或者处1万元以下的罚款；有违法所得的，处违法所得3倍以下的罚款，但最高不得超过3万元：

（一）未经海关批准，在出口监管仓库擅自存放非出口监管仓库货物；

（二）出口监管仓库货物管理混乱，账目不清的；

（三）违反本办法第十四条规定的；

（四）经营事项发生变更，未按照本办法第十九条的规定办理海关手续的。

第三十四条　违反本办法的其他违法行为，由海关依照《中华人民共和国海关法》《中华人民共和国海关行政处罚实施条例》予以处理。构成犯罪的，依法追究刑事责任。

第六章　附　则

第三十五条　出口监管仓库经营企业应当为海关提供办公场所和必要的办公条件。

第三十六条　本办法所规定的文书由海关总署另行制定并且发布。

第三十七条　本办法由海关总署负责解释。

第三十八条　本办法自2006年1月1日起施行。1992年5月1日起实施的《中华人民共和国海关对出口监管仓库的暂行管理办法》同时废止。

中华人民共和国海关关于加工贸易边角料、剩余料件、残次品、副产品和受灾保税货物的管理办法

（2004 年 5 月 25 日海关总署令第 111 号发布，根据 2010 年 11 月 26 日海关总署令第 198 号《海关总署关于修改部分规章的决定》第一次修改，根据 2014 年 3 月 13 日海关总署令第 218 号《海关总署关于修改部分规章的决定》第二次修改，根据 2017 年 12 月 20 日海关总署令第 235 号公布的《海关总署关于修改部分规章的决定》第三次修改，根据 2018 年 4 月 28 日海关总署令第 238 号公布的《海关总署关于修改部分规章的决定》第四次修正，根据 2018 年 11 月 23 日海关总署令第 243 号公布的《海关总署关于修改部分规章的决定》第五次修正）

第一条 为了规范对加工贸易保税进口料件在加工过程中产生的边角料、剩余料件、残次品、副产品和受灾保税货物的海关监管，根据《中华人民共和国海关法》（以下简称《海关法》）以及有关法律、行政法规，制定本办法。

第二条 本办法下列用语的含义：

边角料，是指加工贸易企业从事加工复出口业务，在海关核定的单位耗料量内（以下简称单耗）、加工过程中产生的、无法再用于加工该合同项下出口制成品的数量合理的废、碎料及下脚料。

剩余料件，是指加工贸易企业在从事加工复出口业务过程中剩余的、可以继续用于加工制成品的加工贸易进口料件。

残次品，是指加工贸易企业从事加工复出口业务，在生产过程中产生的有严重缺陷或者达不到出口合同标准，无法复出口的制品（包括完成品和未完成品）。

副产品，是指加工贸易企业从事加工复出口业务，在加工生产出口合同规定的制成品（即主产品）过程中同时产生的，并且出口合同未规定应当复出口的一个或者一个以上的其他产品。

受灾保税货物，是指加工贸易企业从事加工出口业务中，由于不可抗力原因或者其他经海关审核认可的正当理由造成灭失、短少、损毁等导致无法复出口的保税进口料件和制品。

第三条 加工贸易保税进口料件加工后产生的边角料、剩余料件、残次品、副产品及受灾保税货物属海关监管货物，未经海关许可，任何企业、单位、个人不得擅自销售或者移作他用。

第四条 加工贸易企业申请内销边角料的：

（一）海关按照加工贸易企业向海关申请内销边角料的报验状态归类后适用的税率和审定的边角料价格计征税款，免征缓税利息；

（二）海关按照加工贸易企业向海关申请内销边角料的报验状态归类后，属于发展改革委员会、商务部、生态环境部及其授权部门进口许可证件管理范围的，免于提交许可证件。

第五条 加工贸易企业申报将剩余料件结转到另一个加工贸易合同使用，限同一经营企业、同一加工企业、同样进口料件和同一加工贸易方式。凡具备条件的，海关按规定核定单耗后，企业可以办理该合同核销及其剩余料件结转手续。剩余料件转入合同已经商务主管部门审批的，由原审批部门按变更方式办理相关手续，如剩余料件的转入量不增加已批合同的进口总量，则免于办理变更手续；转入合同为新建合同的，由商务主管部门按现行加工贸易审批管理规定办理。

加工贸易企业申报剩余料件结转有下列情形之一的，企业缴纳不超过结转保税料件应缴纳税款金额的风险担保金后，海关予以办理：

（一）同一经营企业申报将剩余料件结转到另一加工企业的；

（二）剩余料件转出金额达到该加工贸易合同项下实际进口料件总额50%及以上的；

（三）剩余料件所属加工贸易合同办理两次及两次以上延期手续的；

剩余料件结转涉及不同主管海关的，在双方海关办理相关手续，并由转入地海关收取风险担保金。

前款所列须缴纳风险担保金的加工贸易企业有下列情形之一的，免于缴纳风险担保金：

（一）适用加工贸易 A 类管理的；

（二）已实行台账实转的合同，台账实转金额不低于结转保税料件应缴税款金额的；

（三）原企业发生搬迁、合并、分立、重组、改制、股权变更等法律规定的情形，且现企业继承原企业主要权利义务或者债权债务关系的，剩余料件结转不受同一经营企业、同一加工企业、同一贸易方式限制。

第六条 加工贸易企业申请内销剩余料件或者内销用剩余料件生产的制成

品，按照下列情况办理：

（一）剩余料件金额占该加工贸易合同项下实际进口料件总额 3% 以内（含 3%），并且总值在人民币 1 万元以下（含 1 万元）的，由主管海关对剩余料件按照规定计征税款和税款缓税利息后予以核销。剩余料件属于发展改革委、商务部、生态环境部及其授权部门进口许可证件管理范围的，免于提交许可证件。

（二）剩余料件金额占该加工贸易合同项下实际进口料件总额 3% 以上或者总值在人民币 1 万元以上的，海关对合同内销的全部剩余料件按照规定计征税款和缓税利息。剩余料件属于进口许可证件管理的，企业还应当按照规定取得有关进口许可证件。海关对有关进口许可证件电子数据进行系统自动比对验核。

（三）使用剩余料件生产的制成品需要内销的，海关根据其对应的进口料件价值，按照本条第（一）项或者第（二）项的规定办理。

第七条 加工贸易企业需要内销残次品的，根据其对应的进口料件价值，参照本办法第六条第（一）项或者第（二）项的规定办理。

第八条 加工贸易企业在加工生产过程中产生或者经回收能够提取的副产品，未复出口的，加工贸易企业在向海关办理手册设立或者核销手续时应当如实申报。

对于需要内销的副产品，海关按照加工贸易企业向海关申请内销副产品的报验状态归类后的适用税率和审定的价格，计征税款和缓税利息。

海关按照加工贸易企业向海关申请内销副产品的报验状态归类后，属于进口许可证件管理的，企业还应当按照规定取得有关进口许可证件。海关对有关进口许可证件电子数据进行系统自动比对验核。

第九条 加工贸易受灾保税货物（包括边角料、剩余料件、残次品、副产品）在运输、仓储、加工期间发生灭失、短少、损毁等情事的，加工贸易企业应当及时向主管海关报告，海关可以视情派员核查取证。

（一）因不可抗力因素造成的加工贸易受灾保税货物，经海关核实，对受灾保税货物灭失或者虽未灭失，但是完全失去使用价值且无法再利用的，海关予以免税核销；对受灾保税货物虽失去原使用价值，但是可以再利用的，海关按照审定的受灾保税货物价格、其对应进口料件适用的税率计征税款和税款缓税利息后核销。受灾保税货物对应的原进口料件，属于发展改革委、商务部、生态环境部及其授权部门进口许可证件管理范围的，免于提交许可证件。企业在规定的核销期内报核时，应当提供保险公司出具的保险赔款通知书和海关认可的其他有效证明文件。

（二）除不可抗力因素外，加工贸易企业因其他经海关审核认可的正当理由导致加工贸易保税货物在运输、仓储、加工期间发生灭失、短少、损毁等情事的，海关凭有关主管部门出具的证明文件和保险公司出具的保险赔款通知书，按照规定予以计征税款和缓税利息后办理核销手续。本款所规定的受灾保税货物对应的原进口料件，属于进口许可证件管理范围的，企业应当按照规定取得有关进口许可证件。海关对有关进口许可证件电子数据进行系统自动比对验核。本办法第四条、第六条、第七条规定免于提交进口许可证件的除外。

第十条 加工贸易企业因故申请将边角料、剩余料件、残次品、副产品或者受灾保税货物退运出境的，海关按照退运的有关规定办理，凭有关退运证明材料办理核销手续。

第十一条 加工贸易企业因故无法内销或者退运的边角料、剩余料件、残次品、副产品或者受灾保税货物，由加工贸易企业委托具有法定资质的单位进行销毁处置，海关凭相关单证、处置单位出具的接收单据和处置证明等资料办理核销手续。

海关可以派员监督处置，加工贸易企业及有关处置单位应当给予配合。加工贸易企业因处置获得的收入，应当向海关如实申报，海关比照边角料内销征税的管理规定办理征税手续。

第十二条 对实行进口关税配额管理的边角料、剩余料件、残次品、副产品和受灾保税货物，按照下列情况办理：

（一）边角料按照加工贸易企业向海关申请内销的报验状态归类属于实行关税配额管理商品的，海关按照关税配额税率计征税款；

（二）副产品按照加工贸易企业向海关申请内销的报验状态归类属于实行关税配额管理的，企业如果能够按照规定向海关提交有关进口配额许可证件，海关按照关税配额税率计征税款；企业如果未能按照规定向海关提交有关进口配额许可证件，海关按照有关规定办理；

（三）剩余料件、残次品对应进口料件属于实行关税配额管理的，企业如果能够按照规定向海关提交有关进口配额许可证件，海关按照关税配额税率计征税款；企业如果未能按照规定向海关提交有关进口配额许可证件，海关按照有关规定办理；

（四）因不可抗力因素造成的受灾保税货物，其对应进口料件属于实行关税配额管理商品的，海关按照关税配额税率计征税款；因其他经海关审核认可的正当理由造成的受灾保税货物，其对应进口料件属于实行关税配额管理的，企业如果能够按照规定向海关提交有关进口配额许可证件，海关按照关税配额税率计征税款；企业如果未能按照规定向海关提交有关进口配额许可证件，按照有关规定办理。

第十三条 属于加征反倾销税、反补贴税、保障措施关税或者报复性关税（以下统称特别关税）的，按照下列情况办理：

（一）边角料按照加工贸易企业向海关申请内销的报验状态归类属于加征特别关税的，海关免于征收需要加征的特别关税；

（二）副产品按照加工贸易企业向海关申请内销的报验状态归类属于加征特别关税的，海关按照规定征收需加征的特别关税；

（三）剩余料件、残次品对应进口料件属于加征特别关税的，海关按照规定征收需加征的特别关税；

（四）因不可抗力因素造成的受灾保税货物，如果失去原使用价值的，其对应进口料件属于加征特别关税的，海关免于征收需要加征的特别关税；因其他经海关审核认可的正当理由造成的受灾保税货物，其对应进口料件属于加征特别关税的，海关按照规定征收需加征的特别关税。

第十四条 加工贸易企业办理边角料、剩余料件、残次品、副产品和受灾保税货物内销的进出口通关手续时，应当按照下列情况办理：

（一）加工贸易剩余料件、残次品以及受灾保税货物内销，企业按照其加工贸易的原进口料件品名进行申报；

（二）加工贸易边角料以及副产品，企业按照向海关申请内销的报验状态申报。

第十五条 保税区、出口加工区内加工贸易企业的加工贸易保税进口料件加工后产生的边角料、剩余料件、残次品、副产品等的海关监管，按照保税区、出口加工区的规定办理。

第十六条 违反《海关法》及本办法规定，构成走私或者违反海关监管规定行为的，由海关依照《海关法》、《中华人民共和国海关行政处罚实施条例》等有关法律、行政法规的规定予以处理；构成犯罪的，依法追究刑事责任。

第十七条 本办法由海关总署负责解释。

第十八条 本办法自 2004 年 7 月 1 日起施行。2001 年 9 月 13 日发布的《关于加工贸易边角料、节余料件、残次品、副产品和受灾保税货物的管理办法》（海关总署令第 87 号）同时废止。

中华人民共和国海关加工贸易单耗
管理办法

（2007 年 1 月 4 日海关总署第 155 号令发布，根据 2014 年 3 月 13 日海关总署令第 218 号《海关总署关于修改部分规章的决定》第一次修正，根据 2018 年 5 月 29 日海关总署令第 240 号《海关总署关于修改部分规章的决定》第二次修正，根据 2018 年 11 月 23 日海关总署令第 243 号《海关总署关于修改部分规章的决定》第三次修正）

第一章　总　则

第一条　为了规范加工贸易单耗（以下简称单耗）管理，促进加工贸易的健康发展，根据《中华人民共和国海关法》以及其他有关法律、行政法规的规定，制定本办法。

第二条　海关对单耗的管理适用本办法。

第三条　单耗是指加工贸易企业在正常加工条件下加工单位成品所耗用的料件量，单耗包括净耗和工艺损耗。

第四条　加工贸易企业应当在加工贸易手册设立环节向海关进行单耗备案。

第五条　单耗管理应当遵循如实申报、据实核销的原则。

第六条　加工贸易企业向海关提供的资料涉及商业秘密，要求海关保密并向海关提出书面申请的，海关应当依法予以保密。加工贸易企业不得以保密为由，拒绝向海关提供有关资料。

第二章　单耗标准

第七条　单耗标准是指供通用或者重复使用的加工贸易单位成品耗料量的准则。单耗标准设定最高上限值，其中出口应税成品单耗标准增设最低下限值。

第八条　单耗标准由海关根据有关规定会同相关部门制定。

第九条　单耗标准应当以海关公告形式对外发布。

第十条　单耗标准适用于海关特殊监管区域、保税监管场所外的加工贸易企业，海关特殊监管区域、保税监管场所内的加工贸易企业不适用单耗标准。

第十一条　海关特殊监管区域、保税监管场所外的加工贸易企业应当在单耗标准内向海关进行单耗备案或者单耗申报。

海关特殊监管区域、保税监管场所外的加工贸易企业申报的单耗在单耗标准内的，海关按照申报的单耗对保税料件进行核销；申报的单耗超出单耗标准的，海关按照单耗标准的最高上限值或者最低下限值对保税料件进行核销。

第十二条 尚未公布单耗标准的，加工贸易企业应当如实向海关申报单耗，海关按照加工贸易企业的实际单耗对保税料件进行核销。

第三章　申报单耗

第十三条 申报单耗是指加工贸易企业向海关报告单耗的行为。

第十四条 加工贸易企业应当在成品出口、深加工结转或者内销前如实向海关申报单耗。

加工贸易企业确有正当理由无法按期申报单耗的，应当留存成品样品以及相关单证，并在成品出口、深加工结转或者内销前提出书面申请，经主管海关批准的，加工贸易企业可以在报核前申报单耗。

第十五条 加工贸易企业申报单耗应当包括以下内容：

（一）加工贸易项下料件和成品的商品名称、商品编号、计量单位、规格型号和品质；

（二）加工贸易项下成品的单耗；

（三）加工贸易同一料件有保税和非保税料件的，应当申报非保料件的比例、商品名称、计量单位、规格型号和品质。

第十六条 下列情况不列入工艺损耗范围：

（一）因突发停电、停水、停气或者其他人为原因造成保税料件、半成品、成品的损耗；

（二）因丢失、破损等原因造成的保税料件、半成品、成品的损耗；

（三）因不可抗力造成保税料件、半成品、成品灭失、损毁或者短少的损耗；

（四）因进口保税料件和出口成品的品质、规格不符合合同要求，造成用料量增加的损耗；

（五）因工艺性配料所用的非保税料件所产生的损耗；

（六）加工过程中消耗性材料的损耗。

第十七条 加工贸易企业可以向海关申请办理单耗变更或者撤销手续，但下列情形除外：

（一）保税成品已经申报出口的；

（二）保税成品已经办理深加工结转的；

（三）保税成品已经申请内销的；

（四）海关已经对单耗进行核定的；

（五）海关已经对加工贸易企业立案调查的。

第四章　单耗审核

第十八条　单耗审核是指海关依据本办法审查核实加工贸易企业申报的单耗是否符合有关规定、是否与加工实际相符的行为。

第十九条　海关为核查单耗的真实性和准确性，可以行使下列职权：

（一）查阅、复制加工贸易项下料件、成品的样品、影像、图片、图样、品质、成分、规格型号以及加工合同、订单、加工计划、加工报表、成本核算等账册和资料；

（二）查阅、复制工艺流程图、排料图、工料单、配料表、质量检测标准等能反映成品的技术要求、加工工艺过程以及相应耗料的有关资料；

（三）要求加工贸易企业提供核定单耗的计算方法、计算公式；

（四）对保税料件和成品进行查验或者提取货样进行检验或者化验；

（五）询问加工贸易企业的法定代表人、主要负责人和其他有关人员涉及单耗的有关情况和问题；

（六）进入加工贸易企业的货物存放场所、加工场所，检查与单耗有关的货物以及加工情况；

（七）对加工产品的单耗情况进行现场测定，必要时，可以留取样品。

第二十条　海关对加工贸易企业申报的单耗进行审核，符合规定的，接受加工贸易企业的申报。

第二十一条　海关对加工贸易企业申报单耗的真实性、准确性有疑问的，应当制发《中华人民共和国海关加工贸易单耗质疑通知书》（以下简称《单耗质疑通知书》，格式见附件），将质疑理由书面告知加工贸易企业的法定代表人或者其代理人。

第二十二条　加工贸易企业的法定代表人或者其代理人应当自收到《单耗质疑通知书》之日起 10 个工作日内，以书面形式向海关提供有关资料。

第二十三条　加工贸易企业未能在海关规定期限内提供有关资料、提供的资料不充分或者提供的资料无法确定单耗的，海关应当对单耗进行核定。

第二十四条　海关可以单独或者综合使用技术分析、实际测定、成本核算等方法对加工贸易企业申报的单耗进行核定。

第二十五条　单耗核定前，加工贸易企业缴纳保证金或者提供银行担保，并经海关同意的，可以先行办理加工贸易料件和成品的进出口、深加工结转或者内销等海关手续。

第二十六条　加工贸易企业对单耗核定结果有异议的，可以向作出单耗核定海关的上一级海关提出书面复核申请，上一级海关应当自收到复核申请后45日内作出复核决定。

第五章　附　则

第二十七条　本办法下列用语的含义：

净耗，是指在加工后，料件通过物理变化或者化学反应存在或者转化到单位成品中的量。

工艺损耗，是指因加工工艺原因，料件在正常加工过程中除净耗外所必需耗用、但不能存在或者转化到成品中的量，包括有形损耗和无形损耗。工艺损耗率，是指工艺损耗占所耗用料件的百分比。单耗=净耗／（1−工艺损耗率）。

技术分析方法，是指海关通过对成品的结构、成分、配方、工艺要求等影响单耗的各种因素进行分析和计算，核定成品单耗的方法。

实际测定方法，是指海关运用称量和计算等方法，对加工过程中单耗进行测定，通过综合分析核定成品单耗的方法。

成本核算方法，是指海关根据会计账册、加工记录、仓库账册等原料消耗的统计资料，进行对比和分析，计算核定成品单耗的方法。

第二十八条　违反本办法，构成走私或者违反海关监管规定行为的，由海关依照《中华人民共和国海关法》和《中华人民共和国海关行政处罚实施条例》的有关规定予以处理；构成犯罪的，依法追究刑事责任。

第二十九条　本办法由海关总署负责解释。

第三十条　本办法自2007年3月1日起施行。2002年3月11日海关总署令第96号发布的《中华人民共和国海关加工贸易单耗管理办法》同时废止。

中华人民共和国海关加工贸易企业联网监管办法

（2006年6月14日海关总署令第150号公布，自2006年8月1日起施行）

第一条 为了规范海关对加工贸易企业的管理，根据《中华人民共和国海关法》及其他有关法律、行政法规的规定，制定本办法。

第二条 海关对加工贸易企业实施联网监管，是指加工贸易企业通过数据交换平台或者其他计算机网络方式向海关报送能满足海关监管要求的物流、生产经营等数据，海关对数据进行核对、核算，并结合实物进行核查的一种加工贸易海关监管方式。

第三条 实施联网监管的加工贸易企业（以下简称联网企业）应当具备以下条件：

（一）具有加工贸易经营资格；

（二）在海关注册；

（三）属于生产型企业。

海关特殊监管区域、保税监管场所内的加工贸易企业不适用本办法。

第四条 加工贸易企业需要实施联网监管的，可以向主管海关提出申请；经审核符合本办法第三条规定条件的，海关应当对其实施联网监管。

第五条 联网企业通过数据交换平台或者其他计算机网络方式向海关报送数据前，应当进行加工贸易联网监管身份认证。

第六条 联网企业应当将开展加工贸易业务所需进口料件、出口成品清单及对应的商品编号报送主管海关，必要时还应当按照海关要求提供确认商品编号所需的相关资料。

主管海关应当根据监管需要，按照商品名称、商品编码和计量单位等条件，将联网企业内部管理的料号级商品与电子底账备案的项号级商品进行归并或者拆分，建立一对多或者多对一的对应关系。

第七条 联网企业应当在料件进口、成品出口前，分别向主管海关办理进口料件、出口成品的备案、变更手续。

联网企业应当根据海关总署的有关规定向海关办理单耗备案、变更手续。

第八条 海关应当根据联网企业报送备案的资料建立电子底账，对联网企业实施电子底账管理。电子底账包括电子账册和电子手册。

电子账册是海关以企业为单元为联网企业建立的电子底账；实施电子账册管理的，联网企业只设立一个电子账册。海关应当根据联网企业的生产情况和海关的监管需要确定核销周期，按照核销周期对实行电子账册管理的联网企业进行核销管理。

电子手册是海关以加工贸易合同为单元为联网企业建立的电子底账；实施电子手册管理的，联网企业的每个加工贸易合同设立一个电子手册。海关应当根据加工贸易合同的有效期限确定核销日期，对实行电子手册管理的联网企业进行定期核销管理。

第九条 联网企业应当如实向海关报送加工贸易货物物流、库存、生产管理以及满足海关监管需要的其他动态数据。

第十条 联网企业的外发加工实行主管海关备案制。加工贸易企业开展外发加工前应当将外发加工承接企业、货物名称和周转数量向主管海关备案。

第十一条 海关可以采取数据核对和下厂核查等方式对联网企业进行核查。下厂核查包括专项核查和盘点核查。

第十二条 经主管海关批准，联网企业可以按照月度集中办理内销补税手续；联网企业内销加工贸易货物后，应当在当月集中办理内销补税手续。

第十三条 联网企业加工贸易货物内销后，应当按照规定向海关缴纳缓税利息。

缴纳缓税利息的起始日期按照以下办法确定：

（一）实行电子手册管理的，起始日期为内销料件或者制成品所对应的加工贸易合同项下首批料件进口之日；

（二）实行电子账册管理的，起始日期为内销料件或者制成品对应的电子账册最近一次核销之日。没有核销日期的，起始日期为内销料件或者制成品对应的电子账册首批料件进口之日。

缴纳缓税利息的终止日期为海关签发税款缴款书之日。

第十四条 联网企业应当在海关确定的核销期结束之日起30日内完成报核。确有正当理由不能按期报核的，经主管海关批准可以延期，但延长期限不得超过60日。

第十五条 联网企业实施盘点前，应当告知海关；海关可以结合企业盘点实施核查核销。

海关结合企业盘点实施核查核销时，应当将电子底账核算结果与联网企业实际库存量进行对比，并分别进行以下处理：

（一）实际库存量多于电子底账核算结果的，海关应当按照实际库存量调整电子底账的当期余额；

（二）实际库存量少于电子底账核算结果且联网企业可以提供正当理由的，对短缺的部分，海关应当责令联网企业申请内销处理；

（三）实际库存量少于电子底账核算结果且联网企业不能提供正当理由的，对短缺的部分，海关除责令联网企业申请内销处理外，还可以按照《中华人民共和国海关行政处罚实施条例》对联网企业予以处罚。

第十六条 联网企业有下列情形之一的，海关可以要求其提供保证金或者银行保函作为担保：

（一）企业管理类别下调的；

（二）未如实向海关报送数据的；

（三）海关核查、核销时拒不提供相关账册、单证、数据的；

（四）未按照规定时间向海关办理报核手续的；

（五）未按照海关要求设立账册、账册管理混乱或者账目不清的。

第十七条 违反本办法，构成走私或者违反海关监管规定行为的，由海关依照《中华人民共和国海关法》和《中华人民共和国海关行政处罚实施条例》的有关规定予以处理；构成犯罪的，依法追究刑事责任。

第十八条 本办法下列用语的含义：

"电子底账"，是指海关根据联网企业申请，为其建立的用于记录加工贸易备案、进出口、核销等资料的电子数据库。

"专项核查"，是指海关根据监管需要，对联网企业就某一项或者多项内容实施的核查行为。

"盘点核查"，是指海关在联网企业盘点时，对一定期间的部分保税货物进行实物核对、数据核查的一种监管方式。

第十九条 本办法由海关总署负责解释。

第二十条 本办法自 2006 年 8 月 1 日起施行。2003 年 3 月 19 日海关总署令第 100 号发布的《中华人民共和国海关对加工贸易企业实施计算机联网监管办法》同时废止。

中华人民共和国海关保税核查办法

(2008年3月31日海关总署令第173号公布，根据2018年5月29日海关总署令第240号《海关总署关于修改部分规章的决定》第一次修正)

第一章　总　则

第一条　为了规范海关保税核查，加强海关对保税业务的监督管理，根据《中华人民共和国海关法》（以下简称《海关法》）以及其他有关法律、行政法规的规定，制定本办法。

第二条　本办法所称的保税核查，是指海关依法对监管期限内的保税加工货物、保税物流货物进行验核查证，检查监督保税加工企业、保税物流企业和海关特殊监管区域、保税监管场所内保税业务经营行为真实性、合法性的行为。

第三条　保税核查由海关保税监管部门组织实施。

第四条　保税核查应当由两名或者两名以上海关核查人员共同实施。

海关核查人员实施核查时，应当出示海关核查证。海关核查证由海关总署统一制发。

第五条　保税加工企业、保税物流企业以及海关特殊监管区域、保税监管场所经营企业（以下简称被核查人）可以书面向海关提出为其保守商业秘密的要求，并具体列明需要保密的内容。

海关应当按照国家有关规定，妥善保管被核查人提供的涉及商业秘密的资料。

第六条　被核查人应当对保税货物和非保税货物统一记账、分别核算。

被核查人应当按照《中华人民共和国会计法》及有关法律、行政法规的规定，设置规范的财务账簿、报表，记录保税企业的财务状况和有关保税货物的进出口、存储、转移、销售、使用和损耗等情况，如实填写有关单证、账册，凭合法、有效的凭证记账和核算。

被核查人应当在保税货物海关监管期限以及其后3年内保存上述资料。

第七条　海关可以通过数据核实、单证检查、实物盘点、账物核对等形式对被核查人进行实地核查，也可以根据被核查人提交的有关单证材料进行书面核查。

第二章 保税核查范围

第一节 保税加工业务核查

第八条 海关自保税加工企业向海关申请办理保税加工业务备案手续之日起至海关对保税加工手册核销结案之日止，或者自实施联网监管的保税加工企业电子底账核销周期起始之日起至其电子底账核销周期核销结束之日止，可以对保税加工货物以及相关的保税加工企业开展核查。

第九条 海关对保税加工企业开展核查的，应当核查以下内容：

（一）保税加工企业的厂房、仓库和主要生产设备以及法定代表人、主要负责人等企业基本情况与备案资料是否相符；

（二）保税加工企业账册设置是否规范、齐全；

（三）保税加工企业出现分立、合并或者破产等情形的，是否依照规定办理海关手续；

（四）保税加工企业开展深加工结转、外发加工业务的，是否符合海关对深加工结转或者外发加工条件和生产能力的有关规定。

第十条 海关对保税加工货物开展核查的，应当核查以下内容是否与实际情况相符：

（一）保税加工企业申报的进口料件和出口成品的商品名称、商品编码、规格型号、价格、原产地、数量等情况；

（二）保税加工企业申报的单耗情况；

（三）保税加工企业申报的内销保税货物的商品名称、商品编码、规格型号、价格、数量等情况；

（四）保税加工企业申报的深加工结转以及外发加工货物的商品名称、商品编码、规格型号、数量等情况；

（五）保税加工企业申请放弃的保税货物的商品名称、商品编码、规格型号、数量等情况；

（六）保税加工企业申报的受灾保税货物的商品名称、商品编码、规格型号、数量、破损程度以及价值认定等情况；

（七）保税加工企业的不作价设备的名称、数量等情况。

第二节 保税物流业务核查

第十一条 海关自保税物流货物运入海关特殊监管区域、保税监管场所之日起至运出海关特殊监管区域、保税监管场所之日止，可以对保税物流货物以及相关保税物流企业开展核查。

第十二条 海关对保税物流企业进行核查的，应当核查以下内容：

（一）保税物流企业的厂房、仓库以及法定代表人、主要负责人等企业基本情况与备案资料是否相符；

（二）保税物流企业账册设置是否规范、齐全；

（三）保税物流企业出现分立、合并或者破产等情形的，是否依照规定办理海关手续。

第十三条 海关对保税物流货物开展核查的，应当核查以下内容是否与实际情况相符：

（一）保税物流货物的进出、库存、转移、简单加工、使用等情况；

（二）保税物流货物的出售、转让、抵押、质押、留置、移作他用或者进行其他处置情况；

（三）保税物流企业内销保税货物的商品名称、商品编码、规格型号、价格、数量等情况；

（四）保税物流企业申请放弃的保税货物的商品名称、商品编码、规格型号、数量等情况；

（五）保税物流企业申报的受灾保税货物的商品名称、商品编码、规格型号、数量、破损程度以及价值认定等情况。

第三节 海关特殊监管区域、保税监管场所核查

第十四条 海关自海关特殊监管区域、保税监管场所验收合格之日起至其经营期限结束之日止，可以对海关特殊监管区域、保税监管场所管理和经营情况开展核查。

第十五条 海关对海关特殊监管区域开展核查的，应当核查以下内容是否符合有关规定：

（一）海关特殊监管区域隔离设施、监视监控设施情况；

（二）海关特殊监管区域内人员居住和建立商业性消费设施情况；

（三）海关特殊监管区域管理机构建立计算机公共信息平台情况；

（四）海关特殊监管区域内被核查人应用计算机管理系统情况；

（五）海关特殊监管区域经营企业设置账簿、报表情况。

第十六条 海关应当对保税监管场所开展下列核查：

（一）海关保税监管场所是否专库专用；

（二）海关保税监管场所内被核查人是否应用符合海关监管要求的计算机管理系统，并与海关实行计算机联网；

（三）海关保税监管场所经营企业是否设置符合海关监管要求的账簿、报表等。

第三章　保税核查程序

第一节　核查准备

第十七条　海关实施核查前，应当根据保税企业、保税货物进出口以及海关特殊监管区域、保税监管场所经营情况，确定被核查人，编制海关核查工作方案。

第十八条　海关实施核查前，应当通知被核查人。

特殊情况下，经海关关长批准，海关可以径行核查。

第十九条　被核查人提供具备相关资质和能力的专业机构出具的审计报告，并经海关审核认定的，海关可以对被核查人免于实施保税核查；海关认为必要时，可以委托专业机构作出专业结论。

第二节　核查实施

第二十条　海关核查人员开展核查可以行使下列职权：

（一）查阅、复制被核查人与保税业务有关的合同、发票、单据、账册、业务函电和其他有关资料（以下简称账簿、单证）；

（二）进入被核查人的生产经营场所、货物存放场所，检查与保税业务有关的生产经营情况和货物；

（三）询问被核查人的法定代表人、主要负责人或者其他有关人员与保税业务有关的情况。

第二十一条　被核查人应当接受并配合海关实施保税核查，提供必要的工作条件，如实反映情况，提供海关保税核查需要的有关账簿、单证等，不得拒绝、拖延、隐瞒。

海关查阅、复制被核查人的有关资料或者进入被核查人的生产经营场所、货物存放场所核查时，被核查人的有关负责人或者其指定的代表应当到场，并按照海关的要求清点账簿、打开货物存放场所、搬移货物或者开启货物包装。

被核查人委托其他机构、人员记账的，被委托人应当与被核查人共同配合海关查阅有关会计资料。

第二十二条　海关在核查过程中提取的有关资料、数据等，应当交由被核查人签字确认。

第二十三条　海关核查结束时，核查人员应当填制《海关保税核查工作记录》并签名。

实地核查的，《海关保税核查工作记录》还应当交由被核查人的有关负责人或者其指定的代表签字或者盖章；拒不签字或者盖章的，海关核查人员应当在《海关保税核查工作记录》上注明。

第三节　核查处理

第二十四条　核查结束后，海关应当对"海关保税核查工作记录"以及相关材料进行归档或者建立电子档案备查。

第二十五条　海关应当在保税核查结束后15个工作日内作出保税核查结论，并告知被核查人。

发现保税核查结论有错误的，海关应当予以纠正。

第二十六条　海关实施保税核查，发现被核查人存在不符合海关监管要求的，可以采取以下处理方式，并填制《保税核查处理通知书》书面告知被核查人：

（一）责令补办相关手续；

（二）责令限期改正；

（三）责令按照有关规定提供担保。

第二十七条　违反本办法，构成走私行为、违反海关监管规定行为或者其他违反《海关法》行为的，由海关依照《海关法》和《中华人民共和国海关行政处罚实施条例》的有关规定予以处理；构成犯罪的，依法追究刑事责任。

第四章　附　则

第二十八条　本办法下列用语的含义：

保税企业，是指经海关备案注册登记，按照保税政策，依法从事保税加工业务、保税物流业务或者经营海关特殊监管区域、保税监管场所的企业。

保税加工业务，是指经海关批准，对以来料加工、进料加工或者其他监管方式进出口的保税货物进行研发、加工、装配、制造以及相关配套服务的生产性经营行为。

保税物流业务，是指经海关批准，将未办理进口纳税手续或者已办结出口手续的货物在境内流转的服务性经营行为。

第二十九条　本办法所规定的文书由海关总署另行制定并且发布。

第三十条　本办法由海关总署负责解释。

第三十一条　本办法自 2008 年 6 月 1 日起施行。

中华人民共和国海关出口加工区货物出区
深加工结转管理办法

（2005 年 3 月 21 日海关总署令第 126 号公布，根据 2018 年 5 月 29 日海关总署令第 240 号《海关总署关于修改部分规章的决定》第一次修正，根据 2018 年 11 月 23 日海关总署令第 243 号《海关总署关于修改部分规章的决定》第二次修正）

第一条　为进一步完善出口加工区管理，方便区内企业生产经营，鼓励扩大外贸出口，促进加工贸易转型升级，根据《中华人民共和国海关法》《中华人民共和国海关对出口加工区监管的暂行办法》及其他有关法律、行政法规，制定本办法。

第二条　出口加工区货物出区深加工结转是指区内加工企业（以下简称转出企业）按照《中华人民共和国海关对出口加工区监管的暂行办法》的有关规定办理报关手续，将本企业加工生产的产品直接或者通过保税仓储企业转入其他出口加工区、保税区等海关特殊监管区域内及区外加工贸易企业（以下简称转入企业）进一步加工后复出口的经营活动。

第三条　转出企业未经实质性加工的保税料件不得进行出区深加工结转。

第四条　出口加工区企业加工生产的产品转入其他出口加工区、保税区等海关特殊监管区域企业深加工的，不列入海关统计。

出口加工区企业加工生产的产品转至区外加工贸易企业深加工的，列入海关单项统计。

第五条　转入企业、转出企业有下列情形之一的，不得开展出口加工区货物出区深加工结转：

（一）不符合海关监管要求，被海关责令限期整改，在整改期内的；

（二）涉嫌走私已被海关立案调查、侦查，尚未结案的；

（三）有逾期未报核《加工贸易手册》的；

（四）专营维修、设计开发的；

（五）其他不符合深加工结转监管条件的。

第六条 出口加工区企业开展深加工结转时，转出企业向转出企业所在地的出口加工区海关办理海关备案手续后，方可开展货物的实际结转。

对转入其他出口加工区、保税区等海关特殊监管区域的，和转入出口加工区、保税区等海关特殊监管区域外加工贸易企业的，转入企业按照前款规定办理结转手续。

第七条 对结转至其他出口加工区、保税区等海关特殊监管区域外的加工贸易企业的货物，海关按照对加工贸易进口货物的有关规定办理手续，结转产品属于加工贸易项下进口许可证件管理商品的，企业应当取得相应的有效进口许可证件。海关对相应进口许可证件电子数据进行系统自动比对验核。

第八条 转出企业、转入企业可以采用"分批送货、集中报关"的方式办理结转手续。

对转入其他出口加工区、保税区等海关特殊监管区域的，转出企业、转入企业分别在主管海关办理结转手续；对转至其他出口加工区、保税区等海关特殊监管区域外加工贸易企业的，转出企业、转入企业在转出地主管海关办理结转手续。

第九条 出口加工区货物出区深加工结转除特殊情况外，对转入其他出口加工区、保税区等海关特殊监管区域的，比照转关运输等有关规定办理海关手续。

转出企业生产的产品结转至其他出口加工区或者保税区等特殊监管区域，不能比照转关运输监管方式办理结转手续的，在向转出地或者转入地主管海关提供相应的担保后，由企业自行运输。

第十条 出口加工区企业加工生产的产品转至其他出口加工区、保税区等海关特殊监管区域外加工贸易企业的，转出企业、转入企业向海关申报结转计划时应当提交《中华人民共和国海关出口加工区货物出区深加工结转申请表》（以下简称《申请表》），并按照要求如实填写《申请表》的各项内容。

一份《申请表》只能对应一个转出企业和一个转入企业，但可对应转入企业多份《加工贸易手册》。

第十一条 转入企业、转出企业应当按照以下规定办理结转计划备案手续：

（一）转入企业在《申请表》（一式四联）中填写本企业的转入计划，凭《申请表》向转入地海关备案。

（二）转入地海关备案后，留存《申请表》第一联，其余三联退转入企业交转出企业。

（三）转出企业自转入地海关备案之日起三十日内，持《申请表》其余三联，填写本企业的相关内容后，向转出地海关办理备案手续。转出企业向海关递交《申请表》的内容如果不符合海关规定的，海关应当当场或者在签收《申请表》后五日内一次告知转出企业需要补正的全部内容。不予受理的应当制发《海关行政许可申请不予受理决定书》，并告知申请人享有依法申请行政复议或者提起行政诉讼的权利。转出企业、转入企业应当重新填报和办理备案手续。

（四）转出地海关审核后，将《申请表》第二联留存，第三联、第四联交转出企业、转入企业凭以办理结转收发货登记及报关手续。

第十二条 转出企业、转入企业办理结转备案手续后，应当按照经双方海关核准后的《申请表》进行实际收发货。转出企业的每批次发货记录应当在《出口加工区货物实际结转情况登记表》（以下简称《登记表》）上进行如实登记。由海关在转出地卡口签注《登记表》后货物出区。

第十三条 转出企业、转入企业每批实际发货、收货后，转出企业、转入企业可以凭《申请表》和转出地卡口签注的《登记表》分批或者集中办理报关手续。转出、转入企业每批实际发货、收货后，应当在实际发货、收货之日起三十日内办结该批货物的报关手续。

一份结转进口报关单对应一份结转出口备案清单。转出、转入企业应当按照海关规定如实、准确地向海关申报结转货物的品名、商品编号、规格、数量、价格等项目。转出地海关、转入地海关应当对申报数据进行审核。

第十四条 区内转出的货物因质量不符等原因发生退运、退换的，转入企业为出口加工区、保税区等海关特殊监管区域外加工贸易企业的，由转出地主管海关按照退运、退换的有关规定办理相关手续，并将实际退运、退换情况在《登记表》中进行登记，注明"退运"或者"退换"字样；转入企业为其他出口加工区、保税区等海关特殊监管区域内企业的，转入企业、转出企业分别在其主管海关办理退运和退换手续。

区内转出的货物因质量不符等原因需要返回区内维修的，比照上述退换规定办理手续。

第十五条 转出企业对以深加工结转方式出区的货物一律开具出口发票。转入企业、转出企业应当以外币计价结算，海关按照有关规定签发报关单外汇核销证明联。

第十六条 出口加工区出区深加工结转货物应当全部加工复出口，对确有特殊原因需要内销或者转用于生产内销产品的，区外加工贸易企业应当按照国家相关规定办理手续。

第十七条　实行计算机联网管理的企业可以通过网络办理结转手续。

第十八条　转入企业、转出企业违反本办法的，海关按照《中华人民共和国海关法》及《中华人民共和国海关法行政处罚实施条例》的有关规定处理；构成犯罪的，依法追究刑事责任。

第十九条　本办法所规定的文书由海关总署另行制定并且发布。

第二十条　本办法由海关总署负责解释。

第二十一条　本办法自2005年5月1日起施行。

中华人民共和国海关对保税物流园区的管理办法

（2005年11月28日海关总署令第134号发布，根据2010年3月15日海关总署令第190号公布的《海关总署关于修改〈中华人民共和国海关对保税物流园区的管理办法〉的决定》第一次修正，根据2017年12月20日海关总署令第235号公布的《海关总署关于修改部分规章的决定》第二次修正，根据2018年5月29日海关总署令第240号《海关总署关于修改部分规章的决定》第三次修正，根据2018年11月23日海关总署令第243号《海关总署关于修改部分规章的决定》第四次修正)

第一章　总　则

第一条　为了规范海关对保税物流园区及其进出货物、保税物流园区企业及其经营行为的管理，根据《中华人民共和国海关法》和有关法律、行政法规的规定，制定本办法。

第二条　本办法所称的保税物流园区（以下简称园区）是指经国务院批准，在保税区规划面积或者毗邻保税区的特定港区内设立的、专门发展现代国际物流业的海关特殊监管区域。

第三条　海关在园区派驻机构，依照本办法对进出园区的货物、运输工具、个人携带物品及园区内相关场所实施监管。

第四条 园区与中华人民共和国境内的其他地区（以下简称区外）之间，应当设置符合海关监管要求的卡口、围网隔离设施、视频监控系统及其他海关监管所需的设施。

第五条 园区内设立仓库、堆场、查验场和必要的业务指挥调度操作场所，不得建立工业生产加工场所和商业性消费设施。

海关、园区行政管理机构及其经营主体、在园区内设立的企业（以下简称园区企业）等单位的办公场所应当设置在园区规划面积内、围网外的园区综合办公区内。除安全保卫人员和相关部门、企业值班人员外，其他人员不得在园区内居住。

第六条 经海关总署会同国务院有关部门对本办法第四条、第五条第一款规定的有关设施、场所验收合格后，园区可以开展有关业务。

第七条 园区可以开展下列业务：

（一）存储进出口货物及其他未办结海关手续货物；

（二）对所存货物开展流通性简单加工和增值服务；

（三）国际转口贸易；

（四）国际采购、分销和配送；

（五）国际中转；

（六）检测、维修；

（七）商品展示；

（八）经海关批准的其他国际物流业务。

第八条 园区内不得开展商业零售、加工制造、翻新、拆解及其他与园区无关的业务。

第九条 有下列情形的，园区企业应当在规定的时间内书面报告园区主管海关并办理相关手续：

（一）遭遇不可抗力等灾害；

（二）海关监管货物被行政执法部门或者司法机关采取查封、扣押等强制措施；

（三）海关监管货物被盗窃；

（四）法律、行政法规规定的其他情形。

上述情形的报告时间，第（一）项在发生之日起5个工作日内，第（二）至（四）项在发生之日起3个工作日内。

第十条 对园区与区外之间进出的海关监管货物，园区主管海关可以要求企业提供相应的担保。

第十一条 法律、行政法规禁止进出口的货物、物品不得进出园区。

第二章 海关对园区企业的管理

第十二条 园区企业应当具备下列条件：

（一）具有企业法人资格；

（二）在园区内拥有专门的营业场所。

第十三条 特殊情况下，经园区主管海关核准，区外法人企业可以依法在园区内设立分支机构。

第十四条 园区企业变更营业场所面积、地址、名称、组织机构、性质、法定代表人等注册登记内容的，应当在变更后 5 个工作日内向主管海关书面报告。

园区企业有前款以外的其他变更情形的，应当按照法律、行政法规的有关规定向园区主管海关报告并办理相关手续。

第十五条 海关对园区企业实行电子账册监管制度和计算机联网管理制度。

园区行政管理机构或者其经营主体应当在海关指导下通过"电子口岸"建立供海关、园区企业及其他相关部门进行电子数据交换和信息共享的计算机公共信息平台。

园区企业应当建立符合海关监管要求的计算机管理系统，提供供海关查阅数据的终端设备，按照海关规定的认证方式和数据标准与海关进行联网。

第十六条 园区企业应当依照《中华人民共和国会计法》及有关法律、行政法规的规定，规范财务管理，设置符合海关监管要求的账簿、报表，记录本企业的财务状况和有关进出园区货物、物品的库存、转让、转移、销售、简单加工、使用等情况，如实填写有关单证、账册，凭合法、有效的凭证记账和核算。

园区企业应当编制月度货物进、出、转、存情况表，并定期报送园区主管海关。

第三章 海关对进出园区货物的监管

第一节 对园区与境外之间进出货物的监管

第十七条 海关对园区与境外之间进、出的货物实行备案制管理，但园区自用的免税进口货物、国际中转货物或者法律、行政法规另有规定的货物除外。境外货物到港后，园区企业（或者其代理人）可以先凭舱单将货物直接运至园区，再凭进境货物备案清单向园区主管海关办理申报手续。

第十八条 园区与境外之间进出的货物，应当按照规定向海关办理相关手续。

第十九条 园区内开展整箱进出、二次拼箱等国际中转业务的，由开展此项业务的企业向海关发送电子舱单数据，园区企业向园区主管海关申请提箱、集运等，凭舱单等单证办理进出境申报手续。

第二十条 从园区运往境外的货物，除法律、行政法规另有规定外，免征出口关税。

第二十一条 下列货物、物品从境外进入园区，海关予以办理免税手续：

（一）园区的基础设施建设项目所需的设备、物资等；

（二）园区企业为开展业务所需的机器、装卸设备、仓储设施、管理设备及其维修用消耗品、零配件及工具；

（三）园区行政管理机构及其经营主体和园区企业自用合理数量的办公用品。

第二十二条 下列货物从境外进入园区，海关予以办理保税手续：

（一）园区企业为开展业务所需的货物及其包装物料；

（二）加工贸易进口货物；

（三）转口贸易货物；

（四）外商暂存货物；

（五）供应国际航行船舶和航空器的物料、维修用零配件；

（六）进口寄售货物；

（七）进境检测、维修货物及其零配件；

（八）供看样订货的展览品、样品；

（九）未办结海关手续的一般贸易货物；

（十）经海关批准的其他进境货物。

第二十三条 园区行政管理机构及其经营主体和园区企业从境外进口的自用交通运输工具、生活消费用品，按一般贸易进口货物的有关规定向海关办理申报手续。

第二十四条 园区与境外之间进出的货物，不实行进出口许可证件管理，但法律、行政法规、规章另有规定的除外。

第二节 对园区与区外之间进出货物的监管

第二十五条 园区与区外之间进出的货物，由园区企业或者区外收、发货人（或者其代理人）按照规定向海关办理相关手续。

第二十六条 园区货物运往区外视同进口，园区企业或者区外收货人（或者其代理人）按照规定向海关办理相关手续，海关按照货物出园区时的实际监管方式的有关规定办理。

第二十七条 园区企业跨关区配送货物或者异地企业跨关区到园区提取货物的，应当按照规定向海关办理相关手续。

第二十八条 除法律、行政法规、规章规定不得集中申报的货物外，园区企业少批量、多批次进、出货物的，经园区主管海关批准可以办理集中申报手续，并适用每次货物进出口时海关接受该货物申报之日实施的税率、汇率。集中申报的期限不得超过1个月，且不得跨年度办理。

第二十九条 区外货物运入园区视同出口，由园区企业或者区外发货人（或者其代理人）按照规定向海关办理相关手续。属于应当征收出口关税的商品，海关按照有关规定征收出口关税；属于许可证件管理的商品，应当取得有效的出口许可证件，海关对有关出口许可证件电子数据进行系统自动比对验核，但法律、行政法规、规章另有规定在出境申报环节验核出口许可证件的除外。

境内区外货物、设备以出口报关方式进入园区的，其出口退税按照国家有关规定办理。境内区外货物、设备属于原进口货物、设备的，原已缴纳的关税、进口环节海关代征税海关不予退还。

第三十条 从园区到区外的货物涉及免税的，海关按照进口免税货物的有关规定办理。

第三十一条 经园区主管海关批准，园区企业可以在园区综合办公区专用的展示场所举办商品展示活动。展示的货物应当在园区主管海关备案，并接受海关监管。

园区企业在区外其他地方举办商品展示活动的，应当比照海关对暂时进口货物的管理规定办理有关手续。

第三十二条 园区行政管理机构及其经营主体和园区企业使用的机器、设备和办公用品等，需要运往区外进行检测、维修的，应当向园区主管海关提出申请，经园区主管海关核准、登记后可以运往区外。

第三十三条 运往区外检测、维修的机器、设备和办公用品等不得留在区外使用，并自运出之日起60日内运回园区。因特殊情况不能如期运回的，园区行政管理机构及其经营主体和园区企业应当于期满前10日内，以书面形式向园区主管海关申请延期，延长期限不得超过30日。

第三十四条 检测、维修完毕运回园区的机器、设备等应当为原物。有更换新零配件或者附件的，原零配件或者附件应当一并运回园区。

对在区外更换的国产零配件或者附件，如需退税，由企业按照出口货物的有关规定办理手续。

　　第三十五条　区外原进口货物需要退运出境或者原出口货物需要复运进境的，不得经过园区进出境或者进入园区存储。

　　根据无代价抵偿货物规定进行更换的区外原进口货物，留在区外不退运出境的，也不得进入园区。

第三节　对园区内货物的监管

　　第三十六条　园区内货物可以自由流转。园区企业转让、转移货物时应当将货物的具体品名、数量、金额等有关事项向海关进行电子数据备案，并在转让、转移后向海关办理报核手续。

　　第三十七条　未经园区主管海关许可，园区企业不得将所存货物抵押、质押、留置、移作他用或者进行其他处置。

　　按照本办法第二十一条规定免税进入园区的货物、物品，适用本条前款的规定。

　　第三十八条　园区企业可以对所存货物开展流通性简单加工和增值服务，包括分级分类、分拆分拣、分装、计量、组合包装、打膜、加刷唛码、刷贴标志、改换包装、拼装等具有商业增值的辅助性作业。

　　第三十九条　申请在园区内开展维修业务的企业应当具有企业法人资格，并在园区主管海关登记备案。在园区内开展保税维修业务的企业，海关按照相关规定进行监管。

　　第四十条　园区企业自开展业务之日起，应当每年向园区主管海关办理报核手续。园区主管海关应当自受理报核申请之日起30日内予以核库。企业有关账册、原始数据应当自核库结束之日起至少保留3年。

　　第四十一条　进入园区的国内出口货物尚未办理退税手续的，因品质或者规格原因需要退还出口企业时，园区企业应当在货物申报进入园区之日起1年内提出申请，并提供出口企业所在地主管税务部门出具的未办理出口退税证明，经园区主管海关批准后，可以办理退运手续，且无须缴纳进口关税、进口环节增值税和消费税；海关已征收出口关税的，应当予以退还。货物以转关方式进入园区的，园区企业出具启运地海关退运联系单后，园区主管海关办理相关手续。

　　进境货物未经流通性简单加工，需原状退运出境的，园区企业可以向园区主管海关申请办理退运手续。

　　已办理出口退税的货物或者已经流通性简单加工的货物（包括进境货物）

如需退运，按照进出口货物的有关规定办理海关手续。

第四十二条　除已经流通性简单加工的货物外，区外进入园区的货物，因质量、规格型号与合同不符等原因，需原状返还出口企业进行更换的，园区企业应当在货物申报进入园区之日起 1 年内向园区主管海关申请办理退换手续。海关按照《中华人民共和国海关进出口货物征税管理办法》的有关规定办理。

更换的货物进入园区时，可以免领出口许可证件，免征出口关税。

第四十三条　除法律、行政法规规定不得声明放弃的货物外，园区企业可以申请放弃货物。

放弃货物由园区主管海关依法提取变卖，变卖收入由海关按照有关规定处理。依法变卖后，企业凭放弃该批货物的申请和园区主管海关提取变卖该货物的有关单证办理核销手续；确因无使用价值无法变卖并经海关核准的，由企业自行处理，园区主管海关直接办理核销手续。放弃货物在海关提取变卖前所需的仓储等费用，由企业自行承担。

对按照规定应当销毁的放弃货物，由企业负责销毁，园区主管海关可以派员监督。园区主管海关凭有关主管部门的证明材料办理核销手续。

第四十四条　因不可抗力造成园区货物损坏、损毁、灭失的，园区企业应当及时书面报告园区主管海关，说明理由并提供保险、灾害鉴定部门的有关证明。经园区主管海关核实确认后，按照下列规定处理：

（一）货物灭失，或者虽未灭失但完全失去使用价值的，海关予以办理核销和免税手续；

（二）进境货物损坏、损毁，失去原使用价值但可以再利用的，园区企业可以向园区主管海关办理退运手续。如不退运出境并要求运往区外的，由园区企业提出申请，并经园区主管海关核准，根据受灾货物的使用价值进行估价、征税后运出园区外；

（三）区外进入园区的货物损坏、损毁，失去原使用价值但可以再利用，且需向出口企业进行退换的，可以退换为与损坏货物同一品名、规格、数量、价格的货物，并向园区主管海关办理退运手续。

需退运到区外的，如属于尚未办理出口退税手续的，可以向园区主管海关办理退运手续；如属已经办理出口退税手续的，按照本条第（二）项进境货物运往区外的有关规定办理。

第四十五条　因保管不善等非不可抗力因素造成货物损坏、损毁、灭失的，按下列规定办理：

（一）对于从境外进入园区的货物，园区企业应当按照一般贸易进口货物的规定，以货物进入园区时海关接受申报之日适用的税率、汇率，依法向海关缴纳损毁、灭失货物原价值的关税、进口环节增值税和消费税；

（二）对于从区外进入园区的货物，园区企业应当重新缴纳因出口而退还的国内环节有关税收，海关据此办理核销手续。

第四十六条　除国家另有规定外，园区货物不设存储期限。

第四节　对园区与其他海关特殊监管区域、保税监管场所之间往来货物的监管

第四十七条　海关对于园区与海关特殊监管区域或者保税监管场所之间往来的货物，继续实行保税监管。但货物从未实行国内货物入区（仓）环节出口退税制度的海关特殊监管区域或者保税监管场所转入园区的，按照货物实际离境的有关规定办理申报手续。

第四十八条　园区与其他海关特殊监管区域、保税监管场所之间的货物交易、流转，不征收进出口环节和国内流通环节的有关税收。

第四章　对进出园区运输工具和人员携带货物、物品的监管

第四十九条　运输工具和人员应当经海关指定的专用通道进出园区。

第五十条　对园区和其他口岸、海关特殊监管区域或者保税监管场所之间进出的货物，应当由经海关备案或者核准的运输工具承运。承运人应当遵守海关有关运输工具及其所载货物的管理规定。

第五十一条　园区与区外非海关特殊监管区域或者保税监管场所之间货物的往来，企业可以使用其他非海关监管车辆承运。承运车辆进出园区通道时应当经海关登记，海关可以对货物和承运车辆进行查验、检查。

第五十二条　下列货物进出园区时，按照海关规定办理相关手续并经园区主管海关查验后，可以由园区企业指派专人携带或者自行运输：

（一）价值1万美元及以下的小额货物；

（二）因品质不合格复运区外退换的货物；

（三）已办理进口纳税手续的货物；

（四）企业不要求出口退税的货物；

（五）其他经海关核准的货物。

第五章　附　　则

第五十三条　除国际中转货物和其他另有规定的货物外，从境外运入园区

的货物和从园区运往境外的货物列入海关进出口统计。从区外运入园区和从园区运往区外的货物，列入海关单项统计。

园区企业之间转让、转移的货物，以及园区与其他海关特殊监管区域或者保税监管场所之间往来的货物，不列入海关统计。

第五十四条 本办法下列用语的含义：

园区综合办公区，是指园区行政管理机构或者其经营主体在园区围网外投资建立，供海关、园区企业和其他有关机构使用的具有办公、商务、报关、商品展示等功能的场所。

拼箱，是指从境外启运的国际集装箱中转货物，在中转港存放期间由园区企业根据收发货人指令单独进行流通性简单加工和增值服务，或者与中转港所在国、地区的其他进口或者出口货物重新组合拼箱后，再次装船集中运往境外同一目的港的物流活动。

核库，是指经企业申请，由海关盘查企业实际库存，并对海关及企业电子账册进、出、转、存的数据进行比对确认的行为。

保税监管场所，是指经海关批准设立的保税物流中心（A、B型）、保税仓库、出口监管仓库及其他保税监管场所。

第五十五条 违反本办法规定，构成走私或者违反海关监管规定行为的，海关按照《中华人民共和国海关法》《中华人民共和国海关行政处罚实施条例》的有关规定进行处理；构成犯罪的，依法追究刑事责任。

第五十六条 本办法由海关总署负责解释。

第五十七条 本办法自 2006 年 1 月 1 日起施行。

中华人民共和国海关对上海钻石
交易所监管办法

（2006 年 9 月 11 日海关总署令第 152 号公布，根据 2018 年 5 月 29 日海关总署令第 240 号《海关总署关于修改部分规章的决定》第一次修正）

第一章 总 则

第一条 为了规范海关对上海钻石交易所的监管，根据《中华人民共和国海关法》和其他有关法律、行政法规，制定本办法。

第二条 上海钻石交易所（以下简称交易所）是经国务院批准设立办理钻石进出口和钻石交易手续的海关特殊监管区域。

海关在交易所设立机构，并依法行使职权，对该区域实行封闭式管理。

第三条 交易所内可以开展钻石进出口贸易、存储、展示、委托加工和经海关批准的其他相关业务。

第四条 以一般贸易方式进出口钻石的，应当在交易所海关机构（以下简称交易所海关）办理进出口报关手续。

以加工贸易方式进出口钻石的，应当按照《中华人民共和国海关对加工贸易货物监管办法》办理进出口报关手续。加工贸易项下钻石转内销的，应当参照前款规定在交易所海关办理报关手续。

以一般贸易方式进出口工业用钻，即税号71022100、71022900、71049011、71051020项下钻石的，不集中在交易所海关办理报关手续，依法征收关税和进口环节增值税。

第五条 海关依法对进出交易所的钻石进行查验。查验时，钻石所有人或者受委托随身携带钻石进出口的交易所会员（以下简称会员）应当到场，并负责开拆和重封钻石的包装。查验后，海关应当出具《钻石进/出所核准单》，《钻石进/出所核准单》应当分别由钻石所有人或者会员、验核人和海关查验人员签字确认。

第六条 未办理海关手续的钻石以及国家禁止进出口的货物、物品，不得进出交易所。

第二章 对交易所及其会员的管理

第七条 会员应当持有关主管部门的批准文件等材料向交易所海关办理有关登记手续。

会员经登记后，可以办理交易所与所外境内之间的钻石进出口报关手续，也可以办理交易所与境外之间的钻石进出备案手续。

第八条 会员应当依照法律、行政法规等规定建立专门账册，记录钻石的进出口、库存、展示、委托加工等业务开展情况。

第九条 海关可以对交易所内钻石及其存放场所实施检查。

海关可以依法对交易所及其会员实施稽查，可以查阅、复制与进出口或者交易等行为有关的合同、发票、账册、结付汇凭证、业务函电等书面资料和电子数据。

第十条　海关对交易所实行计算机联网管理。交易所及其会员应当建立符合海关监管要求的计算机管理系统并与海关联网。

第三章　对交易所与境外之间钻石进出的监管

第十一条　从境外进入交易所和从交易所出境的钻石，由会员或者由其委托海关准予注册登记的报关企业（以下简称报关企业）向交易所海关备案，填报《中华人民共和国海关进境货物备案清单》或者《中华人民共和国海关出境货物备案清单》（以下简称备案清单），并按照规定交验有关单证。

第十二条　钻石从境外直接进入交易所的，海关不征收进口关税、进口环节增值税、消费税。

第十三条　钻石从交易所出境的，海关不出具办理出口退税手续的有关单证。

第十四条　钻石从境外以货运方式进入交易所的，会员或者报关企业应当向交易所海关办理提前报关手续，向入境地海关办理转关运输手续。未办妥提前报关手续的，应当按照直转方式办理转关运输手续。

第十五条　钻石从交易所以货运方式出境的，应当按照出口转关运输方式办理自交易所至出境地海关的手续。

第十六条　随身携带钻石进境的，应当向交易所海关提前申报，并凭交易所海关出具的备案清单到进境地海关办理钻石入境手续。携带进境的钻石经进境地海关施用关封后，应当到交易所海关办理报关手续。

第四章　对交易所与所外境内之间钻石进出的监管

第十七条　钻石从交易所进入所外境内的，由会员或者报关企业向交易所海关办理进口报关和纳税手续。

钻石从交易所进入所外境内的，免征进口关税，进口环节消费税移至消费环节由国家税务机关征收；毛坯钻石免征进口环节增值税，成品钻石进口环节增值税实际税负超过4%的部分由海关实行即征即退，即征即退具体办法由海关总署授权上海海关制定。

第十八条　钻石因展示等业务需要临时进入所外境内的，应当向交易所海关提出申请，经海关批准后比照海关对暂时进口货物的管理规定办理有关手续。

第十九条　钻石从所外境内进入交易所的，由会员或者报关企业向交易所海关办理出口报关手续。

第二十条　交易所与所外境内之间的钻石进出，由交易所海关作单项统计。

第五章　对钻石加工的管理

第二十一条　会员将交易所内钻石委托海关特殊监管区域企业加工的，由海关按照保税区或者出口加工区的有关规定实施监管。

依照前款规定开展钻石加工业务的，加工期限不得超过 6 个月；有特殊情况需要延长期限的，可以向交易所海关申请延期一次，延长期限不得超过 6 个月。

第二十二条　会员将交易所内钻石委托非海关特殊监管区域企业加工的，应当按照加工贸易的有关规定办理海关手续。

第二十三条　国内企业直接承接国外钻石加工业务的，应当按照加工贸易规定办理。

第二十四条　加工贸易项下钻石（包括加工完毕的成品镶嵌钻石饰品）内销的，加工贸易企业应当向交易所海关办理内销报关手续。主管海关凭进口报关单及有关单证办理加工贸易核销手续。加工贸易项下钻石（包括加工完毕的成品镶嵌钻石饰品）出口至交易所的，由加工贸易企业向交易所海关办理出口报关手续，主管海关凭出口报关单及有关单证办理加工贸易核销手续。

第六章　附　则

第二十五条　本办法下列用语的含义：

钻石，是指《中华人民共和国进出口税则》第 71 章 7102、7104 项下不论是否加工、但未镶嵌的天然或者合成钻石，及 7105 项下天然或者合成的钻石粉末。

验核人，是指国家珠宝玉石质量监督检验中心专业工作人员。

第二十六条　公民、法人或者其他组织不得以边境小额贸易方式进口或者出口钻石。

第二十七条　违反本办法，构成走私或者违反海关监管规定行为的，由海关依照《中华人民共和国海关法》和《中华人民共和国海关行政处罚实施条例》的有关规定予以处理；构成犯罪的，依法追究刑事责任。

第二十八条　本办法所规定的文书由海关总署另行制定并且发布。

第二十九条　本办法由海关总署负责解释。

第三十条　本办法自公布之日起施行。2002 年 4 月 29 日起实施的《中华人民共和国海关对上海钻石交易所钻石监管办法》同时废止。

中华人民共和国海关珠澳跨境工业区珠海园区管理办法

(2007年3月8日海关总署令第160号发布，根据2010年3月15日海关总署令第189号公布的《海关总署关于修改〈中华人民共和国海关珠澳跨境工业区珠海园区管理办法〉的决定》第一次修正，根据2017年12月20日海关总署令第235号公布的《海关总署关于修改部分规章的决定》第二次修正，根据2018年5月29日海关总署令第240号《海关总署关于修改部分规章的决定》第三次修正，根据2018年11月23日海关总署令第243号《海关总署关于修改部分规章的决定》第四次修正)

第一章 总 则

第一条 为了规范海关对珠澳跨境工业区珠海园区（以下简称珠海园区）的监管，根据《中华人民共和国海关法》（以下简称《海关法》）和其他有关法律、行政法规的规定，制定本办法。

第二条 珠海园区是经国务院批准设立的海关特殊监管区域。珠海园区实行保税区政策，与中华人民共和国关境内的其他地区（以下称区外）之间进出货物在税收方面实行出口加工区政策。

第三条 海关在珠海园区派驻机构，依照本办法对进出珠海园区的货物、物品、运输工具以及珠海园区内企业、场所实施监管。

第四条 珠海园区实行封闭式管理。珠海园区与区外以及澳门园区之间，应当设置符合海关监管要求的围网隔离设施、卡口、视频监控系统以及其他海关监管所需的设施。

珠海园区和澳门园区之间设立专用口岸通道，用于两个园区的货物、物品、运输工具以及人员进出。珠海园区和区外之间设立进出区卡口通道，用于珠海园区与区外之间的货物、物品、运输工具以及人员进出。

第五条 珠海园区内不得建立商业性生活消费设施。除安全保卫人员和企业值班人员外，其他人员不得在珠海园区居住。

第六条 珠海园区可以开展以下业务：

（一）加工制造；

（二）检测、维修、研发；

（三）储存进出口货物以及其他未办结海关手续货物；

（四）国际转口贸易；

（五）国际采购、分销和配送；

（六）国际中转；

（七）商品展示、展销；

（八）经海关批准的其他加工和物流业务。

第七条　珠海园区内企业（以下简称区内企业）应当具有法人资格。特殊情况下，经珠海园区主管海关核准，区外法人企业可以依法在园区内设立分支机构。

第八条　区内企业应当依据《中华人民共和国会计法》以及国家有关法律、行政法规的规定，设置符合海关监管要求的账簿、报表，记录本企业的财务状况和有关进出珠海园区货物、物品的库存、转让、转移、销售、加工、使用和损耗等情况，如实填写有关单证、账册，凭合法、有效凭证记账并且进行核算。

第九条　海关对区内企业实行电子账册监管制度和计算机联网管理制度，电子账册的备案、核销等作业按有关规定执行。

珠海园区行政管理机构或者其经营主体应当在海关指导下通过"电子口岸"平台建立供海关、区内企业以及其他相关部门进行电子数据交换和信息共享的计算机公共信息平台。

区内企业应当建立符合海关联网监管要求的计算机管理系统，按照海关规定的认证方式，提供符合海关查阅格式的电子数据并且与海关信息系统联网。

第十条　有下列情形之一的，区内企业应当在情况发生之日起 5 个工作日内书面报告海关，并且办理相关手续：

（一）遭遇不可抗力的；

（二）海关监管货物被盗窃的；

（三）区内企业分立、合并、破产的。

第十一条　法律、行政法规禁止进出口的货物、物品，不得进出珠海园区。

第二章　对珠海园区与境外之间进出货物的监管

第十二条　海关对珠海园区与境外之间进出的货物实行备案制管理，但法律、行政法规另有规定的货物除外。珠海园区与境外之间进出的货物，由货物的收发货人或者代理人填写进出境货物备案清单，向海关备案。

对于珠海园区与境外之间进出的货物，区内企业提出书面申请并且经海关批准的，可以办理集中申报手续，但法律、行政法规和规章另有规定的除外。

第十三条　珠海园区与境外之间进出的货物应当按照规定向海关办理相关手续。

第十四条　珠海园区与境外之间进出的货物，不实行进出口配额、许可证件管理，但法律、行政法规和规章另有规定的除外。

第十五条　从境外进入珠海园区的货物，除法律、行政法规另有规定外，按照以下规定征收进口关税和进口环节税：

（一）珠海园区生产性的基础设施建设项目所需的机器、设备和其他物资，予以免税；

（二）区内企业自用的生产、管理设备和自用合理数量的办公用品及其所需的维修零配件，建设生产厂房、仓储设施所需的物资、设备，予以免税；

（三）珠海园区行政管理机构自用合理数量的管理设备和办公用品及其所需的维修零配件，予以免税；

（四）区内企业为加工出口产品所需的原材料、零部件、元器件、包装物料，予以保税；

（五）转口货物、在珠海园区储存的货物和展览品、样品，予以保税；

（六）上述规定范围外的货物或者物品从境外进入珠海园区，应当依法纳税。

本条前款规定的从境外免税进入珠海园区的货物出区进入区外的，海关按照货物进口的有关规定办理手续；需要征税的，按照货物出区时的实际状态征税；属于配额、许可证件管理商品的，区内企业或者区外收货人还应当取得进口配额、许可证件。海关对有关进口许可证件电子数据进行系统自动比对验核。

从珠海园区运往境外的货物免征出口关税，但法律、行政法规另有规定的除外。

第三章　对珠海园区与区外之间进出货物的监管

第十六条　珠海园区内货物运往区外视同进口，海关按照货物进口的有关规定办理手续。需要征税的，按照货物出区时的实际状态征税；属于配额、许可证件管理商品的，区内企业或者区外收货人还应当取得进口配额、许可证件。海关对有关进口许可证件电子数据进行系统自动比对验核。

以一般贸易方式经珠海园区进入区外，并且获得香港或者澳门签证机构签发的 CEPA 优惠原产地证书的货物，可以按照规定享受 CEPA 零关税优惠。

第十七条　区内企业在加工生产过程中产生的边角料、废品，以及加工生产、储存、运输等过程中产生的包装物料，区内企业提出书面申请并且经海关批准的，可以运往区外，海关按出区时的实际状态征税。属于进口配额、许可证件管理商品的，免领进口配额、许可证件；属于列入《禁止进口废物目录》的废物以及其他危险废物需出区进行处置的，有关企业凭珠海园区行政管理机构以及所在地的市级环保部门批件等材料，向海关办理出区手续。

区内企业在加工生产过程中产生的残次品内销出区的，海关按内销时的实际状态征税。属于进口配额、许可证件管理的，企业应当取得进口配额、许可证件。海关对有关进口许可证件电子数据进行系统自动比对验核。

第十八条 珠海园区内货物运往区外的，由区内企业、区外收货人或者其代理人向海关办理申报手续。

第十九条 区内企业跨关区配送货物或者异地企业跨关区到珠海园区提取货物的，可以在珠海园区主管海关办理申报手续，也可以按照规定在异地企业所在地海关办理申报手续。

第二十条 区内企业需要将模具、原材料、半成品等运往区外进行加工的，应当在开展外发加工前，凭承揽加工合同或者协议、区内企业签章确认的承揽企业生产能力状况等材料，向珠海园区主管海关办理外发加工手续。

委托区外企业加工的期限不得超过合同或者协议有效期，加工完毕后的货物应当按期运回珠海园区。在区外开展外发加工产生的边角料、废品、残次品、副产品不运回珠海园区的，海关应当按照实际状态征税。区内企业凭出区时委托区外加工申请书以及有关单证，向海关办理验放核销手续。

第二十一条 经珠海园区主管海关批准，区内企业可以在区外进行商品展示，也可以承接区外商品的展示，并且比照海关对暂时进出境货物的有关规定办理进出区手续。

第二十二条 在珠海园区内使用的机器、设备、模具和办公用品等海关监管货物，区内企业或者珠海园区行政管理机构向珠海园区主管海关提出书面申请，并且经珠海园区主管海关核准、登记后，可以运往区外进行检测、维修。区内企业将模具运往区外进行检测、维修的，应当留存模具所生产产品的样品或者图片资料。

运往区外进行检测、维修的机器、设备、模具和办公用品等，不得在区外用于加工生产和使用，并且应当自运出之日起60日内运回珠海园区。因特殊情况不能如期运回的，区内企业或者珠海园区行政管理机构应当在期限届满前7日内，以书面形式向海关申请延期，延长期限不得超过30日。

检测、维修完毕运回珠海园区的机器、设备、模具和办公用品等应当为原物。有更换新零件、配件或者附件的，原零件、配件或者附件应当一并运回区内。对在区外更换的国产零件、配件或者附件，需要退税的，由企业按照出口货物的有关规定办理手续。

第二十三条　货物从区外进入珠海园区视同出口，海关按照货物出口的有关规定办理手续。属于出口应税商品的，按照有关规定进行征税；属于配额、许可证件管理商品的，区内企业或者区外发货人还应当向海关出具出口配额、许可证件。

境内区外货物、设备以出口报关方式进入园区的，其出口退税按照国家有关规定办理。境内区外货物、设备属于原进口货物、设备的，原已缴纳的关税、进口环节海关代征税海关不予退还。

第二十四条　区内企业运往区外进行外发加工的货物，加工生产过程中使用国内料件并且属于出口应税商品的，加工产品运回区内时，所使用的国内料件应当按规定缴纳出口关税。

从区外运到区内供区内企业自用并且不再出区的物资，区内企业应当向海关提供有关物资清单，经海关批准放行。

第二十五条　对于珠海园区与区外之间进出的货物，企业提出书面申请并且经海关批准的，可以办理集中申报手续，并且适用每次货物进出时海关接受该货物申报之日实施的税率、汇率，但法律、行政法规和规章另有规定的除外。集中申报的期限不得超过 30 日，并且不得跨年度办理。

第四章　对珠海园区内货物的监管

第二十六条　珠海园区内货物可以在区内自由流转。区内企业之间转让、转移货物的，双方企业应当及时将转让、转移货物的品名、数量、金额等有关事项向海关备案。

第二十七条　区内企业可以将本企业加工生产的产品转入其他海关特殊监管区域以及区外加工贸易企业进一步加工后复出口，海关参照出口加工区货物出区深加工结转的有关规定实施监管。

第二十八条　区内企业自开展业务之日起，应当每年向珠海园区主管海关办理报核手续，珠海园区主管海关应当自受理报核申请之日起 30 日内予以核销。区内企业有关账册、原始单证应当自核销结束之日起至少保留 3 年。

第二十九条　因不可抗力造成珠海园区内货物损坏、灭失的，区内企业应当及时书面报告珠海园区主管海关，并且提供保险、灾害鉴定部门的有关证明。经珠海园区主管海关核实确认后，按照以下规定处理：

（一）货物灭失，或者虽未灭失但完全失去使用价值的，海关依法办理核销和免税手续；

（二）进境货物损坏，失去原使用价值但可以再利用的，区内企业可以向海关办理退运手续。要求运往区外的，由区内企业提出申请，并且经珠海园区主管海关核准后，按照出区时的实际状态办理海关手续；

（三）区外进入珠海园区的货物损坏，失去原使用价值但可以再利用，并且向区外出口企业进行退换的，可以退换为与损坏货物同一品名、规格、数量、价格的货物，并且向珠海园区主管海关办理退运手续。

需要退运到区外的货物，区内企业向珠海园区主管海关提出退运申请，提供注册地税务主管部门证明其货物未办理出口退税或者所退税款已退还税务主管部门的证明材料和出口单证，并且经珠海园区主管海关批准的，可以办理退运手续；属于已经办理出口退税手续并且所退税款未退还税务主管部门的，按照本条第一款第（二）项的有关规定办理。

第三十条 因保管不善等非不可抗力因素造成货物损坏、灭失的，按照以下规定办理：

（一）对于从境外进入珠海园区的货物，区内企业应当按照一般贸易进口货物的规定，以货物进入珠海园区时海关接受申报之日适用的税率、汇率，依法向海关缴纳损毁、灭失货物原价值的进口环节税；

（二）对于从区外进入珠海园区的货物，区内企业应当重新缴纳出口退还的国内环节有关税款，海关根据有关单证办理核销手续。

第三十一条 区内企业生产属于被动配额管理的出口产品，应当事先报经有关部门批准。

第三十二条 海关对于珠海园区与其他海关特殊监管区域或者海关保税监管场所之间流转的保税货物，实行继续保税监管。

货物从未实行国内货物入区（仓）环节出口退税制度的海关特殊监管区域或者海关保税监管场所转入珠海园区的，按照货物实际离境的有关规定办理申报手续。

第五章 对进出珠海园区运输工具和个人携带货物、物品的监管

第三十三条 运输工具和个人进出珠海园区的，应当经由海关指定的专用通道，并且接受海关监管和检查。

第三十四条 货运车辆、非货运车辆进出珠澳跨境工业区专用口岸通道的，

应当经主管部门批准，并且按照《中华人民共和国海关关于来往香港、澳门公路货运企业及其车辆和驾驶员的管理办法》（以下简称《港澳车辆管理办法》）向珠海园区主管海关办理备案手续。

澳门车辆进出珠澳跨境工业区专用口岸通道的，申请人应当在报经主管部门批准后，凭主管部门批文、车主/企业、汽车、驾驶员等有关资料向珠海园区主管海关申请备案，并且提供海关认可的担保，海关签发《来往澳门汽车进出境签证本》。

第三十五条 港/澳籍货运车辆、非货运车辆以及澳门车辆从珠澳跨境工业区专用口岸通道进境后，应当在 3 个月内复出境；特殊情况下，经珠海园区主管海关同意，可以在车辆备案有效期内予以延期，延长期限不得超过 3 个月。

第三十六条 对于从珠澳跨境工业区专用口岸通道进境的货运车辆，海关按照港澳车辆管理办法及其有关规定进行监管。

对于从珠澳跨境工业区专用口岸通道进境的非货运车辆、澳门车辆，海关比照港澳车辆管理办法及其有关规定进行监管。

第三十七条 进境的港/澳籍货运车辆、非货运车辆可以从珠海园区进入珠海市区或者从珠海市区进入珠海园区。

从珠澳跨境工业区专用口岸通道进入珠海园区的澳门车辆，不得从珠海园区进入区外。

第三十八条 经珠澳跨境工业区专用口岸通道进出珠海园区、澳门园区人员携带的行李物品，应当以自用合理为限，海关按照进出境旅客行李物品监管的有关规定进行监管。

进出珠澳跨境工业区专用口岸通道车辆的备用物料和驾驶员携带的行李物品，应当以旅途需要为限，超出旅途需要的，海关不予放行。

第三十九条 珠海园区与区外之间进出的下列货物，经海关批准，可以由区内企业指派专人携带或者自行运输：

（一）价值 1 万美元以下的小额货物；

（二）因品质不合格复运区外退换的货物；

（三）已办理进口纳税手续的货物；

（四）企业不要求出口退税的货物；

（五）其他经海关批准的货物。

第六章 附 则

第四十条 除国际中转货物和其他另有规定的货物外，珠海园区与境外之间进出的货物，列入海关进出口统计。珠海园区与区外之间进出的货物，列入海关单项统计。

区内企业之间转让、转移的货物，以及珠海园区与其他海关特殊监管区域或者海关保税监管场所之间流转的货物，不列入海关统计。

第四十一条 本办法下列用语含义：

澳门园区，是指经国务院批准设立的珠澳跨境工业区的澳门园区。

货运车辆，是指依照港澳车辆管理办法规定在海关备案，从事来往粤澳公路货物运输的粤澳两地牌照车辆。

非货运车辆，是指经主管部门批准，并且按照规定在海关备案、来往粤澳的粤澳两地牌照商务车辆、私人小汽车。

澳门车辆，是指在珠海园区投资设厂的境外商户的澳门籍货运车辆和私人小汽车，以及澳门专业货运公司的货运车辆。

第四十二条 海关对珠海园区管理的其他事项，由拱北海关比照本办法以及国家有关规定予以处理。

第四十三条 违反本办法，构成走私行为、违反海关监管规定行为或者其他违反《海关法》行为的，由海关依照《海关法》和《中华人民共和国海关行政处罚实施条例》的有关规定予以处理；构成犯罪的，依法追究刑事责任。

第四十四条 本办法由海关总署负责解释。

第四十五条 本办法自 2007 年 4 月 8 日起施行。

中华人民共和国海关对保税物流中心（A 型）的暂行管理办法

（2005 年 6 月 23 日海关总署令第 129 号发布，根据 2015 年 4 月 28 日海关总署令第 227 号公布的《海关总署关于修改部分规章的决定》第一次修正，根据 2017 年 12 月 20 日海关总署令第 235 号公布的《海关总署关于修改部分规章的决定》第二次修正，根据 2018 年 5 月 29 日海关总署令第 240 号《海关总署关于修改部分规章的决定》第三次修正，根据 2018 年 11 月 23 日海关总署令第 243 号《海关总署关于修改部分规章的决定》第四次修正）

第一章 总 则

第一条 为适应现代国际物流的发展，规范海关对保税物流中心（A 型）及其进出货物的管理和保税仓储物流企业的经营行为，根据《中华人民共和国海关法》和国家有关法律、行政法规，制定本办法。

第二条 本办法所称的保税物流中心（A 型）（以下简称物流中心），是指经海关批准，由中国境内企业法人经营、专门从事保税仓储物流业务的保税监管场所。

第三条 物流中心按照服务范围分为公用型物流中心和自用型物流中心。

公用型物流中心是指由专门从事仓储物流业务的中国境内企业法人经营，向社会提供保税仓储物流综合服务的保税监管场所。

自用型物流中心是指中国境内企业法人经营，仅向本企业或者本企业集团内部成员提供保税仓储物流服务的保税监管场所。

第四条 下列货物，经海关批准可以存入物流中心：

（一）国内出口货物；

（二）转口货物和国际中转货物；

（三）外商暂存货物；

（四）加工贸易进出口货物；

（五）供应国际航行船舶和航空器的物料、维修用零部件；

（六）供维修外国产品所进口寄售的零配件；

（七）未办结海关手续的一般贸易进口货物；

（八）经海关批准的其他未办结海关手续的货物。

第二章　物流中心的设立

第五条　物流中心应当设在国际物流需求量较大，交通便利且便于海关监管的地方。

第六条　物流中心经营企业应当具备下列资格条件：

（一）经工商行政管理部门注册登记，具有独立的企业法人资格；

（二）具有专门存储货物的营业场所；

（三）具有符合海关监管要求的管理制度。

第七条　物流中心经营企业申请设立物流中心应当具备下列条件：

（一）符合海关对物流中心的监管规划建设要求；

（二）公用型物流中心的仓储面积（含堆场），东部地区不低于4000平方米，中西部地区、东北地区不低于2000平方米；

（三）自用型物流中心的仓储面积（含堆场），东部地区不低于2000平方米，中西部地区、东北地区不低于1000平方米；

（四）物流中心为储罐的，容积不低于5000立方米；

（五）建立符合海关监管要求的计算机管理系统，提供供海关查阅数据的终端设备，并按照海关规定的认证方式和数据标准与海关联网；

（六）设置符合海关监管要求的隔离设施、监管设施和办理业务必需的其他设施。

第八条　申请设立物流中心的企业应当向所在地主管海关提出书面申请，并递交以下加盖企业印章的材料：

（一）申请书；

（二）物流中心地理位置图、平面规划图。

第九条　企业申请设立物流中心，由主管海关受理，报直属海关审批。

第十条　企业自直属海关出具批准其筹建物流中心文件之日起1年内向海关申请验收，由主管海关按照本办法的规定进行审核验收。

物流中心验收合格后，由直属海关向企业核发《保税物流中心（A型）注册登记证书》。

物流中心在验收合格后方可以开展有关业务。

第十一条　获准设立物流中心的企业确有正当理由未按时申请验收的，经直属海关同意可以延期验收，除特殊情况外，延期不得超过6个月。

获准设立物流中心的企业无正当理由逾期未申请验收或者验收不合格的，视同其撤回设立物流中心的申请。

第三章　物流中心的经营管理

第十二条　物流中心不得转租、转借他人经营，不得下设分中心。

第十三条　物流中心经营企业可以开展以下业务：

（一）保税存储进出口货物及其他未办结海关手续货物；

（二）对所存货物开展流通性简单加工和增值服务；

（三）全球采购和国际分拨、配送；

（四）转口贸易和国际中转业务；

（五）经海关批准的其他国际物流业务。

第十四条　物流中心经营企业在物流中心内不得开展下列业务：

（一）商业零售；

（二）生产和加工制造；

（三）维修、翻新和拆解；

（四）存储国家禁止进出口货物，以及危害公共安全、公共卫生或者健康、公共道德或者秩序的国家限制进出口货物；

（五）法律、行政法规明确规定不能享受保税政策的货物；

（六）其他与物流中心无关的业务。

第十五条　物流中心负责人及其工作人员应当熟悉海关有关法律行政法规，遵守海关监管规定。

第四章　海关对物流中心的监管

第十六条　海关可以采取联网监管、视频监控、实地核查等方式对进出物流中心的货物、物品、运输工具等实施动态监管。

第十七条　海关对物流中心实施计算机联网监管。物流中心应当建立符合海关监管要求的计算机管理系统并与海关联网，形成完整真实的货物进、出、转、存电子数据，保证海关开展对有关业务数据的查询、统计、采集、交换和核查等监管工作。

第十八条　《保税物流中心（A型）注册登记证书》有效期为3年。

物流中心经营企业应当在《保税物流中心（A型）注册登记证书》每次有效期满30日前办理延期手续，由主管海关受理，报直属海关审批。

物流中心经营企业办理延期手续应当提交《保税物流中心（A型）注册登

记证书》。

对审查合格的企业准予延期3年。

第十九条 物流中心需变更经营单位名称、地址、仓储面积（容积）等事项的，主管海关受理企业申请后，报直属海关审批。

第二十条 物流中心经营企业因故终止业务的，由物流中心提出书面申请，主管海关受理后报直属海关审批，办理注销手续并交回《保税物流中心（A型）注册登记证书》。

第二十一条 物流中心内货物保税存储期限为1年。确有正当理由的，经主管海关同意可以予以延期，除特殊情况外，延期不得超过1年。

第五章　海关对物流中心进出货物的监管

第一节　物流中心与境外间的进出货物

第二十二条 物流中心与境外间进出的货物，应当按照规定向海关办理相关手续。

第二十三条 物流中心与境外间进出的货物，除实行出口被动配额管理和中华人民共和国参加或者缔结的国际条约及国家另有明确规定的以外，不实行进出口配额、许可证件管理。

第二十四条 从境外进入物流中心内的货物，其关税和进口环节海关代征税，按照下列规定办理：

（一）本办法第四条中所列的货物予以保税；

（二）物流中心企业进口自用的办公用品、交通、运输工具、生活消费用品等，以及物流中心开展综合物流服务所需进口的机器、装卸设备、管理设备等，按照进口货物的有关规定和税收政策办理相关手续。

第二节　物流中心与境内间的进出货物

第二十五条 物流中心内货物跨关区提取，可以在物流中心主管海关办理手续，也可以按照海关其他规定办理相关手续。

第二十六条 企业根据需要经主管海关批准，可以分批进出货物，并按照海关规定办理月度集中报关，但集中报关不得跨年度办理。

第二十七条 物流中心货物进入境内视同进口，按照货物实际贸易方式和实际状态办理进口报关手续；货物属许可证件管理商品的，企业还应当取得有效的许可证件，海关对有关许可证件电子数据进行系统自动比对验核；实行集中申报的进出口货物，应当适用每次货物进出口时海关接受申报之日实施的税率、汇率。

第二十八条 货物从境内进入物流中心视同出口，办理出口报关手续。如需缴纳出口关税的，应当按照规定纳税；属许可证件管理商品，还应当取得有效的出口许可证件。海关对有关出口许可证件电子数据进行系统自动比对验核。

从境内运入物流中心的原进口货物，境内发货人应当向海关办理出口报关手续，经主管海关验放；已经缴纳的关税和进口环节海关代征税，不予退还。

第二十九条 企业按照国家税务总局的有关税收管理办法办理出口退税手续。按照国家外汇管理局有关外汇管理办法办理收付汇手续。

第三十条 下列货物从物流中心进入境内时依法免征关税和进口环节海关代征税：

（一）用于在保修期限内免费维修有关外国产品并符合无代价抵偿货物有关规定的零部件；

（二）用于国际航行船舶和航空器的物料；

（三）国家规定免税的其他货物。

第三十一条 物流中心与海关特殊监管区域、其他保税监管场所之间可以进行货物流转并按照规定办理相关海关手续。

第六章 法律责任

第三十二条 保税仓储货物在存储期间发生损毁或者灭失的，除不可抗力外，物流中心经营企业应当依法向海关缴纳损毁、灭失货物的税款，并承担相应的法律责任。

第三十三条 违反本办法规定的，海关依照《中华人民共和国海关法》、《中华人民共和国海关行政处罚实施条例》予以处理；构成犯罪的，依法追究刑事责任。

第七章 附 则

第三十四条 本办法下列用语的含义：

"流通性简单加工和增值服务"是指对货物进行分级分类、分拆分拣、分装、计量、组合包装、打膜、加刷唛码、刷贴标志、改换包装、拼装等辅助性简单作业的总称。

"国际中转货物"是指由境外启运，经中转港换装国际航线运输工具后，继续运往第三国或者地区指运口岸的货物。

第三十五条　本办法所规定的文书由海关总署另行制定并且发布。

第三十六条　本办法由海关总署负责解释。

第三十七条　本办法自 2005 年 7 月 1 日起施行。

中华人民共和国海关对保税物流中心（B 型）的暂行管理办法

（2005 年 6 月 23 日海关总署令第 130 号发布，根据 2015 年 4 月 28 日海关总署令第 227 号公布的《海关总署关于修改部分规章的决定》第一次修正，根据 2017 年 12 月 20 日海关总署令第 235 号公布的《海关总署关于修改部分规章的决定》第二次修正，根据 2018 年 5 月 29 日海关总署令第 240 号《海关总署关于修改部分规章的决定》第三次修正，根据 2018 年 11 月 23 日海关总署令第 243 号《海关总署关于修改部分规章的决定》第四次修正）

第一章　总　则

第一条　为适应现代国际物流业的发展，规范海关对保税物流中心（B 型）及其进出货物的管理和保税仓储物流企业的经营行为，根据《中华人民共和国海关法》和国家有关法律、行政法规，制定本办法。

第二条　本办法所称保税物流中心（B 型）（以下简称物流中心）是指经海关批准，由中国境内一家企业法人经营，多家企业进入并从事保税仓储物流业务的保税监管场所。

第三条　下列货物，经海关批准可以存入物流中心：

（一）国内出口货物；

（二）转口货物和国际中转货物；

（三）外商暂存货物；

（四）加工贸易进出口货物；

（五）供应国际航行船舶和航空器的物料、维修用零部件；

（六）供维修外国产品所进口寄售的零配件；

（七）未办结海关手续的一般贸易进口货物；

（八）经海关批准的其他未办结海关手续的货物。

第二章　物流中心及中心内企业的设立

第一节　物流中心的设立

第四条　设立物流中心应当具备下列条件：

（一）物流中心仓储面积，东部地区不低于 5 万平方米，中西部地区、东北地区不低于 2 万平方米；

（二）符合海关对物流中心的监管规划建设要求；

（三）选址在靠近海港、空港、陆路交通枢纽及内陆国际物流需求量较大，交通便利，设有海关机构且便于海关集中监管的地方；

（四）经省级人民政府确认，符合地方经济发展总体布局，满足加工贸易发展对保税物流的需求；

（五）建立符合海关监管要求的计算机管理系统，提供供海关查阅数据的终端设备，并按照海关规定的认证方式和数据标准，通过"电子口岸"平台与海关联网，以便海关在统一平台上与国税、外汇管理等部门实现数据交换及信息共享；

（六）设置符合海关监管要求的隔离设施、监管设施和办理业务必需的其他设施。

第五条　物流中心经营企业应当具备下列资格条件：

（一）经工商行政管理部门注册登记，具有独立企业法人资格；

（二）具备对中心内企业进行日常管理的能力；

（三）具备协助海关对进出物流中心的货物和中心内企业的经营行为实施监管的能力。

第六条　物流中心经营企业具有以下责任和义务：

（一）设立管理机构负责物流中心的日常管理工作；

（二）遵守海关法及有关管理规定；

（三）制定完善的物流中心管理制度，协助海关实施对进出物流中心的货物及中心内企业经营行为的监管。

物流中心经营企业不得在本物流中心内直接从事保税仓储物流的经营活动。

第七条　申请设立物流中心的企业应当向直属海关提出书面申请，并递交以下加盖企业印章的材料：

（一）申请书；

（二）省级人民政府意见书；

（三）物流中心所用土地使用权的合法证明及地理位置图、平面规划图。

第八条 物流中心内只能设立仓库、堆场和海关监管工作区。不得建立商业性消费设施。

第九条 设立物流中心的申请由直属海关受理，报海关总署会同有关部门审批。

企业自海关总署等部门出具批准其筹建物流中心文件之日起1年内向海关总署申请验收，由海关总署会同有关部门或者委托被授权的机构按照本办法的规定进行审核验收。

物流中心验收合格后，由海关总署向物流中心经营企业核发《保税物流中心（B型）注册登记证书》。

物流中心在验收合格后方可以开展有关业务。

第十条 获准设立物流中心的企业确有正当理由未按时申请验收的，经海关总署同意可以延期验收。

获准设立物流中心的企业无正当理由逾期未申请验收或者验收不合格的，视同其撤回设立物流中心的申请。

第二节 中心内企业的设立

第十一条 中心内企业应当具备下列条件：

（一）具有独立的法人资格或者特殊情况下的中心外企业的分支机构；

（二）建立符合海关监管要求的计算机管理系统并与海关联网；

（三）在物流中心内有专门存储海关监管货物的场所。

第十二条 企业申请进入物流中心应当向所在地主管海关提出书面申请，并递交以下加盖企业印章的材料：

（一）申请书；

（二）物流中心内所承租仓库位置图、仓库布局图。

第十三条 主管海关受理后对符合条件的企业制发《保税物流中心（B型）企业注册登记证书》。

第三章 物流中心的经营管理

第十四条 物流中心不得转租、转借他人经营，不得下设分中心。

第十五条 中心内企业可以开展以下业务：

（一）保税存储进出口货物及其他未办结海关手续货物；

（二）对所存货物开展流通性简单加工和增值服务；

（三）全球采购和国际分拨、配送；

（四）转口贸易和国际中转；

（五）经海关批准的其他国际物流业务。

第十六条 中心内企业不得在物流中心内开展下列业务：

（一）商业零售；

（二）生产和加工制造；

（三）维修、翻新和拆解；

（四）存储国家禁止进出口货物，以及危害公共安全、公共卫生或者健康、公共道德或者秩序的国家限制进出口货物；

（五）法律、行政法规明确规定不能享受保税政策的货物；

（六）其他与物流中心无关的业务。

第十七条 物流中心经营企业及中心内企业负责人及其工作人员应当熟悉海关有关法律法规，遵守海关监管规定。

第四章 海关对物流中心及中心内企业的监管

第十八条 海关可以采取联网监管、视频监控、实地核查等方式对进出物流中心的货物、物品、运输工具等实施动态监管。

第十九条 海关对物流中心及中心内企业实施计算机联网监管。物流中心及中心内企业应当建立符合海关监管要求的计算机管理系统并与海关联网，形成完整真实的货物进、出、转、存电子数据，保证海关开展对有关业务数据的查询、统计、采集、交换和核查等监管工作。

第二十条 《保税物流中心（B型）注册登记证书》有效期为3年。

物流中心经营企业应当在《保税物流中心（B型）注册登记证书》每次有效期满30日前办理延期手续，由直属海关受理，报海关总署审批。

物流中心经营企业办理延期手续应当提交《保税物流中心（B型）注册登记证书》。

对审查合格的企业准予延期3年。

第二十一条 物流中心需变更名称、地址、面积及所有权等事项的，由直属海关受理报海关总署审批。其他变更事项报直属海关备案。

第二十二条 中心内企业需变更有关事项的，应当向主管海关备案。

第二十三条 物流中心经营企业因故终止业务的，物流中心经营企业向直属海关提出书面申请，经海关总署会同有关部门审批后，办理注销手续并交回

《保税物流中心（B型）注册登记证书》。

第二十四条　物流中心内货物保税存储期限为2年。确有正当理由的，经主管海关同意可以予以延期，除特殊情况外，延期不得超过1年。

第五章　海关对物流中心进出货物的监管

第一节　物流中心与境外间的进出货物

第二十五条　物流中心与境外间进出的货物，应当按照规定向海关办理相关手续。

第二十六条　物流中心与境外之间进出的货物，除实行出口被动配额管理和中华人民共和国参加或者缔结的国际条约及国家另有明确规定的以外，不实行进出口配额、许可证件管理。

第二十七条　从境外进入物流中心内的货物，其关税和进口环节海关代征税，按照下列规定办理：

（一）本办法第三条中所列的货物予以保税；

（二）中心内企业进口自用的办公用品、交通、运输工具、生活消费用品等，以及企业在物流中心内开展综合物流服务所需的进口机器、装卸设备、管理设备等，按照进口货物的有关规定和税收政策办理相关手续。

第二节　物流中心与境内间的进出货物

第二十八条　物流中心货物跨关区提取，可以在物流中心主管海关办理手续，也可以按照海关其他规定办理相关手续。

第二十九条　中心内企业根据需要经主管海关批准，可以分批进出货物，并按照海关规定办理月度集中报关，但集中报关不得跨年度办理。

第三十条　物流中心货物进入境内视同进口，按照货物实际贸易方式和实际状态办理进口报关手续；货物属许可证件管理商品的，企业还应当取得有效的许可证件，海关对有关许可证件电子数据进行系统自动比对验核；实行集中申报的进出口货物，应当适用每次货物进出口时海关接受申报之日实施的税率、汇率。

第三十一条　除另有规定外，货物从境内进入物流中心视同出口，办理出口报关手续，享受出口退税。如需缴纳出口关税的，应当按照规定纳税；属许可证件管理商品，还应当取得有效的出口许可证件。海关对有关出口许可证件电子数据进行系统自动比对验核。

从境内运入物流中心的原进口货物，境内发货人应当向海关办理出口报关手续，经主管海关验放；已经缴纳的关税和进口环节海关代征税，不予退还。

第三十二条　企业按照国家税务总局的有关税收管理办法办理出口退税手续。按照国家外汇管理局有关外汇管理办法办理收付汇手续。

第三十三条　下列货物从物流中心进入境内时依法免征关税和进口环节海关代征税：

（一）用于在保修期限内免费维修有关外国产品并符合无代价抵偿货物有关规定的零部件；

（二）用于国际航行船舶和航空器的物料；

（三）国家规定免税的其他货物。

第三十四条　物流中心与海关特殊监管区域、其他保税监管场所之间可以进行货物流转并按照规定办理相关海关手续。

第三节　中心内企业间的货物流转

第三十五条　物流中心内货物可以在中心内企业之间进行转让、转移并办理相关海关手续。未经海关批准，中心内企业不得擅自将所存货物抵押、质押、留置、移作他用或者进行其他处置。

第六章　法律责任

第三十六条　保税仓储货物在存储期间发生损毁或者灭失的，除不可抗力外，中心内企业应当依法向海关缴纳损毁、灭失货物的税款，并承担相应的法律责任。

第三十七条　违反本办法规定的，海关依照《中华人民共和国海关法》、《中华人民共和国海关行政处罚实施条例》予以处理；构成犯罪的，依法追究刑事责任。

第七章　附　则

第三十八条　本办法下列用语的含义：

"中心内企业"是指经海关批准进入物流中心开展保税仓储物流业务的企业。

"流通性简单加工和增值服务"是指对货物进行分级分类、分拆分拣、分装、计量、组合包装、打膜、加刷唛码、刷贴标志、改换包装、拼装等辅助性简单作业的总称。

"国际中转货物"是指由境外启运，经中转港换装国际航线运输工具后，继续运往第三国或地区指运口岸的货物。

第三十九条 本办法所规定的文书由海关总署另行制定并且发布。

第四十条 本办法由海关总署负责解释。

第四十一条 本办法自2005年7月1日起施行。

中华人民共和国海关保税港区管理暂行办法

（2007年9月3日海关总署令第164号发布，根据2010年3月15日海关总署令第191号公布的《海关总署关于修改〈中华人民共和国海关保税港区管理暂行办法〉的决定》第一次修正，根据2017年12月20日海关总署令第235号公布的《海关总署关于修改部分规章的决定》第二次修正，根据2018年5月29日海关总署令第240号《海关总署关于修改部分规章的决定》第三次修正，根据2018年11月23日海关总署令第243号《海关总署关于修改部分规章的决定》第四次修正）

第一章 总 则

第一条 为了规范海关对保税港区的管理，根据《中华人民共和国海关法》（以下简称海关法）和有关法律、行政法规的规定，制定本办法。

第二条 本办法所称的保税港区是指经国务院批准，设立在国家对外开放的口岸港区和与之相连的特定区域内，具有口岸、物流、加工等功能的海关特殊监管区域。

第三条 海关依照本办法对进出保税港区的运输工具、货物、物品以及保税港区内企业、场所进行监管。

第四条 保税港区实行封闭式管理。保税港区与中华人民共和国关境内的其他地区（以下称区外）之间，应当设置符合海关监管要求的卡口、围网、视频监控系统以及海关监管所需的其他设施。

第五条 保税港区内不得居住人员。除保障保税港区内人员正常工作、生活需要的非营利性设施外，保税港区内不得建立商业性生活消费设施和开展商业零售业务。

海关及其他行政管理机构的办公场所应当设置在保税港区围网以外。

第六条 保税港区管理机构应当建立信息共享的计算机公共信息平台，并通过"电子口岸"实现区内企业及相关单位与海关之间的电子数据交换。

第七条 保税港区的基础和监管设施、场所等应当符合《海关特殊监管区域基础和监管设施验收标准》。经海关总署会同国务院有关部门验收合格后，保税港区可以开展有关业务。

第八条 保税港区内可以开展下列业务：

（一）存储进出口货物和其他未办结海关手续的货物；

（二）国际转口贸易；

（三）国际采购、分销和配送；

（四）国际中转；

（五）检测和售后服务维修；

（六）商品展示；

（七）研发、加工、制造；

（八）港口作业；

（九）经海关批准的其他业务。

第九条 保税港区内企业（以下简称区内企业）应当具有法人资格。特殊情况下，经保税港区主管海关核准，区外法人企业可以依法在保税港区内设立分支机构。

第十条 海关对区内企业实行计算机联网管理制度和海关稽查制度。

区内企业应当应用符合海关监管要求的计算机管理系统，提供供海关查阅数据的终端设备和计算机应用的软件接口，按照海关规定的认证方式和数据标准与海关进行联网，并确保数据真实、准确、有效。

海关依法对区内企业开展海关稽查，监督区内企业规范管理和守法自律。

第十一条 区内企业应当依照《中华人民共和国会计法》及有关法律、行政法规的规定，规范财务管理，设置符合海关监管要求的账册和报表，记录本企业的财务状况和有关进出保税港区货物、物品的库存、转让、转移、销售、加工和使用等情况，如实填写有关单证、账册，凭合法、有效的凭证记账和核算。

第十二条 保税港区内港口企业、航运企业的经营和相关活动应当符合有关法律、行政法规和海关监管的规定。

第十三条 国家禁止进出口的货物、物品不得进出保税港区。

第十四条 区内企业的生产经营活动应当符合国家产业发展要求，不得开展高耗能、高污染和资源性产品以及列入《加工贸易禁止类商品目录》商品的加工贸易业务。

第二章 对保税港区与境外之间进出货物的监管

第十五条 保税港区与境外之间进出的货物应当按照规定向海关办理相关手续。

第十六条 海关对保税港区与境外之间进出的货物实行备案制管理，对从境外进入保税港区的货物予以保税，但本办法第十七条、第十八条和第三十八条规定的情形除外。

按照本条前款规定实行备案制管理的，货物的收发货人或者代理人应当如实填写进出境货物备案清单，向海关备案。

第十七条 除法律、行政法规另有规定外，下列货物从境外进入保税港区，海关免征进口关税和进口环节海关代征税：

（一）区内生产性的基础设施建设项目所需的机器、设备和建设生产厂房、仓储设施所需的基建物资；

（二）区内企业生产所需的机器、设备、模具及其维修用零配件；

（三）区内企业和行政管理机构自用合理数量的办公用品。

第十八条 从境外进入保税港区，供区内企业和行政管理机构自用的交通运输工具、生活消费用品，按进口货物的有关规定办理报关手续，海关按照有关规定征收进口关税和进口环节海关代征税。

第十九条 从保税港区运往境外的货物免征出口关税，但法律、行政法规另有规定的除外。

第二十条 保税港区与境外之间进出的货物，不实行进出口配额、许可证件管理，但法律、行政法规和规章另有规定的除外。

对于同一配额、许可证件项下的货物，海关在进区环节已经验核配额、许可证件的，在出境环节不再验核配额、许可证件。

第三章 对保税港区与区外之间进出货物的监管

第二十一条 保税港区与区外之间进出的货物，区内企业或者区外收发货人按照规定向海关办理相关手续。需要征税的，除另有规定外，区内企业或者区外收货人按照货物进出区时的实际状态缴纳税款；属于配额、许可证件管理商品的，区内企业或者区外收货人还应当取得配额、许可证件。海关对有关许可证件电子数据进行系统自动比对验核。对于同一配额、许可证件项下的货物，海关在进境环节已经验核配额、许可证件的，在出区环节不再验核配额、许可证件。

第二十二条 海关监管货物从保税港区与区外之间进出的，保税港区主管海关可以要求提供相应的担保。

第二十三条 区内企业在加工生产过程中产生的边角料、废品，以及加工生产、储存、运输等过程中产生的包装物料，区内企业提出书面申请并且经海关批准的，可以运往区外，海关按出区时的实际状态征税。属于进口配额、许可证件管理商品的，免领进口配额、许可证件；属于列入《禁止进口废物目录》的废物以及其他危险废物需出区进行处置的，有关企业凭保税港区行政管理机构以及所在地的市级环保部门批件等材料，向海关办理出区手续。

区内企业在加工生产过程中产生的残次品、副产品出区内销的，海关按内销时的实际状态征税。属于进口配额、许可证件管理的，企业应当取得进口配额、许可证件。海关对有关进口许可证件电子数据进行系统自动比对验核。

第二十四条 经保税港区运往区外的优惠贸易协定项下货物，符合海关总署相关原产地管理规定的，可以申请享受协定税率或者特惠税率。

第二十五条 经海关核准，区内企业可以办理集中申报手续。实行集中申报的区内企业应当对1个自然月内的申报清单数据进行归并，填制进出口货物报关单，在次月底前向海关办理集中申报手续。

集中申报适用报关单集中申报之日实施的税率、汇率，集中申报不得跨年度办理。

第二十六条 境内区外货物、设备以出口报关方式进入保税港区的，其出口退税按照国家有关规定办理；境内区外货物、设备属于原进口货物、设备的，原已缴纳的关税、进口环节海关代征税海关不予退还。

除另有规定外，海关对前款货物比照保税货物进行管理，对前款设备比照减免税设备进行管理。

第二十七条 经保税港区主管海关批准，区内企业可以在保税港区综合办公区专用的展示场所举办商品展示活动。展示的货物应当在海关备案，并接受海关监管。

区内企业在区外其他地方举办商品展示活动的，应当比照海关对暂时进境货物的管理规定办理有关手续。

第二十八条 保税港区内使用的机器、设备、模具和办公用品等海关监管货物，可以比照进境修理货物的有关规定，运往区外进行检测、维修。区内企业将模具运往区外进行检测、维修的，应当留存模具所生产产品的样品或者图片资料。

运往区外进行检测、维修的机器、设备、模具和办公用品等，不得在区外用于加工生产和使用，并且应当自运出之日起 60 日内运回保税港区。因特殊情况不能如期运回的，区内企业或者保税港区行政管理机构应当在期限届满前 7 日内，以书面形式向海关申请延期，延长期限不得超过 30 日。

检测、维修完毕运回保税港区的机器、设备、模具和办公用品等应当为原物。有更换新零件、配件或者附件的，原零件、配件或者附件应当一并运回保税港区。对在区外更换的国产零件、配件或者附件，需要退税的，由企业按照出口货物的有关规定办理手续。

第二十九条　区内企业需要将模具、原材料、半成品等运往区外进行加工的，应当在开展外发加工前，凭承揽加工合同或者协议、区内企业签章确认的承揽企业生产能力状况等材料，向保税港区主管海关办理外发加工手续。

委托区外企业加工的期限不得超过合同或者协议有效期，加工完毕后的货物应当按期运回保税港区。在区外开展外发加工产生的边角料、废品、残次品、副产品不运回保税港区的，海关应当按照实际状态征税。区内企业凭出区时委托区外加工申请书以及有关单证，向海关办理验放核销手续。

第四章　对保税港区内货物的监管

第三十条　保税港区内货物可以自由流转。区内企业转让、转移货物的，双方企业应当及时向海关报送转让、转移货物的品名、数量、金额等电子数据信息。

第三十一条　区内企业设立电子账册，电子账册的备案、核销等作业按有关规定执行，海关对保税港区内加工贸易货物不实行单耗标准管理。区内企业应当自开展业务之日起，定期向海关报送货物的进区、出区和储存情况。

第三十二条　申请在保税港区内开展维修业务的企业应当具有企业法人资格，并在保税港区主管海关登记备案。在保税港区内开展保税维修业务的企业，海关按照相关规定进行监管。

第三十三条　区内企业申请放弃的货物，经海关及有关主管部门核准后，由保税港区主管海关依法提取变卖，变卖收入由海关按照有关规定处理，但法律、行政法规和海关规章规定不得放弃的货物除外。

第三十四条　因不可抗力造成保税港区货物损毁、灭失的，区内企业应当及时书面报告保税港区主管海关，说明情况并提供灾害鉴定部门的有关证明。

经保税港区主管海关核实确认后，按照下列规定处理：

（一）货物灭失，或者虽未灭失但完全失去使用价值的，海关予以办理核销和免税手续；

（二）进境货物损毁，失去部分使用价值的，区内企业可以向海关办理退运手续。如不退运出境并要求运往区外的，由区内企业提出申请，经保税港区主管海关核准，按照海关审定的价格进行征税；

（三）区外进入保税港区的货物损毁，失去部分使用价值，且需向出口企业进行退换的，可以退换为与损毁货物相同或者类似的货物，并向保税港区主管海关办理退运手续。

需退运到区外的，属于尚未办理出口退税手续的，可以向保税港区主管海关办理退运手续；属于已经办理出口退税手续的，按照本条第一款第（二）项进境货物运往区外的有关规定办理。

第三十五条　因保管不善等非不可抗力因素造成货物损毁、灭失的，区内企业应当及时书面报告保税港区主管海关，说明情况。经保税港区主管海关核实确认后，按照下列规定办理：

（一）从境外进入保税港区的货物，区内企业应当按照一般贸易进口货物的规定，按照海关审定的货物损毁或灭失前的完税价格，以货物损毁或灭失之日适用的税率、汇率缴纳关税、进口环节海关代征税；

（二）从区外进入保税港区的货物，区内企业应当重新缴纳因出口而退还的国内环节有关税收，海关据此办理核销手续，已缴纳出口关税的，不予以退还。

第三十六条　除国家另有规定外，保税港区货物不设存储期限。

第三十七条　海关对于保税港区与其他海关特殊监管区域或者保税监管场所之间往来的货物，实行保税监管。但货物从未实行国内货物入区（仓）环节出口退税制度的海关特殊监管区域或者保税监管场所转入保税港区的，视同货物实际离境。

保税港区与其他海关特殊监管区域或者保税监管场所之间的流转货物，不征收进出口环节的有关税收。

第五章　对直接进出口货物以及进出保税港区运输工具和个人携带货物、物品的监管

第三十八条　通过保税港区直接进出口的货物，海关按照进出口的有关规定进行监管；出口货物的发货人或者其代理人可以在货物运抵保税港区前向海关申报。

第三十九条　运输工具和个人进出保税港区的，应当接受海关监管和检查。

第四十条　进出境运输工具服务人员及进出境旅客携带个人物品进出保税港区的，海关按照进出境旅客行李物品的有关规定进行监管。

第四十一条　保税港区与区外之间进出的下列货物，经海关批准，可以由区内企业指派专人携带或者自行运输：

（一）价值1万美元以下的小额货物；

（二）因品质不合格复运区外退换的货物；

（三）已办理进口纳税手续的货物；

（四）企业不要求出口退税的货物；

（五）其他经海关批准的货物。

第六章　附　则

第四十二条　从境外运入保税港区的货物和从保税港区运往境外的货物列入海关进出口统计，但法律、行政法规和海关规章另有规定的除外。从区外运入保税港区和从保税港区运往区外的货物，列入海关单项统计。

区内企业之间转让、转移的货物，以及保税港区与其他海关特殊监管区域或者保税监管场所之间往来的货物，不列入海关统计。

第四十三条　违反本办法，构成走私行为、违反海关监管规定行为或者其他违反海关法行为的，由海关依照海关法和《中华人民共和国海关行政处罚实施条例》的有关规定予以处理；构成犯罪的，依法追究刑事责任。

第四十四条　经国务院批准设立在内陆地区的具有保税港区功能的综合保税区，参照本办法进行管理。

第四十五条　本办法由海关总署负责解释。

第四十六条　本办法自2007年10月3日起施行。

中华人民共和国海关对平潭综合实验区
监管办法（试行）

（2013 年 6 月 27 日海关总署令第 208 号公布，自 2013 年 8 月 1 日起
施行；根据 2018 年 11 月 23 日海关总署令第 243 号
《海关总署关于修改部分规章的决定》修正）

第一章　总　则

第一条　为了规范海关对平潭综合实验区（以下简称平潭）的管理，根据《中华人民共和国海关法》和其他有关法律、行政法规，制定本办法。

第二条　海关对经平潭进出境、进出平潭的运输工具、货物、物品以及平潭内海关注册登记企业、场所等进行监管和检查适用本办法。

第三条　平潭与境外之间的口岸设定为"一线"管理；平潭与中华人民共和国关境内的其他地区（以下称区外）连接的通道设定为"二线"管理。海关按照"一线放宽、二线管住、人货分离、分类管理"的原则实行分线管理。

第四条　平潭应当设立符合海关监管要求的环岛巡查、监控设施和海关信息化管理平台；"一线"、"二线"海关监管区和平潭内海关监管场所应当设立符合海关监管要求的设施、设备、场地等。经海关总署验收合格后，平潭方可开展相关业务。

第五条　在平潭内从事进出口业务，享受保税、减免税、入区退税政策以及与之相关的仓储物流和从事报关业务的企业和单位（以下简称企业），应当向海关办理注册登记手续。

企业应当依法设置符合海关监管要求的账簿、报表等，并接受海关稽查。

企业应当建立符合海关监管要求的计算机管理系统，与海关实行电子计算机联网和进行电子数据交换。

第六条　除法律、行政法规、规章另有规定外，海关对进出平潭以及在平潭内存储的保税货物、与生产有关的免税货物以及从区外进入平潭并享受入区退税政策的货物（以下简称退税货物）实行电子账册管理。

第七条　海关对平潭内设立的台湾小商品交易市场实行监管，具体管理办法由海关总署另行制定。

第八条 法律、行政法规、规章禁止进境的货物、物品不得从"一线"进入平潭，法律、行政法规、规章禁止出境的货物不得从"二线"以报关方式进入平潭。

平潭内企业不得开展列入《加工贸易禁止类商品目录》商品的加工贸易业务。

第二章 对平潭与境外之间进出货物的监管

第九条 除法律、行政法规、规章另有规定外，海关对平潭与境外之间进出的保税货物、与生产有关的免税货物及退税货物实行备案管理，对平潭与境外之间进出的其他货物按照进出口货物的有关规定办理报关手续。

第十条 除下列货物外，海关对从境外进入平潭与生产有关的货物实行保税或者免税管理：

（一）生活消费类、商业性房地产开发项目等进口货物；

（二）法律、行政法规和规章明确不予保税或免税的货物；

（三）列入财政部、税务总局、海关总署会同有关部门制定的"一线"不予保税、免税的具体货物清单的货物。

第十一条 除法律、行政法规和规章另有规定外，从境外进入平潭的实行备案管理的货物，不实行进口配额、许可证件管理。

从平潭运往境外的货物，实行出口配额、许可证件管理。

第三章 对平潭与区外之间进出货物的监管

第十二条 平潭内保税、减免税、退税货物销往区外，应当按照进口货物有关规定办理报关手续；从区外销往平潭的退税货物，应当按照出口货物的有关规定办理报关手续。上述货物应当经海关指定的申报通道进出平潭；办理相关海关手续后，上述货物可以办理集中申报，但不得跨月、跨年申报。

其他货物经由海关指定的无申报通道进出平潭，海关可以实施查验。

平潭内未办结海关手续的海关监管货物需要转入区外其他监管场所的，一律按照转关运输的规定办理海关申报手续。

第十三条 区外与生产有关的货物销往平潭视同出口，海关按规定实行退税，但下列货物除外：

（一）生活消费类、商业性房地产开发项目等采购的区外货物；

（二）法律、行政法规和规章明确不予退税的货物；

（三）列入财政部、税务总局、海关总署会同有关部门制定的"二线"不予退税的具体货物清单的货物。

入区退税货物应当存放在经海关认可的地点。

第十四条 对设在平潭的企业生产、加工并销往区外的保税货物，海关按照货物实际报验状态照章征收进口环节增值税、消费税。

对设在平潭的企业生产、加工并销往区外的保税货物，企业可以申请选择按料件或者按实际报验状态缴纳进口关税。企业没有提出选择性征收关税申请的，海关按照货物实际报验状态照章征收进口关税。企业申请按料件缴纳关税的，按照以下规定办理：

（一）企业应当在手册备案时一并向海关提出申请；在海关征税前，企业可以变更申请；

（二）海关以货物对应的保税料件征收关税；

（三）对应料件如涉及优惠贸易原产地管理的，企业应当在该料件备案时主动向海关申明并提交有关单证，否则在内销征税时不得适用相应的优惠税率；对应料件如涉及反倾销、反补贴等贸易救济措施，海关按照有关贸易救济措施执行。

第十五条 经平潭运往区外的优惠贸易政策项下货物符合海关相关原产地管理规定的，可以申请享受优惠税率。

第十六条 从平潭运往区外办理报关手续的货物，实行进口配额、许可证件管理。其中对于同一配额、许可证件项下的货物，海关在进境环节已验核配额、许可证件的，在出区环节不再验核配额、许可证件。

从区外运往平潭办理报关手续的货物，不实行出口配额、许可证件管理。

第四章 对平潭内货物的监管

第十七条 平潭内使用电子账册管理的货物在平潭内不同企业间流转的，双方企业应当及时向海关报送相关电子数据信息。

第十八条 平潭内企业不实行加工贸易银行保证金台账制度，海关对平潭内加工贸易货物不实行单耗标准管理。

办理相关海关手续后，平潭内企业与区外企业之间可以开展加工贸易深加工结转和外发加工业务。

对从事国际服务外包业务的企业，其进出口货物按照有关规定办理。

第十九条 在平潭内销售保税货物，存在以下情形的，应当办理相关海关手续，并按照本办法第十四条规定缴纳进口关税和进口环节增值税、消费税：

（一）销售给个人；

（二）销售给区内企业，不再用于生产的；

（三）其他需要征税的情形。

第二十条 平潭内的减免税货物的后续监管按照减免税有关规定实施监管。

第二十一条 从区外进入平潭的退税货物，按以下方式监管：

（一）原状或用退税货物加工成成品经"一线"出境的，实行备案管理；

（二）原状或用退税货物加工成成品在区内销售并用于生产的，实行电子账册管理；

（三）原状或用退税货物加工成成品销往区外加工贸易企业以及运往海关特殊监管区域或者保税监管场所的，按照保税货物有关规定办理；

（四）原状或用退税货物加工成成品后属于区内建设生产厂房、仓储设施所需的基建物资的，按照相关部门核定的审批项目及耗用数量核销；

（五）原状或用退税货物加工成成品在区内销售，但不属于本条第（二）项、第（四）项规定情形的，或销往区外但不按照保税货物管理的，按照进口货物的有关规定办理报关手续；

（六）其他情形按照进口货物的有关规定办理报关手续。

第二十二条 对平潭与其他海关特殊监管区域、保税监管场所以及加工贸易企业之间往来的保税货物，海关继续实行保税监管。

第二十三条 平潭内保税、减免税、退税货物因检测维修等情形需临时进出平潭的，须办理相关海关手续，不得在区外用于加工生产和使用，并且应当在规定时间内运回平潭。

第二十四条 对平潭内企业在进口保税料件加工生产过程中产生的边角料、副产品，海关按照加工贸易边角料、副产品的有关规定监管。

第二十五条 有以下情形之一的，平潭内企业应当及时书面报告海关：

（一）海关监管货物遭遇不可抗力等灾害的；

（二）海关监管货物遭遇非不可抗力因素造成损坏、损毁、灭失的；

（三）海关监管货物被行政执法部门或者司法机关采取查封、扣押等强制措施的；

（四）企业分立、合并、破产的。

第二十六条 因不可抗力造成海关监管货物损坏、损毁、灭失的，企业书面报告海关时，应当如实说明情况并提供保险、灾害鉴定部门的有关证明。经海关核实确认后，按照以下规定办理：

（一）货物灭失，或者虽未灭失但完全失去使用价值的，海关予以办理核销手续；

（二）货物损坏、损毁，失去原使用价值但可以再利用的，仍应接受海关监管。

第二十七条 因保管不善等非不可抗力因素造成海关监管货物损坏、损毁、灭失的，按照以下规定办理：

（一）对于从境外进入平潭的保税货物，平潭内企业应当按照有关规定，按照海关审定的货物损毁或灭失前的完税价格，以海关接受损坏、损毁、灭失货物申报之日适用的税率、汇率，依法向海关缴纳进口税款；属于进口配额、许可证件管理的，应当取得相关进口配额、许可证件，海关对相关进口许可证件电子数据进行系统自动比对验核。

（二）对于从境外进入平潭的减免税货物，按照《中华人民共和国海关进出口货物减免税管理办法》第四十五条的规定审定补税的完税价格；属于进口配额、许可证件管理的，应当取得相关进口配额、许可证件，海关对相关进口许可证件电子数据进行系统自动比对验核。

（三）对于从区外进入平潭的退税货物，按照进口货物的有关规定办理报关手续。

第二十八条 进出平潭的下列海关监管货物，办理相关海关手续后，可以由平潭内企业指派专人携带或者自行运输：

（一）价值1万美元及以下的小额货物；

（二）因品质不合格进出平潭退换的货物；

（三）其他已向海关办理相关手续的货物。

未办理海关手续的，个人不得携带、运输平潭内保税、免税以及退税货物进出平潭。

第五章　对进出平潭运输工具和个人携带物品的监管

第二十九条 经"一线"进出平潭的运输工具按《中华人民共和国海关进出境运输工具监管办法》（海关总署令第196号）和《中华人民共和国海关进出境运输工具舱单管理办法》（海关总署令第172号）的规定进行监管。

海关可以对所有经"二线"进出平潭的运输工具实施检查，经"二线"进出平潭的运输工具不得运输未办理相关海关手续的海关监管货物。

第三十条 台湾地区机动车进出境，应当办理海关手续，具体监管办法另行规定。

第三十一条 旅客携带的行李物品通关管理办法由海关总署会同有关部门另行制定。

第六章　附　则

第三十二条　除法律、行政法规和规章另有规定外，经"一线"从境外进入平潭的货物和从平潭运往境外的货物列入海关统计，经"二线"指定申报通道进入平潭的货物和从平潭运往区外的货物列入海关单项统计。

平潭内企业之间转让、转移的货物，以及平潭与其他海关特殊监管区域、保税监管场所之间往来的货物，不列入海关统计。

第三十三条　违反本办法，构成走私行为、违反海关监管规定行为或者其他违反海关法行为的，由海关依照《中华人民共和国海关法》和《中华人民共和国海关行政处罚实施条例》的有关规定予以处理；构成犯罪的，依法追究刑事责任。

第三十四条　本办法由海关总署负责解释。

第三十五条　本办法自2013年8月1日起施行。

中华人民共和国海关对横琴新区监管办法（试行）

（2013年6月27日海关总署令第209号公布，自2013年8月1日起施行；根据2018年11月23日海关总署令第243号《海关总署关于修改部分规章的决定》修正）

第一章　总　则

第一条　为了规范海关对横琴新区（以下简称横琴）的管理，根据《中华人民共和国海关法》和其他有关法律、行政法规，制定本办法。

第二条　海关对经横琴进出境、进出横琴的运输工具、货物、物品以及横琴内海关注册登记企业、场所等进行监管和检查适用本办法。

第三条　横琴与澳门之间的口岸设定为"一线"管理；横琴与中华人民共和国关境内的其他地区（以下称区外）之间的通道设定为"二线"管理。海关按照"一线放宽、二线管住、人货分离、分类管理"的原则实行分线管理。

第四条　横琴应当设立符合海关监管要求的环岛巡查、监控设施和海关信息化管理平台；"一线"、"二线"海关监管区和横琴内海关监管场所应当设立符合海关监管要求的设施、设备、场地等。经海关总署验收合格后，横琴方可开展相关业务。

第五条 在横琴内从事进出口业务，享受保税、减免税、入区退税政策以及与之相关的仓储物流和从事报关业务的企业和单位（以下简称企业），应当向海关办理注册登记手续。

企业应当依法设置符合海关监管要求的账簿、报表等，并接受海关稽查。

企业应当建立符合海关监管要求的计算机管理系统，与海关实行电子计算机联网和进行电子数据交换。

第六条 除法律、行政法规和规章另有规定外，海关对进出横琴以及在横琴内存储的保税货物、与生产有关的免税货物以及从区外进入横琴并享受入区退税政策的货物（以下简称退税货物）实行电子账册管理。

第七条 法律、行政法规、规章禁止进境的货物、物品不得从"一线"进入横琴，法律、行政法规、规章禁止出境的货物不得从"二线"以报关方式进入横琴。

横琴内企业不得开展列入《加工贸易禁止类商品目录》商品的加工贸易业务。

第二章 对横琴与境外之间进出货物的监管

第八条 除法律、行政法规和规章另有规定外，海关对横琴与境外之间进出的保税货物、与生产有关的免税货物及退税货物实行备案管理，对横琴与境外之间进出的其他货物按照进出口货物的有关规定办理报关手续。

第九条 除下列货物外，海关对从境外进入横琴与生产有关的货物实行保税或者免税管理：

（一）生活消费类、商业性房地产开发项目等进口货物；

（二）法律、行政法规和规章明确不予保税或免税的货物；

（三）列入财政部、税务总局、海关总署会同有关部门制定的"一线"不予保税、免税的具体货物清单的货物。

第十条 除法律、行政法规和规章另有规定外，从境外进入横琴的实行备案管理的货物，不实行进口配额、许可证件管理。

从横琴运往境外的货物，实行出口配额、许可证件管理。

第三章 对横琴与区外之间进出货物的监管

第十一条 横琴内保税、减免税、退税货物销往区外，应当按照进口货物有关规定办理报关手续；从区外销往横琴的退税货物，应当按照出口货物的有关规定办理报关手续。上述货物应当经海关指定的申报通道进出横琴；办理相关海关手续后，上述货物可以办理集中申报，但不得跨月、跨年申报。

其他货物经由海关指定的无申报通道进出横琴，海关可以实行查验。

横琴内未办结海关手续的海关监管货物需要转入区外其他监管场所的，一律按照转关运输的规定办理海关申报手续。

第十二条 区外与生产有关的货物销往横琴视同出口，海关按规定实行退税，但下列货物除外：

（一）生活消费类、商业性房地产开发项目等采购的区外货物；

（二）法律、行政法规和规章明确不予退税的货物；

（三）列入财政部、税务总局、海关总署会同有关部门制定的"二线"不予退税的具体货物清单的货物。

入区退税货物应当存放在经海关认可的地点。

第十三条 对设在横琴的企业生产、加工并销往区外的保税货物，海关按照货物实际报验状态照章征收进口环节增值税、消费税。

对设在横琴的企业生产、加工并销往区外的保税货物，企业可以申请选择按料件或者按实际报验状态缴纳进口关税。企业没有提出选择性征收关税申请的，海关按照货物实际报验状态照章征收进口关税。企业申请按料件缴纳关税的，按照以下规定办理：

（一）企业应当在手册备案时向海关提出申请；在海关征税前，企业可以变更申请；

（二）海关以货物对应的保税料件征收关税；

（三）对应料件如涉及优惠贸易原产地管理的，企业应当在该料件备案时主动向海关申明并提交有关单证，否则在内销征税时不得适用相应的优惠税率；对应料件如涉及反倾销、反补贴等贸易救济措施，海关按照有关贸易救济措施执行。

第十四条 经横琴运往区外的优惠贸易政策项下货物，符合海关相关原产地管理规定的，可以申请享受优惠税率。

第十五条 从横琴运往区外办理报关手续的货物，实行进口配额、许可证件管理。其中对于同一配额、许可证件项下的货物，海关在进境环节已验核配额、许可证件的，在出区环节不再验核配额、许可证件。

从区外运往横琴办理报关手续的货物，不实行出口配额、许可证件管理。

第四章　对横琴内货物的监管

第十六条　横琴内使用电子账册管理的货物在横琴内不同企业间流转的，双方企业应当及时向海关报送相关电子数据信息。

第十七条　横琴内企业不实行加工贸易银行保证金台账制度，海关对横琴内加工贸易货物不实行单耗标准管理。

办理相关海关手续后，横琴内企业与区外企业之间可以开展加工贸易深加工结转和外发加工业务。

对从事国际服务外包业务的企业，其进出口货物按照有关规定办理。

第十八条　在横琴内销售保税货物，存在以下情形的，应当事先办理相关海关手续，并按照本办法第十三条规定缴纳进口关税和进口环节增值税、消费税：

（一）销售给个人；

（二）销售给区内企业，不再用于生产的；

（三）其他需要征税的情形。

第十九条　横琴内的减免税货物的后续监管按照减免税有关规定实施监管。

第二十条　从区外进入横琴的退税货物，按以下方式监管：

（一）原状或用退税货物加工成成品经"一线"出境的，实行备案管理；

（二）原状或用退税货物加工成成品在区内销售并用于生产的，实行电子账册管理；

（三）原状或用退税货物加工成成品销往区外加工贸易企业以及运往海关特殊监管区域或者保税监管场所的，按照保税货物有关规定办理；

（四）原状或用退税货物加工成成品后属于区内建设生产厂房、仓储设施所需的基建物资的，按照相关部门核定的审批项目及耗用数量核销；

（五）原状或用退税货物加工成成品在区内销售，但不属于本条第（二）项、第（四）项规定情形的，或销往区外但不按照保税货物管理的，按照进口货物的有关规定办理报关手续；

（六）其他情形按照进口货物的有关规定办理报关手续。

第二十一条　对横琴与其他海关特殊监管区域、保税监管场所以及加工贸易企业之间往来的保税货物，海关继续实行保税监管。

第二十二条　横琴内保税、减免税、退税货物因检测维修等情形需临时进出横琴的，须办理相关海关手续，不得在区外用于加工生产和使用，并且应当在规定时间内运回横琴。

第二十三条 对横琴内企业在进口保税料件加工生产过程中产生的边角料、副产品，海关按照加工贸易边角料、副产品的有关规定监管。

第二十四条 有以下情形之一的，横琴内企业应当及时书面报告海关：

（一）海关监管货物遭遇不可抗力等灾害的；

（二）海关监管货物遭遇非不可抗力因素造成损坏、损毁、灭失的；

（三）海关监管货物被行政执法部门或者司法机关采取查封、扣押等强制措施的；

（四）企业分立、合并、破产的。

第二十五条 因不可抗力造成海关监管货物损坏、损毁、灭失的，企业书面报告海关时，应当如实说明情况并提供保险、灾害鉴定部门的有关证明。经海关核实确认后，按照以下规定办理：

（一）货物灭失，或者虽未灭失但完全失去使用价值的，海关予以办理核销手续；

（二）货物损坏、损毁，失去原使用价值但可以再利用的，仍应接受海关监管。

第二十六条 因保管不善等非不可抗力因素造成海关监管货物损坏、损毁、灭失的，按照以下规定办理：

（一）对于从境外进入横琴的保税货物，横琴内企业应当按照有关规定，按照海关审定的货物损毁或灭失前的完税价格，以海关接受损坏、损毁、灭失货物申报之日适用的税率、汇率，依法向海关缴纳进口税款；属于进口配额、许可证件管理的，应当取得相关进口配额、许可证件，海关对相关进口许可证件电子数据进行系统自动比对验核。

（二）对于从境外进入横琴的减免税货物，横琴内企业应当按照一般贸易进口货物的规定，按照海关审定的货物损毁或灭失前的完税价格，以海关接受损坏、损毁、灭失货物申报之日适用的税率、汇率，依法向海关缴纳进口税款；属于进口配额、许可证件管理的，应当取得相关进口配额、许可证件，海关对相关进口许可证件电子数据进行系统自动比对验核。

（三）对于从区外进入横琴的退税货物，按照进口货物的有关规定办理报关手续。

第二十七条 进出横琴的下列海关监管货物，办理相关海关手续后，可以由横琴内企业指派专人携带或者自行运输：

（一）价值1万美元及以下的小额货物；

（二）因品质不合格进出横琴退换的货物；

（三）其他已办理相关海关手续的货物。

未办理相关海关手续的，个人不得携带、运输横琴内保税、免税以及退税货物进出横琴。

第五章　对进出横琴运输工具和个人携带物品的监管

第二十八条　经"一线"进出横琴的运输工具按《中华人民共和国海关进出境运输工具监管办法》（海关总署令第 196 号）和《中华人民共和国海关进出境运输工具舱单管理办法》（海关总署令第 172 号）的规定进行监管。

海关可以对所有经"二线"进出横琴的运输工具实施检查。经"二线"进出横琴的运输工具不得运输未办理相关海关手续的海关监管货物。

第二十九条　对横琴与境外之间进出的澳门单牌车辆，海关根据国务院授权广东省政府与澳门特区政府签订的相关协定实行监管，车辆经横琴进境后仅限在横琴内行驶。

第三十条　旅客携带的行李物品通关管理办法由海关总署会同有关部门另行制定。

第六章　附　则

第三十一条　除法律、行政法规和规章另有规定外，经"一线"从境外进入横琴的货物和从横琴运往境外的货物列入海关统计，经"二线"指定申报通道进入横琴的货物和从横琴运往区外的货物列入海关单项统计。

横琴内企业之间转让、转移的货物，以及横琴与其他海关特殊监管区域、保税监管场所之间往来的货物，不列入海关统计。

第三十二条　违反本办法，构成走私行为、违反海关监管规定行为或者其他违反海关法行为的，由海关依照《中华人民共和国海关法》和《中华人民共和国海关行政处罚实施条例》的有关规定予以处理；构成犯罪的，依法追究刑事责任。

第三十三条　本办法由海关总署负责解释。

第三十四条　本办法自 2013 年 8 月 1 日起施行。

海关总署关于废止部分规章的决定

（2015 年 4 月 7 日海关总署令第 226 号公布，自公布之日起施行）

为了适应经济社会发展需要，切实推动简政放权、转变职能，深化行政审批制度改革，现决定废止 1988 年 4 月 6 日以海关总署〔1988〕署货字第 343 号发布的《中华人民共和国海关对加工贸易保税工厂管理办法》、1993 年 1 月 5 日以海关总署令第 41 号发布并于 2014 年 5 月 5 日以海关总署令第 218 号修改的《中华人民共和国海关对进料加工保税集团管理办法》。

本决定自公布之日起生效。

海关总署关于废止《中华人民共和国海关关于异地加工贸易的管理办法》的决定

（2017 年 12 月 8 日海关总署令第 234 号公布，自公布之日起生效）

为进一步深化海关简政放权放管结合优化服务改革，在保证海关有效监管、精准监管的同时，优化加工贸易业务管理模式，为企业减负增效，现决定废止 1999 年 9 月 22 日以海关总署令第 74 号公布并于 2010 年 11 月 26 日以海关总署令第 198 号、2014 年 3 月 13 日以海关总署令第 218 号修改的《中华人民共和国海关关于异地加工贸易的管理办法》。

本决定自公布之日起生效。

稽查、处罚类

中华人民共和国海关对检举或协助查获违反海关法案件有功人员的奖励办法

(1989 年 8 月 22 日海关总署令第 8 号发布, 根据 2010 年 11 月 26 日海关总署令第 198 号《海关总署关于修改部分规章的决定》修改)

第一条 根据《中华人民共和国海关法》第十三条的规定, 特制定本办法。

第二条 对检举以及协助海关查获走私案件或违反海关监管规定案件的单位或个人, 依照本办法, 由海关发给奖励金。

前款和本办法第七条所述单位或个人不包括负有经济监督、检查、管理职能和协助海关查缉、处理违反海关法案件任务的机关及其工作人员。

第三条 对走私案件的检举人, 海关按实际查获私货变价收入的百分之十以内掌握发给奖励金, 最高不超过人民币十万元。对按规定应将没收物品销毁或无偿移交政府专管机关的走私案件, 海关视案情和检举人贡献大小, 发给检举人人民币三百元以上、五万元以下的奖励金。

第四条 对由于检举而查获的违反海关监管规定的案件, 属于补征税款挽回国家经济损失的, 按补税和罚款总额的百分之三以内发给检举人奖励金; 对仅给予罚款处罚的违规案件, 按罚款额的百分之三以内发给检举人奖励金。

第五条 同一案件有两个或两个以上检举人的, 奖励金额由海关视每个检举人的贡献大小, 分别发给。

第六条 对有特殊贡献的案件检举人, 经海关总署批准, 奖励金不受上述数额的限制。

第七条 对向海关提供案件线索或协助海关查获案件的有关单位和个人，按照贡献大小，酌情给予奖励。

第八条 对居住在境外的检举走私及违反海关监管规定案件的检举人，奖励金之部分或全部可以发给外币。

第九条 受奖的个人或单位，应在海关发出奖励通知之日起六个月内到通知单位领取，逾期不领取的，视为自动放弃。

第十条 海关为检举和协助查获走私及违反海关监管规定案件的个人和单位严格保密。

第十一条 本办法自一九八九年九月一日起实施。海关总署一九八五年一月十五日发布的《中华人民共和国海关奖励缉私办法》同时废止。

《中华人民共和国海关稽查条例》实施办法

(2016年9月26日海关总署令第230号发布，自2016年11月1日起施行)

第一章 总 则

第一条 为有效实施《中华人民共和国海关稽查条例》（以下简称《稽查条例》），根据《中华人民共和国海关法》以及相关法律、行政法规，制定本办法。

第二条 《稽查条例》第三条所规定的与进出口货物直接有关的企业、单位包括：

（一）从事对外贸易的企业、单位；

（二）从事对外加工贸易的企业；

（三）经营保税业务的企业；

（四）使用或者经营减免税进口货物的企业、单位；

（五）从事报关业务的企业；

（六）进出口货物的实际收发货人；

（七）其他与进出口货物直接有关的企业、单位。

第三条 海关对与进出口货物直接有关的企业、单位（以下统称进出口企业、单位）的下列进出口活动实施稽查：

（一）进出口申报；

（二）进出口关税和其他税、费的缴纳；

（三）进出口许可证件和有关单证的交验；

（四）与进出口货物有关的资料记载、保管；

（五）保税货物的进口、使用、储存、维修、加工、销售、运输、展示和复出口；

（六）减免税进口货物的使用、管理；

（七）其他进出口活动。

第四条 海关根据稽查工作需要，可以通过实地查看、走访咨询、书面函询、网络调查和委托调查等方式向有关行业协会、政府部门和相关企业等开展贸易调查，收集下列信息：

（一）政府部门监督管理信息；

（二）特定行业、企业的主要状况、贸易惯例、生产经营、市场结构等信息；

（三）特定商品的结构、成分、等级、功能、用途、工艺流程、工作原理等技术指标或者技术参数以及价格等信息；

（四）其他与进出口活动有关的信息。

有关政府部门、金融机构、行业协会和相关企业等应当配合海关贸易调查，提供有关信息。

第二章 账簿、单证等资料的管理

第五条 进出口企业、单位应当依据《中华人民共和国会计法》以及其他有关法律、行政法规的规定设置、编制和保管会计账簿、会计凭证、会计报表和其他会计资料，建立内部管理制度，真实、准确、完整地记录和反映进出口活动。

进出口企业、单位应当编制和保管能够反映真实进出口活动的原始单证和记录等资料。

第六条 进出口企业、单位应当在《稽查条例》第二条规定的期限内，保管报关单证、进出口单证、合同以及与进出口业务直接有关的其他资料或者电子数据。

第三章 海关稽查的实施

第七条 海关稽查由被稽查人注册地海关实施。被稽查人注册地与货物报关地或者进出口地不一致的，也可以由报关地或者进出口地海关实施。

海关总署可以指定或者组织下级海关实施跨关区稽查。直属海关可以指定或者组织下级海关在本关区范围内实施稽查。

第八条 海关稽查应当由具备稽查执法资格的人员实施，实施稽查时应当向被稽查人出示海关稽查证。

第九条 海关实施稽查3日前，应当向被稽查人制发《海关稽查通知书》。

海关不经事先通知实施稽查的，应当在开始实施稽查时向被稽查人制发《海关稽查通知书》。

第十条 海关稽查人员实施稽查时，有下列情形之一的，应当回避：

（一）海关稽查人员与被稽查人的法定代表人或者主要负责人有近亲属关系的；

（二）海关稽查人员或者其近亲属与被稽查人有利害关系的；

（三）海关稽查人员或者其近亲属与被稽查人有其他关系，可能影响海关稽查工作正常进行的。

被稽查人有正当理由，可以对海关稽查人员提出回避申请。但在海关作出回避决定前，有关海关稽查人员不停止执行稽查任务。

第十一条 海关稽查人员查阅、复制被稽查人的会计账簿、会计凭证、报关单证以及其他有关资料（以下统称账簿、单证等有关资料）时，被稽查人的法定代表人或者主要负责人或者其指定的代表（以下统称被稽查人代表）应当到场，按照海关要求如实提供并协助海关工作。

对被稽查人的账簿、单证等有关资料进行复制的，被稽查人代表应当在确认复制资料与原件无误后，在复制资料上注明出处、页数、复制时间以及"本件与原件一致，核对无误"，并签章。

被稽查人以外文记录账簿、单证等有关资料的，应当提供符合海关要求的中文译本。

第十二条 被稽查人利用计算机、网络通信等现代信息技术手段进行经营管理的，应当向海关提供账簿、单证等有关资料的电子数据，并根据海关要求开放相关系统、提供使用说明及其他有关资料。对被稽查人的电子数据进行复制的，应当注明制作方法、制作时间、制作人、数据内容以及原始载体存放处等，并由制作人和被稽查人代表签章。

第十三条　被稽查人所在场所不具备查阅、复制工作条件的，经被稽查人同意，海关可以在其他场所查阅、复制。

海关需要在其他场所查阅、复制的，应当填写《海关稽查调审单》，经双方清点、核对后，由海关稽查人员签名和被稽查人代表在《海关稽查调审单》上签章。

第十四条　海关稽查人员进入被稽查人的生产经营场所、货物存放场所，检查与进出口活动有关的生产经营情况和货物时，被稽查人代表应当到场，按照海关的要求开启场所、搬移货物，开启、重封货物的包装等。

检查结果应当由海关稽查人员填写《检查记录》，由海关稽查人员签名和被稽查人代表在《检查记录》上签章。

第十五条　海关稽查人员询问被稽查人的法定代表人、主要负责人和其他有关人员时，应当制作《询问笔录》，并由询问人、记录人和被询问人签名确认。

第十六条　海关实施稽查时，可以向与被稽查人有财务往来或者其他商务往来的企业、单位收集与进出口活动有关的资料和证明材料，有关企业、单位应当配合海关工作。

第十七条　经直属海关关长或者其授权的隶属海关关长批准，海关可以凭《协助查询通知书》向商业银行或者其他金融机构查询被稽查人的存款账户。

第十八条　海关实施稽查时，发现被稽查人有可能转移、隐匿、篡改、毁弃账簿、单证等有关资料的，经直属海关关长或者其授权的隶属海关关长批准，可以查封、扣押其账簿、单证等有关资料及相关电子数据存储介质。

海关实施稽查时，发现被稽查人的进出口货物有违反海关法或者其他有关法律、行政法规嫌疑的，经直属海关关长或者其授权的隶属海关关长批准，可以查封、扣押有关进出口货物。

海关实施查封、扣押应当依据《中华人民共和国行政强制法》以及其他有关法律、行政法规。

第十九条　被稽查人有《稽查条例》第三十条、第三十一条所列行为之一的，海关应当制发《海关限期改正通知书》，告知被稽查人改正的内容和期限，并对改正情况进行检查。

被稽查人逾期不改正的，海关可以依据海关相关规定调整其信用等级。

第二十条　稽查组发现被稽查人涉嫌违法或者少征、漏征税款的，应当书面征求被稽查人意见，被稽查人应当自收到相关材料之日起 7 日内提出书面意见送交稽查组。

第二十一条　稽查组实施稽查后，应当向海关报送稽查报告。海关应当在收到稽查报告之日起 30 日内作出《海关稽查结论》，并送达被稽查人。

第二十二条　有下列情形之一的，经直属海关关长或者其授权的隶属海关关长批准，海关可以终结稽查：

（一）被稽查人下落不明的；

（二）被稽查人终止，无权利义务承受人的。

第二十三条　海关发现被稽查人未按照规定设置或者编制账簿，或者转移、隐匿、篡改、毁弃账簿的，应当将有关情况通报被稽查人所在地的县级以上人民政府财政部门。

第二十四条　海关实施稽查时，可以委托会计师事务所、税务师事务所或者其他具备会计、税务等相关资质和能力的专业机构，就相关问题作出专业结论，经海关认可后可以作为稽查认定事实的证据材料。被稽查人委托专业机构作出的专业结论，可以作为海关稽查的参考依据。

海关委托专业机构的，双方应当签订委托协议，明确委托事项和权利义务等。

专业机构有弄虚作假、隐瞒事实、违反保密约定等情形的，海关应当如实记录，作出相应处置，并可以通报有关主管部门或者行业协会。

第四章　主动披露

第二十五条　进出口企业、单位主动向海关书面报告其违反海关监管规定的行为并接受海关处理的，海关可以认定有关企业、单位主动披露。但有下列情形之一的除外：

（一）报告前海关已经掌握违法线索的；

（二）报告前海关已经通知被稽查人实施稽查的；

（三）报告内容严重失实或者隐瞒其他违法行为的。

第二十六条　进出口企业、单位主动披露应当向海关提交账簿、单证等有关证明材料，并对所提交材料的真实性、准确性、完整性负责。

海关应当核实主动披露的进出口企业、单位的报告，可以要求其补充有关材料。

第二十七条　对主动披露的进出口企业、单位，违反海关监管规定的，海关应当从轻或者减轻行政处罚；违法行为轻微并及时纠正，没有造成危害后果的，不予行政处罚。

对主动披露并补缴税款的进出口企业、单位，海关可以减免滞纳金。

第五章　附　则

第二十八条　本办法所规定的"日"均为自然日。文书送达或者期间开始当日，不计算在期间内。期间届满的最后一日遇休息日或者法定节假日的，应当顺延至休息日或者法定节假日之后的第一个工作日。

第二十九条　被稽查人拒绝签收稽查文书的，海关可以邀请见证人到场，说明情况，注明事由和日期，由见证人和至少两名海关稽查人员签名，把稽查文书留在被稽查人的生产经营场所。海关也可以把稽查文书留在被稽查人的生产经营场所，并采用拍照、录像等方式记录全过程，即视为被稽查人已经签收。

第三十条　被稽查人代表对相关证据材料不签章的，海关稽查人员应当在相关材料上予以注明，并由至少两名海关稽查人员签名。

海关实施查阅、复制、检查时，被稽查人代表不到场的，海关应当注明事由和日期，并由至少两名海关稽查人员签名。

第三十一条　本办法所规定的签章，是指被稽查人代表签名或者加盖被稽查人印章。

第三十二条　本办法所规定使用的稽查文书由海关总署另行公布。

第三十三条　本办法由海关总署负责解释。

第三十四条　本办法自 2016 年 11 月 1 日起实施。2000 年 1 月 11 日海关总署令第 79 号公布的《〈中华人民共和国海关稽查条例〉实施办法》同时废止。

中华人民共和国海关实施人身扣留规定

(2006 年 1 月 13 日海关总署令第 144 号公布，自 2006 年 3 月 1 日起施行)

第一章　总　则

第一条　为了规范海关实施人身扣留措施，保证海关依法履行职责，保护公民的合法权益，根据《中华人民共和国海关法》（以下简称海关法）、《中华人民共和国海关行政处罚实施条例》（以下简称实施条例）及其他有关法律、行政法规的规定，制定本规定。

第二条　本规定所称人身扣留（以下简称扣留），是指海关根据海关法第六条第（四）项的规定，对违反海关法以及其他有关法律、行政法规的走私犯罪嫌疑人，依法采取的限制人身自由的行政强制措施。

第三条 海关依法对走私犯罪嫌疑人实施扣留，适用本规定。

第四条 海关实施扣留，应当遵循依法、公正、文明、及时和确保安全的原则，做到适用对象准确、程序合法、处置适当。

第五条 海关实施扣留应当由持有海关查缉证的海关工作人员（以下简称海关工作人员）执行。

第二章 适用对象和时限

第六条 海关工作人员在海关监管区和海关附近沿海沿边规定地区，发现有下列行为涉嫌走私犯罪的，经当场查问、检查，可以对走私犯罪嫌疑人实施扣留：

（一）有实施条例第七条第（一）项至第（五）项所列行为，且数额较大，情节严重的；

（二）直接向走私人非法收购国家禁止进口物品的，或者直接向走私人非法收购走私进口的其他货物、物品，数额较大的；

（三）在内海、领海、界河、界湖运输、收购、贩卖国家禁止进出口物品的，或者运输、收购、贩卖国家限制进出口货物、物品，数额较大，没有合法证明的；

（四）与走私犯罪嫌疑人通谋，为其提供贷款、资金、账号、发票、证明，或者为其提供运输、保管、邮寄或者其他方便的；

（五）有逃避海关监管，涉嫌走私犯罪的其他行为的。

第七条 对有下列情形之一的人员，不适用扣留：

（一）经过当场查问、检查，已经排除走私犯罪嫌疑的；

（二）所涉案件已经作为刑事案件立案的；

（三）有证据证明患有精神病、急性传染病或者其他严重疾病的；

（四）其他不符合本规定第六条条件的。

第八条 对符合本规定第六条所列条件，同时具有下列情形之一的人员，可以实施扣留，但在实施扣留时应当自被扣留人签字或者捺指印之时起4小时以内查问完毕，且不得送入扣留室：

（一）怀孕或者正在哺乳自己不满1周岁婴儿的妇女；

（二）已满70周岁的老年人。

第九条 对走私犯罪嫌疑人，扣留时间不超过24小时；对符合本规定第十条规定情形的，可以延长至48小时。

前款规定的时限应当自走私犯罪嫌疑人在《中华人民共和国海关扣留走私犯罪嫌疑人决定书》（见附件1，以下简称《扣留决定书》）上签字或者捺指印之时起，至被海关解除扣留之时止。海关工作人员将走私犯罪嫌疑人带至海关所用路途时间不计入扣留时间。

第十条 海关在实施扣留的24小时内发现具有下列情形之一的，可以对走私犯罪嫌疑人延长扣留时间：

（一）拒不配合海关调查，陈述的事实与海关掌握的走私违法犯罪事实明显不一致的；

（二）经调查发现走私行为具有连续性或者有团伙走私犯罪嫌疑的；

（三）经多名证人指证，仍拒不陈述走私犯罪行为的；

（四）有隐匿、转移、伪造、毁灭其走私犯罪证据或者串供可能的；

（五）未提供真实姓名、住址、单位，身份不明的。

第十一条 对已经排除走私犯罪嫌疑，或者扣留期限、延长扣留期限届满的，海关应当及时解除扣留。

对按照《中华人民共和国刑事诉讼法》（以下简称刑事诉讼法）的有关规定需要采取刑事强制措施的，应当及时解除扣留并按照刑事诉讼法的规定作出处理。

第十二条 海关应当严格按照本规定中的适用范围、期限和程序实施扣留，禁止下列行为：

（一）超出适用范围实施扣留；

（二）超过时限扣留；

（三）未经当场查问、检查实施扣留；

（四）以扣留代替行政处罚；

（五）将扣留作为执行行政处罚、追补征税款的执行手段；

（六）扣留享有外交特权和豁免权的人员。

第三章　审批和执行

第十三条 对符合本规定第六条所列情形，确有必要实施扣留的走私犯罪嫌疑人，经直属海关关长或者其授权的隶属海关关长批准，海关制发《扣留决定书》实施扣留。《扣留决定书》应当注明扣留起始时间，并由被扣留人签字或者捺指印。被扣留人拒不签字或者捺指印的，应当予以注明。

在紧急情况下需要当场对走私犯罪嫌疑人实施扣留的，应当经直属海关关长或者其授权的隶属海关关长口头批准，并在返回海关后 4 个小时内补办手续。扣留起始时间自走私犯罪嫌疑人被带至海关时起算。

第十四条 海关实施扣留时，应当由 2 名以上海关工作人员执行，出示查缉证并且告知被扣留人享有的救济权利。

第十五条 海关对走私犯罪嫌疑人采取扣留的，应当立即通知其家属或者其所在单位并做好记录。对被扣留人身份不明或者无法通知家属、单位的，应当经其确认后记录在案。

第十六条 有下列情形之一的，海关可以不通知被扣留人的家属或者其所在单位：

（一）同案的走私犯罪嫌疑人可能逃跑、串供或者隐匿、转移、伪造、毁灭其犯罪证据的；

（二）未提供真实姓名、住址、单位，身份不明的；

（三）其他有碍调查或者无法通知的。

上述情形消除后，海关应当立即通知被扣留人的家属或者其所在单位。

第十七条 对本规定第八条规定的人员在晚上 9 点至次日早上 7 点之间解除扣留的，海关应当通知其家属领回；或者由当事人提供其认为可以依赖的亲属、朋友或者同事等人将其领回；对身份不明、没有家属或者无人领回的，应当护送至其住地，并由见证人签字确认；在本地无住地的，可以交由当地社会救助机构帮助其返家，并由相关人员签字确认。

第十八条 被扣留人的家属为老年人、残疾人、精神病人、不满 16 周岁的未成年人或者其他没有独立生活能力的人，因海关实施扣留而使被扣留人的家属无人照顾的，海关应当通知其亲友予以照顾或者采取其他适当办法妥善安排，并且将安排情况及时告知被扣留人。

第十九条 对符合本规定第十条所列条件，确有必要将扣留时间从 24 小时延长至 48 小时的，在实施扣留的 24 小时届满之前，经直属海关关长或者其授权的隶属海关关长批准，海关制发《中华人民共和国海关延长扣留走私犯罪嫌疑人期限决定书》（见附件 2，以下简称《延长扣留决定书》）。由被扣留人在《延长扣留决定书》上签名或者捺指印，被扣留人拒绝签名或者捺指印的，应当予以注明。

第二十条 对于被扣留人，海关应当在实施扣留后 8 小时内进行查问。

第二十一条 对被扣留人解除扣留的，海关制发《中华人民共和国海关解除扣留走私犯罪嫌疑人决定书》（见附件 3，以下简称《解除扣留决定书》），并注明解除扣留时间，由被扣留人在《解除扣留决定书》上签名或者捺指印，被扣留人拒绝签名或者捺指印的，应当予以注明。

第四章 扣留室设置和管理

第二十二条 除本规定第八条所列的情形外，在扣留期间，海关应当将被扣留人送入扣留室。

第二十三条 扣留室的设置应当达到以下标准：

（一）扣留室房屋牢固、安全、通风、透光，单间使用面积不得少于6平方米，层高不低于2.55米；

（二）扣留室内配备固定的坐具、卧具，并保持清洁、卫生；

（三）扣留室内不得有可能被直接用于行凶、自杀、自伤的等物品；

（四）看管被扣留人的值班室与扣留室相通的，应当采用栏杆分隔，以便于观察室内情况；

（五）扣留室应当标明名称，并在明显位置公布有关扣留的规定、被扣留人依法享有的权利和扣留室管理规定。

第二十四条 海关应当建立以下扣留室日常管理制度，依法严格、文明管理：

（一）建立《被扣留人员进出登记表》。载明被扣留人的姓名、性别、年龄、户籍地，以及办案部门、承办人、扣留起止时间、进出扣留室时间及处理结果等情况。

（二）建立值班、看管和巡查制度。扣留室有被扣留人时，应当由海关工作人员如实记录有关情况，并做好交接班工作。

（三）建立档案管理制度。对有关法律文书按照档案管理的要求归档保存。

（四）建立双人看管制度。扣留室应当由2名以上与被扣留人同性别的海关工作人员负责看管，不得将不同性别的被扣留人送入同一个扣留室。

第二十五条 海关工作人员对被扣留人的人身及携带的物品应当进行严格检查，防止带入可疑物品或者可能被用于行凶、自杀、自伤、自残、脱逃的等物品。

在进行人身检查时，发现被扣留人有外伤、严重疾病发作的明显症状的，应当立即报告上级主管部门及监察部门，并做好详细记录。

对被扣留人的人身检查，应当由2名以上与被扣留人同性别的海关工作人员执行。

第二十六条 将被扣留人送入扣留室时，对其随身携带的物品，海关应当制作《中华人民共和国海关暂存物品、文件清单》（见附件4，以下简称《暂存物品、文件清单》）经被扣留人签名或者捺指印确认后妥善保管，被扣留人拒绝签名或者捺指印的，应当予以注明。

扣留结束后，被扣留人的物品中属于违法犯罪证据或者违禁品的，应当依法随案移交或者依法作出处理，并在《暂存物品、文件清单》上注明；与案件无关的，应当立即返还被扣留人，并在《暂存物品、文件清单》上注明，由被扣留人签名或者捺指印，被扣留人拒绝签名或者捺指印的，应当予以注明。

第二十七条　扣留期间，实施扣留的海关应当为被扣留人提供基本的生活条件。

对在扣留期间突患疾病或者受伤的被扣留人，海关工作人员应当立即采取措施救治，并通知被扣留人家属或者单位。无法通知的，应当记录在案，上述治疗费用由被扣留人或者其家属承担。但由于海关工作人员的过错导致被扣留人患病或者受伤的，治疗费用由实施扣留的海关承担。

第五章　执法监督

第二十八条　在扣留期间，海关应当依法保障被扣留人的合法权益，不得有下列行为：

（一）刑讯逼供或者以威胁、引诱、欺骗等非法手段收集证据；

（二）殴打、体罚、虐待、侮辱被扣留人；

（三）敲诈勒索或者索取、收受贿赂；

（四）侵吞、挪用、损毁被扣留人的财物；

（五）违反规定收费或者实施处罚；

（六）其他侵犯被扣留人合法权益的行为。

第二十九条　对海关工作人员在实施扣留中有违反本规定行为的，应当按照相关规定追究有关责任人员的执法过错责任，并按照《中华人民共和国海关法》及有关法律、行政法规的有关规定给予处分。构成犯罪的，依法追究直接负责的主管人员和其他直接责任人员的刑事责任。

第六章　附　　则

第三十条　本规定所称"以上"、"以内"，均包含本数。

第三十一条　本规定由海关总署负责解释。

第三十二条　本规定自2006年3月1日起施行。

附件：1. 中华人民共和国海关扣留走私犯罪嫌疑人决定书

2. 中华人民共和国海关延长扣留走私犯罪嫌疑人期限决定书

3. 中华人民共和国海关解除扣留走私犯罪嫌疑人决定书

4. 中华人民共和国海关暂存物品、文件清单

附件 1

中华人民共和国　　海关
扣留走私犯罪嫌疑人决定书

（正本）

关　字〔　　〕　　号

根据《中华人民共和国海关法》第六条第（四）项、《中华人民共和国海关行政处罚实施条例》第三十七条的有关规定，现决定对走私犯罪嫌疑人＿＿＿＿＿＿予以扣留。

如不服本决定，依照《中华人民共和国行政复议法》第九条、第十二条，《中华人民共和国行政诉讼法》第三十九条之规定，可自本决定书送达之日起 60 日内向＿＿＿＿＿＿海关（海关总署）申请行政复议，或自本决定书送达之日起 3 个月内，向＿＿＿＿＿＿人民法院起诉。

关长：

（关印）

年　　月　　日

中华人民共和国　　海关
扣留走私犯罪嫌疑人决定书

（副本）

关　字〔　　〕　　号

根据《中华人民共和国海关法》第六条第（四）项、《中华人民共和国海关行政处罚实施条例》第三十七条的有关规定，现决定对走私犯罪嫌疑人＿＿＿＿＿＿予以

扣留。

如不服本决定，依照《中华人民共和国行政复议法》第九条、第十二条，《中华人民共和国行政诉讼法》第三十九条之规定，可自本决定书送达之日起60日内向_____海关（海关总署）申请行政复议，或自本决定书送达之日起3个月内，向_____人民法院起诉。

关长：

（关印）

年　月　日

本决定已于___年___月___日___时___分向我宣布。

被扣留人签字：_____

中华人民共和国　　　海关
扣留走私犯罪嫌疑人决定书

（存根）

关　字〔　　〕　　号

被扣留人姓名_____

性别_____　年龄_____　籍贯/国籍_____

证件名称及号码_____

职业_____

住址_____

扣留原因_____

关长批准：_____

执行关员：_____

填表人：_____

填表时间_____

附件 2

<h1 style="text-align:center">中华人民共和国　　海关
延长扣留走私犯罪嫌疑人期限决定书</h1>

（正本）

关　字〔　　〕　　号

　　根据《中华人民共和国海关法》第六条第（四）项、《中华人民共和国海关行政处罚实施条例》第三十七条的有关规定，决定延长对走私犯罪嫌疑人＿＿＿＿＿＿予以扣留时间。

　　如不服本决定，依照《中华人民共和国行政复议法》第九条、第十二条，《中华人民共和国行政诉讼法》第三十九条之规定，可自本决定书送达之日起60日内向＿＿＿＿＿＿海关（海关总署）申请行政复议，或自本决定书送达之日起3个月内，向＿＿＿＿＿＿人民法院起诉。

关长：

（关印）

年　月　日

<h1 style="text-align:center">中华人民共和国　　海关
延长扣留走私犯罪嫌疑人期限决定书</h1>

（副本）

关　字〔　　〕　　号

　　根据《中华人民共和国海关法》第六条第（四）项、《中华人民共和国海关行政处罚实施条例》第三十七条的有关规定，决定延长对走私犯罪嫌疑人＿＿＿＿＿＿予以扣留时间。

　　如不服本决定，依照《中华人民共和国行政复议法》第九条、第十二条，《中华人民共和国行政诉讼法》第三十九条之规定，可自本决定书送达之日起60日内向＿＿＿＿＿＿海关（海关总署）申请行政复议，或自本决定书送达之日起3个月内，向＿＿＿＿＿＿人民法院起诉。

关长：

（关印）

年　月　日

本决定已于＿＿＿年＿＿＿月＿＿＿日＿＿＿时＿＿＿分向我宣布。

被扣留人签字：＿＿＿＿＿＿

中华人民共和国　　海关
延长扣留走私犯罪嫌疑人期限决定书

（存根）

关　字〔　　〕　　号

被扣留人姓名＿＿＿＿＿＿＿＿＿＿＿＿＿＿＿＿＿＿＿＿＿＿＿＿＿＿

性别＿＿＿＿＿　年龄＿＿＿＿＿　籍贯/国籍＿＿＿＿＿＿

证件名称及号码＿＿＿＿＿＿＿＿＿＿＿＿＿＿＿＿＿＿＿＿＿＿＿＿＿＿

职业＿＿＿＿＿＿＿＿＿＿＿＿＿＿＿＿＿＿＿＿＿＿＿＿＿＿＿＿＿＿＿＿

住址＿＿＿＿＿＿＿＿＿＿＿＿＿＿＿＿＿＿＿＿＿＿＿＿＿＿＿＿＿＿＿＿

延长扣留期限原因＿＿＿＿＿＿＿＿＿＿＿＿＿＿＿＿＿＿＿＿＿＿＿＿＿＿

＿＿＿＿＿＿＿＿＿＿＿＿＿＿＿＿＿＿＿＿＿＿＿＿＿＿＿＿＿＿＿＿＿＿

关长批准：＿＿＿＿＿＿＿＿＿＿＿＿＿＿＿＿＿＿＿＿＿＿＿＿＿＿＿

执行关员：＿＿＿＿＿＿＿＿＿＿＿＿＿＿＿＿＿＿＿＿＿＿＿＿＿＿＿

填表人：＿＿＿＿＿＿＿＿＿＿＿＿＿＿＿＿＿＿＿＿＿＿＿＿＿＿＿＿

填表时间：＿＿＿＿＿＿＿＿＿＿＿＿＿＿＿＿＿＿＿＿＿＿＿＿＿＿＿

附件 **3**

中华人民共和国　　海关
解除扣留走私犯罪嫌疑人决定书

（正本）

关　字〔　　〕　号

　　根据《中华人民共和国海关法》第六条第（四）项、《中华人民共和国海关行政处罚实施条例》第三十七条第二款的规定，决定对_____予以解除扣留。

关长：

（关印）

年　　月　　日

中华人民共和国　　海关
解除扣留走私犯罪嫌疑人决定书

（副本）

关　字〔　　〕　号

　　根据《中华人民共和国海关法》第六条第（四）项、《中华人民共和国海关行政处罚实施条例》第三十七条第二款的规定，决定对_____予以解除扣留。

关长：

（关印）

年　　月　　日

本决定已于___年___月___日___时___分向我宣布。

被扣留人签字：_____

中华人民共和国　　海关
解除扣留走私犯罪嫌疑人决定书

（存根）

关　字〔　　〕　号

被扣留人姓名＿＿＿＿＿＿＿＿＿＿＿＿＿＿＿＿＿＿

性别＿＿＿＿　年龄＿＿＿＿　籍贯/国籍＿＿＿＿

证件名称及号码＿＿＿＿＿＿＿＿＿＿＿＿＿＿＿＿

职业＿＿＿＿＿＿＿＿＿＿＿＿＿＿＿＿＿＿＿＿＿

住址＿＿＿＿＿＿＿＿＿＿＿＿＿＿＿＿＿＿＿＿＿

解除扣留原因＿＿＿＿＿＿＿＿＿＿＿＿＿＿＿＿＿

＿＿＿＿＿＿＿＿＿＿＿＿＿＿＿＿＿＿＿＿＿＿＿

关长批准：＿＿＿＿＿＿＿＿＿＿＿＿＿＿＿＿＿＿

执行关员：＿＿＿＿＿＿＿＿＿＿＿＿＿＿＿＿＿＿

填表人：＿＿＿＿＿＿＿＿＿＿＿＿＿＿＿＿＿＿＿

填表时间：＿＿＿＿＿＿＿＿＿＿＿＿＿＿＿＿＿＿

附件 4

中华人民共和国　　　海关暂存物品、文件清单

编号：

序号	名称	数量	特征	备注

物品、文件持有人： 见证人： 　　　　　年　月　日	暂存单位： 经办人： 　　　　　年　月　日

本清单一式三份，一份附卷，一份交物品、文件持有人，一份存档。

中华人民共和国海关办理行政处罚
案件程序规定

（2007年3月2海关总署令第159号公布，根据2014年3月13日海关总署令第218号《海关总署关于修改部分规章的决定》修改）

第一章　总　则

第一条　为了规范海关办理行政处罚案件程序，保护公民、法人或者其他组织的合法权益，根据《中华人民共和国行政处罚法》、《中华人民共和国海关法》、《中华人民共和国海关行政处罚实施条例》（以下简称海关行政处罚实施条例）以及有关法律、行政法规的规定，制定本规定。

第二条　海关办理行政处罚案件的程序适用本规定。法律、行政法规另有规定的除外。

海关侦查走私犯罪公安机构办理治安管理处罚案件的程序依照《中华人民共和国治安管理处罚法》、《公安机关办理行政案件程序规定》执行。

第三条　海关办理行政处罚案件应当遵循公正、公开、及时和便民的原则。

第四条　海关办理行政处罚案件，在少数民族聚居或者多民族共同居住的地区，应当使用当地通用的语言进行查问和询问。

对不通晓当地通用语言文字的当事人，应当为其提供翻译人员。

第五条　海关办理行政处罚案件过程中涉及国家秘密、商业秘密、海关工作秘密或者个人隐私的，应当保守秘密。

第二章　一般规定

第六条　海关发现的依法应当由其他行政机关或者刑事侦查部门处理的违法行为，应当制作案件移送函，及时将案件移送有关行政机关或者刑事侦查部门处理。

第七条　海关在调查、收集证据时，办理行政处罚案件的海关工作人员（以下简称办案人员）不得少于2人，并且应当向当事人或者有关人员出示执法证件。

第八条　办案人员有下列情形之一的，应当回避，当事人及其代理人有权申请其回避：

（一）是本案的当事人或者当事人的近亲属；

（二）本人或者其近亲属与本案有利害关系；

（三）与本案当事人有其他关系，可能影响案件公正处理的。

第九条 办案人员的回避，由其所属的直属海关或者隶属海关关长决定。

第十条 办案人员要求回避的，应当提出书面申请，并且说明理由。

办案人员具有应当回避的情形之一，没有申请回避，当事人及其代理人也没有申请他回避的，有权决定他们回避的海关关长可以指令他们回避。

当事人及其代理人要求办案人员回避的，应当提出申请，并且说明理由。口头提出申请的，海关应当记录在案。

第十一条 对当事人及其代理人提出的回避申请，海关应当在 3 个工作日内作出决定并且书面通知申请人。

对海关驳回回避申请有异议的，当事人及其代理人可以在收到书面通知后的 3 个工作日内向作出决定的海关申请复核 1 次；作出决定的海关应当在 3 个工作日内作出复核决定并且书面通知申请人。

第十二条 在海关作出回避决定前，办案人员不停止办理行政处罚案件。在回避决定作出以前，办案人员进行的与案件有关的活动是否有效，由作出回避决定的海关根据案件情况决定。

第十三条 化验人、鉴定人和翻译人员的回避，适用本规定第八条至第十二条的规定。

第十四条 海关办理行政处罚案件的证据种类主要有：

（一）书证；

（二）物证；

（三）视听资料、电子数据；

（四）证人证言；

（五）化验报告、鉴定结论；

（六）当事人的陈述；

（七）查验、检查记录。

证据应当经查证属实，才能作为认定事实的根据。

第十五条 海关收集的物证、书证应当是原物、原件。收集原物、原件确有困难的，可以拍摄、复制足以反映原物、原件内容或者外形的照片、录像、复制件，并且可以指定或者委托有关单位或者个人对原物、原件予以妥善保管。

收集物证、书证的原物、原件的，应当开列清单，注明收集的日期，由有关单位或者个人确认后盖章或者签字。

收集由有关单位或者个人保管书证原件的复制件、影印件或者抄录件的，应当注明出处和收集时间，经提供单位或者个人核对无异后盖章或者签字。

收集由有关单位或者个人保管物证原物的照片、录像的，应当附有关制作过程及原物存放处的文字说明，并且由提供单位或者个人在文字说明上盖章或者签字。

提供单位或者个人拒绝盖章或者签字的，办案人员应当注明。

第十六条 海关收集电子数据或者录音、录像等视听资料，应当收集原始载体。收集原始载体确有困难的，可以收集复制件，注明制作方法、制作时间、制作人、证明对象以及原始载体存放处等，并且由有关单位或者个人确认后盖章或者签字。

海关对收集的电子数据或者录音、录像等视听资料的复制件应当进行证据转换，电子数据能转换为纸质资料的应当及时打印，录音资料应当附有声音内容的文字记录，并且由有关单位或者个人确认后盖章或者签字。

第十七条 违法行为在 2 年内未被发现的，不再给予行政处罚。法律另有规定的除外。

前款规定的期限，从违法行为发生之日起计算；违法行为有连续或者继续状态的，从行为终了之日起计算。

第十八条 期间以时、日、月、年计算。期间开始的时和日，不计算在期间内。期间届满的最后一日是法定节假日或者法定休息日的，以其后的第一个工作日为期间届满日期。

期间不包括在途时间，法定期满前交付邮寄的，不视为逾期。

第十九条 当事人因不可抗拒的事由或者其他正当理由耽误期限的，在障碍消除后的 10 日内可以向海关申请顺延期限，是否准许，由海关决定。

第二十条 海关送达行政法律文书，应当直接送交受送达人。受送达人是公民的，本人不在交其同住成年家属签收；受送达人是法人或者其他组织的，应当由法人的法定代表人、其他组织的主要负责人或者该法人、组织负责收件的人签收；受送达人有委托接受送达的代理人的，可以送交代理人签收。

直接送达行政法律文书，由受送达人在送达回证上签字或者盖章，并且注明签收日期。送达回证上的签收日期为送达日期。

第二十一条 受送达人或者与其同住的成年家属拒绝签收行政法律文书，送达人应当邀请见证人到场，说明情况，在送达回证上注明拒收事由和日期，由送达人、见证人签字或者盖章，把行政法律文书留在受送达人的住所，即视为送达。

第二十二条 直接送达行政法律文书有困难的，可以委托其他海关代为送达，或者邮寄送达。

委托其他海关代为送达的，应当向受托海关出具委托手续，并且由受托海关向当事人出示。

邮寄送达的，应当附有送达回证并且以送达回证上注明的收件日期为送达日期；送达回证没有寄回的，以挂号信回执或者查询复单上注明的收件日期为送达日期。

第二十三条 海关对中华人民共和国领域内有住所的外国人、无国籍人、外国企业或者组织送达行政法律文书，适用本规定第二十条至第二十二条规定。

海关对中华人民共和国领域内没有住所的外国人、无国籍人、外国企业或者组织能够直接送交行政法律文书的，应当直接送达。受送达人有委托接受送达的代理人的，海关可以向代理人直接送达，也可以向受送达人在中华人民共和国领域内设立的代表机构或者有权接受送达的分支机构、业务代办人直接送达。海关对授权委托有疑问的，可以要求代理人提供经过公证机关公证的授权委托书。

直接送达行政法律文书有困难并且受送达人所在国的法律允许邮寄送达的，可以邮寄送达。

海关向我国香港、澳门和台湾地区送达法律文书的，比照对中华人民共和国领域内没有住所的外国人、无国籍人、外国企业或者组织送达法律文书的相关规定执行。

第二十四条 受送达人是军人的，通过其所在部队团以上单位的政治机关转交。

受送达人是被监禁的或者被劳动教养的，通过其所在监所、劳动改造单位或者劳动教养单位转交。

受送达人在送达回证上的签收日期，为送达日期。

第二十五条 经采取本规定第二十条至第二十四条规定的送达方式无法送达的，公告送达。

依法予以公告送达的，海关应当将行政法律文书的正本张贴在海关公告栏内。行政处罚决定书公告送达的，还应当在报纸上刊登公告。

公告送达，自发出公告之日起满60日，视为送达；对在中华人民共和国领域内没有住所的当事人进行公告送达，自发出公告之日起满6个月，视为送达。

法律、行政法规另有规定，以及我国缔结或者参加的国际条约中约定有特别送达方式的除外。

第二十六条 违法事实确凿并且有法定依据，对公民处以 50 元以下、对法人或者其他组织处以 1000 元以下罚款或者警告的行政处罚的，可以按照《中华人民共和国行政处罚法》第五章第一节的有关规定当场作出行政处罚决定。

第三章 案件调查

第一节 立 案

第二十七条 海关发现公民、法人或者其他组织有依法应当由海关给予行政处罚的行为的，应当立案调查。

第二十八条 海关受理或者发现的违法线索，经核实有下列情形之一的，不予立案：

（一）没有违法事实的；

（二）违法行为超过法律规定的处罚时效的；

（三）其他依法不予立案的情形。

海关决定不予立案的，应当制作不予立案通知书，及时通知举报人、线索移送机关或者主动投案的违法嫌疑人。

第二节 查问、询问

第二十九 条办案人员查问违法嫌疑人、询问证人应当个别进行，并且告知其依法享有的权利和作伪证应当承担的法律责任。

违法嫌疑人、证人应当如实陈述、提供证据。

第三十条 办案人员查问违法嫌疑人，可以到其所在单位或者住所进行，也可以要求其到海关或者指定的地点进行。

办案人员询问证人，可以到其所在单位或者住所进行。必要时，也可以通知证人到海关或者指定地点进行。

第三十一条 查问、询问应当制作查问、询问笔录。

查问、询问笔录上所列项目，应当按照规定填写齐全，并且注明查问、询问开始和结束的时间；办案人员应当在查问、询问笔录上签字。

查问、询问笔录应当当场交给被查问人、被询问人核对或者向其宣读。被查问人、被询问人核对无误后，应当在查问、询问笔录上逐页签字或者捺指印，拒绝签字或者捺指印的，办案人员应当在查问、询问笔录上注明。如记录有误或者遗漏，应当允许被查问人、被询问人更正或者补充，并且在更正或者补充处签字或者捺指印。

第三十二条　查问、询问聋、哑人时，应当有通晓聋、哑手语的人作为翻译人员参加，并且在笔录上注明被查问人、被询问人的聋、哑情况。

查问、询问不通晓中国语言文字的外国人、无国籍人，应当为其提供翻译人员；被查问人、被询问人通晓中国语言文字不需要提供翻译人员的，应当出具书面声明，办案人员应当在查问、询问笔录中注明。

翻译人员的姓名、工作单位和职业应当在查问、询问笔录中注明。翻译人员应当在查问、询问笔录上签字。

第三十三条　海关首次查问违法嫌疑人、询问证人时，应当问明违法嫌疑人、证人的姓名、出生日期、户籍所在地、现住址、身份证件种类及号码、工作单位、文化程度，是否曾受过刑事处罚或者被行政机关给予行政处罚等情况；必要时，还应当问明家庭主要成员等情况。

违法嫌疑人或者证人不满18周岁的，查问、询问时应当通知其父母或者其他监护人到场。确实无法通知或者通知后未到场的，应当记录在案。

第三十四条　被查问人、被询问人要求自行提供书面陈述材料的，应当准许；必要时，办案人员也可以要求被查问人、被询问人自行书写陈述。

被查问人、被询问人自行提供书面陈述材料的，应当在陈述材料上签字并且注明书写陈述的时间、地点和陈述人等。办案人员收到书面陈述后，应当注明收到时间并且签字确认。

第三十五条　查问、询问时，在文字记录的同时，可以根据需要录音、录像。

第三十六条　办案人员对违法嫌疑人、证人的陈述应当认真听取，并且如实记录。

办案人员不得以暴力、威胁、引诱、欺骗以及其他非法手段获取陈述。

第三节　检查、查验

第三十七条　办案人员依法检查运输工具和场所，查验货物、物品，应当制作检查、查验记录。检查、查验记录由办案人员、当事人或者其代理人签字或者盖章；当事人或者其代理人不在场或者拒绝签字或者盖章的，办案人员应当在检查、查验记录上注明，并且由见证人签字或者盖章。

第三十八条　办案人员依法检查走私嫌疑人的身体，应当在隐蔽的场所或者非检查人员视线之外，由2名以上与被检查人同性别的办案人员执行。

检查走私嫌疑人身体可以由医生协助进行，必要时可前往医疗机构作专业检查。

第四节　化验、鉴定

第三十九条　在案件调查过程中，需要对有关货物、物品进行取样化验、鉴定的，由海关或者海关委托的化验、鉴定机构提取样品。提取样品时，当事人或者其代理人应当到场；当事人或者其代理人未到场的，海关应当邀请见证人到场。

提取的样品应当予以加封确认，并且填制提取样品记录，由办案人员或者海关委托的化验、鉴定机构人员、当事人或者其代理人、见证人签字或者盖章。

海关提取的样品应当及时送化验、鉴定机构化验、鉴定。

第四十条　依法先行变卖或者经海关许可先行放行有关货物、物品的，海关应当提取1式2份以上样品；样品份数及每份样品数量以能够认定样品的品质特征为限。

第四十一条　化验、鉴定应当交由海关化验鉴定机构或者委托国家认可的其他机构进行。有关货物、物品持有人或者所有人应当根据化验、鉴定要求提供化验、鉴定所需的有关资料。

第四十二条　化验人、鉴定人进行化验、鉴定后，应当出具化验报告、鉴定结论。

化验报告、鉴定结论应当载明委托人和委托化验、鉴定的事项，向化验、鉴定部门提交的相关材料，化验、鉴定的依据和使用的科学技术手段，化验、鉴定部门和化验、鉴定人资格的说明，并且应当有化验、鉴定人的签字和化验、鉴定部门的盖章。通过分析获得的鉴定结论，应当说明分析过程。

第四十三条　当事人对化验报告、鉴定结论有异议的，可以申请重新化验、鉴定1次；海关经审查确有正当理由的，应当重新进行化验、鉴定。

化验、鉴定费用由海关承担。但是经当事人申请海关重新化验、鉴定的，如果化验、鉴定结论有改变的，化验、鉴定费用由海关承担；如果化验、鉴定结论没有改变的，化验、鉴定费用由重新化验、鉴定申请人承担。

第五节　查询存款、汇款

第四十四条　在调查走私案件时，办案人员查询案件涉嫌单位和涉嫌人员在金融机构、邮政企业的存款、汇款，需要经直属海关关长或者其授权的隶属海关关长批准。

第四十五条　办案人员查询案件涉嫌单位和涉嫌人员在金融机构、邮政企业的存款、汇款，应当表明执法身份，出示海关协助查询通知书。

第六节　扣留和担保

第四十六条　海关依法扣留货物、物品、运输工具、其他财产及账册、单据等资料，应当出示执法证件，制作扣留凭单送达当事人，当场告知其采取扣留的理由、依据及其依法享有的权利。

扣留凭单应当记载被扣货物、物品、运输工具或者其他财产的品名、规格、数量、重量等，品名、规格、数量、重量当场无法确定的，应当尽可能完整地描述其外在特征。扣留凭单应当由办案人员、当事人或者其代理人、保管人签字或者盖章；当事人或者其代理人不在场或者拒绝签字或者盖章的，办案人员应当在扣留凭单上注明，并且由见证人签字或者盖章。

海关依法扣留货物、物品、运输工具、其他财产及账册、单据等资料，可以加施海关封志。加施海关封志的，当事人或者其代理人、保管人应当妥善保管。

第四十七条　海关扣留货物、物品、运输工具、其他财产以及账册、单据等资料的期限不得超过1年。因案件调查需要，经直属海关关长或者其授权的隶属海关关长批准，可以延长，延长期限不得超过1年。但是复议、诉讼期间不计算在内。

第四十八条　在人民法院判决或者海关行政处罚决定作出之前，对扣留的危险品或者鲜活、易腐、易烂、易失效、易变质等不宜长期保存的货物、物品以及所有人申请先行变卖的货物、物品、运输工具，需要依法先行变卖的，应当经直属海关关长或者其授权的隶属海关关长批准。

海关在变卖前，应当通知先行变卖的货物、物品、运输工具的所有人。如果变卖前无法及时通知的，海关应当在货物、物品、运输工具变卖后，通知其所有人。

第四十九条　海关依法解除对货物、物品、运输工具、其他财产及有关账册、单据等资料的扣留，应当制发解除扣留通知书送达当事人。解除扣留通知书由办案人员、当事人或者其代理人、保管人签字或者盖章；当事人或者其代理人不在场，或者当事人、代理人拒绝签字或者盖章的，办案人员应当在解除扣留通知书上注明，并且由见证人签字或者盖章。

第五十条　有违法嫌疑的货物、物品、运输工具无法或者不便扣留的，当事人或者运输工具负责人向海关提供担保时，办案人员应当制作收取担保凭单送达当事人或者运输工具负责人，收取担保凭单由办案人员、当事人、运输工具负责人或者其代理人签字或者盖章。

收取担保后，可以对涉案货物、物品、运输工具进行拍照或者录像存档。

第五十一条 海关依法解除担保的，应当制发解除担保通知书送达当事人或者运输工具负责人。解除担保通知书由办案人员及当事人、运输工具负责人或者其代理人、保管人签字或者盖章；当事人、运输工具负责人或者其代理人不在场或者拒绝签字或者盖章的，办案人员应当在解除担保通知书上注明，并且由见证人签字或者盖章。

第五十二条 依法对走私犯罪嫌疑人实施人身扣留依照《中华人民共和国海关实施人身扣留规定》的程序办理。

第七节　调查中止和终结

第五十三条 海关办理行政处罚案件，在立案后发现当事人的违法行为应当移送其他行政机关或者刑事侦查部门办理的，应当及时移送。

行政处罚案件自海关移送其他行政机关或者刑事侦查部门之日起中止调查。

第五十四条 海关中止调查的行政处罚案件，有下列情形之一的，应当恢复调查：

（一）其他行政机关或者刑事侦查部门已作出处理的海关移送案件，仍需要海关作出行政处罚的；

（二）其他行政机关或者刑事侦查部门不予受理或者不予追究刑事责任，退回海关处理的。

第五十五条 经调查后，行政处罚案件有下列情形之一的，可以终结调查：

（一）违法事实清楚、法律手续完备、据以定性处罚的证据充分的；

（二）没有违法事实的；

（三）作为当事人的自然人死亡的；

（四）作为当事人的法人或者其他组织终止，无法人或者其他组织承受其权利义务，又无其他关系人可以追查的；

（五）其他行政机关或者刑事侦查部门已作出处理的海关移送案件，不需要海关作出行政处罚的；

（六）其他依法应当终结调查的情形。

第四章　行政处罚的决定

第一节　案件审查

第五十六条 海关对已经调查终结的行政处罚案件，应当经过审查；未经审查程序，不得作出撤销案件、不予行政处罚、予以行政处罚等处理决定。

第五十七条 海关对行政处罚案件进行审查时，应当审查案件的违法事实是否清楚，定案的证据是否客观、充分，调查取证的程序是否合法、适当，以及是否存在不予行政处罚或者减轻、从轻、从重处罚的情节，并且提出适用法律和案件处理意见。

有关案件违法事实不清、证据不充分或者调查程序违法的，应当退回补充调查。

第五十八条 不满14周岁的人有违法行为的，不予行政处罚，但是应当责令其监护人加以管教。已满14周岁不满18周岁的人有违法行为的，从轻或者减轻行政处罚。

第五十九条 精神病人在不能辨认或者不能控制自己行为时有违法行为的，不予行政处罚，但应当责令其监护人严加看管和治疗。间歇性精神病人在精神正常时有违法行为的，应当给予行政处罚。

第二节 告知、复核和听证

第六十条 海关在作出行政处罚决定前，应当告知当事人作出行政处罚决定的事实、理由和依据，并且告知当事人依法享有的权利。

作出暂停从事有关业务、撤销海关注册登记、对公民处1万元以上罚款、对法人或者其他组织处10万元以上罚款、没收有关货物、物品、走私运输工具等行政处罚决定之前，应当告知当事人有要求举行听证的权利。

在履行告知义务时，海关应当制发行政处罚告知单，送达当事人。

第六十一条 除因不可抗力或者海关认可的其他正当理由外，当事人应当在收到行政处罚告知单的3个工作日内提出书面陈述、申辩和听证申请。逾期视为放弃陈述、申辩和要求听证的权利。

当事人当场口头提出陈述、申辩的，海关应当制作书面记录，并且由当事人签字或者盖章确认。

当事人放弃陈述、申辩和听证权利的，海关可以直接作出行政处罚决定。当事人放弃陈述、申辩和听证权利应当有书面记载，并且由当事人或者其代理人签字或者盖章确认。

第六十二条 海关在收到当事人的书面陈述、申辩意见后，应当进行复核；当事人提出的事实、理由或者证据成立的，海关应当采纳。

第六十三条 海关不得因当事人的申辩而加重处罚，但是海关发现新的违法事实的除外。

第六十四条 经复核后，变更原处罚告知事实、理由、依据、处罚幅度的，应当重新制发海关行政处罚告知单，并且依据本规定第六十条至第六十三条的规定办理。

第六十五条 当事人申请举行听证的，依照《中华人民共和国海关行政处罚听证办法》规定办理。

第三节　处理决定

第六十六条 海关关长应当根据对行政处罚案件审查的不同结果，依法作出以下决定：

（一）确有违法行为，应当给予行政处罚的，根据其情节和危害后果的轻重，作出行政处罚决定；

（二）依法不予行政处罚的，作出不予行政处罚决定；

（三）有本规定第五十五条第（二）至（四）项情形之一的，撤销案件；

（四）符合海关行政处罚实施条例第六十二条第（三）、（四）、（五）项规定的收缴条件的，予以收缴；

（五）违法行为涉嫌犯罪的，移送刑事侦查部门依法办理。

海关作出行政处罚决定，应当做到认定违法事实清楚，定案证据确凿充分，违法行为定性准确，适用法律正确，办案程序合法，处罚幅度合理适当。

第六十七条 对情节复杂或者重大违法行为给予较重的行政处罚，应当由海关案件审理委员会集体讨论决定。

第六十八条 海关依法作出行政处罚决定或者不予行政处罚决定的，应当制发行政处罚决定书或者不予行政处罚决定书。

第六十九条 行政处罚决定书应当载明以下内容：

（一）当事人的基本情况，包括当事人姓名或者名称、海关注册编码、报关员海关注册编码、地址等；

（二）违反法律、行政法规或者规章的事实和证据；

（三）行政处罚的种类和依据；

（四）行政处罚的履行方式和期限；

（五）不服行政处罚决定，申请行政复议或者提起行政诉讼的途径和期限；

（六）作出行政处罚决定的海关名称和作出决定的日期，并且加盖作出行政处罚决定海关的印章。

第七十条 不予行政处罚决定书应当载明以下内容：

（一）当事人的基本情况，包括当事人姓名或者名称、海关注册编码、报关员海关注册编码、地址等；

（二）违反法律、行政法规或者规章的事实和证据；

（三）不予行政处罚的依据；

（四）不服不予行政处罚决定，申请行政复议或者提起行政诉讼的途径和期限；

（五）作出不予行政处罚决定的海关名称和作出决定的日期，并且加盖作出不予行政处罚决定海关的印章。

第七十一条 行政处罚决定书应当在宣告后当场交付当事人；当事人不在场的，海关应当在 7 日内将行政处罚决定书送达当事人。

第七十二条 根据海关行政处罚实施条例第六十二条的规定收缴有关货物、物品、违法所得、运输工具、特制设备的，应当制作收缴清单送达被收缴人。

走私违法事实基本清楚，但是当事人无法查清的案件，海关在制发收缴清单之前，应当制发收缴公告，公告期限为 3 个月，并且限令有关当事人在公告期限内到指定海关办理相关海关手续。公告期满后仍然没有当事人到海关办理相关海关手续的，海关可以根据海关行政处罚实施条例第六十二条第一款第（四）项的规定予以收缴。

第七十三条 收缴清单应当载明予以收缴的货物、物品、违法所得、运输工具、特制设备的名称、规格、数量或者重量等。有关货物、物品、走私运输工具、特制设备有重要、明显特征或者瑕疵的，办案人员应当在收缴清单中予以注明。

第七十四条 收缴清单由办案人员、被收缴人或者其代理人签字或者盖章。

被收缴人或者其代理人拒绝签字或者盖章，或者被收缴人无法查清但是有见证人在场的，应当由见证人签字或者盖章。

没有被收缴人签字或者盖章的，办案人员应当在收缴清单上注明原因。

根据海关行政处罚实施条例第六十二条第一款第（四）项的规定而制发的收缴清单应当公告送达。

第五章 行政处罚决定的执行

第七十五条 海关作出行政处罚决定后，当事人应当在行政处罚决定书规定的期限内，予以履行。

海关对当事人依法作出暂停从事有关业务、撤销其注册登记等行政处罚决定的执行程序，由海关总署另行制定。

第七十六条 当事人确有经济困难向海关提出延期或者分期缴纳罚款的，

应当以书面方式提出申请。

海关收到当事人申请延期、分期执行申请后，应当在 10 个工作日内作出是否准予延期、分期缴纳罚款的决定，并且制发通知书送达申请人。

海关同意当事人延期或者分期缴纳的，应当及时通知收缴罚款的机构。

第七十七条　同意当事人延期或者分期缴纳罚款的，执行完毕的期限自处罚决定书规定的履行期限届满之日起不得超过 180 日。

第七十八条　当事人逾期不履行行政处罚决定的，海关可以采取下列措施：

（一）到期当事人不缴纳罚款的，每日按照罚款数额的 3% 加处罚款；

（二）当事人逾期不履行海关的处罚决定又不申请复议或者向人民法院提起诉讼的，海关可以将扣留的货物、物品、运输工具变价抵缴，或者以当事人提供的担保抵缴，也可以申请人民法院强制执行。

第七十九条　海关依照本规定第七十八条规定采取加处罚款、抵缴措施之前，应当制发执行通知书并且送达当事人。

第八十条　受海关处罚的当事人或者其法定代表人、主要负责人在出境前未缴清罚款、违法所得和依法追缴的货物、物品、走私运输工具的等值价款的，也未向海关提供相当于上述款项担保的，海关可以制作阻止出境协助函，通知出境管理机关阻止其出境。

阻止出境协助函应当随附行政处罚决定书等相关行政法律文书，并且载明被阻止出境人员的姓名、性别、出生日期、出入境证件种类和号码。被阻止出境人员是外国人、无国籍人员的，应当注明其英文姓名。

第八十一条　当事人或者其法定代表人、主要负责人缴清罚款、违法所得和依法追缴的货物、物品、走私运输工具等值价款的，或者向海关提供相当于上述款项担保的，海关应当及时制作解除阻止出境协助函通知出境管理机关。

第八十二条　将当事人的担保抵缴或者将当事人被扣留的货物、物品、运输工具依法变价抵缴罚款之后仍然有剩余的，应当及时发还或者解除扣留、解除担保。

第八十三条　自海关送达解除扣留通知书之日起 3 个月内，当事人无正当理由未到海关办理有关货物、物品、运输工具或者其他财产的退还手续的，海关可以将有关货物、物品、运输工具或者其他财产提取变卖，并且保留变卖价款。变卖价款在扣除自海关送达解除扣留通知书之日起算的仓储等相关费用后，尚有余款的，当事人在海关送达解除扣留通知书之日起 1 年内应当前来海关办理相关手续，逾期海关将余款上缴国库。

第八十四条　自海关送达解除担保通知书之日起 1 年内，当事人无正当理由未到海关办理财产、权利凭证退还手续的，由海关将相关财产、权利凭证等变卖折价或者兑付，并且上缴国库。

第八十五条　向人民法院申请强制执行的，海关应当填写申请执行书，并且提供人民法院要求提供的其他材料。

第八十六条　申请人民法院强制执行应当符合《最高人民法院关于执行〈中华人民共和国行政诉讼法〉若干问题的解释》的规定并且在下列期限内提起：

（一）行政处罚决定书送达后当事人未申请行政复议或者向人民法院提起诉讼的，在处罚决定书送达之日起3个月后起算的180日内；

（二）复议决定书送达后当事人未提起行政诉讼的，在复议决定书送达之日起15日后起算的180日内；

（三）第一审行政判决后当事人未提出上诉的，在判决书送达之日起15日后起算的180日内；

（四）第一审行政裁定后当事人未提出上诉的，在裁定书送达之日起10日后起算的180日内；

（五）第二审行政判决书送达之日起180日内。

第八十七条　当事人实施违反《中华人民共和国海关法》的行为后，发生企业分立、合并或者其他资产重组等情形，对当事人处以罚款、没收违法所得或者依法追缴走私货物、物品、运输工具等值价款的，应当将承受当事人权利义务的法人、组织作为被执行人。

第八十八条　有下列情形之一的，应当中止执行：

（一）处罚决定可能存在违法或者不当情况的；

（二）申请人民法院强制执行，人民法院裁定中止执行的；

（三）行政复议机关、人民法院认为需要中止执行的；

（四）其他依法应当中止执行的。

根据前款第（一）项情形中止执行的，应当经直属海关关长或者其授权的隶属海关关长批准。

中止执行的情形消失后，应当恢复执行。

第八十九条　有下列情形之一的，应当终结执行：

（一）据以执行的法律文书被撤销的；

（二）作为当事人的自然人死亡的；

（三）作为当事人的法人或者其他组织被依法终止，又无权利义务承受人的，也无其他财产可供执行的；

（四）海关行政处罚决定履行期限届满超过 2 年，海关依法采取各种执行措施后仍无法执行完毕的，但是申请人民法院强制执行情形除外；

（五）申请人民法院强制执行的，人民法院裁定中止执行后超过 2 年仍无法执行完毕的；

（六）申请人民法院强制执行后，人民法院裁定终结执行的；

（七）其他依法应当终结执行的。

第六章　简单案件处理程序

第九十条　海关对行邮、快件、货管、保税监管等业务现场及其他海关监管业务中违法事实清楚，违法情节轻微的案件，可以适用简单案件处理程序。但适用本规定第二十六条规定程序的除外。

第九十一条　适用简单案件处理程序的案件，海关进行现场调查后，可以直接制发行政处罚告知单，当场由当事人或者其代理人签收。

第九十二条　有以下所列情形之一的，海关可以当场作出行政处罚决定：

（一）当事人当场放弃陈述、申辩或者听证权利的；

（二）当事人当场进行陈述、申辩，经海关当场复核后，当事人或者其代理人接受复核意见。

当事人当场放弃陈述、申辩、听证的权利，或者当场进行陈述、申辩以及是否接受复核意见的情况，应当有书面记载，由当事人签字或者盖章确认。

当场作出行政处罚决定的，应当制发行政处罚决定书，并且当场送达当事人。

第九十三条　适用简单案件处理程序过程中，有下列情形之一的，海关不得当场作出行政处罚决定，应当按照一般程序规定办理：

（一）海关对当事人提出的陈述、申辩意见无法当场进行复核的；

（二）海关当场复核后，当事人对海关的复核意见仍然不服的；

（三）当事人当场依法向海关要求听证的；

（四）海关认为需要进一步调查取证的。

第七章　附　则

第九十四条　办案人员玩忽职守、徇私舞弊、滥用职权、索取或者收受他人财物的，依法给予处分；构成犯罪的，依法追究刑事责任。

第九十五条　海关对外国人、无国籍人、外国企业或者组织给予行政处罚的，适用本规定。

第九十六条 本规定由海关总署负责解释。

第九十七条 本规定自 2007 年 7 月 1 日起施行。

中华人民共和国海关办理行政处罚
简单案件程序规定

(2010 年 3 月 1 日海关总署令第 188 号公布，自 2010 年 4 月 1 日起施行)

第一条 为了规范海关办理行政处罚简单案件程序，根据《中华人民共和国行政处罚法》（以下简称《行政处罚法》）、《中华人民共和国海关法》、《中华人民共和国海关行政处罚实施条例》（以下简称《处罚条例》），制定本规定。

第二条 简单案件是指海关在行邮、快件、货管、保税监管等业务现场以及其他海关监管、统计业务中发现的违法事实清楚、违法情节轻微，经现场调查后，可以当场制发行政处罚告知单的违反海关监管规定案件。

第三条 简单案件程序适用于以下案件：

（一）适用《处罚条例》第十五条第一、二项规定进行处理的；

（二）适用《处罚条例》第二十条至第二十三条规定进行处理的；

（三）违反海关监管规定携带货币进出境，金额折合人民币 20 万元以下的；

（四）其他违反海关监管规定案件货物价值在人民币 20 万元以下，物品价值在人民币 5 万元以下的。

第四条 适用简单案件程序办理案件的，海关应当告知当事人。当事人应当根据海关要求提交有关单证材料。

第五条 适用简单案件程序办理案件的，海关应当当场立案，立即开展调查取证工作。

第六条 海关进行现场调查后，应当当场制发行政处罚告知单，并将行政处罚告知单交由当事人或者其代理人当场签收。

符合《行政处罚法》第三十三条规定的简单案件，可以不制发行政处罚告知单。

第七条 海关依法作出行政处罚决定或者不予行政处罚决定的，应当制发行政处罚决定书或者不予行政处罚决定书，送达当事人或者其代理人。

有下列情形之一的，海关可以当场制发行政处罚决定书，并当场送达当事人或者其代理人：

（一）当事人对被告知的事实、理由以及依据无异议，并填写"放弃陈述、申辩、听证权利声明"的；

（二）当事人对海关告知的内容提出陈述、申辩意见，海关能够当场进行复核且当事人对当场复核意见无异议的。

第八条 适用简单案件程序办理的案件，海关应当在立案后 5 个工作日以内制发行政处罚决定书。

第九条 适用简单案件程序办理的案件有下列情形之一的，海关应当终止适用简单案件程序，适用一般程序规定办理，并告知当事人：

（一）海关发现新的违法事实，认为案件需要进一步调查取证的；

（二）当事人对海关告知的内容提出陈述、申辩意见，海关无法当场进行复核的；

（三）海关当场复核后，当事人对海关的复核意见仍然不服的；

(四) 当事人向海关提出听证申请的。

第十条 本规定中的"以下"、"以内"，均包括本数在内。

第十一条 本规定由海关总署负责解释。

第十二条 本规定自 2010 年 4 月 1 日起施行。

企业管理类

中华人民共和国海关企业信用管理办法

（2018 年 3 月 3 日海关总署令第 237 号公布，自 2018 年 5 月 1 日起施行）

第一章 总 则

第一条 为推进社会信用体系建设，建立企业进出口信用管理制度，促进贸易安全与便利，根据《中华人民共和国海关法》《中华人民共和国海关稽查条例》《企业信息公示暂行条例》以及其他有关法律、行政法规的规定，制定本办法。

第二条 海关注册登记和备案企业以及企业相关人员信用信息的采集、公示，企业信用状况的认定、管理等适用本办法。

第三条 海关根据企业信用状况将企业认定为认证企业、一般信用企业和失信企业。认证企业分为高级认证企业和一般认证企业。

海关按照诚信守法便利、失信违法惩戒原则，对上述企业分别适用相应的管理措施。

第四条 海关根据社会信用体系建设有关要求，与国家有关部门实施守信联合激励和失信联合惩戒，推进信息互换、监管互认、执法互助（以下简称"三互"）。

第五条 认证企业是中国海关经认证的经营者（AEO）。中国海关依据有关国际条约、协定以及本办法，开展与其他国家或者地区海关的 AEO 互认合作，并且给予互认企业相关便利措施。

中国海关根据国际合作的需要，推进"三互"的海关合作。

第二章 信用信息采集和公示

第六条 海关可以采集能够反映企业信用状况的下列信息：

（一）企业注册登记或者备案信息以及企业相关人员基本信息；

（二）企业进出口以及与进出口相关的经营信息；

（三）企业行政许可信息；

（四）企业及其相关人员行政处罚和刑事处罚信息；

（五）海关与国家有关部门实施联合激励和联合惩戒信息；

（六）AEO 互认信息；

（七）其他能够反映企业信用状况的相关信息。

第七条 海关建立企业信用信息管理系统，对有关企业实施信用管理。企业应当于每年 1 月 1 日至 6 月 30 日通过企业信用信息管理系统向海关提交《企业信用信息年度报告》。

当年注册登记或者备案的企业，自下一年度起向海关提交《企业信用信息年度报告》。

第八条 企业有下列情形之一的，海关将其列入信用信息异常企业名录：

（一）未按照规定向海关提交《企业信用信息年度报告》的；

（二）经过实地查看，在海关登记的住所或者经营场所无法查找，并且无法通过在海关登记的联系方式与企业取得联系的。

列入信用信息异常企业名录期间，企业信用等级不得向上调整。

本条第一款规定的情形消除后，海关应当将有关企业移出信用信息异常企业名录。

第九条 海关应当在保护国家秘密、商业秘密和个人隐私的前提下，公示下列信用信息：

（一）企业在海关注册登记或者备案信息；

（二）海关对企业信用状况的认定结果；

（三）海关对企业的行政许可信息；

（四）海关对企业的行政处罚信息；

（五）海关与国家有关部门实施联合激励和联合惩戒信息；

（六）海关信用信息异常企业名录；

（七）其他依法应当公示的信息。

海关对企业行政处罚信息的公示期限为5年。

海关应当公布上述信用信息的查询方式。

第十条 自然人、法人或者非法人组织认为海关公示的信用信息不准确的，可以向海关提出异议，并且提供相关资料或者证明材料。

海关应当自收到异议申请之日起20日内进行复核。自然人、法人或者非法人组织提出异议的理由成立的，海关应当采纳。

第三章 企业信用状况的认定标准和程序

第十一条 认证企业应当符合海关总署制定的《海关认证企业标准》。

《海关认证企业标准》分为高级认证企业标准和一般认证企业标准。

第十二条 企业有下列情形之一的，海关认定为失信企业：

（一）有走私犯罪或者走私行为的；

（二）非报关企业1年内违反海关监管规定行为次数超过上年度报关单、进出境备案清单、进出境运输工具舱单等相关单证总票数千分之一且被海关行政处罚金额累计超过100万元的；

报关企业1年内违反海关监管规定行为次数超过上年度报关单、进出境备案清单、进出境运输工具舱单等相关单证总票数万分之五且被海关行政处罚金额累计超过30万元的；

（三）拖欠应缴税款或者拖欠应缴罚没款项的；

（四）有本办法第八条第一款第（二）项情形，被海关列入信用信息异常企业名录超过90日的；

（五）假借海关或者其他企业名义获取不当利益的；

（六）向海关隐瞒真实情况或者提供虚假信息，影响企业信用管理的；

（七）抗拒、阻碍海关工作人员依法执行职务，情节严重的；

（八）因刑事犯罪被列入国家失信联合惩戒名单的；

（九）海关总署规定的其他情形。

当年注册登记或者备案的非报关企业、报关企业，1年内因违反海关监管规定被海关行政处罚金额分别累计超过100万元、30万元的，海关认定为失信企业。

第十三条 企业有下列情形之一的，海关认定为一般信用企业：

（一）在海关首次注册登记或者备案的企业；

（二）认证企业不再符合《海关认证企业标准》，并且未发生本办法第十二条规定情形的；

（三）自被海关认定为失信企业之日起连续 2 年未发生本办法第十二条规定情形的。

第十四条　企业申请成为认证企业，应当向海关提交《适用认证企业管理申请书》。海关按照《海关认证企业标准》对企业实施认证。

第十五条　海关应当自收到《适用认证企业管理申请书》之日起 90 日内对企业信用状况是否符合《海关认证企业标准》作出决定。特殊情形下，海关认证时限可以延长 30 日。

第十六条　通过认证的企业，海关制发《认证企业证书》；未通过认证的企业，海关制发《不予适用认证企业管理决定书》。《认证企业证书》《不予适用认证企业管理决定书》应当送达申请人，并且自送达之日起生效。

企业主动撤回认证申请的，视为未通过认证。

未通过认证的企业 1 年内不得再次向海关提出认证申请。

第十七条　申请认证期间，企业涉嫌走私被立案侦查或者调查的，海关应当终止认证。企业涉嫌违反海关监管规定被立案调查的，海关可以终止认证。

申请认证期间，企业被海关稽查、核查的，海关可以中止认证。中止时间超过 3 个月的，海关终止认证。

第十八条　海关对高级认证企业每 3 年重新认证一次，对一般认证企业不定期重新认证。

重新认证前，海关应当通知企业，并且参照企业认证程序进行重新认证。对未通过重新认证的，海关制发《企业信用等级认定决定书》，调整企业信用等级。《企业信用等级认定决定书》应当送达企业，并且自送达之日起生效。

重新认证期间，企业申请放弃认证企业管理的，视为未通过认证。

第十九条　认证企业被海关调整为一般信用企业管理的，1 年内不得申请成为认证企业。认证企业被海关调整为失信企业管理的，2 年内不得成为一般信用企业。

高级认证企业被海关调整为一般认证企业管理的，1 年内不得申请成为高级认证企业。

第二十条　自被海关认定为失信企业之日起连续 2 年未发生本办法第十二条规定情形的，海关应当将失信企业调整为一般信用企业。

失信企业被调整为一般信用企业满 1 年，可以向海关申请成为认证企业。

第二十一条　企业有分立合并情形的，海关对企业信用状况的认定结果按照以下原则作出调整：

（一）企业发生存续分立，分立后的存续企业承继分立前企业的主要权利义务的，适用海关对分立前企业的信用状况认定结果，其余的分立企业视为首次注册登记或者备案企业；

（二）企业发生解散分立，分立企业视为首次注册登记或者备案企业；

（三）企业发生吸收合并，合并企业适用海关对合并后存续企业的信用状况认定结果；

（四）企业发生新设合并，合并企业视为首次注册登记或者备案企业。

第二十二条　海关或者企业可以委托社会中介机构就企业认证相关问题出具专业结论。

第四章　管理措施

第二十三条　一般认证企业适用下列管理措施：

（一）进出口货物平均查验率在一般信用企业平均查验率的50%以下；

（二）优先办理进出口货物通关手续；

（三）海关收取的担保金额可以低于其可能承担的税款总额或者海关总署规定的金额；

（四）海关总署规定的其他管理措施。

第二十四条　高级认证企业除适用一般认证企业管理措施外，还适用下列管理措施：

（一）进出口货物平均查验率在一般信用企业平均查验率的20%以下；

（二）可以向海关申请免除担保；

（三）减少对企业稽查、核查频次；

（四）可以在出口货物运抵海关监管区之前向海关申报；

（五）海关为企业设立协调员；

（六）AEO互认国家或者地区海关通关便利措施；

（七）国家有关部门实施的守信联合激励措施；

（八）因不可抗力中断国际贸易恢复后优先通关；

（九）海关总署规定的其他管理措施。

第二十五条　失信企业适用下列管理措施：

（一）进出口货物平均查验率在80%以上；

（二）不予免除查验没有问题企业的吊装、移位、仓储等费用；

（三）不适用汇总征税制度；

（四）除特殊情形外，不适用存样留像放行措施；

（五）经营加工贸易业务的，全额提供担保；

（六）提高对企业稽查、核查频次；

（七）国家有关部门实施的失信联合惩戒措施；

（八）海关总署规定的其他管理措施。

第二十六条 高级认证企业适用的管理措施优于一般认证企业。

因企业信用状况认定结果不一致导致适用的管理措施相抵触的，海关按照就低原则实施管理。

第二十七条 认证企业涉嫌走私被立案侦查或者调查的，海关应当暂停适用相应管理措施。认证企业涉嫌违反海关监管规定被立案调查的，海关可以暂停适用相应管理措施。海关暂停适用相应管理措施的，按照一般信用企业实施管理。

第二十八条 企业有本办法规定的向下调整信用等级情形的，海关停止适用相应管理措施，按照调整后的信用等级实施管理。

第五章 附 则

第二十九条 作为企业信用状况认定依据的走私犯罪，以司法机关相关法律文书生效时间为准进行认定。

作为企业信用状况认定依据的走私行为、违反海关监管规定行为，以海关行政处罚决定书作出时间为准进行认定。

企业主动披露且被海关处以警告或者5万元以下罚款的行为，不作为海关认定企业信用状况的记录。

第三十条 本办法下列用语的含义是：

"企业相关人员"，指企业法定代表人、主要负责人、财务负责人、关务负责人等管理人员。

"处罚金额"，指因发生违反海关监管规定的行为，被海关处以罚款、没收违法所得或者没收货物、物品价值的金额之和。

"拖欠应纳税款"，指自缴纳税款期限届满之日起超过3个月仍未缴纳进出口货物、物品应当缴纳的进出口关税、进口环节海关代征税之和，包括经海关认定违反海关监管规定，除给予处罚外，尚需缴纳的税款。

"拖欠应缴罚没款项"，指自海关行政处罚决定书规定的期限届满之日起超过6个月仍未缴纳海关罚款、没收的违法所得和追缴走私货物、物品等值价款。

"日"，指自然日。

"1年"，指连续的12个月。

"年度"，指1个公历年度。

"以上""以下"，均包含本数。

"经认证的经营者（AEO）"，指以任何一种方式参与货物国际流通，符合本办法规定的条件以及《海关认证企业标准》并且通过海关认证的企业。

第三十一条 本办法由海关总署负责解释。

第三十二条 本办法自 2018 年 5 月 1 日起施行。2014 年 10 月 8 日海关总署令第 225 号公布的《中华人民共和国海关企业信用管理暂行办法》同时废止。

中华人民共和国海关报关单位注册
登记管理规定

（2014 年 3 月 13 日海关总署令第 221 号公布，根据 2017 年 12 月 20 日海关总署令第 235 号公布的《海关总署关于修改部分规章的决定》第一次修正，根据 2018 年 5 月 29 日海关总署令第 240 号《海关总署关于修改部分规章的决定》第二次修正)

第一章 总 则

第一条 为了规范海关对报关单位的注册登记管理，根据《中华人民共和国海关法》（以下简称《海关法》）以及其他有关法律和行政法规，制定本规定。

第二条 中华人民共和国海关是报关单位注册登记管理的主管机关。

第三条 报关单位办理报关业务应当遵守国家有关法律、行政法规和海关规章的规定，承担相应的法律责任。

报关单位对其所属报关人员的报关行为应当承担相应的法律责任。

第四条 除法律、行政法规或者海关规章另有规定外，办理报关业务的报关单位，应当按照本规定到海关办理注册登记。

第五条 报关单位注册登记分为报关企业注册登记和进出口货物收发货人注册登记。

报关企业应当经所在地直属海关或者其授权的隶属海关办理注册登记许可后，方能办理报关业务。

进出口货物收发货人可以直接到所在地海关办理注册登记。

报关单位应当在每年 6 月 30 日前向注册地海关提交《报关单位注册信息年度报告》。

报关单位所属人员从事报关业务的，报关单位应当到海关办理备案手续，海关予以核发证明。

报关单位可以在办理注册登记手续的同时办理所属报关人员备案。

第六条 进出口货物收发货人应当通过本单位所属的报关人员办理报关业务，或者委托海关准予注册登记的报关企业，由报关企业所属的报关人员代为办理报关业务。

海关可以将报关单位的报关业务情况以及所属报关人员的执业情况予以公布。

第七条 已经在海关办理注册登记的报关单位，再次向海关提出注册登记申请的，海关不予受理。

第二章 报关企业注册登记

第八条 报关企业应当具备下列条件：

（一）具备境内企业法人资格条件；

（二）法定代表人无走私记录；

（三）无因走私违法行为被海关撤销注册登记许可记录；

（四）有符合从事报关服务所必需的固定经营场所和设施；

（五）海关监管所需要的其他条件。

第九条 申请报关企业注册登记许可，应当提交《报关单位情况登记表》。

第十条 申请人应当到所在地海关提出申请并递交申请注册登记许可材料。

直属海关应当对外公布受理申请的场所。

第十一条 申请人可以委托代理人提出注册登记许可申请。

申请人委托代理人代为提出申请的，应当出具授权委托书。

第十二条 对申请人提出的申请，海关应当根据下列情况分别作出处理：

（一）申请人不具备报关企业注册登记许可申请资格的，应当作出不予受理的决定；

（二）申请材料不齐全或者不符合法定形式的，应当当场或者在签收申请材料后五日内一次告知申请人需要补正的全部内容，逾期不告知的，自收到申请材料之日起即为受理；

（三）申请材料仅存在文字性或者技术性等可以当场更正的错误的，应当允许申请人当场更正，并且由申请人对更正内容予以签章确认；

（四）申请材料齐全、符合法定形式，或者申请人按照海关的要求提交全部补正申请材料的，应当受理报关企业注册登记许可申请，并作出受理决定。

第十三条 所在地海关受理申请后，应当根据法定条件和程序进行全面审查，并且于受理注册登记许可申请之日起20日内审查完毕。

直属海关未授权隶属海关办理注册登记许可的，应当自收到所在地海关报送的审查意见之日起20日内作出决定。

直属海关授权隶属海关办理注册登记许可的，隶属海关应当自受理或者收到所在地海关报送的审查意见之日起20日内作出决定。

第十四条 申请人的申请符合法定条件的，海关应当依法作出准予注册登记许可的书面决定，并送达申请人，同时核发《中华人民共和国海关报关单位注册登记证书》。

申请人的申请不符合法定条件的，海关应当依法作出不准予注册登记许可的书面决定，并且告知申请人享有依法申请行政复议或者提起行政诉讼的权利。

第十五条 报关企业在取得注册登记许可的直属海关关区外从事报关服务的，应当依法设立分支机构，并且向分支机构所在地海关备案。

报关企业在取得注册登记许可的直属海关关区内从事报关服务的，可以设立分支机构，并且向分支机构所在地海关备案。

报关企业分支机构可以在备案海关关区内从事报关服务。备案海关为隶属海关的，报关企业分支机构可以在备案海关所属直属海关关区内从事报关服务。

报关企业对其分支机构的行为承担法律责任。

第十六条 报关企业设立分支机构应当向其分支机构所在地海关提交《报关单位情况登记表》。

经审查符合备案条件的，海关应当核发《中华人民共和国海关报关单位注册登记证书》。

第十七条 报关企业注册登记许可期限为2年。被许可人需要延续注册登记许可有效期的，应当办理注册登记许可延续手续。

报关企业分支机构备案有效期为2年，报关企业分支机构应当在有效期届满前30日凭本规定第十六条规定的材料向分支机构所在地海关办理换证手续。

第十八条 报关企业的企业名称、法定代表人发生变更的，应当凭《报关单位情况登记表》《中华人民共和国海关报关单位注册登记证书》以及变更证明文件等相关材料，以书面形式向注册地海关申请变更注册登记许可。

报关企业分支机构企业名称、企业性质、企业住所、负责人等海关备案内容发生变更的，应当自变更生效之日起30日内，向所在地海关办理变更手续。

所属报关人员备案内容发生变更的，报关企业及其分支机构应当在变更事实发生之日起 30 日内，向注册地海关办理变更手续。

第十九条　对被许可人提出的变更注册登记许可申请，注册地海关应当参照注册登记许可程序进行审查。经审查符合注册登记许可条件的，应当作出准予变更的决定，同时办理注册信息变更手续。

经审查不符合注册登记许可条件的，海关不予变更其注册登记许可。

第二十条　报关企业办理注册登记许可延续手续，应当在有效期届满 40 日前向海关提出申请。

报关企业应当在办理注册登记许可延续的同时办理换领《中华人民共和国海关报关单位注册登记证书》手续。

报关企业未按照本条第一款规定的时限提出延续申请的，海关不再受理其注册登记许可延续申请。

第二十一条　海关应当参照注册登记许可程序在有效期届满前对报关企业的延续申请予以审查。经审查认定符合注册登记许可条件，以及法律、行政法规、海关规章规定的延续注册登记许可应当具备的其他条件的，应当依法作出准予延续 2 年有效期的决定。

海关应当在注册登记许可有效期届满前作出是否准予延续的决定。有效期届满时仍未作出决定的，视为准予延续，海关应当依法为其办理注册登记许可延续手续。

海关对不再具备注册登记许可条件，或者不符合法律、行政法规、海关规章规定的延续注册登记许可应当具备的其他条件的报关企业，不准予延续其注册登记许可。

第二十二条　有下列情形之一的，海关应当依法注销注册登记许可：

（一）有效期届满未申请延续的；

（二）报关企业依法终止的；

（三）注册登记许可依法被撤销、撤回，或者注册登记许可证件依法被吊销的；

（四）由于不可抗力导致注册登记许可事项无法实施的；

（五）法律、行政法规规定的应当注销注册登记许可的其他情形。

海关依据本条第一款规定注销报关企业注册登记许可的，应当同时注销该报关企业设立的所有分支机构。

第三章　进出口货物收发货人注册登记

第二十三条　进出口货物收发货人应当按照规定到所在地海关办理报关单

位注册登记手续。

进出口货物收发货人在海关办理注册登记后可以在中华人民共和国关境内口岸或者海关监管业务集中的地点办理本企业的报关业务。

第二十四条 进出口货物收发货人申请办理注册登记，应当提交《报关单位情况登记表》。

第二十五条 注册地海关依法对申请注册登记材料进行核对。经核对申请材料齐全、符合法定形式的，应当核发《中华人民共和国海关报关单位注册登记证书》。

第二十六条 除海关另有规定外，进出口货物收发货人《中华人民共和国海关报关单位注册登记证书》长期有效。

第二十七条 下列单位未取得对外贸易经营者备案登记表，按照国家有关规定需要从事非贸易性进出口活动的，应当办理临时注册登记手续：

（一）境外企业、新闻、经贸机构、文化团体等依法在中国境内设立的常驻代表机构；

（二）少量货样进出境的单位；

（三）国家机关、学校、科研院所等组织机构；

（四）临时接受捐赠、礼品、国际援助的单位；

（五）其他可以从事非贸易性进出口活动的单位。

第二十八条 临时注册登记单位在向海关申报前，应当向所在地海关办理备案手续。特殊情况下可以向拟进出境口岸或者海关监管业务集中地海关办理备案手续。

第二十九条 办理临时注册登记，应当凭本单位出具的委派证明或者授权证明以及非贸易性活动证明材料。

第三十条 临时注册登记的，海关可以出具临时注册登记证明，但是不予核发注册登记证书。

临时注册登记有效期最长为1年，有效期届满后应当重新办理临时注册登记手续。

已经办理报关注册登记的进出口货物收发货人，海关不予办理临时注册登记手续。

第三十一条 进出口货物收发货人企业名称、企业性质、企业住所、法定代表人（负责人）等海关注册登记内容发生变更的，应当自变更生效之日起30日内，凭变更证明文件等相关材料向注册地海关办理变更手续。

所属报关人员发生变更的，进出口货物收发货人应当在变更事实发生之日起 30 日内，向注册地海关办理变更手续。

第三十二条 进出口货物收发货人有下列情形之一的，应当以书面形式向注册地海关办理注销手续。海关在办结有关手续后，应当依法办理注销注册登记手续。

（一）破产、解散、自行放弃报关权或者分立成两个以上新企业的；

（二）被工商行政管理机关注销登记或者吊销营业执照的；

（三）丧失独立承担责任能力的；

（四）对外贸易经营者备案登记表或者外商投资企业批准证书失效的；

（五）其他依法应当注销注册登记的情形。

进出口货物收发货人未依照本条第一款主动办理注销手续的，海关可以在办结有关手续后，依法注销其注册登记。

第四章　报关单位的管理

第三十三条 报关单位有权向海关查询其办理的报关业务情况。

第三十四条 报关单位应当妥善保管海关核发的注册登记证书等相关证明文件。发生遗失的，报关单位应当及时书面向海关报告并说明情况。

海关应当自收到情况说明之日起 20 日内予以补发相关证明文件。遗失的注册登记证书等相关证明文件在补办期间仍然处于有效期间的，报关单位可以办理报关业务。

第三十五条 报关单位向海关提交的进出口货物报关单应当加盖本单位的报关专用章。

报关专用章应当按照海关总署统一规定的要求刻制。

报关企业及其分支机构的报关专用章仅限在其取得注册登记许可或者备案的直属海关关区内使用。

进出口货物收发货人的报关专用章可以在全关境内使用。

第三十六条 报关单位在办理注册登记业务时，应当对所提交的申请材料以及所填报信息内容的真实性负责并且承担法律责任。

第三十七条 海关依法对报关单位从事报关活动及其经营场所进行监督和实地检查，依法查阅或者要求报关单位报送有关材料。报关单位应当积极配合，如实提供有关情况和材料。

第三十八条 海关对报关单位办理海关业务中出现的报关差错予以记录，并且公布记录情况的查询方式。

报关单位对报关差错记录有异议的，可以自报关差错记录之日起 15 日内向记录海关以书面方式申请复核。

海关应当自收到书面申请之日起 15 日内进行复核，对记录错误的予以更正。

第五章　附　则

第三十九条　报关单位、报关人员违反本规定，构成走私行为、违反海关监管规定行为或者其他违反《海关法》行为的，由海关依照《海关法》和《中华人民共和国海关行政处罚实施条例》的有关规定予以处理；构成犯罪的，依法追究刑事责任。

第四十条　报关单位有下列情形之一的，海关予以警告，责令其改正，可以处 1 万元以下罚款：

（一）报关单位企业名称、企业性质、企业住所、法定代表人（负责人）等海关注册登记内容发生变更，未按照规定向海关办理变更手续的；

（二）向海关提交的注册信息中隐瞒真实情况、弄虚作假的。

第四十一条　《中华人民共和国海关报关单位注册登记证书》《报关单位情况登记表》《报关单位注册信息年度报告》等法律文书以及格式文本，由海关总署另行制定公布。

第四十二条　本规定规定的期限以工作日计算，不含法定节假日、休息日。

第四十三条　本规定中下列用语的含义：

报关单位，是指按照本规定在海关注册登记的报关企业和进出口货物收发货人。

报关企业，是指按照本规定经海关准予注册登记，接受进出口货物收发货人的委托，以委托人的名义或者以自己的名义，向海关办理代理报关业务，从事报关服务的中华人民共和国关境内的企业法人。

进出口货物收发货人，是指依法直接进口或者出口货物的中华人民共和国关境内的法人、其他组织或者个人。

报关人员，是指经报关单位向海关备案，专门负责办理所在单位报关业务的人员。

报关差错率，是指报关单位被记录报关差错的总次数，除以同期申报总次数的百分比。

第四十四条　海关特殊监管区域内企业可以申请注册登记成为特殊监管区域双重身份企业，海关按照报关企业有关规定办理注册登记手续。

特殊监管区域双重身份企业在海关特殊监管区域内拥有进出口货物收发货

人和报关企业双重身份，在海关特殊监管区外仅具报关企业身份。

除海关特殊监管区域双重身份企业外，报关单位不得同时在海关注册登记为进出口货物收发货人和报关企业。

第四十五条　本规定由海关总署负责解释。

第四十六条　本规定自公布之日起施行。2005 年 3 月 31 日以海关总署令第 127 号发布的《中华人民共和国海关对报关单位注册登记管理规定》同时废止。

其　　他

边民互市贸易管理办法

（海关总署、对外贸易经济合作部制定，1996年3月29日海关总署令第56号发布，根据2010年11月26日海关总署令第198号《海关总署关于修改部分规章的决定》修改）

第一条　为了促进边境地区居民互市贸易的健康发展，繁荣边境经济，加强海关监督管理，根据《中华人民共和国海关法》和其他有关法律、法规制定本办法。

第二条　边民互市贸易是指边境地区边民在我国陆路边境20公里以内，经政府批准的开放点或指定的集市上、在不超过规定的金额或数量范围内进行的商品交换活动。

开展边民互市贸易应符合以下条件：

（一）互市地点应设在陆路、界河边境线附近；

（二）互市地点应由边境省、自治区人民政府批准；

（三）边民互市贸易区（点）应有明确的界线；

（四）边民互市贸易区（点）的海关监管设施符合海关要求。

第三条　我国边境地区的居民和对方国家边民可进入边民互市贸易区（点）从事互市贸易。

我国边境地区的商店、供销社等企业，如在边民互市贸易区（点）设立摊位，从事商品交换活动的，按照边境贸易进行管理。

第四条 边境地区居民携带物品进出边民互市贸易区（点）或从边境口岸进出境时，应向海关如实申报物品的品种、数量和金额，并接受海关监管和检查。

第五条 边民通过互市贸易进口的生活用品（列入边民互市进口商品不予免税清单的除外），每人每日价值在人民币 8000 元以下的，免征进口关税和进口环节税。超过人民币 8000 元的，对超出部分按照规定征收进口关税和进口环节税。

第六条 边境双方居民和从事商品交换活动的企业均不得携带或运输国家禁止进出境物品出入边民互市贸易区（点）。

国家限制进出口和实行许可证管理的商品，按国家有关规定办理。

第七条 对具备封闭条件并与对方国家连接的边民互市场所，对方居民携带物品进境时，应向驻区监管的海关申报并接受海关监管。

第八条 对当地未设海关机构的，省、自治区政府可商直属海关委托地方有关部门代管，地方政府应加强管理，并制定实施细则商海关同意后实施，海关应给予指导并会同当地政府不定期检查管理情况。

第九条 各级海关要加强对边民互市贸易的管理，严厉打击利用边民互市贸易进行走私违法的活动。对违反《海关法》和本办法规定的，海关按照《海关法》和《中华人民共和国海关行政处罚实施条例》进行处理。

第十条 本办法由海关总署负责解释。

第十一条 本办法自一九九六年四月一日起施行。

中华人民共和国海关统计工作管理规定

（2018 年 8 月 16 日海关总署令第 242 号公布，自 2018 年 10 月 1 日起施行）

第一章 总 则

第一条 为了科学、有效地开展海关统计工作，保障海关统计的真实性、准确性、完整性和及时性，发挥海关统计服务宏观决策、对外贸易和经济社会发展的作用，根据《中华人民共和国海关法》《中华人民共和国统计法》《中华人民共和国海关统计条例》《中华人民共和国统计法实施条例》以及有关法律、行政法规，制定本规定。

第二条　海关对进出口货物、进出境物品以及有关海关业务的统计工作，适用本规定。

第三条　海关统计工作坚持准确及时、科学完整、国际可比的原则。

第四条　海关对实际进出境并引起境内物质存量增加或者减少的货物实施进出口货物贸易统计；根据管理需要，对其他海关监管货物实施单项统计；对海关进出境监督管理活动和内部管理事务实施海关业务统计。

第五条　海关工作人员对在统计过程中知悉的国家秘密、商业秘密、海关工作秘密负有保密义务。

第二章　统计调查与统计监督

第六条　海关根据统计工作需要，可以向进出口货物的收发货人或者其代理人以及有关政府部门、行业协会和相关企业等统计调查对象开展统计调查。

统计调查对象应当配合海关统计调查，提供真实、准确、完整的有关资料和信息。

第七条　海关利用行政记录全面采集统计原始资料。行政记录不能满足统计调查需要的，海关通过抽样调查、重点调查和补充调查等方法采集统计原始资料。

第八条　对统计调查中获得的统计原始资料，海关可以进行整理、筛选和审核。

第九条　海关对统计原始资料有疑问的，可以直接向统计调查对象提出查询，收集相关资料，必要时可以实地检查、核对。

海关可以委托社会中介机构收集有关资料或者出具专业意见。

第十条　海关运用统计数据，对业务运行情况和海关执法活动进行监测、评估，为海关管理提供决策依据。

第十一条　海关可以运用统计数据开展以下工作：

（一）对进出口商品等情况进行监测；

（二）对进出口企业贸易活动进行监督，依法处置弄虚作假行为。

第十二条　海关统计监督结果可以用于评估海关业务运行绩效，并作为海关实施风险管理、企业信用管理以及行政处罚等执法措施的依据。

第三章　统计分析与统计服务

第十三条　海关应当对统计数据进行分析，研究对外贸易和海关业务运行特点、趋势和规律，开展动态预警工作。

第十四条 海关应当综合运用定量与定性等统计分析方法，对统计数据进行加工整理，形成分析报告。

海关可以联合其他政府部门、科研机构、行业协会等共同开展统计分析。

第十五条 海关总署向党中央、国务院报送海关统计快报、月报、分析报告等统计信息。

第十六条 海关总署与国务院其他部门共享全国海关统计信息。经海关总署批准，各直属海关统计信息根据地方政府实际需要予以共享。

第十七条 海关统计快报、月报、年报等统计信息通过海关门户网站、新闻发布会等便于公众知晓的方式向社会公布。

海关总署每年 12 月对外公告下一年度向社会公布海关统计信息的时间。

第十八条 除依法主动公开的海关统计信息外，海关可以根据社会公众的需要，提供统计服务。

第十九条 海关应当建立统计信息发布前的审查机制，涉及国家秘密、商业秘密、海关工作秘密的统计信息不得对外公布或者提供。

第四章 统计资料编制与管理

第二十条 海关总署负责管理全国海关统计资料。直属海关负责管理本关区统计资料。

第二十一条 根据国民经济发展和海关监管需要，海关可以对统计项目进行调整。

第二十二条 海关统计快报、月报和年报等统计资料分别按照公历月和公历年汇总编制。

第二十三条 海关统计电子数据以及海关统计月报、年报等海关统计信息永久保存。

第五章 附　则

第二十四条 海关工作人员不得自行、参与或者授意篡改海关统计资料、编造虚假数据。

海关工作人员在统计工作中玩忽职守、滥用职权、徇私舞弊的，依法给予处分；构成犯罪的，依法追究刑事责任。

第二十五条 依法应当申报的项目未申报或者申报不实影响海关单项统计准确性的，由海关予以警告或者处 1000 元以上 1 万元以下罚款。

第二十六条 统计调查对象拒绝、阻碍统计调查，或者提供不真实、不准确、不完整的统计原始资料，或者转移、藏匿、篡改、毁弃统计原始资料的，依照《中华人民共和国统计法》的有关规定处理。

第二十七条 本规定下列用语的含义：

海关统计资料，是指海关统计原始资料以及以海关统计原始资料为基础采集、整理的海关统计信息。

海关统计原始资料，是指经海关确认的《中华人民共和国进出口货物报关单》等报关单证及其随附单证和其他相关资料，以及海关实施抽样调查、重点调查和补充调查采集的原始资料。

海关统计信息，是指海关统计电子数据、海关统计快报、月报、年报以及海关统计分析报告等信息。

第二十八条 本规定由海关总署负责解释。

第二十九条 本规定自2018年10月1日起施行。2006年9月12日以海关总署令第153号公布的《中华人民共和国海关统计工作管理规定》同时废止。

保税区检验检疫监督管理办法

（2005年1月12日国家质量监督检验检疫总局令第71号公布，根据2018年4月28日海关总署令第238号《海关总署关于修改部分规章的决定》第一次修正，根据2018年5月29日海关总署令第240号《海关总署关于修改部分规章的决定》第二次修正，根据2018年11月23日海关总署令第243号《海关总署关于修改部分规章的决定》第三次修正）

第一章 总 则

第一条 为加强和规范保税区检验检疫监督管理工作，促进国家经济贸易的快速健康发展，根据《中华人民共和国进出口商品检验法》及其实施条例、《中华人民共和国进出境动植物检疫法》及其实施条例、《中华人民共和国国境卫生检疫法》及其实施细则、《中华人民共和国食品安全法》及其他有关法律法规，制定本办法。

第二条 本办法适用于对进出保税区，法律法规规定应当实施检验检疫的货物及其包装物、铺垫材料、运输工具、集装箱（以下简称应检物）的检验检疫及监督管理工作。

第三条 海关总署统一管理全国保税区的检验检疫监督管理工作。主管海关对进出保税区的应检物实施检验检疫和监督管理。

第四条 进出保税区的应检物需要办理检验检疫审批手续的，应当按照检验检疫法律法规的规定办理审批手续。

第五条 应检物进出保税区时，收发货人（货主）或者其代理人应当按照有关规定向主管海关办理报检手续，主管海关按照国家有关法律、法规、规章以及相关的规定实施检验检疫。

第六条 海关按照简便、有效的原则对进出保税区的应检物实施检验检疫。

第二章　输入保税区应检物的检验检疫

第七条 从境外进入保税区的应检物，属于卫生检疫范围的，由海关实施卫生检疫；应当实施卫生处理的，在海关的监督下，依法进行卫生处理。

第八条 从境外进入保税区的应检物，属于动植物检疫范围的，由海关实施动植物检疫；应当实施动植物检疫除害处理的，在海关的监督下，依法进行除害处理。

第九条 海关对从境外进入保税区的可以用作原料的固体废物、旧机电产品、成套设备实施检验和监管，对在保税区内存放的货物不实施检验。

第十条 保税区内企业从境外进入保税区的仓储物流货物以及自用的办公用品、出口加工所需原材料、零部件免予实施强制性产品认证。

第三章　输出保税区应检物的检验检疫

第十一条 从保税区输往境外的应检物，海关依法实施检验检疫。

第十二条 从保税区输往非保税区的应检物，除法律法规另有规定的，不实施检疫。

第十三条 从保税区输往非保税区的应检物，属于实施食品卫生监督检验和商品检验范围的，海关实施检验。对于集中入境分批出区的货物，可以分批报检，分批检验；符合条件的，可以于入境时集中报检，集中检验，经检验合格的出区时分批核销。

第十四条 按照本办法第九条的规定在入境时已经实施检验的保税区内的货物，输往非保税区的，不实施检验。

从非保税区进入保税区的货物，又输往非保税区的，不实施检验。

第十五条 从保税区输往非保税区的应检物，列入强制性产品认证目录的，应当取得相应的认证证书，其产品上应当加贴强制性产品认证标志。海关对相应认证证书电子数据进行系统自动比对验核。

第十六条 从非保税区进入保税区后不经加工直接出境的，已取得产地海关签发的检验检疫合格证明的，保税区海关不再实施检验检疫。超过检验检疫有效期、变更输入国家或地区并又有不同检验检疫要求、改换包装或重新拼装、已撤销报检的，应当按规定重新报检。

第十七条 保税区内企业加工出境产品，符合有关规定的，可以向海关申请签发普惠制原产地证书或者一般原产地证书、区域性优惠原产地证书、专用原产地证书等。

第四章 经保税区转口的应检物的检验检疫

第十八条 经保税区转口的动植物、动植物产品和其他检疫物，入境报检时应当提供输出国家或者地区政府部门出具的官方检疫证书；转口动物的，还应当取得海关总署签发的《动物过境许可证》，并在入境报检时提供输入国家或者地区政府部门签发的允许进境的证明。

第十九条 经保税区转口的应检物，在保税区短暂仓储，原包装转口出境并且包装密封状况良好，无破损、撒漏的，入境时仅实施外包装检疫，必要时进行防疫消毒处理。

第二十条 经保税区转口的应检物，由于包装不良以及在保税区内经分级、挑选、刷贴标签、改换包装形式等简单加工的原因，转口出境的，海关实施卫生检疫、动植物检疫以及食品卫生检验。

第二十一条 转口应检物出境时，除法律法规另有规定和输入国家或者地区政府要求入境时出具我国海关签发的检疫证书或者检疫处理证书的以外，一般不再实施检疫和检疫处理。

第五章 监督管理

第二十二条 保税区内从事加工、储存出入境动植物产品的企业应当符合有关检验检疫规定。

第二十三条 保税区内从事加工、储存出境食品的企业应当办理出口食品生产企业卫生注册登记，输入国家或者地区另有要求的，还应当符合输入国家或者地区的要求；加工、存储入境食品的企业应当按照食品企业通用卫生规范要求接受海关的监督管理。

第二十四条 保税区内设立检验检疫查验场地以及检疫熏蒸、消毒处理场所应当符合检验检疫有关要求。

第二十五条　海关按照有关法律法规规定对保税区实施疫情监测，对进出保税区的动植物及其产品的生产、加工、存放和调离过程实施检疫监督。

第二十六条　保税区内企业之间销售、转移进出口应检物，免予实施检验检疫。

第二十七条　入境动植物及其产品已经办理检疫审批的，需要变更审批事项的，应当申请变更检疫审批手续。

第六章　附　则

第二十八条　保税仓库、保税物流园区等区域的检验检疫和监督管理参照本办法执行。

第二十九条　对违反本办法规定的行为，海关依照有关法律法规规定予以行政处罚。

第三十条　本办法由海关总署负责解释。

第三十一条　本办法自 2005 年 3 月 1 日起施行。原中华人民共和国动植物检疫局 1998 年 4 月 10 日发布的《保税区动植物检疫管理办法》同时废止。

出境水果检验检疫监督管理办法

（2006 年 12 月 25 日国家质量监督检验检疫总局令第 91 号公布，根据 2018 年 4 月 28 日海关总署令第 238 号《海关总署关于修改部分规章的决定》第一次修正，根据 2018 年 5 月 29 日海关总署令第 240 号《海关总署关于修改部分规章的决定》第二次修正，根据 2018 年 11 月 23 日海关总署令第 243 号《海关总署关于修改部分规章的决定》第三次修正）

第一章　总　则

第一条　为规范出境水果检验检疫和监督管理工作，提高出境水果质量和安全，根据《中华人民共和国进出境动植物检疫法》及其实施条例、《中华人民共和国进出口商品检验法》及其实施条例和《中华人民共和国食品安全法》等有关法律法规规定，制定本办法。

第二条　本办法适用于我国出境新鲜水果（含冷冻水果，以下简称水果）

的检验检疫与监督管理工作。

　　第三条　海关总署统一管理全国出境水果检验检疫与监督管理工作。

　　主管海关负责所辖地区出境水果检验检疫与监督管理工作。

　　第四条　我国与输入国家或者地区签订的双边协议、议定书等明确规定，或者输入国家或者地区法律法规要求对输入该国家的水果果园和包装厂实施注册登记的，海关应当按照规定对输往该国家或者地区的出境水果果园和包装厂实行注册登记。

　　我国与输入国家或地区签订的双边协议、议定书未有明确规定，且输入国家或者地区法律法规未明确要求的，出境水果果园、包装厂可以向海关申请注册登记。

第二章　　注册登记

　　第五条　申请注册登记的出境水果果园应当具备以下条件：

　　（一）连片种植，面积在 100 亩以上；

　　（二）周围无影响水果生产的污染源；

　　（三）有专职或者兼职植保员，负责果园有害生物监测防治等工作；

　　（四）建立完善的质量管理体系，质量管理体系文件包括组织机构、人员培训、有害生物监测与控制、农用化学品使用管理、良好农业操作规范等有关资料；

　　（五）近两年未发生重大植物疫情；

　　（六）双边协议、议定书或者输入国家或者地区法律法规对注册登记有特别规定的，还须符合其规定。

　　第六条　申请注册登记的出境水果包装厂应当具备以下条件：

　　（一）厂区整洁卫生，有满足水果贮存要求的原料场、成品库；

　　（二）水果存放、加工、处理、储藏等功能区相对独立、布局合理，且与生活区采取隔离措施并有适当的距离；

　　（三）具有符合检疫要求的清洗、加工、防虫防病及除害处理设施；

　　（四）加工水果所使用的水源及使用的农用化学品均须符合有关食品卫生要求及输入国家或地区的要求；

　　（五）有完善的卫生质量管理体系，包括对水果供货、加工、包装、储运等环节的管理；对水果溯源信息、防疫监控措施、有害生物及有毒有害物质检测等信息有详细记录；

　　（六）配备专职或者兼职植保员，负责原料水果验收、加工、包装、存放等环节防疫措施的落实、有毒有害物质的控制、弃果处理和成品水果自检等工作；

（七）有与其加工能力相适应的提供水果货源的果园，或者与供货果园建有固定的供货关系；

（八）双边协议、议定书或者输入国家或者地区法律法规对注册登记有特别规定的，还须符合其规定。

第七条 申请注册登记的果园，应当向所在地海关提出书面申请，并提交以下材料：

（一）《出境水果果园注册登记申请表》；

（二）果园示意图、平面图。

第八条 申请注册登记的包装厂，应当向所在地海关提出书面申请，并提交以下材料：

（一）《出境水果包装厂注册登记申请表》；

（二）包装厂厂区平面图，包装厂工艺流程及简要说明；

（三）提供水果货源的果园名单及包装厂与果园签订的有关水果生产、收购合约复印件。

第九条 海关按照规定对申请材料进行审核，确定材料是否齐全、是否符合有关规定要求，作出受理或者不受理的决定，并出具书面凭证。提交的材料不齐全或者不规范的，应当当场或者在接到申请后 5 个工作日内一次告知申请人补正。逾期不告知的，自收到申请材料之日起即为受理。

受理申请后，海关应当对申请注册登记的出境水果果园和包装厂提交的申请资料进行审核，并组织专家组进行现场考核。

第十条 海关应当自受理申请之日起 20 个工作日内，作出准予注册登记或者不予注册登记的决定。

隶属海关受理的，应当自受理之日起 10 个工作日内，完成对申请资料的初审工作；初审合格后，提交直属海关，直属海关应当在 10 个工作日内作出准予注册登记或者不予注册登记的决定。

直属海关应当将注册登记的果园、包装厂名单报海关总署备案。

第十一条 注册登记证书有效期为 3 年，注册登记证书有效期满前 3 个月，果园、包装厂应当向所在地海关申请换证。

第十二条 注册登记的果园、包装厂出现以下情况之一的，应当向海关办理申请变更手续：

（一）果园种植面积扩大；

（二）果园承包者或者负责人、植保员发生变化；

（三）包装厂法人代表或者负责人发生变化；

（四）向包装厂提供水果货源的注册登记果园发生改变；

（五）包装厂加工水果种类改变；

（六）其他较大变更情况。

第十三条 注册登记的果园、包装厂出现以下情况之一的，应当向海关重新申请注册登记：

（一）果园位置及种植水果种类发生变化；

（二）包装厂改建、扩建、迁址；

（三）其他重大变更情况。

第十四条 我国与输入国家或者地区签订的双边协议、议定书等明确规定，或者输入国家或者地区法律法规要求对输入该国家或者地区的水果果园和包装厂实施注册登记的，出境水果果园、包装厂应当经海关总署集中组织推荐，获得输入国家或地区检验检疫部门认可后，方可向有关国家输出水果。

第三章　监督管理

第十五条 海关对所辖地区出境水果果园、包装厂进行有害生物监测、有毒有害物质监控和监督管理。监测结果及监管情况作为出境水果检验检疫分类管理的重要依据。

第十六条 出境水果果园、包装厂应当采取有效的有害生物监测、预防和综合管理措施，避免和控制输入国家或者地区关注的检疫性有害生物发生。出境水果果园和包装厂应当遵守相关法规标准，安全合理使用农用化学品，不得购买、存放和使用我国或者输入国家或者地区禁止在水果上使用的化学品。

出境水果包装材料应当干净卫生、未使用过，并符合有关卫生质量标准。输入国家或者地区有特殊要求的，水果包装箱应当按照要求，标明水果种类、产地以及果园、包装厂名称或者代码等相关信息。

第十七条 海关对出境水果果园实施监督管理内容包括：

（一）果园周围环境、水果生长状况、管理人员情况；

（二）果园有害生物发生、监测、防治情况及有关记录；

（三）果园农用化学品存放状况，购买、领取及使用记录；

（四）果园水果有毒有害物质检测记录；

（五）双边协议、议定书或者输入国家或者地区法律法规相关规定的落实情况。

第十八条 海关对出境水果包装厂实施监督管理内容包括：

（一）包装厂区环境及卫生状况、生产设施及包装材料的使用情况，管理人员情况；

（二）化学品存放状况，购买、领取及使用记录；

（三）水果的来源、加工、自检、存储、出口等有关记录；

（四）水果有毒有害物质检测控制记录；

（五）冷藏设施使用及防疫卫生情况、温湿度控制记录；

（六）双边协议、议定书或者输入国家或者地区法律法规相关规定的落实情况。

第十九条 出境果园和包装厂出现下列情况之一的，海关应责令其限期整改，并暂停受理报检，直至整改符合要求：

（一）不按规定使用农用化学品的；

（二）周围有环境污染源的；

（三）包装厂的水果来源不明；

（四）包装厂内来源不同的水果混放，没有隔离防疫措施，难以区分；

（五）未按规定在包装上标明有关信息或者加施标识的；

（六）包装厂检疫处理设施出现较大技术问题的；

（七）海关检出国外关注的有害生物或者有毒有害物质超标的；

（八）输入国家或者地区检出检疫性有害生物或者有毒有害物质超标的。

第二十条 海关在每年水果采收季节前对注册登记的出境水果果园、包装厂进行年度审核，对年审考核不合格的果园、包装厂限期整改。

第二十一条 已注册登记的出境水果果园、包装厂出现以下情况之一的，取消其注册登记资格：

（一）限期整改不符合要求的；

（二）隐瞒或者瞒报质量和安全问题的；

（三）拒不接受海关监督管理的；

（四）未按第十三条规定重新申请注册登记的。

第二十二条 出境水果果园、包装厂应当建立稳定的供货与协作关系。包装厂应当要求果园加强疫情、有毒有害物质监测与防控工作，确保提供优质安全的水果货源。

注册登记果园向包装厂提供出境水果时，应当随附产地供货证明，注明水果名称、数量及果园名称或者注册登记编号等信息。

第四章　出境检验检疫

第二十三条 出境水果应当向包装厂所在地海关报检，按报检规定提供有关单证及产地供货证明；出境水果来源不清楚的，不予受理报检。

第二十四条 根据输入国家或者地区进境水果检验检疫规定和果园、包装厂的注册登记情况，结合日常监督管理，海关实施相应的出境检验检疫措施。

第二十五条 海关根据下列要求对出境水果实施检验检疫：

（一）我国与输入国家或者地区签订的双边检疫协议（含协定、议定书、备忘录等）；

（二）输入国家或者地区进境水果检验检疫规定或者要求；

（三）国际植物检疫措施标准；

（四）我国出境水果检验检疫规定；

（五）贸易合同和信用证等订明的检验检疫要求。

第二十六条 海关依照相关工作程序和技术标准实施现场检验检疫和实验室检测：

（一）核查货证是否相符；

（二）植物检疫证书和包装箱的相关信息是否符合输入国或者地区的要求；

（三）检查水果是否带虫体、病症、枝叶、土壤和病虫为害状，发现可疑疫情的，应及时按有关规定和要求将相关样品和病虫体送实验室检疫鉴定。

第二十七条 海关对出境水果实施出境检验检疫及日常监督管理。

出境水果经检验检疫合格的，按照有关规定签发检验检疫证书、出境货物换证凭单等有关检验检疫证单。未经检验检疫或者检验检疫不合格的，不准出境。

出境水果经检验检疫不合格的，海关应当向出境水果果园、包装厂反馈有关信息，并协助调查原因，采取改进措施。出境水果果园、包装厂不在本辖区的，实施检验检疫的海关应当将有关情况及时通知出境水果果园、包装厂所在地海关。

第五章　附　则

第二十八条 本办法下列用语含义：

（一）"果园"，是指没有被障碍物（如道路、沟渠和高速公路）隔离开的单一水果的连续种植地。

（二）"包装厂"，是指水果采收后，进行挑选、分级、加工、包装、储藏等一系列操作的固定场所，一般包括初选区、加工包装区、储藏库等。

（三）"冷冻水果"，是指加工后，在-18℃以下储存、运输的水果。

第二十九条 有关单位和个人违反《中华人民共和国进出境动植物检疫法》

及其实施条例、《中华人民共和国进出口商品检验法》及其实施条例和《中华人民共和国食品安全法》的，海关将按有关规定予以处罚。

第三十条 有以下情况之一的，海关处以 3 万元以下罚款：

（一）来自注册果园、包装厂的水果混有非注册果园、包装厂水果的；

（二）盗用果园、包装厂注册登记编号的；

（三）伪造或变造产地供货证明的；

（四）经检验检疫合格后的水果被调换的；

（五）其他违反本办法规定导致严重安全、卫生质量事故的。

第三十一条 海关人员徇私舞弊、滥用职权、玩忽职守，违反相关法律法规和本办法规定的，依法给予行政处分；情节严重，构成犯罪的，依法追究刑事责任。

第三十二条 本办法由海关总署负责解释。

第三十三条 本办法自 2007 年 2 月 1 日起施行。

出境水生动物检验检疫监督管理办法

（2007 年 8 月 27 日国家质量监督检验检疫总局令第 99 号公布，根据 2018 年 3 月 6 日国家质量监督检验检疫总局令第 196 号《国家质量监督检验检疫总局关于废止和修改部分规章的决定》第一次修正，根据 2018 年 4 月 28 日海关总署令第 238 号《海关总署关于修改部分规章的决定》第二次修正，根据 2018 年 5 月 29 日海关总署令第 240 号《海关总署关于修改部分规章的决定》第三次修正，根据 2018 年 11 月 23 日海关总署令第 243 号《海关总署关于修改部分规章的决定》第四次修正)

第一章 总 则

第一条 为了规范出境水生动物检验检疫工作，提高出境水生动物安全卫生质量，根据《中华人民共和国进出境动植物检疫法》及其实施条例、《中华人民共和国进出口商品检验法》及其实施条例、《中华人民共和国食品安全法》《中华人民共和国农产品质量安全法》《国务院关于加强食品等产品安全监督管理的特别规定》等法律法规规定和国际条约规定，制定本办法。

第二条 本办法适用于对养殖和野生捕捞出境水生动物的检验检疫和监督

管理。从事出境水生动物养殖、捕捞、中转、包装、运输、贸易应当遵守本办法。

第三条 海关总署主管全国出境水生动物的检验检疫和监督管理工作。

主管海关负责所辖区域出境水生动物的检验检疫和监督管理工作。

第四条 对输入国家或者地区要求中国对向其输出水生动物的生产、加工、存放单位注册登记的，海关总署对出境水生动物养殖场、中转场实施注册登记制度。

第二章 注册登记

第一节 注册登记条件

第五条 出境水生动物养殖场、中转场申请注册登记应当符合下列条件：

（一）周边和场内卫生环境良好，无工业、生活垃圾等污染源和水产品加工厂，场区布局合理，分区科学，有明确的标识；

（二）养殖用水符合国家渔业水质标准，具有政府主管部门或者海关出具的有效水质监测或者检测报告；

（三）具有符合检验检疫要求的养殖、包装、防疫、饲料和药物存放等设施、设备和材料；

（四）具有符合检验检疫要求的养殖、包装、防疫、疫情报告、饲料和药物存放及使用、废弃物和废水处理、人员管理、引进水生动物等专项管理制度；

（五）配备有养殖、防疫方面的专业技术人员，有从业人员培训计划，从业人员持有健康证明；

（六）中转场的场区面积、中转能力应当与出口数量相适应。

第六条 出境食用水生动物非开放性水域养殖场、中转场申请注册登记除符合本办法第五条规定的条件外，还应当符合下列条件：

（一）具有与外部环境隔离或者限制无关人员和动物自由进出的设施，如隔离墙、网、栅栏等；

（二）养殖场养殖水面应当具备一定规模，一般水泥池养殖面积不少于20亩，土池养殖面积不少于100亩；

（三）养殖场具有独立的引进水生动物的隔离池；各养殖池具有独立的进水和排水渠道；养殖场的进水和排水渠道分设。

第七条 出境食用水生动物开放性水域养殖场、中转场申请注册登记除符合本办法第五条规定的条件外，还应当符合下列条件：

（一）养殖、中转、包装区域无规定的水生动物疫病；

（二）养殖场养殖水域面积不少于 500 亩，网箱养殖的网箱数一般不少于 20 个。

第八条　出境观赏用和种用水生动物养殖场、中转场申请注册登记除符合本办法第五条规定的条件外，还应当符合下列条件：

（一）场区位于水生动物疫病的非疫区，过去 2 年内没有发生国际动物卫生组织（OIE）规定应当通报和农业部规定应当上报的水生动物疾病；

（二）养殖场具有独立的引进水生动物的隔离池和水生动物出口前的隔离养殖池，各养殖池具有独立的进水和排水渠道。养殖场的进水和排水渠道分设；

（三）具有与外部环境隔离或者限制无关人员和动物自由进出的设施，如隔离墙、网、栅栏等；

（四）养殖场面积水泥池养殖面积不少于 20 亩，土池养殖面积不少于 100 亩；

（五）出口淡水水生动物的包装用水必须符合饮用水标准；出口海水水生动物的包装用水必须清洁、透明并经有效消毒处理；

（六）养殖场有自繁自养能力，并有与养殖规模相适应的种用水生动物；

（七）不得养殖食用水生动物。

第二节　注册登记申请

第九条　出境水生动物养殖场、中转场应当向所在地直属海关申请注册登记，并提交下列材料：

（一）注册登记申请表；

（二）养殖许可证或者海域使用证（不适用于中转场）；

（三）场区平面示意图，并提供重点区域的照片或者视频资料；

（四）水质检测报告；

（五）废弃物、废水处理程序；

（六）进口国家或者地区对水生动物疾病有明确检测要求的，需提供有关检测报告。

第十条　直属海关应当对申请材料及时进行审查，根据下列情况在 5 日内作出受理或者不予受理决定，并书面通知申请人：

（一）申请材料存在可以当场更正的错误的，允许申请人当场更正；

（二）申请材料不齐全或者不符合法定形式的，应当当场或者在 5 日内一次书面告知申请人需要补正的全部内容，逾期不告知的，自收到申请材料之日起即为受理；

（三）申请材料齐全、符合法定形式或者申请人按照要求提交全部补正申请材料的，应当受理申请。

第十一条 每一注册登记养殖场或者中转包装场使用一个注册登记编号。

同一企业所有的不同地点的养殖场或者中转场应当分别申请注册登记。

第三节 注册登记审查与决定

第十二条 直属海关应当在受理申请后组成评审组，对申请注册登记的养殖场或者中转场进行现场评审。评审组应当在现场评审结束后向直属海关提交评审报告。

第十三条 直属海关应当自受理申请之日起 20 日内对申请人的申请事项作出是否准予注册登记的决定；准予注册登记的，颁发《出境水生动物养殖场/中转场检验检疫注册登记证》（以下简称《注册登记证》），并上报海关总署。

直属海关自受理申请之日起 20 日内不能作出决定的，经直属海关负责人批准，可以延长 10 日，并应当将延长期限的理由告知申请人。

第十四条 进口国家或者地区有注册登记要求的，直属海关评审合格后，报海关总署，由海关总署统一向进口国家或者地区政府主管部门推荐并办理有关手续。进口国家或者地区政府主管部门确认后，注册登记生效。

第十五条 《注册登记证》自颁发之日起生效，有效期 5 年。

经注册登记的养殖场或者中转场的注册登记编号专场专用。

第四节 注册登记变更与延续

第十六条 出境水生动物养殖场、中转场变更企业名称、法定代表人、养殖品种、养殖能力等的，应当在 30 日内向所在地直属海关提出书面申请，填写《出境水生动物养殖场/中转包装场检验检疫注册登记申请表》，并提交与变更内容相关的资料。

变更养殖品种或者养殖能力的，由直属海关审核有关资料并组织现场评审，评审合格后，办理变更手续。

养殖场或者中转场迁址的，应当重新向海关申请办理注册登记手续。

因停产、转产、倒闭等原因不再从事出境水生动物业务的注册登记养殖场、中转场，应当向所在地海关办理注销手续。

第十七条 获得注册登记的出境水生动物养殖场、中转包装场需要延续注册登记有效期的，应当在有效期届满 30 日前按照本办法规定提出申请。

第十八条　直属海关应当在完成注册登记、变更或者注销工作后 30 日内，将辖区内相关信息上报海关总署备案。

第三章　检验检疫

第十九条　海关按照下列依据对出境水生动物实施检验检疫：

（一）中国法律法规规定的检验检疫要求、强制性标准；

（二）双边检验检疫协议、议定书、备忘录；

（三）进口国家或者地区的检验检疫要求；

（四）贸易合同或者信用证中注明的检验检疫要求。

第二十条　出境野生捕捞水生动物的货主或者其代理人应当在水生动物出境 3 天前向出境口岸海关报检，并提供捕捞渔船与出口企业的供货协议（含捕捞船只负责人签字）。

进口国家或者地区对捕捞海域有特定要求的，报检时应当申明捕捞海域。

第二十一条　出境养殖水生动物的货主或者其代理人应当在水生动物出境 7 天前向注册登记养殖场、中转场所在地海关报检。

第二十二条　除捕捞后直接出口的野生捕捞水生动物外，出境水生动物必须来自注册登记养殖场或者中转场。

注册登记养殖场、中转场应当保证其出境水生动物符合进口国或者地区的标准或者合同要求，并出具《出境水生动物供货证明》。

中转场凭注册登记养殖场出具的《出境水生动物供货证明》接收水生动物。

第二十三条　产地海关受理报检后，应当查验注册登记养殖场或者中转场出具的《出境水生动物供货证明》，根据疫病和有毒有害物质监控结果、日常监管记录、企业分类管理等情况，对出境养殖水生动物进行检验检疫。

第二十四条　经检验检疫合格的，海关对装载容器或者运输工具加施封识，并按照进口国家或者地区的要求出具《动物卫生证书》。

第二十五条　出境水生动物用水、冰、铺垫和包装材料、装载容器、运输工具、设备应当符合国家有关规定、标准和进口国家或者地区的要求。

第二十六条　出境养殖水生动物外包装或者装载容器上应当标注出口企业全称、注册登记养殖场和中转场名称和注册登记编号、出境水生动物的品名、数（重）量、规格等内容。来自不同注册登记养殖场的水生动物，应当分开包装。

第二十七条　经检验检疫合格的出境水生动物，不更换原包装异地出口的，经离境口岸海关现场查验，货证相符、封识完好的准予放行。

需在离境口岸换水、加冰、充氧、接驳更换运输工具的，应当在离境口岸海关监督下，在海关指定的场所进行，并在加施封识后准予放行。

出境水生动物运输途中需换水、加冰、充氧的，应当在海关指定的场所进行。

第二十八条 产地海关与口岸海关应当及时交流出境水生动物信息，对在检验检疫过程中发现疫病或者其他卫生安全问题，应当采取相应措施，并及时上报海关总署。

第四章 监督管理

第二十九条 海关对辖区内取得注册登记的出境水生动物养殖场、中转场实行日常监督管理和年度审查制度。

第三十条 海关总署负责制定出境水生动物疫病和有毒有害物质监控计划。

直属海关根据监控计划制定实施方案，上报年度监控报告。

取得注册登记的出境水生动物养殖场、中转场应当建立自检自控体系，并对其出口水生动物的安全卫生质量负责。

第三十一条 取得注册登记的出境水生动物养殖场、中转场应当建立完善的养殖生产和中转包装记录档案，如实填写《出境水生动物养殖场/中转场检验检疫监管手册》，详细记录生产过程中水质监测、水生动物的引进、疫病发生、药物和饲料的采购及使用情况，以及每批水生动物的投苗、转池/塘、网箱分流、用药、用料、出场等情况，并存档备查。

第三十二条 养殖、捕捞器具等应当定期消毒。运载水生动物的容器、用水、运输工具应当保持清洁，并符合动物防疫要求。

第三十三条 取得注册登记的出境水生动物养殖场、中转场应当遵守国家有关药物管理规定，不得存放、使用我国和进口国家或者地区禁止使用的药物；对允许使用的药物，遵守药物使用和停药期的规定。

中转、包装、运输期间，食用水生动物不得饲喂和用药，使用的消毒药物应当符合国家有关规定。

第三十四条 出境食用水生动物饲用饲料应当符合下列规定：

（一）海关总署《出境食用动物饲用饲料检验检疫管理办法》；

（二）进口国家或者地区的要求；

（三）我国其他有关规定。

鲜活饵料不得来自水生动物疫区或者污染水域，且须经海关认可的方法进行检疫处理，不得含有我国和进口国家或者地区政府规定禁止使用的药物。

观赏和种用水生动物禁止饲喂同类水生动物（含卵和幼体）鲜活饵料。

第三十五条 取得注册登记的出境水生动物养殖场应当建立引进水生动物的安全评价制度。

引进水生动物应当取得所在地海关批准。

引进水生动物应当隔离养殖30天以上，根据安全评价结果，对疫病或者相关禁用药物残留进行检测，经检验检疫合格后方可投入正常生产。

引进的食用水生动物，在注册登记养殖场养殖时间需达到该品种水生动物生长周期的三分之一且不少于2个月，方可出口。

出境水生动物的中转包装期一般不超过3天。

第三十六条 取得注册登记的出境水生动物养殖场、中转场发生国际动物卫生组织（OIE）规定需要通报或者农业部规定需要上报的重大水生动物疫情时，应当立即启动有关应急预案，采取紧急控制和预防措施并按照规定上报。

第三十七条 海关对辖区内注册登记的养殖场和中转场实施日常监督管理的内容包括：

（一）环境卫生；

（二）疫病控制；

（三）有毒有害物质自检自控；

（四）引种、投苗、繁殖、生产养殖；

（五）饲料、饵料使用及管理；

（六）药物使用及管理；

（七）给、排水系统及水质；

（八）发病水生动物隔离处理；

（九）死亡水生动物及废弃物无害化处理；

（十）包装物、铺垫材料、生产用具、运输工具、运输用水或者冰的安全卫生；

（十一）《出口水生动物注册登记养殖场/中转场检验检疫监管手册》记录情况。

第三十八条 海关每年对辖区内注册登记的养殖场和中转场实施年审，年审合格的在《注册登记证》上加注年审合格记录。

第三十九条 海关应当给注册登记养殖场、中转场、捕捞、运输和贸易企业建立诚信档案。根据上一年度的疫病和有毒有害物质监控、日常监督、年度审核和检验检疫情况，建立良好记录企业名单和不良记录企业名单，对相关企业实行分类管理。

第四十条　从事出境水生动物捕捞、中转、包装、养殖、运输和贸易的企业有下列情形之一的，海关可以要求其限期整改，必要时可以暂停受理报检：

（一）出境水生动物被国内外检验检疫机构检出疫病、有毒有害物质或者其他安全卫生质量问题的；

（二）未经海关同意擅自引进水生动物或者引进种用水生动物未按照规定期限实施隔离养殖的；

（三）未按照本办法规定办理注册登记变更或者注销手续的；

（四）年审中发现不合格项的。

第四十一条　注册登记养殖场、中转场有下列情形之一的，海关应当注销其相关注册登记：

（一）注册登记有效期届满，未按照规定办理延续手续的；

（二）企业依法终止或者因停产、转产、倒闭等原因不再从事出境水生动物业务的；

（三）注册登记依法被撤销、撤回或者《注册登记证》被依法吊销的；

（四）年审不合格且在限期内整改不合格的；

（五）一年内没有水生动物出境的；

（六）因不可抗力导致注册登记事项无法实施的；

（七）检验检疫法律、法规规定的应当注销注册登记的其他情形。

第五章　法律责任

第四十二条　从事出境水生动物捕捞、养殖、中转、包装、运输和贸易的企业有下列情形之一的，由海关处三万元以下罚款，情节严重的，吊销其注册登记证书：

（一）发生应该上报的疫情隐瞒不报的；

（二）在海关指定的场所之外换水、充氧、加冰、改变包装或者接驳更换运输工具的；

（三）人为损毁检验检疫封识的；

（四）存放我国或者进口国家或者地区禁止使用的药物的；

（五）拒不接受海关监督管理的。

第四十三条　从事出境水生动物捕捞、养殖、中转、包装、运输和贸易的企业有下列情形之一的，由海关按照《国务院关于加强食品等产品安全监督管理的特别规定》予以处罚。

（一）以非注册登记养殖场水生动物冒充注册登记养殖场水生动物的；

（二）以养殖水生动物冒充野生捕捞水生动物的；

（三）提供、使用虚假《出境水生动物供货证明》的；

（四）违法使用饲料、饵料、药物、养殖用水及其他农业投入品的；

（五）有其他逃避检验检疫或者弄虚作假行为的。

第四十四条 海关工作人员滥用职权，故意刁难，徇私舞弊，伪造检验结果，或者玩忽职守，延误检验出证，依法给予行政处分；构成犯罪的，依法追究刑事责任。

第六章 附 则

第四十五条 本办法下列用语的含义是：

水生动物：指活的鱼类、软体类、甲壳类及其他在水中生活的无脊椎动物等，包括其繁殖用的精液、卵、受精卵。

养殖场：指水生动物的孵化、育苗、养殖场所。

中转场：指用于水生动物出境前短期集中、存放、分类、加工整理、包装等用途的场所。

第四十六条 出境龟、鳖、蛇、蛙、鳄鱼等两栖和爬行类动物的检验检疫和监督管理参照本办法执行。

第四十七条 本办法由海关总署负责解释。

第四十八条 本办法自 2007 年 10 月 1 日起施行。原国家出入境检验检疫局1999 年 11 月 24 日发布的《出口观赏鱼检疫管理办法》，国家质检总局 2001 年12 月 4 日发布的《供港澳食用水生动物检验检疫管理办法》自施行之日起废止。

出口食品生产企业备案管理规定

（2017 年 10 月 10 日国家质量监督检验检疫总局令第 192 号
公布，根据 2018 年 11 月 23 日海关总署令第 243 号《海
关总署关于修改部分规章的决定》第一次修正)

第一章 总 则

第一条 为加强出口食品生产企业食品安全卫生管理，规范出口食品生产企业备案管理工作，依据《中华人民共和国食品安全法》《中华人民共和国进出口商品检验法》及其实施条例等有关法律、行政法规的规定，制定本规定。

第二条 国家实行出口食品生产企业备案管理制度。

第三条 在中华人民共和国境内的出口食品生产企业备案管理工作适用本规定。

第四条 海关总署负责统一组织实施全国出口食品生产企业备案管理工作。主管海关具体实施所辖区域内出口食品生产企业备案和监督检查工作。

第五条 出口食品生产企业应当建立和实施以危害分析和预防控制措施为核心的食品安全卫生控制体系，该体系还应当包括食品防护计划。出口食品生产企业应当保证食品安全卫生控制体系有效运行，确保出口食品生产、加工、储存过程持续符合我国相关法律法规和出口食品生产企业安全卫生要求，以及进口国（地区）相关法律法规要求。

第二章 备案程序与要求

第六条 出口食品生产企业未依法履行备案法定义务或者经备案审查不符合要求的，其产品不予出口。

第七条 出口食品生产企业申请备案时，应当向所在地海关提交以下文件和证明材料，并对其真实性负责：

（一）企业承诺符合相关法律法规和要求的自我声明；

（二）企业生产条件、产品生产加工工艺、食品原辅料和食品添加剂使用以及卫生质量管理人员等基本情况。

第八条 海关应当自出口食品生产企业申请备案之日起 5 日内，对出口食

品生产企业提交的备案材料进行初步审查，材料齐全并符合法定形式的，予以
受理；材料不齐全或者不符合法定形式的，应当一次性告知出口食品生产企业
需要补正的全部内容。

第九条 海关应当在受理备案申请后组织专家评审，并出具专家评审报告。
专家评审主要采取文件评审方式，对进口国（地区）有特殊注册要求或者风险
程度较高的企业，可以实施现场评审。

第十条 对依法取得资质的认证机构出具的危害分析和关键控制点（HAC-
CP）认证结果或者其他等效的食品安全卫生控制体系认证结果，评审时应当予
以采信。

出口食品生产企业声明已经建立以危害分析和预防控制措施为核心的食品
安全卫生控制体系并有效运行的，评审时可以结合企业信用记录适当采信。

第十一条 海关应当对备案申请进行审查，并自受理备案申请之日起 20 日
内作出是否准予备案的决定。20 日内不能作出决定的，经本海关负责人批准，
可以延长 10 日，并应当将延长期限的理由告知申请人。准予备案的，自作出决
定之日起 10 日内，向企业颁发《出口食品生产企业备案证明》（以下简称《备
案证明》）；不予备案的，应当书面告知企业并说明理由。

第十二条 海关总署和直属海关应当公布从事专家评审工作的人员名单，
并通过持续培训，不断提高评审人员的专业水平和能力。

第十三条 《备案证明》有效期为 5 年。

出口食品生产企业需要延续《备案证明》有效期的，应当在其有效期届满
30 日前，向所在地海关提出延续申请。海关应当在《备案证明》有效期届满前
作出是否准予延续的决定。

第十四条 出口食品生产企业的企业名称、法定代表人、营业执照等备案
事项发生变更的，应当自发生变更之日起 15 日内，向所在地海关申请办理变更
手续。

出口食品生产企业生产地址搬迁、新建或者改建生产车间以及食品安全卫
生控制体系发生重大变更等情况的，应当在变更前向所在地海关报告，并重新
办理备案。

第十五条 出口食品生产企业应当建立食品安全卫生控制体系运行及出口
食品生产记录档案，记录和凭证的保存期限不得少于食品保质期满后 6 个月；
没有明确保质期的，保存期限不得少于 2 年。

第十六条 出口食品生产企业应当于每年 1 月底前向其所在地海关提交上
一年度报告。

出口食品生产企业发生食品安全卫生问题的，应当及时向所在地海关报告，并提交相关材料、原因分析和整改计划。海关应当对整改情况进行现场监督检查。

第三章　　监督管理

第十七条　海关总署对主管海关实施的出口食品生产企业备案工作进行指导和监督。

主管海关应当依法对所辖区域内的出口食品生产企业进行监督检查。发现违法违规行为的，应当及时查处，并将处理结果上报海关总署。

第十八条　海关应当按照出口食品生产企业备案编号规则对予以备案的出口食品生产企业进行编号管理。

第十九条　海关应当在风险分析的基础上，结合企业信用记录，对出口食品生产企业进行分类管理，确定不同的监督检查方式，并根据监督检查结果进行动态调整。

监督检查可以采取报告审查、现场检查和专项检查等方式进行。

第二十条　海关可以将对出口食品生产企业的监督检查和对相关认证活动的监督检查结合进行。

第二十一条　主管海关应当公布本辖区出口食品生产企业备案名录。海关总署统一公布全国出口食品生产企业备案名录。

海关在监管中获悉食品安全风险信息，根据工作职责需要向地方农业、食药、市场监管等监管部门通报的，应当及时通报。

第二十二条　海关应当建立出口食品生产企业备案管理档案，及时审查汇总企业年度报告、监督检查情况、违法违规行为等信息，并纳入企业信用记录。

第二十三条　认证机构对其出具的危害分析和关键控制点（HACCP）认证结果或者其他等效的食品安全卫生控制体系认证结果承担相应法律责任。

获得前款规定认证的出口食品生产企业存在严重问题，认证机构未及时进行处理的，自发现之日起 1 年内不予以采信认证机构相关认证结果。

认证机构因违法行为被查处的，自发现之日起 2 年内不予以采信其相关认证结果。

第二十四条　出口食品生产企业存在违法违规行为的，海关可以约谈企业相关负责人。

第二十五条　出口食品生产企业有下列情形之一的，海关应当责令其限期整改，整改期间不受理企业相关食品的出口报检：

（一）出口食品因企业自身安全卫生方面的问题在1年内被进口国（地区）主管当局通报3次以上的；

（二）出口食品经检验检疫时发现存在安全卫生问题的；

（三）不能持续符合备案条件，出口食品存在安全卫生隐患的。

第二十六条 出口食品生产企业有下列情形之一的，海关应当撤销《备案证明》，予以公布，并向海关总署报告：

（一）出口食品发生重大安全卫生事故的；

（二）出口食品生产、加工过程中有非法添加非食用物质、违规使用食品添加剂或者采用不适合人类食用的方法生产、加工食品等行为的；

（三）出租、出借、转让、倒卖、涂改《备案证明》的；

（四）不接受海关监督管理，或者在接受监督管理时隐瞒有关情况、提供虚假材料，且拒不改正的；

（五）存在本规定第二十五条所述情形，经整改后仍不能符合要求的；

（六）依法应当撤销《备案证明》的其他情形。

第二十七条 出口食品生产企业有下列情形之一的，海关应当注销《备案证明》，予以公布，并向海关总署报告：

（一）《备案证明》有效期届满，未申请延续的；

（二）出口食品生产企业依法终止或者申请注销的；

（三）《备案证明》依法被撤销的；

（四）依法应当注销《备案证明》的其他情形。

第四章　法律责任

第二十八条 出口食品生产企业有下列情形之一的，责令改正，给予警告：

（一）未按照本规定保存相关档案或者提交年度报告的；

（二）发生食品安全卫生问题，未按照本规定及时向所在地海关报告的；

（三）未按照本规定办理变更或者重新备案的。

第二十九条 出口食品生产企业违反《中华人民共和国食品安全法》《中华人民共和国进出口商品检验法》及其实施条例等有关法律、行政法规规定的，依照相关规定追究其法律责任。

第三十条 海关工作人员在实施备案和监督管理工作中，滥用职权、徇私舞弊、玩忽职守的，依法给予行政处分；构成犯罪的，依法追究刑事责任。

第五章　附　则

第三十一条 出口食品生产企业需要办理国外（境外）卫生注册的，应当按照本规定取得《备案证明》，依据我国和进口国（地区）有关要求，向其所在地海关提出申请，并由海关总署统一对外推荐。

海关在监管中发现获得国外（境外）卫生注册的企业不能持续符合进口国（地区）注册要求，或者其《备案证明》已被依法撤销、注销的，应当报海关总署取消其对外推荐注册资格。

第三十二条 本规定中海关实施行政许可的期限以工作日计算，不含法定节假日。

第三十三条 本规定所称的出口食品生产企业不包括出口食品添加剂、食品相关产品的生产、加工、储存企业。

第三十四条 供港澳食品、边境小额和互市贸易出口食品，海关总署另有规定的，从其规定。

第三十五条 本规定由海关总署负责解释。

第三十六条 本规定自 2018 年 1 月 1 日起施行。国家质检总局于 2011 年 7 月 26 日公布的《出口食品生产企业备案管理规定》同时废止。

出入境检验检疫报检规定

(1999 年 12 月 17 日国家出入境检验检疫局令第 16 号发布，根据 2018 年 3 月 6 日国家质量监督检验检疫总局令第 196 号《国家质量监督检验检疫总局关于废止和修改部分规章的决定》第一次修正，根据 2018 年 4 月 28 日海关总署令第 238 号《海关总署关于修改部分规章的决定》第二次修正，根据 2018 年 5 月 29 日海关总署令第 240 号《海关总署关于修改部分规章的决定》第三次修正，根据 2018 年 11 月 23 日海关总署令第 243 号《海关总署关于修改部分规章的决定》第四次修正)

第一章 总 则

第一条 为加强出入境检验检疫报检管理，规范报检行为，根据《中华人民共和国进出口商品检验法》及其实施条例、《中华人民共和国进出境动植物检疫法》及其实施条例、《中华人民共和国国境卫生检疫法》及其实施细则、《中华人民共和国食品安全法》等法律法规的有关规定，制定本规定。

第二条　根据法律法规规定办理出入境检验检疫报检/申报的行为均适用本规定。

第三条　报检范围：

（一）国家法律法规规定须经检验检疫的；

（二）输入国家或地区规定必须凭检验检疫证书方准入境的；

（三）有关国际条约规定须经检验检疫的；

（四）申请签发原产地证明书及普惠制原产地证明书的。

第四条　报检人在报检时应填写规定格式的报检单，提供与出入境检验检疫有关的单证资料，按规定缴纳检验检疫费。

第五条　报检单填制要求为：

（一）报检人须按要求填写报检单所列内容；书写工整、字迹清晰，不得涂改；报检日期按海关受理报检日期填写。

（二）报检单必须加盖报检单位印章。

第二章　报检资格

第六条　报检单位办理业务应当向海关备案，并由该企业在海关备案的报检人员办理报检手续。

第七条　代理报检的，须向海关提供委托书，委托书由委托人按海关规定的格式填写。

第八条　非贸易性质的报检行为，报检人凭有效证件可直接办理报检手续。

第三章　入境报检

第九条　入境报检时，应填写入境货物报检单并提供合同、发票、提单等有关单证。

第十条　入境报检时除按第九条规定办理外，还应当符合下列要求：

（一）国家实施许可制度管理的货物，应提供有关证明。

（二）品质检验的还应提供国外品质证书或质量保证书、产品使用说明书及有关标准和技术资料；凭样成交的，须加附成交样品；以品级或公量计价结算的，应同时申请重量鉴定。

（三）报检入境废物原料时，还应当取得装运前检验证书；属于限制类废物原料的，应当取得进口许可证明。海关对有关进口许可证明电子数据进行系统自动比对验核。

（四）申请残损鉴定的还应提供理货残损单、铁路商务记录、空运事故记录或海事报告等证明货损情况的有关单证。

（五）申请重（数）量鉴定的还应提供重量明细单，理货清单等。

（六）货物经收、用货部门验收或其他单位检测的，应随附验收报告或检测结果以及重量明细单等。

（七）入境的国际旅行者，国内外发生重大传染病疫情时，应当填写《出入境检疫健康申明卡》。

（八）入境的动植物及其产品，在提供贸易合同、发票、产地证书的同时，还必须提供输出国家或地区官方的检疫证书；需办理入境检疫审批手续的，还应当取得入境动植物检疫许可证。

（九）过境动植物及其产品报检时，应持货运单和输出国家或地区官方出具的检疫证书；运输动物过境时，还应当取得海关总署签发的动植物过境许可证。

（十）报检入境运输工具、集装箱时，应提供检疫证明，并申报有关人员健康状况。

（十一）入境旅客、交通员工携带伴侣动物的，应提供入境动物检疫证书及预防接种证明。

（十二）因科研等特殊需要，输入禁止入境物的，应当取得海关总署签发的特许审批证明。

（十三）入境特殊物品的，应提供有关的批件或规定的文件。

第四章　出境报检

第十一条　出境报检时，应填写出境货物报检单并提供对外贸易合同（售货确认书或函电）、发票、装箱单等必要的单证。

第十二条　出境报检时除按第十一条规定办理外，还应当符合下列要求：

（一）国家实施许可制度管理的货物，应提供有关证明。

（二）出境货物须经生产者或经营者检验合格并加附检验合格证或检测报告；申请重量鉴定的，应加附重量明细单或磅码单。

（三）凭样成交的货物，应提供经买卖双方确认的样品。

（四）出境人员应向海关申请办理国际旅行健康证明书及国际预防接种证书。

（五）报检出境运输工具、集装箱时，还应提供检疫证明，并申报有关人员健康状况。

（六）生产出境危险货物包装容器的企业，必须向海关申请包装容器的性能鉴定。

生产出境危险货物的企业，必须向海关申请危险货物包装容器的使用鉴定。

（七）报检出境危险货物时，应当取得危险货物包装容器性能鉴定结果单和使用鉴定结果单。

（八）申请原产地证明书和普惠制原产地证明书的，应提供商业发票等资料。

（九）出境特殊物品的，根据法律法规规定应提供有关的审批文件。

第五章　报检及证单的更改

第十三条　报检人申请撤销报检时，应书面说明原因，经批准后方可办理撤销手续。

第十四条　报检后 30 天内未联系检验检疫事宜的，作自动撤销报检处理。

第十五条　有下列情况之一的应重新报检：

（一）超过检验检疫有效期限的；

（二）变更输入国家或地区，并又有不同检验检疫要求的；

（三）改换包装或重新拼装的；

（四）已撤销报检的。

第十六条　报检人申请更改证单时，应填写更改申请单，交附有关函电等证明单据，并交还原证单，经审核同意后方可办理更改手续。

品名、数（重）量、检验检疫结果、包装、发货人、收货人等重要项目更改后与合同、信用证不符的，或者更改后与输出、输入国家或地区法律法规规定不符的，均不能更改。

第六章　报检时限和地点

第十七条　对入境货物，应在入境前或入境时向入境口岸、指定的或到达站的海关办理报检手续；入境的运输工具及人员应在入境前或入境时申报。

第十八条　入境货物需对外索赔出证的，应在索赔有效期前不少于 20 天内向到货口岸或货物到达地的海关报检。

第十九条　输入微生物、人体组织、生物制品、血液及其制品或种畜、禽及其精液、胚胎、受精卵的，应当在入境前 30 天报检。

第二十条　输入其他动物的，应当在入境前 15 天报检。

第二十一条　输入植物、种子、种苗及其他繁殖材料的，应当在入境前 7 天报检。

第二十二条　出境货物最迟应于报关或装运前 7 天报检，对于个别检验检疫周期较长的货物，应留有相应的检验检疫时间。

第二十三条 出境的运输工具和人员应在出境前向口岸海关报检或申报。

第二十四条 需隔离检疫的出境动物在出境前60天预报，隔离前7天报检。

第二十五条 报检人对检验检疫证单有特殊要求的，应在报检单上注明并交附相关文件。

第七章 附 则

第二十六条 报检单位和报检人伪造、买卖、变造、涂改、盗用海关的证单、印章的，按有关法律法规予以处罚。

第二十七条 司法鉴定业务、行政机关委托及其他委托检验和鉴定业务，参照本规定执行。

第二十八条 本规定由海关总署负责解释。

第二十九条 本规定自2000年1月1日起施行，原国家商检局发布的《进出口商品报验规定》和原国家卫生检疫局发布的《关于对入、出境集装箱、货物实行报检制度的通知》同时废止。

出入境快件检验检疫管理办法

（2001年9月17日质量监督检验检疫总局令第3号公布，根据2018年4月28日海关总署令第238号《海关总署关于修改部分规章的决定》第一次修正，根据2018年5月29日海关总署令第240号《海关总署关于修改部分规章的决定》第二次修正，根据2018年11月23日海关总署令第243号《海关总署关于修改部分规章的决定》第三次修正）

第一章 总 则

第一条 为加强出入境快件的检验检疫管理，根据《中华人民共和国进出口商品检验法》《中华人民共和国进出境动植物检疫法》《中华人民共和国国境卫生检疫法》《中华人民共和国食品安全法》等有关法律法规的规定，制定本办法。

第二条 本办法所称出入境快件，是指依法经营出入境快件的企业（以下简称快件运营人），在特定时间内以快速的商业运输方式承运的出入境货物和物品。

第三条 依据本办法规定应当实施检验检疫的出入境快件包括：

（一）根据《中华人民共和国进出境动植物检疫法》及其实施条例和《中华人民共和国国境卫生检疫法》及其实施细则、以及有关国际条约、双边协议规定应当实施动植物检疫和卫生检疫的；

（二）列入海关实施检验检疫的进出境商品目录内的；

（三）属于实施进口安全质量许可制度、出口质量许可制度以及卫生注册登记制度管理的；

（四）其他有关法律法规规定应当实施检验检疫的。

第四条 海关总署统一管理全国出入境快件的检验检疫工作。

主管海关负责所辖地区出入境快件的检验检疫和监督管理工作。

第五条 快件运营人不得承运国家有关法律法规规定禁止出入境的货物或物品。

第六条 对应当实施检验检疫的出入境快件，未经检验检疫或者经检验检疫不合格的，不得运递。

第二章 报 检

第七条 快件运营人应按有关规定向海关办理报检手续。

第八条 快件运营人在申请办理出入境快件报检时，应提供报检单、总运单、每一快件的分运单、发票等有关单证，并应当符合下列要求：

（一）输入动物、动物产品、植物种子、种苗及其他繁殖材料的，应当取得相应的检疫审批许可证和检疫证明；

（二）因科研等特殊需要，输入禁止进境物的，应当取得海关总署签发的特许审批证明；

（三）属于微生物、人体组织、生物制品、血液及其制品等特殊物品的，应当取得相关审批；

（四）属于实施进口安全质量许可制度、出口质量许可证制度和卫生注册登记制度管理的，应提供有关证明。

第九条 入境快件到达海关监管区时，快件运营人应及时向所在地海关办理报检手续。

出境快件在其运输工具离境 4 小时前，快件运营人应向离境口岸海关办理报检手续。

第十条 快件运营人可以通过电子数据交换（EDI）的方式申请办理报检，

海关对符合条件的，应予受理。

第三章 检验检疫及处理

第十一条 海关对出入境快件应以现场检验检疫为主，特殊情况的，可以取样作实验室检验检疫。

第十二条 海关对出入境快件实行分类管理：

A 类：国家法律法规规定应当办理检疫许可证的快件；

B 类：属于实施进口安全质量许可制度、出口质量许可制度以及卫生注册登记制度管理的快件；

C 类：样品、礼品、非销售展品和私人自用物品；

D 类：以上三类以外的货物和物品。

第十三条 入境快件的检验检疫：

（一）对 A 类快件，按照国家法律法规和相关检疫要求实施检疫。

（二）对 B 类快件，实施重点检验，审核进口安全质量许可证或者卫生注册证，查看有无进口安全质量许可认证标志或者卫生注册标志。无进口安全质量许可证、卫生注册证或者无进口安全质量许可标志或者卫生注册标志的，作暂扣或退货处理，必要时进行安全、卫生检测。

（三）对 C 类快件，免予检验，应实施检疫的，按有关规定实施检疫。

（四）对 D 类快件，按 1%~3% 的比例进行抽查检验。

第十四条 出境快件的检验检疫：

（一）对 A 类快件，依据输入国家或者地区和中国有关检验规定实施检疫。

（二）对 B 类快件，实施重点检验，审核出口质量许可证或者卫生注册证，查看有无相关检验检疫标志、封识。无出口质量许可证、卫生注册证或者相关检验检疫标志、封识的，不得出境。

（三）对 C 类快件，免予检验，物主有检疫要求的，实施检疫。

（四）对 D 类快件，按 1%~3% 的比例进行抽查检验。

第十五条 入境快件经检疫发现被检疫传染病病源体污染的或者带有动植物检疫危险性病虫害的以及根据法律法规规定须作检疫处理的，海关应当按规定实施卫生、除害处理。

第十六条 入境快件经检验不符合法律、行政法规规定的强制性标准或者其他必须执行的检验标准的，必须在海关的监督下进行技术处理。

第十七条 入境快件经检验检疫合格的，签发有关单证，予以放行；经检验检疫不合格但经实施有效检验检疫处理，符合要求的，签发有关单证，予以放行。

第十八条 入境快件有下列情形之一的，由海关作退回或者销毁处理，并出具有关证明：

（一）未取得检疫审批并且未能按规定要求补办检疫审批手续的；

（二）按法律法规或者有关国际条约、双边协议的规定，须取得输出国官方出具的检疫证明文件或者有关声明，而未能取得的；

（三）经检疫不合格又无有效方法处理的；

（四）本办法第二十二条所述的入境快件不能进行技术处理或者经技术处理后，重新检验仍不合格的；

（五）其他依据法律法规的规定须作退回或者销毁处理的。

第十九条 出境快件经检验检疫合格的，签发相关单证，予以放行。经检验检疫不合格的，不准出境。

第二十条 海关对出入境快件需作进一步检验检疫处理的，可以予以封存，并与快件运营人办理交接手续。封存期一般不得超过45日。

第二十一条 对出入境快件作出退回或者销毁处理的，海关应当办理有关手续并通知快件运营人。

第二十二条 快件运营人应当配合检验检疫工作，向海关提供有关资料和必要的工作条件、工作用具等，必要时应当派出人员协助工作。

第四章　附　则

第二十三条 对通过邮政出入境的邮寄物的检疫管理适用《进出境邮寄物检疫管理办法》。

第二十四条 对违反本办法规定的，依照有关法律法规的规定予以处罚。

第二十五条 本办法由海关总署负责解释。

第二十六条 本办法自2001年11月15日起施行。

出入境人员携带物检疫管理办法

（2012 年 8 月 2 日国家质量监督检验检疫总局令第 146 号公布，根据 2018 年 4 月 28 日海关总署令第 238 号《海关总署关于修改部分规章的决定》第一次修正，根据 2018 年 5 月 29 日海关总署令第 240 号《海关总署关于修改部分规章的决定》第二次修正，根据 2018 年 11 月 23 日海关总署令第 243 号《海关总署关于修改部分规章的决定》第三次修正）

第一章 总 则

第一条 为了防止人类传染病及其医学媒介生物、动物传染病、寄生虫病和植物危险性病、虫、杂草以及其他有害生物经国境传入、传出，保护人体健康和农、林、牧、渔业以及环境安全，依据《中华人民共和国进出境动植物检疫法》及其实施条例、《中华人民共和国国境卫生检疫法》及其实施细则、《农业转基因生物安全管理条例》《中华人民共和国濒危野生动植物进出口管理条例》等法律法规的规定，制定本办法。

第二条 本办法所称出入境人员，是指出入境的旅客（包括享有外交、领事特权与豁免权的外交代表）和交通工具的员工以及其他人员。

本办法所称携带物，是指出入境人员随身携带以及随所搭乘的车、船、飞机等交通工具托运的物品和分离运输的物品。

第三条 海关总署主管全国出入境人员携带物检疫和监督管理工作。

主管海关负责所辖地区出入境人员携带物检疫和监督管理工作。

第四条 出入境人员携带下列物品，应当向海关申报并接受检疫：

（一）入境动植物、动植物产品和其他检疫物；

（二）出入境生物物种资源、濒危野生动植物及其产品；

（三）出境的国家重点保护的野生动植物及其产品；

（四）出入境的微生物、人体组织、生物制品、血液及血液制品等特殊物品（以下简称"特殊物品"）；

（五）出入境的尸体、骸骨等；

（六）来自疫区、被传染病污染或者可能传播传染病的出入境的行李和物品；

（七）其他应当向海关申报并接受检疫的携带物。

第五条 出入境人员禁止携带下列物品进境：

（一）动植物病原体（包括菌种、毒种等）、害虫及其他有害生物；

（二）动植物疫情流行的国家或者地区的有关动植物、动植物产品和其他检疫物；

（三）动物尸体；

（四）土壤；

（五）《中华人民共和国禁止携带、邮寄进境的动植物及其产品名录》所列各物；

（六）国家规定禁止进境的废旧物品、放射性物质以及其他禁止进境物。

第六条 经海关检疫，发现携带物存在重大检疫风险的，海关应当启动风险预警及快速反应机制。

第二章 检疫审批

第七条 携带动植物、动植物产品入境需要办理检疫审批手续的，应当事先向海关总署申请办理动植物检疫审批手续。

第八条 携带植物种子、种苗及其他繁殖材料入境，因特殊情况无法事先办理检疫审批的，应当按照有关规定申请补办。

第九条 因科学研究等特殊需要，携带本办法第五条第一项至第四项规定的物品入境的，应当事先向海关总署申请办理动植物检疫特许审批手续。

第十条 《中华人民共和国禁止携带、邮寄进境的动植物及其产品名录》所列各物，经国家有关行政主管部门审批许可，并具有输出国家或者地区官方机构出具的检疫证书的，可以携带入境。

第十一条 携带特殊物品出入境，应当事先向直属海关办理卫生检疫审批手续。

第三章 申报与现场检疫

第十二条 携带本办法第四条所列各物入境的，入境人员应当按照有关规定申报，接受海关检疫。

第十三条 海关可以在交通工具、人员出入境通道、行李提取或者托运处等现场，对出入境人员携带物进行现场检查，现场检查可以使用 X 光机、检疫犬以及其他方式进行。

对出入境人员可能携带本办法规定应当申报的携带物而未申报的，海关可以进行查询并抽检其物品，必要时可以开箱（包）检查。

第十四条 出入境人员应当接受检查，并配合检验检疫人员工作。

享有外交、领事特权与豁免权的外国机构和人员公用或者自用的动植物、动植物产品和其他检疫物入境，应当接受海关检疫；海关查验，须有外交代表或者其授权人员在场。

第十五条 对申报以及现场检查发现的本办法第四条所列各物，海关应当进行现场检疫。

第十六条 携带植物种子、种苗及其他繁殖材料进境的，携带人应当取得《引进种子、苗木检疫审批单》或者《引进林木种子、苗木和其他繁殖材料检疫审批单》。海关对上述检疫审批单电子数据进行系统自动比对验核。

携带除本条第一款之外的其他应当办理检疫审批的动植物、动植物产品和其他检疫物以及应当办理动植物检疫特许审批的禁止进境物入境的，携带人应当取得海关总署签发的《中华人民共和国进境动植物检疫许可证》（以下简称"检疫许可证"）和其他相关单证。

主管海关按照检疫审批要求以及有关规定对本条第一、二款规定的动植物和动植物产品及其他检疫物实施现场检疫。

第十七条 携带入境的活动物仅限犬或者猫（以下称"宠物"），并且每人每次限带1只。

携带宠物入境的，携带人应当向海关提供输出国家或者地区官方动物检疫机构出具的有效检疫证书和疫苗接种证书。宠物应当具有芯片或者其他有效身份证明。

第十八条 携带农业转基因生物入境的，携带人应当取得《农业转基因生物安全证书》，凭输出国家或者地区官方机构出具的检疫证书办理相关手续。海关对《农业转基因生物安全证书》电子数据进行系统自动比对验核。列入农业转基因生物标识目录的进境转基因生物，应当按照规定进行标识。

第十九条 携带特殊物品出入境的，携带人应当接受卫生检疫。

携带自用且仅限于预防或者治疗疾病用的血液制品或者生物制品出入境的，不需办理卫生检疫审批手续，但需出示医院的有关证明；允许携带量以处方或者说明书确定的一个疗程为限。

第二十条 携带尸体、骸骨等出入境的，携带人应当按照有关规定向海关提供死者的死亡证明以及其他相关单证。

海关依法对出入境尸体、骸骨等实施卫生检疫。

第二十一条 携带濒危野生动植物及其产品进出境或者携带国家重点保护

的野生动植物及其产品出境的，应当在《中华人民共和国濒危野生动植物进出口管理条例》规定的指定口岸进出境，携带人应当取得进出口证明书。海关对进出口证明书电子数据进行系统自动比对验核。

第二十二条 海关对携带人的检疫许可证以及其他相关单证进行核查，核查合格的，应当在现场实施检疫。现场检疫合格且无需作进一步实验室检疫、隔离检疫或者其他检疫处理的，可以当场放行。

携带物与检疫许可证或者其他相关单证不符的，作限期退回或者销毁处理。

第二十三条 携带物有下列情形之一的，海关依法予以截留：

（一）需要做实验室检疫、隔离检疫的；

（二）需要作检疫处理的；

（三）需要作限期退回或者销毁处理的；

（四）应当取得检疫许可证以及其他相关单证，未取得的；

（五）需要移交其他相关部门的。

海关应当对依法截留的携带物出具截留凭证，截留期限不超过 7 天。

第二十四条 携带动植物、动植物产品和其他检疫物出境，依法需要申报的，携带人应当按照规定申报并提供有关证明。

输入国家或者地区、携带人对出境动植物、动植物产品和其他检疫物有检疫要求的，由携带人提出申请，海关依法实施检疫并出具有关单证。

第二十五条 海关对入境中转人员携带物实行检疫监督管理。

航空公司对运载的入境中转人员携带物应当单独打板或者分舱运载，并在入境中转人员携带物外包装上加施明显标志。海关必要时可以在国内段实施随航监督。

第四章　检疫处理

第二十六条 截留的携带物应当在海关指定的场所封存或者隔离。

第二十七条 携带物需要做实验室检疫、隔离检疫的，经海关截留检疫合格的，携带人应当持截留凭证在规定期限内领取，逾期不领取的，作自动放弃处理；截留检疫不合格又无有效处理方法的，作限期退回或者销毁处理。

逾期不领取或者出入境人员书面声明自动放弃的携带物，由海关按照有关规定处理。

第二十八条 入境宠物应当隔离检疫 30 天（截留期限计入在内）。

来自狂犬病发生国家或者地区的宠物，应当在海关指定的隔离场隔离检疫 30 天。

来自非狂犬病发生国家或者地区的宠物，应当在海关指定隔离场隔离 7 天，其余 23 天在海关指定的其他场所隔离。

携带宠物属于工作犬，如导盲犬、搜救犬等，携带人提供相应专业训练证明的，可以免予隔离检疫。

海关对隔离检疫的宠物实行监督检查。

第二十九条 携带宠物入境，携带人不能向海关提供输出国家或者地区官方动物检疫机构出具的检疫证书和疫苗接种证书或者超过限额的，由海关作限期退回或者销毁处理。

对仅不能提供疫苗接种证书的工作犬，经携带人申请，海关可以对工作犬接种狂犬病疫苗。

作限期退回处理的，携带人应当在规定的期限内持海关签发的截留凭证，领取并携带宠物出境；逾期不领取的，作自动放弃处理。

第三十条 因应当取得而未取得检疫许可证以及其他相关单证被截留的携带物，携带人应当在截留期限内取得单证，海关对单证核查合格，无需作进一步实验室检疫、隔离检疫或者其他检疫处理的，予以放行；未能取得有效单证的，作限期退回或者销毁处理。

携带农业转基因生物入境，不能提供农业转基因生物安全证书和相关批准文件的，或者携带物与证书、批准文件不符的，作限期退回或者销毁处理。进口农业转基因生物未按照规定标识的，重新标识后方可入境。

第三十一条 携带物有下列情况之一的，按照有关规定实施除害处理或者卫生处理：

（一）入境动植物、动植物产品和其他检疫物发现有规定病虫害的；

（二）出入境的尸体、骸骨不符合卫生要求的；

（三）出入境的行李和物品来自传染病疫区、被传染病污染或者可能传播传染病的；

（四）其他应当实施除害处理或者卫生处理的。

第三十二条 携带物有下列情况之一的，海关按照有关规定予以限期退回或者销毁处理，法律法规另有规定的除外：

（一）有本办法第二十二条、第二十七条、第二十九条和第三十条所列情形的；

（二）法律法规及国家其他规定禁止入境的；

（三）其他应当予以限期退回或者作销毁处理的。

第五章 法律责任

第三十三条 携带动植物、动植物产品和其他检疫物入境有下列行为之一的，由海关处以 5000 元以下罚款：

（一）应当向海关申报而未申报的；

（二）申报的动植物、动植物产品和其他检疫物与实际不符的；

（三）未依法办理检疫审批手续的；

（四）未按照检疫审批的规定执行的。

有前款第二项所列行为，已取得检疫单证的，予以吊销。

第三十四条 有下列违法行为之一的，由海关处以警告或者 100 元以上 5000 元以下罚款：

（一）拒绝接受检疫，拒不接受卫生处理的；

（二）伪造、变造卫生检疫单证的；

（三）瞒报携带禁止进口的微生物、人体组织、生物制品、血液及其制品或者其他可能引起传染病传播的动物和物品的；

（四）未经海关许可，擅自装卸行李的；

（五）承运人对运载的入境中转人员携带物未单独打板或者分舱运载的。

第三十五条 未经海关实施卫生处理，擅自移运尸体、骸骨的，由海关处以 1000 元以上 1 万元以下罚款。

第三十六条 有下列行为之一的，由海关处以 3000 元以上 3 万元以下罚款：

（一）未经海关许可擅自将进境、过境动植物、动植物产品和其他检疫物卸离运输工具或者运递的；

（二）未经海关许可，擅自调离或者处理在海关指定的隔离场所中截留隔离的携带物的；

（三）擅自开拆、损毁动植物检疫封识或者标志的。

第三十七条 伪造、变造动植物检疫单证、印章、标志、封识的，应当依法移送公安机关；尚不构成犯罪或者犯罪情节显著轻微依法不需要判处刑罚的，由海关处以 2 万元以上 5 万元以下罚款。

第三十八条 携带废旧物品，未向海关申报，未经海关实施卫生处理并签发有关单证而擅自入境、出境的，由海关处以 5000 元以上 3 万元以下罚款。

第三十九条 买卖动植物检疫单证、印章、标志、封识或者买卖伪造、变造的动植物检疫单证、印章、标志、封识的，有违法所得的，由海关处以违法所得 3 倍以下罚款，最高不超过 3 万元；无违法所得的，由海关处以 1 万元以下罚款。

买卖卫生检疫单证或者买卖伪造、变造的卫生检疫单证的，有违法所得的，由海关处以违法所得3倍以下罚款，最高不超过5000元；无违法所得的，由海关处以100元以上5000元以下罚款。

第四十条 有下列行为之一的，由海关处以1000元以下罚款：

（一）盗窃动植物检疫单证、印章、标志、封识或者使用伪造、变造的动植物检疫单证、印章、标志、封识的；

（二）盗窃卫生检疫单证或者使用伪造、变造的卫生检疫单证的；

（三）使用伪造、变造的国外官方机构出具的检疫证书的。

第四十一条 出入境人员拒绝、阻碍海关及其工作人员依法执行职务的，依法移送有关部门处理。

第四十二条 海关工作人员应当秉公执法、忠于职守，不得滥用职权、玩忽职守、徇私舞弊；违法失职的，依法追究责任。

第六章 附 则

第四十三条 本法所称分离运输的物品是指出入境人员在其入境后或者出境前6个月内（含6个月），以托运方式运进或者运出的本人行李物品。

第四十四条 需要收取费用的，海关按照有关规定执行。

第四十五条 违反本办法规定，构成犯罪的，依法追究刑事责任。

第四十六条 本办法由海关总署负责解释。

第四十七条 本办法自2012年11月1日起施行。国家质检总局2003年11月6日发布的《出入境人员携带物检疫管理办法》（国家质检总局令第56号）同时废止。

出入境特殊物品卫生检疫管理规定

（2015 年 1 月 21 日国家质量监督检验检疫总局令第 160 号公布，根据 2016 年 10 月 18 日国家质量监督检验检疫总局令第 184 号《国家质量监督检验检疫总局关于修改和废止部分规章的决定》第一次修正，根据 2018 年 4 月 28 日海关总署令第 238 号《海关总署关于修改部分规章的决定》第二次修正，根据 2018 年 5 月 29 日海关总署令第 240 号《海关总署关于修改部分规章的决定》第三次修正，根据 2018 年 11 月 23 日海关总署令第 243 号《海关总署关于修改部分规章的决定》第四次修正)

第一章　总　则

第一条　为了规范出入境特殊物品卫生检疫监督管理，防止传染病传入、传出，防控生物安全风险，保护人体健康，根据《中华人民共和国国境卫生检疫法》及其实施细则、《艾滋病防治条例》、《病原微生物实验室生物安全管理条例》和《人类遗传资源管理暂行办法》等法律法规规定，制定本规定。

第二条　本规定适用于入境、出境的微生物、人体组织、生物制品、血液及其制品等特殊物品的卫生检疫监督管理。

第三条　海关总署统一管理全国出入境特殊物品的卫生检疫监督管理工作；主管海关负责所辖地区的出入境特殊物品卫生检疫监督管理工作。

第四条　出入境特殊物品卫生检疫监督管理遵循风险管理原则，在风险评估的基础上根据风险等级实施检疫审批、检疫查验和监督管理。

海关总署可以对输出国家或者地区的生物安全控制体系进行评估。

第五条　出入境特殊物品的货主或者其代理人，应当按照法律法规规定和相关标准的要求，输入、输出以及生产、经营、使用特殊物品，对社会和公众负责，保证特殊物品安全，接受社会监督，承担社会责任。

第二章　检疫审批

第六条　直属海关负责辖区内出入境特殊物品的卫生检疫审批（以下简称特殊物品审批）工作。

第七条　申请特殊物品审批应当具备下列条件：

（一）法律法规规定须获得相关部门批准文件的，应当获得相应批准文件；

（二）具备与出入境特殊物品相适应的生物安全控制能力。

第八条 入境特殊物品的货主或者其代理人应当在特殊物品交运前向目的地直属海关申请特殊物品审批。

出境特殊物品的货主或者其代理人应当在特殊物品交运前向其所在地直属海关申请特殊物品审批。

第九条 申请特殊物品审批的，货主或者其代理人应当按照以下规定提供相应材料：

（一）《入/出境特殊物品卫生检疫审批申请表》；

（二）出入境特殊物品描述性材料，包括特殊物品中英文名称、类别、成分、来源、用途、主要销售渠道、输出输入的国家或者地区、生产商等；

（三）入境用于预防、诊断、治疗人类疾病的生物制品、人体血液制品，应当提供国务院药品监督管理部门发给的进口药品注册证书；

（四）入境、出境特殊物品含有或者可能含有病原微生物的，应当提供病原微生物的学名（中文和拉丁文）、生物学特性的说明性文件（中英文对照件）以及生产经营者或者使用者具备相应生物安全防控水平的证明文件；

（五）出境用于预防、诊断、治疗的人类疾病的生物制品、人体血液制品，应当提供药品监督管理部门出具的销售证明；

（六）出境特殊物品涉及人类遗传资源管理范畴的，应当取得人类遗传资源管理部门出具的批准文件，海关对有关批准文件电子数据进行系统自动比对验核；

（七）使用含有或者可能含有病原微生物的出入境特殊物品的单位，应当提供与生物安全风险等级相适应的生物安全实验室资质证明，BSL-3级以上实验室必须获得国家认可机构的认可；

（八）出入境高致病性病原微生物菌（毒）种或者样本的，应当提供省级以上人民政府卫生主管部门的批准文件。

第十条 申请人为单位的，首次申请特殊物品审批时，除提供本规定第九条所规定的材料以外，还应当提供下列材料：

（一）单位基本情况，如单位管理体系认证情况、单位地址、生产场所、实验室设置、仓储设施设备、产品加工情况、生产过程或者工艺流程、平面图等；

（二）实验室生物安全资质证明文件。

申请人为自然人的，应当提供身份证复印件。

出入境病原微生物或者可能含有病原微生物的特殊物品，其申请人不得为自然人。

第十一条 直属海关对申请人提出的特殊物品审批申请，应当根据下列情况分别作出处理：

（一）申请事项依法不需要取得特殊物品审批的，应当即时告知申请人不予受理。

（二）申请事项依法不属于本单位职权范围的，应当即时作出不予受理的决定，并告知申请人向有关行政机关或者其他直属海关申请。

（三）申请材料存在可以当场更正的错误的，应当允许申请人当场更正。

（四）申请材料不齐全或者不符合法定形式的，应当当场或者自收到申请材料之日起 5 日内一次性告知申请人需要补正的全部内容。逾期不告知的，自收到申请材料之日起即为受理。

（五）申请事项属于本单位职权范围，申请材料齐全、符合法定形式，或者申请人按照本单位的要求提交全部补正申请材料的，应当受理行政许可申请。

第十二条 直属海关对申请材料应当及时进行书面审查。并可以根据情况采取专家资料审查、现场评估、实验室检测等方式对申请材料的实质内容进行核实。

第十三条 申请人的申请符合法定条件、标准的，直属海关应当自受理之日起 20 日内签发《入/出境特殊物品卫生检疫审批单》（以下简称《特殊物品审批单》）。

申请人的申请不符合法定条件、标准的，直属海关应当自受理之日起 20 日内作出不予审批的书面决定并说明理由，告知申请人享有依法申请行政复议或者提起行政诉讼的权利。

直属海关 20 日内不能作出审批或者不予审批决定的，经本行政机关负责人批准，可以延长 10 日，并应当将延长期限的理由告知申请人。

第十四条 《特殊物品审批单》有效期如下：

（一）含有或者可能含有高致病性病原微生物的特殊物品，有效期为 3 个月。

（二）含有或者可能含有其他病原微生物的特殊物品，有效期为 6 个月。

（三）除上述规定以外的其他特殊物品，有效期为 12 个月。

《特殊物品审批单》在有效期内可以分批核销使用。超过有效期的，应当重新申请。

第三章 检疫查验

第十五条 入境特殊物品到达口岸后，货主或者其代理人应当凭《特殊物品审批单》及其他材料向入境口岸海关报检。

出境特殊物品的货主或者其代理人应当在出境前凭《特殊物品审批单》及其他材料向其所在地海关报检。

报检材料不齐全或者不符合法定形式的，海关不予入境或者出境。

第十六条 受理报检的海关应当按照下列要求对出入境特殊物品实施现场查验，并填写《入/出境特殊物品卫生检疫现场查验记录》：

（一）检查出入境特殊物品名称、成分、批号、规格、数量、有效期、运输储存条件、输出/输入国和生产厂家等项目是否与《特殊物品审批单》的内容相符；

（二）检查出入境特殊物品包装是否安全无破损，不渗、不漏，存在生物安全风险的是否具有符合相关要求的生物危险品标识。

入境口岸查验现场不具备查验特殊物品所需安全防护条件的，应当将特殊物品运送到符合生物安全等级条件的指定场所实施查验。

第十七条 对需实验室检测的入境特殊物品，货主或者其代理人应当按照口岸海关的要求将特殊物品存放在符合条件的储存场所，经检疫合格后方可移运或者使用。口岸海关不具备检测能力的，应当委托有相应资质的实验室进行检测。

含有或者可能含有病原微生物、毒素等生物安全危害因子的入境特殊物品的，口岸海关实施现场查验后应当及时电子转单给目的地海关。目的地海关应当实施后续监管。

第十八条 邮寄、携带的出入境特殊物品，未取得《特殊物品审批单》的，海关应当予以截留并出具截留凭证，截留期限不超过 7 天。

邮递人或者携带人在截留期限内取得《特殊物品审批单》后，海关按照本规定第十六条规定进行查验，经检疫查验合格的予以放行。

第十九条 携带自用且仅限于预防或者治疗疾病用的血液制品或者生物制品出入境的，不需办理卫生检疫审批手续，出入境时应当向海关出示医院的有关证明；允许携带量以处方或者说明书确定的一个疗程为限。

第二十条 口岸海关对经卫生检疫符合要求的出入境特殊物品予以放行。有下列情况之一的，由口岸海关签发《检验检疫处理通知书》，予以退运或者销毁：

（一）名称、批号、规格、生物活性成分等与特殊物品审批内容不相符的；

（二）超出卫生检疫审批的数量范围的；

（三）包装不符合特殊物品安全管理要求的；

（四）经检疫查验不符合卫生检疫要求的；

（五）被截留邮寄、携带特殊物品自截留之日起 7 日内未取得《特殊物品审批单》的，或者取得《特殊物品审批单》后，经检疫查验不合格的。

口岸海关对处理结果应当做好记录、归档。

第四章　监督管理

第二十一条　出入境特殊物品单位，应当建立特殊物品安全管理制度，严格按照特殊物品审批的用途生产、使用或者销售特殊物品。

出入境特殊物品单位应当建立特殊物品生产、使用、销售记录。记录应当真实，保存期限不得少于 2 年。

第二十二条　海关对出入境特殊物品实施风险管理，根据出入境特殊物品可能传播人类疾病的风险对不同风险程度的特殊物品划分为不同的风险等级，并采取不同的卫生检疫监管方式。

出入境特殊物品的风险等级及其对应的卫生检疫监管方式由海关总署统一公布。

第二十三条　需实施后续监管的入境特殊物品，其使用单位应当在特殊物品入境后 30 日内，到目的地海关申报，由目的地海关实施后续监管。

第二十四条　海关对入境特殊物品实施后续监管的内容包括：

（一）使用单位的实验室是否与《特殊物品审批单》一致；

（二）入境特殊物品是否与《特殊物品审批单》货证相符。

第二十五条　在后续监管过程中发现下列情形的，由海关撤回《特殊物品审批单》，责令其退运或者销毁：

（一）使用单位的实验室与《特殊物品审批单》不一致的；

（二）入境特殊物品与《特殊物品审批单》货证不符的。

海关对后续监管过程中发现的问题，应当通报原审批的直属海关。情节严重的应当及时上报海关总署。

第二十六条　海关工作人员应当秉公执法、忠于职守，在履行职责中，对所知悉的商业秘密负有保密义务。

第五章　法律责任

第二十七条　违反本规定，有下列情形之一的，由海关按照《中华人民共和国国境卫生检疫法实施细则》第一百一十条规定处以警告或者 100 元以上5000 元以下的罚款：

（一）拒绝接受检疫或者抵制卫生检疫监督管理的；

（二）伪造或者涂改卫生检疫单、证的；

（三）瞒报携带禁止进口的微生物、人体组织、生物制品、血液及其制品或者其他可能引起传染病传播的动物和物品的。

第二十八条 违反本规定，有下列情形之一的，有违法所得的，由海关处以 3 万元以下的罚款：

（一）以欺骗、贿赂等不正当手段取得特殊物品审批的。

（二）未经海关许可，擅自移运、销售、使用特殊物品的。

（三）未向海关报检或者提供虚假材料，骗取检验检疫证单的。

（四）未在相应的生物安全等级实验室对特殊物品开展操作的或者特殊物品使用单位不具备相应等级的生物安全控制能力的；未建立特殊物品使用、销售记录或者记录与实际不符的。

（五）未经海关同意，擅自使用需后续监管的入境特殊物品的。

第二十九条 出入境特殊物品的货主或者其代理人拒绝、阻碍海关及其工作人员依法执行职务的，依法移送有关部门处理。

第三十条 海关工作人员徇私舞弊、滥用职权、玩忽职守，违反相关法律法规的，依法给予行政处分；情节严重，构成犯罪的，依法追究刑事责任。

第三十一条 对违反本办法，引起检疫传染病传播或者有引起检疫传染病传播严重危险的，依照《中华人民共和国刑法》的有关规定追究刑事责任。

第六章 附 则

第三十二条 本规定下列用语的含义：

微生物是指病毒、细菌、真菌、放线菌、立克次氏体、螺旋体、衣原体、支原体等医学微生物菌（毒）种及样本以及寄生虫、环保微生物菌剂。

人体组织是指人体细胞、细胞系、胚胎、器官、组织、骨髓、分泌物、排泄物等。

人类遗传资源是指含有人体基因组，基因及其产物的器官、组织、细胞、血液、制备物、重组脱氧核糖核酸（DNA）构建体等遗传材料及相关的信息资料。

生物制品是指用于人类医学、生命科学相关领域的疫苗、抗毒素、诊断用试剂、细胞因子、酶及其制剂以及毒素、抗原、变态反应原、抗体、抗原–抗体复合物、核酸、免疫调节剂、微生态制剂等生物活性制剂。

血液是指人类的全血、血浆成分和特殊血液成分。

血液制品是指各种人类血浆蛋白制品。

出入境特殊物品单位是指从事特殊物品生产、使用、销售、科研、医疗、检验、医药研发外包的法人或者其他组织。

第三十三条 进出口环保用微生物菌剂卫生检疫监督管理按照《进出口环保用微生物菌剂环境安全管理办法》（环境保护部、国家质检总局令第 10 号）的规定执行。

第三十四条 进出境特殊物品应当实施动植物检疫的，按照进出境动植物检疫法律法规的规定执行。

第三十五条 本规定由海关总署负责解释。

第三十六条 本规定自 2015 年 3 月 1 日起施行，国家质检总局 2005 年 10 月 17 日发布的《出入境特殊物品卫生检疫管理规定》（国家质检总局令第 83 号）同时废止。

进出境粮食检验检疫监督管理办法

（2016 年 1 月 20 日国家质量监督检验检疫总局令第 177 号公布，根据 2018 年 4 月 28 日海关总署令第 238 号《海关总署关于修改部分规章的决定》第一次修正，根据 2018 年 5 月 29 日海关总署令第 240 号《海关总署关于修改部分规章的决定》第二次修正，根据 2018 年 11 月 23 日海关 总署令第243号《海关总署关于修改部分规章的决定》第三次修正）

第一章 总 则

第一条 根据《中华人民共和国进出境动植物检疫法》及其实施条例、《中华人民共和国食品安全法》及其实施条例、《中华人民共和国进出口商品检验法》及其实施条例、《农业转基因生物安全管理条例》《国务院关于加强食品等产品安全监督管理的特别规定》等法律法规的规定，制定本办法。

第二条 本办法适用于进出境（含过境）粮食检验检疫监督管理。

本办法所称粮食，是指用于加工、非繁殖用途的禾谷类、豆类、油料类等作物的籽实以及薯类的块根或者块茎等。

第三条 海关总署统一管理全国进出境粮食检验检疫监督管理工作。

主管海关负责所辖区域内进出境粮食的检验检疫监督管理工作。

第四条 海关总署及主管海关对进出境粮食质量安全实施风险管理，包括在风险分析的基础上，组织开展进出境粮食检验检疫准入，包括产品携带有害生物风险分析、监管体系评估与审查、确定检验检疫要求、境外生产企业注册登记等。

第五条 进出境粮食收发货人及生产、加工、存放、运输企业应当依法从事生产经营活动，建立并实施粮食质量安全控制体系和疫情防控体系，对进出境粮食质量安全负责，诚实守信，接受社会监督，承担社会责任。

第二章　进境检验检疫

第一节　注册登记

第六条 海关总署对进境粮食境外生产、加工、存放企业（以下简称境外生产加工企业）实施注册登记制度。

境外生产加工企业应当符合输出国家或者地区法律法规和标准的相关要求，并达到中国有关法律法规和强制性标准的要求。

实施注册登记管理的进境粮食境外生产加工企业，经输出国家或者地区主管部门审查合格后向海关总署推荐。海关总署收到推荐材料后进行审查确认，符合要求的国家或者地区的境外生产加工企业，予以注册登记。

境外生产加工企业注册登记有效期为4年。

需要延期的境外生产加工企业，由输出国家或者地区主管部门在有效期届满6个月前向海关总署提出延期申请。海关总署确认后，注册登记有效期延长4年。必要时，海关总署可以派出专家到输出国家或者地区对其监管体系进行回顾性审查，并对申请延期的境外生产加工企业进行抽查。

注册登记的境外生产加工企业向中国输出粮食经检验检疫不合格，情节严重的，海关总署可以撤销其注册登记。

第七条 向我国出口粮食的境外生产加工企业应当获得输出国家或者地区主管部门的认可，具备过筛清杂、烘干、检测、防疫等质量安全控制设施及质量管理制度，禁止添加杂质。

根据情况需要，海关总署组织专家赴境外实施体系性考察，开展疫情调查，生产、加工、存放企业检查及预检监装等工作。

第二节　检验检疫

第八条 海关总署对进境粮食实施检疫准入制度。

首次从输出国家或者地区进口某种粮食，应当由输出国家或者地区官方主管机构向海关总署提出书面申请，并提供该种粮食种植及储运过程中发生有害生物的种类、为害程度及防控情况和质量安全控制体系等技术资料。特殊情况下，可以由进口企业申请并提供技术资料。海关总署可以组织开展进境粮食风险分析、实地考察及对外协商。

海关总署依照国家法律法规及国家技术规范的强制性要求等，制定进境粮食的具体检验检疫要求，并公布允许进境的粮食种类及来源国家或者地区名单。

对于已经允许进境的粮食种类及相应来源国家或者地区，海关总署将根据境外疫情动态、进境疫情截获及其他质量安全状况，组织开展进境粮食具体检验检疫要求的回顾性审查，必要时派专家赴境外开展实地考察、预检、监装及对外协商。

第九条　进境粮食应当从海关总署指定的口岸入境。指定口岸条件及管理规范由海关总署制定。

第十条　海关总署对进境粮食实施检疫许可制度。进境粮食货主应当在签订贸易合同前，按照《进境动植物检疫审批管理办法》等规定申请办理检疫审批手续，取得《中华人民共和国进境动植物检疫许可证》（以下简称《检疫许可证》），并将国家粮食质量安全要求、植物检疫要求及《检疫许可证》中规定的相关要求列入贸易合同。

因口岸条件限制等原因，进境粮食应当运往符合防疫及监管条件的指定存放、加工场所（以下简称指定企业），办理《检疫许可证》时，货主或者其代理人应当明确指定场所并提供相应证明文件。

未取得《检疫许可证》的粮食，不得进境。

第十一条　海关按照下列要求，对进境粮食实施检验检疫：

（一）中国政府与粮食输出国家或者地区政府签署的双边协议、议定书、备忘录以及其他双边协定确定的相关要求；

（二）中国法律法规、国家技术规范的强制性要求和海关总署规定的检验检疫要求；

（三）《检疫许可证》列明的检疫要求。

第十二条　货主或者其代理人应当在粮食进境前向进境口岸海关报检，并按要求提供以下材料：

（一）粮食输出国家或者地区主管部门出具的植物检疫证书；

（二）产地证书；

（三）贸易合同、提单、装箱单、发票等贸易凭证；

（四）双边协议、议定书、备忘录确定的和海关总署规定的其他单证。

进境转基因粮食的，还应当取得《农业转基因生物安全证书》。海关对《农业转基因生物安全证书》电子数据进行系统自动比对验核。

鼓励货主向境外粮食出口商索取由输出国家或者地区主管部门，或者由第三方检测机构出具的品质证书、卫生证书、适载证书、重量证书等其他单证。

第十三条 进境粮食可以进行随航熏蒸处理。

现场查验前，进境粮食承运人或者其代理人应当向进境口岸海关书面申报进境粮食随航熏蒸处理情况，并提前实施通风散气。未申报的，海关不实施现场查验；经现场检查，发现熏蒸剂残留物，或者熏蒸残留气体浓度超过安全限量的，暂停检验检疫及相关现场查验活动；熏蒸剂残留物经有效清除且熏蒸残留气体浓度低于安全限量后，方可恢复现场查验活动。

第十四条 使用船舶装载进境散装粮食的，海关应当在锚地对货物表层实施检验检疫，无重大异常质量安全情况后船舶方可进港，散装粮食应当在港口继续接受检验检疫。

需直接靠泊检验检疫的，应当事先征得海关的同意。

以船舶集装箱、火车、汽车等其他方式进境粮食的，应当在海关指定的查验场所实施检验检疫，未经海关同意不得擅自调离。

第十五条 海关应当对进境粮食实施现场检验检疫。现场检验检疫包括：

（一）货证核查。核对证单与货物的名称、数（重）量、出口储存加工企业名称及其注册登记号等信息。船舶散装的，应当核查上一航次装载货物及清仓检验情况，评估对装载粮食的质量安全风险；集装箱装载的，应当核查集装箱箱号、封识等信息。

（二）现场查验。重点检查粮食是否水湿、发霉、变质，是否携带昆虫及杂草籽等有害生物，是否有混杂粮谷、植物病残体、土壤、熏蒸剂残渣、种衣剂污染、动物尸体、动物排泄物及其他禁止进境物等。

（三）抽取样品。根据有关规定和标准抽取样品送实验室检测。

（四）其他现场查验活动。

第十六条 海关应当按照相关工作程序及标准，对现场查验抽取的样品及发现的可疑物进行实验室检测鉴定，并出具检验检疫结果单。

实验室检测样品应当妥善存放并至少保留3个月。如检测异常需要对外出证的，样品应当至少保留6个月。

第十七条 进境粮食有下列情形之一的，应当在海关监督下，在口岸锚地、港口或者指定的检疫监管场所实施熏蒸、消毒或者其他除害处理：

（一）发现检疫性有害生物或者其他具有检疫风险的活体有害昆虫，且可能造成扩散的；

（二）发现种衣剂、熏蒸剂污染、有毒杂草籽超标等安全卫生问题，且有有效技术处理措施的；

（三）其他原因造成粮食质量安全受到危害的。

第十八条 进境粮食有下列情形之一的，作退运或者销毁处理：

（一）未列入海关总署进境准入名单，或者无法提供输出粮食国家或者地区主管部门出具的《植物检疫证书》等单证的，或者无《检疫许可证》的；

（二）有毒有害物质以及其他安全卫生项目检测结果不符合国家技术规范的强制性要求，且无法改变用途或者无有效处理方法的；

（三）检出转基因成分，无《农业转基因生物安全证书》，或者与证书不符的；

（四）发现土壤、检疫性有害生物以及其他禁止进境物且无有效检疫处理方法的；

（五）因水湿、发霉等造成腐败变质或者受到化学、放射性等污染，无法改变用途或者无有效处理方法的；

（六）其他原因造成粮食质量安全受到严重危害的。

第十九条 进境粮食经检验检疫后，海关签发入境货物检验检疫证明等相关单证；经检验检疫不合格的，由海关签发《检验检疫处理通知书》、相关检验检疫证书。

第二十条 海关对进境粮食实施检疫监督。进境粮食应当在具备防疫、处理等条件的指定场所加工使用。未经有效的除害处理或加工处理，进境粮食不得直接进入市场流通领域。

进境粮食装卸、运输、加工、下脚料处理等环节应当采取防止撒漏、密封等防疫措施。进境粮食加工过程应当具备有效杀灭杂草籽、病原菌等有害生物的条件。粮食加工下脚料应当进行有效的热处理、粉碎或者焚烧等除害处理。

海关应当根据进境粮食检出杂草等有害生物的程度、杂质含量及其他质量安全状况，并结合拟指定加工、运输企业的防疫处理条件等因素，确定进境粮食的加工监管风险等级，并指导与监督相关企业做好疫情控制、监测等安全防控措施。

第二十一条 进境粮食用作储备、期货交割等特殊用途的，其生产、加工、存放应当符合海关总署相应检验检疫监督管理规定。

第二十二条 因科研、参展、样品等特殊原因而少量进境未列入海关总署准入名单内粮食的，应当按照有关规定提前申请办理进境特许检疫审批并取得《检疫许可证》。

第二十三条 进境粮食装卸、储存、加工涉及不同海关的，各相关海关应当加强沟通协作，建立相应工作机制，及时互相通报检验检疫情况及监管信息。

对于分港卸货的进境粮食，海关应当在放行前及时相互通报检验检疫情况。需要对外方出证的，相关海关应当充分协商一致，并按相关规定办理。

对于调离进境口岸的进境粮食，口岸海关应当在调离前及时向指运地海关开具进境粮食调运联系单。

第二十四条 境外粮食需经我国过境的，货主或者其代理人应当提前向海关总署或者主管海关提出申请，提供过境路线、运输方式及管理措施等，由海关总署组织制定过境粮食检验检疫监管方案后，方可依照该方案过境，并接受主管海关的监督管理。

过境粮食应当密封运输，杜绝撒漏。未经主管海关批准，不得开拆包装或者卸离运输工具。

第三章　出境检验检疫

第一节　注册登记

第二十五条 输入国家或者地区要求中国对向其输出粮食生产、加工、存放企业（以下简称出境生产加工企业）注册登记的，直属海关负责组织注册登记，并向海关总署备案。

第二十六条 出境粮食生产加工企业应当满足以下要求：

（一）具有法人资格，在工商行政管理部门注册，持有《企业法人营业执照》；

（二）建立涉及本企业粮食业务的全流程管理制度并有效运行，各台账记录清晰完整，能准确反映入出库粮食物流信息，具备可追溯性，台账保存期限不少于2年；

（三）具有过筛清杂、烘干、检测、防疫等质量安全控制设施以及有效的质量安全和溯源管理体系；

（四）建立有害生物监控体系，配备满足防疫需求的人员，具有对虫、鼠、鸟等的防疫措施及能力；

（五）不得建在有碍粮食卫生和易受有害生物侵染的区域。仓储区内不得兼营、生产、存放有毒有害物质。库房和场地应当硬化、平整、无积水。粮食分类存放，离地、离墙，标识清晰。

第二节 检验检疫

第二十七条 装运出境粮食的船舶、集装箱等运输工具的承运人、装箱单位或者其代理人，应当在装运前向海关申请清洁、卫生、密固等适载检验。未经检验检疫或者检验检疫不合格的，不得装运。

第二十八条 货主或者其代理人应当在粮食出境前向储存或者加工企业所在地海关报检，并提供贸易合同、发票、自检合格证明等材料。

贸易方式为凭样成交的，还应当提供成交样品。

第二十九条 海关按照下列要求对出境粮食实施现场检验检疫和实验室项目检测：

（一）双边协议、议定书、备忘录和其他双边协定；

（二）输入国家或者地区检验检疫要求；

（三）中国法律法规、强制性标准和海关总署规定的检验检疫要求；

（四）贸易合同或者信用证注明的检疫要求。

第三十条 对经检验检疫符合要求，或者通过有效除害或者技术处理并经重新检验检疫符合要求的，海关按照规定签发《出境货物换证凭单》。输入国家或者地区要求出具检验检疫证书的，按照国家相关规定出具证书。输入国家或者地区对检验检疫证书形式或者内容有新要求的，经海关总署批准后，方可对证书进行变更。

经检验检疫不合格且无有效除害或者技术处理方法的，或者虽经过处理但经重新检验检疫仍不合格的，海关签发《出境货物不合格通知单》，粮食不得出境。

第三十一条 出境粮食检验有效期最长不超过 2 个月；检疫有效期原则定为 21 天，黑龙江、吉林、辽宁、内蒙古和新疆地区冬季（11 月至次年 2 月底）可以酌情延长至 35 天。超过检验检疫有效期的粮食，出境前应当重新报检。

第三十二条 产地与口岸海关应当建立沟通协作机制，及时通报检验检疫情况等信息。

出境粮食经产地检验检疫合格后，出境口岸海关按照相关规定查验，重点检查货证是否相符、是否感染有害生物等。查验不合格的，不予放行。

出境粮食到达口岸后拼装的，应当重新报检，并实施检疫。出境粮食到达口岸后因变更输入国家或者地区而有不同检验检疫要求的，应当重新报检，并实施检验检疫。

第四章　风险及监督管理

第一节　风险监测及预警

第三十三条　海关总署对进出境粮食实施疫情监测制度，相应的监测技术指南由海关总署制定。

海关应当在粮食进境港口、储存库、加工厂周边地区、运输沿线粮食换运、换装等易洒落地段等，开展杂草等检疫性有害生物监测与调查。发现疫情的，应当及时组织相关企业采取应急处置措施，并分析疫情来源，指导企业采取有效的整改措施。相关企业应当配合实施疫情监测及铲除措施。

根据输入国家或者地区的检疫要求，海关应当在粮食种植地、出口储存库及加工企业周边地区开展疫情调查与监测。

第三十四条　海关总署对进出境粮食实施安全卫生项目风险监控制度，制定进出境粮食安全卫生项目风险监控计划。

第三十五条　海关总署及主管海关建立粮食质量安全信息收集报送系统，信息来源主要包括：

（一）进出境粮食检验检疫中发现的粮食质量安全信息；

（二）进出境粮食贸易、储存、加工企业质量管理中发现的粮食质量安全信息；

（三）海关实施疫情监测、安全卫生项目风险监控中发现的粮食质量安全信息；

（四）国际组织、境外政府机构、国内外行业协会及消费者反映的粮食质量安全信息；

（五）其他关于粮食质量安全风险的信息。

第三十六条　海关总署及主管海关对粮食质量安全信息进行风险评估，确定相应粮食的风险级别，并实施动态的风险分级管理。依据风险评估结果，调整进出境粮食检验检疫管理及监管措施方案、企业监督措施等。

第三十七条　进出境粮食发现重大疫情和重大质量安全问题的，海关总署及主管海关依照相关规定，采取启动应急处置预案等应急处置措施，并发布警示通报。当粮食安全风险已不存在或者降低到可接受的水平时，海关总署及主管海关应当及时解除警示通报。

第三十八条　海关总署及主管海关根据情况将重要的粮食安全风险信息向地方政府、农业和粮食行政管理部门、国外主管机构、进出境粮食企业等相关机构和单位进行通报，并协同采取必要措施。粮食安全信息公开应当按照相关规定程序进行。

第二节　监督管理

第三十九条　拟从事进境粮食存放、加工业务的企业可以向所在地主管海关提出指定申请。

主管海关按照海关总署制定的有关要求，对申请企业的申请材料、工艺流程等进行检验评审，核定存放、加工粮食种类、能力。

从事进境粮食储存、加工的企业应当具备有效的质量安全及溯源管理体系，符合防疫、处理等质量安全控制要求。

第四十条　海关对指定企业实施检疫监督。

指定企业、收货人及代理人发现重大疫情或者公共卫生问题时，应当立即向所在地海关报告，海关应当按照有关规定处理并上报。

第四十一条　从事进出境粮食的收发货人及生产、加工、存放、运输企业应当建立相应的粮食进出境、接卸、运输、存放、加工、下脚料处理、发运流向等生产经营档案，做好质量追溯和安全防控等详细记录，记录至少保存 2 年。

第四十二条　进境粮食存在重大安全质量问题，已经或者可能会对人体健康或者农林牧渔业生产生态安全造成重大损害的，进境粮食收货人应当主动召回。采取措施避免或者减少损失发生，做好召回记录，并将召回和处理情况向所在地海关报告。

收货人不主动召回的，由直属海关发出责令召回通知书并报告海关总署。必要时，海关总署可以责令召回。

第四十三条　海关总署及主管海关根据质量管理、设施条件、安全风险防控、诚信经营状况，对企业实施分类管理。针对不同级别的企业，在粮食进境检疫审批、进出境检验检疫查验及日常监管等方面采取相应的检验检疫监管措施。具体分类管理规范由海关总署制定。

第五章　法律责任

第四十四条　有下列情形之一的，由海关按照《进出境动植物检疫法实施条例》规定处 5000 元以下罚款：

（一）未报检的；

（二）报检的粮食与实际不符的。

有前款第（二）项所列行为，已取得检疫单证的，予以吊销。

第四十五条 进境粮食未依法办理检疫审批手续或者未按照检疫审批规定执行的，由海关按照《进出境动植物检疫法实施条例》规定处 5000 元以下罚款。

第四十六条 擅自销售、使用未报检或者未经检验的列入必须实施检验的进出口商品目录的进出境粮食，由海关按照《进出口商品检验法实施条例》规定，没收非法所得，并处商品货值金额 5% 以上 20% 以下罚款。

第四十七条 进出境粮食收发货人生产、加工、存放、运输企业未按照本办法第四十一条的规定建立生产经营档案并做好记录的，由海关责令改正，给予警告；拒不改正的，处 3000 元以上 1 万元以下罚款。

第四十八条 有下列情形之一的，由海关按照《进出境动植物检疫法实施条例》规定，处 3000 元以上 3 万元以下罚款：

（一）未经海关批准，擅自将进境、过境粮食卸离运输工具，擅自将粮食运离指定查验场所的；

（二）擅自开拆过境粮食的包装，或者擅自开拆、损毁动植物检疫封识或者标志的。

第四十九条 列入必须实施检验的进出口商品目录的进出境粮食收发货人或者其代理人、报检人员不如实提供进出境粮食真实情况，取得海关有关证单，或者不予报检，逃避检验，由海关按照《进出口商品检验法实施条例》规定，没收违法所得，并处商品货值金额 5% 以上 20% 以下罚款。

第五十条 伪造、变造、买卖或者盗窃检验证单、印章、标志、封识、货物通关单或者使用伪造、变造的检验证单、印章、标志、封识，尚不够刑事处罚的，由海关按照《进出口商品检验法实施条例》规定，责令改正，没收违法所得，并处商品货值金额等值以下罚款。

第五十一条 有下列违法行为之一，尚不构成犯罪或者犯罪情节显著轻微依法不需要判处刑罚的，由海关按照《进出境动植物检疫法实施条例》规定，处 2 万元以上 5 万元以下的罚款：

（一）引起重大动植物疫情的；

（二）伪造、变造动植物检疫单证、印章、标志、封识的。

第五十二条 依照本办法规定注册登记的生产、加工、存放单位，进出境的粮食经检疫不合格，除依照本办法有关规定作退回、销毁或者除害处理外，情节严重的，由海关按照《进出境动植物检疫法实施条例》规定，注销注册登记。

第五十三条 擅自调换海关抽取的样品或者海关检验合格的进出境粮食的，

由海关按照《进出口商品检验法实施条例》规定，责令改正，给予警告；情节严重的，并处商品货值金额 10% 以上 50% 以下罚款。

第五十四条 提供或者使用未经海关适载检验的集装箱、船舱、飞机、车辆等运载工具装运出境粮食的，由海关按照《进出口商品检验法实施条例》规定，处 10 万元以下罚款。

提供或者使用经海关检验不合格的集装箱、船舱、飞机、车辆等运载工具装运出境粮食的，由海关按照《进出口商品检验法实施条例》规定，处 20 万元以下罚款。

第五十五条 有下列情形之一的，由海关处 3000 元以上 1 万元以下罚款：

（一）进境粮食存在重大安全质量问题，或者可能会对人体健康或农林牧渔业生产生态安全造成重大损害的，没有主动召回的；

（二）进境粮食召回或者处理情况未向海关报告的；

（三）进境粮食未在海关指定的查验场所卸货的；

（四）进境粮食有本办法第十七条所列情形，拒不做有效的检疫处理的。

第五十六条 有下列情形之一的，由海关处 3 万元以下罚款：

（一）进出境粮食未按规定注册登记或者在指定场所生产、加工、存放的；

（二）买卖、盗窃动植物检疫单证、印章、标识、封识，或者使用伪造、变造的动植物检疫单证、印章、标识、封识的；

（三）使用伪造、变造的输出国家或者地区官方检疫证明文件的；

（四）拒不接受海关检疫监督的。

第五十七条 海关工作人员滥用职权，故意刁难，徇私舞弊，伪造检验检疫结果，或者玩忽职守，延误检验出证，依法给予行政处分；构成犯罪的，依法追究刑事责任。

第六章　附　则

第五十八条 进出境用作非加工而直接销售粮食的检验检疫监督管理，由海关总署另行规定。

第五十九条 以边贸互市方式的进出境小额粮食，参照海关总署相关规定执行。

第六十条 本办法由海关总署负责解释。

第六十一条 本办法自 2016 年 7 月 1 日起施行。国家质检总局 2001 年 12 月发布的《出入境粮食和饲料检验检疫管理办法》（国家质检总局令第 7 号）同时废止。此前进出境粮食检验检疫监管规定与本办法不一致的，以本办法为准。

进出境中药材检疫监督管理办法

（2015 年 10 月 21 日国家质量监督检验检疫总局令第 169 号公布，根据 2018 年 4 月 28 日海关总署令第 238 号《海关总署关于修改部分规章的决定》第一次修正，根据 2018 年 5 月 29 日海关总署令第 240 号《海关总署关于修改部分规章的决定》第二次修正，根据 2018 年 11 月 23 日海关总署令第 243 号《海关总署关于修改部分规章的决定》第三次修正）

第一章 总 则

第一条 为加强进出境中药材检疫监督管理工作，防止动植物疫病疫情传入传出国境，保护农、林、牧、渔业生产和人体健康，保护生态安全，根据《中华人民共和国进出境动植物检疫法》及其实施条例等法律法规的规定，制定本办法。

第二条 本办法所称中药材是指药用植物、动物的药用部分，采收后经初加工形成的原料药材。

第三条 本办法适用于申报为药用的进出境中药材检疫及监督管理。

申报为食用的进出境中药材检验检疫及监督管理按照海关总署有关进出口食品的规定执行。

第四条 海关总署统一管理全国进出境中药材检疫及监督管理工作。

主管海关负责所辖地区的进出境中药材检疫及监督管理工作。

第五条 海关总署对进出境中药材实施用途申报制度。中药材进出境时，企业应当向主管海关申报预期用途，明确"药用"或者"食用"。

申报为"药用"的中药材应为列入《中华人民共和国药典》药材目录的物品。申报为"食用"的中药材应为国家法律、行政法规、规章、文件规定可用于食品的物品。

第六条 海关总署对进出境中药材实施风险管理；对向中国境内输出中药材的境外生产、加工、存放单位（以下简称境外生产企业）实施注册登记管理；按照输入国家或者地区的要求对出境中药材生产、加工、存放单位（以下简称出境生产企业）实施注册登记管理；对进出境中药材生产、经营企业实行诚信管理等。

第七条　进出境中药材企业应当依照法律、行政法规和有关标准从事生产、加工、经营活动，承担防疫主体责任，对社会和公众负责，保证进出境中药材安全，主动接受监督，承担社会责任。

第二章　进境检疫监管

第八条　海关总署对进境中药材实施检疫准入制度，包括产品风险分析、监管体系评估与审查、确定检疫要求、境外生产企业注册登记以及进境检疫等。

第九条　海关总署对首次向中国输出中药材的国家或者地区进行产品风险分析、监管体系评估，对已有贸易的国家和地区进行回顾性审查。

海关总署根据风险分析、评估审查结果，与输出国家或者地区主管部门协商确定向中国输出中药材的检疫要求，商签有关议定书，确定检疫证书。

海关总署负责制定、调整并在海关总署网站公布允许进境中药材的国家或者地区名单以及产品种类。

第十条　海关总署根据风险分析的结果，确定需要实施境外生产、加工、存放单位注册登记的中药材品种目录，并实施动态调整。注册登记评审程序和技术要求由海关总署另行制定、发布。

海关总署对列入目录的中药材境外生产企业实施注册登记。注册登记有效期为 4 年。

第十一条　境外生产企业应当符合输出国家或者地区法律法规的要求，并符合中国国家技术规范的强制性要求。

第十二条　输出国家或者地区主管部门在境外生产企业申请向中国注册登记时，需对其进行审查，符合本办法第十条、第十一条相关规定后，向海关总署推荐，并提交下列中文或者中英文对照材料：

（一）所在国家或者地区相关的动植物疫情、兽医卫生、公共卫生、植物保护、企业注册管理等方面的法律法规，所在国家或者地区主管部门机构设置和人员情况及法律法规执行等方面的书面资料；

（二）申请注册登记的境外生产企业名单；

（三）所在国家或者地区主管部门对其推荐企业的防疫、卫生控制实际情况的评估结论；

（四）所在国家或者地区主管部门对其推荐的企业符合中国法律法规要求的声明；

（五）企业注册申请书，厂区、车间、仓库的平面图、工艺流程图、动物或者植物检疫防控体系文件、防疫消毒处理设施照片、废弃物和包装物无害化处理设施照片等。

第十三条 海关总署收到推荐材料并经书面审查合格后，经与输出国家或者地区主管部门协商，可以派员到输出国家或者地区对其监管体系进行评估，对申请注册登记的境外生产企业进行检查。

经检查符合要求的申请企业，予以注册登记。

第十四条 已取得注册登记需延续的境外生产企业，由输出国家或者地区主管部门在有效期届满6个月前，按本办法第十二条规定向海关总署提出申请。海关总署可以派员到输出国家或者地区对其监管体系进行回顾性审查，并对申请的境外生产企业进行检查。

对回顾性审查符合要求的国家或者地区，经检查符合要求的境外生产企业，予以注册登记，有效期延长4年。

第十五条 进境中药材需办理进境动植物检疫审批的，货主或者其代理人应当在签订贸易合同前，按照进境动植物检疫审批管理办法的规定取得《中华人民共和国进境动植物检疫许可证》。

第十六条 海关总署可以根据实际需要，并商输出中药材国家或者地区政府主管部门同意，派员到输出国家或者地区进行预检。

第十七条 中药材进境前或者进境时，货主或者其代理人应当凭下列材料，向进境口岸海关报检：

（一）输出国家或者地区官方出具的符合海关总署要求的检疫证书；

（二）原产地证明、贸易合同、提单、装箱单、发票。

第十八条 海关对货主或者其代理人提交的相关单证进行审核，符合要求的，受理报检。

无输出国家或者地区政府动植物检疫机构出具的有效检疫证书，需要注册登记未按要求办理注册登记的，或者未依法办理检疫审批手续的，海关可以根据具体情况，作退回或者销毁处理。

第十九条 对进境中药材，海关按照中国法律法规规定和国家强制性标准要求，进境动植物检疫许可证列明的要求，以及本办法第九条确定的检疫要求实施检疫。

第二十条 进境口岸海关应当按照下列规定实施现场检疫：

（一）查询启运时间和港口、途经国家或者地区、装载清单等，核对单证是否真实有效，单证与货物的名称、数（重）量、输出国家或者地区、唛头、标记、境外生产企业名称、注册登记号等是否相符；

（二）包装是否完好，是否带有动植物性包装、铺垫材料，并符合《中华人民共和国进出境动植物检疫法》及其实施条例、进境货物木质包装检疫监督管理办法的规定；

（三）中药材有无腐败变质现象，有无携带有害生物、动物排泄物或者其他动物组织等，有无携带动物尸体、土壤及其他禁止进境物。

第二十一条　现场查验有下列情形之一的，海关签发检疫处理通知书，并作相应检疫处理：

（一）属于法律法规禁止进境的、带有禁止进境物的、货证不符的、发现严重腐败变质的作退回或者销毁处理；

（二）对包装破损的，由货主或者其代理人负责整理完好，方可卸离运输工具。海关对受污染的场地、物品、器具进行检疫处理；

（三）带有有害生物、动物排泄物或者其他动物组织等的，按照有关规定进行检疫处理；

（四）对受到病虫害污染或者疑似受到病虫害污染的，封存有关货物，对被污染的货物、装卸工具、场地进行消毒处理。

第二十二条　现场检疫中发现病虫害、病虫为害症状，或者根据相关工作程序需进行实验室检疫的，海关应当对进境中药材采样，并送实验室。

第二十三条　中药材在取得检疫合格证明前，应当存放在海关认可的地点，未经海关许可，任何单位和个人不得擅自调离、销售、加工。

《进境动植物检疫许可证》列明该产品由目的地海关实施检疫、加工监管，口岸海关验证查验并做外包装消毒处理后，出具《入境货物调离通知单》，收货人或者其代理人在规定时限内向目的地海关申请检疫。未经检疫，不得销售、加工。

需要进境检疫审批的进境中药材应当在检疫审批许可列明的指定企业中存放和加工。

第二十四条　进境中药材经检疫合格，海关出具入境货物检验检疫证明后，方可销售、使用或者在指定企业存放、加工。入境货物检验检疫证明均应列明货物的名称、原产国家或者地区、数/重量、生产批号/生产日期、用途等。

第二十五条　检疫不合格的，海关签发检疫处理通知书，由货主或者其代理人在海关的监督下，作除害、退回或者销毁处理，经除害处理合格的准予进境。

需要由海关出证索赔的，海关按照规定签发相关检疫证书。

第二十六条　装运进境中药材的运输工具和集装箱应当符合安全卫生要求。需要实施防疫消毒处理的，应当在进境口岸海关的监督下实施防疫消毒处理。

未经海关许可，不得将进境中药材卸离运输工具、集装箱或者运递。

第二十七条　境内货主或者其代理人应当建立中药材进境和销售、加工记录制度，做好相关记录并至少保存2年。同时应当配备中药材防疫安全管理人员，建立中药材防疫管理制度。

第三章　出境检疫监管

第二十八条　出境中药材应当符合中国政府与输入国家或者地区签订的检疫协议、议定书、备忘录等规定，以及进境国家或者地区的标准或者合同要求。

第二十九条　出境生产企业应当达到输入国家或者地区法律法规的相关要求，并符合中国有关法律法规规定。

第三十条　出境生产企业应当建立完善的防疫体系和溯源管理制度。

出境生产企业应当建立原料、包装材料等进货采购、验收记录、生产加工记录、出厂检验记录、出入库记录等，详细记录出境中药材生产加工全过程的防疫管理和产品溯源情况。

上述记录应当真实，保存期限不得少于2年。

出境生产企业应当配备检疫管理人员，明确防疫责任人。

第三十一条　输入国家或者地区要求对向其输出中药材的出境生产企业注册登记的，海关实行注册登记。注册登记有效期为4年。

第三十二条　出境生产企业申请注册登记时，应当提交下列材料：

（一）《出境中药材生产企业检疫注册登记申请表》；

（二）厂区平面图，并提供重点区域的照片或者视频资料；

（三）产品加工工艺。

第三十三条　所在地直属海关对出境生产企业的申请，应当根据下列情况分别作出处理：

（一）申请材料齐全、符合法定形式或者申请人按照要求提交全部补正申请材料的，应当受理申请；

（二）申请材料存在可以当场更正的错误的，应当允许申请人当场更正；

（三）申请材料不齐全或者不符合法定形式的，应当当场或者在5个工作日内一次告知申请人需要补正的全部内容，逾期不告知的，自收到申请材料之日起即为受理。

直属海关受理或者不予受理申请，应当出具加盖本行政机关专用印章和注明日期的书面凭证。

第三十四条　直属海关应当在受理申请后组成评审组，对提出申请的出境生产企业进行现场评审。评审组应当在现场评审结束后及时向直属海关提交评审报告。

第三十五条　直属海关应当自受理申请之日起20日内对申请人的申请事项作出是否准予注册登记的决定；准予注册登记的，颁发注册登记证。

直属海关自受理申请之日起20日内不能作出决定的，经直属海关负责人批准，可以延长10日，并应当将延长期限的理由告知申请人。

第三十六条　注册登记出境生产企业变更企业名称、法定代表人、产品种类、存放、生产加工能力等，应当在变更后30日内向直属海关提出书面申请，填写《出境中药材生产企业检疫注册登记申请表》，并提交与变更内容相关的资料。

变更企业名称、法定代表人的，由直属海关审核有关资料后，直接办理变更手续。

变更产品种类或者生产能力的，由直属海关审核有关资料并组织现场评审，评审合格后，办理变更手续。

企业迁址的，应当重新向直属海关申请办理注册登记手续。

第三十七条　需要向境外推荐注册的，直属海关应当将通过初审的出境生产企业名单上报海关总署。海关总署组织评估，统一向输入国家或者地区主管部门推荐并办理有关手续。

第三十八条　出境中药材的货主或者其代理人应当向中药材生产企业所在地海关报检，报检时，需如实申报产品的预期用途，并提交以下材料：

（一）合同、发票、装箱单；

（二）生产企业出具的出厂合格证明；

（三）产品符合进境国家或者地区动植物检疫要求的书面声明。

第三十九条　海关应当按照本办法第二十八条规定对出境中药材实施检疫监管。

出境中药材经检疫合格或者经除害处理合格的，海关应当按照规定出具有关检疫证单，准予出境。

检疫不合格又无有效方法作除害处理的，不准出境。

第四十条　海关可以根据海关总署相关要求，结合所辖地区中药材出境情况、输入国家或者地区要求、生产企业管理能力和水平、生产企业的诚信度，以及风险监测等因素，在风险分析的基础上，对辖区出境中药材和生产企业实施分类管理。

第四章　监督管理

第四十一条　海关对进出境中药材的生产、加工、存放过程实施检疫监督。

第四十二条　海关总署对进出境中药材实施动植物疫病疫情监测。

主管海关在监测中发现问题时，应当及时按规定处置和报告。

第四十三条　进境中药材的货主或者其代理人和出境中药材生产企业应当建立疫情信息报告制度和应急处置方案。发现疫情信息应当及时向海关报告并积极配合海关进行疫情处置。

第四十四条　海关总署根据获得的风险信息，在风险分析的基础上，发布风险预警信息通报，并决定对相关产品采取以下控制措施：

（一）有条件地限制进境或者出境，包括严密监控、加严检疫等；

（二）禁止进境或者出境，就地销毁或者作退运处理；

（三）撤销生产企业注册登记资格；

（四）启动有关应急处置预案。

主管海关负责组织实施风险预警及控制措施。

第四十五条　海关总署可以参照国际通行做法，对不确定的风险直接发布风险预警通告，并采取本办法第四十四条规定的控制措施。同时及时收集和补充有关信息和资料，进行风险分析。

第四十六条　进出境中药材疫情风险已消除或者降低到可接受的程度时，海关总署应当及时解除风险预警通报或者风险预警通告以及控制措施。

第四十七条　海关对中药材进出境检疫中发现的疫情，特别是重大疫情，应当按照进出境重大动植物疫情应急处置预案进行处置。

第四十八条　海关应当将进出境中药材的货主或者其代理人以及境内外生产企业纳入诚信管理。

第五章　法律责任

第四十九条　进出境中药材货主或者其代理人，有下列违法行为之一的，海关应当按照《中华人民共和国动植物检疫法》第四十条，《中华人民共和国动植物检疫法实施条例》第五十九条之规定，予以处罚：

（一）未报检或者未依法办理检疫审批手续或者未按检疫审批的规定执行的；

（二）报检的中药材与实际不符的。

第五十条　有下列违法行为之一的，海关应当按照《中华人民共和国动植物检疫法实施条例》第六十条之规定，予以处罚：

（一）未经海关许可擅自将进境中药材卸离运输工具或者运递的；

（二）擅自开拆、损毁动植物检疫封识或者标志的。

第五十一条 有下列违法行为之一的，依法追究刑事责任；尚不构成犯罪或者犯罪情节显著轻微依法不需要判处刑罚的，海关应当按照《中华人民共和国动植物检疫法实施条例》第六十二条之规定，予以处罚：

（一）引起重大动植物疫情的；

（二）伪造、变造检验检疫单证、印章、标志、封识的。

第五十二条 海关工作人员在对进出境中药材实施检疫和监督管理工作中滥用职权，故意刁难当事人的，徇私舞弊，伪造检验检疫结果的，或者玩忽职守，延误检验检疫出证的，依法给予行政处分；构成犯罪的，依法追究刑事责任。

第六章　附　则

第五十三条 进出境中药材涉及野生或者濒危保护动物、植物的，应当符合我国或者相关国家或者地区有关法律法规要求。

第五十四条 以国际快递、邮寄和旅客携带方式进出境中药材的，应当符合相关规定。

第五十五条 过境中药材的检疫按照《中华人民共和国进出境动植物检疫法》及其实施条例办理。

第五十六条 本办法由海关总署负责解释。

第五十七条 本办法自 2015 年 12 月 1 日起施行。

进出境转基因产品检验检疫管理办法

（2004年5月24日国家质量监督检验检疫总局令第62号公布，根据2018年3月6日国家质量监督检验检疫总局令第196号《国家质量监督检验检疫总局关于废止和修改部分规章的决定》第一次修正，根据2018年4月28日海关总署令第238号《海关总署关于修改部分规章的决定》第二次修正，根据2018年11月23日海关总署令第243号《海关总署关于修改部分规章的决定》第三次修正)

第一章 总 则

第一条 为加强进出境转基因产品检验检疫管理，保障人体健康和动植物、微生物安全，保护生态环境，根据《中华人民共和国进出口商品检验法》《中华人民共和国食品安全法》《中华人民共和国进出境动植物检疫法》及其实施条例、《农业转基因生物安全管理条例》等法律法规的规定，制定本办法。

第二条 本办法适用于对通过各种方式（包括贸易、来料加工、邮寄、携带、生产、代繁、科研、交换、展览、援助、赠送以及其他方式）进出境的转基因产品的检验检疫。

第三条 本办法所称"转基因产品"是指《农业转基因生物安全管理条例》规定的农业转基因生物及其他法律法规规定的转基因生物与产品。

第四条 海关总署负责全国进出境转基因产品的检验检疫管理工作，主管海关负责所辖地区进出境转基因产品的检验检疫以及监督管理工作。

第五条 海关总署对过境转移的农业转基因产品实行许可制度。其他过境转移的转基因产品，国家另有规定的按相关规定执行。

第二章 进境检验检疫

第六条 海关总署对进境转基因动植物及其产品、微生物及其产品和食品实行申报制度。

第七条 货主或者其代理人在办理进境报检手续时，应当在《入境货物报检单》的货物名称栏中注明是否为转基因产品。申报为转基因产品的，除按规定提供有关单证外，还应当取得法律法规规定的主管部门签发的《农业转基因生物安全证书》或者相关批准文件。海关对《农业转基因生物安全证书》电子数据进行系统自动比对验核。

第八条 对列入实施标识管理的农业转基因生物目录（国务院农业行政主管部门制定并公布）的进境转基因产品，如申报是转基因的，海关应当实施转基因项目的符合性检测，如申报是非转基因的，海关应进行转基因项目抽查检测；对实施标识管理的农业转基因生物目录以外的进境动植物及其产品、微生物及其产品和食品，海关可根据情况实施转基因项目抽查检测。

海关按照国家认可的检测方法和标准进行转基因项目检测。

第九条 经转基因检测合格的，准予进境。如有下列情况之一的，海关通知货主或者其代理人作退货或者销毁处理：

（一）申报为转基因产品，但经检测其转基因成分与《农业转基因生物安全证书》不符的；

（二）申报为非转基因产品，但经检测其含有转基因成分的。

第十条 进境供展览用的转基因产品，须凭法律法规规定的主管部门签发的有关批准文件进境，展览期间应当接受海关的监管。展览结束后，所有转基因产品必须作退回或者销毁处理。如因特殊原因，需改变用途的，须按有关规定补办进境检验检疫手续。

第三章　过境检验检疫

第十一条 过境转基因产品进境时，货主或者其代理人须持规定的单证向进境口岸海关申报，经海关审查合格的，准予过境，并由出境口岸海关监督其出境。对改换原包装及变更过境线路的过境转基因产品，应当按照规定重新办理过境手续。

第四章　出境检验检疫

第十二条 对出境产品需要进行转基因检测或者出具非转基因证明的，货主或者其代理人应当提前向所在地海关提出申请，并提供输入国家或者地区官方发布的转基因产品进境要求。

第十三条 海关受理申请后，根据法律法规规定的主管部门发布的批准转基因技术应用于商业化生产的信息，按规定抽样送转基因检测实验室作转基因项目检测，依据出具的检测报告，确认为转基因产品并符合输入国家或者地区转基因产品进境要求的，出具相关检验检疫单证；确认为非转基因产品的，出具非转基因产品证明。

第五章 附 则

第十四条 对进出境转基因产品除按本办法规定实施转基因项目检测和监管外，其他检验检疫项目内容按照法律法规和海关总署的有关规定执行。

第十五条 承担转基因项目检测的实验室必须通过国家认证认可监督管理部门的能力验证。

第十六条 对违反本办法规定的，依照有关法律法规的规定予以处罚。

第十七条 本办法由海关总署负责解释。

第十八条 本办法自公布之日起施行。

进出口化妆品检验检疫监督管理办法

（2011 年 8 月 10 日国家质量监督检验检疫总局令第 143 号公布，根据 2018 年 4 月 28 日海关总署令第 238 号《海关总署关于修改部分规章的决定》第一次修正，根据 2018 年 5 月 29 日海关总署令第 240 号《海关总署关于修改部分规章的决定》第二次修正，根据 2018 年 11 月 23 日海关总署令第 243 号《海关总署关于修改部分规章的决定》第三次修正）

第一章 总 则

第一条 为保证进出口化妆品的安全卫生质量，保护消费者身体健康，根据《中华人民共和国进出口商品检验法》及其实施条例、《化妆品卫生监督条例》和《国务院关于加强食品等产品安全监督管理的特别规定》等法律、行政法规的规定，制定本办法。

第二条 本办法适用于列入海关实施检验检疫的进出境商品目录及有关国际条约、相关法律、行政法规规定由海关检验检疫的化妆品（包括成品和半成品）的检验检疫及监督管理。

第三条 海关总署主管全国进出口化妆品检验检疫监督管理工作。

主管海关负责所辖区域进出口化妆品检验检疫监督管理工作。

第四条 进出口化妆品生产经营者应当依照法律、行政法规和相关标准从事生产经营活动，保证化妆品安全，对社会和公众负责，接受社会监督，承担社会责任。

第二章　进口化妆品检验检疫

第五条　主管海关根据我国国家技术规范的强制性要求以及我国与出口国家（地区）签订的协议、议定书规定的检验检疫要求对进口化妆品实施检验检疫。

我国尚未制定国家技术规范强制性要求的，可以参照海关总署指定的国外有关标准进行检验。

第六条　进口化妆品由口岸海关实施检验检疫。海关总署根据便利贸易和进口检验工作的需要，可以指定在其他地点检验。

第七条　海关对进口化妆品的收货人实施备案管理。进口化妆品的收货人应当如实记录进口化妆品流向，记录保存期限不得少于2年。

第八条　进口化妆品的收货人或者其代理人应当按照海关总署相关规定报检，同时提供收货人备案号。

其中首次进口的化妆品应当符合下列要求：

（一）国家实施卫生许可的化妆品，应当取得国家相关主管部门批准的进口化妆品卫生许可批件，海关对进口化妆品卫生许可批件电子数据进行系统自动比对验核。

（二）国家实施备案的化妆品，应当凭备案凭证办理报检手续。

（三）国家没有实施卫生许可或者备案的化妆品，应当提供下列材料：

1. 具有相关资质的机构出具的可能存在安全性风险物质的有关安全性评估资料；

2. 在生产国家（地区）允许生产、销售的证明文件或者原产地证明。

（四）销售包装化妆品成品除前三项外，还应当提交中文标签样张和外文标签及翻译件。

（五）非销售包装的化妆品成品还应当提供包括产品的名称、数/重量、规格、产地、生产批号和限期使用日期（生产日期和保质期）、加施包装的目的地名称、加施包装的工厂名称、地址、联系方式。

第九条　进口化妆品在取得检验检疫合格证明之前，应当存放在海关指定或者认可的场所，未经海关许可，任何单位和个人不得擅自调离、销售、使用。

第十条　海关受理报检后，对进口化妆品进行检验检疫，包括现场查验、抽样留样、实验室检验、出证等。

第十一条　现场查验内容包括货证相符情况、产品包装、标签版面格式、产品感官性状、运输工具、集装箱或者存放场所的卫生状况。

第十二条 进口化妆品成品的标签标注应当符合我国相关的法律、行政法规及国家技术规范的强制性要求。海关对化妆品标签内容是否符合法律、行政法规规定要求进行审核，对与质量有关的内容的真实性和准确性进行检验。

第十三条 进口化妆品的抽样应当按照国家有关规定执行，样品数量应当满足检验、复验、备查等使用需要。以下情况，应当加严抽样：

（一）首次进口的；

（二）曾经出现质量安全问题的；

（三）进口数量较大的。

抽样时，海关应当出具印有序列号、加盖检验检疫业务印章的《抽/采样凭证》，抽样人与收货人或者其代理人应当双方签字。

样品应当按照国家相关规定进行管理，合格样品保存至抽样后4个月，特殊用途化妆品合格样品保存至证书签发后一年，不合格样品应当保存至保质期结束。涉及案件调查的样品，应当保存至案件结束。

第十四条 需要进行实验室检验的，海关应当确定检验项目和检验要求，并将样品送具有相关资质的检验机构。检验机构应当按照要求实施检验，并在规定时间内出具检验报告。

第十五条 进口化妆品经检验检疫合格的，海关出具《入境货物检验检疫证明》，并列明货物的名称、品牌、原产国家（地区）、规格、数/重量、生产批号/生产日期等。进口化妆品取得《入境货物检验检疫证明》后，方可销售、使用。

进口化妆品经检验检疫不合格，涉及安全、健康、环境保护项目的，由海关责令当事人销毁，或者出具退货处理通知单，由当事人办理退运手续。其他项目不合格的，可以在海关的监督下进行技术处理，经重新检验检疫合格后，方可销售、使用。

第十六条 免税化妆品的收货人在向所在地直属海关申请备案时，应当提供本企业名称、地址、法定代表人、主管部门、经营范围、联系人、联系方式、产品清单等相关信息。

第十七条 离境免税化妆品应当实施进口检验，可免于加贴中文标签，免于标签的符合性检验。在《入境货物检验检疫证明》上注明该批产品仅用于离境免税店销售。

首次进口的离境免税化妆品，应当提供供货人出具的产品质量安全符合我国相关规定的声明、国外官方或者有关机构颁发的自由销售证明或者原产地证明、具有相关资质的机构出具的可能存在安全性风险物质的有关安全性评估资料、产品配方等。

海关总署对离岛免税化妆品实施检验检疫监督管理，具体办法另行制定。

第三章　　出口化妆品检验检疫

第十八条　出口化妆品生产企业应当保证其出口化妆品符合进口国家（地区）标准或者合同要求。进口国家（地区）无相关标准且合同未有要求的，可以由海关总署指定相关标准。

第十九条　海关总署对出口化妆品生产企业实施备案管理。具体办法由海关总署另行制定。

第二十条　出口化妆品由产地海关实施检验检疫，口岸海关实施口岸查验。

口岸海关应当将查验不合格信息通报产地海关，并按规定将不合格信息上报上级海关。

第二十一条　出口化妆品生产企业应当建立质量管理体系并持续有效运行。海关对出口化妆品生产企业质量管理体系及运行情况进行日常监督检查。

第二十二条　出口化妆品生产企业应当建立原料采购、验收、使用管理制度，要求供应商提供原料的合格证明。

出口化妆品生产企业应当建立生产记录档案，如实记录化妆品生产过程的安全管理情况。

出口化妆品生产企业应当建立检验记录制度，依照相关规定要求对其出口化妆品进行检验，确保产品合格。

上述记录应当真实，保存期不得少于 2 年。

第二十三条　出口化妆品的发货人或者其代理人应当按照海关总署相关规定报检。其中首次出口的化妆品应当提供以下文件：

（一）出口化妆品生产企业备案材料；

（二）自我声明。声明企业已经取得化妆品生产许可证，且化妆品符合进口国家（地区）相关法规和标准的要求，正常使用不会对人体健康产生危害等内容；

（三）销售包装化妆品成品应当提交外文标签样张和中文翻译件。

第二十四条　海关受理报检后，对出口化妆品进行检验检疫，包括现场查验、抽样留样、实验室检验、出证等。

第二十五条　现场查验内容包括货证相符情况、产品感官性状、产品包装、标签版面格式、运输工具、集装箱或者存放场所的卫生状况。

第二十六条 出口化妆品的抽样应当按照国家有关规定执行，样品数量应当满足检验、复验、备查等使用需要。

抽样时，海关应当出具印有序列号、加盖检验检疫业务印章的《抽/采样凭证》，抽样人与发货人或者其代理人应当双方签字。

样品应当按照国家相关规定进行管理，合格样品保存至抽样后4个月，特殊用途化妆品合格样品保存至证书签发后一年，不合格样品应当保存至保质期结束。涉及案件调查的样品，应当保存至案件结束。

第二十七条 需要进行实验室检验的，海关应当确定检验项目和检验要求，并将样品送具有相关资质的检验机构。检验机构应当按照要求实施检验，并在规定时间内出具检验报告。

第二十八条 出口化妆品经检验检疫合格，进口国家（地区）对检验检疫证书有要求的，应当按照要求同时出具有关检验检疫证书。

出口化妆品经检验检疫不合格的，可以在海关的监督下进行技术处理，经重新检验检疫合格的，方准出口。不能进行技术处理或者技术处理后重新检验仍不合格的，不准出口。

第二十九条 来料加工全部复出口的化妆品，来料进口时，能够提供符合拟复出口国家（地区）法规或者标准的证明性文件的，可免于按照我国标准进行检验；加工后的产品，按照进口国家（地区）的标准进行检验检疫。

第四章 非贸易性化妆品检验检疫

第三十条 化妆品卫生许可或者备案用样品、企业研发和宣传用的非试用样品，进口报检时应当由收货人或者其代理人提供样品的使用和处置情况说明及非销售使用承诺书，入境口岸海关进行审核备案，数量在合理使用范围的，可免于检验。收货人应当如实记录化妆品流向，记录保存期限不得少于2年。

第三十一条 进口非试用或者非销售用的展品，报检时应当提供展会主办（主管）单位出具的参展证明，可以免予检验。展览结束后，在海关监督下作退回或者销毁处理。

第三十二条 携带、邮寄进境的个人自用化妆品（包括礼品），需要在入境口岸实施检疫的，应当实施检疫。

第三十三条 外国及国际组织驻华官方机构进口自用化妆品，进境口岸所在地海关实施查验。符合外国及国际组织驻华官方机构自用物品进境检验检疫相关规定的，免于检验。

第五章　监督管理

第三十四条　报检人对检验结果有异议而申请复验的，按照国家有关规定进行复验。

第三十五条　海关对进出口化妆品的生产经营者实施分类管理制度。

第三十六条　海关对进口化妆品的收货人、出口化妆品的生产企业和发货人实施诚信管理。对有不良记录的，应当加强检验检疫和监督管理。

第三十七条　海关总署对进出口化妆品安全实施风险监测制度，组织制定和实施年度进出口化妆品安全风险监控计划。主管海关根据海关总署进出口化妆品安全风险监测计划，组织对本辖区进出口化妆品实施监测并上报结果。

主管海关应当根据进出口化妆品风险监测结果，在风险分类的基础上调整对进出口化妆品的检验检疫和监管措施。

第三十八条　海关总署对进出口化妆品建立风险预警与快速反应机制。进出口化妆品发生质量安全问题，或者国内外发生化妆品质量安全问题可能影响到进出口化妆品安全时，海关总署和主管海关应当及时启动风险预警机制，采取快速反应措施。

第三十九条　海关总署可以根据风险类型和程度，决定并公布采取以下快速反应措施：

（一）有条件地限制进出口，包括严密监控、加严检验、责令召回等；

（二）禁止进出口，就地销毁或者作退运处理；

（三）启动进出口化妆品安全应急预案。

主管海关负责快速反应措施的实施工作。

第四十条　对不确定的风险，海关总署可以参照国际通行做法在未经风险评估的情况下直接采取临时性或者应急性的快速反应措施。同时，及时收集和补充有关信息和资料，进行风险评估，确定风险的类型和程度。

第四十一条　进口化妆品存在安全问题，可能或者已经对人体健康和生命安全造成损害的，收货人应当主动召回并立即向所在地海关报告。收货人应当向社会公布有关信息，通知销售者停止销售，告知消费者停止使用，做好召回记录。收货人不主动召回的，主管海关可以责令召回。必要时，由海关总署责令其召回。

出口化妆品存在安全问题，可能或者已经对人体健康和生命安全造成损害的，出口化妆品生产企业应当采取有效措施并立即向所在地海关报告。

主管海关应当将辖区内召回情况及时向海关总署报告。

第四十二条　海关对本办法规定必须经海关检验的进出口化妆品以外的进出口化妆品，根据国家规定实施抽查检验。

第六章　法律责任

第四十三条　未经海关许可，擅自将尚未经海关检验合格的进口化妆品调离指定或者认可监管场所，有违法所得的，由海关处违法所得3倍以下罚款，最高不超过3万元；没有违法所得的，处1万元以下罚款。

第四十四条　将进口非试用或者非销售用的化妆品展品用于试用或者销售，有违法所得的，由海关处违法所得3倍以下罚款，最高不超过3万元；没有违法所得的，处1万元以下罚款。

第四十五条　不履行退运、销毁义务的，由海关处以1万元以下罚款。

第四十六条　海关工作人员泄露所知悉的商业秘密的，依法给予行政处分，有违法所得的，没收违法所得；构成犯罪的，依法追究刑事责任。

第四十七条　进出口化妆品生产经营者、检验检疫工作人员有其他违法行为的，按照相关法律、行政法规的规定处理。

第七章　附　则

第四十八条　本办法下列用语的含义是：

（一）化妆品是指以涂、擦、散布于人体表面任何部位（表皮、毛发、指趾甲、口唇等）或者口腔黏膜、牙齿，以达到清洁、消除不良气味、护肤、美容和修饰目的的产品；

（二）化妆品半成品是指除最后一道"灌装"或者"分装"工序外，已完成其他全部生产加工工序的化妆品；

（三）化妆品成品包括销售包装化妆品成品和非销售包装化妆品成品；

（四）销售包装化妆品成品是指以销售为主要目的，已有销售包装，与内装物一起到达消费者手中的化妆品成品；

（五）非销售包装化妆品成品是指最后一道接触内容物的工序已经完成，但尚无销售包装的化妆品成品。

第四十九条　本办法由海关总署负责解释。

第五十条　本办法自2012年2月1日起施行。原国家出入境检验检疫局2000年4月1日施行的《进出口化妆品监督检验管理办法》（局令21号）同时废止。

进出口肉类产品检验检疫监督管理办法

（2011 年 1 月 4 日国家质量监督检验检疫总局令第 136 号公布，根据 2018 年 11 月 23 日海关总署令第 243 号《海关总署关于修改部分规章的决定》第一次修正）

第一章 总 则

第一条 为加强进出口肉类产品检验检疫及监督管理，保障进出口肉类产品质量安全，防止动物疫情传入传出国境，保护农牧业生产安全和人类健康，根据《中华人民共和国进出口商品检验法》及其实施条例、《中华人民共和国进出境动植物检疫法》及其实施条例、《中华人民共和国国境卫生检疫法》及其实施细则、《中华人民共和国食品安全法》及其实施条例、《国务院关于加强食品等产品安全监督管理的特别规定》等法律法规的规定，制定本办法。

第二条 本办法适用于进出口肉类产品的检验检疫及监督管理。

第三条 本办法所称肉类产品是指动物屠体的任何可供人类食用部分，包括胴体、脏器、副产品以及以上述产品为原料的制品，不包括罐头产品。

第四条 海关总署主管全国进出口肉类产品检验检疫及监督管理工作。

主管海关负责所辖区域进出口肉类产品检验检疫及监督管理工作。

第五条 海关依法对进出口肉类产品进行检验检疫及监督抽查，对进出口肉类产品生产加工企业（以下简称生产企业）、收货人、发货人根据监管需要实施信用管理及分类管理制度。

第六条 进出口肉类产品生产企业应当依照法律、行政法规和有关标准从事生产经营活动，对社会和公众负责，保证肉类产品质量安全，接受社会监督，承担社会责任。

第二章 进口检验检疫

第七条 进口肉类产品应当符合中国法律、行政法规规定、食品安全国家标准的要求，以及中国与输出国家或者地区签订的相关协议、议定书、备忘录等规定的检验检疫要求以及贸易合同注明的检疫要求。

进口尚无食品安全国家标准的肉类产品，海关应当按照国务院卫生行政部门决定暂予适用的标准进行检验。

第八条　海关总署根据中国法律、行政法规规定、食品安全国家标准要求、国内外肉类产品疫情疫病和有毒有害物质风险分析结果，结合对拟向中国出口肉类产品国家或者地区的质量安全管理体系的有效性评估情况，制定并公布中国进口肉类产品的检验检疫要求；或者与拟向中国出口肉类产品国家或者地区签订检验检疫协定，确定检验检疫要求和相关证书。

第九条　海关总署对向中国境内出口肉类产品的出口商或者代理商实施备案管理，并定期公布已经备案的出口商、代理商名单。

进口肉类产品境外生产企业的注册管理按照海关总署相关规定执行。

第十条　海关对进口肉类产品收货人实施备案管理。已经实施备案管理的收货人，方可办理肉类产品进口手续。

第十一条　进口肉类产品收货人应当建立肉类产品进口和销售记录制度。记录应当真实，保存期限不得少于二年。

第十二条　海关总署对进口肉类产品实行检疫审批制度。进口肉类产品的收货人应当在签订贸易合同前办理检疫审批手续，取得进境动植物检疫许可证。

海关总署根据需要，按照有关规定，可以派员到输出国家或者地区进行进口肉类产品预检。

第十三条　进口肉类产品应当从海关总署指定的口岸进口。

进口口岸的主管海关应当具备进口肉类产品现场查验和实验室检验检疫的设备设施和相应的专业技术人员。

进口肉类产品应当存储在海关认可并报海关总署备案的存储冷库或者其他场所。肉类产品进口口岸应当具备与进口肉类产品数量相适应的存储冷库。存储冷库应当符合进口肉类产品存储冷库检验检疫要求。

第十四条　进口鲜冻肉类产品包装应当符合下列要求：

（一）内外包装使用无毒、无害的材料，完好无破损；

（二）内外包装上应当标明产地国、品名、生产企业注册号、生产批号；

（三）外包装上应当以中文标明规格、产地（具体到州/省/市）、目的地、生产日期、保质期、储存温度等内容，目的地应当标明为中华人民共和国，加施输出国家或者地区官方检验检疫标识。

第十五条　肉类产品进口前或者进口时，收货人或者其代理人应当凭进口动植物检疫许可证、输出国家或者地区官方出具的相关证书、贸易合同、提单、装箱单、发票等单证向进口口岸海关报检。

进口肉类产品随附的输出国家或者地区官方检验检疫证书，应当符合海关总署对该证书的要求。

第十六条　海关对收货人或者其代理人报检的相关单证进行审核，符合要求的，受理报检，并对检疫审批数量进行核销。

第十七条　装运进口肉类产品的运输工具和集装箱，应当在进口口岸海关的监督下实施防疫消毒处理。未经海关许可，进口肉类产品不得卸离运输工具和集装箱。

第十八条　进口口岸海关依照规定对进口肉类产品实施现场检验检疫，现场检验检疫包括以下内容：

（一）检查运输工具是否清洁卫生、有无异味，控温设备设施运作是否正常，温度记录是否符合要求；

（二）核对货证是否相符，包括集装箱号码和铅封号、货物的品名、数（重）量、输出国家或者地区、生产企业名称或者注册号、生产日期、包装、唛头、输出国家或者地区官方证书编号、标志或者封识等信息；

（三）查验包装是否符合食品安全国家标准要求；

（四）预包装肉类产品的标签是否符合要求；

（五）对鲜冻肉类产品还应当检查新鲜程度、中心温度是否符合要求、是否有病变以及肉眼可见的寄生虫包囊、生活害虫、异物及其他异常情况，必要时进行蒸煮试验。

第十九条　进口鲜冻肉类产品经现场检验检疫合格后，运往海关指定地点存放。

第二十条　海关依照规定对进口肉类产品采样，按照有关标准、监控计划和警示通报等要求进行检验或者监测。

第二十一条　口岸海关根据进口肉类产品检验检疫结果作出如下处理：

（一）经检验检疫合格的，签发《入境货物检验检疫证明》，准予生产、加工、销售、使用。《入境货物检验检疫证明》应当注明进口肉类产品的集装箱号、生产批次号、生产厂家名称和注册号、唛头等追溯信息。

（二）经检验检疫不合格的，签发检验检疫处理通知书。有下列情形之一的，作退回或者销毁处理：

1. 无有效进口动植物检疫许可证的；

2. 无输出国家或者地区官方机构出具的相关证书的；

3. 未获得注册的生产企业生产的进口肉类产品的；

4. 涉及人身安全、健康和环境保护项目不合格的。

（三）经检验检疫，涉及人身安全、健康和环境保护以外项目不合格的，可以在海关的监督下进行技术处理，合格后，方可销售或者使用。

（四）需要对外索赔的，签发相关证书。

第二十二条 目的地为内地的进口肉类产品，在香港或者澳门卸离原运输船只并经港澳陆路运输到内地的、在香港或者澳门码头卸载后到其他港区装船运往内地的，发货人应当向海关总署指定的检验机构申请中转预检。未经预检或者预检不合格的，不得转运内地。

指定的检验机构应当按照海关总署的要求开展预检工作，合格后另外加施新的封识并出具证书，进境口岸海关受理报检时应当同时验核该证书。

第三章　出口检验检疫

第二十三条 出口肉类产品由海关进行监督、抽检。

第二十四条 海关按照下列要求对出口肉类产品实施检验检疫：

（一）输入国家或者地区检验检疫要求；

（二）中国政府与输入国家或者地区签订的检验检疫协议、议定书、备忘录等规定的检验检疫要求；

（三）中国法律、行政法规和海关总署规定的检验检疫要求；

（四）输入国家或者地区官方关于品质、数量、重量、包装等要求；

（五）贸易合同注明的检验检疫要求。

第二十五条 海关按照出口食品生产企业备案管理规定，对出口肉类产品的生产企业实施备案管理。

输入国家或者地区对中国出口肉类产品生产企业有注册要求，需要对外推荐注册企业的，按照海关总署相关规定执行。

第二十六条 出口肉类产品加工用动物应当来自经海关备案的饲养场。

海关在风险分析的基础上对备案饲养场进行动物疫病、农兽药残留、环境污染物及其他有毒有害物质的监测。未经所在地农业行政部门出具检疫合格证明的或者疫病、农兽药残留及其他有毒有害物质监测不合格的动物不得用于屠宰、加工出口肉类产品。

第二十七条 出口肉类产品加工用动物备案饲养场或者屠宰场应当为其生产的每一批出口肉类产品原料出具供货证明。

第二十八条 出口肉类产品生产企业应当按照输入国家或者地区的要求，对出口肉类产品的原辅料、生产、加工、仓储、运输、出口等全过程建立有效运行的可追溯的质量安全自控体系。

出口肉类产品生产企业应当配备专职或者兼职的兽医卫生和食品安全管理

人员。

第二十九条 出口肉类产品生产企业应当建立原料进货查验记录制度，核查原料随附的供货证明。进货查验记录应当真实，保存期限不得少于二年。

出口肉类产品生产企业应当建立出厂检验记录制度，查验出厂肉类产品的检验合格证和安全状况，如实记录其肉类产品的名称、规格、数量、生产日期、生产批号、检验合格证号、购货者名称及联系方式、销售日期等内容。

肉类产品出厂检验记录应当真实，保存期限不得少于二年。

第三十条 出口肉类产品生产企业应当对出口肉类产品加工用原辅料及成品进行自检，没有自检能力的应当委托有资质的检验机构检验，并出具有效检验报告。

第三十一条 海关应当对出口肉类产品中致病性微生物、农兽药残留和环境污染物等有毒有害物质在风险分析的基础上进行抽样检验，并对出口肉类生产加工全过程的质量安全控制体系进行验证和监督。

第三十二条 用于出口肉类产品包装的材料应当符合食品安全标准，包装上应当按照输入国家或者地区的要求进行标注，运输包装上应当注明目的地国家或者地区。

第三十三条 海关根据需要可以向出口肉类产品生产企业派出官方兽医或者检验检疫人员，对出口肉类产品生产企业进行监督管理。

第三十四条 发货人或者其代理人应当在出口肉类产品启运前，按照海关总署的报检规定向出口肉类产品生产企业所在地海关报检。

第三十五条 出口肉类产品的运输工具应当有良好的密封性能和制冷设备，装载方式能有效避免肉类产品受到污染，保证运输过程中所需要的温度条件，按照规定进行清洗消毒，并做好记录。

发货人应当确保装运货物与报检货物相符，做好装运记录。

第三十六条 海关对报检的出口肉类产品的检验报告、装运记录等进行审核，结合日常监管、监测和抽查检验等情况进行合格评定。符合规定要求的，签发有关检验检疫证单；不符合规定要求的，签发不合格通知单。

第三十七条 海关根据需要，可以按照有关规定对检验检疫合格的出口肉类产品、包装物、运输工具等加施检验检疫标志或者封识。

第三十八条 存放出口肉类产品的中转冷库应当经所在地海关备案并接受监督管理。

出口肉类产品运抵中转冷库时应当向其所在地海关申报。中转冷库所在地海关凭生产企业所在地海关签发的检验检疫证单监督出口肉类产品入库。

第三十九条　出口冷冻肉类产品应当在生产加工后六个月内出口，冰鲜肉类产品应当在生产加工后 72 小时内出口。输入国家或者地区另有要求的，按照其要求办理。

第四十条　用于出口肉类产品加工用的野生动物，应当符合输入国家或者地区和中国有关法律法规要求，并经国家相关行政主管部门批准。

第四章　过境检验检疫

第四十一条　运输肉类产品过境的，应当事先获得海关总署批准，按照指定的口岸和路线过境。承运人或者押运人应当凭货运单和输出国家或者地区出具的证书，在进口时向海关报检，由进口口岸海关验核单证。进口口岸海关应当通知出口口岸海关，出口口岸海关监督过境肉类产品出口。

进口口岸海关可以派官方兽医或者其他检验检疫人员监运至出口口岸。

第四十二条　过境肉类产品运抵进口口岸时，由进口口岸海关对运输工具、装载容器的外表进行消毒。

装载过境肉类产品的运输工具和包装物、装载容器应当完好。经海关检查，发现运输工具或者包装物、装载容器有可能造成途中散漏的，承运人或者押运人应当按照海关的要求，采取密封措施；无法采取密封措施的，不准过境。

第四十三条　过境肉类产品运抵出口口岸时，出口口岸海关应当确认货物原集装箱、原铅封未被改变。

过境肉类产品过境期间，未经海关批准，不得开拆包装或者卸离运输工具。

第四十四条　过境肉类产品在境内改换包装，按照进口肉类产品检验检疫规定办理。

第五章　监督管理

第四十五条　海关总署对进出口肉类产品实行安全监控制度，依据风险分析和检验检疫实际情况制定重点监控计划，确定重点监控国家或者地区的进出口肉类产品种类和检验项目。

主管海关应当根据海关总署年度进出口食品安全风险监控计划，制定并实施所辖区域内进口肉类产品风险管理的实施方案。

第四十六条　海关对进出口肉类实施风险管理。

第四十七条　海关应当及时向相关部门、机构和企业通报进出口肉类产品安全风险信息。发现进出口肉类产品安全事故，或者接到有关进出口肉类产品安全事故的举报，应当立即向卫生、农业行政部门通报并按照有关规定上报。

第四十八条 进出口肉类产品的生产企业、收货人、发货人应当合法生产和经营。

海关应当建立进出口肉类产品的收货人、发货人和出口肉类产品生产企业不良记录制度，对有违法行为并受到行政处罚的，可以将其列入违法企业名单并对外公布。

第四十九条 进口肉类产品存在安全问题，可能或者已经对人体健康和生命安全造成损害的，收货人应当主动召回并立即向所在地海关报告。收货人不主动召回的，海关应当按照有关规定责令召回。

出口肉类产品存在安全问题，可能或者已经对人体健康和生命安全造成损害的，出口肉类产品生产企业应当采取措施避免和减少损害的发生，并立即向所在地海关报告。

有前二款规定情形的，有关企业所在地直属海关应当及时向海关总署报告。

第五十条 出口肉类产品加工用动物备案饲养场有下列行为之一的，取消备案：

（一）存放或者使用中国、拟输出国家或者地区禁止使用的药物和其他有毒有害物质，使用的药物未标明有效成分或者使用含有禁用药物和药物添加剂，未按照规定在休药期停药的；

（二）提供虚假供货证明、转让或者变相转让备案号的；

（三）隐瞒重大动物疫病或者未及时向海关报告的；

（四）拒不接受海关监督管理的；

（五）备案饲养场的名称、法定代表人发生变化后 30 日内未申请变更的；

（六）养殖规模扩大、使用新药或者新饲料或者质量安全体系发生重大变化后 30 日内未向海关报告的；

（七）一年内没有出口供货的。

第五十一条 进出口肉类产品生产企业有其他违法行为的，按照相关法律、行政法规的规定予以处罚。

第五十二条 海关及其工作人员在对进出口肉类产品实施检验检疫和监督管理工作中，违反法律法规及本办法规定的，按照规定查处。

第六章　附　则

第五十三条 本办法由海关总署负责解释。

第五十四条 本办法自 2011 年 6 月 1 日起施行。国家质检总局 2002 年 8 月 22 日公布的《进出境肉类产品检验检疫管理办法》（国家质检总局令第 26

号）同时废止。

进出口乳品检验检疫监督管理办法

（2013 年 1 月 24 日国家质量监督检验检疫总局令第 136 号公布，根据
2018 年 11 月 23 日海关总署令第 243 号《海关总署关于修改部分
规章的决定》第一次修正)

第一章 总 则

第一条 为了加强进出口乳品检验检疫监督管理，根据《中华人民共和国食品安全法》（以下简称食品安全法）及其实施条例、《中华人民共和国进出口商品检验法》及其实施条例、《中华人民共和国进出境动植物检疫法》及其实施条例、《国务院关于加强食品等产品安全监督管理的特别规定》（以下简称特别规定)、《乳品质量安全监督管理条例》等法律法规规定，制定本办法。

第二条 本办法所称乳品包括初乳、生乳和乳制品。

本办法所称初乳是指奶畜产犊后 7 天内的乳。

本办法所称生乳是指从符合中国有关要求的健康奶畜乳房中挤出的无任何成分改变的常乳。奶畜初乳、应用抗生素期间和休药期间的乳汁、变质乳不得用作生乳。

本办法所称乳制品是指由乳为主要原料加工而成的食品，如：巴氏杀菌乳、灭菌乳、调制乳、发酵乳、干酪及再制干酪、稀奶油、奶油、无水奶油、炼乳、乳粉、乳清粉、乳清蛋白粉和乳基婴幼儿配方食品等。其中，由生乳加工而成、加工工艺中无热处理杀菌过程的产品为生乳制品。

第三条 海关总署主管全国进出口乳品检验检疫监督管理工作。

主管海关负责所辖地区进出口乳品检验检疫监督管理工作。

第四条 进出口乳品生产经营者应当依法从事生产经营活动，对社会和公众负责，保证食品安全，诚实守信，接受社会监督，承担社会责任。

第二章 乳品进口

第五条 海关总署依据中国法律法规规定对向中国出口乳品的国家或者地

区的食品安全管理体系和食品安全状况进行评估，并根据进口乳品安全状况及监督管理需要进行回顾性审查。

首次向中国出口乳品的国家或者地区，其政府主管部门应当向海关总署提供兽医卫生和公共卫生的法律法规体系、组织机构、兽医服务体系、安全卫生控制体系、残留监控体系、动物疫病的检测监控体系及拟对中国出口的产品种类等资料。

海关总署依法组织评估，必要时，可以派专家组到该国家或者地区进行现场调查。经评估风险在可接受范围内的，确定相应的检验检疫要求，包括相关证书和出证要求，允许其符合要求的相关乳品向中国出口。双方可以签署议定书确认检验检疫要求。

第六条 海关总署对向中国出口乳品的境外食品生产企业（以下简称境外生产企业）实施注册制度，注册工作按照海关总署相关规定执行。

境外生产企业应当经出口国家或者地区政府主管部门批准设立，符合出口国家或者地区法律法规相关要求。

境外生产企业应当熟悉并保证其向中国出口的乳品符合中国食品安全国家标准和相关要求，并能够提供中国食品安全国家标准规定项目的检测报告。境外生产企业申请注册时应当明确其拟向中国出口的乳品种类、品牌。

获得注册的境外生产企业应当在海关总署网站公布。

第七条 向中国出口的乳品，应当附有出口国家或者地区政府主管部门出具的卫生证书。证书应当证明下列内容：

（一）乳品原料来自健康动物；

（二）乳品经过加工处理不会传带动物疫病；

（三）乳品生产企业处于当地政府主管部门的监管之下；

（四）乳品是安全的，可供人类食用。

证书应当有出口国家或者地区政府主管部门印章和其授权人签字，目的地应当标明为中华人民共和国。

证书样本应当经海关总署确认，并在海关总署网站公布。

第八条 需要办理检疫审批手续的进口乳品，应当在取得《中华人民共和国进境动植物检疫许可证》后，方可进口。

海关总署可以依法调整并公布实施检疫审批的乳品种类。

第九条 向中国境内出口乳品的出口商或者代理商应当向海关总署备案。申请备案的出口商或者代理商应当按照备案要求提供备案信息，对信息的真实性负责。

备案名单应当在海关总署网站公布。

第十条 海关对进口乳品的进口商实施备案管理。进口商应当有食品安全专业技术人员、管理人员和保证食品安全的规章制度，并按照海关总署规定，向其工商注册登记地海关申请备案。

第十一条 进口乳品的进口商或者其代理人，应当凭下列材料向海关报检：

（一）合同、发票、装箱单、提单等必要凭证。

（二）符合本办法第七条规定的卫生证书。

（三）首次进口的乳品，应当提供相应食品安全国家标准中列明项目的检测报告。首次进口，指境外生产企业、产品名称、配方、境外出口商、境内进口商等信息完全相同的乳品从同一口岸第一次进口。

（四）非首次进口的乳品，应当提供首次进口检测报告的复印件以及海关总署要求项目的检测报告。非首次进口检测报告项目由海关总署根据乳品风险监测等有关情况确定并在海关总署网站公布。

（五）进口乳品安全卫生项目（包括致病菌、真菌毒素、污染物、重金属、非法添加物）不合格，再次进口时，应当提供相应食品安全国家标准中列明项目的检测报告；连续5批次未发现安全卫生项目不合格，再次进口时提供相应食品安全国家标准中列明项目的检测报告复印件和海关总署要求项目的检测报告。

（六）进口预包装乳品的，应当提供原文标签样张、原文标签中文翻译件、中文标签样张等资料。

（七）进口需要检疫审批的乳品，应当取得进境动植物检疫许可证。

（八）涉及有保健功能的，应当取得有关部门出具的许可证明文件。海关对有关许可证明文件电子数据进行系统自动比对验核。

（九）标注获得奖项、荣誉、认证标志等内容的，应当提供经外交途径确认的有关证明文件。

第十二条 进口乳品的进口商应当保证其进口乳品符合中国食品安全国家标准，并公布其进口乳品的种类、产地、品牌。

进口尚无食品安全国家标准的乳品，应当符合国务院卫生行政部门出具的许可证明文件中的相关要求。

第十三条 进口乳品的包装和运输工具应当符合安全卫生要求。

第十四条 进口预包装乳品应当有中文标签、中文说明书，标签、说明书应当符合中国有关法律法规规定和食品安全国家标准。

第十五条 进口乳品在取得入境货物检验检疫证明前，应当存放在海关指定或者认可的场所，未经海关许可，任何单位和个人不得擅自动用。

第十六条 海关应当按照《中华人民共和国进出口商品检验法》规定的方式对进口乳品实施检验；进口乳品存在动植物疫情疫病传播风险的，应当按照《中华人民共和国进出境动植物检疫法》规定实施检疫。

第十七条 进口乳品经检验检疫合格，由海关出具入境货物检验检疫证明后，方可销售、使用。

进口乳品入境货物检验检疫证明中应当列明产品名称、品牌、出口国家或者地区、规格、数/重量、生产日期或者批号、保质期等信息。

第十八条 进口乳品经检验检疫不合格的，由海关出具不合格证明。涉及安全、健康、环境保护项目不合格的，海关责令当事人销毁，或者出具退货处理通知单，由进口商办理退运手续。其他项目不合格的，可以在海关监督下进行技术处理，经重新检验合格后，方可销售、使用。

进口乳品销毁或者退运前，进口乳品进口商应当将不合格乳品自行封存，单独存放于海关指定或者认可的场所，未经海关许可，不得擅自调离。

进口商应当在3个月内完成销毁，并将销毁情况向海关报告。

第十九条 进口乳品的进口商应当建立乳品进口和销售记录制度，如实记录进口乳品的入境货物检验检疫证明编号、名称、规格、数量、生产日期或者批号、保质期、出口商和购货者名称及联系方式、交货日期等内容。记录应当真实，记录保存期限不得少于2年。

主管海关应当对本辖区内进口商的进口和销售记录进行检查。

第二十条 进口乳品原料全部用于加工后复出口的，海关可以按照出口目的国家或者地区的标准或者合同要求实施检验，并在出具的入境货物检验检疫证明上注明"仅供出口加工使用"。

第二十一条 海关应当建立进口乳品进口商信誉记录。

海关发现不符合法定要求的进口乳品时，可以将不符合法定要求的进口乳品进口商、报检人、代理人列入不良记录名单；对有违法行为并受到处罚的，可以将其列入违法企业名单并对外公布。

第三章　乳品出口

第二十二条 海关总署对出口乳品生产企业实施备案制度，备案工作按照海关总署相关规定执行。

出口乳品应当来自备案的出口乳品生产企业。

第二十三条 出口生乳的奶畜养殖场应当向海关备案。海关在风险分析的基础上对备案养殖场进行动物疫病、农兽药残留、环境污染物及其他有毒有害物质的监测。

第二十四条 出口生乳奶畜养殖场应当建立奶畜养殖档案，载明以下内容：

（一）奶畜的品种、数量、繁殖记录、标识情况、来源和进出场日期；

（二）饲料、饲料添加剂、兽药等投入品的来源、名称、使用对象、时间和用量；

（三）检疫、免疫、消毒情况；

（四）奶畜发病、死亡和不合格生乳的处理情况；

（五）生乳生产、贮存、检验、销售情况。

记录应当真实，保存期限不得少于2年。

第二十五条 出口生乳奶畜养殖不得使用中国及进口国家或者地区禁用的饲料、饲料添加剂、兽药以及其他对动物和人体具有直接或者潜在危害的物质。禁止出口奶畜在规定用药期和休药期内产的乳。

第二十六条 出口乳品生产企业应当符合良好生产规范要求，建立并实施危害分析与关键控制点体系（HACCP），并保证体系有效运行。

第二十七条 出口乳制品生产企业应当建立下列制度：

（一）原料、食品添加剂、食品相关产品进货查验制度，如实记录其名称、规格、数量、供货者名称及联系方式、进货日期等；

（二）生产记录制度，如实记录食品生产过程的安全管理情况；

（三）出厂检验制度，对出厂的乳品逐批检验，并保存检验报告，留取样品；

（四）乳品出厂检验记录制度，查验出厂乳品检验合格证和质量安全状况，如实记录产品的名称、规格、数量、生产日期、保质期、生产批号、检验合格证号、购货者名称及联系方式、销售日期等。

上述记录应当真实，保存期不得少于2年。

第二十八条 出口乳品生产企业应当对出口乳品加工用原辅料及成品进行检验或者委托有资质的检验机构检验，并出具检验报告。

第二十九条 出口乳品的包装和运输方式应当符合安全卫生要求。

对装运出口易变质、需要冷冻或者冷藏乳品的集装箱、船舱、飞机、车辆等运载工具，承运人、装箱单位或者其代理人应当按照规定对运输工具和装载容器进行清洗消毒并做好记录，在装运前向海关申请清洁、卫生、冷藏、密固等适载检验；未经检验或者经检验不合格的，不准装运。

第三十条 出口乳品的出口商或者其代理人应当按照海关总署的报检规定，

向出口乳品生产企业所在地海关报检。

第三十一条 海关根据出口乳品的风险状况、生产企业的安全卫生质量管理水平、产品安全卫生质量记录、既往出口情况、进口国家或者地区要求等，制定出口乳品抽检方案，按照下列要求对出口乳品实施检验：

（一）双边协议、议定书、备忘录确定的检验检疫要求；

（二）进口国家或者地区的标准；

（三）贸易合同或者信用证注明的检验检疫要求。

均无上述标准或者要求的，按照中国法律法规及相关食品安全国家标准规定实施检验。

出口乳品的生产企业、出口商应当保证其出口乳品符合上述要求。

第三十二条 出口乳品经检验检疫符合相关要求的，海关出具检验检疫证书；经检验检疫不合格的，出具《出境货物不合格通知单》，不得出口。

第三十三条 出口乳品出境口岸海关按照出境货物换证查验的相关规定，检查货证是否相符。查验不合格的，由口岸海关出具不合格证明，不准出口。

产地海关与口岸海关应当建立信息交流机制，及时通报出口乳品在检验检疫过程中发现的卫生安全问题，并按照规定上报。

第三十四条 出口乳品生产经营者应当建立产品追溯制度，建立相关记录，保证追溯有效性。记录保存期限不得少于 2 年。

第三十五条 出口乳品生产企业应当建立样品管理制度，样品保管的条件、时间应当适合产品本身的特性，数重量应当满足检验要求。

第三十六条 海关发现不符合法定要求的出口乳品时，可以将其生产经营者列入不良记录名单；对有违法行为并受到处罚的，可以将其列入违法企业名单并对外公布。

第四章 风险预警

第三十七条 海关应当收集和整理主动监测、执法监管、实验室检验、境外通报、国内机构组织通报、媒体网络报道、投诉举报以及相关部门转办等乳品安全信息。

第三十八条 进出口乳品生产经营者应当建立风险信息报告制度，制定乳品安全风险信息应急方案，并配备应急联络员；设立专职的风险信息报告员，对已发现的进出口乳品召回和处理情况等风险信息及时报告海关。

第三十九条 海关应当对经核准、整理的进出口乳品安全信息提出初步处理意见，并按照规定的要求和程序向海关总署报告，向地方政府、有关部门通报。

第四十条 海关总署和直属海关应当根据进出口乳品安全风险信息的级别发布风险预警通报。海关总署视情况可以发布风险预警通告，并决定采取以下措施：

（一）有条件地限制进出口，包括严密监控、加严检验、责令召回等；

（二）禁止进出口，就地销毁或者作退运处理；

（三）启动进出口乳品安全应急处置预案。

海关负责组织实施风险预警及控制措施。

第四十一条 向中国出口乳品的国家或者地区发生可能影响乳品安全的动物疫病或者其他重大食品安全事件时，海关总署可以根据中国法律法规规定，对进口乳品采取本办法第四十条规定的风险预警及控制措施。

海关总署可以依据疫情变化、食品安全事件处置情况、出口国家或者地区政府主管部门和乳品生产企业提供的相关资料，经评估后调整风险预警及控制措施。

第四十二条 进出口乳品安全风险已不存在或者已降低到可接受的程度时，应当及时解除风险预警通报和风险预警通告及控制措施。

第四十三条 进口乳品存在安全问题，已经或者可能对人体健康和生命安全造成损害的，进口乳品进口商应当主动召回并向所在地海关报告。进口乳品进口商应当向社会公布有关信息，通知批发、销售者停止批发、销售，告知消费者停止使用，做好召回乳品情况记录。

海关接到报告后应当进行核查，根据进口乳品影响范围按照规定上报。

进口乳品进口商不主动实施召回的，由直属海关向其发出责令召回通知书并报告海关总署。必要时，海关总署可以责令召回。海关总署可以发布风险预警通报或者风险预警通告，并采取本办法第四十条规定的措施以及其他避免危害发生的措施。

第四十四条 发现出口的乳品存在安全问题，已经或者可能对人体健康和生命安全造成损害的，出口乳品生产经营者应当采取措施，避免和减少损害的发生，并立即向所在地海关报告。

第四十五条 海关在依法履行进出口乳品检验检疫监督管理职责时有权采取下列措施：

（一）进入生产经营场所实施现场检查；

（二）查阅、复制、查封、扣押有关合同、票据、账簿以及其他有关资料；

（三）查封、扣押不符合法定要求的产品，违法使用的原料、辅料、添加剂、农业投入品以及用于违法生产的工具、设备；

（四）查封存在危害人体健康和生命安全重大隐患的生产经营场所。

第四十六条 海关应当按照有关规定将采取的控制措施向海关总署报告并向地方政府、有关部门通报。

海关总署按照有关规定将相关进出口乳品安全信息及采取的控制措施向有关部门通报。

第五章 法律责任

第四十七条 进口乳品经检验检疫不符合食品安全国家标准，擅自销售、使用的，由海关按照食品安全法第一百二十四条、第一百二十九条的规定，没收违法所得、违法生产经营的乳品和用于违法生产经营的工具、设备、原料等物品；违法生产经营的乳品货值金额不足 1 万元的，并处 5 万元以上 10 万元以下罚款；货值金额 1 万元以上的，并处货值金额 10 倍以上 20 倍以下罚款；情节严重的，吊销许可证。

第四十八条 进口乳品进口商有下列情形之一，由海关依照食品安全法第一百二十六条、第一百二十九条的规定，责令改正，给予警告；拒不改正的，处 5000 元以上 5 万元以下罚款；情节严重的，取消备案：

（一）未建立乳品进口、销售记录制度的；

（二）进口、销售记录制度不全面、不真实的；

（三）进口、销售记录保存期限不足 2 年的；

（四）记录发生涂改、损毁、灭失或者有其他情形无法反映真实情况的；

（五）伪造、变造进口、销售记录的。

第四十九条 进口乳品进口商有本办法第四十八条所列情形以外，其他弄虚作假行为的，由海关按照特别规定第八条规定，没收违法所得和乳品，并处货值金额 3 倍的罚款；构成犯罪的，依法追究刑事责任。

第五十条 出口乳品出口商有下列情形之一，未遵守食品安全法规定出口乳品的，由海关按照食品安全法第一百二十四条、第一百二十九条的规定，没收违法所得、违法生产经营的乳品和用于违法生产经营的工具、设备、原料等物品；违法生产经营的乳品货值金额不足 1 万元的，并处 5 万元以上 10 万元以下罚款；货值金额 1 万元以上的，并处货值金额 10 倍以上 20 倍以下罚款；情节严重的，取消出口乳品生产企业备案：

（一）未报检或者未经监督、检验合格擅自出口的；

（二）出口乳品经检验不合格，擅自出口的；

（三）擅自调换经海关监督、抽检并已出具检验检疫证明的出口乳品的；

（四）出口乳品来自未经海关备案的出口乳品生产企业的。

第五十一条 出口乳品生产经营者有本办法第五十条所列情形以外，其他弄虚作假行为的，由海关按照特别规定第七条规定，没收违法所得和乳品，并处货值金额3倍的罚款；构成犯罪的，依法追究刑事责任。

第五十二条 有下列情形之一的，由海关责令改正，有违法所得的，处以违法所得3倍以下罚款，最高不超过3万元；没有违法所得的，处1万元以下罚款。

（一）进口乳品进口商未在规定的期限内按照海关要求处置不合格乳品的；

（二）进口乳品进口商违反本办法第十八条规定，在不合格进口乳品销毁或者退运前，未采取必要措施进行封存并单独存放的；

（三）进口乳品进口商将不合格进口乳品擅自调离海关指定或者认可的场所的；

（四）出口生乳的奶畜养殖场奶畜养殖过程中违规使用农业化学投入品的；

（五）出口生乳的奶畜养殖场相关记录不真实或者保存期少于2年的；

（六）出口乳品生产经营者未建立追溯制度或者无法保证追溯制度有效性的；

（七）出口乳品生产企业未建立样品管理制度，或者保存的样品与实际不符的；

（八）出口乳品生产经营者违反本办法关于包装和运输相关规定的。

第五十三条 进出口乳品生产经营者、海关及其工作人员有其他违法行为的，按照相关法律法规的规定处理。

第六章　附　则

第五十四条 进出口乳品进出口商对检验检疫结果有异议的，可以按照《进出口商品复验管理办法》的规定申请复验。

第五十五条 饲料用乳品、其他非食用乳品以及以快件、邮寄或者旅客携带方式进出口的乳品，按照国家有关规定办理。

第五十六条 本办法由海关总署负责解释。

第五十七条 本办法自2013年5月1日起施行。

进出口食品安全管理办法

(2011 年 9 月 13 日国家质量监督检验检疫总局令第 144 号公布，根据 2016 年 10 月 18 日国家质量监督检验检疫总局令第 184 号《国家质量监督检验检疫总局关于修改和废止部分规章的决定》第一次修正，根据 2018 年 11 月 23 日海关总署令第 243 号《海关总署关于修改部分规章的决定》第二次修正)

第一章 总 则

第一条 为保证进出口食品安全，保护人类、动植物生命和健康，根据《中华人民共和国食品安全法》（以下简称食品安全法）及其实施条例、《中华人民共和国进出口商品检验法》及其实施条例、《中华人民共和国进出境动植物检疫法》及其实施条例和《国务院关于加强食品等产品安全监督管理的特别规定》等法律法规的规定，制定本办法。

第二条 本办法适用于进出口食品的检验检疫及监督管理。

进出口食品添加剂、食品相关产品、水果、食用活动物的安全管理依照有关规定执行。

第三条 海关总署主管全国进出口食品安全监督管理工作。

主管海关负责所辖区域进出口食品安全监督管理工作。

第四条 海关总署对进口食品境外生产企业实施注册管理，对向中国境内出口食品的出口商或者代理商实施备案管理，对进口食品实施检验，对出口食品生产企业实施备案管理，对出口食品原料种植、养殖场实施备案管理，对出口食品实施监督、抽检，对进出口食品实施分类管理、对进出口食品生产经营者实施诚信管理。

第五条 进出口食品生产经营者应当依法从事生产经营活动，对社会和公众负责，保证食品安全，诚实守信，接受社会监督，承担社会责任。

第六条 海关从事进出口食品安全监督管理的人员应当具有相关的专业知识，尽职尽责。

第二章 食品进口

第七条 海关总署依据法律法规规定对向中国出口食品的国家或者地区的

食品安全管理体系和食品安全状况进行评估，并根据进口食品安全监督管理需要进行回顾性审查。

海关总署依据法律法规规定、食品安全国家标准要求、国内外疫情疫病和有毒有害物质风险分析结果，结合前款规定的评估和审查结果，确定相应的检验检疫要求。

第八条　进口食品应当符合中国食品安全国家标准和相关检验检疫要求。食品安全国家标准公布前，按照现行食用农产品质量安全标准、食品卫生标准、食品质量标准和有关食品的行业标准中强制执行的标准实施检验。

首次进口尚无食品安全国家标准的食品，海关应当按照国务院卫生行政部门决定暂予适用的标准进行检验。

第九条　海关总署对向中国境内出口食品的境外食品生产企业实施注册制度，注册工作按照海关总署相关规定执行。

向中国境内出口食品的出口商或者代理商应当向海关总署备案。申请备案的出口商或者代理商应当按照备案要求提供企业备案信息，并对信息的真实性负责。

注册和备案名单应当在海关总署网站公布。

第十条　进口食品需要办理进境动植物检疫审批手续的，应当取得《中华人民共和国进境动植物检疫许可证》后方可进口。

第十一条　对进口可能存在动植物疫情疫病或者有毒有害物质的高风险食品实行指定口岸入境。指定口岸条件及名录由海关总署制定并公布。

第十二条　进口食品的进口商或者其代理人应当按照规定，持下列材料向海关报检：

（一）合同、发票、装箱单、提单等必要的凭证；

（二）相关批准文件；

（三）法律法规、双边协定、议定书以及其他规定要求提交的输出国家（地区）官方检疫（卫生）证书；

（四）首次进口预包装食品，应当提供进口食品标签样张和翻译件。

报检时，进口商或者其代理人应当将所进口的食品按照品名、品牌、原产国（地区）、规格、数/重量、总值、生产日期（批号）及海关总署规定的其他内容逐一申报。

第十三条　海关对进口商或者其代理人提交的报检材料进行审核，符合要求的，受理报检。

第十四条　进口食品的包装和运输工具应当符合安全卫生要求。

第十五条 进口预包装食品的中文标签、中文说明书应当符合中国法律法规的规定和食品安全国家标准的要求。

第十六条 海关应当对标签内容是否符合法律法规和食品安全国家标准要求以及与质量有关内容的真实性、准确性进行检验，包括格式版面检验和标签标注内容的符合性检测。

进口食品标签、说明书中强调获奖、获证、产区及其他内容的，或者强调含有特殊成分的，应当提供相应证明材料。

第十七条 进口食品在取得检验检疫合格证明之前，应当存放在海关指定或者认可的场所，未经海关许可，任何单位和个人不得动用。

第十八条 进口食品经检验检疫合格的，由海关出具合格证明，准予销售、使用。海关出具的合格证明应当逐一列明货物品名、品牌、原产国（地区）、规格、数/重量、生产日期（批号），没有品牌、规格的，应当标明"无"。

进口食品经检验检疫不合格的，由海关出具不合格证明。涉及安全、健康、环境保护项目不合格的，由海关责令当事人销毁，或者出具退货处理通知单，由进口商办理退运手续。其他项目不合格的，可以在海关的监督下进行技术处理，经重新检验合格后，方可销售、使用。

第十九条 海关对进口食品的进口商实施备案管理。进口商应当事先向所在地海关申请备案，并提供以下材料：

（一）填制准确完备的进口商备案申请表；

（二）与食品安全相关的组织机构设置、部门职能和岗位职责；

（三）拟经营的食品种类、存放地点；

（四）2年内曾从事食品进口、加工和销售的，应当提供相关说明（食品品种、数量）；

海关核实企业提供的信息后，准予备案。

第二十条 进口食品的进口商应当建立食品进口和销售记录制度，如实记录进口食品的卫生证书编号、品名、规格、数量、生产日期（批号）、保质期、出口商和购货者名称及联系方式、交货日期等内容。记录应当真实，保存期限不得少于2年。

主管海关应当对本辖区内进口商的进口和销售记录进行检查。

第二十一条 海关总署对进口食品安全实行风险监测制度，组织制定和实施年度进口食品安全风险监测计划。

主管海关根据海关总署进口食品安全风险监测计划，组织对进口食品进行风险监测，上报结果。

海关应当根据进口食品安全风险监测结果，在风险分析的基础上调整对相关进口食品的检验检疫和监管措施。

第二十二条　进口食品原料全部用于加工后复出口的，海关按照出口食品目的国（地区）技术规范的强制性要求或者贸易合同要求进行检验。

第二十三条　海关发现不符合法定要求的进口食品时，可以将不符合法定要求的进口食品境外生产企业和出口商、国内进口商、报检人、代理人列入不良记录名单；对有违法行为并受到行政处罚的，可以将其列入违法企业名单并对外公布。

第三章　食品出口

第二十四条　出口食品生产经营者应当保证其出口食品符合进口国家（地区）的标准或者合同要求。

进口国家（地区）无相关标准且合同未有要求的，应当保证出口食品符合中国食品安全国家标准。

第二十五条　出口食品生产企业应当建立完善的质量安全管理体系。

出口食品生产企业应当建立原料、辅料、食品添加剂、包装材料容器等进货查验记录制度。

出口食品生产企业应当建立生产记录档案，如实记录食品生产过程的安全管理情况。

出口食品生产企业应当建立出厂检验记录制度，依照本办法规定的要求对其出口食品进行检验，检验合格后方可报检。

上述记录应当真实，保存期限不得少于2年。

第二十六条　海关总署对出口食品生产企业实施备案制度，备案工作按照海关总署相关规定执行。

第二十七条　主管海关负责对辖区内出口食品生产企业质量安全管理体系运行情况进行监督管理。

第二十八条　海关总署对出口食品原料种植、养殖场实施备案管理。出口食品原料种植、养殖场应当向所在地海关办理备案手续。

实施备案管理的原料品种目录（以下称目录）和备案条件由海关总署另行制定。出口食品的原料列入目录的，应当来自备案的种植、养殖场。

海关总署统一公布备案的原料种植、养殖场名单。

第二十九条　备案种植、养殖场所在地海关对备案种植、养殖场实施监督、检查，对达不到备案要求的，及时向所在地政府相关主管部门、出口食品生产企业所在地海关通报。

生产企业所在地海关应当及时向备案种植、养殖场所在地海关通报种植、养殖场提供原料的质量安全和卫生情况。

第三十条 种植、养殖场应当建立原料的生产记录制度，生产记录应当真实，记录保存期限不得少于2年。备案种植、养殖场应当依照进口国家（地区）食品安全标准和中国有关规定使用农业化学投入品，并建立疫情疫病监测制度。备案种植、养殖场应当为其生产的每一批原料出具出口食品加工原料供货证明文件。

第三十一条 海关总署对出口食品安全实施风险监测制度，组织制定和实施年度出口食品安全风险监测计划。

主管海关根据海关总署出口食品安全风险监测计划，组织对本辖区内出口食品实施监测，上报结果。

海关应当根据出口食品安全风险监测结果，在风险分析基础上调整对相关出口食品的检验检疫和监管措施。

第三十二条 出口食品的出口商或者其代理人应当按照规定，凭合同、发票、装箱单、出厂合格证明、出口食品加工原料供货证明文件等必要的凭证和相关批准文件向出口食品生产企业所在地海关报检。报检时，应当将所出口的食品按照品名、规格、数/重量、生产日期逐一申报。

第三十三条 直属海关根据出口食品分类管理要求、本地出口食品品种、以往出口情况、安全记录和进口国家（地区）要求等相关信息，通过风险分析制定本辖区出口食品抽检方案。

海关按照抽检方案和相应的工作规范、规程以及有关要求对出口食品实施抽检。

有双边协定的，按照其要求对出口食品实施抽检。

第三十四条 出口食品符合出口要求的，由海关根据需要出具证书。出口食品进口国家（地区）对证书形式和内容有新要求的，经海关总署批准后，海关方可对证书进行变更。

出口食品经检验检疫不合格的，由海关出具不合格证明。依法可以进行技术处理的，应当在海关的监督下进行技术处理，合格后方准出口；依法不能进行技术处理或者经技术处理后仍不合格的，不准出口。

第三十五条 出口食品的包装和运输方式应当符合安全卫生要求，并经检验检疫合格。

第三十六条 对装运出口易腐烂变质食品、冷冻食品的集装箱、船舱、飞机、车辆等运载工具，承运人、装箱单位或者其代理人应当在装运前向海关申请清洁、卫生、冷藏、密固等适载检验；未经检验或者经检验不合格的，不准装运。

第三十七条　出口食品生产企业应当在运输包装上注明生产企业名称、备案号、产品品名、生产批号和生产日期。海关应当在出具的证单中注明上述信息。进口国家（地区）或者合同有特殊要求的，在保证产品可追溯的前提下，经直属海关同意，标注内容可以适当调整。

需要加施检验检疫标志的，按照海关总署规定加施。

第三十八条　出口食品经产地海关检验检疫符合出口要求运往口岸的，产地海关可以采取监视装载、加施封识或者其他方式实施监督管理。

第三十九条　出口食品经产地海关检验检疫符合出口要求的，口岸海关按照规定实施抽查，口岸抽查不合格的，不得出口。

口岸海关应当将有关信息及时通报产地海关，并按照规定上报。产地海关应当根据不合格原因采取相应监管措施。

第四十条　海关发现不符合法定要求的出口食品时，可以将其生产经营者列入不良记录名单；对有违法行为并受到行政处罚的，可以将其列入违法企业名单并对外公布。

第四章　风险预警及相关措施

第四十一条　海关总署对进出口食品实施风险预警制度。

进出口食品中发现严重食品安全问题或者疫情的，以及境内外发生食品安全事件或者疫情可能影响到进出口食品安全的，海关当及时采取风险预警及控制措施。

第四十二条　海关应当建立进出口食品安全信息收集网络，收集和整理食品安全信息，主要包括：

（一）海关对进出口食品实施检验检疫发现的食品安全信息；

（二）行业协会、消费者反映的进口食品安全信息；

（三）国际组织、境外政府机构发布的食品安全信息、风险预警信息，以及境外行业协会等组织、消费者反映的食品安全信息；

（四）其他食品安全信息。

第四十三条　海关对经核准、整理的食品安全信息，按照规定的要求和程序向海关总署报告并向地方政府、有关部门通报。

第四十四条　海关按照相关规定对收集到的食品安全信息进行风险分析研

判，确定风险信息级别。

第四十五条 海关应当根据食品安全风险信息的级别发布风险预警通报。海关总署视情况可以发布风险预警通告，并决定采取以下控制措施：

（一）有条件地限制进出口，包括严密监控、加严检验、责令召回等；

（二）禁止进出口，就地销毁或者作退运处理；

（三）启动进出口食品安全应急处置预案。

海关负责组织实施风险预警及控制措施。

第四十六条 海关总署可以参照国际通行做法，对不确定的风险直接发布风险预警通报或者风险预警通告，并采取本办法第四十五条规定的控制措施。同时及时收集和补充有关信息和资料，进行风险分析。

第四十七条 进出口食品安全风险已不存在或者已降低到可接受的程度时，应当及时解除风险预警通报和风险预警通告及控制措施。

第四十八条 进口食品存在安全问题，已经或者可能对人体健康和生命安全造成损害的，进口食品进口商应当主动召回并向所在地海关报告。进口食品进口商应当向社会公布有关信息，通知销售者停止销售，告知消费者停止使用，做好召回食品情况记录。

海关接到报告后应当组织核查，根据产品影响范围按照规定上报。

进口食品进口商不主动实施召回的，由直属海关向其发出责令召回通知书并报告海关总署。必要时，海关总署可以责令其召回。海关总署可以发布风险预警通报或者风险预警通告，并采取本办法第四十五条规定的措施以及其他避免危害发生的措施。

第四十九条 发现出口的食品存在安全问题，已经或者可能对人体健康和生命安全造成损害的，出口食品生产经营者应当采取措施，避免和减少损害的发生，并立即向所在地海关报告。

第五十条 海关在依法履行进出口食品检验检疫监督管理职责时有权采取下列措施：

（一）进入生产经营场所实施现场检查；

（二）查阅、复制、查封、扣押有关合同、票据、账簿以及其他有关资料；

（三）查封、扣押不符合法定要求的产品，违法使用的原料、辅料、添加剂、农业投入品以及用于违法生产的工具、设备；

（四）查封存在危害人体健康和生命安全重大隐患的生产经营场所。

第五十一条 海关应当按照有关规定将采取的控制措施向海关总署报告并向地方政府、有关部门通报。

海关总署按照有关规定将相关食品安全信息及采取的控制措施向有关部门通报。

第五章　法律责任

第五十二条　违反本办法第十七条指定场所监管相关规定，没有违法所得的，由海关责令改正，处1万元以下罚款。

第五十三条　销售、使用经检验不符合食品安全国家标准的进口食品，由海关按照食品安全法第一百二十九条、第一百二十四条的规定给予处罚。

第五十四条　进口商有下列情形之一的，由海关按照食品安全法第一百二十九条、第一百二十六条的规定给予处罚：

（一）未建立食品进口和销售记录制度的；

（二）建立的食品进口和销售记录没有如实记录进口食品的卫生证书编号、品名、规格、数量、生产日期（批号）、保质期、出口商和购货者名称及联系方式、交货日期等内容的；

（三）建立的食品进口和销售记录保存期限少于2年的。

第五十五条　出口食品原料种植、养殖场有下列情形之一的，由海关责令改正，有违法所得的，处违法所得3倍以下罚款，最高不超过3万元；没有违法所得的，处1万元以下罚款：

（一）出口食品原料种植、养殖过程中违规使用农业化学投入品的；

（二）相关记录不真实或者保存期限少于2年的。

出口食品生产企业生产出口食品使用的原料未按照规定来自备案基地的，按照前款规定给予处罚。

第五十六条　有下列情形之一的，由海关按照食品安全法第一百二十九条、第一百二十四条的规定给予处罚：

（一）未报检或者未经监督、抽检合格擅自出口的；

（二）擅自调换经海关监督、抽检并已出具检验检疫证明的出口食品的。

第五十七条　进出口食品生产经营者、海关及其工作人员有其他违法行为的，按照相关法律法规的规定处理。

第六章　附　则

第五十八条　进出口食品生产经营者包括进出口食品的生产企业、进出口商和代理商。

第五十九条　进出海关特殊监管区域的食品以及边境小额和互市贸易进出

口食品的检验检疫监督管理，按照海关总署有关规定办理。

第六十条 以快件、邮寄和旅客携带方式进出口食品的，应当符合海关总署相关规定。

第六十一条 进出口用作样品、礼品、赠品、展示品等非贸易性的食品，进口用作免税经营的、使领馆自用的食品，出口用作使领馆、中国企业驻外人员等自用的食品，按照国家有关规定办理。

第六十二条 供香港、澳门特别行政区、台湾地区的食品，国家有另行规定的，从其规定。

第六十三条 本办法由海关总署负责解释。

第六十四条 本办法自 2012 年 3 月 1 日起施行。

进出口水产品检验检疫监督管理办法

(2011 年 1 月 4 日国家质量监督检验检疫总局令第 135 号公布，
根据 2018 年 11 月 23 日海关总署令第 243 号《海关总署关于
修改部分规章的决定》第一次修正)

第一章　总　则

第一条 为加强进出口水产品检验检疫及监督管理，保障进出口水产品的质量安全，防止动物疫情传入传出国境，保护渔业生产安全和人类健康，根据《中华人民共和国进出口商品检验法》及其实施条例、《中华人民共和国进出境动植物检疫法》及其实施条例、《中华人民共和国国境卫生检疫法》及其实施细则、《中华人民共和国食品安全法》及其实施条例、《国务院关于加强食品等产品安全监督管理的特别规定》等有关法律法规规定，制定本办法。

第二条 本办法适用于进出口水产品的检验检疫及监督管理。

第三条 本办法所称水产品是指供人类食用的水生动物产品及其制品，包括水母类、软体类、甲壳类、棘皮类、头索类、鱼类、两栖类、爬行类、水生哺乳类动物等其他水生动物产品以及藻类等海洋植物产品及其制品，不包括活水生动物及水生动植物繁殖材料。

第四条 海关总署主管全国进出口水产品检验检疫及监督管理工作。

主管海关负责所辖区域进出口水产品检验检疫及监督管理工作。

第五条　海关依法对进出口水产品进行检验检疫、监督抽查，对进出口水产品生产加工企业（以下简称生产企业）根据监管需要和海关总署相关规定实施信用管理及分类管理制度。

第六条　进出口水产品生产企业应当依照法律、行政法规和有关标准从事生产经营活动，对社会和公众负责，保证水产品质量安全，接受社会监督，承担社会责任。

第七条　海关总署对签发进出口水产品检验检疫证明的人员实行备案管理制度，未经备案的人员不得签发证书。

第二章　进口检验检疫

第八条　进口水产品应当符合中国法律、行政法规、食品安全国家标准要求，以及中国与输出国家或者地区签订的相关协议、议定书、备忘录等规定的检验检疫要求和贸易合同注明的检疫要求。

进口尚无食品安全国家标准的水产品，海关应当按照国务院卫生行政部门决定暂予适用的标准进行检验。

第九条　海关总署根据法律、行政法规规定、食品安全国家标准要求、国内外水产品疫情疫病和有毒有害物质风险分析结果，结合对拟向中国出口水产品国家或者地区的质量安全管理体系的有效性评估情况，制定并公布中国进口水产品的检验检疫要求；或者与拟向中国出口水产品国家或者地区签订检验检疫协定，确定检验检疫要求和相关证书。

第十条　海关总署对向中国境内出口水产品的出口商或者代理商实施备案管理，并定期公布已获准入资质的境外生产企业和已经备案的出口商、代理商名单。

进口水产品的境外生产企业的注册管理按照海关总署相关规定执行。

第十一条　海关对进口水产品收货人实施备案管理。已经实施备案管理的收货人，方可办理水产品进口手续。

第十二条　进口水产品收货人应当建立水产品进口和销售记录制度。记录应当真实，保存期限不得少于二年。

第十三条　海关总署对安全卫生风险较高的进口两栖类、爬行类、水生哺乳类动物以及其他养殖水产品等实行检疫审批制度。上述产品的收货人应当在签订贸易合同前办理检疫审批手续，取得进境动植物检疫许可证。

海关总署根据需要，按照有关规定，可以派员到输出国家或者地区进行进口水产品预检。

第十四条 水产品进口前或者进口时，收货人或者其代理人应当凭输出国家或者地区官方签发的检验检疫证书正本、原产地证书、贸易合同、提单、装箱单、发票等单证向进口口岸海关报检。

进口水产品随附的输出国家或者地区官方检验检疫证书，应当符合海关总署对该证书的要求。

第十五条 海关对收货人或者其代理人提交的相关单证进行审核，符合要求的，受理报检，对检疫审批数量进行核销。

第十六条 进口水产品应当存储在海关指定的存储冷库或者其他场所。进口口岸应当具备与进口水产品数量相适应的存储冷库。存储冷库应当符合进口水产品存储冷库检验检疫要求。

第十七条 装运进口水产品的运输工具和集装箱，应当在进口口岸海关的监督下实施防疫消毒处理。未经海关许可，不得擅自将进口水产品卸离运输工具和集装箱。

第十八条 进口口岸海关依照规定对进口水产品实施现场检验检疫。现场检验检疫包括以下内容：

（一）核对单证并查验货物；

（二）查验包装是否符合进口水产品包装基本要求；

（三）对易滋生植物性害虫的进口盐渍或者干制水产品实施植物检疫，必要时进行除害处理；

（四）查验货物是否腐败变质，是否含有异物，是否有干枯，是否存在血冰、冰霜过多。

第十九条 进口预包装水产品的中文标签应当符合中国食品标签的相关法律、行政法规、规章的规定以及国家技术规范的强制性要求。海关依照规定对预包装水产品的标签进行检验。

第二十条 海关依照规定对进口水产品采样，按照有关标准、监控计划和警示通报等要求对下列项目进行检验或者监测：

（一）致病性微生物、重金属、农兽药残留等有毒有害物质；

（二）疫病、寄生虫；

（三）其他要求的项目。

第二十一条 进口水产品经检验检疫合格的，由进口口岸海关签发《入境货物检验检疫证明》，准予生产、加工、销售、使用。《入境货物检验检疫证明》应当注明进口水产品的集装箱号、生产批次号、生产厂家及唛头等追溯信息。

进口水产品经检验检疫不合格的，由海关出具《检验检疫处理通知书》。涉及人身安全、健康和环境保护以外项目不合格的，可以在海关的监督下进行技术处理，经重新检验检疫合格的，方可销售或者使用。

当事人申请需要出具索赔证明等其他证明的，海关签发相关证明。

第二十二条 有下列情形之一的，作退回或者销毁处理：

（一）需办理进口检疫审批的产品，无有效进口动植物检疫许可证的；

（二）需办理注册的水产品生产企业未获得中方注册的；

（三）无输出国家或者地区官方机构出具的有效检验检疫证书的；

（四）涉及人身安全、健康和环境保护项目不合格的。

第三章 出口检验检疫

第二十三条 出口水产品由海关进行监督、抽检。

第二十四条 海关按照下列要求对出口水产品及其包装实施检验检疫：

（一）输入国家或者地区检验检疫要求；

（二）中国政府与输入国家或者地区政府签订的检验检疫协议、议定书、备忘录等规定的检验检疫要求；

（三）中国法律、行政法规和海关总署规定的检验检疫要求；

（四）输入国家或者地区官方关于品质、数量、重量、包装等要求；

（五）贸易合同注明的检疫要求。

第二十五条 海关对出口水产品养殖场实施备案管理。出口水产品生产企业所用的原料应当来自备案的养殖场、经渔业行政主管部门批准的捕捞水域或者捕捞渔船，并符合拟输入国家或者地区的检验检疫要求。

第二十六条 备案的出口水产品养殖场应当满足以下基本条件和卫生要求：

（一）取得渔业行政主管部门养殖许可。

（二）具有一定的养殖规模：土塘或者开放性海域养殖的水面总面积50亩以上，水泥池养殖的水面总面积10亩以上，场区内养殖池有规范的编号。

（三）水源充足，养殖用水水质符合《渔业水质标准》。

（四）周围无畜禽养殖场、医院、化工厂、垃圾场等污染源，具有与外界环境隔离的设施，内部环境卫生良好。

（五）布局合理，符合卫生防疫要求，避免进排水交叉污染。

（六）具有独立分设的药物和饲料仓库，仓库保持清洁干燥，通风良好，有专人负责记录入出库登记。

（七）养殖密度适当，配备与养殖密度相适应的增氧设施。

（八）投喂的饲料来自经海关备案的饲料加工厂，符合《出口食用动物饲用饲料检验检疫管理办法》的要求。

（九）不存放和使用中国、输入国家或者地区禁止使用的药物和其他有毒有害物质。使用的药物应当标注有效成分，有用药记录，并严格遵守停药期规定。

（十）有完善的组织管理机构和书面的水产养殖管理制度（包括种苗收购、养殖生产、卫生防疫、药物饲料使用等）。

（十一）配备具有相应资质的养殖技术员和质量监督员，养殖技术员和质量监督员应当由不同人员担任，养殖技术员须凭处方用药，药品由质量监督员发放。养殖技术员和质量监督员应当具备以下条件：

1. 熟悉并遵守检验检疫有关法律、行政法规、规章等规定；

2. 熟悉并遵守农业行政主管部门有关水生动物疫病和兽药管理规定；

3. 熟悉输入国家或者地区相关药残控制法规和标准；

4. 有一定养殖工作经验或者具有养殖专业中专以上学历。

（十二）建立重要疫病和重要事项及时报告制度。

第二十七条 出口水产品养殖场按照以下程序进行备案：

（一）出口水产品养殖场向所在地海关提出备案申请，并提供相关材料；

（二）海关按照本办法第二十六条规定的基本条件和卫生要求，对申请备案的出口水产品养殖场进行审核。符合基本条件和卫生要求的，由直属海关审查批准颁发备案证明；

（三）备案证明自颁发之日起生效，有效期四年。出口水产品养殖场应当在有效期届满三个月前提出延续申请；

（四）备案的出口水产品养殖场地址、名称、养殖规模、所有权、法定代表人等发生变更的，应当及时向所在地海关重新申请备案或者办理变更手续。

第二十八条 出口水产品备案养殖场应当为其生产的每一批出口水产品原料出具供货证明。

第二十九条 出口水产品备案养殖场应当依照输入国家或者地区要求，或者中国食品安全国家标准和有关规定使用饲料、兽药等农业投入品，禁止采购或者使用不符合输入国家或者地区要求，或者中国食品安全国家标准的农业投入品。

第三十条 海关对出口水产品备案养殖场实施监督管理，组织监督检查，并做好相关记录。监督检查包括日常监督检查和年度审核等形式。

海关应当在风险分析的基础上对备案的出口水产品养殖场实施水生动物疫病、农兽药残留、环境污染物、水质状况以及其他有毒有害物质监测，建立完善出口水产品安全风险信息管理制度。

第三十一条　海关按照出口食品生产企业备案管理规定对出口水产品生产企业实施备案管理。

输入国家或者地区对中国出口水产品生产企业有注册要求，需要对外推荐注册企业的，按照海关总署相关规定执行。

第三十二条　出口水产品生产企业应当建立完善可追溯的质量安全控制体系，确保出口水产品从原料到成品不得违规使用保鲜剂、防腐剂、保水剂、保色剂等物质。

出口水产品生产企业应当对加工用原辅料及成品的微生物、农兽药残留、环境污染物等有毒有害物质进行自检，没有自检能力的，应当委托有资质的检验机构检验，并出具有效检验报告。

第三十三条　出口水产品生产企业生产加工水产品应当以养殖场为单位实施生产批次管理，不同养殖场的水产品不得作为同一个生产批次的原料进行生产加工。从原料水产品到成品，生产加工批次号应当保持一致。

生产加工批次号标注要求另行公告。

第三十四条　出口水产品生产企业应当建立原料进货查验记录制度，核查原料随附的供货证明。进货查验记录应当真实，保存期限不得少于二年。

出口水产品生产企业应当建立出厂检验记录制度，查验出厂水产品的检验合格证和安全状况，如实记录其水产品的名称、规格、数量、生产日期、生产批号、检验合格证号、购货者名称及联系方式、销售日期等内容。

水产品出厂检验记录应当真实，保存期限不得少于二年。

第三十五条　出口水产品包装上应当按照输入国家或者地区的要求进行标注，在运输包装上注明目的地国家或者地区。

第三十六条　出口水产品生产企业或者其代理人应当按照海关总署报检规定，凭贸易合同、生产企业检验报告（出厂合格证明）、出货清单等有关单证向产地海关报检。

出口水产品出口报检时，需提供所用原料中药物残留、重金属、微生物等有毒有害物质含量符合输入国家或者地区以及我国要求的书面证明。

第三十七条　海关应当对出口水产品中致病性微生物、农兽药残留和环境污染物等有毒有害物质在风险分析的基础上进行抽样检验，并对出口水产品生产加工全过程的质量安全控制体系进行验证和监督。

第三十八条　没有经过抽样检验的出口水产品，海关应当根据输入国家或者地区的要求对出口水产品的检验报告、装运记录等进行审核，结合日常监管、监测和抽查检验等情况进行综合评定。符合规定要求的，签发有关检验检疫证单；不符合规定要求的，签发不合格通知单。

第三十九条　出口水产品生产企业应当确保出口水产品的运输工具有良好的密封性能，装载方式能有效地避免水产品受到污染，保证运输过程中所需要的温度条件，按规定进行清洗消毒，并做好记录。

第四十条　出口水产品生产企业应当保证货证相符，并做好装运记录。海关应当随机抽查。经产地检验检疫合格的出口水产品，口岸海关发现单证不符的，不予放行。

第四十一条　出口水产品检验检疫有效期为：

（一）冷却（保鲜）水产品：七天。

（二）干冻、单冻水产品：四个月。

（三）其他水产品：六个月。

出口水产品超过检验检疫有效期的，应当重新报检。输入国家或者地区另有要求的，按照其要求办理。

第四章　监督管理

第四十二条　海关总署对进出口水产品实行安全监控制度，依据风险分析和检验检疫实际情况制定重点监控计划，确定重点监控的国家或者地区的进出口水产品种类和检验项目。

主管海关应当根据海关总署年度进出口水产品安全风险监控计划，制定并实施所辖区域内进出口水产品风险管理的实施方案。

第四十三条　海关对进出口水产品实施风险管理。

第四十四条　进出口水产品的生产企业、收货人、发货人应当合法生产和经营。

海关应当建立进出口水产品生产企业、收货人、发货人不良记录制度，对有违法行为并受到行政处罚的，可以将其列入违法企业名单并对外公布。

第四十五条　海关应当按照食品安全风险信息管理的有关规定及时向有关部门、机构和企业通报进出口水产品安全风险信息，并按照有关规定上报。

第四十六条　出口水产品备案养殖场所在地海关和出口水产品生产企业所在地海关应当加强协作。备案养殖场所在地海关应当将养殖场监管情况定期通报出口水产品生产企业所在地海关；出口水产品生产企业所在地海关应当将生产企业对供货证明核查情况、原料和成品质量安全情况等定期通报备案养殖场所在地海关。

第四十七条 进口水产品存在安全问题，可能或者已经对人体健康和生命安全造成损害的，收货人应当主动召回并立即向所在地海关报告。收货人不主动召回的，海关应当按照有关规定责令召回。

出口水产品存在安全问题，可能或者已经对人体健康和生命安全造成损害的，出口水产品生产经营企业应当采取措施避免和减少损害的发生，并立即向所在地海关报告。

有前二款规定情形的，收货人所在地直属海关应当及时向海关总署报告。

第四十八条 出口水产品备案养殖场有下列行为之一的，取消备案：

（一）存放或者使用中国、拟输入国家或者地区禁止使用的药物和其他有毒有害物质，使用的药物未标明有效成分或者使用含有禁用药物的药物添加剂，未按规定在休药期停药的；

（二）提供虚假供货证明、转让或者变相转让备案号的；

（三）隐瞒重大养殖水产品疫病或者未及时向海关报告的；

（四）拒不接受海关监督管理的；

（五）备案养殖场的名称、法定代表人发生变化后 30 日内未申请变更的；

（六）养殖规模扩大、使用新药或者新饲料，或者质量安全体系发生重大变化后 30 日内未向海关报告的；

（七）一年内没有出口供货的；

（八）逾期未申请备案延续的；

（九）年度审核不合格的。

第四十九条 出口水产品生产企业有下列行为之一的，海关可以责令整改以符合要求：

（一）首次因致病性微生物、环境污染物、农兽药残留等安全卫生项目不合格，遭到输入国家或者地区退货的；

（二）连续抽检三个报检批次的产品出现安全卫生项目不合格的；

（三）原料来源不清，批次管理混乱的；

（四）一年内日常监督检查中发现同一不符合项达到三次的；

（五）未建立产品追溯制度的。

第五十条 进出口水产品生产经营企业有其他违法行为的，按照相关法律、行政法规的规定予以处罚。

第五十一条 海关及其工作人员在对进出口水产品实施检验检疫和监督管理工作中，违反法律法规及本办法规定的，按照规定查处。

第五章 附 则

第五十二条 本办法由海关总署负责解释。

第五十三条 本办法自 2011 年 6 月 1 日起施行。国家质检总局 2002 年 11 月 6 日公布的《进出境水产品检验检疫管理办法》（国家质检总局令第 31 号）同时废止。

进出口饲料和饲料添加剂检验检疫监督管理办法

（2009 年 7 月 20 日国家质量监督检验检疫总局令第 118 号公布，根据 2016 年 10 月 18 日国家质量监督检验检疫总局令第 184 号《国家质量监督检验检疫总局关于修改和废止部分规章的决定》第一次修正，根据 2018 年 4 月 28 日海关总署令第 238 号《海关总署关于修改部分规章的决定》第二次修正，根据 2018 年 5 月 29 日海关总署令第 240 号《海关总署关于修改部分规章的决定》第三次修正，根据 2018 年 11 月 23 日海关总署令第 243 号《海关总署关于修改部分规章的决定》第四次修正）

第一章 总 则

第一条 为规范进出口饲料和饲料添加剂的检验检疫监督管理工作，提高进出口饲料和饲料添加剂安全水平，保护动物和人体健康，根据《中华人民共和国进出境动植物检疫法》及其实施条例、《中华人民共和国进出口商品检验法》及其实施条例、《国务院关于加强食品等产品安全监督管理的特别规定》等有关法律法规规定，制定本办法。

第二条 本办法适用于进口、出口及过境饲料和饲料添加剂（以下简称饲料）的检验检疫和监督管理。

作饲料用途的动植物及其产品按照本办法的规定管理。

药物饲料添加剂不适用本办法。

第三条 海关总署统一管理全国进出口饲料的检验检疫和监督管理工作。

主管海关负责所辖区域进出口饲料的检验检疫和监督管理工作。

第二章　风险管理

第四条　海关总署对进出口饲料实施风险管理，包括在风险分析的基础上，对进出口饲料实施的产品风险分级、企业分类、监管体系审查、风险监控、风险警示等措施。

第五条　海关按照进出口饲料的产品风险级别，采取不同的检验检疫监管模式并进行动态调整。

第六条　海关根据进出口饲料的产品风险级别、企业诚信程度、安全卫生控制能力、监管体系有效性等，对注册登记的境外生产、加工、存放企业（以下简称境外生产企业）和国内出口饲料生产、加工、存放企业（以下简称出口生产企业）实施企业分类管理，采取不同的检验检疫监管模式并进行动态调整。

第七条　海关总署按照饲料产品种类分别制定进口饲料的检验检疫要求。对首次向中国出口饲料的国家或者地区进行风险分析，对曾经或者正在向中国出口饲料的国家或者地区进行回顾性审查，重点审查其饲料安全监管体系。根据风险分析或者回顾性审查结果，制定调整并公布允许进口饲料的国家或者地区名单和饲料产品种类。

第八条　海关总署对进出口饲料实施风险监控，制定进出口饲料年度风险监控计划，编制年度风险监控报告。直属海关结合本地实际情况制定具体实施方案并组织实施。

第九条　海关总署根据进出口饲料安全形势、检验检疫中发现的问题、国内外相关组织机构通报的问题以及国内外市场发生的饲料安全问题，在风险分析的基础上及时发布风险警示信息。

第三章　进口检验检疫

第一节　注册登记

第十条　海关总署对允许进口饲料的国家或者地区的生产企业实施注册登记制度，进口饲料应当来自注册登记的境外生产企业。

第十一条　境外生产企业应当符合输出国家或者地区法律法规和标准的相关要求，并达到与中国有关法律法规和标准的等效要求，经输出国家或者地区主管部门审查合格后向海关总署推荐。推荐材料应当包括：

（一）企业信息：企业名称、地址、官方批准编号；

（二）注册产品信息：注册产品名称、主要原料、用途等；

（三）官方证明：证明所推荐的企业已经主管部门批准，其产品允许在输出国家或者地区自由销售。

第十二条 海关总署应当对推荐材料进行审查。

审查不合格的，通知输出国家或者地区主管部门补正。

审查合格的，经与输出国家或者地区主管部门协商后，海关总署派出专家到输出国家或者地区对其饲料安全监管体系进行审查，并对申请注册登记的企业进行抽查。对抽查不符合要求的企业，不予注册登记，并将原因向输出国家或者地区主管部门通报；对抽查符合要求的及未被抽查的其他推荐企业，予以注册登记，并在海关总署官方网站上公布。

第十三条 注册登记的有效期为5年。

需要延期的境外生产企业，由输出国家或者地区主管部门在有效期届满前6个月向海关总署提出延期。必要时，海关总署可以派出专家到输出国家或者地区对其饲料安全监管体系进行回顾性审查，并对申请延期的境外生产企业进行抽查，对抽查符合要求的及未被抽查的其他申请延期境外生产企业，注册登记有效期延长5年。

第十四条 经注册登记的境外生产企业停产、转产、倒闭或者被输出国家或者地区主管部门吊销生产许可证、营业执照的，海关总署注销其注册登记。

第二节　检验检疫

第十五条 进口饲料需要办理进境动植物检疫许可证的，应当按照相关规定办理进境动植物检疫许可证。

第十六条 货主或者其代理人应当在饲料入境前或者入境时向海关报检，报检时应当提供原产地证书、贸易合同、提单、发票等，并根据对产品的不同要求提供输出国家或者地区检验检疫证书。

第十七条 海关按照以下要求对进口饲料实施检验检疫：

（一）中国法律法规、国家强制性标准和相关检验检疫要求；

（二）双边协议、议定书、备忘录；

（三）《进境动植物检疫许可证》列明的要求。

第十八条 海关按照下列规定对进口饲料实施现场查验：

（一）核对货证：核对单证与货物的名称、数（重）量、包装、生产日期、集装箱号码、输出国家或者地区、生产企业名称和注册登记号等是否相符；

（二）标签检查：标签是否符合饲料标签国家标准；

（三）感官检查：包装、容器是否完好，是否超过保质期，有无腐败变质，有无携带有害生物，有无土壤、动物尸体、动物排泄物等禁止进境物。

第十九条 现场查验有下列情形之一的，海关签发《检验检疫处理通知单》，由货主或者其代理人在海关的监督下，作退回或者销毁处理：

（一）输出国家或者地区未被列入允许进口的国家或者地区名单的；

（二）来自非注册登记境外生产企业的产品；

（三）来自注册登记境外生产企业的非注册登记产品；

（四）货证不符的；

（五）标签不符合标准且无法更正的；

（六）超过保质期或者腐败变质的；

（七）发现土壤、动物尸体、动物排泄物、检疫性有害生物，无法进行有效的检疫处理的。

第二十条 现场查验发现散包、容器破裂的，由货主或者代理人负责整理完好。包装破损且有传播动植物疫病风险的，应当对所污染的场地、物品、器具进行检疫处理。

第二十一条 海关对来自不同类别境外生产企业的产品按照相应的检验检疫监管模式抽取样品，出具《抽/采样凭证》，送实验室进行安全卫生项目的检测。

被抽取样品送实验室检测的货物，应当调运到海关指定的待检存放场所等待检测结果。

第二十二条 经检验检疫合格的，海关签发《入境货物检验检疫证明》，予以放行。

经检验检疫不合格的，海关签发《检验检疫处理通知书》，由货主或者其代理人在海关的监督下，作除害、退回或者销毁处理，经除害处理合格的准予进境；需要对外索赔的，由海关出具相关证书。海关应当将进口饲料检验检疫不合格信息上报海关总署。

第二十三条 货主或者其代理人未取得海关出具的《入境货物检验检疫证明》前，不得擅自转移、销售、使用进口饲料。

第二十四条 进口饲料分港卸货的，先期卸货港海关应当以书面形式将检验检疫结果及处理情况及时通知其他分卸港所在地海关；需要对外出证的，由卸毕港海关汇总后出具证书。

第三节　监督管理

第二十五条 进口饲料包装上应当有中文标签，标签应当符合中国饲料标签国家标准。

散装的进口饲料，进口企业应当在海关指定的场所包装并加施饲料标签后方可入境，直接调运到海关指定的生产、加工企业用于饲料生产的，免予加施标签。

国家对进口动物源性饲料的饲用范围有限制的，进入市场销售的动物源性饲料包装上应当注明饲用范围。

第二十六条 海关对饲料进口企业（以下简称进口企业）实施备案管理。进口企业应当在首次报检前或者报检时向所在地海关备案。

第二十七条 进口企业应当建立经营档案，记录进口饲料的报检号、品名、数/重量、包装、输出国家或者地区、国外出口商、境外生产企业名称及其注册登记号、《入境货物检验检疫证明》、进口饲料流向等信息，记录保存期限不得少于2年。

第二十八条 海关对备案进口企业的经营档案进行定期审查，审查不合格的，将其列入不良记录企业名单，对其进口的饲料加严检验检疫。

第二十九条 国外发生的饲料安全事故涉及已经进口的饲料、国内有关部门通报或者用户投诉进口饲料出现安全卫生问题的，海关应当开展追溯性调查，并按照国家有关规定进行处理。

进口的饲料存在前款所列情形，可能对动物和人体健康和生命安全造成损害的，饲料进口企业应当主动召回，并向海关报告。进口企业不履行召回义务的，海关可以责令进口企业召回并将其列入不良记录企业名单。

第四章　出口检验检疫

第一节　注册登记

第三十条 海关总署对出口饲料的出口生产企业实施注册登记制度，出口饲料应当来自注册登记的出口生产企业。

第三十一条 申请注册登记的企业应当符合下列条件：

（一）厂房、工艺、设备和设施。

1. 厂址应当避开工业污染源，与养殖场、屠宰场、居民点保持适当距离；

2. 厂房、车间布局合理，生产区与生活区、办公区分开；

3. 工艺设计合理，符合安全卫生要求；

4. 具备与生产能力相适应的厂房、设备及仓储设施；

5. 具备有害生物（啮齿动物、苍蝇、仓储害虫、鸟类等）防控设施。

（二）具有与其所生产产品相适应的质量管理机构和专业技术人员。

（三）具有与安全卫生控制相适应的检测能力。

（四）管理制度。

1. 岗位责任制度；

2. 人员培训制度；

3. 从业人员健康检查制度；

4. 按照危害分析与关键控制点（HACCP）原理建立质量管理体系，在风险分析的基础上开展自检自控；

5. 标准卫生操作规范（SSOP）；

6. 原辅料、包装材料合格供应商评价和验收制度；

7. 饲料标签管理制度和产品追溯制度；

8. 废弃物、废水处理制度；

9. 客户投诉处理制度；

10. 质量安全突发事件应急管理制度。

（五）海关总署按照饲料产品种类分别制定的出口检验检疫要求。

第三十二条　出口生产企业应当向所在地直属海关申请注册登记，并提交下列材料：

（一）《出口饲料生产、加工、存放企业检验检疫注册登记申请表》；

（二）国家饲料主管部门有审查、生产许可、产品批准文号等要求的，须提供获得批准的相关证明文件；

（三）生产工艺流程图，并标明必要的工艺参数（涉及商业秘密的除外）；

（四）厂区平面图，并提供重点区域的照片或者视频资料；

（五）申请注册登记的产品及原料清单。

第三十三条　直属海关应当对申请材料及时进行审查，根据下列情况在 5 日内作出受理或者不予受理决定，并书面通知申请人：

（一）申请材料存在可以当场更正的错误的，允许申请人当场更正；

（二）申请材料不齐全或者不符合法定形式的，应当当场或者在 5 日内一次书面告知申请人需要补正的全部内容，逾期不告知的，自收到申请材料之日起即为受理；

（三）申请材料齐全、符合法定形式或者申请人按照要求提交全部补正申请材料的，应当受理申请。

第三十四条　直属海关应当在受理申请后组成评审组，对申请注册登记的出口生产企业进行现场评审。评审组应当在现场评审结束后向直属海关提交评审报告。

第三十五条 直属海关应当自受理申请之日起 20 日内对申请人的申请事项作出是否准予注册登记的决定；准予注册登记的，颁发《出口饲料生产、加工、存放企业检验检疫注册登记证》（以下简称《注册登记证》）。

直属海关自受理申请之日起 20 日内不能作出决定的，经直属海关负责人批准，可以延长 10 日，并应当将延长期限的理由告知申请人。

第三十六条 《注册登记证》自颁发之日起生效，有效期 5 年。

属于同一企业、位于不同地点、具有独立生产线和质量管理体系的出口生产企业应当分别申请注册登记。

每一注册登记出口生产企业使用一个注册登记编号。经注册登记的出口生产企业的注册登记编号专厂专用。

第三十七条 出口生产企业变更企业名称、法定代表人、产品品种、生产能力等的，应当在变更后 30 日内向所在地直属海关提出书面申请，填写《出口饲料生产、加工、存放企业检验检疫注册登记申请表》，并提交与变更内容相关的资料。

变更企业名称、法定代表人的，由直属海关审核有关资料后，直接办理变更手续。

变更产品品种或者生产能力的，由直属海关审核有关资料并组织现场评审，评审合格后，办理变更手续。

企业迁址的，应当重新向直属海关申请办理注册登记手续。

因停产、转产、倒闭等原因不再从事出口饲料业务的，应当向所在地直属海关办理注销手续。

第三十八条 获得注册登记的出口生产企业需要延续注册登记有效期的，应当在有效期届满前 3 个月按照本办法规定提出申请。

第三十九条 直属海关应当在完成注册登记、变更或者注销工作后 30 日内，将相关信息上报海关总署备案。

第四十条 进口国家或者地区要求提供注册登记的出口生产企业名单的，由直属海关审查合格后，上报海关总署。海关总署组织进行抽查评估后，统一向进口国家或者地区主管部门推荐并办理有关手续。

第二节 检验检疫

第四十一条 海关按照下列要求对出口饲料实施检验检疫：

（一）输入国家或者地区检验检疫要求；

（二）双边协议、议定书、备忘录；

（三）中国法律法规、强制性标准和相关检验检疫要求；

（四）贸易合同或者信用证注明的检疫要求。

第四十二条 饲料出口前，货主或者代理人应当凭贸易合同、出厂合格证明等单证向产地海关报检。海关对所提供的单证进行审核，符合要求的受理报检。

第四十三条 受理报检后，海关按照下列规定实施现场检验检疫：

（一）核对货证：核对单证与货物的名称、数（重）量、生产日期、批号、包装、唛头、出口生产企业名称或者注册登记号等是否相符；

（二）标签检查：标签是否符合要求；

（三）感官检查：包装、容器是否完好，有无腐败变质，有无携带有害生物，有无土壤、动物尸体、动物排泄物等。

第四十四条 海关对来自不同类别出口生产企业的产品按照相应的检验检疫监管模式抽取样品，出具《抽/采样凭证》，送实验室进行安全卫生项目的检测。

第四十五条 经检验检疫合格的，海关出具《出境货物换证凭单》、检验检疫证书等相关证书；检验检疫不合格的，经有效方法处理并重新检验检疫合格的，可以按照规定出具相关单证，予以放行；无有效方法处理或者虽经处理重新检验检疫仍不合格的，不予放行，并出具《出境货物不合格通知单》。

第四十六条 出境口岸海关按照出境货物换证查验的相关规定查验，重点检查货证是否相符。查验不合格的，不予放行。

第四十七条 产地海关与出境口岸海关应当及时交流信息。

在检验检疫过程中发现安全卫生问题，应当采取相应措施，并及时上报海关总署。

第三节　监督管理

第四十八条 取得注册登记的出口饲料生产、加工企业应当遵守下列要求：

（一）有效运行自检自控体系。

（二）按照进口国家或者地区的标准或者合同要求生产出口产品。

（三）遵守我国有关药物和添加剂管理规定，不得存放、使用我国和进口国家或者地区禁止使用的药物和添加物。

（四）出口饲料的包装、装载容器和运输工具应当符合安全卫生要求。标签应当符合进口国家或者地区的有关要求。包装或者标签上应当注明生产企业名称或者注册登记号、产品用途。

（五）建立企业档案，记录生产过程中使用的原辅料名称、数（重）量及其供应商、原料验收、半产品及成品自检自控、入库、出库、出口、有害生物控制、产品召回等情况，记录档案至少保存 2 年。

（六）如实填写《出口饲料监管手册》，记录海关监管、抽样、检查、年审情况以及国外官方机构考察等内容。

取得注册登记的饲料存放企业应当建立企业档案，记录存放饲料名称、数/重量、货主、入库、出库、有害生物防控情况，记录档案至少保留 2 年。

第四十九条 海关对辖区内注册登记的出口生产企业实施日常监督管理，内容包括：

（一）环境卫生；

（二）有害生物防控措施；

（三）有毒有害物质自检自控的有效性；

（四）原辅料或者其供应商变更情况；

（五）包装物、铺垫材料和成品库；

（六）生产设备、用具、运输工具的安全卫生；

（七）批次及标签管理情况；

（八）涉及安全卫生的其他内容；

（九）《出口饲料监管手册》记录情况。

第五十条 海关对注册登记的出口生产企业实施年审，年审合格的在《注册登记证》（副本）上加注年审合格记录。

第五十一条 海关对饲料出口企业（以下简称出口企业）实施备案管理。出口企业应当在首次报检前或者报检时向所在地海关备案。

出口与生产为同一企业的，不必办理备案。

第五十二条 出口企业应当建立经营档案并接受海关的核查。档案应当记录出口饲料的报检号、品名、数（重）量、包装、进口国家或者地区、国外进口商、供货企业名称及其注册登记号等信息，档案至少保留 2 年。

第五十三条 海关应当建立注册登记的出口生产企业以及出口企业诚信档案，建立良好记录企业名单和不良记录企业名单。

第五十四条 出口饲料被国内外海关检出疫病、有毒有害物质超标或者其他安全卫生质量问题的，海关核实有关情况后，实施加严检验检疫监管措施。

第五十五条 注册登记的出口生产企业和备案的出口企业发现其生产、经营的相关产品可能受到污染并影响饲料安全，或者其出口产品在国外涉嫌引发饲料安全事件时，应当在 24 小时内报告所在地海关，同时采取控制措施，防止不合格产品继续出厂。海关接到报告后，应当于 24 小时内逐级上报至海关总署。

第五十六条 已注册登记的出口生产企业发生下列情况之一的，由直属海关撤回其注册登记：

（一）准予注册登记所依据的客观情况发生重大变化，达不到注册登记条件要求的；

（二）注册登记内容发生变更，未办理变更手续的；

（三）年审不合格的。

第五十七条 有下列情形之一的，直属海关根据利害关系人的请求或者依据职权，可以撤销注册登记：

（一）直属海关工作人员滥用职权、玩忽职守作出准予注册登记的；

（二）超越法定职权作出准予注册登记的；

（三）违反法定程序作出准予注册登记的；

（四）对不具备申请资格或者不符合法定条件的出口生产企业准予注册登记的；

（五）依法可以撤销注册登记的其他情形。

出口生产企业以欺骗、贿赂等不正当手段取得注册登记的，应当予以撤销。

第五十八条 有下列情形之一的，直属海关应当依法办理注册登记的注销手续：

（一）注册登记有效期届满未延续的；

（二）出口生产企业依法终止的；

（三）企业因停产、转产、倒闭等原因不再从事出口饲料业务的；

（四）注册登记依法被撤销、撤回或者吊销的；

（五）因不可抗力导致注册登记事项无法实施的；

（六）法律、法规规定的应当注销注册登记的其他情形。

第五章　　过境检验检疫

第五十九条 运输饲料过境的，承运人或者押运人应当持货运单和输出国家或者地区主管部门出具的证书，向入境口岸海关报检，并书面提交过境运输路线。

第六十条 装载过境饲料的运输工具和包装物、装载容器应当完好，经入境口岸海关检查，发现运输工具或者包装物、装载容器有可能造成途中散漏的，承运人或者押运人应当按照口岸海关的要求，采取密封措施；无法采取密封措施的，不准过境。

第六十一条　输出国家或者地区未被列入第七条规定的允许进口的国家或者地区名单的，应当获得海关总署的批准方可过境。

第六十二条　过境的饲料，由入境口岸海关查验单证，核对货证相符，加施封识后放行，并通知出境口岸海关，由出境口岸海关监督出境。

第六章　法律责任

第六十三条　有下列情形之一的，由海关按照《国务院关于加强食品等产品安全监督管理的特别规定》予以处罚：

（一）存放、使用我国或者进口国家或者地区禁止使用的药物、添加剂以及其他原辅料的；

（二）以非注册登记饲料生产、加工企业生产的产品冒充注册登记出口生产企业产品的；

（三）明知有安全隐患，隐瞒不报，拒不履行事故报告义务继续进出口的；

（四）拒不履行产品召回义务的。

第六十四条　有下列情形之一的，由海关按照《中华人民共和国进出境动植物检疫法实施条例》处 3000 元以上 3 万元以下罚款：

（一）未经海关批准，擅自将进口、过境饲料卸离运输工具或者运递的；

（二）擅自开拆过境饲料的包装，或者擅自开拆、损毁动植物检疫封识或者标志的。

第六十五条　有下列情形之一的，依法追究刑事责任；尚不构成犯罪或者犯罪情节显著轻微依法不需要判处刑罚的，由海关按照《中华人民共和国进出境动植物检疫法实施条例》处 2 万元以上 5 万元以下的罚款：

（一）引起重大动植物疫情的；

（二）伪造、变造动植物检疫单证、印章、标志、封识的。

第六十六条　有下列情形之一，有违法所得的，由海关处以违法所得 3 倍以下罚款，最高不超过 3 万元；没有违法所得的，处以 1 万元以下罚款：

（一）使用伪造、变造的动植物检疫单证、印章、标志、封识的；

（二）使用伪造、变造的输出国家或者地区主管部门检疫证明文件的；

（三）使用伪造、变造的其他相关证明文件的；

（四）拒不接受海关监督管理的。

第六十七条　海关工作人员滥用职权，故意刁难，徇私舞弊，伪造检验结果，或者玩忽职守，延误检验出证，依法给予行政处分；构成犯罪的，依法追究刑事责任。

第七章 附 则

第六十八条 本办法下列用语的含义是：

饲料：指经种植、养殖、加工、制作的供动物食用的产品及其原料，包括饵料用活动物、饲料用（含饵料用）冰鲜冷冻动物产品及水产品、加工动物蛋白及油脂、宠物食品及咬胶、饲草类、青贮料、饲料粮谷类、糠麸饼粕渣类、加工植物蛋白及植物粉类、配合饲料、添加剂预混合饲料等。

饲料添加剂：指饲料加工、制作、使用过程中添加的少量或者微量物质，包括营养性饲料添加剂、一般饲料添加剂等。

加工动物蛋白及油脂：包括肉粉（畜禽）、肉骨粉（畜禽）、鱼粉、鱼油、鱼膏、虾粉、鱿鱼肝粉、鱿鱼粉、乌贼膏、乌贼粉、鱼精粉、干贝精粉、血粉、血浆粉、血球粉、血细胞粉、血清粉、发酵血粉、动物下脚料粉、羽毛粉、水解羽毛粉、水解毛发蛋白粉、皮革蛋白粉、蹄粉、角粉、鸡杂粉、肠膜蛋白粉、明胶、乳清粉、乳粉、蛋粉、干蚕蛹及其粉、骨粉、骨灰、骨炭、骨制磷酸氢钙、虾壳粉、蛋壳粉、骨胶、动物油渣、动物脂肪、饲料级混合油、干虫及其粉等。

出厂合格证明：指注册登记的出口饲料或者饲料添加剂生产、加工企业出具的，证明其产品经本企业自检自控体系评定为合格的文件。

第六十九条 本办法由海关总署负责解释。

第七十条 本办法自 2009 年 9 月 1 日起施行。自施行之日起，进出口饲料有关检验检疫管理的规定与本办法不一致的，以本办法为准。

进出口玩具检验监督管理办法

(2009年3月2日国家质量监督检验检疫总局令第111号公布，根据2015年11月23日国家质量监督检验检疫总局令第173号《国家质量监督检验检疫总局关于修改〈进出口玩具检验监督管理办法〉的决定》修订，根据2018年4月28日海关总署令第238号《海关总署关于修改部分规章的决定》第一次修正，根据2018年5月29日海关总署令第240号《海关总署关于修改部分规章的决定》第二次修正，根据2018年11月23日海关总署令第243号《海关总署关于修改部分规章的决定》第三次修正)

第一章 总 则

第一条 为规范进出口玩具的检验监管工作，加强对进出口玩具的管理，保护消费者人身健康和安全，根据《中华人民共和国进出口商品检验法》及其实施条例和《国务院关于加强食品等产品安全监督管理的特别规定》等有关规定，制定本办法。

第二条 海关总署主管全国进出口玩具检验监督管理工作。

主管海关负责辖区内进出口玩具的检验监督管理工作。

第三条 本办法适用于列入必须实施检验的进出口商品目录（以下简称目录）以及法律、行政法规规定必须实施检验的进出口玩具的检验和监督管理。海关和从事进出口玩具的生产、经营企业应当遵守本办法。

海关对目录外的进出口玩具按照海关总署的规定实施抽查检验。

第四条 进口玩具按照我国国家技术规范的强制性要求实施检验。

出口玩具按照输入国家或者地区的技术法规和标准实施检验，如贸易双方约定的技术要求高于技术法规和标准的，按照约定要求实施检验。输入国家或者地区的技术法规和标准无明确规定的，按照我国国家技术规范的强制性要求实施检验。

政府间已签订协议的，应当按照协议规定的要求实施检验。

第五条 海关总署对存在缺陷可能导致儿童伤害的进出口玩具的召回实施监督管理。

第二章　　进口玩具的检验

第六条　进口玩具的收货人或者其代理人在办理报检时，应当按照《出入境检验检疫报检规定》如实填写入境货物报检单，提供有关单证。对列入强制性产品认证目录的进口玩具还应当取得强制性产品认证证书。海关对强制性产品认证证书电子数据进行系统自动比对验核。

第七条　海关对列入强制性产品认证目录内的进口玩具，按照《进口许可制度民用商品入境验证管理办法》的规定实施验证管理。

对未列入强制性产品认证目录内的进口玩具，报检人已提供进出口玩具检测实验室（以下简称玩具实验室）出具的合格的检测报告的，海关对报检人提供的有关单证与货物是否符合进行审核。

对未能提供检测报告或者经审核发现有关单证与货物不相符的，应当对该批货物实施现场检验并抽样送玩具实验室检测。

第八条　进口玩具经检验合格的，海关出具检验证明。

第九条　进口玩具经检验不合格的，由海关出具检验检疫处理通知书。涉及人身财产安全、健康、环境保护项目不合格的，由海关责令当事人退货或者销毁；其他项目不合格的，可以在海关的监督下进行技术处理，经重新检验合格后，方可销售或者使用。

第十条　在国内市场销售的进口玩具，其安全、使用标识应当符合我国玩具安全的有关强制性要求。

第三章　　出口玩具的检验

第十一条　出口玩具报检时，报检人应当如实填写出境货物报检单，除按照《出入境检验检疫报检规定》提供相关材料外，还需提供产品质量安全符合性声明。

出口玩具首次报检时，还应当提供玩具实验室出具的检测报告以及海关总署规定的其他材料等。

第十二条　海关根据本办法第四条的规定对出口玩具实施检验。

出口玩具应当由产地海关实施检验。出口玩具经检验合格的，产地海关出具换证凭单。出口玩具经检验不合格的，出具不合格通知单。

第十三条　出口玩具经产地海关检验合格后，发货人应当在规定的期限内向口岸海关申请查验。

未能在检验有效期内出口或者在检验有效期内变更输入国家或者地区且检

验要求不同的，应当重新向海关报检。

第十四条　出口玩具生产、经营企业应当建立完善的质量安全控制体系及追溯体系，加强对玩具成品、部件或者部分工序分包的质量控制和管理，建立并执行进货检查验收制度，审验供货商、分包商的经营资格，验明产品合格证明和产品标识，并建立产品及高风险原材料的进货台账，如实记录产品名称、规格、数量、供货商、分包商及其联系方式、进货时间等内容。

第四章　监督管理

第十五条　海关对出口玩具生产企业实施分类管理。

第十六条　海关应当对出口玩具生产、经营企业实施监督管理，监督管理包括对企业质量保证能力的检查以及对质量安全重点项目的检验。

第十七条　主管海关对具有下列情形之一的玩具生产、经营企业实施重点监督管理：

（一）企业安全质量控制体系未能有效运行的；

（二）发生国外预警通报或者召回、退运事件经主管海关调查确属企业责任的；

（三）出口玩具经抽批检验连续 2 次，或者 6 个月内累计 3 次出现安全项目检验不合格的；

（四）进口玩具在销售和使用过程中发现存在安全质量缺陷，或者发生相关安全质量事件，未按要求主动向海关总署或者主管海关报告和配合调查的；

（五）违反检验检疫法律法规规定受到行政处罚的。

第十八条　对实施重点监督管理的企业，海关对该企业加严管理，对该企业的进出口产品加大抽查比例，期限一般为 6 个月。

第十九条　海关总署对玩具实验室实施监督管理。玩具实验室应当通过中国合格评定国家认可委员会（CNAS）的资质认可并获得海关总署指定。

海关总署对出现检测责任事故的玩具实验室，暂停其检测资格，责令整改，整改合格后，方可恢复；情节严重的，取消其指定实验室资格。

第二十条　进出口玩具的收货人或者发货人对海关出具的检验结果有异议的，可以按照《进出口商品复验办法》的规定申请复验。

第二十一条　海关总署对进出口玩具的召回实施监督管理。

进入我国国内市场的进口玩具存在缺陷的，进口玩具的经营者、品牌商应当主动召回；不主动召回的，由海关总署责令召回。

进口玩具的经营者、品牌商和出口玩具生产经营者、品牌商获知其提供的玩具可能存在缺陷的，应当进行调查，确认产品质量安全风险，同时在 24 小时内报告所在地主管海关。实施召回时应当制作并保存完整的召回记录，并在召回完成时限期满后 15 个工作日内，向海关总署和所在地直属海关提交召回总结。

已经出口的玩具在国外被召回、通报或者出现安全质量问题的，其生产经营者、品牌商应当向主管海关报告相关信息。

第五章　法律责任

第二十二条 擅自销售未经检验的进口玩具，或者擅自销售应当申请进口验证而未申请的进口玩具的，由海关没收违法所得，并处货值金额 5% 以上 20% 以下罚款。

第二十三条 擅自出口未经检验的出口玩具的，由海关没收违法所得，并处货值金额 5% 以上 20% 以下罚款。

第二十四条 擅自销售经检验不合格的进口玩具，或者出口经检验不合格的玩具的，由海关责令停止销售或者出口，没收违法所得和违法销售或者出口的玩具，并处违法销售或者出口的玩具货值金额等值以上 3 倍以下罚款。

第二十五条 进出口玩具的收货人、发货人、代理报检企业、快件运营企业、报检人员未如实提供进出口玩具的真实情况，取得海关的有关证单，或者逃避检验的，由海关没收违法所得，并处货值金额 5% 以上 20% 以下罚款。

进出口玩具的收货人或者发货人委托代理报检企业、出入境快件运营企业办理报检手续，未按照规定向代理报检企业、出入境快件运营企业提供所委托报检事项的真实情况，取得海关的有关证单的，对委托人依照前款规定予以处罚。

代理报检企业、出入境快件运营企业、报检人员对委托人所提供情况的真实性未进行合理审查或者因工作疏忽，导致骗取海关有关证单的结果的，由海关对代理报检企业、出入境快件运营企业处 2 万元以上 20 万元以下罚款。

第二十六条 伪造、变造、买卖或者盗窃检验检疫证单、印章、封识或者使用伪造、变造的检验检疫证单、印章、封识，由海关责令改正，没收违法所得，并处货值金额等值以下罚款；构成犯罪的，依法追究刑事责任。

第二十七条 擅自调换海关抽取的样品或者海关检验合格的进出口玩具的，由海关责令改正，给予警告；情节严重的，并处货值金额 10% 以上 50% 以下罚款。

第二十八条 擅自调换、损毁海关加施的标志、封识的，由海关处 5 万元以下罚款。

第二十九条 我国境内的进出口玩具生产企业、经营者、品牌商有下列情形之一的，海关可以给予警告或者处 3 万元以下罚款：

（一）对出口玩具在进口国家或者地区发生质量安全事件隐瞒不报并造成严重后果的；

（二）对应当向海关报告玩具缺陷而未报告的；

（三）对应当召回的缺陷玩具拒不召回的。

第三十条 海关的工作人员滥用职权，故意刁难当事人的，徇私舞弊，伪造检验检疫结果的，或者玩忽职守，延误出证的，依法给予行政处分，没收违法所得；构成犯罪的，依法追究刑事责任。

第三十一条 违反本办法规定，构成犯罪的，依法追究刑事责任。

第六章　附　则

第三十二条 本办法所称质量安全重点项目是指海关在对输入国家或者地区技术法规和标准、企业产品质量安全历史数据和产品通报召回等信息进行风险评估的基础上，确定的产品质量安全高风险检验项目。

本办法所称产品抽批检验是指海关根据出口产品生产企业分类管理类别，对报检的出口产品按照规定的比例实施现场检验和抽样送实验室检测。

第三十三条 本办法由海关总署负责解释。

第三十四条 本办法自 2009 年 9 月 15 日起施行。

进境动物隔离检疫场使用监督管理办法

（2009年10月22日国家质量监督检验检疫总局令第122号公布，根据2018年4月28日海关总署令第238号《海关总署关于修改部分规章的决定》第一次修正，根据2018年5月29日海关总署令第240号《海关总署关于修改部分规章的决定》第二次修正，根据2018年11月23日海关总署令第243号《海关总署关于修改部分规章的决定》第三次修正）

第一章 总 则

第一条 为做好进境动物隔离检疫场（以下简称隔离场）的管理工作，根据《中华人民共和国进出境动植物检疫法》及其实施条例等法律法规的规定，制定本办法。

第二条 本办法所称隔离场是指专用于进境动物隔离检疫的场所。包括两类，一是海关总署设立的动物隔离检疫场所（以下简称国家隔离场），二是由各直属海关指定的动物隔离场所（以下简称指定隔离场）。

第三条 申请使用隔离场的单位或者个人（以下简称使用人）和国家隔离场或者指定隔离场的所有单位或者个人（以下简称所有人）应当遵守本办法的规定。

第四条 海关总署主管全国进境动物隔离场的监督管理工作。

主管海关负责辖区内进境动物隔离场的监督管理工作。

第五条 隔离场的选址、布局和建设，应当符合国家相关标准和要求。

相关标准与要求由海关总署另行发文明确。

第六条 使用国家隔离场，应当经海关总署批准。使用指定隔离场，应当经所在地直属海关批准。

进境种用大中动物应当在国家隔离场隔离检疫，当国家隔离场不能满足需求，需要在指定隔离场隔离检疫时，应当报经海关总署批准。

进境种用大中动物之外的其他动物应当在国家隔离场或者指定隔离场隔离检疫。

第七条 进境种用大中动物隔离检疫期为45天，其他动物隔离检疫期为30天。

需要延长或者缩短隔离检疫期的，应当报海关总署批准。

第二章　使用申请

第八条　申请使用国家隔离场的，使用人应当向海关总署提交如下材料：

（一）填制真实准确的《中华人民共和国进境动物隔离检疫场使用申请表》；

（二）使用人（法人或者自然人）身份证明材料复印件；

（三）进境动物从入境口岸进入隔离场的运输安排计划和运输路线。

第九条　申请使用指定隔离场的，应当建立隔离场动物防疫、饲养管理等制度。使用人应当在办理《中华人民共和国进境动植物检疫许可证》前，向所在地直属海关提交如下材料：

（一）填制真实准确的《中华人民共和国进境动物隔离检疫场使用申请表》；

（二）使用人（法人或者自然人）身份证明材料复印件；

（三）隔离场整体平面图及显示隔离场主要设施和环境的照片或者视频资料；

（四）进境动物从入境口岸进入隔离场的运输安排计划和运输路线；

（五）当隔离场的使用人与所有人不一致时，使用人还须提供与所有人签订的隔离场使用协议。

第十条　海关总署、直属海关应当按照规定对隔离场使用申请进行审核。

隔离场使用人申请材料不齐全或者不符合法定形式的，应当当场或者在 5 个工作日内一次告知使用人需要补正的全部内容，逾期不告知的，自收到申请材料之日起即为受理。

受理申请后，海关总署、直属海关应当根据本办法规定，对使用人提供的有关材料进行审核，并对申请使用的隔离场组织实地考核。

申请使用指定隔离场用于隔离种用大中动物的，由直属海关审核提出审核意见报海关总署批准；用于种用大中动物之外的其他动物隔离检疫的，由直属海关审核、批准。

第十一条　海关总署、直属海关应当自受理申请之日起 20 个工作日内做出书面审批意见。经审核合格的，直属海关受理的，由直属海关签发《隔离场使用证》。海关总署受理的，由海关总署在签发的《中华人民共和国进境动植物检疫许可证》中列明批准内容。20 个工作日内不能做出决定的，经本机构负责人批准，可以延长 10 个工作日，并应当将延长期限的理由告知使用人。其他法律、法规另有规定的，依照其规定执行。

不予批准的，应当书面说明理由，告知申请人享有依法申请行政复议或者提起行政诉讼的权利。

第十二条 《隔离场使用证》有效期为6个月。

隔离场使用人凭有效《隔离场使用证》向隔离场所在地直属海关申请办理《中华人民共和国进境动植物检疫许可证》。

第十三条 《隔离场使用证》的使用一次有效。

同一隔离场再次申请使用的，应当重新办理审批手续。两次使用的间隔期间不得少于30天。

第十四条 已经获得《隔离场使用证》，发生下列情形之一时，隔离场使用人应当重新申请办理：

（一）《隔离场使用证》超过有效期的；

（二）《隔离场使用证》内容发生变更的；

（三）隔离场设施和环境卫生条件发生改变的。

第十五条 已经获得《隔离场使用证》，发生下列情况之一时，由发证机关撤回：

（一）隔离场原有设施和环境卫生条件发生改变，不符合隔离动物检疫条件和要求的；

（二）隔离场所在地发生一类动物传染病、寄生虫病或者其他突发事件的。

第十六条 使用人以欺骗、贿赂等不正当手段取得《隔离场使用证》的，海关应当依法将其《隔离场使用证》撤销。

第三章　　检疫准备

第十七条 隔离场经批准使用后，使用人应当做好隔离场的维护，保持隔离场批准时的设施完整和环境卫生条件，保证相关设施的正常运行。

第十八条 动物进场前，海关应当派员实地核查隔离场设施和环境卫生条件的维护情况。

第十九条 使用人应当确保隔离场使用前符合下列要求：

（一）动物进入隔离场前10天，所有场地、设施、工具必须保持清洁，并采用海关认可的有效方法进行不少于3次的消毒处理，每次消毒之间应当间隔3天；

（二）应当准备供动物隔离期间使用的充足的饲草、饲料和垫料。饲草、垫料不得来自严重动物传染病或者寄生虫病疫区，饲料应当符合法律法规的规定，并建立进场检查验收登记制度；

饲草、饲料和垫料应当在海关的监督下，由海关认可的单位进行熏蒸消毒

处理;

水生动物不得饲喂鲜活饵料,遇特殊需要时,应当事先征得海关的同意;

(三)应当按照海关的要求,适当储备必要的防疫消毒器材、药剂、疫苗等,并建立进场检查验收和使用登记制度;

(四)饲养人员和隔离场管理人员,在进入隔离场前,应当到具有相应资质的医疗机构进行健康检查并取得健康证明。未取得健康证明的,不准进入隔离场。健康检查项目应当包括活动性肺结核、布氏杆菌病、病毒性肝炎等人畜共患病;

(五)饲养人员和管理人员在进入隔离场前应当接受海关的动物防疫、饲养管理等基础知识培训,经考核合格后方可上岗;

(六)人员、饲草、饲料、垫料、用品、用具等应当在隔离场作最后一次消毒前进入隔离检疫区;

(七)用于运输隔离检疫动物的运输工具及辅助设施,在使用前应当按照海关的要求进行消毒,人员、车辆的出入通道应当设置消毒池或者放置消毒垫。

第四章 隔离检疫

第二十条 经入境口岸海关现场检验检疫合格的进境动物方可运往隔离场进行隔离检疫。

第二十一条 海关对隔离场实行监督管理,监督和检查隔离场动物饲养、防疫等措施的落实。对进境种用大中动物,隔离检疫期间实行 24 小时海关工作人员驻场监管。

第二十二条 海关工作人员、隔离场使用人应当按照要求落实各项管理措施,认真填写《进出境动物隔离检疫场检验检疫监管手册》。

第二十三条 海关负责隔离检疫期间样品的采集、送检和保存工作。隔离动物样品采集工作应当在动物进入隔离场后 7 天内完成。样品保存时间至少为 6 个月。

第二十四条 海关按照有关规定,对动物进行临床观察和实验室项目的检测,根据检验检疫结果出具相关的单证,实验室检疫不合格的,应当尽快将有关情况通知隔离场使用人并对阳性动物依法及时进行处理。

第二十五条 海关按照相关的规定对进口动物进行必要的免疫和预防性治疗。隔离场使用人在征得海关同意后可以对患病动物进行治疗。

第二十六条 动物隔离检疫期间,隔离场使用人应当做到:

(一)门卫室实行 24 小时值班制,对人员、车辆、用具、用品实行严格的出入登记制度。发现有异常情况及时向海关报告；

（二）保持隔离场完好和场内环境清洁卫生，做好防火、防盗和灭鼠、防蚊蝇等工作；

（三）人员、车辆、物品出入隔离场的应当征得海关的同意，并采取有效的消毒防疫措施后，方可进出隔离区；人员在进入隔离场前15天内未从事与隔离动物相关的实验室工作，也未参观过其他农场、屠宰厂或者动物交易市场等；

（四）不得将与隔离动物同类或者相关的动物及其产品带入隔离场内；

（五）不得饲养除隔离动物以外的其他动物。特殊情况需使用看门犬的，应当征得海关同意。犬类动物隔离场，不得使用看门犬；

（六）饲养人员按照规定作息时间做好动物饲喂、饲养场地的清洁卫生，定期对饲养舍、场地进行清洗、消毒，保持动物、饲养舍、场区和所有用具的清洁卫生，并做好相关记录；

（七）隔离检疫期间所使用的饲料、饲料添加剂与农业投入品应当符合法律、行政法规的规定和国家强制性标准的规定；

（八）严禁转移隔离检疫动物和私自采集、保存、运送检疫动物血液、组织、精液、分泌物等样品或者病料。未经海关同意，不得将生物制品带入隔离场内，不得对隔离动物进行药物治疗、疫苗注射、人工授精和胚胎移植等处理；

（九）隔离检疫期间，严禁将隔离动物产下的幼畜、蛋及乳等移出隔离场；

（十）隔离检疫期间，应当及时对动物栏舍进行清扫，粪便、垫料及污物、污水应当集中放置或者及时进行无害化处理。严禁将粪便、垫料及污物移出隔离场；

（十一）发现疑似患病或者死亡的动物，应当立即报告所在地海关，并立即采取下列措施：

1. 将疑似患病动物移入患病动物隔离舍（室、池），由专人负责饲养管理；

2. 对疑似患病和死亡动物停留过的场所和接触过的用具、物品进行消毒处理；

3. 禁止自行处置（包括解剖、转移、急宰等）患病、死亡动物；

4. 死亡动物应当按照规定作无害化处理。

第二十七条　隔离检疫期间，隔离场内发生重大动物疫情的，应当按照《进出境重大动物疫情应急处置预案》处理。

第五章　后续监管

第二十八条　隔离场使用完毕后，应当在海关的监督下，作如下处理：

（一）动物的粪便、垫料及污物、污水进行无害化处理确保符合防疫要求后，方可运出隔离场；

（二）剩余的饲料、饲草、垫料和用具等应当作无害化处理或者消毒后方可运出场外；

（三）对隔离场场地、设施、器具进行消毒处理。

第二十九条　隔离场使用人及隔离场所在地海关应当按照规定记录动物流向和《隔离场检验检疫监管手册》，档案保存期至少 5 年。

第三十条　种用大中动物隔离检疫结束后，承担隔离检疫任务的直属海关应当在 2 周内将检疫情况书面上报海关总署并通报目的地海关。检疫情况包括：隔离检疫管理、检疫结果、动物健康状况、检疫处理情况及动物流向。

第六章　法律责任

第三十一条　动物隔离检疫期间，隔离场使用人有下列情形之一的，由海关按照《进出境动植物检疫法实施条例》第六十条规定予以警告；情节严重的，处以 3000 元以上 3 万元以下罚款：

（一）将隔离动物产下的幼畜、蛋及乳等移出隔离场的；

（二）未经海关同意，对隔离动物进行药物治疗、疫苗注射、人工授精和胚胎移植等处理；

（三）未经海关同意，转移隔离检疫动物或者采集、保存其血液、组织、精液、分泌物等样品或者病料的；

（四）发现疑似患病或者死亡的动物，未立即报告所在地海关，并自行转移和急宰患病动物，自行解剖和处置患病、死亡动物的；

（五）未将动物按照规定调入隔离场的。

第三十二条　动物隔离检疫期间，隔离场使用人有下列情形之一的，由海关予以警告；情节严重的，处以 1 万元以下罚款：

（一）人员、车辆、物品未经海关同意，并未采取有效的消毒防疫措施，擅自进入隔离场的；

（二）饲养隔离动物以外的其他动物的；

（三）未经海关同意，将与隔离动物同类或者相关动物及其产品、动物饲料、生物制品带入隔离场内的。

第三十三条　隔离场使用完毕后，隔离场使用人有下列情形的，由海关责令改正；情节严重的，处以 1 万元以下罚款：

（一）未在海关的监督下对动物的粪便、垫料及污物、污水进行无害化处理，不符合防疫要求即运出隔离场的；

（二）未在海关的监督下对剩余的饲料、饲草、垫料和用具等作无害化处理或者消毒后即运出隔离场的；

（三）未在海关的监督下对隔离场场地、设施、器具进行消毒处理的。

第三十四条　隔离场检疫期间，有下列情形之一的，由海关对隔离场使用人处以1万元以下罚款：

（一）隔离场发生动物疫情隐瞒不报的；

（二）存放、使用我国或者输入国家/地区禁止使用的药物或者饲料添加剂的；

（三）拒不接受海关监督管理的。

第三十五条　隔离场使用人有下列违法行为之一的，由海关按照《进出境动植物检疫法实施条例》第六十二条规定处2万元以上5万元以下的罚款；构成犯罪的，依法追究刑事责任：

（一）引起重大动物疫情的；

（二）伪造、变造动物检疫单证、印章、标志、封识的。

第七章　附　则

第三十六条　我国与进口国家/地区政府主管部门签署的议定书中规定或者进口国家/地区官方要求对出境动物必须实施隔离检疫的，出境动物隔离检疫场使用监督工作按照进口国的要求并参照本办法执行。

第三十七条　本办法由海关总署负责解释。

第三十八条　本办法所列各类表格及证书式样另行发布。

第三十九条　本办法自2009年12月10日起施行。

进境水果检验检疫监督管理办法

（2005年1月5日国家质量监督检验检疫总局令第68号公布，根据2018年4月28日海关总署令第238号《海关总署关于修改部分规章的决定》第一次修正，根据2018年11月23日海关总署令第243号《海关总署关于修改部分规章的决定》第二次修正）

第一条 为了防止进境水果传带检疫性有害生物和有毒有害物质，保护我国农业生产、生态安全和人体健康，根据《中华人民共和国进出境动植物检疫法》及其实施条例、《中华人民共和国进出口商品检验法》及其实施条例和《中华人民共和国食品安全法》及其他有关法律法规的规定，制定本办法。

第二条 本办法适用于我国进境新鲜水果（以下简称水果）的检验检疫和监督管理。

第三条 海关总署统一管理全国进境水果检验检疫监督管理工作。

主管海关负责所辖地区进境水果检验检疫监督管理工作。

第四条 禁止携带、邮寄水果进境，法律法规另有规定的除外。

第五条 在签订进境水果贸易合同或协议前，应当按照有关规定向海关总署申请办理进境水果检疫审批手续，并取得《中华人民共和国进境动植物检疫许可证》（以下简称《检疫许可证》）。

第六条 输出国或地区官方检验检疫部门出具的植物检疫证书（以下简称植物检疫证书）（正本），应当在报检时由货主或其代理人向海关提供。

第七条 植物检疫证书应当符合以下要求：

（一）植物检疫证书的内容与格式应当符合国际植物检疫措施标准ISPM第12号《植物检疫证书准则》的要求；

（二）用集装箱运输进境的，植物检疫证书上应注明集装箱号码；

（三）已与我国签订协定（含协议、议定书、备忘录等，下同）的，还应符合相关协定中有关植物检疫证书的要求。

第八条 海关根据以下规定对进境水果实施检验检疫：

（一）中国有关检验检疫的法律法规、标准及相关规定；

（二）中国政府与输出国或地区政府签订的双边协定；

（三）海关总署与输出国或地区检验检疫部门签订的议定书；

（四）《检疫许可证》列明的有关要求。

第九条 进境水果应当符合以下检验检疫要求：

（一）不得混装或夹带植物检疫证书上未列明的其他水果；

（二）包装箱上须用中文或英文注明水果名称、产地、包装厂名称或代码；

（三）不带有中国禁止进境的检疫性有害生物、土壤及枝、叶等植物残体；

（四）有毒有害物质检出量不得超过中国相关安全卫生标准的规定；

（五）输出国或地区与中国签订有协定或议定书的，还须符合协定或议定书的有关要求。

第十条 海关依照相关工作程序和标准对进境水果实施现场检验检疫：

（一）核查货证是否相符；

（二）按第七条和第九条的要求核对植物检疫证书和包装箱上的相关信息及官方检疫标志；

（三）检查水果是否带虫体、病征、枝叶、土壤和病虫为害状；现场检疫发现可疑疫情的，应送实验室检疫鉴定；

（四）根据有关规定和标准抽取样品送实验室检测。

第十一条 海关应当按照相关工作程序和标准实施实验室检验检疫。

对在现场或实验室检疫中发现的虫体、病菌、杂草等有害生物进行鉴定，对现场抽取的样品进行有毒有害物质检测，并出具检验检疫结果单。

第十二条 根据检验检疫结果，海关对进境水果分别作以下处理：

（一）经检验检疫合格的，签发入境货物检验检疫证明，准予放行；

（二）发现检疫性有害生物或其他有检疫意义的有害生物，须实施除害处理，签发检验检疫处理通知书；经除害处理合格的，准予放行；

（三）不符合本办法第九条所列要求之一的、货证不符的或经检验检疫不合格又无有效除害处理方法的，签发检验检疫处理通知书，在海关的监督下作退运或销毁处理。

需对外索赔的，签发相关检验检疫证书。

第十三条 进境水果有下列情形之一的，海关总署将视情况暂停该种水果进口或暂停从相关水果产区、果园、包装厂进口：

（一）进境水果果园、加工厂地区或周边地区爆发严重植物疫情的；

（二）经检验检疫发现中方关注的进境检疫性有害生物的；

（三）经检验检疫发现有毒有害物质含量超过中国相关安全卫生标准规定的；

（四）不符合中国有关检验检疫法律法规、双边协定或相关国际标准的。

前款规定的暂停进口的水果需恢复进口的，应当经海关总署依照有关规定进行确认。

第十四条 经香港、澳门特别行政区（以下简称港澳地区）中转进境的水果，应当以集装箱运输，按照原箱、原包装和原植物检疫证书（简称"三原"）进境。进境前，应当经海关总署认可的港澳地区检验机构对是否属允许进境的水果种类及"三原"进行确认。经确认合格的，经海关总署认可的港澳地区检验机构对集装箱加施封识，出具相应的确认证明文件，并注明所加封识号、原证书号、原封识号，同时将确认证明文件及时传送给入境口岸海关。对于一批含多个集装箱的，可附有一份植物检疫证书，但应当同时由海关总署认可的港澳地区检验机构进行确认。

第十五条 海关总署根据工作需要，并商输出国家或地区政府检验检疫机构同意，可以派海关人员到产地进行预检、监装或调查产地疫情和化学品使用情况。

第十六条 未完成检验检疫的进境水果，应当存放在海关指定的场所，不得擅自移动、销售、使用。

进境水果存放场所由所在地海关依法实施监督管理，并应符合以下条件：

（一）有足够的独立存放空间；

（二）具备保质、保鲜的必要设施；

（三）符合检疫、防疫要求；

（四）具备除害处理条件。

第十七条 因科研、赠送、展览等特殊用途需要进口国家禁止进境水果的，货主或其代理人须事先向海关总署或海关总署授权的海关申请办理特许检疫审批手续；进境时，应向入境口岸海关报检，并接受检疫。

对于展览用水果，在展览期间，应当接受海关的监督管理，未经海关许可，不得擅自调离、销售、使用；展览结束后，应当在海关的监督下作退回或销毁处理。

第十八条 违反本办法规定的，海关依照《中华人民共和国进出境动植物检疫法》及其实施条例、《中华人民共和国进出口商品检验法》、《中华人民共和国食品卫生法》及相关法律法规的规定予以处罚。

第十九条 本办法由海关总署负责解释。

第二十条 本办法自 2005 年 7 月 5 日起施行。原国家出入境检验检疫局 1999 年 12 月 9 日发布的《进境水果检疫管理办法》同时废止。

进境水生动物检验检疫监督管理办法

（2016 年 7 月 26 日国家质量监督检验检疫总局令第 183 号公布，
根据 2018 年 11 月 23 日海关总署令第 243 号《海关总署关于
修改部分规章的决定》修正)

第一章 总 则

第一条 为了防止水生动物疫病传入国境，保护渔业生产、人体健康和生态环境，根据《中华人民共和国进出境动植物检疫法》及其实施条例、《中华人民共和国进出口商品检验法》及其实施条例、《中华人民共和国农产品质量安全法》《国务院关于加强食品等产品安全监督管理的特别规定》等法律法规的规定，制定本办法。

第二条 本办法适用于进境水生动物的检验检疫监督管理。

第三条 海关总署主管全国进境水生动物检验检疫和监督管理工作。

主管海关负责所辖地区进境水生动物的检验检疫和监督管理工作。

第四条 海关对进境水生动物在风险分析基础上实施检验检疫风险管理，对进境有关企业实施分类管理和信用管理。

第五条 进境水生动物企业应当按照法律法规和有关标准从事生产经营活动，对社会和公众负责，保证进境水生动物的质量安全，接受社会监督，承担社会责任。

第二章 检疫准入

第六条 海关总署对进境水生动物实施检疫准入制度，包括产品风险分析、安全卫生控制体系评估与审查、检验检疫要求确定、境外养殖和包装企业注册登记。

第七条 海关总署分类制定、公布进境水生动物的检验检疫要求。根据检验检疫要求，对首次向中国输出水生动物的国家或者地区进行产品风险分析和安全卫生控制体系评估，对曾经或者正在向中国输出水生动物的国家或者地区水生动物安全卫生控制体系进行回顾性审查。

海关总署可以派出专家组到输出国家或者地区对其水生动物安全卫生控制

体系进行现场审核评估。

第八条　海关总署根据风险分析、评估审查结果和检验检疫要求，与向中国输出水生动物的国家或者地区官方主管部门协商签订有关议定书或者确定检验检疫证书。

海关总署制定、调整并公布允许进境水生动物种类及输出国家或者地区名单。

第九条　海关总署对向中国输出水生动物的养殖和包装企业实施注册登记管理。

向中国输出水生动物的境外养殖和包装企业（以下简称注册登记企业）应当符合输出国家或者地区有关法律法规，输出国家或者地区官方主管部门批准后向海关总署推荐。推荐材料应当包括：

（一）企业信息：企业名称、地址、官方主管部门批准编号、养殖、包装能力等；

（二）水生动物信息：养殖和包装的水生动物品种学名、用途等；

（三）监控信息：企业最近一次疫病、有毒有害物质的官方监控结果。

第十条　海关总署应当对推荐材料进行审查。审查不合格的，通知输出国家或者地区官方主管部门补正；审查合格的，海关总署可以派出专家组对申请注册登记企业进行抽查。对抽查不符合要求的企业不予注册登记；对抽查符合要求的及未被抽查的其他推荐企业，结合水生动物安全卫生控制体系评估结果，决定是否给予注册登记。

海关总署定期公布、调整注册登记企业名单。

第十一条　境外养殖和包装企业注册登记有效期为3年。

需要延期注册登记的企业，应当在有效期届满前至少6个月，由输出国家或者地区主管部门向海关总署提出延期申请。海关总署可以派出专家组到输出国家或者地区对其安全卫生控制体系进行回顾性审查，并对申请延期的境外养殖和包装企业进行抽查。

对回顾性审查符合要求的国家或者地区，抽查符合要求的及未被抽查的其他申请延期的注册登记企业，注册登记有效期延长3年。

第十二条　逾期未提出注册登记延期申请的，海关总署注销其注册登记。

第十三条　注册登记企业向中国输出的水生动物检验检疫不合格，情节严重的，海关总署可以撤销其注册登记。

第三章　境外检验检疫

第十四条　注册登记企业和相关捕捞区域应当符合输出国家有关法律法规，

并处于输出国家或者地区官方主管部门的有效监管之下。

种用、养殖和观赏水生动物的注册登记企业，应当由输出国家或者地区官方主管部门按照世界动物卫生组织推荐的方法和标准，按照输出国家或者地区的规定和双边检验检疫协定规定连续监测两年以上，未发现有关疫病。

食用水生动物的注册登记企业，应当经过输出国家或者地区官方主管部门有关水生动物疫病、有毒有害物质和致病微生物监测，结果符合双边检验检疫协定规定、中国强制性标准或者海关总署指定标准的要求。

第十五条　向中国输出水生动物的国家或者地区发生重大水生动物疫病，或者向中国输出水生动物的注册登记企业、捕捞区域发生水生动物不明原因的大规模死亡时，输出国家或者地区官方主管部门应当主动停止向中国出口并向海关总署通报相关信息。

第十六条　向中国输出的水生动物精液和受精卵，必须来自健康的亲代种群。种用、养殖和观赏水生动物输出前，应当在输出国家或者地区官方主管部门认可的场所实施隔离检疫。隔离检疫期间，不得与其他水生动物接触。

海关总署可以派遣检疫官员赴输出国家或者地区协助开展出口前隔离检疫。

第十七条　向中国输出水生动物的注册登记企业和隔离检疫场所应当具备适当的生物安全防护设施和防疫管理制度，能有效防止其他水域的水生动物入侵，确保输出水生动物的安全卫生。

第十八条　不同养殖场或者捕捞区域的水生动物应当分开包装，不同种类的水生动物应当独立包装，能够满足动物生存和福利需要。包装容器应当是全新的或者经消毒处理，能够防止渗漏，内包装应当透明，便于检查。

第十九条　向中国输出水生动物的包装用水或者冰及铺垫材料应当符合安全卫生要求，不能含有危害动植物和人体健康的病原微生物、有毒有害物质以及可能破坏水体生态环境的水生生物。

第二十条　向中国输出的水生动物在运输前48小时内，不得有动物传染病和寄生虫病的临床症状。必要时，应当使用输出国家或者地区官方主管部门批准的有效药物进行消毒和驱虫。

第二十一条　输出国家或者地区官方主管部门应当按照与海关总署确认的检验检疫证书格式和内容对向中国输出的水生动物出具检验检疫证书。

第四章　进境检验检疫

第二十二条　进境水生动物应当符合下列要求：

（一）中国法律法规规定和强制性标准要求；

（二）海关总署分类制定的检验检疫要求；

（三）双边检验检疫协定确定的相关要求；

（四）双方确认的检验检疫证书规定的相关要求；

（五）进境动植物检疫许可证（以下简称检疫许可证）列明的要求；

（六）海关总署规定的其他检验检疫要求。

第二十三条 食用水生动物应当从海关总署公布的指定口岸进境。海关总署定期考核指定口岸，公布指定口岸名单。

进境食用水生动物指定口岸相关要求由海关总署另行制定。

第二十四条 进境水生动物收货人或者其代理人应当按照相关规定办理检疫许可证。

进境水生动物自输出国家或者地区出境后中转第三方国家或者地区进境的，收货人或者其代理人办理检疫许可证时应当详细填写运输路线及在第三方国家或者地区中转处理情况，包括是否离开海关监管区、更换运输工具、拆换包装以及进入第三方国家或者地区水体环境等。

进境种用、养殖和观赏水生动物收货人或者其代理人，应当在指定隔离场所在地海关办理检疫许可证，办理前应当按照《进境动物隔离检疫场使用监督管理办法》的规定取得隔离场使用证；进境食用水生动物的，应当在进境口岸海关办理检疫许可证。

第二十五条 水生动物进境前或者进境时，收货人或者其代理人应当凭检疫许可证、输出国家或者地区官方主管部门出具的检验检疫证书正本、贸易合同、提单、装箱单、发票等单证向进境口岸海关报检。

检疫许可证上的申请单位、国外官方主管部门出具的检验检疫证书上的收货人和货运提单上的收货人应当一致。

第二十六条 海关对收货人或者其代理人提交的相关单证进行审核，符合要求的受理报检，并按照有关规定对检疫许可证批准的数量进行核销。

第二十七条 进境口岸海关按照下列规定对进境水生动物实施现场查验：

（一）开箱查验比例：进境种用、养殖和观赏水生动物，低于10件的全部开箱，10件以上的每增加10件，开箱数增加2件，最高不超过20件；进境食用水生动物，开箱比例不高于10%，最低不少于3件。发现问题的，适当增加开箱查验比例。海关总署有分类管理规定的，按照有关规定开箱查验。

（二）核对货证：品名、数（重）量、包装、输出日期、运输工具信息、输出国家或者地区、中转国家或者地区等是否相符。

（三）包装和标签检查：包装容器是否完好；包装容器上是否有牢固、清晰易辨的中文或者英文标识，标明水生动物的品名、学名、产地、养殖或者包装企业批准编号等内容。活鱼运输船、活鱼集装箱等难以加贴标签的除外。

（四）临床检查：水生动物的健康状况，主要包括游动是否异常，体表有无溃疡、出血、囊肿及寄生虫感染，体色是否异常，鱼类腹部有无肿胀、肛门有无红肿，贝类闭壳肌收缩有无异常，甲壳类体表和头胸甲是否有黑斑或者白斑、鳃部发黑等。

（五）包装用水或者冰、铺垫材料：是否带有土壤及危害动植物和人体健康的有害生物等法律法规规定的禁止进境物。

第二十八条　海关应当按照有关规定对装载进境水生动物的外包装、运输工具和装卸场地进行防疫消毒处理。

第二十九条　现场查验发现有下列情形的，海关按照有关规定进行处理：

（一）发现内包装容器损坏并有装载水洒漏的，要求货主或者其代理人对包装容器进行整理、更换包装或者对破损包装内的水生动物作销毁处理，并对现场及包装容器等进行消毒；

（二）现场需要开拆包装加水或者换水的，所用水必须达到中国规定的渔业水质标准，并经消毒处理，对废弃的原包装、包装用水或者冰及铺垫材料，按照有关规定实施消毒处理；

（三）对发现的禁止进境物进行销毁处理；

（四）临床检查发现异常时可以抽样送实验室进行检测；

（五）对已经死亡的水生动物，监督货主或者其代理人作无害化处理。

第三十条　受理报检或者现场查验发现有下列情形之一的，海关签发《检验检疫处理通知书》，由收货人或其代理人在海关的监督下，作退回或者销毁处理：

（一）未被列入允许进境水生动物种类及输出国家或者地区名单的；

（二）无有效检疫许可证的；

（三）无输出国家或者地区官方主管部门出具的有效检验检疫证书的；

（四）检疫许可证上的申请单位、检验检疫证书上的收货人和货运提单上的收货人不一致的；实际运输路线与检疫许可证不一致的；

（五）来自未经注册登记企业的；

（六）货证不符的，包括品种不符、进境水生动物数（重）量超过检验检疫证书载明数（重）量、谎报用途、无标签、标签内容不全或者与检验检疫证书载明内容不符的；

（七）临床检查发现异常死亡且出现水生动物疫病临床症状的；

（八）临床检查发现死亡率超过 50% 的。

第三十一条 进境食用水生动物的，进境口岸海关按照有关标准、监控计划和警示通报等要求对其实施采样，对下列项目进行检验或者监测：

（一）水生动物疫病病原、食源性致病微生物、寄生虫；

（二）贝类毒素等生物毒素；

（三）重金属、农兽药残留；

（四）其他要求的项目。

第三十二条 进境食用水生动物，经海关现场查验合格后予以放行；查验不合格的，作退回或者销毁处理。监控计划和警示通报有要求的，按照要求实施抽样检测。

第三十三条 实验室检测不合格的，进境食用水生动物收货人或其代理人应当主动召回不合格食用水生动物并采取有效措施进行处理。

第三十四条 根据风险监控不合格发生频次和危害程度，经风险评估，对海关总署采取扣留检测措施的进境食用水生动物，收货人或者其代理人应当将进境食用水生动物调运至海关指定扣检暂存场所，实验室检测合格后方可放行。实验室检测不合格的，作退回或者销毁处理。

第三十五条 进境种用、养殖和观赏水生动物应当在指定隔离场进行至少14 天的隔离检疫。现场查验合格后，由进境口岸海关出具《入境货物调离通知单》，运抵指定隔离场所在地后，收货人或其代理人应当向海关申报。指定隔离场所在地海关应当核对货证，并实施以下检验检疫措施：

（一）对已经死亡的水生动物作无害化处理；

（二）对原包装、装载用水或者冰和铺垫材料作消毒处理；

（三）隔离检疫期间，海关按照年度水生动物疫病监测计划、检疫许可证要求和其他有关规定抽样，实施水生动物疫病检测。

隔离检疫合格的，签发《入境货物检验检疫证明》，予以放行；不合格的，签发《检验检疫处理通知书》，对同一隔离设施内全部水生动物实行扑杀或者销毁处理，并对隔离场所进行消毒。

第五章　过境和中转检验检疫

第三十六条 运输水生动物过境的，承运人或者押运人应当按照规定办理检疫审批手续，并凭货运单、检疫许可证和输出国家或者地区官方主管部门出具的证书，向进境口岸海关报检。

第三十七条 装载过境水生动物的包装容器应当完好，无散漏。经进境口岸海关检查，发现包装容器在运输过程中可能存在散漏的，承运人或者押运人应当按照海关的要求进行整改。无法有效整改的，不准过境。

第三十八条 经香港或者澳门中转运输到内地的，发货人或者其代理人应当向海关总署指定的检验机构申请中转检验。未经中转检验或者中转检验不合格的，不得转运内地。

经第三方国家或者地区中转的，须由第三方国家或者地区官方主管部门按照海关总署有关要求出具中转证明文件，无有效中转证明文件的，不得进境。

第六章 监督管理

第三十九条 海关总署对进境水生动物实施安全风险监控和疫病监测，制定进境水生动物年度安全风险监控计划和水生动物疫病监测计划，编制年度工作报告。

直属海关结合本地实际情况制定实施方案并组织实施。

第四十条 直属海关应当按照有关规定将进境水生动物检验检疫不合格信息上报海关总署，海关总署应当向输出国家或者地区官方主管部门通报不合格信息。

第四十一条 海关总署根据进境水生动物检验检疫不合格情况、国内外相关官方主管部门或者组织通报的风险信息以及国内外市场发现的问题等，在风险分析的基础上按照有关规定发布警示通报，采取提高监控比例、扣留检测直至暂停进口等风险控制措施。

第四十二条 海关对进境水生动物收货人实施信用管理。

第四十三条 海关对进境食用水生动物收货人实施备案管理。

第四十四条 进境食用水生动物收货人应当建立进境水生动物经营档案，记录进境水生动物的报检号、品名、数/重量、输出国家或者地区、境外注册养殖和包装企业及注册号、进境水生动物流向等信息，经营档案保存期限不得少于2年。

第四十五条 海关对进境食用水生动物收货人的经营档案进行定期审核，审核不合格的，责令整改。

第四十六条 进境种用、养殖和观赏水生动物收货人应当按照《进境动物隔离检疫场使用监督管理办法》的规定做好进境水生动物隔离期间的养殖和防疫工作，并保存相关记录。海关按照有关规定对指定隔离场进行监督管理。

第四十七条 进境水生动物存在安全卫生问题的，收货人应当主动采取召回、销毁等控制措施并立即向海关报告，同时报告地方政府主管部门。收货人拒不履行召回义务的，海关可以责令收货人召回。

第七章　法律责任

第四十八条　有下列情形之一的，由海关按照《中华人民共和国进出境动植物检疫法实施条例》的规定处 5000 元以下的罚款：

（一）未报检或者未依法办理检疫审批手续或者未按检疫审批的规定执行的；

（二）报检的进境水生动物与实际不符的。

有前款第（二）项所列行为，已取得检疫单证的，予以吊销。

第四十九条　有下列情形之一的，由海关按照《中华人民共和国进出境动植物检疫法实施条例》的规定处 3000 元以上 3 万元以下罚款：

（一）未经海关许可擅自将进境、过境水生动物卸离运输工具或者运递的；

（二）擅自调离或者处理在海关指定的隔离场所中隔离检疫的进境水生动物的；

（三）擅自开拆过境水生动物的包装，或者擅自开拆、损毁检验检疫封识或者标志的；

（四）擅自抛弃过境水生动物的尸体、铺垫材料或者其他废弃物，或者未按规定处理包装用水的。

第五十条　有下列情形之一的，依法追究刑事责任；尚不构成犯罪或者犯罪情节显著轻微依法不需要判处刑罚的，由海关按照《中华人民共和国进出境动植物检疫法实施条例》的规定处 2 万元以上 5 万元以下的罚款：

（一）引起重大动物疫情的；

（二）伪造、变造检疫单证、印章、标志、封识的。

第五十一条　有下列情形之一的，由海关按照《国务院关于加强食品等产品安全监督管理的特别规定》予以处罚：

（一）明知有安全隐患，隐瞒不报，拒不履行事故报告义务继续进口的；

（二）拒不履行产品召回义务的。

第五十二条　有下列情形之一的，由海关处 3 万元以下罚款：

（一）使用伪造、变造的检疫单证、印章、标志、封识的；

（二）使用伪造、变造的输出国家或者地区官方主管部门检疫证明文件的；

（三）使用伪造、变造的其他相关证明文件的；

（四）未建立经营档案或者未按照规定记录、保存经营档案的；

（五）擅自调离或者处理在海关指定场所中扣留的进境食用水生动物的；

（六）拒不接受海关监督管理的。

第五十三条 进境水生动物收货人或者其代理人、海关及其工作人员有其他违法行为的，按照相关法律法规的规定处理。

第八章 附 则

第五十四条 本办法中下列用语的含义是：

水生动物：指人工养殖或者天然水域捕捞的活的鱼类、软体类、甲壳类、水母类、棘皮类、头索类、两栖类动物，包括其繁殖用的精液、受精卵。

养殖场：指水生动物的孵化、育苗、养殖场所。

包装场：指水生动物出境前短期集中、存放、分类、加工整理、包装的场所。

输出国家或者地区：指对进境水生动物出具官方检验检疫证书的官方主管部门所属的国家或者地区。

中转：指因运输原因，水生动物自输出国家或者地区出境后须途经第三方国家或者地区，在第三方国家或者地区期间货物离开海关监管区等特殊监管区域并变换运输工具后运输到中国内地的运输方式。

包装用水：指与水生动物直接接触的水，不包括密封的、用于调节温度的冰块或者水袋。

扣留检测：指进境食用水生动物因存在安全卫生隐患，进境口岸查验合格后调运至海关指定暂存场所，待抽样检测合格后允许放行的检验检疫措施。

第五十五条 进境龟、鳖、蛇、鳄鱼等爬行类动物的检验检疫和监督管理参照本办法执行。

第五十六条 边境贸易进境水生动物检验检疫和监督管理参照本办法执行。

第五十七条 本办法由海关总署负责解释。

第五十八条 本办法自 2016 年 9 月 1 日起施行。国家质检总局 2003 年 11 月 1 日实施的《进境水生动物检验检疫管理办法》（国家质检总局令第 44 号）同时废止。

进境栽培介质检疫管理办法

(1999 年 12 月 9 日国家质量监督检验检疫总局令第 13 号发布，根据 2018 年 3 月 6 日国家质量监督检验检疫总局令第 196 号《国家质量监督检验检疫总局关于废止和修改部分规章的决定》第一次修正，根据 2018 年 4 月 28 日海关总署令第 238 号《海关总署关于修改部分规章的决定》第二次修正，根据 2018 年 5 月 29 日海关总署令第 240 号《海关总署关于修改部分规章的决定》第三次修正，根据 2018 年 11 月 23 日海关总署令第 243 号《海关总署关于修改部分规章的决定》第四次修正)

第一章　总　则

第一条　为了防止植物危险性有害生物随进境栽培介质传入我国，根据《中华人民共和国进出境动植物检疫法》及其实施条例，制定本办法。

第二条　本办法适用于进境的除土壤外的所有由一种或几种混合的具有贮存养分、保持水分、透气良好和固定植物等作用的人工或天然固体物质组成的栽培介质。

第三条　海关总署统一管理全国进境栽培介质的检疫审批工作。主管海关负责所辖地区进境栽培介质的检疫和监管工作。

第二章　检疫审批

第四条　使用进境栽培介质的单位必须事先提出申请，并应当在贸易合同或协议签订前办理检疫审批手续。

第五条　办理栽培介质进境检疫审批手续必须符合下列条件：

（一）栽培介质输出国或者地区无重大植物疫情发生；

（二）栽培介质必须是新合成或加工的，从工厂出品至运抵我国国境要求不超过四个月，且未经使用；

（三）进境栽培介质中不得带有土壤。

第六条　使用进境栽培介质的单位应当如实填写海关进境动植物检疫许可证申请表，并附具栽培介质的成分检验、加工工艺流程、防止有害生物及土壤感染的措施、有害生物检疫报告等有关材料。

对首次进口的栽培介质，进口单位办理审批时，应同时将经特许审批进口的样品每份 1.5~5 公斤，送海关总署指定的实验室检验，并由其出具有关检验结果和风险评估报告。

第七条 经审查合格，由海关总署签发海关进境动植物检疫许可证，并签署进境检疫要求，指定其进境口岸和限定其使用范围和时间。

第三章 进境检疫

第八条 输入栽培介质的货主或者其代理人，应当在进境前取得检疫审批，向进境口岸海关报检时应当提供输出国官方植物检疫证书、贸易合同和发票等单证。检疫证书上必须注明栽培介质经检疫符合中国的检疫要求。

第九条 栽培介质进境时，主管海关对进境栽培介质及其包装和填充物实施检疫。必要时，可提取部分样品送交海关总署指定的有关实验室，确认是否与审批时所送样品一致。

经检疫未发现病原真菌、细菌和线虫、昆虫、软体动物及其他有害生物的栽培介质，准予放行。

第十条 携带有其他危险性有害生物的栽培介质，经实施有效除害处理并经检疫合格后，准予放行。

第十一条 对以下栽培介质做退回或销毁处理：

（一）未按规定办理检疫审批手续的；

（二）带有土壤的；

（三）带有我国进境植物检疫一、二类危险性有害生物或对我国农、林、牧、渔业有严重危害的其他危险性有害生物，又无有效除害处理办法的；

（四）进境栽培介质与审批品种不一致的。

第四章 检疫监管

第十二条 海关总署对向我国输出贸易性栽培介质的国外生产、加工、存放单位实行注册登记制度。必要时，商输出国有关部门同意，派检疫人员赴产地进行预检、监装或者产地疫情调查。

第十三条 主管海关应对栽培介质进境后的使用范围和使用过程进行定期检疫监管和疫情检测，发现疫情和问题及时采取相应的处理措施，并将情况上报海关总署。对直接用于植物栽培的，监管时间至少为被栽培植物的一个生长周期。

第十四条 带有栽培介质的进境参展盆栽植物必须具备严格的隔离措施。

进境时应更换栽培介质并对植物进行洗根处理，如确需保活而不能进行更换栽培介质处理的盆栽植物，必须按有关规定向海关总署办理进口栽培介质审批手续，但不需预先提供样品。

第十五条　带有栽培介质的进境参展植物在参展期间由参展地海关进行检疫监管；展览结束后需要在国内销售的应按有关贸易性进境栽培介质检疫规定办理。

第五章　附　则

第十六条　对违反本办法的有关当事人，依照《中华人民共和国进出境动植物检疫法》及其实施条例给予处罚。

第十七条　本办法由海关总署负责解释。

第十八条　本办法自 2000 年 1 月 1 日起执行。

进口旧机电产品检验监督管理办法

（2015 年 11 月 23 日国家质量监督检验检疫总局令第 171 号公布，根据 2017 年 2 月 27 日国家质量监督检验检疫总局令第 187 号《国家质量监督检验检疫总局关于修改〈进口旧机电产品检验监督管理办法〉的决定》修订，根据 2018 年 4 月 28 日海关总署令第 238 号《海关总署关于修改部分规章的决定》第一次修正，根据 2018 年 5 月 29 日海关总署令第 240 号《海关总署关于修改部分规章的决定》第二次修正，根据 2018 年 11 月 23 日海关总署令第 243 号《海关总署关于修改部分规章的决定》第三次修正）

第一章　总　则

第一条　为了规范进口旧机电产品的检验监督管理工作，根据《中华人民共和国进出口商品检验法》及其实施条例以及中华人民共和国缔结或者参加的双边或者多边条约、协定和其他具有条约性质的文件的有关规定，制定本办法。

第二条　本办法适用于国家允许进口的，在中华人民共和国境内销售、使用的旧机电产品的检验监督管理。

本办法所称旧机电产品是指具有下列情形之一的机电产品：

（一）已经使用（不含使用前测试、调试的设备），仍具备基本功能和一定使用价值的；

（二）未经使用，但是超过质量保证期（非保修期）的；

（三）未经使用，但是存放时间过长，部件产生明显有形损耗的；

（四）新旧部件混装的；

（五）经过翻新的。

第三条 海关总署主管全国进口旧机电产品检验监督管理工作。

主管海关负责所辖地区进口旧机电产品检验监督管理工作。

第四条 进口旧机电产品应当符合法律法规对安全、卫生、健康、环境保护、防止欺诈、节约能源等方面的规定，以及国家技术规范的强制性要求。

第五条 进口旧机电产品应当实施口岸查验、目的地检验以及监督管理。价值较高、涉及人身财产安全、健康、环境保护项目的高风险进口旧机电产品，还需实施装运前检验。

需实施装运前检验的进口旧机电产品清单由海关总署制定并在海关总署网站上公布。

进口旧机电产品的装运前检验结果与口岸查验、目的地检验结果不一致的，以口岸查验、目的地检验结果为准。

第六条 旧机电产品的进口商应当诚实守信，对社会和公众负责，对其进口的旧机电产品承担质量主体责任。

第二章 装运前检验

第七条 需实施装运前检验的进口旧机电产品，其收、发货人或者其代理人应当按照海关总署的规定申请主管海关或者委托检验机构实施装运前检验。

海关总署不予指定检验机构从事进口旧机电产品装运前检验。

装运前检验应当在货物启运前完成。

第八条 收、发货人或者其代理人申请海关实施装运前检验的，海关可以根据需要，组织实施或者派出检验人员参加进口旧机电产品装运前检验。

第九条 进口旧机电产品装运前检验应当按照国家技术规范的强制性要求实施。

装运前检验内容包括：

（一）对安全、卫生、健康、环境保护、防止欺诈、能源消耗等项目做出初步评价；

（二）核查产品品名、数量、规格（型号）、新旧、残损情况是否与合同、发票等贸易文件所列相符；

（三）是否包括、夹带禁止进口货物。

第十条 检验机构接受委托实施装运前检验的，应当诚实守信，按照本办法第九条以及海关总署的规定实施装运前检验。

第十一条 海关或者检验机构应当在完成装运前检验工作后，签发装运前检验证书，并随附装运前检验报告。

检验证书及随附的检验报告应当符合以下要求：

（一）检验依据准确、检验情况明晰、检验结果真实；

（二）有统一、可追溯的编号；

（三）检验报告应当包含检验依据、检验对象、现场检验情况、装运前检验机构及授权签字人签名等要求；

（四）检验证书不应含有检验报告中检验结论及处理意见为不符合本办法第四条规定的进口旧机电产品；

（五）检验证书及随附的检验报告文字应当为中文，若出具中外文对照的，以中文为准；

（六）检验证书应当有明确的有效期限，有效期限由签发机构根据进口旧机电产品情况确定，一般为半年或一年。

工程机械的检验报告除满足上述要素外，还应当逐台列明名称、HS 编码、规格型号、产地、发动机号/车架号、制造日期（年）、运行时间（小时）、检测报告、维修记录、使用说明书核查情况等内容。

第三章 进口旧机电产品检验

第十二条 进口旧机电产品运抵口岸后，收货人或者其代理人应当凭合同、发票、装箱单、提单等资料向海关办理报检手续。需实施装运前检验的，报检前还应当取得装运前检验证书。

第十三条 口岸海关对进口旧机电产品实施口岸查验。

实施口岸查验时，应当对报检资料进行逐批核查。必要时，对进口旧机电产品与报检资料是否相符进行现场核查。

口岸查验的其他工作按口岸查验的相关规定执行。

第十四条 目的地海关对进口旧机电产品实施目的地检验。

第十五条 海关对进口旧机电产品的目的地检验内容包括：一致性核查，安全、卫生、环境保护等项目检验。

（一）一致性核查：

1. 核查产品是否存在外观及包装的缺陷或者残损；

2. 核查产品的品名、规格、型号、数量、产地等货物的实际状况是否与报检资料及装运前检验结果相符；

3. 对进口旧机电产品的实际用途实施抽查，重点核查特殊贸易方式进口旧机电产品的实际使用情况是否与申报情况一致。

（二）安全项目检验：

1. 检查产品表面缺陷、安全标识和警告标记；

2. 检查产品在静止状态下的电气安全和机械安全；

3. 检验产品在运行状态下的电气安全和机械安全，以及设备运行的可靠性和稳定性。

（三）卫生、环境保护项目检验：

1. 检查产品卫生状况，涉及食品安全项目的食品加工机械及家用电器是否符合相关强制性标准；

2. 检测产品在运行状态下的噪声、粉尘含量、辐射以及排放物是否符合标准；

3. 检验产品是否符合我国能源效率有关限定标准。

（四）对装运前检验发现的不符合项目采取技术和整改措施的有效性进行验证，对装运前检验未覆盖的项目实施检验；必要时对已实施的装运前检验项目实施抽查。

（五）其他项目的检验依照同类机电产品检验的有关规定执行。

第十六条 经目的地检验，涉及人身财产安全、健康、环境保护项目不合格的，由海关责令收货人销毁、退运；其他项目不合格的，可以在海关的监督下进行技术处理，经重新检验合格的，方可销售或者使用。

经目的地检验不合格的进口旧机电产品，属成套设备及其材料的，签发不准安装使用通知书。经技术处理，并经海关重新检验合格的，方可安装使用。

第四章 监督管理

第十七条 海关对进口旧机电产品收货人及其代理人、进口商及其代理人、装运前检验机构及相关活动实施监督管理。

第十八条 检验机构应当对其所出具的装运前检验证书及随附的检验报告的真实性、准确性负责。

海关在进口旧机电产品检验监管工作中，发现检验机构出具的检验证书及随附的检验报告存在违反本办法第十一条规定，情节严重或引起严重后果的，可以发布警示通报并决定在一定时期内不予认可其出具的检验证书及随附的检验报告，但最长不得超过 3 年。

第十九条　进口旧机电产品的进口商应当建立产品进口、销售和使用记录制度，如实记录进口旧机电产品的品名、规格、数量、出口商和购货者名称及联系方式、交货日期等内容。记录应当真实，保存期限不得少于 2 年。

海关可以对本辖区内进口商的进口、销售和使用记录进行检查。

第二十条　海关对进口旧机电产品检验监管过程中发现的质量安全问题依照风险预警及快速反应的有关规定进行处置。

第二十一条　海关工作人员在履行进口旧机电产品检验监管职责中，对所知悉的商业秘密负有保密义务。

海关履行进口旧机电产品检验监管职责，应当遵守法律，维护国家利益，依照法定职权和法定程序严格执法，接受监督。

第五章　法律责任

第二十二条　擅自销售、使用未报检或者未经检验的进口旧机电产品，由海关按照《中华人民共和国进出口商品检验法实施条例》没收违法所得，并处进口旧机电产品货值金额 5% 以上 20% 以下罚款；构成犯罪的，依法追究刑事责任。

第二十三条　销售、使用经法定检验、抽查检验或者验证不合格的进口旧机电产品，由海关按照《中华人民共和国进出口商品检验法实施条例》责令停止销售、使用，没收违法所得和违法销售、使用的进口旧机电产品，并处违法销售、使用的进口旧机电产品货值金额等值以上 3 倍以下罚款；构成犯罪的，依法追究刑事责任。

第二十四条　擅自调换海关抽取的样品或者海关检验合格的进口旧机电产品的，由海关按照《中华人民共和国进出口商品检验法实施条例》责令改正，给予警告；情节严重的，并处旧机电产品货值金额 10% 以上 50% 以下罚款。

第二十五条　进口旧机电产品的收货人、代理报检企业或者报检人员不如实提供进口旧机电产品的真实情况，取得海关的有关单证，或者对法定检验的进口旧机电产品不予报检，逃避进口旧机电产品检验的，由海关按照《中华人民共和国进出口商品检验法实施条例》没收违法所得，并处进口旧机电产品货值金额 5% 以上 20% 以下罚款。

第二十六条　进口国家允许进口的旧机电产品未按照规定进行装运前检验

的，按照国家有关规定予以退货；情节严重的，由海关按照《中华人民共和国进出口商品检验法实施条例》并处 100 万元以下罚款。

第二十七条　伪造、变造、买卖、盗窃或者使用伪造、变造的海关出具的装运前检验证书及检验报告，构成犯罪的，依法追究刑事责任；尚不够刑事处罚的，由海关按照《中华人民共和国进出口商品检验法实施条例》责令改正，没收违法所得，并处商品货值金额等值以下罚款。

第二十八条　海关工作人员在履行进口旧机电产品检验监管职责中应当秉公执法、忠于职守，不得滥用职权、玩忽职守、徇私舞弊；违法失职的，依法追究责任。

第六章　附　则

第二十九条　经特殊监管区进口的旧机电产品，按照本办法执行。

第三十条　进口旧机电产品涉及的动植物检疫和卫生检疫工作，按照进出境动植物检疫和国境卫生检疫法律法规的规定执行。

第三十一条　进口国家禁止进口的旧机电产品，应当予以退货或者销毁。

第三十二条　本办法由海关总署负责解释。

第三十三条　本办法自 2016 年 1 月 1 日起施行。国家质量监督检验检疫总局于 2002 年 12 月 31 日发布的《进口旧机电产品检验监督管理办法》和 2003 年 8 月 18 日发布的《进口旧机电产品检验监督程序规定》同时废止。

进口可用作原料的固体废物检验检疫监督管理办法

（2017 年 12 月 8 日国家质量监督检验检疫总局令第 194 号公布，根据 2018 年 4 月 28 日海关总署令第 238 号《海关总署关于修改部分规章的决定》第一次修正，根据 2018 年 5 月 29 日海关总署令第 240 号《海关总署关于修改部分规章的决定》第二次修正，根据 2018 年 11 月 23 日海关总署令第 243 号《海关总署关于修改部分规章的决定》第三次修正）

第一章　总　则

第一条　为加强进口可用作原料的固体废物检验检疫监督管理，保护环境，根据《中华人民共和国进出口商品检验法》及其实施条例、《中华人民共和国国境卫生检疫法》及其实施细则、《中华人民共和国进出境动植物检疫法》及其实施条例、《中华人民共和国固体废物污染环境防治法》等有关法律法规规定，制定本办法。

第二条　本办法适用于进口可用作原料的固体废物（以下简称废物原料）的检验检疫和监督管理。

进口废物原料应当属于可用作原料的再生资源，具有可利用价值。

进口废物原料应当符合中国法律法规、国家环境保护控制标准和国家技术规范的其他强制性要求。

第三条　海关总署主管全国进口废物原料的检验检疫和监督管理工作。

主管海关负责所辖区域进口废物原料的检验检疫和监督管理。

第四条　国家对进口废物原料的国外供货商（以下简称供货商）、国内收货人（以下简称收货人）实行注册登记制度。供货商、收货人在签订对外贸易合同前，应当取得注册登记。

注册登记有效期为 5 年。

第五条　国家对进口废物原料实行装运前检验制度。进口废物原料在装运前，应当由海关或者承担装运前检验的检验机构（以下简称装运前检验机构）实施装运前检验并出具装运前检验证书。

海关总署不予指定检验机构从事进口废物原料装运前检验。

海关总署对装运前检验和装运前检验机构依法实施监督管理。

第六条 进口废物原料到货后，由海关依法实施检验检疫监管。

收货人应当在进口废物原料入境口岸向海关报检，报检前应当取得本办法第五条规定的装运前检验证书。

第七条 海关总署对进口废物原料实行检验检疫风险预警和快速反应管理。

第八条 海关总署对供货商、收货人、装运前检验机构实施诚信管理。

进口废物原料供货商、收货人、装运前检验机构应当按照中国法律法规规定从事进口废物原料生产经营及装运前检验活动，保证进口废物原料符合中国法律法规规定和相关技术要求。

第二章 供货商注册登记

第九条 海关总署负责进口废物原料供货商注册登记申请的受理、审查、批准和监督管理工作。

第十条 申请供货商注册登记应当符合下列条件：

（一）具有所在国家（地区）合法的经营资质；

（二）在其所在国家（地区）具有固定的办公场所及相应基础设施；

（三）熟悉并遵守中国出入境检验检疫、环境保护、固体废物管理的法律法规及相关标准；

（四）获得ISO9001质量管理体系或RIOS体系等认证；

（五）具有对所供废物原料进行环保质量控制的措施和能力，保证其所供废物原料符合中国出入境检验检疫、环境保护、固体废物管理的国家技术规范的强制性要求；

（六）具备放射性检测设备、设施及检测能力；

（七）近3年内未发生过重大的安全、卫生、环保、欺诈等问题。

第十一条 申请人应当凭以下材料办理进口废物原料供应商注册登记：

（一）注册登记申请书；

（二）经公证的税务登记文件，有商业登记文件的还需提供经公证的商业登记文件；

（三）组织机构、部门和岗位职责的说明；

（四）标明尺寸的固定办公场所平面图，有加工场地的，还应当提供加工场地平面图，3张以上能全面展现上述场所和场地实景的照片；

（五）ISO9001质量管理体系或者RIOS体系等认证证书彩色复印件；

（六）委托代理人提出注册登记申请的，应当提交委托书原件以及委托双方身份证明复印件。

提交的文字材料，应当使用中文或者中英文对照文本。

第十二条　海关总署对申请人提出的注册登记申请，应当根据下列情况分别作出处理：

（一）申请材料不齐全或者不符合法定形式的，应当当场或者在收到申请材料后5日内一次告知申请人需要补正的全部内容，逾期不告知的，自收到申请材料之日起即为受理；

（二）申请材料齐全、符合法定形式，或者申请人按照海关总署的要求提交全部补正申请材料且补正材料符合法定形式的，应当予以受理；

（三）未在规定期限内补正有关申请材料的，应当终止办理注册登记，并书面告知申请人；

（四）未按照要求全部补正申请材料或者补正后申请材料仍不符合法定形式的，不予受理，并书面告知申请人。

第十三条　海关总署应当自受理注册登记申请之日起10日内组成专家评审组，实施书面评审。

评审组应当在评审工作结束后作出评审结论，向海关总署提交评审报告。

第十四条　海关总署应当自受理注册登记申请之日起20日内，作出是否准予注册登记的决定。

海关总署对审查合格的，准予注册登记并颁发注册登记证书；对审查不合格的，不予注册登记，并书面说明理由，告知申请人享有依法申请行政复议或者提起行政诉讼的权利。

第十五条　供货商注册登记内容发生变化的，应当自变化之日起30天内向海关总署提出变更申请，并按照本办法第十一条规定办理。

涉及注册登记证书内容变更的，供货商申请变更时应当交回原证书。海关总署批准的变更涉及原注册登记证书内容的，应当重新颁发证书。

供货商的名称、商业登记地址、法定代表人三项中累计两项及以上发生变化的，应当重新向海关总署申请注册登记。

第十六条　供货商需要延续注册登记有效期的，应当在注册登记有效期届满90天前向海关总署提出延续申请，并按照本办法第十一条规定办理。

供货商未按规定期限提出延续申请的，海关总署可以认定为不符合注册登记延续的法定条件，不予受理该申请。注册登记有效期届满后，注册登记自动失效。

第十七条　海关总署应当根据供货商的申请，在注册登记有效期届满前作出是否准予延续注册登记的决定；逾期未作出决定的，视为准予延续。

第十八条 海关总署作出不予受理注册登记、终止办理注册登记、不予注册登记决定的，申请人可以向海关总署重新申请注册登记，并按本办法第十一条的规定办理。

第三章 收货人注册登记

第十九条 直属海关负责所辖区域收货人注册登记申请的受理、审查、批准和监督管理工作。

第二十条 申请收货人注册登记应当符合下列条件：

（一）具有合法进口经营资质的加工利用企业；

（二）具有固定的办公场所及相应基础设施，具备放射性检测设备及检测能力；

（三）熟悉并遵守中国出入境检验检疫、环境保护、固体废物管理的法律法规及相关标准；

（四）具有对废物原料进行环保质量控制及加工利用的措施和能力，并建立相应的管理制度，保证废物原料符合中国出入境检验检疫、环境保护、固体废物管理的国家技术规范的强制性要求。

第二十一条 申请人应当凭以下材料办理进口废物原料供应商注册登记：

（一）注册登记申请书；

（二）环保部门批准从事进口固体废物加工利用的证明文件。

第二十二条 直属海关对申请人提出的收货人注册登记申请，应当根据下列情况分别作出处理：

（一）申请材料不齐全或者不符合法定形式的，应当当场或者在5日内一次告知申请人需要补正的全部内容，逾期不告知的，自收到申请材料之日起即为受理；

（二）申请材料齐全、符合法定形式，或者申请人按照海关的要求提交全部补正申请材料且补正材料符合法定形式的，应当予以受理；

（三）未在规定期限内补正有关申请材料的，应当终止办理注册登记，并书面告知申请人；

（四）未按照要求全部补正申请材料或者补正后申请材料仍不符合法定形式的，不予受理该申请。

第二十三条 直属海关应当自受理申请之日起10日内组成专家评审组，实施书面评审和现场核查。

评审组应当在评审工作结束后作出评审结论，向直属海关提交评审报告。

第二十四条 直属海关应当自受理注册登记申请之日起 20 日内，作出是否准予注册登记的决定。

直属海关对审查合格的，准予注册登记并颁发注册登记证书；对审查不合格的，不予注册登记，并书面说明理由，告知申请人享有依法申请行政复议或者提起行政诉讼的权利。

第二十五条 收货人注册登记内容发生变化的，应当自变化之日起 30 天内向批准注册登记的直属海关提出变更申请，并按本办法第二十一条的规定办理。

涉及注册登记证书内容变更的，收货人申请变更时应当将原证书交回。直属海关批准的变更涉及原注册登记证书内容的，应当重新颁发证书。

收货人的名称、商业登记地址、法定代表人三项中累计两项及以上发生变化的，应当重新向直属海关提出注册登记申请。

第二十六条 收货人需要延续注册登记有效期的，应当在注册登记有效期届满 90 天前向批准注册登记的直属海关提出延续申请，并按本办法第二十一条的规定办理。

第二十七条 直属海关应当在注册登记有效期届满前，作出是否准予延续注册登记决定。

收货人未按时提交延续申请的，直属海关可以认定为不符合注册登记延续的法定条件，不予受理该申请。注册登记有效期届满后，注册登记自动失效。

第二十八条 直属海关作出不予受理注册登记、终止办理注册登记、不予注册登记决定的，申请人可以重新申请注册登记，并按本办法第二十一条的规定办理。

第四章　装运前检验

第二十九条 海关总署负责开发、维护进口废物原料装运前检验电子管理系统（以下简称装运前检验电子管理系统），实现装运前检验工作信息化管理。

第三十条 供货商应当在废物原料装运前，通过装运前检验电子管理系统申请海关或者委托装运前检验机构实施装运前检验。

海关、装运前检验机构应当通过进口废物原料装运前检验电子管理系统受理供货商的装运前检验申请、录入装运前检验结果、签发装运前检验证书。

第三十一条 装运前检验机构应当是在所在国家（地区）合法注册的检验机构。

装运前检验机构应当提前将下列信息向海关总署备案：

（一）经公证的所在国家（地区）合法注册的第三方检验机构资质证明；

（二）所在国家（地区）固定的办公和经营场所信息；

（三）通过 ISO/IEC17020 认可的证明材料；

（四）从事装运前检验的废物原料种类；

（五）装运前检验证书授权签字人信息及印签样式。

提交的信息，应当使用中文或者中英文对照文本。

对提交材料完备的装运前检验机构，由海关总署对外公布。

第三十二条 海关、装运前检验机构应当在境外装货地或者发货地，按照中国国家环境保护控制标准、相关技术规范的强制性要求和装运前检验规程实施装运前检验。

第三十三条 海关、装运前检验机构对经其检验合格的废物原料签发电子和纸质的装运前检验证书。

检验证书应当符合以下要求：

（一）检验依据准确、检验情况明晰、检验结果真实；

（二）有统一、可追溯的编号；

（三）检验证书应当为中文或者中英文，以中文为准；

（四）检验证书有效期不超过 90 天。

第三十四条 海关在口岸到货检验检疫监管中发现货证不符或者环保项目不合格的，实施装运前检验的海关或者装运前检验机构应当向海关总署报告装运前检验情况，并提供记录检验过程等情况的图像和书面资料。

第三十五条 装运前检验机构及其关联机构不能申请或者代理申请供货商注册登记，不能从事废物原料的生产和经营活动。

第三十六条 装运前检验机构备案信息发生变化的，应当自变化之日起 30 天内向海关总署提交变更材料，并按照本办法第三十一条的规定办理。

第三十七条 海关总署对已备案的装运前检验机构实施分类管理，按照诚信管理的原则将已备案的装运前检验机构分为 A、B 两类。

符合下列条件的装运前检验机构，按照自愿原则可以申请成为 A 类装运前检验机构：

（一）从事检验鉴定业务 5 年以上；

（二）具有与装运前检验业务相适应的检验人员及检测设备；

（三）具备按照中国环境保护、固体废物管理的国家技术规范的强制性要求和海关总署关于进口废物原料装运前检验有关规定开展检验的能力。

（四）遵守法律法规，重视企业信用管理工作，严格履行承诺，具有较健全的质量管理体系，服务质量稳定。

不符合本条前款规定的装运前检验机构，列入 B 类装运前检验机构。

第五章　到货检验检疫

第三十八条　废物原料运抵口岸后，收货人或者其代理人应当凭合同、发票、装箱单、提/运单等单证向入境口岸海关报检，接受检验检疫监管。进口废物原料应当取得装运前检验证书。

属于限制类废物原料的，收货人或者其代理人还应当取得进口许可证明。海关对进口许可证件电子数据进行系统自动比对验核。

第三十九条　海关应当依照检验检疫相关法律法规和规程、国家环境保护控制标准或者国家技术规范的其他强制性要求在入境口岸对进口废物原料实施检验检疫监管，根据污染程度实施消毒、熏蒸等卫生处理，未经检疫处理，不得放行。

海关总署可以依法指定在其他地点检验检疫。

第四十条　由 B 类装运前检验机构实施装运前检验的进口废物原料，海关应当实施全数检验。

第四十一条　海关实施进口废物原料检验检疫监管工作的场所应当符合进口废物原料检验检疫场所建设规范的要求。

第四十二条　从事进口废物原料检验检疫监管工作的人员应当经过海关总署的培训并考试合格。

第四十三条　海关对经检验检疫未发现不符合国家环境保护控制标准、国家技术规范的其他强制性要求的进口废物原料，予以放行；对不符合国家环境保护控制标准、国家技术规范的其他强制性要求的，责令退运；对发现动植物疫情的，要实施有效的检疫除害处理措施，如无有效处理措施则依法作退回或者销毁处理，并实施检疫监管。

第六章　监督管理

第四十四条　供货商和收货人应当依照注册登记的业务范围开展供货、进口等活动。

收货人所进口的废物原料，仅限用于自行加工利用，不得以任何方式交付其他单位、组织或者个人。

供货商、收货人及其关联机构不能从事废物原料装运前检验业务。

第四十五条　海关总署、主管海关可以依照职责对供货商、收货人、装运前检验机构实施现场检查、验证、追踪货物环保质量状况等形式的监督管理。

第四十六条 装运前检验机构应当遵守中国相关法律法规和海关总署的有关规定，以第三方的身份独立、公正地开展进口废物原料装运前检验工作，并对其所出具的装运前检验证书的真实性、准确性负责。

第四十七条 海关总署或者主管海关在进口废物原料检验监管工作中，发现装运前检验机构存在下列情形之一的，海关总署可以发布警示通报并决定在一定时期内不予认可其出具的装运前检验证书，但最长不超过3年：

（一）出具的装运前检验证书存在违反本办法第三十三条规定的；

（二）装运前检验机构存在违反本办法第三十五条、第四十六条、第五十九条规定情形的。

第四十八条 供货商、收货人有下列情形之一的，海关总署、直属海关依照职权撤销其注册登记：

（一）申请注册登记的地址不存在的；

（二）供货商商业登记文件无效、税务文件无效的；

（三）收货人营业执照无效的；

（四）法定代表人不存在的；

（五）隐瞒有关情况或者提供虚假材料取得注册登记的；

（六）以欺骗、贿赂等不正当手段取得注册登记的。

第四十九条 海关总署、主管海关对供货商、收货人和装运前检验机构实施A、B、C三类风险预警及快速反应管理。

第五十条 对源自特定国家（地区）、特定类别的废物原料，海关可以根据不同的风险预警类别采取加严检验、全数检验或者不予受理报检等措施。

第一节 供货商监督管理

第五十一条 供货商发生下列情形之一的，由海关总署实施A类风险预警措施，主管海关1年内不受理其所供废物原料进口报检申请：

（一）废物原料存在严重疫情风险的；

（二）废物原料存在严重货证不符，经查确属供货商责任的；

（三）B类预警期间再次被检出环保项目不合格或者重大疫情的。

第五十二条 供货商发生下列情形之一的，由海关总署实施B类风险预警措施，主管海关对其所供废物原料实施为期不少于180天且不少于100批的全数检验：

（一）1年内货证不符或者环保项目不合格累计3批及以上的；

（二）检疫不合格并具有较大疫情风险的；

（三）供货商注册登记内容发生变更，未在规定期限内向海关总署办理变更手续的；

（四）注册登记被撤销后重新获得注册登记的；

（五）按本办法第五十一条实施的 A 类风险预警措施解除后，恢复受理进口报检申请的；

（六）现场检查发现质量管理体系存在严重缺陷的。

第五十三条　供货商发生下列情形之一的，由海关总署实施 C 类风险预警措施，主管海关对供货商所供的废物原料实施加严检验：

（一）废物原料环保项目不合格的；

（二）需采取风险管控措施的。

第五十四条　供货商发生下列情形之一的，海关总署撤销其注册登记：

（一）输出的废物原料环保项目严重不合格的；

（二）输出的废物原料应当退运，供货商不配合收货人退运的；

（三）输出的废物原料应当退运，自主管海关出具环保项目不合格证明之日起 6 个月内，因供货商原因未将废物原料退运出境的；

（四）将已退运的不合格废物原料再次运抵中国大陆地区的；

（五）将注册登记证书或者注册登记编号转让其他企业使用的；

（六）提供虚假材料，包括提供虚假入境证明文件的；

（七）输出废物原料时存在弄虚作假等欺诈行为的；

（八）不接受海关监督管理，情节严重的；

（九）违反本办法第四十四条第一款规定，超出业务范围供货的；

（十）违反本办法第四十四条第三款规定，供货商或者其关联机构从事装运前检验的；

（十一）不再具备本办法第十条规定的条件的。

第二节　收货人监督管理

第五十五条　收货人发生下列情形之一的，由海关总署实施 A 类风险预警措施，主管海关 1 年内不受理其废物原料进口报检申请：

（一）废物原料存在严重货证不符，经查确属收货人责任的；

（二）B 类预警期间再次被检出环保项目不合格或者重大疫情，经查确属收货人责任的。

第五十六条　收货人发生下列情形之一的，海关总署实施 B 类风险预警措施，主管海关对其报检的废物原料实施为期不少于 180 天且不少于 100 批的全数检验：

（一）废物原料存在货证不符、申报不实，经查确属收货人责任的；

（二）收货人注册登记内容发生变更，未在规定期限内向直属海关办理变更手续的；

（三）1年内货证不符或者环保项目不合格累计3批及以上，经查确属收货人责任的；

（四）注册登记被撤销后重新获得注册登记的；

（五）按本办法第五十五条实施的A类风险预警措施解除后，恢复受理进口报检申请的；

（六）现场检查发现质量控制体系存在缺陷的。

第五十七条 收货人发生下列情形之一的，海关总署实施C类风险预警措施，主管海关对其报检的废物原料实施加严检验：

（一）废物原料环保项目不合格的；

（二）需采取风险管控措施的。

第五十八条 收货人发生下列情形之一的，直属海关撤销其注册登记：

（一）伪造、变造、买卖或者使用伪造、变造的有关证件的；

（二）提供虚假材料，包括提供虚假入境证明文件的；

（三）将注册登记证书或者注册登记编号转让其他企业使用的；

（四）进口废物原料时存在弄虚作假等欺诈行为的；

（五）进口废物原料不合格拒不退运的；

（六）进口废物原料不合格，主管海关出具环保项目不合格证明后6个月内因收货人原因未将不合格货物退运出境的；

（七）不接受海关监督管理，情节严重的；

（八）违反本办法第四十四条规定的；

（九）不再具备本办法第二十条规定的条件的。

第三节 装运前检验机构监督管理

第五十九条 装运前检验机构发生下列情形之一的，海关总署实施A类风险预警措施，主管海关不受理经其实施装运前检验的废物原料进口报检申请：

（一）经其实施装运前检验的废物原料，1个月内被主管海关检出环保项目不合格累计5批及以上且环保项目不合格检出率达0.5%及以上的；

（二）经其实施装运前检验的废物原料，1年内被主管海关检出环保项目严重不合格累计3批及以上的；

（三）给未实施装运前检验的废物原料出具装运前检验证书的；

（四）B 类预警期间，经其实施装运前检验的废物原料再次被主管海关检出环保项目不合格的；

（五）不接受监督管理，情节严重的。

第六十条 装运前检验机构发生下列情形之一的，海关总署实施 B 类风险预警措施，主管海关对经其实施装运前检验的废物原料实施为期不少于 180 天且不少于 1000 批的全数检验：

（一）经其实施装运前检验的废物原料，1 个月内被主管海关检出环保项目不合格累计 3 批及以上且环保项目不合格检出率达 0.5%以上的；

（二）经其实施装运前检验的废物原料，被主管海关检出环保项目严重不合格的；

（三）经其实施装运前检验的废物原料，被主管海关检出环保项目不合格，装运前检验机构未按照规定向海关总署报告有关情况的；

（四）未按照规定实施装运前检验出具装运前检验证书的；

（五）日常监管中发现质量管理体系存在缺陷的；

（六）按照本办法第五十九条实施的 A 类风险预警措施解除后，恢复受理进口报检申请的。

第六十一条 装运前检验机构发生下列情形之一的，海关总署实施 C 类风险预警措施，主管海关对其实施装运前检验的废物原料实施加严检验：

（一）装运前检验机构备案信息发生变化，未按照规定要求提交变更材料的；

（二）经其实施装运前检验的废物原料，被主管海关检出环保项目不合格情况未达到本办法第五十九条、第六十条规定的预警条件的；

（三）需要采取风险管控措施的。

第七章　法律责任

第六十二条 供货商、收货人因隐瞒有关情况或者提供虚假材料被不予受理或者不予注册登记的，海关总署或者直属海关给予警告；供货商、收货人在 1 年内不得再次提起申请。

第六十三条 供货商、收货人以欺骗、贿赂等不正当手段取得注册登记后被撤销注册登记的，在 3 年内不得再次提起申请；构成犯罪的，依法追究刑事责任。

第六十四条 进口可用作原料的固体废物，供货商、收货人未取得注册登记，或者未进行装运前检验的，按照国家有关规定责令退货；情节严重的，由海关按照《中华人民共和国进出口商品检验法实施条例》的规定并处 10 万元以上 100 万元以下罚款。

第六十五条 进口废物原料的收货人不如实提供进口废物原料的真实情况，取得海关有关证单的，由海关按照《中华人民共和国进出口商品检验法实施条例》的规定没收违法所得，并处进口废物原料货值金额 5% 以上 20% 以下罚款。

第六十六条 收货人违反本办法第四十四条第一款规定超出业务范围开展进口活动的，由海关责令改正；情节严重的，处 3 万元以下罚款。

第六十七条 进口废物原料检验检疫工作人员玩忽职守、徇私舞弊或者滥用职权，依法给予行政处分；构成犯罪的，依法追究其刑事责任。

第八章 附 则

第六十八条 对从境外进入保税区、出口加工区、自贸区等特殊监管区域的废物原料的管理，依照本办法执行。

第六十九条 通过赠送、出口退运进境、提供样品等方式进境物品属于允许进口的废物原料的，除另有规定外，依照本办法执行。

海关特殊监管区和场所内单位在生产加工过程中产生的废品、残次品、边角料以及受灾货物属于废物原料需出区进入国内的，免于实施进口检验。

第七十条 对进口废船舶，海关依法实施检验检疫，免于提交供货商注册登记证书和装运前检验证书。

第七十一条 对外籍船舶、航空器及器材在境内维修产生的废物原料，海关依法实施检验检疫，免于提交供货商注册登记证书、收货人注册登记证书、装运前检验证书和进口许可证明。

第七十二条 本办法中的"日"为工作日，不含法定节假日；"天"为自然日，含法定节假日。

第七十三条 来自中国香港、澳门和台湾地区的废物原料的检验检疫监督管理依照本办法执行。

第七十四条 进口废物原料的供货商、收货人向海关提交的所有文件均以中文文本为准。

第七十五条 海关根据业务需要，可以聘请相关专业人员辅助现场核查工作。

第七十六条 供货商、收货人注册登记和装运前检验机构管理实施细则，由海关总署另行制定。

第七十七条　本办法由海关总署负责解释。

第七十八条　本办法自 2018 年 2 月 1 日起施行。原国家检验检疫局 1999 年 11 月 22 日发布的《进口废物原料装运前检验机构认可管理办法（试行）》（国家出入境检验检疫局令第 2 号）、国家质检总局 2009 年 8 月 21 日发布的《进口可用作原料的固体废物检验检疫监督管理办法》（国家质检总局令第 119 号）同时废止。

进口食品境外生产企业注册管理规定

（2012 年 3 月 22 日国家质量监督检验检疫总局令第 145 号公布，根据 2018 年 11 月 23 日海关总署令第 243 号《海关总署关于修改部分规章的决定》修正）

第一章　总　　则

第一条　为加强进口食品境外食品生产企业的监督管理，根据《中华人民共和国食品安全法》及其实施条例、《中华人民共和国进出口商品检验法》及其实施条例等法律、行政法规的规定，制定本规定。

第二条　向中国输出食品的境外生产、加工、储存企业（以下统称进口食品境外生产企业）的注册及其监督管理适用本规定。

第三条　海关总署统一负责进口食品境外生产企业的注册及其监督管理工作。

第四条　《进口食品境外生产企业注册实施目录》（以下简称《目录》）由海关总署负责制定、调整并公布。

《目录》内不同产品类别的注册评审程序和技术要求，由海关总署另行制定、发布。

第五条　《目录》内食品的境外生产企业，应当获得注册后，其产品方可进口。

第二章　注册条件与程序

第六条　进口食品境外生产企业注册条件：

（一）企业所在国家（地区）的与注册相关的兽医服务体系、植物保护体系、公共卫生管理体系等经评估合格；

（二）向我国出口的食品所用动植物原料应当来自非疫区；向我国出口的食品可能存在动植物疫病传播风险的，企业所在国家（地区）主管当局应当提供风险消除或者可控的证明文件和相关科学材料。

（三）企业应当经所在国家（地区）相关主管当局批准并在其有效监管下，其卫生条件应当符合中国法律法规和标准规范的有关规定。

第七条 进口食品境外生产企业申请注册，应通过其所在国家（地区）主管当局或其他规定的方式向海关总署推荐，并提交符合本办法第六条规定条件的证明性文件以及下列材料，提交的有关材料应当为中文或者英文文本：

（一）所在国（地区）相关的动植物疫情、兽医卫生、公共卫生、植物保护、农药兽药残留、食品生产企业注册管理和卫生要求等方面的法律法规，所在国（地区）主管当局机构设置和人员情况及法律法规执行等方面的书面资料；

（二）申请注册的境外食品生产企业名单；

（三）所在国家（地区）主管当局对其推荐企业的检疫、卫生控制实际情况的评估答卷；

（四）所在国家（地区）主管当局对其推荐的企业符合中国法律、法规要求的声明；

（五）企业注册申请书，必要时提供厂区、车间、冷库的平面图，工艺流程图等。

第八条 海关总署应当组织相关专家或指定机构对境外食品生产企业所在国家（地区）主管当局或其他规定方式提交的资料进行审查，并根据工作需要，组成评审组进行实地评审，评审组成员应当2人以上。

从事评审的人员，应当经海关总署考核合格。

第九条 评审组应当按照《目录》中不同产品类别的评审程序和要求完成评审工作，并向海关总署提交评审报告。

海关总署应当按照工作程序对评审报告进行审查，做出是否注册的决定。符合注册要求的，予以注册，并书面通告境外食品生产企业所在国家（地区）的主管当局；不予注册的，应当书面通告境外食品生产企业所在国家（地区）的主管当局，并说明理由。

海关总署应当定期统一公布获得注册的境外食品生产企业名单。

第十条 注册有效期为4年。

境外食品生产企业需要延续注册的，应当在注册有效期届满前一年，通过其所在国家（地区）主管当局或其他规定的方式向海关总署提出延续注册申请。

逾期未提出延续注册申请的，海关总署注销对其注册，并予以公告。

第十一条 已获得注册的境外食品生产企业的注册事项发生变更时，应当通过其所在国家（地区）主管当局或其他规定的方式及时通报海关总署，海关总署根据具体变更情况做出相应处理。

第十二条 已获得注册的境外食品生产企业应当在其向我国境内出口的食品外包装上如实标注注册编号。

禁止冒用或者转让注册编号。

第三章 注册管理

第十三条 海关总署依法对《目录》内食品的境外生产企业进行监督管理，必要时组织相关专家或指定机构进行复查。

第十四条 经复查发现已获得注册的境外食品生产企业不能持续符合注册要求的，海关总署应当暂停其注册资格并暂停进口相关产品，同时向其所在国家（地区）主管当局通报，并予以公告。

境外食品生产企业所在国家（地区）主管当局应当监督需要整改的企业在规定期限内完成整改，并向海关总署提交书面整改报告和符合中国法律法规要求的书面声明。经海关总署审查合格后，方可继续向我国出口食品。

第十五条 已获得注册的境外食品生产企业有下列情形之一的，海关总署应当撤销其注册，同时向其所在国家（地区）主管当局通报，予以公告：

（一）因境外食品生产企业的原因造成相关进口食品发生重大食品安全事故的；

（二）其产品进境检验检疫中发现不合格情况，情节严重的；

（三）经查发现食品安全卫生管理存在重大问题，不能保证其产品安全卫生的；

（四）整改后仍不符合注册要求的；

（五）提供虚假材料或者隐瞒有关情况的；

（六）出租、出借、转让、倒卖、涂改注册编号的。

第十六条 列入《目录》内的进口食品入境时，海关应当验核其是否由获得注册的企业生产，注册编号是否真实、准确，经验核发现不符合法定要求的，依照《中华人民共和国进出口商品检验法》等相关法律、行政法规予以处理。

第十七条 进口国家实行注册管理而未获得注册的境外食品生产企业生产的食品的，依据《中华人民共和国进出口商品检验法实施条例》第四十九条，由海关责令其停止进口，没收违法所得，并处商品货值金额 10% 以上、50% 以下的罚款。

第四章　附　则

　　第十八条　国际组织或者向我国境内出口食品的国家（地区）主管当局发布疫情通告，或者产品在进境检验检疫中发现疫情、公共卫生失控等严重问题的，海关总署公告暂停进口该国家（地区）相关食品期间，海关总署不予接受该国家（地区）主管当局推荐其相关食品生产企业注册。

　　第十九条　境外食品生产企业所在国家（地区）主管当局应当协助海关总署委派的评审组完成实地评审和复查工作。

　　第二十条　香港特别行政区、澳门特别行政区和台湾地区向中国大陆出口《目录》内食品的生产、加工、储存企业的注册管理，参照本规定执行。

　　第二十一条　本规定中所在国家（地区）主管当局包括境外食品生产企业所在国家（地区）负责相关食品安全卫生的官方部门、官方授权机构及行业组织等。

　　第二十二条　本规定由海关总署负责解释。

　　第二十三条　本规定自 2012 年 5 月 1 日起施行。原国家质量监督检验检疫总局 2002 年 3 月 14 日公布的《进口食品国外生产企业注册管理规定》同时废止。

中华人民共和国实施金伯利进程国际证书制度管理规定

(2002年12月31日国家质量监督检验检疫总局令第42号公布，根据2018年3月6日国家质量监督检验检疫总局令第196号《国家质量监督检验检疫总局关于废止和修改部分规章的决定》第一次修正，根据2018年4月28日海关总署令第238号《海关总署关于修改部分规章的决定》第二次修正，根据2018年5月29日海关总署令第240号《海关总署关于修改部分规章的决定》第三次修正，根据2018年11月23日海关总署令第243号《海关总署关于修改部分规章的决定》第四次修正)

第一章 总 则

第一条 为履行国际义务，维护非洲地区的和平与稳定，制止冲突钻石非法交易，根据我国有关法律法规规定和联合国大会第55/56号决议以及金伯利进程国际证书制度的要求，制定本规定。

第二条 本规定所称的毛坯钻石是指未经加工或者经简单切割或者部分抛光，归入《商品名称及编码协调制度》7102.10、7102.21和7102.31的钻石。

第三条 海关总署是我国实施金伯利进程国际证书制度的管理部门。海关总署指定的主管海关负责对进出口毛坯钻石的原产国（地）或者来源国（地）进行核查，并对毛坯钻石进行验证、检验、签证。

第四条 金伯利进程国际证书是具有法律约束力的官方证明文件。

第五条 本规定适用于金伯利进程国际证书制度成员国（以下简称成员国）之间的毛坯钻石进出口贸易。海关只受理成员国之间的毛坯钻石进出口的申报。

第六条 进出口毛坯钻石的受理申报、核查检验，由主管海关办理。

第二章 进口核查检验

第七条 毛坯钻石入境前，毛坯钻石的进出口企业或者其代理人以及承运人（以下简称申报人）应当向海关提交《中华人民共和国进口毛坯钻石申报单》、毛坯钻石出口国政府主管机构签发的金伯利进程国际证书正本等有关资料，办理入境申报手续。未提供上述单证的，不予受理申报。

第八条 海关受理申报后，应当严格审查所提交的金伯利进程国际证书，必要时可以进行成员国间核对，并按照金伯利进程国际证书制度的要求，审核申报内容是否与出口国政府主管机构签发的金伯利进程国际证书相符。

第九条 海关应当在指定地点及申报人在场的情况下，核查货物原产地标记、封识及内外包装；检查原产国（地）/来源国（地）、收货人、证书编号等是否与随附的金伯利进程国际证书所列内容一致；对申报金额进行核定；对毛坯钻石的克拉重量（数量）等按照金伯利进程国际证书制度的要求实施检验。

第十条 核查、检验结束后，海关应当签发进口毛坯钻石确认书，发送至货物原产国（地）/来源国（地）政府主管机构，同时以电子邮件方式确认该批钻石已到达目的地。

第十一条 海关应当将《中华人民共和国进口毛坯钻石申报单》、毛坯钻石出口国政府主管机构签发的金伯利进程国际证书正本和进口毛坯钻石确认书副本等有关资料一并归档。档案保存期为3年。

第三章 出口核查检验

第十二条 毛坯钻石出境前，申报人应当向海关提交《中华人民共和国出口毛坯钻石申报单》，声明所申报的出口毛坯钻石为非冲突钻石、目的国为成员国，并保证出口毛坯钻石储存在防损容器中运输，同时提供合同、发票以及其他证明毛坯钻石合法性的有关资料。

第十三条 海关受理申报后，应当在指定地点及申报人在场的情况下，对毛坯钻石原产地的真实性等进行核实，对毛坯钻石的克拉重量（数量）进行检验，并对申报金额进行核定。在确认申报人所申报的内容正确无误后，对符合金伯利进程国际证书制度要求的毛坯钻石及其包装容器进行封识，加施原产地注册标记，并签发《金伯利进程国际证书》。

海关签发《金伯利进程国际证书》后，应当以电子邮件方式将相关信息发送至进口国。

第十四条 海关在收到进口国政府主管机构发出的进口毛坯钻石确认书后，应当将确认书、《中华人民共和国出口毛坯钻石申报单》《金伯利进程国际证书》副本以及合同、发票等有关资料一并归档。档案保存期为3年。

第四章 统计管理

第十五条 海关应当按照金伯利进程国际证书制度要求，对毛坯钻石进出口贸易相关数据进行统计管理，建立统计数据库。统计数据包括：HS编码、原产国（地）和来源国（地）、贸易国别、进出口企业、克拉重量（数量）、金额、签证份数、证书编号、确认证书份数等。统计信息保存期为3年。

第十六条 海关总署按照金伯利进程国际证书制度的要求及时交换数据，统一对外发布有关信息。

第十七条 申报人要保存完整的贸易证单，同时对有关贸易数据进行统计，统计内容主要包括：客户名称、进出口毛坯钻石的克拉重量（数量）和金额等。贸易证单和统计数据保存期为3年。

第五章 附 则

第十八条 对过境毛坯钻石，海关在申报人确保毛坯钻石密封包装容器未开封和未受损情况下，可以不予核查金伯利进程国际证书。

第十九条 为方便贸易，便于监管，有关钻石交易机构应当配合海关工作，并提供必要的条件。

第二十条 对未如实申报毛坯钻石的原产国（地）和来源国（地）的，伪造、涂改金伯利进程国际证书等有关证单的，违反金伯利进程国际证书制度有关规定、从事冲突钻石进出口的，按照有关法律法规规定予以处罚。

第二十一条 本办法所规定的文书由海关总署另行制定并且发布。

第二十二条 本规定由海关总署负责解释。

第二十三条 本规定自2003年1月1日起施行。

进口汽车检验管理办法

（1999年11月22日国家出入境检验检疫局令第1号发布，根据2018年4月28日海关总署令第238号《海关总署关于修改部分规章的决定》第一次修正，根据2018年5月29日海关总署令第240号《海关总署关于修改部分规章的决定》第二次修正）

第一条 为加强进口汽车检验管理工作，根据《中华人民共和国进出口商品检验法》（以下简称《商检法》）及其实施条例，制定本办法。

第二条 海关总署主管全国进口汽车检验监管工作，进口汽车入境口岸海关负责进口汽车入境检验工作，用户所在地海关负责进口汽车质保期内的检验管理工作。

第三条　对转关到内地的进口汽车，视通关所在地为口岸，由通关所在地海关按照本办法负责检验。

第四条　进口汽车的收货人或者代理人在货物运抵入境口岸后，应当凭合同、发票、提（运）单、装箱单等单证以及有关技术资料向口岸海关报检。

第五条　进口汽车入境口岸海关对进口汽车的检验包括：一般项目检验、安全性能检验和品质检验。

第六条　一般项目检验。在进口汽车入境时逐台核查安全标志，并进行规格、型号、数量、外观质量、随车工具、技术文件和零备件等项目的检验。

第七条　安全性能检验。按国家有关汽车的安全环保等法律法规、强制性标准和《进出口汽车安全检验规程》（SN/T0792—1999）实施检验。

第八条　品质检验。品质检验及其标准、方法等应在合同或合同附件中明确规定，进口合同无规定或规定不明确的，按《进出口汽车品质检验规程》（SN/T0791—1999）检验。

整批第一次进口的新型号汽车总数大于300台（含300台，按同一合同、同一型号、同一生产厂家计算）或总值大于一百万美元（含一百万美元）的必须实施品质检验。

批量总数小于300台或总值小于一百万美元的新型号进口汽车和非首次进口的汽车，海关视质量情况，对品质进行抽查检验。

品质检验的情况应抄报海关总署及有关主管海关。

第九条　海关对进口汽车的检验，可采取海关自检、与有关单位共同检验和认可检测单位检验等方式，由海关签发有关检验单证。

第十条　对大批量进口汽车，外贸经营单位和收用货主管单位应在对外贸易合同中约定在出口国装运前进行预检验、监造或监装，海关可根据需要派出检验人员参加或者组织实施在出口国的检验。

第十一条　经检验合格的进口汽车，由口岸海关签发"入境货物检验检疫证明"，并一车一单签发"进口机动车辆随车检验单"。

对进口汽车实施品质检验的，"入境货物检验检疫证明"须加附"品质检验报告"。

经检验不合格的，海关出具检验检疫证书，供有关部门对外索赔。

第十二条　进口汽车的销售单位凭海关签发的"进口机动车辆随车检验单"等有关单证到当地工商行政管理部门办理进口汽车国内销售备案手续。

第十三条　用户在国内购买进口汽车时必须取得海关签发的"进口机动车

辆随车检验单"和购车发票。在办理正式牌证前，到所在地海关登检、换发"进口机动车辆检验证明"，作为到车辆管理机关办理正式牌证的依据。

第十四条 经登记的进口汽车，在质量保证期内，发现质量问题，用户应向所在地海关申请检验出证。

第十五条 各直属海关根据工作需要可委托或指定经考核符合条件的汽车检测线承担进口汽车安全性能的检测工作，并报海关总署备案。海关总署对实施进口汽车检验的检测线的测试和管理能力进行监督抽查。

第十六条 海关对未获得进口安全质量许可证书或者虽然已获得进口安全质量许可证书但未加贴检验检疫安全标志的、未按本办法检验登记的进口汽车，按《商检法》及《商检法实施条例》的有关规定处理。

第十七条 进口摩托车等其他进口机动车辆由收货人所在地海关参照本办法负责检验。

第十八条 各直属海关每半年将进口汽车质量分析报海关总署，并于 7 月 15 日和次年 1 月 15 日以前报出。

第十九条 本办法由海关总署负责解释。

第二十条 本办法自 2000 年 1 月 1 日起施行。原国家商检局下发的《国家商检局关于贯彻全国进出口汽车检验工作会议精神的通知》（国检检〔1990〕468 号文）和《国家商检局关于启用新的"进口机动车辆随车检验单"和统一制作"进口车辆检验专用章"的通知》（国检检〔1994〕30 号文）同时废止。

供港澳活羊检验检疫管理办法

（1999 年 11 月 24 日国家出入境检验检疫局令第 3 号发布，根据 2018 年 4 月 28 日海关总署令第 238 号《海关总署关于修改部分规章的决定》第一次修正，根据 2018 年 5 月 29 日海关总署令第 240 号《海关总署关于修改部分规章的决定》第二次修正）

第一章 总 则

第一条 为做好供应港澳活羊检验检疫工作，确保供港澳活羊的健康与港澳市民食用安全，防止动物传染病、寄生虫病的传播，促进畜牧业生产发展和对港澳贸易，根据《中华人民共和国进出境动植物检疫法》及其实施条例等法律法规和香港特别行政区政府对供港活羊的检疫要求，制定本办法。

第二条 凡在我国内地从事供港澳活羊中转、运输、贸易的企业均应遵守本办法。

第三条 海关总署统一管理全国供港澳活羊的检验检疫工作。

直属海关负责各自辖区内供港澳活羊中转场的注册、监督管理和产地疫情监测，负责供港澳活羊的启运地检验检疫和出证管理。

出境口岸海关负责供港澳活羊出境前的监督检查和临床检疫；负责供港澳活羊在出境口岸滞留站或转入中转场的检疫和监督管理。

第二章 中转场的注册管理

第四条 从事供港澳活羊中转业务的企业须向所在地直属海关申请注册。只有经注册的中转场方可用于供港澳活羊的中转存放。

第五条 申请注册的中转场须符合下列条件：

（一）具有独立企业法人资格。不具备独立企业法人资格者，由其具有独立企业法人资格的上级主管部门提出申请。

（二）具有稳定的货源供应，与活羊养殖单位或供应单位签订有长期供货合同或协议。

（三）中转场设计存栏数量不得少于 200 只。

（四）中转场内具有正常照明设施和稳定电源供应。

（五）建立动物卫生防疫制度、饲养管理制度，并符合《供港澳活羊中转场动物卫生防疫要求》。

第六条 申请注册的中转场应当填写《供港澳活羊中转场检验检疫注册申请表》，并提供中转场平面图，同时提供重点区域的照片或者视频资料。

第七条 直属海关按照本办法第五条的规定对申请注册的中转场进行考核。合格者，予以注册，并颁发《供港澳活羊中转场检验检疫注册证》。

注册证自颁发之日起生效，有效期为 5 年。

第八条 直属海关对供港澳活羊注册中转场实施年审制度。

对逾期不申请年审或年审不合格且在限期内不整改或整改不合格的吊销其注册证。

第九条 注册中转场连续 2 年未用于供应港澳活羊的，海关应注销其注册资格，吊销其注册证。

第十条 供港澳活羊中转场如迁址或发生企业名称、企业所有权、企业法人变更时应及时向直属海关申请重新注册或变更手续。

第三章 动物疫病控制与预防

第十一条 注册中转场认可兽医负责中转场的动物卫生防疫和传染病防治工作，协助海关做好注册中转场的检验检疫管理工作。

第十二条 进入注册中转场的活羊须来自非疫区的健康群，并附有产地县级以上动物防疫检疫机构出具的有效检疫证明。

违反前款规定者，海关应注销注册中转场的注册资格。

第十三条 每只进场活羊，须经认可兽医查验证单并实施进场前临床检查，无动物传染病、寄生虫病临床症状，并作体内外寄生虫驱虫处理，加施耳牌后，方可转入中转场饲养。活羊须在中转场至少饲养 2 天。

第十四条 耳牌应加施在每只羊的左耳上。海关总署负责耳牌的监制；注册中转场所在地海关负责耳牌发放与使用监督管理；注册中转场认可兽医负责耳牌的保管与加施，并把耳牌使用情况填入《供港澳活羊检疫耳牌使用情况登记表》。

耳牌规格为 3cm×6cm，上面印有耳牌流水号（均为全国统一号）。耳牌上空白部分由海关在发放耳牌时用专用笔标上注册中转场注册编号。注册编号加耳牌流水号即为每只羊的编号。

第十五条 注册中转场须保持良好的环境卫生，做好日常防疫消毒工作，开展灭鼠、灭蚊蝇和灭吸血昆虫工作。活羊出场后须及时清扫、消毒栏舍、饲槽、运动场。不得在中转场内宰杀病残死羊。进出中转场的人员和车辆须严格消毒。

第十六条 注册中转场应建立传染病申报制度，发现一般传染病应及时报告所在地海关；发现可疑一类传染病或发病率、死亡率较高的动物疾病，应采取紧急防范措施并于 24 小时内报告所在地海关和地方政府兽医防疫机构。

发生一类传染病或炭疽的注册中转场，应停止向港澳供应活羊。在清除所有羊只、进行彻底消毒 21 天后，经再次严格消毒，方可重新用于中转活羊。

第十七条 注册中转场须严格遵守国务院农业行政主管部门的有关规定，不得饲喂或存放任何明文规定禁用的抗菌素、催眠镇静药、驱虫药、兴奋剂、激素类等药物。对国家允许使用的药物，要遵守国家有关药物停用期的规定。

注册中转场须将使用的药物名称、种类、使用时间、剂量、给药方式等填入监管手册。

第十八条 注册中转场使用的饲料应符合有关出口食用动物饲用饲料的规

定。对使用的饲料饲草要详细记录来源、产地和主要成分。

第十九条 供港澳活羊必须使用专用车辆（船舶）进行运输，海关或其认可兽医对供港澳活羊批批进行监装。装运前由启运地海关或其授权的认可兽医监督车辆（船舶）消毒工作。

第二十条 供港澳活羊应以中转场为单位装车（船），不同中转场的羊不得用同一车辆（船舶）运输。运输途中不得与其他动物接触，不得卸离运输工具，并须使用来自本场的饲料饲草。

第二十一条 进入出境口岸中转场的羊必须来自供港澳活羊注册中转场，保持原注册中转场的检疫耳牌，并须附有启运地海关签发的《动物卫生证书》。

第二十二条 装运供港澳活羊的回空火车、汽车、船舶在入境时由货主或承运人负责清理粪便、杂物，洗刷干净，进境口岸海关实施消毒处理并加施消毒合格标志。

第二十三条 出口企业不得从非注册中转场收购供港澳活羊，不得使用非注册中转场转运供港澳活羊。

违反前款规定者，各海关均不得再接受其报检，并依法对其予以处罚。

第四章　检验检疫

第二十四条 出口企业或其代理人应在活羊出场前 2~5 天向当地海关报检。

海关受理报检后，应到注册中转场逐头核对供港澳活羊的数量、耳牌号等，对供港澳活羊实施临床检查，必要时实施实验室检验和药残检测。

第二十五条 经检验检疫合格的供港澳活羊由启运地海关签发《动物卫生证书》。证书有效期，广东省内为 3 天，长江以南其他地区为 6 天，长江以北地区为 7~15 天。

第二十六条 供港澳活羊运抵出境口岸时，货主或代理人须于当日持启运地海关签发的《动物卫生证书》正本向出境口岸海关报检。

如需卸入出境口岸中转场的，须向海关申报，经现场检疫合格方可卸入中转场。来自不同的注册中转场的供港澳活羊须分群饲养。

第二十七条 受理报检后，出境口岸海关根据下列情况，分别处理：

在《动物卫生证书》有效期内抵达出境口岸、不变更运输工具出境的，经审核证单、核对耳牌号并实施临床检查合格后，在《动物卫生证书》上加签实际出口数量，准予出境。

在《动物卫生证书》有效期内抵达出境口岸、变更运输工具出境的，经审核证单、核对耳牌号并实施临床检查合格后，重新签发《动物卫生证书》，并附原证书复印件，准予出境。

经检验检疫不合格的，或无启运地海关签发的《动物卫生证书》或超过《动物卫生证书》有效期、无检疫耳牌的，或伪造、变造检疫证单、耳牌的，不准出境。

第二十八条　出境口岸海关如发现供港澳活羊有重大疫情，应立即上报海关总署，并向当地地方政府兽医防疫机构通报，同时通知相关海关。

第二十九条　出境口岸海关应定期将各省、市、自治区供港澳活羊检验检疫数据和检疫中发现的有关疾病、证单、装载、运输等存在的问题书面通知启运地直属海关。

第五章　监督管理

第三十条　海关对供港澳活羊注册中转场实施检验检疫监督，定期检查供港澳活羊的收购、用药、免疫、消毒、饲料使用和疾病发生情况。监督检查结果分别填入《供港澳活羊中转场监管手册》。注册中转场应按要求如实填写监管手册，并接受海关的监督管理。

第三十一条　海关根据情况可定期或不定期对注册中转场动物药物使用和管理情况进行检查，采集所需样品作药物残留检测。

第三十二条　海关对注册中转场的饲料、饲料添加剂使用情况进行监督，必要时可取样检测病原微生物、农药、兽药或其他有毒有害物质的残留量。

第六章　附　则

第三十三条　"供港澳活羊中转场"是指专门用于将供港澳活羊从饲养单位输往港澳途中暂时存放的场所，包括在启运地的中转场和在出境口岸的中转场。

第三十四条　每一注册中转场使用一个注册编号，编号格式为 XXGYYY。其中 XX 为汉语拼音字母，代表注册中转场所在地的省、直辖市、自治区汉语拼音缩写；G 表示活羊中转场，YYY 是流水号。

按照上述规定，深圳、拱北、宁波、厦门海关辖区的注册中转场的编号格式分别特别规定为 GDGSYY，GDGZYY，ZJGNYY，FJGXYY，YY 为流水号。

第三十五条　违反本办法的规定，依照《中华人民共和国进出境动植物检疫法》及其实施条例予以处罚。

第三十六条　本办法所规定的文书由海关总署另行制定并且发布。

第三十七条　本办法由海关总署负责解释。

第三十八条　本办法自2000年1月1日起施行。

供港澳活牛检验检疫管理办法

(1999年11月24日国家出入境检验检疫局令第4号发布，根据
2018年4月28日海关总署令第238号《海关总署关于修改部分
规章的决定》第一次修正，根据2018年5月29日海关总署令
第240号《海关总署关于修改部分规章的决定》第二次修正)

第一章　总　　则

第一条　为做好供应港澳活牛检验检疫工作，确保供港澳活牛的健康与港
澳市民食用安全，防止动物传染病、寄生虫病的传播，促进畜牧业生产发展和
对港澳贸易，根据《中华人民共和国进出境动植物检疫法》及其实施条例等法
律法规和香港特别行政区政府对供港活牛的检疫要求，制定本办法。

第二条　凡在我国内地从事供港澳活牛育肥、中转、运输、贸易的企业均
应遵守本办法。

第三条　供港澳活牛应检疫病是指：狂犬病、口蹄疫、炭疽、结核病、布
氏杆菌病及其他动物传染病和寄生虫病。

第四条　海关总署统一管理供港澳活牛的检验检疫工作。

直属海关负责各自辖区内供港澳活牛育肥场和中转仓的注册、监督管理和
疫情监测，负责供港澳活牛的启运地检验检疫和出证管理。

出境口岸海关负责供港澳活牛出境前的监督检查和临床检疫；负责供港澳
活牛在出境口岸滞留站或转入中转仓的检疫和监督管理。

第二章　育肥场、中转仓的注册管理

第五条　供港澳活牛育肥场、中转仓须向所在地直属海关申请注册。注册
以育肥场、中转仓为单位，实行一场（仓）一证制度。

只有经注册的育肥场饲养的活牛方可供应港澳地区；只有经注册的中转仓
方可用于供港澳活牛的中转存放。

第六条　申请注册的育肥场须符合下列条件：

（一）具有独立企业法人资格；

（二）在过去 6 个月内育肥场及其周围 10 公里范围内未发生过口蹄疫，场内未发生过炭疽、结核病和布氏杆菌病；

（三）育肥场设计存栏数量及实际存栏量均不得少于 200 头；

（四）建立动物卫生防疫制度、饲养管理制度，并符合《供港澳活牛育肥场动物卫生防疫要求》。

第七条 申请注册的中转仓须符合下列条件：

（一）具有独立企业法人资格。不具备独立企业法人资格者，由其具有独立法人资格的主管部门提出申请；

（二）中转仓过去 21 天内未发生过一类传染病；

（三）中转仓设计存栏数量不得少于 20 头；

（四）建立动物卫生防疫制度、饲养管理制度，并符合《供港澳活牛中转仓动物卫生防疫要求》。

第八条 申请注册的育肥场、中转仓应当填写《供港澳活牛育肥场、中转仓检验检疫注册申请表》，并提供育肥场、中转仓平面图，同时提供重点区域的照片或者视频资料。

第九条 直属海关按照本办法第六条、第七条的条件对申请注册的育肥场、中转仓进行考核。合格者，予以注册，并颁发《供港澳活牛育肥场、中转仓检验检疫注册证》。

注册证自颁发之日起生效，有效期为 5 年。

第十条 直属海关对供港澳活牛注册育肥场、中转仓实施年审制度。

对逾期不申请年审或年审不合格且在限期内不整改或整改不合格的吊销其注册证。

第十一条 注册育肥场、中转仓连续 2 年未供应港澳活牛的，海关应注销其注册资格，吊销其注册证。

第十二条 供港澳活牛育肥场、中转仓如迁址或发生企业名称、企业所有权、企业法人变更时应及时向直属海关申请重新注册或变更手续。

第三章 动物疫病控制与预防

第十三条 进入注册育肥场的活牛须来自非疫区的健康群，并附有产地县级以上动物防疫检疫机构出具的有效检疫证书。进场前，认可兽医须逐头实施临床检查，合格后方可进入进场隔离检疫区。

违反前款规定的，应注销其注册资格。

第十四条 进入隔离检疫区的牛，由认可兽医隔离观察 7 至 10 天。对无动物传染病临床症状并经驱除体内外寄生虫、加施耳牌后，方可转入育肥区饲养。认可兽医对进入育肥区的牛要逐头填写供港澳活牛健康卡，逐头建立牛只档案。

第十五条 耳牌应加施在每头牛的左耳上。海关总署统一负责耳牌的监制；注册育肥场所在地海关负责耳牌发放与使用监督管理；注册育肥场认可兽医负责耳牌的保管与加施，并把耳牌使用情况填入《供港澳活牛检疫耳牌使用情况登记表》。

耳牌规格为 3cm×6cm，上面印有耳牌流水号（均为全国统一号）。耳牌上空白部分由海关在发放耳牌时用专用笔标上注册育肥场注册编号。育肥场注册编号加耳牌流水号即为每头牛的编号。

第十六条 育肥牛在育肥场中至少饲养 60 天（从进场隔离检疫合格之日至进入出场隔离检疫区之日），出场前隔离检疫 7 天，经隔离检疫合格方可供应港澳。

第十七条 注册育肥场、中转仓须保持良好的环境卫生，做好日常防疫消毒工作。要定期清扫、消毒栏舍、饲槽、运动场，开展灭鼠、灭蝇蚊和灭吸血昆虫工作，做好废弃物和废水的无害化处理。不得在生产区内宰杀病残死牛。进出育肥场、中转仓的人员和车辆须严格消毒。

第十八条 注册育肥场须按规定做好动物传染病的免疫接种，并做好记录，包括免疫接种日期、疫苗种类、免疫方式、剂量、负责接种人姓名等。

第十九条 注册育肥场、中转仓应建立疫情申报制度。发现一般传染病应及时报告所在地海关；发现可疑一类传染病或发病率、死亡率较高的动物疾病，应采取紧急防范措施并于 24 小时内报告所在地海关和地方政府兽医防疫机构。

注册育肥场发生一类传染病的，应停止向港澳供应活牛，在最后一头病牛扑杀 6 个月后，经严格消毒处理，方可重新恢复其向港澳供应活牛。注册中转仓发生一类传染病的，在中转仓内的所有牛只禁止供应港澳，在清除所有牛只、彻底消毒 21 天后，经再次严格消毒，方可重新用于中转活牛。

第二十条 注册育肥场、中转仓须严格遵守国务院农业行政主管部门的有关规定，不得饲喂或存放任何明文规定禁用的抗菌素、催眠镇静药、驱虫药、兴奋剂、激素类等药物。对国家允许使用的药物，要遵守国家有关药物停用期的规定。

注册育肥场、中转仓须将使用的药物名称、种类、使用时间、剂量、给药方式等填入监管手册。

第二十一条 经海关培训、考核、认可的兽医负责注册育肥场、中转仓的日常动物卫生防疫工作，协助海关做好注册育肥场、中转仓的检验检疫管理工作。

第二十二条 注册育肥场、中转仓使用的饲料应符合有关出口食用动物饲用饲料的规定。对使用的饲料要详细记录来源、产地和主要成分。

第二十三条 供港澳活牛必须使用专用车辆（船舶）进行运输，海关或其认可兽医对供港澳活牛批批进行监装，装运前由启运地海关或其授权的认可兽医监督车辆消毒工作。

第二十四条 供港澳活牛应以注册育肥场为单位装车（船），不同育肥场的牛不得用同一车辆（船舶）运输。运输途中不得与其他动物接触，不得卸离运输工具，并须使用来自本场的饲料饲草。

第二十五条 供港澳活牛由启运地到出境口岸运输途中，需由押运员押运。

押运员须做好供港澳活牛运输途中的饲养管理和防疫消毒工作，不得串车，不得沿途出售或随意抛弃病、残、死牛及饲料、粪便、垫料等物，并做好押运记录。

供港澳活牛抵达出境口岸后，押运员须向出境口岸海关提交押运记录，押运途中所带物品和用具须在海关监督下进行熏蒸消毒处理。

第二十六条 进入中转仓的牛必须来自供港澳活牛注册育肥场，保持原注册育肥场的检疫耳牌，并须附有启运地海关签发的《动物卫生证书》。

第二十七条 装运供港澳活牛的回空火车、汽车、船舶在入境时由货主或承运人负责清理粪便、杂物，洗刷干净，进境口岸海关实施消毒处理并加施消毒合格标志。

第二十八条 出口企业不得从非注册育肥场收购供港澳活牛，不得使用非注册中转仓转运供港澳活牛。

违反前款规定的，各海关均不得再接受其报检，并依法对其予以处罚。

第二十九条 出口企业应将供港澳活牛的计划、配额与供港澳活牛出口运输途中发现异常情况及时报告启运地和出境口岸海关。

第四章　检验检疫

第三十条 出口企业在供港澳活牛出场前7~10天向启运地海关报检，并提供供港澳活牛的耳牌号和活牛所处育肥场隔离检疫栏舍号。

受理报检后，启运地海关应到注册育肥场逐头核对牛的数量、耳牌号等，对供港澳活牛实施临床检查，必要时实施实验室检验。

第三十一条 经检验检疫合格的供港澳活牛由启运地海关签发《动物卫生

证书》。证书有效期，广东省内为3天，长江以南其他地区为6天，长江以北地区为7~15天。

第三十二条 供港澳活牛运抵出境口岸时，出口企业或其代理人须于当日持启运地海关签发的《动物卫生证书》正本向出境口岸海关报检。

如需卸入出境口岸中转仓的，须向海关申报，经现场检疫合格方可卸入中转仓。来自不同的注册育肥场的活牛须分群栓养。来自不同省、市、区的活牛不得同仓饲养。

第三十三条 受理报检后，出境口岸海关根据下列情况分别处理：

在《动物卫生证书》有效期内抵达出境口岸、不变更运输工具出境的，经审核证单、核对耳牌号并实施临床检查合格后，在《动物卫生证书》上加签实际出口数量，准予出境。

在《动物卫生证书》有效期内抵达出境口岸、变更运输工具出境的，经审核证单、核对耳牌号并实施临床检查合格后，重新签发《动物卫生证书》，并附原证书复印件，准予出境。

经检验检疫不合格的，或无启运地海关签发的《动物卫生证书》或超过《动物卫生证书》有效期的、无检疫耳牌的，或伪造、变造检疫证单、耳牌的，不准出境。

第三十四条 出境口岸海关如发现供港澳活牛有重大疫情，应立即上报海关总署，并向当地地方政府兽医防疫机构通报，同时通知相关海关。

第三十五条 出境口岸海关每月5日前应将上月各省、市、自治区供港澳活牛检验检疫数据和检疫中发现的有关疾病、证单、装载、运输等存在的问题书面通知启运地海关。

第五章　监督管理

第三十六条 海关对供港澳活牛注册育肥场、中转仓实施检验检疫监督，定期检查供港澳活牛的收购、用药、免疫、消毒、饲料使用和疾病发生情况。监督检查结果分别填入《供港澳活牛育肥场监管手册》和《供港澳活牛中转仓监管手册》。注册育肥场、中转仓应按要求如实填写监管手册，并接受海关的监督管理。

第三十七条 海关对供港澳活牛注册育肥场、中转仓实施疫情监测，并指导免疫接种和传染病防治。

第三十八条 海关根据情况可定期或不定期对注册育肥场、中转仓动物药物使用和管理情况进行检查，采集所需样品作药物残留检测。

第三十九条 海关对注册育肥场、中转仓的饲料、饲料添加剂使用情况进行监督，必要时可取样检测饲料中病原微生物、农药、兽药或其他有毒有害物质的残留量。

第六章 附 则

第四十条 "供港澳活牛育肥场"是指将架子牛育肥成符合港澳市场质量要求的活牛的饲养场。

"供港澳活牛中转仓"是指专门用于将供港澳活牛从注册育肥场输往港澳途中暂时存放的场所，包括在启运地的中转仓和在出境口岸的中转仓。

第四十一条 每一注册育肥场、中转仓使用一个注册编号，编号格式为XX-FYYY或XXTYYY。其中XX为汉语拼音字母，代表注册育肥场、中转仓所在地的省、直辖市、自治区汉语拼音缩写；F表示育肥场，T表示中转仓，YYY是流水号。

按照上述规定，深圳、拱北、宁波、厦门海关辖区的注册育肥场、中转仓的编号格式分别特别规定为GDFSYY、GDTSYY；GDFZYY、GDTZYY；ZJFNYY、ZJTNYY；FJFXYY、FJTXYY，YY为流水号。

第四十二条 违反本办法规定，依照《中华人民共和国进出境动植物检疫法》及其实施条例予以处罚。

第四十三条 本办法所规定的文书由海关总署另行制定并且发布。

第四十四条 本管理办法由海关总署负责解释。

第四十五条 本办法自2000年1月1日起施行。

进境植物繁殖材料检疫管理办法

(1999 年 12 月 9 日国家出入境检验检疫局令第 10 号发布，根据 2018 年 4 月 28 日海关总署令第 238 号《海关总署关于修改部分规章的决定》第一次修正，根据 2018 年 5 月 29 日海关总署令第 240 号《海关总署关于修改部分规章的决定》第二次修正)

第一章 总 则

第一条 为防止植物危险性有害生物随进境植物繁殖材料传入我国，保护我国农林生产安全，根据《中华人民共和国进出境动植物检疫法》及其实施条例等有关法律、法规的规定，制定本办法。

第二条 本办法适用于通过各种方式进境的贸易性和非贸易性植物繁殖材料（包括贸易、生产、来料加工、代繁、科研、交换、展览、援助、赠送以及享有外交、领事特权与豁免权的外国机构和人员公用或自用的进境植物繁殖材料）的检疫管理。

第三条 海关总署统一管理全国进境植物繁殖材料的检疫工作，主管海关负责所辖地区的进境繁殖材料的检疫和监督管理工作。

第四条 本办法所称植物繁殖材料是植物种子、种苗及其他繁殖材料的统称，指栽培、野生的可供繁殖的植物全株或者部分，如植株、苗木（含试管苗）、果实、种子、砧木、接穗、插条、叶片、芽体、块根、块茎、鳞茎、球茎、花粉、细胞培养材料（含转基因植物）等。

第五条 对进境植物繁殖材料的检疫管理以有害生物风险评估为基础，按检疫风险高低实行风险分级管理。

各类进境植物繁殖材料的风险评估由海关总署负责并公布其结果。

第二章 检疫审批

第六条 输入植物繁殖材料的，必须事先办理检疫审批手续，并在贸易合同中列明检疫审批提出的检疫要求。进境植物繁殖材料的检疫审批根据以下不同情况分别由相应部门负责：

（一）因科学研究、教学等特殊原因，需从国外引进禁止进境的植物繁殖材料的，引种单位、个人或其代理人须按照有关规定向海关总署申请办理特许检疫审批手续。

（二）引进非禁止进境的植物繁殖材料的，引种单位、个人或其代理人须按照有关规定向国务院农业或林业行政主管部门及各省、自治区、直辖市农业（林业）厅（局）申请办理国外引种检疫审批手续。

（三）携带或邮寄植物繁殖材料进境的，因特殊原因无法事先办理检疫审批手续的，携带人或邮寄人应当向入境口岸所在地直属海关申请补办检疫审批手续。

（四）因特殊原因引进带有土壤或生长介质的植物繁殖材料的，引种单位、个人或其代理人须向海关总署申请办理输入土壤和生长介质的特许检疫审批手续。

第七条　海关总署在办理特许检疫审批手续时，将根据审批物原产地的植物疫情、入境后的用途、使用方式，提出检疫要求，并指定入境口岸。入境口岸或该审批物隔离检疫所在地的直属海关对存放、使用或隔离检疫场所的防疫措施和条件进行核查，并根据有关检疫要求进行检疫。

第八条　引种单位、个人或者其代理人应当在植物繁殖材料进境前取得《进境动植物检疫许可证》或者《引进种子、苗木检疫审批单》，并在进境前10~15日向入境口岸直属海关办理备案手续。

对不符合有关规定的检疫审批单，直属海关可拒绝办理备案手续。

第三章　进境检疫

第九条　海关总署根据需要，对向我国输出植物繁殖材料的国外植物繁殖材料种植场（圃）进行检疫注册登记，必要时商输出国（或地区）官方植物检疫部门同意后，可派检疫人员进行产地疫情考察和预检。

第十条　引种单位、个人或者其代理人在《进境动植物检疫许可证》或者《引进种子、苗木检疫审批单》核查备案后，应当在植物繁殖材料进境前7日凭输出国家（或地区）官方植物检疫部门出具的植物检疫证书、产地证书、贸易合同、发票以及其他必要的单证向指定的海关报检。

受引种单位委托引种的，报检时还需提供有关的委托协议。

第十一条　植物繁殖材料到达入境口岸时，检疫人员要核对货证是否相符，按品种、数（重）量、产地办理核销手续。

第十二条　对进境植物繁殖材料的检疫，必须严格按照有关国家标准、行业标准以及相关规定实施。

第十三条　进境植物繁殖材料经检疫后，根据检疫结果分别作如下处理：

（一）属于低风险的，经检疫未发现危险性有害生物，限定的非检疫性有害生物未超过有关规定的，给予放行；检疫发现危险性有害生物，或限定的非检疫性有害生物超过有关规定的，经有效的检疫处理后，给予放行；未经有效处理的，不准入境。

（二）属于高、中风险的，经检疫未发现检疫性有害生物，限定的非检疫性有害生物未超过有关规定的，运往指定的隔离检疫圃隔离检疫；经检疫发现检疫性有害生物，或限定的非检疫性有害生物超过有关规定，经有效的检疫处理后，运往指定的隔离检疫圃隔离检疫；未经有效处理的，不准入境。

第四章　隔离检疫

第十四条　所有高、中风险的进境植物繁殖材料必须在海关指定的隔离检疫圃进行隔离检疫。

海关凭指定隔离检疫圃出具的同意接收函和隔离检疫方案办理调离检疫手续，并对有关植物繁殖材料进入隔离检疫圃实施监管。

第十五条　需调离入境口岸所在地直属海关辖区进行隔离检疫的进境繁殖材料，入境口岸海关凭隔离检疫所在地直属海关出具的同意调入函予以调离。

第十六条　进境植物繁殖材料的隔离检疫圃按照设施条件和技术水平等分为国家隔离检疫圃、专业隔离检疫圃和地方隔离检疫圃。海关对隔离检疫圃的检疫管理按照"进境植物繁殖材料隔离检疫圃管理办法"执行。

第十七条　高风险的进境植物繁殖材料必须在国家隔离检疫圃隔离检疫。

因承担科研、教学等需要引进高风险的进境植物繁殖材料，经报海关总署批准后，可在专业隔离检疫圃实施隔离检疫。

第十八条　海关对进境植物繁殖材料的隔离检疫实施检疫监督。未经海关同意，任何单位或个人不得擅自调离、处理或使用进境植物繁殖材料。

第十九条　隔离检疫圃负责对进境隔离检疫圃植物繁殖材料的日常管理和疫情记录，发现重要疫情应及时报告所在地海关。

第二十条　隔离检疫结束后，隔离检疫圃负责出具隔离检疫结果和有关检疫报告。隔离检疫圃所在地海关负责审核有关结果和报告，结合进境检疫结果做出相应处理，并出具相关单证。

在地方隔离检疫圃隔离检疫的，由负责检疫的海关出具隔离检疫结果和报告。

第五章　检疫监督

第二十一条　海关对进境植物繁殖材料的运输、加工、存放和隔离检疫等过程，实施检疫监督管理。承担进境植物繁殖材料运输、加工、存放和隔离检疫的单位，必须严格按照海关的检疫要求，落实防疫措施。

第二十二条　引种单位或代理进口单位须向所在地海关办理登记备案手续；隔离检疫圃须经海关考核认可。

第二十三条　进境植物繁殖材料到达入境口岸后，未经海关许可不得卸离运输工具。因口岸条件限制等原因，经海关批准，可以运往指定地点检疫、处理。在运输装卸过程中，引种单位、个人或者其代理人应当采取有效防疫措施。

第二十四条　供展览用的进境植物繁殖材料，在展览期间，必须接受所在地海关的检疫监管，未经其同意，不得改作他用。展览结束后，所有进境植物繁殖材料须作销毁或退回处理，如因特殊原因，需改变用途的，按正常进境的检疫规定办理。展览遗弃的植物繁殖材料、生长介质或包装材料在海关监督下进行无害化处理。

第二十五条　对进入保税区（含保税工厂、保税仓库等）的进境植物繁殖材料须外包装完好，并接受海关的监管。需离开保税区在国内作繁殖用途的，按本办法规定办理。

第二十六条　海关根据需要应定期对境内的进境植物繁殖材料主要种植地进行疫情调查和监测，发现疫情要及时上报。

第六章　附　则

第二十七条　对违反本办法的单位和个人，依照《中华人民共和国进出境动植物检疫法》及其实施条例予以处罚。

第二十八条　本办法由海关总署负责解释。

第二十九条　本办法自 2000 年 1 月 1 日起施行。

供港澳活禽检验检疫管理办法

（2000年11月14日国家出入境检验检疫局令第26号发布，根据2018年4月28日海关总署令第238号《海关总署关于修改部分规章的决定》第一次修正，根据2018年5月29日海关总署令第240号《海关总署关于修改部分规章的决定》第二次修正）

第一章　总　则

第一条　为做好供港澳活禽检验检疫工作，防止动物传染病、寄生虫病传播，确保供港澳活禽卫生和食用安全，根据《中华人民共和国进出境动植物检疫法》及其实施条例以及相关法律法规的规定，制定本办法。

第二条　本办法所称的供港澳活禽是指由内地供应香港、澳门特别行政区用于屠宰食用的鸡、鸭、鹅、鸽、鹌鹑、鹧鸪和其他饲养的禽类。

第三条　海关总署统一管理全国供港澳活禽的检验检疫工作和监督管理工作。

海关总署设在各地的直属海关负责各自辖区内的供港澳活禽饲养场的注册、疫情监测、启运地检验检疫和出证及监督管理工作。

出境口岸海关负责供港澳活禽出境前的临床检查或复检和回空车辆及笼具的卫生状况监督工作。

第四条　海关对供港澳活禽实行注册登记和监督管理制度。

第五条　我国内地从事供港澳活禽生产、运输、存放的企业，应当遵守本办法。

第二章　注册登记

第六条　供港澳活禽饲养场须向所在地直属海关申请检验检疫注册。注册以饲养场为单位，实行一场一证制度。每一注册饲养场使用一个注册编号。

未经注册的饲养场饲养的活禽不得供港澳。

第七条　申请注册的活禽饲养场必须符合下列条件：

（一）存栏3万只以上；

（二）建立饲养场动物防疫制度、饲养管理制度或者全面质量保证（管理）

体系，并符合供港澳活禽饲养场动物卫生基本要求。

第八条　申请注册的活禽饲养场应当填写《供港澳活禽检验检疫注册申请表》，同时提供饲养场平面图，并提供重点区域的照片或者视频资料。

第九条　直属海关按照本办法第七条、第八条的规定对饲养场提供的材料进行审核和实地考核、采样检测。合格的，予以注册，并颁发《中华人民共和国出入境检验检疫出境动物养殖企业注册证》（以下简称《注册证》）；不合格的，不予注册。

第十条　注册证自颁发之日起生效，有效期5年。有效期满后继续生产供港澳活禽的饲养场，须在期满前6个月按照本办法规定，重新提出申请。

第十一条　直属海关对供港澳活禽注册饲养场实行年审制度。

对逾期不申请年审，或年审不合格且在限期内整改不合格的，海关注销其注册登记，吊销其《注册证》。

第十二条　供港澳活禽注册饲养场因场址、企业所有权、企业法人变更时，应及时向直属海关申请重新注册或办理变更手续。

第三章　监督管理

第十三条　注册饲养场应有海关备案的兽医负责饲养场活禽的防疫和疾病控制的管理，负责填写《供港澳活禽注册饲养场管理手册》（以下简称《管理手册》），配合海关做好检验检疫工作，并接受海关的监督管理。

第十四条　水禽、其他禽类、猪不得在同一注册饲养场内饲养。

第十五条　实行自繁自养的注册饲养场，其种禽的卫生管理水平不能低于本场其他禽群的卫生管理水平。

非自繁自养的注册饲养场引进的幼雏必须来自非疫区并经隔离检疫合格后，方可转入育雏舍饲养。

第十六条　注册饲养场须保持良好的环境卫生，切实做好日常防疫消毒工作，定期消毒饲养场地、笼具和其他饲养用具，定期灭鼠、灭蚊蝇。进出注册场的人员和车辆必须严格消毒。

第十七条　注册饲养场的免疫程序必须报海关备案，并须严格按规定的程序进行免疫，免疫接种情况填入《管理手册》。

严禁使用国家禁止使用的疫苗。

第十八条　注册饲养场应建立疫情报告制度。发生疫情或疑似疫情时，必须及时采取紧急防疫措施，并于12小时内向所在地海关报告。

第十九条　主管海关定期对供港澳活禽饲养场实施疫情监测。发现重大疫情时，须立即采取紧急防疫措施，于12小时内向海关总署报告。

第二十条　海关对注册饲养场实行监督管理制度，定期或不定期检查供港澳活禽注册场动物卫生防疫制度的落实、动物卫生状况、饲料和药物的使用、兽医的工作等情况。

第二十一条　注册饲养场不得饲喂或存放国家禁止使用的药物和动物促生长剂。

对国家允许使用的药物和动物促生长剂，要遵守国家有关药物使用规定，特别是停药期的规定，并须将使用药物和动物促生长剂的名称、种类、使用时间、剂量、给药方式等填入《管理手册》。

违反本条规定的，海关注销其注册登记，吊销其注册证。

第二十二条　供港澳活禽所用的饲料和饲料添加剂须符合海关总署关于出口食用动物饲用饲料的有关管理规定。

第二十三条　海关根据需要可采集动物、动物组织、饲料、药物等样品，进行动物病原、有毒有害物质检测和品质、规格鉴定。

第二十四条　供港澳活禽须用专用运输工具和笼具载运，专用运输工具须适于装载活禽，护栏牢固，便于清洗消毒，并能满足加施检验检疫封识的需要。

第二十五条　注册饲养场在供港澳活禽装运前，应对运输工具、笼具进行清洗消毒。

第二十六条　同一运输工具不得同时装运来自不同注册场的活禽。运输途中不得与其他动物接触，不得擅自卸离运输工具。

第二十七条　出口企业应遵守检验检疫的规定，配合海关做好供港澳活禽的检验检疫工作，接受海关的监督指导。

第二十八条　供港澳活禽由来自香港、澳门车辆在出境口岸接驳出境的，须在出境口岸海关指定的场地进行。接驳车辆和笼具须清洗干净，并在出境口岸海关监督下作消毒处理。

第二十九条　装运供港澳活禽的回空车辆、船舶和笼具入境时应在指定的地点清洗干净，并在口岸海关的监督下实施防疫消毒处理。

第四章　检验检疫

第三十条　每批活禽供港澳前须隔离检疫5天。出口企业须在活禽供港澳5天前向启运地海关报检。

第三十一条　海关受理报检后，对供港澳活禽实施临床检查，按照供港澳活禽数量的0.5%抽取样品进行禽流感（H5）实验室检验（血凝抑制试验），每批最低采样量不得少于 13 只，不足 13 只全部采样。经检验检疫合格的，准予供应港澳。不合格的，不得供应港澳。

第三十二条 出口企业须在供港澳活禽装运前 24 小时，将装运活禽的具体时间和地点通知启运地海关。

第三十三条 海关对供港澳活禽实行监装制度。

发运监装时，须确认供港澳活禽来自注册饲养场并经隔离检疫和实验室检验合格的禽群，临床检查无任何传染病、寄生虫病症状和其他伤残情况，运输工具及笼具经消毒处理，符合动物卫生要求，同时核定供港澳活禽数量，对运输工具加施检验检疫封识。

检验检疫封识编号应在《动物卫生证书》中注明。

第三十四条 经启运地海关检验检疫合格的供港澳活禽由海关总署备案的授权签证兽医官签发《动物卫生证书》。

《动物卫生证书》的有效期为 3 天。

第三十五条 供港澳活禽运抵出境口岸时，出口企业或其代理人须持启运地海关出具的《动物卫生证书》向出境口岸海关申报。

第三十六条 出境口岸海关受理申报后，根据下列情况分别进行处理：

（一）在《动物卫生证书》有效期内抵达出境口岸的，出境口岸海关审核确认单证和封识并实施临床检查合格后，在《动物卫生证书》上加签实际出境数量，必要时重新加施封识，准予出境；

（二）经检验检疫不合格的、无启运地海关签发的有效《动物卫生证书》的、无检验检疫封识或封识损毁的，不得出境。

第五章　附　则

第三十七条 对违反本办法规定的，海关依照有关法律法规予以处罚。

第三十八条 本办法所规定的文书由海关总署另行制定并且发布。

第三十九条 本办法由海关总署负责解释。

第四十条 本办法自 2000 年 1 月 1 日起施行。

供港澳活猪检验检疫管理办法

（2000年11月14日国家出入境检验检疫局令第27号发布，根据2018年4月28日海关总署令第238号《海关总署关于修改部分规章的决定》第一次修正，根据2018年5月29日海关总署令第240号《海关总署关于修改部分规章的决定》第二次修正)

第一章 总 则

第一条 为做好供港澳活猪检验检疫工作，防止动物传染病、寄生虫病传播，确保供港澳活猪卫生和食用安全，根据《中华人民共和国进出境动植物检疫法》及其实施条例以及相关法律法规的规定，制定本办法。

第二条 本办法所称供港澳活猪是指内地供应香港、澳门特别行政区用于屠宰食用的大猪、中猪和乳猪。

第三条 海关总署统一管理全国供港澳活猪的检验检疫和监督管理工作。

直属海关负责各自辖区内供港澳活猪饲养场的注册、启运地检验检疫和出证及检验检疫监督管理。

出境口岸海关负责供港澳活猪抵达出境口岸的监督管理、临床检查或复检工作。

第四条 海关对供港澳活猪实行注册登记和监督管理制度。

第五条 供港澳活猪的检疫项目包括猪瘟、猪丹毒、猪肺疫、猪水泡病、口蹄疫、狂犬病、日本脑炎和其他动物传染病、寄生虫病，以及乙类促效剂。

第六条 我国内地从事供港澳活猪生产、运输、存放的企业，应当遵守本办法。

第二章 注册登记

第七条 供港澳活猪的饲养场须向所在地直属海关申请检验检疫注册。注册以饲养场为单位，实行一场一证制度，每一个注册场使用一个注册编号。

未经注册的饲养场饲养的活猪不得供港澳。

第八条 申请注册的饲养场应当填写《供港澳活猪饲养场检验检疫注册申请表》，同时提供饲养场平面图，并提供重点区域的照片或者视频资料。

第九条　申请注册的饲养场应当建立饲养场饲养管理制度以及动物卫生防疫制度，并符合《供港澳活猪注册饲养场的条件和动物卫生基本要求》。

第十条　直属海关按照本办法第八条、第九条的规定对申请注册的饲养场提供的资料进行审核，实地考核，采样检验。合格的，予以注册，并颁发《中华人民共和国出入境检验检疫出境动物养殖企业注册证》（以下简称注册证）；不合格的，不予注册。

注册证自颁发之日起生效，有效期 5 年。有效期满后继续生产供港澳活猪的饲养场，须在期满前 6 个月按照本办法规定，重新提出申请。

第十一条　直属海关对供港澳活猪注册饲养场（以下简称注册饲养场）实行年审制度。

对逾期不申请年审，或年审不合格且在限期内整改不合格的，取消其注册资格，吊销其注册证。

第十二条　注册饲养场场址、企业所有权、名称、法定代表人变更时，应向直属海关申请办理变更手续；需要改扩建的，应事先征得直属海关的同意。

第三章　监督管理

第十三条　海关对注册饲养场实行监督管理制度，定期或不定期检查注册饲养场的动物卫生防疫制度的落实情况、动物卫生状况、饲料及药物的使用等。

海关对注册饲养场实行分类管理。

第十四条　注册饲养场应有经海关备案的兽医负责注册饲养场的日常动物卫生和防疫管理，并填写《供港澳活猪注册饲养场管理手册》，配合海关做好注册饲养场的检验检疫工作，并接受海关的监督管理。

第十五条　注册饲养场工作人员应身体健康并定期体检。严禁患有人畜共患病的人员在注册饲养场工作。

第十六条　注册饲养场必须严格执行自繁自养的规定。引进的种猪，须来自非疫区的健康群；种猪入场前，经注册饲养场兽医逐头临床检查，并经隔离检疫合格后，方可转入生产区种猪舍。

第十七条　注册饲养场须保持良好的环境卫生，做好日常防疫消毒工作，定期灭鼠、灭蚊蝇，消毒圈舍、场地、饲槽及其他用具；进出注册饲养场的人员和车辆必须严格消毒。

第十八条　注册饲养场的免疫程序须报海关备案，并按照规定的程序免疫。免疫接种情况填入《供港澳活猪注册饲养场管理手册》。

第十九条　注册饲养场不得使用或存放国家禁止使用的药物和动物促生长

剂。对国家允许使用的药物和动物促生长剂，要按照国家有关使用规定，特别是停药期的规定使用，并须将使用情况填入《供港澳活猪注册饲养场管理手册》。

违反本条规定的，取消其注册资格，吊销注册证。

第二十条　供港澳活猪的饲料和饲料添加剂须符合《出口食用动物饲用饲料检验检疫管理办法》的规定。

第二十一条　注册饲养场应建立疫情报告制度。发生疫情或疑似疫情时，必须采取紧急防疫措施，并于12小时之内向所在地海关报告。

第二十二条　海关对注册饲养场实施疫情监测和残留监测制度。

第二十三条　海关根据需要可采集动物组织、饲料、药物或其他样品，进行动物病原体、药物或有毒有害物质的检测和品质鉴定。

第二十四条　注册饲养场发生严重动物传染病的，立即停止其活猪供应港澳。

海关检测发现采集样品中含有国家严禁使用药物残留的，应暂停注册饲养场的活猪供应港澳，并查明原因。

第二十五条　出口企业应遵守检验检疫规定，配合海关做好供港澳活猪的检验检疫工作，并接受海关的监督管理。

严禁非注册饲养场活猪供港澳。对违反规定的出口企业，海关停止接受其报检；对违反规定的注册饲养场，海关取消其注册资格，吊销其注册证。

第二十六条　进入发运站的供港澳活猪必须来自注册饲养场，并有清晰可辨的检验检疫标志——针印，针印加施在活猪两侧臀部。针印和印油的使用管理遵照海关总署的有关规定。

不同注册场的活猪须分舍停放。

供港澳活猪发运站应符合检验检疫要求，动物发运前后，须对站台、场地、圈舍、运输工具、用具等进行有效消毒。发运站发生重大动物疫情时，暂停使用，经彻底消毒处理后，方可恢复使用。

第二十七条　供港澳活猪的运输必须由海关培训考核合格的押运员负责押运。

押运员须做好运输途中的饲养管理和防疫消毒工作，不得串车，不准沿途抛弃或出售病、残、死猪及饲料、粪便、垫料等物，并做好押运记录。运输途中发现重大疫情时应立即向启运地海关报告，同时采取必要的防疫措施。

供港澳活猪抵达出境口岸时，押运员须向出境口岸海关提交押运记录，途中所带物品和用具须在海关监督下进行有效消毒处理。

第二十八条 来自不同注册饲养场的活猪不得混装，运输途中不得与其他动物接触，不得卸离运输工具。

第二十九条 装运供港澳活猪的回空车辆（船舶）等入境时应在指定的地点清洗干净，并在口岸海关的监督下作防疫消毒处理。

第四章 检验检疫

第三十条 出口企业应在供港澳活猪出场 7 天前向启运地海关申报出口计划。

第三十一条 启运地海关根据出口企业的申报计划，按规定和要求对供港澳活猪实施隔离检疫，并采集样品进行规定项目的检测。检测合格的，监督加施检验检疫标志，准予供港澳；不合格的，不予出运。

第三十二条 出口企业应在活猪启运 48 小时前向启运地海关报检。

第三十三条 海关对供港澳活猪实行监装制度。监装时，须确认供港澳活猪来自海关注册的饲养场并经隔离检疫合格的猪群；临床检查无任何传染病、寄生虫病症状和伤残情况；运输工具及装载器具经消毒处理，符合动物卫生要求；核定供港澳活猪数量，检查检验检疫标志加施情况等。

第三十四条 经启运地海关检验检疫合格的供港澳活猪，由海关总署授权的兽医官签发《动物卫生证书》，证书有效期为 14 天。

第三十五条 供港澳活猪运抵出境口岸时，出口企业或其代理人须持启运地海关出具的《动物卫生证书》等单证向出境口岸海关申报。

第三十六条 出境口岸海关接受申报后，根据下列情况分别处理：

（一）在《动物卫生证书》有效期内抵达出境口岸、不变更运输工具或汽车接驳运输出境的，经审核单证和检验检疫标志并实施临床检查合格后，在《动物卫生证书》上加签出境实际数量、运输工具牌号、日期和兽医官姓名，加盖检验检疫专用章，准予出境。

（二）在《动物卫生证书》有效期内抵达出境口岸、更换运输工具出境的，经审核单证和检验检疫标志并实施临床检查合格后，重新签发《动物卫生证书》，并附原证书复印件，准予出境。

（三）经检验检疫不合格的，无启运地海关出具的有效《动物卫生证书》，无有效检验检疫标志的供港澳活猪，不得出境。

第三十七条 供港澳活猪由香港、澳门的车辆在出境口岸接驳出境的，须在出境口岸海关指定的场地进行。接驳车辆须清洗干净，并在出境口岸海关监督下作防疫消毒处理。

第三十八条 需在出境口岸留站、留仓的供港澳活猪，出口企业或其代理人须向出境口岸海关申报，经海关现场检疫合格的方可停留或卸入专用仓。

出境口岸海关负责留站、留仓期间供港澳活猪的检验检疫和监督管理。

第五章 附 则

第三十九条 海关对违反本办法规定的企业或个人，依照有关法律法规予以处罚。

第四十条 本办法所规定的文书由海关总署另行制定并且发布。

第四十一条 本办法由海关总署负责解释。

第四十二条 本办法自2000年1月1日起施行。

进口涂料检验监督管理办法

（2002年4月19日国家质检总局令第18号公布，根据2018年4月28日海关总署令第238号《海关总署关于修改部分规章的决定》第一次修正，根据2018年5月29日海关总署令第240号《海关总署关于修改部分规章的决定》第二次修正）

第一章 总 则

第一条 为了保护我国人民居住环境，保障人体健康，根据《中华人民共和国进出口商品检验法》及其实施条例、《中华人民共和国货物进出口管理条例》的有关规定，制定本办法。

第二条 本办法所称涂料是指《商品名称及编码协调制度》中编码为3208项下和3209项下的商品。

第三条 海关总署主管全国进口涂料的检验监管工作。主管海关负责对进口涂料实施检验。

第四条 国家对进口涂料实行登记备案和专项检测制度。

第五条 海关总署指定涂料专项检测实验室（以下简称专项检测实验室）和进口涂料备案机构（以下简称备案机构）。

专项检测实验室根据技术法规的要求，负责进口涂料的强制性控制项目的专项检测工作，出具进口涂料专项检测报告。

备案机构负责受理进口涂料备案申请，确认专项检测结果等事宜。

第二章　登记备案

第六条　进口涂料的生产商、进口商或者进口代理商（以下称备案申请人）根据需要，可以向备案机构申请进口涂料备案。

第七条　备案申请应当在涂料进口至少 2 个月前向备案机构提出，同时备案申请人应当提交以下资料：

（一）《进口涂料备案申请表》；

（二）进口涂料生产商对其产品中有害物质含量符合中华人民共和国国家技术规范要求的声明；

（三）关于进口涂料产品的基本组成成分、品牌、型号、产地、外观、标签及标记、分装厂商和地点、分装产品标签等有关材料（以中文文本为准）。

第八条　备案机构接到备案申请后，对备案申请人的资格及提供的材料进行审核，在 5 个工作日内，向备案申请人签发《进口涂料备案申请受理情况通知书》。

第九条　备案申请人收到《进口涂料备案申请受理情况通知书》后，受理申请的，由备案申请人将被检样品送指定的专项检测实验室，备案申请人提供的样品应当与实际进口涂料一致，样品数量应当满足专项检测和留样需要；未受理申请的，可按照《进口涂料备案申请受理情况通知书》的要求进行补充和整改后，可重新提出申请。

第十条　专项检测实验室应当在接到样品 15 个工作日内，完成对样品的专项检测及进口涂料专项检测报告，并将报告提交备案机构。

第十一条　备案机构应当在收到进口涂料专项检测报告 3 个工作日内，根据有关规定及专项检测报告进行审核，经审核合格的签发《进口涂料备案书》；经审核不合格的，书面通知备案申请人。

第十二条　《进口涂料备案书》有效期为 2 年。当有重大事项发生，可能影响涂料性能时，应当对进口涂料重新申请备案。

第十三条　有下列情形之一的，由备案机构吊销《进口涂料备案书》，并且在半年内停止其备案申请资格：

（一）涂改、伪造《进口涂料备案书》；

（二）经海关检验，累计两次发现报检商品与备案商品严重不符；

（三）经海关抽查检验，累计 3 次不合格的。

第十四条　备案机构定期将备案情况报告海关总署。海关总署通过网站

（http：//www. customs. gov. cn）等公开媒体公布进口涂料备案机构、专项检测实验室、已备案涂料等信息。

第三章　进口检验

第十五条　对已经备案的涂料，海关接受报检后，按照以下规定实施检验：

（一）核查《进口涂料备案书》的符合性。核查内容包括品名、品牌、型号、生产厂商、产地、标签等。

（二）专项检测项目的抽查。同一品牌涂料的年度抽查比例不少于进口批次的10%，每个批次抽查不少于进口规格型号种类的10%，所抽取样品送专项检测实验室进行专项检测。

第十六条　对未经备案的进口涂料，海关接受报检后，按照有关规定抽取样品，并由报检人将样品送专项检测实验室检测，海关根据专项检测报告进行符合性核查。

第十七条　按照第十五条及第十六条规定检验合格的进口涂料，海关签发入境货物检验检疫证明。

第十八条　按照第十五条及第十六条规定检验不合格的进口涂料，主管海关出具检验检疫证书，并报海关总署。对专项检测不合格的进口涂料，收货人须将其退运出境或者按照有关部门要求妥善处理。

第四章　附　则

第十九条　本办法所规定的文书由海关总署另行制定并且发布。

第二十条　本办法由海关总署负责解释。

第二十一条　本办法自 2002 年 5 月 20 日起施行。

进出口商品免验办法

(2002 年 7 月 24 日国家质检总局令第 23 号公布，根据 2018 年 4 月
28 日海关总署令第 238 号《海关总署关于修改部分规章的决定》
第一次修正，根据 2018 年 5 月 29 日海关总署令第 240 号
《海关总署关于修改部分规章的决定》第二次修正)

第一章 总 则

第一条 为保证进出口商品质量，鼓励优质商品进出口，促进对外经济贸易的发展，根据《中华人民共和国进出口商品检验法》及其实施条例的有关规定，制定本办法。

第二条 列入必须实施检验的进出口商品目录的进出口商品（本办法第六条规定的商品除外），由收货人、发货人或者其生产企业（以下简称申请人）提出申请，经海关总署审核批准，可以免予检验（以下简称免验）。

第三条 海关总署统一管理全国进出口商品免验工作，负责对申请免验生产企业的考核、审查批准和监督管理。

主管海关负责所辖地区内申请免验生产企业的初审和监督管理。

第四条 进出口商品免验的申请、审查、批准以及监督管理应当按照本办法规定执行。

第二章 免验申请

第五条 申请进出口商品免验应当符合以下条件：

（一）申请免验的进出口商品质量应当长期稳定，在国际市场上有良好的质量信誉，无属于生产企业责任而引起的质量异议、索赔和退货，海关检验合格率连续 3 年达到百分之百；

（二）申请人申请免验的商品应当有自己的品牌，在相关国家或者地区同行业中，产品档次、产品质量处于领先地位；

（三）申请免验的进出口商品，其生产企业的质量管理体系应当符合 ISO9000 质量管理体系标准或者与申请免验商品特点相应的管理体系标准要求，并获得权威认证机构认证；

（四）为满足工作需要和保证产品质量，申请免验的进出口商品的生产企业应当具有一定的检测能力；

（五）申请免验的进出口商品的生产企业应当符合《进出口商品免验审查条件》的要求。

第六条 对下列进出口商品不予受理免验申请：

（一）食品、动植物及其产品；

（二）危险品及危险品包装；

（三）品质波动大或者散装运输的商品；

（四）需出具检验检疫证书或者依据检验检疫证书所列重量、数量、品质等计价结汇的商品。

第七条 申请人应当按照以下规定提出免验申请：

（一）申请进口商品免验的，申请人应当向海关总署提出。申请出口商品免验的，申请人应当先向所在地直属海关提出，经所在地直属海关依照本办法相关规定初审合格后，方可向海关总署提出正式申请。

（二）申请人应当填写并向海关总署提交进出口商品免验申请书，同时提交申请免验进出口商品生产企业的 ISO9000 质量管理体系或者与申请免验商品特点相应的管理体系认证证书、质量标准、用户意见等文件。

第八条 海关总署对申请人提交的文件进行审核，并于 1 个月内做出以下书面答复意见：

（一）申请人提交的文件符合本办法规定的，予以受理；不符合本办法规定的，不予受理，并书面通知申请人。

（二）提交的文件不齐全的，通知申请人限期补齐，过期不补的或者补交不齐的，视为撤销申请。

第三章　免验审查

第九条 海关总署受理申请后，应当组成免验专家审查组（以下简称审查组），在 3 个月内完成考核、审查。

审查组应当由非申请人所在地主管海关人员组成，组长负责组织审查工作。审查人员应当熟悉申请免验商品的检验技术和管理工作。

第十条 申请人认为审查组成员与所承担的免验审查工作有利害关系，可能影响公正评审的，可以申请该成员回避。审查组成员是否回避，由海关总署决定。

第十一条 审查组按照以下程序进行工作：

（一）审核申请人提交的免验申请表及有关材料。

（二）审核海关初审表及审查报告。

（三）研究制定具体免验审查方案并向申请人宣布审查方案。

（四）对申请免验的商品进行检验和测试，并提出检测报告。

（五）按照免验审查方案和《进出口商品免验审查条件》对生产企业进行考核。

（六）根据现场考核情况，向海关总署提交免验审查情况的报告，并明确是否免验的意见，同时填写《进出口商品免验审查报告》表。

第十二条 海关总署根据审查组提交的审查报告，对申请人提出的免验申请进行如下处理：

符合本办法规定的，海关总署批准其商品免验，并向免验申请人颁发《进出口商品免验证书》（以下简称免验证书）。

对不符合本办法规定的，海关总署不予批准其商品免验，并书面通知申请人。

第十三条 未获准进出口商品免验的申请人，自接到书面通知之日起1年后，方可再次向海关提出免验申请。

第十四条 审查组应当对申请人的生产技术、生产工艺、检测结果、审查结果保密。

第十五条 对已获免验的进出口商品，需要出具检验检疫证书的，海关应当对该批进出口商品实施检验检疫。

第四章 监督管理

第十六条 免验证书有效期为3年。期满要求续延的，免验企业应当在有效期满3个月前，向海关总署提出免验续延申请，经海关总署组织复核合格后，重新颁发免验证书。

复核程序依照本办法第三章规定办理。

第十七条 免验企业不得改变免验商品范围，如有改变，应当重新办理免验申请手续。

第十八条 免验商品进出口时，免验企业可以凭外贸合同、该商品的品质证明和包装合格单等文件到海关办理放行手续。

第十九条 免验企业应当在每年1月底前，向海关提交上年度免验商品进出口情况报告，其内容包括上年度进出口情况、质量情况、质量管理情况等。

第二十条 海关负责对所辖地区进出口免验商品的日常监督管理工作。

第二十一条　海关在监督管理工作中，发现免验企业的质量管理工作或者产品质量不符合免验要求的，责令该免验企业限期整改，整改期限为3~6个月。

免验企业在整改期间，其进出口商品暂停免验。

第二十二条　免验企业在整改限期内完成整改后，应当向直属海关提交整改报告，经海关总署审核合格后方可恢复免验。

第二十三条　直属海关在监督管理工作中，发现免验企业有下列情况之一的，经海关总署批准，可对该免验企业作出注销免验的决定：

（一）不符合本办法第五条规定的；

（二）经限期整改后仍不符合要求的；

（三）弄虚作假，假冒免验商品进出口的；

（四）其他违反检验检疫法律法规的。

第二十四条　被注销免验的企业，自收到注销免验决定通知之日起，不再享受进出口商品免验，3年后方可重新申请免验。

第五章　附　　则

第二十五条　海关对进出口免验商品在免验期限内不得收取检验费。

对获准免验的进出口商品需出具检验检疫证书、签证和监督抽查的，由海关实施并按照规定收取费用。

第二十六条　申请人及免验企业违反本办法，有弄虚作假、隐瞒欺骗行为的，按照有关法律法规的规定予以处罚。

第二十七条　海关工作人员在考核、审查、批准或者日常工作过程中违反本办法规定，滥用职权、玩忽职守、徇私舞弊的，根据情节轻重，按照有关法律法规的规定予以处理。

第二十八条　本办法所规定的文书由海关总署另行制定并且发布。

第二十九条　本办法由海关总署负责解释。

第三十条　本办法自2002年10月1日起施行。原国家商检局1991年9月6日公布的《免验商品生产企业考核条件（试行）》和1994年8月1日公布的《进出口商品免验办法》同时废止。

进境动植物检疫审批管理办法

（2002 年 8 月 2 日国家质量监督检验检疫总局令第 25 号公布，根据 2015 年 11 月 25 日国家质量监督检验检疫总局令第 170 号《国家质量监督检验检疫总局关于修改〈进境动植物检疫审批管理办法〉的决定》修订，根据 2018 年 4 月 28 日海关总署令第 238 号《海关总署关于修改部分规章的决定》第一次修正，根据 2018 年 5 月 29 日海关总署令第 240 号《海关总署关于修改部分规章的决定》第二次修正）

第一章 总 则

第一条 为进一步加强对进境动植物检疫审批的管理工作，防止动物传染病、寄生虫病和植物危险性病虫杂草以及其他有害生物的传入，根据《中华人民共和国进出境动植物检疫法》（以下简称进出境动植物检疫法）及其实施条例的有关规定，制定本办法。

第二条 本办法适用于对进出境动植物检疫法及其实施条例以及国家有关规定需要审批的进境动物（含过境动物）、动植物产品和需要特许审批的禁止进境物的检疫审批。

海关总署根据法律法规的有关规定以及国务院有关部门发布的禁止进境物名录，制定、调整并发布需要检疫审批的动植物及其产品名录。

第三条 海关总署统一管理本办法所规定的进境动植物检疫审批工作。海关总署或者海关总署授权的其他审批机构（以下简称审批机构）负责签发《中华人民共和国进境动植物检疫许可证》（以下简称《检疫许可证》）和《中华人民共和国进境动植物检疫许可证申请未获批准通知单》（以下简称《检疫许可证申请未获批准通知单》）。

各直属海关（以下简称初审机构）负责所辖地区进境动植物检疫审批申请的初审工作。

第二章 申 请

第四条 申请办理检疫审批手续的单位（以下简称申请单位）应当是具有独立法人资格并直接对外签订贸易合同或者协议的单位。

过境动物的申请单位应当是具有独立法人资格并直接对外签订贸易合同或者协议的单位或者其代理人。

第五条 申请单位应当在签订贸易合同或者协议前，向审批机构提出申请并取得《检疫许可证》。

过境动物在过境前，申请单位应当向海关总署提出申请并取得《检疫许可证》。

第六条 申请单位应当按照规定如实填写并提交《中华人民共和国进境动植物检疫许可证申请表》（以下简称《检疫许可证申请表》），需要初审的，由进境口岸初审机构进行初审；加工、使用地不在进境口岸初审机构所辖地区内的货物，必要时还需由使用地初审机构初审。

申请单位应当向初审机构提供下列材料：

（一）申请单位的法人资格证明文件（复印件）；

（二）输入动物需要在临时隔离场检疫的，应当填写《进境动物临时隔离检疫场许可证申请表》；

（三）输入动物肉类、脏器、肠衣、原毛（含羽毛）、原皮、生的骨、角、蹄、蚕茧和水产品等由海关总署公布的定点企业生产、加工、存放的，申请单位需提供与定点企业签订的生产、加工、存放的合同；

（四）办理动物过境的，应当说明过境路线，并提供输出国家或者地区官方检疫部门出具的动物卫生证书（复印件）和输入国家或者地区官方检疫部门出具的准许动物进境的证明文件；

（五）因科学研究等特殊需要，引进进出境动植物检疫法第五条第一款所列禁止进境物的，必须提交书面申请，说明其数量、用途、引进方式、进境后的防疫措施、科学研究的立项报告及相关主管部门的批准立项证明文件。

第三章　审核批准

第七条 初审机构对申请单位检疫审批申请进行初审的内容包括：

（一）申请单位提交的材料是否齐全，是否符合本办法第四条、第六条的规定；

（二）输出和途经国家或者地区有无相关的动植物疫情；

（三）是否符合中国有关动植物检疫法律法规和部门规章的规定；

（四）是否符合中国与输出国家或者地区签订的双边检疫协定（包括检疫协议、议定书、备忘录等）；

（五）进境后需要对生产、加工过程实施检疫监督的动植物及其产品，审查其运输、生产、加工、存放及处理等环节是否符合检疫防疫及监管条件，根据生产、加工企业的加工能力核定其进境数量；

（六）可以核销的进境动植物产品，应当按照有关规定审核其上一次审批的《检疫许可证》的使用、核销情况。

第八条 初审合格的，由初审机构签署初审意见。同时对考核合格的动物临时隔离检疫场出具《进境动物临时隔离检疫场许可证》。对需要实施检疫监管的进境动植物产品，必要时出具对其生产加工存放单位的考核报告。由初审机构将所有材料上报海关总署审核。

初审不合格的，将申请材料退回申请单位。

第九条 同一申请单位对同一品种、同一输出国家或者地区、同一加工、使用单位一次只能办理1份《检疫许可证》。

第十条 海关总署或者初审机构认为必要时，可以组织有关专家对申请进境的产品进行风险分析，申请单位有义务提供有关资料和样品进行检测。

第十一条 海关总署根据审核情况，自初审机构受理申请之日起二十日内签发《检疫许可证》或者《检疫许可证申请未获批准通知单》。二十日内不能做出许可决定的，经海关总署负责人批准，可以延长十日，并应当将延长期限的理由告知申请单位。

第四章　许可单证的管理和使用

第十二条 《检疫许可证申请表》《检疫许可证》和《检疫许可证申请未获批准通知单》由海关总署统一印制和发放。

《检疫许可证》由海关总署统一编号。

第十三条 《检疫许可证》的有效期分别为3个月或者一次有效。除对活动物签发的《检疫许可证》外，不得跨年度使用。

第十四条 按照规定可以核销的进境动植物产品，在许可数量范围内分批进口、多次报检使用《检疫许可证》的，进境口岸海关应当在《检疫许可证》所附检疫物进境核销表中进行核销登记。

第十五条 有下列情况之一的，申请单位应当重新申请办理《检疫许可证》：

（一）变更进境检疫物的品种或者超过许可数量百分之五以上的；

（二）变更输出国家或者地区的；

（三）变更进境口岸、指运地或者运输路线的。

第十六条 有下列情况之一的，《检疫许可证》失效、废止或者终止使用：

（一）《检疫许可证》有效期届满未延续的，海关总署应当依法办理注销手续；

（二）在许可范围内，分批进口、多次报检使用的，许可数量全部核销完毕的，海关总署应当依法办理注销手续；

（三）国家依法发布禁止有关检疫物进境的公告或者禁令后，海关总署可以撤回已签发的《检疫许可证》；

（四）申请单位违反检疫审批的有关规定，海关总署可以撤销已签发的《检疫许可证》。

第十七条　申请单位取得许可证后，不得买卖或者转让。口岸海关在受理报检时，必须审核许可证的申请单位与检验检疫证书上的收货人、贸易合同的签约方是否一致，不一致的不得受理报检。

第五章　附　则

第十八条　申请单位违反本办法规定的，由海关依据有关法律法规的规定予以处罚。

第十九条　海关总署可以授权直属海关对其所辖地区进境动植物检疫审批申请进行审批，签发《检疫许可证》或者出具《检疫许可证申请未获批准通知单》。

第二十条　海关及其工作人员在办理进境动植物检疫审批工作时，必须遵循公开、公正、透明的原则，依法行政，忠于职守，自觉接受社会监督。

海关工作人员违反法律法规及本办法规定，滥用职权，徇私舞弊，故意刁难的，由其所在单位或者上级机构按照规定查处。

第二十一条　本办法由海关总署负责解释。

第二十二条　本办法自 2002 年 9 月 1 日起施行。

国际航行船舶出入境检验检疫管理办法

（2002 年 12 月 31 日国家质量监督检验检疫总局令第 38 号公布，根据 2018 年 3 月 6 日国家质量监督检验检疫总局令第 196 号《国家质量监督检验检疫总局关于废止和修改部分规章的决定》第一次修正，根据 2018 年 4 月 28 日海关总署令第 238 号《海关总署关于修改部分规章的决定》第二次修正，根据 2018 年 5 月 29 日海关总署令第 240 号《海关总署关于修改部分规章的决定》第三次修正）

第一章　总　则

第一条　为加强国际航行船舶出入境检验检疫管理，便利国际航行船舶进出我国口岸，根据《中华人民共和国国境卫生检疫法》及其实施细则、《中华人民共和国进出境动植物检疫法》及其实施条例、《中华人民共和国进出口商品检验法》及其实施条例以及《国际航行船舶进出中华人民共和国口岸检查办法》的规定，制定本办法。

第二条　本办法所称国际航行船舶（以下简称船舶）是指进出中华人民共和国国境口岸的外国籍船舶和航行国际航线的中华人民共和国国籍船舶。

第三条　海关总署主管船舶进出中华人民共和国国境口岸（以下简称口岸）的检验检疫工作。主管海关负责所辖地区的船舶进出口岸的检验检疫和监督管理工作。

第四条　国际航行船舶进出口岸应当按照本办法规定实施检验检疫。

第二章　入境检验检疫

第五条　入境的船舶必须在最先抵达口岸的指定地点接受检疫，办理入境检验检疫手续。

第六条　船方或者其代理人应当在船舶预计抵达口岸 24 小时前（航程不足 24 小时的，在驶离上一口岸时）向海关申报，填报入境检疫申报书。如船舶动态或者申报内容有变化，船方或者其代理人应当及时向海关更正。

第七条　受入境检疫的船舶，在航行中发现检疫传染病、疑似检疫传染病，或者有人非因意外伤害而死亡并死因不明的，船方必须立即向入境口岸海关报告。

第八条 海关对申报内容进行审核，确定以下检疫方式，并及时通知船方或者其代理人。

（一）锚地检疫；

（二）电讯检疫；

（三）靠泊检疫；

（四）随船检疫。

第九条 海关对存在下列情况之一的船舶应当实施锚地检疫：

（一）来自检疫传染病疫区的；

（二）来自动植物疫区，国家有明确要求的；

（三）有检疫传染病病人、疑似检疫传染病病人，或者有人非因意外伤害而死亡并死因不明的；

（四）装载的货物为活动物的；

（五）发现有啮齿动物异常死亡的；

（六）废旧船舶；

（七）未持有有效的《除鼠/免予除鼠证书》的；

（八）船方申请锚地检疫的；

（九）海关工作需要的。

第十条 持有我国海关签发的有效《交通工具卫生证书》，并且没有第九条所列情况的船舶，经船方或者其代理人申请，海关应当实施电讯检疫。

船舶在收到海关同意电讯检疫的批复后，即视为已实施电讯检疫。船方或者其代理人必须在船舶抵达口岸 24 小时内办理入境检验检疫手续。

第十一条 对未持有有效《交通工具卫生证书》，且没有第九条所列情况或者因天气、潮水等原因无法实施锚地检疫的船舶，经船方或者其代理人申请，海关可以实施靠泊检疫。

第十二条 海关对旅游船、军事船、要人访问所乘船舶等特殊船舶以及遇有特殊情况的船舶，如船上有病人需要救治、特殊物资急需装卸、船舶急需抢修等，经船方或者其代理人申请，可以实施随船检疫。

第十三条 接受入境检疫的船舶，必须按照规定悬挂检疫信号，在海关签发入境检疫证书或者通知检疫完毕以前，不得解除检疫信号。除引航员和经海关许可的人员外，其他人员不准上船；不准装卸货物、行李、邮包等物品；其他船舶不准靠近；船上人员，除因船舶遇险外，未经海关许可，不得离船；检疫完毕之前，未经海关许可，引航员不得擅自将船舶引离检疫锚地。

第十四条　办理入境检验检疫手续时，船方或者其代理人应当向海关提交《航海健康申报书》《总申报单》《货物申报单》《船员名单》《旅客名单》《船用物品申报单》《压舱水报告单》及载货清单，并应检验检疫人员的要求提交《除鼠/免予除鼠证书》《交通工具卫生证书》《预防接种证书》《健康证书》以及《航海日志》等有关资料。

第十五条　海关实施登轮检疫时，应当在船方人员的陪同下，根据检验检疫工作规程实施检疫查验。

第十六条　海关对经检疫判定没有染疫的入境船舶，签发《船舶入境卫生检疫证》；对经检疫判定染疫、染疫嫌疑或者来自传染病疫区应当实施卫生除害处理的或者有其他限制事项的入境船舶，在实施相应的卫生除害处理或者注明应当接受的卫生除害处理事项后，签发《船舶入境检疫证》；对来自动植物疫区经检疫判定合格的船舶，应船舶负责人或者其代理人要求签发《运输工具检疫证书》；对须实施卫生除害处理的，应当向船方出具《检验检疫处理通知书》，并在处理合格后，应船方要求签发《运输工具检疫处理证书》。

第三章　出境检验检疫

第十七条　出境的船舶在离境口岸接受检验检疫，办理出境检验检疫手续。

第十八条　出境的船舶，船方或者其代理人应当在船舶离境前 4 小时内向海关申报，办理出境检验检疫手续。已办理手续但出现人员、货物的变化或者因其他特殊情况 24 小时内不能离境的，须重新办理手续。

船舶在口岸停留时间不足 24 小时的，经海关同意，船方或者其代理人在办理入境手续时，可以同时办理出境手续。

第十九条　对装运出口易腐烂变质食品、冷冻品的船舱，必须在装货前申请适载检验，取得检验证书。未经检验合格的，不准装运。

装载植物、动植物产品和其他检疫物出境的船舶，应当符合国家有关动植物防疫和检疫的规定，取得《运输工具检疫证书》。对需实施除害处理的，作除害处理并取得《运输工具检疫处理证书》后，方可装运。

第二十条　办理出境检验检疫手续时，船方或者其代理人应当向海关提交《航海健康申报书》《总申报单》《货物申报单》《船员名单》《旅客名单》及载货清单等有关资料（入境时已提交且无变动的可免于提供）。

第二十一条　经审核船方提交的出境检验检疫资料或者经登轮检验检疫，符合有关规定的，海关签发《交通工具出境卫生检疫证书》，并在船舶出口岸手续联系单上签注。

第四章　检疫处理

第二十二条　对有下列情况之一的船舶，应当实施卫生除害处理：

（一）来自检疫传染病疫区；

（二）被检疫传染病或者监测传染病污染的；

（三）发现有与人类健康有关的医学媒介生物，超过国家卫生标准的；

（四）发现有动物一类、二类传染病、寄生虫病或者植物危险性病、虫、杂草的或者一般性病虫害超过规定标准的；

（五）装载散装废旧物品或者腐败变质有碍公共卫生物品的；

（六）装载活动物入境和拟装运活动物出境的；

（七）携带尸体、棺柩、骸骨入境的；

（八）废旧船舶；

（九）海关总署要求实施卫生除害处理的其他船舶。

第二十三条　对船上的检疫传染病染疫人应当实施隔离，对染疫嫌疑人实施不超过该检疫传染病潜伏期的留验或者就地诊验。

第二十四条　对船上的染疫动物实施退回或者扑杀、销毁，对可能被传染的动物实施隔离。发现禁止进境的动植物、动植物产品和其他检疫物的，必须作封存或者销毁处理。

第二十五条　对来自疫区且国家明确规定应当实施卫生除害处理的压舱水需要排放的，应当在排放前实施相应的卫生除害处理。对船上的生活垃圾、泔水、动植物性废弃物，应当放置于密封有盖的容器中，在移下前应当实施必要的卫生除害处理。

第二十六条　对船上的伴侣动物，船方应当在指定区域隔离。确实需要带离船舶的伴侣动物、船用动植物及其产品，按照有关检疫规定办理。

第五章　监督管理

第二十七条　海关对航行或者停留于口岸的船舶实施监督管理，对卫生状况不良和可能导致传染病传播或者病虫害传播扩散的因素提出改进意见，并监督指导采取必要的检疫处理措施。

第二十八条　海关接受船方或者其代理人的申请，办理《除鼠/免予除鼠证书》（或者延期证书）、《交通工具卫生证书》等有关证书。

第二十九条　船舶在口岸停留期间，未经海关许可，不得擅自排放压舱水、移下垃圾和污物等，任何单位和个人不得擅自将船上自用的动植物、动植物产品及其他检疫物带离船舶。船舶在国内停留及航行期间，未经许可不得擅自启封动用海关在船上封存的物品。

第三十条 海关对船舶上的动植物性铺垫材料进行监督管理，未经海关许可不得装卸。

第三十一条 船舶应当具备并按照规定使用消毒、除虫、除鼠药械及装置。

第三十二条 来自国内疫区的船舶，或者在国内航行中发现检疫传染病、疑似检疫传染病，或者有人非因意外伤害而死亡并死因不明的，船舶负责人应当向到达口岸海关报告，接受临时检疫。

第三十三条 海关对从事船舶食品、饮用水供应的单位以及从事船舶卫生除害处理的单位实行许可管理；对从事船舶代理、船舶物料服务的单位实行备案管理。其从业人员应当按照海关的要求接受培训和考核。

第六章　附　则

第三十四条 航行港澳小型船舶的检验检疫按照海关总署的有关规定执行。

第三十五条 往来边境地区的小型船舶、停靠非对外开放口岸的船舶以及国际海运过鲜船舶的检验检疫参照本办法执行。

第三十六条 违反本办法规定的，按照国家有关法律法规的规定处罚。

第三十七条 本办法由海关总署负责解释。

第三十八条 本办法自 2003 年 3 月 1 日起施行。原国家动植物检疫局 1995 年 5 月 8 日发布的《国际航行船舶进出中华人民共和国口岸动植物检疫实施办法》（试行）和原国家商品检验局 1994 年 12 月 29 日发布的《装运出口商品船舱检验管理办法》同时废止。其他有关规定与本办法不一致的，以本办法为准。

出境竹木草制品检疫管理办法

(2003年4月16日国家质量监督检验检疫总局令第45号公布，根据2018年4月28日海关总署令第238号《海关总署关于修改部分规章的决定》第一次修正，根据2018年5月29日海关总署令第240号《海关总署关于修改部分规章的决定》第二次修正)

第一章 总 则

第一条 为规范出境竹木草制品的检疫管理工作，提高检疫工作质量和效率，根据《中华人民共和国进出境动植物检疫法》及其实施条例等法律法规的规定，制定本办法。

第二条 本办法适用于出境竹木草制品（包括竹、木、藤、柳、草、芒等制品）的检疫及监督管理。

第三条 海关总署主管全国出境竹木草制品检疫和监督管理工作。

主管海关负责所辖区域内出境竹木草制品的检疫和监督管理工作。

第四条 海关总署对出境竹木草制品及其生产加工企业（以下简称企业）实施分级分类监督管理。

第二章 分级分类管理

第五条 根据生产加工工艺及防疫处理技术指标等，竹木草制品分为低、中、高3个风险等级：

（一）低风险竹木草制品：经脱脂、蒸煮、烘烤及其他防虫、防霉等防疫处理的；

（二）中风险竹木草制品：经熏蒸或者防虫、防霉药剂处理等防疫处理的；

（三）高风险竹木草制品：经晾晒等其他一般性防疫处理的。

第六条 海关对出境竹木草制品的企业进行评估、考核，将企业分为一类、二类、三类3个企业类别。

第七条 一类企业应当具备以下条件：

（一）遵守检验检疫法律法规等有关规定；

（二）应当建立完善的质量管理体系，包括生产、加工、存放等环节的防疫措施及厂检员管理制度等；

（三）配备专职的厂检员，负责生产、加工、存放等环节防疫措施的监督、落实及产品厂检工作；

（四）在生产过程中采用防虫、防霉加工工艺，并配备与其生产能力相适应的防虫、防霉处理设施及相关的检测仪器；

（五）原料、生产加工、成品存放场所，应当专用或者相互隔离，并保持环境整洁、卫生；

（六）年出口批次不少于100批；

（七）检验检疫年批次合格率达99%以上；

（八）海关依法规定的其他条件。

第八条 二类企业应当具备以下条件：

（一）遵守检验检疫法律法规等有关规定；

（二）企业建立质量管理体系，包括生产、加工、存放等环节的防疫措施及厂检员管理制度等；

（三）配备专职或者兼职的厂检员，负责生产、加工、存放等环节防疫措施的监督、落实及产品厂检工作；

（四）在生产过程中采用防虫、防霉加工工艺，具有防虫、防霉处理设施；

（五）成品存放场所应当独立，生产加工环境整洁、卫生；

（六）年出口批次不少于30批次；

（七）检验检疫年批次合格率达98%以上；

（八）海关依法规定的其他条件。

第九条 不具备一类或者二类条件的企业以及未申请分类考核的企业定为三类企业。

第十条 企业本着自愿的原则，向所在地海关提出实施分类管理的书面申请，并提交以下资料：

（一）《出境竹木草制品生产加工企业分类管理考核申请表》；

（二）企业厂区平面图；

（三）生产工艺及流程图。

第十一条 海关自接到申请资料之日起10个工作日内，完成对申请资料的初审。

企业提交的申请资料不齐全的，应当在规定期限内补齐；未能在规定期限补齐的，视为撤回申请。

第十二条 初审合格后，海关在10个工作日内完成对申请企业的考核。根据考核结果，由直属海关确定企业类别，并及时公布。

第十三条 有以下情况之一的，企业应当重新提出申请：

（一）申请企业类别升级的；

（二）企业名称、法定代表人或者生产加工地点变更的；

（三）生产工艺和设备等发生重大变化的。

第三章 出境检疫

第十四条 输出竹木草制品的检疫依据：

（一）我国与输入国家或者地区签订的双边检疫协定（含协议、备忘录等）；

（二）输入国家或者地区的竹木草制品检疫规定；

（三）我国有关出境竹木草制品的检疫规定；

（四）贸易合同、信用证等订明的检疫要求。

第十五条 企业或者其代理人办理出境竹木草制品报检手续时，应当按照检验检疫报检规定提供有关单证。一类、二类企业报检时应当同时提供《出境竹木草制品厂检记录单》（以下简称厂检记录单）。

第十六条 根据企业的类别和竹木草制品的风险等级，出境竹木草制品的批次抽查比例为：

（一）一类企业的低风险产品，抽查比例 5%～10%；

（二）一类企业的中风险产品、二类企业的低风险产品，抽查比例 10%～30%；

（三）一类企业的高风险产品、二类企业的中风险产品和三类企业的低风险产品，抽查比例 30%～70%；

（四）二类企业的高风险产品，三类企业的中风险和高风险产品，抽查比例 70%～100%。

第十七条 海关根据企业日常监督管理情况、出口季节和输往国家（地区）的差别以及是否出具《植物检疫证书》或者《熏蒸/消毒证书》等，在规定范围内，确定出境竹木草制品的批次抽查比例。

第十八条 出境竹木草制品经检疫合格的，按照有关规定出具相关证单；经检疫不合格的，经过除害、重新加工等处理合格后方可放行；无有效处理方法的，不准出境。

第四章 监督管理

第十九条 海关对出境竹木草制品的生产、加工、存放实施全过程的监督管理。

第二十条 海关对企业实施日常监督管理，内容主要包括：

（一）检查企业质量管理体系有效运行和生产、加工、存放等环节的防疫措施执行情况；

（二）检查企业生产、加工、存放等条件是否符合防疫要求；

（三）检查厂检记录以及厂检员对各项防疫措施实施监督的情况和相应记录；

（四）企业对质量问题的整改情况；

（五）其他应当检查的内容。

在实施日常监督管理中，海关应当填写《出境竹木草制品监管记录》。

第二十一条 海关应当建立竹木草制品企业的检疫管理档案。

第二十二条 海关对企业的分类实行动态管理，有以下情况之一的，对企业做类别降级处理：

（一）生产、加工、存放等环节的防疫措施不到位；

（二）厂检员未按要求实施检查与监督；

（三）海关对出境竹木草制品实施检疫，连续2次以上检疫不合格；

（四）1年内出境检验检疫批次合格率达不到所在类别要求；

（五）其他不符合有关检验检疫要求的。

对做类别降级处理的企业限期整改，经整改合格的，可恢复原类别。

第二十三条 企业不如实填写厂检记录单或者伪造、变造、出售和盗用厂检记录单的，直接降为三类企业管理。

第二十四条 海关对企业厂检员进行培训，厂检员经考核合格方可上岗。厂检员应当如实填写厂检记录单，并对厂检结果负责。

第五章 附 则

第二十五条 违反本办法规定的，海关按照有关法律法规规定处理。

第二十六条 本办法所规定的文书由海关总署另行制定并且发布。

第二十七条 本办法由海关总署负责解释。

第二十八条 本办法自2003年7月1日起施行。

进境动物遗传物质检疫管理办法

（2003年5月14日国家质量监督检验检疫总局令第47号公布，根据
2018年4月28日海关总署令第238号《海关总署关于修改部分
规章的决定》第一次修正，根据2018年5月29日海关总署令
第240号《海关总署关于修改部分规章的决定》第二次修正）

第一章　总　则

第一条　为规范进境动物遗传物质的检疫和监督管理，保护我国畜牧业生产安全，根据《中华人民共和国进出境动植物检疫法》及其实施条例等法律法规的规定，制定本办法。

第二条　本办法适用于进境动物遗传物质的检疫和监督管理。

第三条　本办法所称动物遗传物质是指哺乳动物精液、胚胎和卵细胞。

第四条　海关总署统一管理全国进境动物遗传物质的检疫和监督管理工作。主管海关负责辖区内的进境动物遗传物质的检疫和监督管理。

第五条　海关总署对进境动物遗传物质实行风险分析管理。根据风险分析结果，海关总署与拟向中国输出动物遗传物质的国家或地区政府有关主管机构签订双边检疫协定（包括协定、协议、议定书、备忘录等）。

第二章　检疫审批

第六条　输入动物遗传物质的，必须事先办理检疫审批手续，取得《中华人民共和国进境动植物检疫许可证》（以下简称《检疫许可证》），并在贸易合同或者有关协议中订明我国的检疫要求。

第七条　申请办理动物遗传物质检疫审批的，应当向所在地直属海关提交下列资料：

（一）《中华人民共和国进境动植物检疫许可证申请表》；

（二）代理进口的，提供与货主签订的代理进口合同或者协议复印件。

第八条　直属海关应当在海关总署规定的时间内完成初审。初审合格的，报海关总署审核，海关总署应当在规定的时间内完成审核。审核合格的，签发《检疫许可证》；审核不合格的，签发《中华人民共和国进境动植物检疫许可证

申请未获批准通知单》。

第三章　进境检疫

第九条　输入动物遗传物质前，海关总署根据检疫工作的需要，可以派检疫人员赴输出国家或者地区进行动物遗传物质产地预检。

第十条　海关总署对输出动物遗传物质的国外生产单位实行检疫注册登记，并对注册的国外生产单位定期或者不定期派出检疫人员进行考核。

第十一条　输入的动物遗传物质，应当按照《检疫许可证》指定的口岸进境。

第十二条　输入动物遗传物质的货主或者其代理人，应当在动物遗传物质进境前，凭贸易合同或者协议、发票等有效单证向进境口岸海关报检。动物遗传物质进境时，应当向进境口岸海关提交输出国家或者地区官方检疫机构出具的检疫证书正本。

第十三条　进境动物遗传物质无输出国家或者地区官方检疫机构出具的有效检疫证书，或者未办理检疫审批手续的，进境口岸海关可以根据具体情况，作退回或者销毁处理。

第十四条　输入的动物遗传物质运抵口岸时，检疫人员实施现场检疫：

（一）查验检疫证书是否符合《检疫许可证》以及我国与输出国家或者地区签订的双边检疫协定的要求；

（二）核对货、证是否相符；

（三）检查货物的包装、保存状况。

第十五条　经进境口岸海关现场检疫合格的，调往《检疫许可证》指定的地点实施检疫。

第十六条　动物遗传物质需调离进境口岸的，货主或者其代理人应当向目的地海关申报。

第十七条　海关按照《检疫许可证》的要求实施检疫。检疫合格的动物遗传物质，由海关依法实施检疫监督管理；检疫不合格的，在海关的监督下，作退回或者销毁处理。

第四章　检疫监督

第十八条　海关对进境动物遗传物质的加工、存放、使用（以下统称使用）实施检疫监督管理；对动物遗传物质的第一代后裔实施备案。

第十九条　进境动物遗传物质的使用单位应当到所在地直属海关备案。

第二十条　使用单位应当填写《进境动物遗传物质使用单位备案表》，并提供以下说明材料：

（一）单位法人资格证明文件复印件；

（二）具有熟悉动物遗传物质保存、运输、使用技术的专业人员；

（三）具备进境动物遗传物质的专用存放场所及其他必要的设施。

第二十一条　直属海关将已备案的使用单位，报告海关总署。

第二十二条　使用单位应当建立进境动物遗传物质使用的管理制度，填写《进境动物遗传物质检疫监管档案》，接受海关监管；每批进境动物遗传物质使用结束，应当将《进境动物遗传物质检疫监管档案》报海关备案。

第二十三条　海关根据需要，对进境动物遗传物质后裔的健康状况进行监测，有关单位应当予以配合。

第五章　附　　则

第二十四条　对违反本办法规定的，海关依照有关法律法规的规定予以处罚。

第二十五条　本办法所规定的文书由海关总署另行制定并且发布。

第二十六条　本办法由海关总署负责解释。

第二十七条　本办法自 2003 年 7 月 1 日起施行。

沙头角边境特别管理区进出物品检验检疫管理规定

（2003 年 11 月 4 日国家质量监督检验检疫总局令第 55 号公布，根据 2018 年 4 月 28 日海关总署令第 238 号《海关总署关于修改部分规章的决定》第一次修正，根据 2018 年 5 月 29 日海关总署令第 240 号《海关总署关于修改部分规章的决定》第二次修正）

第一章　总　　则

第一条　为加强对沙头角边境特别管理区（以下简称管理区）进出物品的检验检疫和监督管理，根据《中华人民共和国进出口商品检验法》及其实施条例、《中华人民共和国进出境动植物检疫法》及其实施条例、《中华人民共和国国境卫生检疫法》及其实施细则和《中华人民共和国食品安全法》等法律法规规定，制定本规定。

第二条 本规定适用于下列进出管理区物品的检验检疫和监督管理：

（一）进出管理区的货物。包括：

1. 由地方经贸管理部门核发配额的输入管理区的货物；

2. 经批准，管理区居民带入管理区销售的鲜活商品；

3. 从管理区输出的来自非疫区的水果、配餐料及食用性水生动物。

（二）管理区居民、旅客及工作人员进出管理区的携带物。

（三）从管理区输出的废旧物品、生活垃圾。

（四）其他依法需经检验检疫的进出管理区的应检物品。

第三条 管理区是海关监督管理的特殊区域。管理区海关对进出管理区的物品按照风险评估、分类管理的原则，比照出入境货物、出入境人员携带物及进境废旧物品实施检验检疫和监督管理。

第四条 未经许可，任何单位和个人不准运输、携带国家禁止进出境的物品以及微生物、人体组织、生物制品、血液及其制品、动物、动物产品、植物种子、种苗及其他繁殖材料进出管理区。

前款规定的物品依法经审批，允许进出管理区的，其所有人或者其代理人、承运人或者携带人应当向管理区海关申报，检验检疫合格后放行。

第二章 货物检验检疫

第五条 须经海关实施检验检疫的货物进出管理区的，其所有人、承运人或者代理人应当向管理区海关申报，接受检验检疫和监督管理。

第六条 地方经贸管理部门核发配额的货物输入管理区的，其所有人、承运人或者代理人应当向管理区海关备案。输入管理区时，凭《应检商品检验检疫登记手册》报检，由管理区海关按照出境货物实施检验检疫和监督管理。

第七条 经有关部门批准，管理区居民运输鲜活商品进入管理区销售的，应当向管理区海关备案。进入管理区时，应当逐批向海关报检，海关查验合格后予以放行。

第八条 来自非疫区的水果、配餐料（包括配餐用食品及调味品）及食用性水生动物输出管理区的，其所有人、承运人或者代理人应当向管理区海关备案。输出管理区时，凭《应检商品检验检疫登记手册》逐批报检，经检验检疫合格后放行。

前款规定以外的其他货物不准输出管理区。

第九条　进出管理区的货物属于实行检疫许可制度或者卫生注册登记制度管理的，应当取得检疫许可证明或者卫生注册登记证明。

第三章　携带物、废旧物品及生活垃圾检验检疫

第十条　管理区居民、旅客及工作人员携带合理数量的自用应检物品进出管理区时，应由携带人向海关申报，接受海关的查验和监督管理。

第十一条　管理区内生产经营活动、居民生活产生的废旧物品需运出管理区的，所有人、承运人或者代理人凭环保部门证明申报，并由管理区海关实施装运前检验检疫及卫生处理，运出管理区时经查验合格后放行。

第十二条　管理区内生产经营活动、居民生活产生的生活垃圾需运出管理区的，承运人或者代理人应当提供有效的卫生处理证明，管理区海关查验放行。

第十三条　不属于管理区内产生的废旧物品和生活垃圾，不得运出管理区。

第四章　法律责任

第十四条　未经许可，运输、携带国家禁止进出境的动植物、动植物产品进出管理区的，管理区海关依法作退回或者销毁处理，并处以3000元以上3万元以下的罚款。

第十五条　未经许可，运输、携带国家禁止进境的微生物、人体组织、生物制品、血液及其制品或者其他可能引起传染病传播的动物和物品进出管理区的，管理区海关依法作退回或者销毁处理，并处以警告或者100元以上5000元以下的罚款。

第十六条　未经许可，运输、携带动物、动物产品、植物种子、种苗及其他繁殖材料进出管理区的，管理区海关依法作退回或者销毁处理，并处以5000元以下的罚款。

第十七条　运输、携带应检物品进出管理区而不报检或者瞒报、少报的，管理区海关依法作退货处理，并处以5000元以下的罚款。

第十八条　未经许可，将非疫区水果、配餐料及食用性水生动物以外的其他货物输出管理区的，管理区海关依法作退货处理，并处以5000元以下的罚款。

第十九条　管理区居民、旅客及工作人员携带超出合理数量范围的应检物品进出管理区的，管理区海关依法作退回或者销毁处理。情节严重的，处以5000元以下的罚款。

第二十条　未经检验检疫,将管理区内产生的废旧物品、生活垃圾运出管理区的,或者将非管理区内产生的废旧物品、生活垃圾运出管理区的,由管理区海关依法作退回或者销毁处理,并处以 5000 元以上 3 万元以下的罚款。

第二十一条　管理区海关的工作人员违反本规定,玩忽职守、滥用职权或者徇私舞弊的,依照有关规定追究责任。

第五章　附　则

第二十二条　本规定第十条规定的带出管理区的携带物的合理数量,以海关认定的数量为准。

第二十三条　进出管理区的货物的检验检疫,使用海关总署统一的检验检疫单证。管理区居民带入管理区销售的鲜活商品以及居民、旅客及工作人员携带物适用的检验检疫单证,由深圳海关制定并报海关总署备案。

第二十四条　进出管理区货物的检验检疫,按照国家统一的收费标准收费。本办法第七条、第十条、第十一条、第十二条规定的检验检疫免收检验检疫费,按照国家统一标准收取查验费或者换证费。

第二十五条　本规定由海关总署负责解释。

深圳海关可以根据管理区检验检疫工作实际制定本规定的实施细则,报海关总署批准后实施。

第二十六条　本规定自 2004 年 1 月 1 日起施行。

出境货物木质包装检疫处理管理办法

(2005 年 1 月 10 日国家质量监督检验检疫总局令第 69 号公布,根据 2018 年 4 月 28 日海关总署令第 238 号《海关总署关于修改部分规章的决定》第一次修正,根据 2018 年 5 月 29 日海关总署令第 240 号《海关总署关于修改部分规章的决定》第二次修正)

第一条　为规范木质包装检疫监督管理,确保出境货物使用的木质包装符合输入国家或者地区检疫要求,依据《中华人民共和国进出境动植物检疫法》及其实施条例,参照国际植物检疫措施标准第 15 号《国际贸易中木质包装材料管理准则》（简称第 15 号国际标准）的规定，制定本办法。

第二条　本办法所称木质包装是指用于承载、包装、铺垫、支撑、加固货物的木质材料，如木板箱、木条箱、木托盘、木框、木桶、木轴、木楔、垫木、枕木、衬木等。

经人工合成或者经加热、加压等深度加工的包装用木质材料（如胶合板、纤维板等）除外。薄板旋切芯、锯屑、木丝、刨花等以及厚度等于或者小于 6mm 的木质材料除外。

第三条　海关总署统一管理全国出境货物木质包装的检疫监督管理工作。主管海关负责所辖地区出境货物木质包装的检疫监督管理。

第四条　对木质包装实施除害处理并加施标识的企业（以下简称标识加施企业）应当建立木质包装生产防疫制度和质量控制体系。

出境货物木质包装应当按照《出境货物木质包装除害处理方法》列明的检疫除害处理方法实施处理，并按照《出境货物木质包装除害处理标识要求》的要求加施专用标识。

第五条　标识加施企业应当向所在地海关提出除害处理标识加施资格申请并提供以下材料：

（一）《出境货物木质包装除害处理标识加施申请考核表》；

（二）厂区平面图，包括原料库（场）、生产车间、除害处理场所、成品库平面图；

（三）热处理或者熏蒸处理等除害设施及相关技术、管理人员的资料。

第六条　直属海关对标识加施企业的热处理或者熏蒸处理设施、人员及相关质量管理体系等进行考核，符合《出境货物木质包装除害处理标识加施企业考核要求》的，颁发除害处理标识加施资格证书，并公布标识加施企业名单，同时报海关总署备案，标识加施资格有效期为三年；不符合要求的，不予颁发资格证书，并连同不予颁发的理由一并书面告知申请企业。未取得资格证书的，不得擅自加施除害处理标识。

第七条　标识加施企业出现以下情况之一的，应当向海关重新申请标识加施资格。

（一）热处理或者熏蒸处理设施改建、扩建；

（二）木质包装成品库改建、扩建；

（三）企业迁址；

（四）其他重大变更情况。

未重新申请的，海关暂停直至取消其标识加施资格。

第八条 标识加施企业应当将木质包装除害处理计划在除害处理前向所在地海关申报，海关对除害处理过程和加施标识情况实施监督管理。

第九条 除害处理结束后，标识加施企业应当出具处理结果报告单。经海关认定除害处理合格的，标识加施企业按照规定加施标识。

再利用、再加工或者经修理的木质包装应当重新验证并重新加施标识，确保木质包装材料的所有组成部分均得到处理。

第十条 标识加施企业对加施标识的木质包装应当单独存放，采取必要的防疫措施防止有害生物再次侵染，建立木质包装销售、使用记录，并按照海关的要求核销。

第十一条 未获得标识加施资格的木质包装使用企业，可以从海关公布的标识加施企业购买木质包装，并要求标识加施企业提供出境货物木质包装除害处理合格凭证。

海关对出境货物使用的木质包装实施抽查检疫。

第十二条 海关对标识加施企业实施日常监督检查。

第十三条 标识加施企业出现下列情况之一的，海关责令整改，整改期间暂停标识加施资格。

（一）热处理/熏蒸处理设施、检测设备达不到要求的；

（二）除害处理达不到规定温度、剂量、时间等技术指标的；

（三）经除害处理合格的木质包装成品库管理不规范，存在有害生物再次侵染风险的；

（四）木质包装标识加施不符合规范要求的；

（五）木质包装除害处理、销售等情况不清的；

（六）相关质量管理体系运转不正常，质量记录不健全的；

（七）未按照规定向海关申报的；

（八）其他影响木质包装检疫质量的。

第十四条 因标识加施企业方面原因出现下列情况之一的，海关将暂停直至取消其标识加施资格，并予以公布。

（一）因第十三条的原因，在国外遭除害处理、销毁或者退货的；

（二）未经有效除害处理加施标识的；

（三）倒卖、挪用标识等弄虚作假行为的；

（四）出现严重安全质量事故的；

（五）其他严重影响木质包装检疫质量的。

第十五条 伪造、变造、盗用标识的，依照《中华人民共和国进出境动植物检疫法》及其实施条例的有关规定处罚。

第十六条 输入国家或者地区对木质包装有其他特殊检疫要求的，按照输入国家或者地区的规定执行。

第十七条 本办法所规定的文书由海关总署另行制定并且发布。

第十八条 本办法由海关总署负责解释。

第十九条 本办法自 2005 年 3 月 1 日起实施。

进出口商品复验办法

（2005 年 6 月 1 日国家质量监督检验检疫总局令第 77 号公布，根据 2018 年 4 月 28 日海关总署令第 238 号《海关总署关于修改部分规章的决定》第一次修正，根据 2018 年 5 月 29 日海关总署令第 240 号《海关总署关于修改部分规章的决定》第二次修正）

第一章 总 则

第一条 为了加强进出口商品检验工作，规范进出口商品复验行为，维护对外贸易有关各方的合法权益，根据《中华人民共和国进出口商品检验法》及其实施条例的规定，制定本办法。

第二条 进出口商品的报检人（以下简称报检人）对海关作出的检验结果有异议的，应当按照法律法规的规定申请复验。

第三条 海关总署统一管理全国的进出口商品的复验工作，进出口商品复验工作由受理的海关负责组织实施。

第四条 复验工作应当遵循公正、公开、公平的原则。

第二章 申请与受理

第五条 报检人对主管海关作出的检验结果有异议的，可以向作出检验结果的主管海关或者其上一级海关申请复验，也可以向海关总署申请复验。

报检人对同一检验结果只能向同一海关申请一次复验。

第六条 报检人申请复验，应当自收到海关的检验结果之日起 15 日内提出。

因不可抗力或者其他正当理由不能申请复验的，申请期限中止。从中止的原因消除之日起，申请期限继续计算。

第七条 报检人申请复验，应当保证（持）原报检商品的质量、重量、数量符合原检验时的状态，并保留其包装、封识、标志。

第八条 报检人申请复验，应当按照规定如实填写复验申请表。

第九条 海关自收到复验申请之日起 15 日内，对复验申请进行审查并作出如下处理：

（一）复验申请符合本办法规定的，予以受理，并向申请人出具《复验申请受理通知书》。

（二）复验申请内容不全或者随附证单资料不全的，向申请人出具《复验申请材料补正告知书》，限期补正。逾期不补正的，视为撤销申请。

（三）复验申请不符合本办法规定的，不予受理，并出具《复验申请不予受理通知书》，书面通知申请人并告之理由。

第十条 复验申请人应当按照规定交纳复验费用。

复验结论认定属原检验的海关责任的，复验费用由原海关负担。

第三章　组织实施

第十一条 海关受理复验后，应当在 5 日内组成复验工作组，并将工作组名单告知申请人。

复验工作组人数应当为 3 人或者 5 人。

第十二条 复验申请人认为复验工作组成员与复验工作有利害关系或者有其他因素可能影响复验公正性的，应当在收到复验工作组成员名单之日起 3 日内，向受理复验的海关申请该成员回避并提供相应证据材料。

受理复验的海关应当在收到回避申请之日起 3 日内作出回避或者不予回避的决定。

第十三条 作出原检验结果的海关应当向复验工作组提供原检验记录和其他有关资料。

复验申请人有义务配合复验工作组的复验工作。

第十四条 复验工作组应当制定复验方案并组织实施：

（一）审查复验申请人的复验申请表、有关证单及资料。经审查，若不具备复验实施条件的，可书面通知申请人暂时中止复验并说明理由。经申请人完善重新具备复验实施条件后，应当从具备条件之日起继续复验工作。

（二）审查原检验依据的标准、方法等是否正确，并应当符合相关规定。

（三）核对商品的批次、标记、编号、质量、重量、数量、包装、外观状况，按照复验方案规定取制样品。

（四）按照操作规程进行检验。

（五）审核、提出复验结果，并对原检验结果作出评定。

第十五条 受理复验的海关应当自受理复验申请之日起60日内作出复验结论。技术复杂，不能在规定期限内作出复验结论的，经本机关负责人批准，可以适当延长，但是延长期限最多不超过30日。

第十六条 复验申请人对复验结论不服的，可以依法申请行政复议或者依法提起行政诉讼。

第十七条 在复验过程中抽取的样品，应当按照关于检验样品的有关规定妥善处理。

第十八条 海关工作人员应当严格遵守国家法律法规的规定，并按照本办法规定作好复验工作。

第四章 附 则

第十九条 进口商品的发货人或者出口商品的收货人对海关作出的检验结果有异议的，可以参照本办法的有关规定办理。

第二十条 本办法所规定的文书由海关总署另行制定并且发布。

第二十一条 本办法由海关总署负责解释。

第二十二条 本办法自2005年10月1日起施行，原国家进出口商品检验局1993年6月1日发布的《进出口商品复验办法》同时废止。

国境口岸食品卫生监督管理规定

（2006 年 3 月 1 日国家质量监督检验检疫总局令第 88 号公布，根据 2015 年 11 月 25 日国家质量监督检验检疫总局令第 174 号《国家质量监督检验检疫总局关于修改〈出入境口岸食品卫生监督管理规定〉的决定》修订，根据 2018 年 4 月 28 日海关总署令第 238 号《海关总署关于修改部分规章的决定》第一次修正，根据 2018 年 5 月 29 日海关总署令第 240 号《海关总署关于修改部分规章的决定》第二次修正）

第一章　总　则

第一条　为加强国境口岸食品卫生监督管理，保证国境口岸食品卫生安全，保障公众健康，根据《中华人民共和国国境卫生检疫法》及其实施细则、《中华人民共和国食品安全法》及其实施条例等有关法律法规的规定，制定本规定。

第二条　本规定适用于对在国境口岸从事食品生产经营单位以及为出入境交通工具提供食品、饮用水服务的口岸食品生产经营单位（以下简称食品生产经营单位）的卫生监督管理。

第三条　海关总署主管全国国境口岸食品卫生监督管理工作。

主管海关负责本辖区国境口岸食品卫生监督管理工作。

第四条　海关对食品生产经营单位实行卫生许可管理。

海关对口岸食品卫生监督管理实行风险分析和分级管理。

第五条　主管海关按照国家有关食品卫生标准对国境口岸食品进行卫生监督管理。尚未制定国家标准的，可以按照相关标准进行卫生监督管理。

第二章　食品生产经营单位的许可管理

第六条　食品生产经营单位在新建、扩建、改建时应当接受其所在地海关的卫生监督。

第七条　食品生产经营单位从事口岸食品生产经营活动前，应当向其所在地海关申请办理《中华人民共和国国境口岸卫生许可证》（以下简称《卫生许可证》）。

第八条　申请《卫生许可证》的食品生产经营单位应当具备以下卫生条件：

（一）具备与食品生产经营活动相适应的经营场所、卫生环境、卫生设施及设备；

（二）餐饮业应当制定符合餐饮加工、经营过程卫生安全要求的操作规范以及保证所加工、经营餐饮质量的管理制度和责任制度；

（三）具有健全的卫生管理组织和制度；

（四）从业人员未患有有碍食品卫生安全的传染病；

（五）从业人员具备与所从事的食品生产经营工作相适应的食品卫生安全常识。

第九条 食品生产经营单位在申请办理《卫生许可证》时，须向海关提交以下材料：

（一）《卫生许可证》申请书；

（二）生产经营场所平面图和生产工艺流程图；

（三）生产原料组成成分、生产设备资料、卫生设施和产品包装材料说明；

（四）食品生产单位提交生产用水卫生检验报告；

（五）产品卫生标准、产品标识，生产产品的卫生检验结果以及安全卫生控制措施。

第十条 主管海关按规定要求对申请材料进行审核，确定材料是否齐全、是否符合有关规定要求，作出受理或者不受理的决定，并出具书面凭证。对提交的材料不齐全或者不规范的，应当当场或者在受理后5日内一次告知申请人补正。逾期不告知的，自收到申请材料之日起即为受理。

主管海关受理食品生产经营单位申请后，对申请材料进行审核，并按照海关总署的规定进行现场卫生许可考核及量化评分。

主管海关根据材料审核、现场考核及评分的结果，自受理之日起20日内，对食品生产经营单位作出准予许可或者不予许可的决定，并应当自作出决定之日起10日内向申请人颁发或者送达卫生许可证件。

《卫生许可证》有效期为4年。食品生产经营单位需要延续《卫生许可证》有效期的，应当在《卫生许可证》期满前30日内向主管海关提出申请。

第十一条 在《卫生许可证》有效期内，食品生产经营单位变更生产经营项目、变更法人、变更单位名称、迁移厂址、改建、扩建、新建项目时，应当向作出卫生许可决定的海关申报。

第十二条 食品生产经营单位在停业时，应当到作出卫生许可决定的海关办理注销手续，缴销《卫生许可证》。

第十三条 取得《卫生许可证》的食品生产经营单位在向异地食品生产经

营单位提供食品及食品用产品时，可到该地的海关备案。

第三章　从业人员卫生管理

第十四条　从业人员每年必须进行健康检查，取得健康证明。新参加工作和临时参加工作的从业人员上岗前必须进行健康检查。

第十五条　海关负责监督、指导和协助本口岸食品生产经营单位的人员培训和考核工作。

从业人员应当具备食品卫生常识和食品法律、法规知识。

第四章　食品卫生监督管理

第十六条　食品生产经营单位应当健全本单位的食品卫生管理制度，配备专职或者兼职的食品卫生管理人员，加强对所生产经营食品的检验工作。

第十七条　食品生产经营单位应当建立进货检查验收制度。采购食品及原料时，应当按照国家有关规定索取检验合格证或者化验单，查阅卫生许可证。

向出入境交通工具提供食品的单位应当建立进货检查验收制度，同时应当建立销售食品及原料单位的卫生档案。海关定期对采购的食品及原料进行抽查，并对其卫生档案进行审核。

卫生档案应当包括下列资料：

（一）营业执照（复印件）；

（二）生产许可证（复印件）；

（三）卫生许可证（复印件）；

（四）使用进口原材料者，需提供进口食品卫生证书（复印件）；

（五）供货合同或者意向书；

（六）相关批次的检验合格证或者化验单；

（七）产品清单及其他需要的有关资料。

第十八条　海关根据法律、法规、规章以及卫生规范的要求对食品生产经营单位进行监督检查，监督检查主要包括：

（一）卫生许可证、从业人员健康证及卫生知识培训情况；

（二）卫生管理组织和管理制度情况；

（三）环境卫生、个人卫生、卫生设施、设备布局和工艺流程情况；

（四）食品生产、采集、收购、加工、贮存、运输、陈列、供应、销售等情况；

（五）食品原料、半成品、成品等的感官性状及食品添加剂使用情况以及索证情况；

（六）食品卫生检验情况；

（七）对食品的卫生质量、餐具、饮具及盛放直接入口食品的容器进行现场检查，进行必要的采样检验；

（八）供水的卫生情况；

（九）使用洗涤剂和消毒剂的卫生情况；

（十）医学媒介生物防治情况。

第十九条　海关对食品生产经营单位进行日常卫生监督，应当由2名以上口岸卫生监督员根据现场检查情况，规范填写评分表。评分表须经被监督单位负责人或者有关人员核实无误后，由口岸卫生监督员和被监督单位负责人或者有关人员共同签字，修改之处由被监督单位负责人或者有关人员签名或者印章覆盖。被监督单位负责人或者有关人员拒绝签字的，口岸卫生监督员应当在评分表上注明拒签事由。

第二十条　海关应当根据食品卫生检验的有关规定采集样品，并及时送检。采样时应当向被采样单位或者个人出具采样凭证。

第二十一条　向出入境交通工具供应食品、饮用水的食品生产经营单位，供应食品、饮用水前应当向海关申报，经海关对供货产品登记记录、相关批次的检疫合格证和检验报告以及其他必要的有关资料等审核无误后，方可供应食品和饮用水。

第二十二条　航空食品生产经营单位应当积极推行生产企业良好操作规范（GMP）、危害分析与关键控制点（HACCP）等质量控制与保证体系，提高食品卫生安全水平。

第五章　风险分析与分级管理

第二十三条　海关依照有关法律、行政法规和标准的规定，结合现场监督情况，对国境口岸食品实行风险分析和分级管理。

第二十四条　海关应当组织技术力量，对口岸食源性疾病发生、流行以及分布进行监测，对口岸食源性疾病流行趋势进行预测，并提出预防控制对策，开展风险分析。

第二十五条　海关根据对口岸食品生产经营单位进行卫生许可审查和日常卫生监督检查的结果，对不同类型的食品生产经营单位实施分级管理。

在确保口岸食品安全的基础上，可以依据风险分析，分级分类管理的原则，采用随机抽查的方式进行监督检查，监督频次应当符合以下要求：

（一）卫生许可审查和日常卫生监督检查均为良好的单位，评为 A 级单位，海关对 A 级单位监督频次每 6 个月不少于 1 次；

（二）卫生许可审查和日常卫生监督检查有一个良好的，评为 B 级单位，海关对 B 级单位监督频次每 3 个月不少于 1 次；

（三）卫生许可审查和日常卫生监督检查均为一般的，评为 C 级单位，海关对 C 级单位监督频次每月不少于 1 次；

（四）卫生许可审查结论为差，或者卫生许可审查结论为良好，但是日常卫生监督较差的，评为 D 级单位，海关对 D 级单位不予卫生许可，或者次年不予续延卫生许可；

（五）未开展量化分级管理的食品生产经营单位监督频次每 2 个月不少于 1 次。

第二十六条　海关对不同级别的单位进行动态监督管理，根据风险分析和日常监督情况，每年 1 次进行必要的升级或者降级调整。

第二十七条　主管海关应当根据海关总署发布的食品预警通报，及时采取有效的措施，防止相关食品向国境口岸及出入境交通工具供应。

第二十八条　国境口岸发生食物中毒、食品污染、食源性疾患等事故时，海关应当启动《国境口岸食物中毒应急处理预案》，及时处置，并根据预案要求向相关部门通报。

第六章　罚　则

第二十九条　口岸食品生产经营单位有下列情况之一的，海关依照《中华人民共和国国境卫生检疫法》及其实施细则、《中华人民共和国食品安全法》及其实施条例等法律法规的相关规定予以行政处罚：

（一）未取得《卫生许可证》或者伪造《卫生许可证》从事食品生产经营活动的；

（二）涂改、出借《卫生许可证》的；

（三）允许未取得健康证明的从业人员上岗的，或者对患有有碍食品卫生安全的传染病的从业人员不按规定调离的；

（四）拒不接受海关卫生监督的；

（五）其他违反法律法规或者有关规定的。

第三十条　从业人员有下列情况之一的，由海关依照《中华人民共和国国境卫生检疫法》及其实施细则、《中华人民共和国食品安全法》及其实施条例等法律法规的相关规定予以行政处罚：

（一）未取得健康证明而从事食品生产经营活动的；

（二）伪造体检报告的；

（三）其他违反法律法规或者有关规定的。

第三十一条 海关工作人员滥用职权，徇私舞弊，玩忽职守的，根据情节轻重，给予行政处分或者依法追究刑事责任。

第七章 附 则

第三十二条 本规定由海关总署负责解释。

第三十三条 本规定自 2006 年 4 月 1 日起施行。

进出口商品数量重量检验鉴定管理办法

（2007 年 8 月 27 日国家质量监督检验检疫总局令第 103 号公布，根据 2015 年 11 月 23 日国家质量监督检验检疫总局令第 172 号《国家质量监督检验检疫总局关于修改〈进出口商品数量重量检验鉴定管理办法〉的决定》修订，根据 2018 年 4 月 28 日海关总署令第 238 号《海关总署关于修改部分规章的决定》第一次修正，根据 2018 年 5 月 29 日海关总署令第 240 号《海关总署关于修改部分规章的决定》第二次修正）

第一章 总 则

第一条 为加强进出口商品数量、重量检验鉴定工作，规范海关及社会各类检验机构进出口商品数量、重量检验鉴定行为，维护社会公共利益和进出口贸易有关各方的合法权益，促进对外经济贸易关系的顺利发展，根据《中华人民共和国进出口商品检验法》（以下简称《商检法》）及其实施条例，以及其他相关法律、行政法规的规定，制定本办法。

第二条 本办法适用于中华人民共和国境内的进出口商品数量、重量检验鉴定活动。

第三条 海关总署主管全国进出口商品数量、重量检验鉴定管理工作。

主管海关负责所辖地区的进出口商品数量、重量检验鉴定及其监督管理工作。

第四条 海关实施数量、重量检验的范围是：

（一）列入海关实施检验检疫的进出境商品目录内的进出口商品；

（二）法律、行政法规规定必须经海关检验的其他进出口商品；

（三）进出口危险品和废旧物品；

（四）实行验证管理、配额管理，并需由海关检验的进出口商品；

（五）涉嫌有欺诈行为的进出口商品；

（六）双边、多边协议协定、国际条约规定，或者国际组织委托、指定的进出口商品；

（七）国际政府间协定规定，或者国内外司法机构、仲裁机构和国际组织委托、指定的进出口商品。

第五条　海关根据国家规定对上述规定以外的进出口商品的数量、重量实施抽查检验。

第二章　报　检

第六条　需由海关实施数量、重量检验的进出口商品，收发货人或者其代理人应当在海关规定的地点和期限内办理报检手续。

第七条　进口商品数量、重量检验的报检手续，应当在卸货前向海关办理。

第八条　散装出口商品数量、重量检验的报检手续，应当在规定的期限内向装货口岸海关办理。

包（件）装出口商品数量、重量检验的报检手续，应当在规定的期限内向商品生产地海关办理。需要在口岸换证出口的，发货人应当在规定的期限内向出口口岸海关申请查验。

对于批次或者标记不清、包装不良，或者在到达出口口岸前的运输中数量、重量发生变化的商品，收发货人应当在出口口岸重新申报数量、重量检验。

第九条　以数量交接计价的进出口商品，收发货人应当申报数量检验项目。对数量有明确要求或者需以件数推算全批重量的进出口商品，在申报重量检验项目的同时，收发货人应当申报数量检验项目。

第十条　以重量交接计价的进出口商品，收发货人应当申报重量检验项目。对按照公量或者干量计价交接或者含水率有明确规定的进出口商品，在申报数量、重量检验时，收发货人应当同时申报水分检测项目。

进出口商品数量、重量检验中需要使用密度（比重）进行计重的，收发货人应当同时申报密度（比重）检测项目。

船运进口散装液体商品在申报船舱计重时，收发货人应当同时申报干舱鉴定项目。

第十一条 收发货人在办理进出口商品数量、重量检验报检手续时，应当根据实际情况并结合国际通行做法向海关申请下列检验项目：

（一）衡器鉴重；

（二）水尺计重；

（三）容器计重：分别有船舱计重、岸罐计重、槽罐计重三种方式；

（四）流量计重；

（五）其他相关的检验项目。

第十二条 进出口商品有下列情形之一的，报检人应当同时申报船舱计重、水尺计重、封识、监装监卸等项目：

（一）海运或陆运进口的散装商品需要运离口岸进行岸罐计重或衡器鉴重，并依据其结果出证的；

（二）海运或陆运出口的散装商品进行岸罐计重或衡器鉴重后需要运离检验地装运出口，并以岸罐计重或衡器鉴重结果出证的。

第十三条 收发货人或其代理报检企业在报检时所缺少的单证资料，应当在海关规定的期限内补交。

第三章 检 验

第十四条 进口商品应当在收货人报检时申报的目的地检验。大宗散装商品、易腐烂变质商品、可用作原料的固体废物以及已发生残损、短缺的进口商品，应当在卸货口岸实施数量、重量检验。

出口商品应当在商品生产地实施数量、重量检验。散装出口商品应当在装货口岸实施数量、重量检验。

第十五条 主管海关按照国家技术规范的强制性要求实施数量、重量检验。尚未制订技术规范、标准的，主管海关可以参照指定的有关标准检验。

第十六条 海关在实施数量、重量检验时，发现报检项目的实际状况与检验技术规范、标准的要求不符，影响检验正常进行或检验结果的准确性，应当及时通知报检人；报检人应当配合海关工作，并在规定的期限内改报或者增报检验项目。

第十七条 海关实施数量、重量现场检验的条件应当符合检验技术规范、标准的要求。

收发货人、有关单位和个人应当采取有效措施，提供符合检验技术规范、标准要求的条件和必要的设备。

收发货人、有关单位和个人未及时提供必要的条件和设备，海关应当责成其及时采取有效措施，确保检验顺利进行；对不具备检验条件，可能影响检验结果准确性的，不得实施检验。

第十八条　海关实施衡器鉴重的方式包括全部衡重、抽样衡重、监督衡重和抽查复衡。

第十九条　固体散装物料或者不定重包装且不逐件标明重量的进出口商品可以采用全部衡重的检验方式；对裸装件或者不定重包装且逐件标明重量的包装件应当逐件衡重并核对报检人提交的原发货重量明细单。

对定重包装件可以全部衡重或按照有关的检验鉴定技术规范、标准，抽取一定数量的包装件衡重后以每件平均净重结合数量检验结果推算全批净重。

第二十条　以公量、干量交接计价或者对含水率有明确规定的进出口商品，海关在检验数量、重量的同时应当抽取样品检测水分。

检验中发现有异常水的，海关应当责成有关单位及时采取有效措施，确保检验的顺利进行。

第二十一条　报检人提供用于进出口商品数量、重量检验的各类衡器计重系统、流量计重系统、船舶及其计量货舱、计量油罐槽罐及相关设施、计算机处理系统、相关图表、数据资料必须符合有关的技术规范、标准要求；用于数量、重量检验的各类计量器具，应当依法经检定合格并在有效期内方可使用。

第二十二条　进出口商品的装卸货单位在装卸货过程中应当落实防漏撒措施和收集地脚；对有残损的，应当合理分卸分放。

第二十三条　海关实施数量、重量检验时应当记录，可以拍照、录音或者录像。有关单位和个人应当予以配合，并在记录上签字确认，如有意见分歧，应当备注或者共同签署备忘录。

第二十四条　承担进口接用货或者出口备发货的单位的计重器具、设施、管理措施以及接发货过程应当接受海关的监督管理和检查，并在海关规定的期限内对影响检验鉴定工作及其结果准确性的因素进行整改。

第四章　监督管理

第二十五条　海关依法对在境内设立的各类进出口商品检验机构和在境内从事涉及进出口商品数量、重量检验的机构、人员及活动实施监督管理。

第二十六条　检验机构从事进出口商品数量、重量鉴定活动，应当依法经海关总署许可。未经许可的，任何机构不得在境内从事进出口商品数量、重量鉴定活动。

第二十七条　已经海关总署许可的境内外各类检验鉴定机构必须在许可的

范围内接受对外经济贸易关系人的委托，办理进出口商品的数量、重量鉴定，并接受海关的检查。

第五章 法律责任

第二十八条 擅自破坏进出口商品数量、重量检验现场条件或者进出口商品，影响检验结果的，由海关责令改正，并处3万元以下罚款。

第二十九条 违反本办法规定，未经海关总署许可，擅自从事进出口商品检验鉴定业务的，由主管海关责令停止非法经营，没收违法所得，并处违法所得1倍以上3倍以下的罚款。

从事进出口商品检验鉴定业务的检验机构超出其业务范围的，或者违反国家有关规定，扰乱检验鉴定秩序的，由主管海关责令改正，没收违法所得，可以并处10万元以下的罚款，海关可以暂停其6个月以内检验鉴定业务；情节严重的，由海关总署吊销其检验鉴定资格证书。

第三十条 海关的工作人员滥用职权，故意刁难当事人的，徇私舞弊，伪造检验结果的，或者玩忽职守，延误检验出证的，依法给予行政处分；构成犯罪的，依法追究刑事责任。

第六章 附 则

第三十一条 本办法下列用语的含义：

公量，是指商品在衡重和化验水分含量后，折算到规定回潮率（标准回潮率）或者规定含水率时的净重（以公量结算的商品主要有棉花、羊毛、生丝和化纤等，这些商品容易吸潮，价格高）。

干量，是指商品的干态重量，商品实际计得的湿态重量扣去按照实测含水率计得的水分后得到的即商品的干态重量（以干量结算的商品主要有贵重的矿产品等）。

岸罐计重，是指以经过国家合法的计量检定部门检定合格的罐式容器（船舱除外）为工具，对其盛装的散装液体商品或者液化气体商品进行的数、重量检验鉴定（包括测量、计算）。其中，罐式容器包括了立式罐、卧式罐、槽罐（可拆卸或者不可拆卸的槽罐）。

抽查复衡，是衡器鉴重合格评定程序中的一个环节。指针对合格评定对象（主要是经常进出口大宗定重包装的商品的收货人或者发货人），由海关从中随机抽取部分有代表性的商品在同一衡器上进行复衡，检查两次衡重的差值是否在允许范围内，以评定其程序是否处于合格状态的检验方法。

收集地脚,是指在装卸过程中由于撒、漏的或者是在装卸后残留的小部分商品称为地脚货物,地脚货物应当及时收集计重,扣除杂质,合并进整批重量出证,而不能简单作为损耗扣除。

第三十二条 报检人对主管海关的数量、重量检验结果有异议的,可以在规定的期限内向作出检验结果的主管海关或者其上一级海关以至海关总署申请复验,同时应当保留现场和货物现状。受理复验的海关应当在规定的期限内作出复验结论。

当事人对海关作出的复验结论不服的,可以依法申请行政复议,也可以依法向人民法院提起诉讼。

第三十三条 对外经济贸易关系人对所委托的其他检验鉴定机构的数量、重量鉴定结果有异议的,可以向当地主管海关以至海关总署投诉,同时应当保留现场和货物现状。

第三十四条 海关依法实施数量、重量检验,按照国家有关规定收取费用。

第三十五条 本办法由海关总署负责解释。

第三十六条 本办法自 2007 年 10 月 1 日起施行,原国家进出口商品检验局 1993 年 12 月 16 日发布的《进出口商品重量鉴定管理办法》同时废止。

中华人民共和国非优惠原产地证书签证管理办法

(2009 年 6 月 14 日国家质量监督检验检疫总局令第 114 号公布,根据 2016 年 10 月 18 日国家质量监督检验检疫总局令第 184 号《国家质量监督检验检疫总局关于修改和废止部分规章的决定》第一次修正,根据 2018 年 4 月 28 日海关总署令第 238 号《海关总署关于修改部分规章的决定》第二次修正,根据 2018 年 5 月 29 日海关总署令第 240 号《海关总署关于修改部分规章的决定》第三次修正)

第一章 总 则

第一条 为规范中华人民共和国非优惠原产地证书签证管理工作,促进对外贸易发展,根据《中华人民共和国进出口商品检验法》及其实施条例、《中华人民共和国进出口货物原产地条例》及有关法律法规规定,制定本办法。

第二条　本办法所称中华人民共和国非优惠原产地证书（以下简称原产地证书）是指适用于实施最惠国待遇、反倾销和反补贴、保障措施、原产地标记管理、国别数量限制、关税配额等非优惠性贸易措施以及进行政府采购、贸易统计等活动中为确定出口货物原产于中华人民共和国境内所签发的书面证明文件。

第三条　海关总署对原产地证书的签证工作实施管理。

主管海关和中国国际贸易促进委员会及其地方分会按照分工负责原产地证书签证工作。

海关和中国国际贸易促进委员会及其地方分会以下统称签证机构。

第四条　向签证机构申请签发原产地证书的申请人（以下简称申请人）应当是出口货物的发货人。

第五条　申请人应当向签证机构提供真实的资料和信息。

海关总署和签证机构的工作人员对在签证工作中所知悉的商业秘密负有保密义务。

第六条　海关总署和签证机构对涉及生命和健康、环境保护、防止欺诈、国家安全等质量安全要求的产品，应当加强原产地签证管理。

第二章　原产地证书的申请与签发

第七条　申请人应当于货物出运前向申请人所在地、货物生产地或者出境口岸的签证机构申请办理原产地证书签证。申请人在初次申请办理原产地证书时，向所在地签证机构提供下列材料：

（一）填制真实准确的《中华人民共和国非优惠原产地证书申请企业备案表》；

（二）《原产地证书申报员授权书》及申报人员相关信息；

（三）原产地标记样式；

（四）中华人民共和国非优惠原产地证书申请书；

（五）按规定填制的《中华人民共和国非优惠原产地证书》；

（六）出口货物商业发票；

（七）申请签证的货物属于异地生产的，应当提交货源地签证机构出具的异地货物原产地调查结果；

（八）对含有两个以上国家（地区）参与生产或者签证机构需核实原产地真实性的货物，申请人应当提交《产品成本明细单》。

以电子方式申请原产地证书的，还应当提交《原产地证书电子签证申请表》

和《原产地证书电子签证保证书》。

第八条 签证机构根据第七条第一款前四项的规定对申请人及其申报产品、原产地申报人员相关信息、原产地标记等信息进行核对无误后，向申请人发放《原产地证书申请企业备案证》。

第九条 第七条第一款前四项备案内容发生变更时，申请人应当及时到签证机构办理变更手续。

第十条 申请人取得《原产地证书申请企业备案证》再次申请办理原产地证书时，可免予提供第七条第一款前四项的材料。

第十一条 进口方要求出具官方机构签发的原产地证书的，申请人应当向海关申请办理；未明确要求的，申请人可以向海关、中国国际贸易促进委员会或者其地方分会申请办理。

第十二条 申请签证的货物属于异地生产的，申请人应当向货源地签证机构申请出具货物原产地调查结果。签证机构需要进一步核查的，货源地签证机构应当予以配合。

第十三条 签证机构接到原产地证书签证申请后，签证人员应当按照《中华人民共和国进出口货物原产地条例》和《关于非优惠原产地规则中实质性改变标准的规定》规定，对申请人的申请进行审核。

第十四条 签证机构可以对申请人申报的产品进行实地调查，核实生产设备、加工工序、原料及零部件的产地来源、制成品及其说明书和内外包装等，填写《原产地调查记录》。

第十五条 申请原产地证书的货物及其内、外包装或者说明书上，不得出现其他国家或者地区制造、生产的字样或者标记。

第十六条 参加国外展览的货物，申请人凭参展批件可以申请原产地证书。

货物在中国加工但未完成实质性改变的，申请人可以向签证机构申请签发加工、装配证书。

经中国转口的非原产货物，申请人可以向签证机构申请签发转口证书。

第十七条 签证机构应当在受理签证申请之日起2个工作日内完成审核，审核合格的，予以签证。

申请人未在签证机构备案的，签证机构应当自备案信息核对无误之日起2个工作日内完成签证申请的审核，审核合格的，予以签证。

调查核实所需时间不计入在内。

第十八条 国家鼓励申请人采用电子方式申办原产地证书。

申请人采用电子方式申报应当使用经统一评测合格的电子申报软件，并保证电子数据真实、准确。

签证机构在收到电子数据后，应当及时审核、签发原产地证书。

电子申报软件商应当确保电子申报软件的质量，并提供相关技术支持。

第十九条 一批货物只能申领一份原产地证书，申请人对于同一批货物不得重复申请原产地证书。

第二十条 原产地证书为正本1份、副本3份。其中正本和两份副本交申请人，另一份副本及随附资料由签证机构存档3年。

申请人因实际需要申请增加原产地证书副本的，签证机构应当予以办理。

原产地证书自签发之日起有效期为1年。更改、重发证书的有效期同原发证书。

第二十一条 已签发的证书正本遗失或者毁损，申请人可以在证书有效期内向签证机构提交《中华人民共和国非优惠原产地证书更改/重发申请书》，申请重发证书。

第二十二条 要求更改已签发的证书内容时，申请人应当在原产地证书有效期内提交《中华人民共和国非优惠原产地证书更改/重发申请书》，并退回原发证书。签证机构经核实后，方可签发新证书。

更改后的证书遗失或者毁损，需要重新发证的，应当按照本办法规定申请办理重新发证。

第二十三条 特殊情况下，申请人可以在货物出运后申请补发原产地证书。

申请补发原产地证书，除依照本办法第七条、第十条的规定提供相关资料外，还应当提交下列资料：

（一）补发原产地证书申请书；

（二）申请补发证书原因的书面说明；

（三）货物的提单等货运单据。

签证机构应当在原产地证书的签证机构专用栏内加注"补发"字样。

对于退运货物或无法核实原产地的货物，签证机构不予补发原产地证书。

第二十四条 进口方要求在商业发票及其他单证、货物包装上对货物原产地作声明的，对于完全原产的货物，申请人可以直接声明；对于含有非原产成分的货物，申请人必须向签证机构申领原产地证书后方可作原产地声明。

第三章　原产地调查

第二十五条 签证机构根据需要可以对申请原产地证书的货物实行签证调查，并填写《原产地调查记录》。

第二十六条　应进口国家（地区）有关机构的请求，签证机构应当对出口货物的原产地情况进行核查，并在收到查询函后 3 个月内将核查情况反馈进口国家（地区）有关机构。

被调查人应当配合调查工作，及时提供有关资料。

第二十七条　国家对出口货物原产地标记实施管理。

出口货物及其包装上标有原产地标记的，其原产地标记所标明的原产地应当与依照《中华人民共和国进出口货物原产地条例》所确定的原产地相一致。

出口货物的原产地标记标明的原产地与真实原产地不一致的，海关应当责令当事人改正。

第四章　监督管理

第二十八条　海关总署会同国务院有关部门对原产地签证工作进行监督和检查。

第二十九条　申请人应当建立签证产品相关档案。

出口货物生产企业应当建立原料来源、生产加工、成品出货等单据和记录档案。

前两款规定的档案应当至少保存 3 年。

第三十条　签证机构可以根据签证要求对申请人和签证产品进行核查。核查不合格的，签证机构应当责令整改或者注销备案。

第三十一条　签证机构应当对原产地证书签证印章和空白证书实行专门管理制度，不得将签字盖章的空白原产地证书交给申请人。

第三十二条　海关总署应当会同国务院有关部门制定原产地证书签证统计规范、确定统计项目。

签证机构负责本机构原产地证书的签证统计。中国国际贸易促进委员会负责汇总贸促会系统的签证统计数据。

各直属海关和中国国际贸易促进委员会定期向海关总署以电子数据方式报送签证统计数据。每年 7 月 20 日前报送上半年签证统计数据，次年 1 月 20 日前报送上一年度签证统计数据。

海关总署负责统一汇总各签证机构的签证统计数据，并向国务院有关部门通报。

第五章　法律责任

第三十三条　违反本办法规定的，由违法行为发生地的海关予以行政处罚。

贸促会系统在签证过程中发现违反本办法规定的，应当移交当地海关予以处理。

第三十四条 伪造、变造、买卖或者盗窃海关签发的原产地证书的，依法追究刑事责任；尚不够刑事处罚的，由海关按照《中华人民共和国进出口商品检验法》第三十六条规定责令改正，没收违法所得，并处货值金额等值以下罚款。

第三十五条 使用伪造、变造的海关签发的原产地证书的，构成犯罪的，依法追究刑事责任；尚不够刑事处罚的，由海关按照《中华人民共和国进出口商品检验法实施条例》第四十七条规定责令改正，没收违法所得，并处货物货值金额等值以下罚款。

第三十六条 伪造、变造、买卖或盗窃中国国际贸易促进委员会及其地方分会签发的原产地证书的，由海关按照《中华人民共和国进出口货物原产地条例》第二十三条规定处以 5000 元以上 10 万元以下的罚款；伪造、变造、买卖或者盗窃作为海关放行凭证的中国国际贸易促进委员会及其地方分会签发的原产地证书的，处货值金额等值以下的罚款，但货值金额低于 5000 元的，处 5000 元罚款。有违法所得的，由海关没收违法所得。构成犯罪的，依法追究刑事责任。

第三十七条 提供虚假材料骗取原产地证书的，由海关按照《中华人民共和国进出口货物原产地条例》第二十三条规定处以 5000 元以上 10 万元以下的罚款；骗取原产地证书的，处货值金额等值以下的罚款，但货值金额低于 5000 元的，处 5000 元罚款。有违法所得的，由海关没收违法所得。构成犯罪的，依法追究刑事责任。

第三十八条 申请人提供虚假材料骗取备案的，有违法所得的，由海关处以违法所得 3 倍以下罚款，最高不超过 3 万元；没有违法所得的，处以 1 万元以下罚款。

第三十九条 签证机构的工作人员有下列情形之一的，依法给予通报批评、取消签证资格或者行政处分；有违法所得的，没收违法所得；构成犯罪的，依法追究刑事责任：

（一）违反法律法规规定签证；

（二）无正当理由拒绝签证；

（三）泄露所知悉的商业秘密；

（四）滥用职权、玩忽职守、徇私舞弊。

第六章 附 则

第四十条 政府采购、反倾销、反补贴、反欺诈、原产地标记等需要出具原产地证书的，由海关按照本办法执行。

其他需要出具原产地证书的，或者需要在与原产地证书有关的贸易单证上盖章确认的，参照本办法执行。

第四十一条 证书格式正本为带长城图案浅蓝色水波纹底纹。证书内容用英文填制。

海关总署和中国国际贸易促进委员会统一印制本系统使用的空白证书。

第四十二条 签发原产地证书，按照国家有关规定收取费用。

第四十三条 本办法由海关总署负责解释。

第四十四条 本办法自 2009 年 8 月 1 日起施行。本办法施行前制定的有关出口货物非优惠原产地证书签发管理的规定与本办法不符的，以本办法为准。

供港澳蔬菜检验检疫监督管理办法

(2009 年 9 月 10 日国家质量监督检验检疫总局第 120 号令公布，根据 2018 年 3 月 6 日国家质量监督检验检疫总局令第 196 号《国家质量监督检验检疫总局关于废止和修改部分规章的决定》第一次修正，根据 2018 年 4 月 28 日海关总署令第 238 号《海关总署关于修改部分规章的决定》第二次修正，根据 2018 年 5 月 29 日海关总署令第 240 号《海关总署关于修改部分规章的决定》第三次修正)

第一章　总　则

第一条 为规范供港澳蔬菜检验检疫监督管理工作，保障供港澳蔬菜的质量安全和稳定供应，根据《中华人民共和国食品安全法》及其实施条例、《中华人民共和国进出口商品检验法》及其实施条例、《中华人民共和国进出境动植物检疫法》及其实施条例、《国务院关于加强食品等产品安全监督管理的特别规定》等法律、法规的规定，制定本办法。

第二条 本办法适用于供港澳新鲜和保鲜蔬菜的检验检疫监督管理工作。

第三条 海关总署主管全国供港澳蔬菜检验检疫监督管理工作。

主管海关负责所辖区域供港澳蔬菜检验检疫监督管理工作。

第四条 海关对供港澳蔬菜种植基地（以下简称种植基地）和供港澳蔬菜

生产加工企业（以下简称生产加工企业）实施备案管理。种植基地和生产加工企业应当向海关备案。

第五条　种植基地、生产加工企业或者农民专业合作经济组织对供港澳蔬菜质量安全负责，种植基地和生产加工企业应当依照我国法律、法规、规章和食品安全标准从事种植、生产加工活动，建立健全从种植、加工到出境的全过程的质量安全控制体系和质量追溯体系，保证供港澳蔬菜符合香港或者澳门特别行政区的相关检验检疫要求。香港或者澳门特别行政区没有相关检验检疫要求的，应当符合内地相关检验检疫要求。

第六条　海关对供港澳蔬菜种植、生产加工过程进行监督，对供港澳蔬菜进行抽检。

第七条　海关对供港澳蔬菜建立风险预警与快速反应制度。

第二章　种植基地备案与管理

第八条　主管海关对种植基地实施备案管理。非备案基地的蔬菜不得作为供港澳蔬菜的加工原料，海关总署另有规定的小品种蔬菜除外。

第九条　种植基地、生产加工企业或者农民专业合作经济组织（以下简称种植基地备案主体）应当向种植基地所在地海关申请种植基地备案。

对实施区域化管理的种植基地，可以由地方政府有关部门向海关推荐备案。

第十条　申请备案的种植基地应当具备以下条件：

（一）有合法用地的证明文件；

（二）土地固定连片，周围具有天然或者人工的隔离带（网），符合各地海关根据实际情况确定的土地面积要求；

（三）土壤和灌溉用水符合国家有关标准的要求，周边无影响蔬菜质量安全的污染源；

（四）有专门部门或者专人负责农药等农业投入品的管理，有专人管理的农业投入品存放场所；有专用的农药喷洒工具及其他农用器具；

（五）有完善的质量安全管理体系，包括组织机构、农业投入品使用管理制度、有毒有害物质监控制度等；

（六）有植物保护基本知识的专职或者兼职管理人员；

（七）有农药残留检测能力。

第十一条　种植基地备案由其备案主体向基地所在地海关提出书面申请，提交以下材料：

（一）供港澳蔬菜种植基地备案申请表；

（二）种植基地示意图、平面图；

（三）种植基地负责人或者经营者身份证复印件。

第十二条 种植基地备案主体提交材料齐全的，海关应当受理备案申请。

种植基地备案主体提交材料不齐全的，海关应当当场或者在接到申请后 5 个工作日内一次性书面告知种植基地备案主体补正，以申请单位补正资料之日为受理日期。

海关受理申请后，应当根据本办法第十条和第十一条的规定进行审核。审核工作应当自受理之日起 10 个工作日内完成。符合条件的，予以备案，按照"省（自治区、直辖市）行政区划代码+SC+五位数字"的规则进行备案编号，发放备案证书。不符合条件的，不予备案，海关书面通知种植基地备案主体。

第十三条 种植基地负责人发生变更的，应当自变更之日起 30 日内向种植基地所在地海关申请办理种植基地备案变更手续。

第十四条 种植基地备案主体应当建立供港澳蔬菜生产记录制度，如实记载下列事项：

（一）使用农业投入品的名称、来源、用法、用量、使用日期和农药安全间隔期；

（二）植物病虫害的发生和防治情况；

（三）收获日期和收获量；

（四）产品销售及流向。

生产记录应当保存 2 年。禁止伪造生产记录。

第十五条 种植基地负责人应当依照香港、澳门特别行政区或者内地食品安全标准和有关规定使用农药、肥料和生长调节剂等农业投入品，禁止采购或者使用不符合香港、澳门特别行政区或者内地食品安全标准的农业投入品。

第十六条 种植基地负责人应当为其生产的每一批供港澳蔬菜原料出具供港澳蔬菜加工原料证明文件。

第三章 生产加工企业备案与管理

第十七条 海关对生产加工企业实施备案管理。

第十八条 申请备案的生产加工企业应当具备以下条件：

（一）企业周围无影响蔬菜质量安全的污染源，生产加工用水符合国家有关标准要求；

（二）厂区有洗手消毒、防蝇、防虫、防鼠设施，生产加工区与生活区隔离。生产加工车间面积与生产加工能力相适应，车间布局合理，排水畅通，地面用防滑、坚固、不透水的无毒材料修建；

（三）有完善的质量安全管理体系，包括组织机构、产品溯源制度、有毒有害物质监控制度等；

（四）蔬菜生产加工人员符合食品从业人员的健康要求；

（五）有农药残留检测能力。

第十九条 生产加工企业向其所在地海关提出书面申请，提交以下材料：

（一）供港澳蔬菜生产加工企业备案申请表；

（二）生产加工企业厂区平面图、车间平面图、工艺流程图、关键工序及主要加工设备照片；

（三）生产加工用水的水质检测报告。

第二十条 生产加工企业提交材料齐全的，海关应当受理备案申请。

生产加工企业提交材料不齐全的，海关应当当场或者在接到申请后5个工作日内一次性书面告知生产加工企业补正，以生产加工企业补正资料之日为受理日期。

海关受理申请后，应当根据本办法第十八条和第十九条的规定进行审核。审核工作应当自受理之日起10个工作日内完成。符合条件的，予以备案，按照"省（自治区、直辖市）行政区划代码+GC+五位数字"的规则进行备案编号，发放备案证书。不符合条件的，不予备案，海关书面通知生产加工企业。

第二十一条 生产加工企业厂址或者办公地点发生变化的，应当向其所在地海关申请办理生产加工企业备案变更手续。

生产加工企业法定代表人、企业名称、生产车间变化的，应当重新申请生产加工企业的备案。

生产加工企业备案证书的有效期为4年。生产加工企业应当在备案资格有效期届满30日前向所在地海关提出备案延续申请。海关按照本办法第十八条和第十九条的要求进行审核。审查合格的，予以延续；审查不合格的，不予延续。

第二十二条 生产加工企业应当建立供港澳蔬菜原料进货查验记录制度，核查进厂原料随附的供港澳蔬菜加工原料证明文件；属于另有规定的小品种蔬菜，应当如实记录进厂原料的名称、数量、供货者名称及联系方式、进货日期等内容。进货查验记录应当真实，保存期限不得少于2年。

第二十三条 生产加工企业应当建立出厂检验记录制度，依照香港、澳门特别行政区或者内地食品安全标准对其产品进行检验。如实记录出厂产品的名称、规格、数量、生产日期、生产批号、购货者名称及联系方式等内容，检验合格后方可出口。出厂检验记录应当真实，保存期限不得少于2年。

用于检测的设备应当符合计量器具管理的有关规定。

第二十四条　生产加工企业应当在其供港澳蔬菜的运输包装和销售包装的标识上注明以下内容：生产加工企业名称、地址、备案号、产品名称、生产日期和批次号等。

第四章　检验检疫

第二十五条　生产加工企业应当保证供港澳蔬菜符合香港、澳门特别行政区或者内地的相关检验检疫要求，对供港澳蔬菜进行检测，检测合格后报检人向所在地海关报检，报检时应当提交供港澳蔬菜加工原料证明文件、出货清单以及出厂合格证明。

第二十六条　海关依据香港、澳门特别行政区或者内地的相关检验检疫要求对供港澳蔬菜进行抽检。

海关根据监管和抽检结果，签发《出境货物换证凭单》等有关检验检疫证单。

第二十七条　生产加工企业应当向海关申领铅封，并对装载供港澳蔬菜的运输工具加施铅封，建立台账，实行核销管理。

海关根据需要可以派员或者通过视频等手段对供港澳蔬菜进行监装，并对运输工具加施铅封。

海关将封识号和铅封单位记录在《出境货物换证凭单》或者其他单证上。

供港澳蔬菜需经深圳或者珠海转载到粤港或者粤澳直通货车的，应当在口岸海关指定的场所进行卸装，并重新加施铅封。海关对该过程实施监管，并将新铅封号记录在原单证上。

第二十八条　出境口岸海关对供港澳蔬菜实施分类查验制度。未经海关监装和铅封的，除核查铅封外，还应当按规定比例核查货证，必要时可以进行开箱抽查检验。经海关实施监装和铅封的，在出境口岸核查铅封后放行。

供港澳蔬菜经出境口岸海关查验符合要求的，准予放行；不符合要求的，不予放行，并将有关情况书面通知生产加工企业所在地海关。

第二十九条　供港澳蔬菜出货清单或者《出境货物换证凭单》实行一车/柜一单制度。

第五章　监督管理

第三十条　供港澳蔬菜应当来自备案的种植基地和生产加工企业。未经备案的种植基地及其生产加工企业不得从事供港澳蔬菜的生产加工和出口。

第三十一条　种植基地所在地海关对备案的种植基地进行监督管理，生产加工企业所在地海关对备案的生产加工企业进行监督管理。

海关应当建立备案的种植基地和生产加工企业监督管理档案。监督管理包括日常监督检查、年度审核等形式。

备案种植基地、生产加工企业的监督频次由海关根据实际情况确定。

第三十二条　海关对备案的种植基地实施日常监督检查，主要内容包括：

（一）种植基地周围环境状况；

（二）种植基地的位置和种植情况；

（三）具体种植品种和种植面积；

（四）生产记录；

（五）病虫害防治情况；

（六）有毒有害物质检测记录；

（七）加工原料证明文件出具情况以及产量核销情况。

根据需要，海关可以对食品安全相关项目进行抽检。

第三十三条　海关对备案的生产加工企业实施日常监督检查，主要内容包括：

（一）生产区域环境状况；

（二）进货查验记录和出厂检验记录；

（三）加工原料证明文件查验情况；

（四）标识和封识加施情况；

（五）质量安全自检自控体系运行情况；

（六）有毒有害物质监控记录。

根据需要，海关可以对食品安全相关项目进行抽检。

第三十四条　种植基地备案主体和备案的生产加工企业应当于每年12月底前分别向其所在地海关提出年度审核申请。

海关次年1月底前对其所辖区域内备案种植基地和备案生产加工企业的基本情况进行年度审核。

第三十五条　种植基地有下列情形之一的，海关应当责令整改以符合要求：

（一）周围环境有污染源的；

（二）发现检疫性有害生物的；

（三）存放香港、澳门特别行政区或者内地禁用农药的；

（四）违反香港、澳门特别行政区或者内地规定以及基地安全用药制度，违规使用农药的；

（五）蔬菜农药残留或者有毒有害物质超标的；

（六）种植基地实际供货量超出基地供货能力的。

第三十六条 生产加工企业有下列情形之一的，海关应当责令整改以符合要求：

（一）质量管理体系运行不良的；

（二）设施设备与生产能力不能适应的；

（三）进货查验记录和出厂检验记录不全的；

（四）违反规定收购非备案基地蔬菜作为供港澳蔬菜加工原料的；

（五）标识不符合要求的；

（六）产品被检出含有禁用农药、有毒有害物质超标或者携带检疫性有害生物的；

（七）生产加工企业办公地点发生变化后 30 天内未申请变更的；

（八）被港澳有关部门通报产品质量安全不合格的。

第三十七条 种植基地有下列行为之一的，海关取消备案：

（一）隐瞒或者谎报重大疫情的；

（二）拒绝接受海关监督管理的；

（三）使用香港、澳门特别行政区或者内地禁用农药的；

（四）蔬菜农药残留或者有毒有害物质超标 1 年内达到 3 次的；

（五）蔬菜农药残留与申报或者农药施用记录不符的；

（六）种植基地备案主体更名、种植基地位置或者面积发生变化、周边环境有较大改变可能直接或者间接影响基地种植产品质量安全的以及有其他较大变更情况的，未按规定及时进行变更或者重新申请备案的；

（七）1 年内未种植供港澳蔬菜原料的；

（八）种植基地实际供货量超出基地供货能力 1 年内达到 3 次的；

（九）逾期未申请年审或者备案资格延续的；

（十）年度审核不合格的，责令限期整改，整改后仍不合格的。

第三十八条 生产加工企业有下列行为之一的，海关取消备案：

（一）整改后仍不合格的；

（二）隐瞒或者谎报重大质量安全问题的；

（三）被港澳有关部门通报质量安全不合格 1 年内达到 3 次的；

（四）违反规定收购非备案基地蔬菜作为供港澳蔬菜加工原料 1 年内达到 3 次的；

（五）企业法定代表人和企业名称发生变化、生产车间地址变化或者有其他较大变更情况的，未按规定及时进行变更的；

（六）1年内未向香港、澳门出口蔬菜的；

（七）逾期未申请年审或者备案资格延续的。

第三十九条 备案种植基地所在地海关和备案生产加工企业所在地海关应当加强协作。备案种植基地所在地海关应当将种植基地监管情况定期通报备案生产加工企业所在地海关；备案生产加工企业所在地海关应当将备案生产加工企业对原料证明文件核查情况、原料和成品质量安全情况等定期通报备案种植基地所在地海关。

海关总署应当对主管海关的配合协作情况进行督察。

第四十条 备案种植基地所在地海关根据海关总署疫病疫情监测计划和有毒有害物质监控计划，对备案种植基地实施病虫害疫情监测和农药、重金属等有毒有害物质监控。

第四十一条 生产加工企业所在地海关可以向生产加工企业派驻检验检疫工作人员，对生产加工企业的进厂原料、生产加工、装运出口等实施监督。

第四十二条 海关应当建立生产加工企业违法行为记录制度，对违法行为的情况予以记录；对于存在违法行为并受到行政处罚的，海关可以将其列入违法企业名单并对外公布。

第四十三条 生产加工企业发现其不合格产品需要召回的，应当按照有关规定主动召回。

第六章　法律责任

第四十四条 供港澳蔬菜运输包装或者销售包装上加贴、加施的标识不符合要求的，由海关责令改正，并处1000元以上1万元以下的罚款。

第四十五条 对供港澳蔬菜在香港、澳门特别行政区发生质量安全事件隐瞒不报并造成严重后果的生产加工企业，没有违法所得的，由海关处以1万元以下罚款；有违法所得的，由海关处以3万元以下罚款。

第四十六条 有其他违反相关法律、法规行为的，海关依照相关法律、法规规定追究其法律责任。

第七章　附　则

第四十七条 本办法所称的种植基地，是指供港澳蔬菜的种植场所。

本办法所称的生产加工企业，是指供港澳新鲜和保鲜蔬菜的收购、初级加工的生产企业。

本办法所称的小品种蔬菜，是指日供港澳蔬菜量小，不具备种植基地备案条件的蔬菜。

第四十八条 本办法由海关总署负责解释。

第四十九条 本办法自 2009 年 11 月 1 日起施行。国家质检总局 2002 年 4 月 19 日发布的《供港澳蔬菜检验检疫管理办法》（国家质检总局第 21 号令）同时废止。

进口棉花检验监督管理办法

(2013 年 1 月 18 日国家质量监督检验检疫总局令第 151 号公布，根据 2018 年 4 月 28 日海关总署令第 238 号《海关总署关于修改部分规章的决定》第一次修正，根据 2018 年 5 月 29 日海关总署令第 240 号《海关总署关于修改部分规章的决定》第二次修正)

第一章 总 则

第一条 为了加强进口棉花检验监督管理，提高进口棉花质量，维护正常贸易秩序，根据《中华人民共和国进出口商品检验法》（以下简称商检法）及其实施条例的规定，制定本办法。

第二条 本办法适用于进口棉花的检验监督管理。

第三条 海关总署主管全国进口棉花的检验监督管理工作。

主管海关负责所辖地区进口棉花的检验监督管理工作。

第四条 国家对进口棉花的境外供货企业（以下简称境外供货企业）实施质量信用管理，对境外供货企业可以实施登记管理。

第五条 海关依法对进口棉花实施到货检验。

第二章 境外供货企业登记管理

第六条 为了便利通关，境外供货企业按照自愿原则向海关总署申请登记。

第七条 申请登记的境外供货企业（以下简称申请人）应当具备以下条件：

（一）具有所在国家或者地区合法经营资质；

（二）具有固定经营场所；

（三）具有稳定供货来源，并有相应质量控制体系；

（四）熟悉中国进口棉花检验相关规定。

第八条 申请人申请登记时应当向海关总署提交下列书面材料：

（一）进口棉花境外供货企业登记申请表（以下简称登记申请表）；

（二）合法商业经营资质证明文件复印件；

（三）组织机构图及经营场所平面图；

（四）质量控制体系的相关材料；

（五）质量承诺书。

以上材料应当提供中文或者中外文对照文本。

第九条 境外供货企业可以委托代理人申请登记。代理人申请登记时，应当提交境外供货企业的委托书。

第十条 海关总署对申请人提交的申请，应当根据下列情形分别作出处理：

（一）申请材料不齐全或者不符合法定形式的，应当当场或者自收到申请材料之日起 5 个工作日内一次告知申请人需要补正的全部内容；逾期不告知的，自收到申请材料之日起即为受理；

（二）申请材料齐全、符合规定形式，或者申请人按照海关总署的要求提交全部补正材料的，应当受理；

（三）申请人自被告知之日起 20 个工作日内未补正申请材料，视为撤销申请；申请人提供的补正材料仍不符合要求的，不予受理，并书面告知申请人。

第十一条 受理当事人提交的申请后，海关总署应当组成评审组，开展书面评审，必要时开展现场评审。上述评审应当自受理之日起 3 个月内完成。

第十二条 经审核合格的，海关总署应当对境外供货企业予以登记，颁发《进口棉花境外供货企业登记证书》（以下简称登记证书）并对外公布。

第十三条 经审核不合格的，海关总署对境外供货企业不予登记，并书面告知境外供货企业。

第十四条 登记证书有效期为 3 年。

第十五条 不予登记的境外供货企业自不予登记之日起 2 个月后方可向海关总署重新申请登记。

第十六条 已登记境外供货企业的名称、经营场所或者法定代表人等登记信息发生变化的，应当及时向海关总署申请变更登记，提交本办法第八条规定的登记申请表及变更事项的证明材料，海关总署应当自收到变更登记材料之日起 30 个工作日内作出是否予以变更登记的决定。

第十七条 需要延续有效期的，已登记境外供货企业应当在登记证书有效期届满 3 个月前向海关总署申请复查换证，复查换证时提交本办法第八条规定的材料，海关总署应当在登记证书有效期届满前作出是否准予换证的决定。

到期未申请复查换证的，海关总署予以注销。

第三章　质量信用管理

第十八条　海关总署对境外供货企业实行质量信用管理。直属海关根据进口棉花的实际到货质量和境外供货企业的履约情况，对境外供货企业的质量信用进行评估，并上报海关总署。

第十九条　按照质量信用，境外供货企业分为 A、B、C 三个层级：

（一）A 级：境外供货企业自获得海关总署登记后即列为 A 级；

（二）B 级：A 级境外供货企业发生本办法第二十条所列情形之一的降为 B 级；

（三）C 级：未获得海关总署登记的境外供货企业默认为 C 级；B 级境外供货企业发生本办法第二十条所列情形之一的降为 C 级。

第二十条　登记境外供货企业进口的同合同、同发票、同规格的棉花发生下列情形之一的，海关应当对该境外供货企业的质量信用进行评估并作相应调整：

（一）等级降级幅度在 2 级及以上的棉包数量超过总包数 20%的；

（二）长度降级幅度在 1/16 英寸（约 1.58 毫米）及以上的棉包数量超过总包数 20%的；

（三）马克隆值不合格的棉包数量超过总包数 60%的；

（四）到货重量短少率超过 3%，未及时赔偿的；

（五）货物中发生严重油污、水渍、霉变、板结的棉包数量超过总包数的 5%的；

（六）货物包装发生影响运输、搬运、装卸的严重破损，破损棉包数量超过总包数 20%的；

（七）混有异性纤维、棉短绒、废棉和危害性杂物，经核查对企业造成严重损失的。

第二十一条　进口棉花发生本办法第二十条所列情形时，海关应当将有关检验结果告知收货人，收货人应当及时书面通知境外供货企业。未经海关允许，收货人不得销售、使用该批进口棉花。海关应当及时将进口棉花的检验情况及相关证明材料上报直属海关。

第二十二条　直属海关对检验情况及相关证明材料进行审核，初步评估确定境外供货企业的质量信用层级，并将评估结果及理由书面告知境外供货企业。

第二十三条　境外供货企业对初步评估结果有异议的，应当自收到书面通知之日起 15 个工作日内，向作出评估结果的直属海关提出书面申辩，并提交相关证明材料。经复核，原评估结果有误的，予以更正。

无异议或者期限届满未申辩的，直属海关确定最终评估结果，书面告知境外供货企业，同时上报海关总署。

第二十四条　海关总署根据评估结果及时调整境外供货企业质量信用层级，并通知主管海关及相关单位。

第二十五条　实施质量信用评估过程中发生复验、行政复议或者行政诉讼的，应当暂停评估。待复验、行政复议或者行政诉讼结束后，继续组织评估。

第二十六条　海关总署对获得登记的境外供货企业质量信用层级按下列方式进行动态调整：

（一）　A 级境外供货企业进口的棉花发生本办法第二十条所列情形的，境外供货企业的质量信用层级由 A 级降为 B 级；

（二）　自直属海关书面通知境外供货企业质量信用层级之日起 5 个月内，从 B 级境外供货企业进口的棉花发生本办法第二十条所列情形的，境外供货企业的质量信用层级由 B 级降为 C 级；如未发生本办法第二十条所列情形的，质量信用层级由 B 级升为 A 级；

（三）　自直属海关书面通知境外供货企业质量信用层级之日起 5 个月内，从 C 级境外供货企业进口的棉花未发生本办法第二十条所列情形的，境外供货企业（不含未在海关总署登记的企业）的质量信用层级由 C 级升为 B 级。

第四章　进口检验

第二十七条　进口棉花的收货人或者其代理人应当向入境口岸海关报检。

第二十八条　海关根据境外供货企业的质量信用层级，按照下列方式对进口棉花实施检验：

（一）　对 A 级境外供货企业的棉花，应当在收货人报检时申报的目的地检验，由目的地海关按照检验检疫行业标准实施抽样检验；

（二）　对 B 级境外供货企业的棉花，应当在收货人报检时申报的目的地检验，由目的地海关实施两倍抽样量的加严检验；

（三）　对 C 级境外供货企业的棉花，海关在入境口岸实施两倍抽样量的加严检验。

第二十九条　实施进口棉花现场检验工作的场所应当具备以下条件：

（一）具有适合棉花存储的现场检验场地；

（二）配备开箱、开包、称重、取样等所需的设备和辅助人员；

（三）其他检验工作所需的通用现场设施。

第三十条 海关对进口棉花实施现场查验。查验时应当核对进口棉花批次、规格、标记等，确认货证相符；查验包装是否符合合同等相关要求，有无包装破损；查验货物是否存在残损、异性纤维、以次充好、掺杂掺假等情况。对集装箱装载的，检查集装箱铅封是否完好。

第三十一条 海关按照相关规定对进口棉花实施数重量检验、品质检验和残损鉴定，并出具证书。

第三十二条 进口棉花的收货人或者发货人对海关出具的检验结果有异议的，可以按照《进出口商品复验办法》的规定申请复验。

第五章 监督管理

第三十三条 境外供货企业质量控制体系应当持续有效。

海关总署可以依法对境外供货企业实施现场核查。

第三十四条 收货人应当建立进口棉花销售、使用记录以及索赔记录，海关可以对其记录进行检查，发现未建立记录或者记录不完整的，书面通知收货人限期整改。

第三十五条 主管海关应当建立质量信用评估和检验监管工作档案。海关总署对质量信用评估和检验监管工作进行监督检查。

第三十六条 已登记境外供货企业发生下列情形之一的，海关总署撤销其登记。境外供货企业自撤销之日起 6 个月后方可向海关总署重新申请登记。

（一）提供虚假材料获取登记证书的；

（二）在海关总署组织的现场检查中被发现其质量控制体系无法保证棉花质量的；

（三）C 级已登记境外供货企业发生本办法第二十条所列情形的；

（四）不接受监督管理的。

第六章 法律责任

第三十七条 收货人发生下列情形之一的，有违法所得的，由海关处违法所得 3 倍以下罚款，最高不超过 3 万元；没有违法所得的，处 1 万元以下罚款：

（一）书面通知限期整改仍未建立进口棉花销售或者使用记录以及索赔记录的；

（二）不如实提供进口棉花的真实情况造成严重后果的；

（三）不接受监督管理的。

第三十八条 有其他违反相关法律、行政法规行为的，海关依照相关法律、行政法规追究其法律责任。

第三十九条 海关的工作人员滥用职权，故意刁难当事人，徇私舞弊，伪造检验检疫结果的，或者玩忽职守，延误出证的，按照《中华人民共和国进出口商品检验法实施条例》第五十六条规定依法给予行政处分；构成犯罪的，依法追究刑事责任。

第七章 附 则

第四十条 进口棉花的动植物检疫、卫生检疫按照法律法规及相关规定执行。

第四十一条 香港、澳门和台湾地区的棉花供货企业的登记管理和质量信用评估管理按照本办法执行。

第四十二条 从境外进入保税区、出口加工区等海关特殊监管区域的进口棉花，按照相关规定执行。

第四十三条 本办法由海关总署负责解释。

第四十四条 本办法自 2013 年 2 月 1 日起施行。

海南出入境游艇检疫管理办法

（2013 年 6 月 5 日国家质量监督检验检疫总局令第 153 号公布，根据 2018 年 4 月 28 日海关总署令第 238 号《海关总署关于修改部分规章的决定》第一次修正，根据 2018 年 5 月 29 日海关总署令第 240 号《海关总署关于修改部分规章的决定》第二次修正）

第一章 总 则

第一条 为防止疫病疫情传入传出，规范海南出入境游艇检疫，根据《中华人民共和国国境卫生检疫法》及其实施细则、《中华人民共和国进出境动植物检疫法》及其实施条例、《国际卫生条例》等法律法规和国务院有关规定，制定本办法。

第二条 本办法适用于从海南出境、入境游艇的检疫和监督管理工作。

第三条 海关总署主管全国出入境游艇检疫监督管理工作。

海口海关负责海南出入境游艇检疫和监督管理工作。

第四条 海南出入境游艇检疫监督管理遵循先行先试、监管有效、简化手续、方便快捷的原则。

第二章 入境检疫

第五条 入境游艇必须在最先抵达的口岸接受检疫。

海关可以对入境游艇实施电讯检疫、锚地检疫、靠泊检疫或者随船检疫。

第六条 艇方或者其代理人应当在游艇抵达口岸前，向入境口岸海关申报下列事项：

（一）游艇名称、国籍、预定抵达检疫地点的日期和时间；

（二）发航港、最后寄港；

（三）游艇操作人员和其他艇上人员数量及健康状况；

（四）依法应当向海关申报并接受检疫的动植物、动植物产品和其他检疫物。

第七条 艇方或者其代理人应当在游艇到达检疫地点前 12 小时将确定到达的日期和时间通知海关。

第八条 无重大疫病疫情时，已取得《交通工具卫生证书》《船舶免予卫生控制措施证书/船舶卫生控制措施证书》的，艇方或者其代理人可以向海关申请电讯检疫。

未持有上述证书的，海关可以先予实施电讯检疫，艇方或者其代理人在游艇抵达检疫地点后应当申请补办。

第九条 有下列情形之一的游艇，艇方或者其代理人应当主动向海关报告，由海关在检疫锚地或者海关指定的地点实施检疫：

（一）来自受染地区的；

（二）来自动植物疫区，国家有明确要求的；

（三）有受染病人、疑似受染病人，或者有人非因意外伤害而死亡并死因不明的；

（四）发现有啮齿动物异常死亡的。

第十条 除实施电讯检疫的以及本办法第九条规定的检疫以外的其他游艇，由海关在口岸开放码头或者经海关同意的游艇停泊水域或者码头实施靠泊检疫。

需要办理口岸临时开放手续的，按照相关规定执行。

第十一条 受入境检疫的游艇应当按照规定悬挂检疫信号等候查验，在检疫完毕并签发《船舶入境检疫证书》后，方可解除检疫信号、上下人员、装卸行李等物品。

不具备悬挂检疫信号条件的，入境时应当在检疫地点等候查验，并尽早通知海关实施检疫。

第十二条 办理入境检疫手续时，艇方或者其代理人应当向海关提交《出/入境游艇检疫总申报单》《船舶免予卫生控制措施证书/船舶卫生控制措施证书》、游艇操作人员及随艇人员名单等相关资料，必要时提供游艇航行等相关记录。来自黄热病疫区的，还应当提供艇上人员《预防接种证书》。

不能提供《船舶免予卫生控制措施证书/船舶卫生控制措施证书》的，艇方或者其代理人在游艇入境后应当向海关申请补办。

第十三条 海关依法对入境游艇上的受染病人实施隔离，对疑似受染病人实施不超过受染传染病潜伏期的留验或者就地诊验。

第十四条 入境游艇有下列情形之一的，应当实施检疫处理：

（一）来自受染地区的；

（二）被受染病人、疑似受染病人污染的；

（三）发现有与人类健康有关的医学媒介生物，超过国家卫生标准的；

（四）发现有动物一类、二类传染病、寄生虫病或者进境植物检疫性有害生物的。

第十五条 入境游艇在中国境内停留期间，艇上人员不得将所装载的动植物、动植物产品和其他检疫物带离游艇；需要带离时，应当向海关报检，相关程序及要求按照《出入境人员携带物检疫管理办法》及其他法律法规的相关规定执行。

游艇上装载有禁止进境的动植物、动植物产品和其他检疫物的，海关应当做封存或者销毁处理。

第十六条 携带犬、猫（以下简称宠物）入境的，每人每次限带1只，携带人应当向海关提供输出国家或者地区官方动物检疫机构出具的有效检疫证书和疫苗接种证书。宠物应当具有芯片或者其他有效身份证明。

第十七条 来自非狂犬病发生国家或者地区的宠物，经查验证书符合要求且现场检疫合格的，可以办理宠物入境随行手续。

来自狂犬病发生国家或者地区的宠物，应当在海关指定的隔离场所隔离30天。

工作犬，如导盲犬、搜救犬等，携带人提供相应证明且现场检疫合格的，可以免于隔离检疫。

海关对隔离检疫的宠物实行监督检查。

第十八条 入境宠物有下列情形之一的，禁止带离游艇：

（一）入境宠物无输出国家或者地区官方动物检疫机构出具的有效检疫证书和疫苗接种证书的；

（二）数量超过限额的；

（三）现场检疫不合格的。

第十九条 入境游艇经检疫查验合格的，由海关签发《船舶入境检疫证书》等证单。

第三章 出境检疫

第二十条 游艇出境时，应当在出境3小时前向出境口岸海关申报并办理出境检疫手续。办理出境检疫手续后出现人员变动或者其他特殊情况24小时内不能出境的，须重新办理。

游艇在入境口岸停留不足24小时出境的，经海关同意，在办理入境手续时，可以同时办理出境手续。

第二十一条 办理出境检疫手续时，艇方或者其代理人应当向海关提交《出/入境游艇检疫总申报单》、游艇操作人员及随艇人员名单等有关资料。入境时已提交且无变动的，经艇方或者其代理人书面声明，可以免予提供。

第二十二条 出境游艇经检疫查验合格的，由海关签发《交通工具出境卫生检疫证书》等证单。

第四章 监督管理

第二十三条 游艇入境后，发现受染病人或者突发公共卫生事件，或者有人非因意外伤害而死亡并死因不明的，艇方或者其代理人应当及时向到达的口岸海关报告，接受临时检疫。

第二十四条 游艇在境内航行、停留期间，不得擅自启封、动用海关在艇上封存的物品。

游艇上的生活垃圾、泔水、动植物性废弃物等，艇方应当放置于密封的容器中，在离艇前应当实施必要的检疫处理。

第二十五条 海关对游艇实施卫生监督，对卫生状况不良和可能导致传染病传播或者检疫性有害生物传播扩散的因素提出改进意见，并监督指导采取必要的检疫处理措施。

第二十六条　海关对游艇专用停泊水域或者码头、游艇俱乐部实施卫生监督，游艇俱乐部和艇方或者其代理人应当予以配合。

第二十七条　游艇停泊水域或者码头，满足下列条件的，经海关同意，可以在该水域或者码头实施检疫：

（一）具备管理和回收游艇废弃物、垃圾等的能力；

（二）具备对废弃物、垃圾等进行无害化处理的能力；

（三）具备相关的口岸检验检疫设施，满足海关查验和检疫处理的需求。

第二十八条　游艇在境内停留期间发生传染病疫情或者突发公共卫生事件等，海关应当及时启动应急预案，科学应对，妥善处置，防止疫病疫情扩散传播。

第二十九条　海关根据需要可以在游艇码头等场所设立工作点，实行驻点服务。

第五章　法律责任

第三十条　有下列违法行为之一的，由海关处以警告或者100元以上5000元以下的罚款：

（一）入境、出境的游艇，在入境检疫之前或者在出境检疫之后，擅自上下人员，装卸行李、货物等物品的；

（二）入境、出境的游艇拒绝接受检疫或者抵制卫生监督，拒不接受检疫处理的；

（三）伪造或者涂改卫生检疫证单的；

（四）瞒报携带禁止进境的微生物、人体组织、生物制品、血液及其制品或者其他可能引起传染病传播的动物和物品的；

（五）携带动植物、动植物产品和其他检疫物入境，未依法办理检疫审批手续或者未按照检疫审批的规定执行的。

第三十一条　有下列违法行为之一的，由海关处以1000元以上1万元以下的罚款：

（一）未经检疫或者未经检疫合格的入境、出境游艇，擅自离开检疫地点，逃避查验的；

（二）隐瞒疫情或者伪造情节的；

（三）未实施检疫处理，擅自排放压舱水，移下垃圾、污物等物品的；

（四）未实施检疫处理，擅自移运尸体、骸骨的。

第三十二条　未经检疫查验，从游艇上移下传染病病人造成传染病传播危险的，由海关处以 5000 元以上 3 万元以下的罚款。

第三十三条　有下列违法行为之一的，由海关处以 3000 元以上 3 万元以下的罚款：

（一）未经海关许可擅自将随艇进境、过境动植物、动植物产品和其他检疫物卸离游艇或者运递的；

（二）擅自调离或者处理在海关指定的隔离场所中隔离检疫的动植物的；

（三）擅自开拆、损毁检验检疫封识或者标志的；

（四）擅自抛弃随艇过境的动物尸体、排泄物、铺垫材料或者其他废弃物，或者未按规定处理游艇上的泔水、动植物性废弃物的；

（五）艇上人员违反本办法规定，携带无官方动物检疫证书，或者检疫发现有疫病疫情的宠物上岸的。

第三十四条　艇上人员有其他应当申报而未申报，或者申报的内容与实际不符的，由海关处以警告或者 5000 元以下的罚款。

第三十五条　出入境人员拒绝、阻碍海关及其工作人员依法执行职务的，依法移送有关部门处理。

第三十六条　受行政处罚的当事人应当在出境前履行海关作出的行政处罚决定。当事人向指定的银行缴纳罚款确有困难，经当事人提出，海关及其执法人员可以当场收缴罚款。当场收缴罚款的，必须向当事人出具罚款收据。

执法人员当场收缴的罚款，应当自收缴罚款之日起 2 日内，交至行政机关；在水上当场收缴的罚款，应当自抵岸之日起 2 日内交至行政机关；行政机关应当在 2 日内将罚款缴付指定的银行。

第三十七条　海关工作人员应当秉公执法、忠于职守，不得滥用职权、玩忽职守、徇私舞弊；违法失职的，依法追究责任。

第六章　附　　则

第三十八条　本办法所称：

"游艇"仅限于用于游览观光、休闲娱乐等活动的具备机械推进动力装置的船舶。

"艇方"是指游艇所有人或者其使用人。

"艇上人员"包括游艇上的操作人员以及乘坐游艇的所有人员。

"游艇俱乐部"包括为出入境游艇提供游艇靠泊、保管及使用服务的依法成立的游艇俱乐部、游艇会以及其他组织。

"受染"是指受到感染或者污染（包括核放射、生物、化学因子），或者携带感染源或者污染源，包括携带医学媒介生物和宿主，可能引起国际关注的传染病或者构成其他严重公共卫生危害的。

"受染嫌疑"是指海关认为已经暴露于或者可能暴露于严重公共卫生危害，并且有可能成为传染源或者污染源。

"受染人（物）"是指受到感染或者污染或者携带感染源或者污染源以至于构成公共卫生风险的人员、宠物、行李、物品、游艇等。

"受染地区"是指需采取卫生措施的特定地理区域。

第三十九条 经海关总署批准，其他地区出入境游艇检疫监督管理工作可以参照本办法执行。

第四十条 本办法由海关总署负责解释。

第四十一条 本办法自 2013 年 8 月 1 日起施行。

进出境非食用动物产品检验检疫监督管理办法

(2014 年 11 月 13 日国家质量监督检验检疫总局令第 159 号公布，根据 2016 年 10 月 18 日国家质量监督检验检疫总局令第 184 号《国家质量监督检验检疫总局关于修改和废止部分规章的决定》第一次修正，根据 2018 年 4 月 28 日海关总署令第 238 号《海关总署关于修改部分规章的决定》第二次修正，根据 2018 年 5 月 29 日海关总署令第 240 号《海关总署关于修改部分规章的决定》第三次修正)

第一章 总 则

第一条 为了规范进出境非食用动物产品的检验检疫和监督管理工作，防止动物传染病、寄生虫病及其他有害生物传入传出国境，保护农、林、牧、渔业生产和人体健康，根据《中华人民共和国进出境动植物检疫法》及其实施条例、《中华人民共和国进出口商品检验法》及其实施条例等法律法规规定，制定本办法。

第二条 本办法适用于进境、出境及过境非食用动物产品的检验检疫监督管理。

动物源性饲料和饲料添加剂、动物遗传物质、动物源性生物材料及制品不适用本办法。

第三条 海关总署主管全国进出境非食用动物产品的检验检疫和监督管理工作。

主管海关负责所辖地区进出境非食用动物产品的检验检疫和监督管理工作。

第四条 进出境非食用动物产品生产、加工、存放和贸易企业应当依照法律法规和有关标准从事生产经营活动，对社会和公众负责，保证进出境非食用动物产品的质量安全，接受社会监督，承担社会责任。

第二章　风险管理

第五条 海关总署对进出境非食用动物产品实施风险管理，在风险分析的基础上，实施产品风险分级、企业分类、检疫准入、风险警示及其他风险管理措施。

第六条 海关总署根据进出境非食用动物产品动物卫生和公共卫生风险，确定产品风险级别。产品风险级别及检疫监督模式在海关总署网站公布。

第七条 海关根据企业诚信程度、质量安全控制能力等，对进出境非食用动物产品生产、加工、存放企业实施分类管理，采取相应检验检疫监管措施。

第八条 海关总署根据进出境非食用动物产品质量安全形势、检验检疫中发现的问题、国内外相关组织机构的通报以及国内外发生的动物卫生和公共卫生问题，在风险分析的基础上发布风险警示信息并决定采取启动应急处置预案、限制进出境和暂停进出境等风险管理措施。

第三章　进境检验检疫

第一节　检疫准入

第九条 海关总署对进境非食用动物产品实施检疫准入制度，包括产品风险分析、监管体系评估与审查、确定检验检疫要求、境外生产企业注册登记等。

第十条 海关总署对首次向中国输出非食用动物产品的国家或者地区进行产品风险分析、监管体系评估，对曾经或者正在向中国输出非食用动物产品的国家或者地区的监管体系进行回顾性审查。

根据风险分析、评估审查结果，海关总署与输出国家或者地区主管部门协商确定向中国输出非食用动物产品的检验检疫要求，并商签有关双边协定或者确定检验检疫证书。

海关总署负责制定、调整并在海关总署网站公布允许进境非食用动物产品的国家或者地区名单以及产品种类。

第十一条 海关总署对向中国输出非食用动物产品的境外生产、加工、存放企业（以下简称境外生产加工企业）实施注册登记制度。

需要实施境外生产加工企业注册登记的非食用动物产品名录由海关总署制定、调整并公布。

第二节 境外生产加工企业注册登记

第十二条 向中国输出非食用动物产品的境外生产加工企业应当符合输出国家或者地区法律法规和标准的相关要求，并达到中国有关法律法规和强制性标准的要求。

第十三条 实施注册登记管理的非食用动物产品境外生产加工企业，经输出国家或者地区主管部门审查合格后向海关总署推荐。

海关总署收到推荐材料并经书面审查合格后，必要时经与输出国家或者地区主管部门协商，派出专家到输出国家或者地区对其监管体系进行评估或者回顾性审查，对申请注册登记的境外生产加工企业进行检查。

符合要求的国家或者地区的境外生产加工企业，经检查合格的予以注册登记。

第十四条 境外生产加工企业注册登记有效期为5年。

需要延期的境外生产加工企业，由输出国家或者地区主管部门在有效期届满6个月前向海关总署提出延期申请。海关总署可以派出专家到输出国家或者地区对其监管体系进行回顾性审查，并对申请延期的境外生产加工企业进行抽查。

对回顾性审查符合要求的国家或者地区，抽查符合要求的及未被抽查的其他申请延期的境外生产加工企业，注册登记有效期延长5年。

第十五条 注册登记的境外生产加工企业不再向中国输出非食用动物产品的，输出国家或者地区主管部门应当通报海关总署，海关总署注销其注册登记。

第十六条 注册登记的境外生产加工企业向中国输出的非食用动物产品经检验检疫不合格，情节严重的，海关总署可以撤销其注册登记。

第三节 检验检疫

第十七条 进境非食用动物产品应当符合下列要求：

（一）双边协议、议定书、备忘录以及其他双边协定确定的相关要求；

（二）双方确认的检验检疫证书规定的相关要求；

（三）中国法律法规规定和强制性标准要求；

（四）进境动植物检疫许可证（以下简称检疫许可证）列明的要求；

（五）海关总署规定的其他检验检疫要求。

第十八条 进境非食用动物产品需要办理检疫许可证的，货主或者其代理人应当按照相关规定办理。

产品风险级别较高的非食用动物产品，因口岸条件限制等原因，进境后应当运往指定的存放、加工场所（以下简称指定企业）检疫的，办理检疫许可证时，货主或者其代理人应当明确指定企业并提供相应证明文件。

第十九条 货主或者其代理人应当在非食用动物产品进境前或者进境时向进境口岸海关报检，报检时应当提供原产地证书、贸易合同、发票、提单、输出国家或者地区主管部门出具的检验检疫证书等单证，须办理检疫审批的应当取得检疫许可证。

第二十条 进境口岸海关对货主或者其代理人报检时所提供的单证进行审核，并对检疫许可证的批准数（重）量进行核销。

对有证书要求的产品，如无有效检疫许可证或者输出国家或者地区主管部门出具的有效检验检疫证书的，作退回或者销毁处理。

第二十一条 进境非食用动物产品，由进境口岸海关实施检验检疫。

因口岸条件限制等原因，进境后应当运往指定企业检疫的非食用动物产品，由进境口岸海关实施现场查验和相应防疫消毒处理后，通知指定企业所在地海关。货主或者其代理人将非食用动物产品运往检疫许可证列明的指定企业后，应当向指定企业所在地海关申报，由指定企业所在地海关实施检验检疫，并对存放、加工过程实施检疫监督。

第二十二条 海关按照以下要求对进境非食用动物产品实施现场查验：

（一）查询启运时间、港口、途经国家或者地区、装载清单等，核对单证是否真实有效，单证与货物的名称、数（重）量、输出国家或者地区、包装、唛头、标记等是否相符；

（二）包装、容器是否完好，是否带有动植物性包装、铺垫材料并符合我国相关规定；

（三）有无腐败变质现象，有无携带有害生物、动物排泄物或者其他动物组织等；

（四）有无携带动物尸体、土壤及其他禁止进境物。

第二十三条 现场查验时，海关应当对运输工具有关部位、装载非食用动物产品的容器、包装外表、铺垫材料、污染场地等进行防疫消毒处理。

第二十四条　现场查验有下列情形之一的，海关签发《检验检疫处理通知书》，并作相应检疫处理：

（一）属于法律法规禁止进境的、带有禁止进境物的、货证不符的、发现严重腐败变质的作退回或者销毁处理。

（二）对散包、容器破裂的，由货主或者其代理人负责整理完好，方可卸离运输工具。海关对受污染的场地、物品、器具进行消毒处理。

（三）带有检疫性有害生物、动物排泄物或者其他动物组织等的，按照有关规定进行检疫处理。不能有效处理的，作退回或者销毁处理。

（四）对疑似受病原体和其他有毒有害物质污染的，封存有关货物并采样进行实验室检测，对有关污染现场进行消毒处理。

第二十五条　转关的非食用动物产品，应当在进境前或者进境时由货主或者其代理人向进境口岸海关申报，根据产品的不同要求提供输出国家或者地区主管部门出具的检验检疫证书等单证。

进境口岸海关对提供的单证进行书面审核。审核不合格的，作退回或者销毁处理。审核合格的，依据有关规定对装载非食用动物产品的集装箱体表、运输工具实施防疫消毒处理。货物到达结关地后，货主或者其代理人应当向结关地海关报检。结关地海关对货物实施检验检疫和检疫监督。

第二十六条　海关按照对非食用动物产品的检验检疫要求抽取样品，出具《抽/采样凭证》，送实验室进行有关项目的检测。

第二十七条　进境非食用动物产品经检验检疫合格，海关签发《进境货物检验检疫证明》后，方可销售、使用或者在指定企业加工。

经检验检疫不合格的，海关签发《检验检疫处理通知书》，由货主或者其代理人在海关的监督下，作除害、退回或者销毁处理，经除害处理合格的准予进境。需要对外索赔的，由海关出具相关证书。

进境非食用动物产品检验检疫不合格信息应当上报海关总署。

第二十八条　未经海关同意，不得将进境非食用动物产品卸离运输工具或者运递。

第二十九条　进境非食用动物产品在从进境运输工具上卸离及运递过程中，货主或者其代理人应当采取措施，防止货物的容器、包装破损而造成渗漏、散落。

第三十条　运往指定企业检疫的非食用动物产品，应当在检疫许可证列明的指定企业存放、加工。因特殊原因，需要变更指定企业的，货主或者其代理人应当办理检疫许可证变更，并向变更后的指定企业所在地海关申报，接受检验检疫和检疫监督。

第三十一条 经香港或者澳门转运的目的地为内地的进境非食用动物产品，在香港或者澳门卸离原运输工具并经港澳陆路、水路运输到内地的，发货人应当向海关总署指定的检验机构申请中转检验。未经检验或者检验不合格的，不得转运内地。

指定的检验机构应当按照海关总署的要求开展中转检验，合格后加施封识并出具中转检验证书，进境口岸海关受理报检时应当同时核查中转检验证书和其他有关检验检疫单证。

第四节　监督管理

第三十二条 海关对进境非食用动物产品存放、加工过程，实施检疫监督制度。

第三十三条 拟从事产品风险级别较高的进境非食用动物产品存放、加工业务的企业可以向所在地直属海关提出指定申请。

直属海关按照海关总署制定的有关要求，对申请企业的申请材料、工艺流程、兽医卫生防疫制度等进行检查评审，核定存放、加工非食用动物产品种类、能力。

第三十四条 指定企业应当符合动物检疫和兽医防疫的规定，遵守下列要求：

（一）按照规定的兽医卫生防疫制度开展防疫工作；

（二）按照规定的工艺加工、使用进境非食用动物产品；

（三）按照规定的方法对废弃物进行处理；

（四）建立并维护企业档案，包括出入库、生产加工、防疫消毒、废弃物处理等记录，档案至少保留 2 年；

（五）如实填写《进境非食用动物产品生产、加工、存放指定企业监管手册》；

（六）涉及安全卫生的其他规定。

第三十五条 海关按照本办法第三十四条的规定对指定企业实施日常监督管理。

指定企业应当按照要求向所在地直属海关提交年度报告，确保其符合海关总署制定的有关要求。

第三十六条 海关应当建立指定企业、收货人及其代理人诚信档案，建立良好记录企业名单和不良记录企业名单。

第三十七条 指定企业、收货人及其代理人发现重大动物疫情或者公共卫生问题时，应当立即向所在地海关报告，海关应当按照有关规定处理并上报。

第三十八条 指定企业名称、地址、法定代表人、进境非食用动物产品种类、存放、生产加工能力、加工工艺以及其他兽医卫生、防疫条件发生变化的，应当及时向所在地直属海关报告并办理变更手续。

第三十九条 海关发现指定企业出现以下情况的，取消指定：

（一）企业依法终止的；

（二）不符合本办法第三十四条规定，拒绝整改或者未整改合格的；

（三）未提交年度报告的；

（四）连续两年未从事进境非食用动物产品存放、加工业务的；

（五）未按照本办法第三十八条规定办理变更手续的；

（六）法律法规规定的应当取消指定的其他情形。

第四十条 直属海关应当在完成存放、加工企业指定、变更后30日内，将相关信息上报海关总署备案。

第四章 出境检验检疫

第一节 出境生产加工企业注册登记

第四十一条 输入国家或者地区要求中国对向其输出非食用动物产品生产、加工、存放企业（以下简称出境生产加工企业）注册登记的，海关总署对出境生产加工企业实行注册登记。

第四十二条 申请注册登记的出境生产加工企业应当符合进境国家或者地区的法律法规有关规定，并遵守下列要求：

（一）建立并维持进境国家或者地区有关法律法规规定的注册登记要求；

（二）按照建立的兽医卫生防疫制度组织生产；

（三）按照建立的合格原料供应商评价制度组织生产；

（四）建立并维护企业档案，确保原料、产品可追溯；

（五）如实填写《出境非食用动物产品生产、加工、存放注册登记企业监管手册》；

（六）符合中国其他法律法规规定的要求。

第四十三条 出境生产加工企业应当向所在地直属海关申请注册登记。申请注册登记时，应当提交下列材料：

（一）《出境非食用动物产品生产、加工、存放企业检验检疫注册登记申请表》；

（二）厂区平面图，并提供重点区域的照片或者视频资料；

（三）工艺流程图，包括生产、加工的温度、使用化学试剂的种类、浓度和pH值、处理的时间和使用的有关设备等情况。

第四十四条 直属海关对申请人提出的申请，应当根据下列情况分别作出处理：

（一）申请事项依法不需要取得行政许可的，应当即时告知申请人；

（二）申请事项依法不属于本行政机关职权范围的，应当即时作出不予受理的决定，并告知申请人向有关行政机关申请；

（三）申请材料存在可以当场更正的错误的，应当允许申请人当场更正；

（四）申请材料不齐全或者不符合法定形式的，应当当场或者在5个工作日内一次告知申请人需要补正的全部内容，逾期不告知的，自收到申请材料之日起即为受理；

（五）申请材料齐全、符合法定形式或者申请人按照要求提交全部补正申请材料的，应当受理申请。

直属海关受理或者不予受理申请，应当出具加盖本行政机关专用印章和注明日期的书面凭证。

第四十五条 直属海关应当在受理申请后组成评审组，对申请注册登记的出境生产加工企业进行现场评审。评审组应当在现场评审结束后及时向直属海关提交评审报告。

第四十六条 直属海关应当自受理申请之日起20日内对申请人的申请事项作出是否准予注册登记的决定；准予注册登记的，颁发《出境非食用动物产品生产、加工、存放企业检验检疫注册登记证》（以下简称《注册登记证》）。

直属海关自受理申请之日起20日内不能作出决定的，经直属海关负责人批准，可以延长10日，并应当将延长期限的理由告知申请人。

第四十七条 直属海关应当将准予注册登记企业名单上报海关总署。海关总署组织进行抽查评估，统一向进境国家或者地区主管部门推荐并办理有关手续。

第四十八条 《注册登记证》自颁发之日起生效，有效期5年。

第四十九条 注册登记的出境生产加工企业变更企业名称、法定代表人、产品种类、存放、生产加工能力等的，应当在变更后30日内向准予注册登记的直属海关提出书面申请，填写《出境非食用动物产品生产、加工、存放企业检验检疫注册登记申请表》，并提交与变更内容相关的资料。

变更企业名称、法定代表人的，由直属海关审核有关资料后，直接办理变更手续。

变更产品种类或者生产能力的，由直属海关审核有关资料并组织现场评审，评审合格后，办理变更手续。

企业迁址的，应当重新向直属海关申请办理注册登记手续。

第五十条 获得注册登记的出境生产加工企业需要延续注册登记有效期的，应当在有效期届满3个月前按照本办法规定提出申请。

第五十一条 海关对注册登记的出境生产加工企业实施年审，年审合格的在《注册登记证》（副本）上加注年审合格记录。

第五十二条 注册登记的出境生产加工企业发生下列情况之一，准予注册登记所依据的客观情况发生重大变化，达不到注册登记条件要求的，由直属海关撤回其注册登记：

（一）注册登记内容发生变更，未办理变更手续的；

（二）年审不合格的；

（三）所依据的客观情况发生其他重大变化的。

第五十三条 有下列情形之一的，直属海关根据利害关系人的请求或者依据职权，可以撤销其注册登记：

（一）直属海关工作人员滥用职权、玩忽职守作出准予注册登记的；

（二）超越法定职权作出准予注册登记的；

（三）违反法定程序作出准予注册登记的；

（四）对不具备申请资格或者不符合法定条件的出境生产加工企业准予注册登记的；

（五）依法可以撤销注册登记的其他情形。

出境生产加工企业以欺骗、贿赂等不正当手段取得注册登记的，应当予以撤销。

第五十四条 出境生产加工企业有下列情形之一的，直属海关应当依法办理注册登记的注销手续：

（一）注册登记有效期届满未申请延续的；

（二）出境生产加工企业依法终止的；

（三）出境生产加工企业因停产、转产、倒闭等原因不再从事出境非食用动物产品生产、加工或者存放业务的；

（四）注册登记依法被撤销、撤回或者吊销的；

（五）因不可抗力导致注册登记事项无法实施的；

（六）法律、法规规定的应当注销注册登记的其他情形。

第二节　检验检疫

第五十五条　海关按照下列要求对出境非食用动物产品实施检验检疫：

（一）双边协议、议定书、备忘录和其他双边协定；

（二）输入国家或者地区检验检疫要求；

（三）中国法律法规、强制性标准和海关总署规定的检验检疫要求；

（四）贸易合同或者信用证注明的检疫要求。

第五十六条　非食用动物产品出境前，货主或者其代理人应当向产地海关报检，并提供贸易合同、自检自控合格证明等相关单证。海关对所提供的单证进行审核，符合要求的受理报检。

第五十七条　受理报检后，海关按照下列规定实施现场检验检疫：

（一）核对货证：核对单证与货物的名称、数（重）量、生产日期、批号、包装、唛头、出境生产企业名称或者注册登记号等是否相符；

（二）抽样：根据相应标准、输入国家或者地区的要求进行抽样，出具《抽/采样凭证》；

（三）感官检查：包装、容器是否完好，外观、色泽、组织状态、黏度、气味、异物、异色及其他相关项目。

第五十八条　海关对需要进行实验室检验检疫的产品，按照相关规定，抽样送实验室检测。

第五十九条　经检验检疫合格的，海关出具检验检疫证书。检验检疫不合格的，经有效方法处理并重新检验检疫合格的，可以按照规定出具相关单证，准予出境；无有效方法处理或者虽经处理重新检验检疫仍不合格的，不予出境，并出具《出境货物不合格通知单》。

第六十条　出境口岸海关按照相关规定查验，重点核查货证是否相符。查验不合格的，不予放行。

第六十一条　产地海关与出境口岸海关应当及时交流信息。

在检验检疫过程中发现重大安全卫生问题，应当采取相应措施，并及时上报海关总署。

第三节　监督管理

第六十二条　取得注册登记的出境生产加工企业应当遵守下列规定：

（一）有效运行自检自控体系；

（二）按照输入国家或者地区的标准或者合同要求生产出境产品；

（三）按照海关认可的兽医卫生防疫制度开展卫生防疫工作；

（四）企业档案维护，包括出入库、生产加工、防疫消毒、废弃物检疫处理等记录，记录档案至少保留 2 年；

（五）如实填写《出境非食用动物产品生产、加工、存放注册登记企业监管手册》。

第六十三条　海关对辖区内注册登记的出境生产加工企业实施日常监督管理，内容包括：

（一）兽医卫生防疫制度的执行情况；

（二）自检自控体系运行，包括原辅料、成品自检自控情况、生产加工过程控制、原料及成品出入库及生产、加工的记录等；

（三）涉及安全卫生的其他有关内容；

（四）《出境非食用动物产品生产、加工、存放注册登记企业监管手册》填写情况。

第六十四条　海关应当建立注册登记的出境生产加工企业诚信档案，建立良好记录企业名单和不良记录企业名单。

第六十五条　出境非食用动物产品被检出疫病、有毒有害物质超标或者其他安全卫生问题的，海关核实有关情况后，实施加严检验检疫监管措施。

第六十六条　注册登记的出境生产加工企业发现相关产品可能受到污染并影响非食用动物产品安全，或者其出境产品在国外涉嫌引发非食用动物产品安全事件时，应当在 24 小时内报告所在地海关，同时采取控制措施，防止不合格产品继续出厂。所在地海关接到报告后，应当于 24 小时内逐级上报至海关总署。

第五章　过境检验检疫

第六十七条　运输非食用动物产品过境的，承运人或者押运人应当持货运单和输出国家或者地区主管部门出具的证书，并书面提交过境运输路线，向进境口岸海关报检。

第六十八条　装载过境非食用动物产品的运输工具和包装物、装载容器应当完好。经进境口岸海关检查，发现过境非食用动物产品存在途中散漏隐患的，承运人或者押运人应当按照口岸海关的要求，采取密封措施；无法采取密封措施的，不准过境。

第六十九条 过境非食用动物产品的输出国家或者地区未被列入本办法第十条规定的名单的，应当获得海关总署的批准方可过境。

第七十条 过境的非食用动物产品，由进境口岸海关查验单证，加施封识后放行，同时通知出境口岸海关。到达出境口岸后，由出境口岸海关确认原货柜、原包装、原封识完好后，允许出境。

第六章 法律责任

第七十一条 违反本办法规定，擅自销售、使用未报检或者未经检验的属于法定检验的进境非食用动物产品的，由海关按照《中华人民共和国进出口商品检验法实施条例》第四十三条的规定没收违法所得，并处非食用动物产品货值金额5%以上20%以下罚款；构成犯罪的，依法追究刑事责任。

第七十二条 违反本办法规定，擅自出口未报检或者未经检验的属于法定检验的出境非食用动物产品的，由海关按照《中华人民共和国进出口商品检验法实施条例》第四十四条的规定没收违法所得，并处非食用动物产品货值金额5%以上20%以下罚款；构成犯罪的，依法追究刑事责任。

第七十三条 销售、使用经法定检验、抽查检验不合格的进境非食用动物产品，或者出口经法定检验、抽查检验不合格的非食用动物产品的，由海关按照《中华人民共和国进出口商品检验法实施条例》第四十五条的规定责令停止销售、使用或者出口，没收违法所得和违法销售、使用或者出口的非食用动物产品，并处没收销售、使用或者出口的非食用动物产品货值金额等值以上3倍以下罚款；构成犯罪的，依法追究刑事责任。

第七十四条 进出境非食用动物产品的收货人、发货人、代理报检企业或者报检人员不如实提供属于法定检验的进出境非食用动物产品的真实情况，取得海关的有关证单，或者对法定检验的进出境非食用动物产品不予报检，逃避进出口商品检验的，由海关按照《中华人民共和国进出口商品检验法实施条例》第四十六条第一款的规定没收违法所得，并处非食用动物产品货值金额5%以上20%以下罚款。

进出境非食用动物产品的收货人或者发货人委托代理报检企业办理报检手续，未按照规定向代理报检企业提供所委托报检事项的真实情况，取得海关的有关证单的，对委托人依照前款规定予以处罚。

第七十五条 伪造、变造、买卖或者盗窃检验证单、印章、标志、封识或者使用伪造、变造的检验证单、印章、标志、封识，构成犯罪的，依法追究刑事责任；尚不够刑事处罚的，由海关按照《中华人民共和国进出口商品检验法实施条例》第四十七条的规定责令改正，没收违法所得，并处非食用动物产品货值金额等值以下罚款。

第七十六条 擅自调换海关抽取的样品或者海关检验合格的进出境非食用动物产品的，由海关按照《中华人民共和国进出口商品检验法实施条例》第四十八条的规定责令改正，给予警告；情节严重的，并处非食用动物产品货值金额10%以上50%以下罚款。

第七十七条 有下列违法行为之一的，由海关按照《中华人民共和国进出境动植物检疫法实施条例》第五十九条的规定处5000元以下的罚款：

（一）未报检或者未依法办理检疫审批手续或者未按检疫审批的规定执行的；

（二）报检的非食用动物产品与实际不符的。

有前款第（二）项所列行为，已取得检疫单证的，予以吊销。

第七十八条 有下列情形之一的，由海关按照《中华人民共和国进出境动植物检疫法实施条例》第六十条的规定处3000元以上3万元以下罚款：

（一）未经海关批准，擅自将进境、出境、过境非食用动物产品卸离运输工具或者运递的；

（二）擅自开拆过境非食用动物产品的包装，或者擅自开拆、损毁动植物检疫封识或者标志的。

第七十九条 有下列情形之一的，依法追究刑事责任；尚不构成犯罪或者犯罪情节显著轻微依法不需要判处刑罚的，由海关按照《中华人民共和国进出境动植物检疫法实施条例》第六十二条的规定处2万元以上5万元以下的罚款：

（一）引起重大动植物疫情的；

（二）伪造、变造动植物检疫单证、印章、标志、封识的。

第八十条 有下列情形之一，有违法所得的，由海关处以违法所得3倍以下罚款，最高不超过3万元；没有违法所得的，处以1万元以下罚款：

（一）未经注册登记或者指定擅自生产、加工、存放需要实施企业注册登记或者指定管理的非食用动物产品的；

（二）擅自销售、使用或者出口应当经抽查检验而未经抽查检验的进出境非食用动物产品的；

（三）买卖或者使用伪造、变造的动植物检疫单证、印章、标志、封识的；

（四）买卖或者使用伪造、变造的输出国家或者地区主管部门检验检疫证明文件的；

（五）买卖或者使用伪造、变造的其他相关证明文件的；

（六）拒不接受海关监督管理的；

（七）未按照有关规定向指定企业所在地海关申报的；

（八）实施企业注册登记或者指定管理的进境非食用动物产品，未经批准，货主或者其代理人擅自变更生产、加工、存放企业的；

（九）擅自处置未经检疫处理的进境非食用动物产品使用、加工过程中产生的废弃物的。

第八十一条　申请注册登记的生产、加工、存放企业隐瞒有关情况或者提供虚假材料申请注册登记的，海关不予受理申请或者不予注册登记，并可以给予警告。

经注册登记的生产、加工、存放企业以欺骗、贿赂等不正当手段取得注册登记的，有违法所得的，由海关处以违法所得 3 倍以下罚款，最高不超过 3 万元；没有违法所得的，处以 1 万元以下罚款。

第八十二条　海关工作人员滥用职权，故意刁难当事人的，徇私舞弊，伪造检验检疫结果的，或者玩忽职守，延误检验检疫出证的，依法给予行政处分；构成犯罪的，依法追究刑事责任。

第七章　附　则

第八十三条　本办法中非食用动物产品是指非直接供人类或者动物食用的动物副产品及其衍生物、加工品，如非直接供人类或者动物食用的动物皮张、毛类、纤维、骨、蹄、角、油脂、明胶、标本、工艺品、内脏、动物源性肥料、蚕产品、蜂产品、水产品、奶产品等。

第八十四条　进出境非食用动物产品应当实施卫生检疫的，按照国境卫生检疫法律法规的规定执行。

第八十五条　本办法由海关总署负责解释。

第八十六条　本办法自 2015 年 2 月 1 日起施行。自施行之日起，进出境非食用动物产品检验检疫管理规定与本办法不一致的，以本办法为准。

出入境检验检疫报检企业管理办法

（2015 年 2 月 15 日国家质量监督检验检疫总局令第 161 号公布，根据 2016 年 10 月 18 日国家质量监督检验检疫总局令第 184 号《国家质量监督检验检疫总局关于修改和废止部分规章的决定》第一次修正，根据 2018 年 4 月 28 日海关总署令第 238 号《海关总署关于修改部分规章的决定》第二次修正，根据 2018 年 5 月 29 日海关总署令第 240 号《海关总署关于修改部分规章的决定》第三次修正）

第一章　总　则

第一条　为加强对出入境检验检疫报检企业的监督管理，规范报检行为，维护正常的检验检疫工作秩序，促进对外贸易健康发展，根据《中华人民共和国进出口商品检验法》及其实施条例、《中华人民共和国进出境动植物检疫法》及其实施条例、《中华人民共和国国境卫生检疫法》及其实施细则、《中华人民共和国食品安全法》及其实施条例等法律法规规定，制定本办法。

第二条　海关总署主管全国报检企业的管理工作。

主管海关负责所辖区域报检企业的日常监督管理工作。

第三条　本办法所称报检企业，包括自理报检企业和代理报检企业。

自理报检企业，是指向海关办理本企业报检业务的进出口货物收发货人。出口货物的生产、加工单位办理报检业务的，按照本办法有关自理报检企业的规定管理。

代理报检企业，是指接受进出口货物收发货人（以下简称委托人）委托，为委托人向海关办理报检业务的境内企业。

第四条　本办法所称报检人员，是指负责向海关办理所在企业报检业务的人员。

报检企业对其报检人员的报检行为承担相应的法律责任。

第二章　备案管理

第五条　报检企业办理报检业务应当向海关备案，备案时应当提供以下材料：

（一）《报检企业备案表》；

（二）《报检人员备案表》及报检人员的身份证复印件；

（三）出入境快件运营企业应当提交国际快递业务经营许可证复印件。

以上材料应当加盖企业公章。

第六条 材料齐全、符合要求的，海关应当为报检企业办理备案手续，核发报检企业及报检人员备案号。

第七条 鼓励报检企业在报检前向海关办理备案。已经办理备案手续的报检企业，再次报检时可以免予提交本办法第五条所列材料。

第八条 已备案报检企业向海关办理报检业务，应当由该企业在海关备案的报检人员办理。

报检人员办理报检业务时应当提供备案号及报检人员身份证明。

第三章 报检业务

第九条 报检企业可以向海关办理下列报检业务：

（一）办理报检手续；

（二）缴纳出入境检验检疫费；

（三）联系和配合海关实施检验检疫；

（四）领取检验检疫证单。

第十条 报检企业应当在中华人民共和国境内口岸或者检验检疫监管业务集中的地点向海关办理本企业的报检业务。

自理报检企业可以委托代理报检企业，代为办理报检业务。

第十一条 代理报检企业办理报检业务时，应当向海关提交委托人授权的代理报检委托书，委托书应当列明货物信息、具体委托事项、委托期限等内容，并加盖委托人的公章。

代理报检企业应当在委托人授权范围内从事报检业务，并对委托人所提供材料的真实性进行合理审查。

第十二条 代理报检企业代缴出入境检验检疫费的，应当将出入境检验检疫收费情况如实告知委托人，不得假借海关名义向委托人收取费用。

第四章 监督管理

第十三条 报检企业办理报检业务应当遵守国家有关法律、行政法规和检验检疫规章的规定，承担相应的法律责任。

第十四条 报检企业办理备案手续时，应当对所提交的材料以及所填报信息内容的真实性负责且承担法律责任。

第十五条　海关对报检企业的报检业务进行监督检查，报检企业应当积极配合，如实提供有关情况和材料。

代理报检企业应当在每年3月底前提交上一年度的《代理报检业务报告》，主要内容包括企业基本信息、遵守检验检疫法律法规情况、报检业务管理制度建设情况、报检人员管理情况、报检档案管理情况、报检业务情况及分析、报检差错及原因分析、自我评估等。

第十六条　海关对报检企业实施信用管理和分类管理，对报检人员实施报检差错记分管理。报检人员的差错记分情况列入报检企业的信用记录。

海关可以公布报检企业的信用等级、分类管理类别和报检差错记录情况。

第十七条　《报检企业备案表》《报检人员备案表》中载明的备案事项发生变更的，企业应当自变更之日起30日内凭变更证明文件等相关材料向备案的海关办理变更手续。

第十八条　报检企业可以向备案的海关申请注销报检企业或者报检人员备案信息。报检企业注销备案信息的，报检企业的报检人员备案信息一并注销。

第十九条　因未及时办理备案变更、注销而产生的法律责任由报检企业承担。

第二十条　鼓励报检协会等行业组织实施报检企业行业自律管理，开展报检人员能力水平认定和报检业务培训等，促进报检行业的规范化、专业化，防止恶性竞争。

第二十一条　海关应当加强对报检协会等行业组织的指导，充分发挥行业组织的预警、组织、协调作用，推动其建立和完善行业自律制度。

第五章　法律责任

第二十二条　代理报检企业违反规定扰乱报检秩序，有下列行为之一的，由海关按照《中华人民共和国进出口商品检验法实施条例》的规定进行处罚：

（一）假借海关名义向委托人收取费用的；

（二）拒绝配合海关实施检验检疫，拒不接受海关监督管理，或者威胁、贿赂检验检疫工作人员的；

（三）其他扰乱报检秩序的行为。

第二十三条　报检企业有其他违反出入境检验检疫法律法规规定行为的，海关按照相关法律法规规定追究其法律责任。

第六章 附 则

第二十四条 海关按照"出入境检验检疫企业信用信息采集条目"对报检人员的报检差错进行计分。

第二十五条 出入境快件运营企业代理委托人办理出入境快件报检业务的，免予提交报检委托书。海关参照代理报检企业进行管理。

第二十六条 机关单位、事业单位、社会团体等非企业单位按照国家有关规定需要从事非贸易性进出口活动的，凭有效证明文件可以直接办理报检手续。

第二十七条 本办法所称"以上"包含本数，"以下"不含本数。"年度"指1个公历年度。

第二十八条 本办法由海关总署负责解释。

第二十九条 本办法自2015年4月1日起施行。《出入境检验检疫报检员管理规定》（国家质检总局令第33号）、《出入境检验检疫代理报检管理规定》（国家质检总局令第128号）同时废止。《出入境快件检验检疫管理办法》（国家质检总局令第3号）、《出入境检验检疫报检规定》（国家检验检疫局令第16号）与本办法不一致的，以本办法为准。

出入境检疫处理单位和人员管理办法

（2016年3月31日国家质量监督检验检疫总局令第181号公布，根据2018年4月28日海关总署令第238号《海关总署关于修改部分规章的决定》第一次修正，根据2018年5月29日海关总署令第240号《海关总署关于修改部分规章的决定》第二次修正）

第一章 总 则

第一条 为规范出入境检疫处理单位和人员的管理，根据《中华人民共和国进出境动植物检疫法》及其实施条例、《中华人民共和国国境卫生检疫法》及其实施细则等相关法律法规规定，制定本办法。

第二条 本办法适用于对出入境检疫处理单位和人员的核准以及监督管理。

第三条 本办法所称：

"出入境检疫处理"是指利用生物、物理、化学的方法，对出入境货物、交通工具、集装箱及其他检疫对象采取的消除疫情疫病风险或者潜在危害，防止人类传染病传播、动植物病虫害传入传出的措施。

"出入境检疫处理单位"（以下简称检疫处理单位）是指经直属海关核准从事出入境检疫处理工作的单位。

"出入境检疫处理人员"（以下简称检疫处理人员）是指经直属海关核准，在检疫处理单位从事出入境检疫处理工作的人员。

第四条 海关总署主管全国检疫处理单位和人员管理工作。

主管海关负责所辖地区检疫处理单位和人员的日常监督管理。

第五条 出入境检疫处理按照实施方式和技术要求，分为A类、B类、C类、D类、E类、F类和G类。

（一）A类，熏蒸（出入境船舶熏蒸、疫麦及其他大宗货物熏蒸）；

（二）B类，熏蒸（A类熏蒸除外）；

（三）C类，消毒处理（熏蒸方式除外）；

（四）D类，药物及器械除虫灭鼠（熏蒸方式除外）；

（五）E类，热处理；

（六）F类，辐照处理；

（七）G类，除上述类别外，采用冷处理、微波处理、除污处理等方式实施的出入境检疫处理。

检疫处理单位和人员可以申请从事一类或者多类出入境检疫处理工作。

第六条 检疫处理单位和人员应当在核准范围内从事出入境检疫处理工作；未经核准，不得从事或者超范围从事出入境检疫处理工作。

海关根据相关法律法规或者输入国家（地区）要求，对需要实施检疫处理的对象，向货主或者其代理人签发检验检疫处理通知书。货主或者其代理人应当委托有资质的检疫处理单位实施检疫处理。

第二章 检疫处理单位申请条件

第七条 申请从事出入境检疫处理工作的单位（以下简称申请单位），应当具备下列基本条件：

（一）具有独立法人资格；

（二）具有满足条件的办公场所；

（三）申请从事的检疫处理类别需要使用危险化学品的，其从业人员及危险化学品的运输、储存、使用应当符合国家有关规定；

（四）使用的出入境检疫处理器械、药剂以及计量器具应当符合国家有关规定；

（五）具有必要的出入境检疫处理安全防护装备、急救药品和设施；

（六）建立有效的质量控制、效果评价、安全保障以及突发事件应急机制等管理制度；

（七）建立完整的出入境检疫处理业务档案、技术培训档案和职工职业健康档案管理制度；

（八）配备经直属海关核准的检疫处理人员；

（九）配备专职或者兼职安全员，法律法规有规定的，还应当具备相应的资质。

第八条 申请从事 A 类出入境检疫处理工作的单位，除应当具备本办法第七条所列条件以外，还应当符合下列条件：

（一）具有 B 类出入境检疫处理资质 3 年以上，近 3 年无安全和质量事故；

（二）药品、仪器、设备、材料、专用药品库及操作规范符合法律法规、标准和技术规范的要求；

（三）配备检疫处理熏蒸气体浓度测定仪器、残留毒气检测仪器、大气采样仪器等设备。

第九条 申请从事 B 类出入境检疫处理工作的单位，除应当具备本办法第七条所列条件以外，还应当符合下列条件：

（一）处理场所、药品、仪器、设备、材料、专用药品库及操作规范符合法律法规、标准和技术规范的要求；

（二）配备检疫处理熏蒸气体浓度测定仪器、残留毒气检测仪器、大气采样仪器等设备。

第十条 申请从事 C 类出入境检疫处理工作的单位，除应当具备本办法第七条所列条件以外，还应当符合下列条件：

（一）药品、仪器、设备、材料、专用药品库及操作规范符合法律法规、标准和技术规范的要求；

（二）配备消毒效果评价相关检测设备。

第十一条 申请从事 D 类出入境检疫处理工作的单位，除应当具备本办法第七条所列条件以外，还应当符合下列条件：

（一）药品、仪器、设备、材料、专用药品库及操作规范符合法律法规、标准和技术规范的要求；

（二）配备除虫灭鼠试验室相关检测设备等。

第十二条 申请从事 E 类出入境检疫处理工作的单位，除应当具备本办法第七条所列条件以外，还应当符合下列条件：

（一）处理场所、库房、处理设备及操作规范符合法律法规、标准和技术规范的要求；

（二）使用特种设备的，持有特种设备许可证。

第十三条 申请从事 F 类出入境检疫处理工作的单位，除应当具备本办法第七条所列条件以外，还应当符合下列条件：

（一）处理场所、仪器、设备、放射性物品购置及存放、操作规范符合法律法规、标准和技术规范的要求；

（二）持有放射性设备使用许可证。

第十四条 申请从事 G 类出入境检疫处理工作的单位，除应当具备本办法第七条所列条件以外，还应当符合下列条件：

（一）处理场所、库房、处理设备及操作规范符合法律法规、标准和技术规范的要求；

（二）使用特种设备的，持有特种设备许可证。

第三章 检疫处理单位

第十五条 申请单位应当向所在地直属海关提出申请并提交下列材料：

（一）《出入境检疫处理单位核准申请表》；

（二）申请单位所属检疫处理人员名单。

第十六条 直属海关对申请单位提出的申请，应当根据下列情况分别作出处理：

（一）申请材料存在可以当场更正的错误的，应当允许申请单位当场更正；

（二）申请材料不齐全或者不符合法定形式的，应当当场或者在 5 日内一次告知申请单位需要补正的全部内容，逾期不告知的，自收到申请材料之日起即为受理；

（三）申请材料齐全、符合法定形式，或者申请单位按照要求提交全部补正申请材料的，应当受理申请。

直属海关受理或者不予受理申请，应当出具加盖本单位专用印章和注明日期的书面凭证。

第十七条 直属海关应当在受理申请后组成评审专家组，对提出申请的检疫处理单位进行现场考核评审并提交书面评审报告。

第十八条 直属海关应当自受理申请之日起 20 日内作出是否核准的决定。

20 日内不能作出决定的，经直属海关负责人批准，可以延长 10 日，并将延长期限的理由书面告知申请单位。

第十九条 直属海关作出核准决定的，应当自作出决定之日起 10 日内颁发并送达《出入境检疫处理单位核准证书》（以下简称《核准证书》）。

不予核准的，应当书面通知申请单位并说明理由。

直属海关作出的核准决定，应当予以公开。

第四章　检疫处理人员

第二十条 年满十八周岁，身体健康，具有完全民事行为能力，具备检疫处理基本知识，掌握检疫处理操作技能的人员，可以参加检疫处理人员从业资格考试。

第二十一条 检疫处理人员资格分为两类，即熏蒸处理类（A 类、B 类）、其他类（C 类、D 类、E 类、F 类、G 类）。

第二十二条 海关总署负责制定考试大纲，直属海关负责考试的组织实施工作。

直属海关每年至少组织一次检疫处理人员从业资格考试，同时可根据本辖区市场和业务需求，适当增加考试频次。

第二十三条 检疫处理人员从业资格考试内容包括出入境检疫处理基础知识和操作技能。

基础知识包括：法律法规、标准、技术规范等。

操作技能包括：药品、仪器、设备的操作运用，出入境检疫处理现场操作、安全防护、应急处理等。

第二十四条 通过检疫处理人员从业资格考试的人员，由直属海关颁发《从业证》。

第二十五条 《从业证》有效期 3 年，有效期内全国通用。检疫处理人员需要延续《从业证》有效期的，应当在有效期届满 3 个月前向颁发《从业证》的直属海关提出延续申请。直属海关应当在有效期届满前作出是否准予延续的决定。

第二十六条 检疫处理人员应当严格按照法律法规、标准、技术规范以及检疫处理单位制定的工作方案实施检疫处理，做好安全防护，保证处理效果。

第五章　监督管理

第二十七条 直属海关应当建立检疫处理单位和人员管理档案，将检疫处理单位纳入企业信用管理，并针对不同信用等级的检疫处理单位制定差异化的监管措施。

海关应当定期组织对所辖地区检疫处理单位和人员及其操作进行监督检查，对检疫处理单位的检疫处理效果进行监督和评价，并将监督检查结果向直属海关报告。

检疫处理单位和人员应当配合海关的监督检查工作。

第二十八条 海关按照"安全、高效、环保"的原则，定期开展检疫处理药品、器械等口岸适用性评价工作，确定适用于口岸使用的药品、器械名录。检疫处理单位实施口岸检疫处理工作时应选用目录内药品、器械，按照有关要求科学规范用药。

第二十九条 海关对未取得相应《核准证书》的单位、未获得相应《从业证》的人员及未按照法律法规、标准和技术规范实施的检疫处理结果不予认可。

第三十条 检疫处理单位应当在《核准证书》核准范围内，根据出入境检验检疫处理通知书要求，严格按照法律法规、标准和技术规范实施检疫处理。

实施处理前，检疫处理单位应当根据不同类型的处理任务制定具体的实施方案并留档备查。处理期间，检疫处理单位应当在现场设置明显的警示标志，对处理过程进行记录。处理完毕后，检疫处理单位应当准确填写检疫处理结果报告单，交海关。

第三十一条 检疫处理单位应当开展处理控制和处理效果评价，保证检疫处理效果，保护环境和生态安全，并承担相应的法律责任。

第三十二条 检疫处理单位应当建立检疫处理业务档案，真实完整地记录其检疫处理业务。

第三十三条 检疫处理单位应当于每年1月底前向其所在地直属海关提交上一年度检疫处理情况工作报告。

第三十四条 有下列情形之一的，检疫处理单位应当自变更之日起30日内向颁发《核准证书》的直属海关申请办理变更手续：

（一）法定代表人变更；

（二）检疫处理人员变更；

（三）其他重大事项变更。

符合规定要求的，直属海关应当在收到相关资料后20日内完成变更手续。

第三十五条 检疫处理单位《核准证书》有效期6年。检疫处理单位需要延续《核准证书》有效期的，应当于有效期届满3个月前向颁发《核准证书》的直属海关申请延续。直属海关应当在有效期届满前作出是否准予延续的决定，准予延续的，换发《核准证书》。

第三十六条　有下列情形之一的，直属海关根据利害关系人的请求或者依据职权，可以撤销《核准证书》或者《从业证》：

（一）海关工作人员滥用职权、玩忽职守颁发《核准证书》或者《从业证》的；

（二）超越法定职权颁发《核准证书》或者《从业证》的；

（三）违反法定程序颁发《核准证书》或者《从业证》的；

（四）对不具备申请资格或者不符合法定条件的申请人颁发《核准证书》或者《从业证》的；

（五）检疫处理单位或者检疫处理人员以欺骗、贿赂等不正当手段取得《核准证书》或者《从业证》的；

（六）依法可以撤销《核准证书》或者《从业证》的其他情形。

第三十七条　有下列情形之一的，直属海关应当依据职权注销《核准证书》或者《从业证》：

（一）检疫处理单位《核准证书》或者检疫处理人员《从业证》有效期届满未申请延续的；

（二）检疫处理单位依法终止的；

（三）检疫处理人员死亡或者丧失行为能力的；

（四）《核准证书》或者《从业证》依法被撤销、撤回或者吊销的；

（五）因不可抗力导致许可事项无法实施的；

（六）法律、法规规定的应当注销的其他情形。

第三十八条　申请从事检疫处理的单位或者人员隐瞒有关情况或者提供虚假申请材料的，直属海关不予受理或者不予颁发《核准证书》或者《从业证》，申请单位或者人员1年内不得再次申请。

以欺骗、贿赂等不正当手段取得《核准证书》或者《从业证》的，申请单位或者人员3年内不得再次申请。

第六章　法律责任

第三十九条　检疫处理单位有下列情形之一的，海关可以给予警告，并可以并处3万元以下罚款：

（一）未按照技术要求和操作规程进行操作的；

（二）出入境检疫处理质量未达到检验检疫技术要求的；

（三）发生安全、质量事故并负有管理责任的；

（四）聘用未取得《从业证》人员或者检疫处理人员超出《从业证》核准范围实施出入境检疫处理工作的；

（五）超出《核准证书》核准范围从事出入境检疫处理工作的；

（六）出入境检疫处理业务档案、安全事故档案或者职工职业健康监护档案不完整、填写不规范，情节严重的；

（七）存在本办法第三十四条所列情形，未办理变更手续的。

第四十条 检疫处理单位有下列情形之一的，由直属海关吊销其《核准证书》：

（一）有本办法第三十九条第（一）至第（五）项所列情形，情节严重或者造成严重后果的；

（二）伪造、变造、恶意涂改出入境检疫处理业务档案、安全事故档案或者职工职业健康监护档案的；

（三）涂改、倒卖、出租、出借《核准证书》，或者以其他方式非法转让《核准证书》的；

（四）转委托其他单位进行检疫处理的；

（五）检疫处理单位和人员拒绝接受海关监管或者整改不力的；

（六）检疫处理单位和人员拒不履行相关义务或者未按照相关规定实施检疫处理，处理效果评价多次不达标的。

第四十一条 检疫处理人员未按照技术要求和操作规程进行操作的，由海关给予警告或者处以2000元以下罚款。有下列行为之一的，由直属海关吊销其《从业证》：

（一）造成重大安全、质量事故的；

（二）超出核准范围从事出入境检疫处理工作的。

第四十二条 尚未取得或者已被吊销《核准证书》《从业证》和营业执照，擅自从事出入境检疫处理工作的，由海关责令改正，处以3万元以下罚款。

第四十三条 海关工作人员徇私舞弊、滥用职权、玩忽职守，违反相关法律法规和本办法规定的，依法给予行政处分；情节严重，构成犯罪的，依法追究刑事责任。

第七章 附 则

第四十四条 检疫处理单位应当将检疫处理收费的依据、项目、标准等对外公布，并严格遵守。

第四十五条 检疫处理单位和检疫处理人员核准以及监管等信息应当及时

录入有关信息化管理系统。

第四十六条 检疫处理单位信用管理按照国家企业信用信息管理的有关规定执行。

第四十七条 本办法施行前已经获得出入境检疫处理单位资质许可的检疫处理单位,应当依照本办法规定重新获得核准。申请从事 A 类检疫处理工作的,其此前从事检疫处理资质年限可连续计算。

第四十八条 出境木质包装标识企业对出境木质包装的检疫处理及进出境货物生产企业在生产过程中进行的检疫处理不适用本办法。

第四十九条 《核准证书》《从业证》《出入境检疫处理单位核准申请表》由海关总署统一监制。

第五十条 本办法由海关总署负责解释。

第五十一条 本办法自 2016 年 7 月 1 日起施行。原国家检验检疫局于 1998 年 12 月 24 日发布的《熏蒸消毒监督管理办法(试行)》同时废止。

国境口岸卫生许可管理办法

(2016 年 4 月 28 日国家质量监督检验检疫总局令第 182 号公布,根据 2018 年 3 月 6 日国家质量监督检验检疫总局令第 196 号《国家质量监督检验检疫总局关于废止和修改部分规章的决定》第一次修正,根据 2018 年 4 月 28 日海关总署令第 238 号《海关总署关于修改部分规章的决定》第二次修正,根据 2018 年 5 月 29 日海关总署令第 240 号《海关总署关于修改部分规章的决定》第三次修正)

第一章 总 则

第一条 为规范国境口岸卫生许可工作,加强口岸卫生监督管理,保护出入境人员健康,维护口岸卫生安全,根据《中华人民共和国国境卫生检疫法》及其实施细则、《中华人民共和国食品安全法》及其实施条例、《公共场所卫生管理条例》、《中华人民共和国国境口岸卫生监督办法》等法律法规的规定,制定本办法。

第二条 本办法适用于国境口岸从事食品生产(含航空配餐)、食品销售

（含入/出境交通工具食品供应）、餐饮服务（食品摊贩除外）、饮用水供应、公共场所经营的单位或者个人（以下统称生产经营者）。

第三条 海关总署统一管理全国国境口岸卫生许可管理工作。

主管海关负责所辖区域内的国境口岸卫生许可及监督管理工作。

第四条 生产经营者对其生产经营食品的安全、公共卫生安全负责，应当依照法律、法规以及食品和公共卫生安全标准从事生产经营活动。

第五条 生产经营者应当向所在地海关申请国境口岸卫生许可（以下简称卫生许可），取得国境口岸卫生许可证（以下简称卫生许可证）后方可从事相关经营或者服务活动，并依法接受海关监督。

第六条 海关实施卫生许可应当符合法律、法规和规章规定的权限、范围、条件和程序，遵循公开、公平、公正、便民的原则。

第七条 海关应当加强对卫生许可过程的监督检查，建立卫生许可档案管理制度及行政许可结果公示制度。

第八条 任何单位和个人有权监督、举报卫生许可实施过程中的违法行为，海关应当及时核实、处理。

第二章 许可要求

第九条 从事国境口岸食品生产、食品销售、餐饮服务的，应当符合国家食品安全标准及下列要求：

（一）具有与生产经营的食品品种、数量相适应的食品原料处理和食品加工、包装、贮存、销售等场所，保持该场所环境整洁，并与有毒、有害场所以及其他污染源保持规定的距离；使用的原、辅材料等应当符合相应的国家标准、行业标准及有关规定。

（二）具有与生产经营的食品品种、数量相适应的生产经营设备或者设施，有相应的消毒、更衣、盥洗、采光、照明、通风、防腐、防尘、防蝇、防鼠、防虫、洗涤以及处理废水、存放垃圾和废弃物的设备或者设施。

（三）具有合理的设备布局和工艺流程，防止待加工食品与直接入口食品、原料与成品交叉污染，避免食品接触有毒物、不洁物。

（四）贮存、运输和装卸食品的容器、工具和设备应当安全、无害、保持清洁，防止食品污染，并符合保证食品安全所需的温度等特殊要求，不得将食品与有毒、有害物品一同贮存、运输。

（五）具有经过食品安全培训、符合相关条件的食品安全管理人员。

（六）建立与本单位实际相适应的保证食品安全的规章制度，包括环境清洁卫生管理制度、食品安全自查管理制度、食品进货查验记录制度、从业人员健康管理制度。从事食品生产的，还应当建立生产加工过程食品安全管理制度、出厂检验记录制度、不合格产品管理制度；从事餐饮服务的，还应当建立设施设备卫生管理制度、清洗消毒制度、加工操作规程、食品添加剂的管理制度。

（七）用水应当符合国家规定的生活饮用水卫生标准。

第十条　从事饮用水供应的，应当符合下列要求：

（一）建立生活饮用水卫生管理制度，包括从业人员卫生培训、专（兼）职卫生管理人员、供水设备设施维护、卫生管理档案等有关内容；

（二）水质应当符合国家规定的生活饮用水卫生标准；

（三）供水设备应当运转正常，并按照规定的期限清洗、消毒；

（四）供水设施在规定的卫生防护距离内不得有污染源，生活饮用水水箱必须专用，与非饮用水不得相通，必须安全密闭、有必要的卫生防护设施；

（五）与生活饮用水直接接触的供水设备及用品，应当符合国家相关产品标准，无毒无害，不得污染水质；

（六）具备感官指标和余氯、pH 值等常用理化指标检测能力；

（七）自备水源供水设施与城镇公共供水管网不得有任何连接；

（八）二次供水设施与城镇公共供水管网不得直接连接，在特殊情况下需要连通时必须设置不承压水箱；

（九）集中式供水应当有水质消毒设备。

第十一条　从事国境口岸公共场所经营的，应当符合下列要求：

（一）有固定的营业场所，根据经营规模、项目设置清洗、消毒、保洁、盥洗等设施设备和公共卫生间，并保证各项设施运转正常，禁止挪作他用；

（二）设立卫生管理人员，具体负责本公共场所的卫生工作；

（三）建立卫生管理制度，包括从业人员卫生培训、卫生设施设备维护、公共场所危害健康事故应急、卫生管理档案等内容；

（四）水质符合国家规定的要求；

（五）应当配备有效的医学媒介生物控制措施及废弃物存放专用设施；

（六）室内空气质量和微小气候及提供的用品、用具应当符合国家卫生标准和要求，采用集中空调通风系统的，应当符合集中空调通风系统相关规定的要求；

（七）应当设置醒目的禁止吸烟警语和标志。

第十二条　生产经营者还应当符合法律、法规规定的其他要求。

第三章　许可程序

第一节　申　请

第十三条　每个具有独立固定经营场所的国境口岸食品生产、食品销售、餐饮服务、饮用水供应、公共场所经营单位应当作为一个卫生许可证发证单元，单独申请卫生许可。

第十四条　从事国境口岸食品生产、食品销售、餐饮服务的，申请卫生许可时，应当提供以下材料：

（一）卫生许可证申请书。

（二）有关负责人或者经营者的身份证明（委托他人代为办理的，应当同时提交委托书及受委托人身份证明）。

（三）其他材料：

从事食品生产的，应当提交场所及其周围环境平面图、生产加工各功能区间布局平面图、生产工艺流程图、设备布局图；食品生产设备设施清单；食品生产的执行标准。航空配餐企业还应当提供符合冷链运输要求的专用食品运输车辆、冷冻冷藏设施的证明材料。

从事食品销售，应当提交与食品销售相适应的经营设施空间布局平面图、经营设施设备清单。从事入/出境交通工具食品供应的，还应当提供符合冷链运输要求的专用食品运输车辆、冷冻冷藏设施的证明材料。利用自动售货设备进行食品销售的，申请人还应当提交自动售货设备的产品合格证明、具体放置地点，经营者名称、住所、联系方式、食品经营许可证的公示方法等材料。

从事餐饮服务的，应当提交经营场所和设备布局、加工流程、卫生设施等示意图；有送餐服务的，应当提供符合保温或者冷链运输要求的专用食品运输设施的证明材料。

第十五条　从事饮用水供应的，申请卫生许可时，应当提供以下材料：

（一）卫生许可证申请书；

（二）有关负责人或者经营者的身份证明（委托他人代为办理的，应当同时提交委托书及受委托人身份证明）；

（三）涉及饮用水卫生安全产品的卫生许可批件；

（四）设计图纸及相关文字说明，如平面布局图、设备布局图、管网平面布局图、管网系统图等；

（五）自备水源的应当提供制水工艺流程文件。

第十六条 从事国境口岸公共场所经营的，申请卫生许可时，应当提供以下材料：

（一）卫生许可证申请书；

（二）有关负责人或者经营者的身份证明（委托他人代为办理的，应当同时提交委托书及受委托人身份证明）；

（三）营业场所平面图和卫生设施平面布局图。

第十七条 法律、法规有其他要求的，应当按照要求提交相应的材料。

第十八条 申请国境口岸卫生许可的申请人（以下简称申请人）可以当面提交或者通过信函、电报、电传、传真、电子数据交换和电子邮件等方式提交材料，并对材料的真实性负责。

第二节 受 理

第十九条 海关对申请人提出的卫生许可申请，应当分别作出下列处理：

（一）申请事项依法不需要取得行政许可的，应当即时告知申请人不受理。

（二）申请事项依法不属于海关职权范围的，应当即时作出不予受理的决定，并告知申请人向有关行政机关申请。

（三）申请材料存在可以当场更正的错误的，应当允许申请人当场更正。

（四）申请材料不齐全或者不符合法定形式的，应当当场或者自收到申请材料之日起5日内一次性告知申请人需要补正的全部内容。逾期不告知的，自收到申请材料之日起即为受理。

（五）申请事项属于海关职权范围，申请材料齐全、符合法定形式，或者申请人按照海关的要求提交全部补正申请材料的，应当受理卫生许可申请。

第二十条 海关应当以书面形式决定是否受理卫生许可申请。

（一）海关受理卫生许可申请的，应当向申请人出具行政许可申请受理决定书；

（二）不属于海关职权范围的，出具行政许可不予受理决定书；

（三）申请材料不齐全或者不符合法定形式的，出具行政许可申请材料补正告知书。

第二十一条 海关不得要求申请人重复提供申请材料。

第三节 审 查

第二十二条 海关应当对申请人提交的申请材料内容的完整性、有效性进行审查。

第二十三条 申请材料经审查合格，确有必要需现场审查的，受理的海关应当在 5 个工作日内成立由 2 名以上经培训合格的海关卫生监督工作人员组成的卫生许可现场审查组，依据相应的法律法规及卫生安全标准，对企业的卫生状况、设备设施、质量安全控制能力以及相关条件进行现场审查，并填写现场审查监督笔录。

第二十四条 现场审查不合格且无法整改的，现场审查组应当提出不予许可意见；现场审查不合格且可以整改的，现场审查组可以要求申请人限时整改。

对食品生产经营单位的现场审查不计入行政许可时限，但最长不超过 1 个月，且应当告知申请人。

第四节　决定与送达

第二十五条 海关应当根据申请材料审查和现场审查结果，对符合条件的，作出准予行政许可的决定，应当向申请人颁发卫生许可证；对不符合条件的，作出不予行政许可的决定，海关应当向申请人送达不予行政许可决定书，同时说明理由，告知申请人享有依法申请行政复议或者提出行政诉讼的权利。

第二十六条 对送达申请人的各种文书，应一式二份，一份送申请人，一份由海关存档。送达应填写送达回证，多个文书可用一个送达回证。

第二十七条 对于已办结的卫生许可事项，海关应当将有关卫生许可材料及时归档。

第五节　期限与公示

第二十八条 海关应当自受理申请之日起 20 个工作日内作出行政许可决定。因特殊原因需要延长许可期限的，经本机构负责人批准，可以延长 10 个工作日，并应当将延长期限的理由告知申请人。对准予行政许可决定的，检验检疫部门应当自作出决定之日起 10 个工作日内向申请人颁发卫生许可证。

第二十九条 海关应当将许可事项、依据、条件、程序、期限以及需提交材料的目录和卫生许可证申请书示范文本等在受理办公现场公示，并定期公示卫生许可结果。

第六节　变更、延续、补发

第三十条 有以下情形之一的，生产经营者应当向作出行政许可决定的海关（以下称原发证机构）提出变更申请：

（一）名称、法定代表人（负责人或者经营者）、经营范围或者地址门牌号改变（实际经营场所未改变）；

（二）功能布局、工艺流程、设施设备改变，可能影响食品安全的。

原发证机构应当对申请变更内容进行审核。准予变更的，颁发新的卫生许可证，原卫生许可证号及有效期限不变。

第三十一条 生产经营者需要延续卫生许可证的，应当在卫生许可证有效期届满 30 日前向原发证机构书面提出延续申请。逾期提出延续申请的，按照新申请卫生许可证办理。

第三十二条 申请延续卫生许可证应当提供以下材料：

（一）卫生许可证申请书；

（二）原申请提交材料是否发生变化的说明材料（有变化的，应当补充相关材料）。

第三十三条 原发证机构受理卫生许可证延续申请后，应当对原许可的经营场所、功能布局、工艺流程、设施设备等是否有变化，以及是否符合相关规定进行审核。准予延续的，颁发新的卫生许可证。

第三十四条 生产经营者在领取变更、延续后的新卫生许可证时，应当将原卫生许可证交回原发证机构。

第三十五条 生产经营者遗失、毁损卫生许可证的，应当于遗失、毁损后60 日内公开声明，并向原发证机构申请补发。

第七节　终止、撤销、注销

第三十六条 海关受理行政许可申请后，作出行政许可决定前，有下列情形之一的，应当终止办理卫生许可：

（一）申请事项依法不需要取得卫生许可的；

（二）申请事项依法不属于本海关职权范围的；

（三）申请人未在规定期限内补正有关申请材料的；

（四）申请人撤回卫生许可申请的；

（五）其他依法应当终止办理卫生许可的。

第三十七条 有下列情形之一的，海关应当依法撤销被许可人取得的卫生许可：

（一）海关工作人员滥用职权、玩忽职守作出准予卫生许可决定的；

（二）超越法定职权作出卫生许可决定的；

（三）违反法定程序作出卫生许可决定的；

（四）对不具备申请资格或者不符合法定条件的申请人准予卫生许可的；

（五）申请人以欺骗、贿赂等非法手段骗取卫生许可证的；

（六）依法可以撤销卫生许可的其他情形。

第三十八条 有下列情形之一的，海关应当依法办理卫生许可的注销手续，并予以公示：

（一）卫生许可有效期届满未延续的；

（二）法人或者其他组织依法终止的；

（三）被许可人申请注销卫生许可的；

（四）卫生许可依法被撤销、撤回，或者卫生许可证件依法被吊销的；

（五）因不可抗力导致卫生许可事项无法实施的；

（六）法律、法规规定的应当注销卫生许可的其他情形。

第三十九条 因卫生许可所依据的法律、法规、规章修改或者废止，或者准予行政许可所依据的客观情况发生重大变化等原因，确需变更或者撤回被许可人取得的行政许可，由准予行政许可的海关作出变更或者撤回行政许可的决定。

第四章　监督管理

第四十条 卫生许可证样式由海关总署统一规定，有效期为4年。

第四十一条 在国境口岸范围内开展临时性生产经营活动的应当申请办理临时卫生许可，临时卫生许可证有效期不超过半年。

第四十二条 卫生许可证统一使用电脑打印，卫生许可证统一15位数字编号，格式为：发证机构代码（4位）+年份号（后2位）+分类号（5位）+证书流水号（4位）。

分类号第一位数字代表食品生产，第二位代表食品流通（含交通工具食品供应），第三位代表餐饮服务，第四位代表生活饮用水供应，第五位代表公共场所，从事的经营类别以数字"1"表示，不从事的经营类别以数字"0"表示。证书流水号是指不分类的证书流水号。

第四十三条 卫生许可证不得涂改、出租、出借、非法转让、倒卖。

生产经营者应当按照许可范围依法经营，并在经营场所醒目位置悬挂或者摆放卫生许可证。

第四十四条 上级海关发现下级海关违反规定实施卫生许可的，应当责令下级海关限期纠正或者直接予以纠正。

第四十五条 海关及其工作人员履行卫生许可职责，应当自觉接受生产经营者以及社会的监督。

海关接到有关违反规定实施卫生许可的举报，应当及时进行核实；情况属实的，应当立即纠正。

第五章　法律责任

第四十六条　食品生产经营者有违反食品安全法律法规行为的，由海关依照《食品安全法》及其实施条例的规定进行处罚。

食品生产经营者超范围从事生产经营活动的，由海关依据情节轻重处以两千元以上三万元以下罚款。

第四十七条　食品生产、食品流通、餐饮服务、饮用水供应经营者有下列行为的，应当承担以下法律责任：

（一）申请人提供虚假材料或者隐瞒真实情况的，海关不予受理或者不予许可，并给予警告，申请人在一年内不得再次申请卫生许可。

（二）申请人以欺骗、贿赂等不正当手段取得卫生许可的，海关应当依法给予行政处罚，申请人在三年内不得再次申请卫生许可；涉嫌构成犯罪的，移交司法机关追究刑事责任。

（三）对涂改、出租、出借、非法转让、倒卖有效卫生许可证的，直接吊销卫生许可证，负责的主管人员自处罚决定作出之日起五年内不得从事食品生产、食品流通、餐饮服务、饮用水供应经营单位的管理工作。

第四十八条　公共场所经营者有下列行为的，实施相应的处罚：

（一）对未依法取得卫生许可证擅自营业或者超范围经营的，由海关责令限期改正，给予警告，并处以五百元以上五千元以下罚款；有下列情形之一的，处以五千元以上三万元以下罚款：

1. 擅自营业曾受过海关处罚的；

2. 擅自营业时间在3个月以上的；

3. 以涂改、出租、出借、非法转让、倒卖、伪造的卫生许可证擅自营业的；

4. 提供虚假材料、隐瞒经营活动真实情况或者拒绝提供真实材料的。

（二）有下列情形之一的，由海关责令限期改正，给予警告，并可处以二千元以下罚款；逾期不改正，造成公共场所卫生质量不符合卫生标准和要求的，处以二千元以上二万元以下罚款；情节严重的，可以依法责令停业整顿，直至吊销卫生许可证：

1. 未按照规定对公共场所的空气、微小气候、水质、采光、照明、噪声、顾客用品用具等进行卫生检测的；

2. 未按照规定对顾客用品用具进行清洗、消毒、保洁，或者重复使用一次性用品用具的。

（三）经营者对发生的危害健康事故未立即采取处置措施，导致危害扩大，或者隐瞒、缓报、谎报的，由海关处以五千元以上三万元以下罚款；情节严重的，可以依法责令停业整顿，直至吊销卫生许可证。构成犯罪的，依法追究刑事责任。

第四十九条　海关及其工作人员违反本办法规定，在卫生许可工作中滥用职权、玩忽职守、徇私舞弊的，依法追究相关法律责任。

第六章　附　则

第五十条　本办法所称的国境口岸，是指人员、行李、货物、集装箱、交通工具、物品和邮包入境或出境的国际关口，以及为入境或出境的人员、行李、货物、集装箱、交通工具、物品和邮包提供服务的单位和区域。

本办法所称入/出境交通工具食品供应，是指除航空配餐食品供应以外，为其他国际通行交通工具（如船舶、列车等）供应食品的行为。

第五十一条　本办法自2016年7月1日起施行。生产经营者在本办法施行前已经取得《国境口岸食品生产经营单位卫生许可证》《国境口岸服务行业卫生许可证》的，该许可证在有效期内继续有效。此前相关规定与本办法不一致的，以本办法为准。

出入境邮轮检疫管理办法

（2016年10月25日国家质量监督检验检疫总局令第185号公布，根据2018年4月28日海关总署令第238号《海关总署关于修改部分规章的决定》第一次修正，根据2018年5月29日海关总署令第240号《海关总署关于修改部分规章的决定》第二次修正）

第一章　总　则

第一条　为了规范出入境邮轮检疫监管工作，防止疫病疫情传播，促进邮轮经济发展，根据《中华人民共和国国境卫生检疫法》及其实施细则、《中华人民共和国动植物检疫法》及其实施条例、《中华人民共和国食品安全法》及其实施条例、《中华人民共和国传染病防治法》及其实施办法、《突发公共卫生事件应急条例》《国际航行船舶进出中华人民共和国口岸检查办法》等法律法规的规定，制定本办法。

第二条 本办法适用于对进出中华人民共和国国境口岸的外国籍邮轮和航行国际航线的中华人民共和国籍邮轮及相关经营、服务单位的检疫监督管理。

第三条 海关总署统一管理全国出入境邮轮检疫监管工作。

主管海关负责所辖口岸的出入境邮轮检疫监管工作。

第二章 风险管理

第四条 海关对出入境邮轮实施风险管理。

第五条 海关总署根据邮轮卫生状况、运营方及其代理人检疫风险控制能力、信用等级、现场监管情况及其他相关因素，制定邮轮检疫风险评估技术方案，确定邮轮检疫风险等级划分标准。

第六条 邮轮运营方负责建立并运行邮轮公共卫生安全体系，包括：

（一）食品安全控制计划；

（二）饮用水安全控制计划；

（三）娱乐用水安全控制计划；

（四）医学媒介生物监测计划；

（五）邮轮公共场所卫生制度；

（六）废弃物管理制度；

（七）胃肠道疾病的监测与控制体系；

（八）突发公共卫生事件应对工作机制。

第七条 邮轮运营方负责建立邮轮有害生物综合管理措施（IPM）计划，开展相关监测、防治和报告工作，控制有害生物扩散。

第八条 邮轮运营方或者其代理人按照自愿原则，可以向母港所在地海关提出风险评估申请，申请时应当提交以下资料：

（一）邮轮检疫风险评估申请书；

（二）邮轮的通风系统、生活用水供应系统、饮用水净化系统、污水处理系统的结构图。

第九条 海关总署负责组织邮轮风险评估工作，确定邮轮检疫风险等级，并对外公布。

主管海关根据风险等级确定邮轮检疫方式、卫生监督内容及频次并实施动态分类管理。

第三章 入境检疫查验

第十条 在邮轮入境前 24 小时或者离开上一港口后，邮轮负责人或者其代理人应当向入境口岸海关申报，提交沿途寄港、靠泊计划、人员健康情况、《船舶免予卫生控制措施/卫生控制措施证书》等信息。

如申报内容有变化，邮轮负责人或者其代理人应当及时向海关更正。

第十一条 入境邮轮应当依法接受检疫查验。

邮轮负责人或者其代理人应当向最先到达的入境口岸海关申请办理入境检疫手续，经海关准许，方可入境。

接受入境检疫的邮轮，在检疫完成以前，未经海关许可，不准上下人员，不准装卸货物、行李、邮包等物品。

第十二条 入境邮轮应当按照规定悬挂检疫信号，在指定地点等候检疫。在海关签发入境检疫证书或者通知检疫完毕之前，不得解除检疫信号。

检验检疫人员登轮检疫时，邮轮负责人或者其代理人应当配合开展工作。

第十三条 海关根据入境邮轮申报信息及邮轮检疫风险等级确定检疫方式，及时通知邮轮负责人或者其代理人，检疫方式有：

（一）靠泊检疫；

（二）随船检疫；

（三）锚地检疫；

（四）电讯检疫。

第十四条 有下列情形之一的，海关可以对入境邮轮实施随船检疫：

（一）首次入境，且入境前 4 周内停靠过海关总署公告、警示通报列明的发生疫情国家或者地区；

（二）首次入境，且公共卫生体系风险不明的；

（三）为便利通关需要，邮轮负责人或者其代理人申请，海关认为有必要的。

参加随船检疫人员应当为邮轮检疫在岗人员，且具有医学专业背景或者接受过系统性船舶卫生检疫业务培训的。

第十五条 有下列情形之一的，海关应当对入境邮轮实施锚地检疫：

（一）来自检疫传染病受染地区，邮轮上报告有疑似检疫传染病病例，且根据要求需对密切接触者采取集中隔离观察的；

（二）海关总署公告、警示通报有明确要求的；

（三）海关总署评定检疫风险较高的；

（四）有本办法第十四条第一款第（一）（二）项规定的情形而未实施随船检疫的；

（五）邮轮负责人或者其代理人申请，海关认为有必要的。

第十六条　邮轮经风险评估，检疫风险较低的，经邮轮负责人或者其代理人申请，海关可以实施电讯检疫。

第十七条　有本办法第十四条、第十五条、第十六条规定以外的其他情形或者在紧急情况下，海关对邮轮实施靠泊检疫。

第十八条　海关工作人员对入境邮轮实施的检疫查验内容包括：

（一）在登轮前，检查邮轮是否悬挂检疫信号；

（二）核查《船舶免于卫生控制措施证书/船舶卫生控制措施证书》、食品从业人员健康证明、来自黄热病疫区交通工具上船员和旅客的预防接种证书；

（三）检查邮轮医疗设施、航海日志、医疗日志，询问船员、旅客的健康监测情况，可以要求邮轮运营方或者其代理人签字确认；

（四）检查食品饮用水安全、医学媒介生物控制、废弃物处置和卫生状况；

（五）检查公共卫生安全体系其他相关内容。

第十九条　完成入境检疫后，对未发现染疫的邮轮，检验检疫人员应当立即签发《船舶入境卫生检疫证》；对需要实施检疫处理措施的邮轮，经检疫处理合格后，予以签发《船舶入境检疫证》。

邮轮负责人收到《船舶入境卫生检疫证》或者《船舶入境检疫证》，方可解除入境邮轮检疫信号，准予人员上下、货物装卸等。

第二十条　入境旅客、邮轮员工及其他人员应当接受检疫。

入境邮轮在中国境内停留期间，旅客、邮轮员工及其他人员不得将动植物、动植物产品和其他检疫物带离邮轮；需要带离时，应当向口岸海关申报。

第四章　出境检疫查验

第二十一条　出境邮轮在离港前4个小时，邮轮负责人或者其代理人应当向出境口岸海关申报邮轮出境检疫信息。

第二十二条　海关对出境邮轮实施检疫，未完成检疫事项的邮轮不得出境。

出境检疫完毕后，海关工作人员对出境邮轮应当签发《交通工具出境卫生检疫证书》。

海关可以根据风险评估情况确定是否实施登轮检疫。

第二十三条　对邮轮实施出境检疫完毕后，除引航员和经海关许可的人员外，其他人员不得上下邮轮，不准装卸行李、邮包、货物等物品。违反上述规定，该邮轮必须重新实施出境检疫。

出境检疫完毕后超过 24 小时仍未开航的出境邮轮，应当重新实施出境检疫。

第五章　检疫处理

第二十四条　有下列情形之一的，邮轮运营方应当按照海关要求，组织实施检疫处理：

（一）海关总署发布公告或者警示通报等有明确要求的；

（二）发现存在与人类健康有关的医学媒介生物或者有毒有害物质的；

（三）发现有《中华人民共和国进出境动植物检疫法》第十八条规定的名录中所列病虫害的；

（四）法律、法规规定的其他应当实施检疫处理的情形。

邮轮上泔水、动植物性废弃物及其存放场所、容器应当实施检疫处理。

检疫处理工作应当由获得许可的检疫处理单位实施并接受海关监督。

第二十五条　邮轮上有禁止进境的动植物、动植物产品和其他检疫物的，在中国境内停留期间，不得卸离或者带离邮轮。发现有害生物扩散风险或者潜在风险的，邮轮运营方应当主动采取防范措施，并及时向海关报告。

第二十六条　经检疫处理合格的，且需下一港跟踪的邮轮，出发港海关应当及时将有关信息报送至下一港海关。

第六章　突发公共卫生事件处置

第二十七条　发生下列情形之一，邮轮负责人或者其代理人应当及时采取有效的应急处置措施，立即向口岸海关进行突发公共卫生事件报告：

（一）航行途中有人员发生疑似传染病死亡或者不明原因死亡的；

（二）发现传染病受染人或者疑似受染人，且可能构成公共卫生风险的；

（三）航行过程中 6 小时内出现 6 例及以上的消化道疾病病例，或者邮轮上有 1% 及以上的船员或者旅客患消化道疾病的；

（四）邮轮航行途中 24 小时内出现 2‰ 以上的船员或者旅客患呼吸道传染病的；

（五）发生群体性不明原因疾病的；

（六）邮轮负责人或者其代理人认为应当报告的其他情形。

第二十八条　突发公共卫生事件报告内容应当包括：

（一）事件的基本情况，包括启运港、靠泊港和沿途寄港、停靠日期、病名或者主要症状、总人数、患病人数、死亡人数等；

（二）患病人员的监测日志、医疗记录和调查记录等；

（三）邮轮上所采取的应急处置措施及所取得的效果；

（四）法律法规要求的其他信息和资料。

第二十九条 邮轮发生突发公共卫生事件时，应当遵循统一指挥、职责明确、科学高效、反应及时、优先救治的原则。海关应当对人员医疗救治工作给予检疫便利。

第三十条 邮轮运营方应当建立完善的突发公共卫生事件处置能力，包括配备具有处置突发事件能力的专业人员、建立应急处置预案、定期开展培训和演练等。

发生突发公共卫生事件时，邮轮运营方及其代理人应当配合海关做好应急处置工作。

第三十一条 海关应当建立突发公共卫生事件的应急处置机制，做好联防联控工作，定期开展培训和演练，指导、协调邮轮运营方做好邮轮突发公共卫生事件的现场处置工作。

第三十二条 邮轮发生突发公共卫生事件时，应当依法对受染人员实施隔离，隔离期限根据医学检查结果确定；对疑似受染人员依法实施就地诊验或者留验，就地诊验或者留验期限自该人员离开感染环境的时候算起，不超过该传染病的最长潜伏期。

邮轮上发生突发公共卫生事件时，邮轮运营方可以提出申请，经海关同意，在邮轮上实施隔离留验；对不具备隔离留验条件的，应当转送至指定医疗机构。

第七章 监督管理

第三十三条 海关总署可以根据邮轮检疫风险等级确定监督管理的重点、方式和频次。

海关可以以抽查、专项检查、全项目检查等方式进行监管。必要时，可以实施采样检测。

第三十四条 检验检疫人员按照下列要求对出入境邮轮实施卫生监督：

（一）公共卫生安全管理制度是否完善；

（二）食品饮用水安全；

（三）客舱、甲板、餐厅、酒吧、影剧院、游泳池、浴池等公共场卫生状况是否保持良好；

（四）是否保持无感染源或者污染源，包括无医学媒介生物和宿主，并确保医学媒介生物控制措施的有效运行；

（五）保持废弃物密闭储存，或者具备无害化处理能力；

（六）保留完整规范的医疗记录、药品消耗及补充记录；

（七）是否建立完善的压舱水排放报告机制。

第三十五条 中国籍邮轮上的食品生产经营单位、公共场所应当取得海关颁发的国境口岸卫生许可证后方可从事生产经营活动。

第三十六条 检验检疫人员按照下列要求对出入境邮轮食品安全实施监督管理：

（一）邮轮上的食品从业人员应当持有有效的健康证明，并经过职业培训，能够按照食品安全控制要求进行操作；

（二）邮轮运营方应当向持有有效国境口岸卫生许可证的食品生产经营单位采购食品或者餐饮服务；

（三）应当建立食品进货查验制度，并保存相关档案。

第三十七条 海关对境外直供邮轮的进境食品，可以参照过境检疫模式进行监管：

（一）境外直供邮轮的动植物源性食品和水果的入境口岸、运输路线、出境口岸等相关事项，应当向配送地直属海关备案。

（二）境外直供邮轮的动植物源性食品和水果应当使用集装箱装载，按照规定的路线运输，集装箱在配送邮轮前不得开箱。

（三）境外直供邮轮食品在配送时应当接受开箱检疫。开箱时，应当由检验检疫人员现场监督，经查验铅封、核对货物种类和数量、实施检疫后方可配送邮轮。

境外直供邮轮食品不得用于其他用途。

第三十八条 对经监督管理不合格的邮轮，海关应当通知邮轮负责人或者其代理人进行整改，整改符合要求后，邮轮方可出入境。

第八章 法律责任

第三十九条 根据《中华人民共和国国境卫生检疫法》及其实施细则所规定的应当受行政处罚的行为是指：

（一）应当接受入境检疫的船舶，不悬挂检疫信号的；

（二）入境、出境的交通工具，在入境检疫之前或者在出境检疫之后，擅自上下人员，装卸行李、货物、邮包等物品的；

（三）拒绝接受检疫或者抵制卫生监督，拒不接受卫生处理的；

（四）伪造或者涂改检疫单、证、不如实申报疫情的；

（五）未经检疫的入境、出境交通工具，擅自离开检疫地点，逃避查验的；

（六）隐瞒疫情或者伪造情节的；

（七）未经检疫处理，擅自排放压舱水，移下垃圾、污物等控制的物品的；

（八）未经检疫处理，擅自移运尸体、骸骨的；

（九）未经海关检查，从交通工具上移下传染病病人造成传染病传播危险的。

具有第（一）至第（四）项行为的，由海关处以警告或者 100 元以上 5000 元以下的罚款。

具有第（五）至第（八）项行为的，处以 1000 元以上 1 万以下的罚款。

具有第（九）项行为的，处以 5000 元以上 3 万元以下的罚款。

第四十条 违反本办法，有下列情况之一的，由海关视情节轻重给予警告，或者处以 3 万元以下罚款。

（一）邮轮负责人或者其代理人未按照本办法第十条、第二十一条规定履行申报义务；

（二）邮轮运营方或者邮轮上食品生产经营单位向未持有有效国境口岸卫生许可证的食品生产经营单位采购食品的；

（三）中国籍邮轮上食品生产经营单位、公共场所未取得有效国境口岸卫生许可证，从事生产经营活动的；

（四）食品、饮用水及公共场所不符合相关法律法规及卫生标准要求，邮轮运营方拒不整改的；

（五）发生突发公共卫生事件时，邮轮运营方或者其代理人未按照海关要求及时报告或者未按照本办法第二十九条、第三十条规定实施卫生处理、除害处理、封存或者销毁处理的；

（六）邮轮运营方或者其代理人、邮轮上的食品从业人员违反本办法第二十七条、第二十八条规定的。

第四十一条 违反国境卫生检疫规定，引起检疫传染病传播或者有引起检疫传染病传播严重危险，构成犯罪的，依法追究刑事责任；尚不构成犯罪或者犯罪情节显著轻微依法不需要判处刑罚的，由海关处 5000 元以上 3 万以下罚款。

第四十二条 有下列违法行为之一的，依法追究刑事责任；尚不构成犯罪或者犯罪情节显著轻微依法不需要判处刑罚的，由海关处 2 万元以上 5 万元以下的罚款：

（一）引起重大动植物疫情的；

（二）伪造、变造动植物检疫单证、印章、标志、封识的。

引起重大动植物疫情危险，情节严重的依法追究刑事责任。

第九章 附 则

第四十三条 定班客轮可以参照本办法实施管理。

第四十四条 本办法由海关总署负责解释。

第四十五条 本办法自 2017 年 1 月 1 日起施行。

出入境尸体骸骨卫生检疫管理办法

（2017 年 3 月 9 日国家质量监督检验检疫总局令第 189 号公布，根据 2018 年 4 月 28 日海关总署令第 238 号《海关总署关于修改部分规章的决定》第一次修正，根据 2018 年 5 月 29 日海关总署令第 240 号《海关总署关于修改部分规章的决定》第二次修正）

第一章 总 则

第一条 为了规范国境口岸入出境尸体、骸骨卫生检疫工作，防止传染病传入传出，根据《中华人民共和国国境卫生检疫法》及其实施细则、《中华人民共和国传染病防治法》及其实施办法等法律法规的规定，制定本办法。

第二条 海关总署统一管理全国入出境尸体、骸骨卫生检疫工作。

主管海关负责所辖地区的入出境尸体、骸骨卫生检疫工作。

第三条 本办法所称入出境尸体、骸骨包括：

（一）需要入境或者出境进行殡葬的尸体、骸骨；

（二）入出境及过境途中死亡人员的尸体、骸骨。

因医学科研需要，由境外运进或者由境内运出的尸体、骸骨，按照出入境特殊物品管理。

除上述情形外，不得由境内运出或者由境外运入尸体和骸骨。

第四条 海关对入出境尸体、骸骨实施卫生检疫工作包括：材料核查、现场查验、检疫处置、签发卫生检疫证书等。符合卫生检疫要求的，准予入出境。

第二章　申　报

第五条　尸体、骸骨入境前，托运人或者其代理人应当向入境口岸海关申报，按照要求提供以下材料：

（一）尸体、骸骨入出境卫生检疫申报单；

（二）死者身份证明（如：护照、海员证、通行证、身份证或者使领馆等相关部门出具的证明）；

（三）出境国家或者地区官方机构签发的死亡报告或者医疗卫生部门签发的死亡诊断书；

（四）入殓证明；

（五）防腐证明；

（六）托运人或者其代理人身份证明（如：护照、通行证或者身份证等）。

第六条　需要运送尸体、骸骨出境的，托运人或者其代理人应当取得国务院殡葬主管部门认可的从事国际运尸服务单位出具的尸体、骸骨入出境入殓证明、防腐证明和尸体、骸骨入出境卫生监管申报单。

第七条　需要运送尸体、骸骨出境的，原则上应当从入殓地所在口岸出境。尸体、骸骨出境前，托运人或者其代理人应当向出境口岸海关申报，并按照要求提供以下材料：

（一）尸体、骸骨入出境卫生检疫申报单；

（二）死者有效身份证明；

（三）县级及以上医疗机构出具的死亡证明书或者公安、司法部门出具的死亡鉴定书或者其他相应的公证材料；

（四）本办法第六条所列证明文件；

（五）托运人或者其代理人身份证明。

第八条　需要从异地口岸运送尸体、骸骨出境的，托运人或者其代理人应当向入殓地所在地海关申请检疫查验，检疫查验合格的，海关签发《尸体/棺柩/骸骨入/出境卫生检疫证书》。

运送尸体、骸骨出境时，托运人或者其代理人应当凭下列材料向出境口岸海关申报：

（一）死者有效身份证明；

（二）托运人或者其代理人身份证明。

第九条　在入出境或者过境途中发生人员死亡，需要运送尸体入境的，托运人或者其代理人应当向海关申报并提交以下材料：

（一）尸体、骸骨入出境卫生检疫申报单；

（二）死者有效身份证明；

（三）有效死亡证明或者由公安机关出具的死亡鉴定书。

第十条 从事运送尸体、骸骨入出境的单位应当取得国务院殡葬主管部门准予从事国际运尸业务的证明文件。

托运人或者代理人运送尸体、骸骨入出境的，应当委托符合本条第一款规定的单位从事运尸业务。

尸体、骸骨入出境时，应当提供运送尸体、骸骨入出境的单位的法人证书及国务院殡葬主管部门准予从事国际运尸业务的证明文件等资料。

第三章 现场查验

第十一条 入境尸体、骸骨由入境口岸海关进行材料核查并实施现场查验；出境尸体、骸骨由入殓地海关进行材料核查并实施现场查验，出境口岸海关负责在出境现场核查是否与申报内容相符，检查外部包装是否完整、破损、渗漏等。

第十二条 疑似或者因患检疫传染病、炭疽、国家公布按甲类传染病管理的疾病以及国务院规定的其他新发烈性传染病死亡的尸体、骸骨，禁止入出境。

因患检疫传染病而死亡的尸体，必须就近火化。

第十三条 口岸海关对入出境尸体、骸骨实施现场查验，填写入出境尸体、骸骨现场查验工作记录。

第十四条 海关对未入殓尸体的现场查验内容包括：

（一）检查尸体腐烂程度，所有腔道、孔穴是否用浸泡过消毒、防腐药剂的棉球堵塞，有无体液外流；

（二）对死因不明的尸体，注意检查有否皮疹（斑疹、丘疹、疱疹、脓疱）、表皮脱落、溃疡、渗液、出血点和色素沉着，异常排泄物、分泌物、腔道出血等现象；

（三）对入出境或者过境途中死亡人员的尸体，口岸海关应当实施检疫，并根据检疫结果及申报人要求采取相应的处理及卫生控制措施，未经海关许可不得移运。

第十五条 海关对已入殓尸体的棺柩现场查验内容包括：

（一）检查入出境棺柩包装是否密闭，有无破损、渗漏及异味。棺柩若无渗液、漏气等特殊原因或者无流行病学意义，原则上不开棺检疫查验。

（二）出境棺柩的现场查验应当在尸体入殓时同时进行，要求尸体经防腐处理，包装密闭无破损、渗漏及异味。

第十六条　海关对骸骨的现场查验内容包括：

（一）检查骸骨的包装容器是否密闭，有无渗漏；

（二）包装容器非密闭的，检查骸骨是否干爽，是否带肌腱，有无异味、病媒昆虫等。

第十七条　根据申报材料核查、流行病学调查以及现场查验情况，对需要进一步调查死亡原因的尸体，海关可以采取标本送有资质的实验室进行检验。

第四章　检疫处置

第十八条　海关发现有下列情况之一的，可以判定为卫生检疫查验不合格：

（一）外部包装不密闭、破损，有渗漏、异味及病媒昆虫的；

（二）入出境尸体未经防腐处理、包装入殓的；

（三）入境途中死亡且死因不明的。

第十九条　对卫生检疫查验不合格的尸体、骸骨，海关按照以下规定进行检疫处置：

（一）禁止入出境的尸体、骸骨，必须就地火化后，以骨灰的形式入出境；

（二）有渗液、漏气的棺柩，必须进行卫生处理，托运人或者其代理人应当采取改换包装、重新防腐处理、冷冻运输等措施；

（三）骸骨的包装容器不密闭，有异味散发、渗漏或者病媒昆虫的，必须进行卫生处理，并更换包装；

（四）入出境途中不明原因死亡的，应当进行死因鉴定。无法作出死因鉴定的，尸体及棺柩一并火化，以骨灰的形式入出境；

（五）无死亡报告或者死亡医学诊断书的尸体，且托运人或者其代理人未能在规定期限内补交的，按照死因不明处置，以骨灰的形式入出境；

（六）经卫生处理后仍不符合卫生检疫要求的应当就近火化，以骨灰的形式入出境。

有前款规定情形应当火化但是托运人或者其代理人不同意火化的，禁止入出境。

第二十条　尸体、骸骨符合入出境卫生检疫要求的，海关签发《尸体/棺柩/骸骨入/出境卫生检疫证书》，准予入出境。

第二十一条　对入境后再出境的尸体、骸骨，出境口岸海关应当查验入境口岸海关签发的《尸体/棺柩/骸骨入/出境卫生检疫证书》及相关材料。

第五章 附 则

第二十二条 本办法下列用语的含义：

尸体是指人死亡后的遗体及以殡葬为目的的人体器官组织。

棺柩是指盛放有尸体的固定形态的坚固密闭容器。

骸骨是指以殡葬为目的的人体骨骼。

第二十三条 本办法由海关总署负责解释。

第二十四条 本办法自2017年5月1日起施行。

出口烟花爆竹检验管理办法

（1999年12月2日国家出入境检验检疫局令第9号发布，根据2018年4月28日海关总署令第238号《海关总署关于修改部分规章的决定》第一次修正）

第一条 为加强出口烟花爆竹的检验管理工作，保证出口烟花爆竹的质量，保障公共安全和人身安全，促进对外贸易的发展，根据《中华人民共和国进出口商品检验法》及其实施条例，制定本办法。

第二条 海关总署统一管理全国出口烟花爆竹检验和监督管理工作，主管海关负责所辖地区出口烟花爆竹的检验和监督管理工作。

第三条 出口烟花爆竹的检验和监督管理工作采取产地检验与口岸查验相结合的原则。

第四条 主管海关对出口烟花爆竹的生产企业实施登记管理制度。生产企业登记管理的条件与程序按《出口烟花爆竹生产企业登记细则》办理。

主管海关将已登记的生产企业名称、登记代码等情况应当及时报海关总署备案。登记代码标记按照《出口烟花爆竹生产企业登记代码标记编写规定》确定。

第五条 出口烟花爆竹的生产企业应当按照《联合国危险货物建议书规章范本》和有关法律、法规的规定生产、储存出口烟花爆竹。

第六条 出口烟花爆竹的生产企业在申请出口烟花爆竹的检验时，应当向海关提交《出口烟花爆竹生产企业声明》。

　　第七条　出口烟花爆竹的检验应当严格执行国家法律法规规定的标准，对进口国以及贸易合同高于我国法律法规规定标准的，按其标准进行检验。

　　第八条　海关对首次出口或者原材料、配方发生变化的烟花爆竹应当实施烟火药剂安全稳定性能检测。对长期出口的烟花爆竹产品，每年应当进行不少于一次的烟火药剂安全性能检验。

　　第九条　盛装出口烟花爆竹的运输包装，应当标有联合国规定的危险货物包装标记和出口烟花爆竹生产企业的登记代码标记。

　　海关应当对出口烟花爆竹运输包装进行使用鉴定，以及检查其外包装标识的名称、数量、规格、生产企业登记代码等与实际是否一致。经检查上述内容不一致的，不予放行。

　　第十条　凡经检验合格的出口烟花爆竹，由海关在其运输包装明显部位加贴验讫标志。

　　第十一条　各口岸与内地海关应当密切配合、共同把关，加强出口烟花爆竹检验管理和质量情况等信息交流。

　　第十二条　主管海关每年应当对所辖地区出口烟花爆竹质量情况进行分析并书面报告海关总署，海关总署对各关出口烟花爆竹的检验、管理工作和质量情况进行监督抽查。

　　第十三条　对违反本办法规定的，根据《中华人民共和国进出口商品检验法》及其实施条例的有关规定予以行政处罚。

　　第十四条　本办法所规定的文书由海关总署另行制定并且发布。

　　第十五条　本办法由海关总署负责解释。

　　第十六条　本办法自 2000 年 1 月 1 日起实施。

进境植物繁殖材料隔离检疫圃管理办法

(1999 年 12 月 9 日国家出入境检验检疫局令第 11 号发布，根据
2018 年 3 月 6 日国家质量监督检验检疫总局令第 196 号《国家质
量监督检验检疫总局关于废止和修改部分规章的决定》第一次修
正，根据 2018 年 4 月 28 日海关总署令第 238 号《海关总署关于
修改部分规章的决定》第二次修正)

第一条 为做好进境植物繁殖材料隔离检疫工作，防止植物危险性有害生物传入我国，根据《中华人民共和国进出境动植物检疫法》及其实施条例等有关法律法规的规定，制定本办法。

第二条 本办法所指的进境植物繁殖材料隔离检疫圃（以下简称隔离检疫圃）应当由海关总署或直属海关指定，授予承担进境植物繁殖材料隔离检疫工作的资格。

第三条 隔离检疫圃根据海关的要求，承担进境的高、中风险的植物繁殖材料的隔离检疫，出具隔离检疫结果和报告，并负责隔离检疫期间进境植物繁殖材料的保存和防疫工作。

第四条 隔离检疫圃依据隔离条件、技术水平和运作方式分为：

（一）国家隔离检疫圃（以下简称国家圃）：承担进境高、中风险植物繁殖材料的隔离检疫工作。

（二）专业隔离检疫圃（以下简称专业圃）：承担因科研、教学等需要引进的高、中风险植物繁殖材料的隔离检疫工作。

（三）地方隔离检疫圃（以下简称地方圃）：承担中风险进境植物繁殖材料的隔离检疫工作。

第五条 申请从事进境植物繁殖材料隔离工作的隔离检疫圃的隔离条件、设施、仪器设备、人员、管理措施应当符合隔离检疫需要。

第六条 从事进境植物繁殖材料隔离工作的隔离检疫圃须按以下程序办理申请手续：

（一）申请成为国家圃或者专业圃的隔离检疫圃，须事先向海关总署提出书面申请，并同时提交符合第五条规定的证明材料，经审核符合要求的可以指定为国家圃或者专业圃。

（二）申请成为地方圃的隔离检疫圃，须在进境植物繁殖材料入圃前 30 日向直属海关提出书面申请，并同时提交符合第五条规定的证明材料，经审核符合要求的可以指定为地方圃。

（三）对于已经核准为国家圃、专业圃或地方圃的隔离检疫圃，海关将对其进行定期考核。

第七条　进境植物繁殖材料进入隔离检疫圃之前，隔离检疫圃负责根据有关检疫要求制定具体的检疫方案，并报所在地海关核准、备案。

第八条　进境植物繁殖材料的隔离种植期限按检疫审批要求执行。检疫审批不明确的，则按以下要求执行：

（一）一年生植物繁殖材料至少隔离种植一个生长周期；

（二）多年生植物繁殖材料一般隔离种植 2～3 年；

（三）因特殊原因，在规定时间内未得出检疫结果的可适当延长隔离种植期限。

第九条　隔离检疫圃须严格按照所在地海关核准的隔离检疫方案按期完成隔离检疫工作，并定期向所在地海关报告隔离检疫情况，接受检疫监督。如发现疫情，须立即报告所在地海关，并采取有效防疫措施。

第十条　隔离检疫期间，隔离检疫圃应当妥善保管隔离植物繁殖材料；未经海关同意，不得擅自将正在进行隔离检疫的植物繁殖材料调离、处理或作他用。

第十一条　隔离检疫圃内，同一隔离场地不得同时隔离两批（含两批）以上的进境植物繁殖材料，不准将与检疫无关的植物种植在隔离场地内。

第十二条　隔离检疫完成后，隔离检疫圃负责出具隔离检疫结果和有关的检疫报告。隔离检疫圃所在地海关负责审核有关结果和报告，结合进境检疫结果做出相应的处理，并出具有关单证。

在地方隔离检疫圃隔离检疫的，由具体负责隔离检疫的海关出具结果和报告。

第十三条　隔离检疫圃完成进境植物繁殖材料隔离检疫后，应当对进境植物繁殖材料的残体作无害化处理。隔离场地使用前后，应当对用具、土壤等进行消毒。

第十四条　违反本办法规定的，依照《中华人民共和国进出境动植物检疫法》及其实施条例的规定予以处罚。

第十五条　本办法由海关总署负责解释。

第十六条　本办法自 2000 年 1 月 1 日起施行。原国家动植物检疫局 1991 年发布的《引进植物种苗隔离检疫圃管理办法（试行）》同时废止。

进出境集装箱检验检疫管理办法

（2000年1月11日国家出入境检验检疫局令〔2000〕第17号公布，
根据2018年4月28日海关总署令第238号《海关总署关于修改
部分规章的决定》第一次修正）

第一章 总 则

第一条 为加强进出境集装箱检验检疫管理工作，根据《中华人民共和国进出口商品检验法》《中华人民共和国进出境动植物检疫法》《中华人民共和国国境卫生检疫法》《中华人民共和国食品安全法》及有关法律法规的规定，制定本办法。

第二条 本办法所称进出境集装箱是指国际标准化组织所规定的集装箱，包括出境、进境和过境的实箱及空箱。

第三条 海关总署主管全国进出境集装箱的检验检疫管理工作。主管海关负责所辖地区进出境集装箱的检验检疫和监督管理工作。

第四条 集装箱进出境前、进出境时或过境时，承运人、货主或其代理人（以下简称报检人），必须向海关报检。海关按照有关规定对报检集装箱实施检验检疫。

第五条 过境应检集装箱，由进境口岸海关实施查验，离境口岸海关不再检验检疫。

第二章 进境集装箱的检验检疫

第六条 进境集装箱应按有关规定实施下列检验检疫：

（一）所有进境集装箱应实施卫生检疫；

（二）来自动植物疫区的，装载动植物、动植物产品和其他检验检疫物的，以及箱内带有植物性包装物或辅垫材料的集装箱，应实施动植物检疫；

（三）法律、行政法规、国际条约规定或者贸易合同约定的其他应当实施检验检疫的集装箱，按有关规定、约定实施检验检疫。

第七条　进境集装箱报检人应当向进境口岸海关报检，未经海关许可，不得提运或拆箱。

第八条　进境集装箱报检时，应提供集装箱数量、规格、号码、到达或离开口岸的时间、装箱地点和目的地、货物的种类、数量和包装材料等单证或情况。

第九条　海关受理进境集装箱报检后，对报检人提供的相关材料进行审核，并将审核结果通知报检人。

第十条　在进境口岸结关的以及国家有关法律法规规定必须在进境口岸查验的集装箱，在进境口岸实施检验检疫或作卫生除害处理。

指运地结关的集装箱，进境口岸海关受理报检后，检查集装箱外表（必要时进行卫生除害处理），办理调离和签封手续，并通知指运地海关，到指运地进行检验检疫。

第十一条　装运经国家批准进口的废物原料的集装箱，应当由进境口岸海关实施检验检疫。经检验检疫符合国家环保标准的，签发检验检疫情况通知单；不符合国家环保标准的，出具检验检疫证书，并移交环保部门处理。

第十二条　进境集装箱及其装载的应检货物经检验检疫合格的，准予放行；经检验检疫不合格的，按有关规定处理。

第十三条　过境集装箱经查验发现有可能中途撒漏造成污染的，报检人应按进境口岸海关的要求，采取密封措施；无法采取密封措施的，不准过境。发现被污染或危险性病虫害的，应作卫生除害处理或不准过境。

第三章　出境集装箱的检验检疫

第十四条　出境集装箱应按有关规定实施下列检验检疫：

（一）所有出境集装箱应实施卫生检疫；

（二）装载动植物、动植物产品和其他检验检疫物的集装箱应实施动植物检疫；

（三）装运出口易腐烂变质食品、冷冻品的集装箱应实施适载检验；

（四）输入国要求实施检验检疫的集装箱，按要求实施检验检疫；

（五）法律、行政法规、国际条约规定或贸易合同约定的其他应当实施检验检疫的集装箱按有关规定、约定实施检验检疫。

第十五条　出境集装箱应在装货前向所在地海关报检，未经海关许可，不准装运。

第十六条　装载出境货物的集装箱，出境口岸海关凭启运地海关出具的检验检疫证单验证放行。法律、法规另有规定的除外。

第十七条 在出境口岸装载拼装货物的集装箱，由出境口岸海关实施检验检疫。

第四章 进出境集装箱的卫生除害处理

第十八条 进出境集装箱有下列情况之一的，应当作卫生除害处理：

（一）来自检疫传染病或监测传染病疫区的；

（二）被传染病污染的或可能传播检疫传染病的；

（三）携带有与人类健康有关的病媒昆虫或啮齿动物的；

（四）检疫发现有国家公布的一、二类动物传染病、寄生虫病名录及植物危险性病、虫、杂草名录中所列病虫害和对农、林、牧、渔业有严重危险的其他病虫害的；发现超过规定标准的一般性病虫害的；

（五）装载废旧物品或腐败变质有碍公共卫生物品的；

（六）装载尸体、棺柩、骨灰等特殊物品的；

（七）输入国家或地区要求作卫生除害处理的；

（八）国家法律、行政法规或国际条约规定必须作卫生除害处理的。

第十九条 对集装箱及其所载货物实施卫生除害处理时应当避免造成不必要的损害。

第二十条 用于集装箱卫生除害处理的方法、药物须经海关总署认可。

第五章 监督管理

第二十一条 从事进出境集装箱清洗、卫生除害处理的单位须经海关考核认可，接受海关的指导和监督。

第二十二条 海关对装载法检商品的进出境集装箱实施监督管理。监督管理的具体内容包括查验集装箱封识、标志是否完好，箱体是否有损伤、变形、破口等。

第六章 附 则

第二十三条 进出境集装箱装载的应检货物按有关规定实施检验检疫。

第二十四条 海关在对进出境集装箱实施检验检疫工作时，有关单位和个人应当提供必要的工作条件及辅助人力、用具等。

第二十五条 违反本办法规定的，依照国家有关法律法规予以处罚。

第二十六条 本办法由海关总署负责解释。

第二十七条　本办法自 2000 年 2 月 1 日起施行。原国家商检局发布的《集装箱检验办法》、原国家动植物检疫局发布的《进出境集装箱动植物检疫管理的若干规定》、原国家卫生检疫局发布的《关于实施〈进境、出境集装箱卫生管理规定〉的要求》同时废止。

出口蜂蜜检验检疫管理办法

（2000 年 2 月 22 日国家出入境检验检疫局令第 20 号公布，根据 2018 年 4 月 28 日海关总署令第 238 号《海关总署关于修改部分规章的决定》第一次修正）

第一章　总　则

第一条　为加强出口蜂蜜检验检疫管理工作，提高我国出口蜂蜜的质量，适应国际市场的要求，根据《中华人民共和国进出口商品检验法》《中华人民共和国进出境动植物检疫法》《中华人民共和国食品安全法》等有关法律法规，制定本办法。

第二条　本办法适用于出口蜂蜜的检验检疫与监督管理工作。

第三条　海关总署统一管理全国出口蜂蜜检验检疫工作。主管海关负责所辖地区出口蜂蜜的检验检疫与日常监督管理工作。

第四条　国家对出口蜂蜜加工企业实行卫生注册制度。未获得卫生注册的出口蜂蜜加工企业生产的蜂蜜不得出口。

第五条　出口蜂蜜检验检疫内容包括品质、规格、数量、重量、包装以及是否符合卫生要求。

出口蜂蜜未经检验检疫或经检验检疫不合格的，不准出口。

第二章　检验检疫

第六条　海关对出口蜂蜜实行产地检验检疫，口岸查验的管理方式。

第七条　产地海关应按规定的检验标准或方法抽取有代表性的样品进行检验检疫。对于农、兽药残留等卫生项目及其他特殊项目需进行委托检验检疫的，由海关将签封样品寄送至认可的检测机构进行检验检疫。

第八条　经检验检疫发现蜂蜜中农、兽药残留、重金属、微生物等卫生指标以及其他特殊项目不符合进口国规定或合同要求的，判为不合格，签发出境货物不合格通知单，不允许返工整理。必要时由海关加施封识，按有关规定处理。

第九条　海关对出口蜂蜜的包装进行卫生及安全性能鉴定。出口蜂蜜包装桶应符合有关的国家标准规定，包装桶的内涂料应符合食品包装的卫生要求。

第十条　产地海关应严格按照出口批次进行检验检疫，出具的检验检疫证书上除列明检验项目和结果外还应注明生产批次及数量。

第十一条　离境口岸海关进行查验，经查验合格的予以放行。未经产地海关检验的出口蜂蜜不得放行。

第十二条　出口蜂蜜检验检疫结果的有效期为 60 天。

第三章　监督管理

第十三条　出口蜂蜜加工企业必须符合《出口食品厂、库卫生要求》、《出口食品厂、库卫生注册细则》等有关规定。海关对获得卫生注册的出口蜂蜜加工企业进行监督管理。

加工企业卫生注册代号实行专厂专号专用，任何企业及个人不得借用、冒用、盗用及转让卫生注册代号。

第十四条　海关对出口蜂蜜实施批次管理。出口蜂蜜加工企业应按照生产批次逐批检验，并按规定要求在包装桶或外包装箱印上该批蜂蜜的生产批次，厂检单应注明生产批次与数量。

第十五条　海关对出口蜂蜜加工企业实施日常监督管理，包括查看生产现场，检查原料收购验收记录、检验原始记录等，发现问题应督促加工企业限期改正。

第十六条　出口蜂蜜加工企业必须对原料蜜的收购加强把关，不得收购蜂群发生疫情或违反兽医部门用药规定的蜂蜜，不得收购掺杂掺假的、严重发酵或品质发生变化的蜂蜜。

第十七条　出口蜂蜜加工企业必须根据进口国对蜂蜜的品质与卫生要求对原料蜜中农、兽药残留以及其他特殊项目进行检测或委托检测，不符合要求的原料蜜不得投入生产。

第十八条　出口蜂蜜加工企业必须建立原料蜜收购记录及生产用原料蜜的投配料记录，详细记录每批成品蜜所用原料蜜的蜜种、批号、产地、数量及品质情况等。

第十九条 出口蜂蜜加工企业应对成品蜜包装桶进行严格的验收并进行清洗干燥；对原料蜜包装桶加强管理，确保包装桶对原料蜜与成品蜜不产生污染。

第二十条 出口蜂蜜加工企业应加强对原料蜜与成品蜜的储存管理，原料蜜与成品蜜均应存放在阴凉干燥通风的地方，严防日晒雨淋，并做到标识明显，分批堆放。

第二十一条 主管海关应严格执行《中华人民共和国动物及动物源食品残留物质监控计划》及各年度的具体要求，按规定抽取蜂蜜的官方样品送监测实验室进行监控检测。蜂蜜残留物监测基准实验室应协助海关总署做好监控工作。

第四章 附 则

第二十二条 对违反本办法规定的，依照有关法律法规予以处罚。

第二十三条 出口蜂王浆及其他蜂产品的检验检疫与监督管理工作参照本办法执行。

第二十四条 本办法由海关总署负责解释。

第二十五条 本办法自 2000 年 5 月 1 日起施行。原国家商检局发布的关于出口蜂蜜检验检疫的有关文件同时废止。

出入境检验检疫封识管理办法

（2000 年 4 月 3 日国家出入境检验检疫局令第 22 号公布，根据 2018 年 4 月 28 日海关总署令第 238 号《海关总署关于修改部分规章的决定》年第一次修正）

第一章 总 则

第一条 为加强出入境检验检疫封识管理，做好出入境检验检疫监督管理工作，根据《中华人民共和国进出口商品检验法》《中华人民共和国进出境动植物检疫法》《中华人民共和国国境卫生检疫法》和《中华人民共和国食品安全法》的有关规定，制定本办法。

第二条 本办法适用于出入境检验检疫封识（以下简称封识）的制定、使用和管理。

第三条 本办法所称封识系指海关在出入境检验检疫工作中实施具有强制性和约束力的封存和控制措施而使用的专用标识。

第四条 海关总署统一管理封识的制定、修订、发布、印制、发放和监督工作。

主管海关负责辖区内封识的使用和监督管理工作，并对封识的使用情况进行登记备案。

第二章 封识的制定

第五条 封识的种类、式样、规格由海关总署统一规定。封识的种类包括：封条封识、卡扣封识、印章封识三种。

主管海关如需使用其他封识，必须报经海关总署批准。

第六条 封识应当标有各直属海关的简称字样。

第三章 封识的使用和管理

第七条 封识应加施在需要施封的检验检疫物及其运载工具、集装箱、装载容器和包装物上，或存放检验检疫物的场所。

第八条 有下列情况之一的，根据检验检疫工作需要可以加施封识：

（一）因口岸条件限制等原因，由海关决定运往指定地点检验检疫的；

（二）进境货物在口岸已作外包装检验检疫，需运往指定地点生产、加工、存放，并由到达地海关检验检疫和监管的；

（三）根据出入境检验检疫法律法规规定，对禁止进境物作退回、销毁处理的；

（四）经检验检疫不合格，作退回、销毁、除害等处理的；

（五）经检验检疫合格，避免掺假作伪或发生批次混乱的；

（六）经检验检疫发现进境的船舶、飞机、车辆等运载工具和集装箱装有禁止进境或应当在中国境内控制使用的自用物品的，或者在上述运载工具上发现有传染病媒介（鼠、病媒昆虫）和危险性病虫害须密封控制、防止扩散的；

（七）对已造成食物中毒事故或有证据证明可能导致食物中毒事故的食品及生产、经营场所，需要进一步实施口岸卫生监督和调查处理的；

（八）正在进行密闭熏蒸除害处理的；

（九）装载过境检验检疫物的运载工具、集装箱、装载容器、包装物等；

（十）凭样成交的样品及进口索赔需要签封的样品；

（十一）外贸合同约定或政府协议规定需要加施封识的；

（十二）其他因检验检疫需要施封的。

第九条 海关根据检验检疫物的包装材料的性质和储运条件，确定应采用的封识材料和封识方法。选用的封识应醒目、牢固，不易自然损坏。

第十条 封识由海关加施，有关单位和人员应当给予协助和配合。

第十一条 海关加施封识时，应向货主或其代理人出具施封通知书。

第十二条 未经海关许可，任何单位或个人不得开拆或者损毁检验检疫封识。

货主、代理人或承运人发现检验检疫封识破损的，应及时报告海关。海关应及时处理，必要时重新加施封识。

第十三条 检验检疫封识的启封，由海关执行，或由海关委托的有关单位或人员执行，并根据需要，由海关出具启封通知书。

施封海关与启封海关不一致时，应及时互通情况。

第十四条 在特殊情况下，如需提前启封，有关单位应办理申请启封手续。

第四章 附 则

第十五条 违反本办法规定，依照有关法律法规予以处罚。

第十六条 本办法所规定的文书由海关总署另行制定并且发布。

第十七条 本办法由海关总署负责解释。

第十八条 本办法自2000年5月1日起施行。原国家商检局1987年8月22日发布的《进出口商品封识管理办法》同时废止。过去发布的有关进出境动植物检疫、卫生检疫和食品卫生检验的封识管理办法与本办法相抵触的，以本办法为准。

出入境检验检疫风险预警及快速反应管理规定

（2001年9月25日国家质量监督检验检疫总局令第1号公布，根据2018年4月28日海关总署令第238号《海关总署关于修改部分规章的决定》年第一次修正）

第一章 总 则

第一条 为保障人类、动植物的生命健康，维护消费者的合法权益，保护生态环境，促进我国对外贸易的健康发展，根据《中华人民共和国进出口商品检验法》、《中华人民共和国进出境动植物检疫法》、《中华人民共和国食品卫生法》、《中华人民共和国国境卫生检疫法》、《中华人民共和国产品质量法》等有关法律法规的规定，制定本规定。

第二条 本规定适用于对以各种方式出入境（包括过境）的货物、物品的检验检疫风险预警及快速反应管理。

本规定所称"预警"是指为使国家和消费者免受出入境货物、物品中可能存在的风险或潜在危害而采取的一种预防性安全保障措施。

第三条 海关总署统一管理全国出入境检验检疫风险预警及快速反应工作。海关总署设立出入境检验检疫风险预警及快速反应工作办公室（以下简称预警办公室），负责风险预警及快速反应的信息管理工作。

第二章 信息收集与风险评估

第四条 海关总署根据出入境货物、物品的特点建立固定的信息收集网络，组织收集整理与出入境货物、物品检验检疫风险有关的信息。

第五条 风险信息的收集渠道主要包括：通过检验检疫、监测、市场调查获取的信息，国际组织和国外机构发布的信息，国内外团体、消费者反馈的信息等。

第六条 预警办公室负责组织对收集的信息进行筛选、确认和反馈。

第七条 根据有关规定，并参照国际通行做法，海关总署组织对筛选和确认后的信息进行风险评估，确定风险的类型和程度。

第三章 风险预警措施

第八条 根据确定的风险类型和程度，海关总署可对出入境的货物、物品采取风险预警措施。

第九条 风险预警措施包括：

（一）向各地海关发布风险警示通报，海关对特定出入境货物、物品有针对性地加强检验检疫和监测；

（二）向国内外生产厂商或相关部门发布风险警示通告，提醒其及时采取适当的措施，主动消除或降低出入境货物、物品的风险；

（三）向消费者发布风险警示通告，提醒消费者注意某种出入境货物、物品的风险。

第四章　快速反应措施

第十条　对风险已经明确，或经风险评估后确认有风险的出入境货物、物品，海关总署可采取快速反应措施。快速反应措施包括：检验检疫措施、紧急控制措施和警示解除。

第十一条　检验检疫措施包括：

（一）加强对有风险的出入境货物、物品的检验检疫和监督管理；

（二）依法有条件地限制有风险的货物、物品入境、出境或使用；

（三）加强对有风险货物、物品的国内外生产、加工或存放单位的审核，对不符合条件的，依法取消其检验检疫注册登记资格。

第十二条　紧急控制措施包括：

（一）根据出现的险情，在科学依据尚不充分的情况下，参照国际通行做法，对出入境货物、物品可采取临时紧急措施，并积极收集有关信息进行风险评估；

（二）对已经明确存在重大风险的出入境货物、物品，可依法采取紧急措施，禁止其出入境；必要时，封锁有关口岸。

第十三条　对出入境货物、物品风险已不存在或者已降低到适当程度时，海关总署发布警示解除公告。

第五章　监督管理

第十四条　海关总署对风险预警和快速反应措施实施情况进行定期或不定期的检查。

第十五条　海关应当及时向预警办公室反馈执行有关措施的情况和问题。

第六章　附　则

第十六条　不同种类货物、物品的风险预警及快速反应管理实施细则另行制定。

第十七条　本规定由海关总署负责解释。

第十八条　本规定自 2001 年 11 月 15 日起施行。

进出口商品抽查检验管理办法

（2002 年 12 月 31 日国家质量监督检验检疫总局令第 39 号公布，
根据 2018 年 4 月 28 日海关总署令第 238 号《海关总署关于修改
部分规章的决定》第一次修正）

第一章　总　则

第一条　为了加强进出口商品的抽查检验工作，规范进出口商品的抽查检验和监督管理行为，维护社会公共利益，根据《中华人民共和国进出口商品检验法》（以下简称《商检法》）及其实施条例的有关规定，制定本办法。

第二条　本办法所称的进出口商品是指按照《商检法》规定必须实施检验的进出口商品以外的进出口商品。

第三条　抽查检验重点是涉及安全、卫生、环境保护，国内外消费者投诉较多，退货数量较大，发生过较大质量事故以及国内外有新的特殊技术要求的进出口商品。

第四条　海关总署统一管理全国进出口商品的抽查检验工作，确定、调整和公布实施抽查检验的进出口商品的种类。主管海关负责管理和组织实施所辖地区的进出口商品抽查检验工作。

第五条　海关总署根据情况可以公布抽查检验结果、发布预警通告、采取必要防范措施或者向有关部门通报抽查检验情况。

第六条　进出口商品抽查检验项目的合格评定依据是国家技术规范的强制性要求或者海关总署指定的其他相关技术要求。

第七条　海关实施进出口商品抽查检验，不得向被抽查单位收取检验费用，所需费用列入海关年度抽查检验专项业务预算。

第八条　各有关部门应当支持海关的抽查检验工作。被抽查单位对抽查检验应当予以配合，不得阻挠，并应当提供必要的工作条件。海关按照便利外贸的原则，科学组织实施抽查检验工作；不得随意扩大抽查商品种类和范围，否则企业有权拒绝抽查。

第九条　海关有关人员在执行抽查检验工作中，必须严格遵纪守法，秉公办事，并对拟抽查单位、抽查商品种类及被抽查单位的生产工艺、商业秘密负有保密义务。

第二章　抽查检验

第十条　海关总署每年制定并下达进出口商品抽查检验计划，包括商品名称、检验依据、抽样要求、检测项目、判定依据、实施时间等，必要时可对抽查检验计划予以调整，或者下达专项进出口商品抽查检验计划。

第十一条　主管海关抽查检验计划，经过必要调查，结合本地区相关进出口商品实际情况，确定被抽查检验单位，制订具体实施方案，并报海关总署备案。

第十二条　主管海关应当按照对抽查检验工作的统一部署和要求，认真组织实施本地区的抽查检验。

第十三条　实施现场抽查检验时，应当有 2 名以上（含 2 名）人员参加。抽查检验人员应当在抽查检验前出示抽查检验通知书和执法证件，并向被抽查单位介绍国家对进出口商品抽查检验的有关规定及要求。有关证件不符合规定时，被抽查单位有权拒绝抽查检验。

第十四条　对实施抽查检验的进口商品，海关可以在进口商品的卸货口岸、到达站或者收用货单位所在地进行抽样；对实施抽查检验的出口商品，海关可以在出口商品的生产单位、货物集散地或者发运口岸进行抽样。

第十五条　抽取的进出口商品的样品，由被抽查单位无偿提供。样品应当随机抽取，并应当具有一定的代表性。样品及备用样品的数量不得超过抽样要求和检验的合理需要。

第十六条　抽样后，抽查检验人员应当对样品进行封识，并填写抽样单。抽样单应当由抽查人和被抽查单位代表签字，并加盖被抽查单位公章。特殊情况下，由海关予以确认。

第十七条　对不便携带的被封样品，抽查检验人员可以要求被抽查单位在规定的期限内邮寄或者送至指定地点，被抽查单位无正当理由不得拒绝。

第十八条　销售商应当及时通知供货商向海关说明被抽查检验进口商品的技术规格、供销情况等。

第十九条　承担抽查检验的检测单位应当具备相应的检测资质条件和能力。检测单位应当严格按照规定的标准进行检测，未经许可严禁将所检项目进行分包，并对检测数据负有保密义务。

第二十条　检测单位接受样品后应当对样品数量、状况与抽样单上记录的符合性进行检查，并在规定的时间内完成样品的检测工作，所检样品的原始记录应当妥善保存。

第二十一条　检测报告中的检测依据、检测项目必须与抽查检验的要求相一致。检测报告应当内容齐全，数据准确，结论明确。检测单位应当在规定的时限内将检测报告送达海关。

第二十二条　验余的样品，检测单位应当在规定的时间内通知被抽查单位领回；逾期不领回的，由海关做出处理。

第二十三条　主管海关在完成抽查检验任务后，应当在规定的时间内上报抽查结果，并将抽查情况及结果等有关资料进行立卷归档，未经同意，不得擅自将抽查结果及有关材料对外泄露。

第三章　监督管理

第二十四条　主管海关应当公布的抽查检验结果、预警通告等及时通报给当地有关部门和企业，指导协助有关出口企业提高产品质量，协助有关进口单位采取必要措施防范可能的风险。

第二十五条　经海关抽查合格的进口商品，签发抽查情况通知单；对不合格的进口商品，签发抽查不合格通知单，并做出以下处理：

（一）需要对外索赔的进口商品，收用货人可向海关申请检验出证；只需索赔，不需要换货或者退货的，收货人应当保留一定数量的实物或者样品；需要对外提出换货或者退货的，收货人必须妥善保管进口商品，在索赔结案前不得动用。

（二）对抽查不合格的进口商品，必须在海关的监督下进行技术处理，经重新检测合格后，方可销售或者使用；不能进行技术处理或者经技术处理后仍不合格的，由海关责令当事人退货或者销毁。

第二十六条　经海关抽查合格的出口商品，签发抽查情况通知单；不合格的，签发抽查不合格通知单，并在海关的监督下进行技术处理，经重新检测合格后，方准出口；不能进行技术处理或者经技术处理后，重新检测仍不合格的，不准出口。

第二十七条　无正当理由拒绝抽查检验及不寄或者不送被封样品的单位，其产品视为不合格，根据相关规定对拒绝接受抽查检验的企业予以公开曝光。

第二十八条　海关不得对同一批商品进行重复抽查检验，被抽查单位应当妥善保管有关被抽查的证明。

第二十九条　被抽查单位对海关做出的抽查结论有异议时，可以按照《进出口商品复验办法》申请复验。

第三十条 违反本办法规定的，按照《商检法》及其实施条例的有关规定处理。

第四章 附 则

第三十一条 本办法由海关总署负责解释。

第三十二条 本办法自 2003 年 2 月 1 日起施行。原国家进出口商品检验局 1994 年 4 月 5 日发布的《进出口商品抽查检验管理办法》同时废止。

进境动物和动物产品风险分析管理规定

(2002 年 12 月 31 日国家质量监督检验检疫总局令第 40 号公布，
根据 2018 年 4 月 28 日海关总署令第 238 号《海关总署关于修改
部分规章的决定》第一次修正)

第一章 总 则

第一条 为规范进境动物和动物产品风险分析工作，防范动物疫病传入风险，保障农牧渔业生产，保护人体健康和生态环境，根据《中华人民共和国进出境动植物检疫法》及其实施条例，参照世界贸易组织（WTO）关于《实施卫生和植物卫生措施协定》（SPS 协定）的有关规定，制定本规定。

第二条 本规定所称动物和动物产品风险分析，包括对进境动物、动物产品、动物遗传物质、动物源性饲料、生物制品和动物病理材料的风险分析。

第三条 海关总署统一管理进境动物、动物产品风险分析工作。

第四条 开展风险分析应当遵守我国法律法规的规定，并遵循下列原则：

（一）以科学为依据；

（二）执行或者参考有关国际标准、准则和建议；

（三）透明、公开和非歧视原则；

（四）不对国际贸易构成变相限制。

第五条 当有关国际标准、准则和建议不能达到我国农牧渔业生产、人体健康和生态环境的必要保护水平时，海关总署根据风险分析的结果可采取高于国际标准、准则和建议的措施。

第六条　风险分析过程应当包括危害因素确定、风险评估、风险管理和风险交流。

第七条　风险分析应当形成书面报告。报告内容应当包括背景、方法、程序、结论和管理措施等。

第二章　危害因素确定

第八条　对进境动物、动物产品、动物遗传物质、动物源性饲料、生物制品和动物病理材料应当进行危害因素确定。

第九条　危害因素主要是指：

（一）《中华人民共和国进境一、二类动物传染病寄生虫名录》所列动物传染病、寄生虫病病原体；

（二）国外新发现并对农牧渔业生产和人体健康有危害或潜在危害的动物传染病、寄生虫病病原体；

（三）列入国家控制或者消灭计划的动物传染病、寄生虫病病原体；

（四）对农牧渔业生产、人体健康和生态环境可能造成危害或者负面影响的有毒有害物质和生物活性物质。

第十条　经确定进境动物、动物产品、动物遗传物质、动物源性饲料、生物制品和动物病理材料不存在危害因素的，不再进行风险评估。

第三章　风险评估

第十一条　进境动物、动物产品、动物遗传物质、动物源性饲料、生物制品和动物病理材料存在危害因素的，启动风险评估程序。

第十二条　根据需要，对输出国家或者地区的动物卫生和公共卫生体系进行评估。

动物卫生和公共卫生体系的评估以书面问卷调查的方式进行，必要时可以进行实地考察。

第十三条　风险评估采用定性、定量或者两者相结合的分析方法。

第十四条　风险评估过程包括传入评估、发生评估、后果评估和风险预测。

第十五条　传入评估应当考虑以下因素：

（一）生物学因素，如动物种类、年龄、品种，病原感染部位、免疫、试验、处理和检疫技术的应用；

（二）国家因素，如疫病流行率，动物卫生和公共卫生体系，危害因素的监控计划和区域化措施；

（三）商品因素，如进境数量，减少污染的措施，加工过程的影响，贮藏和运输的影响。

传入评估证明危害因素没有传入风险的，风险评估结束。

第十六条　发生评估应当考虑下列因素：

（一）生物学因素，如易感动物、病原性质等；

（二）国家因素，如传播媒介，人和动物数量，文化和习俗，地理、气候和环境特征；

（三）商品因素，如进境商品种类、数量和用途，生产加工方式，废弃物的处理。

发生评估证明危害因素在我国境内不造成危害的，风险评估结束。

第十七条　后果评估应当考虑以下因素：

（一）直接后果，如动物感染、发病和造成的损失，以及对公共卫生的影响等；

（二）间接后果，如危害因素监测和控制费用，补偿费用，潜在的贸易损失，对环境的不利影响。

第十八条　对传入评估、发生评估和后果评估的内容综合分析，对危害发生作出风险预测。

第四章　风险管理

第十九条　当境外发生重大疫情和有毒有害物质污染事件时，海关总署根据我国进出境动植物检疫法律法规，并参照国际标准、准则和建议，采取应急措施，禁止从发生国家或者地区输入相关动物、动物产品、动物遗传物质、动物源性饲料、生物制品和动物病理材料。

第二十条　根据风险评估的结果，确定与我国适当保护水平相一致的风险管理措施。风险管理措施应当有效、可行。

第二十一条　进境动物的风险管理措施包括产地选择、时间选择、隔离检疫、预防免疫、实验室检验、目的地或者使用地限制和禁止进境等。

第二十二条　进境动物产品、动物遗传物质、动物源性饲料、生物制品和动物病理材料的风险管理措施包括产地选择，产品选择，生产、加工、存放、运输方法及条件控制，生产、加工、存放企业的注册登记，目的地或者使用地限制，实验室检验和禁止进境等。

第五章　风险交流

第二十三条　风险交流应当贯穿于风险分析的全过程。风险交流包括收集与危害和风险有关的信息和意见，讨论风险评估的方法、结果和风险管理措施。

第二十四条 政府机构、生产经营单位、消费团体等可了解风险分析过程中的详细情况，可提供意见和建议。

对有关风险分析的建议和意见应当组织审查并反馈。

第六章 附 则

第二十五条 术语解释

"风险"是指动物传染病、寄生虫病病原体、有毒有害物质随进境动物、动物产品、动物遗传物质、动物源性饲料、生物制品和动物病理材料传入的可能性及其对农牧渔业生产、人体健康和生态环境造成的危害。

"风险分析"是指危害因素确定、风险评估、风险管理和风险交流的过程。

"危害因素确定"是指确定进境动物、动物产品、动物遗传物质、动物源性饲料、生物制品和动物病理材料可能传入病原体和有毒有害物质的过程。

"有毒有害物质"是指对农牧渔业生产、人体健康和生态环境造成危害的生物、物理和化学物质。

"风险评估"是指对病原体、有毒有害物质传入、扩散的可能性及其造成危害的评估。

"风险管理"是指制定和实施降低风险措施的过程。

"风险交流"是指在风险分析过程中与有关方面进行的信息交流。

"传入评估"是指对危害因素的传入途径以及通过该途径传入的可能性的评估。

"发生评估"是指危害因素传入后，对我国农牧渔业生产、人体健康和生态环境造成危害的途径以及发生危害的可能性的评估。

"后果评估"是指危害因素传入后，对我国农牧渔业生产、人体健康及生态环境所造成的后果的评估。

"风险预测"是指对传入评估、发生评估和后果评估的结果综合分析以获得对进口风险的估计。

"定性分析"是指用定性术语如高、中、低或者极低等表示可能性或者后果严重性的风险评估方式。

"定量分析"是指用数据或概率表示风险分析结果的风险评估方式。

第二十六条 本规定由海关总署负责解释。

第二十七条 本规定自 2003 年 2 月 1 日起施行。

进境植物和植物产品风险分析管理规定

(2002 年 12 月 31 日国家质量监督检验检疫总局令第 41 号公布,
根据 2018 年 4 月 28 日海关总署令第 238 号《海关总署关于修改
部分规章的决定》第一次修正)

第一章 总 则

第一条 为防止外来植物检疫性有害生物传入,保护我国农、林业生产安全及生态环境,根据《中华人民共和国进出境动植物检疫法》及其实施条例,参照世界贸易组织(WTO)关于《实施卫生与植物卫生措施协定》(SPS 协定)和国际植物保护公约(IPPC)的有关规定,制定本规定。

第二条 本规定适用于对进境植物、植物产品和其他检疫物传带检疫性有害生物的风险分析。

第三条 海关总署统一管理进境植物、植物产品和其他检疫物的风险分析工作。

第四条 开展风险分析应当遵守我国法律法规的规定,并遵循下列原则:

(一)以科学为依据;

(二)遵照国际植物保护公约组织制定的国际植物检疫措施标准、准则和建议;

(三)透明、公开和非歧视性原则;

(四)对贸易的不利影响降低到最小程度。

第五条 当有关国际标准确定的措施不能达到我国农、林业生产安全或者生态环境的必要保护水平时,海关总署根据科学的风险分析结果可采取高于国际标准、准则和建议的科学措施。

第六条 有害生物风险分析包括风险分析启动、风险评估和风险管理。

第七条 风险分析完成后应当提交风险分析报告,重要的风险分析报告应当交由中国进出境动植物检疫风险分析委员会审议。

第二章 风险分析启动

第八条 出现下列情况之一时,海关总署可以启动风险分析:

（一）某一国家或者地区官方植物检疫部门首次向我国提出输出某种植物、植物产品和其他检疫物申请的；

（二）某一国家或者地区官方植物检疫部门向我国提出解除禁止进境物申请的；

（三）因科学研究等特殊需要，国内有关单位或者个人需要引进禁止进境物的；

（四）我国海关从进境植物、植物产品和其他检疫物上截获某种可能对我国农、林业生产安全或者生态环境构成威胁的有害生物；

（五）国外发生某种植物有害生物并可能对我国农、林业生产安全或者生态环境构成潜在威胁；

（六）修订《中华人民共和国进境植物检疫危险性病、虫、杂草名录》《中华人民共和国进境植物检疫禁止进境物名录》或者对有关植物检疫措施作重大调整；

（七）其他需要开展风险分析的情况。

第九条　首次向我国输出某种植物、植物产品和其他检疫物或者向我国提出解除禁止进境物申请的国家或者地区，应当由其官方植物检疫部门向海关总署提出书面申请，并提供开展风险分析的必要技术资料。

第十条　海关总署根据有关输出国家或者地区提交申请的时间、提供技术资料的完整性、国外植物疫情的变化以及检验检疫管理等情况确定开展风险分析的先后顺序。

第十一条　国内有关单位或者个人因科学研究等特殊需要引进禁止进境物的，应当提出申请并提供必要的技术资料。

第十二条　出现本规定第八条第（四）、（五）、（六）项情形之一的，海关总署自行启动风险分析。

第十三条　在启动风险分析时，应当核查该产品是否已进行过类似的风险分析。如果已进行过风险分析，应当根据新的情况核实其有效性；经核实原风险分析仍然有效的，不再进行新的风险分析。

第三章　风险评估

第十四条　海关总署采用定性、定量或者两者结合的方法开展风险评估。

第十五条　风险评估是确定有害生物是否为检疫性有害生物，并评价其传入和扩散的可能性以及有关潜在经济影响的过程。

第十六条　确定检疫性有害生物时应当考虑以下因素：

（一）有害生物的分类地位及在国内外的发生、分布、危害和控制情况；

（二）具有定殖和扩散的可能性；

（三）具有不可接受的经济影响（包括环境影响）的可能性。

第十七条 评价有害生物传入和扩散应当考虑以下因素：

（一）传入可能性评价应当考虑传播途径、运输或者储存期间存活可能性、现有管理措施下存活可能性、向适宜寄主转移可能性，以及是否存在适宜寄主、传播媒介、环境适生性、栽培技术和控制措施等因素；

（二）扩散可能性评价应当考虑自然扩散、自然屏障、通过商品或者运输工具转移可能性、商品用途、传播媒介以及天敌等因素。

第十八条 评价潜在经济影响应当考虑以下因素：

（一）有害生物的直接影响：对寄主植物损害的种类、数量和频率、产量损失、影响损失的生物因素和非生物因素、传播和繁殖速度、控制措施、效果及成本、生产方式的影响以及对环境的影响等；

（二）有害生物的间接影响：对国内和出口市场的影响、费用和投入需求的变化、质量变化、防治措施对环境的影响、根除或者封锁的可能性及成本、研究所需资源以及对社会等影响。

第十九条 海关总署根据风险分析工作需要，可以向输出国家或者地区官方检疫部门提出补充、确认或者澄清有关技术信息的要求，派出技术人员到输出国家或者地区进行检疫考察。必要时，双方检疫专家可以共同开展技术交流或者合作研究。

第四章 风险管理

第二十条 海关总署根据风险评估的结果，确定与我国适当保护水平相一致的风险管理措施。风险管理措施应当合理、有效、可行。

风险管理是指评价和选择降低检疫性有害生物传入和扩散风险的决策过程。

第二十一条 风险管理措施包括提出禁止进境的有害生物名单，规定在种植、收获、加工、储存、运输过程中应当达到的检疫要求，适当的除害处理，限制进境口岸与进境后使用地点，采取隔离检疫或者禁止进境等。

第二十二条 当境外发生重大疫情并可能传入我国时，或者在进境检疫截获重要有害生物时，根据初步的风险分析，海关总署可以直接采取紧急临时风险管理措施；并在随后收集有关信息和资料，开展进一步的风险分析。

第二十三条 海关总署拟定风险管理措施应当征求有关部门、行业、企业、专家及WTO成员意见，对合理意见应当予以采纳。

第二十四条　海关总署应当在完成必要的法律程序后对风险管理措施予以发布，并通报 WTO；必要时，通知相关输出国家或者地区官方植物检疫部门。

第五章　附　则

第二十五条　对进境植物种子、苗木等繁殖材料传带限定的非检疫性有害生物的风险分析，参照本规定执行。

第二十六条　术语解释

"禁止进境物"是指《中华人民共和国进境植物检疫禁止进境物名录》中列明的和我国公告予以禁止进境的植物、植物产品或者其他检疫物。

"限定的非检疫性有害生物"是指存在于供种植的植物中且危及其预期用途，并将产生无法接受的经济影响，因而受到管制的非检疫性有害生物。

第二十七条　本规定由海关总署负责解释。

第二十八条　本规定自 2003 年 2 月 1 日起施行。

国境口岸突发公共卫生事件出入境
检验检疫应急处理规定

（2003 年 11 月 7 日国家质量监督检验检疫总局令第 57 号公布，
根据 2018 年 4 月 28 日海关总署令第 238 号《海关总署关于修改
部分规章的决定》第一次修正）

第一章　总　则

第一条　为有效预防、及时缓解、控制和消除突发公共卫生事件的危害，保障出入境人员和国境口岸公众身体健康，维护国境口岸正常的社会秩序，依据《中华人民共和国国境卫生检疫法》及其实施细则和《突发公共卫生事件应急条例》，制定本规定。

第二条　本规定所称突发公共卫生事件（以下简称突发事件）是指突然发生，造成或可能造成出入境人员和国境口岸公众健康严重损害的重大传染病疫情、群体性不明原因疾病、重大食物中毒以及其他严重影响公众健康的事件，包括：

（一）发生鼠疫、霍乱、黄热病、肺炭疽、传染性非典型肺炎病例的；

（二）乙类、丙类传染病较大规模的暴发、流行或多人死亡的；

（三）发生罕见的或者国家已宣布消除的传染病等疫情的；

（四）传染病菌种、毒种丢失的；

（五）发生临床表现相似的但致病原因不明且有蔓延趋势或可能蔓延趋势的群体性疾病的；

（六）中毒人数 10 人以上或者中毒死亡的；

（七）国内外发生突发事件，可能危及国境口岸的。

第三条　本规定适用于在涉及国境口岸和出入境人员、交通工具、货物、集装箱、行李、邮包等范围内，对突发事件的应急处理。

第四条　国境口岸突发事件出入境检验检疫应急处理，应当遵循预防为主、常备不懈的方针，贯彻统一领导、分级负责、反应及时、措施果断、依靠科学、加强合作的原则。

第五条　海关对参加国境口岸突发事件出入境检验检疫应急处理做出贡献的人员应给予表彰和奖励。

第二章　组织管理

第六条　海关建立国境口岸突发事件出入境检验检疫应急指挥体系。

第七条　海关总署统一协调、管理国境口岸突发事件出入境检验检疫应急指挥体系，并履行下列职责：

（一）研究制订国境口岸突发事件出入境检验检疫应急处理方案；

（二）指挥和协调全国海关做好国境口岸突发事件出入境检验检疫应急处理工作，组织调动本系统的技术力量和相关资源；

（三）检查督导全国海关有关应急工作的落实情况，督察各项应急处理措施落实到位；

（四）协调与国家相关行政主管部门的关系，建立必要的应急协调联系机制；

（五）收集、整理、分析和上报有关情报信息和事态变化情况，为国家决策提供处置意见和建议；向全国海关传达、部署上级机关有关各项命令；

（六）鼓励、支持和统一协调开展国境口岸突发事件出入境检验检疫监测、预警、反应处理等相关技术的国际交流与合作。

海关总署成立国境口岸突发事件出入境检验检疫应急处理专家咨询小组，为应急处理提供专业咨询、技术指导，为应急决策提供建议和意见。

第八条　直属海关负责所辖区域内的国境口岸突发事件出入境检验检疫应急处理工作，并履行下列职责：

（一）在本辖区组织实施国境口岸突发事件出入境检验检疫应急处理预案；

（二）调动所辖关区的力量和资源，开展应急处置工作；

（三）及时向海关总署报告应急工作情况、提出工作建议；

（四）协调与当地人民政府及其卫生行政部门以及口岸管理部门、边检等相关部门的联系。

直属海关成立国境口岸突发事件出入境检验检疫应急处理专业技术机构，承担相应工作。

第九条　隶属海关应当履行下列职责：

（一）组建突发事件出入境检验检疫应急现场指挥部，根据具体情况及时组织现场处置工作；

（二）与直属海关突发事件出入境检验检疫应急处理专业技术机构共同开展现场应急处置工作，并随时上报信息；

（三）加强与当地人民政府及其相关部门的联系与协作。

第三章　应急准备

第十条　海关总署按照《突发公共卫生事件应急条例》的要求，制订全国国境口岸突发事件出入境检验检疫应急预案。

主管海关根据全国国境口岸突发事件出入境检验检疫应急预案，结合本地口岸实际情况，制订本地国境口岸突发事件出入境检验检疫应急预案，并报上一级海关和当地政府备案。

第十一条　海关应当定期开展突发事件出入境检验检疫应急处理相关技能的培训，组织突发事件出入境检验检疫应急演练，推广先进技术。

第十二条　海关应当根据国境口岸突发事件出入境检验检疫应急预案的要求，保证应急处理人员、设施、设备、防治药品和器械等资源的配备、储备，提高应对突发事件的处理能力。

第十三条　海关应当依照法律、行政法规、规章的规定，开展突发事件应急处理知识的宣传教育，增强对突发事件的防范意识和应对能力。

第四章　报告与通报

第十四条　海关总署建立国境口岸突发事件出入境检验检疫应急报告制度，建立重大、紧急疫情信息报告系统。

有本规定第二条规定情形之一的，直属海关应当在接到报告 1 小时内向海关总署报告，并同时向当地政府报告。

海关总署对可能造成重大社会影响的突发事件，应当及时向国务院报告。

第十五条 隶属海关获悉有本规定第二条规定情形之一的，应当在 1 小时内向直属海关报告，并同时向当地政府报告。

第十六条 海关总署和主管海关应当指定专人负责信息传递工作，并将人员名单及时向所辖系统内通报。

第十七条 国境口岸有关单位和个人发现有本规定第二条规定情形之一的，应当及时、如实地向所在口岸的海关报告，不得隐瞒、缓报、谎报或者授意他人隐瞒、缓报、谎报。

第十八条 接到报告的海关应当依照本规定立即组织力量对报告事项调查核实、确证，采取必要的控制措施，并及时报告调查情况。

第十九条 海关总署应当将突发事件的进展情况，及时向国务院有关部门和直属海关通报。

接到通报的直属海关，应当及时通知本关区内的有关隶属海关。

第二十条 海关总署建立突发事件出入境检验检疫风险预警快速反应信息网络系统。

主管海关负责将发现的突发事件通过网络系统及时向上级报告，海关总署通过网络系统及时通报。

第五章 应急处理

第二十一条 突发事件发生后，发生地海关经上一级海关批准，应当对突发事件现场采取下列紧急控制措施：

（一）对现场进行临时控制，限制人员出入；对疑为人畜共患的重要疾病疫情，禁止病人或者疑似病人与易感动物接触。

（二）对现场有关人员进行医学观察，临时隔离留验。

（三）对出入境交通工具、货物、集装箱、行李、邮包等采取限制措施，禁止移运。

（四）封存可能导致突发事件发生或者蔓延的设备、材料、物品。

（五）实施紧急卫生处理措施。

第二十二条 海关应当组织专家对突发事件进行流行病学调查、现场监测、现场勘验，确定危害程度，初步判断突发事件的类型，提出启动国境口岸突发事件出入境检验检疫应急预案的建议。

第二十三条　海关总署国境口岸突发事件出入境检验检疫应急预案应当报国务院批准后实施；主管海关的国境口岸突发事件出入境检验检疫应急预案的启动，应当报上一级海关批准后实施，同时报告当地政府。

第二十四条　国境口岸突发事件出入境检验检疫技术调查、确证、处置、控制和评价工作由直属海关应急处理专业技术机构实施。

第二十五条　根据突发事件应急处理的需要，国境口岸突发事件出入境检验检疫应急处理指挥体系有权调集海关人员、储备物资、交通工具以及相关设施、设备；必要时，海关总署可以依照《中华人民共和国国境卫生检疫法》第六条的规定，提请国务院下令封锁有关的国境或者采取其他紧急措施。

第二十六条　参加国境口岸突发事件出入境检验检疫应急处理的工作人员，应当按照预案的规定，采取卫生检疫防护措施，并在专业人员的指导下进行工作。

第二十七条　出入境交通工具上发现传染病病人、疑似传染病病人，其负责人应当以最快的方式向当地口岸海关报告，海关接到报告后，应当立即组织有关人员采取相应的卫生检疫处置措施。

对出入境交通工具上的传染病病人密切接触者，应当依法予以留验和医学观察；或依照卫生检疫法律、行政法规的规定，采取控制措施。

第二十八条　海关应当对临时留验、隔离人员进行必要的检查检验，并按规定作详细记录；对需要移送的病人，应当按照有关规定将病人及时移交给有关部门或机构进行处理。

第二十九条　在突发事件中被实施留验、就地诊验、隔离处置、卫生检疫观察的病人、疑似病人和传染病病人密切接触者，在海关采取卫生检疫措施时，应当予以配合。

第六章　法律责任

第三十条　在国境口岸突发事件出入境检验检疫应急处理工作中，口岸有关单位和个人有下列情形之一的，依照有关法律法规的规定，予以警告或者罚款，构成犯罪的，依法追究刑事责任：

（一）向海关隐瞒、缓报或者谎报突发事件的；

（二）拒绝海关进入突发事件现场进行应急处理的；

（三）以暴力或其他方式妨碍海关应急处理工作人员执行公务的。

第三十一条　海关未依照本规定履行报告职责，对突发事件隐瞒、缓报、谎报或者授意他人隐瞒、缓报、谎报的，对主要负责人及其他直接责任人员予以行政处分；构成犯罪的，依法追究刑事责任。

第三十二条 突发事件发生后，海关拒不服从上级海关统一指挥，贻误采取应急控制措施时机或者违背应急预案要求拒绝上级海关对人员、物资的统一调配的，对单位予以通报批评；造成严重后果的，对主要负责人或直接责任人员予以行政处分，构成犯罪的，依法追究刑事责任。

第三十三条 突发事件发生后，海关拒不履行出入境检验检疫应急处理职责的，对上级海关的调查不予配合或者采取其他方式阻碍、干涉调查的，由上级海关责令改正，对主要负责人及其他直接责任人员予以行政处分；构成犯罪的，依法追究刑事责任。

第三十四条 海关工作人员在突发事件应急处理工作中滥用职权、玩忽职守、徇私舞弊的，对主要负责人及其他直接责任人员予以行政处分；构成犯罪的，依法追究刑事责任。

第七章 附 则

第三十五条 本规定由海关总署负责解释。

第三十六条 本规定自发布之日起施行。

进境货物木质包装检疫监督管理办法

（2005 年 12 月 31 日国家质量监督检验检疫总局令第 84 号公布，根据 2018 年 4 月 28 日海关总署令第 238 号《海关总署关于修改部分规章的决定》第一次修正）

第一条 为规范进境货物木质包装检疫监督管理，防止林木有害生物随进境货物木质包装传入，保护我国森林、生态环境，便利货物进出境，根据《中华人民共和国进出境动植物检疫法》及其实施条例，制定本办法。

第二条 本办法所称木质包装是指用于承载、包装、铺垫、支撑、加固货物的木质材料，如木板箱、木条箱、木托盘、木框、木桶（盛装酒类的橡木桶除外）、木轴、木楔、垫木、枕木、衬木等。

本办法所称木质包装不包括经人工合成或者经加热、加压等深度加工的包装用木质材料（如胶合板、刨花板、纤维板等）以及薄板旋切芯、锯屑、木丝、刨花等以及厚度等于或者小于 6mm 的木质材料。

第三条 海关总署统一管理全国进境货物木质包装的检疫监督管理工作。

主管海关负责所辖地区进境货物木质包装的检疫监督管理工作。

第四条 进境货物使用木质包装的，应当在输出国家或者地区政府检疫主管部门监督下按照国际植物保护公约（以下简称 IPPC）的要求进行除害处理，并加施 IPPC 专用标识。除害处理方法和专用标识应当符合相关规定。

第五条 进境货物使用木质包装的，货主或者其代理人应当向海关报检。海关按照以下情况处理：

（一）对已加施 IPPC 专用标识的木质包装，按规定抽查检疫，未发现活的有害生物的，立即予以放行；发现活的有害生物的，监督货主或者其代理人对木质包装进行除害处理。

（二）对未加施 IPPC 专用标识的木质包装，在海关监督下对木质包装进行除害处理或者销毁处理。

（三）对报检时不能确定木质包装是否加施 IPPC 专用标识的，海关按规定抽查检疫。经抽查确认木质包装加施了 IPPC 专用标识，且未发现活的有害生物的，予以放行；发现活的有害生物的，监督货主或者其代理人对木质包装进行除害处理；经抽查发现木质包装未加施 IPPC 专用标识的，对木质包装进行除害处理或者销毁处理。

第六条 海关对未报检且经常使用木质包装的进境货物，可以实施重点抽查，抽查时按照以下情况处理：

（一）经抽查确认未使用木质包装的，立即放行。

（二）经抽查发现使用木质包装的，按照本办法第五条规定处理，并依照有关规定予以行政处罚。

第七条 主管海关对木质包装违规情况严重的，在报经海关总署批准同意后，监督货主或者其代理人连同货物一起作退运处理。

第八条 对木质包装进行现场检疫时应当重点检查是否携带天牛、白蚁、蠹虫、树蜂、吉丁虫、象虫等钻蛀性害虫及其为害迹象，对有昆虫为害迹象的木质包装应当剖开检查；对带有疑似松材线虫等病害症状的，应当取样送实验室检验。

第九条 需要将货物运往指定地点实施检疫或者除害处理的，货主或者其代理人应当按照海关的要求，采取必要的防止疫情扩散的措施。集装箱装运的货物，应当在海关人员的监督下开启箱门，以防有害生物传播扩散。

需要实施木质包装检疫的货物，除特殊情况外，未经海关许可，不得擅自卸离运输工具和运递及拆除、遗弃木质包装。

第十条 过境货物裸露的木质包装以及作为货物整批进境的木质包装，按照本办法规定执行。

进境船舶、飞机使用的垫舱木料卸离运输工具的，按照本办法规定执行；不卸离运输工具的，应当接受海关的监督管理，在监管过程中发现检疫性有害生物的，应当实施除害或者销毁处理。

第十一条 海关应当加强与港务、运输、货物代理等部门的信息沟通，通过联网、电子监管及审核货物载货清单等方式获得货物及包装信息，根据情况作出是否抽查的决定。

第十二条 主管海关应当根据检疫情况做好进出口商和输出国家或者地区木质包装标识企业的诚信记录，对其诚信作出评价，实施分类管理。对诚信好的企业，可以采取减少抽查比例和先行通关后在工厂或其他指定地点实施检疫等便利措施。对诚信不良的企业，可以采取加大抽查比例等措施。对多次出现问题的，海关总署可以向输出国家或者地区发出通报，暂停相关标识加施企业的木质包装入境。

第十三条 来自中国香港、澳门特别行政区（以下简称港澳地区）和中国台湾地区的货物使用木质包装的，参照本办法规定执行。

第十四条 经港澳地区中转进境货物使用木质包装，不符合本办法第四条规定的，货主或者其代理人可以申请海关总署认定的港澳地区检验机构实施除害处理并加施 IPPC 标识或者出具证明文件，入境时，主管海关按照本办法的规定进行抽查或者检疫。

第十五条 为便利通关，对于经港澳地区中转进境未使用木质包装的货物，货主或者其代理人可以向海关总署认定的港澳地区检验机构申请对未使用木质包装情况进行确认并出具证明文件。入境时，主管海关审核证明文件，不再检查木质包装，必要时可以进行抽查。

第十六条 旅客携带物、邮寄物使用的木质包装未加施 IPPC 标识的，经检疫未发现活的有害生物的，准予入境；发现活的有害生物的，对木质包装进行除害处理。

第十七条 有下列情况之一的，海关依照《中华人民共和国进出境动植物检疫法》及其实施条例的相关规定予以行政处罚：

（一）未按照规定向海关报检的；

（二）报检与实际情况不符的；

（三）未经海关许可擅自将木质包装货物卸离运输工具或者运递的；

（四）其他违反《中华人民共和国进出境动植物检疫法》及其实施条例的。

第十八条 有下列情况之一的，由海关处以3万元以下罚款：

（一）未经海关许可，擅自拆除、遗弃木质包装的；

（二）未按海关要求对木质包装采取除害或者销毁处理的；

（三）伪造、变造、盗用IPPC专用标识的。

第十九条 海关总署认定的检验机构违反有关法律法规以及本办法规定的，海关总署应当根据情节轻重责令限期改正或者取消认定。

第二十条 海关人员徇私舞弊、滥用职权、玩忽职守，违反相关法律法规和本办法规定的，依法给予行政处分；情节严重，构成犯罪的，依法追究刑事责任。

第二十一条 本办法由海关总署负责解释。

第二十二条 本办法自2006年1月1日起施行。本办法施行前颁布的有关规章及规范性文件与本办法规定不一致的，按照本办法执行。

进出口煤炭检验管理办法

（2006年6月26日国家质量监督检验检疫总局令第90号公布，根据2018年4月28日海关总署令第238号《海关总署关于修改部分规章的决定》第一次修正）

第一章 总 则

第一条 为规范进出口煤炭检验工作，保护人民健康和安全，保护环境，提高进出口煤炭质量和促进煤炭贸易发展，根据《中华人民共和国进出口商品检验法》（以下简称商检法）及其实施条例等相关法律法规的规定，制定本办法。

第二条 本办法适用于进出口煤炭的检验和监督管理。

第三条 海关总署主管全国进出口煤炭的检验监管工作。

主管海关按照职能分工对进出口煤炭实施检验和监督管理。

第四条 海关对进口煤炭实施口岸检验监管的方式。

第二章　进口煤炭检验

第五条　进口煤炭由卸货口岸海关检验。

第六条　进口煤炭的收货人或者其代理人应当在进口煤炭卸货之前按照海关总署相关规定向卸货口岸主管海关报检。

进口煤炭应当在口岸主管海关的监督下，在具备检验条件的场所卸货。

第七条　海关对进口煤炭涉及安全、卫生、环保的项目及相关品质、数量、重量实施检验，并在 10 个工作日内根据检验结果出具证书。

未经检验或者检验不合格的进口煤炭不准销售、使用。

第八条　对进口煤炭中发现的质量问题，主管海关应当责成收货人或者其代理人在监管下进行有效处理；发现安全、卫生、环保项目不合格的，按照商检法实施条例有关规定处理，并及时上报海关总署。

第三章　监督管理

第九条　口岸海关按照相关国家技术规范的强制性要求对本口岸进出口煤炭的除杂、质量验收等情况进行监督管理。

第十条　海关应当根据便利对外贸易的需要，采取有效措施，简化程序，方便进出口。

办理进出口煤炭报检和检验监管等手续，符合条件的，可以采用电子数据文件的形式。

第十一条　主管海关应当及时将收集到的国内外反映强烈的进出口煤炭安全、卫生、环保质量问题向海关总署报告。

海关总署对进口煤炭涉及安全、卫生、环保问题严重的情况发布预警通报。

第十二条　海关对伪造、涂改、冒用《出境货物换证凭单》及其他违反商检法有关规定的行为，依照商检法有关规定进行处理。

第十三条　海关及其工作人员履行职责时，应当遵守法律，维护国家利益，依照法定职权和法定程序严格执法，接受监督。

海关工作人员应当定期接受业务培训和考核，经考核合格，方可上岗执行职务。

海关工作人员应当忠于职守，文明服务，遵守职业道德，不得滥用职权，谋取私利。

第十四条　海关工作人员违反商检法规定，泄露所知悉的商业秘密的，依法给予行政处分，有违法所得的，没收违法所得；构成犯罪的，依法追究刑事责任。

海关工作人员滥用职权，故意刁难的，徇私舞弊，伪造检验结果的，或者玩忽职守，延误检验出证的，依法给予行政处分；构成犯罪的，依法追究刑事责任。

第四章　附　则

第十五条　本办法由海关总署负责解释。

第十六条　本办法自 2006 年 8 月 1 日起施行，原国家出入境检验检疫局发布的《出口煤炭检验管理办法》（国家检验检疫局第 18 号令）同时废止。

口岸艾滋病预防控制管理办法

（2007 年 6 月 28 日国家质量监督检验检疫总局令第 96 号公布，根据 2011 年 4 月 8 日国家质量监督检验检疫总局令第 139 号《国家质量监督检验检疫总局关于修改〈口岸艾滋病防治管理办法〉的决定》修订，根据 2018 年 4 月 28 日海关总署令第 238 号《海关总署关于修改部分规章的决定》第一次修正）

第一章　总　则

第一条　为了做好国境口岸艾滋病的预防、控制工作，保障人体健康和口岸公共卫生，依据《中华人民共和国国境卫生检疫法》及其实施细则和《艾滋病防治条例》等法律法规的规定，制定本办法。

第二条　本办法适用于口岸艾滋病的检疫、监测、疫情报告及控制、宣传教育等工作。

第三条　海关总署主管全国口岸艾滋病预防控制工作，负责制定口岸艾滋病预防控制总体规划，对全国口岸艾滋病预防控制工作进行组织、协调和管理。

第四条　主管海关负责制定所辖口岸区域艾滋病预防控制的工作计划，对口岸艾滋病预防控制工作进行组织、协调和管理，实施检疫、监测、疫情报告及控制、开展宣传教育。

第五条　海关应当配合当地政府做好艾滋病预防控制工作，与地方各级卫生行政主管部门、疾病预防控制机构、公安机关、边防检查机关等建立协作机制，将口岸监控艾滋病的措施与地方的预防控制行动计划接轨，共同做好口岸艾滋病预防控制及病毒感染者和艾滋病病人的监控工作。

第六条　海关应当在出入境口岸加强艾滋病防治的宣传教育工作，对入出境人员有针对性地提供艾滋病防治的咨询和指导，并设立咨询电话，向社会公布。

第二章　口岸检疫

第七条　海关应当加强对入出境人员以及入出境微生物、人体组织、生物制品、血液及其制品等物品（以下简称特殊物品）的检疫和监督管理工作。

第八条　患有艾滋病或者感染艾滋病病毒的入境人员，在入境时应当如实向海关申报，海关应当对其进行健康咨询，并及时通知其目的地的疾病预防控制部门。

第九条　申请出境 1 年以上的中国公民以及在国际通航的交通工具上工作的中国籍员工，应当持有海关或者县级以上医院出具的含艾滋病检测结果的有效健康检查证明。

第十条　申请来华居留的境外人员，应当到海关进行健康体检，凭海关出具的含艾滋病检测结果的有效健康检查证明到公安机关办理居留手续。

第三章　口岸监测

第十一条　海关总署应当建立健全口岸艾滋病监测网络。主管海关根据口岸艾滋病流行趋势，设立口岸艾滋病监测点，并报海关总署备案。

主管海关按照监测工作规范开展艾滋病的监测工作，根据疫情变化情况和流行趋势，加强入出境重点人群的艾滋病监测。

第十二条　海关总署根据口岸艾滋病预防控制工作的需要，确定艾滋病筛查实验室和确证实验室。艾滋病筛查和确证实验室应当按照国家菌（毒）种和实验室生物安全管理的有关规定开展工作。

海关承担艾滋病检测工作的实验室应当符合国务院卫生主管部门的标准和规范并经验收合格，方可开展艾滋病病毒抗体及相关检测工作。

第十三条　海关为自愿接受艾滋病咨询和检测的人员提供咨询和筛查检测，发现艾滋病病毒抗体阳性的，应当及时将样本送艾滋病确证实验室进行确证。

第十四条　海关应当按照国家有关规定，严格执行标准操作规程、生物安全管理制度及消毒管理制度，防止艾滋病医源性感染的发生。

第四章　疫情报告及控制

第十五条　海关及其工作人员发现艾滋病病毒感染者和艾滋病病人时，应当按照出入境口岸卫生检疫信息报告的相关规定报告疫情。

第十六条　海关应当按照有关法律法规的规定及时向当地卫生行政部门通报口岸艾滋病疫情信息。

第十七条　海关应当对检出的艾滋病病毒感染者、艾滋病病人进行流行病学调查，提供艾滋病防治咨询服务。艾滋病病毒感染者、艾滋病病人应当配合海关的调查工作并接受相应的医学指导。

第十八条　海关为掌握或者控制艾滋病疫情进行相关调查时，被调查单位和个人必须提供真实信息，不得隐瞒或者编造虚假信息。

未经本人或者其监护人同意，海关及其工作人员不得公开艾滋病病毒感染者、艾滋病病人的相关信息。

第十九条　海关应当对有证据证明可能被艾滋病病毒污染的物品，进行封存、检验或者消毒。经检验，属于被艾滋病病毒污染的物品，应当进行卫生处理或者予以销毁。

第五章　保障措施

第二十条　口岸艾滋病预防控制经费由海关总署纳入预算，设立海关艾滋病防治专项经费项目，用于艾滋病实验室建设及口岸艾滋病的预防控制工作。

第二十一条　海关负责所辖口岸艾滋病预防控制专业队伍建设，配备合格的专业人员，开展专业技能的培训。

第二十二条　艾滋病预防控制资金要保证专款专用，提高资金使用效益，严禁截留或者挪作他用。

第六章　法律责任

第二十三条　任何单位和个人违反本办法规定，不配合海关进行艾滋病疫情调查和控制的，海关应当责令其改正；情节严重的，根据《中华人民共和国国境卫生检疫法》及其实施细则的有关规定予以处罚；构成犯罪的，依法追究刑事责任。

第二十四条　海关未依照本办法的规定履行艾滋病预防控制管理和监督保障职责的，根据《艾滋病防治条例》的有关规定，由上级机关责令改正，通报批评。

第二十五条 海关工作人员违反本办法规定有下列情形，造成艾滋病传播、流行以及其他严重后果的，由其所在单位依法给予行政处分；构成犯罪的，依法追究刑事责任：

（一）未依法履行艾滋病疫情监测、报告、通报或者公布职责，或者隐瞒、谎报、缓报和漏报艾滋病疫情的；

（二）发生或者可能发生艾滋病传播时未及时采取预防控制措施的；

（三）未依法履行监督检查职责，发现违法行为不及时查处的；

（四）未按照技术规范和要求进行艾滋病病毒相关检测的；

（五）故意泄露艾滋病病毒感染者、艾滋病病人涉及个人隐私的有关信息、资料的；

（六）其他失职、渎职行为。

第七章 附 则

第二十六条 本办法由海关总署负责解释。

第二十七条 本办法自 2007 年 12 月 1 日起施行。此前规定与本办法不一致的，以本办法为准。

进口商品残损检验鉴定管理办法

（2007 年 7 月 6 日国家质量监督检验检疫总局令第 97 号公布，根据 2018 年 4 月 28 日海关总署令第 238 号《海关总署关于修改部分规章的决定》第一次修正）

第一章 总 则

第一条 为加强进口商品残损检验鉴定工作，规范海关和社会各类检验机构进口商品残损检验鉴定行为，维护社会公共利益和进口贸易有关各方的合法权益，促进对外贸易的顺利发展，根据《中华人民共和国进出口商品检验法》及其实施条例，以及其他相关法律、行政法规的规定，制定本办法。

第二条 本办法适用于中华人民共和国境内的进口商品残损检验鉴定活动。

第三条 海关总署主管全国进口商品残损检验鉴定工作，主管海关负责所辖地区的进口商品残损检验鉴定及其监督管理工作。

第四条 主管海关负责对法定检验进口商品的残损检验鉴定工作。法检商品以外的其他进口商品发生残损需要进行残损检验鉴定的，对外贸易关系人可以向主管海关申请残损检验鉴定，也可以向经海关总署许可的检验机构申请残损检验鉴定。

海关对检验机构的残损检验鉴定行为进行监督管理。

第五条 海关根据需要对有残损的下列进口商品实施残损检验鉴定：

（一）列入海关必须实施检验检疫的进出境商品目录内的进口商品；

（二）法定检验以外的进口商品的收货人或者其他贸易关系人，发现进口商品质量不合格或者残损、短缺，申请出证的；

（三）进口的危险品、废旧物品；

（四）实行验证管理、配额管理，并需由海关检验的进口商品；

（五）涉嫌有欺诈行为的进口商品；

（六）收货人或者其他贸易关系人需要海关出证索赔的进口商品；

（七）双边、多边协议协定、国际条约规定，或国际组织委托、指定的进口商品；

（八）相关法律、行政法规规定须经海关检验的其他进口商品。

第二章 申 报

第六条 法定检验进口商品发生残损需要实施残损检验鉴定的，收货人应当向主管海关申请残损检验鉴定；法定检验以外的进口商品发生残损需要实施残损检验鉴定的，收货人或者其他贸易关系人可以向主管海关或者经海关总署许可的检验机构申请残损检验鉴定。

第七条 进口商品的收货人或者其他贸易关系人可以自行向海关申请残损检验鉴定，也可以委托办理申请手续。

第八条 需由海关实施残损检验鉴定的进口商品，申请人应当在海关规定的地点和期限内办理残损检验申请手续。

第九条 进口商品发生残损或者可能发生残损需要进行残损检验鉴定的，进口商品的收货人或者其他贸易关系人应当向进口商品卸货口岸所在地海关申请残损检验鉴定。

进口商品在运抵进口卸货口岸前已发现残损或者其运载工具在装运期间存在、遭遇或者出现不良因素而可能使商品残损、灭失的，进口商品收货人或者其他贸易关系人应当在进口商品抵达进口卸货口岸前申请，最迟应当于船舱或者集装箱的拆封、开舱、开箱前申请。

进口商品在卸货中发现或者发生残损的，应当停止卸货并立即申请。

第十条　进口商品发生残损需要对外索赔出证的，进口商品的收货人或者其他贸易关系人应当在索赔有效期届满 20 日前申请。

第十一条　需由海关实施残损检验鉴定的进口商品，收货人或者其他贸易关系人应当保护商品及其包装物料的残损现场现状，将残损商品合理分卸分放、收集地脚，妥善保管；对易扩大损失的残损商品或者正在发生的残损事故，应当及时采取有效施救措施，中止事故和防止残损扩大。

第十二条　收货人或者其他贸易关系人在办理进口商品残损检验鉴定申请手续时，还应当根据实际情况并结合国际通行做法向海关申请下列检验项目：

（一）监装监卸；

（二）船舱或集装箱检验；

（三）集装箱拆箱过程检验；

（四）其他相关的检验项目。

第三章　检验鉴定

第十三条　海关按国家技术规范的强制性要求实施残损检验鉴定。尚未制订规范、标准的可以参照国外有关技术规范、标准检验。

第十四条　进口商品有下列情形的，应当在卸货口岸实施检验鉴定：

（一）散装进口的商品有残损的；

（二）商品包装或商品外表有残损的；

（三）承载进口商品的集装箱有破损的。

第十五条　进口商品有下列情形的，应当转单至商品到达地实施检验鉴定：

（一）国家规定必须迅速运离口岸的；

（二）打开包装检验后难以恢复原状或难以装卸运输的；

（三）需在安装调试或使用中确定其致损原因、损失程度、损失数量和损失价值的；

（四）商品包装和商品外表无明显残损，需在安装调试或使用中进一步检验的。

第十六条　海关在实施残损检验鉴定时，发现申请项目的实际状况与检验技术规范、标准的要求不符，影响检验正常进行或者检验结果的准确性，应当及时通知收货人或者其他贸易关系人；收货人或者其他贸易关系人应当配合检验检疫工作。

第十七条　海关在实施残损检验鉴定过程中，收货人或者其他贸易关系人应当采取有效措施保证现场条件和状况，符合检验技术规范、标准的要求。

海关未依法作出处理意见之前，任何单位和个人不得擅自处理。

如果现场条件和状况不符合本办法规定或检验技术标准、规范要求，海关可以暂停检验鉴定，责成收货人或者其他贸易关系人及时采取有效措施，确保检验顺利进行。

第十八条　涉及人身财产安全、卫生、健康、环境保护的残损的进口商品申请残损检验鉴定后，申请人和有关各方应当按海关的要求，分卸分放、封存保管和妥善处置。

第十九条　对涉及人身财产安全、卫生、健康、环境保护等项目不合格的发生残损的进口商品，海关责令退货或者销毁的，收货人或者其他贸易关系人应当按照规定向海关办理退运手续，或者实施销毁，并将处理情况报作出决定的海关。

第二十条　海关实施残损检验鉴定应当实施现场勘查，并进行记录、拍照或录音、录像。有关单位和个人应当予以配合，并在记录上签字确认，如有意见分歧，应当备注。

第四章　监督管理

第二十一条　海关依法对在境内设立的各类进出口商品检验机构和在境内从事涉及进口商品残损检验鉴定的机构、人员及活动实行监督管理。

第二十二条　未经海关总署的许可，任何机构和个人不得在境内从事进口商品残损检验鉴定活动。

第二十三条　已经海关总署许可的境内外各类检验机构必须在许可的范围内，接受对外经济贸易关系人的委托办理进口商品的残损检验鉴定。

上述各检验机构应当遵守法律、行政法规的规定，接受海关的监督管理和对其违法违规活动的查处。

第五章　附　则

第二十四条　收货人或者其他贸易关系人对主管海关的残损检验鉴定结果有异议的，可以在规定的期限内向作出检验鉴定结果的主管海关或者其上一级海关以至海关总署申请复验，同时应当保留现场和货物现状。受理复验的海关应当按照有关复验的规定作出复验结论。

当事人对海关作出的复验结论不服的，可以依法申请行政复议，也可以依法向人民法院提起诉讼。

第二十五条 当事人对所委托的其他检验机构的残损检验鉴定结果有异议的，可以向当地海关投诉，同时应当保留现场和货物现状。

第二十六条 主管海关以及经海关总署许可的检验机构及其工作人员应当遵守本办法的规定。

对违反本办法规定的，海关应当按照《中华人民共和国进出口商品检验法》及其实施条例的规定对有关责任人进行处罚。

第二十七条 海关依法实施残损检验鉴定，按照国家有关规定收取费用。

第二十八条 本办法所称其他贸易关系人，是指除进口商品收货人之外的进口商、代理报检企业、承运人、仓储单位、装卸单位、货运代理以及其他与进口商品残损检验鉴定相关的单位和个人。

第二十九条 本办法由海关总署负责解释。

第三十条 本办法自 2007 年 10 月 1 日起施行，1989 年 7 月 8 日原国家进出口商品检验局发布的《海运进出口商品残损鉴定办法》同时废止。

出入境检验检疫查封、扣押管理规定

（2008 年 6 月 25 日国家质量监督检验检疫总局令第 108 号公布，根据 2018 年 4 月 28 日海关总署令第 238 号《海关总署关于修改部分规章的决定》第一次修正）

第一章　总　则

第一条 为规范出入境检验检疫查封、扣押工作，维护国家利益、社会公共利益和公民、法人、其他组织的合法权益，保证海关依法履行职责，依照《中华人民共和国进出口商品检验法》及其实施条例、《中华人民共和国进出境动植物检疫法》及其实施条例、《中华人民共和国食品安全法》、《国务院关于加强食品等产品安全监督管理的特别规定》的规定，制定本规定。

第二条 本规定所称的查封、扣押是指海关为履行检验检疫职责依法实施的核查、封存或者留置等行政强制措施。

第三条 海关总署负责全国出入境检验检疫查封、扣押的管理和监督检查工作。

主管海关负责查封、扣押的实施。

第四条 海关实施查封、扣押应当适当，以最小损害当事人的权益为原则。

第五条 公民、法人或者其他组织对海关实施的查封、扣押，享有陈述权、申辩权；对海关实施的查封、扣押不服的，有权依法申请行政复议，或者依法提起行政诉讼；对海关违法实施查封、扣押造成损害的，有权依法要求赔偿。

第二章 适用范围和管辖

第六条 有下列情形之一的，海关可以实施查封、扣押：

（一）法定检验的进出口商品经书面审查、现场查验、感官检查或者初步检测后有证据证明涉及人身财产安全、健康、环境保护项目不合格的；

（二）非法定检验的进出口商品经抽查检验涉及人身财产安全、健康、环境保护项目不合格的；

（三）不符合法定要求的进出口食品、食用农产品等与人体健康和生命安全有关的产品，违法使用的原料、辅料、添加剂、农业投入品以及用于违法生产的工具、设备；

（四）进出口食品、食用农产品等与人体健康和生命安全有关的产品的生产经营场所存在危害人体健康和生命安全重大隐患的；

（五）在涉及进出口食品、食用农产品等与人体健康和生命安全有关的产品的违法行为中，存在与违法行为有关的合同、票据、账簿以及其他有关资料的。

海关认为应当实施查封、扣押，但已被其他行政机关查封、扣押的，海关暂不实施查封、扣押，并应当及时书面告知实施查封、扣押的其他机关予以必要的协助。

第七条 查封、扣押一般由违法行为发生地的海关按照属地管辖的原则实施。

海关需要异地实施查封、扣押的，应当及时通知异地海关，异地海关应当予以配合。

两个以上海关发生管辖争议的，报请共同的上级机构指定管辖。

第三章 程 序

第八条 实施查封、扣押的程序包括：收集证据材料、报告、审批、决定、送达、实施等。

第九条 实施查封、扣押前，应当做好证据的收集工作，并对收集的证据予以核实。

第十条 查封、扣押的证据材料一般包括：现场记录单、现场笔录、当事人提供的各种单证以及现场抽取的样品、摄录的音像材料、实验室检验记录、工作记录、检验检疫结果证明和其他证明材料。

第十一条 实施查封、扣押前应当向海关负责人书面或者口头报告，并填写《实施查封、扣押审批表》，经海关负责人批准后方可实施。案件重大或者需要对数额较大的财物实施查封、扣押的，海关负责人应当集体讨论决定。

第十二条 紧急情况下或者不实施查封、扣押可能导致严重后果的，海关可以按照合法、及时、适当、简便和不加重当事人负担的原则当场做出查封、扣押决定，并组织实施或者监督实施。

第十三条 当场实施查封、扣押的，海关执法人员应当及时补办相关手续。

第十四条 实施查封、扣押应当制作《查封、扣押决定书》。《查封、扣押决定书》应当载明下列事项：

（一）当事人姓名或者名称、地址；

（二）查封、扣押措施的事实、理由和依据；

（三）查封、扣押物品的名称、数量和期限；

（四）申请行政复议或者提起行政诉讼的途径和期限；

（五）行政机关的名称和印章；

（六）行政执法人员的签名和日期。

第十五条 《检验检疫查封、扣押决定书》应当及时送交当事人签收，由当事人在《送达回证》上签名或者盖章，并注明送达日期。当事人拒绝签名或者盖章的，应当予以注明。

第十六条 实施查封、扣押应当符合下列要求：

（一）由海关两名以上行政执法人员实施。

（二）出示执法身份证件。

（三）当场告知当事人实施查封、扣押的理由、依据以及当事人依法享有的权利。

（四）制作现场记录，必要时应当进行现场拍摄。现场记录的内容应当包括：查封、扣押实施的起止时间、实施地点、查封、扣押后的状态等。

（五）制作查封、扣押物品清单。查封、扣押清单一式三份，由当事人、物品保管人和海关分别保存。

（六）现场记录和查封、扣押物品清单由当事人和检验检疫行政执法人员签名或者盖章，当事人不在现场或者当事人拒绝签名或者盖章的，应当邀请见证人到场，说明情况，在笔录中予以注明；见证人拒绝签字或盖章的，检验检疫行政执法人员应当在笔录中予以注明。

（七）加贴封条或者采取其他方式明示海关已实施查封、扣押。

实施查封、扣押后，需要出具有关检验检疫证书的，应当按规定出具相关证书。

第十七条　海关应当在30日内依法对查封、扣押的进出口商品或者其他物品（场所），做出处理决定。情况复杂的，经海关负责人批准，可以延长时限，期限不超过30日。对于保质期较短的商品或者其他物品，应当在7日内做出处理决定。涉及行政处罚的，期限遵照相关规定。法律对期限另有规定的除外。

需要进行检验或者技术鉴定的，检验或者技术鉴定的时间不计入查封、扣押期限。检验或者技术鉴定的期间应当明确，并告知当事人。检验或者技术鉴定的费用由海关承担。

第十八条　对查封、扣押的进出口商品或者其他物品（场所），海关应当妥善保管，不得使用或者损毁；因保管不当造成损失的，应当予以赔偿。但因不可抗力造成的损失除外。

第十九条　对查封的进出口商品或者其他物品（场所），海关可以指定当事人负责保管，也可以委托第三人负责保管，当事人或者受委托第三人不得损毁或者转移。因当事人原因造成的损失，由当事人承担赔偿责任；因受委托第三人原因造成的损失，由委托的海关和受委托第三人承担连带赔偿责任。

第二十条　对经查实不涉及人身财产安全、健康、环境保护项目不合格的进出口商品和其他不再需要实施查封、扣押的物品（场所），海关应当立即解除查封、扣押，并制作《解除查封、扣押决定书》和《解除查封、扣押物品清单》送达当事人。

第二十一条　海关在查封、扣押期限内未做出处理决定的，查封、扣押自动解除。被扣押的进出口商品或者其他物品，应当立即退还当事人。

第四章　监　督

第二十二条　实施查封、扣押的海关有下列情形之一的，应当及时纠正或者由上级海关责令改正：

（一）没有法律、法规依据实施查封、扣押的；

（二）改变法定的查封、扣押方式、对象、范围、条件的；

（三）违反法定程序实施查封、扣押的。

第二十三条　海关违反本规定，有下列情形之一的，应当及时纠正并依法给予赔偿，情节严重构成犯罪的，依法追究刑事责任：

（一）违法实施查封、扣押的；

（二）使用或者损毁查封、扣押的财物，给当事人造成损失的；

（三）对依法应当退还扣押的物品不予退还，给当事人造成损失的。

第二十四条 海关将查封、扣押的财物截留、私分或者变相私分的，由上级海关或者有关部门予以追缴。情节严重构成犯罪的，依法追究刑事责任。

第二十五条 海关工作人员利用职务便利，将查封、扣押的财物据为己有，情节严重构成犯罪的，依法追究刑事责任。

第五章 附 则

第二十六条 对禁止进境的动植物、动植物产品和其他检疫物必须实施封存的，参照本规定执行。

对出入境旅客实施的诊验等强制措施不在本规定调整范围之内，由海关总署另行规定。

第二十七条 检验检疫查封、扣押文书格式由海关总署统一制定并在其网站上公布。

第二十八条 海关应当建立查封、扣押档案，并妥善保管，保管期限不少于2年。

第二十九条 本规定由海关总署负责解释。

第三十条 本规定自2008年10月1日起施行。

进出口工业品风险管理办法

（2017年3月6日国家质量监督检验检疫总局令第188号公布，根据2018年4月28日海关总署令第238号《海关总署关于修改部分规章的决定》第一次修正）

第一章 总 则

第一条 为了加强进出口工业品质量安全风险管理，促进贸易便利化，根据《中华人民共和国进出口商品检验法》及其实施条例、《中华人民共和国食品安全法》及其实施条例等法律法规的规定，制定本办法。

第二条　本办法适用于对进出口工业品的风险信息收集、风险信息评估、风险预警及快速反应和监督管理等工作。

本办法不适用于食品、化妆品、动植物产品的风险管理工作。

第三条　本办法所称风险即质量安全风险，是指进出口工业品对人类健康和安全、动植物生命和健康、环境保护、国家安全以及对进出口贸易有关各方合法权益造成危害的可能和程度。本办法所称风险信息，是指进出口工业品在安全、卫生、环境保护、健康、反欺诈等方面形成或者可能形成的系统性、区域性危害或者影响，以及为限制、减少或者消除上述危害或者影响需要进行收集、评估、处置的进出口工业品质量安全方面的信息。

本办法所称生产经营者，是指进口工业品的收货人及其代理人，出口工业品的生产企业、发货人及其代理人等。

第四条　海关总署统一管理全国进出口工业品风险信息收集、风险信息评估、风险预警及快速反应工作。

主管海关负责辖区内进出口工业品风险信息收集、风险信息评估、风险预警及快速反应工作。

第五条　海关总署指定符合规定资质条件的技术机构承担进出口工业品风险信息国家监测工作（以下简称国家监测中心），对特定时段、特定区域内的特定工业品进行风险信息的收集、评估，并提出相应的风险处置建议。

第六条　海关总署建立进出口工业品质量安全风险预警平台（以下简称风险预警平台），依托 E-CIQ 主干系统，应用信息化技术，收集和发布进出口工业品风险信息。

第七条　进出口工业品生产经营者应当建立进出口工业品风险追溯体系，保证进出口工业品质量安全，接受社会监督，承担社会责任。

第二章　风险信息收集

第八条　进出口工业品风险信息的来源可以包括：进出口检验监管信息、进出口认证监管信息、检验检测机构提供的信息、境外通报召回信息、出口退运信息、抽查检验信息、各级政府部门及行业协会通报信息、境外政府部门通报信息、医院伤害报告信息、交通事故信息、消防事故信息、产品安全事故信息、技术法规标准信息、媒体舆情信息、生产经营者报告信息、消费者投诉信息以及其他风险信息。

第九条　任何组织或者个人可以向海关或者国家监测中心实名提供有关进

出口工业品风险信息。

第十条 进出口工业品的生产经营者应当建立风险信息报告制度。发现产品存在风险时，应当及时向海关或者国家监测中心报告相关风险信息。

检验检测机构开展进出口工业品检验检测业务的，应当建立风险报告机制。发现进出口工业品存在风险时，应当及时向海关或者国家监测中心报告相关风险信息。

第十一条 海关和国家监测中心对收集的风险信息进行调查核实，按照规定录入风险预警平台。海关可以委托符合规定资质条件的技术机构（以下简称技术机构）实施。

第三章 风险信息评估

第十二条 海关可以委托技术机构或者组建专家小组对进出口工业品风险信息进行评估。

第十三条 技术机构、专家小组应当在规定时间内运用国际通行的规则完成风险评估工作，得出风险评估结果，出具书面报告。

书面报告应当包括：风险评估的方法、风险类别、等级、危害、范围、残余风险、风险处置建议等内容。

第十四条 产品风险发生重大变化时，做出评估的海关或者国家监测中心应当及时组织对产品风险进行重新评估。

第四章 风险处置

第十五条 海关依照职责对风险评估报告进行研判，根据研判结论作出风险处置决定。需要采取风险预警措施和快速反应措施的，确定并实施相应的措施。

第十六条 风险预警措施包括：

（一）向相关海关发布风险警示通报；

（二）向生产经营者、相关机构发布风险警示通告，提醒或者通知其及时采取措施，消减风险；

（三）发布风险警示公告，确定对进出口工业品的风险和危害的强制性措施，提醒消费者和使用者警惕涉及进出口工业品的风险和危害。

第十七条 快速反应措施包括：

（一）调整检验监管模式；

（二）责令生产经营者对存在风险的进出口工业品实施退运或者销毁、停止进出口、停止销售和使用或者召回；

（三）按照有关法律法规的规定，对存在风险的进出口工业品实施查封或者扣押；

（四）组织调查特定时间段中，同类产品、相关行业或者关联区域内的产品质量安全状况；

（五）通报有关部门和机构，并提出协同处置的建议。

第十八条 紧急情况下，海关总署可以参照国际通行做法，对不确定的进出口工业品风险，按照本办法第十六、十七条规定采取风险预警或者快速反应措施。

第十九条 当风险发生变化时，海关应当及时调整所采取的风险预警和快速反应措施。

第二十条 海关应当将采取的风险预警和快速反应措施报告上一级海关备案。

第二十一条 风险预警和快速反应措施规定有实施期限的，期满后风险预警和快速反应措施自动解除。

风险预警和快速反应措施实施期限内，风险已经不存在或者已经降低到适当程度时，海关应当主动或者根据生产经营者的申请解除风险预警和快速反应措施。

生产经营者申请解除风险预警和快速反应措施时，应当提交风险消减评价报告。接受申请的部门应当对提交的风险消减报告的真实性、符合性进行评估。

第二十二条 生产经营者明知其产品已经或者可能存在风险时，应当履行以下义务：

（一）实施风险消减措施；

（二）及时向利益相关方通报真实情况和采取的风险消减措施；

（三）及时向海关总署或者主管海关报告采取的风险消减措施及实施结果；

（四）积极配合海关总署或者主管海关进行的风险信息调查和风险消减措施的监督。

第五章　监督管理

第二十三条 海关可以委托技术机构或者组建专家小组对下列事项进行评估：

（一）已采取的风险预警和快速反应措施；

（二）生产经营者采取的风险消减措施。

第二十四条 当进出口工业品存在风险，生产经营者未及时采取消减措施的，海关可以对其法定代表人或者主要责任人进行责任约谈。

海关未及时发现进出口工业品系统性风险，未及时消除辖区内风险的，海关总署或者上级主管海关可以对其主要负责人进行责任约谈。

第二十五条 进出口工业品风险预警及快速反应管理工作应当遵守保密规定。需要对外发布的信息应当按照海关总署相关规定予以公布。

第二十六条 海关和国家监测中心对收到的进出口工业品风险信息进行分类、归档、统计，并做好风险信息的档案管理工作。

进出口工业品风险信息档案保存期限为 3 年。涉及重大案件、典型案例等事项的档案，做长期或者永久保存。

第六章　法律责任

第二十七条 生产经营者违反本办法规定，有下列情形之一的，海关总署、主管海关可以责令其改正；拒不改正，且造成严重后果的，可以处 3 万元以下的罚款：

（一）明知其产品存在风险未主动向海关报告相关信息，或者存在瞒报、漏报的；

（二）不配合海关实施风险预警和快速反应措施或者对其风险消减措施实施监督管理的；

（三）未及时实施退运、销毁、停止进出口、停止销售和使用、召回等风险消减措施或者因措施不当未有效控制风险的；

（四）未向利益相关方通报真实情况以及风险消减措施的。

第二十八条 技术机构、专家小组应当提交客观、真实、准确的评估报告，对提供虚假报告或者篡改评估结果的机构或者个人，依法追究责任。

第二十九条 检验检测机构应当出具真实客观的报告。对提供虚假信息或者瞒报信息的机构，依法追究责任。

第三十条 海关工作人员应当秉公执法、忠于职守，不得滥用职权、玩忽职守、徇私舞弊。对违法失职的，依法追究责任。

第七章　附　则

第三十一条 本办法由海关总署负责解释。

第三十二条 本办法自 2017 年 4 月 1 日起施行。

进口许可制度民用商品入境验证管理办法

（2001年12月4日国家质量监督检验检疫总局令第6号公布，根据2018年4月28日海关总署令第238号《海关总署关于修改部分规章的决定》第一次修正）

第一条 为加强对国家实行进口许可制度的民用商品的验证管理，保证进口商品符合安全、卫生、环保要求，依据《中华人民共和国进出口商品检验法》（以下简称《商检法》）及其实施条例和有关法律法规的规定，制定本办法。

第二条 本办法适用于对国家实行进口质量许可制度和强制性产品认证的民用商品（以下简称进口许可制度民用商品）的入境验证管理工作。

第三条 本办法所称入境验证是指：对进口许可制度民用商品，在通关入境时，由海关核查其是否取得必需的证明文件，抽取一定比例批次的商品进行标志核查，并按照进口许可制度规定的技术要求进行检测。

第四条 海关总署统一管理全国进口许可制度民用商品的入境验证管理工作。主管海关负责所辖地区进口许可制度民用商品的入境验证工作。

第五条 海关总署根据需要，制定、调整并公布海关实施入境验证的进口许可制度民用商品目录（以下简称《入境验证商品目录》）。

对列入《入境验证商品目录》的进口商品，由主管海关实施入境验证。

第六条 进口许可制度民用商品的收货人或其代理人，在办理进口报检时，应当提供进口许可制度规定的相关证明文件，并配合海关实施入境验证工作。

第七条 海关受理报检时，应当审查进口质量许可等证明文件。

第八条 属于法定检验检疫的进口许可制度民用商品，海关应当按照有关规定实施检验检疫，同时应当核查产品的相关标志是否真实有效。

第九条 不属于法定检验检疫的进口许可制度民用商品，主管海关可以根据需要，进行抽查检测。抽查检测的范围、具体实施程序，由海关总署另行规定。

第十条 进口许可制度民用商品经检验标志不符合规定或者抽查检测项目不合格的，由海关依照《商检法》及其实施条例的有关规定进行处理。

第十一条 本办法由海关总署负责解释。

第十二条 本办法自2002年1月1日起施行。